象山年鉴

（2022）

象山县地方志编纂委员会　编

方志出版社
Publishing House of Local Records

图书在版编目(CIP)数据

象山年鉴. 2022 / 象山县地方志编纂委员会编. —
北京:方志出版社,2022. 12
ISBN 978-7-5144-5595-3

Ⅰ. ①象… Ⅱ. ①象… Ⅲ. ①象山县—2022—年鉴
Ⅳ. ①Z525. 54

中国版本图书馆 CIP 数据核字(2022)第 252527 号

责任编辑:王　娜
责任校对:刘玉霞
责任印制:梅中英
出 版 者:方志出版社
地　　址:北京市朝阳区潘家园东里 9 号(国家方志馆 4 层)
邮　　编:100021
网　　址:http://www. zgfzcb. cn
发　　行:方志出版社图书营销中心(010-67110500)
印　　刷:福州印团网印刷有限公司
开　　本:889 毫米×1194 毫米　1/16
印　　张:29. 75
字　　数:1321 千字
版　　次:2022 年 12 月第 1 版
印　　次:2022 年 12 月第 1 次印刷
定　　价:128. 00 元

象山县地方志编纂委员会

名誉主任　包朝阳

主　　任　李晓东

副 主 任　胡颖磊

象山县地方志编纂委员会办公室

主　　任　周明峰

副 主 任　吴家唯

《象山年鉴(2022)》编辑部

主　　编　吴家唯

执行主编　白炎根

编　　辑(以姓氏笔画为序)

厉　攀　史复明　张利民　邵　鹏

摄　　影　陈洪杰

编辑说明

一、《象山年鉴》以马克思列宁主义、毛泽东思想、邓小平理论、“三个代表”重要思想、科学发展观、习近平新时代中国特色社会主义思想为指导，坚持辩证唯物主义和历史唯物主义的立场、观点和方法，真实、全面、准确地反映象山县年度历史。

二、《象山年鉴(2022)》(以下简称本年鉴)是《象山年鉴》的第16卷本，记载时限为2021年1月1日至2021年12月31日。

三、本年鉴由照片、地图、特载、专记、大事记、正文等组成。正文采用分类编辑法。设置类目、分目、条目三个层次的框架，并以条目为独立主题信息的主要载体。编排次序根据年鉴的基本体例、行业归类的特点以及读者的阅读需求和习惯确定。

四、本年鉴使用规范的语体文记述。采用统计公报公布的数据。统计公报未作统计的，以有关业务部门所供为据。

五、本年鉴数字用法、标点符号、计量单位分别执行国家标准《出版物上数字用法》(GB/T 15835—2011)、《标点符号用法》(GB/T 15834—2011)和《量和单位》(GB 3100—93)。考虑到社会使用习惯，全书中“亩”不统一换算。

六、本年鉴所载文字资料，由象山县各有关职能部门提供，并经各级领导审核。所用图片，由有关单位和个人提供。

◎ 2021 年 12 月 27 日，中国共产党象山县第十五次代表大会开幕

◎ 2021 年 12 月 29 日，新当选的中共象山县第十五届县委常委合影

◎ 2021 年 2 月 2 日，象山县第十八届人民代表大会第五次会议开幕 （周科　摄）

◎ 2021 年 2 月 1 日，中国人民政治协商会议第十届象山县委员会第五次会议开幕 （蒋曼儒　摄）

◎ 2021 年 11 月 25 日，包朝阳任中共象山县委书记　　（周科　摄）

◎ 2021 年 12 月 29 日，新一届县委常委赴新桥镇山海楼瞻仰革命旧址

◎ 2021年1月26日，石浦镇、黄避岙乡、晓塘乡、泗洲头镇跻身浙江省AAAA级景区镇乡榜单。图为泗洲头镇肖胡村

◎ 2021年1月13日，黄避岙乡龙屿村获评浙江省AAA级景区村

◎ 2021年7月15日，茅洋乡获评宁波市“最具人气乡村旅游目的地”

◎ 2021年12月18日，西周镇儒雅洋村上榜“浙江省生态文化基地”。图为何恭房祠堂

◎ 2021年10月13日，亚帆配套道路获评“宁波最美绿道”

◎ 2021年4月21日，象山县获评“2020浙江文旅融合高质量发展十佳县（市、区）”

◎ 2021 年 3 月 30 日，象山县被授予“一星平安金鼎”称号，成为 2020 年度宁波市唯一获此殊荣的县（市、区）

◎ 2021年9月27日，“扬帆海湾”线入选宁波市首批“最美精品线路”

◎ 2021 年 11 月 22 日，墙头镇方家岙村获评“中国美丽休闲乡村”

◎ 2021 年 12 月 18 日，泗洲头镇获评浙江省“森林城镇”

◎ 2021 年 11 月 8 日，鹤浦镇小百丈至大文沙公路入选 2020 年度宁波“十大美丽农村路”

◎ 2021 年 11 月 10 日，泗洲头镇墩岙村上榜第二批全国乡村治理示范村

◎ 2021 年 1 月 27 日，墙头镇被列为宁波市乡村全域旅游示范区创建单位

◎ 2021 年 4 月 20 日，定塘镇获评宁波市“大禹杯”优秀乡镇

◎ 2021 年 10 月 12 日，泗洲头镇入选浙江省农村文化礼堂建设“示范乡镇”。图为何婆岭村文化礼堂

◎ 2021 年 1 月 28 日，茅洋乡朴舍民宿上榜 2020 年度浙江省金宿民宿

◎ 2021 年 5 月 7 日，定塘镇入选宁波市“非遗”特色小镇

◎ 2021 年 3 月 4 日，新建成的塔山公园邂逅烂漫春光

◎ 2021 年 4 月 7 日，巨鹰路樱花大道扮靓城市颜值

◎ 2021 年 12 月 12 日，中心城区环城绿道一期（靖南路至彭姥岭隧道顶）工程竣工

◎ 2021 年 7 月 16 日，象山临港装备园大中庄通用码头试运营

◎ 2021 年 12 月 23 日，国电象山 1 号海上风电场一期工程建成投产

◎ 2021 年 11 月 25 日，宁波至象山市域（郊）铁路大目湾城铁站临时工程动建

◎ 2021 年 6 月 29 日，全国最大的海岸渔光互补光伏项目——长大涂光伏项目并网发电

◎ 2021 年 9 月 1 日，塔山中学投入使用

◎ 2021 年 7 月 9 日，中国机械科学研究总院南方中心一期项目建成投用

◎ 2021 年 6 月 29 日，塔山路棚改项目房屋结顶

◎ 2021 年 9 月 29 日，2021 年度第三次全县重大项目集中开工仪式举行。本次开工项目共 18 个，总投资 98.37 亿元　　（周科　摄）

◎ 2021 年 4 月 25 日，象山县 22 个项目列入宁波市重点工程建设项目，总投资 381.96 亿元。图为石浦客运中心

◎ 2021 年 11 月 27 日，定塘镇黄湾村沉船遗址发掘

◎ 2021 年 3 月 30 日，亚帆中心工程通过竣工验收

◎ 2021 年 3 月 24 日，亚运沙排场馆竣工

◎ 2021 年 3 月 3 日，日星风电产业园项目开工仪式举行

（蒋曼儒 摄）

◎ 2021 年 4 月 27 日，总投资 5 亿元的宁波恒冠机械制造有限公司主体厂房完成并试产

◎ 2021 年 1 月 21 日，宁波乐惠国际工程装备股份有限公司获工业和信息化部、中国工业经济联合会公布的第五批制造业单项冠军示范企业

◎ 2021 年 9 月 6 日，锦浪科技股份有限公司上榜“2021 全球新能源企业 500 强”榜单

◎ 2021 年 5 月 29 日，宁波生物基可降解新材料产业基地项目在西周镇开工建设

◎ 象山港畔崛起生态科创园。该园位于西周镇循环工业园内，有 40 余家小微科技企业入驻并投产

◎ 中化（宁波）润沃膜科技有限公司投产

◎ 2021 年 6 月 30 日，象山县船舶运力创新高。货运船舶达 100 艘，载重 176.6 万吨

◎ 黄避岙乡推进美景美村美宿美食“四美融合”，全域深化美丽乡村建设。图为兵营村

◎ 涂茨镇打造“智造蓝海”精品线

◎ 2021 年 6 月 11 日，象山县乡村振兴局挂牌

◎ 2021 年 4 月 14 日，贤庠镇小东塘水闸完工

◎ 西周镇“以草为材”，打造农耕文化新景点

◎ 2021 年 1 月 12 日，晓塘乡中岙村获评省级优秀村庄

◎ 2021 年 4 月 12 日，象山县获评浙江省乡村振兴实绩考核优秀单位。图为黄避岙乡黄避岙村

◎ 2021年1月11日，347路镇村公交线开通，墙头镇实现了镇域公交线网全覆盖

◎ 2021年8月4日，石浦镇雷公山公交场站投运

◎ 丹山路（新丰路至天安路）道路工程边征迁边施工

◎ 盛宁线茅洋至泗洲头段改建工程

◎ 滨海大道（巨鹰路至天安路）改造提升

◎ 2021 年 12 月 24 日，宁波石浦高速连接线正式通车

◎ 全县第一条设置公交专用道的市政道路——巨鹰路（滨海大道以南段）提升改造工程

◎ 2021年6月8日，东陈乡入列宁波市乡村全域旅游示范区培育单位。图为三乐生物灵芝康养农旅

◎ 2021年3月10日，水上文旅项目“橘中游庭”落户定塘镇

◎ 2021年12月18日，爵溪镇获评浙江省AAAA级景区镇

◎ 2021年1月5日，鹤浦镇大沙爱琴丽旎艺术海岸酒店开建

◎ 2021年1月14日，石浦镇金山民俗村获宁波市休闲旅游基地

◎ 定塘镇灵岩火山峰景区新晋网红景区

◎ 2021 年 7 月 15 日，泗洲头镇龙溪峡谷漂流开漂

◎ 2021 年 4 月 26 日，象山县最大客位旅游客船“渔光曲 17 号”“渔光曲 19 号”投运

◎ 2021 年 5 月 6 日，象山获称“中国乡贤文化之乡”，成为宁波市首个获此殊荣的县级行政区域。图为中国伦理学会在墙头镇溪里方村考察审核

◎ 2021 年 4 月 27 日，全县开展党员主题教育党日活动，庆祝中国共产党成立 100 周年

◎ 2021 年 6 月 29 日，王家谟烈士故居修缮后重新开馆

◎ 2021 年 8 月 12 日，象山县文物局挂牌

◎ 2021 年 12 月 6 日，象山县获评“浙江省戏曲之乡”

◎ 2021 年 10 月 22 日，第四届海峡两岸乡村振兴论坛象山分论坛现场

◎ 2021 年 2 月 7 日，殷夫烈士九十周年纪念活动举行

◎ 2021 年 9 月 19 日，第十四届全国运动会帆船比赛（宁波赛区）资格赛在象山开赛

◎ 2021 年 11 月 27 日，2021 宁波市美丽乡村健身行“红美人欢乐跑”活动在晓塘乡青山头村启动

（周科 摄）

◎ 2021 年 6 月 28 日，《中国共产党象山历史》第三卷首发式举行

◎ 2021 年 6 月 28 日，象山县“两优一先”表彰会暨“光荣在党 50 年”纪念章颁发仪式举行

◎ 2021 年 9 月 22 日，象山县成立首家游艇技能培训基地 （蒋曼儒 摄）

◎ 2021 年 4 月 17 日，中国海洋渔文化馆开馆

◎ 2021 年 1 月 13 日，全国文明城市创建暨“文明啄木鸟”行动启动 （蒋曼儒 摄）

◎ 2021 年 11 月 4 日，浙江省青少年帆船帆板锦标赛在松兰山开赛 （蒋曼儒 摄）

◎ 2021 年 3 月 29 日，象山县体育馆和石浦镇渔港南路 2 号的两个新冠病毒疫苗方舱式临时接种点启用

◎ 2021 年 9 月 7 日，浙江大学医学院附属第一医院象山分院揭牌成立

◎ 2021 年 4 月 15 日，定塘镇建成全县首个乡村共治驿站

◎ 2021 年 8 月 1 日，生态循环，减源扩能，水桶岙垃圾填埋场“华丽转身”

◎ 2021 年 5 月 31 日，水资源平衡“512 工程”暨仓岙水库清淤扩容工程启动

◎ 2021 年 12 月 1 日，丹东街道下半河村全面拆迁

◎ 2021 年 7 月 28 日，新桥镇崇站岛新铺海底管道通水　　（周科　摄）

◎ 2021 年 7 月 24 日，防御第 6 号台风“烟花”，2000 多艘渔船陆续移泊至崇站港避风

◎ 2021 年 3 月 23 日，东谷路一重要“梗阻”点被拆除

◎ 2021年3月17日，“神话之鸟”中华凤头燕鸥晋升国家一级保护动物

◎ 2021年9月9日，鹤浦镇南田墩发现浙江鸟类新记录物种—成年家鸦。该家鸦隶属于雀形目鸦科，体长38厘米至42厘米，是一种中等体型的鸦科鸟类

◎ 2021年4月13日，涂茨镇渔民放生中华鲟，该中华鲟长度约70厘米，重达2.5公斤

◎ 象山首次发现北宋墓志铭。石碑刻有366字，高56厘米，宽44厘米，厚11厘米

◎ 2021年3月24日，象山挂起双彩虹

总　目

General catalogue

目　录

特　载

专　记

大事记

县情概览

中国共产党象山县委员会

象山县人民代表大会

象山县人民政府

中国人民政治协商会议象山县委员会

纪检·监察

民主党派·工商联

群众团体

法　治

军　事

应急管理

经济管理

农业·农村

渔业·水利·水务

工　业

商 贸

金　融

旅　游

城乡建设与管理

建　筑　业

生态环境保护

交通·口岸

邮电·信息

科学技术

教　育

文化·传媒

体　育

卫生健康

人力资源管理

社会生活

街道・镇乡

特　载

聚力一二五　走好共富路
为加快建设社会主义现代化滨海花园城市而努力奋斗
——在中国共产党象山县第十五次代表大会上的报告
（2021年12月27日）

包朝阳

中国共产党象山县第十五次代表大会，是在我县开启全面建设社会主义现代化新征程的重要时刻召开的一次十分重要的会议。大会的主要任务是：坚持以习近平新时代中国特色社会主义思想为指导，回顾总结县第十四次党代会以来的工作，确定今后五年的奋斗目标和主要任务；选举产生中国共产党象山县第十五届委员会和第十五届纪律检查委员会，以及象山县出席中国共产党宁波市第十四次代表大会代表；动员全县广大党员和干部群众，聚力一二五，走好共富路，为加快建设社会主义现代化滨海花园城市而努力奋斗。

下面，我代表中国共产党象山县第十四届委员会作工作报告。

一、过去五年工作回顾和经验启示

县第十四次党代会以来的五年，是极不平凡、极不寻常的五年。五年来，面对错综复杂的外部环境、艰巨繁重的改革发展任务以及突如其来的新冠肺炎疫情，在中央和省委、市委的坚强领导下，县委始终坚持稳中求进工作总基调，扎实实施"双突破双驱动"和"海洋强县、美丽富民"战略，全面落实"六稳""六保"各项举措，在大战大考中推动经济社会持续平稳健康发展。甬台温沿海高速复线建成通车，宁波市域铁路象山线大目湾城站节点工程即将开工，蝉联全国综合竞争力百强县，跻身中国创新百强县、全国营商环境百强县、全国县域旅游综合实力百强县，较好完成了县第十四次党代会确定的目标任务。

*五年来，我们高举旗帜，"两个维护"坚决落实。*把学懂弄通做实习近平新时代中国特色社会主义思想作为首要政治任务，及时跟进学习习近平总书记发表的重要讲话和作出的重要指示，不断提高政治判断力、政治领悟力、政治执行力。巩固深化"两学一做"学习教育，扎实开展"不忘初心、牢记使命"主题教育和党史学习教育，党员干部理想信念更加坚定、党性修养不断增强。精心组织开展庆祝中国共产党成立100周年、新中国成立70周年等系列活动，全社会爱党爱国热情充分激发。坚持"总书记有号令、中央有部署，象山见行动"，融入长三角区域一体化发展、高质量发展建设共同富裕样板县、三大攻坚战等重大工作扎实推进，国家级宁波海洋经济发展示范区加快建设，以实际行动体现县委旗帜鲜明讲政治的坚定立场。

*五年来，我们实干拼搏，综合实力稳步提高。*坚持发展第一要务不动摇，制定实施"中国制造2025试点示范33条""惠企20条"等系列政策，兑现落实降本减负资金67.2亿元，全力推动经济发展稳扎稳打、稳中向好。2021年，预计GDP总量突破600亿大关、达到640亿元，财政总收入达到90.3亿元，年均分别增长5.7%、7.6%，三次产业结构从15.3∶45.2∶39.5优化到13.5∶42.6∶43.9。项目支撑持续增强，园区平台整合提升扎实有效、招商主阵地作用不断突显，累计完成实际利用外资5.6亿美元、实际利用内资327.7亿元。特别是项目招引形势喜人，今年新引进亿元以上项目61个、再创历史新高，其中工业项目47个、占比超过77%。制造业扩量提质，"123"百亿级产业集群加快构建，净增规上企业117家、总量达到609家，工业投资增长2.5倍、年均增长25.5%。战略性新兴产业、高新技术产业、装备制造业增加值占比分别提高6.2、12、12个百分点。开展工业土地全域治理、实体经济融资畅通等攻坚行动，盘活闲置低效用地3100亩，新增上市企业3家，象商基金组建运营。建筑业平稳发展，完成施工产值756亿元。全域旅游快速发展，"北纬30度最美海岸线"品牌知名度不断提升，亚帆中心、阿拉的海、半边山

旅游度假区等一批标志性项目建成运营,象山影视城稳居全国影视基地前三强,乡村旅游蓬勃发展,年游客接待量超过2900万人次。服务业培育壮大,线上消费、夜市经济等新业态逐步兴起,青草巷特色街区建成,三产增加值年均增长7.8%。现代农业领跑全省,农业总产值稳居全省第二,其中渔业捕捞量列全国第四,红美人柑橘享誉全国,国家农产品质量安全县成功创建,列入首批国家级渔港经济示范区。

五年来,我们提标提速,城乡品质不断优化。全面实施亚运城市行动,大力推进“168”工程,获评省文明县、省园林城市。加快城市有机更新,房屋征迁面积突破百万平方米,“精特亮”创建工作列全市第一方阵。城市商圈业态升级,万达广场等商业综合体建成营业,现代物流园集聚效应显现。象山影视学院等项目建成投用,大目湾青创社区形象初显。率先开展美丽集镇建设,荣获省小城镇环境综合整治优秀县,石浦国家级建制镇示范试点持续深化,西周省级小城市培育试点加快实施。综合交通体系加快构建,沈海高速石浦连接线和新桥、定塘、茅洋高速连接线建成通车,获评“四好农村路”全国示范县。美丽乡村建设走在省市前列,大花园建设入选省十佳优秀典型案例,先后荣获全国村庄清洁行动先进县、全国农村生活垃圾资源化利用示范县。持续打好治水治土治气治违治废组合拳,中央环保督察和国家海洋督察反馈问题整改扎实推进,生活垃圾焚烧发电和沼气利用项目投产运行,万元产值综合能耗下降13.5%,获评首批国家生态文明建设示范县、省“无违建县”、省大禹鼎。

五年来,我们探索实践,改革创新亮点纷呈。以数字化改革为牵引,攻坚突破92个重点改革项目,形成了数字渔港、闲置农房盘活等一批特色场景应用。党政机构、事业单位改革全面完成。大力开展营商环境便利化改革攻坚行动,首违免罚等做法全面推广,省信用县成功创建。深化投融资体制改革,调整优化国有企业总体架构,融资综合成本累计下降2个百分点,列入全国隐性债务风险化解试点。深化农村宅基地“三权分置”、海域立体分层设权等改革,入选全国农村宅基地制度改革试点县、省自然资源资产储备制度试点。持续强化创新驱动,全社会研发投入占比提高至2.7%,高新技术企业数增长近3倍、总量达到175家。建成县科创中心等一批创新平台,中国机械科学研究总院南方中心成为集聚人才、助力转型的示范平台,新增市级以上企业工程(技术)中心96家。实施“半岛英才”计划,完善“人才绿卡”政策,新增各类高层次人才485名,人才资源总量达到17.9万人。

五年来,我们初心为民,民生福祉持续改善。财政支出民生占比每年保持70%左右,城乡居民人均可支配收入年均分别增长7%、8.1%,家庭人均年收入万元以下现象全面消除。社会主义核心价值观深入人心,“善行象山”品牌持续打响,婚丧礼俗整治做法全国推广,全国新时代文明实践中心试点建设扎实推进。海洋文化强县建设持续深化,获评首批国家级文化生态保护区,中国开渔节成为中国农民丰收节系列活动。深化“县管校聘”改革,落实“双减”政策,省教育现代化县加快创建。县域医共体改革走在全省前列,人民医院与浙江大学医学院附属第一医院开展合作,中医院迁建投用,获评国家级慢性病防控示范区。第十四届全运会帆船赛等系列赛事成功举办,浙江海洋运动中心落户我县。加强就业和社会保障,新增就业7.5万人,社保覆盖面持续扩大,省“无欠薪县”成功创建。率先构建多层次养老服务体系,慈善、残疾人、红十字事业持续健康发展。坚决打赢疫情防控的人民战争、总体战、阻击战,常态化疫情防控有力有效。深化法治象山建设,获评全国“七五”普法中期先进县、首批法治政府建设示范县。深入推进市域社会治理现代化象山试点,“一中心四平台一网格”基层治理体系加快构建,“村民说事”写入《中央办公厅国务院办公厅关于加强和改进乡村治理的指导意见》,全国加强乡村治理体系建设工作会议在我县成功举办。扫黑除恶专项斗争成效显著,信访、安全生产、防汛防台等工作扎实有效,勇夺“一星平安金鼎”。

五年来,我们从严从实,党的建设全面加强。充分发挥县委总揽全局、协调各方作用,支持人大、政府、政协依法依章程履行职能,人大创新打造“代表督事”品牌,联系群众优势更好发挥;政协创设协商平台,有力推动协商民主广泛多层制度化发展。扎实做好新时代统战工作,获评“中国乡贤文化之乡”,群团改革持续深化,民族、宗教、档案、史志等工作深入推进。坚持党管武装,蝉联“全国双拥模范县”六连冠。牢牢把握意识形态工作领导权,县融媒体中心组建运行。深化推行“书记赛马”“双对双排”,常态化开展“四好”评选,提拔转重396人、降免职24人。加大“优苗选育”、党政储备人才选拔力度,开展“1+6”干部专业能力培训,干部队伍结构和专业素养进一步提升。用心用情做好老干部工作。健全“书记账本”制度,镇村换届和行政村规模优化调整工作圆满完成。压紧压实管党治党政治责任,坚决落实“四责协同”工作机制,狠抓“七张问题清单”整改,坚决纠治“四风”问题,“三问三治”等品牌打响,党风政风持续向好。深化纪检监察体制改革,巡察、派驻监督实现全覆盖。始终保持惩治腐败高压态势,查处了一批违纪违法案件。

五年春华秋实、五年砥砺奋进,一个个指标数据的进位、一个个重大项目的落地、一个个城市街区的改造、一个个美丽乡村的蝶变、一个个民生诉求的解决,见证了全县广大干部群众奋勇争先的豪情壮志、攻坚克难的斗争意志、昂扬向上的精神品质,这是我们迈向未来、赢得未来的最大信心和底气。在此,我谨代表中共象山县委,向广大党员干部,向老领导、老同志,向各民主党派、工商联、无党派人士、人民团体,向驻象部队、垂直管理单位,向所有为这片热土倾注过心血的建设者、奋斗者,致以崇高的敬意和衷心的感谢!

奋斗蕴含艰辛、经验源于实践。五年来的历程深刻启示我们:

必须坚持以习近平新时代中国特色社会主义思想为指导。思想是行动的先导。五年来,每当发展到了重要关口,每当前行遇到棘手问题,我们一次又一次从习近平新时代中国特色社会主义思想中找原点、寻出路、求突破。实践证明,我们只有始终沿着总书记指引的方向奋勇前行,增强"四个意识"、坚定"四个自信",坚决捍卫"两个确立"、坚定践行"两个维护",我们的各项事业才能无往而不胜。

*必须坚持以人为本人民至上。*民心是最大的政治。五年来,我们牢固树立"人民就是江山、江山就是人民"的理念,健全为民办实事长效机制,扎实办好民生实事,解决了一批群众的"急难愁盼"问题。实践证明,我们只有心中始终装着人民、一切为了人民,全力惠民生、解民忧、暖民心,才能赢得群众的广泛信任和支持,不断汇聚起改革发展的强大合力。

*必须坚持放大优势形成胜势。*优势是发展的基点。五年来,我们深刻理解和把握"八八战略"中蕴含的优势论,立足全局谋一域,坚定不移做大海洋经济、美丽经济,不断将比较优势转化为发展胜势。实践证明,我们只有把特色优势发挥到极致,因地制宜、扬长补短,才能走出一条具有象山特色的高质量发展之路。

*必须坚持勇立潮头敢为人先。*变革是永恒的主题。五年来,我们聚焦经济社会发展中的堵点痛点难点,尊重基层群众首创精神,积极试、大胆闯、主动改,在创业创新、乡村振兴、海洋保护利用、基层治理等领域探索形成了一批改革样板。实践证明,我们只有勇当弄潮儿、敢为天下先,才能在全社会形成活力竞相迸发、创新充分涌流的生动局面。

*必须坚持实干担当敢于斗争。*担当是党性的标尺。五年来,我们直面问题、迎难而上,打通断头路、盘活闲置地、激活烂尾楼、清零征迁地,一些多年来想解决而没有解决的难题得以破冰。实践证明,我们只有越是艰险越向前、惊涛骇浪从容渡,以大无畏的斗争精神攻克一切艰难险阻,才能干出一番新天地、迎来发展艳阳天。

在肯定成绩的同时,我们必须清醒地看到工作中存在的困难和问题:一是发展速度还不够快,高质量发展成色不足,传统产业转型升级步伐不快,龙头型、链主型项目招引仍有欠缺,人才、科技等创新能力支撑不强,区域竞争压力加大。二是共同富裕短板还不少,对外交通道路、供水供气等重大基础设施仍需提升,教育、医疗、文体等公共服务优质供给离群众期待还有差距,城市综合承载力还不强。三是社会治理水平还不高,安全生产、生态环保还有短板,防汛防台、公共卫生、社会稳定等存在风险隐患,风险防控和应急处突能力仍需提升。四是管党治党力度需要持续加强,党的基层组织建设存在薄弱环节,现有组织体系与建设变革型组织新要求尚有较大差距,干部队伍塑造变革能力亟需整体提升,"四风"问题和腐败现象仍有发生。针对这些问题,我们将高度重视,采取针对性举措,切实加以解决。

二、今后五年的指导思想和奋斗目标

当前及今后一个时期,"两个大局"交织、"两个百年"交汇,不稳定不确定因素明显增多,但中华民族伟大复兴进入关键时期,省市发展"领先全国、领跑东部",总体看机遇大于挑战,时与势于我有利。格局之变凸显新地位。随着长三角区域一体化、省"四大建设"、甬台温舟一体化、市"拥江揽湖滨海"、"南翼地区崛起"等重大战略决策的实施,我县将逐步从宁波后花园走向滨海大花园,成为未来宁波大都市发展的新空间、宁波辐射台温地区的桥头堡、甬台温舟沿海经济大走廊的重要节点,战略地位进一步突显。地缘之变打开新廊道。随着宁波市域铁路象山线、象山港二通道加快推进,沿海高铁过境象山并设站方案得到省市支持,象山港、石浦港口岸开放取得实质性进展,叠加空港、信息港的谋划建设,"四港联动"大突破将从根本上改善我县发展的地缘条件,廊道空间进一步打开。动能之变激活新引擎。随着海洋强国战略引领海洋经济发展新机遇,内需新消费呼唤美丽经济新场景,宁波大都市建设激发滨海空间新价值,数字变革赋能经济社会发展新活力,"碳达峰""碳中和"催生清洁能源新产业,资源优势进一步放大。总体上看,今后五年是象山战略机遇的叠加期、爬坡奋进的攻坚期、大有作为的窗口期,我们要精准识变、科学应变、主动求变,于危机中育先机、于变局中开新局,坚定走好新时代赶考路,在新征程中展现更大作为、实现更大突破。

今后五年的指导思想是:高举习近平新时代中国特色社会主义思想伟大旗帜,深入贯彻党的十九大和十九届历次全会精神,以及习近平总书记考察浙江重要讲话精神,坚持稳中求进工作总基调,完整准确全面贯彻新发展理念,服务构建新发展格局,全面深化改革开放,推动高质量发展,统筹发展和安全,紧扣忠实践行"八八战略"、奋力打造"重要窗口",坚定不移实施"海洋强县、美丽富民,都市融入、变革驱动"战略,聚力一二五,走好共富路,跑出加速度,干出新气象,坚决扛起做强海洋经济示范区、建好"海上两山"实践地、打造共同富裕样板县的新历史使命,为加快建设社会主义现代化滨海花园城市而努力奋斗。

今后五年,聚力一二五,走好共富路,既是战略方向,也是实施路径;既是奋斗目标,也是工作重点,必须长期坚持、紧抓不放。具体来说:

"一"是目标定位,即咬定快追赶、攀新高目标,加快建设社会主义现代化滨海花园城市。在这过程中,我们要自觉扛起三大新历史使命,打造社会主义现代化滨海花园城市的标志性场景。要做强海洋经济示范区,牢记习近平总书记对象山"进一步发挥优势,寻找差距,全力推进海洋经济快速发展"的重要嘱托,以"国字号"平台集聚大项目、培育大产业、推动大改革,奋力打造宁波全球海洋中心城市标志性成果。要建好"海上两山"实践地,大力践行习近平生态文明思想,加快拓展"海上两山"转化通道,探索形成"碧海银滩也是金山银山"的实践、制度和理论成果。要打造共同富裕样板县,全面对标共同富裕指标体系,形成一批阶段性的具有象山辨识度的标志性成果,努力缩小地区差距、城乡差距和收入差距。

“二”是战略路径，即实施“海洋强县、美丽富民，都市融入、变革驱动”两大战略。海洋和美丽是象山最大的内在特色和优势，我们必须坚定实施“海洋强县、美丽富民”战略，把自身优势发挥到极致，走具有象山特色的差异化发展之路。都市和变革是当前最大的外部机遇和趋势，我们必须加快实施“都市融入、变革驱动”战略，跳出象山看象山，主动融入宁波滨海大都市建设；站在未来看象山，深度融入数字化、双循环和“双碳”等新趋势，奋力跑出发展加速度。

“五”是工作重点，即重点聚焦产业层次、城乡品质、生态价值、开放格局、治理效能等五方面工作，与习近平总书记提出的创新、协调、绿色、开放、共享五大发展理念一脉相承、一一对应，既承上启下又承前启后，是扎实推动新发展理念在象山落地生根的关键性抓手，也是我县加快高质量发展的集中发力点。

围绕上述要求，今后五年总体目标是：在完成“十四五”任务基础上，到2026年，力争GDP总量突破900亿元、全省排名跻身前45位，财政总收入突破120亿元，基本形成“四港联动”大开放格局，进一步确立宁波全球海洋中心城市重要功能区，滨海大花园建设成为全省样板，营商环境持续优化，改革探索领跑省市，城市综合承载力明显提高，为建设社会主义现代化滨海花园城市打好基础。

三、奋力谱写社会主义现代化滨海花园城市建设新篇章

一代人有一代人的长征，一代人有一代人的担当。走好新时代赶考路，我们必须在战略上保持定力，在战术上沉稳应对，在战斗上一往无前，聚焦重点、大抓落实，奋力开创社会主义现代化滨海花园城市建设新局面。

（一）*聚力提升产业层次，构建更有竞争力的现代产业体系。*创新是高质量发展的第一动力。要把发展经济着力点放在实体经济上，坚持一二三产协同推进、融合发展，大抓产业创新、科技创新，加快推动产业基础高级化、产业链条现代化，提高经济发展质量和效益。

推动制造业量质并举。锚定工业强县目标不动摇，大力发展“123”百亿级产业集群，奋力实现“五年翻一番、挺进千百亿”目标。以国家级宁波海洋经济发展示范区主体区为统领，持续深化开发区（园区）整合提升，打造“全省有地位、全国有影响”的高能级产业平台。深化象山经济开发区强区扩权改革，理顺园区管理体制，做大做强临港装备等主导产业，争创省“万亩千亿”新产业平台。调整优化浙台经贸合作区管理体制，深度融入宁波南湾新区发展，加快打鼓峙、雷公山等重点区块开发，建设国家级渔港经济示范区。协同推进宁波航天智慧科技城开发，加快推动商业航天发射场建设，招引集聚一批重大航天产业项目，打造央地合作、军民融合样板。坚持招商引资一号工程，打好产业链精准招商组合拳，每年招引一批“大好高”项目。强化数字赋能，打造“产业大脑”，加快纺织服装、汽模配、船舶制造、水产品加工等传统产业改造提升，重塑产业发展竞争新优势。持续开展“凤凰”“雄鹰”“雏鹰”行动，培育壮大“330”企业梯队，推动企业上规、上市、上云、上榜，实现国家高新技术企业数量倍增。扎实实施新一轮“腾笼换鸟、凤凰涅槃”行动，深化“亩均论英雄”改革，实现规上工业亩均增加值、亩均税收双翻番。

推动旅游业提档升级。聚焦IP、流量、体验，探索都市新消费场景营造改革，打造长三角海洋旅游目的地。强化全域旅游策划，综合运用艺术美学、体育运动、数字科技等多种方式点亮激活海岸线，全方位展现万象山海、千年渔乡、百里银滩、十分海鲜、一曲渔光的独特风情，持续打响“北纬30度最美海岸线”全域旅游品牌。深化全域旅游目的地传播营销机制，加强与互联网在线旅游平台深度合作，加快建设环绕全县域的“海上两山”风景道，进一步提升精准获客和有效导流能力。深化文旅、农旅、体旅、康旅、商旅融合发展，大力发展研学体验、游艇海钓、休闲康养等旅游新业态，不断丰富旅游产品体系。推进松兰山国家级旅游度假区创建，创成半边山省级旅游度假区，加快渔港古城二期、中国渔村二期等一批重大旅游项目建设，联动打造环石浦港滨海旅游目的地。推进象山影视城AAAAA级景区创建，加快建设数字影城、未来景区，加大影视集团改革力度，打造全国影视基地新龙头、宁波影视之城核心区。建设智慧旅游“数字大脑”，实施旅游业“微改造、精提升”五年行动计划，构建“畅游象山”旅游服务体系。

推动服务业扩容提质。优化商业网点布局，建设以人民广场为中心的商旅文融合发展城市核心区和城东、城西、大目湾商业中心，整合推动专业市场集聚发展，构建城市多元的消费新空间。建设现代物流园二期，培育发展工业设计、金融保险、检验检测等产业，推动生产性服务业向专业化和价值链高端延伸。实施传统消费提档升级行动，加快建设一批海鲜餐饮特色店和集聚区，支持节事节庆与商圈商场融合发展，进一步激发居民消费潜力。

推动农业高质高效。坚决遏制耕地“非农化”、防止耕地“非粮化”，牢牢守住粮食安全底线。实施“3435”乡村产业振兴行动、数字农业“1121”工程，创建一批特色农产品优势区、现代农业产业园、特色农业强镇。突出科技强农、机械强农，大力推进“亩均超万美元”工程，推动“两红一白”等特色优势产业效益倍增。巩固提升国家农产品质量安全县创建成果，深化“肥药两制”改革，创建国家级“象山柑橘”公用品牌培育提升标准化示范区。实施现代种业提升工程，开展种子种源“卡脖子”技术攻关。高水平建设省渔业转型发展先行区，加大减船转产力度，加快渔业组织和生产方式变革，鼓励发展远洋渔业。推进全国农民合作社质量提升整县试点，促进小农户与现代农业发展有机衔接。

推动建筑业转型发展。加快建筑业向绿色化、数字化、智能化方向发展，巩固提升省建筑强县地位。推动新一代信息技术与建筑工业化技术协同发展，推广装配式建筑和智能建造技术集成应用，鼓励龙头骨干企业拓展延伸业务领域。支持建筑企业重组、并购、上市，鼓励企业加强绿色技术、绿色建材研发应用，推动建筑产业和人才回归。

（二）聚力提升城乡品质，打造更具辨识度的滨海花园城市。协调是高质量发展的内生特点。要围绕推进以县城为重要载体的新型城镇化建设，深入实施亚运城市行动，统筹城乡融合发展和精神文明建设，着力打造别样风情、独具韵味的滨海花园城市。

高站位提升城市综合承载力。以都市新城区的理念和标准谋划推进城市基础设施建设，优化"一核两翼三极"城市发展空间布局，适时启动镇乡（街道）行政区划调整，积极推动撤县设区。以城乡风貌整治提升为主线，开展全域国土空间综合整治，立足公园城市、未来社区建设理念，把更多美学元素、艺术元素应用到城乡规划建设中，全面实施城乡公共空间改造系列行动，创建"新时代富春山居图"县域样板区。高品质改造人民广场，建成全民健身中心、阅读中心和城市印象馆，打造城市文化地标。加大城中村综合整治力度，推进城西区块有机更新，结合TOD理念加快城南区块开发。实施一批河道景观、山体修复、绿地绿道、夜景灯光等项目，倡导全民植树养花，创建国家森林城市和国家园林城市，努力把象山建设为一座"推窗见绿、出门观景、四季闻香、全域美丽"的滨海大花园。高水平开发建设大目湾，大力发展运动康养旅游、科创文创数创等产业，打造更具活力的青创社区。加快新型智慧城市建设，加强城市安全基础设施智能化、专业化、精细化管理，提升城市社区治理和物业管理水平。深化市民化集成改革，加快推动外来人口和农村转移人口向中心城区集聚。

高标准创成美丽乡村标杆县。高质量实施乡村振兴战略，率先建成农业农村现代化县域样板。落实"百镇样板、千镇美丽"工程，推动石浦镇打造"一座活着的古渔镇"，提升西周镇小城市建设水平，统筹抓好中心镇、特色镇和一般镇建设。持续深化"千万"工程，深入开展新一轮村庄布点规划和建设规划，推进"三师下乡"，开展全域"精特亮"创建，建成一批美丽乡村和精品线。深入开展"三大革命""三清三美"等行动，持续改善农村人居环境。实施乡村建设行动，优化农村公共服务供给和乡村邻里公共空间，打造一批共同富裕的未来乡村。深入推进"两进两回"行动，引进建设一批乡村产业项目，推动民宿经济品质化、平台化、特色化发展。开展新一轮村级集体经济巩固提升五年行动，行政村年收入50万元且年经营性收入20万元以上实现全覆盖。

高水平建设海洋文化强县。大力践行社会主义核心价值观，实施公民道德建设工程，开展"最美"系列评选，深化未成年人思想道德建设，打响"善行象山"品牌。加强村规民约、公序良俗建设，深化家庭家教家风建设，让"乡风文明、美丽宜居"成为新风尚。示范建设全国新时代文明实践中心，深化实施"文明两促""文明啄木鸟"行动，健全志愿服务体系，创成全国文明城市。实施公共文化服务优化工程，新建一批公共文化基础设施，提升农村文化礼堂建管用育一体化水平，打造"一人一艺"等文化服务品牌，构建"15分钟品质文化生活圈"。实施文化基因解码工程，发挥中国海洋渔文化馆等作用，活化利用好历史文化遗产和非遗文化，高水平建设国家级海洋渔文化生态保护区。推进文艺高峰攀登工程，精心推出新渔光曲等一批体现象山特色、彰显象山精神的精品力作。做强文化企业，加快发展数字影视、创意设计、现代演艺等产业，文化产业增加值占比提高到4%。精心办好中国开渔节、中国海洋论坛等活动。高水平承办2022杭州亚运会帆船帆板、沙滩排球赛事，举办一批品牌赛事活动，借势发展海洋运动产业，高标准打造水上亚运精彩板块，创建省体育现代化县。

（三）聚力提升生态价值，拓展更加可持续的"两山"转化通道。绿色是高质量发展的普遍形态。要深入贯彻习近平生态文明思想，加快构建陆海统筹、系统完善的生态治理体系，促进人与自然和谐发展，让绿色成为象山最动人的色彩。

坚决打好污染防治攻坚战。高质量抓好中央生态环境保护督察、国家海洋督察等反馈问题整改，进一步巩固提升整改成效。坚决打赢蓝天保卫战，不断改善环境空气质量。持续打好治水提升战，实施水资源平衡"512工程"，健全湾（滩）长制、林长制、河（湖）长制，全面建成"污水零直排区"。扎实推进净土清废攻坚战，加强矿山治理，强化农业面源污染防治，积极推进生活垃圾分类，提升静脉产业园功能，持续加大受污染土壤治理修复力度，建成"无废城市"。加大重点生态功能区保护力度，谋划实施一批海塘安澜工程，推进大塘港、蟹钳港、西沪港综合保护和开发利用，加快建设花岙岛国家级海洋公园，持续提高韭山列岛、渔山列岛国家级保护区管理水平，保护生物多样性。

率先建设"碳中和"先行示范区。积极抢抓"双碳"机遇，谋划建设环石浦港零碳产业园，促进产业生态化、生态产业化同步提速。实施风光倍增计划，培育发展"风光核水储氢"等清洁能源，逐步优化能源供给体系。加快推动能耗"双控"向碳排放总量和强度"双控"转变，出清"低散乱污"企业，坚决遏制高能耗高排放项目。倡导绿色消费，增加绿色产品和服务供给，推动衣食住行用游全过程绿色升级。全面开展绿色创建活动，大力推广简约适度、绿色低碳、文明健康的生活方式。

健全生态产品价值实现机制。探索建立GEP核算机制，建设海上"两山银行"。建立生态产品政府采购和市场交易制度，完善市场化、多元化生态补偿机制，探索排污权、用能权、碳排放权等市场化交易，全面拓展生态产品价值高效实现路径。大力发展循环经济，加快构建废旧物资循环利用体系。做好"生态+"文章，培育发展绿色信贷、绿色基金、绿色保险等新型生态服务业。

（四）聚力提升开放格局，汇聚更具变革性的发展动能。开放是高质量发展的必由之路。要主动融入双循环格局，突出人才优先、数字赋能、创新驱动，以开拓性思维和突破性举措，优化营商环境、释放发展活力、注入更强动力。

建设战略性开放通道。坚持大抓交通、抓大交通，加快构建“外联内畅中枢纽、公铁海空全方位”综合立体交通网络。建成宁波市域铁路象山线，全力争取沿海高铁过境象山设站，动建象山港二通道、象山至宁海高速公路、G527国道，谋划东海岸高速公路等廊道。顺应甬舟深度一体化，主动融入宁波舟山港，加快建设一批高等级港口基础设施，健全港区集疏运体系，加快发展水路联运、水水中转等港航服务业。谋划推进通用机场建设，争取列入低空空域管理改革试点。加快5G、物联网、大数据等新兴基础设施建设，推动陆上、海上、天上、网上四位一体连通。

打造新时代人才强县。围绕产业链部署创新链、升级人才链，加快建设更高水平人才强县，到2026年底，人才资源总量突破25万人，每万名就业人员拥有人才资源数突破5000人，推动高层次人才数、青年人才数、人才计划项目数“三倍增”。坚持以高能级创新平台提升人才粘着性，支持中国机械科学研究总院南方中心创建国家创新中心，整合建强县科创中心、海洋科技创业园等一批创新平台，着力引进一批产业契合度高的高水平院校、科研院所和孵化器。大力实施“半岛英才”“半岛名师”“半岛工匠”等系列行动，开展“凤栖山海·家燕归巢”青年人才招引计划，统筹加强企业管理、旅游经营、城建交通、乡村振兴等各类人才队伍建设。强化企业引才主体作用，鼓励和支持企业开展院企合作、推动产学研转化以及自主建设技术创新中心、企业研究院、企业工程中心等，加大对企业引才的政策支持力度，奏响政企合作引才“大合唱”。实施人才新政，建立人才专项风险池和专项基金，健全人才安居、子女教育等保障机制，推进人才服务“一码通办”便利化改革，构建全链条人才创业创新服务体系。

推动全方位改革先行。围绕“一年出成果、两年大变样、五年新飞跃”总体目标，完善数字化改革“152”工作架构，谋划生成一批突破性改革举措。以重大需求为牵引，聚焦“一地创新、全省共享”和“最佳应用”，打造数字渔港、智治影城等一批具有象山辨识度的标志性大场景。以数字化改革牵引重点领域改革，深化“放管服”改革，健全营商环境重点问题全闭环解决机制，扩面提质“一件事”集成改革，探索以承诺制为核心的极简审批，打造市场化、法治化、国际化的一流营商环境，构建“亲”“清”政商关系。深化投融资体制改革，优化国有资产布局，加快国有企业市场化转型，有序推进“乡财县管”，进一步做优资产、做大收入、做活机制。深化海洋产权制度改革，做实省自然资源资产储备制度试点，推广海域立体分层设权，探索建立海洋经济高质量发展指数，打造海洋资源开发经营的“象山模式”。深化农村宅基地制度改革，稳慎推行宅基地资格权权票制度，联动推进集体经营性建设用地入市，加快盘活农村闲置资产资源。

构建多领域开放体系。聚焦“融甬城、接沪杭、联台温”，大力实施对接融入长三角区域一体化发展行动，进一步强化产业、科技、人才等全方位合作，在区域协同发展中提升竞争力。推动石浦港、象山港口岸正式对外开放。主动融入“双循环”新发展格局，深度开发传统市场，大力开拓新兴市场，做大做强跨境电商公共服务平台，不断提升开放型经济发展水平。主动对接市“一带一路”综合试验区建设，支持企业开展境外投资、跨国并购，参与全球产业链、价值链重构。引导企业促进内外贸一体化，创新营销手段，深耕国内市场。

*（五）聚力提升治理效能，创造更有幸福感的美好生活。*共享是高质量发展的根本目的。要坚持把满足人民群众对美好生活的向往作为我们的奋斗目标，完善“党建统领、四治融合”社会治理体系，实施幸福民生系列行动，推动共同富裕和促进人的全面发展。

加强和创新社会治理。深入推进市域社会治理现代化象山试点，扎实开展“县乡一体、条抓块统”改革，推动“152”“141”体系衔接贯通，构建县镇村三级联动的整体智治新格局。健全县乡两级矛盾纠纷调处化解机制，推动群众诉求“最多跑一地”。深化乡村治理集成改革，推进“村民说事”国家级标准化试点创建，整合完善小微权力清单、全科网格管理等制度，打造全国乡村治理体系建设示范县。强化“五社联动”，推行“居民说事”，打造社会治理共同体。

深化“平安象山”建设。推进“八五”普法，深化司法体制综合配套改革，努力让群众在每一起司法案件中感受到公平正义。进一步完善社会信用体系，推进信用象山建设。慎终如始抓好常态化疫情防控，筑牢“外防输入、内防反弹”严密防线。构建风险闭环管控大平安机制，健全安全生产责任体系，突出抓好涉海涉渔等重点领域风险治理，夺取“二星平安金鼎”。完善社会治安立体化智能化防控体系，推广“智安小区”等平安单元建设，依法打击新型网络犯罪等各类违法行为，常态化开展扫黑除恶斗争，提升群众安全感满意度。健全信访矛盾多元化解体系，推进社会矛盾“访调诉裁一体化”，持续开展“无信访积案县”创建。健全应急体系，提升防汛防台防旱、食品药品监管等工作水平。

健全社会保障体系。实施就业优先战略和更加积极的就业政策，深入推进“乐业象山”建设，多渠道增加群众收入。完善扩大中等收入群体规模政策体系，推动更多劳动者通过自身努力跨入中等收入群体行列。实施“象有保障”行动，完善城乡居民基本养老保险制度，健全多层次医疗保障体系。实施“象有温暖”行动，探索建立先富帮后富工作体系，完善分层分类救助帮扶体系，确保零就业家庭动态清零。实施“象有颐养”行动，推动养老事业、养老产业协同发展。实施“象有安居”行动，坚持“房住不炒”，分类实施住房供应和保障，促进房地产业良性循环和健康发展。

提升公共服务质量。实施“象有优学”行动，深化“双减”等教育领域综合改革，加强教师队伍建设，创建省教育现代化县。扩大普惠性优质学前教育资源供给,推动县域集团化办学全覆盖,创建全国学前教育普及普惠县、全国义务教育优质均衡发展县。实施普通高中高质量发展行动计划,着力提升以象山中学为代表的高中教育质量和水平。创建象山港技师学院,构建职普融通、产教融合、育训兼容的技能人才培育体系。积极引进高端优质教育资源,统筹推进特殊教育、成人教育、老年教育等终身教育发展。实施"象有健康"行动,创建全国健康促进县。扩大高品质医疗服务资源供给,不断提高合作办医成效。深化"医共体"建设,推进"三医联动、六医统筹"医药卫生体制改革,切实提高基本医疗卫生服务均等化水平。实施"象有善育"行动,落实三孩生育政策,健全婴幼儿社会化照护服务体系,促进人口长期均衡发展。加快建设现代公共卫生体系,广泛开展全民健身运动、爱国卫生运动,完善疾病预防控制体系和重大疫情防控体制机制。

四、全面加强新时代党的建设

实现未来五年奋斗目标,关键在党、关键在人。要全面贯彻新时代党的建设总要求,一体推进党的政治建设、思想建设、组织建设、作风建设、纪律建设,把制度建设贯穿其中,大力弘扬伟大建党精神,发扬勇于自我革命精神,建设变革型组织,提高塑造变革能力,全方位重塑组织新形态、干部好状态。

(一)强化政治引领,筑牢绝对忠诚的信念根基。坚持不懈用习近平新时代中国特色社会主义思想武装头脑、指导实践,巩固提升"不忘初心、牢记使命"主题教育和党史学习教育成果,把增强"四个意识"、坚定"四个自信"、捍卫"两个确立"、践行"两个维护"融入血脉、落到行动。大力实施党的创新理论"铸魂"工程,持续加强学习型党组织建设。严明政治纪律和政治规矩,严格落实民主集中制、"三会一课"等制度,坚决落实中央和省委、市委各项决策部署,做到政治上讲忠诚、组织上讲服从、行动上讲纪律。牢牢掌握意识形态工作领导权主动权,加强新闻舆论、互联网等阵地管理,提升融媒体中心建设水平。

(二)塑造变革能力,锻造堪当重任的干部队伍。严格落实新时代好干部标准,以"双对双排"构建立体画像评价体系,以实干论英雄、凭实绩用干部,打造一支勇于担当、善于变革、敢于争先的高素质干部队伍。开展干部专业化能力提升行动,实施"1+X"分层分类专业培训,系统提升干部依法履职行政、驾驭市场经济、应对风险挑战、主动塑造变革的能力水平。持续优化领导班子配备和干部队伍结构,健全培养选拔优秀年轻干部机制,统筹做好女干部、党外干部选配工作。坚持严管厚爱、激励约束并重,落实提醒函询诫勉、重大事项报告等领导干部日常管理制度,健全鼓励激励、容错纠错、能上能下等机制,形成干部为事业担当、组织为干部担当的良好局面。

(三)突出强基固本,打造坚强有力的战斗堡垒。贯彻落实"红色根脉强基工程",扎实开展"强基固本"三年行动,推动基层党建全领域建强、全县域提升。对标"百县争创、千乡晋位、万村过硬"工程,全域推行"党建联盟",探索实施片区网格微治理,打造一批特色党建品牌。加强机关党建表率引领,深入推进社区、"两新"组织等领域党组织建设,探索加强新业态、新就业群体党建工作。完善"书记账本"制度,大力实施"头雁领航"工程,选优配强"第一书记",持续加强基层党组织带头人队伍建设。深化党员星级管理,探索数字化条件下流动党员管理办法。

(四)建设清廉象山,涵养风清气正的政治生态。严格落实全面从严治党"两个责任",推进"四责协同"全面有效联动。持续完善监督体系,提升监督效能,重点加强对"一把手"和领导班子的监督,推动政治监督具体化常态化。坚持纠"四风"和树新风并举,完善"四问四治"工作机制。常态化开展"三服务"活动,深入一线为企解难、为民解忧,推动党员干部作风系统性重塑。持续抓好"七张问题清单"整改,完善问题及时主动发现有效解决闭环机制。充分发挥县委巡察、派驻监督作用,综合运用"四种形态",保持惩治腐败高压态势,打响"象廉相依"清廉文化品牌,一体推进不敢腐、不能腐、不想腐。完善乡村清廉指数考评体系,高水平建设"清廉村居"。

(五)营造团队文化,凝聚众人划桨的强大合力。坚持和加强党的全面领导,营造同心同德、同向同行的良好局面。支持县人大及其常委会按照"四个机关"新定位依法行使职权,探索深化全过程人民民主实践,进一步发挥人大代表作用。支持县政协发挥专门协商机构作用,完善协商与决策之前和决策实施之中的落实机制,持续打响"请你来协商"工作品牌。坚持大统战工作格局,支持各民主党派、工商联和无党派人士参政议政,做好民族、宗教、对台、侨务等工作,不断巩固和发展爱国统一战线。加强群团组织政治性先进性群众性建设,更好发挥工会、共青团、妇联、科协等桥梁纽带作用。加强国防动员和后备力量建设,争创全国双拥模范县"七连冠"。

同志们,星光不负赶路人,山海不忘有心人。今日之象山,正处于船到中流浪更急的关键时期,不进则退慢进也是退,唯一出路就是团结一致向前看、撸起袖子加油干!让我们更加紧密地团结在以习近平同志为核心的党中央周围,在省委、市委的坚强领导下,以山高人为峰的壮志、向东是大海的豪情,聚力一二五,走好共富路,跑出加速度,干出新气象,为加快建设社会主义现代化滨海花园城市而努力奋斗!

党代会报告名词解释

"双突破双驱动":突破工业经济和旅游经济,改革驱动、创新驱动。

"六稳":稳就业、稳金融、稳外贸、稳外资、稳投资、稳预期。

"六保":保居民就业、保基本民生、保市场主体、保粮食能源安全、保产业链供应链稳定、保基层运转。

"两学一做":学党章党规、学系列讲话,做合格党员。

三大攻坚战:防范化解重大风险、

精准脱贫、污染防治。

“123”百亿级产业集群:发展壮大临港装备这一核心产业集群,改造提升汽模配、纺织服装两大传统产业集群,培育形成功能材料、绿色能源、海洋生物三大新兴产业集群。

“168”工程:整治一条亚运路线,会战西谷湖门户、老城区、体育馆周边、大目湾、松兰山入口、东谷湖等六大区块,实施规划统筹、城市更新、生态维育、功能增强、服务提标、都市发展、人文复兴、城市治理等八大工程。

“精特亮”创建:市委市政府在全市开展的专项行动,要求各县(市区)每半年打造2条“精品线路”、2个“特色街区”、10个“亮点工程”。

宅基地“三权分置”:宅基地所有权、使用权以及农户作为集体经济组织成员的资格权三权分置。

一中心四平台一网格:“一中心”指县级社会矛盾纠纷调处化解中心,“四平台”指乡镇综合治理平台、市场监管平台、综合执法平台、公共服务平台,“一网格”指村社全科网格。

“双对双排”:“岗位对责、绩效对账”和“块上排位、线上排位”的干部考核机制。

“四好”评选:好班子、好班长、好团队、好干部评选。

“1+6”干部专业能力培训:党政“一把手”推动经济高质量发展专题研修班,以及工业经济、城市建设、投融资、数字信息、服务业(旅游)、乡村振兴等6个专题干部专业能力进修班。

“四责协同”:党委的主体责任,纪委的监督责任,党委书记的第一责任以及班子成员的一岗双责责任。

“七张问题清单”:基于巡视、审计、督查、生态环保、安全生产、网络舆情、群众信访等七方面形成的问题清单,是省委抓党建带全局的重要抓手和加强政治建设的具体举措。。

“三问三治”:问责治怠、问效治慢、问廉治腐。

“四问四治”:在“三问三治”的基础上,增加问制治源。

“四个意识”:政治意识、大局意识、核心意识、看齐意识。

“四个自信”:中国特色社会主义道路自信、理论自信、制度自信、文化自信。

“两个确立”:确立习近平同志党中央的核心、全党的核心地位,确立习近平新时代中国特色社会主义思想的指导地位。

“两个维护”:坚决维护习近平总书记党中央的核心、全党的核心地位,坚决维护党中央权威和集中统一领导。

“四大”建设:大湾区大花园大通道大都市区建设。

“330”企业:指通过扶强扶优措施,重点培育形成30家规模大、综合实力强的领军型企业,30家市场占有率高、行业话语权大的标杆型企业,30家成长性好、产品科技含量高的创新型企业。

“3435”乡村产业振兴行动:提升粮食、生猪、蔬菜等3个基础产业,优势种业、现代渔业、精品果业、白鹅产业等4个特色优势产业,农产品加工业、资源综合利用环保加工业、农产品商贸流通业等3个加工流通业,乡村数字产业、乡村休闲旅游业、乡村文体康养业、乡土特色产业、乡村现代化服务业等5个融合产业。

数字农业“1121”工程:建设1个农业大数据中心,编制1张农业产业数字地图,打造全产业链数字化和象山特色农产品信息展示2大平台,培育1批数字农业示范基地。

“两红一白”:柑橘、梭子蟹、白鹅。

一核两翼三极:“一核”指突出中心城区核心地位,“两翼”指打造北翼象山港产业新城、南翼环石浦港经济区,“三极”指建设汽配智造小镇、星光影视小镇、航天科技小镇。

TOD理念:以公共交通为导向的综合开发。

“三师下乡”:规划师、建筑师、工程师下乡服务并参与乡村建设。

“三大革命”:农村垃圾、污水、厕所专项整治。

“三清三美”:清洁田园、清洁山体、清洁水面和美丽村社、美丽廊道、美丽港湾。

“两进两回”:科技进乡村、资金进乡村,青年回农村、乡贤回农村。

水资源平衡“512工程”:力争通过5年时间,投入20个亿,重点实施降漏损、节水、分质供水、水源地保护、水库群精准调度、水库清淤、新增水源工程、扩建水库工程、小型水厂提升工程、县外引水等10方面项目工程。

数字化改革“152”工作架构:“1”即一体化智能化公共数据平台,“5”即党政机关整体智治综合应用、数字政府综合应用、数字经济综合应用、数字社会综合应用和数字法治综合应用,“2”即数字化改革的理论体系和制度规范体系。

“141”:即一中心四平台一网格。

“五社联动”:社区、社会组织、社工、社会资源及社区自治组织联动。

“三医联动”:医疗、医保、医药改革联动。

“六医统筹”:统筹医保、医疗、医药、医院、中医、医生。

“四种形态”:让咬耳扯袖、红脸出汗成为常态;党纪轻处分和组织处理要成为大多数;对严重违纪的重处分、作出重大职务调整应当是少数;而严重违纪涉嫌违法立案审查的只能是极少数。

“四个机关”:自觉坚持中国共产党领导的政治机关、保证人民当家作主的国家权力机关、全面担负宪法法律赋予的各项职责的工作机关、始终同人民群众保持密切联系的代表机关。

政府工作报告

——在象山县第十九届人民代表大会第一次会议上

(2022年1月23日)

代县长　李晓东

一、过去五年工作回顾

县十八届人大一次会议以来,面对错综复杂的外部环境、艰巨繁重的改革发展任务,以及突如其来的新冠肺炎疫情,我们坚持以习近平新时代中国特色社会主义思想为指导,在县委的正确领导下,在县人大、县政协的监督支持下,团结依靠广大干部群众,自觉践行新发展理念,主动融入新发展格局,深入实施"双突破双驱动"和"海洋强县、美丽富民"战略,全面落实"六稳""六保"各项举措,全县经济社会保持平稳健康发展。甬台温沿海高速复线建成通车,宁波市域铁路象山线大目湾站动工建设,蝉联全国综合竞争力百强县,跻身中国创新百强县、全国营商环境百强县、全国县域旅游综合实力百强县,胜利实现高水平全面建成小康社会。2021年,预计完成地区生产总值660亿元、五年年均增长5.6%,财政总收入90.7亿元、年均增长7.7%,一般公共预算收入57.9亿元、年均增长8.7%,累计完成固定资产投资1043亿元、年均增长9.2%,城乡居民人均可支配收入年均分别增长7.2%、8.4%。

五年来,我们致力稳增长、促转型,综合实力迈上新台阶。制造业扩量提质。坚持工业强县不动摇,大力培育"123"百亿级产业集群,规上工业产值达到750亿元。开展产业链精准招商,引进亿元以上项目227个,实际利用外资5.6亿美元、内资464亿元,其中制造业项目166个,工业投资年均增长22%、增速连续五年居全市前三。加快新旧动能转换,淘汰"低散乱"企业818家,建设劳伦斯新能源等数字化车间11个,战略性新兴产业、装备制造业、高新技术产业增加值年均分别增长15.3%、11.6%、9.9%。突出扶强扶优,兑现降本减负资金67.2亿元,净增规上企业138家、总数达到630家,合力科技、乐惠国际、锦浪科技成功上市,申菱机电、戴维医疗、日星铸业等17家企业成为单项冠军企业,新增国家级专精特新"小巨人"企业9家。发挥大平台主阵地作用,国家级宁波海洋经济发展示范区获批建设,经济开发区建成投产亿元以上项目52个,浙台经贸合作区建设有序推进,宁波航天智慧科技城完成投资63亿元。建筑业保持全市领先,龙元、宏润等企业获得国家级优质工程奖19项,建筑业总产值达到712亿元。旅游业蓬勃发展。积极建设国家全域旅游示范区,打造北纬30度最美海岸线品牌,创成首批省级全域旅游示范县、文旅产业融合试验区,旅游综合收入年均增长10.7%。阿拉的海、半边山旅游度假区、中国海影城海上传奇等项目建成运营,象山影视城稳居全国影视基地前三强、成为省级特色小镇创建单位。花岙岛列入省十大海岛公园建设名单,AAA级景区镇实现全覆盖,新增省等级民宿40家、总量全市第一。服务业培育壮大。深入创建省级服务业强县,服务业增加值达到300亿元、年均增长8%。完善城乡商贸网络,创建省级放心农贸市场15家、星级农贸市场24家,万达广场建成运营,社会消费品零售总额年均增长8.9%。现代物流园区二期投入使用,建成市级电商产业基地3个,网络零售额年均增长23%。引进银行业金融机构5家,开发首创保险17个,存贷款余额年均分别增长9.3%、11.5%。农渔业稳步增长。实施农业"亩均超万美元"工程,农渔业总产值达到152亿元、稳居全省第二,农业亩均产值、劳动生产率超全省平均水平2倍。建成粮食生产功能区10.1万亩,新增省级特色农业强镇4个。改造健康养殖示范区2.5万亩,获评全国渔业健康养殖示范县、省级渔业转型发展先行区。建成现代农业大数据服务中心,新增省级数字农业工厂4个,被评为省级农业"机器换人"示范县。新增国家地理标志证明商标3个,"红美人"柑橘享誉全国,创成国家农产品质量安全县。

五年来,我们致力强改革、抓创新,县域发展迸发新活力。重点改革持续深入。实施重点领域改革92个、市级以上试点64个,获得省级以上推广55个。积极推进数字化改革,形成制度理论成果17项,象山数字港一期建成投用,数字渔港、码上有地等12个项目成为省级试点示范应用,28个特色应用上线浙里办。迭代升级"最多跑一次"改革,开展营商环境便利化攻坚行动,政务服务一窗通办、一事联办全面实现,一业联管、首违免罚创新推广,省级信用县成功创建。狠抓投融资体制改革,国资国企结构持续优化,新增AA+信用等级企业2家,融资综合成本率下降2个百分点,列入隐性债务风险化解全国试点。农村宅基地"三权分置"、海域分层确权改革走在全国前列,激活宅基地和农房7.3万平方米、海域4200亩,成为全国农村宅基地制度改革试点县、省自然资源资产储备制度试点。"亩均论英雄"改革成效明显,消化批而未供土地1.6万亩,处置低效用地2.4万亩,规上企业亩均税收增长

25.4%。创新能力不断提升。研发经费支出占比提高到2.5%，新设立市级以上研发机构96家，新增高新技术企业106家、增长近3倍。中国机械科学研究总院南方中心一期、科创中心、半岛农业星创天地建成投用，中国电子科学研究院创新分中心、浙江理工大学象山现代针织研究院作用有效发挥。鼓励企业自主创新，新认定“品字标”企业15家，有效发明专利达到991件、实现翻番。实施“半岛英才”“半岛工匠”“百校万名大学生”等计划，新增高层次人才485名、高技能人才2.3万名，人才资源总量达到17.9万人。开放融入步伐加快。主动对接长三角一体化发展，建立科创飞地15个，开展科技合作项目436个，105个政务服务事项实现长三角通办。深度融入甬舟一体化，石浦港、象山港口岸正式对外开放获省政府同意。抢抓“一带一路”机遇，积极应对国际经贸摩擦，完成货物贸易出口总额864亿元、境外承包工程营业额18亿美元。

五年来，我们致力迎亚运、优环境，美丽象山展现新风貌。城市品质优化提升。突出规划引领、功能完善，编制新一轮国土空间总体规划，加快城乡融合发展，中心城区建成区面积拓展到38.2平方千米，城镇化率达到62%。开展“迎接亚运、城市双修”行动，完成项目111个，亚帆中心、沙排基地建成投用。实施棚户区改造75万平方米，建设品质小区343万平方米，改造老旧小区12个、城中村28个，城镇人均住房面积达到42.4平方米，青草巷特色街区建成运营。推进路域环境、城市家具等公共空间品质提升，塔山公园、东大河滨水景观带、环城绿道一期建成投用，获评省级园林城市、省级海绵城市优秀县。新改建靖南大街、来薰路等城市道路26条，客运东站投入使用，市政路网密度增长21%。大目湾新城完成投资122亿元，象山影视学院等15个功能性项目建成投用，青创社区形象初显。健全城市管理常态化执法机制，市政运维市场化改革扎实有效，创成省文明县。美丽乡村成效明显。率先开展美丽集镇建设，实施小城镇环境综合整治，创成省市级美丽城镇样板乡镇6个，获评省级小城镇环境综合整治先进县。石浦国家级建制镇示范试点深入开展，西周省级小城市培育扎实推进，贤庠、鹤浦、定塘等城镇功能不断完善。深化美丽乡村“千万工程”，行政村规模优化调整减少135个，建成省级新时代美丽乡村精品村107个、市级美丽乡村示范镇村37个，新增市级以上美丽宜居示范村21个，通过首批省级新时代美丽乡村标杆县验收。完善城乡基础设施，沈海高速石浦连接线和新桥、定塘、茅洋高速连接线建成通车，新改建农村公路125千米，每百平方千米路网密度达到109千米，获评“四好农村路”全国示范县。建成海塘安澜工程21千米，铺设供水管网203千米，改造农村供水“一户一表”10.2万户。新改建110千伏变电站4座，5G信号实现镇乡（街道）主镇区全覆盖。生态环境持续改善。打好污染防治攻坚战，中央环保督察、国家海洋督察反馈意见有效整改，获评首批国家生态文明建设示范县。环境空气质量全市领先，被评为省级清新空气示范县。全域创成市级“污水零直排区”，建成省级美丽河湖3条，夺得省“大禹鼎”，成为全国节水型社会建设达标县。完成“三改”300万平方米，拆违647万平方米，土地综合整治3.4万亩，修复海岸线93千米，获评首批省级“无违建县”。生活垃圾焚烧发电项目投产运行，沼气综合利用项目完成主体工程，农村卫生厕所普及率、污水处理率、垃圾分类覆盖率稳步提高，被评为全国村庄清洁行动先进县、全国农村生活垃圾分类和资源化利用示范县。绿化造林1.9万亩，建成绿道118千米，创成首批省级美丽经济交通走廊示范县。精准落实能源“双控”，淘汰高污染燃料锅炉278台，可再生能源装机规模达到95万千瓦，万元生产总值能耗下降13.5%。

五年来，我们致力保基本、惠民生，公共服务获得新提升。社会事业协调发展。坚持慎终如始、精密智控，落实常态化防控措施，超额完成疫苗接种任务，新冠肺炎疫情防控有力有效。健康象山建设、医共体改革走在全省前列，基本公共卫生服务绩效全市领先，县中医院迁建投用，获评国家级慢性病防控示范区。弘扬社会主义核心价值观，“善行象山”品牌持续打响，婚丧礼俗整治做法全国推广，成为新时代文明实践中心工作全国试点县。深化海洋文化强县建设，新增省级以上非遗项目和文保单位5个，开渔节成为中国农民丰收节系列活动，获评首批国家级海洋渔文化生态保护区。承办第14届全运会帆船比赛等省级以上赛事52次，浙江海洋运动中心落户象山，人均体育场地面积居全市第二。深化“县管校聘”改革，定向培养乡村全科教师135人，名优教师占比翻番，中小学教师平均工资收入达到公务员平均水平，新改建学校22所，被评为宁波市第二轮学前教育三年提升行动先进县。社会保障日益健全。年度财政支出民生占比保持在70%以上，累计完成民生实事项目156个。打好精准脱贫攻坚战，东西部协作、山海协作任务扎实完成，全县家庭人均年收入万元以下现象全部消除。城镇新增就业7.5万人，创成省级“无欠薪”县。职工医保与生育保险合并实施，企业职工养老保险规范提升，户籍人员医疗、养老保险参保率达到99%。建成区域居家养老服务中心18家，每百名老人养老床位数增至5.8张。新建和盘活租赁住房4449套，改造城乡危旧房58万平方米。城乡低保标准提高51%，累计发放社会救助金5.9亿元、慈善救助金2.1亿元。退役军人服务保障工作全省领先，实现全国双拥模范县“六连冠”。社会治理创新完善。深化法治象山建设，“七五”普法圆满完成，建成省级以上民主法治村18个，获评法治浙江建设示范县。开展市域社会治理现代化试点，承办全国加强乡村治理体系建设工作会议，“村民说事”写入中央文件。“一中心四平台一网格”基层治理体系加快构建，“大徐经验”得到省市肯定，“信访四无村”创建率90%，创成省级“无信访积案县”。把牢意识形态主导权，县融媒体中心组建运行。扫黑除恶专项斗争成效明显，防范和打击电信网络诈骗工作全市领先，成功创建省级禁毒示范县。狠抓涉海涉渔、道路交通等领域安全生产整治，连续十五年评为省平安县，夺得省“一星平安金鼎”。首创食品安全“红黑榜”制度并全省推广，创成省级食品安全县。完善应急管理机制，有效防御高温干旱、台风等自然灾害。

五年来，我们致力转作风、提效能，政府建设得到新加强。政治建设全面强化。认真学习习近平总书记重要讲话精神，巩固深化“两学一做”学习教育，深入开展“不忘初心、牢记使命”主题教育、党史学习教育，隆重开展改革开放40周年、新中国成立70周年、建党100周年等庆祝活动，增强“四个意识”、坚定“四个自信”、做到“两个维护”。行政效能加速提升。坚持“整体智治、唯实惟先”，完成政府机构、事业单位改革，运用政府工作清单“随身钉”、重点工程项目“掌上督”，推行“双对双排”、首问负责即问即办，政府执行力切实增强。加快数字政府建设，互联网+政务服务网上受理率99%，互联网+监管掌上执法率100%。落实基层减负措施，政府部门三类精简文件减少58.6%，全县性会议下降8.6%。依法行政深入推进。落实重大事项向人大报告、与政协协商制度，累计办理人大代表建议932件、政协委员提案857件。深入开展县乡法治政府建设三年行动，重大行政决策实行目录化管理，“一察三评”行政执法监督创新推行。廉政建设持续深化。认真履行全面从严治党主体责任，坚决落实省委巡视反馈意见、“七张问题清单”整改，支持纪检监察机关监督执纪，强化经济责任审计结果运用，始终保持反腐高压态势。严格执行中央八项规定精神，开展作风建设“三问三治”，严肃纠治“四风”问题。健全国资国企监管机制，实施财政预算绩效评价，一般性支出年均压减5%。

与此同时，民族宗教、外事、对台、统计、慈善、老干部、关心下一代、地方志、档案、公积金、海关、海事、边检、邮政、通信、烟草、盐业等工作取得新成效，工会、共青团、妇联、工商联、侨联、文联、残联、科协、红十字会等群团组织作用有效发挥。

各位代表，2021年是本届政府的收官之年，也是“十四五”规划的开局之年。一年来，我们认真贯彻中央决策、省市部署和县委要求，抢机遇、扬优势、补短板，抓落实、比担当、强攻坚，在宁波当好“重要窗口”模范生中奋力争先创优。这一年，我们跑出了一波发展加速度。围绕快追赶攀新高目标，真抓实干、承压奋进，地区生产总值全省排名前进1位，规上工业增加值增长12.3%、高于全市平均水平，商品销售额增长47%、全市第一，特别是新引进亿元以上项目61个、新出让工业用地2220亩、新增规上企业超100家，均创历史新高。这一年，我们解决了一批老大难问题。面对发展瓶颈制约，迎着困难上、顶着压力干，集中攻坚“滞留户”、盘活“闲置地”、激活“烂尾楼”、打通“断头路”，67户征迁滞留户基本清零，人民广场区块征迁画上句号，经济开发区中石油地块成功收回，东海铭城转型激活为阿那亚·象山海岸项目，创意大厦复工建设，环城西路即将全线贯通，村发展留用地新政策落地实施，有序收储土地4638亩、增长8%，象商基金组建运行、制造业贷款增长14%。这一年，我们创出了一些工作新亮点。发挥资源禀赋优势，积极创特色、争先进，新增省级以上改革试点项目20个、市级以上领跑领先改革26项，“精特亮”建设列全市第一梯队，生态环境公众满意度全市第一，全域旅游入选省首批共同富裕建设典型案例，获评省大花园建设考核优秀县。这一年，我们办成了一揽子民生实事。坚持以人民为中心，尽力而为、量力而行，共同富裕样板县建设扎实开局，七大“象有”行动深入实施，年度民生实事全部完成，城乡供水管网漏损率下降23%，城镇登记失业率维持在1.8%，教育“双减”政策落地落实，县人民医院成为浙大一院重点托管分院，为全县人民追求高品质生活增添亮丽色彩。

各位代表，精彩源于拼搏，实干铸就辉煌。过去五年，是象山极不平凡、极不寻常的五年，是我们团结奋斗、砥砺前行的五年。面对突如其来的新冠肺炎疫情、逐步趋紧的资源刚性约束、日益突出的财政收支平衡矛盾等压力挑战，我们及时调整策略、积极重塑机制、聚力攻坚克难，有效化解了一个又一个风险，打赢了一场又一场战斗。这来之不易的成绩，是县委坚强领导和县人大、县政协有力支持的结果，是广大干部艰苦努力、辛勤付出的结果，是全县人民凝心聚力、同舟共济的结果。在此，我代表县人民政府，向全县人民、广大建设者，向人大代表、政协委员，向各民主党派、工商联和无党派人士、各人民团体，向离退休干部，向驻象单位、驻象人民解放军、武警部队官兵、公安干警、消防救援队伍指战员，向所有关心支持象山发展的同志们、朋友们，表示衷心的感谢！

在总结成绩的同时，我们也清醒地认识到，还存在不少影响象山发展的短板和问题。主要是：经济高质量发展基础尚不稳固，传统产业提升和新兴产业培育不够快，科技创新和人才支撑不够强，重大项目招引和落地需加速提效；共同富裕短板还不少，城市能级相对较低，对外交通、供水供气等设施还需完善，优质公共服务供给不够充分；统筹发展与安全任务繁重，涉海涉渔安全、海洋生态保护、政府债务等领域风险隐患不容忽视，精准识别、防范化解风险的能力还需不断增强；政府治理体系和治理能力现代化水平需进一步提高，干部队伍的思维方式、科学素养和变革能力有待加强。对此，我们将坚持问题导向，紧盯关键环节，采取有力措施，切实加以解决。

二、今后五年奋斗目标

当前及今后一个时期，“两个大局”交织、“两个一百年”交汇，中华民族伟大复兴势不可挡。象山正处于战略机遇的叠加期、爬坡奋进的攻坚期、大有作为的窗口期，向外看，百年变局和世纪疫情叠加冲击，新一轮科技革命和产业变革蓬勃发展，双循环新发展格局加快构建，长三角区域一体化、浙江“四大建设”、宁波建设现代化滨海大都市等重大战略决策深入实施，必将带来更多的产业资源、更大的市场空间；向内看，象山正昂首迈进海洋时代、双碳时代、轨交时代，并将迎来滨海花园城市能级跃迁的格局之变、陆港海港空港信息港联动突破的地缘之变、新经济新消费新治理模式重塑的动能之变，绿水青山、碧海银滩的资源优势将进一步放大转化，完全有条件、有基础、有能力，实现更高质量、更有效率、更可持续的发展。我们将始终胸怀“两个大局”、服务“国之大者”，时刻保持奋进者姿态、激发创造性张力，集中资源力量攻动能转换之艰、补城市能级之短、破开放变革之难、解社会民生之忧，不断开辟发展新路径、拓展发展新空间、厚植发展新优势，奋力在新征程中展现更大作为、实现更大突破。

根据县第十五次党代会精神，今后五年政府工作的总体要求是：高举习近平新时代中国特色社会主义思想伟大旗帜，深入贯彻党的十九大和十九届历次全会精神，以及习近平总书记考察浙江重要讲话精神，弘扬伟大建党精神，坚持稳中求进工作总基调，完整准确全面贯彻新发展理念，服务构建新发展格局，全面深化改革开放，推动高质量发展，统筹发展和安全，紧扣忠实践行“八八战略”、奋力打造“重要窗口”，坚定不移实施“海洋强县、美丽富民，都市融入、变革驱动”战略，聚力一二五，走好共富路，跑出加速度，干出新气象，坚决扛起做强海洋经济示范区、建好“海上两山”实践地、打造共同富裕样板县的新历史使命，加快建设社会主义现代化滨海花园城市。

总体目标是：到 2026 年，产业层次、城乡品质、生态价值、开放格局、治理效能明显提升，力争地区生产总值突破 900 亿元、全省排名跻身前 45 位，财政总收入突破 120 亿元，规上工业产值超过 1300 亿元，研发投入强度提高到 3.5%，常住人口城镇化率达到 66%，城乡居民收入与经济增长保持同步、收入倍差缩小到 1.67 以内，家庭年可支配收入 10 万～50 万元群体比例超过 75%、20 万～60 万元群体比例达到 40%，基本形成“四港联动”大开放格局，进一步确立宁波全球海洋中心城市重要功能区地位，滨海大花园建设成为全省样板，营商环境持续优化，改革探索领跑省市，城市综合承载力明显提高，为建设社会主义现代化滨海花园城市打好基础。重点是加快推进三大新历史使命：

（一）全力做强海洋经济示范区。海洋是高质量发展战略要地，也是象山最大的资源优势。我们将深耕海洋、向海图强，以大平台集聚大项目、培育大产业、推动大改革，实现海洋经济增加值翻番。聚力建设战略性开放通道，全力争取沿海高铁过境象山设站，建成宁波市域铁路象山线，动建象山港二通道、象山至宁海高速公路、G527 国道，谋划东海岸高速公路。加快石浦港、象山港口岸对外开放，推进打鼓峙、雷公山等区块开发。谋划建设通用机场，统筹布局 5G 信息高速公路。深化园区平台整合提升，推动经济开发区争创省“万亩千亿”新产业平台、浙台经贸合作区建设国家级渔港经济示范区，协同开发宁波航天智慧科技城，打造“全省有地位、全国有影响”的高能级产业平台。大力发展制造业“123”百亿级产业集群，持续开展产业链精准招商，培育壮大“330”企业梯队，力争“五年翻一番、挺进千百亿”。强化产业链与创新链、人才链融合，建强一批创业创新平台，培植青年人才成长沃土，推动高新技术企业、高层次人才、青年人才、人才计划项目“四倍增”。实施科技强农、机械强农行动，高水平建设省级渔业转型发展先行区。推动建筑业转型发展，巩固提升建筑强县地位。以数字化改革为牵引，统筹推进全域国土空间综合整治、海洋资源开发、投融资体制等重点领域改革，努力将改革红利、变革活力转化为发展动力。

（二）全力建好“海上两山”实践地。绿水青山就是金山银山，碧海银滩也是金山银山。我们将坚持生态立县、绿色发展，坚决打好污染防治攻坚战，全面推进城乡风貌整治提升，高标准建设滨海大花园，精心打造北纬 30 度最美海岸线，构建现代版“万象山海图”。注重以都市新城区的理念建设象山，积极推动撤县设区，适时调整镇乡（街道）行政区划。立足公园城市、未来社区标准，高品质改造人民广场区块，高水平开发建设大目湾，不断加强城市智慧化管理，让城市更加精致宜居。统筹城乡协调发展，深化城镇“百千工程”、乡村“千万工程”，实施石浦、西周新一轮小城市培育，抓好中心镇、特色镇和一般镇建设，打造一批共同富裕的未来乡村，充分彰显渔乡风情，留住美丽乡愁。积极拓宽“两山”转化通道，探索建立生态系统生产总值核算机制，率先建设碳中和先行示范区，促进生态产业化。聚焦 IP、流量、体验升级，实施旅游业“微改造、精提升”行动，借势亚运建设海洋运动精彩板块，创建松兰山国家级旅游度假区，推动影视城打造数字影城、未来景区，创成半边山省级旅游度假区，建成渔港古城二期等重大旅游项目，打造长三角海洋旅游目的地。紧跟消费新趋势，优化商业网点布局，营造更多可触可感的新消费场景。

（三）全力打造共同富裕样板县。共同富裕是社会主义的本质要求，也是全体人民的共同期盼。我们将奔着群众心声去、跟着百姓期盼走，深入实施幸福民生系列行动，抓紧抓实“四张清单”，持续缩小“三大差距”，努力将一个个民生愿景变成一幅幅幸福实景。开展相对薄弱地区跨越式发展行动，完善“扩中提低”政策体系，促进低收入群体增收，扩大中等收入群体规模。健全社会保障体系，完善分层分类社会救助网络，实现法定人员社保全覆盖，兜住基本民生底线。守护“红色根脉”，创成全国文明城市，建好国家级海洋渔文化生态保护区，打造海洋文化强县。加快教育现代化，积极引育名师名校长，提高普惠性优质教育资源供给水平，创建省级教育现代化县。推进健康象山建设，完善现代公共卫生体系，合理布局医疗资源，创成全国健康促进县。积极应对人口老龄化，协同发展养老事业、养老产业，落实三孩生育政策，促进人口平稳均衡增长。完善“党建统领、四治融合”社会治理体系，激活基层治理细胞单元，构建社会治理共同体，打造全国乡村治理体系建设示范县。健全风险闭环管控大平安机制，夺取“二星平安金鼎”，基本建成低风险社会，让群众的幸福感更加充实、更有保障。

三、2022年工作重点

2022年是党的二十大召开之年，也是新一届政府履职的开局之年，做好今年各项工作至关重要。我们将认真贯彻中央和省委、市委经济工作会议精神，坚持稳字当头、稳中求进，扎实做好“六稳”“六保”工作，积极落实省委“五大政策包”“四张要素清单”，全力抓好“5532”专项行动，稳进提质、除险保安、塑造变革，推动经济社会发展取得新突破。建议主要预期目标为：地区生产总值增长7%以上，财政总收入增长9%，一般公共预算收入、固定资产投资增长7%，研发投入强度达到2.8%，城镇登记失业率控制在3.5%以内，城乡居民人均可支配收入与经济增长基本同步，能源和环境指标完成省市下达任务。围绕上述目标，重点抓好以下七方面工作：

（一）聚焦产业升级，增强工业经济竞争力

构建优势产业链群。以高质量建设国家级宁波海洋经济发展示范区主体区为统领，紧扣“123”百亿级产业集群，开展新一轮制造业“腾笼换鸟、凤凰涅槃”攻坚行动，实现规上工业增加值增长8%以上、制造业投资增长13%。实施风光倍增计划，建成锦浪逆变器项目，建设中广核涂茨海上发电项目、国电海上风电场二期、中国海装海上风电装备产业园，谋划建设环石浦港零碳产业园，打造清洁能源岛。开展纺织服装、汽模配、船舶修造行业改造提升行动，打响“做针织、找象山”供应链品牌，谋划建设汽模配创新中心，整治提升船舶修造企业29家。加快产业数字化，培育“产业大脑+未来工厂”，建设京东数字经济产业创新基地，新增工业互联网平台1个、数字化车间3个，数字经济核心产业增加值增长15%。培育工业设计、检验检测等业态，促进制造业与生产性服务业深度融合。继续推进园区整合提升，出台经济开发区高质量发展政策，梳理盘活土地1000亩，完成园区工业投资38亿元。修编浙台经贸合作区规划，基本建成北欧鲑鱼陆基养殖项目。推进宁波航天智慧科技城建设，力争商业卫星发射场项目申报取得实质性进展。

强化企业服务培育。坚持“有求必应、无事不扰”，优化企业服务平台集成度和体验感，想方设法帮企排忧解难，让市场主体专注前行。认真落实减税降费各项措施，推动政策直达快享、及早发力，力争为企减负8亿元。加强精细化用能管理，建立水、电、气分级定价机制，有效减轻企业成本压力。贯彻金融支持激发市场主体活力政策，实施小微企业信贷“增氧计划”和金融服务“滴灌工程”，深化海洋经济普惠金融行动，存贷款余额分别增长11%、13%，制造业贷款增长13%，普惠小微企业贷款增长15%，政策性融资担保余额达到8亿元。加强“330”企业培育，推进“凤凰行动”计划，新增规上企业50家、亿元企业5家，力争上市企业1家。支持小微企业发展壮大，新增省级小微企业园1个、“个转企”100家。

狠抓项目招引落地。聚焦目标产业链，综合运用“三库一图”“七评一看”等招商机制，力争签约亿元以上项目40个、10亿元以上项目10个、50亿元以上项目取得新突破，实际利用外资1.3亿美元、内资130亿元。紧盯历年招商项目，强化合同履约管理和落地转化攻坚，确保2017—2020年签约未动建项目动建率达到90%以上、动建未投产项目投产率达到60%以上。坚持抓项目扩投资，强化“蜗牛警示”“捆绑考核”，实施重点工程127个，完成投资130.5亿元。聚力推进一批海洋经济、美丽经济、共富基建项目，优化投资结构，确保产业投资增速明显高于固定资产投资增速。按照“适度超前”要求，实施重大项目三年滚动计划，做深做实项目前期，争取政府专项债10亿元。

推动建筑业提质增量。坚持绿色化、数字化、智能化，实施促进建筑业高质量发展政策，增强产业核心竞争力，实现建筑业总产值增长5%。探索推进产业链融合发展，启动建筑产业互联网平台建设，引导优势企业向工程总承包、全过程咨询转型。巩固扩大国内市场，完善建筑业招商回归体系，新招引企业6家。树立建设工程“优质优先、优质优价”理念，提高质量安全全过程管理水平，创建市级以上优质工程奖25个。强化人才、金融、司法等精准服务，营造良好的行业生态。

（二）聚焦创新引领，激活转型发展源动力

建设高水平创新平台。坚持市场主导与政府引导相结合，激发各类创新平台活力，努力集聚更多创新资源。优化科创中心运营管理，新引进项目20个，争创省级双创平台、国家级众创空间。加快中国机械科学研究总院南方中心二期建设，引进高端产业项目和创新团队2个以上，打造区域创新策源引擎。推动中国电子科学研究院创新分中心2个合作项目尽快落地，完善浙江理工大学象山现代针织研究院检验检测服务，开展企业技术服务800次以上。制定异地孵化实施办法，新建科创飞地5个，实现项目“外地孵化、象山产业化”。

壮大科技型创新主体。突出企业创新主体地位，落实科技创新政策，培育细分行业领跑者，新增高新技术企业45家、单项冠军企业3家、专精特新“小巨人”企业12家、市级科技型中小企业150家。支持企业牵头组建创新综合体，带动中小企业协同创新，建成市级以上研发机构20家。鼓励企业开展关键核心技术攻关，实施重大科研项目5个，高新技术产业投资增长12%。推动科研成果转化，完成技术交易额10亿元。加强质量强县建设和知识产权保护应用，新增有效发明专利100件、浙江制造标准3项，力争市政府质量奖实现突破。

集聚多元化创新人才。坚持开放引才、产业聚智，出台人才综合新政，加强人才投入保障，各类人才经费财政支出增长15%以上。实施“半岛英才”计划，引进领军型人才项目20个、落地人才创业项目12个。制定实施“凤栖山海·家燕归巢”半岛青年计划，完善高校引才联盟、青年之家+青年社团等引才载体和服务，打响“青年与海”创业创新品牌，新改建青年公寓1000套，新增青年人才1万人以上。实施“半岛工匠”计划，建设企业实训基地2个、

大师工作室4个，新增高技能人才4500名。完善全链条人才服务体系，出台人才安居、金融扶持等实施办法，拓展“人才码”功能，努力汇聚各路英才为我所用。

（三）聚焦品质内涵，提高花园城市美誉度

做优城市发展空间。积极革新城市规划、建设、管理理念，强化城市品牌塑造和营销，高质量完成国土空间总体规划编制，以更宽视野、更大格局谋划城市蓝图。注重生产、生活、生态融合，做深做优人民广场区块、城西片区、大目湾区域城市设计。加快片区开发，基本建成老城棚改主体工程，启动城西片区改造，动建人民广场区块安置房项目，推动城南片区TOD开发。持续开展城市更新，改造老旧小区6个、城中村9个。加快大目湾新城建设，完成象山影视学院三期主体工程，动建智慧运动健康医疗项目，吸引更多青年聚集新城。

促进城市精致精美。突出山海风韵、整体大美、未来气象，启动创建大目湾城市风貌样板区、蟹钳港县域风貌样板区，基本建成瑶琳未来社区，动建大目湾云湾未来社区。加快城市公共空间微治理精提升，实施建设路、环城西路沿线综合整治，完成天安路、象山港路夜景灯光改造，打造殷夫公园等片区10分钟文体圈。启动创建国家园林城市，建成大地景观示范区，建设丹阳公园、环城绿道二期。完善市政路网，加快巨鹰路、海山路建设，贯通“断头路”3条。提升中心城区内涝防治能力，清淤雨水管网50千米，完成3个易涝区域整治。健全城市管理标准化体系，拓展智慧城管功能，提升精细化管理水平。落实物业管理长效机制，推进小区电梯加装，物业管理覆盖率达到70%以上。综合运用违法建筑监管平台，持续推进治违拆违。加强重点区域、重要地段交通治堵，新建公交场站1个，优化公交线路7条，增设公共停车位300个。

完善城镇基础设施。深入推进新型城镇化，切实提升城镇综合功能，构建均衡协调发展格局。加快美丽城镇建设，建成省市级美丽城镇样板乡镇3个。全面推进宁波市域铁路象山线建设，争取工程可行性报告早日批复，基本完成沿线政策处理，加快建设大目湾站。启动象山港二通道预可研编制，深化G527石浦至长街象山段前期工作。加快建设盛宁线茅洋至泗洲头、亚帆东路延伸段改建工程，动建沿海南线交叉口综合整治和象山港路至滨海大道改建工程，完成石浦客运中心主体工程，开展石鹤海底隧道前期研究。有序整治和收储小型码头，建设宁波南田海事码头。实施水资源平衡“512工程”，完成隔溪张水库加固、仓岙水库清淤工程，动建平潭水库扩容改造、丹石引水工程，改造供水管网80千米，撤并提升小型水厂2座。建成海塘安澜工程12千米，整治山塘水库36座。谋划沿海电力大通道，建设110千伏以上供电工程2个。新建5G基站400个，扩大镇乡（街道）信号覆盖范围。

（四）聚焦乡村振兴，加快农业农村现代化

促进农业提质增效。实施农业“双强”行动，培育壮大象山柑橘、梭子蟹农业全产业链，争创国家级特色农产品优势区。抓好“米袋子”“菜篮子”，严控耕地“非农化”“非粮化”，建设西沪港省级现代农业园区、大塘港市级未来示范农业园区，粮食播种面积稳定在17万亩以上，生猪年出栏16万头以上。发展绿色低碳农渔业，深化“肥药两制”改革，建成精致渔业示范园1个、绿色健康养殖示范基地3个。加快渔业生产和组织方式变革，强化渔民转产转业政策扶持，减少捕捞渔船800艘。开展种子种源“卡脖子”技术攻关，建成国家级水产种质资源场1个，新引进水产养殖品种3个以上。创建省级农业“机器换人”高质量发展先行县，主要农作物耕种收综合机械化率达到92%。实施象山柑橘国家地理标志运用促进工程，建成红美人精致园区，争创国家级柑橘公用品牌培育提升标准化示范区。

推动农村美丽宜居。修编村庄布局规划，完善多元投入机制，试点建设数字乡村和未来乡村，构建共建共享、共富共美新图景。深入推进“三清三美”“两线两村”行动，开展全域“精特亮”创建，建成省市级美丽宜居示范村4个，新增市级美丽乡村示范乡镇4个、乡村振兴示范带2条、小集镇式中心村2个。提升乡村文明风貌，强化历史文化村落保护，创建省级“浙东民居”样板村1个，让乡村更有“精气神”、乡土文化“传下去”。加强农村基础设施管护一体化建设，实施农村生活污水处理设施提标改造工程40个，新改建农村公路20千米、公厕30座。

助力农民增收致富。加快推进新时代乡村集成改革，持续深化全国农村宅基地制度改革试点，联动试行集体经营性建设用地入市，不断拓宽农民增收渠道，争取盘活闲置农房1.1万平方米，引进乡村产业项目15个。开展全国农民合作社质量提升整县推进试点，引导农户与现代农业有机衔接，分享产业发展增值收益，新增示范性农民合作社40家。完善低收入农户持续增收机制，确保收入增长10%以上。做好行政村规模优化调整“后半篇”文章，开展新一轮村级集体经济巩固提升行动，实现所有行政村集体经济经营性收入超过20万元。

（五）聚焦美丽转化，打造海洋旅游目的地

精提升做强全域旅游。顺应国内替代游市场细分趋势，加快升级IP、流量、体验，旅游接待人次增长10%。实施中国美院校地合作计划，完成北纬30度最美海岸线总体策划，基本建成“海上两山”风景道东海岸示范段，建设阿那亚·象山海岸项目、花岙海岛公园，构建标志性海洋旅游场景。开展“奔赴山海·象往新鲜”推介活动，深化文旅、体旅、农旅、康旅、商旅融合，培育城市休闲游、乡村微度假，发展游艇海钓、研学体验等新业态，打造全省一流短途游目的地。加快松兰山国家级旅游度假区、影视城AAAAA级景区创建，完成松兰山核心区一期、游客中心改造，建设浙江广电象山影视基地三期。整体开发环石浦港、环蟹钳港旅游资源，动建渔港古城二期、浙东海上桃源·M湾渔村。编制乡村旅游专项规划，引导因地制宜差异化发展，创成省等级民宿5家。加强旅游从业人员培养，建设智慧旅游“数字大脑”，构建“畅游象山”旅游服务体系。

新场景激活市场消费。抓住疫情催生的消费升级机遇，开展都市微度假场景营造改革，集成打造美食品鉴、海洋运动、闲逸度假等五大新场景，培育沉浸式、体验式等消费新业态，实现社会消费品零售总额增长10%。出台提振海鲜餐饮业发展政策，整合非遗展示、民谣音乐等元素，建设石浦渔人码头品质排档集聚区，提升象山源头海鲜影响力。顺应宅经济、云生活等新潮流，培育社区经济、直播经济，创建一批品牌夜市，更好满足群众消费需求。优化城区商业网点布局，建设人民广场商旅文融合发展核心区，以及城东、城西和大目湾商业中心，形成多元消费新空间。完善商贸服务功能，动建城南市场，迁建二手车交易市场、石材交易市场。

高水平办好亚运赛事。坚持“绿色、智能、节俭、文明”办赛理念，精心策划节点性活动、实战型演练，全力办好2022杭州亚运会帆船(板)、沙滩排球赛事。深入开展亚运城市行动，全面整治亚运线路周边环境，建成投用亚运分村、主题公园、观赛空间。倡导“人人都是东道主”，攻坚全国文明城市创建，实施“促文明有礼、促整洁有序”行动，广泛开展志愿服务，营造全社会关心支持亚运氛围。加强亚运场馆赛后运营，培育一批亚运旅游专线和海洋运动产品，引入一批品牌赛事和体旅融合项目。依托省海洋运动中心，探索“两杆经济”发展路径，争取游艇航线等政策支持，打造浙江乃至长三角海洋运动样板区。

严要求守护美丽环境。坚定践行“两山”理念，抓好中央、省级环保督察反馈意见整改，推动减污降碳协同增效，通过国家生态文明建设示范县复评。科学落实“碳达峰”“碳中和”要求，严控高耗能行业规模，大力发展可再生能源，争创省级低碳试点县。实施蓝天保卫战行动，强化细颗粒物、臭氧“双控双减”，空气质量优良率保持在95%以上。狠抓海岸带污染防治，推进大塘港水环境综合治理、西沪港海岸带保护修复，严格整治非法占用岸线和排污入海行为，建成省级“污水零直排区”3个，完成河道生态治理6千米、养殖尾水治理3.8万亩，实现重要入海河流水质全部达标。加强静脉产业园封闭式管理，进一步完善垃圾分类处置设施、提升分类质量，垃圾分类示范小区覆盖率达到80%，创成“无废城市”。加快国家森林城市创建，提高森林碳汇能力，新增造林1000亩、森林抚育6000亩。

（六）聚焦改革开放，厚植区域竞争新优势

深化重点领域改革。全面推进数字化改革，统筹推动“152”“141”两大体系衔接贯通，建立健全企业、人口、空间三大数据库，加快建设数字渔港、闲置农房盘活等特色应用，争取纳入省市最佳应用3个以上。编制全域国土空间综合整治规划，先行启动城南片区、蟹钳港片区治理，消化批而未供、供而未用土地2300亩，盘活低效用地1800亩。优化“亩均论英雄”评价办法，基本淘汰亩均税收2万元以下企业，规上企业亩均增加值、亩均税收增长10%以上。探索建设海上“两山银行”，编制全域生态资源资产底图，设立“两山”基金，推广海域使用权分层设权，让更多生态红利转化为富民资本。加快推动财政增收、国企增效，健全财力大统筹机制，全面实施“乡财县管”，完善国企市场化结算制度，探索开展国企混合所有制改革，力争国企营业收入增长20%。

打造更优营商环境。深入开展营商环境优化提升行动，落实落细“放管服”改革，努力构建市场化、法治化、国际化营商环境。注重用户体验，推动政务服务2.0全域覆盖，做深做实“网上办”“掌上办”，让办事像网购一样方便。持续推进审批减材料、减时间，全面开展极简审批许可、便利开办登记，完善低风险小型项目快速审批，试行产业项目云联审批。规范公共资源交易管理，建立中介机构服务管理系统，推行全过程不见面招投标平台。坚持依法平等保护，维护公平竞争市场秩序。加强事中事后监管，强化信用信息分类管理、部门联合惩戒，让守信者一路绿灯、失信者处处受限。

加强深度开放融合。深化长三角重点地区交流合作，实现科技创新、教育卫生等领域更深层次对接。抢抓甬舟一体化机遇，实施石浦港通航环境整治、航道疏浚工程，谋划象山港主航道清淤项目，力争石浦港、象山港口岸正式对外开放。主动融入双循环新发展格局，支持出口企业开拓国内市场，开展“同线同标同质”行动，促进内外贸一体化发展。抓住区域全面经济伙伴关系协定(RCEP)生效机遇，参与浙江自贸试验区宁波片区建设，发展跨境电商、海外仓等业态，新增市级跨境电商试点企业10家，货物贸易进出口总额保持全国占比份额。

（七）聚焦民生改善，提升共同富裕获得感

完善社会保障体系。紧盯农村基层、困难群体等重点，全面落实建设共同富裕样板县18项行动。突出重点区域先行示范，探索先富帮后富有效路径，建设环蟹钳港共同富裕样板区，打造共同富裕示范村3个。完善居民稳定增收机制，推动更高质量就业，新增城镇就业12500人。加强困难群体帮扶，落实低保办法、残疾人“两项补贴”制度，夯实未成年人救助保护基础。发挥第三次分配作用，高质量发展慈善、红十字等社会公益事业。稳妥落实基本医保市级统筹制度，实施企业职工基本养老保险扩面计划，户籍人员医疗、养老保险参保率保持在99%以上。加强退役军人保障、国防动员教育，争创省级双拥模范县“九连冠”。坚持房住不炒、鼓励租购并举，保持房地产业良性循环和健康发展，新改建和盘活租赁住房1850套。全面落实东西部协作、山海协作任务。

扩大公共服务供给。加快建设国家级海洋渔文化生态保护区，启动文化标识建设，广泛创作“渔味”文艺作品，创新办好中国开渔节，努力将渔文化激活为渔经济。提升文化惠民服务水平，谋划建设城市印象馆、全民健身中心、全民阅读中心，增强城市现代感、书香气。巩固教育“双减”成果，实施以象山中学为代表的普高教育质量争先进位行动，强化名优教师培养，加快全国学前教育普及普惠县、象山港技师学院创建，提升各类教育发展水平。优化调整学校布局，改善城西片区教育环境，新改建学校8所，筹建象山杭州育才学校。深化健康象山建设，完善医共体、健共体运行机制，县域就诊率、基层就诊率分别稳定在90%、65%以上。培育医疗优势学科品牌，新增名医工作站5个、市级重点学科4个。实施全民健身计划，发展群众体育、老年体育，启动创建省体育现代化县。加强“一老一小”照护服务，落实新生育政策配套支持措施，新增婴幼儿照护托位100个、老人认知症照护床位78张，建成AAAAA级居家养老服务中心1家、示范性老年友好型社区2个。继续做好民族宗教、外事、对台、传媒、档案等工作，推动老干部、关心下一代、邮政、通信等事业取得新成绩。

筑牢疫情防控屏障。坚持“人、物、环境”同防，建立健全动态清零精密智控“六大机制”，落细落实常态化防控措施，有序推进疫苗接种，做到“防得住、放得开”。加强日常应急演练，完善高效唤醒机制，时刻保持应战警醒、实战状态，确保平战无缝隙转换。加快公共卫生体系建设，提升监测预警、核酸检测、院感防控能力。深入开展爱国卫生运动，引导群众养成良好的卫生习惯，实现国家级卫生乡镇全覆盖。

守住安全稳定底线。深化法治象山建设，支持审判执行、公益诉讼，全面实施“八五”普法规划，创建省级以上民主法治村6个。加快“县乡一体、条抓块统”改革，建成基层治理整体智治平台，落实县乡权责“一张清单”，促进基层强权赋能。深入开展市域社会治理现代化试点，推动“村民说事”示范村镇乡（街道）全覆盖、通过国家级标准化试点验收。坚持和发展新时代“枫桥经验”，完善矛盾纠纷“访调诉裁一体化”机制，平安护航重大活动，争取平安建设“十七连冠”。高效运作侦查办案双中心，常态化推进扫黑除恶，防范和打击新型网络犯罪。牢牢把握意识形态主导权，筑牢网络舆论宣传阵地。坚决“遏重大”“控较大”，加强涉海涉渔、道路运输、消防、危化品等领域监管，有效减少安全生产事故。健全食品安全监管体系，创建省级食品安全示范县。实施应急救援提升工程，强化气象预警预报，提高防灾减灾能力。深入推进“五社联动”，支持工会、共青团、妇联、工商联、侨联、文联、科协等开展工作。

各位代表，群众的“关键小事”就是政府的“头等大事”。经过前期广泛征求意见和论证，我们列出了十方面民生实事候选项目，提请大会投票表决。我们将坚持民有所呼、我有所应，用心用情办好民生实事，让群众看到实实在在的变化、得到真真切切的实惠，让每位市民感受到更多幸福温暖。

四、加强政府自身建设

各位代表，奋进新征程，关键在实干。我们将牢记使命、感恩担当，用汗水浇灌收获，以实干托起梦想，全力打造“整体智治、唯实惟先”的现代政府。

（一）忠心向党，永葆一片赤诚。全面贯彻习近平新时代中国特色社会主义思想，坚定不移做“两个确立”忠诚拥护者、“两个维护”示范引领者，更加自觉忠诚核心、拥戴核心、维护核心、紧跟核心，提高政治判断力、政治领悟力、政治执行力。坚持“总书记有号令、中央有部署、省市有要求，象山见行动”，确保上级党委、政府和县委各项决策件件落地、事事见效。巩固党史学习教育成果，践行为民服务宗旨，健全为民办实事长效机制，真正把群众盼的事变成政府干的事。

（二）协同智治，坚决一抓到底。强化系统观念、全局思维，充分调动一切积极因素，建立多跨协同运行机制，形成同心同德干事创业的良好氛围。拓展提升整体智治格局，系统建设数字政府，推广经济、社会领域治理个性化应用，力争象山数字港二期上线运行。完善项目化、清单化、专班化抓落实机制，定期对标对表晒清单、比实绩，不出成效不罢手、不获全胜不收兵。落实首问责任、限时办结等制度，加强过程管理，跟踪问效，绝不把说了当做了、把做过了当做成了。

（三）变革攻坚，敢于一往无前。树牢“没有走在前列也是一种风险”意识，敢跟好的比、与强的争、向高处攀，主动塑造变革性实践，取得更多突破性进展、标志性成果。开展“双争”三年行动，提高塑造变革能力，展现政府新形象、干部好状态。坚决打好招商项目落地转化、市域铁路征地拆迁、城乡风貌整治提升、近海岸带污染整治、捕捞渔船减船转产五场硬仗，事不避难、义不逃责，全力扫除阻碍发展绊脚石。加强正向激励，落实容错纠错，引导干部守正创新、敢管敢干。

（四）规矩干事，保持一身正气。严格按照法定程序履行职责，开展镇乡（街道）法治化综合改革试点，完善“大综合一体化”执法体系，争创省级法治政府建设先进县。自觉接受县人大、县政协监督，高质量办好建议、提案。落实全面从严治党主体责任，支持纪检监察开展工作，强化审计监督，坚持不懈纠“四风”树新风，巩固风清气正的政治生态。高水平建设“清廉村居”，坚决纠正侵害群众利益的不正之风。精打细算过“紧日子”，压减一般性支出不低于5%，集中财力办大事、干实事。

各位代表！美好愿景正当扬帆踏浪，追赶跨越更需奋楫笃行。让我们更加紧密地团结在以习近平同志为核心的党中央周围，在中共象山县委的领导下，以滴水穿石的坚韧心态，以勇立潮头的豪迈气概，聚力一二五，走好共富路，团结再出发，一起向未来，为加快建设社会主义现代化滨海花园城市而努力奋斗，以优异成绩迎接党的二十大胜利召开！

名词解释

“123”百亿级产业集群：“1”指临港装备这一核心产业集群，“2”指改造提升汽模配、纺织服装两大传统产业集群，“3”指培育形成功能材料、绿色能源、海洋生物三大新兴产业集群。

“一中心四平台一网格”(141):“一中心”指县级社会矛盾纠纷调处化解中心,“四平台”指乡镇综合治理平台、市场监管平台、综合执法平台、公共服务平台,“一网格”指村社全科网格。

“一察三评”:在一体化法治督察体系下,科学评估行政执法单位的执法质效、领导干部依法行政能力、行政执法人员办案能力。

“七张问题清单”:基于巡视、审计、督查、生态环保、安全生产、网络舆情、群众信访等七方面形成的问题清单。

“精特亮”:精品线路、特色街区、亮点工程。

七大“象有”行动:象有善育、象有优学、象有健康、象有颐养、象有安居、象有保障、象有温暖。

“330”企业:通过扶强扶优措施,培育形成30家规模大、综合实力强的领军型企业,30家市场占有率高、行业话语权大的标杆型企业,30家成长性好、产品科技含量高的创新型企业。

共同富裕“四张清单”:为推动共同富裕编制的“重点任务、突破性抓手、重大改革、最佳实践”工作清单。

“三大差距”:地区差距、城乡差距和收入差距。

“扩中提低”:扩大中等收入群体规模,提高低收入群体收入。

“五大政策包”:省里实施的扩大有效投资、减负强企、科技创新、稳外贸稳外资促消费、民生保障政策。

“四张要素清单”:省里提出的财政、自然资源、金融、能源等要素清单。

“5532”专项行动:五场攻坚硬仗、五大重点改革、三批重大项目、二个保障行动。

“三库一图”:目标客户库、项目数据库、合作载体库和智慧招商地图。

“七评一看”:对招商引资项目进行环评、卫评、能评、绩评、安评、科技、土地评价,看企业家素质。

“512工程”:通过5年时间,实施降漏损、节水、分质供水、水源地保护、水库群精准调度、水库清淤、新增水源工程、扩建水库工程、小型水厂提升工程、县外引水等10大工程,合计投资20亿元。

“两杆经济”:围绕“钓鱼的钓竿、帆船的桅杆”形成的产业。

“肥药两制”:化肥、农药等农业投入品实名制购买、定额制施用。

“三清三美”:清洁田园、清洁山体、清洁水面,美丽村社、美丽廊道、美丽港湾。

“两线两村”:县级精品线路、县级精品培育线路,小集镇式中心村、共同富裕示范村。

数字化改革“152”体系:“1”即一体化智能化公共数据平台,“5”即党政机关整体智治、数字政府、数字经济、数字社会和数字法治综合应用,“2”即数字化改革的理论体系和制度规范体系。

“五社联动”:社区、社工、社会组织、社区志愿者、社会慈善资源联动。

“双争”:争创变革型组织、争做变革型干部。

专 记

第二十四届中国（象山）开渔节

2021年中国农民丰收节系列活动——第二十四届中国（象山）开渔节是在喜迎中国共产党成立100周年和疫情防控常态化的大背景下举行的一届特殊的开渔节，2021年7月28日开始至11月31日结束。本届开渔节以“万象山海迎丰收，渔开天下庆小康”为主题，紧抓“围绕目标人群、创新方式方法、助推产业发展”的任务导向，安排线上线下9项活动，运用网络直播、网红带货、抖音短视频、“云系列”等方式，加大线上推介力度，做活做好“海”字文章，进一步提升象山滨海魅力，助力产业发展，不断扩大象山对外知名度和影响力。

7月29日上午，第二十四届中国（象山）开渔节暨象山城市品牌标志发布会在石浦半岛酒店正业厅举行。中共象山县委副书记、政法委书记李晓东出席活动并致辞，县领导应建勇、钮晶莹、张微燕参加发布会。发布了第二十四届中国（象山）开渔节、第十六届中国海洋论坛、浙江象山新时代《渔光曲》全球征集启事以及象山城市品牌标志，并推介“扬帆亚运 · 动感沙排——亚运象山”。同时，著名导演曹盾、宁波服装协会定制专业委员会主任姚玉莲受聘分别担任第二十四届中国（象山）开渔节艺术总指导、服饰总指导。

8月28日，“大海你好”赶海 · 喊海活动暨第二届迎开渔滩涂趣味运动会在茅洋乡蟹钳港滩涂泥玩乐园举行，来自宁波各地的18组亲子游客家庭在海滨滩涂上进行“海味”运动体验，游客们在滩涂中开展海马速滑接力赛、赶海渔家、徒手捕鸭等项目。本次活动以“赶海+喊泉”为主打项目，将传统的赶海习俗和新潮的“喊泉”体验融入到海洋运动之中，旨在进一步扩大茅洋旅游对外影响力和美誉度，促进休闲体育产业和乡村旅游发展。

8月26日下午，“守护最美海岸线，蓝色护海志愿行”——中国青年志愿者蓝色护海行动暨2021届大学生联盟成立于韭山列岛国家级自然保护区顺利开展，来自各行各业的青年志愿者和大学生志愿者40余人参加。活动中，成立守护“神话之鸟”志愿者联盟，授予“蓝色护海”志愿旗帜，开展海岛公益净摊等活动。

9月7日，由农业农村部、商务部、中央广播电视总台、中华全国供销合作总社联合发起的2021年中国农民丰收节金秋消费季在北京启动。农业农村部副部长马有祥、中华全国供销合作总社理事会副主任侯顺利、中央广播电视总台编务会议成员黄传芳出席启动活动。活动中，象山县以渔船丰收的直播形式感念党恩、共话丰收。

9月16日上午，第二十四届中国（象山）开渔节祭海仪式在石浦中国渔村举行。整个祭海仪式分9个流程，上供品、上祭酒、上高香、敬祭酒、读祭文、渔姑渔嫂祈愿、献祭舞、放海生、礼成后民俗队伍闹场。2021年祭海仪式在服饰、音乐、舞蹈、流程上进行创新，邀请曹盾、姚玉莲担任艺术总指导、服饰总指导，解决了流程可看性不强、原服饰简陋、音乐与仪式主调不符等问题。近千余名游客和演职人员参与活动。

9月16日上午，第二十四届中国（象山）开渔节开渔仪式在石浦港隆重举行。中共象山县委书记潘银浩致欢迎辞，农业农村部渔业渔政管理局局长刘新中致辞，中共宁波市委副书记、市长裘东耀讲话，浙江省人民政府副省长徐文光宣布开渔。中国自然资源报社总编辑赵晓涛，省政府副秘书长陈广胜，省农业农村厅厅长王通林、副厅长杨大海，省海事局副局长梁永铭，温州市副市长娄绍光，宁波市政府秘书长朱金茂及象山县四套班子领导出席活动。因受到台风“灿都”影响，活动当天并未举行开船仪式。

9月17日，“我是NO.1　东海第一网”开渔节第一网海鲜拍卖活动在线上举行。此次活动由阿里拍卖、象山大数据局发展中心联合组织，通过平台直播拍卖的方式，联动岸上直播间、海上捕鱼船进行推流直播，打造开渔节东海第一网活动，持续开渔节活动热度。直播累计观看10.6万次，拍卖大黄鱼2600元成交，拍卖鲳鱼1200元成交。

9月20—30日，“八鲜过海”—象山特色生鲜产品网络展销活动在淘宝、阿里拍卖、饿了么、甬上好物等电商销售平台举行。围绕99元海鲜礼包以及紫菜虾皮等象山特产进行销售，合计销售110万元左右。

11月5日，第十九届宁波象山海鲜美食节暨象山北纬30度最美海岸线品鲜季在象山影视城正式启幕。活动现场融合了“新鲜”“时鲜”“味鲜”三大特色，推出饕餮豪客嗜好的“大锅鲜”、文人雅士喜爱的“雅致鲜”以及长三角地区最源头的“象山鲜”，再现海纳百川、味绝于鲜的“海鲜江湖”。该届活动以“向往象山 · 象往新鲜”为主题,以"去象山吃源头海鲜"为口号,以海鲜美食与沉浸式宋风场景相结合的开幕方式,推出"海鲜+美食""海鲜+音乐""海鲜+露营""海鲜+影视""海鲜+度假"等极具象山辨识度的"海鲜+"系列活动。

该届开渔节坚持"传播大于现场"的理念,充分运用各种宣传媒体,超前策划运作,打好"开渔""丰收"两大品牌,以提高"休闲象山,渔开天下"在国内外的知名度。1. 海外传播拓新加持。CGTN、欧洲拉美地区语言节目中心、凤凰网、"INsight NINGBO"等参与开渔节,以英语、俄语、法语等多个语种的主播现场体验和移动直播、短视频、图文帖等为主要形式,向海外受众多角度展现象山开渔盛况和海洋生态文化建设。据统计,央视频的直播观看人数达 8.2 万人次, YouTube、Facebook、Twitter 等平台刊发相关报道 32 篇,浏览量近 60 万次,总互动量近 3 万人次。2. 各级媒体聚焦开渔。《人民日报》、新华社、《经济日报》《光明日报》、中央人民广播电台、中央电视台、中国新闻社、《浙江日报》、浙江电视台、浙江电台、《宁波日报》、宁波都市报系、宁波电视台、宁波电台、凤凰新闻、澎湃新闻、抖音等 100 余家中央省市各级主流媒体和商业网络媒体平台直接参与报道宣传本届开渔节盛况。据统计,第二十四届中国(象山)开渔节相关信息共 13625 条,其中网络媒体报道 8749 篇次,较 2020 年增长 38%;微博 6816 条。3. 直播矩阵"云"上引流。该届开渔节以浙江经视直播信号为输出源,全力打造开渔节全网直播矩阵,积极引入新华网客户端、《地理·中国》央视频、凤凰网、新浪新闻、新浪微博、搜狐旅游、中国蓝新闻等 18 家新媒体平台,同步开展网络直播。各平台最高观看人数合计达 1000 余万人次,较上年增长 16%。其中新华网、凤凰网观看人数均超过 120 万人次。4. 环境氛围营造再上台阶。该届开渔节携手华铁传媒打造的"开渔节"高铁品牌专列,以上海为中心,向北京、天津、西安、成都、重庆、杭州、武汉、合肥等 47 个城市辐射,覆盖长三角经济区和各旅游大省,日客流量 11 万人次。持续 3 天的三江六岸"开渔喽""庆小康""万象山海、渔开天下"灯光秀惊艳亮相宁波。明星云祝愿视频在微信朋友圈形成刷屏效应。在微博社交媒体、抖音短视频平台上开渔节相关话题曝光量超 1 亿人次。

(县开渔办)

亚帆中心建设

浙江海洋运动中心(亚帆中心)项目位于松兰山省级旅游度假区,北靠爵溪街道,东濒大目洋,南邻大目湾新城,是 2022 年杭州第十九届亚运会帆船(板)竞赛的承办地。亚帆中心以"国内领先,亚洲一流,世界知名",能满足举办国际 A 级海上竞赛项目的海洋运动中心为建设定位。

亚帆中心由浙江黄龙松兰山体育发展有限公司投资建设。浙江黄龙松兰山体育发展有限公司原由浙江黄龙体育发展有限公司、象山松兰山旅游开发有限公司出资设立。2018 年 9 月,浙江黄龙体育发展有限公司退出,改由象山县大目湾新城投资开发有限公司、宁波象山交通开发建设集团有限公司、象山县旅游集团有限公司(象山松兰山旅游开发有限公司的母公司)出资设立。

亚帆中心于 2017 年 8 月由县发改局下发文件(象发改投〔2017〕61 号)同意开展项目前期工作。2017 年 12 月初,完成建设项目选址意见书、用地预审意见、用海意见并报县发改局。2017 年 12 月 28 日取得项目核准立项批复(象山发改审批〔2017〕458 号)后,开始项目前期审批,并先后取得项目建设用地规划许可证、节能审查意见书、项目陆域环境影响报告表批复、项目使用林地批复、项目海洋环境影响报告批复,以及海域使用权证,土地使用权证,矿山采矿许可证等前期审批手续。2018 年 10 月底,完成场馆施工招标。

亚帆中心项目总投资 6.02 亿元,分陆域工程和海域工程两部分。项目陆域部分建设总用地约 235 亩,用地性质为商服用地。2021 年,已建成竞赛培训中心,用地面积约 37332 平方米,建筑面积 16520 平方米。竞赛培训中心共有 5 幢单体组成,具体如下:1 号楼为运动员中心,建筑面积约 3538 平方米,共 3 层;2 号楼为比赛控制中心,建筑面积约 4638 平方米,共 5 层;3 号楼为培训接待中心,建筑面积约 6640 平方米,共 5 层;4 号楼为运动展示大厅,建筑面积约 1135 平方米,共 1 层;5 号楼为开关站,建筑面积约 450 平方米,共 1 层。

项目海域部分使用面积约 747.9 亩,性质为旅游基础设施用海,已建成海上操作平台、南北防波堤、泊位等水工建筑,具体如下:1. 海上操作平台,为透空式桩基结构,平台面积 20802 平方米。建有下水坡道 1 座,长 100 米,宽 80 米,坡比 1∶8,由高桩梁板式下水坡道+实体下水坡道组成。设有船艇提升港 2 座,9 米、11 米各 1 个。2. 防波堤,全长 1203.1 米,其中北堤长 1007.7 米,南堤长 195.4 米,形成环抱式港池 33.6 万平方米,填筑石料约 40 万立方米,外侧由 15283 块 8~12 吨重扭王字块进行防护。北堤堤头建有梅花造型标志性灯桩 1 座。灯桩总占地面积为 11.34 平方米,高约 15 米,射程 26 海里。灯桩采用传统圆柱形灯塔式形态,并吸收"梅花"这一中国传统文化元素,由两圈圆形钢筋混凝土筒体组成,内筒为楼梯间,直径 2.6 米。灯桩垂直交通采用中柱式钢螺旋楼梯,有利于节约空间、便于维修,工作人员可通过楼梯进入顶部检修平台及灯笼室。灯桩整体分为基座、塔身、平台、成品灯笼四个部分,整体视觉较为简洁、修长,以白色和灰色作为主色调,符合海洋建筑和中国传统建筑审美。3. 泊位,亚帆中心港池满布设计泊位为 790 个,现已建成 8~36 米级各类船艇靠泊泊位 240 个(含 2 个加油排污泊位),分别为北 1 桥、北二桥 8~12 米级梳式泊位 188 个,通水电;操作平台西侧 8 米级临时泊位 50 个,操作平台 36 米级双层泊位 2 个。

亚帆中心场地内以山地为主,山势陡,高差大。设计采用"镶嵌式"的手法，挖、填结合，将建筑主体依山而建，分散嵌入山体内，形成错落有致的建筑群体。为节省工程投资，工程设计充分利用项目地处山地建设开挖量较大的特点，互为利用，物尽其用，将陆域工程产生的土方用于港池防波堤等建设，共计开挖土石方70万余立方米。

亚帆中心项目由浙江省建筑设计研究院有限公司＆中交水运规划设计院有限公司联合体设计，宏润建设集团股份有限公司＆安徽省交通航务工程有限公司联合体总承包，宁波至高建设监理有限公司负责陆域部分监理、宁波宏达工程咨询有限公司负责海域部分监理。

亚帆中心项目于2018年12月开工建设。象山县专门成立由县委书记为组长的亚帆中心建设领导小组，并抽调精干人员组建亚帆中心项目建设象山指挥部，统一领导和组织实施亚帆中心项目工程建设。指挥部克服项目施工工期紧，海洋环境影响大，施工场地狭小，交通安全管理难等诸多难题，加强上下沟通对接，密切部门协同，强化“五定”（定时、定标、定事、定人、定责）管理，扎实推进项目建设。施工单位建立健全项目质量管理、安全管理、环境保护管理等体系，严格执行招标文件规定要求，按操作规程施工，并积极采用“自浮式充砂操作平台与大面积砂被分仓充灌成套施工技术”等新结构、新技术、新工艺达15项之多，受到社会各界广泛好评，先后荣获宁波市重点工程立项竞赛“模范集体”“宁波市建筑安全文明施工标准化工地”、浙江省房屋建筑和市政基础设施工程“平安工地”以及象山县“金象奖”优质工程、宁波市“甬江建设杯”优质工程等荣誉称号。

亚帆中心项目建设期间，原中共浙江省委副书记、中共宁波市委书记郑栅洁，现中共浙江省委常委、中共宁波市委书记彭佳学及杭州亚组委等省市领导多次莅临项目现场指导工作，对项目建设给予充分肯定，并强调要立足整体谋篇布局，追求卓越精雕细琢，系统做好项目建设、赛事组织、交通规划、设施配套等工作，确保各个方面、各个环节、

2021年3月，建成后的亚帆中心（周科 摄）

各个细节都体现高质量、高水准。要面向省外市外做好亚运宣传推介工作，借势借力提高宁波、象山的知名度和美誉度，做好后亚运文章，带动体育、文旅、康养等相关产业发展，加快培育海洋经济新增长点。

亚帆中心项目以全省亚运场馆建设进度排名第三的成绩提前完成建设任务，并于2021年3月通过工程完工验收，2021年9月成为首批通过杭州亚组委亚运场馆赛事功能验收的场馆，受到杭州亚组委的高度肯定。

亚帆中心项目自交付使用以来，2021年已先后承办2021“永利杯”青澳国际帆船、“力勤杯”中国·象山首届海洋水域游泳公开赛、第十四届全国运动会帆船比赛（宁波赛区）等赛事活动，并有近十支专业运动队入驻训练。

（县亚帆中心指挥部）

石浦高速连接线建设

2017年12月25日，宁波舟山港石浦港区沈海高速连接线新桥至石浦段工程（以下简称“石浦高速连接线”）在新桥黄公岙开工建设。随着象山港大桥和三门湾大桥建成通车，象山县交通区位条件发生根本性改善，而石浦高速连接线工程的开工建设，对于落实浙江省海洋经济发展示范区规划，完善省、市两级高速公路网，开发建设石浦卫星城和石浦港区，促进三门湾区域发展均具重要意义。石浦高速连接线是县域南部地区的发展之路、民生之路、生态之路，也是象山县加快建设“两强两美”宁波现代化滨海城区的基础工程。

石浦高速连接线是浙江省高速公路网“九纵九横五环五通道多连”中的重要一横，宁波市“一环五向六连六疏港”高速公路网中“五向”之一。该项目起点与三门湾大桥及接线工程（规划沿海高速第二段）的新桥枢纽互通（黄吉岙处）立交相接，向东南布线过黄吉岙，经下七里北侧，穿黄狗盘山、乌竹湾山，在两山之间设置新桥互通立交，路线折向南，经上盘西侧，设隧道穿竹岩洞山，新岙东侧，向南经楼下舍东侧、下山西侧，路线折向南偏东，经陆家东侧设置定塘互通立交，在小新城西侧设隧道穿后门山，经铁路坑西侧，设隧道穿牛头山，终于石浦镇白门头东侧，设置石浦互通立交与沿海南线相接。全长17.51千米，其中，桥梁总长约9361米/7座；隧道总长约4095米/3座。采用双向四车道高速公路标准，设计速度100千米/时，路基宽度26米，桥梁宽度25米。全线设互通式立交3

处,匝道收费站有新桥互通、定塘互通、石浦互通3处,路段监控通信站、隧道监控通信站、养护工区、路政管理站、交警管理站各1处,与定塘互通收费站合址建设。项目建设工期4年,工程概算总额41.73亿元,实际总投资33.3156亿元,总体形象进度完成100%。

石浦高速连接线工程涉及新桥、定塘、晓塘、石浦等4个镇乡31个行政村,土地征用1762亩,迁移坟墓2077穴,拆迁住宅40户7414平方米,生产用房11处2099平方米,共拨付征迁资金2.158亿元;临时借地260亩;管线迁移127处。同时,为较好解决高速公路建设造成的区域交通影响及流域防洪需求,该项目实施了大小"三改"项目。按乡镇交通线农村公路、水利线的水利设施改造、农业线的农业设施改造对相关"三改"项目立项建设,解决用地问题;提高时效性,对简单的"三改"项目优化程序,落实到村级集体实施,快速解决沿线群众出行、农业生产灌溉等需求,确保主体建设与群众生产生活互不干扰;对于因高速公路建设导致的区域性交通出行困难、洪涝灾害加重等情况,由乡镇提出解决方案,按影响程度予以补助建设资金。共实施大"三改"等项目5项,补助资金2227万元。

2021年12月24日0时,石浦高速连接线通车运营。它连接已建成的三门湾大桥和象山港大桥,实现石浦南连温州、北通宁波的全线贯通。石浦高速工程建成通车,对完善象山县高速公路网、改善石浦港区集疏运条件、畅通石浦卫星城镇等南部区域与外部联系、推进浙江省海洋经济发展示范区建设和三门湾区域发展等具有重要意义。县域"外联内畅"交通格局基本成型,象山交通区位条件已发生根本性改善,为经济社会持续健康发展提供有力支撑。

(林燕雯)

美丽乡村建设

2021年,象山县根据宁波市农业农村局《2021年宁波市新时代美丽乡村建设实施方案》文件精神,规范创建标准、完善工作措施、加大建设力度,总投入约0.64亿元,共有2个市级美丽乡村示范乡镇、2条市级乡村振兴示范带、1个市级小集镇式中心村、5个市级美丽乡村示范村通过市级验收。

2个市级美丽乡村示范乡镇

贤庠镇　位于象山半岛北部,昔为滨海盐场,以谐音雅化贤庠,意谓贤达能人聚集之地。全境面积70.67平方千米,耕地1670公顷、山林3070公顷,待开发海岸线15千米,辖21个行政村、1个居民点,约3.5万人。在推进美丽乡村建设过程中,贤庠镇深入贯彻落实乡村振兴实施战略,以改善和提升村容村貌为重点,以完善基础设施建设为抓手,以村美民富为目标,深度挖掘村庄内涵,依托特有的天然资源,全力推进美丽乡村示范镇建设。投入资金1230万元,用于各村各节点道路改造、环境整治、景观提升等工程,各村基础设施、整体环境显著提升,镇域面貌进一步改善,民生进一步得到保障。近年来,贤庠镇相继被列为全国重点镇、国家级生态乡镇、省级中心镇、小城镇环境综合整治样板镇、特色农业强镇、省级美丽乡村示范乡镇、AAA级景区镇、市级美丽城镇样板镇等荣誉称号。2021年,贤庠镇成功创建市级美丽乡村示范乡镇。

晓塘乡　地处象山半岛中南部,行政区域面积45.5平方千米,现辖16个行政村,约1.9万人,耕地和山林面积都为1227公顷,是典型的农业大乡。近年来,晓塘乡以"两美一强"创建为抓手,持续改善农村人居环境,推进宁波市美丽乡村示范乡镇建设,进一步厚植美丽晓塘发展潜力。制定出台《晓塘乡美丽乡村示范镇创建行动计划(2020—2022年)》,投资1500万元,细化部署创建项目15个,统筹沿线各村及3个节点打造方案,提升柑橘综合服务中心、大塘港精品线及周边环境。先后获评全国环境优美乡镇、省级旅游强乡、森林乡镇、市级信用乡镇、科技示范乡、市级民族团结进步创建活动示范单位、县水利"大禹杯"银奖,党建精品工作"书记账本"项目推广至全县。2021年,晓塘乡成功创建市级美丽乡村示范乡镇。

2条市级乡村振兴示范带

新桥镇"光爱西海岸"乡村振兴示范带　位于新桥镇西侧,起于海台村,止于崇站避风码头,为蟹钳港海岸线,沿线经过韩升村、兴海村、蛤沙村、小白蛇村、崇站村共5个行政村,总人口2590人,总长度14千米。西海岸风景线以丰富的自然资源为基础,结合沿线地形特点、土地利用总体规划等,统筹谋划,整合推进,由新桥镇牵头编制《新桥镇西海岸风景线规划设计》,全面指导示范带建设。该示范带建设以来,各部门狠抓项目建设、优化沿线环境、促进产业发展、提升乡风文明,各项创建计划顺利推进;各村因地制宜,发展特色,利用闲置房屋、滩涂等资源全力发展配套旅游产业,带动村庄发展、村民增收。投入资金700万元,着力打造以"嬉海之行、幸福之旅"为主题,以步行和电动车交通为主的漫游风景带。

高塘岛乡"海上仙缘"乡村振兴示范带　全长9千米,北起三门口大桥,南至蜊门港大桥,辐射串联高塘岛乡金港线、旅游大道等主干道,是高塘岛乡加快建设长三角生态休闲宜居花园岛,深入实施休闲度假岛、绿色农渔岛、生态养生岛、幸福人文岛"四岛联建"战略,以路串景打造的海岛文旅精品示范带。该示范带以"海上花园、生态地质、渔港旅游、长寿人文"为主题,凭借地域生态资源和文化底蕴为优势,通过"一轴、二园、六景"景观绿化的设计,投入资金500万元,提升高塘岛乡石三线景观。累计建成"仙橘"三五村、"仙岛之珠益渔益农"珠益村、"七彩"龙珠村等美丽庭院示范村、精品村9个。随着沿线道路整治、景观绿化提升、以及进一步挖掘和完善沿线村庄的历史文化资源,一条结合花岙等旅游资源,具有鲜明特征的东海岸风景线在海岛逐步展现。

1个市级小集镇式中心村

东陈乡旦门村　位于东陈乡南面,三面靠山,东临仁义涂,距离东陈乡政府驻地沙岗约8千米,沿海南线从村东首通过,交通便捷。旦门村由双农、双渔、旦仁、旦义、大湾等5个自然村组成,全村现有953户3146人,党员138人,村干部20人,村民代表54人,村级集体经济收入年约43万元。村内老年活动中心、养老院、卫生服务站、菜市场、银行、公厕等公共服务设施齐全,围垦面积近267公顷的县重点工程仁义涂坐落村庄东面。自开展中心村创建任务以来,该村大力挖掘"仁义文脉"及山村田海生态资源,打造以现代农业生产为基础,以仁义文化展示和生态休闲旅游为亮点,以山村田海风光为依托的乡村休闲旅游村,打响"仁义旦门"的品牌形象。经过村干部群众的共同努力,创建各项任务成绩显著,完成了人居环境从脏乱差到亮丽美、集体经济从弱到强的转变,村民文化生活和文化修养进一步提升,农民收入进一步提高。近年来,旦门村先后荣市级美丽乡村示范村、县G20峰会维稳先进集体、乡五星党组织等荣誉称号。2021年,成功创建市小集镇式中心村。

5个市级美丽乡村示范村

石浦镇上金鸡村 地处象山半岛南端,石浦镇西面,距石浦镇政府仅10千米,是浙江(石浦)对台贸易实验区的重要规划区位之一。村庄位于金鸡山脚下,山上有省级历史文物保护点——清代建筑金鸡山炮台。共有住户340户,户籍人口1112人,党员30名。村域面积4.2平方千米,耕地面积36公顷,山林面积20公顷,水产养殖塘50余公顷,各类船舶7艘。全村以近海养殖、农业种植、水产加工业为主,村民人均年收入约18600余元,村集体经济年收入40余万元。自开展美丽乡村示范村创建项目以来,该村全体村民和外出创业成功人士热情高涨,相继投入350余万元进行新农村建设,村容村貌焕然一新。从节点打造,到村庄环境整治,对示范村创建的14个项目狠抓落实,全面实施"强班子、夯基础、重发展、优民生"工程,认真贯彻"生产发展、生活宽裕、乡风美丽乡村、村容整洁、管理民主"的奋斗目标,因地制宜,各项美丽乡村示范村建设的指标得到全面落实。近年来,上金鸡村先后荣获省级农房两改示范村、市级"一事一议"美丽乡村示范村、文化示范村、文明村、农村基层权力规范运行示范村等荣誉称号,成功评定为五星级党组织,县级民主法治村,清廉示范村(居)。2021年,成功创建市级美丽乡村示范村。

贤庠镇青莱村 位于贤庠镇东北部,西北环山,东临象山港,由青莱、芦岙两个自然村合并而成,村域面积2.7平方千米,户籍数243户,在册人口735人,耕地面积47.2公顷,林地43.6公顷,村集体经济年收入56万元,村民大多从事建筑业等企业打工,部分从事种植业和捕捞业,村民勤劳,生活富足,村风文明,民风淳朴。古时有"小蓬莱"和"青莱府"之称,樊信房古建筑拥有上百年的历史,樊氏家族乃书香门第,太祖母是陈汉章先生胞妹,祖上人才辈出,颇有成就。在推进美丽乡村建设过程中,该村深入贯彻落实乡村振兴实施战略,以改善和提升村容村貌为重点,以完善基础设施建设为抓手,以村美民富为目标,深度挖掘村庄内涵,依托特有的天然资源,积极承接上级部门项目,全力推进美丽乡村示范村项目建设。近年来,青莱村先后荣获省AAA级景区村、市级美丽庭院示范村、美丽宜居示范村、县级美丽乡村特色村等荣誉称号。2021年,成功创建市级美丽乡村示范村。

鹤浦镇小百丈村 位于南田岛中部,由小百丈和小渔山两个自然村合并,依山傍水。山脚下依山筑坝,建成了百丈水库,是鹤浦重要的饮用水源之一。小百丈村占地278公顷,其中耕地面积84公顷,山地33.5公顷,拥有柑橘93公顷,村民主要收入靠柑橘种植为主。村常住人口416户,1350人。在美丽乡村示范村创建过程中,该村充分挖掘传统历史文化,对马筋酒庄、行馆、张苍水铸铁遗址进行修复。同时结合自身优势资源特点,积极对外招商引资,引进"安可乡建"团队开发旅游项目,一期"安可橘宿"已经开始营业。村内共有4家民宿,且各具特色,吸引四方来客,村集体收入突破50万元。近年来,小百丈村先后荣获省AAA级景区村、美丽宜居示范村、美丽乡村特色精品村、市级美丽庭院示范村等荣誉称号。2021年,成功创建市级美丽乡村示范村。

墙头镇舫前村 位于墙头镇西部,西沪港西南,白岩山东麓,距县城12千米,座北朝南,西高东低,沿琴溪两侧呈向长形分布。全村535户,共1604人。耕地面积68公顷,其中水田60公顷,山林面积163.4公顷。该村在美丽乡村建设中充分依托历史人文资源和山海优势,大力发展绿化种植、毛竹加工业和海涂养殖业,并根据"市级园林式村庄"的创建标准,在原有绿化基础上,加快整治居住环境的步伐,加大村庄绿化工作力度,村庄周围山地植被覆盖率97%。村庄呈现出绿叶红花相映、花草树木茂盛、溪水清流叮咚、道路整洁宽广的景象。同时,利用丰富的毛竹资源和海涂资源,大力发展竹产品加工业和海涂养殖业,提高村民生活水平。在村庄整体规划中,该村依托地形特点,以人为本,以园林化设计和休闲步道相结合,努力打造移步异景、一步一景的花园式新农村。近年来,舫前村先后荣获省A级景区村、县级美丽乡村特色村等荣誉称号。2021年,成功创建市级美丽乡村示范村。

新桥镇上盘村 地处大塘港东南侧,毗邻象山影视城,距离新桥高速临时收费站约5分钟车程,距离在建新桥高速收费站约2分钟车程,省道茅石线、沈海高速公路石浦连接线穿村而过。全村共有238户,户籍人口801人,常住人口846人,党员29人。上盘村依托独特的区位优势,在村党支部的领导下,引导村民通过自建、改建民房发展民宿经济,全村共有农家客栈50余家,床位数超过1000张。特别是随着产业发展吸引部分青创者返乡,建成独具风格、服务周到、契合市场的精品民宿,有效填补中高端民宿的空白,使得上盘村成为新桥的明星村、人气村。聚焦影视配套产业做好建链、延链文章,出租集体宾馆、蓝莓山、柑橘园、马棚、村办公楼等集体资产,集体收益突破50万元。近年来,上盘村先后荣获省级文明村、AAA级景区村、市级旅游特色村、民宿集聚村、五星级党支部等荣誉称号。2021年,成功创建市级美丽乡村示范村。

(杨瑞瑞)

中国海洋渔文化馆打造

一冷·渔文化创意园位于石浦镇,原为石浦港内最大的鱼鲜冷冻加工厂(1000吨水产冷库),是石浦渔业生产加工的重要遗存和地标性建筑。2017年11月,象山县旅游集团有限公司对原工业遗存进行改造、提升、创新,总用地面积14亩,总建筑面积约13200平方米,总投资2.11亿元。项目于2017年11月开工,由宁波宁大地基处理技术有限公司、浙江金能建设有限公司、上海海直建设工程有限公司等公司承建,建设内容包括中国海洋渔文化展示馆、文创体验中心、渔主题餐厅、休闲渔市、渔文化广场等,打造以海洋渔文化为主题,集渔文化展示、文创体验为一体的多功能文化创意园。其中中国海洋渔文化馆为园区的核心项目,总投资6000余万元,于2021年4月正式开馆。中国海洋渔文化馆共4层,布展建筑面积约6000平方米,馆内集展览展示、互动体验、文化交流等内容为一体,以象山海洋渔文化为主线,以科技为手段,以历史演绎为载体,充分展现象山以海为生、与海共荣的海洋文化发展历程和中国海洋渔文化的多样性、丰富性。

中国海洋渔文化馆一楼展厅主题是“渔海传颂”。主要分为:1. 千帆竞发。千帆竞发浮雕,墙面是利用石材、钢材等材料制成的浮雕,地面镶嵌的是用旧冰桶涂上特殊材质制成的人造冰,反映象山人民祖祖辈辈海里出生,海里成长,勇立潮头、海纳百川的象山精神。2. 渔海神韵。“海之儿女”群雕,再现海边人家赶小海的场景。海边儿童妇孺在礁石边玩耍嬉戏,结合投影装置,让游客身临其境感受海浪拍打沙滩,海鸥飞舞的海岛风情。3. 欢乐海洋。保留20世纪70年代老厂房的工业遗存基础,采用防滑钢制方砖、投感触摸屏、游戏互动屏等科技手段,打造儿童互动区,让儿童能沉浸式体验海洋渔文化氛围。4. 万里海疆。由海洋生物、渔业资源、海洋渔业、渔民、渔港、渔场、海洋生态文明、海洋渔文化研究等八个板块组成,系统介绍中国海洋概况。

二楼展厅主题是“渔海印记”。主要分为1. 渔家印象。门前大树下,渔嫂们在织网,旁边还晒着鱼鲞,船老大们喝酒划拳,孩子们玩闹嬉戏,生动重现海边渔村的生活场景。2. 舌尖海味。象山四季海鲜十六碗寄予四季吉利。不同的海鲜食材,仅用蒸、炒、腌、烫几种烹饪方法,就能百般花样,而又不失海鲜本味。舌尖上的象山,鲜之有道,实至名归。3. 渔事简要。穿过历史长河,在象山这块土地上,渔家儿女发生的故事在这里上演,一则则奇闻异事、一个个典故风俗生动展现潮涌澎湃的象山半岛历史。4. 渔海时空。最具科技感的一个沉浸式空间,整个播放画面有500多平方米,由5面LED显示屏拼接而成,座椅采用振动风动平台,让人身临其境。

三楼展厅主题是“渔海华章”。主要分为:1. 渔海风情。动态版本渔海风情长卷,通过技术手段,让人物和场景变得栩栩如生,展现出渔港十二时辰场景。在长卷中,听到石浦方言吴侬软语,感受渔家真实的生活气息。2. 渔家节庆。海边人有着特别虔诚的信仰,体现在一个个节日里。浙东沿海地区渔民根据二十四节气变化和出海时令,几乎每个月都有盛大节日。3. 渔光重现。是一个展现《渔光曲》的专门展厅。象山县是中国第一部有声电影的摇篮,《渔光曲》是在石浦拍摄完成的。4. 渔家号子:在过去,渔民号子在象山随处可见,是渔业生产场景常态。在下网、捕鱼、入仓等劳作过程中,几十个渔民集体发力,为统一步伐和节奏,衍生出独特的渔民号子文化。

四楼展厅主题是“渔海畅想”。是一个多功能互动展厅,即可根据不同主题更换展示内容,又可通过渔文化课堂、手工制作、互动游戏等多种方式,让渔文化真正得以发展延续,在新时代焕发出新的活力。

(县旅游集团)

大　事　记

1月

6日，象山县人民政府与宁波市海事局签署战略合作协议，携手推进国家级宁波海洋经济发展示范区主体区建设。

13日，象山县全国文明城市创建暨“文明啄木鸟”行动启动仪式举行。

14日，宁波生物基可降解新材料产业基地项目签约仪式举行。该项目选址西周镇循环经济产业园，总投资约51亿元。项目建成后，将形成以第三代秸秆乳酸技术为核心的年产30万吨乳酸、20万吨聚乳酸、10万吨聚乳酸纤维的生产基地，可实现年产值108亿元。

18日，《中共浙江省委浙江省人民政府关于表扬全省扶贫开发和消除集体经济薄弱村工作成绩突出集体和个人的通报》发布，通报表彰全省消除集体经济薄弱村工作成绩突出的100个集体和200名个人，象山县农业农村局和丹西街道北门村股份经济合作社王增良、墙头镇方家岙村股份经济合作社欧昌伍榜上有名。

同日，日风电气产业项目（大型海上风电变流器、储能与光伏逆变器产业化项目）洽谈会暨签约仪式举行。

19日，象山县工业强县建设领导小组办公室印发《象山县支持工业企业留工优工稳生产工作方案》，提出通过精准帮扶、落实政策、要素保障、暖心活动等系列措施，引导企业抓住春节等时间窗口抢先机、抢工期，稳岗留工加快发展，确保疫情防控形势稳定，企业生产经营有序，全县经济社会持续健康发展。

同日，《今日象山》载：2020年，象山县财政总收入81.7亿元，比上年同期增收4.8亿元，增长6.3%。其中一般公共预算收入51.8亿元，同比增长12.0%；一般公共预算支出84.0亿元，同比增长8.4%。

20日，象山县新一任村（社区）党组织书记培训班在县委党校开班。

21日，由浙江省委宣传部、浙江广播电视集团主办的“最美浙江人·浙江骄傲”年度人物名单揭晓，宁波锦浪科技股份有限公司董事长兼总经理王一鸣获提名。

23日，浙江省委常委、宁波市委书记彭佳学到象山县调研。他强调，要深入学习贯彻中共十九届五中全会精神和习近平总书记考察浙江、宁波时的重要讲话精神，按照中央和省委、市委决策部署，强信心、鼓干劲、善作为，奋力干出争先进位新气象。

26日，在浙江省十三届人大五次会议上，象山影视城建设首次写入省政府工作报告。报告明确提出，“十四五”期间浙江将“加快发展文化旅游产业”，“支持象山影视城建设，打造具有国际影响力的影视文化创新中心”。

同日，《今日象山》载：2020年，象山县完成建筑业总产值687亿元，占全市22.5%，继续保持全市第一。其中省内产值390亿元，同比增长3%，列全市第二。

30日，象山县正式实施《象山县海域分层确权管理办法（试行）》，全面提升对海域各层资源利用水平。这是全省首个将海域分层确定使用权的管理办法。

2月

1日，国家林业和草原局与农业农村部新调整的《国家重点保护野生动物名录》正式公布，中华凤头燕鸥由国家二级保护野生动物晋升为国家一级保护野生动物，与“国宝”大熊猫同等级，全球种群数量不超过150只。象山个别岛屿是中华凤头燕鸥在全世界范围内为数不多的繁殖地之一。

1—3日，政协第十届象山县委员会第五次会议召开。象山县政协主席俞骏代表政协第十届象山县委员会常务委员会，向大会作工作报告，县政协副主席欧亚群向大会作提案工作情况的报告，吕伟宏等7名政协委员围绕提升中心城区发展能级、推进临港装备工业园区建设等中心工作以及社会关注的热点、焦点问题作参政议政发言。大会通过县政协十届五次会议决议。

2日，象山县委、县政府印发的《关于建设高水平交通强县的实施意见》明确提出，象山县将按照“紧扣重大战略、彰显象山特色、聚焦改革创新、服务产业发展、打造品质交通”的原则，全力构建现代化交通运输体系，为建设社会主义现代化滨海城市、打造国家级宁波海洋经济发展示范区提供坚强支撑。

2—3日，象山县第十八届人大五次会议召开。象山县委副书记、县长包朝阳代表县政府向大会作工作报告。县人大常委会主任罗来兴作县人大常委会工作报告。会议听取县委常委、常务副县长陈兴立作的“十四五”规划和二〇三五年远景目标纲要草案的说明，县人民法院院长陈海虹作的县人民法院工作报告，县人民检察院检察长袁学宏作的县人民检察院工作报告。会议通过2021年县民生实事项目票决办法。

7日，司法部、民政部公布第八批“全国民主法治示范村（社区）”名单，墙头镇方家岙村榜上有名。至此，象山县已有2个村获评全国民主法治示范村。

同日，象山县在大徐镇殷夫故居举行殷夫烈士牺牲90周年纪念活动，缅怀先烈事迹，弘扬先烈精神。

19日，宁波市委副书记、市长裘东耀到象山县检查中央生态环境保护督察反馈问题整改工作。他强调，要深入学习贯彻习近平生态文明思想，提高政治站位，对标整改要求，强化担当作为，以高度负责的态度、真抓实干的作风，坚决把生态环境保护存在问题整改到位，确保美丽宁波建设再上新台阶。

同日，象山县召开实施“聚力一二五、奋力上台阶”专项行动动员大会。县委书记潘银浩强调，要全面实施“聚力一二五、奋力上台阶”专项行动，聚焦目标、争先创优、大干快干，跑出改革发展加速度，干出争先进位新气象，以优异成绩庆祝中国共产党成立100周年。

23日，宁波市十五届人大六次会议象山代表团举行全体会议，继续审议市政府工作报告和市人大常委会、市中级法院、市检察院工作报告等。浙江省委常委、宁波市委书记彭佳学在参加象山代表团审议时强调，象山各级要深刻领悟习近平总书记考察浙江重要讲话精神，紧扣忠实践行“八八战略”、奋力打造“重要窗口”，围绕锻造硬核力量、唱好“双城记”、当好模范生，贯彻好、落实好市两会工作部署，发挥优势，发愤图强，做精做优现代化滨海大都市的“海洋板块”，为全市发展贡献一批有象山特色的标志性成果。

24日，象山县委召开全县领导干部会议，传达学习市人大十五届六次会议、市政协十五届五次会议主要精神和省委常委、市委书记彭佳学参加象山代表团审议时的讲话精神，研究部署象山县贯彻落实工作。

25日，全国脱贫攻坚总结表彰大会在北京人民大会堂隆重举行。象山县农业农村局副局长、县扶贫办主任陈顶峰获评全国脱贫攻坚先进个人，受到表彰。

3月

3日，日星风电产业园开工仪式在象山经济开发区举行。项目位于象山经济开发区临港装备工业园大中庄区块，用地面积约700亩，总投资50亿元，主要生产大型海上风电整机和关键零部件。

4日，象山县人民政府与中国美术学院签订校地框架合作协议，双方围绕打造象山北纬30度最美海岸线、宣传推广亚运品牌、推进实施“神笔马良计划”等达成一致意见。

5日，浙江省委常委、宁波市委书记彭佳学到象山调研亚运水上项目筹备工作。他强调，要提高站位、勇担责任，科学规划、统筹开发，质量第一、安全至上，高标准整体打造水上亚运精彩板块，创造全球海洋中心城市建设标志性成果，努力为2022年亚运会增光添彩，为区域长远发展注入强大动力。

8日，全县党史学习教育动员部署会举行。象山县委书记潘银浩强调，要深入学习贯彻习近平总书记在党史学习教育动员大会上的重要讲话精神，不折不扣落实中央和省委、市委的决策部署和工作要求，高标准高质量开展党史学习教育，教育引导全县党员围绕学党史、悟思想、办实事、开新局，为建设社会主义现代化滨海城市提供强大精神动力，以实际行动和优异成绩庆祝中国共产党成立100周年。

10日，《今日象山》载，2020年度浙江省“小微企业三年成长计划”工作优秀县（市、区）名单出炉，象山榜上有名，宁波地区仅2个。

11日，全县推进高水平交通强县建设动员大会召开。象山县委书记潘银浩强调，要深入贯彻中央关于建设交通强国的重大决策，认真落实省市关于推进高水平交通强省、交通强市建设的部署要求，吹响“大抓交通、抓大交通”集结号，掀起新一轮交通建设工作热潮，为“聚力一二五、奋力上台阶”、加快建设社会主义现代化滨海城市提供强劲支撑。

19日，第八届中国城市物流大会暨2021年科技物流大会公布第十四届中国物流业金飞马奖获奖名单，象山名列其中。

20日，全县慈善义工工作大会举行。

22日，中央统战部六局调研组一行到象山调研影视行业自由职业人员统战工作。

24日，象山县供电公司与宁波涌泉置业有限公司及其物业机构签订《居住区电动汽车充电设施建设运营合作协议》。这是居民区电动汽车充电设施“统建统营”的首批试点和省内首个落地项目。

26日，象山县委农村工作会议暨宅基地制度改革动员部署会召开。象山县委书记潘银浩强调，要深入贯彻习近平总书记对“三农”工作的重要指示精神，按照中央和省市委农村工作会议要求，扛起旗帜、深化改革、走在前列，高水平推进乡村振兴，奋力打造农业农村现代化先行县，为“聚力一二五、奋力上台阶”、加快建设社会主义现代化滨海城市奠定坚实基础。

29日，中国优质农产品榜单“熊猫指南”在海南三亚举行2021年春榜发布会，象山县橘农韩东道荣获农业大师奖，全国仅4人。

30日，在全省建设平安浙江工作暨扫黑除恶专项斗争总结表彰会议上象山县被授予“一星平安金鼎”称号，“平安县”考核创历史最佳成绩，成为2020年度宁波市唯一获此殊荣的县（市、区）。

同日，经过830天施工，位于松兰山长咀头区域的杭州亚运会帆船帆板项目竞赛基地——亚帆中心工程顺利通过竣（交）工验收，成为杭州亚运会首批建成竞赛场馆。

4月

1日，全县推进数字化改革大会举

行。象山县委书记潘银浩强调，要深入学习贯彻省、市数字化改革大会精神，推动象山数字化改革落地落实、争先率先，奋力打造数字化改革先行示范区，为加快建设社会主义现代化滨海城市提供强劲动力，为打造宁波现代化滨海大都市“海洋板块”贡献更多象山力量。

7日，象山县在上海举行2021年象山城市推介会，推介象山的产业空间、美丽空间与城市空间，寻找城市合伙人，共享滨海大发展。

12日，《今日象山》载，浙江省乡村振兴领导小组下发《关于2020年度全省实施乡村振兴战略实绩考核结果的通报》，象山县获评优秀单位。

13日，象山县开展2021年首场“千名代表委员走进人民法庭”活动。

15日，宁波市委副书记、市长裘东耀到象山县调研经济运行等工作。他强调，要从把握新发展阶段、贯彻新发展理念、构建新发展格局的实际出发，紧紧围绕企业发展需求和巩固提升经济恢复向好态势，以优服务助力企业创业创新，以重实干推动发展争先进位，确保“十四五”发展开好局、起好步。

20日，韭山列岛国家级自然保护区新一轮“神话之鸟”招引保育正式启动。

21日，浙江文化和旅游总评榜颁奖仪式暨“数智赋能文旅发展新时代”分享会举行。象山县入围“2020浙江文旅融合高质量发展十佳县（市、区）”，为宁波市唯一；象山影视城入列“2020浙江十大数智景区”；石浦沙塘静湾客栈入选“2020浙江十佳文化遗产民宿”。

22日，象山县委、县政府召开全县“一打三整治”工作推进会议，传达省、市“一打三整治”专项行动工作精神，对“一打三整治”工作进行再部署、再落实、再动员，强调要深刻贯彻落实省市相关指示精神，深入查找问题原因，深刻反思、举一反三，在全县上下迅速掀起“一打三整治”行动热潮。

25日，浙江省委法治浙江建设工作会议召开，象山县获评首批法治浙江（法治政府）建设示范单位。

26日，《今日象山》载：宁波市2021年度重点工程建设项目计划下达，象山县共有22个项目列入计划清单，总投资381.96亿元，年度计划投资56.81亿元。

27日，全县涉海涉渔领域“一打三整治”暨“遏重大”安全生产专项行动会议召开。

同日，中国海洋渔文化馆开馆仪式在石浦镇举行。

同日，由中国报告文学学会、浙江省作家协会、湖州市人民政府主办的第八届“徐迟报告文学奖”颁奖系列活动在湖州南浔举行。象山县作家赖赛飞《嘱托》荣获第八届“徐迟报告文学奖”优秀奖。

30日，农业农村部和公安部、中国海警局联合在石浦镇启动“亮剑2021”海洋伏季休渔专项执法行动。

5月

1日，一年一度东海伏季休渔开始，象山县2747艘渔船全部回港休整。

6日，象山县被中国伦理学会授予“中国乡贤文化之乡”称号，成为浙江省第二个、宁波市首个获此殊荣的县级行政区域。

11日，美丽象山建设暨“两山”实践创新基地创建动员部署会在象山县委党校召开。

同日，《今日象山》载，象山县自然资源和规划局首次编制全县陆海一体的全域地图。全县的陆地和海域海岛采用同一比例尺进行表示，让读者可以更加直观、全面、真实地了解象山县的形状、管辖范围、海陆分布等信息。本次编制的象山县全域地图，还收集生态保护、海洋利用、港航规划等专题要素，为全域陆海利用提供参考，可更好服务于全县海洋经济建设。

12日，象山县妇联联合中国太平洋财产保险股份有限公司象山支公司在泗洲头镇举行“吉象芳华安康保险”（试点）签约仪式。该保险项目涵盖女性癌症保险、原发性乳腺癌保险、原位癌保险等，最高赔付保额16万元，先期对该镇低收入妇女实行免费参保全覆盖、对镇域妇女群体实行保费下浮40%~50%的优惠。

13日，象山县人民政府与京东科技共建京东城市（宁波）数字经济产业创新基地签约仪式在京举行，签订《共建京东城市（宁波）数字经济产业创新基地》合作协议。

14日，《今日象山》载，浙江省文化和旅游厅公布公共文化场馆服务功能拓展先行先试单位名单，泗洲头镇综合文化站名列其中。

17日，象山县2020年第七次全国人口普查主要数据公报正式发布，包括总人口、户别、性别、年龄、教育程度、城乡构成等主要内容。此次普查以2020年11月1日零时为标准时点。

19日，在文化和旅游部非物质文化遗产司举办的国家级文化生态保护区建设经验交流会上，首批7个国家级文化生态保护区获颁牌，象山县获评“海洋渔文化（象山）生态保护区”。

20日，《今日象山》载，浙江省政府办公厅印发通报，对在2020年落实有关重大政策措施中，真抓实干、取得明显成效的73个地方［8个设区市、65个县（市、区）］予以督查激励。其中，象山县入选推进大花园建设成效明显的县（市、区），将得到浙江省诗路文化带建设资金支持。

21日，由中国游艺机游乐园协会（CAAPA）主办的2021年中国文旅产业发展年会在北京盛大开幕，象山县阿拉的海文化旅游股份有限公司获2021年中国文旅企业影响力品质榜“品质文旅项目”奖。

同日，《今日象山》载，象山中机智能装备创新研究院（宁波）有限公司（以下简称中机装备）工业设计团队收到意大利 A'Design 组委会喜报。在2020—2021年度 A' 设计大奖赛中，中机装备设计的一款家用食物清洗机获5项国际大奖。

23日，“唱支心歌给党听”大型主题合唱活动——“红船颂　南湖情”2021年百团庆百年全国合唱汇演暨第十八届南湖合唱节颁奖晚会在嘉兴南湖举行。象山合唱团《阳关三叠》获金奖。

24 日,《今日象山》载,象山县数字社会领域改革捷报频传:象山县残联的"残疾人按比例就业情况联网认证'跨省通办''省内通办'应用"入选全省残联系统数字化改革"揭榜挂帅"中榜名单;象山县民政局"智慧慈善"成功入选省民政厅首轮"智慧慈善"试点,系宁波市唯一。

25 日,浙江省发改委、浙江省住建厅联合下发通知,公布全省 2021 年未来社区创建名单,瑶琳社区名列其中。

27 日,象山县召开大塘港水环境综合治理三年行动誓师大会。

28 日,由文化和旅游部举办的线上"非洲法语国家非物质文化遗产保护与发展研修班"在中央文化和旅游管理干部学院开班,象山县海洋渔文化专家委员会主任吴健应邀为来自贝宁、布基纳法索、刚果(布)和马里四国非物质文化遗产领域的政府官员、专家学者及从业人员共 106 名学员线上授课。这是象山县海洋渔文化首次进行国际传播。

29 日,宁波生物基可降解新材料产业基地项目开工仪式在西周镇循环生态工业园举行。

31 日,全县水资源平衡"512 工程"暨仓岙水库清淤扩容工程启动仪式在墙头镇仓岙水库举行。

6月

1 日,"童心向党·争做新时代好队员"象山县少先队庆祝中国共产党成立 100 周年主题队日活动在象山县文化活动中心举行。

3 日,象山县中医医院医疗健康集团总院新址正式启用。新中医院位于来薰路以东、丰饶路以西、宝海路以南、兴洋路以北地块,总投资约 4.8 亿元,建设历时 4 年,总建筑面积 7.68 万平方米。按照三级乙等综合性中医院标准建设,总床位 520 张,设计日门诊量 3000 人以上。医院开设临床科室 29 个、医技科室 11 个,其中康复科、疼痛科、老年病科、全科医学、精神专科和风湿免疫科为新设科室。

7 日,国家发改委发布《长江三角洲地区多层次轨道交通规划》(以下简称《规划》)。宁波至象山市域(郊)铁路正式纳入《规划》,并列为"十四五"规划建设类项目。线路走向自宁波地铁钱湖大道站经塘溪镇、咸祥镇、大徐镇、人民广场至大目湾,里程 81 千米,估算投资 179 亿元(含梅山支线)。同时,宁波经台州至温州干线铁路也纳入《规划》。据长三角地区多层次轨道交通"十四五"规划建设项目示意图显示,该沿海干线铁路将过境象山。

8 日,由中国畜牧兽医学会、宁波市农业农村局、宁波市科学技术协会指导,象山县人民政府主办的第九届象山白鹅节在东陈乡樟岙村开幕。本届白鹅节以"振兴种业、共同富裕"为主题,旨在多维度展示象山县白鹅种质资源优势和民俗文化。

同日,是世界海洋日,象山县水利和渔业局、象山县自然资源和规划局在檀头山、渔山海域举行增殖放流活动,150 余万尾岱衢族大黄鱼鱼苗顺着滑道奔向东海。

9 日,全省退役军人服务保障体系能力提升现场推进会在象山县召开。

10 日,国务院公布第五批国家级非物质文化遗产代表性项目名录,象山竹根雕入围。至此,象山县拥有国家级非遗代表性项目 7 项,数量位居宁波各县市区首位。

同日,在象山县金融发展服务中心、象山县科技局、象山县水利和渔业局的见证指导下,人保财险象山支公司与县内 3 家养殖户签订小黄鱼网箱养殖保险协议书,标志着全省首单小黄鱼网箱养殖保险在象山县正式落地。

15 日,2020 年浙江省科学技术奖励大会召开。会议公布"2020 年度浙江省科学技术奖",由象山县企业牵头或参与完成的 3 项科技成果喜获省奖。

16 日,挪威驻沪总领事馆总领事丽莎到象山县调研考察北欧(中国)鲑鱼 RAS 陆基养殖项目。

17 日,宁波市人大常委会组织部分在甬全国人大代表、省人大代表及市人大常委会组成人员等 30 余人,到象山县调研杭州 2022 年亚运会宁波赛区筹办工作。

22 日,象山县四套班子领导,象山县人民法院院长、象山县人民检察院检察长等前往新桥镇黄公岙村中共象山工委旧址山海楼,以普通党员身份参加县委"寻红色印记、悟思想伟力"主题党日暨预备党员集中宣誓活动。

同日,《今日象山》载,司法部通报表彰全国"法援惠民生　扶贫奔小康"品牌活动表现突出的单位和个人,象山县法律援助中心光荣上榜。

23 日,世界帆船联合会主席李全海到象山县考察中国·浙江海洋运动中心(亚帆中心)和大目湾帆船俱乐部。

23—24 日,"我心向党"象山县庆祝中国共产党成立 100 周年合唱比赛在象山县人民广场举行。

28 日,"学党史、当先锋、作表率"——象山县"两优一先"表彰会暨"光荣在党 50 年"纪念章颁发仪式举行。

同日,《中国共产党象山历史》第三卷首发仪式举行。

29 日,长大涂滩涂光伏项目并网发电。该项目是全国最大海岸滩涂渔光互补光伏项目,总装机容量 30 万千瓦,预计平均年发电量 3.4 亿千瓦时。按火力发电平均标准煤耗计算,平均每年可节约标煤 10 万吨,减少二氧化碳排放 27 万吨。

7月

1 日,在浙江省庆祝中国共产党成立 100 周年大会上,浙江省委表彰一批省优秀共产党员、省优秀党务工作者和省先进基层党组织。象山县 3 名党员和 3 个基层党组织光荣上榜。

6 日,《今日象山》载,浙江省农业农村厅组织专家验收组对象山县"省级渔业转型发展先行区"创建工作进行验收。象山县以 101 分佳绩通过省级验收,成为全市首个省渔业转型发展先行区。

同日,《今日象山》载,由龙元明筑科技有限责任公司自主研发的"全装配多高层钢结构住宅”项目被住建部列入2021年全国建设行业科技成果推广项目。

7日，“‘典’亮半岛·法治同行”民法典百日宣传活动在象山县文化活动中心启动。

8日，2020年度全县制造业高质量发展风云榜颁奖典礼举行。

12日，《今日象山》载，2020年，象山县财政总收入46.6亿元，比上年同期增收7.3亿元，同比增长18.5个百分点。其中，中央财政收入17.1亿元，同比增收1.7亿元，增长10.7个百分点；一般公共预算收入完成29.5亿元，同比增收5.6亿元，增长23.5个百分点。

13日，《今日象山》载，共青团中央办公厅下发《关于确定县域共青团基层组织改革试点地区的通知》，经团中央书记处批准，象山县被正式确定为全国县域共青团基层组织改革试点地区。

13—15日，象山县委举办学习习近平总书记在庆祝中国共产党成立100周年大会上重要讲话精神专题读书班。

20日，宁波市委副书记、市长裘东耀到象山调研共同富裕和检查台风“烟花”防御工作。

同日18时起，象山县启动防台Ⅳ级应急响应，至29日12时起，防台应急响应解除。其间，全县全力做好2021年第6号台风“烟花”防御工作。

21日，全县开发区（园区）整合提升工作推进会举行。

同日，全县建筑业高质量发展大会召开。

28日，象山县中医医院隆重举行“浙江中医药大学教学医院”挂牌仪式。

31日，“绿水青山、运动浙江”第二届公开水域游泳系列赛（象山站）暨“力勤杯”中国·象山首届海洋水域游泳公开赛在亚帆中心举行。

8月

1日，象山县1173艘单船桁杆拖虾类、笼壶类、刺网和围网类渔船解禁开捕。中午12时，石浦港内船群通过铜瓦门大桥，奔赴东海作业。

6日，《今日象山》载，中石化宁波工程公司生产的1260吨急冷油塔，在西泽5000吨级货运码头顺利上船运往海南。这标志着象山县交通集团正式开启港口经营业务。

9日，《今日象山》载，2021年上半年，象山县对外出口货值12.49亿美元，同比增长35.9%，与2019年同期相比也增长9.85个百分点，外贸稳增长态势进一步巩固。

12日，象山县举行工业项目集中“云签约”仪式，25个总投资约70亿元的项目，以视频连线、远程签字的形式完成签约。

13日，《今日象山》载，全国县域旅游研究课题组、北京华夏佰强旅游咨询中心联合发布第三届全国县域旅游研究成果，2021年，全国县域旅游综合实力百强县名单出炉，象山县排名第四。

19日，《今日象山》载，国家知识产权局发布新一批证明商标注册公告，“象山红美人”地理标志证明商标通过核准注册，成为象山县获批的第9个国家地理标志证明商标。

20日，中国（象山）开渔节组委会携手华铁传媒打造的“开渔节”高铁品牌专列首发。这是浙江省第一趟以节庆品牌命名的高铁专列。

24日13时17分，象山电网录得最高电网负荷为59.81万千瓦，比2020年最高值58.45万千瓦增加1.36万千瓦，刷新象山县历史纪录。

25日，全县耕地“非粮化”整治和恢复耕地功能工作动员部署会召开。

同日，浙江省市场监管局公布2021年浙江省AAA级“守合同重信用企业”，象山县8家企业光荣上榜。在此次上榜名单中，首次公示企业为国网象山县供电有限公司，继续公示企业为龙元建设集团股份有限公司、宏润建设集团股份有限公司、宁波合力模具科技股份有限公司、浙江永辉建筑装饰有限公司、宁波龙泰电讯电机有限公司、宁波恒富汽车部件发展有限公司和宁波天弘电力器具有限公司。

27日，《今日象山》载，象山县人民广场及周边区块改造项目启动征迁动员。作为城市重点区块的核心区，征迁改造对于提升城市品质，打造城市会客厅具有重大意义。

31日，《今日象山》载，盛宁线茅洋至泗洲头段改建工程获浙江省人民政府批准。该项目是近期国土空间规划管理办法实施以来，象山县首个获批的省道项目。

9月

1日，塔山中学投入使用。塔山中学是象山县教育局在丹东街道重点布局的一所公办初中。学校位于靖南路以北、县第四小学以东、塔山路以南地块，总用地面积3.9万平方米，办学规模为36个班级，可容纳1620名学生。

3日，浙江省教育厅公布2021年省中小学教坛新秀及浙派名师名校长拟培养对象名单，象山县2名教师荣膺“省教坛新秀”，4人成为浙派名师名校长培养对象。

4日，2021氢能产业发展论坛暨第十一届全球新能源企业500强峰会在太原举行，会上发布“2021全球新能源企业500强榜单”，锦浪科技股份有限公司榜上有名。

同日，第一届宁波技能大赛暨2021年宁波市“乡村振兴”职业技能大赛开幕。象山县选手吴海霞在这次大赛中夺得育婴员项目金牌。

5日，象山县慈善总会慈善公益服务中心启用开放。通过“慈善募捐业绩”“慈善救助成效”“慈善义工风采”“慈善文化建设”“慈善感人故事”等展板，展示20年来象山县慈善事业发展历程和成果。

同日，据象山县粮食部门消息，象山县2021年夏早稻收购结束，全县共收购早稻3161吨，其中“等外粮”1100吨，确保农民粮食应收尽收。

7日，由农业农村部、商务部、中央广播电视总台、中华全国供销合作总社联合发起的2021年中国农民丰收节金秋消费季在北京启动。全国各地人民群众通过直播平台，感受象山渔业丰收盛况。

11日12时，象山县启动防台Ⅳ级应急响应，至15日17时，防台应急响应解除。其间，全县全力做好2021年第14号台风“灿都”防御工作。

14日，《今日象山》载，象山县在全省市场监管系统数字化改革“揭榜挂帅”中摘取7个项目应用试点，应用试点数量位列全市第一、全省第五。

16日，2021年中国农民丰收节系列活动——第二十四届中国（象山）开渔节在石浦港举行。浙江副省长徐文光宣布开渔，宁波市委副书记、市长裘东耀讲话，农业农村部渔业渔政管理局局长刘新中致辞。

同日，浙江省渔船安全精密智控系统（“浙渔安”）1.0测试版启动仪式在象山县举行。

同日，在全国群众体育先进及体育系统先进表彰大会上，晓塘乡青山头村被授予“2017—2020年度全国群众体育先进单位”称号。

17日，象山县召开“双减”工作会议。深入学习习近平总书记关于“双减”工作的重要指示精神，全面落实省市“双减”工作会议精神，部署全县落实“双减”决策具体举措，切实以“双减”工作成效推动办好人民满意教育。

19日，第十四届全国运动会帆船比赛（宁波赛区）在亚帆中心开赛，来自全国21个省区市和澳门特别行政区代表队的208名运动员参加8个项目。25日，比赛结束，共产生9枚金牌。该届全运会帆船比赛在全运会历史上规模最大、参赛队伍最多，加上山东潍坊赛区，共历时1个月。2个赛区共设17个项目20枚金牌，浙江队以6枚金牌、5枚银牌、3枚铜牌列奖牌榜第一。

20日，浙江省企业联合会、浙江省企业家协会、浙江省工业经济联合会正式发布《2021浙江省百强企业》系列榜单。其中宁波华翔电子股份有限公司进入《2021浙江省制造业百强企业》榜单，居第70位；锦浪科技股份有限公司和宁波乐惠国际工程装备股份有限公司进入《2021浙江省成长性最快百强企业》榜单，分别居第3位、第87位。

22日，全县镇乡换届工作动员会暨“强基固本”三年行动部署会召开。

24日，浙江省委常委、宁波市委书记彭佳学到象山调研海洋经济发展工作。他强调，要认真学习贯彻习近平总书记关于海洋强国建设的重要论述，按照中央和省委的部署要求，以建设海洋经济发展示范区为引领，找准定位、突出特色、深挖潜力，加快打造全球海洋中心城市标志性成果。

同日，世界帆船联合会主席李全海到浙江海洋运动中心（亚帆中心），考察十四届全运会帆船比赛办赛情况。

同日，《今日象山》载，中华慈善总会公布2020年度全国慈善会系统先进名单，象山县慈善总会石浦分会会长黄菊英获“优秀慈善工作者”称号。

28日，象山县博士联谊会成立大会举行。《今日象山》载，象山县“扬帆海湾”线入选宁波首批“最美精品线路”。

10月

10日，象山新华书店联合象山县图书馆“塔山讲堂”，特邀北京社科院研究员、著名历史学家、央视《百家讲坛》主讲人阎崇年到象山，举行读者见面会暨《故宫六百年》讲签会。

13日，象山县召开县乡两级人大换届选举动员部署会。

14日，国电象山1号项目一期工程220千伏陆上计量站倒送电一次成功，为后续风机动态调试及并网发电奠定坚实基础。

20日，第十九届宁波象山海鲜美食节暨象山北纬30度最美海岸线“品鲜季”活动发布会在宁波举行。现场发布象山“品鲜季”系列活动内容，推出象山海鲜之旅精品线路、自由行产品和系列优惠政策，启动“甬菜百碗·象山新十碗”评选暨马蜂窝“象往新鲜·象往象山”未知饭局体验招募活动等。

22—24日，象山县慈善总会一行赴四川凉山州雷波县调研，签订《象山县慈善总会对口帮扶雷波县慈善公益事业框架协议书》，初步确认资助善款100万元，建立涉及助困帮扶、奖教助学等多个象雷公益基金，对接支持雷波“暖冬行动”“童心港湾”“我在雷波长大”“移民社区家政服务中心”等公益项目。

25日，《今日象山》载，浙江省农业农村厅发文公示“浙江省农业农村领域高质量发展推进共同富裕第一批实践试点名单”，象山县入选。

26日，以中国机械科学研究总院南方中心为专场的中国（宁波）新材料与产业化国际论坛“数控装备、核心部件与关键材料”分论坛在宁波举行。

同日，《今日象山》载，浙江省农村文化礼堂建设示范县（市、区）、示范乡镇（街道）名单公布，泗洲头镇入选。

27日，《今日象山》载，浙江省自然资源厅公布首批“数字国土空间”多跨应用场景试点县（市、区）名单，象山县以复审第1名成绩入选“码上有地”应用场景试点建设。

28日，全县“碳达峰”“碳中和”工作领导小组会议召开。

同日，全县创建全国文明城市工作推进会召开。

29日，中共象山县委十四届十一次全体会议召开，审议通过《关于召开中国共产党象山县第十五次代表大会的决议》。

11月

3日，象山北纬30度最美海岸线文旅产业项目签约暨“阿那亚·象山海岸”项目开工仪式在爵溪街道悦泉湾沙滩举行。现场共签约项目20个，总投资113亿元。

4日，2021年浙江省青少年帆板级、激光4.7级帆船锦标赛在松兰山开赛，来自省内9支队伍、142名运动员参赛。

8日，《今日象山》载，象山县红十字台胞医院医疗健康集团的市县联动打造“牧海急救圈”缩短牧海急救时间课题入选2021年中国现代医院医疗质量安全管理典型案例。1—10月，象山县海上意外伤害的致残率和致死率同比分别下降3.1%和11.4%。

10日,新型双体客船"普陀祥云"号驶离西泽轮渡码头,试航象山至舟山普陀山航线。这是目前象山县唯一一条市际航线。

同日,《今日象山》载,浙江良和交通建设有限公司参建的台州湾大桥及接线工程获"2020—2021年度李春奖(公路交通优质工程奖)"。12月,该工程又获"2020—2021年度中国建设工程鲁班奖(国家优质工程奖)"。

11日,《今日象山》载,第二批全国乡村治理示范村镇名单近日公布,浙江共有6个乡镇和60个村入选,泗洲头镇墩岙村榜上有名。这是继涂茨镇旭拱岙村之后,象山县第2个全国乡村治理示范村。

12日,宁波市发展改革委发布关于同意宁波至象山市域(郊)铁路大目湾站土建工程初步设计的复函。这标志大目湾城铁站即将开工建设。

同日,农业农村部公布2021年"中国美丽休闲乡村"名单,墙头镇方家岙村榜上有名。

同日,第七届浙江省道德模范表彰会在杭州举行,全省30位"道德模范"受到表彰,象山县汽车轮渡有限公司农村渡运公交分公司员工吴爱图获评"诚实守信模范"。

13日,象山县城路市政运维建设有限公司揭牌仪式举行。

14日,全县千名干部进渔家"遏重大、保平安"专项行动工作会议召开。

16日,《今日象山》载,宁波市经信局公布2021年度宁波市高端装备制造业重点领域首台(套)产品认定名单。其中,象山县中机智能装备创新研究院(宁波)有限公司的"盾构刀具高可靠自动化钎焊装备"被认定为国内首台(套)产品,锦浪科技股份有限公司的"五代三相光伏逆变器(GCI-110K-5G)"和宁波瑞德森船用泵制造有限公司的"HDS125高压封水泵"被认定为省内首台(套)产品。

19日,工信部下发《关于公布2021年国家技术创新示范企业名单的通知》,全国58家企业入选,锦浪科技股份有限公司荣列其中,为宁波唯一、象山县首家入选企业。

23日,浙江省委副书记、代省长王浩到象山县专题调研渔业安全工作。他强调,安全大于天,没有安全就没有生产。做好渔业安全工作,是深入学习贯彻中共十九届六中全会精神和习近平总书记关于安全生产重要论述的必然要求,是浙江省打造"重要窗口"、高质量发展建设共同富裕示范区的题中之义。要牢固树立人民至上、生命至上理念,坚持问题导向,奔着问题去、对准问题干;坚持依法整治、标本兼治、远近结合;坚持科学管理、政策引导、法治保障,切实从根本上解决问题,用最强有力的措施"遏重大、降较大",全力推动渔业安全生产形势持续稳定向好,为推进海洋经济高质量发展和海洋强省建设作出贡献。

24日,《今日象山》载,晓塘乡首度携手阿里拍卖,合作拍卖中国第一棵"红美人"果树上所摘鲜果,筹得善款12267元,用于成立"东西部协作象山晓塘'红美人'帮困扶贫基金",专项捐给该乡结对单位——四川省凉山州雷波县千万贯乡贫困群众。

25日,《今日象山》载,浙江省委决定包朝阳任中共象山县委书记,潘银浩不再担任中共象山县委书记、常委、委员职务。

同日,《今日象山》载,浙江金川船业有限公司两艘2700TEU(20英寸标准集装箱)船在石浦打鼓峙岛开工建造。这是象山县首次建造5万吨以上的最大吨位集装箱船舶,标志着象山船舶行业在集装箱船舶大型化建造领域取得新突破。

26日,象山县委学习贯彻中共十九届六中全会精神"六讲六做"大宣讲活动动员部署会召开。

28日,由中共中央宣传部、中央文明办、全国妇联主办的加强家庭家教家风建设工作推进会举行。2021年"全国最美家庭"揭榜,象山县郭克亮家庭荣列榜单。至此,象山县已有4户家庭获评"全国最美家庭"。

12月

1日,全市首个零工劳务市场在丹西街道白石商业广场揭牌开业。

2日,中央组织部、中央宣传部公布全国"最美公务员"评选结果,象山县海洋与渔业执法队一级主任科员孙成方作为"浙江唯一"上榜,并被中组部给予记一等功奖励。

同日,象山县委书记包朝阳调研环蟹钳港区域规划建设工作。他强调,要深入贯彻落实习近平生态文明思想,贯彻落实市委部署要求,高起点策划,一体化开发,高品质打造,清单化落地,加快推进环蟹钳港区域共富样板区建设。

3日,法治宁波建设"十佳创新案例"颁奖仪式在宁波电视台演播厅举行。象山县"村民说事"入例。

4—5日,"全民健身迎亚运"航海模型2021年浙江"象山杯"公开赛在东谷湖正式开赛。来自宁波、温州、台州、丽水等地13支代表队70余名选手参赛。

6日,"'脐'下江南·'橙'满宁波"四川大凉山雷波脐橙推介会在宁波举行。现场,宁波(象山)多家企业签订雷波脐橙采购意向合作协议,达成意向采购金额3000万元。

9日,象山、遂昌两地以视频连线方式召开山海协作联席会议,深入贯彻落实习近平总书记关于共同富裕的重要论述精神,围绕山海协作进行深入交流。

9日,《今日象山》载,经群众推荐、基层遴选和评委会综合审议,2021年11月"浙江好人"名单正式出炉,墙头镇下沙村村民何财余上榜。

11日,在2021年全国第四届装配式建筑职业技能竞赛中,宁波建设工程学校学子贾婧雯以总分第一夺冠。宁波建设工程学校自2019年起参加该赛项,已连续3年获得一等奖,并在2020年和2021年摘取全国第一名。

12日,象山县公安局交警大队火速集结警力,驰援镇海疫情防控一线。

14日,《今日象山》载,象山县浙江钰烯腐蚀控制股份有限公司的"海洋新材料长期原位立体测试与评价系统及产业化应用"、宁波希诺亚海洋生物科技有限公司的"出口鱿鱼食品的绿色加工及高值化利用关键技术研发与应用示范"、象山县水产技术推广站的"小黄鱼规模化设施养殖品质提升"获宁波市第一批重大科技攻关暨"揭榜挂帅"项目立项,3 个项目预计总投入3550 万元,将获补助 900 万元。

15 日,《今日象山》载,《象山县建筑业发展"十四五"规划》正式发布。"十四五"时期,象山县将以高质量发展为目标,以打造新时期"建筑强县"为主线,加快工业化、信息化、绿色化、精细化"四化融合"发展,推动象山建筑业"二次腾飞"。

19 日,《今日象山》载,浙江省"美丽浙江"建设领导小组办公室公布 2021 年度浙江省生态环境公众满意度调查结果。象山县以总分 89.73 分获全市第一、全省第十三名,比 2020 年提高 5.19 分,全省排名提升 45 位次。

20 日,《今日象山》载,由中共中央机关刊物《求是》主办的《小康》杂志社发布"2021 中国数字治理百佳县市"榜单。象山榜上有名,位列全国第 48 位、全省第 17 位。

21 日,浙江省美镇办公布 2021 年"浙江省级美丽城镇样板镇"名单,确定 110 个城镇为省级样板,晓塘乡入选。

同日,《今日象山》载,浙江省关注森林组织委员会公布 2021 年度"浙江省森林城镇"名单,泗洲头镇入选。

22 日,宁波舟山港石浦港区沈海高速连接线新桥至石浦段(石浦高速连接线)举行通车仪式。24 日零时,石浦高速连接线正式通车运营。这是继象山港大桥及接线工程、三门湾大桥及接线工程之后,象山公路建设史上又一重要里程碑,又是象山人民一大喜事。

23 日,宁波市首个海上风电项目——国电象山 1 号海上风电场一期工程建成投产。该项目位于鹤浦镇东南海域,总投资约 44 亿元,装机容量 25.42 万千瓦,共安装 41 台 6.2 兆瓦海装风机,接入 1 座 220 千伏海上升压站,单独配置一条 5 千米长送出线路,通过陆上集控中心关口并入电网。

27—29 日,中共象山县第十五次代表大会召开。象山县委书记包朝阳代表中共象山县第十四届委员会,向大会作题为《聚力一二五,奋力上台阶,为加快建设社会主义现代化滨海花园城市而努力奋斗》的报告。

29 日,中共象山县第十五届委员会第一次全体会议召开。会议以无记名投票方式选举产生中共象山县第十五届委员会常务委员会委员、书记、副书记。包朝阳当选为中共象山县第十五届委员会书记,李晓东、应建勇当选为副书记。

同日下午,新当选的中共象山县第十五届委员会书记包朝阳率领李晓东、应建勇等新一届县委常委班子成员赴山海楼纪念馆,瞻仰革命旧址,重温入党誓词,表达新一届县委继承革命遗志,弘扬光荣传统,让党的事业在半岛大地薪火相传,续写好共富路上"山海情",为加快建设社会主义现代化滨海花园城市汲取奋进力量。

(厉攀)

县情概览

象山县是宁波市下辖县，位于东海之滨，居长三角地区南缘、浙江省东部沿海，位于象山港与三门湾之间，三面环海，两港相拥。唐神龙二年（706）立县，因县城西北有山“形似伏象”，故名“象山”，由象山半岛东部及沿海656个岛礁组成。陆域面积1382平方千米，海域面积6618平方千米，海岸线长达925千米，占浙江省海岸线的1/8，其中大陆海岸线349千米、岛礁海岸线576千米。全县辖3个街道、10个镇和5个乡，490个行政村。根据2021年5月17日下午公布的象山县2020年第七次全国人口普查主要数据，全县常住人口567665人，总人口性别比为102.82（女性为100）。

经济和社会发展

【概况】 2021年，象山县上下统筹疫情防控和经济社会发展，扎实推动共同富裕，深入实施“海洋强县、美丽富民”战略，攻坚破难题、聚力抓发展、实干惠民生，全县经济社会保持平稳健康发展，实现“十四五”良好开局。实现地区生产总值669.8亿元，增长8.3%；一般公共预算收入57.9亿元，增长11.7%。

【海洋经济】 坚持发挥优势、聚链成群，做深国家级宁波海洋经济发展示范区主体区，加快发展临港装备、绿色能源、功能材料等主导产业，工业投资增长28.9%，稳居全市前列，实现规模以上工业增加值161.8亿元，增长12.3%。抢抓“碳达峰”“碳中和”机遇，编制环石浦港零碳产业园规划，推动清洁能源发展。提质发展农渔业，实现农渔业总产值152.6亿元，增长4.5%，综合生产能力、农业质量效益进一步提升，获评全国渔业健康养殖示范县、省级渔业转型发展先行区。

【美丽经济】 打造北纬30度最美海岸线品牌，精心做好IP、流量、体验三篇文章，象山县游客接待量基本恢复2019年同期水平，跻身全国县域旅游综合实力百强县。出台全国首个《海洋渔文化主题民宿基本要求》团体标准，民宿床位数突破2万张。创新举办第十九届海鲜美食节，精心打造青草巷、中国国际风情街、渔港古城、五彩渔镇特色街区，市场消费持续活跃，实现社会消费品零售总额232.7亿元，增长11.4%。

【园区平台】 启动实施开发区（园区）整合提升，整合形成象山经济开发区、浙台经贸合作区两个省级平台，经济开发区规上工业总产值增长16.4%，获评省级开发区产业链“链长制”试点单位，浙台经贸合作区北欧鲑鱼陆基养殖项目（一期）完成孵化楼主体工程、石浦港岸线综合开发规划编制完成。宁波航天智慧科技城加快建设，国际商业卫星发射中心项目被列入省重大建设项目“十四五”规划。

【创新生态】 象山县规模以上工业企业研发费用增长13.9%，高新技术产业增加值增长12.1%。加快创新载体建设，新建博士后工作站4个，中国机械科学研究总院南方中心一期建成投用，科创中心获评市首批特色产业园。升级“半岛英才·海纳”计划，深化“象山儿女回归”等行动，新引进大学生7290人，培养高技能人才5367人。

【产业链竞争力】 实施“330”企业培育工程（“330”指30家规模大、综合实力强的领军型企业，30家市场占有率高、行业话语权大的标杆型企业，30家成长性好、产品科技含量高的创新型企业），81家列入培育名单，中机智能装备高性能刀具创新中心入围市制造业创新中心创建名单，易锻精机入围市第二批重点产业链上下游企业共同体，合力制动、天安智能入选国家级重点专精特新“小巨人”，华翔电子、锦浪新能源、申菱集团入选市“大优强”培育企业。

【现代服务业】 积极培育楼宇经济、总部经济，发展体验消费、网红打卡等商业新模式，打造电商直播公共服务中心，实现网络零售额20.8亿元，增长22.2%，18家认定为首批市级总部企业，象山影视城入列全省首批服务业创新发展示范区。

【数字化改革】 多跨场景应用管理有效实施，形成制度理论成果17项，象山数字港一期建成投用，数字渔港、码上有地等12个项目获省级试点示范应用，“闲置农房盘活”成为省数字政府“浙里帮农促富——活权”板块唯一支撑系统。

【营商环境】 全面推行网上办、掌上办、就近办，建立全市首批“政务服务+金融”综合体，产业项目“一链式”服务实现全领域覆盖，项目开工前“最多50天”、竣工“最多30天”审批实现率

100%。集中开展六大专项攻坚行动，一些历史遗留问题取得突破。

【开放合作】 主动对接长三角一体化发展，引进长三角地区亿元以上项目58个，建立科创飞地5个，成立上海海洋大学象山技术转移中心，挂牌成立浙大一院象山分院。大力实施建筑业“走出去”发展和“招商回归”工程，加快推进建筑业转型升级，实现建筑业总产值712.5亿元、增长3.6%。健全统筹招商机制，加强外贸企业平台服务和风险预警，实际利用外资1.32亿美元，增长626.9%，利用内资122.45亿元，自营货物进出口总额195.4亿元，增长15.8%。

【交通先行】 全力争取甬台温高铁过境象山并设站，宁波市域铁路象山线大目湾站动工建设，沈海高速石浦连接线建成通车，沿海南线海宁路至白云路段拓宽工程完工，盛宁线茅洋至泗洲头段改建工程有序推进。

【城乡品质】 深化“迎接亚运、城市双修”行动，推进路域环境、城市家具等公共空间品质提升，加快环城绿道、大地景观、夜景灯光、未来社区建设，人民广场区块征迁画上句号，亚帆中心、沙排基地建成投用。统筹开展“两线两村”建设(重点建设一批县级精品线路和县级精品培育线路，集中打造一批小集镇式中心村和共同富裕示范村)，持续推进“三清三美”行动(清洁田园、清洁山体、清洁水面和美丽村社、美丽廊道、美丽港湾行动)，“精特亮”建设列全市第一梯队，建设精品线4条，“扬帆海湾”精品线入选宁波首批“最美精品线路”。

【人居环境】 污染防治深入实施，省市级污水零直排区创建通过验收，生态环境公众满意度全市第一，获评省大花园建设考核优秀县、并获省政府督查激励。加强水资源平衡管理，安澜海塘建设扎实推进，美丽河湖创建提档提质。

【共富机制】 成立中共象山县社会建设委员会，制定《象山高质量发展建设共同富裕样板县行动方案(2021—2025年)》，全面实施十八项行动。新一轮乡村集成改革列入首批市级试点，全域旅游入选省首批共同富裕建设典型案例，成为全省农业农村领域高质量发展推进共同富裕首批实践试点单位。

【“扩中”“提低”】 深入实施“乐业象山”工程，加快建设人力资源产业园，开发象山“乐业码”，城镇登记失业率1.8%。实施乡村振兴人才计划，探索渔民转产转业改革，健全低收入农户、残疾人等困难群体就业、救助、社保体系，多措并举拓宽富民增收渠道。启动实施村级集体经济巩固提升五年行动，大力推广镇村联建“抱团”光伏项目，全县集体经济总收入达到30万元且经营性收入达到15万元行政村实现全覆盖，城乡居民人均可支配收入分别增长9.3%和9.9%，家庭人均年收入万元以下现象全面消除。

【民生工程】 塔山中学建成投用，县中医院迁建投用、挂牌浙江中医药大学教学医院，全国文明城市创建全力推进，竹根雕入选国家级非遗名录、国遗项目数居全市首位。实施“社保惠民”计划，在全省率先开展规范企业职工社保参保工作，户籍人员医疗、养老保险参保率达到99%。落实常态化疫情防控措施，超额完成疫苗接种任务。

(李旖瑜)

数字象山

【各项事业基本数据】 2021年，象山县人口、经济、财政、人民生活、社会保障、农业、工业、建筑业、国内贸易、对外经济、交通、通信、旅游、科技、教育、文化等各项事业基本数据统计如下：

2021年象山县各项事业基本数据统计情况表

表1　　人口—经济—财政

类　目	数　量	比2020年增长(%)
年末总户数	18.33万户	0.4
总人口	54.15万人	-0.5
城镇人口	21.20万人	3.8
乡村人口	32.95万人	-3.1
出生人口	2556人	-21.6
死亡人口	3804人	6.0
生产总值	6697584万元	8.3(可比价)

续表1

类　　目	数　　量	比2020年增长(%)
第一产业增加值	853932万元	3.2(可比价)
第二产业增加值	2813246万元	7.0(可比价)
工业增加值	2088004万元	11.5(可比价)
第三产业增加值	3030406万元	11.0(可比价)
财政总收入	906969万元	11.0
中央财政收入	328091万元	9.8
一般公共预算收入	578878万元	11.7
一般公共预算支出	891421万元	6.2

人民生活—社会保障

类　　目	数　　量	比2020年增长(%)
居民人均可支配收入	56312元	9.5
城镇居民人均可支配收入	66425元	9.3
农村居民人均可支配收入	39077元	9.9
城镇居民人均消费性支出	37844元	17.6
食品烟酒类支出	10018元	15.9
衣着类支出	2843元	17.6
医疗保健类支出	2914元	13.4
交通通信类支出	4624元	16.6
教育文化娱乐类支出	4158元	25.4
居住类支出	9951元	19.0
农村居民生活消费类支出	25770元	16.5
食品烟酒类支出	7208元	15.1
衣着类支出	1532元	16.0
医疗保健类支出	2837元	13.0
交通通信类支出	3370元	17.5
教育文化娱乐类支出	1805元	23.0

续表1

类　　目	数　　量	比 2020 年增长(%)
居住类支出	7529 元	17.9
生活用品及服务类支出	1102 元	14.7
其他用品和服务消费支出	387 元	13.8
养老保险参保人数	44.13 万人	—
医疗保险参保人数	52.65 万人	—
工伤保险参保人数	20.81 万人	—
全县低保户数	6733 户	—
低保人员	9764 人	2
发放低保金	8838 万元	13
居家养老服务中心	19 个	—
全县养老机构床位	11091 张	0
每千人老人床位	77.7 张	—

农业

类　　目	数　　量	比 2020 年增长(%)
农林牧渔业产值	152.59 亿元	4.5(可比价)
农业产值	25.31 亿元	0.7(可比价)
林业产值	1.77 亿元	14.2(可比价)
牧业产值	8.69 亿元	7.4(可比价)
渔业产值	111.76 亿元	4.7(可比价)
农林牧渔专业及辅助性活动	5.06 亿元	9.2(可比价)
粮食播种面积	11141 公顷	0
粮食总产量	6.99 万吨	-4.0
蔬菜播种面积	8324 公顷	4.2
蔬菜总产量	19.97 万吨	4.2
水果播种面积	11940 公顷	-4.4
水果总产量	20.92 万吨	0.1

续表1

类　　目	数　　量	比 2020 年增长(%)
柑橘总产量	12.93 万吨	1.1
杨梅总产量	1.81 万吨	22.9
枇杷总产量	0.35 万吨	-58.3
茶叶总产量	433 吨	2.9
肉类总产量	1.67 万吨	1.9
生猪年末存栏	13.27 万头	21.7
生猪年内出栏	15.90 万头	9.9
家禽年末存栏	126.57 万羽	-22.8
家禽年内出栏	180.09 万羽	1.4
水产品总产量	62.03 万吨	5.0
海洋捕捞产量	36.20 万吨	5.0
海水养殖产量	15.84 万吨	5.0
淡水养殖产量	1.47 万吨	8.8
远洋渔业产量	8.32 万吨	4.5
海水养殖面积	1.12 万公顷	0.9

工业—建筑业

类　　目	数　　量	比 2020 年增长(%)
规模以上工业企业家数(家)	610 家	—
规模以上工业产值	750.06 亿元	12.9
其中:新产品	280.92 亿元	12.0
其中:轻工业	197.77 亿元	10.9
重工业	552.29 亿元	13.7
其中:有限责任公司	133.44 亿元	12.3
股份有限公司	28.00 亿元	-13.2
私营企业	454.38 亿元	16.4
外商投资企业	70.73 亿元	-6.4
港澳台商投资企业	48.40 亿元	17.0

续表1

类　目	数　量	比 2020 年增长(%)
其中:农副食品加工业	29.89 亿元	5.4
纺织服装服饰业	111.02 亿元	16.9
通用设备制造业	99.19 亿元	12.9
专用设备制造业	41.83 亿元	15.9
汽车制造业	123.85 亿元	5.2
电气机械及器材制造业	67.83 亿元	2.7
橡胶和塑料制品业	23.04 亿元	2.4
非金属矿物制品业	37.59 亿元	2.1
船舶和其他运输设备制造业	37.05 亿元	24.6
电力热力生产和供应业	67.78 亿元	17.3
规上工业销售产值	713.26 亿元	12.5
其中:出口交货值	132.77 亿元	21.2
工业产销率(%)	95.09	-0.4
规上工业营业收入	723.39 亿元	13.8
规上工业利税总额	59.49 亿元	-11.9
其中:利润总额	43.35 亿元	-16.0
规上工业平均从业人数	68050 人	-0.6
建筑业总产值	712.48 亿元	—
其中:在外省完成的产值	256.88 亿元	—
建筑企业全年新签合同额	494.4 亿元	—
房屋施工面积	510.51 万平方米	—
竣工面积	134.99 万平方米	—
有资质建筑企业	179 家	—
国家特级资质企业	5 家	—
一级资质企业	23 家	—
二级资质企业	89 家	—
三级及以下资质企业	62 家	—

续表1

类　　目	数　　量	比 2020 年增长(%)
从事建筑业活动的平均人数	14.99 万人	—
建筑业企业期末人数	15.84 万人	—

国内贸易—对外经济

类　　目	数　　量	比 2020 年增长(%)
社会消费品零售总额	232.67 亿元	11.4
进出口总额	195.44 亿元	15.8
进口	18.36 亿元	17.8
出口	177.08 亿元	15.6
其中:针纺织类	65.47 亿元	15.9
农产品类	12.40 亿元	-12.4
机电类	77.14 亿元	22.1
其中:美国	50.60 亿元	17.0
日本	10.83 亿元	2.6
英国	8.58 亿元	22.0
澳大利亚	6.80 亿元	16.0
新批外商投资项目	25 个	—
合同利用外资	25629 万美元	4.7 倍
实际利用外资	13186 万美元	6.3 倍

交通—通信—旅游

类　　目	数　　量	比 2020 年增长(%)
货物周转量	542.78 亿吨千米	28.8
旅客运输量	392.31 万人	34.7
旅客周转量	2.43 亿人千米	-0.8
机动车保有量	17.84 万辆	7.6
9 座以下私人汽车	14.62 万辆	6.0

续表1

类　　目	数　　量	比 2020 年增长(%)
海洋运输船舶	95 艘	—
总运力	175.5 万吨	8.8
固定电话用户	8.1 万户	—
宽带用户	27.1 万户	—
移动电话	76 万户	—
5G 移动电话用户	22.2 万户	—
旅游经济总收入	105.39 亿元	2.9
接待游客	614.20 万人次	12.9

科技—教育—文化

类　　目	数　　量	比 2020 年增长(%)
实现规模以上工业高新技术产业增加值	86.02 亿元	12.1
专利授权量	1763 项	5.3
发明专利授权量	183 项	—
实现技术市场交易额	9.6 亿元	40.1
普通高中	5 所	—
在校生	7332 人	6.8
中等职业学校	3 所	—
在校生	5371 人	13.1
初中	23 所	—
在校生	16454 人	-0.7
小学	24 所	—
在校生	35438 人	-0.6
幼儿园	68 所	—
在园幼儿数	16950 人	-3.4
义务教育学龄人口入学率	100%	—
初升高比率	99.8%	—

续表1

类　　目	数　　量	比2020年增长(%)
财政预算内教育支出	15.25亿元	1.6
县图书馆总藏书量	62.09万册	8.1
数字电视入户率	100%	—
卫生事业机构(含村卫生室)	313个	—
床位	2366张	—
卫生技术人员	4476人	1.4
执业医生(含助理)	2029人	7.7
每千人口执业(助理)医生(按户籍人口计算)	3.74人	—

(周娴)

2021年气候

【气候特点】 2021年,象山县气候较为异常,台风、强对流、干旱等影响严重,年景偏差。年平均气温偏高,降水量和降水日数较常年明显偏多,日照时数较常年偏少。年降水时空分布不均,总体呈北多南少。年内主要气象灾害有低温雨雪冰冻、干旱、台风、暴雨、强对流等。2021年,该县气候冬季比常年迟10天,春、夏季分别比常年早17天和13天,秋季比常年迟12天。

2021年,象山县年平均气温18.5℃,比常年(指象山国家气象站1991—2020年)同期高0.9℃,为有气象纪录以来第二高。年累积降水量2248.5毫米,比常年同期多46.7%,为有气象纪录(指象山国家气象站1979年建站以来)以来第二多,仅少于2012年的2312.6毫米。汛期降水量1711.1毫米,为有气象纪录以来最多。全年暴雨日数10天,较常年偏多5.1天,创历史新高。

梅雨　2021年,于6月10日入梅,较常年偏早2天(常年6月12日);7月5日出梅,与常年相同;梅期25天,较常年偏多2天。梅雨期平均雨量225毫米,较常年偏少16%,其中象山国家气象站雨量265毫米,城区雨量190毫米,最大贤庠程家岭站雨量345毫米、茅洋蟹钳港站雨量325毫米、新桥站雨量312毫米。2021年梅雨不典型,其间出现多轮强降水过程,梅雨量分布不均,同时还出现大雾天气。

【主要天气】 大雾　2月7日上午、2月13日夜里到14日上午、2月25日,象山县部分地区出现能见度小于500米的大雾天气。受暖湿气流影响,4月1—3日、12日、22—24日、27—28日,5月9—14日,象山县沿海海面和沿海地区出现能见度小于500米的浓雾,部分小于200米的强浓雾。6月2日夜里到3日、6月12日傍晚到13日上午、13日夜里到14日上午、28—29日、7月2日夜里,受暖湿气流影响,象山县部分地区及沿海海面出现能见度500米以下的浓雾天气。6月8日夜里到9日上午,受暖湿气流影响,象山县部分地区出现能见度小于500米的浓雾,局部能见度小于200米的强浓雾天气。6月14日晚上到15日上午,受暖湿气流影响,象山县部分沿海海面和沿海地区出现能见度小于200米的强浓雾天气。6月23日早晨到上午,受辐射降温影响,象山县局部地区出现能见度200米以下的强浓雾天气。

高温　象山国家气象站年内日最高气温≥35℃的高温日数仅为1天,较常年少10天,较常年明显少。城区≥35℃高温日数达12天,较常年偏多1天,≥37℃高温日数1天,极端最高气温37.8℃,出现在7月8日。

强对流　2021年,象山县主要出现五次明显强对流天气过程。其中3月20日凌晨、3月31日,受对流云团影响,象山县出现雷阵雨天气,并伴有短时强降水、强雷电等强对流天气。5月12日下午到傍晚,象山县出现雷阵雨天气,并伴有强雷电、短时暴雨,全县平均雨量22.6毫米,单站最大绿科农场站雨量57.2毫米,其中城区雨量34.1毫米,茅洋银洋站出现1小时45.4毫米的极端降水。7月7日到8日午后,象山县大部分地区出现雷阵雨,并伴有强雷电、短时强降水和局地6~8级雷雨大风等强对流天气。7月9日下午到10日上午,象山县出现大范围雷阵雨,并伴有强雷电和短时暴雨,全县平均雨量31毫米,最大新桥站雨量63.6毫米,茅洋蟹钳港站雨量52.1毫米,爵溪南韭山站雨量50.8毫米。

强降水　2021年,象山县主要出现五轮明显强降水天气过程。4月11—12日,受降雨云团影响,象山县普降大到暴雨,全县平均雨量50.6毫米,城区44.2毫米,21个站点雨量超过50毫米,最大新桥雨量99.4毫米。6月3日下午到4日,象山县出现暴雨到大暴雨过程,并伴有强雷电,全县平均雨量93毫米,大于100毫米的有21个站点,其中城区雨量123.3毫米,最大新桥站雨量191.3毫米。受弱冷空气和西南暖湿气流共同影响,8月10—17日象山县出现罕见持续性大范围强雷电、局地雷雨大风和短时暴雨天气,全县过程平均雨量187毫米,雨量分布呈北多南少,北部雨量普遍在180~300毫米,南部雨量100~160毫米,西周、墙头、丹东等10个乡镇(街道)雨量超过200毫米;最大西周岙岭下站雨量345.6毫米,丹城四小站雨量292.8毫米,城区塔山站雨量280.4毫米。10月6日夜里到7日,受东风气流影响,象山县东部沿海地区出现暴雨个别大暴雨,全县平均雨量37.6毫米,超过50毫米的有13个站点,最大石浦昌国站雨量128.1毫米,爵溪亚帆中心站雨量104.5毫米,鹤浦石鹤汽渡站雨量89.9毫米。受弱冷空气和台风"圆规"外围环流的共同影响,10月11日象山县普遍出现中到大雨,12日中到大雨部分暴雨,13日暴雨到大暴雨,11—13日全县平均雨量143.9毫米,最大西周寒山站雨量224.1毫米,西周黄泥桥站雨量204.9毫米,石浦铜瓦门站雨量202.9毫米。

台风　2021年,主要有4个台风影响,分别是第6号台风"烟花"、第9号台风"卢碧"、第12号台风"奥麦斯"和第14号台风"灿都"。受"烟花"台风影响,7月20日8时至28日11时,象山县平均雨量324.2毫米,破有气象记录以来台风影响降水量极值,其中象山国家气象站雨量300.3毫米,城区雨量305.8毫米,最大新桥雨量560.9毫米;内陆普遍出现8~11级大风,沿海地区及海面11~13级大风,最大石浦国家站13级(38.4米/秒);沿海海面10级以上大风持续28小时,内陆8级以上大风持续31小时;风雨影响时间长达8天之久,为登陆浙江台风影响象山时间之最。8月5—6日,受台风"卢碧"外围偏东气流影响,象山县普遍出现阵雨,局部中到大雨,全县平均雨量8.8毫米,最大泗洲头站雨量40.4毫米。沿海地区及海面出现6~8级大风,最大鹤浦双下湾站17.2米/秒(8级)。8月22—23日,受第12号台风"奥麦斯"影响,象山县沿海地区及海面出现7~8级偏南大风,最大杨柳坑17.3米/秒(8级)。受"灿都"影响,9月11日08时至16日17时,象山县过程平均雨量198毫米,暴雨中心位于新桥、鹤浦、西周和定塘等地区,累计雨量均在250毫米以上,11个乡镇(街道)雨量超200毫米,1个乡镇(街道)雨量超300毫米,最大新桥站雨量328.8毫米、鹤浦双下湾站雨量260.9毫米、鹤浦杨柳坑站雨量260.1毫米;象山县内陆普遍出现7~9级大风,沿海地区及海面8~10级大风,最大石浦站28.3米/秒(10级),沿海地区及海面8到10级大风持续近70小时。

干旱　2020年9月下旬至2021年2月28日,象山县累积降水量仅145毫米,比常年同期偏少68.7%,为有气象记录以来最少,象山县出现秋冬春持续性气象干旱,象山县防汛防台抗旱指挥部2月26日启动抗旱Ⅱ级应急响应。2021年1月1日至4月30日,象山县累积降水量347.1毫米,较常年同期偏少8.6%。其中1月降水严重偏少,降水量仅5毫米,较常年同期偏少93.3%,为有气象记录以来最少。

寒潮及强冷空气　2021年,象山县主要出现六次寒潮及强冷空气天气过程。1月6—10日,受强冷空气影响,象山县出现强降温、大风和低温雨雪冰冻天气,过程极大风力沿海海面9级,沿海地区及内陆8级,最大北渔山9级(21.1米/秒);7日早上出现飘雪;过程最低气温普遍在-3℃~-6℃,山区-6℃~-9℃,最低黄泥桥站-9.2℃,有严重冰冻。11月6—9日,受强冷空气影响,象山县出现强降温、大风和暴雨过程,过程日平均气温降温幅度达10℃~12℃,从6日14时至9日10时,全县平均雨量44.6毫米,最大石浦昌国站雨量92.3毫米,其次鹤浦双下湾雨量83.3毫米,石浦铜瓦门站雨量82.7毫米;沿海海面出现9~11级大风,内陆及沿海地区8~10级大风,个别11级大风,最大茅洋蟹钳港站11级(30.5米/秒)。11月21—22日,受强冷空气影响,象山县出现强降温、大风和降雨过程,过程日平均气温降温幅度达8℃~9℃,从19日17时至23日9时,全县平均雨量32.5毫米,最大新桥站雨量51.7毫米,其次西周寒山站雨量42.8毫米;沿海海面出现8~10级大风,内陆及沿海地区7~9级大风,个别10级大风,最大北渔山站10级(26.2米/秒)。11月29日至12月1日,受强冷空气影响,象山县出现强降温、大风和降雨过程,过程日平均气温降温幅度达7℃~9℃,最低气温降至2℃~4℃,山区1℃~-1℃;沿海地区及海面出现7~9级大风,内陆6~8级西北风,最大北渔山站9级(24.2米/秒)。12月16—18日,受寒潮影响,象山县出现明显降温、大风和降水天气过程,过程日平均气温降温幅度8℃~10℃,全县平均雨量31.4毫米,最大新桥雨量50.7毫米;18到20日,最低气温0℃~1℃,山区-2℃~-4℃,最低西周黄泥桥站-3.8℃;16日夜里到17日沿海海面出现8~9级大风,沿海地区及内陆6~8级大风。12月23—27日,受寒潮影响,象山县出现强降温、大风和弱降水天气过程,过程日平均气温的降温幅度11℃~12℃,全县平均雨量1.9毫米,最大泗洲头站雨量5.1毫米,山区出现小雪或雨夹雪;26日到28日,最低气温0℃~-2℃,山区-2℃~-4℃,最低西周黄泥桥站-4℃;24—26日,象山县沿海海面出现7~9级大风、内陆及沿海地区6~8级偏北风,最大檀头山站9级(21.2米/秒)。

【气象灾害】　7月20—28日,受台风"烟花"影响,象山县因灾直接经济损失27391.06万元,其中农林牧渔损失9349.9万元、工矿商贸损失1736.76万元、基础设施损失9219.92万元、公共服务类34.75万元、其他类6951.73万元。

8月10日下午短历时强降雨,先后造成城区多处低洼地区(丹东街道金声路白象路区域、宾阳路北段、新华路新华小区、育才路西侧庄穆境新村、体育场路文峰别墅、塔山路上进新村等）多处民房进水，事后初步统计进水户数达260余户，进水深度最大在15厘米左右，进水时间普遍在1小时左右，最长文峰别墅、庄穆境新村等地个别住户约3小时），丹东塔山花园、山水人家、府邸庄园等多处小区住宅地下室进水受淹，丹东街道塔山路、新华路、起春路、宾阳路、白象路、金声路、兴盛路、丹西街道西谷路、大徐镇盛宁线公路新凉亭段等多处道路受淹导致交通短时中断，暴雨还造成城区鲫鱼山水库（小二型）外坡小面积塌方。8月12日强降雨造成丹西街道白鹤路部分低洼地段积水、丹东街道白象路周边居民进水（最大进水深度约50厘米）。8月15日强降雨，西周镇区东瀛路等7处街道路段短时积水，司前、瀛洲、东普等村共11户民房及20多间店面受淹（最大民房受淹水深约50厘米，最大受淹时长约1小时）。

9月11—16日，受“灿都”影响，全县共造成损失5740.2万元，农业作物受灾30911亩，损失1877.2万元，水产养殖受灾面积4278亩，计401吨，损失1620万元，工厂化及大棚受损1万平方米；水利方面，大徐大山坑山塘溢洪道底板冲空，花岙二期海塘损毁100米，黄沙岙海塘东段（1600米）外海镇压层抛石及四脚块局部受损，东陈等乡镇河道、溪坑损毁28处2500米，损失1205万元；交通工程损坏7580米，损失926万元；其他方面损失112万元，受灾工业企业21家，宗教场所29处，码头2处。

（徐彬）

中国共产党象山县委员会

综 述

【概况】 2021年，象山县委常委会团结带领全县上下深入学习贯彻中共十九大和十九届历次全会精神，坚决贯彻落实中央决策和省市委部署要求，坚持稳中求进工作总基调，攻坚破难抓落实、奋起直追争进位，经济社会发展取得新进展新成效。全年实现地区生产总值669.8亿元、增长8.3%、全省排名连升3位；财政总收入突破90亿元大关，达到90.7亿元，增长11%，其中一般公共预算收入57.9亿元，增长11.7%；城乡人均可支配收入分别增长9.3%和9.9%。

【经济运行】 2021年，新引进亿元以上项目61个，创历史新高，其中工业项目47个，占比超过77%，实际利用外资、实际市外内资分别增长617%、20%。加大企业培育力度，制定出台"330"企业梯队培育办法，净增规上企业50家。加快推进园区平台整合，推动象山经济开发区强区扩权、浙台经贸合作区与石浦镇区镇融合。工业经济稳步增长，规上工业增加值、规下工业增加值分别增长12%、14%，战略性新兴产业、高新技术产业、装备制造业增加值增速均快于规上工业。建筑业加快转型，总产值增长10%，总量继续保持全市第一、全省前列。服务业提质增效，优化提升中心城区重点商圈，升级打造青草巷、风情街、石浦渔港古城等特色街区，丰富以特色餐饮为主的夜间经济，商品销售额、社会消费品零售额分别增长42%、11.6%，分列全市第一、第六。海洋旅游影响力持续扩大，"神笔马良计划"加快实施，"象山北纬30度最美海岸线"品牌进一步打响，接待游客量、旅游综合收入分别增长7%、8%，荣获全国县域旅游综合实力百强县第4名。农渔业稳产增效，"亩均万美元"工程深入实施，农业总产值增长5.5%。

【改革创新】 以数字化改革为牵引，引领撬动各领域各方面重大改革。深化"放管服"改革，推动政务服务2.0向偏远乡镇、渔村海岛拓展延伸，政务服务2.0"一网通办"率达90%以上。深化投融资体制改革，推进四大国有集团整合重组，推行"乡财县管"，综合融资成本率下降0.5个百分点。深化全国农村宅基地制度改革试点，制定出台宅基地资格权权票等制度，累计颁发宅基地"三权分置"不动产权证128本，引进乡村产业项目112个、总投资超20亿元。推进创新型县建设，建成"科创飞地"近2000平方米，净增高新技术企业33家，全社会R&D(科学研究与试验发展)占2.7%，蝉联中国创新百强县。特别是中国机械科学研究总院南方中心人才集聚效应显现，创新人才队伍规模达到129人，2支团队入选"甬江引才"工程创新团队。人才工作取得新成效，新增硕士以上学历高层次人才294人。

【城乡品质】 以迎亚运为契机，实施"亚运城市"行动，统筹城乡发展和环境治理，城市功能品质持续提升。推进国土空间总体规划编制，"三区三线"二轮试划工作收尾，全域规划建设用地方案不断深化，过渡期城镇开发边界完成划定。对外交通迎来重大利好，沈海高速石浦连接线建成通车，宁波市域铁路象山线节点性工程开工，象山港东通道及接线工程、宁海至象山高速公路列入"十四五"实施类项目。强势推进六大攻坚行动，人民广场区块征迁圆满完成，停滞多年的创意大厦等项目复工，环城西路即将全线贯通。开展城乡风貌整治提升行动，未来社区建设、老旧小区改造工作扎实推进，青草巷、象山国际风情街获评市级特色街区。推动松兰山—大目湾融合发展，京东云、河姆渡、清华长三院等项目落户，乐惠啤酒广场等功能性项目投入运营，大目湾青创社区定位更加突显。深化"十大美丽"系列创建，实施"三清三美""两线两村"行动，创成美丽城镇4个、省级新时代美丽乡村精品村25个、市级美丽乡村示范镇村7个，获评全省大花园示范县考核优秀单位。召开美丽象山建设暨两山创新实践创建动员大会，部署推进蓝天、碧水、净土、清废四大攻坚战，突出抓好大塘港综合整治、蟹钳港保护与开发，环境空气优良率达99.1%、继续保持全市第一，县控以上地表水断面水质优良率90%，成功创建市级以上污水零直排区3个，群众对生态环境满意度列全市第一、全省第十三。

【社会民生】 深入学习宣传贯彻习近平法治思想，纵深推进县乡两级法治建设，获评首批法治浙江(法治政府)建设示范单位。常态化抓好疫情防控，"外防输入、内防反弹"坚决有力。深化市域社会治理现代化象山试点建设，迭代升级"一中心四平台一网格""村民说事""智治渔港"等做法走在全国全省前列。深化安全生产大排查大整治，千名干部进渔家“遏重大、保平安”专项行动扎实开展，涉海涉渔安全事故易发态势得到遏制。精心组织开展党史学习教育、庆祝中国共产党成立100周年系列活动，创新开展“百千万”红色宣讲进基层等系列活动，激发全社会爱党爱国热情。大力弘扬社会主义核心价值观，打造“善行象山”2.0版，1人获评浙江省道德模范，2人当选“浙江好人”。推进国家级海洋渔文化（象山）生态保护区建设，成功举办第二十四届中国（象山）开渔节，创作推出了音乐剧《渔老大》、原创海洋音乐《渔光曲》等一批文艺精品力作。加强就业和社会保障，城镇登记失业率维持2.1%低位，基本养老保险和医疗保险持续扩面提标，示范型居家养老服务中心实现全覆盖。深化医共体改革，县人民医院成为浙大一院重点托管分院，中医院迁建投用，获评全国基层中医药工作先进单位。优先发展教育事业，“双减”政策落地落实，象山港技师学院启动创建。推进体育强县建设，亚帆中心、沙排基地建成投用，第十四届全国运动会帆船赛事成功举办，浙江海洋运动中心落户象山县。

重要会议和重要活动

【县委常委会（扩大）会议】 1月31日，县委常委会召开扩大会议，传达学习省两会精神和省委常委、市委书记彭佳学调研象山重要讲话精神，研究部署下步工作。县委书记潘银浩主持会议并讲话。

【县基层党建和人才工作述职评议会】 2月8日，全县基层党建和人才工作述职评议会召开。县委书记潘银浩主持会议并作重要讲话。市委组织部有关领导到会指导，县领导李晓东、范焕平、干维岳、奚海峰、陈善方、周坚栋、应建勇等出席会议。

【县纪委十四届七次全会】 2月19日，县纪委十四届七次全会举行。县委书记潘银浩在会上作重要讲话。县委副书记、县长包朝阳主持会议。罗来兴、俞骏、李晓东等县四套班子领导出席会议。县委常委、县纪委书记、县监委主任陈善方作工作报告。

【县“聚力一二五，奋力上台阶”专项行动动员大会】 2月19日，“聚力一二五、奋力上台阶”专项行动动员大会召开。县委书记潘银浩作重要讲话。县委副书记、县长包朝阳主持会议。俞骏、李晓东等县四套班子领导出席会议。

【县领导干部会议】 2月24日，县领导干部会议召开，传达学习市人大十五届六次会议、市政协十五届五次会议主要精神和省委常委、市委书记彭佳学参加象山代表团审议时的讲话精神，研究部署象山县贯彻落实工作。县委书记潘银浩主持会议并讲话，县四套班子领导包朝阳、罗来兴、俞骏、李晓东等出席会议。

【县重大项目集中开工仪式】 3月3日，日星风电产业园开工仪式在象山经济开发区举行。县委书记潘银浩讲话并宣布开工。县委副书记、县长包朝阳主持开工仪式。罗来兴、俞骏、李晓东等县四套班子领导出席开工仪式。

【县平安建设暨政法信访工作会议】 3月5日，全县平安建设暨政法信访工作会议召开。县委书记潘银浩在会上作重要讲话。县委副书记、县长包朝阳主持会议，县委副书记、政法委书记李晓东作平安政法信访工作汇报，县委常委、常务副县长陈兴立通报先进表彰名单。县领导陈柳松、范建富、莫俶茜、陈海虹、袁学宏等参加会议。

【县党史学习教育动员部署会】 3月8日，全县党史学习教育动员部署会召开。县委书记潘银浩在会上作重要讲话。县委副书记、县长包朝阳主持会议，罗来兴、俞骏等县四套班子领导出席会议，县委副书记、政法委书记李晓东就县委关于开展党史学习教育的实施方案作说明。

【县委巡察工作推进会暨第十五轮巡察动员部署会】 3月8日，县委巡察工作推进会暨第十五轮巡察动员部署会召开。县委书记潘银浩在会上作重要讲话。县领导范焕平、奚海峰、陈善方出席会议。

【县推进高水平交通强县建设动员大会】 3月11日，全县推进高水平交通强县建设动员大会召开。县委书记潘银浩在会上作重要讲话。县委副书记、县长包朝阳主持会议。罗来兴、俞骏等县四套班子领导出席会议。市铁路建设办公室主任任建成，市交通运输局副书记、副局长吴志红，市轨道交通集团董事长杨蔚到会指导。会上还举行县铁路建设办公室授牌仪式。县发改局、县交通运输局、县铁办、石浦镇作表态发言。

【县领导干部会议】 3月15日，县领导干部会议召开，传达学习全国两会精神，对全县学习贯彻工作作出部署。县委书记潘银浩主持会议并作重要讲话，县委副书记、县长包朝阳出席会议。

【县委党校开学典礼】 3月18日，县委党校2021年开学典礼召开。县委书记潘银浩出席并为学员讲授开学第一课。县委常委、组织部部长范焕平主持。

【创建全国文明城市暗访情况反馈会】 3月19日，创建全国文明城市暗访情况反馈会召开。省文明办副主任刘如文通报督察反馈意见，市委宣传部副部长、市文明办主任邓晓东讲话，县委书记潘银浩主持并作表态发言。县领导陈兴立、胡建萍、莫俶茜等参加会议。

【县委农村工作会议暨宅基地制度改革动员部署会】 3月26日，县委农村工作会议暨宅基地制度改革动员部署会召开。县委书记潘银浩在会上作重要讲话。县委副书记、县长包朝阳主持会议。罗来兴、俞骏、李晓东等县四套班子领导出席会议。

【县政法队伍教育整顿专题党课和廉政教育报告会】 3月29日，全县政法队伍教育整顿专题党课和廉政教育报告会召开。县委书记潘银浩出席会议并为全县政法干部讲授专题党课。县委常委、组织部部长范焕平出席会议，县委常委、县纪委书记、县监委主任陈善方作廉政教育报告，副县长、公安局局长范建富主持会议，县人民检察院检察长袁学宏等参加会议。

【县委改革委五次全会（扩大）】 4月1日，县委改革委第五次全体（扩大）会议召开。县委书记、县委全面深化改革委员会主任潘银浩主持会议并作重要讲话。包朝阳和县委改革委其他成员出席会议。各镇乡党委（街道党工委）书记、县直及驻象垂直管理有关单位主要负责人列席会议。

【县推进数字化改革大会】 4月1日，县推进数字化改革大会举行。县委书记潘银浩在会上作重要讲话。县委副书记、县长包朝阳主持会议。县委副书记李晓东等出席会议。

【县党管武装工作暨国防动员委员会全会】 4月21日，全县党管武装工作暨国防动员委员会全体会议召开。县委书记、县人武部党委第一书记、县国动委第一主任潘银浩在会上作重要讲话。县委副书记、县长包朝阳主持会议。县委常委、石浦镇党委书记奚海峰，县委常委、县人武部政委邬火龙出席会议。

【县委全面依法治县委员会三次全会（扩大）】 4月21日，县委全面依法治县委员会第三次全体（扩大）会议召开。县委书记潘银浩在会上作重要讲话。县领导包朝阳、李晓东、范焕平、奚海峰、邬火龙、应建勇、陈爱武、范建富、莫俶茜及县检察院检察长袁学宏出席会议。

【县涉海涉渔领域“一打三整治”暨“遏重大”安全生产专项行动工作会议】 4月27日，全县涉海涉渔领域“一打三整治”暨“遏重大”安全生产专项行动会议召开。县委书记潘银浩在会上作重要讲话。县领导奚海峰、陈柳松、范建富、吴志辉、励茂平参加会议。

【县委常委会（扩大）会议】 5月6日，县委常委会召开扩大会议，深入学习贯彻落实省、市相关会议精神，回顾总结一季度经济社会运行情况，部署安排下阶段工作。县委书记潘银浩主持会议并讲话。包朝阳、罗来兴、俞骏、李晓东等出席会议。

【美丽象山建设工作推进会暨“两山”实践创新基地创建动员大会】 5月11日，美丽象山建设暨“两山”实践创新基地创建动员部署会召开。县委书记潘银浩在会上作重要讲话精神。县委副书记、县长包朝阳主持会议。县领导陈兴立、奚海峰、周坚栋、应伟刚、石坚定、吴志辉、莫俶茜等参加会议。

【保护母亲河——大塘港水环境综合治理三年行动誓师大会】 5月27日，大塘港水环境综合治理三年行动誓师大会召开。县委书记潘银浩出席会议并作动员讲话。市委副秘书长、办公厅主任傅建林，市生态环境局局长尹文德，中国环境科学研究院研究员刘录三应邀出席。县委副书记、县长包朝阳主持会议。县领导奚海峰、周坚栋、应伟刚、石坚定、莫俶茜参加会议。

【县委检察工作会议】 5月27日，县委检察工作会议召开。会议深入学习贯彻习近平法治思想，全面落实全国和省市检察工作会议精神，研究部署下阶段全县检察工作。市检察院党组书记、检察长叶伟忠应邀出席。县委书记潘银浩出席并讲话。县领导包朝阳、李晓东、陈爱武，县检察院检察长袁学宏等参加会议。

【大塘港水环境综合治理三年行动誓师大会】 5月27日，大塘港水环境综合治理三年行动誓师大会召开。县委书记潘银浩出席会议并作动员讲话。市委副秘书长、办公厅主任傅建林，市生态环境局局长尹文德，中国环境科学研究院研究员刘录三应邀出席。县委副书记、县长包朝阳主持会议。县领导奚海峰、周坚栋、应伟刚、石坚定、莫俶茜参加。

【宁波生物基可降解新材料产业基地项目开工仪式】 5月29日，宁波生物基可降解新材料产业基地项目开工仪式举行。市委常委、常务副市长陈仲朝出席活动并宣布项目开工。县委书记潘银浩致辞。罗来兴、俞骏、李晓东等县四套班子领导参加。县委常委、常务副县长陈兴立主持开工仪式并介绍项目情况。

【县水资源平衡“512工程”暨仓岙水库清淤扩容工程启动仪式】 5月31日，全县水资源平衡“512工程”暨仓岙水库清淤扩容工程启动仪式在墙头镇仓岙水库举行。县委书记潘银浩宣布工程开工，市水利局局长劳可军出席活动并讲话，县委副书记、县长包朝阳致辞，县领导周坚栋、应伟刚、吴志辉、莫俶茜等参加。

【县委统一战线工作领导小组（扩大）会议】 6月4日，县委统一战线工作领导小组（扩大）会议在县机关会议服务中心召开。县委书记、县委统战工作领导小组组长潘银浩在会上作重要讲话。县领导干维岳、欧亚群等出席会议。

【县政法队伍教育整顿总结会议】 7月2日，全县政法队伍教育整顿总结会议召开，回顾上阶段象山县政法队伍教育整顿工作开展情况和主要成效，研究部署下一步工作。县委书记潘银浩在会上作重要讲话。县委副书记、政法委书记李晓东主持会议，县领导范焕平、陈善方、应建勇，县人民法院院长陈海虹、县人民检察院检察长袁学宏等出席会议。

【县委网信委三次全会（扩大）】 7月2日，县委网络安全和信息化委员会第三次全体（扩大）会议召开。县委书记潘银浩主持会议并作重要讲话。县领导包朝阳、李晓东、陈兴立、应建勇、石坚定等出席会议。

【县委学习习近平总书记在庆祝中国共产党成立100周年大会上重要讲话精神专题读书班学习会】 7月13—15日，县委举办学习习近平总书记在庆祝中国共产党成立100周年大会上重要讲话精神专题读书班，深刻学习领悟、认真贯彻落实。县委书记、县党史学习教育领导小组组长潘银浩主持读书班。市委党史学习教育第十巡回指导组组长李承成及指导组成员到会指导。包朝阳、罗来兴、俞骏、李晓东等县四套班子领导，县人民法院院长、县人民检察院检察长、县政协秘书长、县党史学习教育领导小组办公室成员、县直及驻象垂直管理各单位主要负责人、各镇乡党委（街道党工委）书记参加会议。

【县委十四届十次全会（扩大）】 7月16日，中共象山县委十四届十次全体（扩大）会议召开。县委常委会主持会议。县委书记潘银浩代表县委常委会作工作报告，并在全会结束时讲话。县委副书记、县长包朝阳，县委副书记李晓东等出席会议。

【全县开发区（园区）整合提升工作推进会】 7月21日，全县开发区（园区）整合提升工作推进会举行。县委书记潘银浩在会上作重要讲话。县委副书记、县长包朝阳主持会议。罗来兴、俞骏、李晓东等县四套班子领导出席会议。

【县建筑业高质量发展大会】 7月21日，全县建筑业高质量发展大会召开。县委书记潘银浩在会上作重要讲话。省建设厅党组成员、总工程师宋炳坚出席会议并讲话，县委副书记、县长包朝阳代表县政府作相关工作报告，县领导罗来兴、俞骏、李晓东、周坚栋等参加会议。

【县委常委会（扩大）会议】 7月30日，县委书记潘银浩主持召开县委常委会（扩大）会议暨经济社会形势专题分析会，分析总结上半年全县经济运行和社会发展情况，安排部署下半年重点工作。县四套班子领导参加会议。

【工业项目集中“云签约”仪式】 8月12日，工业项目集中“云签约”仪式举行。25个总投资约70亿元的项目，以视频连线、远程签字的形式顺利完成签约。县委书记潘银浩出席活动并致辞。县领导包朝阳、罗来兴、石坚定、欧亚群等出席签约仪式。

【县委教育工作会议】 9月10日，全县教育工作会议召开，庆祝第37个教师节。县委书记潘银浩在会上作重要讲话。县委副书记、县长包朝阳主持会议。县四套班子领导出席会议。

【县镇乡换届工作动员会暨“强基固本”三年行动部署会】 9月22日，全县镇乡换届工作动员会暨“强基固本”三年行动部署会召开。县委书记潘银浩在会上作重要讲话。县委副书记、政法委书记李晓东主持。县领导范焕平、陈善方、黄敏求参加会议。

【第十四届全运会帆船比赛（宁波赛区）开赛仪式】 9月19日，第十四届全国运动会帆船比赛（宁波赛区）在象山亚帆中心开赛。国家体育总局水上运动管理中心副主任、中国帆船帆板运动协会主席张小冬，浙江省体育局党组副书记、副局长鲍学军，宁波市副市长许亚南，县委书记潘银浩出席开赛仪式。

【烈士纪念日向烈士敬献花篮仪式】 9月30日，烈士纪念日公祭活动在革命烈士纪念馆举行。潘银浩、包朝阳、罗来兴、俞骏、李晓东等县四套班子领导出席公祭活动。县级各部门党政主要负责人，驻象山部队代表，部分烈属、退役军人、学校师生和各界人士代表参加公祭。县委副书记、政法委书记李晓东主持仪式。

【县“碳达峰”“碳中和”工作领导小组会议】 10月28日，全县“碳达峰”“碳中和”工作领导小组会议召开。县委书记、领导小组组长潘银浩在会上作重要讲话。县委副书记、县长、领导小组组长包朝阳主持会议。县领导周坚栋、石坚定、吴志辉、江建业参加会议。

【县创建全国文明城市工作推进会】 10月28日，全县创建全国文明城市工作推进会召开。县委书记潘银浩在会上作重要讲话。县委副书记、县长包朝阳主持会议。县领导范焕平、应建勇、胡建萍、钮晶莹、励茂平出席会议。

【县委十四届十一次全会】 10月29日，中共象山县委十四届十一次全体会议召开，审议通过《关于召开中国共产党象山县第十五次代表大会的决议》。县委书记潘银浩代表县委常委会主持会议。县委副书记、县长包朝阳，县委副书记李晓东等出席会议。会上，潘银浩就《关于召开中国共产党象山县第十五次代表大会的决议》作说明。全会以举手表决的方式审议通过《关于召开中国共产党象山县第十五次代表大会的决议》。全会决定，中国共产党象山县第十五次代表大会于2021年12月召开。县委委员、县委候补委员和县纪委委员参加会议。

【决战“四季度”夺取“全年红”经济社会形势专题分析会】 11月2日，县委常委会扩大会议召开，专题分析经济社会形势。县委书记潘银浩在会上作重要讲话。县委副书记、县长包朝阳讲话，罗来兴、俞骏、李晓东等县四套班子领导出席会议。

【县委全面深化改革委员会第六次会议】 11月3日，县委全面深化改革委员会第六次会议召开。县委书记、县委全面深化改革委员会主任潘银浩在会上作重要讲话。包朝阳、李晓东和县委改革委其他成员出席会议。有关县领导和各镇乡党委（街道党工委）书记、县级相关部门负责人列席会议。

【象山北纬30度最美海岸线文旅项目签约开工暨浙江海洋运动中心授牌仪式】 11月3日,象山北纬30度最美海岸线文旅产业项目签约暨"阿那亚·象山海岸"项目开工仪式在爵溪街道悦泉湾沙滩举行。现场共签约项目20个,总投资113亿元。县委书记潘银浩出席仪式并宣布"阿那亚·象山海岸"项目开工。县委副书记、县长包朝阳致辞。县领导罗来兴、俞骏、奚海峰、钮晶莹、张微燕、江建业、陈建瑜,省、市体育局相关负责人,宁波三立经控实业有限公司、阿那亚控股集团有限公司、中国美术学院等20多名相关代表参加活动。

【县委读书会】 11月8日,县委读书会召开。县委书记潘银浩主持会议并讲话。县委副书记、县长包朝阳作专题发言。会上,县领导罗来兴、俞骏、陈兴立、范焕平、干维岳、奚海峰、周坚栋、应建勇、石坚定、钮晶莹、范建富、张微燕、吴志辉、章洪浩、江建业等围绕调研主题和今后五年工作思路,结合自身工作依次进行发言。

【县千名干部进渔家"遏重大、保平安"专项行动工作会议】 11月14日,全县千名干部进渔家"遏重大、保平安"专项行动工作会议召开,县委书记潘银浩在会上作重要讲话。县委副书记、县长包朝阳主持会议并讲话。县领导李晓东、陈兴立、奚海峰等参加会议。

【县领导干部会议】 11月18日,县领导干部会议召开,传达学习中共十九届六中全会精神、省委常委会扩大会议和市委常委会扩大会议精神。县委书记潘银浩主持并讲话,县委副书记、县长包朝阳出席会议。县四套班子领导,县人民法院院长、县人民检察院检察长,担任过副县级以上领导职务的离退休党员老同志,县政协秘书长,县人大常委会各委办主任、县政协各委室主任,各镇乡党委(街道党工委)书记、镇乡长(办事处主任),县直及驻象山垂直管理各部门党政主要负责人,县直属国有企业主要负责人等参加会议。

【县委学习贯彻中共十九届六中全会精神"六讲六做"大宣讲活动动员部署会】 11月26日,县委学习贯彻中共十九届六中全会精神"六讲六做"大宣讲活动动员部署会在县委党校召开。县委书记包朝阳在会上作重要讲话。李晓东主持会议。县领导罗来兴、范焕平、干维岳、周坚栋、应建勇等参加会议。

【县委十四届十二次全会(扩大)】 12月17日,县委召开十四届十二次全体(扩大)会议。县委常委会主持会议。县委书记包朝阳代表县委常委会作工作报告,并在全会结束时讲话。县委副书记、代县长李晓东通报县第十五次党代会筹备工作有关情况。全会传达学习中共十九届六中全会精神和中央经济工作会议精神,审议通过《中共象山县委关于深入学习贯彻党的十九届六中全会精神的决议》和县第十五次党代会有关事项,推选出席宁波市第十四次党代会代表候选人预备人选。

【中国共产党第十五次代表大会】 12月27日,中国共产党象山县第十五次代表大会在县综合文化活动中心召开。包朝阳代表中共象山县第十四届委员会,向大会作题为《聚力一二五,奋力上台阶,为加快建设社会主义现代化滨海花园城市而努力奋斗》的报告。大会由李晓东主持。根据大会安排,中国共产党象山县第十四届纪律检查委员会工作报告以书面形式提请大会审查。

2021年象山县委重要文件一览表

表2

发　文　号	发文日期	文　　件　　标　　题
县委发〔2021〕1号	1月4日	县委批转县人大常委会党组《关于召开象山县第十八届人民代表大会第五次会议的报告》的通知
县委发〔2021〕2号	1月5日	县委批转县政协党组《关于召开政协第十届象山县委员会第五次会议的报告》的通知
县委发〔2021〕3号	3月9日	县委县政府关于建设高水平交通强县的实施意见
县委发〔2021〕4号	2月9日	县委县政府印发《关于开展"聚力一二五,奋力上台阶"专项行动的实施方案》的通知
县委发〔2021〕5号	2月10日	县委县政府关于表彰2020年度全县"担当作为好团队、好干部"的通报
县委发〔2021〕6号	3月15日	县委关于庆祝中国共产党成立100周年系列活动的通知
县委发〔2021〕7号	4月6日	县委关于印发《开展全县政法队伍教育整顿的实施方案》的通知
县委发〔2021〕8号	4月13日	县委县政府关于表扬2019—2020年度象山县全面深化改革成绩突出集体和个人的通报

续表2

发文号	发文日期	文件标题
县委发〔2021〕9号	4月21日	县委印发《关于开展党史学习教育的实施工作方案》的通知
县委发〔2021〕10号	5月7日	县委批转《象山县科学技术协会关于召开第十次代表大会的请示》的通知
县委发〔2021〕11号	5月10日	县委县政府关于学前教育深化改革规范发展的实施意见
县委发〔2021〕12号	5月10日	县委县政府关于推进农村宅基地制度改革试点的意见
县委发〔2021〕13号	5月10日	县委县政府关于表扬在美丽象山建设工作中成绩突出集体和个人的通报
县委发〔2021〕14号	5月18日	县委县政府关于印发《2021年度县级部门绩效考评工作实施意见》《2021年度镇乡（街道）绩效考评工作实施意见》的通知
县委发〔2021〕15号	5月18日	县委关于纵深推进清廉象山建设的意见
县委发〔2021〕16号	5月31日	县委县政府关于加快推进制造业高质量发展的若干意见
县委发〔2021〕17号	6月27日	县委关于表彰县优秀共产党员、优秀党务工作者、先进基层党组织的决定
县委发〔2021〕18号	7月5日	县委县政府关于表扬2020年度全县高质量发展（工业·科技暨开放型经济）发展突出集体和个人的通报
县委发〔2021〕19号	7月5日	县委县政府关于公布2021年度“330”企业名单的通知
县委发〔2021〕20号	7月14日	县委县政府关于象山县开发区（园区）整合提升工作的实施意见
县委发〔2021〕21号	7月27日	县委县政府关于印发《象山高质量发展建设共同富裕样板县行动方案（2021—2025年）》的通知
县委发〔2021〕22号	7月29日	县委关于认真学习贯彻习近平总书记在庆祝中国共产党成立100周年大会上重要讲话精神的通知
县委发〔2021〕23号	8月11日	县委县政府印发《关于建立问题及时发现有效解决闭环机制的实施方案》的通知
县委发〔2021〕24号	9月6日	县委县政府关于2020年度全县目标管理考核先进单位的通报
县委发〔2021〕25号	9月8日	县委转发《中共象山县人大常委会党组关于做好全县县乡两级人民代表大会换届选举工作的意见》的通知
县委发〔2021〕26号	9月14日	县委县政府关于印发《象山县新时代爱国主义教育实施意见》的通知
县委发〔2021〕27号	9月14日	县委县政府关于印发《象山县新时代公民道德建设实施意见》的通知
县委发〔2021〕28号	9月18日	县委关于高质量做好2021年镇乡换届工作的通知
县委发〔2021〕29号	10月28日	县委县政府印发《关于贯彻落实“象有优学”、推动教育高质量发展实施意见》的通知
县委发〔2021〕30号	11月25日	县委县政府关于印发《象山县中长期青年发展规划（2020—2025年）》的通知
县委发〔2021〕31号	11月30日	县委关于做好出席市第十四次党代会代表推荐选举工作的通知
县委发〔2021〕32号	12月10日	县委关于开展向孙成方同志学习活动的决定

续表2

发 文 号	发文日期	文 件 标 题
县委发〔2021〕33 号	12 月 10 日	县委转发《县委组织部、县委统战部、县政协党组关于做好第十一届县政协换届人事安排工作的意见》的通知
县委发〔2021〕34 号	12 月 20 日	县委县政府转发《中共象山县委宣传部象山县司法局关于在全县开展法治宣传教育的第八个五年规划(2021—2025 年)》的通知
县委发〔2021〕35 号	12 月 20 日	县委关于印发《法治象山建设规划(2021—2025 年)》的通知
县委发〔2021〕36 号	12 月 20 日	县委批转县人大常委会党组《关于召开象山县第十九届人民代表大会第一次会议的报告》的通知
县委发〔2021〕37 号	12 月 21 日	中国共产党象山县第十四届委员会第十二次全体会议关于深入学习贯彻党的十九届六中全会精神坚决捍卫"两个确立"坚定践行"两个维护"的决议
县委发〔2021〕38 号	12 月 29 日	县委印发《关于全面推进"县乡一体、条抓块统"县域整体智治改革的实施方案》的通知
县委发〔2021〕39 号	12 月 31 日	县委县政府关于印发《象山县贯彻落实第二轮中央生态环境保护督察报告整改方案》的通知
县委发〔2021〕40 号	12 月 31 日	县委批转县政协党组《关于召开政协第十一届象山县委员会第一次会议的报告》的通知

(许子川)

组织工作

【概况】 2021 年以来,象山县组织系统深入贯彻落实新时代党的建设总要求和新时代党的组织路线,全面对标"党建统领、整体智治、唯实惟先"的要求,聚力写好"铸魂、赋能、强基、聚才、护航"五篇文章,在提高政治站位中建设政治机关、在聚焦主责主业中勇于担当作为、在胸怀大局中服务中心工作,有力推动全县各级党员干部坚定不移做"两个确立"忠诚拥护者、"两个维护"示范引领者,各项工作均取得积极成效,交出过硬成绩单。全县领导班子和领导干部队伍:县委设 11 个常委,35 个委员,9 个候补委员。全县现职县管领导干部 847 名,其中女性领导干部 150 名,女性正局级 23 名;非中共党员领导干部 32 名;18 个镇乡(街道)领导干部 309 名,县级部门领导干部 538 名。基层组织建设:下设 8 个派出党工委,97 个基层党委,58 个党组,133 个党总支,1702 个党支部;全县 355 个行政村在县委统一领导下,建立党组织 484 个。全县共有党员 36076 名,其中女党员 9301 名,占 25.78%;35 岁以下党员 6645 名,占 18.42%;61 岁以上党员 11883 名,占 32.94%;大专以上学历党员 15973 名,占 44.28%;2021 年发展新党员 761 名,其中大专以上文化占 72.4%,女党员占 39.55%,35 岁以下占 52%。人才队伍建设:人才总量达到 17.9 万余人,高技能人才 4.4 万人,其中工业工程类高级技师 112 人、技师 573 人;各类专业技术人才 6.39 万人,其中高级人才 3799 人,中级人才 15596 人。引育市级以上各类人才计划 26 人,其中国家级引才工程 2 人、人才培养工程 3 人,省级引才工程 5 人、人才培养工程 3 人,市 3315 系列计划团队项目 7 个、个人项目 11 个。创建浙江象山海洋经济示范区专家服务基地(国家级)1 个,国家级院士工作站 1 个,市级院士工作站 1 个,省级博士后工作站 13 个,累计招收博士后 26 人,市级专家工作站 5 家。

【政治铸魂】 突出政治统领,高标准抓好党史学习教育,高水平办好庆祝建党百年主题系列活动,高质量开展"不忘初心·象党前行"主题党日等工作,压茬推进中共十九届六中全会精神宣讲,结合"周二夜学"、主题轮训等教学载体,组织开展新思想新理念专题培训,以思想铸魂引领理念提升,全年累计举办各类主体班次 106 期、培训干部 7049 人次。深化"三为"专题实践活动,健全完善党员干部到社区"双报到"制度,推促联系服务群众更加紧密,累计引领全县 6370 名在职党员到社区报到,认领微心愿 887 个、服务群众 3.5 万人次。

【赋能提质】 把"后继有人"作为根本大计,持续开展"百名优秀学子回巢"计划,办好"青春塔山"读书会、"1+6"专业能力提升班,动态储备优秀年轻干部 335 名,推动干部梯队迭代升级。把县乡换届作为头号工程,强化年轻化专业化干部配备,换届后乡镇班子 35 岁以下占比上升 18 个百分点、平均年龄下降 2.4 岁,全日制本科以上学历占比上升 19 个百分点,有力推动结构功能双优。本轮换届整体平静安静、干事氛围更加浓厚，相关做法在《浙江信息》刊发，并获评公务员考核省级示范点。把实干实绩为鲜明用人导向，深化“双对双排”制度，用好“书记赛马会”“双随机一通报”等晾晒平台，共评比表彰“四好”对象113个，提任表现优秀干部148名，处理不胜任现职干部11名，孙成方获评2021年度全省唯一的全国“最美公务员”。

【强基固本】 全面启动“强基固本”三年行动，重点实施“强基、领雁、治理、锋领”四大工程，分类制定八大领域党建质量评估体系，扎实推进36个基层党建重点项目，建强92个党建联盟，组织开展“金、银雁”名师评选，全覆盖推行导师帮带制，强化“一肩挑”后监督管理，有效提升基层党建工作质量。其中，村干部管理经验做法在全市基层党建重点任务推进会上交流发言；县社会组织党群服务中心获评省“数字赋能、集成服务”示范党群服务中心。“村民说事”被市组推送参评浙江党建品牌，写入全省《高质量创建乡村振兴示范省推进共同富裕示范区建设方案（2021—2025年）》，入选全省乡村振兴最佳实践案例。流动党员管理全国试点推进有力，数字化应用场景入选“浙里红色根脉强基系统”子场景，相关经验做法在全市基层党建工作会议上作书面交流，并在《中国组织人事报》刊发。

【聚才引智】 以打造海洋经济人才高地为目标，突出抓好引才留才“两个环节”，编制发布人才发展“十四五”规划，深入实施“半岛系列”人才计划，积极引育搭建人才发展平台，专门出台机械总院南方中心人才团队引进支持办法，新海洋科技创业园完成基础建设，有序推进“人才银行”“人才码”建设，“人才之家”综合服务体、博联会、海高会活动场地投入使用，人才工作取得了积极成效。全县人才资源总量近18万人、增长22.7%，增速全市第3，每万名就业人员拥有人才资源数达4866人、居全市第2。全年引进高端研发团队10个、硕士及以上高层次人才294人，各类优秀人才加速流入态势进一步巩固深化。

【护航中心大局】 始终胸怀“国之大者”，自觉把组织职责摆到大局大势中去排兵布阵、调兵遣将，以实际行动贡献组织力量、展现组织担当。聚焦打好疫情防控阻击战，组建调研一线考察战疫表现，抽调3000余名干部在集中隔离点等重要节点筑牢防线，动员党员干部投身防疫前线，有力推动组织力量集结一线、组织考核聚焦一线、组织关怀倾注一线。聚焦建设共同富裕样板县，组织“第一书记”、农村工作指导员71名进村驻点，全面推动后进村整转，全县集体经济年收入30万元以上且经营性收入15万元以上的村全覆盖。聚焦推动县域发展快提速，组织开展“千名干部下基层”活动，抽调187名干部参与亚运赛事筹备保障和六大攻坚行动等，一批多年想解决而未能解决的难题得到破冰，展现象山干部队伍的拼搏精神和务实作风。

（县委组织部）

宣传工作

【概况】 2021年，象山县宣传思想文化工作在县委、县政府的坚强领导下，深入学习贯彻习近平新时代中国特色社会主义思想和中共十九届五中、六中全会精神，紧紧围绕县委中心工作和上级宣传部门工作部署，自觉践行“山海雄心、万象更新、只争朝夕、争创一流”的工作要求，奋力做好宣传思想文化领域各项工作，有力服务全县工作大局。

【习近平新时代中国特色社会主义思想学习宣传贯彻】 深入实施铸魂工程，下发《关于做好2021年全县各级党委（党组、党工委）理论学习中心组学习的通知》，出台《基层党委（党组、党工委）中心组学习巡听计划》。深化“学共体”载体建设，开展由县领导参与的理论学习中心组学习巡听活动15次。组织开展社科普及活动，中国渔文化艺术村获评省社科普及基地，“塔山讲堂‘艺党课’”获评市“百讲百展”普及活动优秀讲座。

【党员干部理论教育】 推出党史学习教育“12345”工作模式，深化“十团百堂”特色党课进基层，全面推行各级领导干部上讲台、上党课制度。举办“学党史、强担当”微型党课宣讲比赛，500余名青年宣讲员参加宣讲选拔。进一步拓展理论政策宣讲志愿服务活动，开展党史宣讲700余场，6名青年宣讲员在全市微型党课宣讲、情景宣讲等大赛中获二、三等奖。

【基层理论普及阵地建设】 下发“文化礼堂服务菜单”，实行“村民轻松点单、部门精准派送”。盛王张村文化礼堂等11家农村文化礼堂获评省五星级农村文化礼堂。截至2021年年底，全县共有省五星级礼堂27家，市四星级礼堂68家，数量位列全市第一。办好“云课堂”，用数智赋能文化礼堂，各文化礼堂轮流作主会场，开展“善行象山”云课堂党史学习教育直播活动12期。加强塔山讲堂、老年大学、社科普及基地等各类思想政治工作阵地管理使用，提升理论宣讲平台使用实效。

【重大主题宣传】 深入宣传阐释中共十九届五中全会、中央经济工作会议、中央农村工作会议，全国和省、市、县两会等重要会议精神，广泛开展高水平全面建成小康社会成就宣传。聚焦“聚力一二五　奋力上台阶”“丈量象山最美海岸线”“奋斗百年路　启航新征程”、四好干部风采、全国文明城市创建、善行象山等重大主题宣传，扎实开展经济宣传，充分展示各地各部门在宁波当好浙江建设“重要窗口”模范生中奋力争先创优新成果、新经验。

【对外宣传交流】 建立健全外宣联席会议机制，统筹实施城市综合形象、旅游形象、商务形象对外宣传。制作象山城市形象宣传片，宣传推介象山“海洋时代”“亚运时代”“轨交时代”。打造“嗨象山”“象山北纬30度最美海岸线”“象山红美人”柑橘品牌等一批镌刻象山印记“金名片”,提升象山知名度、美誉度。2021年,在各级新闻媒体发表报道4000多篇,其中中央级及其新媒体刊发新闻报道650余篇。

【重大突发事件应对】 完善舆情应对闭环管理,强化主体责任落实和问责。完善敏感事件新闻分析会制度,强化新闻例会制度建设,探索建立舆论引导专家库,制定涉重点民生部门新闻发布口径库。建立评论员队伍工作机制,健全“一个队伍人才库”“一个约稿流程”“一个管理办法”。打造聚光灯工程2.0版,办好《每周聚焦》等舆论监督品牌栏目,2021年开展《每周聚焦》17期。

【“善行象山”品牌打造】 贯彻落实《新时代公民道德建设实施纲要》《新时代爱国主义教育实施纲要》,推进社会主义核心价值体系建设。入选“中国好人”1人,“浙江省道德模范”1人,“浙江省最美家庭”1户,“浙江好人”3人,“宁波市道德模范”3人,“宁波好人”14人,“德者有得、好人好报”社会氛围更加浓厚。健全青少年理想信念教育齐抓共管机制,深化“扣好人生第一粒扣子”主题教育实践,做好市级文明校园“回头看”自查工作,组织开展“童心向党”教育实践活动125次,获评市级“新时代好少年”3人,评选表彰县级“新时代好少年”69人。

【乡风文明建设】 开展“十大文明好习惯”养成行动,深化乡风文明品牌建设,整合姐妹驿站、乡贤参事工作室等新时代文明实践点推进“四会说四风”常态化活动。打造婚丧礼俗2.0版本,探索“文明婚丧一码通”“婚丧宴席公司化运作”“乡宴厨师准入制”等长效管理机制,监管全县婚丧事4010起、执行率100%,节约资金约5.21亿元。新时代文明实践“诚信指数测评”工作做法于2月8日在《精神文明导刊V》刊登,《象山三措并举扬新风》于2月25日在《精神文明建设》简报刊登。

【全国文明城市创建】 落实《关于开展“促文明有礼、促整洁有序”活动扎实推进全国文明城市创建的实施意见》,实施“乱停车”“占道经营”“市场及周边环境”等8个专项整治行动,开展“玫瑰花赠送文明人”“我是一名城管员”“文明出行劝导员”等活动680余次,参与人数超过1.12万余人次。启动“文明啄木鸟”行动参与文明创建工作,创设“文明啄木鸟”线上曝光平台。开展基础设施破损、公厕环境卫生差、占道经营、乱停车、“三清三美”等专项督查312次、下发整改督查单46份,媒体曝光和公示25期,城市秩序面貌进一步改善。

【新时代文明实践中心建设】 推进新时代文明实践“善行象山云课堂”平台建设,开展举办理论宣讲、文艺表演、知识培训等活动186次,受教人数达36.3万人次。开展“百姓大讲台、百姓大舞台、百姓大擂台、百姓大篷车”文明实践活动3.65万次,探索建设“15分钟文明实践服务圈”。完成打造鹤浦、大徐、高塘岛等新时代文明实践示范线3条、示范基地1个。象山县新时代文明实践中心建设做法及成效于3月24日在《浙江日报》上刊登的《习近平的辩证思维方法在浙江的探索与实践》中进行宣传报道。

【文化惠民工作】 启动“阅+堂”全民阅读乡村计划,全年完成100场公益课堂。高水平建设国家级海洋渔文化(象山)生态保护区,5月19日,国家级文化生态保护区建设经验交流活动共颁牌7个文化生态保护区,象山系全省唯一的海洋渔文化生态保护区。出台《海洋渔文化(象山)生态保护区建设方案(2021—2025)》,举办县文化和自然遗产日系列活动启动仪式暨非遗进校园五周年成果展。成功举办2021年中国农民丰收节系列活动——第二十四届中国(象山)开渔节。象山竹根雕被列入第五批国家级非物质文化遗产名录,国遗数量达7项,居全市首位。

【文艺精品创作】 举办第十五届陈汉章读书节暨第17届未成年人读书节系列活动,发挥陈汉章历史文化名人效应,做好“高徒出名师”文章,利用名人文化提升城市影响力。强化文艺精品创作,赖赛飞作品《腊月红》登上人民日报,《嘱托》荣获第八届“徐迟报告文学奖”优秀奖。

【文化产业发展】 推进象山影视城平台建设,加快建设5G+影视数字制作示范基地,全力创建中国知名影视旅游特色小镇和东方影视名城。以“海仁竹雕”、象山37°湾文化产业园等文化创意培育园为龙头,培育壮大阿拉的海水上乐园、中星影视文化产业园。

【新闻出版与电影】 推进“扫黄打非”工作,深化“扫黄打非”基层站点建设和网格化管理,坚决杜绝涉黄涉非出版物。规范行政审批和行政监管工作,扎实推进“互联网+政务”“互联网+监管”,确保出版、电影市场规范经营。强化版权保护,推动县级预算单位的办公软件正版化,加大侵权盗版案件的查处力度。持续做好农村电影放映工程,充分保障群众文化权益。

【人才队伍建设】 深入开展增强“四力”教育实践工作,倡导“山海雄心、万象更新、只争朝夕、争创一流”的单位文化,不断振奋干事创业精气神。加强宣传系统领导班子和干部队伍建设,加快年轻干部培育,建强基层宣传队伍。加强全媒化复合型新闻人才培养,提高传媒中心绩效考核科学化水平。实施文化领军人才培养工程,建好文艺家工作室、文化创新团队等工作平台和载体,持续加大对文化人才的扶持力度和宣传推介。

【2021年省级以上重要媒体对象山报道目录】

1月发稿情况:

央视1套　1.3　《新闻联播》《元旦假期　精彩活动欢乐多》

央视6套　1.2　《中国电影报道》　象山影视城推出丰富多彩的元旦活动》

央视6套　1.13　《中国电影报道》《曹盾大师工作室在象山影视城挂牌》

央视3套　1.13　《中国文艺报道》《好戏连台迎新春　象山县第五届群众文化艺术节展现多彩基层文化生活》

央视2套　1.20　《第一时间》《浙江宁波：大寒时节迎腊八　村民制作冻面忙》

央视4套　1.20　《今日环球》《腊八至　年味浓》

央视17套　1.31　《我的美丽乡村》《红美人之约》

《人民日报》　1.22　15版　《溜冰滑雪　不再“专属”北方》

《浙江日报》头版　1.23　《宁波为“十四五”开好局聚英才　觅得良驹，赋能高质量》

2月发稿情况：

央视1套　2.17　《新闻联播》《喜乐幸福年　新春新风尚》（象山影视城面）

央视17套　2.4　《中国三农报道》《浙江象山：美味萝卜团　欢喜过小年》

央视2套　2.9　《正点财经》《浙江象山：节日海鲜市场货丰价稳》

央视2套　2.10　《第一时间》《节日市场保供应　浙江象山：节日海鲜市场货多价稳　野生小黄鱼热销》

央视6套　2.24　《中国电影报道》《象山影视城春节推出年俗游园活动　累计接待影迷达15万人次》

中国之声　2.26　《新闻和报纸摘要》《元宵非遗汇线上下上万市民共喜乐》

《人民日报》　2.11　8版　《腊月红》

《人民日报》　2.22　11版　《致力于唤起公众的生态保护意识，浙江自然博物院——从这里出发，与自然对话》

《人民日报》　2.26　9版　《全国脱贫攻坚先进个人名单》

新华网　2.2　《宁波象山：锻造海洋经济　美丽经济两大发展主引擎》

中新网　2.2　《浙江象山话发展新潜能：海洋时代亚运时代轨交时代共舞》

中新网　2.5　《浙江亚帆中心水上项目建设完工　包括241个帆船泊位铺设》

中新网　2.25　《又到牡蛎肥美时　浙江象山蛎农收蛎》

《浙江日报》头版　2.4　《“大家伙”出港》

3月发稿情况：

央视2套　3.2　《经济信息联播》《浙江象山：开春首捕　2条野生大黄鱼卖出20多万元》

央视2套　3.11　《天下财经》《节后用工短缺　浙江宁波：企业订单大增　用工严重短缺》

央视2套　3.11　《经济信息联播》《节后用工短缺　浙江宁波：多措并举　缓解节后用工难》

央视13套　3.13　《新闻直播间》《浙江象山　海苔进入采收旺季　苔农赶晴抢晒忙》

央视2套　3.13　《第一时间》《一年之计在于春　浙江宁波：海苔进入采收旺季　苔农赶晴抢晒忙》

央视6套　3.13　《中国电影报道》《电影〈疯狂夺刀〉主演刘冠麟参加植树节活动》

央视17套　3.21　《乡理乡亲》《解决海水养殖塘被堵之困》

央广网　3.19　《宁波象山1－2月签约项目15个总投资82.51亿元》

人民网　3.4　《“村民说事”谱新篇》

新华网　3.3　《浙江象山：开春首捕　两条野生大黄鱼卖出二十多万元》

新华网　3.10　《浙江象山以奋进之姿全力推进“滨海大花园”建设》

新华网　3.14　《宁波象山这一创新入选省政府数字化转型平台“观星台”》

光明网　3.7　《高速石浦连接线已全线贯通！预计今年12月底前通车》

光明网　3.13　《浙江宁波：海苔进入采收旺季　苔农赶晴抢晒忙》

光明网　3.25　《乡村医生坚守海岛45年，曾夜里抱着氧气袋坐渔船送病人急救》

《经济日报》　3.27　7版　《宁波象山创新海域分层确权使用》

中新网　3.3　《浙江象山创新退役军人“轮值站长”制　解决基层服务痛点》

中新网　3.15　《从争地盘到有偿用海　浙江象山全域推行养殖用海三权分置》

中新网　3.19　《浙江84岁农民画奶奶：打破年龄隔阂　彰显农村质朴之美》

中新网　3.22　《凝聚影视行业新阶层人士力量　浙江象山觅发展最大公约数》

《浙江日报》头版　3.25　《昨刊发的〈习近平的辩证思维方法在浙江的探索与实践〉引发我省干部群众学习热潮　运用辩证思维方法推动发展行稳致远》

4月发稿情况：

央视1套　4.30　《新闻联播》《我国明起进入海洋伏季休渔期》

央视4套　4.5　《美食中国》《品味宁波之腌得其美》（咸呛蟹）

央视4套　4.6　《美食中国》《品味宁波之食米食米又食米》（象山米馒头）

央视4套　4.9　《美食中国》品味宁波之与鱼为伴》（马鲛鱼、鱼丸、鱼鲞）

央视6套　4.12　《中国电影报道》《忆往昔峥嵘岁月　老党员走进象山影视城剧组上党课》

央视13套　4.13　《新闻1+1》《日本核废水入海，“核”试吗？合适吗？》

央视13套　4.14　《24小时》《日本排废入海　美国“迷之感谢”安的什么心？》

央视2套　4.17　《第一时间》《浙江象山：东海带鱼禁捕　市场商户已提前备货》

央视4套　4.19　《海峡两岸》《台湾青年创业之旅走进宁波象山》

央视6套　4.25　《中国电影报

道》《象山影视城推出的“国防教育”团建项目》

央广网　4.7　《寻找城市合伙人　宁波象山举办(上海)城市推介会》

央广网　4.9　《中国将在宁波象山建第五航天发射场》

央广网　4.16　《宁波象山首个乡村共治驿站投入运行　拓展多元解纷渠道助力乡村善治》

央广网　4.20　《赋能乡村振兴　打造世外桃源　宁波象山发布8处乡村产业空间》

央广网　4.27　《“渔文化”碰撞“工业风”全国首个海洋渔文化馆在宁波象山开馆》

央广网　4.28　《宁波象山14亿元授信贷款纾困航运企业融资难》

《人民日报》　4.1　15版　《2022年杭州亚运会亚帆中心建成　9月将用于举办全运会帆船比赛》

人民网　4.1　《2022年杭州亚运会亚帆中心建成　9月将用于举办全运会帆船比赛》

《人民日报》　4.1　19版　《推动法治乡村建设提质增效》

人民网　4.9　《农村宅基地制度改革　浙江1市5县试点方案正式获批》

人民网　4.30　《“亮剑2021”全国海洋伏季休渔专项执法行动在浙江启动》

新华网　4.2　《象山亚运沙排比赛场馆　通过亚组委专项验收》

新华网　4.9　《中国将在宁波象山建第五航天发射场　具备这些独特优势》

新华网　4.16　《浙江象山税务局:税企携手联学党史》

新华网　4.18　《“插上翅膀”奔向好日子——老王赶鹅记》

新华网海外版　4.1　《Sailing venue for Hangzhou 2022 completed》

光明网　4.1　《2022年杭州亚运会亚帆中心建成》

光明网　4.1　《象山亚运沙排比赛场馆通过亚组委专项验收》

光明网　4.2　《婚丧喜庆“官方标准”顺应民心》

光明网　4.13　《今日快讯　忆往昔峥嵘岁月老党员走进象山影视城剧组上党课》

光明网　4.19　《象山法院判决跨国电信诈骗案》

光明网　4.27　《象山:“文明啄木鸟”啄出全域文明新气象》

光明网　4.26　《核定乘客人数196人　象山最大客位豪华旅游客船投入营运》

光明网　4.28　《国内最高规格帆船赛落户象山港》

光明网　4.29　《5月1日12时起宁波4026艘渔船全面进入伏季休渔》

中国经济网　4.20　《“蓝色护海”行动,人人都应该参与》

中国经济网　4.25　《象山万达航天主题实物展开幕　多件展品首次亮相》

中新网　4.7　《浙江象山打造开放式平台　做大优抚联盟关怀退役军人》

中新网　4.21　《浙江象山深化农村宅基地制度改革　激发乡村振兴新活力》

中新网　4.26　《浙江象山葡萄架下的“民族融学堂”》

中新网　4.27　《“渔文化”碰撞“工业风”　中国海洋渔文化馆正式投运》

中新网　4.30　《千舟归港　“亮剑2021”全国海洋伏季休渔专项执法行动启动》

5月发稿情况:

央视6套　5.1　《中国电影报道》《“五一”忙不停!电影人加班加点赶进度　各大影视基地不停歇》

央广网　5.1　《大楼惊现猫头鹰孵蛋　宁波象山一施工队温情呵护》

央广网　5.21　《红色旅游助力乡村振兴　宁波市先进典型讲党史走进宁波象山高塘乡》

人民网　5.11　《浙江:“智慧”处处遂人愿　“北斗”离离正挂天》

人民资讯　5.15　《5个月“尝鲜季”!象山枇杷黄又甜》

《人民日报》　5.20　5版　《焕发工业遗存新活力》

人民网　5.20　《焕发工业遗存新活力》

人民资讯　5.19　《全省唯一!象山入选国家级海洋渔文化生态保护区》

人民网　5.26　《浙江省2021年未来社区创建名单“放榜”》(象山县瑶琳社区被列入整合提升类)

人民网　5.25　《吉林省脱贫攻坚先进个人名单》(象山县高塘岛乡党委副书记,挂职龙井市扶贫开发办公室副主任吴晓)

新华网　5.7　《农发行宁波市分行支持亚帆中心建设》

光明网　5.1　《东海今起伏季休渔》

光明网　5.7　《600多斤!浙江船老大捕获一只大家伙!》

光明网　5.10　《海滩“种”下绿色能源》

光明网　5.9　《凌晨2时左右开展联合执法检查象山打响今年伏季休渔保卫战“第一枪”》

中新网　5.30　《探访浙江石浦渔港古城　传承海洋渔文化基因》

中新网　5.3　《从台湾基隆到浙江象山　“90后”甜品师的忙碌假期》

中新网　5.28　《海洋渔文化生态保护区授牌　浙江象山传承渔文化发展基因》

6月发稿情况:

央视1套　6.6　《新闻联播》《沈海高速　陆海联运启新章》(象山石浦港画面)

央视1套　6.29　《新闻联播》《浙江象山长大涂光伏发电项目并网发电》

央视17套　6.2　《中国三农报道》《浙江象山:猫头鹰把工地当“产房”　辛苦育雏》

央视13套　6.5　《沿着高速看中国》《沿着高速看中国·沈海高速G15　浙江宁波　总台车队行驶在象山北纬30°美丽海岸线》

央视13套　6.11　《朝闻天下》《国家级非遗名录出炉　有啥新亮点?(象山竹根雕)》

中国国际电视台　6.16　《Rising star cities》(万亿城市·宁波)《象山影视城,带你瞬移盛唐的宁波文旅“宝器”》

央视6套　6.29　《中国电影报道》《浙江景宁等四地成“象山影视城外景拍摄基地”

央视2套　6.30　《正点财经》10:00　《重大工程　浙江:滩涂光伏发电项目并网供电》

浙江卫视　6.1　《浙江新闻联播》头条　《大型融媒体新闻行动“寻找山水精灵”:中华凤头燕鸥——韭山列岛上的“神话之鸟”》

央广网　6.6　《感受最美海岸天际线　杭州亚运会场馆市民体验活动走进宁波象山》

央广网　6.8　《宁波象山:首创“时光鹅”数字产品　助推白鹅产业》

央广网　6.12　《农旅融合果农笑　宁波象山泗洲头第五届杨梅节开幕》

央广网　6.29　《盘活红色文化资源　宁波象山洋坑村打造乡村振兴样板》

人民网　6.3　《永远跟着中国共产党走,浙江这位老人从幼学走到耄耋》

人民资讯　6.6　《感受最美海岸天际线　杭州亚运会场馆市民体验活动走进宁波象山》

人民网　6.9　《7斤重野生大黄鱼卖出7万多元　象山渔民牛年第一风真牛》

《人民日报》　6.9　12版　《45年来翻山越海,给海岛居民治病送药,吴秀明——为了乡亲们的健康(暖相册)》

人民网　6.9　《宁波象山:坚守45年,海岛居民的医生“老吴”》

人民网　6.28　《宁波庆祝建党百年主题灯光秀璀璨上演》

人民网　6.29　《浙江象山滩涂渔光互补光伏项目并网发电》

新华网　6.29　《浙江象山滩涂渔光互补光伏项目并网发电》

光明网　6.5　《千帆竞发!总台车队带你打卡象山北纬30度最美海岸线》

光明网　6.29　《浙江年发电量超3亿千瓦时的滩涂渔光互补光伏项目并网发电》

光明网　6.29　《浙江象山滩涂渔光互补光伏项目并网发电》

中新网　6.9　《白鹅助推产业兴　浙江象山以数字化手段做好种质资源文章》

中新网　6.29　《网红打卡点层出不穷　浙江宁波精品线路建设取得新成效》

《浙江日报》头版　6.28　《象山以宅基地改革激发乡村活力　小渔村奔富有了新盼头》

7月发稿情况:

央视1套　7.22　《新闻联播》冀豫暴雨今夜减弱　台风“烟花”将登陆》

央视1套　7.24　《新闻联播》《各地加强防范　迎战台风“烟花”》

央视12套　7.16　《热线12》《热线关注　浙江宁波　鸟儿安家的老树断裂　村民们保树又护巢》(大徐)

央视2套　7.24　《第一时间》《台风临近　沿海风大浪高》

央视13套　7.24　《新闻直播间》《浙江　台风“烟花”逼近　启动防台风Ⅰ级应急响应》

央视4套　7.25　《今日环球》《台风“烟花”逼近　浙江宁波已转移42万多人》

央视13套　7.25　《朝闻天下》《浙江象山　台风“烟花”今天将登陆浙江》

央视4套　7.25《中国新闻》《台风“烟花”预计今天下午登陆或擦过浙江舟山》

中国之声　7.14　《新闻进行时》《连片1000多株　象山发现国内罕见的野生珍稀植物种群——海滨木槿》

央广网　7.16　《宁波象山:“大地托管”创新模式助力翠冠梨丰收》

央广网　7.25　《直击台风“烟花”宁波为群众提供“精神食粮”!红色电影、文艺志愿服务走进避灾点》

央广网　7.29　《导演曹盾担纲艺术总指导　第二十四届中国(象山)开渔节即将启幕　并向全球征集新时代〈渔光曲〉》

人民网　7.24　《宁波象山:文联送欢乐　安置点享真情》

人民网　7.29　《第二十四届中国(象山)开渔节活动即将上演》

新华网　7.25　《“烟花”步步逼近,象山严阵以待迎“大考”》

新华网　7.26　《浙江宁波:红色电影、文艺志愿服务走进避灾点》

新华网　7.28　《浙江象山:体验师“上线”　为税费服务“把脉”》

新华网　7.29　《这些温暖在“烟花”中绽放》

《光明日报》　7.11　4版　《2021年浙江省青少年帆船帆板锦标赛将于八月初进行》

光明网　7.6　《浙江全人工规模化养殖小黄鱼“游上”餐桌》

光明网　7.8　《“世界一流强港”跃升新能级》

光明网　7.11　《2021年浙江省青少年帆船帆板锦标赛将于八月初进行》

光明网　7.13　《宁波“精品线路”快速推进,一批新晋网红打卡点刷屏朋友圈》

光明网　7.25　《浙江防台前线见闻:“千帆”归港　万人转移》

光明网　7.25　《台风登陆前夕浙江沿海走访见闻》

中新网　7.6　《浙江全人工规模化养殖小黄鱼“游上”餐桌》

中新网　7.11《游客打飞的来成都体验　文旅+剧本杀会否成为下一个风口?》

中新网　7.13　《浙江宁波20条精品线路快速推进　打造区域融合发展之路》

中新网　7.20　《实施“一打三整治”浙江宁波查获违禁渔获物1689.85公斤》

中新网　7.31　《探浙江宁波两岸婚姻家庭亲子营　感受大陆发展“加速度”》

《浙江日报》头版　7.14　《宁波

"精品线路"铺就"共富快车道》

8月发稿情况：

央视2套　8.2　《天下财经》《浙江：东海开渔　数千渔船扬帆出海》

央视4套　8.14　《中国新闻》《浙江象山消防员成功转移38名被困人员》

央视1套　8.15　《正大综艺·动物来啦》

《正大综艺·动物来啦》(黄避岙赶小海、木海马，高塘花岙晒盐、石林，神话之鸟，石浦鱼骨画，涂茨黄沙塘)

中国之声　8.2　《全国新闻联播》《开捕了，象山首批1400艘渔船解禁开捕》

央广网　8.1　《全国双拥模范县宁波象山："八一"向最可爱的人致敬》

中国之声　8.2　《全国新闻联播》《开捕了，象山首批1400艘渔船解禁开捕》

央广网　8.17　《象山139家"优抚联盟"成员单位正式加入宁波"崇军联盟"》

央广网　8.18　《宁波"象山红美人"获国家地理标志证明商标》

人民资讯　8.2　《象山西周：建设现代化智造港湾小城市》

人民资讯　8.2　《象山影视城打造具有国际影响力的影视文化创新中心》

人民网　8.7　《430余万外来务工人员在甬安居乐业》

《人民日报》海外版　8.21　04版《感受大陆发展"加速度"——宁波举办两岸婚姻家庭亲子营》

新华网8.5　《上海吴昌硕纪念馆共建基地落户宁波象山农业产业强镇》

新华网　8.26　《宁波象山县烟草专卖局："志愿红"点亮海岛》

光明网　8.14　《一只大白鹅的东西部协作剪影：立"海誓山盟"闯共富路》

中新网　8.9　《浙江小村庄美丽蝶变记：新乡贤回归助力党建引领乡村振兴》

《浙江日报》头版头条　8.7　《宁波加速布局智造新蓝图》

9月发稿情况：

央视1套　9.12　《新闻联播》《台风"灿都"逼近　各地积极做好防汛抗台风工作》(18分55秒)

央视2套　9.8　《正点财经》《节前看市场　浙江宁波：开渔在即验船师为2300余艘渔船"体检"》

央视网　9.8　《直播中国》《象山晒盐技艺：历史悠久　晒海为盐》

央视9套　9.11　《聚离》第二集《象山渔民奚建立和刘巧敏夫妇》

央视13套　9.19　《走进乡村看小康》《浙江象山　致力于发展海洋生态渔业养殖》

央视2套　9.23　《经济信息联播》《中国农民丰收节——象山梭子蟹丰收》

央视5套　9.24　《体育新闻》《第十四届全运会帆船比赛决出两枚金牌》

央视6套　9.25　《中国电影报道》《象山影视城举办中秋汉服游园活动》

《人民日报》海外版　9.9　11版《"精品线路""特色街区""亮点工程"串珠成链魅力宁波焕发新光彩》

《人民日报》　9.13　4版　《多地多部门应对台风"灿都"》

人民网　9.15　《为全运会帆船赛水域筑牢智能无形"保护墙"》

人民网　9.16　《中国(象山)开渔节千艘渔船整装待发》

新华网　9.12　《滚动9月12日13:55　台风"灿都"逼近　象山亚帆中心帆船紧急入库》

新华网　9.16　《秋收好"丰景"开渔啦！来象山品尝第一网东海渔鲜》

新华网　9.17　《东海迎来全面开渔　象山2000多艘渔船整装待发》

新华网　9.19　《十四运会帆船比赛宁波赛区开赛》

新华网　9.22　《浙江象山烟草专卖局：打造"教学+研学+践学"立体式党史学习矩阵》

新华网　9.29　《农行宁波象山支行走村入户办实事》

光明网　9.6　《宁波：为157名党员干部澄清正名》

光明网　9.6　《浙江首次记录！象山发现"迷路"孤鸟》

光明网　9.7　《国内首个"渔船号灯号型考培系统"在象山正式投用》

光明网　9.20　《全运会宁波赛区开赛！将产生8块金牌》

中新网　9.8　《浙江象山凝聚新乡贤力量　组建"共同富裕顾问团"》

中新网　9.12　《浙江象山撤离人员26880名　落实开放354个避灾点》

中新网　9.12　《"航"行浙里·两岸共拍秀活动走进浙江象山》

中新网　9.12　《用光影艺术记录大陆发展瞬间　在浙台湾青年拓两岸交流覆盖面》

中新网　9.16　《东海伏季休渔结束　台胞浙江象山品千年渔文化话海洋保护》

中新网　9.17　《第二十四届中国(象山)开渔节在浙江宁波启幕》

《浙江日报》头版导读　9.25　《浙江体育代表团一天"入账"6金泳池"夺金潮"，未完待续》

10月发稿情况：

央视1套　10.3　《新闻联播》《畅享美好假日　品味幸福生活》(象山影视城)

央视17套　10.1　《致富经》《省钱土办法　赚到大财富》(黄避岙高泥网箱养殖)

央广网　10.20　《"品鲜季"精彩纷呈第十九届宁波象山海鲜美食节即将启动》

人民网　10.2　《宁波重点景区长假首日客流创今年新高》

人民网　10.5　《宁波深化山海协作监督　助力共同富裕示范区建设》

人民网　10.11　《月月有项目季季抓开工宁波象山"四张清单"机制助推项目争速》

人民网　10.13　《安徽省灵璧县与浙江省象山县签订政务服务事项"跨省通办"合作协议》

《人民日报》海外版　10.20　12版　《橘生山海间，橘农日子红》

人民网　10.26　《“最美公务员”人选(32名)》

人民日报　10.27　10版　《2021年全国文明城市创建工作培训班交流发言材料摘编(一)(建设更高水平文明城市)》

新华网　10.25　《从“六连冠”迈向“全国文明典范城市”》

新华网　10.26　《“最美公务员”人选公示》

新华网　10.28　《浙江象山:禁毒宣传走进象山影视学院》

新华网　10.29　《9月浙江好人榜揭晓》

光明网　10.10　《宁波:广泛收集节假日期间四风问题线索》

《浙江日报》头版　10.5　《象山宋韵小村迎客忙》

11月发稿情况:

央视7套　11.17　《军迷行天下》《探班象山战争重演》

央视6套　11.19　《中国电影报道》《电影〈妈妈,让我走吧〉在象山影视城开机》

央视6套　11.26　《中国电影报道》《大力支持影视企业讲好中国故事　象山影视城深入学习贯彻党的十九届六中全会精神》

央视17套　11.29　《农业气象》《象山柑橘红美人成熟丰收》

央广网　11.5　《第十九届宁波象山海鲜美食节开幕》

央广网　11.16　《宁波象山柑橘红美人正式开摘发售》

《人民日报》　11.1　10版　《宁波——文明城市　因人而美》

人民网　11.14　《首批浙江省级现代服务业创新发展区公布》

人民网　11.18　《黑脸琵鹭现身宁波象山》

人民网　11.24　《宁波象山这场爱心接力已持续8年》

人民资讯　11.29　《象山奋力打造数字化改革先行示范区》

新华网　11.9　《浙江象山:盐碱地上稻穗挂》

新华网　11.10　《巡海“逐浪高”,掌舵有“李大”　东海深处,研究生海巡队员的海事之路》

新华网　11.22　《“红美人”柑橘做亮柑橘文化》

中国县域经济网　11.14　《浙江象山:文旅融合带动渔港古城共同富裕》

中新网　11.16　《做大柑橘经济　浙江象山“共富果”让乡村生活越来越美好》

中新网　11.18　《浙江象山迎来今冬首批“黑面舞者”　系世界级濒危物种》

中新网　11.24　《浙江20名“金牛奖”候选人产生　评选乡村振兴共富带头人》

12月发稿情况:

央视12套　12.2　最美公务员发布仪式特别节目《闪亮的名字——最美公务员发布仪式》

央视17套　12.21　《中国三农报道》《“冬至”节气　浙江象山:绵糯滋补肉淘酒》

央视6套　12.21　《中国电影报道》《象山影视城全力做好疫情防控工作》

央视17套　12.25　《中国三农报道》《浙江象山:紫菜减产　价格上涨》

央广网　12.22　《车程缩至1小时　宁波石浦高速12月24日0时起开通》

《人民日报》　12.2　4版　《竭诚为民担当实干——全国“最美公务员”群像扫描》

《人民日报》　12.6　《民生周刊》《锚定共同富裕　宁波擘画未来乡村》

人民网　12.22　《宁波石浦高速试通车　宁波到石浦车程缩短为1小时》

新华网　12.9　《宁波象山奋力打造数字化改革先行示范区》

新华网　12.13　《象山“红美人”柑橘推广活动上线　盘活带动当地特色产业集群》

新华网　12.30　《浙江宁波积极推进清洁能源示范岛建设》

YouTube　CGTN　Live: Enjoy the view of Shipu fishing port as fishing season begins

Twitter　CGTN　Live: Enjoy the view of Shipu fishing port as new fishing season starts in east China #TidesofChange

facebook　CGTN　Live: Enjoy the view of Shipu fishing port as fishing season begins

CGTN官网　CGTN　Live: Enjoy the view of Shipu fishing port as fishing season begins

（李培尔）

统一战线工作

【概况】　2021年,象山县统一战线工作以习近平新时代中国特色社会主义为指导,深入学习贯彻习近平总书记关于加强和改进统一战线工作的重要思想,深刻把握党的百年奋斗历史经验,以贯彻落实《中国共产党统一战线工作条例》及省实施细则、市委若干措施为重点,紧紧围绕“聚力一二五,走好共富路”目标任务,坚决扛起做强海洋经济示范区、建好“海上两山”实践地、打造共同富裕样板县的新历史使命,融入中心大局,同频同向发力,争当表率、争做示范、走在前列,为加快建设社会主义现代化滨海花园城市汇聚智慧力量。中央统战部六局局长带队到象山调研总结新阶层工作,影视象新力、新乡贤工作分别获省统战部部长熊建平和市委常委、统战部部长卞吉安批示;全市新乡贤助推乡村振兴工作推进会在象山县召开,获评全市首个“中国乡贤文化之乡”。

【民主党派和无党派人士工作】　强化政治引领凝聚思想共识,组织民主党派和无党派人士开展“红色百年　知心向党”党外知识分子庆祝中国共产党成立100周年红色之旅、党史学习教育、短视频展播等系列活动。推进无党派人士结构化建设,更新完善全县186名无党派人士数据库,建立无党派人士联络中心。民盟象山县基层委员会在定塘镇叶口山村建立民盟浙江省委员会助力乡村振兴实践基地，民盟象山县基层委员会获得“民盟浙江省委会脱贫攻坚先进集体”称号，农工党象山县支部被农工党省委会评为“2021年度全省社会服务工作先进集体”。1月，民盟浙江省委会、民盟宁波市委会到象山调研民盟中央乡村振兴实践基地创建工作。3月29日，民进象山县支部召开2021年工作会议，回顾2020年度工作，部署2021年工作任务，并表彰年度各项先进集体和个人。3月29日，民盟市委会专职副主委、市政协副秘书长郭强，民盟市委会副主委韩利诚，民盟市委会秘书长陈化贤等一行12人到象山开展乡村振兴社会服务基地建设考察。4月14日，民盟象山县基层委员会在象山县委党校举办盟史讲堂，邀请民盟宁波市委会专职副主委、市政协副秘书长郭强讲盟史。4月28日，农工党象山县支部在县健康管理服务中心举行“象·健康”社会服务基地揭牌仪式。10月，致公党宁波市委会主委王丽萍带队到象山开展“高水平建设海岛大花园　展现滨海风情”专项民主监督活动。

【党外知识分子工作】　4月30日，县网联会在石浦渔港古城三思桥直播基地举行网络主播培育基地授牌仪式并开展座谈。县委常委、统战部部长干维岳向县网联会会长朱建新授牌，县网联会理事代表参加此次活动。5月23日，县知联会召开三届五次会长（扩大）会议。县政协副主席、县知联会会长莫俶茜出席会议，县委统战部常务副部长俞湛主持会议，县知联会副会长、秘书长、副秘书长及部分理事代表近20人参加会议。5月27日，县党外知识分子联谊会召开三届二次理事大会，回顾近三年来工作情况，通报表彰先进代表，展望下一阶段工作。县委常委、统战部部长干维岳出席会议并讲话，县政协副主席、县知联会会长莫俶茜作工作报告，县知联会及各分会150多名理事和县知联会对口联系单位相关负责人参加此次大会。5月31日，民盟宁波市委会首个助力乡村振兴实践基地授牌仪式在定塘镇叶口山村举行。7月13日，县委书记潘银浩召开县委民主协商会，听取各民主党派基层组织主委、副主委，县工商联主要负责人和无党派人士代表的意见建议。县委常委、统战部部长干维岳主持会议。9月28日，县知联会赴宁海开展“学党史，悟初心，迎国庆”主题教育活动，探寻红色足迹，弘扬革命精神。12月9日，县委书记包朝阳主持召开党外人士座谈会，就县第十五次党代会报告（征求意见稿）和县委工作，征求民主党派、工商联、党外人士及社会团体代表的意见和建议，进一步凝聚各方智慧，共绘发展宏图。

【新的社会阶层人士统战工作】　擦亮“影视象新力”国家级品牌，助力“智治影城”市域治理试点工作，实现统战部门、公安、景区、剧组、镇、村六位一体联动管理，引导“象漂”协助做好产业发展、社会治理、疫情防控等工作。影视城新联会协助管委会推出《应对疫情支持影视企业共渡难关八项措施》，复工复产期间帮助企业解决相关问题36个，助力影视产业健康发展。3月25日，象山县新联会召开第一次会长（扩大）会议。县委统战部常务副部长俞湛出席会议并讲话，县新联会会长张西平主持会议，县新联会副会长、秘书长等参加会议。7月16日，县新联会召开半年度会长（扩大）会议，县新联会班子成员和新入会会员代表专题学习习近平总书记在庆祝中国共产党成立100周年大会上的讲话和《中共中央国务院关于支持浙江高质量发展建设共同富裕示范区的意见》。县新联会会长张西平主持会议，秘书处传达中共浙江省委十四届九次全会、宁波市委十三届十次全会、象山县委十四届十次全会精神。9月9—10日，2021年县新的社会阶层人士素质提升培训班在县社会主义学院成功举办，县新联会、县网联会、象山影视城新联会等50人参加培训。10月27—30日，经象山县委统战部牵线，在象山县农信联社支持下，象山县新联会张西平会长率理事团队赴四川大凉山州雷波县开展“山海携手同心共富·象新力烛光行动”结对帮扶活动。12月30日，象山县新联会、网联会、象生配送公司联合举办“山海携手·同心共富”象山雷波特色农品直播活动。

【少数民族事务管理】　以“一站多点”串联整合民族团结进步基地，建立“霓裳爵溪民族之家”，通过省级民族团结进步创建重点培育单位验收；建立“五彩同心驿站”“晓橘情——民族特色馆”，通过市级民族团结进步创建重点培育单位验收，培育融居区域民族同胞共同富裕新样板。1月21日，市民宗局党组成员、二级巡视员李伟波一行赴象山调研民族工作。5月26日，吉林省民委副主任金民哲一行10人到象山考察民族工作。8月27—28日，中央民族工作会议在北京召开。大会的召开在象山各族党员群众中引发强烈反响，各地多形式多层次掀起学习热潮。9月28日，第七届宁波市道德模范颁奖典礼举行，象山县3人被授予“宁波市道德模范”荣誉称号，其中县民族团结进步促进会副会长茶光菊上榜。11月16日，县第十五届民族和睦邻里节暨“中国第一棵红美人”开摘开幕式在象山县晓塘乡举行。6月27日，以“五十六个民族水相融　共贺百年正青春”为主题的泼水节在象山影视城盛大启幕。

【宗教工作】　深化平安创建，依托县民宗行业专安委机制，开展联合检查4次，排查房屋安全1762幢，拆除危房5幢，创建省宗教活动场所消防安全标准化管理“百优争创”优秀单位2处，省平安宗教活动场所1处，市级特色民间信仰场所2处。推进宗教中国化走深走实，开展“同心向党、同行向前”系列活动，举办“弘宗教之善、植爱国情怀”爱国故事讲述活动、“庄严国土、翰墨传情”佛教界庆祝中国共产党成立100周年书画展、“听党话、跟党走”爱国主义教育实践活动，积极打造宗教中国化示范场所。开展普法宣传教育，创建省级宗教普法示范点和基地各1处。推进数字化改革工作，宗教场所留宿人员智能管理协同应用系统，成功列入首批全省统战系统重点培育应用场景。

【非公有制经济领域统一战线工作】进一步推进亲清关系构建。出台《推进清廉民企建设的实施方案》，制定创建评价标准，分步有序推进清廉民企建设，截至2021年年底，有21家民营企业通过创建验收。市工商联数字化改革项目"亲清政商关系促进平台"建设在象山试点，全县设立100个"亲清政商关系民企监测点"。推进新生代企业家培育工程，开展新经济新业态民营经济代表人士"双走访"活动，举办全县民营企业家综合素质提升培训班，在爵溪商会创建"双传承示范基地"，以"青蓝接力"主题开展了新创会红色教育、赴杭州考察、青年企业家峰会等活动。成立上海象山商会，筹建安徽象商联络处，指导江苏象山商会成功换届，进一步促成资源共享、合作共赢的新局面。不断完善工作协作配合机制，举办两期"亲清直通车·政企恳谈会"，在县人民法院成立"民营企业司法服务联络站"，与公安部门联合成立警企服务中心，开展6家银行行长进民企大走访活动。4月2日，县长三角(上海)联络中心联合县工商联、石浦镇政府开展"在沪象商进象山"石浦行活动，组织40余位在沪象商走访家乡，叙乡情，话友情，紧密家乡情感、促进交流合作。10月17日，江苏象山商会换届大会暨江苏象山商会第二届第一次会员大会在江苏省昆山市召开。10月22日，全县工商联换届工作会议召开。

【港澳台海外统一战线工作】强化思想引领，开展"与国同心、与党同行——侨言侨语话百年"为主题的"七个一"系列庆祝活动。加强联络联谊，分时节向海(境)外寄送家书、农特产品，捐赠1万只爱心口罩援助香港新界互促会，承办2021"海燕集结"走进象山活动。打造"大儒汉章　德润侨心"侨文化品牌，联合举办第十五届"陈汉章读书节"启动仪式暨"大儒汉章　德润侨心"国学经典吟诵活动，依托汉章故居建立侨贤馆。搭建文化新基地，指导象山县非遗馆、陈汉章故居成功创建省、市级华侨文化交流基地。加强侨团建设，新建法国海外(人才)工作联络站，指导爵溪、西周、贤庠、定塘、墙头、泗洲头、新桥7个镇乡街道通过市级基层侨联示范创建验收，指导丹东、西周、定塘、贤庠4个侨联组织完成"侨胞之家"建设提升工作，推动11个基层侨联组织完成赋码工作，覆盖率达100%。助推引资引智，举办海创大咖交流分享会，配合做好宁波福美电子科技有限公司落户贤庠，总投资4540万元，引进项目信息4个。维护侨益关爱侨胞，与县人民法院、县信访局、县公安局、县司法局、县矛调中心、浙江之鹰律师事务所等6家单位联合成立侨联法助联盟，做好40余名侨胞侨眷、留学人员出国疫苗注射登记服务工作，协调解决侨胞侨眷求助事件5起，走访慰问侨胞侨眷代表、困难群众140余人。1月27日，县侨联召开十届三次全委(扩大)会议，传达学习新修订的《中国共产党统一战线工作条例》及县委十四届九次全体(扩大)会议精神，审议《象山县侨联十届三次全委会工作报告》，县委常委、统战部部长干维岳出席会议并讲话，县委统战部副部长、县侨联主席陈海波作工作报告，县侨联十届委员会委员，各基层侨联主席、侨联小组组长和全体侨联干部等共计40人参加会议。4月23日"世界读书日"当天，第十五届"陈汉章读书节"启动仪式暨"大儒汉章·德润侨心"国学经典吟诵活动，在陈汉章故居同步开启。6月22日，象山县侨联举行法助联盟成立签约及揭牌仪式，这是在全市涉侨领域首创"全面维权，合力维权"机制的创新探索。

【新乡贤工作】制定"象贤"助力共同富裕"18条"，实施"象贤带富""象贤协治"等六大行动。深化"两进两回"，发挥新乡贤作用，依托"三思桥直播间"拓宽农产品销售渠道，借助亚运冠军王成意的影响力，助力后亚运产业发展。坚持党建引领，新乡贤工作纳入县委强基固本三年行动，将"乡贤参事"融入"村民说事3.0"平台，开展定塘镇定山村试点村创建，探索"共富顾问团"助力共同富裕新模式，在墙头镇黄溪村成立村级共同富裕促进会，省政法委内参《浙江政法》刊出《象山乡贤参与村级治理助力乡村发展振兴》。开展"乡贤回农村"系列创建星级评定活动，完成示范镇、村、基地(项目)预申报59个，乡贤工作先进集体和个人列入县委表彰序列，表彰先进集体、个人各4名。搭建沟通长三角的乡情桥，在上海、江苏成立"乡贤乡情驿站·象山籍人才联络站"，开展"在沪象商进象山"等活动，招引新乡贤回归，助力共同富裕。4月7日，象山在上海举办以"最美海岸线、滨海大花园"为主题的城市推介会。象山美好发展前景、巨大产业潜力和充满活力营商环境，吸引在沪象山籍新乡贤、知名企业代表、美丽经济投资商共百余人参加。县委副书记、县长包朝阳致辞，县委常委、县政府党组成员周坚栋主持并介绍象山县投资环境，副县长张微燕出席。4月28日，由县人民政府主办，县委统战部、县工商联等相关单位承办的以"山海万象　青创未来"为主题的象山发展青年峰会举行，来自上海、杭州、象山三地青年企业家代表齐聚一堂，共同探讨青年群体如何在象山融入长三角一体化和数字化建设发展中贡献力量。县委副书记、县政法委书记李晓东，县委常委、统战部部长干维岳，县政协副主席、县工商联主席励茂平出席活动。5月，象山县被授予"中国乡贤文化之乡"称号，象山也成为宁波市首个获此殊荣的区县。7月14日，县委举办学习习近平总书记在庆祝中国共产党成立100周年大会上重要讲话精神专题读书班，县委书记潘银浩主持并讲话，中国工程院院士、新乡贤陈纯受邀作区块链技术专题讲座。9月，《象山县新乡贤助力高质量发展建设共同富裕样板县工作计划(2021—2025年)》印发，明确开展实施"象贤带富""象贤协治""象贤懿行""象贤传承""象贤智助""爱贤尚贤"等六大行动，充分发挥新乡贤作用，助力共同富裕样板县建设。

【数字化改革工作】围绕统战"整体

智治”要求，对标对表落实省“浙统云”、市“数字统战”在县一级的建设任务，制定实施方案，成立工作专班，务实推进数字化改革工作。创新研究数字化改革应用场景，赛马争先对接“揭榜挂帅”工作，“宗教场所留宿人员智慧管理应用”已纳入首批全省统战系统重点培育应用场景，“数智新乡贤”“石榴籽·象有共富”等项目正在建设中。用好象山县数字统战人员管理系统、网上乡贤馆等平台，实现统战工作管理数据化、信息化、智能化。11月2日，市民宗局党组成员、副局长顾桃霖一行到象山调研数字化改革工作。12月1日，市委统战部二级巡视员黄国海一行到象山调研数字化改革工作。

【宣传调研工作】 组织民主党派成员和无党派人士参加关于高质量发展建设共同富裕样板县、党代会报告等意见征求会和参与现代化综合交通体系构建、岸线资源利用与产业发展等协商恳谈会以及政情通报会，为全县中心工作解难题。组织开展美丽大花园建设、城乡生活垃圾分类处理等专项民主监督活动，更好助推县委决策部署落地落实。开展“书记点题、统战领题”调研，围绕国家级海洋经济发展示范区创建、亚运城市行动等县委中心工作参政议政，领题15篇。通过党外人士建言资政直通车《观察与建议》等形式提交报告6篇，提交民主监督建议书5篇，获县委、县政府主要领导批示13篇次。11月19日上午，市委常委、统战部部长卞吉安到象山调研基层统战工作。县委书记潘银浩参加相关活动，县委常委、统战部部长干维岳，县政协副主席、宁波影视文化产业区管委会主任陈建瑜陪同调研。3月22日上午，中央统战部六局调研组到象山调研影视行业自由职业人员统战工作。省委统战部副部长张润生，市委统战部常务副部长叶苗，县委副书记、县长包朝阳和县领导干维岳、陈建瑜参加相关活动或陪同调研。全年中央统战部《每日汇报》、杂志、网站及微信公众号刊发信息35篇，省、市统战工作杂志、简报、微信公众号及各级新媒体刊载150余篇，省、市领导作出相关批示肯定2条。

【宁波市新乡贤助推乡村振兴工作推进会在象山县召开】 1月14日，全市新乡贤助推乡村振兴工作推进会在象山县召开。市人大常委会党组副书记、副主任，市委统战部部长胡军出席会议并讲话，县委书记潘银浩致辞，会议由市委统战部常务副部长叶苗主持，县委常委、统战部部长干维岳参加会议。会上，江北区慈城镇、镇海区九龙湖镇、北仑区新碶街道、奉化区大堰镇、余姚市小曹娥镇、慈溪市附海镇、宁海县深甽镇、象山县定塘镇、海曙区洞桥镇沙港村、鄞州区东吴镇南村村等10个乡镇（街道）、村（社区）被授予“宁波市新乡贤工作示范基地”称号。市农业农村局介绍宁波市实施乡村振兴战略有关情况，象山县、慈溪市附海镇、鄞州区东吴镇南村村结合各自实践，交流新乡贤工作经验。

【第二届新乡贤培育“青蓝行动”云上启动仪式】 10月10日，象山县举行第二届新乡贤培育“青蓝行动”云上启动仪式，县委常委、统战部部长干维岳，县人民政府副县长钮晶莹出席活动。县委统战部、团县委、县教育局等相关负责人、教师代表参加活动，50名2021届优秀高中毕业生代表通过视频连线参与云上分会场活动。仪式由县委统战部常务副部长俞湛主持。“世界再大，象山是家。我们祝福家乡象山风调雨顺，前程似锦！”在上海、北京、杭州、深圳、武汉等全国各地高校就读的50位2021届象山优秀高中毕业生通过短视频发自肺腑地道出这句话，这场新乡贤培育“青蓝行动”云启动仪式俨然变成一场“连心会”。至第二届，青蓝学子已达100名。

（周贤）

改革工作

【概况】 2021年，象山县以数字化改革为总抓手，聚焦海洋经济、美丽经济和五大能级领域重点改革，引领撬动各领域各方面改革取得新进展。全年推进52个市级以上改革试点、25个“聚力一二五”重点改革项目、95个部门改革争先项目和25个“一镇乡（街道）一特色”改革创新培育项目；新增省级以上改革试点项目20个，市级以上领跑领先项目26个，村民说事获评2021中国基层领导力优秀案例，代表督事获全国人大肯定推荐，智慧停车象山模式走向全国并获得省、市领导批示肯定，粮食“应急保供”被列为“一地创新、全省共享”应用项目，涌现出数字渔港、数字影城、闲置农房盘活等一批优秀应用场景。

【牵一发而动全身改革项目攻坚】 推进开发区（园区）管理体制改革，象山经济开发区、浙台经贸合作区列入省开发区（园区）名单，新引进亿元以上项目28个。深化投融资体制改革，推进四大产业集团整合重组，综合融资成本率下降0.49个百分点。健全统筹招商机制，出台招商引资绩效评价办法，创新设立进位排名浮动机制，累计签约项目246个，总投资379.3亿元。深化海洋产权制度改革，高塘长大涂试行海域使用权立体分层设权，涉及养殖用海310公顷。推行“县乡一体、条抓块统”改革，制订增强镇乡（街道）统筹协调能力十条意见、关于迭代升级“基层治理四平台”治理效能的十条意见。

【数字化改革多跨场景应用项目实施】 推进一体化公共平台建设，象山数字港成为市统建县级平台的样本。推进“数字渔港”整体建设，全国首创适航适任三色精控指数算法模型、设计商渔船及海底障碍物防碰撞模型、应急联动救援模型等。深化“线上村民说事”改革，得到司法部肯定、民政部、农业农村部关注。推进闲置农房盘活，纳入全省数字化改革成果展，亮相全省数改视频。推进“数字影视”建设，打造全国首家5G+影视数字制作基地，2021年实现经营性收入56亿元，同比增长71.03%。

【试点示范改革项目打造】 推进国家宅基地制度改革试点，制定出台宅基地资格权权票管理办法（试行），数字宅改成为全国标杆，宅基地制度改革试点全省考核位列前茅。推进省首批文旅产业融合试验区建设，实施北纬30度最美海岸线“神笔马良”计划，完成旅游项目投资52亿元。深化国家海洋经济发展示范区体制机制，国家级渔港经济区实施方案通过农业农村部评审。推进自然资源资产储备制度试点，试点探索“矿地合一”和海陆统筹出让。推进肥药制度综合改革，制定大塘港农业零直排区试点建设方案，示范区内化肥施用减量20%，农药减量10%。

【共同富裕体制机制项目优化】 推进转移人口市民化改革，形成户籍制度、农村产权、收入分配等集成改革举措。推进渔民转产转业改革，制定“减船转产”实施方案和海上运动产业专项方案。深化全域旅游示范区创建，全域旅游促大花园建设入选省督查激励事项。深入推进“两线两村”建设，建立分级分批推进机制，高泥村等3个村申报省级未来乡村试点。深化教育体制改革，制定“象有优学”实施意见，出台“半岛名师”引育政策。深化医疗体制改革，医供体建设入选全国县域医疗卫生共同体实践案例。创新物业小区治理模式，制定实施物业管理提档三年行动方案，物管小区覆盖率达65.1%，培育年度营收千万元以上企业2家。推进村级治理集成创新，搭建“1+5+X”村级治理综合服务阵地，制定村级诚信体系实施办法，信访“四无村”创建达92.39%以上。

【县数字化改革创新项目设计大赛】 9月10日，县委改革办、县大数据发展中心联合举办首届象山县数字化改革创新项目设计大赛。该届数字化改革创新项目设计大赛共有49个项目报名参赛，经过“1+5”领域专家对需求分析、多跨场景设计、可行性和创新性、改革效益等四大方面进行评审赋分，最终14个项目进入决赛。10月18日下午，入围决赛的14个优质项目展示改革成果，最终决出金、银、铜及优胜奖。当天晚上，举行颁奖典礼。

（县委改革办）

机构编制管理

【概况】 2021年，象山县委编办坚持以习近平总书记对浙江工作、宁波工作的重要指示批示精神为引领，紧紧围绕“聚力一二五，走好共富路”目标，以“机构编制供给侧结构性改革”为主线，不断推进机构职能优化协同高效，为打造共同富裕样板县的新历史使命，加快建设社会主义现代化滨海花园城市提供有力体制机制保障。2021年，被评为全省事业单位改革成效突出集体。

【重点工作保障】 设立县委社会建设委员会和县铁路建设办公室，服务保障共同富裕样板县和交通强县建设，基本完成海洋经济发展中心的设立，为实施“海洋强县”战略打下基础。增挂县乡村振兴局和县文物局牌子，服务乡村振兴和文物保护工作。完成开发区（园区）管理机构整合提升工作，设置象山经济开发区党工委、管委会，浙台（象山石浦）经贸合作区党工委、管委会，撤销中国水产城发展管理中心、县石浦渔港旅游开发中心，助力提升平台能级。

【机构编制数字化管理】 完成整体智治门户展示界面建设，及时做好内容保障和更新。依托机构编制数字化管理平台，强化数据分析和研判，实现机构编制精准管控。通过编外用工管理平台强化动态管理，重点加强岗位变动监控，在服务外包方面相应核减用工指标，有效堵住因严控编外导致人员转移、变相使用等情况，连续2年实现新增指标零增长，总体用工规模2021年又下降3.5个百分点，达到用工数量和经费“双控”目标。开展监管事项认领和行政检查事项覆盖率提升工作，全市领先完成认领监管事项10183项，覆盖行政检查事项4006项，完成率100%。

【机构职责体系】 优化县地方金融监管职责，调整全县金融监管和服务体系布局。理顺邮政管理体制和工作机制，完成象山邮政管理局设立工作。根据相关要求，明确县农业农村局负责全县农村宅基地改革和管理工作。增加县自然资源储备中心“配合做好土地等自然资源征收征用和集体所有土地房屋拆迁相关工作”等职责。

【基层治理效能】 以“属地管理”事项责任清单推动基层明责减负，形成并公布《乡镇（街道）“属地管理”事项责任清单》，其中省级目录68项、市级目录11项、县级目录5项，共84项。深化综合行政执法改革，组建完成应急管理综合行政执法队，调整优化县交通运输综合行政执法队派出机构管辖区域。加强社会治安领域保障，设立县公安局执法办案管理中心。强化人大代表依法履职服务保障，设立象山县人大代表联络服务中心。

【资源使用质效】 推进事业单位周转池迭代升级，优化操作流程，有效探索机构编制绩效评估机制。建立“控制总量、动态调整、周转使用”的编制管理机制，根据职能变化实行弹性供编，突出保障重点工作和阶段性工作，着力优化干部队伍结构，2021年共使用周转事业编制15名，其中6名用于党政储备人才引进，收回编制5名。

【民生需求供给】 聚焦基层民生需求，重点保障教育卫生系统民生事业编制供给，2021年核定委培教师45名、基层卫生人才培养名额30名，市委编办同意批复县第一人民医院1024名编制试行备案制管理。撤销丹城社区卫生服务中心，分别设立丹东、丹西街道社区卫生服务中心。设立象山县大目湾新城学校和象山县石浦镇延昌幼儿园，完成启力学校转公。

【象山县人大代表联络服务中心设立】 为进一步强化代表依法履职服务保障，切实发挥代表主体作用，根据《关于要求成立象山县人大代表联络服务中心的请示》(浙象人大办〔2021〕4 号)要求,2021 年 2 月 19 日,县委编委印发《关于同意设立象山县人大代表联络服务中心的批复》(象编〔2021〕2 号),同意设立象山县人大代表联络服务中心,为县人大常委会办公室下属公益一类事业单位,所需经费由财政全额补助。县人大代表联络服务中心核定事业编制 5 名,设主任 1 名,正科(股)级。

【象山县公安局海防大队设立】 根据《中共浙江省委办公厅 浙江省人民政府办公厅关于转发省委组织部、省委政法委、省委编办、省公安厅、省财政厅、省人力社保厅、省退役军人事务厅〈浙江省公安现役部队划转地方公安机关实施方案〉的通知》(浙委办发〔2018〕112 号)有关规定,以及《象山县公安局关于设立海防大队的请示》(象公请〔2021〕1 号)要求,并报县委常委会会议审议通过,2021 年 2 月 19 日,县委编委印发《关于同意设立象山县公安局海防大队的批复》(象编〔2021〕3 号),同意设立象山县公安局海防大队,为县公安局副科(局)级内设机构。象山县公安局海防大队设大队长 1 名、教导员 1 名;副大队长 2 名,正科(股)级。

【县乡村振兴局牌子增挂】 为进一步巩固拓展县脱贫攻坚成果,统筹推进实施乡村振兴战略,根据中共宁波市委机构编制委员会办公室《关于各区县(市)乡村振兴机构设置有关事宜的通知》(甬编办发〔2021〕24 号)文件精神,2021 年 6 月 10 日,县委编委印发《关于县农业农村局增挂县乡村振兴局牌子的通知》(象编〔2021〕10 号),增挂县乡村振兴局牌子,县农业农村局局长兼任县乡村振兴局局长,县农业农村局其中 1 名副局长兼任县乡村振兴局副局长。

【象山县大目湾新城学校设立】 为完善义务教育学校布局,满足大目湾区域适龄儿童入学需求,根据《象山县教育局关于要求批复创办象山县大目湾新城学校的报告》(象教〔2021〕13 号)要求,2021 年 7 月 29 日,县委编委印发《关于同意设立象山县大目湾新城学校的批复》(象编〔2021〕13 号),同意设立象山县大目湾新城学校,为该局下属从事公益服务的财政全额补助事业单位(公益一类),核定事业编制 6 名。核减丹城第六小学事业编制 6 名,核减后,该学校核定事业编制 26 名。

【县开发区(园区)整合提升工作调整相关机构编制事项】 为优化机构编制资源配置,统筹推进县开发区(园区)整合提升工作,经县委编委会会议研究、县委常委会会议审议,2021 年 8 月 6 日,县委编委印发《关于推进我县开发区(园区)整合提升工作调整相关机构编制事项的通知》(象编〔2021〕18 号),对相关机构编制事项进行调整:一、根据市委编办《关于同意象山县部分局级事业机构调整的批复》(甬编办字〔2021〕25 号),撤销象山县中国水产城发展管理中心和象山县石浦渔港旅游开发中心。二、原县中国水产城发展管理中心职责由浙台(象山石浦)经贸合作区党工委、管委会(以下简称合作区党工委、管委会)承担,合作区管委会 1 名副主任分管水产城开发和经营管理。设立浙台(象山石浦)经贸合作区中国水产城发展管理中心,为合作区党工委、管委会下属正科(股)级事业单位(公益一类),所需经费由财政全额补助,核定事业编制 3 名,设主任 1 名。原县中国水产城发展管理中心人员相应划入合作区党工委、管委会及浙台(象山石浦)经贸合作区中国水产城发展管理中心。三、石浦港区域旅游规划由县旅游发展中心纳入全县旅游总体规划进行管理,石浦镇旅游和商贸等职责回归石浦镇负责,鹤浦镇、高塘岛乡旅游开发和管理由属地负责。四、设立石浦镇商贸旅游发展服务中心,为正科(股)级事业单位(公益一类),所需经费由财政全额补助,归口石浦镇管理,核定事业编制 7 名,设主任 1 名、副主任 2 名。原县石浦渔港旅游开发中心人员相应划入石浦镇及石浦镇商贸旅游发展服务中心,其中事业人员经费形式不变。五、核增合作区党工委、管委会下属事业单位浙台(象山石浦)经贸合作区综合服务中心副科(股)级职数 1 名,核增后,该中心共核定主任 1 名、副主任 2 名。六、撤销原象山县规划局浙台(象山石浦)经贸合作区分局。七、核增象山经济开发区党工委、管委会下属事业单位象山经济开发区投资服务中心副科(股)级职数 1 名,核增后,该中心共核定主任 1 名、副主任 3 名。

【县文物局牌子增挂】 为加强文物保护机构建设,强化文物管理责任,根据市委编办于 2021 年 7 月 24 日印发的《关于贯彻落实文物保护机构建设有关要求的通知》,2021 年 8 月 6 日,县委编委印发《关于县文化和广电旅游体育局增挂县文物局牌子的通知》(象编〔2021〕19 号),县文化和广电旅游体育局增挂县文物局牌子。

【县应急管理综合行政执法机构设置】 为推进县应急管理综合行政执法改革,根据《中共宁波市委办公厅宁波市人民政府办公厅印发〈关于深化应急管理综合行政执法改革的实施方案〉的通知》(甬党办〔2021〕56 号)和市委编办《关于区县(市)应急管理局统一增挂应急管理行政执法队牌子的通知》(甬编办发〔2021〕30 号),2021 年 9 月 29 日,县委编委印发《关于县应急管理综合行政执法机构设置的通知》(象编〔2021〕20 号),设置县应急管理综合行政执法机构。一、县安全生产监察大队更名为县应急管理行政执法队,在县应急管理局挂牌,实行"局队合一"体制。二、县应急管理行政执法队的主要职责:负责有关危险化学品、烟花爆竹、矿山、工贸等行业领域安全生产监管,以及地质灾害、水旱灾害、森林火灾等有关应急抢险和灾害救助、防震减灾等方面的行政处罚、行政强制等职能。三、县应急管理行政执法队下设 3 个执法中队。四、县安全生产监察大队现有编制和人员成建制划入,新增参公事业编制 1 名,共核定参公事业编制 13 名。县应急管理行政执法队队长由县应急管理局局长兼任,在现有职数内明确1名副局长专门分管执法工作,其职务名称为副局长(副队长)。核定县应急管理行政执法队中层职数4名,其中正科(股)级3名、副科(股)级1名。五、县自然资源和规划局不再承担地质灾害、森林火灾有关应急抢险和灾害救助、防震减灾等方面的行政处罚、行政强制等职能。县水利和渔业局不再承担水旱灾害有关应急抢险和灾害救助、防震减灾等方面的行政处罚、行政强制等职能。

【中共象山县委社会建设委员会设立】 为深入贯彻省委十四届九次全会精神,全面落实高质量发展建设共同富裕示范区的重大任务,根据市委编办《关于设立区县(市)委社会建设委员会的通知》(甬编办发〔2021〕39号)精神,2021年11月5日,县委编委印发《关于设立中共象山县委社会建设委员会的通知》(象编〔2021〕21号),决定设立中共象山县委社会建设委员会。一、县委社会建设委员会为县委派出机关,与县发展和改革局合署办公。二、县委社会建设委员会的主要职责是:(一)贯彻落实中央和省委、市委、县委关于社会发展和改革的决策部署,根据县委工作要求,制定实施方案、行动计划并组织实施。(二)组织开展全县社会建设重大问题研究,拟订社会建设领域专项规划、政策、改革方案和项目计划。负责全县社会建设领域专项规划、专项政策、项目建设与国民经济和社会发展规划的统筹衔接。(三)协调全县社会发展和改革工作,协同推动上级党委和县委部署的重大任务、重大改革、重大政策、重大项目。组织开展全县社会建设情况分析评估。(四)督促落实全县社会发展和改革重大事项、重大政策、重大项目。(五)承担县高质量发展建设共同富裕样板县领导小组办公室日常工作。(六)完成县委交办的其他任务。三、县委社会建设委员会主任由县委副书记兼任,第一副主任由常务副县长兼任,主持日常工作的副主任由县发展和改革局局长担任。增设县委社会建设委员会专职副主任1名,为副科(局)级。县发展和改革局整体承担县委社会建设委员会相关工作。四、县发展和改革局(县委社会建设委员会)增设社会建设协调指导科,增加正科(股)级职数1名。五、为加强社会建设人员力量,核增县发展和改革局(县委社会建设委员会)行政编制2名、县发展改革研究院事业编制1名。

【县农业农村局机构事项调整】 为适应乡村振兴工作,科学优化职能配置和机构设置,根据《象山县农业农村局关于调整机构设置组建象山县乡村振兴局方案的报告》(象农〔2021〕7号),2021年11月10日,县委编委印发《关于调整县农业农村局机构事项的批复》(象编〔2021〕22号):一、《县委办公室县政府办公室关于印发〈象山县农业农村局职能配置、内设机构和人员编制规定〉的通知》(办发〔2019〕31号)第四条县农业农村局主要职责的第十五点"拟订县内帮扶促进工作规划和政策并组织实施,协调督促帮扶促进工作。承担吉林省延边州东西部扶贫协作工作。完成上级扶贫机构交办的有关工作",调整为"拟订乡村振兴战略工作规划和政策,统筹推进实施乡村振兴战略有关具体工作。巩固拓展帮扶促进工作成果,实现帮扶促进工作与乡村振兴有效衔接。完成上级乡村振兴机构交办的有关工作"。二、农村社会事业促进科加挂乡村振兴建设科牌子,承担乡村振兴建设相关职责。三、增设乡村振兴协调科,其主要职责为:巩固拓展帮扶促进工作成果与乡村振兴有效衔接具体工作,组织开展乡村振兴的考核督促和绩效评估;承担县内结对帮扶工作,指导低收入农户同步基本实现现代化和驻村工作组派驻管理工作;完成上级交办的东西部协作帮扶工作。乡村振兴协调科科长由农村社会事业促进科(乡村振兴建设科)科长兼任,设乡村振兴协调科副科长1名,负责日常工作。四、县农办秘书科增加"统筹实施乡村振兴战略,研究提出乡村振兴规划、重大政策"职责,删除"提出实施乡村振兴战略的政策建议"职责。五、撤销乡村产业与市场信息科所挂帮扶促进科牌子,删除"提出帮扶工作的重大政策和项目建议并组织实施,承担吉林省延边州东西部扶贫协作工作。负责实施低收入农户全面小康计划"职责。

【象山县启力学校成立】 为适应教育形势发展需要,根据《象山县教育局关于要求批复创办象山县启力学校的请示》(象教〔2021〕31号),2021年12月24日,县委编委印发《关于同意成立象山县启力学校的批复》(象编〔2021〕23号),同意成立象山县启力学校,为县教育局下属从事公益服务的财政全额补助事业单位(公益一类),核定事业编制2名。相应核减县丹城第六小学(县集成学校)事业编制2名,核减后,该校核定事业编制24名。

【部分执法队参公事业编制调整】 为适应综合行政执法改革形势,加强执法队伍建设,统筹配置县编制资源,2021年12月24日,县委编委印发《关于调整部分执法队参公事业编制的通知》(象编〔2021〕25号),核增县应急管理行政执法队参公事业编制70名、县农业综合行政执法队参公事业编制20名、县海洋与渔业执法队参公事业编制30名、县文化市场综合行政执法队参公事业编制10名、县自然资源行政执法队参公事业编制20名。核增后,县应急管理行政执法队核定参公事业编制83名、县农业综合行政执法队核定编制42名(其中参公事业编制38名、财政全额补助事业编制4名)、县海洋与渔业执法队核定参公事业编制60名、县文化市场综合行政执法队核定参公事业编制22名、县自然资源行政执法队核定参公事业编制30名。

【象山县妇幼保健院更名】 根据《浙江省卫生计生委 浙江省编委办关于优化整合妇幼保健和计划生育技术服务资源的实施意见》(浙卫发〔2015〕26号),以及《关于要求将象山县妇幼保健院更名为象山县妇幼保健计划生育服务中心的请示》(象卫〔2021〕3号)要求,2021年2月22日,县委编办印发《关于同意象山县妇幼保健院更名的批复》(象编办〔2021〕9号),同意将象山县妇幼保健院(挂象山县妇幼保健计划生育服务中心牌子)更名为象山县妇幼保健计划生育服务中心,并挂象山县妇幼保健院牌子。

【农村宅基地改革和管理职责明确】 根据《中华人民共和国土地管理法》第六十二条和《浙江省农业农村厅浙江省自然资源厅关于做好宅基地相关工作的指导意见》(浙农经发〔2020〕1号),经报县委编委主要领导同意,2021年4月9日,县委编办印发《关于明确农村宅基地改革和管理职责的通知》(象编办〔2021〕15号),由县农业农村局负责县农村宅基地改革和管理有关工作,具体由县农业农村局行政审批与法制科承担。宅基地改革和管理有关工作所涉编制和人员维持现状。县农业农村局与县自然资源和规划局要加强沟通,相互配合,推动农村宅基地各项工作落实到位。

【象山县技工学校更名等】 为推进创建象山港技师学院,进一步优化县职业教育布局,促进职业教育高质量发展,根据《象山县教育局关于要求将"象山县技工学校"更名为"象山港高级技工学校""宁波海洋职业技术学校"挂牌"象山港高级技工学校(石浦)"的请示》(象教〔2021〕11号)要求,2021年4月21日,县委编办印发《关于同意象山县技工学校更名等事项的批复》(象编办〔2021〕16号),象山县技工学校更名为象山港高级技工学校,宁波海洋职业技术学校增挂象山港高级技工学校(石浦)牌子。

【县铁路筹建办公室牌子被撤销】 根据《县委办公室县政府办公室关于印发〈象山县铁路建设办公室主要职责、内设机构和人员编制规定〉的通知》(办发〔2021〕3号),县铁路与轨道交通建设职责由县铁路建设办公室承担,2021年6月9日,县委编办印发《关于同意撤销象山县铁路筹建办公室牌子的批复》(象编办〔2021〕22号),同意撤销县交通工程管理所所挂的象山县铁路筹建办公室牌子。

【镇乡(街道)综合信息指挥中心调整】 为贯彻落实省委、市委关于迭代升级"基层治理四平台"的部署要求,结合数字化改革,按照市委编办《关于做实建强乡镇(街道)综合信息指挥室的通知》(甬编办发〔2021〕31号)要求,2021年9月30日,县委编办印发《关于调整镇乡(街道)综合信息指挥中心的通知》(象编办〔2021〕26号),各镇乡(街道)在目前社会矛盾纠纷调处化解中心(综合信息指挥中心)基础上,统一将综合信息指挥中心更名为综合信息指挥室,保留镇乡(街道)社会矛盾纠纷调处化解中心牌子,实行统一领导、统一管理、一体化运作。突出综合信息指挥室的主干功能和枢纽作用,进一步完善、拓展功能,全面覆盖基层核心业务和群众最需要的领域,与县级"152"平台有效衔接,围绕"一件事"不断深化集成治理,实现基层社会治理横向到边、纵向到底。

【象山邮政业安全管理职责明确落实】 为保障邮政普遍服务,加强邮政市场监管,维护邮政通信与信息安全,促进邮政业健康发展,根据《关于商请组建象山邮政业安全中心的函》(甬邮管〔2021〕50号)要求,2021年11月2日,县委编办印发《关于明确落实象山邮政业安全管理职责的函》(象编办〔2021〕29号),待浙江省邮政管理局批复同意成立象山邮政管理局后,将在县公路与运输管理中心增设邮政快递业发展服务科,履行县邮政业安全管理职责,配备公益一类事业人员2~4名,编外人员若干名,由象山邮政管理局统筹使用。

【县青少年宫增挂牌子】 根据《关于象山县青少年宫增挂青少年发展服务中心牌子的请示》(象团〔2021〕55号)要求,2021年11月10日,县委编办印发《关于县青少年宫增挂牌子的批复》(象编办〔2021〕30号),同意县青少年宫增挂象山县青少年发展服务中心牌子。县青少年发展服务中心的主要职责是:指导和建设青少年志愿服务阵地、就业创业实践基地、青少年社会组织培育中心等;指导和开发青少年文化、教育、法律、信息等服务项目,举行青少年志愿服务、文化体验、课外教育等活动或培训;进行青少年群体思想行为、政治参与、社会交际等方面的调查研究;承担团县委及县少工委交办的其他任务。

【县互联网信息指导中心增挂牌子】 根据《关于申请挂牌象山县互联网违法和不良信息举报中心的函》(县委宣〔2021〕42号)要求,2021年11月10日,县委编办印发《关于同意县互联网信息指导中心增挂牌子的函》(象编办〔2021〕31号),同意县互联网信息指导中心增挂象山县互联网违法和不良信息举报中心牌子,负责统筹全县互联网违法和不良信息举报工作。

(徐卫民)

县直机关党建

【概况】 2021年以来,象山县直机关工委坚持以习近平新时代中国特色社会主义思想为指引,认真贯彻落实中央、省市机关党建工作会议精神,以"三创"活动为总牵引,以打造机关党建品牌和机关党建示范点为主抓手,立足"围绕中心、建设队伍、服务群众"核心职责,不断推进机关党建高质量提升,奋力实现机关党建工作走在前、作表率。

【党史学习教育】 抓好党史学习教育第一课,依托"周二夜学"平台,以"重要讲话精神必学+主流媒体评论文章选学"方式,每月定期发布荐学清单,推动领导干部带头学、支部书记示范学、机关干部广泛学,实现9274名党员干部学习全覆盖。丰富学习载体,通过"线上+线下"相结合方式,开展网上党史知识竞赛和每季度党史理论知识书面测试赛,确保学有成效。开辟学习新阵地,在"象山机关党建"微信公众号平台开设“党史学习教育进行时”“百名党员代表共读党史”等专栏，累计发布专题推文60余期，阅读、点击及转载量达2.5万余次，网上参加党史知识竞赛3359人次。

【建党百年庆祝活动】 紧扣建党百年主线，开展“不忘初心、象党前行”“七个一”支部主题党日等庆祝中国共产党成立100周年系列活动。6月24日，在县人民广场联合县委宣传部等部门举办庆祝中国共产党成立100周年合唱比赛。6月28日，在县档案馆党章学堂举行新党员进行集中入党宣誓活动，共有45名新党员参加宣誓活动。“七一”前夕，开展“两优一先”先进典型评选，发放“光荣在党50年”纪念章103枚，在县级机关营造共庆百年华诞、共创历史伟业的浓厚氛围。

【“模范机关、清廉机关、文明机关”创建活动】 制定出台《关于“模范机关、清廉机关、文明机关”创建活动考评办法》《象山县机关党建质量评估体系实用手册2.0》《象山县机关党建工作规范》，将机关党建考评标准分解为5类基本项目和16项二级评价指标，建立以机关党建质量评估体系为核心、“模范指数+清廉指数”为重要参考的“双指数一评估”模范机关量化考核体系，建成模范机关创建先进单位10家，清廉机关创建先进单位20家，文明机关创建先进单位25家。统筹运用基层党组织星级评定、“月对账、季督查、年考评”督查考核等，推动机关党支部从“标准化规范化”向“模范党支部”转化。

【数字化建设】 “机关E党建”智慧党建平台于10月建成上线运行，构建党建督查考核、志愿服务、机关作风民主评议、政治理论学习测试等全链式“数字+”运行机制，实现信息“一键即查”、程序“一图覆盖”、数据“一库集成”，进一步放大数字化改革对机关党建工作的加成赋能效应，平台应用实效显著，单月访问量40986人次，浙政钉点击量居全省第38位。

【党建品牌建设】 构建“一部门一品牌、一支部一特色”培育体系和“片区联动比学”工作机制，制定出台《关于加强机关党建品牌建设工作的实施意见（试行）》，健全品牌创建方案，完善创建工作流程。全县共有46家单位创建申报党建品牌，评选认定10个机关党建优秀品牌和10个机关党建培育品牌，其中县水利和渔业局的《“艇”立潮头》党建品牌荣获市首届优秀机关党建品牌。

【机关党建督查考核】 常态开展机关片组全覆盖交叉检查，全面提升机关党建工作精细化、规范化水平。6家单位党组织被评为2021年度机关党建工作示范点，18家党组织被评为“五星级”机关党组织、31家党组织被评为“四星级”机关党组织、27家党组织被评为“三星级”机关党组织。

【结对共建机制】 建立完善城乡党组织结对共建机制，围绕决胜脱贫攻坚中心工作，助力困难对象脱贫致富，组织88家县级部门党组织与53家农村党组织、510名农村困难对象开展新一轮结对共建活动，组织发动机关党员干部深入基层一线“访民情、听民声、解民忧”，机关党员捐款慰问金额30.6万元。组织开展“我为群众办实事—群众微心愿、党员来接单”实践活动，征集农村（社区）困难群众微心愿887个，发动在职党员通过“一对一、多对一”形式参与认领，涉及物品金额26.94万元。

【党员志愿服务】 深化党员志愿服务长效机制，搭建机关党员8小时外“二次管理、二次服务”有效载体，6166名党员到居住地社区报到，发布活动1380余场次，参加活动8500余人次，形成“工作在单位、活动在基层、奉献双岗位”的有效模式。围绕文明城市创建等中心工作，迅速在机关部署开展“党建+志愿服务”行动，定期开展治安巡逻、“两进两捡”、文明劝导等活动，全县77家县级部门党组织累计开展志愿活动1100余次，人均服务时长超25小时，有力助推全县各项中心工作深入开展。

【作风建设】 深化完善机关作风民主评议，运用好反馈效应，向相关单位逐一反馈上年度民主评议收集到的意见建议，对评议结果列末位的单位均要求查找问题、限期整改，倒逼机关部门在改进作风中不断提升服务质量。保持正风肃纪高压态势，加强机关作风的日常监督和检查，聚焦工作纪律、服务效能、机关干部行为规范，采取“不发通知、不打招呼、拨打电话、直插现场”的随机抽查方式，累计组织开展检查活动4次，涉及154家单位，下发通报4期，对8名工作人员违反纪律情况进行实名通报，有效推动机关干部提精神、强能力、优服务。聚焦营商环境突出问题，紧盯涉企服务各个领域，组织开展涉企重点项目实地督查，深入县域各窗口服务单位开展明察暗访，结合“手机二维码评议”、营商环境满意度定向回访，畅通群众反映意见渠道，加大对评议对象督促检查和跟踪落实力度，助力打造稳定、公平、透明、可预期的营商环境。

【党务干部队伍建设】 配齐建强机关专职党务干部队伍，把专职党务干部培训纳入全县干部教育培训计划，8月4—5日会同县委组织部、县委党校在县委党校联合举办机关党建工作专题培训班，县直机关及国有企事业单位近200名机关党建负责人、党务干部参加，培训采取党务知识测试、专家授课和现场教学相结合的方式进行，引导学员凝聚思想共识、强化使命责任。10月21日，在丹城第五小学报告厅举办党务干部“岗位大练兵、技能大比武”知识竞赛，狠抓党务干部理论和业务能力提升。

【党员教育管理】 规范党员发展流程，严格执行发展前集中教育、发展中预审、公示、政审，发展后教育、宣誓等程序，确保党员发展质量，2021年共发展党员45名。6月18日，组织开展2021年县级机关入党积极分子培训工作，近400名入党积极分子受训并顺利结业。

【换届选举工作】 高标准完成县第十五次党代会代表和县第十九届人大代表换届选举工作，12月12日在县委党校一楼报告厅召开中国共产党象山县直属机关代表会议，顺利选举产生99名县级机关出席县第十五次党代表大会代表。12月15日，顺利选举产生县直机关选区17名县人大代表。

【机关党建调研】 深入开展机关党建工作理论和实践研究，不断探索拓展机关党建工作的新办法新载体新途径，针对调研结果形成的《主体性视角下提升机关党员干部政治执行力探究——以象山为例》荣获2021年度市机关党建工作优秀调研成果一等奖。

（县直机关工委）

2021年10月21日，在丹城第五小学报告厅举办党务干部“岗位大练兵、技能大比武”知识竞赛（县直机关工委　供图）

信访工作

【概况】 2021年，象山县四级走访总量976人次，较近三年均值同比下降18.8%，县级走访占85.1%；来信总量563件，较近三年均值同比上升10.10%；网信总量1929件，较近三年均值同比下降16.94%；初次来访化解率97.58%，初次来信化解率93.85%，初次网信化解率98.14%（全市第三），重复信访占23.07%；全年进京访14批18人次、赴省访58批108人次（赴省集体访2批15人次），无进京集体访；交办国家级重复信访事项122件，化解116件，化解率95.08%，暂列全市第四，再次信访率4.92%；交办省级重复信访事项57件，化解57件，化解率100%，暂列全市第一（全省第一）；历史积案14件，化解14件，化解率100%，全市全省第一；新增积案率1.03%；无省级交办重点人员；县级领导接访239批，占来县访的61.8%，县级党政主要领导批阅初信30件，占来县级领导批阅来信总量的100%，全市第一。各级两会期间、中国共产党成立100周年、中共十九届六中全会信访等级响应以来，在县委、县政府坚强领导和上级部门有力指导下，全县各地各相关部门牢记使命、勇于担当，全面落实信访安保各项工作措施，有效维护全县社会大局持续稳定。

【制度设计】 2021年初，县信访局制定出台《关于进一步落实初次信访事项工作责任的实施意见》《关于进一步规范“浙里访”平台网电事项办理工作的通知》《关于开展“信访积案清零攻坚”专项行动的实施方案》《象山县信访局关于开展“走基层、解难题、强本领”专题实践活动实施方案》《关于进一步明确县信访工作联席会议重点领域专项工作小组及工作规则的通知》《关于做好建党100周年信访安全保障工作的通知》《关于进一步加强越级访治理工作的通知》《关于做好十九届六中全会期间信访工作的通知》等11项规范性指导文件，涵盖党史学习教育、信访网电、积案化解、信访等各线业务工作，推动全县信访工作规范化水平上新台阶。

【改革创新】 一是开展全市“党建+信访”试点。以信访“四无村”创建为载体，夯实信访工作基层基础，拧紧县镇村三级责任链条。2020年，象山县311个行政村达到信访“四无村”标准、占到87.61%，宁波市信访“四无村”创建现场会在象召开，省市领导对象山创建工作给予充分肯定，将象山经验在全市进行推广。2021年，进一步深化信访“四无村”创建工作，三年任务两年完成，全县325个行政村达到信访“四无村”标准、占到92.39%。二是积极开展信访听证、公开评议。在全市完成首个通过信访听证实现信访终结的成功案例，累计听证评议9人次。制定出台《信访听证终结实施细则》《信访听证操作手册》等指导性文件，为市信访听证终结工作贡献象山经验。市信访事项听证终结推进会在象山县召开，杭州市西湖区、舟山市等兄弟单位多次到象山县考察交流。三是强化首问负责即问即办。制定出台《象山县实行首问负责即问即办的若干规定（试行）》《首问负责即问即办效能指数测评办法（试行）》等指导性文件，督导责任单位规范化办理，提升工作质效，组织多部门联合模拟，象山县信访事项办理效能指数排名取得进位并连续保持全市前列。

【信访法治化建设】 扎实推进信访法治化，着力破解信访突出问题。一是依法抓好双向规范。一方面，依法规范政府行政行为，严格落实重大决策社会风险评估制度，深入推进依法决策、依法行政，遏制信访问题产生的源头。另一方面，规范群众信访行为，依法处理信访中违法犯罪行为，加大曝光力度。二是依法分类处理群众诉求。进一步健全分类处理工作机制，加强工作衔接，规范工作流程，确保各类信访问题依法合理分流、妥善处理。三是依法律政策解决信访问题。坚持底线思维，适时适地厘清边界，划设底线，使信访工作先有刚性再有柔性，先有原则性再说灵活性。

【“主官办信”】 根据甬党办〔2020〕61号文件要求，象山县把群众来信办理作为“三服务”活动的一项重要工作，按照“属地管理、分级负责，谁主管、谁负责”原则，推动领导干部“亲拆、快批、速办”群众来信，重视来信办理规范化，并通过回访核实有效跟踪、督办来信事项，进一步压实有关部门信访责任，提升办信工作质效，确保群众合理诉求得到及时有效解决。2021年，县委、县政府主要领导批阅群众来信95件，办结率100%。

【首问负责即问即办】 根据市、县统一部署，制定出台《象山县实行首问负责即问即办的若干规定（试行）》《首问负责即问即办承办单位职责争议认定办法、“吹哨报到”联合执法办法和首问热线电话接听处置办法》《首问负责即问即办效能指数测评办法（试行）》等指导性文件，2021年召开全县首问负责即问即办工作动员部署会、培训会36次，有效提升镇乡（街道）、事权部门来电事项办理效能。

（金冶倩）

老干部工作

【概况】 2021年，象山县由县委老干部局负责服务管理的离退休干部69人，其中离休干部37人，退休（副县级以上）干部32人。离休干部中，享受地专级待遇1人，地专级二项待遇1人，享受县处级待遇13人，享受科级待遇22人。按参加革命时期划分，抗日战争时期入伍的2人，解放战争时期入伍的35人；按人员性质划分，属行政编制的有11人，事业编制的有7人，企业编制的有19人。在离退休干部中，党员有53人，其中，离休干部党员26人，县级退休干部党员有27人。离休干部平均年龄92.30岁，最大的98岁（虚岁99岁），最小的85岁（虚岁86岁）。

【思想政治建设】 把“庆祝中国共产党成立100周年”、学习贯彻十九届六中全会精神作为“三项建设”的主线，通过集中宣讲、专题辅导、座谈讨论、送学上门等形式，组织老干部及时进行政治理论学习，传达中央和省、市、县委的重要决策部署。高度重视离退休干部政治待遇问题，坚持和完善老干部阅读文件、听报告、过党的组织生活、参加重要会议等各项制度，切实做好新时期离退休干部思想政治教育工作。2021年以来，组织开展全县经济社会发展情况通报会1次，意见征求会2次，开展“走看促”活动1次，组织老同志参加县党代会、全委会等重要会议活动10余次，通过送学到门、送书到家等形式，为全县老干部发放各类学习资料700余份。

【党组织建设】 致力于党建规范化，深化片区制管理，将全县76+22家离退休支部及“银辉”支部重新划分为7个片组，以片组为平台，实行片组交流共建式管理。修订完善离退休干部党支部积分评议表，全面推行积分制管理制度，并选树优秀支部10家、特色支部12家、标准支部20家。创建“支部+团队+志愿服务”银辉党建工作模式，培育银辉“老娘舅”“红管家”“热心人”队伍。依托宁波“银辉”党建研究中心象山分中心开展各社区“银辉”支部调研，创建离退休干部“线上”报到制度、荣誉退出制度、沟通交流制度、换届改选制度等一系列“银辉”党建制度，并制定、实施《关于加强“银辉”党支部组织建设的实施意见》。推出离退休干部进社区报到“二维码”，提升离退休干部到社区报到的便捷性，2021年，实现新增报到570名，提升报到率200%，促进离退休干部党建与社区党建深度融合。

【老干部服务】 精准掌握离退休干部信息，“一人一簿”畅通联系渠道，“一人一册”建立信息台账，“一人一表”切实解决难题。常态化开展走访慰问，落实联系老干部“七必访”（传统节日提前访，生病住院及时访，突发情况随时访，生活困难经常访，思想疑虑定期访，生日寿辰按时访，协助善后立刻访）机制，重点关注空巢独居的离休干部，每周电话联系不少于1次，2021年，共开展春节、端午、重阳等集体走访10次，累计慰问老干部800人次，慰问生日老干部36人。不折不扣落实中央、省委关于提高离休干部护理费标准、生活补贴标准和部分离休干部医疗待遇的相关政策，及时传达至相关单位，并就各单位落实情况及时跟进督察。精准化满足医疗需求，针对疫情常态化防控要求，在以往常规服务的基础上，联合丹城中心卫生院志愿者，对行动不便的老同志不定期开展上门巡诊，并帮助老干部集体预约新冠疫苗，保障老干部接种疫苗。进一步完善困难离退休干部帮扶机制，对生活困难、身患重病、长期卧床、家庭重大变故的老干部予以更多帮助和补助，2021年共落实帮扶资金8.34万元。实施特色化精神慰藉活动，紧扣主题主线，开展“我与党旗合张影，向党说句心里话”主题党日、“红色基因永相传，共忆党史话初心”五老座谈会，以及“情系百年功勋”老干部“七一”走访活动，通过活动给予老干部抒发对党的热爱之情的平台，激发其光荣使命感和组织归属感。

【创新型党建活动】 依托象山党史微馆，开展“党史现场教育”，让老干部讲象山党史给老干部听；开展“红色留声”红色朗读·祝词活动，动员老干部进直播间讲党史、颂经典，实现“云”宣讲；开展“银青赓续”系列活动，组织青老党员一起共读红色经典，传承红色基因；积极参加县“奋斗百年路 启航新征程”新时代文明实践“百千万”红色宣讲活动，共开展专题宣讲100余场，听课干部群众3万余人；举办“共忆党史话初心”习近平总书记在浙江、“七一”重要讲话精神专题交流会等活动，充分发挥老同志是中国共产党成立100周年伟大成就见证者、参与者、奋斗者的独特优势，引导老干部讲好革命故事、初心故事、奋斗故事，传承红色基因。

【“银辉”志愿服务】 队伍不断壮大，在宁波“银辉”志愿者联合会象山分会的指导下，各志愿服务队工作稳步开展，现拥有24个志愿服务队、8个老干部品牌工作室及“1馆”（象山才华剪纸艺术馆）、“1站”（新桥关爱老小志愿服务站）、“1团”（“银辉”初心宣讲团）共计35个志愿组织，微志愿注册“银辉”志愿者785名。特色不断突出，根据报到党员数据库，按照年纪、性别、特长等特点成立矛盾纠纷调解、城市文明督导、助老爱老服务等不同功能的“银辉”党小组，依托各社区“银辉”支部，开展“组团式”“点单式”“结对式”服务，以“社区出题，银辉支部解题”的方式开展各类志愿服务及公益活动。2021年，各社区“银辉”志愿服务队开展垃圾分类监督、反诈骗宣传、矛盾纠纷调解300余次，老年大学文艺志愿服务队开展各类文艺下乡活动10余次。

【学习活动阵地建设】 完善老干部活动中心建设，细化防疫措施，加强人员管控，制定疫情防控应急预案，配备充足的疫情防控物资，保障房屋通风，定时对活动场地进行全面消杀，并强化宣传引导，提高上门次数，通过送学上门、送医上门、银辉有约家庭课堂等，满足老同志的精神文化需求。推进老年大学高质量发展，坚持“政治建校、平安立校、质量兴校”办学原则，认真落实上级办好老年大学、发展老年教育有关精神和要求，修订完善《象山老年大学规章制度汇编》，提高学校管理的规范化水平，完善教学设施，抓好传统学科建设，推进特色专业建设，优化教师队伍结构。学校拥有6个大系25个专业69个教学班，学员2600多人，41名教师中，高级职称20人，中级职称16人。2021年，老年大学学员中获得全国和省市级各类竞赛奖项有150余人次，其中2名学员农民画作品入选全国农民画展，5位学员加入全国妇女摄影家协会，2人加入全国工业系统摄影家协会，5人加入市摄影家协会，21人成为县摄影家协会、书协、美协会员，举办学员书法、国画、剪纸、摄影等各类展出近30场次。

【县老干部党校开校】 9月26日，位于县老年大学内的象山县老干部党校正式开校运行，与县老年大学试行“两块牌子、一套班子”，成为区县（市）层面首家实体化运作的老干部党校。校内设象山党史微馆、红色留声屋、红色加油站、初心讲堂等功能板块。2021年，各功能板块共接待参观、学习100余场，2000余人次。

（胡桢平）

党校教育

【概况】 2021年，象山县委党校以习近平新时代中国特色社会主义思想为指导，坚持“党校姓党”办学原则，围绕县委中心工作和干部教育培训任务，着力抓好主体班次、理论宣讲、教学科研等工作，发挥培训党的各级领导干部主渠道作用和党的思想理论建设重要阵地作用。

【干部培训】 按照《2021年象山县干部培训班次计划》总体安排，全年共举办“青春塔山”干部读书会（第二期）、公务员、党政储备人才、高层次引进人才初任培训班、乡镇街道、部门党政“一把手”推动经济高质量发展专题研修班、党外年轻干部“青苗”培训班等县委主体班次106期，培训学员7049人次。2021年，县委党校对专业化培训班次进行重点安排，实现专业化培训班次在主体班次中所占比率提升15到20个百分点。3月，围绕持续推进“聚力一二五、奋力上台阶”专项行动，以高素质专业化干部队伍建设为重点，针对象山在经济社会发展存在的六大领域短板，开设工业经济、城市建设、投融资、数字信息、服务业（旅游）、乡村振兴等六大专题干部专业能力进修班，276名专业干部参与培训。全年举办84期集中教学和带课题分组调研，培训专业化干部3864人次。对外培训方面，举办培训班次23期，培训学员1357人次。干部心理健康关爱中心为县级部门提供14场专题讲座、9场团体心理辅导活动；为2230名余干部提供心理健康服务；为5名有需要的干部提供“一对一、面对面”个体心理咨询服务。开展县管干部胜任力指标评价体系构建课题研究，采用症状清单问卷形式，为全县536名政法系统干部建立“心理档案”，跟踪监测“体检”数据，建立分色预警机制。

2021年象山县委党校干部培训基本情况表

表3　　单位：人次

主体班次名称	办班时间	人数
全县新一届村（社区）党组织书记培训班	1月20—22日	405
2021年县委党校开学典礼	3月18日	550
干部专业能力专题进修班（六大专题）	3月27日	276

续表3

主体班次名称	办班时间	人数
2021年度党员发展对象培训班（第一期）	4月7—9日	160
干部专业能力专题进修班（六大专题）	4月10日	276
“青春塔山”干部读书会（第一期）	4月10日	42
干部专业能力专题进修班（六大专题）	4月24日	276
“青春塔山”干部读书会（第二期）	4月24日	42
干部专业能力专题进修班（六大专题）	5月15日	276
“青春塔山”干部读书会（第三期）	5月15日	42
2021年度新聘用事业单位工作人员岗前培训班	5月17—21日	55
公务员、党政储备人才、高层次引进人才初任培训班	5月17—28日	65
干部专业能力专题进修班（六大专题）	5月29日	276
“青春塔山”干部读书会（第四期）	5月29日	42
象山县乡镇街道、部门党政“一把手”推动经济高质量发展专题研修班	6月1—5日	44
2021年全县党外年轻干部“青苗班”	6月8—23日	28
干部专业能力工业经济专题进修班	6月12日	55
干部专业能力专题进修班（六大专题）	6月19日	276
“青春塔山”干部读书会（第五期）	6月19日	42
象山县侨界代表人士学习培训班	6月22日	80
全县年轻干部专题党课	6月23日	220
干部专业能力专题进修班（六大专题）	7月10日	276
“青春塔山”干部读书会（第六期）	7月10日	42
2021年度党员发展对象培训班（第二期）	7月21—23日	250
党建工作专题培训班	8月4—5日	550
干部专业能力专题进修班（六大专题）	8月7日	276
“青春塔山”干部读书会（第七期）	8月7日	42
干部专业能力专题进修班（六大专题）	9月4日	276
“青春塔山”干部读书会（第八期）	9月4日	42
象山县新的社会阶层人士培训班	9月9—10日	48

续表3

主 体 班 次 名 称	办班时间	人 数
干部专业能力专题进修班（六大专题）	9月18日	276
“青春塔山”干部读书会（第九期）	9月18日	42
镇乡街道政治轮训暨平安建设业务培训班	9月23—24日	80
干部专业能力专题进修班（六大专题）	10月16日	276
“青春塔山”干部读书会（第十期）	10月16日	42
2021年度党员发展对象培训班（第三期）	10月19—21日	259
“听党话·跟党走”爱国主义主题教育培训班	10月28—29日	46
干部专业能力专题进修班（六大专题）	10月30日	276
“青春塔山”干部读书会（第十一期）	10月30日	42
干部专业能力专题进修班（六大专题）	11月13日	276
“青春塔山”干部读书会（第十二期）	11月13日	42
新闻发言人暨意识形态工作主体责任培训班	12月1—3日	63

【教科研】 2021年，县委党校向省、市、县各类理论研讨会提交科研咨政成果35篇。论文发表共8篇：省级期刊1篇，市级期刊1篇，《今日象山》理论版6篇。论文获奖5篇，在全市党建研究会优秀调研成果评比中，2篇调研课题获三等奖，获奖等次和数量在县市区党校中排名前列。省市课题结题4项、立项7项。与县级各部门联合开展课题调研。发挥课题研究的理论优势，与组织部、县直机关工委、县政协、县妇联等部门多次进行课题调研和论文撰写合作，共完成各类咨政报告10篇。其中，配合组织部参与2021年中组部重点调研课题“加强和改进流动党员管理工作”相关子课题调研写作。发挥智库作用。参加《政府工作报告》修改座谈会、县委改革办2020年度象山县改革创新项目评选、参与制定县社科联课题指南、县党史理论研讨会论文评选等工作。

【对外宣讲】 认真贯彻落实中央和省市县委有关部署要求，围绕中国共产党成立100周年主题扎实开展基层理论宣讲，发挥党校理论宣传主阵地作用。开发授课专题。以党史教育、理论教育、党性教育、县情教育四大主题准备宣讲内容，新开发中国共产党成立百年历史、共同富裕的浙江实践、中共十九届六中全会精神等专题党课21堂。围绕习近平新时代中国特色社会主义思想、百年党史、共同富裕、中共十九届六中全会精神等专题课程深入基层开展理论宣讲，全年共宣讲237场次，受众3万多人次。

【党史学习教育】 在做好党史学习教育领导小组规定工作的基础上，立足党校特色，发挥党校优势，高标准、高质量助力党史学习教育。成立党校宣讲团，组织全体教师加入“奋斗百年路　启航新征程”新时代文明实践“百千万”党校宣讲团，全年开展8次党史专题集体备课会，陆续研发“共产党人的过去现在和将来”“从百年党史回顾党的思想路线”等9堂党史系列专题党课，全年完成党史理论宣讲205场次，受众25000余人次。举办理论研讨会，会同宣传部成功举办“象山县庆祝中国共产党成立一百周年理论研讨会”。从文章收集、专家评选、论文出版到会议组织，得到社会各界一致好评。本次研讨会共收集论文111篇，获奖25篇。同时，7月1日，党史教育馆开馆，为培训学员和机关干部提供党史学习教育红色阵地。党史学习教育特色做法相继报道在浙江机关党建网、市社科联官网等省市宣传平台。

（黄朋朋）

史志工作

【概况】 2021年，象山县委党史研究室（县志办）认真学习习近平新时代中国特色社会主义思想和中共十九届六中全会精神，在县委、县政府领导下，在上级史志主管部门指导下，围绕党史学习教育和中国共产党成立100周年各项活动、党史三卷撰写和出版、年鉴编撰以及地方志工作推进等主业，史志工作扎实开展。

【《象山县2021—2025年党史和地方志工作规划》制定】 为切实做好象山县党史、地方志工作，推动史志事业科学发展，结合象山县实际，从年初至10月，经过社会各界广泛座谈和讨论，制定《象山县2021—2025年党史和地方志工作规划》。其中，《象山县2021—2025年党史工作规划》在全面深化党史研究、党史专题文献的整理、史料征编、党史宣传教育、党史遗址保护利用等方面进行详细规划。《象山县2021—2025年地方志工作规划》在推动基层志书编纂、加强《象山年鉴》和基层年鉴编写、旧志文献整理、地方史资料征集、地方志资源开发利用、史志队伍建设等方面作规划。《象山县2021—2025年党史和地方志工作规划》的制定，为“十四五”期间象山史志工作勾勒出明确方向。

【党史正本编纂】 一是《中国共产党象山历史》第三卷出版。6月底，《中国共产党象山历史》第三卷正式出版，并举行首发式。该书47万字，印发1000册，全面记载和反映象山县委带领全县人民进行改革开放和社会主义现代化建设取得巨大成就。该书出版，使象山党史三卷撰写工作挤入市第一方队。二是《中国共产党象山历史简明读本》编印。为配合党史学习教育，结合中共象山地方历史，讲好象山革命故事，县委党史研究室组织力量编辑《中国共产党象山历史简明读本》。此读本8万字，简明扼要叙述中共象山地方党史发展脉络，对全县党员群众理解中共象山地方历史起到一定提纲挈领作用。三是《象山革命烈士诗文选》和《象山剿匪记》编印。5月前完成两本书编印，前者收录9位革命烈士生前65篇诗文，后者对象山解放前后剿匪资料进行整理汇编。

【党史重大纪念活动】 2021年是“左联”五烈士之一殷夫牺牲90周年，为缅怀先烈事迹，弘扬先烈精神，县委、县政府于2月7日，在殷夫烈士故乡大徐镇举行纪念活动，县领导李晓东、干维岳、胡建萍、钮晶莹、励茂平出席活动。当天上午举行殷夫烈士牺牲90周年祭奠仪式，仪式结束后，还召开殷夫烈士牺牲90周年座谈会。6月22日，县四套班子领导到新桥镇黄公岙村中共象山工委旧址山海楼，以普通党员身份参加县委“寻红色印记、悟思想伟力”主题党日暨预备党员集中宣誓活动。

【党史阵地建设】 纪念馆是一块重要的党史阵地。在中国共产党成立百年华诞纪念之际，在县委党史研究室的努力下，县委、县政府高度重视，对王家谟故居和山海楼进行全面维修和布展。前者投资95万元，6月底完成修缮并开馆揭牌。截至8月底，约有25批次、1000余人到故居参观接受革命精神教育。后者投资100多万元，6月20日完成修缮和布展后，县委四套班子领导们以普通党员身份参加在山海楼举办的县委“寻红色印记，悟思想伟力”主题党日暨预备党员集中宣誓活动。同时，为做好市委办公厅第六批党史教育基地评选，县委党史研究室积极排摸，寻找合适对象，做好基础材料申报，并积极争取市财政补助。3月初，陈良义烈士纪念馆被列入名单，并授予“宁波市党史教育基地”牌匾。

【党史宣讲活动】 为庆祝中国共产党成立100周年，深入开展党史学习教育，县委党史研究室开展党史学习教育宣讲活动，组成4人宣讲小组，赴基层开展宣讲。宣讲次数达40余次，受众人群约3000余人。宣讲内容主题为《中共象山党组织的创建》《大革命时期的象山党组织》《殷夫：一个把党的宗旨和使命融化在自己生命里的诗人》《象山解放》等，这些内容生动再现象山党组织和象山共产党人在革命过程中艰辛历程和深远影响。同时，利用平台开展党史宣传。4月，联合象山县媒体中心设立专题专栏，结合报纸、广播电视、“山海万象”客户端等媒介，分别开设“奋斗百年路　启航新征程——寻访半岛红色印记”“阿树讲党史”等主题专栏60余期，宣传人物40余人，集中宣传展示象山本土党史人物、党史遗迹、党史事件，形成革命精神薪火相传的浓厚舆论氛围。与县委宣传部等单位联合组织“我心向党”党团知识竞赛活动，负责出好竞赛试题。7月始，联合县文管会，向“学习强国”学习平台报送象山本土红色文物故事13篇，其中，被“学习强国”学习平台（全国级）录用3条，省平台录用1条，市平台已录用1条。6月16日，参与开展“展示百年风华，传承红色基因—象山县革命文物展”。

【地方历史文献整理收集】 地方文献资料的整理和收集是县志办一项基本职能。组织人员对《象山县志》（乾隆版）开展点校和注解，截至2021年年底基本完成。为进一步挖掘整理南田地方文献，在第一辑完成基础上，继续整理《南田文献丛书》（第二辑）。着力做好《象山年鉴（2021）》的编纂工作，10月完成《象山年鉴（2021）》编撰工作，11月送出版社出版。同时，加强对回忆录、口述史、“三亲”资料、旧报纸等地方资料收集和整理。10月，召开社会各界人士举行2次座谈会，征集“三亲”资料。

【基层志书编撰】 制定全县志书编撰工作计划，稳步有序推进志书编撰工作。2021年，《方前村志》通过终审，由宁波出版社正式出版；《象山县规划志》《象山县卫生志》完成定稿，内部发行；类志书《玉泉盐场记忆》内部出版；《丹东街道志稿》完成编撰，《西周镇村落志》即将上送印刷出版；《西周镇志》《东陈乡志》《新桥镇志》《泗洲头镇志》《黄避岙乡志》《象山县法院志》《象山县检察院志》《象山县水利志》《象山县广电志》等志书正在编纂中。

（厉攀）

档案工作

【概况】 2021年，象山县档案馆坚守档案工作“三个走向”根本遵循，深入贯彻习近平总书记对档案工作重要批示精神，旗帜鲜明讲政治，紧扣大局谋发展，较好完成各项工作任务。积极向上争取项目和资金，顺利通过档案工作服务农村基层社会治理省级试点验收，高效能推进市级电子公文单套制归档试点工作。加快提升档案公共服务水平，将“远程查档、近端出证”延伸至行政村(社区)，打造出群众“家门口的档案馆”；全市率先推出“机关查档直通车”，实现机关内部查档“零跑”。持续强化档案资源体系建设，全力推进脱贫攻坚和疫情防控“两类档案”归集工作，完成2010年以前到期档案接收进馆任务，档案征集力度有所加强。不断强化应急处置能力，筑牢档案安全防线。大力宣传档案文化，编研活动有声有色，档案宣教功能发挥有力有效。不断深化党建工作，扎实开展党史学习教育，大力培养档案人才。

2021年6月9日，县档案馆组织“档案开放日”活动，邀请50名市民体验档案服务，参观档案展厅，感受档案文化魅力(县档案馆　供图)

【档案资源体系建设】　围绕中心、服务大局，全力做好脱贫攻坚和疫情防控“两类档案”的归集工作，截至11月底，接收扶贫档案1499件、数字复制件32.5GB，疫情档案4161件、数字复制件77.4GB。加大依法接收档案力度，完成2010年以前到期档案接收进馆任务，2021年累计接收16个单位文书、科技、会计档案11972卷37864件，公证、油补、“三无”船舶等专业档案5489卷40981件，馆藏档案总量持续增加。拓宽档案征集渠道，促使更多更优民间资源向档案馆汇集，征集到韩天芑捐赠的庆祝中华人民共和国成立70周年纪念章1枚、韩锡勤捐赠的抗疫纪念章10枚、孙茂芳、张则火等象山籍名人档案32卷299件、家谱413册、图书资料706册，馆藏资源结构不断优化。

【“最多跑一次”改革】　实施档案公共服务“提能工程”，搭建“远程查档、近端出证”基层档案利用平台，在全县部分村(社区)便民服务中心设立民生档案查询点，打造出群众“家门口的档案馆”，实现群众查档不出村。为稳步推进“智慧档案”建设，助力基层减负，在全市率先开通“机关查档直通车”，并通过多种渠道广泛宣传，实现机关内部查档“零跑”。截至2021年年底，提供各类线上查阅服务261起，线上查档服务提质增效，群众查档用档的获得感和满意度大幅提升。不断推进“最多跑一次”电子化归档工作，积极指导各单位做好电子文件归档，并协调解决归档过程中的问题，截至2021年年底，县电子文件归档处理系统累计接收电子文件20万余件，基本实现电子文件安全、可靠和有序管理。

【“6·9”国际档案日系列活动】　以“6·9”国际档案日为契机，聚焦庆祝中国共产党成立100周年主题，举办“庆祝建党百年　感悟初心使命”象山革命历史档案特展，吸引机关干部、市民、学生等群体观展，赢得一致好评。组织“档案微展厅”视频展播活动，通过微信视频号推送党章学堂等4个微视频，吸引线上参观约1.5万人次。组织“档案开放日”活动，邀请50名市民走进档案馆体验各类服务，档案文化吸引力和感染力不断提高。有机结合全县中心工作和档案馆重点工作，征集到珍贵照片300余张，与县文联联合举办“一曲渔光，百年芳华”和“万象山海　丰美半岛——象山县走向全面小康”两个摄影展，档案工作关注度持续提升。深挖馆藏资源，在新华社、山海万象等新媒体平台刊发《红色档案诵初心！象山革命先烈书信中的家国情怀》一文，浏览量超40万次。充分挖掘红色档案底蕴，发挥好志愿宣讲小分队作用，讲好档案故事，赓续好红色血脉，累计接待参观者24批600余人次。

【档案科研】　加大科研攻关力度，召集业务骨干组建团队，建成民国档案智能查阅平台，《民国档案文件级目录制作及数字化加工方法研究》课题基本完成，预计于2022年迎接验收。启动玉泉盐场科研项目，力争申请国家社科基金重大项目“玉泉盐场档案”，并与宁波大学联合开展课题研究，服务海洋经济示范区、“海上两山”实践地建设。开展时任象山县委书记潘银浩、县长包朝阳个人资料收集整理和建档工作，编写完成《象山县委书记潘银浩履职印记(2020.05—2021.11)》一书并内部发行，完成《象山县委副书记、县长包朝阳履职印记(2020.05—2021.11)》一书编写、核稿工作。与县政协联合编写《象山玉泉盐场记忆》一书，已正式印刷内部发行。

【档案工作服务农村基层社会治理省级试点】 聚焦基层社会治理体系和治理能力现代化，在2020年工作基础上，在农村基层档案工作重要领域和关键环节积极创新、大胆实践，完善县、镇乡（街道）、行政村（社区）三级联动的基层档案工作体系，建立“领导带头调研、组建督导专班、全程跟踪落实”工作机制，并争取到27万元专项资金，严格按照试点目标和进度安排，全力指导爵溪、大徐两个试点镇乡（街道）开展工作。9月29日，顺利通过省级试点验收。截至12月底，24个试点村（社区）全部建成规范档案室，累计整理纸质档案4350卷、照片档案1217张、实物档案570件，著录电子目录7.5万余条，构建起全域村级档案“智库”，打造具有象山特色档案工作服务农村基层社会治理“新样本”。

【电子公文单套制归档市级试点项目】 主动对接融入政府数字化改革，根据省市档案部门要求部署，跟进探索电子档案单套制归档工作。第一时间成立工作领导小组，定期召开电子公文单套制归档试点推进会。在赴鄞州、嘉善等地考察学习的基础上，完善制定《象山县电子公文单套制归档试点工作方案》和《象山县电子公文归档系统建设方案》。积极与县财政局、县大数据中心等部门沟通对接，争取到55万元财政资金，建成象山县电子公文归档系统。经过多次系统调试后，顺利通过试运行测试，下步将选取3家试点单位探索单套制管理新模式。

（丁盈吉）

涉台事务

【概况】 2021年，象山县按照上级台办工作部署，围绕县委工作大局，以“聚力一二五，奋力上台阶”专项行动为抓手、准确把握复杂的两岸形势，主动发挥对台工作灵活性和全面性，把推进“海峡两岸交流基地”建设作为对台工作重要载体，统筹各方力量，以青年交流合作为主线，扎实推动两岸融合发展，支持引导两岸青年共同参与到共同富裕示范区建设大潮中。

【海峡两岸交流基地整改】 县委书记、县长全面听取基地建设工作情况汇报，赴基地展示中心亲自调研指导，并作出指示，要求全力支持和保障基地建设和活动开展，切实把基地建设好管理好。8月，县委常委会专题听取海峡两岸交流基地建设情况汇报，要求充分挖掘涉台元素，继续拓宽交流渠道，强化宣传联动，营造交流合作良好社会氛围，并成立由县委书记任组长的象山县海峡两岸交流基地建设管理领导小组，积极开展工作。

【2021台湾青年创业之旅系列活动】 4月17—18日，举办以“走创业路 扬复兴旗”为主题的青年创业之旅系列活动，30余名来自宁波诺丁汉大学的台湾学生、在甬台青代表和宁波创业青年在象山参加为期2天创业体验之旅。通过台青创业交流、《探索大宋》研学之旅等活动增强台青在大陆发展创业信心。中央四套《海峡两岸》栏目播出《台湾青年创业之旅走进宁波象山》。

【两岸婚姻家庭“七月踏歌行”亲子营活动】 7月30—31日，市两岸婚姻家庭“七月踏歌行”亲子营活动在象山举行，42名两岸婚姻家庭代表围绕“我们是相亲相爱一家人”的主题，开展民族泼水节体验、两岸一家人歌曲联欢、新农村建设参访、非物质文化遗产项目制作体验和两岸家庭亲子教育分享座谈等活动，体验象山当地特色文化，感受大陆发展进程。中新网、《台湾新报》相继报道。

【“航”行浙里·两岸共拍秀活动】 9月10—11日，由中新网浙江分网、市台办、象山县共同举办的“航”行浙里·两岸共拍秀——宁波站活动在象山举办。活动以无人机航拍、单反相机摄影、手机视频摄影摄像等公益活动为载体，邀请资深摄影专家通过互动讲解、分组结对、实践采风和现场点评等沉浸式体验教学手段，指导两岸青年共同创作摄影摄像作品。中新社领导、记者和宁波大学台湾籍学生、宁波台青等40余人参加活动。

【开渔节期间涉台交流活动】 9月14—16日中国开渔节期间，继续邀请台东县富冈新村代表共襄盛事，举办两岸渔民共祭大海、两岸妈祖如意信俗交流活动等系列活动，并邀请宁波台湾同胞投资企业协会代表共同参与开渔体验活动。

【第二届两岸民宿交流活动】 10月22—23日，以“文化振兴乡村 引领共同富裕”为主题的第四届海峡两岸乡村振兴论坛分论坛之一的“非遗文化进驻民宿产业”分论坛在象山县举行。两岸40余名民宿经营业者、旅游文化界代表齐聚一堂，通过参访非物质文化遗产和民宿的实践结合，活动以非遗文化入民宿为主题，走访象山有代表性非遗民宿，共话地方文化和现代民宿融合和创新。

【台属台胞台资企业服务】 2021年，春节前走访慰问重点台属34人次，台胞台资企业15家，发放慰问金41300元。班子成员每月到新桥镇黄公岙村走访结对困难户。平时经常性走访重点台属台胞台资企业，帮助解决实际困难。搭建台胞疫苗接种专用通道，为象山县台胞提供定点免费疫苗接种。对来象山台胞做好疫情防控政策宣传解释工作，及来象山后的复工复产服务。

（郑杰）

象山县人民代表大会

综　述

2021年，象山县人大常委会工作以习近平新时代中国特色社会主义思想为指导，坚持习近平法治思想，深入学习贯彻中共十九大和十九届历次全会精神，紧扣建设"重要窗口"目标，围绕县委"海洋强县、美丽富民"战略，聚焦经济社会协同发展，聚焦民生民诉民求，强化使命担当，突出服务大局，深化代表督事制度，更好发挥代表主体作用，全面提升依法履职能力，完成县十八届人大五次会议确定的各项目标任务，为象山县"十四五"规划开好局贡献人大智慧和力量。全年依法举行常委会会议12次、主任会议17次，听取审议专项工作报告26个，作出决议决定25个，交办评议意见12份，审议意见9份，整改意见4份，组织执法检查3次，任免地方国家机关工作人员87人次，各项工作取得新的进展和成效。

重要会议

【县十八届人大第五次会议】 2月1日至2月3日，县十八届人民代表大会第五次会议在丹城召开。应到代表243人，出席会议代表214人，列席117人，举行全体会议3次，主席团会议2次。大会表决通过象山县政府工作报告的决议，县国民经济和社会发展第十四个五年规划和二〇三五年远景目标纲要的决议，县2020年国民经济和社会发展计划执行情况与2021年国民经济和社会发展计划的决议，县2020年预算执行情况和2021年预算的决议，县人民代表大会常务委员会工作报告的决议，县人民法院工作报告的决议，县人民检察院工作报告的决议和2021年象山县民生实事项目。

【县十八届人大常委会第三十六次会议】 1月8日，县第十八届人民代表大会常务委员会第三十六次会议举行。县委书记潘银浩参加会议。潘银浩指出，县人大常委会要把贯彻县委全会精神作为工作主线，注重带头学习，做到各项工作与县委合力合拍、共频共振。注重带头发动，形成团结一心苦干实干、目标一致推进发展的生动局面。注重带头垂范，做到一心一意谋发展，全力以赴惠民生。要把推动中心工作落实作为履职重点，强化大局意识，坚持抓大事、议大事，促使县委、县政府决策更符合科学发展要求、更贴近象山发展实际。强化监督意识，坚持全面监督与重点监督相结合，推动县委各项决策部署落到实处。强化服务意识，始终坚持以人为本，广泛听取民意、积极回应民声，持续推动解决一批群众的操心事、烦心事、揪心事。要把加强自身建设作为永恒课题，抓好制度建设，推动工作规范化、制度化和程序化，推动人大履职更科学、精准、高效。抓好队伍建设，对照高标准、严要求，着力提高人大机关干部以及广大代表的政治业务素质。抓好作风建设，使人大机关成为更具凝聚力、战斗力的为人民服务阵营，使人大代表成为更具亲和力、影响力的群众代言人，为加快建设社会主义现代化滨海城市作出更大贡献。会议听取和审议关于"十三五"规划执行与"十四五"规划和二〇三五年远景目标纲要编制情况的报告。会议听取政府工作报告草案形成过程和主要内容的说明，县2020年预算执行情况和2021年预算草案的报告，县2020年国民经济和社会发展计划执行情况与2021年计划草案的报告，2021年重点工程项目、2021年政府性投资项目的报告，县2020年县民生实事项目实施完成情况的报告和2021年县民生实事候选项目建议方案。会议对2020年县民生实事项目实施完成情况进行满意度测评。测评结果为：公共教育事业项目、医疗卫生服务项目、养老助残服务项目、保险就业创业项目、防洪排涝治理项目、美丽乡村建设项目、便民设施提升项目、公共安全保障项目、城乡文化惠民项目等9项为满意等次，城居环境提升项目为基本满意等次。会议听取县人大常委会工作报告草案起草过程和主要内容的说明。会议审议通过《象山县人民代表大会代表资格审查委员会关于代表变动情况和选举代表资格审查的报告》，确认选举应建宁代表资格有效。此时，象山县第十八届人民代表大会实有代表243名，缺额5名。会议审议通过《2021年象山县民生实事项目票决办法》。2021年候选项目安排13项，按照获得代表赞成票多少从高到低依次选定12项，确定为2021年县民生实事项目。会议听取县十八届人大五次会议筹备工作情况的报告，审议通过提请县十八届人大五次会议预备会议以及主席团第一次会议通过的有关文件和名单（审议稿），通过大会其他程序性文件，决定大会列席人员名单。会议书面审议县人大常委会丹东、丹西、爵溪街道工作委员会2020年度工作情况的报告。会议认为，三个街道工委根据

《浙江省街道人大工作条例》和省市人大要求，均成立居民议事会并召开第一届第一次会议，各项制度逐步完善，工作程序日益规范，监督力度不断增强，代表活动更加丰富，各项工作取得明显成效。会议审议县人民政府有关人事免职议案。

【县十八届人大常委会第三十七次会议】 2月1日，县第十八届人民代表大会常务委员会第三十七次会议举行。会议审议个别市人大代表辞职事项，决定接受叶剑鸣、张松才辞去宁波市第十五届人民代表大会代表职务。

【县十八届人大常委会第三十八次会议】 2月26日，县第十八届人民代表大会常务委员会第三十八次会议举行。会议听取和审议象山县2020年度法治政府建设情况的报告。会议要求，县政府及有关部门要加强法治意识，树立法治思维，增强法治观念，进一步推动法治政府建设。会议听取和审议年度象山县环境状况和环境保护目标完成情况的报告、关于加快推进宁波海洋经济发展示范区主体区建设情况审议意见研究处理的报告、关于推进制造业高质量发展情况审议意见研究处理的报告、关于象山县道路交通安全综合整治情况审议意见研究处理的报告、关于象山县医共体建设情况审议意见研究处理的报告、关于社会救助体系建设情况审议意见研究处理的报告、关于行政事业国有资产管理情况审议意见研究处理的报告。会议对上述审议意见研究处理情况进行满意度测评，测评结果均为满意。县委常委、县政府党组成员周坚栋代表县人民政府作表态发言。会议审议通过《象山县人大常委会2021年工作要点》。会议审议通过人事任免议案。会议听取和审议关于审议个别县人大代表辞职的审查报告，会议通过无记名投票方式进表决通过石陵员、叶迎宵、张海奇、陆宝良、蔡金星五人提出的辞去县人大代表职务的请求。张海奇的县十八届人民代表大会常务委员会委员职务相应终止。此时，县第十八届人民代表大会实有代表238名，缺额10名，常务委员会委员33名。会议传达省第十三届人民代表大会第五次会议和市第十五届人民代表大会第六次会议精神。

【县十八届人大常委会第三十九次会议】 3月26日，县第十八届人民代表大会常务委员会第三十九次会议举行。会议听取和审议关于对个别县人大代表采取强制措施的许可报告，并通过许可决定。

【县十八届人大常委会第四十次会议】 4月23日，县第十八届人民代表大会常务委员会第四十次会议举行。会议听取和审议2020年度象山县环境状况和环境保护目标完成情况的报告。会议指出，要突出重点，坚持问题导向，精准分析，逐项对照抓好整改，补齐治理短板。要部门联动，牢固树立一盘棋思想，妥善处理好治标与治本、当前与长远、发展与保护的关系，建立长效机制，形成强大工作合力。要强化舆论监督，树立正反典型，激发广大群众参与积极性，营造持续打好蓝天、碧水、净土三大保卫战的社会共治氛围。会议听取和审议象山亚运赛事筹办情况的报告。会议指出，要深化“亚运城市提升行动”，提升亚运城市体验度，展现全国文明城市最好形象。要高水平抓好亚运赛事服务保障，展现象山人民真诚友善、文明有礼的良好形象，着力提升象山知名度和影响力。会议听取和审议县教育局、县司法局、县农业农村局、县应急管理局等四家单位关于县人大常委会工作评议意见整改落实情况的报告。会议对四家单位积极落实常委会工作评议意见给予充分肯定，同时要求按照监督闭环工作机制，继续抓好未整改问题办理落实工作。会议审议通过《象山县人大常委会组成人员联系人大代表、人大代表联系群众“双联系”制度》，要求常委会组成人员和县人大代表按照规定日程合理安排好工作，开展接待活动。会议根据曾伟标的辞职请求，审议通过《关于接受曾伟标同志辞去象山县第十八届人民代表大会常务委员会委员职务的决定》。此时，县人大常委会组成人员为32人。会议审议县人民政府有关人事任职议案，决定任命曾伟标为县市场监督管理局局长，并举行宪法宣誓仪式。会议还审议县人民法院、县人民检察院有关人事议案。会议听取部分市人大代表履职工作情况的报告。会前还学习《固体废物污染环境防治法》。

【县十八届人大常委会第四十一次会议】 6月25日，县第十八届人民代表大会常务委员会第四十一次会议举行。会议听取和审议象山县人口流动情况的报告。会议强调，要进一步解放思想，着眼长远、提前谋划、科学研究，进一步突破人口落户政策限制，做大象山县人口基数。从提升城市能级、做大产业平台、完善配套公共政策等方面来吸引人口。会议听取和审议全县工业创新驱动的报告。会议强调，要从推动工业经济提质增量、持续优化营商环境、加大工业创新扶持力度、做强原动力等方面来营造全社会重视企业创新的浓厚氛围，充分激发创新、创业的活力和动力。会议分别听取和审议2020年象山县财政决算草案的报告、2020年度象山县本级预算执行和其他财政收支的审计工作报告，审查批准2020年县本级决算。会议认为，2020年，面对疫情影响和财政平衡难度不断增大的不利局面，县财政部门克难攻坚、积极作为，2020年，预算执行和财政运行情况总体平稳，基本完成各项年度目标任务，促进经济社会发展和民生福祉改善。会议强调，要更加注重保运转和防风险，妥善处理好财政收支平衡和促进发展的关系。要加强财政资金统筹，提高资金管理绩效，注重国企管理，充分利用闲置资产，降低企业融资成本及运营成本。要切实抓好审计意见的整改落实，依法加强对重点支出、重大政策执行及其绩效的审计监督，强化审计成果运用，做到对苗头性、倾向性问题早发现、早提醒、早处理。会议审议通过《县人大常委会代表资格审查委员会关于个别代表资格变动情况的审查报告》。朱恩青、陈淑芳因调离本县，其县人大代表资格自行终止，同时，陈淑芳的县十八届人大常委会委员职务相应终止。此时,县十八届人民代表大会实有代表236名,缺额12名;县十八届人大常委会组成人员31人。会议审议通过县人民法院、县人民检察院相关人事任免议案,新任法院副院长陈峰依法进行宪法宣誓。会议审议通过《关于新一届乡级人民代表大会代表名额的决定》。

2021年7月28日,在县委党校一楼报告厅召开县人大常委会工作评议专题会议(励石开摄)

【县十八届人大常委会第四十二次会议】 7月28日,县第十八届人民代表大会常务委员会第四十二次会议暨工作评议专题会议举行。会议分别听取各工作评议调查组关于县公安局、人社局、卫健局、综合行政执法局工作情况的调查报告,县审计局关于4家单位财政审计情况的报告。会上,8个县人大代表中心组和部分代表进行评议发言,参会的代表对被评议单位进行满意度测评,测评结果为全部满意。被评议单位主要负责人作评议整改表态发言,钮晶莹副县长代表县政府对被评议单位提出整改要求。会议认为,此次评议组织有力,部署周密,调查深入,自5月下旬启动4家单位工作评议以来,工作评议调查组、案卷评查组、评议指导组以及财政检查和审计组开展积极有效的工作,全面调查了解被评单位整体工作、作风建设、财政资金使用等情况,相当于一次综合性的"体检"。评议结果客观公正,肯定成绩实事求是,指出问题全面客观,提出建议有较强针对性。会议强调,要强化跟踪督办抓整改,各评议调查组和代表中心组要加强督促检查,持续跟踪问效。县政府要加强领导和协调,帮助解决实际困难和问题。县人大常委会采取适当方式,做好整改工作"回头看",更好地推进各单位依法行政,扎实完成2021年各项任务,在"聚力一二五、奋力上台阶"专项行动中争先创优。

【县十八届人大常委会第四十三次会议】 8月26日,县第十八届人民代表大会常务委员会第四十三次会议举行。会议听取和审议县2021年上半年县国民经济和社会发展计划执行情况的报告、2021年上半年县预算执行情况的报告。会议认为,2021年以来,象山县紧扣"聚力一二五、奋力上台阶"目标要求,深入实施"海洋强县、美丽富民"战略,统筹抓好疫情防控和经济社会发展,经济运行总体保持稳中向好态势,重大交通基础设施推进、亚帆赛事基地建设、航天航空项目培育、"碳中和"先行示范区等重大利好进一步增强外界对象山县未来发展前景预期。会议听取和审议关于城市品质提升情况的报告。会议指出,要高标准规划,实现"全面布局"与"重点突破"相统一,助力城市能级提升。要高品质建设,在切实保证工程质量的同时高效率推进基础设施建设,让百姓有更多获得感。会议审议通过《关于创新驱动推进制造业高质量发展的决定》。会议要求,县乡两级人大要依法履职,通过专题审议、视察调研、执法检查等形式,对象山县实施创新驱动推进制造业高质量发展情况实施跟踪监督。全县各级各部门和广大干部群众要加大支持力度,形成强大合力,推动创新驱动发展战略落实落地。会议审议个别县人大代表辞职议案、《象山县人民代表大会常务委员会代表资格审查委员会关于个别县人大代表辞职的审查报告》。会议决定接受施乾章辞去县十八届人大代表职务的请求,其代表资格终止。此时,县十八届人民代表大会实有代表235名,缺额13名。会议审议县人民政府有关人事任职议案,决定任命江建业为县人民政府副县长,并举行宪法宣誓仪式。会议还审议县人民法院有关人事议案、个别人民陪审员免职议案。会议书面通报县人大常委会上半年主要工作情况及下半年工作安排,书面听取部分市人大代表履职工作情况的报告。罗来兴主任在会议结束前作总结讲话。

【县十八届人大常委会第四十四次会议】 9月22日,县第十八届人民代表大会常务委员会第四十四次会议举行。会议审议通过《象山县人民代表大会常务委员会关于教科文卫工作委员会更名的决定》。根据《中华人民共和国地方各级人民代表大会和地方各级人民政府组织法》有关规定和《关于同意象山县人大常委会教科文卫工作委员会更名的批复》(象编办字〔2021〕9号)精神,决定将象山县人民代表大会常务委员会教科文卫工作委员会更名为象山县人民代表大会常务委员会教科文卫民宗侨外工作委员会。会议要求,新更名的教科文卫民宗侨外工委要分析研判新形势、新特征、新要求,切实做深做好做细工作谋划,找准工作的结合点、切入点和发力点,为高质量发展建设共同富裕样板县不懈奋斗。会议审议通过《关于县乡两级人民代表大会换届选举有关事项的决定》《象山县县乡两级人民代表大会代表换届选举工作实施意见》《关于设定象山县选举委员会的决定》《关于设立各乡（镇）选举委员会、街道、县直机关和开发区选举办事处的决定》。象山县第十九届人民代表大会代表总名额为269名，各镇乡新一届人民代表大会代表总名额为1013名；县乡两级人民代表大会代表统一选举在12月进行，具体选举日由县、镇乡选举委员会确定；县乡两级人民代表大会代表选举完成后，12月底前召开各镇乡新一届人民代表大会第一次会议，2022年1—2月在法定时间内召开县第十九届人民代表大会第一次会议。会议审议通过《关于城市品质提升工作的决定》。会议审议通过有关人事任免议案，并举行宪法宣誓仪式。

【县十八届人大常委会第四十五次会议】 11月4日，县第十八届人民代表大会常务委员会第四十五次会议举行。会议首先传达学习中央人大工作会议精神、习近平总书记重要讲话精神以及省、市委关于贯彻中央人大工作会议精神的相关工作部署。县委书记潘银浩参加学习和部分议题审议。潘银浩指出，人大工作是党的全局工作的重要组成部分。县委将一如既往支持县人大及其常委会依法开展工作，切实加强和改进对人大工作的领导，做到思想上重视、工作上信任、决策上尊重。“一府一委两院”要严格执行县人大及其常委会作出的决议决定，全面落实县人大及其常委会审议意见，持续提高依法行政和公正司法水平。各地各部门要积极支持人大依法行使职权，认真办理人大代表议案建议，主动为人大工作创造良好条件，努力在全社会营造支持人大工作、尊重人大代表的良好氛围。会议听取和审议县水资源平衡工作的报告。会议指出，要进一步依法依规管理，严格实行《宁波市水资源管理条例》相关规定，建立健全综合协调机制，向内挖潜增效，科学统筹，合理调度，向外引水补充，积极争取将象山供水纳入宁波全市大统筹，完善象山水资源供给体系。会议听取和审议象山县2020年度国有金融资本管理情况的专项报告，审议2020年度象山县国有资产管理情况的综合报告。会议指出，要理顺管理体制，明确相关部门职责边界，形成高效协同的考核监督体系；要提升管理水平，按照现代企业管理要求，完善金融企业国有资产管理制度，科学合理配置资源，大力引进金融高级管理人才，切实提高企业盈利能力；要防范化解风险，建立健全风险防范化解机制，强化职能部门的主体责任，尤其要注重防范廉政风险。会议听取和审议县人民政府关于2021年1—9月全县预算执行情况和预算调整方案的报告、县人民政府关于2021年象山县政府债务限额和新增地方政府债券预算调整方案的报告，审议通过《关于批准2021年县本级预算调整方案的决议》《关于批准2021年象山县政府债务限额和新增地方政府债券预算调整方案的决议》。会议同意县人民政府提出的县本级预算调整报告，决定批准2021年县本级预算调整方案；同意县人民政府提出的新增地方政府债券13.4亿元分配方案，决定批准2021年新增地方政府债券预算调整方案。会议听取和审议县政府法治宣传教育工作“七五”总结和“八五”部署情况的报告，审议通过《关于开展第八个五年法治宣传教育的决议》。会议分别听取和审议象山县2020年度环境状况和环境保护目标完成情况审议意见落实情况的报告、象山县法治政府建设情况审议意见研究处理情况的报告，并进行满意度测评，测评结果均为满意。会议要求，县政府及有关部门要对标对表审议意见中的问题清单，进一步做好未整改问题的落实工作，县人大常委会相关工委要继续开展跟踪督查，确保问题切实得到解决。会议听取和审议县十八届人大五次会议代表建议办理情况的报告，代表建议督办情况的报告。县十八届人大五次会议期间共收到代表建议157件，此时均已办理并逐渐答复代表，对办理工作满意的142件，占90.4%，对办理结果满意的126件，占80.3%。

【县十八届人大常委会第四十六次会议】 11月26日，县第十八届人民代表大会常务委员会第四十六次会议举行。会议审议通过县人民政府主要负责人职务变动以及个别副县长免职议案。会议决定免去陈兴立的县人民政府副县长职务，决定任命李晓东为县人民政府副县长，通过《关于接受包朝阳同志辞去象山县人民政府县长职务请求的决定》，决定李晓东代理县人民政府县长，并举行宪法宣誓仪式。会议审议通过《象山县人民代表大会常务委员会关于撤销三项批准融资决定决议的决定》。

监督与视察

【依法治县】 根据全国及省市人大常委会统一部署，开展《中华人民共和国固体废物污染环境防治法》《浙江省粮食安全保障条例》《浙江省宗教事务条例》等执法检查，确保相关法律法规在象山县贯彻实施。出台《象山县人大常委会关于开展第八个五年法治宣传教育的决议》，为普法工作提供有力支撑。完善县人大办与司法局的协作配合，统一审查标准，推动规范性文件制定工作的规范化，全年对县政府报备的14件规范性文件进行审查。加强涉法涉诉信访人员接待工作，依法依规办理信访件115件。开展《浙江省防汛防台抗旱条例（修订草案）》《宁波市建筑垃圾管理条例（草案）》《宁波市再生资源回收利用管理条例（修订）》等法规的立法调研和视察活动，为省市人大立法工作提供最基层的意见建议。

【经济提质增效】 听取和审议工业创新驱动专项报告，出台《关于创新驱动推进制造业高质量发展的决定》，推动工业经济扩量提质。关注亚帆中心规划及推进情况，为统筹谋划爵溪至大目湾亚帆板块提供决策建议，提高政府投资效益。重点关注全县人口流动、科技创新等情况，助力完善人才引进政策，发挥人口对经济社会发展决定性作用。专题监督中国人民银行象山县支行、县烟草局、县气象局、县邮政局、县电信局、中国移动象山分公司、中国联通象山分公司、国网象山县供电公司、华润燃气公司等9家驻象垂直管理单位"服务企业,促进发展"工作情况,形成监督建议29条并要求限期落实。

【财政与国资监督】 依法做好年度预算草案、决算和同级审、半年度预算执行及预算调整等法定议题的审查监督工作,为财政健康平稳运行严格把关。将预算监督重点转向部门预算,开展县公安局、市场监管局和退役军人事务局等三个部门预算编制、执行和决算全过程监督。督促审计问题整改,有效落实审计发现问题整改清单制,逐项明确整改任务和整改时限,落实责任追究,重点就"屡审屡犯"问题开展督查,有效促进审计查出问题整改的制度化、长效化。开展预算支出项目绩效评价工作审查。高度关注政府债务情况,作出批准政府债务限额、债券分配方案等决议。持续督查全口径债务管理情况,提出针对性意见建议。持续开展国有资产监管,听取和审议金融企业国有资产管理情况专项报告,针对企业管理还需完善、担保类企业经营效益不佳、企业运行存在风险等问题提出对策建议。持续跟踪督查2020年行政事业国有资产管理审议意见研究处理情况,确保整改落实到位。

【民生热点问题】 高度重视全县饮用水供给问题,听取和审议全县水资源平衡工作情况报告,持续跟踪督促政府在保供水、抓节水方面采取更多有力措施。调研象山县数字农业发展情况,瞄准农业现代化的主攻方向,为农业高质量可持续发展提供新动能。调研农(居)民因病致贫情况,助推象山县完善大病救助医疗体系,有效预防因病致贫、因病返贫现象。重点视察塔山中学、政实小学工程建设情况,关注校舍建设进度和质量。调研旅游业高质量发展九大行动实施情况,提出要围绕国家全域旅游示范区创建和高水平旅游强县建设目标,加快旅游供给侧结构性改革,全面增强象山县旅游体验感。

代表工作

【换届选举】 根据省人大常委会的决定,在省、市人大常委会指导和县委的领导下,2021年8月,县人大常委会启动县乡两级人民代表大会代表换届选举工作。在全县各级各有关部门的配合支持下,依法有序完成县乡两级人大代表换届选举工作任务。县第十九届人民代表大会代表总名额为269名,预留2名;乡镇人大代表总名额为1013名,预留12名。全县划分119个县人大代表选区,491个乡镇人大代表选区,设置登记站851个,在省选民登记应用系统登记的选民数为50.4万人,登记率为99.6%。12月15日为全县县乡两级人大代表投票选举日,全县选民积极参与代表投票选举,参加投票选民48.7万人(包括驻象部队),参选率达96.8%,共依法选举产生267名县人大代表和999名乡级人大代表。在县级人大代表层面,一次选举产生263名,另行选举产生4名县人大代表(石浦镇第三选区1名,西周镇第一选区1名,高塘岛乡第三选区2名)。在乡级人大代表层面,一次选举产生965名,另行选举产生34名乡(镇)人大代表。按照省人大常委会办公厅《关于有序推进我省开发区人大工作的指导意见》(浙人大常办〔2020〕64号)要求,及时推进开发区人大工作试点,12月15日,象山首次在开发区选举产生4名县人大代表,同时将开发区选举产生4名县人大代表与辖区内其他选区选举产生的20名企业家市、县两级人大代表组建成开发区代表小组。新一届县人大代表的构成符合有关法律和上级要求,其中,工农129名,占48.3%;专业技术人员70名,占26.2%;党政干部64名,占24%;其他4名,占1.5%。在当选的代表中,非中共党员97名,占36.3%;妇女73名,占27.3%。连任代表93名,占34.8%。从年龄结构看,35周岁以下的11名,占4.1%;36周岁至55周岁的176名,占65.9%;56周岁以上的80名,占30%。代表中,大专以上学历的192名,占71.9%;高中(中专)学历的45名,占16.9%;初中及以下学历的30名,占11.2%,学历水平高于上届。

【代表督事】 3月,县人大代表联络总站完工并顺利启用。县人大常委会依托县人大代表联络总站,制定象山县人大常委会组成人员联系人大代表、人大代表联系群众的"双联系双接待"制度,县人大常委会组成人员采取定期接待、集中座谈的方式,每周一上午定期在县人大代表联络总站开展联系接待活动。听取代表对县人代会及其常委会和"一府一委两院"工作的意见、建议,了解代表关注的热点、难点问题,掌握代表的工作和履职等情况。通过结合"文明城市创建代表督事活动""跨区域随意倾倒垃圾专题督事活动""环蟹钳港区域生态环境保护与开发代表督事活动"等"主题活动+"模式,创新代表履职方式,提升代表履职能力,激发代表履职热情,实打实为百姓破难题、解难事,跑出为民服务加速度。自联络总站运行以来,开展"双联系"活动34次,共接待代表、选民247名,收集意见建议313条,编发《代表反映》10期,为县委、县政府主要领导决策提供参考,解决各类问题221个。成功打造《象山县人大代表督事制度》主题宣传片,成为展示县人大形象的一张亮丽的名片。完善推广"代表督事"应用场景,领衔打造"代表督事"重点应用场景。7月15日,在市县两级人大常委会数字化改革座谈会上,象山就代表督事系统建设情况作演示和发言,获得市领导高度肯定。

【代表建议】 县十八届人大五次会议期间共收集代表建议158件,闭会期间收到8件,均按规定时间发文交办、完成办理。从代表反馈情况看,对办理工作满意的142件,占90.4%;基本满意的7件,占4.5%;不满意的8件,占5.1%;对办理结果满意的126件,占80.3%,基本满意的19件,占12.1%,一次办理不满意的12件,经二次办理后仍不满意的有5件,占3.2%。关于关于加强象山县基础能源管理的建议等7件重点督办件，由县长、副县长领衔办理，一批群众重大关切事项得到解决，对增强高质量发展后劲和基层治理水平提升，起到积极的推动作用。开展重点建议件办理落实情况“回头看”工作，对县十八届人大一次会议以来34件重点建议件办理落实情况进行全面梳理。积极参与市人大代表建议面商工作，为编组在象山的市人大代表在市人代会会议期间提出27件高质量代表建议奠定基础。

【代表活动】 组织开展“代表走进法庭”活动，参会代表围绕人民法庭建设、诉源治理、政法队伍教育整顿等提出意见建议。组织开展“聚民情、汇民智，助力‘十四五’开新局，喜迎建党百年”走访服务选民活动。5月起，在县人大常委会统一部署，各乡镇、街道人大合力实施下，以“助力‘十四五’规划实施·代表言”“助推‘三清三美’行动·代表行”“解难题办实事·代表督”等活动为主要形式，组织各级人大代表为群众办实事、为企业解难题、为基层减负担，把了解实情、推动解决问题作为主题活动的出发点和落脚点，不断增强活动实效，形成良好活动氛围。组织开展“学史力行践初心，履职为民展风采”主题活动。根据省委、市委、县委关于开展党史学习教育的部署要求，6月在县委党校举行主题宣讲活动。邀请裘银芳、金依平、章亚君、葛聪敏等省市县三级人大代表，围绕自身履职经历，讲述在党领导下的奋斗故事和学党史的思想感悟。活动充分展现新时代代表履职为民风采，起到表率激励作用。

人事任免

【概况】 2021年，象山县人大常委会依法做好人事任免工作，全年共任免国家工作人员87人次。其中，决定任命政府组成人员11人，决定免去政府组成人员9人；任命县人大常委会各工作委员会负责人9人，免去县人大常委会各工作委员会负责人10人；任命监察委员会副主任、委员2人；任命县人民法院副院长、庭长、副庭长、审判委员会委员、审判员20人，免去县人民法院副院长、庭长、副庭长、审判委员会委员、审判员职务16人；任命县人民检察院副检察长、检察委员会委员、检察员8人，免去县人民检察院副检察长、检察委员会委员、检察员2人。

【基本情况】 2021年，象山县人大常委会任免基本情况如下：

2021年象山县人大常委会人事任免基本情况表

表4

时　间	会　　议	姓　名	任免、决定或辞去职务
1月8日	县十八届人大常委会第三十六次会议	石岳吉	决定免去其县市场监督管理局局长职务
2月26日	县十八届人大常委会第三十八次会议	千　焊	决定任命为县商务局局长
2月26日	县十八届人大常委会第三十八次会议	范兴国	任命为县人大常委会丹东街道工作委员会主任
2月26日	县十八届人大常委会第三十八次会议	陈　勇	免去其县人大常委会办公室副主任职务
2月26日	县十八届人大常委会第三十八次会议	吴毓伟	免去其县人大常委会财政经济工作委员会副主任职务
2月26日	县十八届人大常委会第三十八次会议	张海奇	免去其县人大常委会丹东街道工作委员会主任职务
4月23日	县十八届人大常委会第四十次会议	曾伟标	决定任命为县市场监督管理局局长
4月23日	县十八届人大常委会第四十次会议	鲁　云	任命为县人民法院审判委员会委员、行政审判庭庭长
4月23日	县十八届人大常委会第四十次会议	包丽丽	任命为县人民法院审判委员会委员
4月23日	县十八届人大常委会第四十次会议	张鑫晖	任命为县人民法院石浦人民法庭副庭长
4月23日	县十八届人大常委会第四十次会议	张永革	任命为县人民法院大徐人民法庭副庭长
4月23日	县十八届人大常委会第四十次会议	瞿沙利	任命为县人民法院定山人民法庭副庭长
4月23日	县十八届人大常委会第四十次会议	励芝燕	任命为县人民法院定山人民法庭副庭长
4月23日	县十八届人大常委会第四十次会议	马旭东	任命为县人民法院大目湾人民法庭副庭长
4月23日	县十八届人大常委会第四十次会议	赖　臣	任命为县人民法院刑事审判庭副庭长

续表4

时　间	会　　议	姓　名	任免、决定或辞去职务
4月23日	县十八届人大常委会第四十次会议	曹赛萍	任命为县人民法院民事审判一庭(综合审判庭)副庭长
4月23日	县十八届人大常委会第四十次会议	林　鹰	任命为县人民法院民事审判二庭副庭长
4月23日	县十八届人大常委会第四十次会议	卢碧蓉	任命为县人民法院民事审判二庭副庭长
4月23日	县十八届人大常委会第四十次会议	姜海波	任命为县人民法院民事审判三庭副庭长
4月23日	县十八届人大常委会第四十次会议	欧仙允	任命为县人民法院民事审判三庭副庭长
4月23日	县十八届人大常委会第四十次会议	王启荣	免去其县人民法院审判委员会委员、审判员职务
4月23日	县十八届人大常委会第四十次会议	张永革	免去其县人民法院行政审判庭庭长职务
4月23日	县十八届人大常委会第四十次会议	张鑫晖	免去其县人民法院刑事审判庭副庭长职务
4月23日	县十八届人大常委会第四十次会议	林　鹰	免去其县人民法院民事审判一庭(综合审判庭)副庭长职务
4月23日	县十八届人大常委会第四十次会议	姜海波	免去其县人民法院民事审判一庭(综合审判庭)副庭长职务
4月23日	县十八届人大常委会第四十次会议	蒋晓瑜	免去其县人民法院民事审判二庭副庭长职务
4月23日	县十八届人大常委会第四十次会议	励芝燕	免去其县人民法院民事审判三庭副庭长职务
4月23日	县十八届人大常委会第四十次会议	夏宗光	免去其县人民法院审判员职务
4月23日	县十八届人大常委会第四十次会议	沈真真	免去其县人民检察院检察员职务
6月25日	县十八届人大常委会第四十一次会议	陈　峰	任命为县人民法院副院长
6月25日	县十八届人大常委会第四十一次会议	冯光耀	免去其县人民法院副院长职务
6月25日	县十八届人大常委会第四十一次会议	张丛书	免去其县人民法院审判员职务
6月25日	县十八届人大常委会第四十一次会议	张平寿	免去其县人民检察院检察委员会委员、检察员职务
8月26日	县十八届人大常委会第四十三次会议	江建业	决定任命为县人民政府副县长
8月26日	县十八届人大常委会第四十三次会议	丁　霖	任命为县人民法院审判委员会委员
8月26日	县十八届人大常委会第四十三次会议	夏志勇	免去其县人民法院审判委员会委员职务
8月26日	县十八届人大常委会第四十三次会议	翁　羽	免去其县人民法院审判委员会委员职务
8月26日	县十八届人大常委会第四十三次会议	虞宏达	免去其县人民法院审判委员会委员职务
8月26日	县十八届人大常委会第四十三次会议	戴金元	免去其县人民法院审判委员会委员职务
9月22日	县十八届人大常委会第四十四次会议	钱永建	任命为县人大常委会办公室主任
9月22日	县十八届人大常委会第四十四次会议	张尔一	任命为县人大常委会农业和农村工作委员会主任
9月22日	县十八届人大常委会第四十四次会议	王宁星	任命为县人大常委会教科文卫民宗侨外工作委员会主任
9月22日	县十八届人大常委会第四十四次会议	袁明全	任命为县人大常委会社会建设工作委员会主任
9月22日	县十八届人大常委会第四十四次会议	周增培	任命为县人大常委会爵溪街道工作委员会主任
9月22日	县十八届人大常委会第四十四次会议	吴慧红	任命为县人大常委会教科文卫民宗侨外工作委员会副主任
9月22日	县十八届人大常委会第四十四次会议	张茂豪	决定任命为县财政局局长

续表4

时间	会议	姓名	任免、决定或辞去职务
9月22日	县十八届人大常委会第四十四次会议	谢东升	决定任命为县交通运输局局长
9月22日	县十八届人大常委会第四十四次会议	孙华军	决定任命为县综合行政执法局局长
9月22日	县十八届人大常委会第四十四次会议	黄建国	免去其县人大常委会办公室主任职务
9月22日	县十八届人大常委会第四十四次会议	金建文	免去其县人大常委会农业和农村工作委员会主任职务
9月22日	县十八届人大常委会第四十四次会议	芦祖水	免去其县人大常委会社会建设工作委员会主任、县人大社会建设委员会主任委员职务
9月22日	县十八届人大常委会第四十四次会议	张茂昌	免去其县人大常委会农业和农村工作委员会副主任职务
9月22日	县十八届人大常委会第四十四次会议	徐成前	免去其县人大常委会丹东街道工作委员会副主任职务
9月22日	县十八届人大常委会第四十四次会议	翁承康	免去其县人大常委会丹西街道工作委员会副主任职务
9月22日	县十八届人大常委会第四十四次会议	周善西	免去其县人大常委会爵溪街道工作委员会主任职务
9月22日	县十八届人大常委会第四十四次会议	董连胜	决定免去其县财政局局长职务
9月22日	县十八届人大常委会第四十四次会议	林曙光	决定免去其县交通运输局局长职务
9月22日	县十八届人大常委会第四十四次会议	石雷霆	决定免去其县综合行政执法局局长职务
11月26日	县十八届人大常委会第四十六次会议	李晓东	决定任命为县人民政府副县长、代县长
11月26日	县十八届人大常委会第四十六次会议	包朝阳	决定免去其县人民政府县长职务
11月26日	县十八届人大常委会第四十六次会议	陈兴立	决定免去其县人民政府副县长职务
12月21日	县十八届人大常委会第四十七次会议	高　岷	决定任命为县人民政府副县长
12月21日	县十八届人大常委会第四十七次会议	胡颖磊	决定任命为县人民政府副县长
12月21日	县十八届人大常委会第四十七次会议	卢小兵	决定任命为县人民政府副县长、公安局局长
12月21日	县十八届人大常委会第四十七次会议	周　峰	决定任命为县自然资源和规划局局长
12月21日	县十八届人大常委会第四十七次会议	王　道	任命为县监察委员会副主任、代主任
12月21日	县十八届人大常委会第四十七次会议	金李东	任命为县人民法院副院长、代院长、审判委员会委员、审判员
12月21日	县十八届人大常委会第四十七次会议	陆玉珍	任命为县人民检察院副检察长、代检察长、检察委员会委员、检察员
12月21日	县十八届人大常委会第四十七次会议	朱文龙	任命为县人大常委会办公室副主任
12月21日	县十八届人大常委会第四十七次会议	邱达乐	任命为县人大常委会农业和农村工作委员会副主任
12月21日	县十八届人大常委会第四十七次会议	张　存	任命为县监察委员会委员
12月21日	县十八届人大常委会第四十七次会议	朱丹海	任命为县人民法院副院长、审判委员会委员、审判员
12月21日	县十八届人大常委会第四十七次会议	陈郑旭	任命为县人民法院审判员
12月21日	县十八届人大常委会第四十七次会议	胡梦迪	任命为县人民法院审判员
12月21日	县十八届人大常委会第四十七次会议	姜德虎	任命为县人民法院审判员

续表4

时　间	会　　议	姓　名	任免、决定或辞去职务
12月21日	县十八届人大常委会第四十七次会议	范旭东	任命为县人民检察院副检察长
12月21日	县十八届人大常委会第四十七次会议	庞彩虹	任命为县人民检察院检察委员会委员、检察员
12月21日	县十八届人大常委会第四十七次会议	王艺格	任命为县人民检察院检察员
12月21日	县十八届人大常委会第四十七次会议	陈佳琪	任命为县人民检察院检察员
12月21日	县十八届人大常委会第四十七次会议	范建富	决定免去其县人民政府副县长、公安局局长职务
12月21日	县十八届人大常委会第四十七次会议	杨梓良	决定免去其县自然资源和规划局局长职务
12月21日	县十八届人大常委会第四十七次会议	林　峰	决定免去其县监察委员会委员职务
12月21日	县十八届人大常委会第四十七次会议	陈海虹	免去其县人民法院审判委员会委员、审判员职务
12月21日	县十八届人大常委会第四十七次会议	汪子敏	免去其县人民法院副院长职务
12月21日	县十八届人大常委会第四十七次会议	袁学宏	免去其县人民检察院检察委员会委员、检察员职务
12月21日	县十八届人大常委会第四十七次会议	严维岳	免去其县人民检察院副检察长、检察委员会委员职务
12月21日	县十八届人大常委会第四十七次会议	徐晶晶	免去其县人民检察院检察员职务

自身建设

【政治引领强化】 坚持不懈学习贯彻习近平新时代中国特色社会主义思想，不断增强政治敏锐性和政治鉴别力，在谋划推进工作中体现政治站位，在日常言行中彰显政治担当。坚持知行合一、以知促行，认真学习贯彻习近平法治思想，始终以习近平总书记关于坚持和完善人民代表大会制度的重要思想为根本遵循，坚持党的领导、人民当家作主、依法治国三者有机统一，在全面建设社会主义现代化国家新征程中更好发挥人大职能作用。

【规范化制度体系构建】 按照新阶段新要求，提升精细化服务水平，重点完善会议活动、工作制度等，将经验做法固化为制度实施。及时编印相关法律法规和制度汇编，加强学习交流和培训，让人大干部“干什么”目标更加清晰。重视工作质效，牢固树立人大工作“高标准”服务意识，按照办文零差错、办会零失误、办事零缺陷要求，规范工作流程，有效提升工作品质和认可度。

【信息化联络体系构建】 加快建设“数字人大”平台，确立人大数字化转型目标，以微信公众号为媒介，建立掌上办公、掌上履职、掌上参政三个板块，打造交流、履职、监督、管理、办公、资讯“六平台”。依托县乡数据共享和业务协同，建立代表履职服务系统、代表建议督办系统、智能会务系统等，顺应数字化办公潮流，推动公共数据归集整合和按需共享。

【常态化运行体系构建】 围绕“十四五”象山发展新目标新要求，更加注重机关党的建设，加强和改进监督工作，切实提升常委会审议质量。做好支部阵地建设、意识形态、信访接待、宣传信息、老干部管理服务等工作。成立县人大工作理论研究会，编印《象山人大》杂志，不断增强系统性、突出时效性、强化创新性，使好的工作作风、工作方法、工作成效成为常态。

（励石开）

象山县人民政府

综 述

象山县十八届人大一次会议以来，象山县人民政府面对错综复杂外部环境、艰巨繁重改革发展任务，以及突如其来新冠肺炎疫情，坚持以习近平新时代中国特色社会主义思想为指导，在县委正确领导下，在县人大、县政协监督支持下，团结依靠广大干部群众，自觉践行新发展理念，主动融入新发展格局，深入实施"双突破双驱动"和"海洋强县、美丽富民"战略，全面落实"六稳""六保"各项举措，全县经济社会保持平稳健康发展。甬台温沿海高速复线建成通车，宁波市域铁路象山线大目湾站动工建设，蝉联全国综合竞争力百强县，跻身中国创新百强县、全国营商环境百强县、全国县域旅游综合实力百强县，胜利实现高水平全面建成小康社会。2021年，完成地区生产总值669.8亿元、五年年均增长5.7%，财政总收入90.7亿元、年均增长7.7%，一般公共预算收入57.9亿元、年均增长8.7%，累计完成固定资产投资1043亿元、年均增长9.2%，城乡居民人均可支配收入年均分别增长7.2%、8.4%。

重要会议

【县政府第四十八次常务会议】 2021年1月5日下午，包朝阳主持召开县政府第四十八次常务会议。会议讨论研究有关事项摘要如下：一、传达学习中央经济工作会议、省委经济工作会议精神；二、传达学习习近平总书记有关重要讲话精神；三、听取县发改局提交关于2020年主要经济社会发展指标完成情况和2021年主要指标目标初步安排建议汇报；四、听取县发改局提交关于2021年县民生实事候选项目征集工作情况汇报；五、听取县发改局提交关于2021年县国有（政府）投资项目、2021年县重点工程项目计划安排汇报；六、审议县财政局提交《象山县2021年财政预算收支安排方案（送审稿）》；七、审议县交通运输局提交《关于建设高水平交通强县的实施意见（送审稿）》；八、审议县府办提交《关于开展"迎接亚运"城市治理"一整治两提升"工作的实施意见（送审稿）》。

【县政府第四十九次常务会议】 2021年1月27日下午，包朝阳主持召开县政府第四十九次常务会议。会议讨论研究有关事项摘要如下：一、传达学习习近平总书记系列重要讲话精神；二、听取县发改局关于2021年地区生产总值支撑性指标汇报；三、审议县住建局提交《关于全面推进城镇老旧小区改造工作的实施意见（送审稿）》；四、审议县住建局提交的《关于推进"迎接亚运"城市品质提升行动的实施意见（送审稿）》；五、审议县房屋征收中心提交《象山县国有土地上房屋征收补偿、补助、奖励规定（送审稿）》；六、审议县建筑业管理中心提交《关于推动建筑业招商和回归行动的实施意见（送审稿）》；七、审议县招商发展中心提交《象山县招商引资项目准入预评审管理办法（送审稿）》；八、听取县招商发展中心关于浙江宁波生物基可降解新材料产业基地项目投资协议有关情况汇报；九、听取鹤浦镇人民政府关于中船海上风电智能化装备产业园项目投资协议情况汇报；十、听取县金融发展服务中心关于象商基金组建方案有关情况汇报；十一、听取浙台经贸合作区关于北欧（中国）鲑鱼RAS（循环水养殖系统）陆基养殖项目建设有关情况汇报。

【县政府第五十次常务会议】 2021年3月24日下午，包朝阳主持召开县政府第五十次常务会议。会议讨论研究有关事项摘要如下：一、传达学习习近平总书记系列重要讲话精神；二、传达学习全省数字化改革大会会议精神；三、听取县大数据发展中心关于共建京东城市（宁波）数字经济产业创新基地项目汇报；四、审议县人力社保局提交《规范企业职工基本养老保险参保工作方案（送审稿）》；五、审议县自然资源和规划局提交《象山县农村集体经营性建设用地入市管理办法（试行）（送审稿）》；六、听取县住建局关于中心城区功能性照明智能化改造及运维项目有关情况汇报；七、审议县住建局提交《象山县加快培育和发展住房租赁市场的实施意见（送审稿）》《象山县中央财政支持住房租赁市场发展试点专项资金管理办法（送审稿）》；八、听取县地方金融监督管理局关于推进象山县政策性融资担保体系建设工作方案汇报；九、听取西周镇关于下沈海塘维修加固工程概算调整有关情况汇报；十、听取县府办关于2021年县政府重大行政决策目录有关情况汇报；十一、听取县府办关于建立政府顾问制度汇报；十二、审议县财政局提交《象山县行政事业单位国有房产出租管理暂行办法（送审稿）》、县综合行政执法局提交《象山生活垃圾焚烧发电企业环保运营监管办法(送审稿)》、县应急管理局提交《关于坚决打赢遏制重大生产安全事故攻坚战的实施意见(送审稿)》。

【县政府第五十一次常务会议】 2021年4月23日下午,包朝阳主持召开县政府第五十一次常务委员会会议。会议讨论研究有关事项摘要如下:一、审议县经信局提交《象山县工业企业"330"梯度培育方案(送审稿)》;二、听取县经信局关于对锦浪科技股份有限公司及其控股子公司实施"一企一策"助推总部经济发展情况汇报;三、听取县经信局关于对宁波峰梅实业有限公司给予政策支持助推总部经济发展情况汇报;四、听取爵溪街道关于对象山时尚运动小镇一期国际交易中心改造项目运营管理给予政策支持情况汇报;五、审议市生态环境局象山分局提交《象山县生态环境问题"举一反三"大排查大整改工作方案(送审稿)》;六、听取象山经济开发区管委会关于对中车电梯整机、部件和智能电气产业项目给予招商政策支持情况汇报;七、听取象山经济开发区管委会关于对中化膜产业运行发展项目给予招商政策支持情况汇报;八、听取县工投集团关于受让宁波沃衍股权投资合伙企业所持有宁波勤邦新材料股权情况汇报;九、听取浙台经贸合作区管委会关于北欧(中国)鲑鱼RAS陆基养殖项目(一期)建设情况汇报;十、审议县教育局提交《象山县委托培养初高中教师实施意见(送审稿)》;十一、听取县卫生健康局关于县第一人民医院医疗健康集团与浙江大学医学院附属第一医院医疗合作情况汇报;十二、书面听取市生态环境局象山分局关于成立象山县"无废城市"建设暨危险废物治理专项行动工作专班情况汇报;十二、书面审议并原则同意县大目湾开发建设管理中心关于河姆渡工业互联网数字经济平台项目落户投资建设、工业互联网平台供应链公司合作有关事项;十四、会议书面审议并原则同意县经信局提交《象山县域5G基站布点专项规划(2019—2023)(送审稿)》、县农业农村局提交《关于开展"一户多宅"清理整改落实行动方案(送审稿)》、县水利和渔业局提交《关于2021年象山县海洋休渔禁渔的通告(送审稿)》;十五、组织学习浙江省突发公共卫生事件应急办法,由县卫生健康局讲解。

【县政府第五十二次常务会议】 2021年5月12日下午,包朝阳主持召开县政府第五十二次常务会议。会议讨论研究有关事项摘要如下:一、传达学习中共中央政治局会议精神和习近平总书记系列重要讲话精神;二、传达学习省委法治浙江建设工作会议精神和全省数字化改革第一次工作例会会议精神;三、听取县工投集团关于收购有关企业资产包情况汇报;四、审议县"五水共治"办提交《象山县全面推行"湾(滩)长制"实施方案(送审稿)》;五、审议市生态环境局象山分局提交《象山县生态文明建设规划(2020—2025)(送审稿)》;六、审议县国资管理中心提交《象山县属国资国企整合重组实施方案(送审稿)》;七、审议县自然资源和规划局提交《关于调整象山县征地区片综合地价的通知(送审稿)》《关于调整土地征收中地上附着物和青苗补偿标准的通知(送审稿)》;八、审议县市场监管局提交《象山县人民政府质量奖评定管理办法(送审稿)》,并听取关于2020年度县长质量奖评定情况汇报;九、审议人行象山县支行提交的《象山县人民政府关于实施海洋经济普惠金融专项行动二十条意见(送审稿)》;十、审议县旅游发展中心提交《象山县新一轮旅游产业扶持政策实施细则(送审稿)》;十一、会议审议并原则同意县开放办关于象山县人民政府与宁波出入境边防检查站建立紧密合作机制备忘录汇报;十二、会议审议并原则同意市生态环境局象山分局提交《象山县近岸海域水污染防治攻坚战实施方案(2021—2022)(送审稿)》。

【县政府第五十三次常务会议】 2021年6月8日下午,包朝阳主持召开县政府第五十三次常务会议。会议讨论研究的有关事项摘要如下:一、传达学习中共中央政治局会议精神;二、传达学习浙江省建设新时代美丽浙江暨中央生态环境保护督察整改工作推进大会、浙江省"碳达峰""碳中和"工作推进会以及浙江省建筑业高质量发展大会等会议精神;三、审议县发改局提交《象山县海洋经济发展"十四五"规划(送审稿)》;四、听取县应急管理局提交关于象山县"平安护航建党百年"安全隐患大排查大整治专项行动工作情况汇报;五、审议县住建局提交《象山县住房和城乡建设"十四五"规划(送审稿)》;六、审议县综合行政执法局提交《象山县综合行政执法事项划转工作方案(送审稿)》;七、听取县城投集团关于筹建象山县市政运维有限责任公司汇报;八、听取县经信局关于表彰2020年度全县工业·科技暨开放型经济工作先进单位和个人情况汇报;九、审议并原则同意县发改局提交《象山县开发区(园区)整合提升方案(送审稿)》。

【县政府第五十四次常务会议】 2021年6月30日上午,包朝阳主持召开县政府第五十四次常务会议。会议讨论研究有关事项摘要如下:一、传达学习省委、市委全会精神;二、听取县委改革办关于象山县数字化改革推进情况汇报;三、听取县大目湾开发建设管理中心关于共建浙江清华长三角研究院宁波分院象山县青创园合作协议汇报;四、听取县应急管理局关于全县半年度安全生产情况汇报;五、听取县住建局关于象山县城镇燃气安全风险隐患排查整治情况汇报;六、审议县房屋征收中心提交《象山县人民广场周边区块改造项目补偿实施方案(送审稿)》;七、听取丹东街道关于河东工业园及周边地块相关政策处理情况汇报;八、审议县公安局提交《象山县禁止和限制销售燃放烟花爆竹的实施意见(送审稿)》;九、审议县农业农村局提交《关于加强村经济合作社收益分配管理的通知(送审稿)》;十、会议审议并原则同意县自然资源和规划局关于宅基地基础信息调查工作方案;十一、会议审议并原则同意县妇联提交《关于加快提升农村来料加工业发展的实施意见（送审稿）》。

【县政府第五十五次常务会议】 2021年8月16日下午，包朝阳主持召开县政府第五十五次常务会议。会议讨论研究有关事项摘要如下：一、传达学习中共中央政治局会议精神及习近平总书记系列重要讲话精神；二、传达学习省政府第九次全体会议、市委全面深化改革委员会第九次全体（扩大）会议暨全市数字化改革工作推进会以及市政府全体（扩大）会议等会议精神；三、听取县城投集团关于人民广场及周边区块项目招商方案汇报；四、审议县经信局提交《象山县船舶修造行业专项整治工作实施方案（送审稿）》；五、审议市生态环境局象山分局提交《关于划定高排放非道路移动机械禁止使用区的通告（送审稿）》；六、听取象山经济开发区管委会关于中油重工项目用地处置相关情况汇报；七、听取象山经济开发区管委会关于年产8吉瓦光伏边框以及5吉瓦光伏支架项目投资协议汇报；八、听取象山经济开发区管委会关于日星铸业风电产业园铸造和机加工项目有关事宜汇报；九、审议县金融发展服务中心提交《关于进一步深入实施“凤凰行动”象山计划的实施意见（送审稿）》；十、听取并原则同意县应急管理局关于全县安全隐患大排查大整治专项行动推进情况汇报；十一、组织学习《优化营商环境条例》，由县发改局进行解读。

【县政府第五十六次常务会议】 2021年8月30日下午，包朝阳主持召开县政府第五十六次常务会议。会议讨论研究有关事项摘要如下：一、听取县发改局关于2021年象山县国有投资项目计划年中调整情况汇报；二、听取县财政局关于象山县镇乡（街道）国企债务有关情况汇报；三、审议县自然资源规划局提交《关于进一步规范村发展留用地政策的通知（送审稿）》；四、听取县自然资源规划局关于恢复功能耕地工作情况汇报；五、审议县住建局提交《象山县土地拍卖竞配用房管理办法（试行）（送审稿）》；六、听取县水务集团关于大塘港水质提升驻点跟踪研究技术服务有关情况汇报；七、听取市生态环境局象山分局关于全县生态环境保护工作情况汇报；八、听取县亚筹办关于全运会帆船比赛暨亚运测试赛有关情况汇报；九、审议县教育局提交《象山县教育系统“半岛名师”引进和培育实施办法（送审稿）》；十、审议县教育局提交《关于切实做好义务教育阶段学校课后服务和幼儿园托管服务的实施办法（送审稿）》；十一、听取县农业农村局关于2021年度象山县与雷波县东西部协作工作要点及任务分解情况汇报；十二、听取并原则同意县府办关于县政府部分领导工作分工调整汇报；十三、听取县委、县政府督查室关于“七张问题清单”落实情况汇报；十四、审议并原则通过县自然资源规划局提交《象山县自然资源资产储备制度试点实施方案（送审稿）》；十五、审议并原则通过县司法局提交《关于加快推进律师行业高质量发展的实施意见（试行）（送审稿）》；十六、审议并原则通过县司法局提交《象山县行政执法争议协调办法（送审稿）》；十七、组织学习临港装备产业发展（精准招商）规划，由县经信局进行讲解。

【县政府第五十七次常务会议】 2021年9月8日下午，包朝阳主持召开县政府第五十七次常务会议。会议讨论研究有关事项摘要如下：一、传达学习中共中央政治局会议精神及习近平总书记系列重要讲话精神；二、传达学习全省农业高质量发展大会、全省新一轮制造业“腾笼换鸟、凤凰涅槃”攻坚行动推进大会，以及市高质量发展建设共同富裕先行市领导小组第一次会议等会议精神；三、审议县经信局提交《象山县针织业改造提升行动方案（送审稿）》；四、审议县发改局提交《2021年度象山县山海协作工程工作要点及任务分解（送审稿）》；五、听取县大数据发展中心关于象山大数据信息化总集工作情况汇报；六、审议县科技局提交《关于推进科技创新高质量发展加快建设高水平创新型县的若干意见（送审稿）》；七、听取市生态环境局象山分局关于第二轮中央生态环境保护督察反馈问题整改和2021年省委生态环境保护专项督察、深入打好污染防治攻坚战重点工作红色预警事项有关情况汇报；八、听取县旅游集团关于象山石浦沙塘湾精品民宿村（浙东海上桃源渔村）项目汇报；九、审议县农业农村局提交的《象山县现代农业发展扶持办法（送审稿）》；十、组织学习《中华人民共和国预算法实施条例》，由县财政局进行解读；十一、组织学习纺织服装产业发展（精准招商）规划，由县发改局进行解读。

【县政府第五十八次常务会议】 2021年11月5日下午，包朝阳主持召开县政府第五十八次常务会议。会议讨论研究有关事项摘要如下：一、传达学习中共中央政治局集体学习会议精神；二、传达学习浙江省海洋强省建设推进会会议精神和市委书记彭佳学调研象山海洋经济发展工作精神；三、听取市生态环境局象山分局关于2021年省委生态环境保护专项督察有关情况汇报；四、听取县卫生健康局关于全县疫情防控工作情况汇报；五、听取县大目湾开发建设管理中心关于大目湾新城智慧运动健康医疗项目投资开发有关情况汇报；六、听取县渔港古城二期开发建设指挥部关于石浦渔港古城旅游目的地项目战略合作汇报；七、审议县委人才办提交《关于实施“半岛英才”计划加快引进集聚高层次人才团队的实施办法（送审稿）》；八、审议县住建局提交《关于鼓励物业企业接管微住宅小区和老旧住宅小区的若干意见（送审稿）》；九、审议县市场监管局提交《关于进一步支持个体工商户转型升级为企业的实施意见（送审稿）》；十、审议县商务局提交《关于促进开放型经济稳定发展的若干意见（送审稿）》；十一、审议并原则同意县发改局提交《象山县服务业发展“十四五”规划（送审稿）》；十二、审议并原则同意县建筑业管理中心提交《象山县建筑业发展“十四五”规划（送审稿）》；十三、审议并原则同意县残联提交《象山县残疾人事业发展"十四五"规划》；十四、听取县市场监管局关于全县食品药品安全工作情况汇报；十五、组织学习海图基础知识，由宁波海事局进行解读；十六、组织学习汽模配产业发展（精准招商）规划，由县经信局进行解读。

【县政府第五十九次常务会议】 2021年12月4日下午，李晓东主持召开县政府第五十九次常务会议。会议讨论研究的有关事项摘要如下：一、传达学习省委全会、市委全会精神；二、传达学习省委副书记、代省长王浩调研象山渔业安全工作讲话精神并研究全县渔业安全生产工作情况；三、传达学习区县（市）换届领导干部集体谈话会议精神；四、传达学习习近平总书记安全生产重要论述（防灾减灾）、为国家综合性消防救援队伍授旗训词精神。

【县政府第六十次常务会议】 2021年12月21日下午，李晓东主持召开县政府第六十次常务会议。会议讨论研究有关事项摘要如下：一、学习贯彻习近平总书记重要讲话精神；二、学习贯彻近期上级关于疫情防控工作有关精神；三、审议市生态环境局象山分局提交《象山县贯彻落实第二轮中央生态环境保护督察报告整改方案（送审稿）》；四、听取县发改局关于2021年主要指标预计完成情况和2022年初步安排汇报；五、听取县发改局关于2022年重点工程、国有投资项目、民生实事候选项目安排情况汇报；六、审议县水利和渔业局提交《象山县2021—2024年度国内捕捞渔船"减船转产"实施办法（送审稿）》；七、审议县人力社保局提交《关于支持我县企业留工优工促生产的意见（送审稿）》；八、审议县综合行政执法局提交《"大综合一体化"行政执法改革实施方案（送审稿）》；九、审议县府办提交的2022年《政府工作报告（送审稿）》；十、审议并原则同意县发改局提交《象山县"十四五"重大项目规划（送审稿）》、县司法局提交《关于公布县政府及县政府办公室行政规范性文件清理结果的通知（送审稿）》、县水利和渔业局提交《象山县水资源节约保护和开发利用总体规划（报批稿）》、县卫生健康局提交《象山县突发急性呼吸道传染病事件应急预案（送审稿）》；十一、传达学习省委人才工作会议、省委信访工作会议等有关精神；十二、组织学习《中华人民共和国安全生产法》，由县应急管理局进行解读。

【县政府第六十一次常务会议】 2021年12月30日上午，李晓东主持召开县政府第六十一次常务会议。会议讨论研究有关事项摘要如下：一、学习贯彻习近平总书记重要讲话和指示精神；二、传达学习省委经济工作会议精神；三、传达学习县第十五次党代会精神；四、传达学习全省数字化改革推进会议精神并研究全县数字化改革工作推进情况；五、听取县疫情防控办关于做好元旦春节期间疫情防控工作汇报；六、审议县财政局提交《2022年财政预算收支安排方案（送审稿）》；七、审议县发改局提交《关于象山县2021年国民经济和社会发展计划执行情况与2022年国民经济和社会发展计划草案的报告（送审稿）》；八、听取县住建局关于做好大地景观示范区建设项目有关情况汇报；九、传达学习平安中国建设表彰大会精神。

重要文件

【象政发重要文件】 2021年，象山县人民政府印发重要文件如下：

2021年象山县人民政府印发重要文件一览表

表5

序号	文　号	文　　件　　名
1	象政发〔2021〕1号	象山县人民政府关于印发关于促进开放型经济稳定发展的若干意见的通知
2	象政发〔2021〕2号	象山县人民政府关于同意爵溪街道牛昌咀—箩箕湾—下沙湾区块控制性详细规划（修编）的批复
3	象政发〔2021〕3号	象山县人民政府关于调整工业用地出让指导价格的意见
4	象政发〔2021〕4号	象山县人民政府关于同意象山县高塘岛乡纱帽绿地块一国有建设用地使用权出让方案的批复
5	象政发〔2021〕5号	象山县人民政府关于同意收购宁波台垦实业有限公司国有建设用地使用权的批复
6	象政发〔2021〕6号	象山县人民政府关于同意象山县高塘岛乡纱帽绿地块二等三幅地块国有建设用地使用权出让方案的批复
7	象政发〔2021〕7号	象山县人民政府关于印发推进健康象山行动实施方案的通知

续表5

序号	文　号	文　件　名
8	象政发〔2021〕8号	象山县人民政府关于同意变更爵溪街道爵溪农村股份经济合作社、爵溪渔村股份经济合作社集体所属的部分林地所有权属的批复
9	象政发〔2021〕9号	象山县人民政府关于象山石浦兴泰水产区块改造项目房屋征收决定的公告
10	象政发〔2021〕10号	象山县人民政府关于印发国家级海洋渔文化（象山）生态保护区建设方案（2021—2025）的通知
11	象政发〔2021〕11号	象山县人民政府关于印发2021年县政府重点工作责任清单的通知
12	象政发〔2021〕12号	象山县人民政府关于印发象山县国有土地上房屋征收补偿、补助、奖励规定的通知
13	象政发〔2021〕13号	象山县人民政府关于下达象山县2021年国民经济和社会发展计划指标的通知
14	象政发〔2021〕14号	象山县人民政府关于制止耕地“非农化”防止耕地“非粮化”稳定发展粮食生产的通告
15	象政发〔2021〕15号	象山县人民政府关于印发关于推动建筑业招商和回归行动的实施意见的通知
16	象政发〔2021〕16号	象山县人民政府关于印发象山县域5G基站布点专项规划（2019—2023）的通知
17	象政发〔2021〕17号	象山县人民政府关于2021年象山县海洋休渔禁渔的通告
18	象政发〔2021〕18号	象山县人民政府关于公布第八批县级文物保护单位的通知
19	象政发〔2021〕19号	象山县人民政府关于进一步加强耕地保护稳定粮食生产的实施意见
20	象政发〔2021〕20号	象山县人民政府关于公布第六批象山县非物质文化遗产代表性项目名录的通知
21	象政发〔2021〕21号	象山县人民政府关于印发象山县生态文明建设规划（2021—2025年）的通知
22	象政发〔2021〕22号	象山县人民政府关于调整征地区片综合地价的通知
23	象政发〔2021〕23号	象山县人民政府关于调整土地征收中地上附着物和青苗补偿标准的通知
24	象政发〔2021〕24号	象山县人民政府关于印发象山县人民政府质量奖管理办法（2021年修订）的通知
25	象政发〔2021〕25号	象山县人民政府关于公布2020年度象山县县长质量奖获奖单位结果的通知
26	象政发〔2021〕26号	象山县人民政府关于印发象山县海洋经济发展“十四五”规划的通知
27	象政发〔2021〕27号	象山县人民政府关于公布2020年度象山建筑业发展工作中作出贡献的集体和个人名单的通知
28	象政发〔2021〕28号	象山县人民政府关于象山县人民广场周边区块改造项目房屋征收决定的公告
29	象政发〔2021〕29号	象山县人民政府关于印发象山县禁止和限制销售燃放烟花爆竹实施意见的通知
30	象政发〔2021〕30号	象山县人民政府关于印发象山县新一轮旅游产业扶持政策实施意见的通知
31	象政发〔2021〕31号	象山县人民政府关于印发象山县农村集体经营性建设用地入市管理办法（试行）的通知
32	象政发〔2021〕32号	象山县人民政府关于划定高排放非道路移动机械禁止使用区的通告
33	象政发〔2021〕33号	象山县人民政府关于印发宁波市象山渔港经济区建设规划（2018—2025）的通知
34	象政发〔2021〕34号	象山县人民政府关于加强村经济合作社收益分配管理的通知
35	象政发〔2021〕35号	象山县人民政府关于印发象山县高塘岛乡群英塘海塘水环境整治工作方案的通知
36	象政发〔2021〕36号	象山县人民政府关于印发关于推进科技创新高质量发展加快建设高水平创新型县的若干意见的通知

续表5

序号	文　　号	文　　件　　名
37	象政发〔2021〕37号	象山县人民政府关于印发象山县现代农业发展扶持办法的通知
38	象政发〔2021〕38号	象山县人民政府关于印发关于进一步深入实施“凤凰行动”象山计划的实施意见的通知
39	象政发〔2021〕39号	象山县人民政府关于确定特定园区财政体制的通知
40	象政发〔2021〕40号	象山县人民政府关于确定新一轮镇乡（街道）财政体制的通知
41	象政发〔2021〕41号	象山县人民政府关于印发关于进一步规范村发展留用地政策的通知
42	象政发〔2021〕42号	象山县人民政府关于县政协十届五十九次主席会议关于“办全运、迎亚运”发展涉海业态建议案的答复
43	象政发〔2021〕43号	象山县人民政府关于印发象山县建筑业发展“十四五”规划的通知
44	象政发〔2021〕44号	象山县人民政府关于印发关于进一步支持个体工商户转型升级为企业的实施意见的通知
45	象政发〔2021〕45号	象山县人民政府关于印发象山县残疾人事业发展“十四五”规划的通知
46	象政发〔2021〕46号	象山县人民政府关于印发象山县“半岛英才”计划实施办法的通知
47	象政发〔2021〕47号	象山县人民政府关于县政协十届六十次主席会议“建设城市大脑，打造数字象山”建议案的答复
48	象政发〔2021〕48号	象山县人民政府关于印发象山县住房和城乡建设“十四五”规划的通知
49	象政发〔2021〕49号	象山县人民政府关于县政协十届五十八次主席会议关于促进我县夜间经济发展的建议案的答复

【象政办发重要文件】 2021年，象山县人民政府办公室印发重要文件如下：

2021年象山县人民政府办公室印发重要文件一览表

表6

序号	文　　号	文　　件　　名
1	象政办发〔2021〕1号	象山县人民政府办公室关于印发象山县职业教育高质量发展三年行动计划（2021—2023年）的通知
2	象政办发〔2021〕2号	象山县人民政府办公室关于开展“迎接亚运”系列规划编制行动的通知
3	象政办发〔2021〕3号	象山县人民政府办公室关于印发象山县自然资源统一确权登记工作方案的通知
4	象政办发〔2021〕4号	象山县人民政府办公室关于印发象山县推进高水平交通强县基础设施建设三年行动计划（2021—2023年）的通知
5	象政办发〔2021〕5号	象山县人民政府办公室关于印发象山县招商引资项目准入预评审管理办法的通知
6	象政办发〔2021〕6号	象山县人民政府办公室关于开展“迎接亚运”城市治理“一整治两提升”工作的实施意见
7	象政办发〔2021〕7号	象山县人民政府办公室关于推进“迎接亚运”城市品质提升行动的实施意见
8	象政办发〔2021〕8号	象山县人民政府办公室关于全面推进城镇老旧小区改造工作的实施意见
9	象政办发〔2021〕9号	象山县人民政府办公室关于公布2021年度重大火灾隐患挂牌整改单位的通知
10	象政办发〔2021〕10号	象山县人民政府办公室关于认真做好2021年人大代表建议和政协提案办理工作的通知

续表6

序号	文　号	文　件　名
11	象政办发〔2021〕11号	象山县人民政府办公室关于成立象山港技师学院创建工作领导小组的通知
12	象政办发〔2021〕12号	象山县人民政府办公室关于印发象山县人民政府2021年度重大行政决策事项目录的通知
13	象政办发〔2021〕13号	象山县人民政府办公室关于印发象山生活垃圾焚烧发电企业环保运营监管办法的通知
14	象政办发〔2021〕14号	象山县人民政府办公室关于印发象山县行政事业单位国有房产出租管理暂行办法的通知
15	象政办发〔2021〕15号	象山县人民政府办公室关于印发象山县加快培育和发展住房租赁市场的实施意见的通知
16	象政办发〔2021〕16号	象山县人民政府办公室关于调整部分县政府办公室领导班子成员工作分工的通知
17	象政办发〔2021〕17号	象山县人民政府办公室关于印发推进象山县政策性融资担保体系建设工作方案的通知
18	象政办发〔2021〕18号	象山县人民政府办公室关于进一步规范社会保险参保工作的通知
19	象政办发〔2021〕19号	象山县人民政府办公室关于印发象山县2021年度重点工程建设项目和前期项目目标任务责任分解的通知
20	象政办发〔2021〕20号	象山县人民政府办公室关于印发2021年省、市、县政府民生实事项目目标任务责任分解的通知
21	象政办发〔2021〕21号	象山县人民政府办公室关于印发象山县创建省级节水型城市实施方案的通知
22	象政办发〔2021〕22号	象山县人民政府办公室关于印发关于开展“一户多宅”清理整改落实行动实施方案的通知
23	象政办发〔2021〕23号	象山县人民政府办公室关于印发关于实施海洋经济普惠金融专项行动的二十条意见的通知
24	象政办发〔2021〕24号	象山县人民政府办公室关于印发象山县委托培养初高中教师实施意见的通知
25	象政办发〔2021〕25号	象山县人民政府办公室关于印发象山县近岸海域水污染防治攻坚战实施方案（2021—2022年）的通知
26	象政办发〔2021〕26号	象山县人民政府办公室关于印发2021年象山县招商引资争先创优绩效评价办法的通知
27	象政办发〔2021〕27号	象山县人民政府办公室关于印发象山县退红空间管理促进办法（试行）的通知
28	象政办发〔2021〕28号	象山县人民政府办公室关于对象山楠方置业有限公司实施预重整帮扶的通知
29	象政办发〔2021〕29号	象山县人民政府办公室关于印发象山县开发区（园区）整合提升方案的通知
30	象政办发〔2021〕30号	象山县人民政府办公室关于印发2021年象山县政务公开工作要点的通知
31	象政办发〔2021〕31号	象山县人民政府办公室关于印发加快提升农村来料加工业发展实施意见的通知
32	象政办发〔2021〕32号	象山县人民政府办公室关于印发石浦高速通车后交通疏解方案的通知
33	象政办发〔2021〕33号	象山县人民政府办公室关于明确农村生活用水免征水资源费范围的通知
34	象政办发〔2021〕34号	象山县人民政府办公室关于建立企业破产府院联席会议制度的通知
35	象政办发〔2021〕35号	象山县人民政府办公室关于加快推进律师行业高质量发展的实施意见（试行）
36	象政办发〔2021〕36号	象山县人民政府办公室关于印发象山县行政执法争议协调办法（2021年修订）的通知
37	象政办发〔2021〕37号	象山县人民政府办公室关于印发象山县自然资源资产储备制度试点实施方案的通知
38	象政办发〔2021〕38号	象山县人民政府办公室关于印发象山县“半岛名师”引进和培育实施办法的通知
39	象政办发〔2021〕39号	象山县人民政府办公室关于印发象山县针织业改造提升行动方案的通知

续表6

序号	文　号	文　件　名
40	象政办发〔2021〕40 号	象山县人民政府办公室关于印发象山县清理规范林权确权登记历史遗留问题试点实施方案的通知
41	象政办发〔2021〕41 号	象山县人民政府办公室关于印发象山县农民专业合作社质量提升整县推进试点实施方案的通知
42	象政办发〔2021〕42 号	象山县人民政府办公室关于印发象山县药品安全事件应急预案的通知
43	象政办发〔2021〕43 号	象山县人民政府办公室关于印发象山县食品安全事故应急预案的通知
44	象政办发〔2021〕44 号	象山县人民政府办公室关于促进物业企业接管微住宅小区和老旧住宅小区的若干意见
45	象政办发〔2021〕45 号	象山县人民政府办公室关于印发象山县测绘应急保障预案的通知
46	象政办发〔2021〕46 号	象山县人民政府办公室关于印发《象山县现代渔业(海洋生物)发展(精准招商)规划》《象山县纺织服装产业发展(精准招商)规划》的通知
47	象政办发〔2021〕47 号	象山县人民政府办公室关于印发象山县加快推进“大综合一体化”行政执法改革实施方案的通知
48	象政办发〔2021〕48 号	象山县人民政府办公室关于印发象山县关于深化“机械强农”加快推进农业“机器换人”高质量发展的行动方案(2021—2025 年)的通知
49	象政办发〔2021〕49 号	象山县人民政府办公室关于印发关于支持企业留工优工促生产的意见的通知
50	象政办发〔2021〕50 号	象山县人民政府办公室关于印发象山县突发公共卫生事件应急预案和象山县突发急性呼吸道传染病事件应急预案的通知
51	象政办发〔2021〕51 号	象山县人民政府办公室关于加强“十四五”期间年森林采伐限额管理的通知
52	象政办发〔2021〕52 号	象山县人民政府办公室关于公布县政府及县政府办公室行政规范性文件清理结果的通知
53	象政办发〔2021〕53 号	象山县人民政府办公室关于印发象山县中心城区内涝防治能力提升三年行动计划(2021—2023 年)的通知

办公室工作

【概况】 象山县政府办公室是协助县政府领导处理日常工作的综合性办事机构。2021 年,内设科室为秘书科、综合一科、综合二科、政务信息科、接待科(挂县委、县政府接待办公室牌子)、工业科技科、社会事业科、建设交通科、农业农村科、商贸金融科、口岸海防打私科。县委外事工作委员会办公室设在县府办(县外办),设置县委外办协调科,负责处理县委外办的日常事务,指导涉党际、民间组织和社会组织对外交往。根据象编〔2020〕66 号,下属事业单位县政府发展研究中心调整为副科(局)级公益一类事业单位。

【服务全县大局】 始终把服务全县中心工作作为办公室立身之本,紧扣“海洋强县,美丽富民”战略,助推经济社会高质量发展。一方面,推动海洋与美丽双轮驱动。依托国家级海洋经济发展示范区主体区,抢抓“碳达峰”“碳中和”机遇,大力培育五大主导海洋产业链。2021 年,签约亿元以上项目 68 个,增长 70%;工业投资增长 28.9%、全市第 2 位;海洋生产总值预计增长 10%,拉动地区生产总值增长 1.66 个百分点,对全县地区生产总值增长贡献率 20%。持续做好美丽经济 IP、流量、体验三篇文章,与中国美院合作实施“神笔马良计划”,用艺术化设计激活山海资源,打造北纬 30 度最美海岸线,跻身 2021 年全国县域旅游综合实力百强县第 4 位。另一方面,城市与乡村比翼齐飞。围绕“办好一个会,提升一座城”,全面开展亚运城市行动,统筹推进“精特亮”建设,实施项目 115 个、完成投资 152 亿元,第一批 2 条精品线路、2 个特色街区考核进入全市第一梯队。以创建省首批新时代美丽乡村标杆县为目标,推动实施“三清三美”“两线两村”行动,协调推进 125 项具体项目实施,获评省大花园建设考核优秀县、并获得省政府督查激励。

【协助攻坚克难】 围绕政府重点改革,聚焦发展遗留问题,注重发挥府办职能作用,着力破解发展瓶颈制约。一方面,助推三大改革。落实数字化改革任务,牵头抓好数字政府建设,11个应用场景项目入选省级揭榜挂帅及应用试点,县公共数据平台作为全省唯一县级代表在省数字化改革专题会上作经验交流,“未来菜场”项目参展2021年世界数字经济大会。以专项债券置换隐性债务全国试点为抓手,持续深化投融资体制改革,启动实施乡财县管,国企融资综合成本率降至5.84%、比2020年下降了1.55个百分点。协同抓好国家级宅基地制度改革试点,探索建立宅基地资格权权票制度,颁发“三权分置”不动产权证128本,盘活利用宅基地7.3万平方米。另一方面,助推六大攻坚。打好清零“征迁地”、盘活“闲置地”、激活“烂尾楼”、打通“断头路”组合拳,67户征迁滞留户基本清零,闲置15年的经济开发区大石门地块顺利收回,在城市中心停工10年的创意大厦复工,开工近15年的环城西路2021年年底全线贯通,人民广场区块拆迁取得重大进展。

【强化参政辅政】 围绕主要职能,提高站位,全力当好参谋助手。一是做到“参之有道”。坚持把握工作要点,组织各线开展课题调研,形成了海岸带保护与利用等10余篇调研报告,渔业安全生产专题调研报告获省政府领导批示肯定。二是做到“辅之有方”。准确把握领导意图,文稿起草力求出思路出真招,信息报送力求及时准确,累计完成综合材料300余篇,上报政务信息700余条、其中获省市领导批示23条次、居全市第2。三是做到“助之有力”。规范办文、办会、办事,召开全县办公室主任会议,推行跟班学习锻炼制度,提高整体办公水平。坚持热情细致、从俭招待,配合做好重大活动统筹协调,圆满举办中国开渔节、全运会帆船赛事等活动。

【抓好任务落实】 始终把抓落实作为府办工作的生命线,进一步健全工作保障机制,确保政府各项工作推进跟得上、有力度。一方面,健全机制抓落实。牵头建立“五定”机制,对“182+X”项政府工作、181项重点工程做到定事、定标、定责、定人、定时,所有工作已基本完成。协助召开政府班子月度例会、政府工作季度例会,推行首问负责即问即办,定期晒清单、比担当、促落实。另一方面,数字赋能抓落实。依托浙政钉,创新开发政府清单随身钉、重点项目掌上督等系统,每月定期上报工作进度,及时提醒滞后事项,促进责任单位比学赶超、破难提速。创新建立招商项目“三库一图”“七评一看”制度,实行重大项目落地“四张清单”机制,持续提升项目动建率,37个项目实现当年签约当年动建。

(钮书坤)

行政审批服务·公共交易

【概况】 2021年,象山县政务服务办公室(县公共资源交易管理办公室)共办理各类行政审批事项648441件,其中即办件590477件,承诺件57964件,办结件648920件;共完成公共资源交易项目494宗,总交易额达72.25亿元,其中,工程建设项目220宗,成交额24.57亿元,节约率9.14%;政府采购项目104宗,成交额6.02亿元,节约率8.20%;土地招拍挂78宗,成交额36.20亿元,增值3.75亿元;产权交易92宗,成交额5.46亿元,增值0.11亿元。

【动产抵押和权力担保实行统一登记】 按照国务院决定,自2021年1月1日起,在全国范围内实施动产和权利担保统一登记,此举代表市场监管部门不再承担动产抵押登记工作,统一由中国人民银行承担。此次动产抵押和权利担保统一登记是进一步提高动产和权利担保融资效率,优化营商环境,促进金融更好服务实体经济又一新举措。

【企业开办公章刻制费用免单优惠】 为优化营商环境、降低企业经营成本,1月1日起,县政务办、人民银行象山县支行、县市场监督管理局、县公安局联合县域内17家银行机构推出企业开办公章刻制费用免单优惠服务。该服务限定印章包括企业公章、企业财务章、发票专用章和法人章。县域内各企业在选定银行完成银行开户(或变更)手续后,凭公章刻制合法合规增值税发票,企业开户银行予以报销或优惠。

【首笔防空地下室易地建设费】 1月1日起,水土保持补偿费,排污权出让收入,防空地下室易地建设费,地方水库移民扶持基金等四项非税收入划转至税务部门征收。1月14日,县行政服务中心成功受理首笔防空地下室易地建设费,此为四项非税收入划转税务部门征收首月第1笔申报缴纳业务。

【首例全过程咨询“评定分离”招标】 1月10日,象山县宝海路与新一路交叉口西北角(暂名周建、里新安置小区)地块全过程工程咨询项目在县公共资源交易中心顺利完成招标,总投资约5.65亿元。这是象山县完成的首例全过程咨询“评定分离”招标。该全过程咨询服务项目将工程监理、造价咨询、项目管理等服务合并招标,采用评定分离模式,对全过程工程咨询服务实施方案、全过程工程咨询服务团队、投标报价、业绩和信用等进行评标定标,既有利于招标人自主选择优秀的投标人,主体责任得到有效落实,又有利于促进招标人和中标人合作关系。“一次招标全覆盖”,使得项目能稳中有序地顺利推进,实现项目投资价值的最大化。

【“渔小二”自助办证系统】 疫情期间,为减少人员接触,方便渔民办理渔船抵押登记,象山县加快“渔小二”自助办证系统在银行推广使用进度。改革前,渔民办理渔船抵押登记时需要前往银行、水利和渔业分中心等部门好几趟。改革后,渔民只需跑银行一地即可当场完成渔船抵押登记申请、审批和抵押权登记证书取证,全流程使用电子数据办理,实现“不见面审批”“无纸化审批”,大大缩减贷款所需时间及手续。1月21日,县农村信用合作联社石浦信用社工作人员通过“渔小二”自助办证系统首次自主办理浙象渔32059渔船抵押登记业务。

【民宿开办全流程智慧办】 2021年以来，象山县为持续简化民宿登记流程、降低民宿开办成本，在民宿行业管理规范基础上，依托浙政钉，开发民宿开办全流程智慧办平台，在落地实施民宿开办“一件事”改革（行政审批）的基础上，向前期民宿核定环节和后期信息共享延伸，将民宿核定、房屋安全质量鉴定、村（社区）和镇乡（街道）出具意见、消防安全检查、市场主体设立登记、特种行业经营许可、公共场所卫生许可、民宿信息共享等8个事项整合为“一件事”，贯通县级部门、乡镇（街道）、村（社区）三个层级，联通中介机构，比省定的“一件事”延伸5个环节，申请材料从30份减到6份，压缩率达80%，行政审批时间从“15个工作日到即办”，真正实现民宿开办全流程、全环节、多层级、多主体集合统一。2月5日，高塘岛乡君宜农渔客栈成功领取营业执照、公共场所卫生许可证和特种行业许可证等3本证照，这是该县创新实施民宿开办全流程智慧办以来发出首套证照。

【长三角区域城市跨省户口网上迁移事项办理】 3月1日起，市民可在象山县办理长三角区域城市跨省户口网上迁移事项。浙江、上海、江苏、安徽（合肥）户籍居民，仅需携带落户资料在迁入派出所申请跨省户口迁移，公安窗口当场受理，后续流程均由迁入地和迁出地公安机关将相关户口迁移信息进行网络流转，无需申请人持户口准迁证、户口迁移证来回跑，申请人仅需等待通知办理迁入落户即可。该项便民服务将群众两地跑时间转移到网上流转程序时间，真正实现“最多跑一次”，有效解决群众“两地跑、多次跑”困局。

【宁波、绍兴、舟山、台州户籍业务“圈内通办”】 为进一步推进政务服务改革，3月1日起，宁波、绍兴、舟山、台州推行户籍业务（部分）“圈内通办”。县行政服务中心公安窗口组织全体工作人员学习文件精神、组织开展业务培训工作，保障户籍业务“圈内通办”顺利开展。“圈内通办”涵盖即审即办类的居民身份证换领、补领、挂失、临时居民身份证申领以及流转办理类、流转审批类的相关户籍业务，办事群众可以在就近地办理各类业务，免去来回奔波。

【城市道路线上审批新模式】 为持续深化“政务服务2.0”改革，象山县依托浙江政务服务网和浙江省城市建设管理领域在线审批系统，推出全新审批模式，实现便民利企挖掘道路审批事项迭代升级。该模式转变传统审批思路，借力“互联网+政务服务”，改变传统模式中资料受理、审查流转、审批出征等繁琐环节，由企业线上填写标准化表格，县住建局牵头协调城管、资规、交警等部门开展联合勘探，并最终出具许可意见。3月9日，宁波天蓝置业有限公司已通过线上申报顺利领取兰园东门口人行道铺装（挖掘面积约40平方米）道路挖掘审批许可证。

【农村集体产权交易项目改革】 3月，县公共资源交管办协同县农业农村局共商农村集体产权交易实行统一进场、统一监管事宜，此举标志着象山县农村集体产权交易项目交易改革正式启动。之后，公共资源交管办在农村集体产权交易领域进行共同监管，并完善产权交易规范化管理制度、违法行为处理和投诉举报处理办法、项目交易标准文本、相关监管流程和监管制度等。

【单体建筑消防验收】 为推动建设领域“最多跑一次”改革向纵深迈进，加快项目竣工验收工作效率，推动企业项目早落地、早投产、早出效益，缓解企业经营压力，行政审批窗口积极推行开展建设工程单体建筑消防验收工作。同一个项目由多个单体建筑组成的，在消防车道、消防车登高操作场地、高位消防水箱、消防水池、消防水泵房、消防控制室、室外消火栓系统、变配电房等重要的公共消防设施完成设计内容、实现设计功能的前提下，建设单位可分期分批申请消防验收、备案和抽查。3月23日，由宁波运生电气科技有限公司承建的年产1500万件套汽车天窗导轨技改项目，建筑面积约12969.59平方米，顺利取得建设工程竣工验收消防备案情况登记证明。

【象山·鄱阳政务服务“跨省通办”】 为进一步深化“放管服”改革、优化营商环境，解决在象山工作近6000名江西鄱阳县户籍群众政务办理业务需求，县政务办推出“象山·鄱阳”通办窗口，实现政务服务跨省通办。在宁波大力推进长三角政务服务一体化基础上，3月22日，县政务办携手江西鄱阳，围绕公安、教育、医疗、社保、民政、交通、住房等重点领域，推出第一批办事频率高、需求量较大、群众获得感强的事项，服务在象打拼鄱阳人。此项举措促进线上线下深度融合，实现两地企业和群众办事“就近办理、一次办成”，打造“跨省通办”政务服务品牌。“象山·鄱阳”通办窗口可办理社保医保查询办理、基本养老保险关系转移接续、住房公积金提取、缴存信息变更、跨省转学、生育登记等75个高频业务。

【不动产登记“一窗通办”】 为深化不动产登记“最多跑一次”改革，持续优化营商环境，县行政服务中心整合窗口资源、突破数据信息壁垒，实现税务征缴、不动产登记“一窗受理、集成服务”。县税务局、县房管中心、县自然资源和规划局的10个政务窗口均能一窗办理不动产交易信息采集、申报缴款、税票开具全流程业务，有效避免各部门重复录入不动产信息，平均减少每户次办税时长9.5分钟，除需要公告、实地踏勘等特定事项外，不动产登记业务实现60分钟办结领证，行政服务效率大幅提升。

【就医备案秒办】 为深化“最多跑一次”改革，极力打造更“美”服务窗口，4月1日起，县社会保障分中心服务大厅办理就医备案业务无需取号、排队。县医疗保障局服务大厅整合升级服务功能、提升后台审核力量、扩展咨询台业务服务范围，将就医备案、生育保险等与报销相关业务合并为“医保报销一件事”。

【省社保系统集中办理】 4月9日，象山县省社保系统成功上线运行。经办首日，县行政服务中心人力社保服务中心现场经办平稳，秩序井然，窗口均能正常办理业务和受理办事人员业务咨询，顺利跨入省社保系统集中办理新模式。

【溢价率超100%产权项目成交】 4月9日，县原水有限公司委托的县仓岙水库库尾清於项目多余矿产品转让项目在县行政服务中心顺利成交，为该县产权交易中心2021年完成的首个溢价超千万元且溢价率超100%项目。该项目采取网络竞价方式在县产权交易平台公开进行。该项目共1个标的进行转让，起始价为18455200元，共有9个竞买人参与竞价，经过237轮报价，最终以45355200元成交，溢价26900000元，溢价率高达145.76%。

【评标区规范管理】 为努力打造公开、公平、公正公共资源交易服务平台，县公共资源交易中心强化三个抓手，创新机制加强对评标区域管理。该办实行进场人员数量预约制，并根据入场人员身份进行分色分类挂牌上岗，同时利用平台数字见证全程服务。开标前，招标人(招标代理)应向交易中心工作人员提交进评标区人员数量。开标时，进入评标区人员数量严格按预约登记执行。特殊原因需新增人员进入评标区的，需向公共资源交易管理科申报，并向公共资源交易中心登记备案，经同意后方可进入，其他人员一律不得进入。工程项目评标专家佩戴标注“工程评委”的紫色胸牌，采购项目评标专家佩戴标注“采购评委”的黄色胸牌，业主代表佩戴标注“业主”的绿色胸牌，监管人员佩戴标注“监管人员”的蓝色胸牌，公证人员佩戴标注“公证”的红色胸牌，评标区管理人员佩戴标注“工作人员”的橙色胸牌，招标代理穿上红马甲，并在指定评标室或指定区域活动。充分发挥科技优势，利用评标现场电子监控设备全程录音录像，加强评标区现场见证服务，确保评标专家在封闭评标区内独立公正完成评标，减少人为干扰，使每一个环节阳光透明有据可查。

【不动产登记“云速押”】 为推动不动产登记数字化改革，防范不动产抵押贷款金融风险，进一步优化营商环境，3月19日，不动产登记中心与民生银行象山支行合作，正式上线由市自然资源和规划局与民生银行宁波分行共同建设的不动产登记和银行“总对总”业务协同信息系统“云速押”。

【政府采购电子化】 为规范全县政府采购验收工作，强化监管力度，5月起，县政务办政府采购中心对政府采购验收环节将实行“随机抽取、协同参与”工作模式。采购单位在项目验收前，需通过政府采购审批系统申请项目验收，政府采购中心将根据项目采购情况，确定验收方式、监督检查等内容后，再实施验收。此模式简化采购单位验收申请手续，改变原先线下纸质资料提交申请传统工作模式，通过网络系统实现线上申请，打通政府采购活动电子化“最后一公里”，实现全流程电子化和全流程“零次跑”。政府采购履约验收环节是检验整个采购结果成效重要步骤，也是政府采购程序中最后检验步骤，县政府办将加强履约验收工作，把住政府采购关口。

【电子营业执照推广】 为提升企业开办便利化度，5月，象山县推广电子营业执照。电子营业执照，是指由市场监管部门依据国家有关法律法规、统一标准规范核发的载有市场主体登记信息的法律电子证件，可作为企业在网上办理企业登记、公章刻制、涉税服务、社保登记、银行开户等业务的合法有效身份证明和电子签名手段。企业法定代表人可以在微信、支付宝或者国务院客户端小程序搜索“电子营业执照”，进入小程序后点击“下载执照”，由法定代表人进行实名认证+人脸识别，选择对应的企业登记地与名称，即可下载。下载后，法定代表人可以授权委托他人使用电子营业执照。

【仅销售预包装食品备案制】 为进一步缩短许可时限，5月起，象山县将在对低风险食品生产经营许可实施“告知承诺制”的基础上，对仅销售预包装食品的食品经营许可实施“备案制”。自优化营商环境以来，县行政服务中心市场监管局窗口多次出台优化营商环境新举措，严格落实“证照分离”改革措施，降低食品经营准入门槛。针对市场主体经营户仅销售预包装食品(不含特殊食品)经营许可从“审批”改为“备案”，实现预包装食品经营许可“减证”+“提速”。经营者在登记注册营业执照时一并提出食品经营备案(仅销售预包装食品)申请，取得经营范围含“食品经营(销售预包装食品)”营业执照即可开展经营活动，无需再办理食品经营许可证。

【二手房转移登记全流程网办】 5月10日，市民蒋女士与身在外地的蒋先生在不动产登记工作人员帮助下，借助浙江政务服务网线上发起二手房转移登记申请，并顺利完成产权转移。该笔业务顺利办结标志着县不动产登记全流程网办模式正式启动，也是不动产登记中心推进互联网+不动产登记新成果。与传统线下办理模式相比，网办模式具有以下两方面的优势：一是申请人通过浙江政务服务网等平台提交登记申请，登记机构内网审核，实现申办免跑腿；二是不动产登记机构完成审核、登簿后，申请人可选择快递送达证书，在电子证书实现并推广应用后，申请人可在系统直接领取不动产登记电子证书，做到一次都不用跑。

【交通运输电子证照上线】 为加快交通运输数字化改革，方便交通运输从业企业和人员携带、查询和应用交通运输证照，根据国务院《优化营商环境条例》《浙江省保障“最多跑一次”改革规定》及交通运输部有关文件精神，自6月25日起，象山县启用交通运输电子证照。电子证照上线后，从业企业和人员携带电子证照的，不再查验纸质证照。道路运输从业人员从业资格证、客运出租汽车驾驶员证(含网约、巡游)诚信考核签注和继续教育认定在电子证照上展现的;车辆道路运输证、船舶营业运输证年审通过后,相关电子证照自动更新年审信息的,纸质证照上可不再签注。

【基层水电气集合服务驿站打造】 为进一步实现“数据多跑路,群众少跑腿”的服务目标,象山县通过服务集成、系统延伸、数据共享,成功打造基层水电气集合服务驿站,实现企业群众可在一个网点办理水电气三项业务的便利服务。窗口工作人员一次收取申请材料、核验身份,通过浙江省“一网通办”平台、浙里办 App、国家电网 App 或微信等渠道,将申报信息共享给水电气部门,形成“统一窗口受理+互认电子材料+优化业务流程+精简申报材料”部门协同联办机制,实现基层水电力业务一站办结。7 月 13 日,国家电网象山滨海供电所营业厅完成象山县第一起基层水电气联动办理业务。

【集中补领(办)婚姻登记证】 7 月 15 日,象山县启动集中补领(办)婚姻登记证工作。县行政服务中心婚登处采用流动驿站形式,赴各街道、村庄为群众办理业务。

【“智慧渔村”建设】 为提高边远海岛渔村居民办理政务服务事项便利度,县政务办通过数据赋能,打通海岛数据链,着力推动海岛治理创新。以东门渔村为示范,其他偏远渔村落为辐射,综合应用线上线下办事平台,在提升村便民服务站功能的基础上,应用 iPad 设备,接入省里统一开发的政务服务一网通办平台,以综合事务员为主力队伍,大力推进政务服务在渔村的“网办”“掌办”“自助办”“移动办”,打通岛—村办事“最后一公里”。

【政务服务 2.0 模式延伸村(社)】 为持续深化“最多跑一次”改革,以数字化改革为动力,打造“整体智治”的现代政府,象山县持续推进“家门口”政务服务网建设。2020 年 12 月,石浦镇作为象山县政务服务 2.0 试点单位,先行先试,拓宽群众办事渠道,提高办事效率。2021 年,为加快推进智慧海岛建设,以东门渔村为试点,探索政务服务 2.0 向村(社)延伸,率先实现县镇两级部分高频民生事项村级办理。7 月 22 日,东门渔村 60 岁老李通过刷脸,10 分钟当场办结养老保险事项,此为该县第一个通过政务服务 2.0 村级平台办理的业务。

【“建筑工程施工许可批后管理”微信管理平台】 为深化“放管服”改革,持续完善和优化象山县营商环境,象山县整合施工许可告知承诺相关内容,依托“象山住建”微信公众号,开辟“施工许可批后管理”板块。8 月 2 日,该板块正式上线。该板块包括“建筑工程施工许可批后管理告知”“质量安全监督交底”“城市市政基础设施”三大模块,可以为企业和办事群众提供办事服务。

【不动产登记“进法院”】 为进一步打通便民服务的“最后一公里”,强化部门衔接、打破服务壁垒,8 月 19 日,不动产登记中心经与县人民法院对接,在原有查解封业务进法院的基础上,与相关部门共同探索实施不动产转移登记延伸服务。围绕司法拍卖不动产登记“零次跑”的工作目标,让竞得人在竞得不动产后能够实现“不见面”办理,四部门就涉及不动产解封、抵押权注销、合同网签、税费核算、不动产转移登记等多项业务结合办理,实现线上线下融合,顺利开展司法拍卖不动产转移登记进法院。

【县住建局窗口进驻石浦分中心】 8 月 23 日,为深入推进“最多跑一次”改革,扩大石浦地区及周边区域行政审批权限,解决石浦及周边区域内群众和企业“丹城—石浦”两头跑问题,县住建局行政审批窗口正式进驻县行政服务中心石浦分中心,服务范围覆盖石浦、鹤浦、高塘、晓塘、定塘 5 个南片乡镇,让当地群众和企业在石浦分中心享受“一站式”服务便利。行政审批科将建筑工程施工许可、房屋建筑工程和市政基础设施工程竣工验收备案、白蚁防治三大块审批事项下放至该审批窗口。该窗口集中办理业务咨询、申报材料领取、申请材料审核及线上申报指导的全流程服务,真正做到从受理、审核、审批至发证的“一窗受理”和“一站式服务”。同时采取“前后台上下联动”方式,及时对前台业务进行技术支持和业务指导,极大地提高办事效率,方便服务对象。

【小型工程项目“不见面开标”】 “不见面开标”运用互联网技术将开标会从现场搬到网上,通过“不见面开标大厅”以视频形式展现公共资源交易中心开标室现场全程情况,实现开标由线下“面对面”到线上“键对键”转变,真正做到让数据“多跑路”,投标企业“零跑腿”。这是该县进一步深化公共资源交易领域“放管服”改革、优化营商环境有力举措。打破了传统线下开标模式对人员、时间、场地的限制,全程可视、步步留痕、全程监管,能够有效隔离投标人之间串联,避免投标人与专家评委线下接触,不仅有效降低人员聚集风险,有助于疫情防控,而且在一定程度上还减少交易过程中人为干扰因素,节约投标成本,减轻企业负担,提高工作效率,有利于促进市场竞争,激发市场活力。8 月 26 日,县公共资源电子交易服务平台“不见面开标”系统启动小型工程项目在线开标。

【建筑工程施工许可“电子证照”】 8 月 31 日起,县住房和城乡建设局审批窗口全面启用建筑工程施工许可“电子证照”,纸质版施工许可证将不再核发。这标志着建筑工程施工许可证领取正式进入“无纸化”时代。8 月 31 日下午,由宁波福亿电子科技有限公司承建的年产 1000 万套灯具五金件生产项目顺利核发建筑工程施工许可“电子证照”。这是该县首个核发建筑工程施工许可“电子证照”的建设项目。

【水电气“三窗合一”改革】 为积极贯彻落实宁波高质量发展建设共同富裕

先行市行动计划，县政务办联合县水务集团、国网象山供电公司、象山华润燃气有限公司三家单位，改变原水务、电力、燃气业务专窗办理模式，实现一个综合窗口的业务集成办理改革，为全市首个。专窗通过业务、窗口和人员整合，依托浙江政务一网通办平台等，实现部门间材料及数据共享，工作人员一次收取申请材料、核验身份，形成“统一窗口受理+互认电子材料+优化业务流程+精简申报材料”的协同联办机制，实现水电气业务一窗集成通办。同时，为最大限度优化人力资源，三家主营单位创新人事管理模式，联合采用服务外包，由一家人力资源服务公司统一整体运行。10月8日，县行政服务中心水电气综合窗口对外开放，通办水电气业务72项，开设水电气综合窗口2个，潮汐窗口1个，窗口减少50%，人力成本下降15.6%。

涉外工作

【概况】 2021年，面对错综复杂的外部环境和常态化新冠肺炎疫情，象山县外事工作在县委、县政府正确领导下，在市外办关心指导下，坚持以习近平新时代中国特色社会主义思想为指导，认真学习贯彻习近平外交思想，积极应对外事工作面对新形势和新变化，主动服务全县中心工作，统筹抓好涉外疫情防控和服务企业复工复产，有效助力象山经济社会平稳健康发展。

【入境人员管理】 加强部门乡镇联动，确保入境人员闭环管理。境外人员来象管控工作纳入到防疫专班日常工作中，明确成员单位职责，分级分类做好境外来象人员政策制定、信息管理、健康管理、生活保障、沟通解释等各项服务工作，保证指挥调度高效顺畅，保障各项决策部署落地落实。对可能返象山人员，建立包含人员名单、回国航班、入境口岸等详细信息档案，确保情况明、底子清。强化部门、镇乡（街道）协同联动，切实做好网格化小周期排查。安排专用车辆、专职司机实施专车转运，严格落实管控措施。2021年，累计入境返象山148人。

【海港岸线布控】 强化海港岸线布控，坚决守牢海上“大门”。针对象山县海岸线长、海域面积广、各类渔业船舶数量多的严峻海上疫情输入防控形势，象山县高度重视港口疫情防控工作，始终绷紧疫情防控常态化之弦，按照“外防输入、内防反弹”总体要求，持续完善《象山县海港口岸疫情防控工作方案》，健全防控工作体系，配齐配强工作力量，层层压实责任。会同公安、港航、海关、边检、海事、卫生防疫等部门，协调涉外渔船出入境共22艘125航次，涉及船员364名，协助医疗救治1次。针对远洋渔船、活鲜运输船、商船进口、外贸船舶出口等不同的船舶种类和方式，多次召集各相关部门商讨推演，确定各防控子方案13套，做到一船一方案，确保环环相扣、不出纰漏。强化口岸码头企业疫情防控主体责任，压实个人责任，全面做好个人防护。多管齐下落实各项防疫措施，全力构筑海陆港防控屏障，确保生产稳定有序。

【境外项目指导】 持续境外项目指导，重点助力企业复工复产。按照上级规定开辟绿色通道，会同招商中心为7批次8人次经贸人员申请来华邀请函，协助办理签证并落实管控。为方便企业“走出去”，在市外办支持下，于10月联合县商务局召开APEC（亚太经合组织）商务旅行卡推介会，召集主要涉外企业16家，调动企业参与积极性，获企业好评。积极利用外国驻华使领馆资源，服务象山县高质量发展建设共同富裕先行县目标，接待挪威驻沪总领事，推进象山县陆基三文鱼养殖项目。依托“浙外防”平台，及时排摸底数，定期做好29家外经企业46个境外投资项目内容填报督促工作，防止出现“黄码”和“红码”现象。同时根据当地局势变化，持续保持与这些境外投资企业密切关注和联系，及时提醒企业根据形势变化，随时调整防范举措，并要求企业非必要不再派遣新的员工出境。特别是乐惠公司、森语公司、爱磊公司在埃塞俄比亚、缅甸、刚果金均有大量合作投资项目，会同县商务局对这些境外投资项目进行重点关注，及时走访企业，着重了解其在境外项目即时状况，特别是外派员工人身安全情况和公司财产安全情况，并与当地负责人进行连线沟通，提醒其做好各种防范工作，及时与当地使领馆保持紧密联系，做好随时撤离准备。

（钮书坤）

机关事务管理

【概况】 2021年，象山县机关事务局全年累计完成县府大院餐饮服务约16万人次，商务楼餐饮服务约25万人次。应急处置抓在日常，全年开展安全检查、消防隐患排查190余次，及时处置水管爆裂、外墙玻璃抢修等重大维修工作64次。内部管理不断增强，全年建立固定资产管理、车辆管理、车辆调度、房屋维修改造、台风应急管理全周期清单4个。公车管理严实高效，全年开展车辆规范使用检查40次，签订派驻车辆使用管理协议23份，完成新旧车辆GPS安、公车标识装65台，协同使用应急保障车辆出行数较2020年同期提高23%。基建工程稳步推进，2021年推进综合执法局、智慧城管解危等重点工程5个。节能降耗工作扎实有效，2021年公共机构用能总量同比下降1.82%，人均综合能耗同比缩减2.12%，单位面积能耗同比削减1.55%，人均水量同比减少1.65%，垃圾分类及制止餐饮浪费落实有力。

【“两晒两创两讲”专题活动】 1月4日，县机关事务局机印发《关于开展“两晒两创两讲”专题活动》的通知，开展“晒周工作清单，晒周工作进度；创市级文明单位，创四星级党支部；讲一堂微型党课，讲授一堂微教课”专题活动。2021年累计完成“两晒”49次，讲授微教课16堂，讲微型党课4堂。

【物资采购进销存系统启用】 4月，启用推进“进销存”物资管理系统，进行物资“数字化”管理模式探索，积极推进“进销存”物资管理系统建设，实行物资闭环管理。

【公务车辆区域协同使用交流会】 4月28日上午，乡镇公务车辆区域协同使用试点工作交流会在东陈乡召开。省机关事务局车辆管理与安全保卫处处长、一级调研员王昌林，市机关事务管理局党委委员、副局长李凌，全市机关事务车辆管理负责人、财政系统公务用车管理工作60人参加调研交流。会上，东陈乡就开展公务车辆区域协同使用试点工作作汇报交流。与会领导就试点模式进行交流讨论，对该用车模式给予充分肯定，并对如何做好该项工作提出相关意见建议。

【乡镇公务车辆区域协同使用协调会】 5月24日，县机关事务局召开乡镇公务车辆区域协同使用协调会议。参加会议的有县机关事务管理局副局长赵伟、15个乡镇和4个县级部门公务车辆负责人。赵伟从开展前期调研、制定操作办法、建立操作模式、确定经费保障等方面，就公务车辆区域协同使用模式作介绍。东陈乡党政办主任王瑾对东陈乡公务车辆区域协同使用试点工作作经验交流，各部门、乡镇对公务车辆协同开展讨论，提出意见和建议。

【驾驶员道路交通安全教育培训会】 9月1日，县机关事务局召开驾驶员道路交通安全教育培训会。特邀县公安局交警大队事故中队警官陈骏为公车中心驾驶员授课。陈骏用多年从警经验，结合象山县交管工作基本情况，通过讲述交通违法的情况、酒驾行为的处理，以及如何预防交通事故、防御性驾驶等，并播放一件件惨痛教训案例，形象生动地上了一堂精彩的交通安全、交通法规知识讲座。

（县机关事务局）

中国人民政治协商会议象山县委员会

综 述

2021年，是中国人民政治协商会议第十届象山县委员会的第五年。本届政协共有委员236人，设中共、无党派、共青团、总工会、妇联、工商联等17个界别组。县政协机关内设“一办六委”，即办公室、提案委员会、经济科技和城建资源环境委员会、教文卫体和文史资料委员会、社会法制和港澳台侨委员会、委员工作委员会、农业和农村委员会。在乡镇街道设丹东、丹西、爵溪和石浦、西周等18个联络工作委员会。象山县有省政协委员1人，市政协委员12人。县政协常委会在中共象山县委的坚强领导下，坚持以习近平新时代中国特色社会主义思想为指导，认真贯彻中共十九大和十九届二中、三中、四中、五中、六中全会精神，坚持团结和民主两大主题，充分发挥协商民主重要渠道和专门协商机构作用，聚焦中心工作协商议政，立足民生需求建言资政，助推改革发展汇聚合力，为加快建设宁波社会主义现代化滨海花园城市做出积极努力。

重要会议

【县政协十届五次会议】 中国人民政治协商会议第十届象山县委员会第五次会议，于2021年2月1日至2月3日在县文化活动中心召开。出席委员236人，列席40人。第一次全体会议分别听取十届县政协主席俞骏和副主席欧亚群所作的常委会工作报告和提案工作情况的报告。第二次全体会议进行大会选举，通过《县政协十届五次会议选举办法》和总监票人名单。补选陈建瑜为政协第十届象山县委员会副主席，王忠凯、罗欣、郑赛敏为政协第十届象山县委员会常务委员。第三次全体会议听取县委书记潘银浩代表中共象山县委所作讲话，通报大会期间提案收集和初审情况，通过县政协十届五次会议决议。在本次大会期间，委员们还分组审议政协常委会工作报告和提案工作情况的报告，讨论《象山县国民经济和社会发展第十四个五年规划和二〇三五年远景目标纲要（草案）》，列席县十八届人大五次会议，听取和协商讨论政府工作报告、县人民法院工作报告、县人民检察院工作报告及其他有关报告。

【县政协十届二十次常委会会议】 1月15日召开，县政协主席俞骏主持会议。协商讨论县政府工作报告、县人民法院工作报告、县人民检察院工作报告、“十四五”规划纲要草案、2021年县经济社会发展计划与重点项目安排、2021年县财政预算安排。县人民政府副县长钮晶莹、县人民法院院长陈海虹、县人民检察院检察长袁学宏应邀出席会议。

【县政协十届二十一次常委会会议】 1月22日召开，县政协主席俞骏主持会议，听取县政协十届五次会议筹备工作报告；审议通过召开县政协十届五次会议的决定（草案）、县政协常委会工作报告和提案工作情况的报告、县政协十届五次会议相关事项、县政协相关专门委员会对口联系界别调整事项、人事任免事项，通报2020年度政协工作各项先进。

【县政协十届二十二次常委会会议】 8月24日召开，县委副书记、县长包朝阳通报上半年全县经济社会发展情况和下半年主要工作安排。徐贤国、王惠、徐杰、周姣华、韩东道、徐亚青、陈云峰、蒋良欢等委员就加大科技创新扶持力度、加快中心城区核心区谋划建设、创新融资方式、优化营商环境、增强象山柑橘标杆地位、培育高起点教师队伍、夯实基层联防联控体系、加快推进象山旅游业复苏等方面作议政发言。

【县政协十届二十三次常委会会议】 9月30日召开，县政协主席俞骏主持会议，审议通过人事任免事项。

【县十届政协主席会议】 2021年，十届县政协共举行主席会议12次。汇总如下：

2021年象山县十届政协主席会议基本情况表

表7

时间	会次	会议主要情况
1月14日	第55次主席会议	县政协主席俞骏主持会议，审议通过《关于调整政协第十届象山县委员会第五次会议召开时间的通告》、县政协十届五次会议日程（草案），讨论通过县政协十届五次会议参政议政材料等有关事宜
1月21日	第56次主席会议	县政协主席俞骏主持会议，审议调整县政协相关专门委员会对口联系界别事项，审议有关人事任免事项、讨论组安排等有关事宜
3月4日	第57次主席会议	县政协主席俞骏主持会议，研究部署2021年度政协工作，审议通过政协2021年度协商工作计划，2021年工作行事历和责任分解，启动相关课题调研。审议县政协十届五次会议提案相关情况，确定8件提案为重点提案，明确重点提案督办分工
4月22日	第58次主席会议	就夜间经济发展进行专项议政。县政协主席俞骏讲话，副主席杨盛昂主持会议。县商务局主要负责人汇报象山县夜间经济发展情况，县政协经建委课题组作专项建言。徐辉、张建军、赖文浩、杨溢、洪佩平、蒋良欢、叶红、陈敏等与会政协委员围绕象山县夜间经济发展，提出优化象山县餐饮消费场所布局、打造IP做活夜间经济、完善公共服务配套、整合旅游资源等建议。副县长张微燕应邀出席会议并讲话
7月2日	第59次主席会议	就“办全运、迎亚运”发展涉海业态进行专项议政。县政协主席俞骏讲话，副主席励茂平主持会议。县文化和广电旅游体育局、县旅游发展中心主要负责人汇报“办全运、迎亚运”发展涉海业态发展情况，县政协教科文卫学习委课题组作专项建言。莫俶茜、杨盛昂、包荣升、赖奇鲲、王惠、蒋良欢、项伟方、王潇、周育止、王忠凯等与会政协委员围绕“办全运、迎亚运”发展涉海业态发展，提出做好“体育+旅游”融合文章、加快体育特色小镇建设、完善服务产品、打造象山海洋体育城市品牌IP等建议。副县长钮晶莹应邀出席会议并讲话
7月16日	第60次主席会议	就“建设城市大脑，打造数字象山”进行专项议政。县政协主席俞骏讲话，副主席莫俶茜主持会议。与会人员视察象山数字港一期项目建设情况，听取县大数据发展中心主要负责人汇报象山县城市大脑建设进展，县政协社法委课题组作专项建言。莫俶茜、陈建瑜、史丹丹、陈峰、杨宗、盛东坡、李健、俞晓圆、钱豪等与会政协委员围绕“建设城市大脑，打造数字象山”，提出加强数据互联互通、强化业务场景驱动、加快数字旅游场景建设等建议。副县长章洪浩应邀出席会议并讲话
8月17日	第61次主席会议	就村级留用地政策调整开展专题协商。县政协主席俞骏主持会议并讲话。县自然资源和规划局主要负责人汇报象山县村发展留用地政策调整原则和内容等情况。与会人员围绕保持政策的连续性、合理界定区域范围、优化分配方式、做好留地规划开发等方面提出建议
9月22日	第62次主席会议	就县政协十届五次会议提案办理工作和重点提案办理落实情况进行专项议政。县政协主席俞骏主持会议。县政府办公室汇报关于加强科学统筹水资源谋划供水大格局、加强象山县新能源汽车充电桩建设运营、加强小区物业管理、推进临港装备工业园区建设、重视家庭教育保障青少年人文素养提升、加强电信网络诈骗防范工作、优化提升象山海鲜餐饮发展、加快象山县白鹅产业发展等8件重点提案办理落实情况。县政协副主席和相关委办主任于赛芬、金从标、卢圣贵、解爱静、顾学锋、胡可、俞晓圆等与会政协委员提出加强婚孕前保健工作、强化梭子蟹养殖技术指导、推进“双减”政策科学有效实施、解决企业招工难问题、优化养老服务等建议，促进提案建议落实。县委常委、常务副县长陈兴立应邀出席会议并讲话

续表7

时　间	会　次	会议主要情况
9月24日	第63次主席会议	审议2021年县政协提案办理工作民主评议情况报告、“生活垃圾分类处理”“深入推进美丽大花园建设努力打造美丽中国先行示范区”专项民主监督建议书。县政协主席俞骏主持会议。听取2个专项民主监督组的汇报。与会人员提出强化垃圾分类督察执法、理清管理责任、明确大花园建设目标定位等建议。会议通过专项民主监督建议书。审议有关人事任免事项
10月20日	第64次主席会议	对县数字农业“1121”工程实施情况开展专项视察。县政协主席俞骏，副主席欧亚群、励茂平、莫俶茜、杨盛昂，代秘书长胡金文，县政协委办主任和部分委员参加活动。实地视察象山青一家庭农场和县数字农业展厅，听取县农业农村局主要负责人关于象山县数字农业“1121”工程实施情况的汇报，陈顶峰、陈子敏、郑明土、韩东道、张立宏等与会委员提出加强采集数据分析、加强农户数字农业业务培训、丰富场景应用等建议。副县长吴志辉应邀出席会议并讲话
12月2日	第65次主席会议	对县重点实事工程开展专项视察。县政协主席俞骏，副主席励茂平、莫俶茜，代秘书长胡金文，县政协委办主任，委员工作委副主任和部分委员参加活动。实地视察县静脉产业园沼气综合利用工程和生活垃圾焚烧发电项目、若宇新能源科技有限公司、石浦客运中心和石浦高速连接线等，听取项目有关情况介绍。县委常委、县政府党组成员周坚栋应邀参加活动
12月25日	第66次主席会议	县政协主席俞骏主持会议，讨论县政协常委会工作报告和提案工作情况的报告，审议有关人事任免事项、关于召开县政协十一届一次会议的决定（草案），讨论确定2021年政协工作各项先进

“请你来协商”活动

【县委书记与委员面对面协商会】 9月30日，召开“现代化综合交通体系构建”为主题的“请你来协商·书记与委员面对面”协商会，县委书记潘银浩出席会议并讲话，县政协主席俞骏主持会议，县委常委、县政府党组成员周坚栋应邀出席会议。县政协办公室课题组作专项建言。蔡海江、吕伟宏、周姣华、吕彤、田领土等委员就对外交通、丹城石浦连接、美丽公路建设、海岛交通及通用航空发展等方面作交流发言。

【县长与委员面对面协商会】 4月14日，举行“加强科学统筹水资源，谋划供水大格局”为主题的“请你来协商·县长与委员面对面”协商会，县委副书记、县长包朝阳应邀出席会议并讲话，县政协主席俞骏主持会议，县委常委、县政府党组成员周坚栋应邀出席会议。县水利和渔业局汇报象山县水资源供需平衡情况。潘国昌、林晶晶、朱光明、周虹、陈孝林、张智毅、吕彤、徐亚青、俞能伟等委员，围绕健全供水体系、做大象山县“水缸”、降低管网漏损率、推进分质供水、重视节水型社会建设等方面作交流发言。9月2日，举行“岸线资源利用与产业发展”为主题的“请你来协商·县长与委员面对面”协商会，县委副书记、县长包朝阳应邀出席会议并讲话，县政协主席俞骏主持会议，县委常委、县政府党组成员周坚栋应邀出席会议。县政协经建委课题组作专题建言。王家枫、王永旭、包荣升、吕彤、江财国、王忠凯等委员，围绕发挥重大平台支撑作用、尽早争取口岸开放、招引大型海洋物流企业、加快经济开发区整合提升、完善产业创新体系、强化亚运场馆赛后功能利用等方面作交流发言。

【第六十四次协商恳谈会】 4月23日召开，专题就海洋垃圾和废弃物处置开展协商恳谈。县政协副主席欧亚群主持会议，县政协办公室组织协商。胡金文、周威、李燕云、盛东坡、田领土、王亚玲、陈跃辉、金从标等委员，渔船船长代表，市生态环境局象山分局、县水利和渔业局、县综合行政执法局、县港航管理中心等单位负责人参加会议。就明确权责分工、理顺管理机制、集中力量加大综合治理力度、完善船上垃圾收集装置、建立奖惩机制、加强宣传教育等方面达成协商意见。

【第六十五次协商恳谈会】 4月30日召开，举行“提升文化礼堂建管用育一体化水平”为主题的“请你来协商·局长与委员面对面”协商会。县政协副主席励茂平主持会议，县政协教科文卫学习委组织协商。谢彩娟、韦金红、倪永捍、金从标、汪海月、黄恩荣等委员，县委宣传部、县文化和广电旅游体育局等单位负责人参加会议，就提升文化礼堂硬件设施和功能、抓好管理队伍、强化保障、丰富活动载体、培育礼堂文化等方面达成协商意见。

【第六十六次协商恳谈会】 5月21日召开，专题就婚孕前保健工作开展协商恳谈。县政协副主席欧亚群主持会议，县政协提案委组织协商。周礼胜、张奂、于赛芬、程根盼、史静波、叶维琴等委员，妇幼保健医生代表，县卫生健康局、县民政局、县传媒中心等单位负责人参加会议，就完善部门协同机制、持续提升服务质量、营造婚孕前保健良好氛围等方面达成协商意见。

【第六十七次协商恳谈会】 5月24日召开，专题就竹根雕艺术和产业发展开展协商恳谈。县政协副主席励茂平主持会议，县政协教科文卫学习委组织协商。谢彩娟、倪永捍、周秉益、卢圣贵、盛红娣、叶红、申倩倩、王群等委员，县委宣传部、县文联、县文化和广电旅游体育局、县旅游发展中心等单位负责人参加会议，就加大政策扶持力度、搭建艺术和产业发展平台、深化人才队伍建设、加强行业协会建设、强化部门通力协作等方面达成协商意见。

【第六十八次协商恳谈会】 6月8日召开，专题就工业检测服务平台开展协商恳谈。县政协副主席杨盛昂主持会议，县政协经建委组织协商。赖伟杰、陆振明、徐贤国、吕伟宏、刘永跃等委员，县科技局、县经信局、机械科学研究总院南方中心等单位负责人参加会议，就积极促进工业检测服务平台落地、依托南方中心参与检测平台建设、整合现有资源共享平台成果、制定激励措施等方面达成协商意见。

【第六十九次协商恳谈会】 6月10日召开，专题就劳务用工市场规范化管理开展协商恳谈。县政协副主席莫俶茜主持会议，县政协社法委组织协商。周文、黄刚、童立琴、林雅、李燕云、励成、汪剑军、吴敏、陈孝敏、胡可等委员，县人力社保局、县综合行政执法局等单位负责人参加会议，就加强人才引进、优化引育留用良好环境、加快产业园区建设、建立人力资源品牌、探索数字化改革等方面达成协商意见。

【第七十次协商恳谈会】 6月17日召开，专题就加强梭子蟹养殖技术指导开展协商恳谈。县政协副主席莫俶茜主持会议，县政协农业和农村委组织协商。王忠凯、赖奇鲲、金从标、黄庆宏、钱德所等委员，县水利和渔业局、县科技局、县财政局等单位负责人参加会议，就找准产量下降原因、加大本地梭子蟹苗种繁育推广力度、提升基层服务水平、加强近岸海域环境质量综合治理、提升基础设施等方面达成协商意见。

【第七十一次协商恳谈会】 6月29日召开，举行就"大塘港农业零直排区试点建设"为主题的"请你来协商·局长与委员面对面"协商会。县政协副主席莫俶茜主持会议，县政协农业和农村委组织协商。王忠凯、姚辉、吕彤、郑明土、张立宏、赵赛飞、白源延、杨溢等委员，县农业农村局、市生态环境局象山分局、县五水共治办、县供销联社、县水务集团、定塘镇、新桥镇、晓塘乡等单位负责人参加会议，就强化水质监测、完善污水处理设施、加快实施"肥药两制"改革、建立多部门协作联动、扩大农业面源污染防治宣传等方面达成协商意见。

【第七十二次协商恳谈会】 9月28日召开，专题就提升流动人口随迁子女教育质量开展协商恳谈。县政协副主席励茂平主持会议，县政协教科文卫学习委组织协商。赵勇、韦金红、倪永捍、徐亚青、解爱静、周虹、陈荣、陈海丹、闻才兴等委员，县教育局、县人力社保局、象山经济开发区管委会、丹东街道、丹西街道、爵溪街道等单位负责人参加会议，就做好随迁子女学校布局规划、增加公办学校随迁子女学位供给、提升随迁子女学校教育教学质量等方面达成协商意见。

【第七十三次协商恳谈会】 10月14日召开，专题就进一步加快老旧小区改造开展协商恳谈。县政协副主席莫俶茜主持会议，县政协社法委组织协商。陆新学、黄刚、周华琴、杨溢、汪海月、周旭静、鲍斐丹等委员，县发改局、县自然资源和规划局、县住建局、县综合行政执法局、丹东街道、丹西街道、爵溪街道、石浦镇等单位负责人参加会议，就强化规划统筹、提升改造品质、创新治理模式、强化组织建设等方面达成协商意见。

"象山政协·崇学讲堂"

【第十六期崇学讲堂】 4月21日举行，县政协主席俞骏，县委常委、统战部部长干维岳，县政协副主席欧亚群，秘书长翁英豪参加。邀请浙江红船干部学院李晓东教授作"回顾建党历史 弘扬'红船精神'"专题讲座。李晓东从"红船精神"的提炼、"红船精神"的孕育、"红船精神"的传承三个方面，通过详实的史料和鞭辟入里的分析，生动解析"红船精神"的深刻内涵。部分在象山的市县政协委员，党外代表人士，镇乡（街道）联委会联络员，县政协、县委统战部机关干部等参加会议。

【第十七期崇学讲堂】 10月28日举行，县政协主席俞骏，副主席欧亚群、励茂平、莫俶茜、杨盛昂，代秘书长胡金文参加。邀请中共宁波市委党校黄立丰副教授作题为《为实现中华民族伟大复兴而奋斗》的专题讲座。黄立丰从习近平总书记"七一"重要讲话的主要内容、理论创新、学习贯彻等三方面，对"七一"重要讲话提出的一系列新思想、新观点、新要求作深入浅出、生动形象的阐述讲解。部分县政协委员，县政协机关全体干部等参加会议。

庆祝中国共产党成立100周年系列活动

【"同心向党　同行向前"庆祝中国共产党成立100周年主题活动】 6月21日，县政协、县委统战部联合举办"同心向党　同行向前"庆祝中国共产党成立100周年主题活动。县委书记潘银浩出席并致辞。县四套班子领导出席活动。在象山的省、市政协委员，县政协委员，在象各民主党派、无党派人士代表，社会各界人士代表，各镇乡（街道）统战委员、县政协机关、统战系统干部代表等300余人参加。活动分“山河壮美”“人民幸福”“党旗飘扬”三个篇章。政协委员及社会各界人士以歌唱、朗诵、舞蹈等文艺形式，尽情抒发对党、对祖国、对人民的热爱之情，充分展现全县各界人士同心向党、奋进新征程的信心和决心。

2021年6月21日，县政协、县委统战部联合举办“同心向党　同行向前”庆祝中国共产党成立100周年主题活动（县政协办　供图）

【县政协之友联谊会组织学习畅谈会】 开展以庆祝中国共产党成立100周年等为主题的学习畅谈活动，深入学习习近平新时代中国特色社会主义思想以及国内外重大形势等，畅谈中国共产党成立100周年以来的光辉历史，为象山经济社会发展献计出力。累计组织学习畅谈活动12次，参加190余人次。开展各类考察调研活动10余次，编发《联谊通讯》6期，会员撰稿28篇。

【县政协书画作品展】 6月28日，“庆祝中国共产党成立100周年”象山县书法美术作品展，展览精心遴选100名位艺术家和书画爱好者的131件作品，作品涵盖书法、美术、篆刻、农民画、剪纸等多种艺术形式，围绕“艺心向党”“永远跟党走”主题，生动展现中国共产党成立一百年来，风雨兼程、披荆斩棘、初心不忘、砥砺奋进，领导全国人民从站起来、富起来到强起来的伟大飞跃，反映在党的领导下，全国各族人民以实际行动阐释永远跟党走的生动事例和在新时代的昂扬面貌。组织选送16件作品分别参展庆祝宁波建城1200年全市政协系统书画作品巡回展江北站和镇海站。

【缨溪诗社诗词品读会】 按照“运行有规矩、活动有品牌、创作有水平、社友有情谊”的要求，立足团结联谊，举办庆祝建党百年“殷夫杯”红色诗歌大奖赛、红樨馆端阳雅集、青草巷中秋传薪雅集，启动“诗词名家象山行”，编辑出版《缨溪风》诗刊和《中国诗瞭望2021》，进一步加强诗词创作交流。

协商议政　民主监督　提案工作

【协商议政】 县政协十届五次会议期间，委员们围绕“海洋强县、美丽富民”战略实施，聚焦经济社会发展的重大问题，积极协商议政，提出打造临港装备制造产业集群、加快海洋生物产业发展、重视人才培养等意见建议，形成全会协商纪要报送县委、县政府，促进协商成果转化落实。各界别组、联委会深入调研，形成推进临港装备工业园区建设、进一步提升中心城区发展能级、帮助老年人跨越“数字鸿沟”等24个大会参政议政材料，提出建设性意见建议。县委、县政府领导到会听取委员发言，认真采纳落实。

【“生活垃圾分类处理”专项集体民主监督】 根据县政协主席会议统一部署，4月以来，县政协组织开展城乡生活垃圾分类处理专项集体民主监督活动。垃圾分类民主监督把居住小区生活垃圾源头分类质量、农村生活垃圾分类处理实效、终端处理能力建设以及菜市场、宴席场所、作业渔船等垃圾分类处置情况作为监督重点，开展“七个一”专项民主监督活动。城乡生活垃圾分类处理专项民主监督建议书得到县委领导批示。推广“3+1”源头投放模式、应用积分激励、通过视频共享提升执法效能等建议，得到相关部门积极采纳落实，推动垃圾分类工作的有效开展。

【深入推进美丽大花园建设、努力打造美丽中国先行示范区专项集体民主监督】 根据省、市政协统一部署，5月初牵头组建专项民主监督组，结合《象山县大花园建设2021年工作要点》有关内容，制定《象山县政协关于围绕深入推进美丽大花园建设努力打造美丽中国先行示范区开展专项民主监督实施方案》，重点聚焦生态系统保护与修复、全域旅游高质量发展、深化绿色发展机制创新、第二轮中央生态环境保护督察反馈问题的整改落实情况四个方面，通过调研视察、协商交流等形式，深入开展监督活动。

【提案工作】 县政协十届五次会议以来，共收到以提案形式提出的意见建议162件。经审查，立案160件，立案率98.8%。“关于加强科学统筹水资源，谋划供水大格局的建议”“加强我县新能源汽车充电桩建设运营”等8件重点提案，由县委、县政府领导领衔办理，县政协主席、副主席分工督办，组织主席会议专项议政，推动有关问题逐步解决。34件重要提案由承办部门与各界别组、联委会集中协商，取得良好成效。筛选8件民生类提案，由县政协领导牵头组织召开协商恳谈会，加强电信网络诈骗防范工作等一批群众关注的民生问题得到有效解决。组织评议组对县教育局、综合行政执法局本届以来提案办理工作开展民主评议，加强跟踪和“回头看”工作，提高提案落实成效。2021年，所提问题已经解决或基本解决的43件，占26.9%；部分解决或列入计划解决的115件，占71.9%；因条件能力所限尚不能解决的2件，占1.2%。

专项工作

【委员工作室】 立足“让政协走近群众、让群众走进政协”，发挥政协人才荟萃、智力密集优势，“半岛·农技”“阳明心坊”2个市政协委员工作室，张西平、张明珠、戴天刚、汪海月、陈春静、盛红娣、徐亚青等7个县政协委员工作室和18个镇乡（街道）联委会委员工作室积极发挥自身专业特长优势，组织开展传统文化教育、法律咨询、心理健康辅导、文化惠民、助残帮困等服务活动142次，切实发挥“政策法规宣传员、社情民意收集员、联系群众服务员、团结联谊联络员”作用。

【应用型智库】 立足智库优势，经济、农业农村、城乡建设规划、文化旅游教育卫生、社会与法律等5个专业组、23名专家委员，充分发挥委员主体作用，紧贴中心工作积极履职尽责。智库委员积极参加象山白鹅产业发展、谋划供水大格局、现代化综合交通体系构建等课题调研活动，为履行政治协商、民主监督、参政议政职能提出专业见解、提供智力支持、发挥智囊作用。

【政协委员“走基层、办实事”服务活动】 7月，启动政协委员“走基层、办实事”服务活动。累计开展送健康、送文化、送安全法规等活动23次，服务群众2000余人次，发放各类宣传资料1400余份。农业界别组积极参与扶贫工作，多次带领委员、专家等扶贫团队赴吉林延边、四川凉山开展扶贫项目建设，赴丹东、新桥、定塘、涂茨开展柑橘、杨梅种植技术培训推广。工会界别组组织委员开展为企业工人送清凉、反网络电信诈骗宣传、抗灾救援等活动。妇联界别组关注困境儿童现状，募集资金20万元，全县征集20户困境儿童家庭，改善生活学习环境，提供入户阅读陪伴服务。其他界别组、镇乡（街道）联委会相继开展法律咨询服务、乡村治理法治宣传、农技专题讲座、采风创作交流等活动。

界别与联委会工作

【联委会工作会议】 7月8日召开，县政协副主席欧亚群主持会议并讲话。18个镇乡（街道）联委会着重就年初以来的重点工作、特色工作和下步工作打算，特别是“请你来协商”平台向基层延伸专题协商活动开展座谈交流。全面总结联委会工作成效，进一步明确联委会工作重点，注重发挥联委会作用。

【界别活动】 界别组立足自身优势，创新活动形式，充分发挥界别特色作用。围绕老旧小区改造、劳务市场用工规范操作、养老服务队伍建设等主题开展专题调研和视察活动100余次，开展社会服务活动30余次，反映社情民意信息68篇。

【联委会活动】 联委会聚焦当地经济社会发展，以联片活动为重点，组织开展城乡交通建设、校园周边交通环境、农业政策性保险等主题活动90余次，撰写提案83件，反映社情民意信息113篇。

期刊·文史·宣传

【《参政议政》《社情民意》《民主监督专刊》】 2021年编发《参政议政》《社情民意》《民主监督专刊》期刊15期，《关于加强塔山中学北门道路安全管理的建议》《县政协城乡生活垃圾分类处理专项民主监督建议书》等得到县委、县政府领导批示。

【“委员视角”与“政协视线”】 2021年共刊发《委员视角》11期，播放《政协视线》11期，反映的不少问题及建议得到政府相关部门重视。

【文史工作】 按照“统战”和“三亲”两大特色，贯彻“存史、资政、团结、育人”方针，积极开展文史资料的收集、整理和编辑出版工作。一是编撰《玉泉盐场记忆》。召开征集文稿、收集史料座谈会和编审会议，走访查阅县志办、县档案馆、盐业公司和税务局有关档案资料，积极开展象山盐场研究和资料整理、筛选、汇编工作，丰富象山文化内涵。二是发动文史工作者着力推进象山乡贤文化建设。协助县委统战部整合古往今来乡贤优秀事迹，提炼其精神品质，厚植乡贤文化精神，延续乡贤文脉，营造颂贤、爱贤、学贤的浓厚氛围。三是加强文史队伍建设。完善文史资料委员会组织，稳定文史工作队伍，发挥文史资料专委会成员在征集和编纂工作中主力军作用。

【信息宣传】 编发《参政议政》《社情民意》《民主监督专刊》期刊15期，《关于加强塔山中学北门道路安全管理的建议》《县政协城乡生活垃圾分类处理专项民主监督建议书》等得到县委、县政府领导批示。上报市政协信息45篇，编印《象山政协》6期，刊发《委员视角》11期，播放《政协视线》11期，编发微信公众号信息342篇，在《人民政协报》《联谊报》等上级媒体报道28篇。

（县政协办）

纪检·监察

综　述

中国共产党象山县第十五届纪律检查委员于2021年12月29日由中国共产党象山县第十五次代表大会第三次全体会议选举产生，共有纪委委员21人，其中常委7人（书记1人、副书记2人）。象山县监察委员会于2017年2月组建成立，与县纪委合署办公，设有监委主任1人，副主任2人，委员4人。县纪委县监委机关共有编制52名（行政编制46名、事业编制6名），现有干部人数45人，共设置11个内设职能室。下设11个派驻机构（综合派驻7个，单独派驻4个），现有干部人数45名（含巡察组）。18个镇乡（街道）配有纪（工）委书记、专职副书记（监察办主任、副主任）共36名，6个镇乡（街道）配备专职纪检干事，镇乡（街道）除纪委书记、副书记外另有纪委委员61名。2021年，县纪委县监委在县委和上级纪委监委的坚强领导下，坚持稳中求进工作总基调，认真履行党章和宪法赋予的职责，向主业聚焦、为大局聚力，一体推进不敢腐、不能腐、不想腐，各项工作呈现高质量发展良好态势。

重要会议和活动

【概况】 2021年，县纪委县监委深入贯彻习近平新时代中国特色社会主义思想和中共十九大及历次全会精神，在县委和上级纪委监委的正确领导下，围绕中心大局，立足主责主业，主动适应党风廉政建设和反腐败斗争工作新形势、新要求，积极推动纪检监察工作高效稳步发展。

【县纪委常委会】 1月29日下午，县纪委召开常委会会议，传达学习习近平总书记在十九届中央纪委五次全会上的重要讲话和中央纪委五次全会精神，研究部署贯彻落实举措。县委常委、县纪委书记、县监委主任陈善方主持会议并讲话。会议指出，全县各级纪检监察组织要深入学习领会、抓好贯彻落实，自觉把思想和行动统一到全会精神上来，知责于心、担责于身、履责于行，充分发挥监督保障执行、促进完善发展作用，以纪检监察工作高质量发展服务保障经济社会高质量发展。会议强调，要把讲政治的要求贯穿纪检监察工作始终，增强“四个意识”、坚定“四个自信”、做到“两个维护”；以政治监督为统领，强化管党治党责任落实，全力保障护航中心工作，做到党委重大决策部署到哪里、政治监督就跟进到哪里，有力保障“十四五”开好局、起好步；以改革创新为牵引，加快构建基层监督体系，精准运用“四种形态”，一体推进“四项监督”，推动日常监督更加有效；以抓常抓长为原则，持续发力纠治“四风”，优化营商环境，激励干部担当作为，推动发展环境更加优化；以高质量巡察为依托，完善联动贯通机制，强化整改成果运用，推动利剑作用更加彰显；以标本兼治为目标，长效推动建章立制，时刻筑牢思想防线，推动“三不”机制更加联动；以规范用权为导向，集中整治农村涉纪信访，严惩群众身边微腐败，推进清廉基层建设；以“三基一化”“七个一”工程为抓手，强化能力素质提升，规范内部监督，推动队伍管理更加严实。会议要求，全县各级纪检监察干部要拉高标杆，精准谋划，强化担当，争先创优，奋力谱写新时代纪检监察工作高质量发展新篇章，为“聚力一二五，奋力上台阶”，加快建设社会主义现代化滨海城市提供坚强纪律保障。

【全县村（居）监会主任（监察工作联络站站长）业务培训会】 3月24—25日，县纪委县监委联合县农业农村局、县政务办等部门，对村（社）组织换届后新当选的355名村务监督委员会主任（监察工作联络站站长）和31个居务监督委员会主任开展集中业务培训，县纪委副书记、县监委副主任娄海东出席并作开班动员讲话。本次培训围绕乡村振兴的实践与思考、村（居）监会和监察工作联络站规范履职、村级财务监督、村级工程监管等方面进行授课，着力提升各村（居）监会主任、监察工作联络站站长履职意识与履职能力，进一步强化对基层权力运行监管，推动全面从严治党向基层延伸，提高农村基层治理水平。培训会上，还围绕“如何做一名干净的村社干部”作专题警示教育，通过对村社干部违纪违法认识误区剖析、案例解读等，增强村（居）监会主任、监察工作联络站站长廉洁履职意识，强化责任担当，提高履职成效。

【新任县管领导干部任前警示教育培训会】 4月2日上午，县纪委县监委召开新任县管领导干部任前警示教育培训会，为近期新提任的县管领导干部送上“廉政教育包裹”。会上，县纪委副书记、县监委副主任娄海东讲解中共十九大以来党风廉政建设和反腐败工作的新特点、新成效、新要求，联系实际，提出党风廉政建设方面需要注意的相关事项，并要求大家要做到明法纪、知戒惧、守底线，在争当"重要窗口"模范生中争先创优。同时，县纪委县监委宣传教育室、案件审理室相关同志结合象山县近年来查办的违纪违法典型案例，对《中国共产党纪律处分条例》和职务犯罪相关法律法规等进行了解读，阐释了如何做一名"干净"的党员领导干部。为检验新任县管领导干部对党章党纪党规的掌握情况及培训效果，还组织参训干部进行"应知应会"测试。

【象山县领导干部家属廉政教育大会】 4月22日下午，象山县召开象廉相依·象山县领导干部家属廉政教育大会，深入学习贯彻习近平总书记关于注重家庭家教家风建设的重要论述，倡导领导干部家属当好贤内助、廉内助，弘扬好家风，推动领导干部廉洁修身、廉洁齐家，共同筑牢家庭防线。县委常委、县纪委书记、县监委主任陈善方出席会议并讲话，县政协党组副书记、副主席欧亚群作专题讲座。会上还组织观看《象山县党员干部违纪违法案例警示录》警示教育专题片、《港湾》清廉微电影。

【全县纪检监察干部下基层活动动员部署会】 4月28日下午，县纪委县监委召开全县纪检监察干部下基层活动动员部署会暨业务培训会。县委常委、县纪委书记、县监委主任陈善方出席会议并讲话。会上，对全县纪检监察干部下基层活动作了部署，该活动至12月底结束，共有121名纪检监察干部参加，以镇乡（街道）区域划分成8个工作片组，由委班子成员担任片组长，以片组为单位开展联村、联企、联项目工作，共联系113个行政村、35家企业、43个项目。会上，还组织开展农村涉纪信访工作业务、农村基层权力监督业务培训，并下发《象山县农村基层小微权力制度汇编》《象山县农村基层小微权力清单》等资料。

【纵深推进清廉象山建设工作部署会】 5月31日下午，纵深推进清廉象山建设工作部署会召开。会议深入学习贯彻中央和省市有关会议精神，回顾总结近年来清廉象山建设工作情况，并对纵深推进清廉象山建设工作作了部署安排。县委常委、县纪委书记、县监委主任陈善方出席会议并讲话。会上，县纪委副书记、县监委副主任娄海东对《中共象山县委关于纵深推进清廉象山建设的意见》作解读，县委宣传部、县委统战部、县直机关工委、县农业农村局、县教育局、县卫生健康局、县交通局、县国资中心等清廉单元建设牵头部门负责人作交流发言。县纪委、县监委派驻第二、四、五、六、七纪检监察组组长和县直机关纪检监察工委书记，县委机关相关科室负责同志参加会议。

【"象廉相依"清廉微视频征集大赛】 6月4日，县纪委县监委联合县委宣传部、县传媒中心、县文联、县水务集团有限公司举办"象廉相依"清廉微视频征集大赛。大赛旨在集中展现象山县全面从严治党的生动实践，讲好清廉故事，弘扬清廉文化，涵养清风正气，推动全社会形成"学廉、崇廉、倡廉"的良好氛围。大赛要求围绕"象廉相依"主题，运用视频影像、镜头语言反映百年党史中的清廉故事，记录新时代全面从严治党的生动实践，彰显特色清廉文化，浓厚全社会清廉氛围。

【漠视侵害群众利益问题专项治理】 6月24日，县纪委县监委会同13家县级单位确定15个专项治理项目，在全县范围内组织开展漠视侵害群众利益问题专项治理。此次专项治理的重点包括：各项惠民富民、促进共同富裕政策措施落实中的腐败之蠹和作风之弊；巩固"四个不摘"政策成果，有效衔接乡村振兴，深入整治扶贫民生领域腐败和作风问题；教育医疗、养老社保、生态环保、应急管理、食品药品安全、执法司法、村级集体"三资"管理、土地住房、征迁安置等领域侵害群众利益问题；发生在群众身边的不正之风和"微腐败"，对群众关心的利益问题漠然处之、空头承诺、推诿扯皮，以及其他影响公平公正的问题。

【县纪委常委会理论学习中心组会议】 7月6日，县纪委召开常委会理论学习中心组会议，传达学习习近平总书记在庆祝中国共产党成立100周年大会上的重要讲话精神并作交流研讨。县委常委、县纪委书记、县监委主任陈善方主持会议并讲话。会议指出，习近平总书记在庆祝中国共产党成立100周年大会上发表了重要讲话，深入总结中国共产党百年光辉历程和宝贵经验，思想深邃、内涵丰富、站位高远，为全党全国各族人民向第二个百年奋斗目标迈进指明了前进方向、提供了根本遵循。会议要求：一要以学为先，充分利用好各类平台载体，采取集中学、分散学相结合的形式，深刻感悟"国之大者"，永葆初心、勇担使命，传承好"红色基因"，增强"四个意识"、坚定"四个自信"、做到"两个维护"，切实把思想和行动统一到习近平总书记的重要讲话精神上来。二要以干为本，坚持学以致用，把学习成果逐步转化为干事创业的强大动力，做到知责于心、担责于身、履责于行。要立足监督保障职能，以"清廉象山"建设为总抓手，持之以恒抓好作风建设，构建新型亲清政商关系，推动清廉单元建设，夯实基层基础，切实发挥全面从严治党引领保障作用。三要以身为范，深刻领会习近平总书记"打铁必须自身硬"的指示要求，在自身建设上作表率。要通过持续开展能力素质提升"七个一"工程、纪检监察干部下基层活动，着力建设德才兼备的高素质专业化纪检监察干部队伍。要严守政治纪律和政治规矩，坚决以更高标准、更严要求约束自己，做到"唯实惟先、善作善成"，为高质量发展建设共同富裕示范区贡献象山力量。

【民营企业廉情监测站成立会】 7月29日下午，县纪委县监委举行全县民营企业廉情监测站成立会议暨站长聘任仪式，宁波合力模具科技股份有限公司、锦浪科技股份有限公司、浙江甬南控股集团有限公司、宁波日星铸业有限公司、浙江钰烯腐蚀控制股份有限公司、宁波景业建设有限公司、宁波天韵食品有限公司、象山港湾海洋酒店有限公司、象山国民村镇银行股份有限公司等9家民营企业的廉情监测站站长，县纪委县监委选派的9名清廉督导员，以及相关行业主管部门负责人参加会议。会议由县纪委副书记、县监委副主任娄海东主持。会上，象山国民村镇银行股份有限公司党总支书记、董事长、行长陆宁生和县纪委县监委派驻第六纪检监察组组长孔杰分别代表廉情监测站站长、清廉督导员作交流发言。

【疫情防控督查】 9月16日，县委常委、县纪委书记、县监委主任陈善方一行赴石浦镇检查指导开渔节疫情防控工作，走访查看活动举办场地、半岛酒店、医院等，听取工作情况汇报，详细了解各项措施安排情况，督促推动相关单位落实落细各项工作，切实筑牢疫情防控防线。县纪委县监委按照全县"一盘棋"的思路，坚持县、镇两级联动，充分发挥"1+1+8"专项监督工作机制优势，统筹镇乡（街道）、派驻（出）纪检监察机构监督力量，紧盯疫情防控重点环节、重点场所、重点人员等开展监督检查，积极提出意见建议，督促各地各单位从严从紧落实各项疫情防控措施。

【任前集体廉政谈话】 按照《象山县党员干部任前廉政谈话提醒交底工作办法》要求，9月28日下午，县纪委、县监委对近期新调整上任的有关单位主要负责人开展任前集体廉政谈话，县委常委、县纪委书记、县监委主任陈善方出席会议并讲话。会议强调，一要亲力亲为，主抓直管。要进一步提高认识，强化党委（党组）书记第一责任人责任，坚持主动抓、为主抓，做到亲自研究、亲自部署、亲自推动、亲自落实，进一步压实全面从严治党主体责任，从严从细落实管党治党的各项要求。要支持和保障纪检监察组织深化"三转"和机制体制改革，协调解决问题，为纪检监察工作开展做好后盾。二要抓早抓小，严细精准。要坚持严管就是厚爱，把严明的纪律体现在日常管理监督之中，注重常态化的廉政教育和警示提醒，多提醒、多过问、多了解干部的日常，发现不良苗头、不良倾向，及时谈话提醒、批评教育，让犯错的党员干部"红红脸、出出汗"，防止一些"亚健康""小毛病"演变成"疑难重症"，甚至是"不治之症"。三要源头防控、建章立制。根据县委关于纵深推进清廉象山建设的要求，一体推进"三不"，持续建设好八大清廉单元。坚持问题导向，紧盯工程建设、物资采购、国有资产监管、征地拆迁、选人用人等重点领域、关键环节、风险岗位，深入查找漏洞，靶向治疗，扎紧制度的"笼子"。要率先垂范，坚持高标准、严要求，真正把各项制度落到实处、取得实效。

2021年12月29日下午，县纪委十五届一次全会召开（滕丽玲 摄）

【县纪委十五届一次全会】 12月29日下午，中国共产党象山县第十五届纪律检查委员会召开第一次全体会议，选举中共象山县第十五届纪律检查委员会常务委员会委员、书记、副书记。会议由王道主持。会议首先通过《中国共产党象山县第十五届纪律检查委员会第一次全体会议选举办法》，通过监票人名单。会议以无记名投票方式选举中共象山县第十五届纪律检查委员会常务委员会委员、书记、副书记。选举结果如下：县纪委书记王道，副书记娄海东、黄晟贤；县纪委常务委员会委员王道、陈旭阳、林峰、洋素萍、娄海东、夏肖成、黄晟贤。以上选举结果已经县委十五届一次全会审议通过。

党风廉政

【概况】 全县纪检监察组织全面履行党章和法律赋予的职责，落实全面从严治党各项要求。协助党委认真履行主体责任，层层传导压力；深入推进基层治理，夯实廉洁基础；不断培育廉政文化，凝聚廉政建设合力。

【主体责任压紧压实】 认真落实关于强化"一把手"和领导班子监督的有关要求，建立"五张责任清单"机制，督促各类责任主体齐抓共管。严格执行"三书三查两报告"制度，当面听取5名"一把手"主体责任履行情况报告，与181名新任领导干部开展任前廉政提醒交底，并向村社主职干部延伸覆盖。

【作风建设成果巩固】 一以贯之落实中央八项规定及其实施细则精神，紧盯易发多发老问题和隐形变异新动向，常态化开展正风肃纪，共查处违反中央八项规定精神问题30起41人，党纪政务处分25人，下发通报5期，持续释放一严到底强烈信号。深入开展党员、公职人员酒驾醉驾和公款购买发放节礼、违规发放津补贴等专项治理，坚持纠治并举，进一步规范廉洁从政行为。巩固改进作风优化营商环境活动成果，建立警纪联动、廉情监测等工作机制，指导锦浪科技等民营企业开展廉洁风险防控建设,推动政商两个主体在亲清上同向发力。

【巡视巡察工作】 持续深化政治巡察,灵活运用巡纪联动、巡审联动,高质量开展2轮常规巡察、供销系统专项巡察和粮食购销领域提级巡察,督促相关单位整改问题1342个,推动党纪政务处理14人,健全完善制度247项,顺利完成十四届县委巡察全覆盖任务。有效推进上级巡视反馈问题整改监督工作,严格落实销号清零机制,基本完成整改任务,中巡组移交的16件信访件全部办结,并推动查处一批重点案件。

【夯实基层清廉】 深入实施"三清践廉"工程,全面推行村居"清廉指数"考评体系,以评促建清廉示范村25个。充分发挥民主监督作用,编制村监会履职指南,开展监察工作联络站成员履职培训,不断织密基层监督网络,制定的村社主职干部廉情报告制度入选全省基层监督特色应用场景。全面推广基层小微权力监督应用平台,及时收集红色预警信息68条,督促整改各类问题93个。进一步扩大清廉象山建设覆盖面,在20家单位开展清廉示范点建设,与27家驻象山单位开展清廉共建,全域推进态势进一步形成。

【换届工作保障】 严肃"十个严禁"纪律要求,联动开展换届纪律巡回督导,认真审查"两代表一委员"任职资格,回复党风廉政意见57批1400余人次,提出否决意见68人次,确保换届工作平稳有序推进。

【涉纪信访专项整治行动】 深入开展"减存遏增、提质增效"专项行动,坚持领导包案、提级办理等有效举措,共办结重点件20件,签订息访承诺书9份。全年共受理信访举报253件,其中检举控告193件,同比分别下降9%、17.9%。

【清廉文化建设】 大力培育新时代新风正气,精心策划清廉书画展、清廉微视频征集大赛等活动,推动实施"三不居"清风苑项目,加快推进清廉文化建设,廉洁家风微电影《港湾》获评玉琮杯全国微电影优秀奖。

监督执纪

【概况】 立足监督执纪问责和监督调查处置主责主业,综合运用检查抽查、受理信访举报、提出纪检监察建议等形式,有效提升监督工作的针对性和实效性。

【政治监督】 围绕贯彻落实习近平总书记重要指示批示精神,紧扣建设共同富裕样板县、"一二五"专项行动、数字化改革等重大任务,动态开展"3+7+X"项目化监督,坚定扛起"两个维护"政治责任。在防台防汛、疫情防控等关键时刻,全县纪检监察干部闻令而动,快速运行"1+1+8"专项监督机制,开展监督检查42次,督促整改问题263个,编发专报5期,持续释放令出如山的强烈信号。

【"问制"工作】 持续压缩不良风气生存空间,组织开展政府采购专项"问制"工作,着力解决制度制订、执行等环节的问题,相关做法入选全省基层清廉建设优秀案例。

【专项监督】 把监督作为纪检监察机关的第一职责,综合运用信访举报核实办理、提出纪检监察建议等载体,不断提升监督工作的针对性和实效性。全年共运用"四种形态"处置979人次,第一至第四种形态分别占比75%、17%、2.9%、5.1%,"管住大多数"成为监督执纪常态。大力推进漠视侵害群众利益问题专项治理,聚焦"三资"管理、被征地人员参保等重点领域,查处群众身边腐败和作风问题46起54人,党纪政务处分38人。

【派驻监督】 完善"室组地"联动工作机制,推动信息资源、力量手段共用共享,协同开展遗属困难补助、中介领域等主题式监督,派驻机构发现问题能力明显提升。全年派驻机构共处置问题线索134件,立案查处违纪违法行为29人。

审查调查

【概况】 主动健全反腐败工作机制,强化纪律监督、监察监督、派驻监督和巡察监督"四个全覆盖",形成坚强有力的监督闭环,努力提高职务违法和职务犯罪查处能力,推进制度优势进一步向治理效能转变,进一步巩固压倒性胜利。

【保持惩治腐败高压态势】 保持惩治高压态势不动摇,着力削减存量、遏制增量,共处置问题线索718件,立案247件,采取监察留置措施2人、移送司法机关5人,党纪政务处分240人,涉及县管干部8人。重点查处象山影视城开发公司有关人员在物资采购中收受贿赂和原小东洋村主要干部在征地拆迁过程中以权谋私的职务犯罪案件。严格落实"打伞破网"会商、重大案件对接介入等机制,配合做好政法队伍教育整顿,常态化惩治涉黑涉恶腐败和"保护伞",县纪委、县监委机关被评为全市扫黑除恶专项斗争先进单位。

【行贿人信息系统建设试点工作】 坚决贯彻落实中共十九大关于"坚持受贿行贿一起查"的重大决策部署,建立行贿人"黑名单",共录入行贿人信息57条。探索制定《象山县纪委县监委行贿人惩戒办法(试行)》,联合县级相关职能部门和镇(乡)街道在市场准入、日常监督、公共资源交易、资金扶持、人事管理、评先评优等方面对行贿人进行惩戒。2021年,共对1名行贿人的建筑行业评优评先资格、4名行贿人的"两代表一委员"资格提出否决意见,有力净化行业风气和政治生态。

【"一案五必须"落实】 健全办案和治理相互贯通的工作机制,严格落实"一案五必须",开展"三会一补两访"56件

56人，下发纪检监察建议书17份，督促修订制度30余项。深入开展“两法一条例”普法宣传，召开全县领导干部家属廉政教育大会，举办中央八项规定精神、酒驾醉驾等专题讲座，不断深化以案示警、以案促教工作。坚持严管厚爱、激励约束并重，对132名受处分人员开展回访教育，为11名受到失实检举控告的党员干部进行澄清正名。在强力震慑和政策感召下，有12人主动投案，18人主动上缴违纪违法所得800余万元。

队伍建设

【概况】 坚定不移强化“打铁还需自身硬”理念，高度重视纪检监察干部队伍建设，坚持刀刃向内加强自我监督，不断磨炼党性纯度、锻炼能力厚度、锤炼作风硬度。

【党史学习教育】 县纪委常委会坚持把政治建设摆在首位，建立学习习近平总书记重要讲话和指示批示精神第一议题制度，扎实开展党史学习教育，深刻领会党的百年历史和创新理论，不断提高政治判断力、政治领悟力、政治执行力。

【素质提升】 持续推进能力素质提升“七个一”工程，开设“象廉讲堂”，组织“金点子”评选、双向挂职等活动，通过全员培训、实战练兵，不断提升综合业务素养。圆满完成县乡纪委换届工作，干部队伍结构进一步优化，12名纪检监察干部受到上级的嘉奖表彰。

【“清廉督导员下基层”】 创新开展“百名清廉督导员下基层”活动，建立按月督战、片组会商等机制，全县121名纪检监察干部以“清廉督导员”身份分片组联系113个行政村、35家企业、43个项目，走一线、察廉情、解民忧，共主动发现问题线索31条，督促整改事项51件，运用“第一种形态”处置教育15人，党政纪处理7人。

【机关党建】 紧扣中共十九届六中全会精神以及习近平总书记系列重要讲话精神，以“周二夜学”“象廉讲堂”、“学习强国”等平台为学习主阵地，抓学习筑牢精神堤坝，抓阵地做优舆论引领，切实落实“三会一课”等基本制度和意识形态领域安全，全年开展夜学46次，专题大讨论3次。严格落实“双对双排”“双随机一通报”等制度，编制《纪检监察干部管理手册》，推出“象廉讲堂”优质课件2个。选派一名干部挂职贤庠镇乌屿山村“第一书记”，选派52名中层及以上干部做好“一户一策一干部”工作。全年完成党员发展1名，预备党员转正1名，走访慰问结对村、社区困难党员群众700余人次，认领微心愿11个。加强请销假、离甬报备等日常管理，动态更新纪检监察干部廉政档案，组织开展“连心廉访”，密织内部监督网，严防“灯下黑”。2021年成功创建“文明机关”“模范机关”，“象廉卫士”成功入围全县20家优秀机关党建品牌。

（沈昱雯）

巡察工作

【概况】 2021年，开展3轮常规巡察、2轮量化评估检查。共对12个县级部门、3个镇乡街道和116个村级党组织进行巡察，发现各类问题1341个，移送问题线索13个，党纪政务处理14人，移送司法3人，问责37人次，督促相关单位建立完善制度109项，有力发挥巡察震慑和治本作用。同时，配合做好省市县三级联动工作，完成涉粮问题专项巡察和供销系统“回头看”巡察任务，扎实开展中央、省委巡视反馈问题和巡视指导督导反馈问题上下联动整改，持续推进巡察规范化建设。

【政治监督】 始终将贯彻落实“两个维护”摆在首要位置，落细落实县域巡察“三个聚焦”要求，检查“从业务上发现问题、从政治上反映问题”。深入系统学习中央办公厅印发《关于加强巡视巡察上下联动的意见》精神和中央、省市巡视巡察会议精神，及时召开全县巡察工作推进会，贯彻部署年度巡察工作任务。县委、县委巡察工作领导小组坚持政治站位，把巡察工作牢牢抓住手上。先后召开五人小组会议3次、县委常委会2次、领导小组会议3次，专题听取巡察情况汇报，研究讨论巡察工作重要事项和年度工作计划。县委书记点人点事，对巡察发现问题分类处置提出具体要求，为巡察工作开展提供坚强保障。对照县委巡察工作五年规划和年度计划，完成对石浦、新桥、茅洋、泗洲头、鹤浦5个镇乡所辖113个村级党组织，以及县委办、县府办等12个单位的巡察，实现本届县委任期内两个100%的全覆盖巡察任务。

【整改质效】 深化巡察整改情况量化评估办法，进一步压实巡察整改责任。2021年，联合县纪委、县委组织部，对第十三轮、十四轮、十五轮巡察的28家单位开展评估，下发限期整改通知书9份，向12个县级领导发巡察整改工作提示单，督促被巡单位落实整改责任，到期整改完成率逐步提升，平均达91.8%。强化问题线索办理。严格落实交办相关要求，进一步明确巡察发现移送问题审核、移送、反馈等程序和时间，压实巡察发现移交问题办理责任，移送问题办结率逐步上升。以“七张问题清单”为抓手扎实推进重大巡视问题整改和省委巡视反馈遗留问题整改，开展定期督办，大大提高省委巡视遗留问题到期办结率。严格落实中央巡视反馈问题和巡视指导督导问题反馈上下联动整改，对涉及巡察的5个问题，制定14项整改措施，有效提升县委巡察工作规范化建设。

【协作配合】 持续深化“巡审联动”“巡纪联动”“市县联动”工作机制，探索构建“巡察+”模式，与纪委监委、组织、信访等部门建立协作配合机制，推动巡察监督与纪律监督、监察监督、派驻监督、组织监督、审计监督等有机贯通，在巡前、巡中、巡后工作相互衔接，形成监督合力。强化联动巡察。完善“1+3”巡察模式（常规巡察+3个专项检查),在常规巡察期间结合开展选人用人、意识形态、法治象山工作责任制落实情况专项检查。2021年,会同组织部、宣传部、依法治县办对3轮15家单位开展联动检查,取得较好成效,巡察发现问题的精准度和深度得到显著提升。

【强基固本】 持续强化队伍建设,组织开展"以干代训"、专题培训、骨干培训等,提升巡察干部政治素质、业务水平、履职能力。邀请市委巡察组领导以及县级各部门有关业务骨干,对全体巡察干部开展巡察报告撰写、村级巡察业务等专题培训3场次。选派2名干部到省巡视办、市巡察办跟班锻炼,进一步提升了干部履职能力。同时,加大信息化建设人员力量,配备专职信息化事业干部1名。通过组织联络员开展集中培训,加大工作力度,完成巡视巡察单机系统、巡视巡察网络平台两大系统本届县委巡察信息录入工作。推进巡察数字化改革工作,配合做好县委"七张问题清单"应用场景建设,制定象山县重大巡察问题清单分机制,完成全量问题库、重大巡察问题、典型示范案例等建设工作,有力推进"数智巡察"建设。

【十四届县委第十四轮巡察情况反馈会】 经县委同意,2月5—7日,县委巡察组陆续向县司法局、县红十字会、县审计局、县农机站、县机关事务局5家单位党组织反馈巡察情况,县委巡察工作领导小组有关领导出席反馈会,并对巡察整改工作提出要求。县纪委县监委、县委组织部、县委宣传部、县依法治县办等相关单位派员参加会议。

【十四届县委第十六轮巡察动员部署会】 7月9日上午,十四届县委第十六轮巡察动员部署会在县委党校一楼报告厅召开。县委巡察工作领导小组成员;县委巡察组组长,各派驻纪检监察机构负责人;被巡察单位党组织负责人;县纪委、县监委机关、县委组织部有关科室负责人,县委巡察机构全体工作人员参加会议。县委常委、组织部部长、县委巡察工作领导小组副组长范焕平宣布县委第十六轮巡察党组织名单和任务分工,县委常委、县纪委书记、县监委主任、县委巡察工作领导小组组长陈善方作动员讲话。会议深入学习贯彻习近平总书记关于巡视巡察工作的重要论述,全面落实中央、省委、市委巡视巡察工作动员部署会精神,动员、部署县委第十六轮巡察工作。

【十四届县委第十六轮巡察进点动员会】 根据县委统一部署,7月14—16日,县委四个巡察组至县人民法院、县公安局、县委宣传部、县委政法委、县委统战部和县委改革办召开巡察进点动员会议,正式对6家单位党组织开展常规巡察。被巡察党组织领导班子成员、全体机关干部和下属单位主要负责人参加会议。县委巡察工作领导小组领导和县委巡察办有关同志传达县委巡察工作要求,各巡察组组长部署安排巡察任务,被巡察单位党组织主要负责人作表态发言。

【十四届县委第十五轮巡察情况反馈会】 根据县委统一部署,8月13—16日,县委第一、第三、第四巡察组分别对茅洋乡、新桥镇、石浦镇、鹤浦镇共4个镇乡党委及所属村级党组织巡察情况进行反馈。所在镇乡党政领导班子成员、相关职能科室、主联村干部,以及被巡察村党组织主要负责人参加会议。县委巡察工作领导小组和县委巡察办有关领导出席巡察反馈会议,并提出具体整改要求。

【十四届县委第十七轮巡察进点动员会】 根据县委统一部署,7月13—17日,县委四个巡察组至县委办、县人大办、县府办、县政协办、县退役军人事务局、县大数据发展中心召开巡察进点动员会议,正式对6家单位党组织开展常规巡察。被巡察党组织领导班子成员、全体机关干部和下属单位主要负责人参加会议。县委巡察工作领导小组领导和县委巡察办有关同志传达县委巡察工作要求,各巡察组组长部署安排巡察任务,被巡察单位党组织主要负责人作表态发言。

【十四届县委第十六轮巡察情况反馈会】 根据县委统一部署,11月18—22日,县委第一、第二、第三、第四巡察组分别至县公安局、县人民法院、县委宣传部、县委政法委、县委统战部和县委改革办召开巡察情况反馈会议,向6家单位党组织反馈巡察情况。6家被巡察党组织领导班子成员、相关职能科室主要负责人参加会议。县委巡察工作领导小组有关领导传达相关精神,并对被巡察单位落实巡察整改工作提出具体要求,县委各巡察组组长向被巡察单位反馈巡察组意见,各被巡察单位主要负责人在会上作表态发言。

【十四届县委第十七轮巡察情况反馈会】 根据县委统一部署,11月18—22日,县委第一、第二、第三、第四巡察组分别至县委办、县人大办、县府办、县政协办、县退役军人事务局、县大数据发展中心召开巡察情况反馈会议,向6家单位党组织反馈巡察情况,被巡察党组织领导班子成员、相关职能科室主要负责人参加会议。县委巡察工作领导小组有关领导传达相关精神,并对被巡察单位落实巡察整改工作提出具体要求,县委各巡察组组长向被巡察单位反馈巡察组意见,各被巡察单位主要负责人在会上作表态发言。

(县委巡察办)

民主党派·工商联

中国民主同盟象山县基层委员会

【概况】 2021年,中国民主同盟象山县基层委员会(以下简称民盟象山县基层委员会)共有盟员81人,2021年新入民盟的有蒋海炳、徐金盈、潘丹阳、李素贞等4位盟员。硕士以上学历12人,博士2人,具有中高级专业技术职称67人,占民盟盟员总数82.7%,其中正高级职称12人,1人入选浙江省151培养人才工程第二层次,2人入选市拔尖和领军人才培养工程第一层次,全国榜样人物1人,省市级劳模3人,各级人大代表与政协委员20人次,拥有省市级个人工作室3个。

【组织学习】 1月,民盟象山县基层委员会集中学习宁波市委十三届九次全会和象山县十四届九次全会相关精神;3月,组织学习十三届全国人大四次会议和全国政协十三届四次会议精神,习近平总书记在全国两会期间有关重要讲话精神,宁波市两会精神,特别是省委常委、市委书记彭佳学在参加象山代表团审议时的重要讲话精神;4月,邀请民盟宁波市委会专职副主委、市政协副秘书长郭强开展民盟史讲座;5月,组织学习习近平总书记在党史学习教育动员大会上的讲话精神、《论中国共产党历史》等四史教育相关篇目和民盟史相关知识;11月,组织学习中共十九届六中全会精神。

【参政议政】 两会期间,民盟象山县基层委员会的盟员人大代表和政协委员提交涉及教育卫生、海洋经济、文化旅游等领域的建议、提案25件。2021年上报社情民意41篇,被上级民盟组织和县委统战部采用26篇,较2020年分别增长45%和40%。拓展校地合作,举行宁波大学民盟与象山民盟“参政议政师徒结对”仪式,15名盟员与3名宁波大学导师结对。

【课题调研】 每年都承担民盟市委会的招标课题,2021年,完成“关于进一步提升宁波滨海大都市‘海洋’资源集聚度”“乡村治理人才队伍状况及对策研究”等重点课题2个和“关于加强宁波市无障碍设施标准化建设助力现代化滨海大都市建设的建议”一般课题1个。根据县委统一安排,民盟象山县基层委员会围绕“旅游产业高质量发展”进行走访、调研、讨论、撰写,由钱豪、周奕、徐晶晶执笔的《以数字赋能推动我县旅游产业高质量发展的思考》,被县委统战部刊物《观察与建议》录用,并得到县委书记包朝阳、县长李晓东长批示肯定。

【岗位建功】 广大盟员立足本职,奋发进取,以出色的工作业绩,树立民盟组织的良好社会形象。陈淑芳获全国“各民主党派、工商联、无党派人士为全面建成小康社会作贡献”先进个人、民盟中央脱贫攻坚先进个人荣誉;刘永跃入选中国模具工业协会专家智库,获宁波市五一劳动奖章、宁波市有突出贡献专家等荣誉;赖赛飞撰写的《嘱托》荣获浙江省优秀文学作品奖;周敏峰、徐阳获民盟省委脱贫攻坚先进个人荣誉;林娅获省教科研先进个人、宁波市杰出盟员荣誉;史济成获阿克苏地区优秀援疆教师荣誉;徐金盈获宁波市“四有好教师”荣誉,撰写的《儿童哲学思维下语文项目化学习新样态的实践与研究》获宁波市第五届课程与教学个人课题一等奖;翁立东获“宁波市首批好师傅”荣誉称号,以第一主编编写《汽车企业顶岗实训教程》教材;朱红曙获“优秀企服责任人”荣誉称号。还有多位盟员求真务实、积极作为,为助推象山经济社会发展做出应有贡献。

【乡村教育社会服务】 民盟象山县基层委员会发挥教育主界别优势,接续推进“农村教育烛光行动”,从教师、学生与家长三个发展维度助力定塘中学。4月,盟员郭皓开展航天科普宣教;5月,薛瑞芬等4位盟员名师进行中考专题辅导;9月,教育支部开展教育质量调研,盟员林娅作“苔花如米小,也学牡丹开——‘以希望感’重构学生成长路径的思考与探索”专题德育讲座。杨海鸿赴凉山州雷波县开展支教活动,教育支部组织“爱心书籍,陪孩子在象山过大年”活动,为3所民工子女学校捐赠图书3700余册,给疫情期间滞留象山过年的孩子送去节日的温暖和关爱。

【乡村振兴实践基地建设】 聚集民盟内优质资源,以技术帮扶、产业协作、文化输送等方式,助力乡村振兴与共同富裕建设。民盟象山县基层委员会主动作为,排摸对接乡镇、制定帮扶方案、力争上级民盟组织支持,定塘镇叶口山村成为民盟省委会首批助力乡村振兴实践基地和民盟市委会首个助力乡村振兴实践基地。民盟省委会、市委会领导多次带领各领域盟员专家、盟员企业家实地勘察,已完成乡村整体规划、庭院设计、村口景观设计等方案,已设立2个甬盟科技服务工作站(陈淑芳、徐阳),2个基地(民盟中央美术院宁波分院象山创作基地、上海森宇文化传媒股份有限公司公益帮扶基地)。

【同心基地品牌打造】 开拓社会服务新领域,民盟象山县基层委员会全力打造"同心服务"系列品牌,开展社会服务10余次。深化"助残·同心基地"建设,丰富特殊群体文化艺术生活。朱红曙、夏源源利用业余时间,开设残疾人声乐艺术指导公益课堂,组建"向阳花开"合唱队,指导"全国助残日"文艺会演;樊亚芬负责象山县第二届残疾人趣味运动会公益摄影。深化"畜牧·同心基地"建设,陈淑芳赴吉林省延边州、贵州省黔西南州、四川大凉山等地开展扶贫协作"象山白鹅"养殖项目。

(民盟象山县基层委员会)

中国民主促进会象山县支部委员会

【概况】 中国民主促进会象山县支部委员会(以下简称民进象山县支部)成立于2013年4月11日。2021年,新发展民进会员1人(王达),共有民进会员22人,其中市、县政协委员和人大代表8人。民进象山县支部成立以来连续8年获评宁波市优秀基层组织荣誉。现任主委杨盛昂,副主委宋厘国、吴永建、洪佩平,委员陈再宏、陈红飞、虞亚凤、潘琼(二届五次会议增补)。

【调查研究与建言献策】 2021年,县两会期间,提交人大代表建议案1件,提交政协会议书面交流材料1篇、集体提案2件,委员个人提案7件。朱文荣关于海洋产业发展的提案及相关发言得到县领导关注。洪佩平"支持象山影视城建设,打造具有国际影响力的影视文化创新中心"的发言引发热议。解爱静、杨惠芳、王群分别就塔山文化遗址公园、文化产业人才培养等议题提出提案并发言。7月13日,杨盛昂、吴永建参加县委民主协商会,就《象山高质量发展建设共同富裕样板县行动方案(2021—2025)(征求意见稿)》提出意见建议。7月14日,洪佩平参加县委改革办共同富裕建设方案座谈会。7月21日,吴永建参加县委统战部召开的"同心助力高质量发展共同富裕样板县建设"统战人士主题座谈会并发言。9月22日,县政协会同县府办召开政协提案办理情况协商会,解爱静作"提升教师的职业幸福感"的主题发言,得到与会领导的肯定,并部署专项调研,以解决"双减"政策落地后给学校及老师带来的新问题。9月23日,朱文荣参加民进省委会关于"消除城乡数字鸿沟——同舟经济圆桌论坛"并交流发言。9月30日,民进象山县支部承担的民进市委会关于全市统战理论政策研究课题"新乡贤回甬参与发展 助力共同富裕的策略研究",成员为徐建成、梅旭东、杨盛昂、潘琼(执笔),获全市统战理论政策研究优秀成果二等奖。

【双岗建功】 欧赛萍获评浙江省正高级教师,系象山县学前教育首位正高。朱文荣获市科技进步奖三等奖,参加第四届国际绿潮学术会议,并作主题报告;虞亚凤获评"好干部"。宋厘国获评"省优秀基层组织负责人"。朱文荣获评"宁波民进2021年度岗位优秀人物"。潘琼、宋厘国获评"宁波民进2021年度会务工作先进个人"。陈再宏、朱文荣、潘琼、黄明、虞亚凤、陈红飞、吴春妍、张银雪等8人获评年度优秀民进会员。同年,陈再宏企业宁波戴维医疗器械有限公司、王达企业浙江易锻精密机械有限公司分获"县科技创新能力十强企业"荣誉和"工业纳税千万企业"银铜奖。陆洁企业宁波银行象山支行获"金融服务实体经济先进单位"。洪佩平企业象山影视城开发有限公司分别获"县政府质量奖"和"旅游企业经营先进团队"。

【"社情民意信息年"主题活动】 积极响应民进中央"社情民意信息年"主题活动,向民进市委会报送社情民意信息8篇,其中朱文荣《建议进一步提升宁波市海洋生物产业发展能力》、解爱静《建议依法强化对升挂和使用国旗的监督管理》被民进省委会录用。宋厘国《关于加强塔山中学北门道路安全管理的建议》引起县政府有关领导重视,及时予以批示,现场办公解决,获得好评。

【庆祝中国共产党成立100周年系列活动】 5月20日,杨盛昂率队在会员企业安澜别院拍摄"同心向党"短视频,庆祝中国共产党成立100周年。6月11日,宋厘国等参加象山县统一战线"讲党史、学条例"主题讲座。6月21日,杨盛昂等参加"同心向党 同行向前"象山县统一战线庆祝中国共产党成立100周年主题活动。7月14日,欧赛萍、王群在市委党校参加民进市委会组织的中国共产党成立100周年党史学习教育。

【点亮留象过年孩子微心愿】 2月5日,支部全体会员走进梅溪学校,给留象过年的162名孩子赠送价值近9900元的爱心书籍350余册,这些书籍都是孩子们自己挑选的。会员所在单位海韵幼儿园以及支部社会服务品牌项目"父亲联盟行动"的爸爸们,为孩子们送上趣味篮球、书法写福、画年画、草木染制作等多项活动,丰富了留象孩子的寒假生活。

【"德人堂——励乃骥史料陈列馆"创建】 4月24日,杨盛昂在墙头学校主持召开象山民进先贤励乃骥先生生平事迹座谈会,宋厘国主讲,会议决定创建励乃骥史料陈列馆。7月22日,杨盛昂在墙头学校召开"德人堂——励乃骥史料陈列馆"建设研讨会,并邀请励乃骥之子励仲生参加会议。8月下旬,由民进象山县支部委员潘琼具体负责的"德人堂"建设完成。11月30日,潘琼执笔的《德人堂小记》在《今日象山》发表。

(民进象山县支部)

中国农工民主党象山县支部委员会

【概况】 2021年，中国农工民主党象山县支部委员会（以下简称农工党象山支部）共有党员23名，主体界别医药卫生界占43.5%，本科以上学历23人、正高职称5人、副高职称2人。担任市政协委员1人、县人大代表1人、县政协委员5人，其中当选县政协常委2人，当选农工党宁波市第十三届委员会常委1人、代表2人。农工党象山支部被农工党省委会评为2021年度“农工党浙江省社会服务工作先进基层组织”，孙丽姹被评为2021年度“农工党浙江省社会服务工作先进个人”全省社会服务工作先进集体，朱爱春被评为宁波市抗击新冠肺炎疫情先进个人。

【组织建设】 农工党象山支部结合开展中国共产党党史学习教育，发动党员深入学习领会习近平总书记关于党史的重要论述，坚持学习党史、新中国史、改革开放史、社会主义发展史相贯通，重点通读《习近平新时代中国特色社会主义思想学习问答》《毛泽东　邓小平　江泽民　胡锦涛关于中国共产党历史论述摘编》《中国共产党简史》《论中国共产党历史》。同时，发挥党员特长，励成的书法作品《共产党宣言》入选“同心百年路·同行新征程”庆祝中国共产党成立100周年书画作品展。稳步发展高素质党员，新发展党员2名。

【参政议政】 一是议政建言。农工党象山支部两会代表、委员认真建言献策，积极履行职能，共提交集体提案1件、提案10件，提案率达142.86%。提案内容涉及产业发展、养老服务、文化教育、城市管理等各方面，围绕中共象山县委、县政府重点工作，反映群众关心的热点难点问题。其中，由医药卫生界、科协界、陆海滨等4人及励成联合撰写的《关于加强近视综合防控促进儿童青少年健康成长的建议》被评为2020年度优秀提案；励成就《关于提高建筑节能减排的建议》作发言，获得与会委员好评。二是组织调研。围绕党派组织规范化建设、多党合作传统教育基地建设、社会服务工作品牌提升、参政议政作用发挥，组织党员到茅洋乡调研竹根雕文化产业发展情况。结合“迎亚运”主题，由周倩倩主笔的《做好亚运城市营销策略的建议》在县委统战部《观察与建议》上发表，并得到县委书记包朝阳、县长李晓东长批示肯定。

【服务社会】 1月，为响应县政府号召外来员工“留象过大年”的倡议，农工党象山支部联合东陈乡总工会，组织党内专家医生到锦浪科技股份有限公司开展防疫讲座和义诊活动，并向留象员工发放预防新冠肺炎知识宣传折页和医用外科口罩等健康礼包。联合浦发银行象山支行邀请县内书法家赴宁波合力制动系统有限公司为员工写春联、送“福”字。组织党内专家医生、邀请县内著名书法家，到浙江东红船业有限公司为员工义诊、写春联。4月，农工党象山支部在县健康管理服务中心举行“象·健康”社会服务基地揭牌仪式，市政协副主席、农工党市委会主委陈为能，县委常委、统战部部长干维岳出席，仪式后开展“象·健康”首期互动式5A健康管理体验服务活动，该特色举措在《人民政协报》刊登。

（农工党象山支部）

象山县工商业联合会

【概况】 象山县工商业联合会是中华全国工商业联合会的地方组织，简称“象山县工商联”，又称“象山县商会”，成立于1953年。2021年，拥有2721家（个）会员，辖18个镇乡街道商会、8个行业商会、4个异地商会、2个县内异地商会、新创会。县工商联获评全国“五好”县级工商联、宁波市工商联系统先进单位等荣誉，民营企业调查点工作连续3年蝉联全国工商联系统优秀基层工商联。

【基层商会管理】 指导完成日杂、输配电、广告、晓塘、南田商会等5家基层商会换届工作。通过举办培训、自查、抽查、整改等方式，对全县基层商会进行收费规范，取得实效。举办基层商会财务专项培训，共有70多位财务相关人员受训。开展市“五有五好”商会复评工作，培育西周商会创建市“示范商会”，切实推动商会规范运作。完成浙江商会周活动，基层商会参与率达100%。安徽、江西商会积极参与留象过大年活动，通过走访会员，鼓励外来务工人员留象过年，为推动复工复产和县域内流动人口管理发挥了积极的作用。

2021年象山县基层商会基本情况表

表8　　单位：人

序号	名称	成立时间	会员数	会长	秘书长
1	丹东商会	2009年7月	89	洪松茂	周婉如
2	丹西商会	2009年7月	77	胡全福	白少艳
3	爵溪商会	1999年9月	120	陈　照	林将伟
4	石浦商会	1989年12月	73	卢国平	金国林

续表8

序号	名称	成立时间	会员数	会长	秘书长
5	西周商会	1997年12月	98	周晓峰	翁章楠
6	南田商会	2007年12月	59	李红蓥	戴昌伟
7	贤庠商会	2007年9月	67	沈永平	张　扬
8	墙头商会	1998年6月	47	朱旌铭	陈海军
9	泗洲头商会	2008年7月	42	励小伟	胡普升
10	定塘商会	2009年7月	59	吴永叶	林忠敏
11	涂茨商会	2007年11月	49	孙全福	陈兴东
12	大徐商会	1997年12月	73	黄金荣	张　晔
13	新桥商会	2008年11月	43	欧曙辉	魏成国
14	东陈商会	2005年12月	90	杨昌茂	屠华江
15	晓塘商会	2008年8月	40	冯　艇	朱　晓
16	黄避岙商会	2009年7月	39	王　达	张孔习
17	茅洋商会	2008年12月	38	石维坚	葛海华
18	高塘岛商会	2009年7月	25	戴福青	鲍建祥
19	日杂百货商会	2004年12月	347	余云兴	张　烈
20	医药行业商会	2008年9月	52	盛旭表	黄昭勇
21	家居商会	2009年6月	94	陆学兴	周培章
22	广告商会	2010年7月	55	励和军	王　岩
23	广东商会	2010年10月	100	胡英锡	郑　琴
24	数码商会	2011年11月	57	董　腾	张银亚
25	医疗器械商会	2012年11月	37	陈云勤	顾荣辉
26	新创会	2013年10月	68	卢　锋	王　雪
27	输配电行业商会	2015年6月	42	蒋善文	濮国锋
28	江苏象山商会	2016年6月	112	郑　敏	江耀存
29	京津冀象山商会	2018年5月	54	郎旺凯	宋　玲
30	象山安徽商会	2019年1月	100	周可刚	徐永宽
31	建材装饰商会	2019年6月	88	郭继旭	叶凯敏
32	象山江西商会	2020年6月	102	沈华虎	黄国胜
33	上海象山商会	2020年12月	167	周晓峰	胡明宝

【政企沟通渠道搭建】 定期召开“亲清直通车·政企恳谈会”，共开展专题活动4次，累计参与企业41家次，解决企业需求问题42个，解答政策性问题18个。与县人民法院联合开展“万企评法院”专项活动，并成立民营企业司

法服务联络站，共有270家民营企业参与该专项活动。组织10名企业家代表走进检察机关，参加检察开放日活动，通过“面对面”交流，进一步加深对检察工作的认知度。搭建线下亲清家园，线上“E亲清”一体化工作平台，完成亲清政商关系监测点布120家，有效评价300次。

【新生代企业家培育】 在丹东商会挂牌成立全县第二家新生代创业“双传承”基地，并按照“条件成熟一家，成立一家”的原则，筹划西周、贤庠、东陈等乡镇的基地打造。组织30余名新生代企业家代表赴杭州考察交流，组织新创会部分会员与创业导师周辞美开展座谈交流，通过传帮带助力年轻企业家成长。县新创会与建设银行象山支行签订金融扶持协议，为会员企业提供金融服务搭建平台。搭建产学研合作平台，牵线高校与部分会员企业就技术破解、员工培训等方面达成合作。

【先进典型宣传】 在中国共产党成立100周年之际，为更好地宣传在党的领导下宁波民营经济发展成就，推动宁波民营经济在新阶段高质量发展，根据人民日报出版社的统一安排，宁波市委统战部、市工商联（市商会）将单独编撰一书作为献礼丛书之宁波卷，华翔集团和龙元集团优秀案例成功入选。同时，联合县主流媒体创办《象商》杂志，树立典型标杆，积极发掘、广泛宣传民营企业先进事迹，引导广大民营经济人士在新的历史方位和新的起点上凝心聚力。

【企业走访与专题调研】 以执常委队伍和基层商会为服务主体，结合开展“上规模民营企业专题调研”“问千家　进百企”调研走访等活动，春节前后，主要领导带队围绕缓解中小企业融资难、引导民营企业防范化解发展风险、工商联及所属商会改革发展等开展调研。全面找准企业和基层商会中的痛点、难点、堵点问题，提出落实管用的实招、硬招、新招，并及时将意见建议反映到政府制定政策和决策过程中，充分发挥工商联“联”的作用与优势。全年共走访企业、商会155家次，收集需反馈职能部门解决问题13个。企业参与“千家民企评”系列活动1000余家次。

【参政议政】 县工商联紧紧围绕县委、县政府的中心工作和民营经济人士关心的热点、难点问题，开展调研活动和参政议政工作。在县政协十届五次会议上，工商联界别针对全县经济社会发展中的热点、难点问题，通过调查研究，共提出团体提案2个、联名提案8个、个人提案8个，作大会参政议政发言1个。

2021年象山县工商联界别委员在县政协十届五次会议上的提案一览表

表9

序号	标　题(案　由)	提　案　者	性　质
1	关于缓解企业用工难的建议	界别组	团体
2	关于推进我县双创平台整合提升的建议	界别组	团体
3	关于加快建设飞地研发中心的建议	徐贤国	个人
4	关于利用旅游景区停车场建设汽车影院的建议	洪健	个人
5	关于促进大目湾产城融合发展的建议	李健、徐贤国、洪健	联名
6	关于加强自来水厂西边公园人行道违法占道停车监管执法的建议	陆海滨等	联名
7	关于加快对爵溪昌欣路棚改区块建设的建议	何照兴等	联名
8	关于切实搞好我县小区垃圾分类管理工作的建议	张岳兵、沈启苗等	联名
9	关于整治城东工业园空气污染问题的建议	顾学锋	个人
10	关于严厉管控打击象山区域网络信息传销电信诈骗的相关建议	张岳兵、沈启苗等	联名
11	关于吸引211和985高校毕业生回象就业的建议	顾学锋	个人
12	关于加强农村综合事务员队伍建设的建议	冯艇	个人

续表9

序号	标　　题(案　　由)	提　案　者	性　　质
13	关于充分发挥社会组织作用的建议	吕伟宏等	联名
14	关于处理好人才引进的“留”与“用”问题的建议	董腾等	联名
15	关于迎亚运提高市民人文素质的建议	陆海滨	个人
16	关于提升我县随迁子女就学环境的建议	王爱敏	个人
17	关于合理设置幼儿园晚托班的建议	何照兴等	联名
18	关于做强象山文旅 IP 的建议	李健	个人

【优质金融服务提供】 县工商联、县新创会分别和建行象山支行举行战略合作仪式,共同推进支持服务好象商、促进象山经济高质量发展。继续引导基层商会互助资金会的规范化运作,认真推进实施《象山县基层商会互助资金会奖励考评暂行办法》,对 2020 年度 8 家商会给予财政专项奖励 150 万元的发放。2021 年,全县共有 10 家基层商会在运作互助资金会,运作总资金达 3 亿多元。

【象山发展青年峰会】 4 月 28 日,县工商联与县委统战部、团县委等部门联合承办“山海万象·青创未来”象山发展青年峰会,来自上海、杭州、象山三地的青年企业家代表齐聚一堂,共同探讨青年群体如何在象山融入长三角一体化和数字化建设发展中贡献力量。活动围绕工业经济、科技创新、文旅影视、城市空间四个板块发布了“象山发展机会”。同时,峰会还“牵线”促成 5 项合作协议。

【互助资金会座谈研讨会】 6 月 25 日,县工商联组织有关基层商会互助资金会工作负责人及秘书长 20 余人开展座谈研讨。县政协副主席、工商联主席励茂平,县委统战部副部长,县工商联党组书记苏峰参加会议。苏峰就近五年全县互助资金会运行及考评奖励情况进行总结通报。自 2016 年县工商联和县财政局联合发文出台《象山县基层商会互助资金会奖励考评暂行办法》以来,基层商会办优办好互助资金会的积极性、主动性和创造性有了进一步提升。与会商会围绕近几年互助资金会作用发挥的典型案例、操作中遇到的困难与问题及对下阶段工作的意见建议等方面进行了分享交流。

【第十二届家居博览会】 10 月 15—19 日,第十二届家博会在人民广场举行。为期 5 天的展会,签下订单 600 余笔,总成交额突破 4000 万元。本届家博会由县工商联、县商务局主办,县家居商会承办。展会围绕“名品、专业、科技、环保、文化”的主题,设房展区、精品区、时尚区、折扣优惠区 4 个展区,共 82 个展位,吸引了家具、家纺、家电、地板、建材、橱柜、卫浴、装饰、五金等九大类 50 多家商户参展,涉及品牌 62 个。

【县工商联换届工作会议】 10 月 22 日上午,县工商联(商会)召开换届工作会议。县委常委、统战部部长干维岳出席会议并发表讲话。县政协副主席、工商联主席励茂平,县委统战部常务副部长俞湛,县委统战部副部长、工商联党组书记苏峰,县委组织部、县纪委、县发改局、县经信局、县科技局、县民政局、县商务局、县市场监管局等相关领导,各镇乡(街道)党(工)委副书记,各基层商会、新创会秘书长参加会议。会上,苏峰对 2021 年工商联换届工作相关文件进行深入浅出的解读,并指出换届工作方案是高效有序开展换届工作的行动纲领,要切实贯彻好、执行好、落实好,确保换届工作推进有节点、落实有抓手、责任有分工,推动本次换届工作按时且保质保量完成。

(夏喜燕)

2021 年 4 月 28 日,象山新生代企业家代表在青年峰会上发表宣言(县工商联　供图)

群众团体

象山县总工会

【概况】 2021年，全县各级工会以习近平新时代中国特色社会主义思想为指导，围绕庆祝中国共产党成立100周年这条主线，以“我为群众办实事、我为企业解难题、我为基层减负担”专题实践活动为载体，各项工作取得新成效。2021年，全县获评“浙江工匠”2人，“宁波工匠”7人；宁波市五一劳动奖状集体5家、宁波市五一劳动奖章7人、宁波市工人先锋号5家；“港城工匠”2人、“半岛工匠”15人。

【职工思想建设】 围绕习近平总书记“五一”前夕重要指示精神和党史学习教育要求，组织开展全县工会庆祝中国共产党成立100周年系列活动，举行“我心向党”主题宣讲、“红色线路”走读、“工会主席讲党史”、党史知识竞赛、职工文体联赛等活动，累计参与职工超3万人次。充分发挥县总工会网站、象山工会、“象山惠”等各类工会媒体作用，推动相关精神进企业、进班组、进职工头脑。

【工会自身建设】 扎实开展党史学习教育。制定印发《象山县总工会关于开展党史学习教育的实施方案》，明确学习教育内容，强调工作要求和具体措施。把习近平总书记关于工人阶级和工会工作的重要论述和重要指示以及工运史、工会史作为重要学习资料，进一步强化理论武装。印发《关于开展象山县总工会机关干部赴基层蹲点活动工作方案》，组织24名干部下沉基层，召开座谈会、问卷调查，参加一线劳动、宣传政策法规、关心关爱职工、提升基层工会活力，共走访座谈基层单位12家，解决企业困难8个，惠及职工3000余人次。工会经费收入保持平稳，支出结构进一步优化，预算管理改革和财务监督取得新进展，获评全国基层工会财务会计工作先进单位。

【基层工会建设】 开展全县工会“聚焦八大员　集中抓组建”专项行动，新建工会126家，涵盖单位393个，发展会员13206人。建立服务灵活就业群体工会会员项目经费机制，拓宽“网上入会”渠道，发展“灵活就业会员”4262人。工会组建工作多次受市总通报表扬，其中丹东、丹西、爵溪、贤庠组建成效明显。“象山县‘三面齐抓’激发基层工会新活力”这一经验做法，得到省总工会党组书记、常务副主席张才方批示。基层工会“区·块·链”职工阵地建设再上新台阶，贤庠镇工人体育活动中心和东陈乡职工文化活动中心投入运营。继续推行并深化基层工会主席“1+X绩效积分”岗位津贴制度，发放773名非公有制企业工会主席岗位津贴84万余元。系统重塑全县工会志愿服务体系，打造14类志愿团队、组建170支志愿队伍，招募4078名队员，发布志愿服务行动900余场，县老年公寓工会九九志愿服务队入选市最佳志愿服务组织，《象山工会联系引导劳动关系领域社会组织参与社会治理》典型经验获评2021年度全市工会参与社会治理优秀案例。推动四星、五星级活力基层工会普遍建立“职工说事”制度，累计建立标准化职工说事室150余家，解决职工难题1632件。深化全县工会“推优入党”机制，全县135家基层工会产生推优建议人选298人，其中一线产业工人211人。

【产业工人队伍建设改革】 积极履行产改协调小组办公室职责，出台年度重点任务清单等一系列配套文件，建成市级产业工人队伍建设改革示范点企业2家、县级示范点企业27家。《象山加快推动产业工人队伍建设改革落地见效》分别在宁波信息和浙江信息上刊发。紧扣县委、县政府重大部署和重点工作，开展立功、技能、创新、“安康杯”、节能减排等竞赛活动。围绕“123”百亿级产业集群，安排开展浙江省海洋运动中心（亚帆中心）、大目湾城市综合广场工程等重点项目劳动立功竞赛。推进职工技能素质提升，联合县人社局、县教育局等部门组织开展职工技能竞赛25场次，22名职工获评2021年度“象山县职工技术操作能手”；依托匠心工坊、工匠沙龙等平台，开展各类职工技能培训40场，培训职工3000人次。

【和谐劳动关系构建】 开展“春节期间留象外籍职工合法权益维护”集体协商工作，对留象外籍职工春节期间的福利待遇问题进行协商指导，形成专项阶段性集体合同12份。开展职工队伍稳定专项排查化解行动，走访企业1200余家，排查化解职工队伍稳定风险77个。开展夏季高温慰问和劳动保护工作，全县各级工会慰问企业584家，发放慰问物资114.9万元；开展劳动安全监督检查144次，覆盖企业564家，完成事故隐患整改96件。组织慰问组赴县卫生健康局慰问援助镇海、余姚等抗疫一线医务人员，发放物资 11 万元。开展评选“职工热爱企业、企业关爱职工”优秀企业家和优秀职工、象山县和谐企业创建先进单位、县级“安康杯”竞赛先进单位和个人，共 53 家单位和 47 名个人获得表彰。

【工会法律服务】 加强劳动关系预警化解工作，县职工服务中心受理法律援助案件 20 件，接待来电来访 23 件，涉及金额 70 万元；6 家工会劳动关系调处工作室累计调处案件 120 起，涉及职工 288 人，金额 845.5 万元。加大公益法律和心理关爱服务，开展心理关爱进企业活动 60 场次、“尊法守法・携手筑梦”欠薪专场宣传活动 18 场次、安全生产宣传 20 场次。

【民生事实项目】 春节期间推出“留工优工”暖心举措，引导务工人员留象过年，各级工会投入经费 200 余万元用于留象人员送温暖保障服务。扎实推进共同富裕，开展 2021 年“春风行动”等线上招聘活动，提供岗位 4402 个，转岗再就业职工技能培训 150 人次；“走企入户、帮扶慰问、冬日暖心”三大行动慰问职工 346 人次，发放慰问金 39.68 万元，全县在档困难职工降至 2 户；“金秋助学”活动，资助困难职工子女 112 名，发放助学金 20.18 万元。全面推进职工普惠服务，职工医疗互助保障实现全流程上网、医保联网结算，参保人次达 8.6 万余人次，给付资金 113.2 余万元；组织一线优秀职工免费体检、疗养 1300 人次；“甬工惠”App、“象山惠”微信平台推出线上普惠活动 24 期。发放“蓝领通”小额贷款累计 4.5 亿元，4651 户。加强职工后勤保障工作，创建户外劳动者驿站 22 家、市级示范职工食堂 1 家、市级五好职工宿舍 1 家。妈咪暖心小屋、职工子女托管服务等女职工特色工作品牌获得职工普遍欢迎，县机关事务管理局小屋获 2021 省级“妈咪暖心小屋”规范化建设专项补助；宁波兄弟服饰有限公司托管服务被评选为浙江省 2021 年未成年人思想道德建设十件实事之一，丹东街道万象社区暑期假日学校、丹西街道瑶琳社区暑期假日学校被评为市级爱心托管班。

【职工文体赛事活动】 结合“中国梦・劳动美”主题宣传教育活动，开展劳模工匠先进典型事迹宣传，举办“我心向党——中国梦・劳动美”象山县庆“五一”文艺晚会，邀请县四套班子领导为受表彰人员进行颁奖；推出“匠心向党・只争朝夕”劳模工匠微视频展播 22 期，组织劳模工匠先进事迹宣讲 100 余场次；开展第三届全县职工“我心向党——中国梦・劳动美”摄影比赛、摄影展，展示新时代广大职工爱岗敬业、开拓进取、敢于创新的精神面貌；传播红色经典，组织文艺轻骑兵文化巡演 27 场次，公益展播露天红色电影 51 场次。

（王静）

共青团象山县委员会

【概况】 2021 年，共青团象山县委员会（以下简称“象山团县委”）切实做好引领青年、动员青年、培养青年、凝聚青年工作，着力推进县域共青团基层组织改革全国试点和中长期青年发展规划省级试点工作，进一步提升共青团工作认可度，“流动青年之家”服务管理项目成为浙江共青团第一批数字化改革“揭榜挂帅”项目。

【先进典型】 2021 年 1 月，共青团中央、农业农村部联合开展首届“全国乡村振兴青年先锋”评选表彰活动，象山县青农创客胡祖广获评首届“全国乡村振兴青年先锋”。李凯鹏、邵渊、叶淑君等 22 名青年入选由省人力社保厅、团省委公布的 2021 年“浙江青年工匠”培养项目人员名单。

【思想引领工作】 紧抓中国共产党成立 100 周年这一重要历史节点，更加坚定地用习近平新时代中国特色社会主义思想和党的创新理论武装青少年，发布象山县青少年庆祝中国共产党成立 100 周年十大重点项目，第一时间开展全县共青团系统“学党史　强信念　跟党走”学习教育，通过青年读书会、主题团（队）课、红色研学、党团知识竞赛等形式开展党史学习教育 2600 余场，参与团员、少先队员 4.5 万人次，相关工作经验被省市党史学习教育简报刊载。围绕“五四”青年节、“六一”国际儿童节、“七一”中国共产党建党节、“十一”国庆节等重要时间节点，开展“青春向党・奋斗强国”“童心向党・争做新时代好队员”“请党放心　强国有我”等主题团队日活动 152 场次。在华影影城揭牌成立“共青团影厅”，开展红色电影主题团队课活动。开展“学党史　知农耕”青少年劳动教育实践活动，让青少年在田间地头学习党史知识。充分利用线上平台开展学习教育，“青年大学习”综合排位名列全市第一，“浙里潮音”学习率领先并率先完成百名导师入驻，经验做法被《浙江新闻》宣传报道。建强“象上青年讲师团”和“新时代好少年”两支宣讲团，154 名宣讲员结合党史学习教育、中共十九届六中全会精神“六讲六做”大宣讲等走海岛、上渔船、进乡村、入企业开展分层分类宣讲 263 场次。举办“童心向党・党的故事我来讲”象山县新时代好少年党史宣讲比赛，同时在“象山新青年”微信号、视频号、抖音号等媒体平台上推出《致敬家乡先烈》《青春向党・红色印迹话初心》《童心向党，党的故事我来讲》等主题视频 34 个，点击量超 78.5 万人次。

【共青团组织建设】 紧抓县域共青团基层组织改革全国试点工作，出台《象山县共青团基层组织改革试点实施方案》，建立县级团的委员会专委会，落实“一专一站两联”工作，推动代表、委员制度化直面青年开展工作。新建县级教育团工委，由县教育局中层及以上干部担任教育团工委书记同时兼（挂）任县级团委副书记。建立“4+N”枢纽型青年社会组织体系，“大学生联盟”“青创联盟”“青宿联盟”“志愿服务联盟”常态化运作，短视频、美食等社团实现功能性“补位”，实现对青年群体的社会化、多维度、立体式的组织覆盖和服务覆盖。扩大“两新”组织、新兴青年群体团组织覆盖，新建“两新”团组织152个、快递物流行业团（工）委1个、互联网行业团（工）委1个。配齐配强团的县级班子成员，从企事业单位、农村优秀创业青年、青年运动员等方面充实团县委机关兼挂职干部，构建团县委班子“一正两副三挂五兼”工作格局。社会化选聘、项目化用人模式探索建立，通过政府购买服务、志愿服务项目等途径充实团工作力量，县青少年宫增挂象山县青少年服务中心牌子。加强团干部作风建设，发布1320个“我为青年做件事”实事清单，经验做法被《浙江新闻》宣传报道。

【助力乡村振兴】 积极培育“新农人”队伍，开展“青牛奖”寻访、青农创客面对面等活动，3名青农创客获评“宁波青牛奖”提名奖。开设农业创业创新人才培训班2期，打造省级示范性青创农场1家、市级示范性青创农场3家、县级示范性青创农场5家。联合县信用联社推出“青创贷”等金融产品，累计贷款近4657万元，覆盖创业青年321户。发挥象山“青宿联盟”优势，开展交流分享、学习培训、直播带货等活动13场次，覆盖105名民宿主。开设象上青春直播间，团干部代表直播带货象山雷波农产品3.6万元助力东西部协作，工作做法被《中国青年报》宣传报道。支持遂昌县5万元开展“山海牵手 情暖童心”阅读计划，组织少先队员开展“小纸张大公益”助力共同富裕示范区建设公益活动，筹集善款2万余元，用于山海协作帮扶。

【助力“双减”政策】 开拓“双减”育人“第二阵地”，依托“流动少年宫”“四点半课堂”“网络云课堂”“研学基地”等载体，开展传统文化、非遗手工、音乐舞蹈、语言表演、应用科技五大类共11门特色课程，建立各级“红领巾学院”34家，开发课程34门，开展红色寻访、家政体验、游戏活动、户外拓展等校外主题实践活动，参与少先队员达4.2万人次。

【助力人才回归】 联合举办“山海万象 青创未来”象山发展青年峰会，排摸对接象山籍在外优秀青年57名，动态梳理发布“青创象山”机会清单10项，为广大青年创业者提供在象发展的入口和机会。开展大学生招引工程，成立2021届大学生联盟，推进象山青年人才储备计划。积极开展青年“号、手”创建工作，2021年共评选县级“青年文明号”21家、“青年岗位能手”27名，市级“青年文明号”5家、“青年岗位能手”2名。

【青少年权益维护】 实施“青心守护·海岛少年”少年儿童关护项目，按照“一人一档”原则对海岛126名困境青少年家庭建立帮扶数据库，链接多方力量开展“圆梦微心愿”、“国庆快乐游学”、“普法宣讲进校园”等志愿服务活动24场次，动员亲青帮专家、志愿者、大学生提供物质、心理、学习等关爱帮扶178人次，已形成61份详细的海岛困境青少年的基本情况调查报告，打通海岛困境青少年关爱帮扶“最后一公里”。发动参与“99公益日”活动，共筹得爱心捐款超7万元。开展“开学法治第一课”进校园活动53场次，联合多部门共同推动青少年法治教育“2.0版”试点，全面完成18堂专法治教育课与72堂教师法治课的教材编撰，并邀请亲青帮平台专家，共同参与青少年法治教育工作。

【青年婚恋交友】 针对青年婚恋交友需求，承办团省委“亲青恋——一起去看海”主题交友联谊活动，打造6个“亲青恋”活动基地，开展青春派对、素拓交友、红色之旅、国风集市等以多元化“亲青恋”主题婚恋交友项目13场，覆盖青年900人次。针对青年文体需求，推出一批具有象山特色的青年文创产品和网络文化课程，常态化开展青年读书会、青春文化夜市、青少年非遗课堂等活动70余场。

（团县委）

象山县妇女联合会

【概况】 象山县妇女联合会（以下简称象山县妇联）是在党领导下的社会群众团体，是党和政府联系妇女群众的桥梁和纽带。2021年，县妇联围绕政治引领主线，紧扣中心大局，全力以赴谋求妇女发展、助力乡村振兴，着力打造红色妇联、实干妇联、为民妇联、数智妇联和品牌妇联，推动各项工作取得新实效。

【红色基因传承】 推送张瑜、方俊杰、李玲等8个党员先锋家庭。举办百年芳华甬籍优秀女共产党图片展宣扬甬籍优秀女共产党员事迹。开展红色群众性文体活动29场，启动红色标语普查行动，发动各级妇联执委走街入户寻找现存的红色标语，汇集标语背后红色故事。县妇联班子赴7个镇乡（街道）走访慰问女性共产党员20名，共同重温中国共产党100年来的光辉奋斗历程。组织民宿女主人参加宁波市巾帼民宿“守初心 感恩党 展芳华”红色主题活动启动仪式，通过红色之角、红色菜肴、红色巧手伴手礼、红色团建活动、红色之旅五大红色板块，活跃民宿经济实现产业发展。组织各级巾帼文明岗岗员参加“百年巨变话沧桑 半岛巾帼展芳华”象山县万名巾帼党史学习教育推进会，开启全县各级巾帼文明岗党史学习教育主题。9月，市级巾帼文明岗石浦中学巾帼文明岗代表全县文明岗参加全市“学百年党史 建岗位新功”党史学习教育主题展演活动，获三等奖。

【巾帼志愿团队】 打造以基层治理为特色的“灵山妯娌”巾帼志愿服务团队，以带动共同富裕为特色的“晓橘嫂”志愿团队、以关爱帮扶为特色的“红马甲”志愿团队等巾帼志愿品牌，服务内容涵盖乡村振兴、创业辅导、家庭教育、维权服务、扶贫助困等方面，其中“灵山妯娌”品牌工作得到省领导批示肯定。成立“巾帼宣讲团”“巾帼护水队”等项目化志愿服务队，服务党史学习、五水共治、平安创建、文明实践等中心工作。

【青年婚恋交友】 在“象山e恋”基础

上，整合“郑晓德工作室”“象山县随缘而合志愿服务中心”等公益红娘组织资源，依托宁波市公益红娘群、象山e恋公益红娘群，实时共享单身男女青年信息。7月，举办两场相亲联谊活动，以“剧本杀”“密室逃脱”“沉浸式实景戏剧”等形式吸引24对单身男女青年参加；10月，主办高层次游艇相亲联谊活动，邀请全县高层次人才参与找到“家”的归属感，扎根象山、共建象山。

【姐妹驿站微妇联】 提炼基层“姐妹驿站”妇女微家服务经验与模式，推动“服务零距离，姐妹共成长”“姐妹驿站”和妇女微家“一村(社区)一品”建设，召开“小家促和谐、巾帼助文明”姐妹驿站微妇联建设工作推进会，组织四家示范型姐妹驿站介绍创建经验。组织全县各级22个执委工作室，110家姐妹驿站微妇联，开展妇联执委争先创优亮绩效活动，推广先进做法和典型事迹，激发基层妇联执委履职尽责、干事创业热情。

【素养提升工程】 县妇联联合县妇儿活动中心开展“海味·妈妈的味道”技能公益培训20余场。通过“象山女性”云课堂对全县换届后村(社区)妇联主席、执委开展“云培训”，内容涵盖普法维权、“四史”学习、素养提升、乡村振兴等各个领域。

【困难群体帮扶】 开展“圆梦助学”项目帮助品学兼优但家庭经济状况困难的学生顺利完成学业，共计助学对象39名，发放助学金6.8万余元。联合县民政局开展“小象书屋·困境儿童学习环境改造项目”，对全县16个低保或低保边缘家庭的孩子进行全面帮扶，安排志愿者“一对一”入户陪伴。开展“童心向党　筑梦未来”小象书屋红色工程等一系列针对性帮扶志愿活动，以学习环境改造为切入点，以与孩子结对陪伴为载体，实施从学习环境到心灵陪伴的精准关爱帮，获得社会资金16万元，县级媒体报道5次。

【妇女儿童发展规划】 总结“象山县妇女儿童十三五”规划成果，根据《中国妇女发展纲要(2021—2030年)》《浙江省妇女发展“十四五”规划》《宁波市妇女发展“十四五”规划》和《象山县国民经济和社会发展第十四个五年规划和二〇三五年远景目标纲要》的总体要求，在广泛调研基础上完成象山县妇女儿童发展“十四五”规划编制。

【慰问关怀行动】 组织各乡镇街道开展敬老月活动，共计慰问老人16次，组织重阳活动18场，开展讲座2场，老年妇女参与以及受慰问人数达2600余人。根据“康乃馨”救助行动要求，组织发动社会各界爱心人士开展“我为贫困妇女捐10元”活动，共募得善款13万余元。关注女性健康，为300多位18~64周岁低保女性参保公益安康保险，救助“两癌”贫困妇女9个，慰问金额9万元。

【家庭文明建设】 联合县文明办、县环保局等单位，开展寻找2021年度最美家庭、文明家庭、书香家庭、绿色家庭、垃圾分类示范家庭活动，共推荐选送全国最美家庭1户，省最美家庭2户，市先锋党员家庭8户，市绿色家庭10户，认定省绿色家庭1户，市书香家庭5户，县垃圾分类先进56户，县绿色家庭82户，县书香家庭28户，最美家庭63户。

【家庭教育工作】 制定出台《象山县妇联家庭家教家风建设实施方案》，组织各镇乡(街道)妇联开展“小家促和谐、巾帼助文明”国际家庭日系列活动。结合世界阅读日，组织开展“颂百年风华　传红色基因——红色故事亲子共读”系列活动，面向全县家庭开展亲子阅读打卡，30对家庭获评“书香半岛”百日阅读打卡优秀家庭。加强家长学校建设，联合教育局组织线下讲座百余场，开发家庭教育线上平台一周一课，受益家长达5万余名。扩大服务深度和广度，促进社区家长学校建设覆盖率达100%。

【“儿童之家”建设】 完成年度市级“儿童之家”创建验收和申报工作，成功创建省级“儿童之家”1家，市级示范型“儿童之家”7家，市级标准型13家。打造以困境帮扶为特色的新桥镇“儿童之家”、以助力文明城市开展儿童托管为特色的塔山社区“儿童之家”和助力全域旅游开展非遗传承的大徐镇衫木洋村“儿童之家”，强化农村留守儿童和困境儿童关爱保护工作。

【妇女能力培训】 顺应数字化发展潮流，依托网络新平台实现妇女家门口就业，开展巾帼云直播、网络修图等活动5场，培训妇女200人；开展厨娘、茶艺师、“好阿姨”等技能培训10场，参与培训并获得对应技能技术上岗证书500人。4月，组织象山县民宿女主人联盟成员开展巾帼民宿赋能乡村振兴活动，通过座谈交流、团建活动进一步加强联盟成员联系，推进民宿抱团发展。6月，开展巾帼“学党史办实事”助推“三清三美”暨“大花园创建”美丽庭院工作现场会，助力美丽乡村建设。11月，组织16家县级文明岗、12家省级文明岗创建单位的负责人开展巾帼文明岗创建现场交流会，培训提高各级文明岗创建业务素质。

【寻找“最美庭院”】 根据《关于实施“美丽庭院”示范村升级三年行动(2020—2022年)的工作方案》，完成2021年度“美丽庭院”9个精品村和4个示范村的监督检查工作。全县开展寻找“最美庭院”活动，产生县级“最美庭院”150户，其他“最美庭院”11000户。开展寻找“最美民宿女主人”活动，评选产生十佳最美民宿女主人10名，人气最美民宿女主人3名。

【海味·妈妈的味道】 4月，组织4名巧女能手参加省第五届“品美食促消费享幸福”“妈妈的味道”活动，其中，石浦鱼丸制作女能手金锦获评“优胜”奖；5月，组织13名巧女能手参加宁波市“溪上·妈妈的味道”民间美食美物集市活，其中鲍记糕点传承人王菊梅获评“美食巧女”奖，其产品获第二届中国—中东欧国家博览会暨国际消费品博览会、第二十三届中国浙江投资贸易洽谈会的入场券。推荐泥鳅部落海鸭蛋、七巧刺绣工作室、文麓雅苑民宿等共9家单位入驻省农博平台“妈妈的味道”专馆，推荐象山半岛味道等22家单位入驻市妇联“甬农鲜”—妈妈的味道专场销售平台。

【巾帼文明岗】 发挥“巾帼文明岗”在创建全国文明城市工作中示范引领作用，组织各级187家“巾帼文明岗”开展一米线劝导、文明行车劝导等活动引导市民在各类公共场所、交通出行中自觉践行文明行动。11月14日，举办争创各级“巾帼文明岗”现场会，推动全县各级文明岗创建工作业务水平。认定16家2021年度县级“巾帼文明岗”，完成12家省级“巾帼文明岗”监督检查工作。

【巾帼创业就业】 联合人社局线上+线下共举办81场招聘会，完善《关于加快提升农村来料加工业发展的实施意见》，扶持全县未来五年的来料加工业发展和妇女家门口就业，共奖励扶持41个规模加工点，奖励资金70余万元，帮扶低保、残疾等特殊从业人员58名。联合金融机构实施“三优先”（即优先受理、优先审批、优先放贷）、“巾帼创业贷”，联合农村信用社进行小额贷款贴息项目，共扶持创业妇女1363人，累计金额1.8亿元。“晓橘嫂”团队发起人顾莹经营的“桔之乡”家庭农场获评“宁波市巾帼现代农业基地”，顾莹获评省百名最美巾帼新农人。“海味·妈妈的味道”小味道美食品牌创建人林亚琴获评宁波市“巾帼网红公益大使”。

【妇女维权】 “三八”维权周期间，全县各级妇联共组织以讲座、走访等方式宣传《中华人民共和国民法典》《中华人民共和国妇女权益保护法》《中华人民共和国反家庭暴力法》《中华人民共和国禁毒法》等法律法规普法维权宣传活动15场，发放宣传资料4000多份，惠及2万余人。开展巾帼学法大讲堂进基层活动19场，培训2000余人。建立健全妇女儿童保护机制，配合检察院建立服刑人员未成年子女监护补位机制，保障服刑人员未成年子女权利。携手公安常态化开展“反家暴”专项活动，提高群众对遭遇家暴后自我保护和维权意识。

（李静波）

象山县文学艺术界联合会

【概况】 2021年，象山县文学艺术界联合会（以下简称象山县文联）围绕高质量发展建设共同富裕示范区、奋力在宁波当好浙江建设“重要窗口”的模范生中争先创优的目标，坚持“出作品出人才，出影响出形象”，团结带领各文艺家协会、镇乡文联、部门文联、企业文联和广大文艺工作者，围绕中心，服务大局，创新工作思路和工作举措，使文联工作更上新台阶，文艺事业取得新成果。是年，县文联认真做好由中国民间文艺家协会、省文联、县政府共同主办的“百年荣光·红心向党”全国农民画作品展征稿评选等相关事项，获评2021年度“学习强国”浙江学习平台优秀供稿单位，刊发《象山港》杂志2期，举办各类展览赛事30余场次。

【“送春联送福”】 1月10日，县文联“送春联送福”活动在“文艺之家”举行，让市民们切切实实感受到新年问候。这是“我们的中国梦——文化进万家”志愿服务活动之一，“送春联送福”活动正式拉开帷幕。

【象山文联活动再上新闻联播】 1月2日晚，中央电视台CCTV-6《中国电影报道》报道为庆祝新年到来，象山影视城推出了丰富多彩的迎新系列活动。1月3日晚，CCTV-1《新闻联播》报道了外国友人和本土艺术家在象山影视城共绘牡丹的迎新活动。

【第五届群众文化艺术节开幕】 1月6日晚，象山县第五届群众文化艺术节开幕式举行，“蓝色畅想”渔歌组歌专场演出，为观众献上渔歌盛宴。本届艺术节持续至2月底，集中开展“歌舞飞扬”“印象象山”“书香半岛”“好戏连台”四大系列活动及各类文艺赛事、书画摄影展览等。

【“文艺党课”】 4月20日晚，“善行象山云课堂”党史学习教育第二期在贤庠镇贺威圣故居主会场举办，各镇乡（街道）新时代文明实践站（农村文化礼堂）设分会场。由县戏剧家协会副主席欧行凯创作的象山走书《贺威圣单刀赴会》、说唱表演《党旗飘扬》作为“文艺党课”这种新形式首次亮相，使党史学习生动活泼，党员群众喜闻乐见。

【赖赛飞获第八届徐迟报告文学奖优秀奖】 4月27日，由中国报告文学学会、省作协、湖州市政府主办的第八届“徐迟报告文学奖”颁奖系列活动在南浔举行。象山县作家赖赛飞《嘱托》荣获第八届“徐迟报告文学奖”优秀奖。

【上盘村“影视艺术”助造】 5月27日，县文联全体在职党员干部联合县美术家协会和相关专家到新桥镇上盘村，与镇村干部联合开展该村“艺术乡建”，助造“影视艺术”村。

【“象廉相依”清廉微视频征集大赛】 6月4日至7月31日，县纪委县监委、县委宣传部、县传媒中心、县文联、县水务集团联合举办“象廉相依”清廉微视频征集大赛。

【“百年荣光·红心向党”全国农民画作品展】 为传承农民画艺术，展示新时代中国农民画艺术创作成果，2021年，县政府与中国民间文艺家协会、省文联共同主办了“百年荣光·红心向党”全国农民画作品展，10月13日始征稿，至2021年11月10日止。主办方共收到全国各地农民画作品737件。根据作品推选细则，经评委们初审，选出入展作品150件；再从入展作品中，通过评委复审，选出优秀作品30件。

（县文联）

象山县残疾人联合会

【概况】 2021年，象山县残疾人联合会(以下简称象山县残联)认真落实省市残联工作部署和县委“聚力一二五，奋力上台阶”，围绕“忠实践行‘八八战略’、奋力当好“重要窗口”模范生，巩固深化贫困残疾人脱贫攻坚成果，进一步提高广大残疾人获得感、幸福感和安全感。

【基层基础工作】 认真贯彻落实中央和省、市、县党史学习教育动员部署会精神，全面开展党史学习教育。严格落实周二夜学制度，筑牢思想之基。全面落实“一岗双责”，深入开展清廉残联建设，完善内控制度，筑牢拒腐防变防线。加强与四川雷波残联协作，签订帮扶协议，象山县投入50万元产业发展基金，对存在返贫风险、自身发展能力弱的残疾人实行产业发展支持。全市残联系统首个编制完成《象山县残疾人事业发展“十四五”规划》，并全面启动实施“十四五”规划。继续抓好县、镇乡(街道)、村(社区)三级残疾人工作者队伍的“强基提质”工程，开展基层组织建设年活动，完善5个协会建设，落实乡镇(街道)残联理事长与工青妇的人民团体同等的政治待遇。

【数字赋能】 全县首家入选“揭榜挂帅”中榜名单单位，残疾人按比例就业情况联网认证‘跨省通办’‘省内通办’应用”入选全省残联系统数字化改革“揭榜挂帅”中榜名单，重点做好部门协调、系统测试、数据采集、应用反馈等工作。继续实行“集中评+住院评+上门评+异地评”四评联动方式。残疾人根据自身实际，选择浙里办申请、数字残联受理、二维码预约、窗口填报等多渠道进行预约，方便残疾人办事。会同县改革办下发《关于建立全链条全周期助残扶残体系的实施方案》，围绕证件办理、智慧管理、政策推送、康养服务、就业指导等五大模块10件事，进行集成化改革。开发特定群体惠民政策无感智推应用场景。对接象山大数据中心、宁波数投“甬管家”平台进行惠民政策解构，全力配合应用场景开发工作。

【民生保障】 强化与民政部门的日常沟通，稳步推进两项补贴移交工作。2021年，残疾人“两项补贴”年度发放5571.59万元，困难生活补贴惠及6935万人，护理补贴惠及9577万人。发放学费补助37.97万元，惠及61名残疾学生(儿童)和困难残疾人家庭子女。残疾人意外伤害保险和残疾人服务机构综合保险全覆盖，1.72万名残疾人和15家残疾人托养机构参保。残疾人之家机构补助资金发放466.2万元，惠及智力、精神及重度残疾人406名。为12户困难残疾人家庭大病医疗补助资金发放2.76万元。21户困难残疾人家庭落实安居工程与净居亮居改造资金18.9万元，中国狮子会浙江正力志愿服务队协助改造并捐赠家电家具，改善残疾人居住环境与生活品质。

【就业创业】 持续推进党政机关事业单位带头安置残疾人就业，面向残疾人招考公务员1名。疫情常态化下，会同县人社局、县民政局举办“同心向党 共同富裕”残疾人就业线上(直播)网络专场招聘会，35家爱心企业推出66个岗位，关注人次达1.05万，300余名残疾人线上与企业进行双向沟通，42名残疾人达成就业意向。完成新增就业人数149人，完成率102%，其中城镇新增就业人数20人，完成率100%。创新职业技能培训形式，“线上+线下”双轨推进，为残疾人和用工单位提供个性化职业技能培训405名。构建“职业康复、教育康复、文体康复、医疗康复、家企社联动康复”五位一体的工疗车间康复机制，全县20家“残疾人之家”为437名残疾人提供辅助性就业，精准发力，促进工疗机构强基赋能，实现共建共赢，助力共同富裕建设进程的目标。规范扶贫基地建设，安置残疾人12人，辐射残疾人222人。

【实事工程】 按照省、市、县政府实事工程要求，加强对“残疾人之家”提升改造和“提升建设规范化残疾儿童康复机构”两项工作的督促指导，提升改造“残疾人之家”7家，完成省定任务，规范化提升残疾儿童康复机构(七彩虹培训学校)1家，内容涵盖基础建设、专业设备、人员配置等10个方面的规范化管理和功能提升，并纳入协议管理，完成省定任务。建成三星级“残疾人之家”11家(县民生实事工程)，完成县定任务。

【康复服务】 精准落实儿童抢救性康复补贴政策，为53名残疾儿童少年提供康复补贴资金56万元。积极开展辅助器具适配活动，389余名残疾人得到基本辅助器具适配和维修服务。1330名精神残疾人实现门诊免费服药，为76名住院精神病人发放住院补贴17万元。配合卫健局完成残疾人家庭医生签约服务12549名，签约率85%。县康复医院注重人才培养、特色建设，开展“6S管理”，树立康复服务品牌，全年累计康复服务7353人次。继续开展中小学生脊椎侧弯筛查工作，开展“脊柱侧弯的预防与治疗”公益知识讲座，提探索建设象山特色残疾预防实践平台，为少年儿童脊柱健康保驾护航。

【权益保障】 精准落实各项惠残政策，切实维护残疾人合法权益。充分发挥残疾人法律救助站作用，多措并举畅通群众诉求渠道。充分发挥残疾人调解委员会的作用，及时办理省统一政务咨询平台、民生回应等转发件，全面开展首问责任即问即办工作，确保信访满意度达到100%；支持残疾人代表和委员开展残疾人权益保障执法检查、调研、政治协商活动。积极参与全国文明城市创建与亚运城市提升行动，开展无障碍环境建设知识宣传。全面排摸残疾人家庭无障碍改造需求，会同专业施工人员逐个上门勘查、设计，提出个性化改造方案，通过“量体裁衣”式服务，2021年投入资金30万元为80户困难残疾人家庭进行“一户一方案”居家无障碍环境提档改造。

【文体活动】 全面开展文化助残“五个一”工程，举办特殊文艺“六进”活动6场，惠及残疾人430人次。举办无障碍观影志愿服务11场，观影残疾人1120人次。凝聚民盟等社会力量，打造“助残·同心服务基地”，常态化开展“向阳花开”残疾人声乐教学辅导，书画鉴赏、文艺节目排演、自强技能传承等主题活动30场，为残疾群体开展物质帮扶、心理辅导、送教上门、文艺熏陶等“四位一体”助残服务1726人次。举办第二届残疾人趣味运动会“特奥日”活动，丰富残疾人精神文化生活，共享高质量小康生活。陈忠芬获得省级残疾人工作先进个人，县康复医院获得全省残疾人工作先进集体。

【残疾人事业宣传】 借助各类公共信息平台，加大残疾人事业宣传力度，全年推送助残惠残等各类信息270余篇，省残联、市残联、县委、县政府等录用130篇。半岛舆情信息报送110余条，全县排位靠前。县残联微信公众号发布236期，编发宣传稿97篇。家庭无障碍改造、订单式培训提升残疾人就业等残疾人事业及助残扶残与自强典型在《今日象山》、象山发布、万象山海、“学习强国”宁波学习平台、《宁波晚报》、中国蓝新闻、《人民日报》等各级刊物报道39篇次。《强基赋能 共建共享 象山县推进工疗型“残疾人之家”高质量发展》在浙江残疾人工作简报及《浙江残联》发表。《关于象山县无障碍环境建设的调研与思考》被《浙江残联》录用，该文还入选全国无障碍智库。《强基赋能 推进工疗机构高质量发展——记象山县残联携手残疾人共奔富裕路》和《自强之星 引领残障朋友共赴富裕路》2篇文章分别入选省残联百个助残共富好案例和百名残疾人自强致富好故事汇编书本。

【“阳光助残”行动】 依托县政协陈春静委员工作室，继续开展残疾人励志、教育、文化等助残项目。继续为38个困难残疾儿童定期上门送温暖，为15名不能随班就读和不能到特殊学校上学的重度残障儿童“送教上门”，搭建移动爱心“教室”。“向日葵·朝阳花”慈善助残基金，走访慰问困难残疾少年儿童49人，发放助残帮扶基金20.4万元。积极推进“党建引领，结对助残”活动，县残联、县综合行政执法局、中国移动象山分公司等16个支部与赛科、百易东和、和信等16家残疾人之家进行助残结对，为残疾职工提供助残志愿服务900余人次。募集50万元基金，设立“向日葵·向阳花”慈善助残基金，用于残疾人文化体育和康复活动经费开支、工疗车间特殊困难残疾人职工的帮扶与临时性应急救助以及县第三人民医院牵头开展的精神残疾人的社区同伴支持项目，帮助精神、智力残疾人提升自尊自信、自我效能和社会功能。

（章瑞燕）

象山县科学技术协会

【概况】 象山县科学技术协会（以下简称象山县科协）是县委领导下的人民团体和科技工作者的群众组织，是党和政府联系科技工作者的桥梁和纽带，是推动象山县科技事业发展的重要力量和科技工作者之家。

【县科协第十次代表大会】 2021年5月19日，县科协召开第十次代表大会，全县106名科技工作者代表参加会议。市科协党组书记丁海滨、县四套班子主要领导出席大会，市科协党组书记丁海滨、县委书记潘银浩、县委副书记李晓东分别作讲话。县科协党组书记、主席罗欣作题为《聚焦新理念、开启新征程，团结带领全县广大科技工作者为象山加快建设社会主义现代化滨海城市贡献智慧和力量》的工作报告。会议选举产生县科协第十届委员会主席、副主席、常委、秘书长。

【科技工作者推荐】 在“全国科技工作者日”活动期间，推荐科技工作者参加宁波市“最美科技追梦人”活动，县水产技术推广站站长、中国水产学会宁波（象山）服务站副站长刘长军获此荣誉。推荐科技工作者参加2021年浙江省企业“创新达人”评比活动，浙江易锻精密机械有限公司技术总监梅碧舟获此荣誉。

【院士工作站规范管理】 根据《关于进一步弘扬科学家精神加强作风和学风建设的意见》（中办发〔2019〕35号）和《宁波市院士工作站、院士科技创新中心建设与管理办法》（甬科协〔2020〕43号）等文件精神，做好院士工作站转留工作。锦浪科技股份有限公司院士工作站保留，象山港湾水产苗种有限公司院士工作站转建为科创中心。在2021年宁波市院士工作站、科创中心过程性绩效考评中，锦浪、港湾均被评为“优秀”。

【学会管理】 指导县级学（协）会开展2021年度年检、等级评估等工作，县盆景协会被评为AAA级社会组织，县建筑学会被评为AA级社会组织。

【学会服务站联合体建设】 规范工作网络，汇聚畜牧兽医、水产学会、园艺学会、植物保护学会等4家学会服务站智力资源，成立象山县农业产业振兴学会服务站联合体。组织联合体各专家开展农、林、牧、渔跨学科的技术交流、合作、攻关，并推广、应用鹅—稻轮作养殖、稻—罗氏沼虾养殖、鹅橘共养、鹅—鱼共养循环养殖模式等融合新技术，推动农业产业发展。联合体工作得到市科协肯定，《“农林牧渔”拧成绳，富了农民兴了产业》一文在《宁波日报》发表。

【象山县博士联谊会成立】 为加强高端人才之间联系与交流，发挥象山县高端人才作用，增进友谊与合作，9月28日下午，象山县博士联谊会成立大会举行。县委副书记李晓东讲话，市科协党组成员、秘书长施英致贺词。会上，李晓东与施英共同为县博士联谊会揭牌，与会领导嘉宾共同启动科技助企工程。大会还审议通过县博士联谊会章程，并选举产生第一届理事会、监事。

【人才关爱】 会同县委组织部人才办赴杭州、上海等地，看望象山籍院士陈纯、郑裕国、俞建勇，对院士关注关心家乡发展表示感谢，并邀请院士常回家乡看看，为家乡经济发展建言献策。召开高层次人才座谈会，紧紧围绕人才主题，从本行业着手，对象山的人才环境、人才政策，在引、留、用、培人才等方面的工作提出合理化建议及对策。全力打造有温度的科技工作者之家，县科技人才联合会获评2021年度宁波市市级“科技工作者之家”称号。

【论文评选】 开展2019—2020年度自然科学优秀论文评选工作，选送优秀论文参与宁波市自然科学优秀论文评选，获得2019—2020年度宁波市自然科学优秀论文C等1篇，获得2019—2020年度宁波市自然科学优秀论文优秀奖2篇。

【联合承办第三届中国白鹅产业技术高峰论坛】 联合承办第九届象山白鹅节暨第三届中国白鹅产业技术高峰论坛，邀请中国畜牧兽医学会副理事长乔玉锋等专家出席论坛。专家们围绕象山白鹅的种苗繁育、饲养管理、数字化转型、产业发展政策等方面的内容进行研讨，为推动白鹅优质种资源、助力乡村振兴和区域扶贫共同努力。

【浙江省植保学术交流高层论坛】 联合承办“浙江省植保学术交流高层论坛暨第二届浙江省青年植物保护科技创新学术研讨会”，邀请浙江计量大学俞晓平教授等15名专家作专题报告。与会专家还参观象山果蔬产业创新驿站、晓塘乡柑橘培训基地，为象山县种植户答疑解难，解决技术上的问题，提升植物保护科技支农、科技强农能力。

（县科协）

2021年9月28日，象山县博士联谊会成立大会举行（县科协 供图）

象山县红十字会

【概况】 象山县红十字会自2009年机构单设以来，认真履行《中华人民共和国红十字会法》，扎实推进改革创新、夯实基层基础、做强核心业务、加强自身建设，促进象山县红十字事业持续健康快速发展。2021年，县红十字会共完成救护员培训2416人，普及培训27792人次，18台AED（自动体外除颤器）采购和安装任务，新登记器官、遗体（角膜）捐献志愿者371人次，实现遗体（角膜）、器官捐献4例。

【品牌项目】 “博爱送万家”共筹集19.59万元，受益560人次；“生命关爱基金”“高危孕产妇基金”等7个救助基金运作良好；开展“5·8”红十字博爱周困难群众慰问活动。县红十字会党组书记、常务副会长陈琴专程赶赴高塘岛乡慰问敬老院老人和抗癌协会、高塘学校困难群体，送去约3万元生活物资；开展庆“七一”系列活动。点亮残疾困难户微心愿，送去大米和食用油；慰问“光荣在党五十年”老党员黄昌盛，送上慰问金和节日祝福；走访慰问低收入农户2户；为退休干部王士正送去节日贺卡等；连续10余年慰问器官捐献家属。

【“三献”工作】 无偿献血实现100%，满足临床用血需要；造血干细胞捐献入库人数稳定，且全部来自无偿献血志愿者。52名志愿者加入中华骨髓库；无偿捐献器官工作有序开展。全年新登记器官、遗体（角膜）捐献志愿者371人次，实现2例器官2例遗体和角膜捐献。

【“烟花”台风救助】 全力做好第六号强台风“烟花”灾后救助。7月26—27日，县红十字会会同红十字公交志愿服务队，前往全县18个镇乡（街道），派发市红十字会下拨的200个家庭赈济箱、省红十字会下拨的300条毛巾被和300个救灾家庭包等救助物资。县红十字会户外救援队和水上救援队受命驰援受灾严重的临海，救援受灾群众110余人次。

【应急救护培训】 2021年，共完成救护员培训2416人，普及培训27792人次。一是开展救护培训“五进”活动。连续5年开展送救护培训上海岛活动，累计525人次学生家长、教师受益。连续4年送培训进“皇冠”假日酒店，共有220名酒店员工和管理者受益。二是开展“防溺水”公益培训。2021年，共培训44场次受益4926人次。自2016年起，连续6年开展公益防溺水讲座，已举办220余场次受益超4万人次。三是推进全县职高学生全员救护员培训。10月，为宁波建设工程学校800余名高一新生开展自救互救知识和技能救护培训，792名学生经考核

"晋升"红十字救护员。自2015年起，连续7年共培训6000余名职高救护员。四是组织红十字志愿者参加全市应急救援技能大赛，并获优胜奖。

【红十字志愿服务】 2021年，全县各红十字志愿服务队开展各类志愿服务活动100余场次，近千人次参与。县红十字会按专业分领域建立志愿服务组织，形成以专业志愿服务队伍为骨干，广大社会志愿者组织为补充的红十字志愿服务体系，编织一张"人道服务，博爱象山"爱心网络。县红十字公交志愿服务队志愿活动依旧"接地气"。每位志愿者每月自愿捐赠30元成立"助困基金"，小基金起到大作用；组织志愿者开展无偿献血并赴宁波献成份血、熊猫血等；水上救援队成立"讲师团"长期开课；户外救援队积极参与各类户外搜救，6月受邀参加宁海与天台山之间的驴友被困救援，67名驴友成功获救。

【红十字好故事传播】 以纪念"5·8"红十字博爱周为契机，沿街设摊开展发放宣传资料、播放红十字知识录像、义诊、培训等为内容的宣传工作。发放各类红十字知识手册1000余份，义诊100余人。与象山主流媒体建立战略合作关系，主动联系省市各级新闻媒体加强宣传，讲好红十字好故事。《象山93岁老党员捐献遗体和眼角膜》等红十字好故事被"学习强国"学习平台、《宁波晚报》等多家媒体录用。通过一系列宣传，取得了良好社会效果，正能量红十字好故事得到广泛传播，进一步提高广大公众对红十字会的认知度。

（洪秀芳）

2021年4月21日，象山红十字志愿者参加2021宁波市应急救护技能大赛（县红十字会供图）

象山县关心下一代工作委员会

【概况】 2021年，象山县关心下一代工作委员会（以下简称象山县关工委）贯彻落实习近平总书记对关心下一代工作的重要指示批示精神，坚持以青少年健康成长成才为工作核心，围绕中心服务大局，各项工作取得新成效。

【青少年党史学习教育】 2021年，县关工委切实抓好青少年党史学习教育，用百年党史浸润青少年心灵，用百年党史滋养青少年成长。"4·23"国际读书日，参与县第十五届"陈汉章读书节"暨庆祝中国共产党成立100周年读书活动，组织象山县汉章小学学生开展学习读书活动，向全县青少年推出《象山县党史国史必读书目》50种。组织老少10幅作品入选市关工委等联合举办的"童心向党　礼赞百年"墨晏杯老少牵手书画展。11月17日，县关协育苗宣讲团钱联国被授予省"红船精神优秀五老宣讲员"称号。11月30日，石浦镇新港小学周若欣被授予"2021年度浙江省青少年英才·红船好少年"称号。

【立德树人】 2021年，县关工委紧扣立德树人这一根本任务，开展青少年多样化主题活动。4月25日，印发《全年重要纪念节日教育活动内容》，引导各级关工委开展相关主题教育活动。5月6日，组织545名学生参加2021年县小学生（幼儿）智力七巧板竞赛。7月20日，茅洋关工委组织青少年到茅洋爱国主义教育基地开展"红色印章·传承红色基因"活动。8月6日，东陈乡关工委在东旦时尚运动沙滩开设"帆船体验"户外课堂。10月30日，县关工委和教育局主办县首届小学生中国汉字棋大赛在丹城中学举行，全县20所小学、110名小学生同场竞技，为国内县级同类赛事规模最大。

【"六一"慰问】 5月28日上午，县政协副主席、县关工委主任莫俶茜率队到县启力学校慰问。5月25日，县关工委常务副主任陈明吉、副主任史悠林等到林海学校和丹西街道困境家庭慰问。5月28日，县关工委副主任应惠娟等到大徐中心小学慰问。其间，丹东街道关工委举办"共享蓝天　同沐阳光"儿童节活动。丹西街道关工委在启力学校，开展"六一"慰问爱心捐助活动。石浦镇关工委给来自新港小学等7所学校困境学生送上助学金17500元。贤庠镇关工委为孩子们送上慰问金11200元。鹤浦镇关工委开展"童心伴苗长，茁壮作栋梁"活动。定塘镇关工委开展"温暖童心·快乐六一"慰问活动，走访慰问困难儿童10名。大徐镇关工委慰问困境儿童5名。新桥镇关工委为儿童送去"六一"大礼包。

【"假日学校"】 2021年，全县暑期"假日学校"开展"线上教学+线下实践"双创教学与实践的新模式。全县线下“假日学校”办学超100班，学生人数达3000余人，其中小候鸟和留守儿童460余人。参与线下“假日学校”工作志愿者人数达650名，共筹集投入经费近60万元。同时，线上开办“假日学校”课程达40余课，共计观看达9万人次。其中7月18日第一课直播观看达2.4万人次。县关工委对收到200余篇体会文章进行评审，评出一、二、三等奖和优秀奖50余名，并给予表彰鼓励。西周镇“假日学校”邀请昊大律师事务所律师讲授法律知识；定塘镇“假日学校”邀请越战老兵开展爱国主义讲座；涂茨镇“假日学校”开展手风琴等乐器学习活动；晓塘乡“假日学校”开展绣党旗感党恩活动。县关工委组织举办的“假日学校”工作事迹在《中国火炬》杂志社网站、《中国火炬》公众号、市关工委网站、《今日象山》多次报道。

【关爱少年儿童】 2021年，全县各级关工委共筹集关爱资金40万元，资助需关爱少年儿童300多名。对全县155名象山籍留守（困境）儿童开展“关爱帮扶　红色观影”活动，帮助他们实现微心愿。县关协校外辅导团团购1000多张电影票，发给留象过年的外来民工子女。石浦镇关工委为42名学生捐助慰问金4.2万元；县关协石浦分会帮困助学96人，助学金额达11万元。东陈乡关工委为35名贫困学生建档立卡，每人每学期享受750元的爱心营养餐。县企业关爱团联合宁波海达针织印染有限公司将300余件衣服送到贫困孩子手中。12月4日，县关工委和宁波“梁叔叔帮你上学”志愿团到丹东街道开展帮扶活动。

【“四化”建设】 2021年，县关工委进行“关工委+协会+工作团队”工作创新与改革，全年开展宣讲160多场，受众1.6万人次。县关协18个镇乡（街道）设立分会，共组建90余支关协基层服务队伍，600多名基层“五老”、志愿者等加入服务队伍。县关协共承接政府购买项目5个，“涌润童心·关爱留守儿童（困境儿童）”“暑期组织‘五老’关爱服务青少年”“健康素养提升之传染病干预”、爵溪街道玉泉社区“阳光心情”儿童心理关爱服务、石浦镇海宁社区“品质海宁”等，获补助资金近20万元。

（县关工委）

象山县慈善总会

【概况】 2021年，象山县慈善总会积极参与共同富裕建设和乡村振兴实践，广募善款，精准施助，巩固提升基层慈善“四大”工程建设，创新发展特色慈善项目，各项工作取得预期目标。全年实现慈善资金总收入5408万元，其中募捐收入4493万元。各项救助支出3698万元，受益困难群体21803人次。石浦慈善分会会长黄菊英获评全国慈善会系统“优秀慈善工作者”；西周镇获评浙江省慈善镇，石浦镇平阳厂村、大徐镇大徐村获评浙江省慈善村。

【基层慈善“四大工程”建设】 2020年11月，全市基层慈善“四大工程”建设现场会在象山召开，县慈善总会以此为契机，向县委、县政府提出“加强多元化社会救助，推进村社慈善‘四大工程’建设”的建议意见，被县政府采纳写入2021年《县政府工作报告》，作为政府全年工作任务之一，并转发县总会制定的《关于深化推进基层慈善“四大工程”建设的实施意见》，要求各镇乡（街道）认真落实。随后，县慈善总会于3月10日在石浦镇召开全县慈善工作大会，进行全面部署动员。会上，县政府分管领导吴志辉明确提出深化推进基层慈善“四大工程”建设三点要求，县委的号召，县政府的推动，迅速转化为镇乡、街道的积极行动。在2021年上半年全县实施大规模行政村、社区调整，将原有518个村（社区）合并为386个村（社区）的情况下，县慈善总会紧紧依靠基层党委、政府力量，同步调整合并村（社区）慈善工作站、慈善基金、义工队伍，“四大工程”建设得到巩固提升。有21个村（社区）被评为市级慈善村（社区），127个村（社区）被评为县级慈善村（社区），争优创先空前高涨。在各镇乡（街道）分会和村（社区）工作站不懈努力下，2021年，全县基层共募集善款1787万元，比2020年增长82%。各项救助支出1327万元，比2020年增长29%。有7个镇乡（街道）慈善分会超额完成分会本级和村级年度募集目标，例如，石浦分会完成年度募集额的174.7%，西周分会完成年度募集额的115.1%，茅洋分会完成年度募集额的113.2%，高塘分会完成年度募集额111.9%。特别是高塘岛乡，地处海岛，辖区内企业少，经济相对薄弱，但该乡18个村工作站在乡党委、政府重视支持和乡分会全力推动下，村村开展募捐活动，全乡18个村工作站募集善款41.8万元，达目标数116%，村民参与捐款率达60%以上。

【县慈善总会公益服务中心建成】 9月1日，在“中华慈善日”之际，县慈善总会公益服务中心落成，向社会开放。中心以图版形式，展示总会20年来发展历程、募捐业绩、救助成效、义工风采、文化建设、会议剪影、感人故事、法规解读、获得荣誉等内容，旨在为广大人民群众提供一个宣传慈善、了解慈善、参与慈善、监督慈善的平台；开设一个慈善法规咨询、办理慈善捐赠和救助业务咨询、参与慈善义工志愿服务咨询的窗口；搭建一个可供全民参与慈善公益服务活动的场所。中心建成后，作为象山慈善展示窗口、公益活动场所，开展一系列如“共度‘家’节　人月两圆”茶话会、“国庆放假　一起画画”“九九重阳　慈孝老人”等活动，市民参与率较好。

【“慈善一日捐”】 根据市慈善总会安排和县政府《关于开展2021年全县“慈善一日捐”活动的通知》精神，县慈善总会于6月2日召开第二十次“慈善一日捐”动员工作会议。6月8日上午，潘银浩、包朝阳、李晓东等县四套班子领导带头参加“慈善一日捐”活动，以实际行动号召全社会共同参与慈善事业。当天，县委、县人大、县政府、县政协等机关部门干部职工共179人参与“慈善一日捐”活动，募集善款82450元。各行政企事业单位纷纷组织干部职工开展集中捐款。6月10日，县农业农村局主动组织全局145名干部职工开展集中捐款，募集善款32750元。6月17日上午，象山天星汽配有限公司组织100余名企业职工参与捐款，共募集善款22250元。全县197家单位18484名干部职工共捐款250.6万元，68家行政企事业单位共捐款305.4万元。全县各分会和工作站全年累计“慈善一日捐”募款542万元。全县累计“慈善一日捐”善款1113万元，比上年增长37.5%。

【募集渠道外拓】 针对象山大企业缺乏的实际情况，县慈善总会在努力做好已签约企业冠名基金催款入账的同时，积极向外拓展募捐渠道，加强与在外企业老板、乡贤、商会的联系，争取他们支持，回报家乡、参与家乡慈善事业。例如，宁波力勤资源科技开发有限公司捐赠3000万元设立“力勤体育基金”，用于象山体育事业发展；楼仙虎捐赠150万元定向用于鹤浦镇高坎头村养老院建设；林华、陈送诚分别捐赠50万元、30万元设立“爱乡慈善基金”，发展家乡慈善事业，龙象集团捐赠50万元定向用于儒雅洋村养老院；俞伯林捐赠50万元设立“弘扬传统文化慈善基金”等。县慈善总会还向在外象山商会发出《关于设立××商会慈善基金协商函》，得到杭州市象山商会等积极响应。2021年，全县共签约各类冠名慈善基金56家，收到基金善款共计1465万元；小额冠名基金99家，收到基金善款169.1万元。其中新（续）建企业、单位冠名基金8家，共募集善款506万元。丹东、西周、新桥、定塘、泗洲头等15个分会按照年初县慈善总会提出的要求，完成和超额完成小额冠名基金签约任务。

【网络平台募集】 2021年，累计通过网络募集善款294.8万元。县慈善总会开通各分会网络募集通道，为爱心人士提供捐赠便利，更好增进慈善事业与互联网融合，4.8万人次通过各分会网络募集通道捐赠善款113.7万元；网上设立小微慈善基金84个，募集资金4.6万元；“慈善一日捐”“关爱重症儿童”“关爱女性·呵护生命”“爱心一百压岁钱助学”等项目，募集专项资金129.7万元。通过宁波慈善医疗联合众筹网络平台，发布救助个案2例，募集资金46.8万元。

【专项救助】 支持县财政局、县民政局、县退役军人事务局开展“情暖千家”春节慰问活动，县慈善总会出资657万元，慰问9694人次；配合省慈善联合会对100户贫困家庭发放春节慰问金20万元及过节物资大礼包；与县环卫局联合利用“环卫基金”，救助困难环卫工人及其家庭13人次，救助支出22.6万元；与县残联联合利用“向日葵助残基金”，救助残疾人63人次，救助支出15.5万元；与县妇联联合利用“康乃馨救助基金”，救助困难妇女27人次，救助支出15.5万元；与县公安局联合利用“爱警基金”，救助困难公安民警及其家庭81人次，救助支出13.6万元；与抗癌协会联合利用“爱康慈善救助基金”，救助困难癌症患者5人次，救助支出11.6万元；与县民政局联合利用“医疗应急救助基金”，救助应急困难病患5人次，救助支出7万元；救助驻象山部队一名军官患重大病助医3万元等。针对特定人群和特定困难对象，联合相关部门，整合慈善资源，实行对口救助，提高救助实效。

【重特大病患者救助】 “慈善救助重特大病患”项目社会关注度和病患期望值较高，县慈善总会严格按规定执行，充分发挥村（社区）慈善工作站作用，自下而上，采取村、乡、县三级审核审批，严格把关，精准救助。2021年，救助重特大病支出127.2万元，救助对象198人次，其中发放重症儿童救助金16万元，救助重症儿童16人次，发放“两病”定助金43.2万元，救助“两病”患者144人次。

【“圆梦助学”项目】 2021年，县慈善总会收到302名大学生助学申请，共发放助学金123.69万元。为增加每位学生助学金额度，县慈善总会与人保财险宁波分公司合作，以助学投保形式，将助学对象助学金投保，并按105%实施投保理赔，即每一个助学对象在原领取助学金金额上，再增加5%理赔额度，由人保财险按照协议赔付。同时，改变助学金发放形式，将原采用助学金汇入助学对象账户改用直接发放到学生或家长手中，并随附一份《圆梦助学励志感恩倡议书》，既体现面对面人情关爱，发挥基层慈善工作者作用，又明确告知学生助学金来源，让受助者知道帮助的爱心企业、爱心人士，以致对口回报感恩。2021年，共收到来自全县各地大学生感谢信68封。

【义工活动项目化】 继“天使关爱·快乐成长”项目之后，又与县民政局合作深入开展“童梦计划·益路相伴”项目，从全县1000余名困境、留守儿童中筛选出200余名，开展“一对一”结对帮扶，实时跟踪儿童当前需求状况，记录回访档案。县慈善总会直属的8支义工大队，活动项目个性特色鲜明。仁爱义工大队围绕助学、敬老、助残、助困、夜巡逻、环保等，全年共开展活动90场次；手拉手义工大队全年开展慈善文化宣传走进社区、爱心义卖、环保公益、关爱助学、垃圾分类、五水共治等宣传活动百余场次；学雷锋义工大队主要开展关爱空巢老人、独居老人、关爱特殊儿童、助残、助困等公益服务活动；爱盟义工大队以关爱抗战老兵为主要特色，围绕敬老、扶贫、义卖等主题，全年开展活动19场次；无忧花义工大队定期开展“关爱共享单车 美丽文明象山”“垃圾分类宣传”“民乐进校园”，为民工子弟学校送教助学等项目活动，全年开展各项活动89场次；鸿雁义工大队配合市慈善总会开展“衣循环”项目，共收集3000余件衣物发往宁波，全年开展活动40余场次；星火义工大队以“蒲公英助残助教”项目为特色，为415名残障儿童开展针对性服务；生命工程义工大队积极参与县慈善总会各项活动，平时走访慰问重症癌症病人，邀请专家组织开展医学康复知识讲座等，全年开展活动12场次。

全县基层慈善义工队伍活跃在乡村(社区)，积极开展敬老、爱幼、助残、环境整治、慈善文化宣传、疫情防控等公益慈善服务活动。西周镇慈善义工大队开展“换新颜、改宜居”项目，改善全镇困难老年人、残疾人居住环境；“退役不褪色”项目，提倡退役军人加入义工队伍参与公益活动，以组织成员身份回馈社会、融入社会；“探访关爱留守(困境)儿童”项目，陪伴留守(困境)儿童健康成长；全年共开展活动176场次。石浦镇慈善义工大队带领义工定期下村、进社区、奔海岛，开展以洗头、理发、磨刀、修理小家电、义诊、义演、打扫卫生等为民服务为主的公益服务活动382场次；黄避岙乡红马甲义工大队，每月定期开展敬老助老、马路清洁、环境整治、美化家园等活动，已经成为盛行的乡风村规，全年共开展活动262场次；高塘岛乡慈善义工大队，以乌岩头村义工中队为代表，在金阿娥队长带领下，打扫环境卫生、赴敬老院包饺子、组织老人参加体检等，全年开展活动39场次；定塘镇慈善义工大队，全年开展活动22场次，其中金牛港村义工中队，组织义工(儿媳妇)为公公、婆婆洗脚、剪指甲、按摩，传承“孝”道；鹤浦镇慈善义工大队，在海岛义工大队的带领下，时常开展便民服务、清洁沙滩等活动，全年开展活动61场次；茅洋乡慈善义工大队，筹建“茅洋慈善文化驿站”，以五狮民乐团为基础，将文艺与慈善相融合，成为全县首家慈善文化驿站。

(县慈善总会)

法　治

政法委与综治

【概况】 2021年，中共象山县委政法委围绕“聚力一二五，奋力上台阶”目标要求，树立“服务发展是第一要务”理念，以数字化改革为契机，以平安护航中国共产党成立100周年大庆为主线，以政法队伍教育整顿为抓手，忠诚履职、担当有为，在维护社会大局稳定、护航重大项目建设、优化法治营商环境等方面持续发力，为象山县加快建设社会主义现代化滨海花园城市提供优质政法保障。2021年，全县刑事立案1811起，其中盗窃立案779起，同比下降1.5%；全县四级走访总量767人次，同比下降29.5%，到县集体访21批135人次，同比分别下降30.1%、40.5%，实现进京“零非访”；发生各类安全生产事故14起，死亡17人；火灾发生数48起，同比下降45.5%；办理审查批捕案件427件625人，办理移送审查起诉案件946件1487人。受理各类审判执行案件13536件，办结案件13799件，一线法官人均结案305.2件，比全省平均数高4.1%；各级人民调解组织化解各类矛盾纠纷5665起，调解成功5660起，调解成功率达99.9%。

【保障中心工作】 有力保障中心工作实施，牵头出台《全县政法机关服务保障高质量发展建设共同富裕样板县的实施意见》，明确15项责任清单，系统集成、精准施策。助力优化营商环境，出台政法系统依法服务保障企业健康发展系列措施，依法审慎办理涉企案件，持续攻坚“执行难”问题，创新“首违免罚”举措，企业满意度大幅提升。高效落实重大决策、重大项目社会风险评估机制，谋划重大决策社会风险评估“一件事”集成改革，动态跟踪化解涉稳风险。聚焦土地征用、房屋拆迁等民生工程，严把“法制审核关”，发布法律预警和风险防范提示，及时化解28个项目类涉稳隐患，助推县域重点地段8个项目顺利启动，未发生一起矛盾纠纷。有序推进政法队伍建设。高站位组织党史学习教育，健全政治轮训机制，运用读书会、“周二夜学”、党课日等活动，累计开展各类学习教育活动56批3500余人次，做到用学习“治心”，锻造政治上忠诚的政法铁军。高标准开展政法队伍教育整顿，抓牢抓实“四项任务”“三个环节”，固化有效做法，完善28项工作制度、出台7项长效机制，做到用制度“管行”，锻造干事上担当的政法铁军。高质量推进“政法铁军下基层、我为群众办实事”等活动，全县561名干警包干联系386个村（社区），全方位走访排查矛盾隐患，开展法治宣传和便民服务，深获群众好评。注重品牌培育，开展第二届“忠诚卫士”评选，做到用氛围“提神”，锻造作风上过硬的政法铁军。有效促进执法司法规范。结合全县各单位“周二夜学”、党支部学习等形式，开展“三个规定”宣讲进党政机关活动50余场次1100余人次，反响强烈。加大重点案件评查整改，全年共评定瑕疵案182件、弥补瑕疵问题293个，党纪政纪处分1人、批评教育76人、谈话提醒18人，有效提升办案质效。全方位清查涉法涉诉信访，强化分析研判、信息共享，排查化解四类重点信访件54件。

【维护社会安全稳定】 圆满完成维稳安保任务。总结提炼组织指挥、排查摸底、情报支撑、调处化解、源头稳控、群防群治、应急处置、部门联动、舆情导控、督查问责十大维稳安保工作机制，高效运行维稳专班，全年累计启动等级响应147天，组织日会商105次，研判涉稳信息1400余条，发布预警信息584次，处置重大涉稳事件44件、网络舆情46起。源头化解矛盾纠纷隐患。实体化运行县级矛调中心，联合出台《关于推进县域社会矛盾纠纷化解“访调诉裁一体化”工作的实施意见》《关于加强新时代人民调解员队伍建设的意见》等系列文件，通过机构重建、制度重构、职责重组，形成一体化矛盾纠纷化解体制。强势开展社会矛盾纠纷“大排查、大走访、大化解”百日攻坚行动，领导带头、重心下移、闭环管理、集中攻坚，推进历史性疑难案件化解，确保问题化解率50%以上。助推“152”和“141”体系贯通，加快“村民说事”、信访“四无村”创建、“镇乡吹哨、部门报到”、共享法庭等制度落地，实现矛盾纠纷化解线上线下协同。常态开展扫黑除恶专项斗争。进一步健全完善线索受理、研判会商、督查通报、24小时举报电话值班、群众接访等日常机制，确保扫黑除恶力度不减、标准不降。全县共侦办涉黑涉恶团伙63个，破获涉黑涉恶刑事案件1300余起，查处认定“保护伞”17人，采取强制措施1563人，各项指标均在全市前列，群众安全感、获得感大幅提升。

【平安象山建设】 坚持平安建设联创。每月研判、每季度召开平安形势分析会，精细化、精准化、精密化推进平安建设。县镇村三级落实“一把手”抓平安工作机制，强化每日必争、每事必争、每项必争、每分必争的“四必争”意识。县委平安办下达具体指标、加强预警预防，实行项目化推进、清单式管理，日监测、月排名、季分析、年考核，进一步压实属地责任、监管责任和主体责任。完善包括“平安渔港”“智慧渔港”“平安医院”“平安校园”等在内的平安单元创建，切实做到“积小安为大安”。坚持突出问题联治。以完善风险闭环管控大平安机制为抓手，厘清工作职责，确定28项系列平安创建项目，梳理9大重点领域风险清单，全面开展平安建设重点地区和突出问题排查整治。通过暗访督查、挂牌整治、领导约谈等手段，确保隐患清零、问题销号。尤其针对行业安全风险，完善全流程、全环节、全要素监管机制，开展消防安全和交通安全综合治理，交通事故亡人数同比下降27.8%，较前三年平均数下降37.8%。集中力量、扎实推进涉海涉渔安全生产综合治理三年行动、食品安全闭环整治等安全生产专项执法行动，有效解决行业安全领域案件多发、事故多发问题。坚持社会治安联防。突出抓好打击防范电信网络诈骗，推进全域反诈，全县电信网络诈骗发案数同比下降5.8%，万人发案比为全市最低。大力整治突出毒品问题，严厉打击毒品违法犯罪，创新构建智能化“禁毒大脑”，确保新滋生吸毒人员增速得到有效控制，社区戒毒康复人员有效执行率进一步提升。加强流动人口和特殊人群管理提升，加强人员排摸和精细化服务管理能力，确保流动人口违法犯罪占比不断减少，“民转刑”案件得到有效控制。加强社会面动态防控，落实群防群控措施，每年近400名机关干部和公安民警、386名专职巡逻人员，联合村（社区）、企业等平安志愿者参与夜间治安大巡逻，做到“不留死角、不留盲区”，大大提高街面见警率、管事率。

【数字赋能社会治理】　深化试点打造。围绕市域社会治理现代化试点工作攻坚年目标，高位推进“三层级两示范”设计框架，健全完善县、镇、乡、街道、村（社区）和行业、区域治理体系，基层网格得到进一步规范，大徐镇三防合一建设平安乡镇的“大徐经验”实现100%落地，三级治理体系得到进一步优化。2021年，成功创建省级“村民说事”示范村133个、善治村99个、民主法治示范村25个，群众满意率达95%以上。深化全国新时代文明实践中心试点，推广“乡里乡亲”共治驿站、乡贤参与社会治理等做法，荣获“中国乡贤文化之乡”称号。强化数字赋能。紧扣省数字法治系统21条跑道，纵向主动承接上级统建应用，横向积极融合其他领域应用，找准切口、科学谋划“政法一体化办案、综合行政执法、重大风险闭环管控”三大系统9个基础应用。着力打造移动微法院、行政决策后评估系统、基层治理“一件事”等应用，其中行政决策后评估系统入选“浙里法治风险闭环管控”跑道。聚焦防范重大风险，加快推进“智治渔港”建设，探索创建“数据+联动”“陆上+海上”“技防+人防”“党建+多元”港区治理模式，实现港区“一张网”治理。聚焦打造金名片，迭代升级“智治影城”云台，形成园区整体智治“134”体系，成功入选宁波市数字赋能基层治理应用场景。优化村级治理。深化“村民说事”国家级标准化创建，研发“线上村民说事”综合应用，在全县36个村试点推广，推动“村民说事”“线上+线下”双轨运行，并在“浙政钉”成功上线。加快村级诚信机制建设，选取3个试点乡镇探索打造村级诚信指数数字化平台，鼓励和发动村民参与自治。开展村级社会治理集成创新工作，出台《村级社会治理集成创新实施方案》《村级治理规范指南》等文件，定期召开全县村级治理示范创建现场会、观摩会，全方位启动第二轮20个培育示范村和19个后进带动村工作，以点带面、串珠成链，打造村级社会治理亮丽风景线。

（县委政法委）

公　安

【概况】　2021年，象山县公安局设有8个综合管理机构、17个执法勤务机构和17个监管、派出机构，全局民警634人，民警数占全县常住人口数的1.10‰。2021年，全县共接报有效警情10.38万起，同比上升7.56%。刑事立案1868起，与2020年相比下降2.45%。命案发1起、破1起，连续13年实现破案率100%；放火、爆炸、劫持、绑架、强奸等五类重大刑事案件发14起，保持100%破案率。破获刑事案件408起，采取刑事强制措施1356人，查处治安案件2546起，行政处罚3512人。该局连续3年以总分第一的成绩荣获全市公安机关主要业务指标排行总榜领跑者大奖，连续6年获评全市优秀公安局，刷新宁波公安历史，获评全省平安建设先进集体。

【疫情防控】　2021年，县公安局始终牢记“疫情就是命令、防控就是责任”，第一时间组织95名警力支援镇海、余姚等防疫一线，靠前对涉疫重点地区开展针对性“网格化”排摸，第一时间核查上级下发涉疫数据20余万条硬核管控密接及次级密接人员142名、中高风险地区到象山人员4356名、入境返象山人员561名，全方位落实中高风险地区到象山人员排查管控、冷链物品封闭式管控、“净海”专项行动等系列工作，坚决守住来之不易的全市最好防疫成果，精密智控指数考核连续2年位居全市第一。

【保障中心工作】　2021年，以万无一失的标准完成中国共产党成立100周年、全运会象山赛事、开渔节等系列重大安保活动22场。用足用好保障行政村规模调整的工作经验，累计对村级班子换届选举候选人、“两代表一委员”候选人的资格审查13万余人次。开展市、县、乡人民代表换届选举资格审查候选人4824名，发现不宜对象21名。

【快打大要案】　2021年，依法从重从快打击严重刑事犯罪，全力维护社会治安和谐安定。坚持“以人民为中心”的发展思想，秉持“命案必破”的坚定理念，全年共发破命案1起；放火、爆炸、劫持、绑架、强奸等五类案件立14起，破14起，破案率100%。创新探索集约式打击机制，以战区模式推进“雷霆”系列专项行动，共刑事打处1353人、行政处罚3440人，分别同比2020年上升5.8%、25%。

【扫黑除恶专项斗争】 2021年，锚定“象山无黑”目标不放松，保持工作专班不撤、扫黑力度不减、除恶强度不降，固化督办挂牌、提级侦办、异地侦办等专案攻坚模式，完善与检法常态会商案件、与纪监双向传递线索等机制，保持对黑恶势力及其“保护伞”的穷追猛打、露头就打态势。推进建设领域专项整治，全力保障重点项目“零障碍施工、无干扰推进”，累计查处黑恶势力犯罪集团8个，采取刑事强制措施284人，其中156名为涉网黑恶对象，128名为小黑小恶对象，扫黑除恶专项斗争工作绩效居全市第三。

【电信网络诈骗打防】 2021年，将电信网络诈骗打击防范，作为保民生“一号工程”继续深入推进，共破获本地案件430起，采取刑事强制措施358人，分别同比上升25%、29.6%，象山县发案持续下降，比2020年下降10.2%，万人发案比为全市最低。

【黄赌毒整治】 2021年，全县查处黄赌案件421起，刑事拘留134人，行政处罚1056人，黄赌警情分别同比下降13%、25%，象山县黄赌治安乱点基本“清零”。深化禁毒斗争，移送起诉54人，行政处罚61人，象山县复吸率低于省市增幅，有力巩固“省级禁毒示范县”创建成效。

【维护经济秩序】 2021年，从重从快、严厉打击各类经济案件43起，采取刑事强制措施156人，挽损2600余万元，有效维护全县金融秩序稳定。作为全市唯一一家公安机关，成功发起华东地区首起经侦集群战役，破获“3·12”特大走私卷烟案件，并获公安部贺电。

【公安项目改革】 2021年，以“全省一流、全市领先”标准建设执法办案管理中心和侦查中心，打造一体化“双中心”的“象山样板”。公安政务服务数字化转型提速，259项涉及公安的群众和企业到政府办事事项100%实现“最多跑一次”，全部服务事项实现“一次办结”，全部民生事项实现“一证通办”，基层派出所“1+X”窗口延伸实现全覆盖，网上办事实现全覆盖。车辆检测“一件事”按期完成，改造提升2家检测站，全流程检测平均时间缩短2/3，每年惠及6.9万余名车主。全县建成“智安小区”136个，前端感知体系和“智慧安防”建设居全市前列，智慧安防小区（农村）项目入选省级政法创新项目。

【矛盾纠纷排查化解】 深化“百警进千家”“百警联百企”“百警护工程”三大专项行动，全县村（社区）、规模以上企业、重点工程项目均有1名以上结对服务民警，累计排查化解矛盾纠纷696起、核查违法违纪犯罪线索130条、提供法律咨询解答1083次、面对面开展反诈宣传1.8万人次。以为民情怀推进涉警信访积案化解工作，接收部省交办信访积案45件，化解43件，自排积案32件，化解26件。

【行业场所管理】 2021年，推进消防安全隐患整治，累计开展消防监督检查2850次，发现消防安全隐患468起，当场督促整改367起，移送有关部门75起，通过警网融合推送消防安全隐患356起。落实寄递行业“三个100%”（收寄验视100%、实名收寄100%、过机安检100%）安全监管制度，检查寄递网点400余家次，发现并整改隐患问题47个，移交寄递业违规案件13起；联系住建、行政执法部门建立瓶装燃气行业监管情报互通、联合查处工作机制，联合查处非法储存、运输、买卖燃气案件1起，查扣运输车辆3辆、大型煤气罐73个、小型煤气罐78个及自制灌装设备2套，刑事处罚4人。

（朱俊）

检察

【概况】 2021年，象山县人民检察院在编干警70人，员额检察官27名，新入额2名。县人民检察院全面贯彻习近平法治思想，以努力当好浙江建设“重要窗口”检察模范生为引领，融入数字化改革全局，促进“四大检察”全面协调充分发展，提升司法规范化水平，打造高素质检察队伍，为象山县经济社会高质量发展提供有力检察保障。是年，共办理各类案件1869件，发出检察建议110件，采纳率为100%，获得集体和个人县级以上荣誉42项，其中国家级荣誉1项、省级荣誉3项、市级荣誉29项。

【刑事检察监督】 强化刑事立案和侦查活动监督，建立首个派驻执法办案管理中心检察官办公室，2021年，共监督立案30人、撤案29人，追捕4人、追诉1人，成功判处有期徒刑5人，其中2人被判处10年以上有期徒刑，提出书面纠正意见21件。建立自行补充侦查工作机制，推动自行补充侦查工作从轻微刑事案件向重大、复杂案件扩展，开展自行补充侦查工作52件，有效降低“案-件比”。稳步推进刑事执行监督，联合县司法局出台《关于规范社区矫正对象训诫谈话及听证程序的规定》，核查纠正存在监外执行脱漏管、不当交付问题等43人，监督移送财产刑立案执行14人，对符合法定条件的8名罪犯提出暂予监外执行意见，发现并移送非法证据排除线索1条，促进刑事监管有序稳定开展。

【重点刑事案件办理】 常态化开展扫黑除恶专项斗争，顺利办结25人恶势力集团“套路贷”案，有效铲除黑恶势力。打击严重暴力犯罪，批准逮捕故意杀人、放火、抢劫、贩卖毒品等犯罪嫌疑人14人，起诉14人，切实增强人民群众安全感。联合公安开展“断卡”专项行动，严厉打击涉“两卡”违法犯罪行为，批准逮捕帮助信息网络犯罪活动、电信网络诈骗犯罪 29 人,起诉 57 人,全面升级打击治理力度。保持跨境赌博高压严打态势,依法打击跨境赌博犯罪 94 人,有效治理跨境赌博关联技术、资金、推广等黑灰产业。

【优化营商环境】 依法惩治高利转贷、非法吸收公众存款、违法发放贷款等犯罪 13 件 17 人,坚决防范和化解经济金融风险。注重支持企业经营发展,办理涉民营企业案件 14 件 17 人,对重要岗位员工不起诉 8 人。聚焦民营企业发展进程中合规需求,制发检察建议督促整改涉案企业虚假评估、违规挂靠等问题,开展跟踪回访,确保涉案企业整改规范。组建"企业刑事合规宣讲团",开展企业合规专题讲座,选派企业刑事合规宣讲团成员深入县内重点企业指导问题,提高企业合规经营及风险防控能力。联合县工商联举办"服务保障民营经济发展"检察开放日活动,提升检察服务民企发展质效。

【少捕慎诉慎押刑事司法政策落实】 坚持审慎办案理念,对积极悔过的犯罪嫌疑人建议变更强制措施 33 人,对情节轻微、社会危险性较小的犯罪嫌疑人,不批准逮捕 203 人,不起诉 363 人,促成刑事和解 14 人。

【认罪认罚从宽制度推进】 落实认罪认罚案件控辩协商同步录音录像制度,审结认罪认罚犯罪嫌疑人 1017 人,适用率为 90.88%,提出确定刑量刑建议 655 人,确定刑量刑建议提出率 99.7%,同步录音录像 381 人,切实保障犯罪嫌疑人认罪认罚的真实性和自愿性。

【案件办理质效提升】 组织评查案件 1777 件,开展涉案财物清理处置、统一受理流转等专项监督活动,切实解决"隐性超期羁押"等问题。建立提升案件办理质效、完善办案流程等制度,针对长期未结、法院退回后长期未处理等线索,发出口头预警 146 件。依托"数智案管"应用平台,强化案件办理日常流程监控,排查、核实、修正预警信息 972 条。利用检委会、检察官联席会议等制度,加大对重大疑难复杂案件和新型案件的把关力度,妥善办理检委会议案 13 件,开展检察官联席会议 40 次。

【公益诉讼检察】 联合县水利和渔业局、港航管理中心等 6 个行政部门,建立港航检察公益诉讼协作机制,办理涉海涉港领域公益诉讼案件 24 件。开展固废污染、水污染、大气污染等领域专项监督,推动清理建筑垃圾、工业固废约 700 立方米,督促回收农资废弃包装物 31.76 吨,为高标准建设滨海大花园提供有力检察保障。聚焦安全生产领域,办理涉海涉渔、消防安全、危化品安全等领域公益诉讼案件 8 件,助推相关部门开展专项整治行动,遏制重大生产安全事故发生。助力打造"亚运城市",开展无障碍环境设施建设公益诉讼专项监督,发出检察建议 4 件,城市盲道被占用、无障碍标识不清等问题得到有效整治。

【民事检察监督】 加强民事审判监督,健全防范和惩治虚假诉讼机制,调查跟进某企业实施虚假诉讼系列案件,提起抗诉 37 件。针对系列案中基层法律工作者曾经故意犯罪的情况,向上海市司法局发函要求依法处理,深度融入社会治理。加强民事执行监督,开展执行程序违法、瑕疵专项监督,发出类案检察建议 3 件,妥善办理一批社会关注度较高的执行监督案件。加强民事审判人员违法监督,依法处分违法财产保全、违法执行腾房审执人员 3 名,全面提升司法规范化水平。

【行政检察监督】 深入推进行政非诉执行专项监督行动,梳理排查案件 300 余件,办理执行监督案件 37 件,成功追加 29 名企业投资人为被执行人。重点开展土地执法查处领域监督专项行动,联合县自然资源和规划局出台《关于在土地执法查处领域加强协作配合的意见》,发出检察建议 3 件,合力保护土地资源。妥善开展行政争议实质性化解工作,在法院执行案件中参与化解争议 8 件,在行政复议案件中参与争议化解 1 件,不断提升社会治理水平。

【未成年人保护】 顺利推进性侵害未成年人案件一站式询问办案区建设,对遭受侵害的未成年被害人开展一体化取证和救助工作模式。建立服刑人员未成年子女监护补位机制,向民政部门移送线索 5 条,帮助 1 名服刑人员未成年子女完成落户和变更监护权。针对娱乐场所违规接纳未成年人、宾馆违规接待未成年人、未成年人食品安全隐患问题,及时制发检察建议 7 件,为未成年人健康成长保驾护航。适用未成年人犯罪记录封存制度,依法封存犯罪记录 32 人。持续开展法治进校园活动,累计前往 8 所学校开展法治宣讲 13 场次,受教育人数超过 7000 人。

【数字法治建设】 融入数字化改革先行示范区建设全局,积极参与数字赋能检察监督应用场景开发,先后制定交通事故医保基金违规使用、未成年人控辍保学等多个场景应用构建方案。坚持以数字化改革撬动法律监督,通过大数据对比筛查国有财产流失线索,全面推进交通事故医保基金使用、残疾人补贴领取等领域监督行动,追回国有财产 50 万余元,相关工作被市人民检察院推广。

【检察官办公室设立】 4 月 26 日,县人民检察院驻宁波海警局象山工作站检察官办公室正式揭牌成立。双方会签《关于建立检警协作配合机制的实施意见》,明确双方加强协作配合,建立健全信息共享、法律咨询、案件会商等机制,在打击海上刑事犯罪、海洋行政执法、海洋环境公益诉讼和生态修复补偿等方面形成合力。

【县委检察工作会议】 5 月 27 日,县委检察工作会议召开。会议深入学习贯彻习近平法治思想,全面落实全国和省市检察工作会议精神,研究部署下阶段全县检察工作。市人民检察院党组书记、检察长叶伟忠,县委书记潘银浩出席会议并讲话。县领导包朝阳、李晓东、陈爱武、欧亚群,县人民检察院党组书记、检察长袁学宏等参加。

【服务保障民营经济发展检察开放日】 11月4日上午，县人民检察院举办服务保障民营经济发展检察开放日活动。县政协副主席、工商联主席励茂平，县人民检察院党组书记、检察长袁学宏，县委统战部副部长、工商联党组书记苏峰，部分民营企业家代表，以及县工商联、县人民检察院分管领导、相关部门负责人等参加活动，共同探讨交流检察护航民企发展新路径。

（何莉颖）

2021年4月26日，县人民检察院驻宁波海警局象山工作站检察官办公室正式揭牌成立（张海冰　摄）

法　院

【概况】 2021年，象山县人民法院在编人员158名，员额法官59名，临聘人员111名，内设机构12个和5家派出人民法庭。2021年，县人民法院全面贯彻习近平法治思想，认真贯彻中共十九大五次、六次全会精神，坚持服务大局、司法为民、公正司法，奋力推进新时代人民法院工作高质量发展。全年共受理各类案件13802件，同比下降11.81%；办结14027件，同比下降13.24%，同期结案率101.63%。2021年，县人民法院先后获得“政法系统执法办案成绩突出集体”“全省法院集体二等功”“全省法院个人二等功”等市级以上集体荣誉4项、个人荣誉11项。

【惩治刑事犯罪】 审结各类刑事案件496件763人，同比分别下降16.07%和14.75%。常态化开展扫黑除恶专项斗争，审结恶势力犯罪集团案件2件11人，判处罚金累计69.5万元。依法审结跨国电信诈骗案件6件26人、跨境开设赌场犯罪案件20件99人，判处三年以上有期徒刑13人。贯彻实施《刑法修正案（十一）》，审结全县首例袭警罪案件、催收非法债务案件。

【保护民事权益】 全面实施民法典，审结民商事案件8554件，同比下降11.35%。注重调判结合化解爵溪、大目湾新城的6个楼盘系列案363件。审结金融借款、信用卡等纠纷案件1338件，同比下降15.21%。召开“民间借贷纠纷案件”新闻发布会，并发布白皮书，民间借贷纠纷案件收案量自2019年起逐年下降，共审结民间借贷纠纷案件2202件，同比下降16.27%。

【助推法治政府建设】 受理行政诉讼案件89件，审结87件，同比分别上升36.92%和29.85%，判决行政机关败诉7件，败诉率8.05%，同比上升2.08个百分点。联合县司法局、县检察院建立“3+N”联动调处机制，构建行政争议化解“共同体”，经协调促成撤诉36件，调撤率41.38%。深化府院良性互动，发布《2020年度象山行政诉讼“双下降”情况工作报告》《2019—2020年象山县行政机关败诉分析报告》，助力规范执法行为。

【加大执行攻坚力度】 执结各类案件7656件，执行到位金额8.39亿元。坚持打击拒执犯罪，判处拒不执行判决、裁定罪3件3人。开展涉民生涉金融案件专项执行行动4次，执行到位2.47亿元。推广自动履行正向激励和信用修复两项机制，共发放自动履行证明43份，公布诚信履行名单60人次，完成信用修复32件，涉及标的额2803.97万元，自动履行率52.46%，同比上升14.92%。

【保障中心工作】 围绕县委“聚力一二五，奋力上台阶”，参与农村宅基地“三权分置”改革、城乡建设征迁清零专项攻坚行动、优化建筑业发展环境等重点工作，参与项目开发、征地拆迁、信访等各类协调会260余次。强化生态司法，牵头有关部门联合制定《环境资源行政执法与司法联动机制》。开展“我为群众办实事、我为企业解难题、我为基层减负担”“政法铁军下基层”等实践活动，该院61名干警包干联系全县56个村社，解决企业和群众“急难愁盼”问题。

【优化营商环境】 实施营商环境优化行动，制定出台《关于保障民营经济健康发展的实施意见》，与县工商联、乡镇商会联合成立“民营企业司法服务联络站（点）”，审结涉企纠纷案件4507件，同比下降14.43%。制定出台《推进破产案件快速审理的实施细则》，推动建立企业破产府院联席会议制度，审结破产案件37件，处置财产474.6万元，化解执行案件364件，涉及执行案件总金额3.2亿元,促成35家僵尸企业退出市场。妥善处置耗时五年的华丰公司破产重整转清算案件,采取线上线下拍卖方式处置资产,快速回笼资金2.04亿元;审结全市首例房地产类预重整转重整成功案件、全市首例个人债务集中清理案件。

【基层综合治理融入】 强化人民法庭建设,在县委支持下召开全县人民法庭工作会议暨"共享法庭"建设推进会,制定出台《象山县"共享法庭"建设实施方案》。创新建立"乡里乡亲"共治驿站、"星光影视"共治驿站,被人民网等多家国家级主流媒体宣传报道。开展院领导下基层大接访、大走访、矛盾纠纷"大走访、大排查、大化解"百日攻坚专项行动、一把手专项执行信访接访等工作,妥善化解信访积案36件。加大虚假诉讼打击力度,查处虚假诉讼案件24件25人,其中罚款23件24人,罚款总额44.6万元,追究刑事责任4件9人,助推信用象山建设。

【司法体制综合配套改革】 加快构建案件质量管控体系,制定出台《关于加强审限管理的若干规定》《关于规范裁判文书上网的若干规定》,差异化各庭室考核指标,每月发布审执质效考核数据健康表、各部门目标定位完成情况一览表,促进争先进位。深化清理长期未结案,建立"减存量、控增量"长效机制,截至2021年12月底,未结案1451件,同比下降19.21%。

【诉讼制度改革】 积极开展审判领域"当事人一件事"改革,组织相关部门干警赴江北法院学习交流,制定《关于审判领域"当事人一件事"集成改革的实施意见》,明确各部门责任清单,召开院党组扩大会议进行再部署、再落实。深化民事诉讼程序繁简分流改革试点工作,积极推进小额诉讼程序、简易程序,扩大适用要素式庭审、要素式裁判文书,明确将符合条件的消费纠纷纳入小额诉讼程序合意适用范围,小额诉讼、简易程序案件适用率为25.09%、67.63%,一审独任制适用率为98.89%,电子送达适用率为94.73%。

【数字法院建设】 以数字化改革为牵引,积极助推移动微法院迭代升级,移动微法院破产案件办理模块、财产保全模块、智能信息修复平台等三个嵌入式项目入选市中院数字化改革创新项目。"云法庭""诚信诉讼码"等应用场景持续拓展,庭审直播率为59.43%,移动微法院运用率达92.82%。深化"浙江解纷码"平台推广应用,调解成功5461件,调解成功率为58.99%。

（袁瑶）

司法行政

【概况】 2021年,象山县共有人民调解组织443个,共受理调解各类矛盾纠纷5797起,调解成功5792起,成功率达99.9%,涉及金额17655.39万元。县公共法律服务中心共接待群众来电来访咨询11033人次,其中接待涉法涉诉信访1497件,办理法律援助案件864件,涉及金额814.36余万元。全年无社区矫正对象严重刑事犯罪案件及影响社会稳定事件发生。各项工作取得显著成绩:象山县获评2021年度法治浙江(法治政府)建设优秀单位;县司法局获评2016—2020浙江省普法工作先进集体;县法律援助中心获评司法部"法援惠民生扶贫奔小康"品牌活动表现突出单位;东陈司法所获评浙江省"枫桥式司法所";"村民说事"在司法部《司法行政工作交流》第20期刊登推广,入选法治浙江"重要窗口"100例,获评法治宁波建设"十佳创新案例";打造"一察三评"法治大督察体系被评为县乡法治政府建设"最佳实践"项目;象山县行政决策后评估系统被列入全省数字化改革重大应用"一本账S1"目录,被评为合法性审查与行政裁决"最佳实践"培育试点。

【全县法律服务管理工作会】 5月8日,全县法律服务管理工作会议召开。县委常委、常务副县长陈兴立出席会议并讲话。县委组织部(县人才办)、县委政法委、县人民法院、县人民检察院、县公安局、县司法局、县财政局、各镇乡(街道)分管负责人,全县律师、基层法律服务工作者、公证员等共100余人参加会议。会议总结回顾2020年全县法律服务管理工作,研究部署2021年象山县法律服务管理工作任务,并通报表彰2020年度全县法律服务工作先进集体和个人,先进代表作交流发言。会议强调,广大法律服务人员要以政治建设为统领、以服务为民为宗旨、以规范执业为目标,全力开创法律服务工作新局面。

【"'典'亮半岛　法治同行"民法典百日宣传活动】 7月7日上午,"'典'亮半岛　法治同行"民法典百日宣传活动启动仪式在县文化活动中心举行。县委副书记、政法委书记李晓东,县委常委、宣传部部长应建勇等领导出席活动。活动由县司法局党组书记、局长李文宏主持。活动现场,李晓东致辞,出席领导为政法系统"法律知典人"和农村"法律明白人"颁发聘书,为6个"八五"普法志愿团代表授旗,向墙头镇方家岙村、茅洋乡溪东村2个"全国民主法治示范村"赠书。县人民法院马旭东和墙头镇溪里方村欧卫杰分别代表"法律知典人""法律明白人"作表态发言。

【社区矫正业务培训会】 11月1日至3日,县司法局组织开展全县社区矫正业务培训,社区矫正管理局、司法所及参与社区矫正工作社会组织共52人参加培训。此次培训邀请专家讲授《社区矫正法的理解与适用》《社区矫正执法风险防控》《规范制作社区矫正执法文书若干建议》等,对执法文书规范制作以及社区矫正执法环节中有争议的相关问题进行权威解读。县司法局社区矫正管理局局长朱康康针对《社区矫正实务操作》,对社区矫正执法过程中的实务进行系统讲解。县人民检察院吴晨霞受邀为大家讲解《检察监督实务》。通过此次培训,参会人员表示增强了专业素质，拓宽工作视野，提升履职和风险防范能力，收到良好效果。

【全县法治政府建设培训班】 11月17日至19日，法治象山（法治政府）建设专题培训班在宁波工人疗养院开班，全县18个镇乡（街道）、40个县级有关单位的法治工作分管领导及业务骨干共90余人参加培训。县司法局党组书记、局长李文宏出席开班仪式并作动员讲话。此次培训班为期3天，共设置5个专题，就《中华人民共和国刑法》重点内容解读、习近平法治思想、《中华人民共和国行政处罚法》解读、中国共产党“百年外交”智慧回顾与展望、行政执法与行政诉讼等方面进行专题辅导和实务培训。培训由县司法局副局长徐晶晶主持。县委副书记、政法委书记李晓东以“深学笃行习近平法治思想　为高质量发展建设共同富裕样板县提供坚强法治保障”为主题上了一堂党课，要求全县各级党员干部要结合学习贯彻中共十九届六中全会精神，争当深学笃行习近平法治思想的排头兵，把博大精深的法治思想转化为推动共同富裕的强大动力。

【“一察三评”县乡两级行政执法监督机制】 制定出台《关于建立“一察三评”县乡两级执法监督机制的实施意见》，在“县委巡察+法治督察+执法监督”一体化法治督察体系下，创新开展“三员两代表”（政协委员、法治督察员、执法监督员及党代表、人大代表）联合监督评议工作，通过设置“行政执法单位执法质效、领导干部依法行政能力、行政执法人员办案能力”三大评估指标，研究确定正向、反向指标内容，分别设置一级指标9项、二级指标30项、三级指标74项，细化量化评分标准，合理配比权重、分值，提升执法监督工作针对性和可操作性。

（俞赛君）

军　事

县人武部

【概况】　2021年，象山县人武部全面贯彻新时代党的强军思想，贯彻新时代军事战略方针，坚持中国特色强军之路，坚定“四前”定位、“四多”特点、“五兵”任务，坚持思想引领、聚焦主责主业、强化履职担当、主动创新作为，持续打基础、抓落实、严作风，突出强化地方党政领导武装职能运作，重视议事协调机构有效运行，深挖驻地资源运用，扎实推动全县武装工作再上新台阶。

【“军事日”活动】　开展“军事日”活动是党管武装工作一项基本制度，也是地方党政领导接受国防教育、增强国防观念重要举措。2021年8月13日下午，县委书记、县人武部党委第一书记潘银浩和包朝阳、罗来兴、李晓东等县四套领导班子领导走进东部战区陆军某旅驻训场和县国防培训基地，参加“军事日”活动，体验军事生活，接受国防教育，学习军事技能。他们先到部队训练场，参观新式武器装备，现场观摩军事技能展示，详细了解英模连队建设情况，与基层官兵畅叙鱼水情谊、共话军地发展，接着又到县国防培训基地靶场，聆听军事教练员讲解射击要领和技巧，在军事指挥员统一组织下，顺利完成实弹射击训练。

【军事训练】　2021年，县人武部根据宁波军分区2021年度训练指示精神，以及县人武部党委训练工作部署，全年按要求组织开展首长机关、民兵骨干、基干民兵等各类训练。根据省军区、军分区安排，遴选海上搜救专业民兵骨干参加全省海上搜救专业跨区联训。

【防台防汛】　2021年第6号台风“烟花”极有可能正面登陆象山半岛。县人武部认真贯彻省军区、军分区和地方防指要求，全力做好防台防汛准备工作，确保人民群众生命财产安全。7月22日，转入防台Ⅲ级响应后，在省市县三级和军分区防台工作会议后，县人武部立即召开会议，研究部署任务，细化完善防台防汛方案，清点统计各类装备器材，购置应急物资。第一时间启动与地方应急管理部门联络和信息沟通机制，派人进驻防汛防台指挥部，实时获取最新动态，同时加强值班力量，确保上情下达。24日，转入Ⅱ级响应后，迅速动员集结民兵应急力量开展防台备勤，进行动员教育和任务部署，进一步清点和检修防汛装备器材，做好随时出动准备。同时，与辖区驻军、驻训部队和地方专业救援队取得联系，统计可支援力量，有效发挥对方人员和装备的专业优势。

【国防动员潜力调查】　2021年，县人武部根据现实军事斗争准备需要，立足担负的动员保障任务，扎实推进国防动员各项准备，国防动员平战转换、快速动员、保障和综合防护能力显著提升。2021年3—4月，组织县国动委下属9个专业办公室（人武部：综合办、政动办、人武办；发改局：经动办；科技局：科动办；住建局：人防办；交通局：交战办；经信局：信动办；水利与渔业局：渔动办）及成员单位开展国防动员潜力调查工作，完成“经济动员”“人民防空”“交通战备”等八大类近4000余条国防动员潜力数据更新增补工作。

【民兵情报信息】　2021年，县人武部认真贯彻上级有关民兵情报信息工作指示精神，扎实推进各项工作，先后召开4次民兵报情信息推进会。2月，开展走渔村、访渔民活动。

【枪支弹药大清查】　4月20日，为严格贯彻落实整治枪支弹药，县人武部成立枪支弹药大清查专班，落实每周2次枪弹检查登记，确保枪弹清查见效见底。

【兵役征集】　2021年，在市征兵办和县委、县政府领导下，在各级各部门共同努力下，各级坚决执行上级征兵命令，以确保新兵质量为核心，军地双方精心组织、团结协作，强化组织领导，深入宣传发动，推进改革，完成2021年义务兵征集任务。

（蔡沁言）

人民防空

【概况】　2021年，县人防办以习近平总书记关于人民防空的指示精神为指导，以“长期准备、重点建设、平战结合”的路线方针为依托，立足实际，聚焦主业，扎实开展指挥演练工作；铸牢坚盾，大力抓好人防防护工程体系建设工作，较好地完成2021年度各项工作任务。

【人防宣传】　2021年，县人防办采用线上线下相结合、新旧媒体相融合的方式，结合党史学习教育活动、“国际民防日”“防空警报试鸣日”等大力开展人防宣传，为广大群众耐心宣讲防空防灾知识、发放防空防灾宣传用品，进一步增强人防宣传覆盖面，提高人防宣传关注度。是年，共举办各类宣传活动8次，发放宣传手册1400余册、宣传用品6000余份，发送人防宣传短信10余万条；在象山电视台、象山港网站、《今日象山》、住建微信公众号等刊载发布人防宣传信息20余次；在人民广场、万达广场、住宅小区大屏上滚动播放人防宣传视频和标语100余小时。

【专业队组训】 2021年，县人防办根据上级要求针对专业队整组工作进行专题部署，强力推动专业队伍整组工作，化解人防专业队伍存在的人数不达标、门类不齐全的问题，重新整组人防专业队伍13支，人数达到750人，提前完成指标任务。积极指导专业队伍训练，多次与专业队组建单位协商训练方案、探讨训练细节、指导训练开展，稳步推进专业队伍应急应战和处突救援能力的生成和提高。持续开展专业队伍拉动，将专业队伍纳入日常工作视线，依托防抗台风、“5.12”疏散演练、“浙江金盾-21”人民防空演练、人防专业队点验等工作任务，在执行任务的过程中不断提高专业队伍的机动反应和应急支援能力。是年，参加各类拉动的专业队员达330人次。

【“9·18”防空警报试鸣】 9月18日上午10时，象山县鸣放防空警报纪念“9·18”事变。根据《中华人民共和国人民防空法》《宁波市防空防灾警报试鸣制度》规定，预先警报、空袭警报和解除警报依次鸣响，预先警报鸣36秒、停24秒，时间3分钟；空袭警报鸣6秒，停6秒，时间3分钟；解除警报连续鸣响时间3分钟。为确保此次防空警报安全有序试鸣，县人防办对警报试鸣工作进行周密部署，组织警报器全覆盖巡检，调试人防警报管理应用场景，并提前通过多种媒体发布警报试鸣公告，确保试鸣任务圆满完成。此次活动，检验了人民防空警报设施性能，增强市民国防观念和防空意识。

2021年7月25日，由驻象山某部官兵和退役军人组成的抢险队紧急围堵岸堤缺口（县退役军人事务局　供图）

【人防工程综合保险试点】 2021年，县人防办为提高人防工程维护管理质量，落实主体责任，完善管理体系，根据上级要求，积极推进人防工程综合保险试点。牵头组织城投集团、人保财险公司进行多次协商沟通，对保险方案进行评估和论证，完成青草巷特色街区和人才公寓二期等人防工程综合保险试点工作。

（郑叶）

双拥优抚

【概况】 2021年，象山县坚持以习近平新时代中国特色社会主义思想为指导，全面贯彻落实习近平总书记关于双拥工作重要论述精神，牢牢把握新时代双拥优抚工作发展大局，努力适应新形势，探索新思路，出台新举措，落实优抚优待政策，提升双拥优抚工作整体水平。

【常态化军地合署办公机制】 2021年，县退役军人事务局在延续2020年单设双拥科、增设双拥服务中心、特设军地合署办公室的基础上。继续发扬象山县双拥传统，强化军地双向协商支持，在服务中心设军地合署办公室，将驻象山部队划分为4个网格，退役军人事务局双拥科、人武部和网格长部队实行“网格化”“常态化”办公，实现周碰头、月例会和季会商，快速、高效解决驻军部队需地方协调解决的各类问题，全年共解决部队反映的问题及困难35个。

【驻象山部队拥政爱民】 2021年，驻象山部队牢记使命，积极参加抢险救灾和各种突发事件的处理，出色完成大量急难险重任务。新冠疫情发生以后，驻象山部队主动投身疫情防控战线，如驻象山某部得知地方物资紧张后，立即捐赠10顶卫生帐篷。7月25日防御台风“烟花”时，由驻象山某部官兵和退役军人组成的抢险队10名官兵，在发生海水倒灌的石浦镇东门渔村亲水平台，堆积3000余个沙袋，形成宽0.8米、长60米的防护堤，确保岸滩一线安全。

【“崇军联盟”队伍建设】 2021年，象山县“崇军联盟”已有142个商家、景区及2个崇军商圈加入，为现役、退役军人提供“优质商品、优先待遇、优惠价格”的“三优”服务。如象山影视城、渔港古城、松兰山、半边山等主要景区，为现役军人及其直系亲属、退役军人和其他优抚对象推出门票全免优惠措施。县退役军人事务局继续规范崇军联盟运行机制，实行上门挂牌制、定期走访制、定期交流制、奖励制和退出制，确保联盟成员优质高效，更好地为退役军人提供“三优”服务。县退役军人关爱协会志愿者大队以关心关爱退役军人为己任，2021 年共发展志愿者 1100 名，开展活动 1000 余次，累计服务 5000 多小时。

【优抚工作】 2021 年，县退役军人事务局在元旦、春节、清明等节日对全县退役军人、“三属”（烈士遗属、因公牺牲军人遗属、病故军人遗属）、军休干部进行县镇村三级走访慰问全覆盖。及时足额发放抚恤补助和医疗补助资金 3513.13 万元、义务兵家庭优待金和大学生一次性奖励金 1521.43 万元。开展退役军人临时救助工作，对多名困难退役军人拨付临时救助金。

【全县农村现役义务兵父母免费体检】 2021 年，县退役军人事务局继续组织全县农村现役义务兵父母等优抚对象免费健康体检。核对排摸体检对象名单，确保通知不漏一人。与第三方医院合作，确定体检项目，并对接各镇乡（街道）退役军人服务站，落实专人全程跟进体检工作。采取多方联动、开辟体检“绿色通道”、全程接送、“一站式”服务等方式，使参检对象享受优质便捷的健康体检服务。2021 年，为全县 394 名体检对象进行免费体检。

【全省退役军人服务保障体系能力提升现场推进会在象山县举行】 6 月 8—10 日，全省退役军人服务保障体系能力提升现场推进会在象山举行。6 月 9 日，与会人员实地观摩县退役军人服务中心和丹西街道、定塘镇、东溪村退役军人服务站。会上，象山县、西湖区、温州经济开发区、平湖市、浦江县进行经验交流。

【退役军人服务中心（站）“两创”】 2021 年，县退役军人事务局对标对表完成全国示范型退役军人服务中心（站）和全省“新时代枫桥式退役军人服务中心（站）”创建工作。围绕省退役军人事务厅重点任务清单，按照市退役军人事务局统一部署，全面落实县镇 9 项、村 7 项服务保障内容，全方位提升三级服务保障体系质量和水平。全年完成 40 个退役军人服务站争创全省“新时代枫桥式服务站”，完成 160 个退役军人服务站争创全国“示范型”服务站。

【退役军人“轮值站长”】 2021 年，为解决基层服务站人员不足问题，象山县结合实际，摸索出“选任制”和“普任制”相结合的“轮值站长”运作模式。“选任制”通过选举产生“轮值站长”，选拔基层优秀退役军人发挥带动作用；“普任制”通过个人报名将更多有意愿、有情怀的人凝聚起来为退役军人服务。2021 年，全县共有 1177 名“轮值站长”，通过区域共建、片区轮值、志愿服务三种形式上岗履职，为退役军人提供全天候、零距离、高质量服务。

退役军人安置

【概况】 2021 年，象山县紧紧围绕省市县关于退役军人就业创业工作部署，贯彻妥善安置、合理使用、人尽其才、各得其所的原则，以实现退役军人高质量、可成长就业为目标，做细做准做实退役军人安置工作，努力开创新时代退役军人就业创业新局面。

【军人退役“一件事”】 2021 年，象山县在延续 2020 年“军人退役一件事”经验做法基础上，推行“123 三式”体系法，深化“专业+公益、权威推荐+自主选择、教培先行+岗位跟进”退役军人就业方式，汇聚专业和服务站力量，为退役军人提供学历提升、适应性培训、技能培训和求职、择业、就业全方位服务，助推退役军人高质量就业发展。

【退役军人就业创业】 2021 年，县退役军人服务中心就业创业 SOHO 充分运用线上“爱斌直聘”小程序和线下专场招聘会形式，汇聚就业、教育、培训等专业服务力量，加快打通县、镇、村三级就业渠道，让退役军人在家门口就能实现求职咨询、网上择业和精准就业。是年，线上线下双平台共提供求职岗位，实现退役军人就业、学历提升。

【退役士兵教育培训】 2021 年，县退役军人事务局与省荣军康复医院合作开展为期 5 天适应性培训，采取“军事化管理+多元化课程+实践化教学”三位一体模式，为退役士兵提升自身能力、养成良好习惯、更快融入社会打下基础。与宁波斌霖网络科技有限公司合作开展退役军人“订单式培训”，推出水质、废气、烟气在线监测设备工作原理，城镇污水厂、生产型企业相关排污流程，自动化、仪器仪表、化学分析、环保工程相关基础知识和国内典型设备操作流程与故障诊断、备件更换等工作流程实操等四项研修课程，共有 20 名学员参加为期 3 个月“订单式”培训，进行理论学习和上机实操，培训结束后全部实现就业。

【转业军官和安排工作军士的安置】 2021 年，象山县严格按照《象山县军队转业干部、退役士兵安置操作规程》开展安置工作，进一步构建发展科学化、阳光型、陪伴式安置理念，新增集中报到、安置回访等工作环节，让安置人员感受到“回家”的感觉。2021 年，完成转业军官和安排工作军士的安置任务，实现退役军人、部队和用人单位“三满意”。主要体现在两方面：

一方面精准式选岗，强化安置着力点。为确保安置工作“能者优先”、安置人员“才尽其用”，县退役军人事务局规范“双考”、洽谈、选岗等环节，做到安置工作公开透明、严谨公正、人岗相适，努力推进“精准安置”。开展双考，精准做到公平公正，选派业务骨干赴省参与转业干部档案审核，积极配合省退役军人事务厅开展档案考核；安置人员档案移交至县退役军人事务局后，业务科室按照档案考评细则进行二次审核，复核档案分，并由安置人员确认签名后，公布档案分成绩。9月25日，县退役军人事务局根据全市统一部署，严格按照笔试操作规定，落实专人运送试卷，纪检组全程到位监督，顺利完成安置人员笔试工作。“双考”成绩出来后及时公告分数和排名。双向洽谈，精准做到人岗相适。在选岗环节之前，县退役军人事务局安排安置人员和各用人单位在县退役军人服务中心进行双向洽谈，用人单位分管负责人向安置人员介绍单位概况、工作性质和待遇情况，同时通过面谈了解安置人员特点、专长。通过这种双向互动，不仅加深用人单位对安置人员的了解，也让安置人员明晰安置岗位工作情况，为下一步精准选岗奠定基础。定岗定位，精准做到按序选岗。11月29日、12月3日，转业军官和安排工作的军士分别在县退役军人服务中心进行选岗，选岗次序根据“双考”成绩排名确定。安置人员首先在选岗前介绍自己，并在“两代表一委员”和纪检组的见证下依次进行选岗，一经选定，即时签字确认。

另一方面陪伴式服务，抓好安置关键点。在安置工作中，县退役军人事务局始终怀着感情和责任，以退役军人和接收单位需求为牵引，做好“妈妈式”服务，开展“陪伴式”安置，助力安置人员迅速转变角色，实现退役到上岗无缝衔接。加强沟通。为消除安置人员焦虑感，同时掌握其适岗性情况，在报到之初，县退役军人事务局主要负责人对每名安置人员档案进行审阅，并逐一进行面谈。在选岗前夕，专门召开座谈会，并邀请上一年度安置人员现场解答岗位选择时疑惑、到岗后角色转换和工作中心得体会。选岗后，县退役军人事务局主要负责人对安置人员进行集体廉政谈话。同时，移交安置科通过电话、微信群和面对面交流形式对安置人员各类疑问进行快速解答。有效推岗。为让安置人员去真正需要他们的单位，有更好发展空间，象山县探索由用人单位上报需求计划给县委退役军人领导小组办公室的模式，并经过县委编办、县国资管理中心审核，最终确定推出单位和岗位。为让安置人员享有更充分选择权，规定推出岗位数应至少多于安置人数20%，并且用人单位必须明确具体岗位，企业还须公布年薪。2021年，共推出行政岗位（含参公）6个、事业岗位4个、国企岗位8个、央企岗位11个安置转业军官与安排工作军士。送岗报到。12月5日前，县退役军人事务局领导班子带队将该年安置人员送到接收单位报到，体现对安置人员关心和重视。同时，县退役军人事务局通过对2019年以后安置人员一年一度定期回访、单位年度考核通报备案等形式加强对安置人员服务管理。

（王子怡）

应急管理

综合应急管理

【象山县获 2020 年度全市安全生产和消防工作考核优秀】 2 月 8 日上午，全市安全生产暨消防工作电视电话会议召开，通报宁波市 2020 年度安全生产和消防工作目标管理责任制考核结果。4 个区县(市)人民政府、2 个市直开发园区管委会、10 个市级有关部门(单位)被评为优秀单位。其中，象山县榜上有名。

【应急联动工作机制框架协议签订】 为深入推进象山县防灾减灾和应急管理体制机制建设，更好发挥各自优势，不断提高应对各类突发事件能力，4 月 16 日，县应急管理局与县红十字会签订《应急联动工作机制框架协议》。协议明确，坚持统一协调、优势互补，平时互动、战时联动，队伍共建、科学调度，信息共享、高效协同的原则，通过建立健全应急联动工作机制，更好发挥各自优势，不断提高应对各类突发事件能力，实现科学、有序、高效救援，保障人民群众生命财产安全和社会稳定。

【潘银浩调研应急管理】 5 月 7 日，县委书记潘银浩到县应急管理局开展专题调研，县领导陈兴立、石坚定陪同。潘银浩听取全县安全生产有关情况汇报。他指出，要咬定目标，提升管理质量，全方位、全链条、全覆盖、全要素突出抓好重点行业领域专项整治，坚决打赢"遏重大"攻坚战，稳步推进综合治理三年行动计划。要围绕一体化导向，构建大应急格局，强化应急管理能力建设，构建起内部综合统筹、外部沟通协调、上下事权划分的应急能力体系。要着力打造高素质专业化应急管理干部队伍，切实保障人民群众生命财产安全，维护全县社会大局稳定，为象山经济社会高质量发展做出贡献。潘银浩强调，各地各部门要进一步提高站位，正确认识安全和发展的关系，坚决落实好"党政同责、一岗双责"的责任体系，紧盯重点领域、重点环节，加大监督检查力度，确保各项工作不折不扣落到实处。要建立完善问题及时发现有效解决闭环机制，"抬头看"和"回头看"相结合，抓紧抓牢问题发现、确认、入库、整改、销号等环节，创新整改方法、注重落实效果，总结经验，从制度上规范整改，从问题处置中沿着链条闭环研判、溯源追责。要牢固树立底线思维和红线意识，将安全生产和环境保护工作抓在手中、扛在肩上，坚持监督检查和服务指导相结合，积极落实企业主体责任，引导企业不断提升安全环保自我管理水平。

【2021 年浙江省防台风综合演练观摩】 6 月 9 日下午，浙江省防指举行 2021 年浙江省防台风应急综合演练，象山县设分会场通过视联网系统观摩，县防指常务副指挥长、副指挥长及部分成员在县防指指挥中心三楼会议室参加观摩；各镇乡街道防指指挥长与相关成员在镇乡街道所在的防汛视频室观摩。此外，西周镇配合省级演练要求，组织开展淡港村人员转移、镇村防汛责任人到岗履职打卡、浙江安全码赋码演练等工作。整个演练分台风预警、全员备战、紧急动员、应急救援、灾后恢复等 5 幕，包括指挥决策、会商研判、风险预警和提示、风险管控、水上综合救援、倒塌房屋人员搜救、城市内涝险情处置、平原洪涝险情处置、地质灾害险情处置、灾后恢复救助等 10 个具体场景。此次演练流程清晰、场景连贯、演练逼真，很好的提高了全省防汛组织指挥和抢险救援能力。

【象山县海上搜救中心成立】 为推进象山县海上搜救管理体系和能力现代化，建立"统一指挥、快速响应、协调有序、高效运行"应急救援格局，规范海上突发事件应急处置程序，最大限度减少海上突发事件造成的人员伤亡、财产损失和海洋环境污染，7 月 7 日，象山县海上搜救中心成立。县委常务、副县长周坚栋任主任，蔡振年、黄胜华为常务副主任，县海上搜救中心办公室设在象山海事处，钱坤兼任办公室主任，日常运行管理由宁波象山海事处承担。

【象山县应急管理行政执法队成立】 为推进象山县应急管理综合行政执法改革，根据上级要求，9 月 17 日，象山县安全生产监察大队正式更名为象山县应急管理行政执法队，在象山县应急管理局挂牌，实行"局队合一"体制。县委常委、常务副县长陈兴立、县委编办副主任谢立本出席此次挂牌仪式。陈兴立强调，深化应急管理行政执法改革，是以习近平同志为核心的党中央从应急管理事业发展全局高度作出的重大决策，是推进国家治理体系和能力现代化的重大举措。设立县应急管理行政执法队，有利于整合优化全县应急管理系统执法职能，统筹执法资源，完善执法体系，强化执法力量，对加快推进应急管理体系和能力现代化，着力防范化解重大安全风险具有重要意义。

【防御寒潮大风会商会议】 12月23日下午，象县减灾委员会办公室组织召开防御寒潮大风会商会议，分析研判寒潮天气形势，安排部署防御准备工作。县常务副县长高岷出席并讲话，县府办、县应急管理局、县气象局、县水利和渔业局、县农业农村局、县交通运输局、县住建局、县综合行政执法局等单位分管负责人参会。会议强调，要坚决克服麻痹侥幸心理。会议要求，各地各单位要及时采取各项防范和应急处置措施。气象部门要继续加强监测预测，充分利用各种手段及时准确发布预警；公安交警、交通部门要增加力量，加强对事故易发地段的管理、巡查，全力保障交通安全畅通；水利和渔业、港航、海事等部门要抓紧通知船舶到安全水域避风，停止水上作业，加固港口设施，防止船舶走锚、搁浅和碰撞；住建、电力、水务、通信等部门要抓紧组织力量对易受损的供水、供电、供气、通信等基础设施进行检查、检修和抢修，停止高空等户外危险作业，加强在建工地安全监管；农业农村、水利和渔业部门要做好农业、林特业、种养殖业防范和应对工作；应急管理、自然资源规划部门要加强对地质灾害点的监控，做好山体滑坡、泥石流等灾害应对准备；发改、经信、商务等部门做好民生物资、应急物资的供应和保障；民政、应急部门要妥善安排好受灾群众、困难群众生活保障和救助工作；其他各有关单位要根据职责，及时启动应急响应，劝导群众尽量减少外出，做好寒潮大风天气防御和应对工作。

【政企双重购买安监服务模式】 2021年，全县完成生产经营单位检查4537家次，累计查处一般事故隐患8894项、重大事故隐患1项，县级重大隐患挂牌督办企业43家、市级重大隐患挂牌督办企业3家，按期整改率均达100%，各类安全生产事故较2020年同期下降50%以上。一是完善精细化托管机制。优选宁波甬安安全科技有限公司、宁波百讯安全技术服务有限公司等12家技术型中介服务机构，签订购买托管检查服务协议，采取专家定点与定期排摸方式，逐项对企业安全生产进行集中“会诊”，确保“企业台账”模块全县企业区域认领率和企业网格认领率实现“双覆盖”。截至2021年底，全县18个镇乡（街道）已有3012家企业主动参与安全生产社会化服务。二是明确全过程主体责任。坚持企业主体责任不动摇，对提供安全服务过程中发现的各类问题和隐患，坚持执法检查与综合治理“两手抓”，帮助企业加快完成隐患整改自纠和诚信机制建设。2021年，全县企业共完成自纠隐患20195项，整改率为100%。三是发挥安责险风控作用。注重发挥“保险+服务+科技”内生动能，面向全县一般工贸行业企业推广安全生产责任保险，综合商业保险、专业服务、科技支撑、重大事故处置等因素，为投保人员提供每人每次50万元责任限额，并由保险公司为投保企业提供事故预防服务，进一步帮助企业查找风险隐患。截至2021年底，全县投保企业总数达1516家，企业投保率超过40%。

【基层应急管理体系建设】 建立由党政主要负责人任组长的应急管理领导小组及办公室。配齐配足专职安监人员，100%设置消防工作站，进一步提高基层工作效能。2021年，推进象山县应急指挥中心（海防监控中心）建设，已完成项目合同签订并已动工。

【应急队伍建设】 一是推进应急队伍建设。实行“局队合一”体制，9月17日，象山县安全生产监察大队更名为象山县应急管理行政执法队。成立象山县海上搜救分中心，投入400万元建设海上搜救指挥中心。二是推进应急救援队伍建设。以西周镇、定塘镇为基础，推进建立2支50人的综合森林火灾应急救援队伍，布局象山县“五大救援圈”核心站点建设，其中西周镇森林火灾综合应急救援队伍已通过市应急管理局验收，正式纳入市直属队伍序列。县应急管理局与县红十字会签订应急联动工作机制框架协议，组织4支社会应急救援队伍参加市技能比赛。三是加强应急志愿者队伍建设。积极拓展社会力量参与应急志愿服务的渠道，充分发挥共青团和红十字会作用，开展应急知识普及宣传和辅助救援工作。

【应急管理宣教】 2021年，开展安全生产月、“5·12”全国防灾减灾日宣传活动，学习新修订《中华人民共和国安全生产法》，在《今日象山》上刊登全文，组织全县安委办成员单位、机关干部进行学习。举办应急管理专题培训班，建成市级公共宣教基地4个。推进企业百万员工安全培训，累积培训52747人。

安全生产监督

【安全生产事故情况】 2021年1—12月，象山县共发生一般安全生产事故16起，死亡17人，事故起数与前2年均比下降25.6%，死亡人数与前2年均比下降8.1%。其中：工矿商贸0起，死亡0人；渔业船舶2起，死亡（失踪）10人；运营性道路交通13起，死亡4人；水上交通1起，死亡3人。

【春节期间烟花爆竹安全】 为落实烟花爆竹销售旺季期间监管安全，防范安全事故发生，维护社会稳定，县应急管理局开展2021年度春节期间烟花爆竹安全管理监管工作，春节期间无烟花爆竹安全事故发生。一是积极部署行动。1月27日，联合公安、市场、综合行政执法、交通等部门召开烟花爆竹专项检查工作会议，制定《象山县安全生产委员会办公室关于开展2021年度春节期间烟花爆竹安全督查的通知》，并部署开展专项整治行动。二是加大宣教力度。通过电视、网站、微信视频、公共场所发放烟花爆竹经营、燃放安全宣传图片，新闻报道烟花爆竹专项检查情况、滚动播放举报电话等多种方式，大力宣传政策法规、安全知识。期间，共使用电子屏宣传550余次、乡镇（街道）宣传烟花爆竹燃放安全20场次。三是开展排查整治行动。组织5个部门分2

个小组2个阶段对全县18个镇乡(街道)进行督查。同时,对全县2家烟花爆竹批发企业和45家零售店检查,共发现并督促隐患整改37条,查没非法烟花爆竹90多箱,立案调查1家。

【"利剑"安全生产专项执法行动】 为切实做好岁末年初安全生产工作,为元旦、春节、两会等重要时期营造良好的安全生产环境,2020年12月25日至2021年3月31日,县应急管理局根据市应急管理局统一安排在全县开展"利剑"安全生产专项执法行动。其间,全县共监督检查企业237家,其中县应急管理局本级检查其他重点企业59家,各地共检查企业178家。全县共有157家D级企业,其中检查覆盖、关闭119家,未完成覆盖38家。市安全生产行政执法系统内共录入检查企业202家,现场处理措施决定书3份,责令整改书153份。全县立案查处50起,总罚款数72万元,案均值1.946万元,集中曝光违法违规企业5家。县应急管理执法人员聚焦重点企业、重大风险、重点环节,扎实推进专项行动高效开展,加大安全生产行政执法力度,有效发挥安全生产行政执法倒逼作用,切实有效减少事故发生。

【危险化学品使用企业安全生产专项整治推进会】 为贯彻落实省、市危险化学品使用企业安全生产专项整治工作,4月23日上午,象山县组织各镇乡(街道)、园区应急管理所工作人员和危险化学品使用企业主要负责人、安全管理人员召开专项整治推进会暨视频培训会。会议传达宁波市危险化学品使用企业安全生产专项整治工作目标及整治内容,解读专项整治工作步骤及阶段任务。同时,邀请专家就工贸企业危险化学品使用、储存场所的安全管理及相关知识开展培训。

【省安全生产相关会议精神贯彻】 4月29日,浙江省"遏重大"工作推进暨进一步加强涉海涉渔领域风险隐患攻坚整治和安全生产风险普查部署会议召开,省安委办通报全省安全生产"遏重大"工作推进情况、部署全省安全生产风险普查工作,省涉海涉渔专委办通报水上运输和渔业船舶安全生产事故、部署近阶段工作。会议结束后,象山县立即进行续会,第一时间落实省"遏重大"工作推进会暨进一步加强涉海涉渔领域风险隐患攻坚整治和安全生产风险普查部署视频会议精神。会上,县安委办主任、县应急管理局局长檀年华通报第一季度安全生产、消防安全事故情况和总体形势,县安委会常务副主任、县委常委常务副县长陈兴立就聚焦打赢"遏重大"攻坚战、综合治理三年行动计划、涉海涉渔短板难点问题、消防安全防护网建设、防汛防台抗旱有关工作、安全生产基础建设、"五一"假期安全等方面进行专题部署。

【医药化工类企业有限空间作业事故警示教育培训会】 为深刻吸取事故教训,有效遏制有限空间作业生产安全事故易发多发态势,5月27日下午,县应急管理局组织医药化工企业主要负责人召开有限空间作业事故警示教育及培训会议,全县共有60余家企业参加。会上,县应急管理局对前期象山县企业有限空间作业事故苗头进行通报,并对年初以来全国范围内有限空间典型事故案例及造成事故原因进行深刻剖析。会议还邀请安全生产专家对有限空间作业安全管理进行专题培训。

【包朝阳检查全县燃气安全生产】 6月16日上午,县委副书记、县长包朝阳带队检查全县燃气安全生产工作。包朝阳首先来到象山华润燃气公司气化站,详细了解全县燃气供应和气站安全管控情况。他指出,要坚持企业自查和部门检查相结合,深入排查整治燃气生产、销售、运输、储存、使用等各环节存在的隐患和漏洞。在象北燃气配送有限公司城区供应点,包朝阳仔细询问瓶装燃气信息化、智能化管理等工作。他要求,要严格落实燃气安全监管,加强操作培训,提升智控水平,提高安全意识,做到采购规范、运输规范、存储规范、操作规范、管理规范。在国际风情街,包朝阳走进一家餐饮店实地检查,询问燃气软管是否定期更换、燃气阀门有无定期进行防泄漏检查,叮嘱店主要时刻绷紧安全弦,高度重视燃气使用安全日常检查,严格按照操作规程使用燃气,杜绝侥幸心理,防患于未"燃"。包朝阳在检查中强调,要深入贯彻习近平总书记关于安全生产重要指示精神,按照省、市相关会议部署要求,坚持人民至上、生命至上,进一步压紧压实安全责任链,织密织牢安全防护网,举一反三排查整治安全风险隐患,切实保障人民群众生命财产安全,以良好安全环境迎接中国共产党成立100周年。

【王浩调研象山渔业安全】 11月23日,省委副书记、代省长王浩在象山专题调研渔业安全工作。省委常委、市委书记彭佳学,副省长徐文光,市委副书记、市长裘东耀陪同调研。县委书记潘银浩,县委副书记、县长包朝阳,县委副书记、政法委书记李晓东,副县长吴志辉,副县长、石浦镇党委书记江建业参加调研。王浩来到石浦渔港1号码头,登上一艘拖网渔船,察看驾驶舱、船员室、储备间等,与船老大和船员亲切交谈,仔细了解渔船安全生产作业、消防设施配备、安全措施落实情况,并来到石浦镇渔业安全指挥中心,察看渔船动态监管体系运作情况。他叮嘱随行有关负责人,海上渔船作业不可控因素多,安全生产工作挑战多,必须绷紧安全生产这根弦,从细节抓起,加紧补齐短板弱项,牢牢守住安全底线。王浩随后在石浦镇主持召开座谈会,专题听取省政府专项督查组、宁波市、温州市、舟山市、台州市及省直部门汇报。他指出,做好渔业安全生产工作责任重大、意义重大。各地各有关部门要切实增强做好渔业渔船安全工作的责任感紧迫感,全方位彻底排查渔业渔船安全风险隐患,全面分析问题根源。要坚持问题导向、源头治理,标本兼治。要全面压紧压实监管责任、属地责任。要用好督查这把"利剑",健全举一反三的长效机制,把海上渔业安全纳入地方考核,突出督查"回头看",突出严管重罚,最大限度确保渔业生产安全。

【安委会组织领导体系完善】 2021年，强化各行业领域统筹协调能力，新设消防安全专业委员会、城市运行安全专业委员会，调整道路交通（物流寄递）安全专业委员会、涉海涉渔安全专业委员会和工业企业安全专业委员会，撤销居住出租房专业安委会，专业安委会由14个增加为15个。15个专业安委会每月定期分析行业领域安全生产形势，组织开展行业领域专项整治。

【筑牢安全生产防线】 一是重点领域整治有效推进。在事故易发多发行业领域，开展节后复产检查、化工企业、废弃矿山、重大危险源、烟花爆竹、企业自建燃气设施等领域专项检查，共检查企业398家次，发现隐患1126条，下发限期整改指令书162份，现场处理措施决定书46份，移交处罚61家。配合县公安局划定县烟花爆竹禁放区，制发“禁止燃放烟花爆竹”宣传牌200余块，销毁烟花爆竹212箱。二是监管执法全面从严。组织开展“双随机、一公开”执法检查，常态化开展“四不两直”明察暗访。强化执法惩戒，对72家企业展开立案调查，罚款168.35万元，案均值2.90万元。完成年度执法计划35家次，发现隐患220余项，下发责令限期整改指令书31份，下发现场处理措施决定书4份。三是安全生产风险普查全面铺开。开展全县安全生产风险普查，完成县乡两级风险清单、防控措施、责任清单和对重大风险建立一险一案管控措施，完成普查企业2918家，核验企业1324家。

【各类专项行动】 2021年，推进综合治理三年行动计划，厘清全县121项年度工作任务，督促各专题专项牵头单位厘清年度工作任务，形成任务清单，对工作进度较慢单位进行提示督办。推进“遏重大”攻坚战，印发8个重点领域“遏重大”实施方案，明确完成380项目标任务。开展“平安护航建党百年”安全风险隐患大排查大整治专项行动，制定56张行业风险清单，挂牌督办重大隐患20处。深刻吸取“6·13”湖北十堰燃气爆炸和“6·25”河南商丘火灾事故教训，开展为期6个月的燃气整治和人员密集场所安全检查。

森林防火

【森林火灾情况】 2021年，全县森林火情45起，同比增长400%（为2012年以来同期最多），一般森林火灾2起，未发生亡人事故，过火面积约100亩，森林受灾面积20亩，森林火灾受害率0.018‰。

【清明森林防灭火】 一是严控野外火源。256名护林巡查员加大巡查力度，临时增派人手设立卡点，严防火源上山。2月22日起，开展野外火源专项治理行动，严厉打击野外违法违规用火行为，排查并整改各类森林火灾隐患62处，劝阻违规用火行为58起。二是加强巡查督查。全县成立31个工作小组开展巡查督查，重点检查责任落实、宣传教育、火源管控、应急准备等工作落实情况，发现护林员到岗到位率没有达到95%以上、野外火源管控力度不足等问题18个。三是加大宣传力度。组织相关单位在墙头学校开展“3·19”森林防火宣传进校园活动，发放《画说浙江森林消防》《森林防火倡议书》等宣传资料1000余份，下发倡议书至全县各中小学6万余份，悬挂防火宣传横幅232幅，LED显示屏、电子屏滚动播放防火宣传视频。四是做好应急准备。全县22支森林消防扑救队伍560名队员全员待命，进入高度戒备状态，同时及时检修扑救机具，全力做好火灾防范和应急处置准备。

（叶冰倩）

消防救援

【概况】 2020年1月2日，象山县消防救援大队成立，丹西救援站、石浦救援站、开元路救援站相继成立。2021年，象山县消防救援大队共有人员109人。

【灭火救援情况】 2021年，全县消防队伍共接警出动572起，出动消防车1293辆次、消防人员7571人次，抢救被困人员22人，疏散人员40人，抢救财产价值1030.57万元。同比2020年，接警出动数上升1%，出动车辆数上升21%，出动消防人员数上升9%，抢救被困人员数下降15%，疏散人员数上升3%，抢救财产价值上升440%。

【消防督导巡查】 强化安全生产（消防安全）委员会督导问效，开展消防安全专项巡查，推动各镇乡（街道）、部门落实消防安全管理工作责任，建立火灾事故延伸调查机制，加大问责力度。推进15个专业安全生产（消防安全）委

2021年3月19日，县自然资源和规划局、县应急管理局、县教育局、象山团县委、墙头镇政府联合在墙头学校开展“3·19”森林防火宣传进校园活动（袁建　摄）

员会统筹协调作用，落实各自工作职责和月会商研判制度，制定各行业领域系统消防安全工作制度，深化各行业的消防安全标准化管理，有效解决各领域内一些难点重点问题。2021 年，县消安委办累计下发各类通知、工作提示单位、督办函 30 余份，专委会召开会议 30 余次，开展联合检查 50 余次。

【消防安全执法】 建立消防安全联合执法长效机制，应急管理、消防、经信、住建、民政、卫生健康、交通运输、旅发中心等部门对工业企业、高层住宅、养老机构、医疗机构、汽车维修企业、涉旅场所、摄影棚等场所进行常态化消防检查，形成各部门各领域联合执法、齐抓共管良好局面。2021 年，消防部门共检查社会单位 1629 家次，督促整改火灾隐患和违法行为 1745 处，下发责令改正通知书 898 份，行政处罚 126 家（人），责令“三停”单位 39 家，罚款 122 万元，督办 5 家重大火灾隐患单位。

【合用场所整治】 针对合用场所，镇乡（街道）和消防部门联合开展整治，采取“疏、堵、治”相结合方式，强化工作措施，逐步形成“排查—告知—督改—复查—预处罚—受案查处—销号”的闭环整治模式。2021 年，共排查单位 7256 家，发现“三合一”场所 2231 家，督促整改 2231 家，违规住宿人员 2643 人，已搬离 2643 人，停产停业 12 家，办理违规住人处罚案件 12 起。

【“生命通道”专项整治】 推进高层住宅消防设施维修改造工程，40 个高层小区完成维修。2021 年，将“生命通道”专项整治工作纳入民生实事工程，推动完成 5 个老旧小区消防设施增配改造、50 个高层住宅小区消防车道划线标识工作，集中清理消防车通道障碍物 80 处，整改占用消防车通道违法行为 90 处，开展消防车通道非接触式执法，处罚违法行为 36 起，切实解决一批占用生命通道问题。

【消防救援应急响应】 建立综合救援联席会议制度，明确相关部门救援协同规程，完善相关部门联动机制，组织相关部门开展道路交通事故应急处置、燃气管网泄露等大型综合性救援演习，切实提升救援联动处置能力。2021 年，完成开渔节、全运会等重大活动安保任务。

【消防救援熟悉实战训练】 着重对高层建筑、大型城市综合体和大跨度大空间厂房等火灾高风险单位进行长时间、高强度“六熟悉”和消防设施测试，彻底掌握单位重点部位分布、消防设施操作和工艺处置等情况，做到“心里有底”。着重开展初战控火、合成训练等实战训练，并结合辖区特点，扎实开展隧道、船舶、涉氨事故、防台抗洪等灾情演练。2021 年，消防部门共熟悉单位 450 次，道路水源熟悉 158 次，修订完善预案 160 份，开展实战演练 158 次，大型综合演练 6 次，极大提高灭火救援实战能力。

【消防队伍建设】 2021 年，全县建有乡镇专职消防队 12 支，企业专职队 1 支，共有 18 辆消防车，100 余名专职消防员，200 余支微型消防站，有效填补城乡特别是农村地区的消防力量空白。大力开展乡镇专职队转型升级工作，下拨专项经费对全县指挥调度、通信联络、视频监控等进行改造，共开展乡镇专职消防队演练 50 次、微型消防站演练 1500 次，组织政府（企业）消防专职队比武竞赛 2 次。

【消防培训】 紧抓培训教育，发挥消防宣传车流动课堂作用，分批次、分类别抓好社会单位消防安全责任人、管理人和员工的消防安全培训。2021 年，共开展演习和培训 80 余次，出动消防宣传车 50 余次，发放各类宣传资料 6 万余份，发送手机提示短信 7 万余条，广泛营造消防安全氛围。

【消防宣传】 2021 年，依托消防站、县公共安全教育基地、镇乡（街道）宣传体验室、体验点，将海山公园精心打造成为县消防主题公园，有效增强消防宣传教育工作的影响力和渗透力。利用道路 LED 显示屏、户外视频、楼宇电视等各类载体播放消防安全提示 4 万余次，在广播、网络开设消防专栏，使群众在潜移默化中学习消防安全知识。

（黄晶晶）

经济管理

发展与改革

【概况】 2021年，象山县实现地区生产总值669.8亿元，增长8.3%，总量排位由2020年全省第47位提升至44位。服务业增加值实现303.04亿元，同比增长11%，分别高于市平均、市下达目标3.9个和1个百分点，完成市下达年度任务，增速居全市第一，为全市唯一实现两位数增长的区县（市）。全县6个省重点建设项目完成投资44.47亿元，完成年度计划134.92%，26个市重点建设项目完成投资79.61亿元，完成年度计划134.34%，124个县重大项目完成投资124.30亿元，省市县长项目落地率达100%。

【有效投资】 2021年，县发改局谋划推动一批支撑性、引领性强的重大项目，形成《象山县“十四五”重大建设项目规划》，安排重大项目424个，总投资5502亿元，“十四五”期间计划投资1716亿元。针对“招商洽谈、前期推进、开工建设、竣工验收、绩效评估”五个阶段，建立社会投资项目全过程服务闭环管理工作机制。运行“四张清单”“捆绑考核”、“蜗牛警示”等管理机制，一批重大建设项目加快推进。全县完成固定资产投资211.79亿元，争取到政府专项债券两批9亿元、中央预算内资金1196万元、市统筹用地指标1484亩。

【《象山县国民经济和社会发展第十四个五年规划和二〇三五年远景目标纲要》审议通过】 2月3日，象山县第十八届人民代表大会第五次会议听取和审查县委常委、常务副县长陈兴立所作《象山县国民经济和社会发展第十四个五年规划和二〇三五年远景目标纲要（草案）的说明》，审查《象山县国民经济和社会发展第十四个五年规划和二〇三五年远景目标纲要（草案）》。会议同意县人大财政经济委员会审查报告，决定批准这个纲要。该纲要立足“十三五”发展和宏观形势分析，展望二〇三五年远景目标，提出“十四五”总体要求、奋斗目标，到二〇二五年经济总量和发展质量跃上新台阶，形成“聚力一二五，奋力上台阶”系统性突破性标志性成果，全力打造海洋之城、美丽之城、善治之城、幸福之城，加快建设社会主义现代化滨海城市，并明确十方面重大战略任务。

【服务业重点平台及高能级企业培育】 4月，市服务业局、市工商联等部门开展市首批总部企业认定工作，在前期梳理排摸、属地认证基础上，经市级联合评审及信用筛查等环节，象山县航天科创云制造服务（浙江）有限公司、航天云网云制造科技（浙江）有限公司等18家企业认定为首批市级总部企业，于4月21日在宁波日报上公告。10月，《省现代服务业领导小组关于公布首批浙江省现代服务业创新发展区名单的通知》印发，宁波影视文化产业区成功列入全省首批服务业创新发展示范区。

【大花园建设】 5月7日，省政府办公厅印发通报，对在2020年落实有关重大政策措施中，真抓实干、取得明显成效的73个地方予以督查激励，相应采取资金分配倾斜、用地指标奖励、改革先行先试等33个方面激励政策，象山县入选浙江省推进大花园建设成效明显的县（市、区），将得到省诗路文化带建设资金支持，以及申报中央预算内生态文明建设专项资金、国家级循环经济领域试点示范等方面支持。5月31日，省发展改革委、省生态环境厅、省交通运输厅、省文化和旅游厅联合公布全省第一批、第二批共20家大花园示范县建设单位2020年度评估考核结果，象山获评考核优秀单位，系宁波市唯一。

【《象山县海洋经济发展“十四五”规划》印发】 6月29日，《象山县海洋经济发展“十四五”规划》（以下简称《规划》）印发。《规划》明确象山县“十四五”期间海洋经济发展目标，到2025年，全县海洋经济实力显著增强，对全县GDP增长贡献度超过70%，“一带两港五区多岛”的海洋经济空间格局得到优化，国内领先的海洋绿色发展大平台基本建成。明确构建现代海洋产业体系、深化海洋生态文明建设、增强海洋开发服务支撑能力等三大重点任务。为保证规划可操作性，象山县以重大项目建设为依托，针对《海洋经济规划》所提及重点任务和主要产业，筛选出54个重点项目，总投资额将达808.4亿元。

【共同富裕样板县建设】 7月27日，《象山高质量发展建设共同富裕样板县行动方案（2021—2025年）》（县委发〔2021〕21号）印发实施，重点聚焦海洋强县、滨海大花园、重点地区和重点人群、新型城镇化和乡村振兴、人的全生命周期公共服务、良好社会风尚营造等六方面任务，正式启动共同富裕样板县建设。之后，陆续成立高质量发展建设共同富裕样板县领导小组，编制印发重点任务、突破性抓手、重大改革、典型案例等“四张清单”，打造“象有善育”品牌入选《甬有共富》简报，全域旅游、“三农”集成改革列入市首批典型案例清单，新一轮乡村集成改革列入市级首批试点并完成三年行动计划编制；全域旅游入选省首批51个典型案例。

【服务业助企纾困政策】 8月，市服务业发展局公布2021年度服务业发展专项资金奖励补助名单，象山县101家企业获得市级专项资金补助，共计268万元补助资金。12月，专项资金申领通道上线县“甬易办平台”，象山县积极联系相关企业，帮助企业解决申领过程中的疑难问题，实时跟踪资金流向，于2021年年底前完成所有企业资金兑付。

【象山县再次被认定省级“粮食五优联动”示范县】 自2018年以来，象山县在全省率先开展“粮食五优联动”试点工作，并于2019年被认定为省首批“粮食五优联动”示范县，是宁波市唯一入选的县市区。2021年，象山县继续推进“粮食五优联动”提质扩面工作，推广面积由2018年2000亩提高到2021年1万亩，收购优质稻谷3000吨，加工销售优质大米2000余吨，盈利300余万元，达到财政减负、企业增效、农民增收的目的。9月，象山县通过省“粮食五优联动”示范县复评，再次被认定为省“粮食五优联动”示范县。

【碳达峰碳中和工作领导小组会议】 10月28日上午，象山县碳达峰碳中和工作领导小组会议召开，会议由县委副书记、县长、领导小组组长包朝阳主持，县委书记、领导小组组长潘银浩作重要讲话。会议听取省发展规划研究院能源与环境研究所关于环石浦港零碳产业园战略研究思路、碳达峰行动计划编制情况的汇报，审议通过《象山县碳达峰碳中和工作领导小组工作规则》《象山县碳达峰碳中和工作领导小组办公室工作规则》和《象山县碳达峰碳中和2021年工作任务清单》。

【《象山县服务业发展“十四五”规划》印发】 11月11日，《象山县服务业发展“十四五”规划》（以下简称《规划》）正式印发。《规划》紧紧围绕宁波建设现代化滨海大都市目标定位，以现有城镇和经济空间格局为基础，提出构筑“一核一副四区”的发展格局，即提升中心城区商贸、高品质生活性服务核心功能，打造优质服务业核心区，以石浦镇为核心打造宁波大都市南部滨海特色功能区，打造四大产业集聚区（宁波市影视文化产业区、航天智慧科技城、浙台经贸合作区、象山现代物流园区）。依托现有产业基础和宁波市服务业“3433”重点领域，提出构建“1423”产业体系，即提升旅游业能级，做精商贸流通、金融服务、房地产、现代物流四大传统支柱产业，做优影视文化创意、健康养生两大特色产业，做深科技和信息服务业、商务服务业、生活性服务业三大新兴服务业。结合“3433”服务业倍增发展行动方案，提出“功能平台提升、数字经济赋能、特色品牌塑造、节庆展会促消费、总部经济引育、企业主体增效”六大工程，为象山建设社会主义现代化滨海城市、共同富裕样板县打下坚实基础。

【企业服务顾问团】 12月3日，象山县企业服务顾问团启动暨“企服直通车”平台应用业务培训会在象山宾馆召开，首批企业服务顾问团团长、联络员及成员参加会议。会议的召开标志着县企业服务顾问团正式成立启动，同时“企服直通车”平台应用上线运营。首批企业服务顾问团共有成员69名，涵盖科技、金融、法律、审批、用工、政策、就学、其他等八大类别，每个团设团长、联络员一名和成员若干名，为企业提供精准化专业化服务。同步开发上线的“企服直通车”是以象山企业为主要服务对象的应用平台，旨在为企业提供点对点、针对性、个性化的精准智慧服务，打造象山“互联网+企业服务”新模式，优化营商环境，平台在浙里办端上线。

（陈文翰）

2021年象山县省重点建设项目进度基本情况表

表10

序号	项目名称	总投资	累计完成	2021年投资			主要形象进度
				计划	1—12月完成	完成（%）	
合计	6	2239898	700587	329592	444694	134.92	—
1	国电象山1号海上风电场（一期）工程	420000	390000	200000	300000	150.00	集控中心装修60%，海上升压站完工，风机安装100%
2	象山国际水产保税冷链物流基地	128800	99040	5000	5040	100.8	万吨级、辅助码头引桥桩基100%，梁板预制100%，开展码头主体施工

续表10

序号	项目名称	总投资	累计完成	2021年投资			主要形象进度
				计划	1—12月完成	完成（%）	
3	象山县中医院迁建工程	40406	43193	4000	4000	100.00	完工
4	中国海装象山大型海上风电智能化装备产业园项目	1020000	26005	25000	25205	100.82	一期2号地块厂房主体钢结构施工
5	大唐浙江象山长大涂滩涂光伏项目	120692	127049	87592	95449	108.97	完工
6	宁波生物基可降解新材料产业基地项目	510000	15300	8000	15000	187.50	桩基施工完成90%

2021年象山县市重点建设项目进度基本情况表

表11

序号	项目名称	总投资	累计完成	2021年投资			主要形象进度
				计划	1—12月完成	完成（%）	
合计	26	5328581.16	1491322	606092	796057	131.34	—
1	象山华统现代化养殖建设项目	30000	25000	10000	10000	100.00	完工
2	宁波日星铸业有限公司大中庄区块扩建项目	147000	96455	20000	34600	173.00	完工
3	中化膜产业生产基地和膜研发创新中心项目	350000	46000	6000	10000	166.67	一期完工
4	若宇新能源汽车装备项目	60000	42400	18000	18000	100.00	一期主体厂房、附属设施完工
5	宁波锦浪12万台分布式组串并网逆变器新建项目和研发中心项目	40000	29200	15000	18500	123.33	一幢厂房主体完工，开展室内装修；完成研发楼主体三层工程
6	宁波昌晖新能源汽车零部件项目	102000	20798	8000	9500	118.75	一期完工，完成二期厂房基础工程
7	宁波灵峰工程机械耐磨件专业制造项目	50000	30830	8000	9040	113.00	完工
8	华美达年产10000台高精密节能注塑机项目	50000	8000	8000	8000	100.00	桩基施工
9	周建里新安置小区	90000	43000	25000	28000	112.00	完成主体二层
10	城西丹山人家安置小区	81903	47760	17000	26500	155.88	完成室内砖墙砌筑

续表11

序号	项目名称	总投资	累计完成	2021年投资			主要形象进度
				计划	1—12月完成	完成(%)	
11	象山塔山路区块棚户区改造工程	51078	28368	5000	6868	137.36	地下室粉刷施工完成
12	中国·浙江海洋运动中心(亚帆中心)项目	60238	68491	7500	7500	100.00	完工
13	石浦客运中心	44280	33712	12000	14000	116.67	主体工程完成90%
14	宁波大红鹰学院象山影视学院工程	101012	68100	6000	5700	95.00	一期、二期竣工;三期12号公寓开展施工图审图,招标控制价编制,基坑围护设计方案论证
15	国电象山1#海上风电场(一期)工程	406000	390000	200000	300000	150.00	集控中心装修60%,海上升压站完工,风机安装100%
16	中船海上风电组智能化总装基地	1020000	30500	25000	25500	102.00	一期2号地块厂房钢结构施工
17	大唐浙江象山长大涂滩涂光伏项目	120692	128549	87592	95449	108.97	完工
18	浙江广电象山影视基地三期(中国海影城)新建项目	92302	88300	20000	21000	105.00	影视体验中心和宿舍区室内装修及室外附属施工完工;酒店完成开工建设;乐园施工图深化设计,设备采购
19	象山国际水产保税冷链物流基地	128800	107514	5000	5000	100.00	二座500吨辅助码头引桥及梁板预制100%,万吨及码头引桥及梁板预制100%
20	中国机械科学研究总院南方中心	175776	38612	10000	30000	300.00	一期完工。二期:23~25号楼二次结构全部完成85%,外墙粉刷完成90%;26号楼主体结构封顶;27号楼二次结构完成80%,外墙粉刷完成45%;完成1~2、4~9、11、14区块地下室外墙防水及回填土;住宅楼完成4~7号楼一层2层砼浇筑;楼面PC预制板安装完成;水电预埋安装
21	象山万洋众创城项目	500000	27500	20000	27500	137.50	O地块8幢厂房主体结顶,1幢完成三层主体施工,2幢桩基施工完成50%;S地块场地平整

续表11

序号	项目名称	总投资	累计完成	2021 年投资			主要形象进度
				计划	1—12 月完成	完成（%）	
22	红星美凯龙国际家具广场	117500	35733	35000	29000	82. 86	商业区 S1～S4 屋面梁板钢筋板扎完成；1 号楼六层梁板钢筋邮扎完成，2 号楼六层梁板钢能邯扎完成，5 号楼六层墙柱钢筋绑扎，6 楼六层梁板钢筋邮扎完成
23	日星风电产业园项目	500000	15500	10000	15400	154. 00	基础施工
24	宁波生物基可降解新材料产业基地项目	510000	15000	8000	15000	187. 50	桩基施工完成 70%
25	北欧（中国）鲑鱼 RAS 陆基养殖项目	80000	21000	15000	21000	140. 00	完成繁殖厂房主体结构工程，开展装饰装修及局部设备安装阶段；养殖厂房完成基础工程 60%
26	象山涂茨海上风电项目	420000	5000	5000	5000	100. 00	陆上升压站桩基施工

（刘素素）

自然资源管理

【概况】 2021 年，县资规局全面贯彻落实中共十九届五中全会以及省市自然资源工作会议精神，围绕“海洋强县、美丽富民”发展战略，突出党建引领，深化改革创新与依法行政，统筹推进要素保障、生态保护、民生服务，为建设高质量发展共同富裕样板县、社会主义现代化滨海城市提供支撑。

【项目保障】 2021 年，争取到计划指标 66. 7 公顷、空间规划指标 65. 1 公顷，2 个批次完成农转用，确保华美达、中广核风力发电等 13 个市级重点项目用地需求。7 个区块被纳入“十四五”矿产资源规划，通过公共交易平台处置石料 2000 万吨。

【储备出让试点】 开展自然资源有序收储专项攻坚行动和自然资源资产储备制度省级试点工作，制定《象山县自然资源资产储备制度试点实施方案》，编制储备五年规划暨三年滚动计划，谋划中心城区 13 个重点土地储备区块、14 个港口码头储备以及海域海岛储备项目，试点工作中期评估获省自然资源厅通过。

【节约集约用地】 开展闲置土地破冰动建攻坚行动，全年闲置土地共处置到位 23 宗 107. 5 公顷，其中对 4 个重大工业地块加大处置力度，宁波沪港酿酒机械制造有限公司闲置工业用地完成收回并重新出让，中油重工已签订回购协议并完成权证注销。批而未供土地消化 154. 8 公顷、存量建设用地盘活 126. 5 公顷、城镇低效用地再开发 74. 1 公顷，分别占任务数的 143%、115%、123%。推动宅基地制度改革试点，明确农村宅基地资格权票制度，建立“桃花源”乡村闲置空间储备库。

【耕地保护】 全面开展耕地“非粮化”整治和耕地功能恢复工作，建立县级专班，制订工作方案，统一口径标准，通过现场调研、专班督导、每日连线会议与上报进度，完成实施整治面积 1700 余公顷。积极落实土地整治，开展后备潜力资源调查，完成 9 个项目县级验收，新增耕地面积 77. 8 公顷。

【专项督察整改】 强化湿地保护，环保督察涉及西沪华城湿地占补平衡已编制方案，完成公示并准备销号。开展历史围填海现状调查，核查上级下发的疑点疑区 13 宗并整改销号，完成审计涉及岸线异址整治修复建设并通过验收。核查年度卫片图斑 119 个，排查“大棚房”问题 2 个全部整改到位，完成 3 个涉林垦造耕地问题整改并销号。

【防灾减灾】 开展全县地质灾害风险普查，建立农村切坡建房数据库，核减 11 处地质灾害风险防范区，实施地质灾害治理工程 2 处。加强森林防火宣传与野外用火监管，开展专项督导；清理松材线虫病发生区 2449. 7 公顷。

【便民服务】 开展自然资源资产清查和自然资源统一确权登记，整理林权数据29万余条，选取贤庠青莱村为市林权集中办理试点村；结合2个码头海域使用权换发不动产权证，探索无居民海岛确权登记规范，形成海域分层确权登记办法。分批次解决不动产登记历史遗留问题，实现不动产登记进法院、进银行、进公证与网上办、掌上办。持续推进审批制度改革，简易低风险项目建设工程规划许可实施备案制，18个项目通过备案制审批。城市地下市政基础设施普查列为省级试点，建设全县三维实景数据库，做好基础测绘服务与测绘市场监管。

【两个全域土地综合整治与生态修复工程项目通过市级验收】 2月5日，市保护耕地和全域土地综合整治与生态修复领导小组办公室组织市资规局、市住建局、市交通局、市水利局等10个部门，对象山县2018年晓塘乡西边塘村全域土地综合整治与生态修复工程、西周镇上张村等3村全域土地综合整治与生态修复工程进行市级整体验收。验收组先后实地踏勘晓塘乡西边塘村水工建筑用地复垦、雁鹅塘土地开发、海之湾基地和西周镇上张村宅基地土地复垦、儒雅洋历史文化名村古建筑建设等项目现场。随后，召开会议听取工程建设汇报，认为2个工程不涉及永久基本农田调整，项目方案条理清晰、子项目全部完成，一致同意通过验收。

【全国土地日宣传】 6月25日，是第31个全国土地日，县资规局在县政务服务中心开展以“节约集约用地　严守耕地红线”为主题宣传活动。通过悬挂宣传横幅、展出新土地法宣传展板，为往来群众发放宣传册、宣传折页、纪念品，同时对群众特别关注农村宅基地、永久基本农田等内容进行讲解。该次活动发放宣传资料500余份，纪念品300余份。

【象山县被列入省“码上有地”应用场景试点】 9月17日，省自然资源厅公布全省首批自然资源数字化改革应用场景建设试点单位，象山县以复审第一名的成绩入选“码上有地”多跨应用场景试点。“码上有地”是基于“数字国土空间”重点推进的多跨应用建设场景之一，目的是以“空间码”为核心，加快流程再造和场景综合集成。“码上有地”应用场景共包含智配（土地要素供需匹配保障）、智办（建设用地审批全过程）和智用（土地产出效能协同监管）三个子场景。根据省自然资源厅指示要求，象山县主要聚焦智办（建设用地审批全过程）这一子场景。

【村发展留用地新政策】 10月22日，《关于进一步规范村发展留用地政策的通知》（象政发〔2021〕41号）发布，并于11月23日起施行，将政策适用范围由中心城区和石浦镇扩展至全县范围的村集体组织，取消村留地在居住用地范围内安置，明确村留地安置方式向指标回购、商铺、标准厂房等安置方式转变，健全收益管理制度。象山县自2001年中心城区开始实施村留地政策，2003年、2004年和2016年分别作出部分调整和修改后沿用至今，2016年石浦镇开始实施村留地政策。村留地政策对推进城市化、发展村集体经济发挥积极作用，但该时期实行的村留地政策暴露出留地安置方式与上级政策冲突、留地收益分配方式不合理、历史遗留问题突出等一系列问题。2021年，村发展留用地改革专项行动被县委、县政府列入6大专项攻坚行动之一。

【全省林业有害生物防治业务培训班在象山县召开】 10月28—29日，省林业有害生物防治业务培训班在象山召开。全省森林病虫害防治站长及相关工作人员等150余人参加会议。培训会邀请到原国家森防总站站长及南京林业大学、浙江农林大学、温州医学院健康与环境生态研究所等6名专家就美国白蛾监测与防控、红火蚁防控监测与治理、松材线虫病除治监理和核查、打孔注药保护技术、数字森防管理与应用等进行培训。

【象山市域（郊）铁路大目湾站土建工程获批】 11月4日，宁波至象山市域（郊）铁路大目湾站土建工程建设用地获批，标志着象山县在迈向宁象铁路交通时代的路上迈出新的一步。该项目从选址预审到土地完成审批用时不到1个月，其中报批审查环节仅用时13个工作日，刷新象山县用地保障速度新纪录。

【全市首本无居民海岛不动产权证发放】 11月15日，县资源规局为象山昌兴能源有限公司发放宁波市首本无居民海岛不动产权证。该无居民海岛坐落于象山县汰网屿山岛，权利类型为海域使用权（无居民海岛使用权），主要用于工业仓储用岛，面积为2.638公顷，使用期限50年。无居民海岛原有产权证为海洋部门登记的无居民海岛使用权证书，自不动产统一登记后，自然资源部为规范海域使用权不动产登记，将宁波市作为无居民海岛不动产确权登记的试点市，象山县作为具体实施县。该次无居民海岛不动产权证发放，标志着象山县无居民海岛确权登记试点工作取得成功，为全省无居民海岛确权登记提供样本。

【《象山县地质灾害防治“十四五”规划》印发】 11月29日，《象山县地质灾害防治“十四五”规划》（以下简称《规划》）正式印发。《规划》综合考虑全县社会经济发展和地质灾害防治现状，划定主城区—大目湾—东陈乡滨海带、象山县南部石浦镇丘陵低山、象保合作区新桥镇沿海平原、象山港南岸贤庠镇—黄避岙乡沿海平原、象山港南岸西周沿海平原、爵溪—涂茨滨海平原、泗洲头灵岩山风景名胜区和花岙岛石林风景名胜区等8个地质灾害重点防治区。《规划》提出，到2025年末，象山县基本实现“一图一网、一单一码，科学防控、整体智治”地质灾害风险管控新机制，显著提高地质灾害综合治理体系现代化水平，全面消除已知地质灾害隐患点，基本形成“即时感知、科学决策、精准服务、高效运行、智能监管”地质灾害防治新格局。

（葛豪）

国有资产管理

【概况】 2021年，象山县共有国有企业（含集体企业）及国有成分企业410家，其中：县属集团公司、县级部门及管委会所属企业共255家（其中：国有独资168家，国有控股参股72家，集体企业15家）；镇乡（街道）所属企业155家（其中：国有独资108家，国有控股参股19家，集体企业28家）。全县国有企业资产总额1675.17亿元，增长16.85%，净资产增长170亿元。全县国企营业总收入64.36亿元，同比增长59.93%。县属国有企业用工人数4217人。

【国企架构重塑】 优化股权结构，制定实施《象山县属国资国企整合重组实施方案》，搭建全新架构，明晰发展定位，新组建宁波象山海洋产业投资集团有限公司，推进城建、交通、海投、文旅等四大产业集团整合重组，培育打造具有区域影响力的集团公司。采取“稳妥有序、分步推进”策略，完成8个部门26家代管企业划转至相关产业集团，推进经营性国有资产集中统一监管。加快开发园区整合提升，组建宁波环石浦港投资开发有限公司，有效整合浙台经贸合作区和水产城管理中心所属国企。

【经营收入拓展】 聚焦主责主业，做大国企营业收入，截至12月底，全县国企营业总收入64.36亿元，同比增长59.93%，其中主营业务收入同比增长77.6%。开展全县国有企业“小规模纳税人转登记为一般纳税人”专项行动。培育新型经营性板块，推进矿产开采、新能源、智慧停车等特许经营业务，探索开辟国企参与做地等新路径，实现政府付费收入3.33亿元，贸易收入15.46亿元。加大混改和资本运作，县城投集团与杭州城投合资组建市政建设运维公司，县工投集团出资参与日月股份和乐惠国际基金定向增发项目、参股设立宁波燕创象商创业投资合伙企业。

【风险防控强化】 持续开展“融资降本增效”专项行动，定期召开国有企业投融资工作例会，采取“优流贷、扩直融、减非标、谋项目贷”等举措，优化融资成本和结构配比，统筹推进信用评级，拓宽融资渠道。首次实施全县国有企业经营预算编制，统筹实施债券发行计划，制定国有企业间融资担保规则，完善国企资金备用机制，打造风险防范“压舱石”。启动“乡债县管”工作，制定《镇乡（街道）国企债务县级接管方案》，组建市县合资公司宁波富甬集团有限公司，开展镇乡（街道）资产尽调、营收谋划等前期工作。加强资产资源盘活利用，制定资产资源盘活利用计划，开展企业资产清理、补办证件、资金（租费）回收等3项专项行动，全年共盘活利用资产资源219亿元，资产负债率控制在60.93%，较年初下降5.07个百分点，有效优化资产结构，改善企业财务指标。截至12月底，全县国企融资综合成本率较年初下降0.49个百分点，较2020年初下降1.64个百分点，融资成本持续下降，融资结构配比呈良好形态。

【考核激励机制】 根据县政府直属企业经营业绩分类考核与职工薪酬激励试行办法，以市场化为导向，完善年度经营业绩考核方案，强化经营业绩意识。开展精诚检测公司等6家公司“单奖单考”，试点旅游集团下属4家竞争类公司（渔港旅游、海洋休闲、海岛休闲、旅游交通客运公司）KPI（关键绩效指标）考核，赋予企业更多经营决策自主权。将清廉国企创建纳入县政府直属企业经营业绩考核体系，县交通集团率先创建清廉示范国企。

【国有企业智慧管理平台推广】 1月起，县国资管理中心全面推开运行县国有企业智慧管理平台。该平台集成财务管理、资金管理、资产管理和用工管理四大功能，解决手工合并报表多重乱、企业资产登记更新慢、查询企业数据兜圈跑、账户变更流程连环套等痛点，实现资金监管、数据查看实时化，报表合并、账目设置标准化，资产登记、账户变更电子化，打通“信息孤岛”和“数据壁垒”，提供了全面、准确、及时的经济和考核参照。平台全面上线后，共收纳管理全县254家（所有）国有独资（控股）企业，开展系统培训8批次900余人，报表合并时间从原先的2周缩短至2天，提高精确度的同时效率提升7倍。

【全县国有企业座谈会】 1月28日下午，全县国有企业座谈会在象山宾馆召开，县委副书记、县长包朝阳参加会议，县委常委、常务副县长陈兴立主持会议。会上，工商银行、上海银行相关专家分析金融市场行情，并对投融资改革提出意见建议。县委改革办、县国资管理中心分别汇报2021年国有企业投融资改革目标任务。包朝阳对2020年国有企业投融资改革方面取得成绩给予充分肯定。他指出，全县国有企业要主动适应复杂严峻的环境，树立发展信心、坚定改革决心，积极探索、主动作为，以最大的勇气和智慧推进投融资改革，力争取得更大的成效，更好地服务全县经济社会发展。包朝阳强调，要围绕中心、服务大局，充分发挥国资国企在服务全县发展大局中的作用，在做优资产、做大收入、做活机制上下足功夫，加快推进国企实体化市场化转型。要紧盯扩资、降本、增信“三大目标”，打通各类融资渠道，强化资金统筹管理，加快推进信用评级，全面提升国企合规融资能力。要打造城市、要素、两山“三大银行”，明确企业主体地位，培育拓展经营板块，发挥资本纽带作用，坚持规划跟着资金走，全面提升国企市场化经营水平。要健全顶层设计、绩效管理、薪酬激励“三大体制”，着力解决好委托代理关系与内部激励问题，构建以管资本为主的国有资产监管体制，探索建立高效的KPI考核体系，全面提升国有企业创造性张力。

【海投集团获 AA+主体信用等级】 8月10日，经东方金诚国际信用评估有限公司评级评审委员会审定，宁波象山海洋产业投资集团有限公司（以下简称“海投集团”）主体信用等级为 AA+，是象山县第二家 AA+信用等级国有平台。2021 年初以来，县国资管理中心通过优化调整国资布局结构，推动资源集聚，组建海投集团，统筹信用评级工作。此次取得 AA+信用等级，有利于降低国企融资成本，拓展多元化融资渠道，进一步服务和支持县域经济社会发展。

【国有企业债券发行规范化操作研讨会】 8月20日下午，县国资管理中心在海洋酒店组织召开国有企业债券发行规范化操作研讨会，全县 6 家 AA 资信等级以上国有企业、7 家债券承销商和 2 家会计师事务所相关人员参加会议。会上，各企业从信息披露情况、募集资金情况、偿债能力情况和公司治理情况等四大方面剖析自身存在的不规范问题，分析问题产生的原因。债券承销商和会计师事务所从自身的经验和专业角度出发，献计献策，为发债企业的高质量发债提出宝贵意见。县国资管理中心解读近期六部委联合发布的《关于推动公司信用债券市场改革开放高质量发展的指导意见》，传达宁波市国有企业债务风险防控暨提高财务会计信息质量专题会议精神，要求全县国有企业从“十个做实”出发，逐步完善法人治理结构、信息披露及时性和上下沟通机制，防范化解重大风险，维护好金融生态，推动国有企业高质量发展。

【“引选育”深化】 针对国企人才引进难、留用难等问题，2021 年以来，县国资管理中心优化理念出实招，不断完善国企人才发展体制机制，实现从“筑巢引凤”到“固巢留凤”的转变。全年共审批管理县属国企人员招聘 31 次，招录国企人员 150 人。一是不拘一格“引才”。启动“引才入企”计划，在社会化招聘、校园招聘等方式基础上，推行高层次和紧缺人才特聘机制，注入人才源头活力。全年共引进金融等专业特长人才 10 名，高层次和紧缺人才 11 名。二是健全制度“选才”。出台《象山县国有企业中层管理人员选拔聘任工作指导意见》《象山县国有企业工作人员违纪违规违法行为惩戒办法（试行）》等制度，完善国企“选育管用”全链条监督机制，打破国企干部选拔晋升壁垒。截至 2021 年底，县直属国企中“85后”干部占比 46.08%，中高级职称干部占比 22.55%。三是搭建平台“育才”。实施“人才强企”战略，制定年度人才培训计划。创新“政银企”联合教学模式，邀请专家 40 余人答疑解惑。开设投融资干部进修班，组织国企市场化转型等专题培训。全年共开展“集团讲堂”等职工培训 110 余场次，培育半岛工匠、青年岗位能手等 20 余人。

（罗欢）

财　政

【概况】 2021 年，象山县财政总收入 90.7 亿元，比 2020 年实绩增加 9.0 亿元，增幅 11.0%，完成调整预算 100.4%。其中，一般公共预算收入 57.9 亿元，增长 11.7%，完成调整预算的 101.6%，占财政总收入的 63.8%；中央财政收入 32.8 亿元，增长 9.8%，完成调整预算的 98.5%。地方税收收入 42.9 亿元，占一般公共预算收入的 74.1%。全年完成一般公共预算支出 89.1 亿元，增长 6.2%。全县民生支出 69.1 亿元，同比增长 5.2%，占一般公共预算支出的 77.5%。全县政府性基金收入完成 59.9 亿元，支出 62.4 亿元，年末累计结余 13.5 亿元；社会保险基金预算收入 38.0 亿元，支出 35.7 亿元，年末累计结余 23.7 亿元；国有资本经营预算收入 242 万元，上级转移支付收入 19 万元，支出 242 万元，年末结余 24 万元。收支达到基本平衡。

【财政收支平衡】 密切关注宏观政策和经济形势变化，建立健全财政税务协调联动机制，定期召开例会开展收入预测分析，在落实减税降费等惠企政策的基础上，加大对重点行业和重点税源企业的监控力度，坚持依法征收，严格落实收入计划，促进税收收入稳步增长，2021 年入库税收 75.7 亿元，同比增长 14.4%。加强与法院、公安等非税收入执收部门对接沟通，强化各项行政事业性收费及罚没收入等征收管理，实现应收尽收。2021 年全县收缴各项政府非税收入 15.0 亿元，减少 9.6%。严格落实政府过紧日子要求，坚持“应压尽压、应减尽减”，科学编制预算，严格预算调整，严控新增支出，持续压减非急需非刚性项目支出，全县一般性支出同比下降 5.2%。

【县域经济发展】 聚焦制造业高质量发展、“330”企业培育、“凤凰行动”象山计划等重点，扩大产业专项扶持资金规模，切实把产业基础盘做大做实做强。2021 年共兑现县级产业财政奖励资金 3.1 亿元，同比增长 23%，惠及企业 5200 户次。优化科技创新生态，加强高新技术企业、“小巨人”企业等科技型企业培育，统筹科技扶持资金重点支持科技创新、人才培育等，鼓励企业加大研发投入，促进科技成果转化。同时，强化服务理念，开展政策宣讲、奖励兑现、融资协调和资质申报等方面服务，2021 年共走访调研企业 165 家，帮助解决企业难题 72 个，助推企业效能提升。全面落实减税降费政策，规范涉企行政事业性收费行为，严格落实目录清单公示制度，减免城市建设配套费、资源费、水土保持费等各项费用 9322 万元，新增减税降费政策减免税收 8.95 亿元。立足发展大局，为“精特亮”创建、耕地非粮化非农化治理、减船转产等专项行动提供坚实的财力保障，推动县域各项重点工作顺利实施。

【教育文化发展】 2021 年，投入 15.2 亿元用于教育事业，提升县域教学质量。完善城乡义务教育经费保障机制，加大义务教育公用经费投入力度，提高公用经费补助标准，确保学校各项教学活动的正常开展。2021 年，县财政共下达城乡义务教育公用经费 7465 万元，同比增长 15.9%。加强对学生资助资金的管理工作，确保精准资助、应助尽助，下达2021年义务教育段学校免杂费经费1179万元，惠及学生52380人次；困难学生补助经费775万元，惠及学生8736人次。落实教育装备经费1539万元，全面提高教育硬件设施。下达教师培训经费573万元，惠及教师4755人次，切实提高教学质量。深化海洋文化强县建设，安排文化支出2.4亿元，支持建成并投用亚帆中心（浙江海洋运动中心）和沙滩排球馆，承办第十四届全国运动会帆船项目比赛，举办第二十四届中国开渔节。

【医疗事业投入】 深入推进健康象山建设，2021年卫生健康支出8.8亿元，提升公共卫生服务保障水平。支持医疗卫生资源下沉，保障新一轮村级医疗卫生机构标准化建设资金，整体提升农村医疗卫生服务水平。安排1130万元用于推进“三免”健康行动，开展参保城乡居民免费健康体检、重点人群免费接种流感疫苗、重点人群免费重点疾病筛查，惠及群众20万人。拨付疫情防控经费2852万元，用于支持健全疾病预防控制、重大疫情救治、应急物资保障等机制，落实重点人群核酸检测、疫苗接种等措施，推进疫情常态化防控。积极探索医共体建设模式向健共体转型，实施基层医疗卫生机构补偿机制改革，安排1600万元重点用于牵头医院能力提升、人才培养、信息化建设等专项保障。

【社会保障体系】 健全多层次社会保障体系，2021年统筹安排15.42亿元用于保障基本养老基金、医疗保险基金正常运行。落实企业职工基本养老保险省级统筹制度，深入推进社保扩面工作，新增参保人数12517人，新增保费收入达6000万元。完善社会养老服务体系建设，加大对村（社区）居家养老服务站建设、运营补助力度，投入养老服务及相关资金5154万元，建成区域性居家养老服务中心18家、居家养老服务站点386个，实现区域性居家养老服务中心镇乡（街道）全覆盖。健全社会救助体系，落实社会救助和保障标准与物价上涨挂钩的联动机制，提高低保户、困难残疾人、特困供养人员、孤儿和困境儿童基本生活保障标准，2021年发放退伍军人优抚、安置费6074万元，落实社会救助资金1.4亿元，惠及困难群众13万人，拨付残疾人两项补贴5572万元，扎实做好社会托底保障。

【乡村振兴战略】 扎实开展行政村规模优化调整工作，对规模调整后农村集体经济“三资”融合进行验收，2021年共发放奖补资金3250万元，壮大村级集体经济。投入资金3196万元用于实施新一轮高标准农田建设，完善农业基础设施，提升机械化效率，2021年验收通过9个高标准农田项目，面积达1267公顷。完善政策性农业担保体系建设，对县农业担保公司给予补助，重点支持水产养殖、生态农业等产业发展，持续扩大农业融资规模，共开展担保业务155笔，担保余额1.5亿元。完善低收入农户精准扶持增收实施细则，落实低收入农户“一户一策一干部”制度，设立扶贫小额贷款专项扶持资金，开展低收入农户综合性保险试点，巩固拓展脱贫成果。当年实现低收入农户人均可支配收入18762元，同比增长17.6%。深化美丽乡村建设，安排财政补助资金6472万元，统筹推进2个美丽乡村市级示范乡镇、2个乡村振兴示范带、1个小集镇式中心村、5个县级乡村精品村、12个县级美丽乡村特色村建设，进一步美化乡村环境。

【投融资改革】 系统排摸梳理县域资源资产情况，制定《2021年度资源资产盘活利用计划》，开展全县行政事业单位低效无效资产处置专项行动，通过市场化交易手段，有序推进土地、矿山等政府性资源盘活利用，2021年共盘活利用资源资产219亿元。持续开展“降本增效”行动，国企融资综合成本率下降0.5个百分点。完善财政与国企市场化结算，出台教育服务、智能化信息化建设项目等政府付费结算管理办法，通过城投集团、商贸集团等国企结算支付资金2.2亿元，支持国企拓展业务、转型发展。开展全国建制县隐性债务风险化解试点，2021年争取到52.5亿元政府债券置换隐性债务。推进隐性债务市场化降本化险试点，积极开展降本置换，节约财政利息支出。落实年度隐性债务化解计划，多渠道筹措化债资金，完成年度化解任务。完成镇乡（街道）资源资产尽调，全面启动实施“乡财县管”“乡债县管”，逐步开展镇乡（街道）国企债务县级接管，完善镇乡（街道）、园区财政体制，加大县级财力下沉力度，保障镇乡（街道）平稳运行。

【财政整体智治】 稳步推进“智慧财政”系统上线，推动预算编制、预算执行等核心功能模块运行使用，2021年通过智慧财政”系统办理预算执行业务2030笔，涉及金额8344万元。全面推广政采云平台，打造“网上超市”平台，实施政府采购全流程电子化招投标，依托招投标巡检模块进行实时监控和异常数据筛查，全年累计实现交易额达12亿元。迭代升级“最多跑一次”改革，深入推进行政事业单位财政电子票据改革，加强财政票据全生命周期管理，全县共有205家行政事业单位上线使用财政电子票据系统，惠及群众3.9万余名，累计开票4万张。主动对接党政机关整体智治、数字政府等综合应用，探索财政资金全流程闭环管理。

【财政监督管理】 全面实施预算绩效管理，健全预算绩效管理体制机制，出台《象山县项目支出绩效评价管理办法》等制度，对科技扶持、象山港高级技工学校拆建等重大政策和项目开展事前绩效评估。组织41家预算单位开展绩效自评，涉及项目166个、资金20.1亿元。对县客运东站、西周镇小微企业集聚区等8个项目开展重点绩效评价，涉及资金8亿元，并强化结果应用，督促问题整改。扎实做好各预算单位银行账户开立、变更管理，指导完成15个镇乡（街道）公款竞争性存放公开招标工作。强化政府采购监管，与县纪委、审计部门联合开展政府采购执行情况监督检查，进一步规范采购行为，全年节约财政资金1.9亿元，节约率10.2%。严格基建财务管理，加强对政府投资项目事前、事中、事后的全过程监管，并对中介机构实行ABC分类等级考评机制，提高中介机构审价质量，全年完成工程结算审查185个，核减投资1.6亿元，核减率8.6%。

（胡雪珊）

税务

【概况】 2021年，象山县共组织各项税收收入113.66亿元，同比增收18.57亿元，增幅19.53%。共完成税收收入77.01亿元，同比增收8.94亿元，增幅13.13%，年度税收首度超70亿元，其中中央级税收入库34.58亿元，同比增收2.54亿元，增幅7.92%；地方级税收入库42.43亿元，同比增收6.4亿元，增幅17.76%。办理出口退税17.72亿元，同比增加3.47亿元；办理免抵调库3.8亿元，同比减少0.5亿元，剔除免抵调库后，入库直接收入73.21亿元，同比增收9.44亿元。完成社保及年金收入33.61亿元，同比增加8.63亿元；完成各项非税收入3.03亿元，同比增收1.01亿元。分产业看：第二产业全年共入库税收37.22亿元，同比减少1.24亿元，减幅3.22%，减收主要受两个因素影响，一是四季度制造业小微企业部分税费缓缴政策的施行，二是免抵调库同比减少了0.5亿元；第三产业共入库税收39.81亿元，同比增加10.37亿元，增幅35.22%，其中象保合作区众多商贸类及商务服务类企业的落户带来的大额税收入库是增收的最主要因素。分税种看：增值税本期入库38.7亿元，同比增收3.99亿元，增幅11.48%；个人所得税本期入库9.68亿元，同比增收3.34亿元，增幅52.6%；契税本期入库4.08亿元，同比增收0.58亿元，增幅16.52%；企业所得税本期入库12.79亿元，同比减收1.76亿元，减幅12.12%；耕地占用税本期入库1.96亿元，同比增收1.75亿元，增幅835.53%。

【税收征管改革】 2021年，县税务局将贯彻落实中办、国办印发《关于进一步深化税收征管改革的意见》作为重大政治任务，严格按照国家税务总局、宁波市税务局要求，紧紧围绕省委、省政府《关于进一步深化税收征管改革的实施方案》和市局相关工作方案及任务分工，广泛学习宣传，分析当前重点，研究细化举措，坚持“系统思维”“数据思维”“问题思维”，大胆探索、勇于实践，凝智聚力打造以“数据赋能驱动”为核心的“半岛智税圈”。聚焦精细服务，创新推出“1分钟专窗”模式，筛选梳理出实名认证、缴纳税费、证明开具、抄税清卡等11项“1分钟”简事速办专窗清单；构建由数据收集（归集）、分析、共享、推送、应用等环节组成的链式闭环，将税务认定数据、发票数据与纳税人基础信息、经营范围进行精准匹配，筛选出政策适用企业，建立政策通知模板，将税收政策通过一户式2.0推送功能直接推送至电子税务局纳税人端，实现税收政策的直达快享；整合税企沟通平台、政务服务部门、社会组织等多方力量，在象山县贤庠镇成立全市首个税收“精诚共治”实践基地，集成涉税业务办理、发票领购、纳税咨询、企业会计互助等多项功能，解决工业园区及周边近40平方千米、1500余家企业的涉税事项办理问题。

【税收优惠】 严格贯彻落实制造业中小微企业部分税费缓缴、增值税留抵退税等支持措施和财政部、国家税务总局出台的各项减税降费优惠政策，助力“六稳”“六保”大局和县域经济恢复发展。2021年，新增减税降费8.95亿元，其中全年新出台减税降费政策3.24亿元，展期实施政策减税降费5.5亿元；累计为制造业中小微纳税人办理税费缓缴1.52亿元，办理增值税留抵退税3.23亿元。

【税收法治】 不断完善行政决策规则和程序，完善县税务局党委工作运行机制，坚持民主集中制原则，不断提高工作制度化、规范化、程序化水平。持续发挥法律顾问作用，组织法律顾问参与县税务局的重大行政决策和税收征管工作研讨，在审查行政合同、化解涉税纠纷中，提前预判可能面临法律风险，严控行政诉讼风险，在推进依法行政中发挥积极作用。持续推进三项制度建设，落实税收执法全过程记录制度，保障税务执法的严格规范公正文明。以重点领域、重点环节、重点岗位的风险防控为切入点，组织开展专票电子化内部风险防控、“一案双查”等工作，不断加强税收执法督察和廉政监督。

【办税服务】 全力落实“非接触式”办税服务举措，充分运用电子税务局、自助办税终端等平台，实现214项涉税业务全程网上办理，网办率从2021年初的94.23%稳步提升至98.68%。持续推广宁波税务征纳沟通平台，实现双向即时性沟通，截至2021年底，平台累计激活企业数18511户，全县激活率达到97.43%。持续深化“银税互动”，进一步拓展受惠企业范围，累计通过“银税互动”为2060户小微企业发放贷款7.71亿元。建立“云端智税”课堂，开展各类税费直播培训17场，总计约6000余人次观看。升级65612366咨询模式，接听率由原先的96.8%突破至98.93%。实现办税窗口“好差评”管理全覆盖，共收到198万余个“非常满意”和28个“满意”，全力保持办税服务零差评。

【出口退税管理】 2021年，累计办理出口退（免）税18.22亿元，同比减少1.78%，其中退税额14.33亿，同比增长0.56%。其中免抵额3.89亿元，同比减少9.53%。办理出口退（免）税备案47户，备案变更72户次，备案撤回13户。做好生产企业进料加工年度核销，共计受理审核进料加工企业17户，43本手册。做好分类评定工作，2021年共计完成分类评定1092户，其中一类企业10户、二类企业520户、三类企业291户、四类企业271户。

【队伍建设】 稳妥推进职务与职级并行工作，有序开展中层领导干部选拔任用、交流轮岗，优化干部结构，激活队伍活力。完善“三定”方案，全面规范编制管理，撤销原爵溪税务所，第二税务所、丹西税务所、定塘税务所级别升格为正科级。做深做精青年干部培养，探索建立青年干部“积分制”管理体系，形成自我驱动、自主管理、自胜图强的良性互动，3名干部入选市局“青年才俊”，3名干部入选市局“兼职教师”，6名干部新获“三师”资格。严格贯彻落实中央八项规定及其实施细则精神，深入开展纪律作风问题专项整治，持续强化监督效能，开展全县税务系统纪律作风问题专项整治，深入开展自查自纠，开展“一对一”谈心谈话413人次，自查自纠和核查问题216人次，深入核查查处自查自纠未报告16人次，以第一形态处置15人次、第二形态处置1人次。

（余臻嵩）

融　资

【概况】 2021年，宁波象港开发控股集团有限公司（以下简称象港集团）整体运行平稳有序。截至12月底，集团总资产539.52亿元，较上年增加45.43亿元，增长9.19%；净资产270.44亿元，较上年增加10.71亿元，增长4.12%；营业收入25.68亿元，较上年增加5.34亿元，增长26.25%；利润总额2.22亿元；资产负债率49.88%。控股公司4家，分别为象山县水务集团有限公司（股权比例100%）、宁波象锦贸易有限公司（股权比例100%）、象山县滨海投资有限公司（股权比例90%）、象山县棚户区投资开发有限公司（股权比例61.4742%）；参股公司2家，分别为国电象山海上风电有限公司（股权比例49%），宁波象岛资本投资集团有限公司（股权比例45%）。同时，根据象政办发〔2019〕50号文件精神，象港集团与宁波象岛资本投资集团有限公司（以下简称象岛集团）、宁波象荣资本投资集团有限公司（以下简称象荣集团）实行“一套班子、三块牌子”管理模式。

【AA+信用评级维持】 2020年4月28日，象港集团经中证鹏元资信评估股份有限公司评级评审委员会审定，成为全县首家获得主体和债项双AA+信用评级的国企。2021年6月28日，象港集团在资产、营收等各项数据稳步提升的基础上，顺利获得中证鹏元AA+复评，继续为全县国企提供融资担保和各集团之外建设运行保障资金。

【股权架构调整】 根据县投融资改革和国企整合重组的有关要求，象港集团按照“资产相当、产业相近”原则，在取得债权人一致同意后，于10月22日划出宁波交运建设集团有限公司100%股权，于12月10日划进象山县棚户区投资开发公司61.4742%股权。

【降本增效推进】 2021年，累积募集资金33.69亿元，置换高成本债务7.1亿元，综合成本利率降至5.42%，较年初下降0.23个百分点。其中，于12月24日发行的“21象港PPN002”，票面利率4.3%，为全县同类债券历史最低利率。

【转贷资金严管】 2021年，共向全县39家国企拆借转贷资金68笔，金额50.12亿元。严格执行《象山县国有企业应急资金使用管理办法》，应急转贷资金逾期额降至2.6亿元，缩减率达70.8%。同浦发银行合作开展银企合作自由贷试点，即日常存款执行协定存款利率，另按存贷积数1∶1配比，流贷利率执行LPR，进一步探索资金规范存放及减少转贷自备资金、降低资金成本的方案。

【担保职责履行】 2021年，共向全县106家国企提供对外担保168笔，金额218.8亿元。协同县国资管理中心印发《象山县国有企业间融资担保规则（试行）》并严格管理，坚持“在集团股权体系内担保”和“能一般企业担保的，不用发债企业担保”原则，进一步简化审批手续。

【国电象山1号海上风电项目投运】 2020年4月15日，象港集团投资入股49%与国电电力合作开发“国电象山1号海上风电场（一期）”项目。2021年12月22日，该项目按计划顺利投运，总投资43.97亿元，涉海面积约30平方千米，装机容量25.42万千瓦，共安装41台6.2兆瓦风电机组，每台风机总重约1000吨，同时配套建设1座220千伏海上升压站。该项目是省“十三五”能源规划建设项目，同时是市第一个海上风电项目，对于推动浙江省能源结构调整、产业结构升级有重要示范意义。项目每年可节约标煤23.3万吨，减少二氧化硫排放867吨，减少二氧化氮排放1734吨，减少二氧化碳排放47.7万吨，环保效益显著，对于改善环境、保护生态具有重要战略意义。

【长大涂滩涂光伏项目成功并网发电】 2020年4月30日，象港集团首次以公开竞价招商方式与大唐国际发电股份有限公司浙江分公司合作开发长大涂滩涂光伏项目。2021年6月29日，该项目成功并网发电，为目前全国最大海岸滩涂渔光互补光伏项目，总投资12.7亿元，总装机容量300兆瓦，涉及面积4500余亩，单晶硅光伏组建达63万余块，年均可向电网输送约3.4亿千瓦时的清洁电量，年产值1.42亿元，项目所有核心技术均为百分之百国产化。项目每年可节约标煤10万吨，减少排放二氧化碳27万吨、二氧化硫2300吨、氮氧化物1000吨，经济、环保、社会效益显著，在当前世界能源转型和中国实现碳达峰、碳中和目标大背景下极具示范效应。

【全国首个扣押船舶集中看管基地投用】 2020年5月，市海事局、市防汛防台抗旱指挥部、县防汛防台抗旱指挥部三部门牵头，明确象荣集团与宁波辰洋海事应急技术服务有限公司合作建设英山渡市级扣押船舶专用停泊基地。2021年7月7日，英山渡项目基础设施全部建设完成并正式投入使用。该基地拥有全大市唯一一条5000马力多用途救助拖轮，专为锚地及石浦港海域船舶提供牵引服务，在2021年防台中发挥了救助作用。

（冯潜）

物价管理

【概况】 2021年，全县物价管理工作以服务经济和解决民生热点问题为重点，着力清理规范涉企收费秩序，强化重点领域市场价格行为监管，有序开展公平竞争审查，推进各领域反不正当竞争等执法工作，市场环境保持统一开放、公平有序，经济持续健康发展，社会和谐稳定。

【公平竞争审查清理】 2021年，全县28个公平竞争工作联席会议办公室成员单位共审查清理涉及市场经济主体经营活动的政策文件204个，28个联席会议成员单位都设置公平竞争审查专栏，定期公布审查目录，上报交叉检查文件数量共234件，发现被抽查县市区问题数共12件。县公平竞争工作联席会议办公室督查发现全县各部门起草制发涉嫌违反公平竞争原则文件5件，及时将督查中发现有涉嫌违公平竞争的政策措施反馈到各部门。召开政策对接会2场，下发建议纠正函3份开展公平竞争审查自查自纠，做好滥用行政权力排除、限制竞争案件整改工作，下发《象山县公平竞争工作联席会议办公室关于开展公平竞争审查自纠自查工作的通知》，全县28家联席会议成员单位对照“宁波市滥用行政权力排除、限制竞争案件汇总表”，核对部门制定或牵头制定的涉及市场主体经济活动的规章、规范性文件和其他政策措施文件。2021年，全县共发现违规文件4件，已废止3件、拟修订1件。

【转供电电价重点专项整治】 下发《关于全面落实疫情期间阶段性降低企业用电成本政策的告知书》，明确做好专项整治的转供电主体目录、转供电价格行为违规问题、转供电价格行为整改任务等三张清单的任务要求和时间节点，共下发告知书240份，服务指导转供电主体183家次。成立转供电专项整治工作专班，具体负责并协调落实转供电价格行为专项整治工作，以落实转供电主体名录、转供电价格行为违规问题、转供电价格行为整改任务“三张清单”为抓手，严格对照转供电价格违规问题清单，逐一核查、逐项整改、逐个消号，限期清零，形成转供电价格行为整改任务清单，督促转供电主体全面落实国家降低企业用电成本政策，及时向终端用户足额清退电费382万余元。2021年，全县共排查清理79家转供电主体，涉及终端用户3386家，自查已退多收电费299.2078万元，累计清退电费568万余元。经投诉举报，对2家转供电主体的转供电电价进行了查处，责令清退多收电费8.49万元。

【行业协会商会收费情况】 开展行业协会商会收费情况检查，按照不少于20%的比例对象山县商会、象山县金融业协会等21家行业协会商会是否存在强制入会和强制收费等违规情形进行重点检查，听取行业协会商会负责人的情况汇报，并查看检查对象的年检报告书、收费凭据和会费的收支等原始财务凭证。各行业协会商会按照法律法规关于经营者义务的相关规定和自愿有偿服务原则，在各自业务范围内开展经营服务性活动，规范相关收费行为，按照公平、合法、诚实守信的原则，公允确定并公开收费标准，提供质价相符的服务，未强制服务并收费，按章程规定每年召开行业协会商会年会外，未发现利用政府名义和利用评比达标表彰违规收费。个别行业协会商会存在收费标准、收费项目等收费内容未公示、开具发票不规范和收支明细不清晰及收费标准分档过多过细等问题，检查组现场提出整改意见。

【医疗服务价格“双随机、一公开”方式随机联合检查】 通过省行政执法监管平台系统，按照抽查比例不低于50%抽取检查对象，在全县5家县级公立医疗机构和10家乡镇医疗机构中分别随机抽取3家县级公立医疗机构、1家民营医疗机构作为本次医疗服务价格行为重点治理工作执法对象，并将随机抽签结果在政务网进行公示公开。对全县5家公立医院自2019年1月1日以来医疗保障和医药价格政策执行情况开展检查。2021年，共立案3家，涉嫌价格违法金额60余万元。

【秋季开学教育收费检查】 9月1日开始，开展为期1个月开学教育收费检查，对浙师大附属大目湾学校、象山县第三中学、机关幼儿园、滨海幼儿园等7家公（民）办学校的收费公示及收费项目和收费标准等的执行情况开展检查。通过现场查看收费公示牌、访谈师生、查看收费票据、核对收费项目等方式，重点检查各类学校是否全面落实教育收费公示制度，是否按要求设置固定的收费公示栏，是否存在擅自设立收费项目以及提高收费标准等现象。从检查情况来看，个别学校收费公示意识淡薄，未按规定公示2021年秋季教育收费标准，个别学校在代办报刊等收费中存在未按规定执行的情况。对2家学校存在的未按规定公示教育收费标准等问题下发《责令整改通知书》。

【节日市场保价稳供】 开展元旦春节、“五一”国际劳动节、国庆和低温雨雪、台风等天气期间市场粮食、食用油、肉禽蛋菜奶等价格检查，加强餐饮等重点行业价格行为检查，维护市场价格稳定。共检查摊店835家，下发价格提醒函倡议书302份，下发《责令改正通知书》32份，约谈商家25家，告诫商家94户，纠正不正当价格行为52起。加大对各超市、商场、房地产等重点领域虚构原价等价格欺诈行为的查处力度，当场责令整改轻微价格行为32起，立案查处4件，罚款31.74万元。

【规范瓶装液化气价格行为】 通过集中约谈、现场巡查、发放提醒函等方式，规范10家瓶装液化气公司及供应站的瓶装液化气价格行为。下发《关于规范瓶装液化气价格行为的提醒告诫函》，告诫经营者按规定实行明码标价，开展公平有序的市场竞争，自觉维护市场价格秩序和群众利益。现场纠正不规范标价行为4起。

【校外教育培训机构价格行为检查】 按照省市工作要求对校外教育培训机构开展检查，重点检查各培训机构是否存在明码标价，是否存在预收费时限超过政府规定收费最高时限，是否存在虚构原价和虚假优惠折价等价格欺诈行为情况。执法人员在检查过程中向各培训机构负责人及工作人员进行了《中华人民共和国价格法》《关于商品和服务实行明码标价的规定》《禁止价格欺诈行为规定》等相关法律法规和政策措施的教育宣传。共出动执法人员89人次，检查相关机构16家次，对2家涉嫌违规机构进行了立案调查

【汽车领域价格行为检查】 对县域内24家汽车4S店销售行为开展销售行为执法检查。大部分汽车经销商以公示牌、价目表和标价签及电子显示屏等方式对汽车销售价格进行明码标价、对收取的汽车代办服务费项目和标准进行价格公示、在汽车销售合同中注明代办服务收费项目及收费标准、订购合同和销售合同使用示范文本，较为规范。总体来看情况良好，但发现部分经销商存在着明码标价意识淡薄、未明码标价，或标价不规范，代办服务收费项目及标准公示存在不规范方面，如标示位置不醒目，标示牌尺寸过小，服务收费项目和标准内容简单、笼统，未详细公示代办服务内容和服务流程，透明度不够。针对存在问题，检查组对经销商均提出了整改措施，要求立即整改，对每辆车均详细标示规格型号、车辆配置、价格等，规范标明代办服务收费项目及标准并公示。

【商品混凝土价格监测】 对象山宏鑫、大目湾、美亚、昌业、港浦等5家商混企业商品混凝土价格监测工作，确保商品混凝土价格稳定，维护正常的市场交易秩序。

【价格诉求解决】 密切关注网络舆情动态信息，在规定时限内完成“12315”市场监管投诉举报平台、“12345”统一政务咨询举报平台和网络民情会办等平台投诉举报案件的受理、调查、调解、答复及回访，主动作为，找准价格纠纷焦点和突破口，协调解决群众诉求，不让群众诉求落空。针对餐饮业、停车收费和资源价格等价格纠纷热点问题，健全价格纠纷信息采集，通过挖掘历史数据，提高分析研判和预警预测能力，找出各类多发、影响面广的价格纠纷发生原因、特点和规律，有针对性地做好价格纠纷预警。组织由执法人员组成的普法志愿者队伍，不定期向全县各大商场、超市、电商、旅游景区、海鲜排档等行业经营者发放政策文件、提醒告诫函告诫经营者合法行使价格权利，落实明码标价，防止经营者一些“无意识”的价格违法行为。2021年，处理各类价格咨询投诉举报174件，办结率、满意率为100%，对2家转供电主体的不执行政府定价多收转供电电费及1家房地产销售公司涉嫌价格欺诈案进行了查处，责令清退多收电费8.49万元，罚款30万元。

【防疫物资价格巡查】 进一步落实防疫工作要求，对全县药店等经营单位开展防疫物资价格巡查工作，确保防疫物资等相关商品供需平稳、价格稳定。重点对各经营单位销售的口罩、酒精、消毒液等防疫物资价格情况，以及是否存在借疫情捏造散布涨价信息、哄抬价格、牟取暴利以及囤货居奇，推动商品价格过高上涨等不正当价格行为进行了检查。2021年，共检查店家63家，下发价格提醒告诫函82份，纠正不正当价格行为5起，未发现造假、散布涨价信息及囤积居奇等价格违法行为。

【粮食价格秩序检查】 自10月开始，对全县负责储备粮和政策性粮食收购管理的国有粮食企业和基层粮库数量及其基本情况进行排查。全县共有政策性粮食承储企业实际统计报账单位1家、实际承储库点10家，主要粮食经销商有大型商超5家、副食品批发部3家。加强粮食价格监测工作，对大润发超市、联华超市、三江超市等5家大型超市的大米供应及销售价格执行情况开展监测，及时、准确采集粮食价格信息，做好日常价格监测工作，并将采集数据汇总上报，掌握大米价格动态。通过数据对比，总结分析粮食市场销售和价格走势的趋势，通过网络媒体及时向社会公布。根据出现的市场异常情况，及时同商家协商保供稳价举措，确保粮食供足价稳，全县东北大米等大米价格平稳。

【网络零售价格行为约谈提醒】 11月，为规范网络零售行业价格行为，维护市场价格秩序和广大消费者利益，对饿了么象山公司等第三方外卖平台进行行政约谈，对平台网络零售经营者发出规范网络零售价格行为的提醒告诫。

【制冰市场价格行为行政约谈】 自8月1日12时起，部分渔船可解禁出海开捕，市场上对冰块需求激增。为规范制冰市场价格行为，8月5日，对石浦镇辖区内25家制冰企业进行行政约谈。详细了解制冰市场目前供需情况，制冰企业经营情况、生产成本、市场销售价格等信息，听取企业代表的意见及建议。全县制冰市场冰价较为稳定，基本保持在110元/吨至120元/吨。同时，执法人员仔细介绍价格法律法规，告诫制冰企业负责人，要遵守价格法律法规，遵循公平、合法和诚实信用原则用好自主定价权，不得达成、实施垄断协议移机滥用市场支配地位，借市场需求激增之机，相互串通、操纵市场价格，大幅提高制冰价格，扰乱制冰市场价格秩序。向各经营者下发价格提醒告诫书27份，签订规范经营承诺书27份。

（詹卿德）

统　计

【概况】 2021年，县统计局围绕国家统计督察和县委、县政府各项中心工作要求，坚持向核心看齐，向中心聚焦，瞄准高质量发展争先进位目标，推进党史学习教育与统计工作融合，着力提高数

据质量,优化统计服务,推进改革创新,加强队伍建设,各项工作取得一定成效。

【象山发展解读】 以综合核算科牵头负责,收集象山发展历程数据,撰写《中国共产党成立100周年象山经济社会发展报告》《"十三五"时期象山经济社会发展报告》等经济、文化、社会等领域的百年发展成果展示材料,围绕"聚力一二五、奋力上台阶"目标,建立特色重点行业经济监测框架和指标体系,梳理企业名录,开展海洋经济核算和美丽经济监测。

【统计业务管控】 常态化修订完善《统计数据质量管控办法》,逐级压实惩防工作责任,建立企业数据质量跟踪档案,邀请市统计局领导和专家处长对象山县级领导和有关部门负责人进行专题指导培训,并针对研讨提出的问题进行全方位梳理完善,起草《加强部门统计管理工作的意见建议》,以县政府督查件形式下发抓落实。编写《一把手统计须知》,强化业务培训指导,组织召开座谈会、个性化专场、上门指导等形式的综合业务培训班43场次,培训受众2000余人,实现规上单位、样本单位全覆盖。

【统计监测与调研分析】 完善月度经济形势监测预警制度,围绕重点热点问题延伸监测触角,撰写各类分析报告43篇,报送的《象山县劳动工资涉及GDP核算行业存在的问题及对策建议》《"七人普"揭示象山人口发展变化五大特点》《居民收入增长缓慢局面亟需扭转》和《关于赴临海考察学习统计工作的情况报告》等文章为县委、县政府提供决策依据。

【统计普法宣传】 县统计局将习近平总书记关于统计工作的重要指示批示精神和《中华人民共和国统计法》《统计法实施条例》等统计法律法规纳入中心组理论学习内容,推动《关于深化统计管理体制改革提高统计数据真实性的意见》《统计违纪违法责任人处分处理建议办法》《防范和惩治统计造假、弄虚作假督察工作规定》等文件在各级党委政府常委会上进行学习。扩大培训受众群体,针对新录用公务员、党政储备人才以及高层次紧缺人才,在县委党校开设1期统计法律法规培训班,发挥了以案释法的引导、规范、预防与教育功能,为初任公职人员在进入公务岗位伊始树起统计法律防线。

【统计核查】 组织各专业积极排摸行业领域风险点,在上级核查的基础上主动扩大范围、比例开展自查自纠。2021年,共完成核查企业统计数据2206家次,其中规模以上工业1250家次、规模以下工业9家次、能源统计250家次、服务业及贸易653家次、固定资产投资项目(企业)35个(家)次、工业品价格调查13家次,累计发现并整改问题212个;实地查阅18个镇乡(街道)的农业统计数据和台账,发现并整改问题2个;走访粮食监测调查、城乡住户调查、月度劳动力调查、低收入农户调查等共计69个样本村,发现并整改问题32个。迎接省统计局服务业数据质量检查、市统计局贸易和限额以下服务业数据质量检查,数据质量得到上级检查组肯定。

【统计执法检查】 以"老带新、传帮带"模式加强对新任执法人员业务培训,2021年共新增有证执法人员4名,进一步扩充执法队伍。在常态化开展统计执法检查基础上,全年执法数量由50家提高到60家且覆盖所有专业。严格落实《浙江省统计局系统行政处罚裁量实施细则》有关规定,对8家企业发出责令整改通知书,对2家提供不真实统计资料的调查对象给予立案查处,并分别给予罚款6000元和7000元的行政处罚。

【样本扩点与轮换】 2021年,月度劳动力调查样本点由2个点扩大到8个。协调镇乡(街道)选聘具有工作经验的辅助调查员,并开展小班化业务培训,强化调查小区劳动力调查宣传,做好核户换户工作;在上门登记阶段,认真逐项提问,必要时仔细追问,经住户签字确认,现场审核一户上报一户。在调查过程中,局专业人员坚持深入一线,实现入户陪访样本村社全覆盖,共进行入户陪访13次,进行设备、指标的二次教学,不断提升调查员业务能力。

【统计网格化管理】 8月13日,县统计局组织镇乡(街道)统计分管领导赴临海考察学习基层统计网格化管理经验,形成考察报告提交县委、县政府,提出的建议得到县委、县政府主要领导的肯定。随后,县统计局起草《关于推行网格化管理　加强和改进统计工作的意见》,由两办印发,县委组织部和编办根据主要领导的指示落实机构编制问题,即把原先设在发展服务办的统计办公室改设在党政综合办公室,党政综合办公室主任兼任统计办公室主任,并明确1名党政综合办公室副主任专职负责统计日常工作。随后,选取象山经济开发区管委会、丹东街道和定塘镇开展统计网格化试点工作。同时,为达到整体智治、集约高效的统计网格管理要求,县统计局组织有关人员赴宁波市政法委和萧山区统计局考察学习基层统计网格智治平台建设,为推进网格化管理、实现精准管理统计工作寻找数字化改革路径。

【"三为"服务】 牢牢把握党的群众路线方针,把为企业、基层、群众办实事、解难题作为统计工作的重要内容。一是采取座谈会交流、实地走访查看等形式,深入工业、服务业、投资、劳动工资等企业与项目一线进行指导,通过现场答疑为企业送上点对点服务,并对重点企业做好监测与枢困。2021年,共实地走访服务企业47家,帮助解决问题20余个。二是持续抓实基层统计业务培训。由局分管领导带头深入联系镇乡(街道),指导基层统计机构落实管人、管事、管数要求,开展18个镇乡(街道)"机构虚设、专职虚配"问题专项检查,并完成整改。三是解决群众所需。依托WE志愿平台,领导干部带头开展夏冬平安夜巡逻活动2次;紧盯需求组织实施民生调研5项,推动提升人民改革发展获得感、生活幸福感；结合“一户一策一干部”帮扶制度要求，组织党员干部深入走访慰问120次，了解帮扶农户的生活状况，及时解决生产经营难题，累计完成捐款9150元。

（叶李超）

审　计

【概况】　2021年，县审计局完成审计项目20个，延伸审计二三级单位123家，移送案件线索3起，处理相关责任人1人，全年挽回损失和增收节支1.42亿元，提出审计建议被采纳30条，推动被审计单位出台制度22个，审计报告和专报获县领导批示36篇次。2021年度连续第4年获省审计机关考核优秀，连续第5年获市审计机关考核优秀。

【《向海而生——赶海人》登录“学习强国”学习平台】　1月11日，由审计署办公厅、审计署宣传中心出品在象山拍摄的《向海而生》系列纪录片登录“学习强国”学习平台。该系列纪录片第二集《赶海人》通过讲述2018年以来，象山县花岙岛在自然资源资产审计后，通过审计整改，围绕环境整治和生态岛礁建设逐步实现“水清、岸绿、滩净、湾美、岛丽”海洋生态文明建设目标。县审计局及时对相关信息进行再提炼、再加工，得到中国蓝TV和浙江审计微信公众号转发，纪录片《赶海人》在中国教育电视台一频道、审计署网站等平台陆续播放。纪录片《赶海人》全方位展示象山县坚持绿水青山就是金山银山，全面贯彻新发展理念，加快构建新发展格局的举措，多角度展示象山县通过自然资源资产审计，助推自然资源资产保护、助力建设美丽中国的各项成果。

【经济责任审计对象“负面清单”打分制实行】　2月7日，县审计局组织各项目主审，对2020年度审结9个经济责任审计项目涉及的13名领导干部进行“负面清单”打分。这是县审计局连续第6年实行经济责任审计对象负面打分制。从2015年起，县审计局按照《象山县领导干部经济责任审计“负面清单”实施办法（试行）》，在全县乡镇部门经济责任审计后，对涉及领导干部进行扣分，最后根据总分划定A、B、C、D四个等级。评定为C等、D等提请县委给予诫勉谈话、职务调整。截至2021年，县审计局累计对审结61个乡镇部门经济责任审计项目涉及的79个领导干部进行打分。对其中评级较低的18个领导干部，根据相关规定提请县委给予诫勉谈话。

【新任正职领导干部经济责任告知承诺培训会】　3月8日，县经济责任审计工作联席会议办公室在县审计局会议室组织召开新任正职领导干部经济责任告知承诺培训会议，对2019年11月以来新提任的11名镇乡（街道）和县级部门党政正职领导干部进行“面对面”告知承诺。县委组织部、县纪委、县财政局、县发改局和县审计局相关负责人参加会议，县委常委、组织部部长范焕平出席会议并发表讲话。会议就领导干部经济责任审计负面清单、告知承诺具体内容、党风廉政建设、财政财务管理和项目管理注意事项等方面进行逐一解读，切实增强新任领导干部责任意识，规范履行经济责任行为，提高履行经济责任能力。

【县委审计委员会第四次会议】　3月9日上午，县委书记、县委审计委员会主任潘银浩主持召开县委审计委员会第四次会议，强调要深入学习贯彻习近平总书记关于审计工作的重要论述，认真落实中央和省市决策部署，密织审计网，扩大覆盖面，全力推动审计工作继续走在前列，为做优做强现代化滨海大都市提供坚强的审计保障。县委审计委员会委员、审计局领导班子成员和相关科室负责人参加会议。

【领导干部经济责任联席会议】　3月12日，象山县召开2021年度领导干部经济责任审计联席会议，组织部、纪委、编委办、财政局、审计局、人社局、发改局、国资局等县联席会议成员单位主要负责人参加会议，县委组织部部长范焕平参加会议并发表讲话。会议听取县审计局局长徐小平关于经济责任审计工作的情况汇报。

【首次联合纪委监委开展整改专项督查】　9月17—18日，县审计局和县纪委县监委联合对浙江象山经济开发区和浙台（象山石浦）经贸合作区等开发区（园区）党风廉政建设和审计发现问题整改落实情况开展专项监督检查。为进一步推动相关问题的整改落实，本次检查由县纪委县监委、县委巡察办、县委编办、县审计局派员联合组成检查组，对开发区（园区）整合提升情况进行重点关注。通过2天检查，检查组通过听取整改落实情况汇报、查看整改落实情况的台账资料、查阅相关制度、填写检查现场记录单等方式，对开发区（园区）的机构设置、巡察和审计等发现问题的整改落实情况进行检查，并当场予以反馈，督促被检查单位继续抓好未整改到位事项。

【首次联合人大开展整改专项督查】　10月13—15日，县审计局会同县人大财经工委组成联合检查组，对县人力社保局、县公安局、县卫生健康局、县综合行政执法局等4家单位的整改落实情况开展联合实地检查。这是县审计局首次联合县人大组织开展整改落实情况专项检查。此次检查内容主要包括人大工作评议问题清单的推进情况和审计报告发现问题的整改落实情况。在听取汇报后，检查组对照问题清单逐一核被检查单位所提供的佐证资料，并对部分问题的整改情况进行现场查看。检查发现，4家单位对所涉的问题思想重视、行动迅速、措施有力、成效明显，但整改过程中存在着整改进度不均衡、部分问题未能及时整改到位等问题。对此，县审计局和县人大将督促相关单位进一步做好整改落实工作。

【2021年度全县国企内审工作座谈会】　10月22日，县审计局组织召开全县国有企业内部审计工作座谈会，交流内部审计工作先进做法，研究加强内部审计

业务指导和监督的有效举措，进一步推动全县国有企业内部审计工作高质量发展，城投集团、水务集团、工投集团等国有企业参加会议。会议充分肯定与会国企内审职能部门积极采取有效措施，主动履行内部审计监督职责，在做好常态化“经济体检”工作、促进企业规范管理等方面发挥积极作用和取得成效。会议强调，内审机构要准确把握职责定位，聚焦主责主业，围绕企业重大经济决策、内部管理和重大风险防控等事项，内审机构要找准位置，厘清职责，依法开展内审监督。同时，会议还邀请县委巡察办、县纪委相关人员对内审机构在开展工程结算审计、项目竣工决算审计时应注意事项开展交流研讨。

2021 年 10 月 22 日，2021 年度全县国企内审工作座谈会召开（县审计局　供图）

【经责审计成果运用会商研判实施办法出台】 11 月 9 日，为进一步加强对党政主要领导干部和国有企事业单位主要领导人员管理和监督，构建完善干部大监督工作机制，发挥经济责任审计在服务县域治理现代化中作用，县委组织部和县委审计委员会办公室联合出台《象山县经济责任审计成果运用会商研判实施办法》（以下简称《办法》）。《办法》要求，会商研判前先由县委审计委员会办公室根据审计成果进行综合分析，结合《象山县领导干部经济责任审计“负面清单”实施办法（试行）》，将问题后果较严重、影响较大且“负面清单”评定等级为 C 和 D 的领导干部确定为重点对象，其余为一般对象。综合分析为重点对象的，由县委审计委员会办公室提请县委组织部开启会商研判。会商研判意见形成后，由组织部按照有关规定对被审计领导干部及其他有关人员作出处理，处理结果以适当方式及时反馈县委审计委员会办公室。

【“审纪联动”开展水务集团审计组廉政监督检查】 11 月 23 日，为加强审计干部队伍管理监督、推进清廉审计建设，县审计局局长徐小平、派驻第七纪检监察组组长翁家秀等人来到县水务集团审计现场，对审计组开展廉政监督检查。检查组对审计组提出要求，要以高标准严格执行中央八项规定及其实施细则精神，恪守审计“四严禁”“八不准”工作纪律，树立维护好“公正、廉洁、勤政、高效”的审计干部队伍形象。

（汪晨艳）

市场监督管理

【概况】 象山县市场监督管理局经历机构改革后，执行原有工商、食药、质监三个部门机构职能，并行使知识产权、价格监管等职能，同时挂象山县知识产权局、象山县市场监管综合行政执法队牌子。2021 年，县市场监管局在县委、县政府的领导和省市局的指导下，紧紧围绕中心积极履职、主动作为，获得“放心消费在浙江”成绩突出集体、全省小微企业三年成长计划工作优秀县（市、区）、县级法治象山建设工作先进集体等荣誉。

【全县市场主体登记情况】 2021 年，象山县累计实有市场主体 72286 户，同比增长 14.16%。其中，累计实有内资企业 22294 户，注册资本（金）1516 亿元，与 2020 年同期相比分别增长 22.23%和 16.24%；外商投资企业 285 户，注册资本 249753 万美元，同比减少 1.72% 和增长 4.15%；个体工商户 48983 户，资金数额 990228 万元，同比分别增长 11.35%和 15.13%；农民专业合作社 724 户，成员出资总额 121210 万元，同比分别减少 3.85%和 0.79%。全县新登记各类市场主体 16446 户，同比增长 13.19%；其中新登记内资企业（含私营，下同）5777 户（含分支机构，下同），注册资本（金）2273368 万元，同比分别增长 75.06%和 34.39%；外商投资企业（含分支机构，下同）16 户，同比减少 5.88%，新增注册资本 21313 万美元，同比增长 432.96%；个体工商户 10629 户，资金数额 220997 万元，同比分别下降 4.88%和 20.50%；农民专业合作社 24 户，新增成员出资额 4486 万元，同比分别减少 31.4%和 39.9%。全县注销各类市场主体 7284 户，同比增长 20.78%。其中，注销内资企业 1472 户，外商投资企业 11 户，农民专业合作社 38 户，个体工商户 5763 户，同比分别增长 28.45%、减少 35.29%、增长 26.67%和 19.12%。

【专利工作情况】 2021 年，专利申请 2206 件，获得授权专利 1763 件，其中发明专利授权 183 件，下降 20.4%，完成全年目标任务 130.7%，全县每万人发明专利拥有量达到 17.7 件。中机智能装备创新研究院（宁波）有限公司的“防止钎剂流失的药芯焊条”、宁波天安智能电网科技股份有限公司的“风电用真空负荷隔离开关——熔断器组合电器及其开关柜”获得第二十二届国家专利优秀奖。浙江孚邦科技有限公司的“一种用于下肢外骨骼机器人转向机构”获得第二届宁波市高价值专利大赛发明优秀奖、宁波戴维医疗器械股份有限公司的“婴儿培养箱（YP-5000C）”获得第二届宁波市高价值专利大赛设计优秀奖。2021年，全县累计拥有国家知识产权优势企业达到12家，省级专利示范企业2家，市级专利示范企业达到12家，通过知识产权贯标认证企业达到18家，形成梯队型专利示范企业队伍网络。有效运行象山县知识产权监测管理平台，截至2021年12月，拥有21688件专利总量，并对发明专利状态、年费等情况进行动态监控。

【一打三整治】 5月8日清晨，县市场监管局联合县水利和渔业局、县公安局、县综合行政执法局以及商贸集团等部门，组织100余名执法工作人员对象山县25家农贸市场集中开展一打三整治工作，重点检查是否销售带鱼、大黄鱼、小黄鱼、银鲳、鲐鱼、三疣梭子蟹、龙头鱼、虾蛄等8种海洋捕捞冰鲜（除钓业以外）或者活体水产品的违禁渔获物，正式打响2021年伏季休渔护渔保卫战。

【全县食品药品安全工作会议】 6月10日上午，象山县食品药品安全工作会议在象山宾馆召开。副县长张微燕出席会议，各镇乡街道和县食药安委成员单位分管领导及县食药安办联络员参加会议。会上，县食药安办主任、市场监管局局长曾伟标作工作报告，副县长张微燕讲话。会议通报2020年市、县两级食品安全工作评议考核结果，表彰年度食品安全工作考核优秀单位，并对宁波创建国家食品安全示范城市作动员部署。

【全县整治预付卡领域乱象座谈会】 8月5日下午，县市场监管局组织召开整治预付卡领域乱象座谈会，县商务局、公安局和美容美发行业等单位参加会议。会上，县美容美发行业协会介绍全县美容美发行业预付卡领域存在的问题及建议。随后，县商务局、市场监管局和公安局先后就各自工作职责、工作推进情况、推进中遇到的问题困难及下一步工作思路进行交流、探讨。

2021年5月8日，执法工作人员对农贸市场开展“一打三整治”检查（县市场监管局　供图）

【省级食品安全示范县创建】 9月1日，县食药安委召开省级食品安全示范县创建动员会，副县长张微燕主持会议，县食药安办主任和县食药安委成员单位分管领导等28人参加会议。会上，县食药安办主任曾伟标对省食品安全示范县创建工作进行具体部署，副县长张微燕对创建工作目标、质量及部门联动进行要求。10月12日，市食药安办副主任、市市场监管局副局长陈元刚带队对象山县创建浙江省食品安全示范县开展审核工作，实地检查城区和城乡接合部食品行业单位，并对县食药安委副主任、副县长吴志辉及县食药安办成员单位负责人进行访谈。10月13日，市食药安办发布《关于推荐鄞州区、慈溪市、象山县创建浙江省食品安全示范县（市、区）的公示》。12月1日，省现场考评组对象山县创建省食品安全示范县进行评审验收。省现场考评组通过现场检查、领导访谈、听取汇报、情况反馈等环节，对象山县食品安全创建工作进行全面检验。县副县长、县食药安委副主任张微燕代表县委、县政府作创建工作汇报。此次评审，省现场考评组对象山县开展的食品安全创建工作予以充分肯定。

【市“卤肉食品安全一件事”集成改革现场会在象山县召开】 11月16日下午，市“卤肉食品安全一件事”集成改革现场会在象山召开，市市场监管局副局长陈元刚出席会议，各区县（市）、功能区市场监管局相关负责人参加现场会。当天，与会人员首先实地观摩象山李菊英熟食小作坊、象山大徐糖老鸭食品小作坊、象山新新食品小作坊和象山县汪家河菜场内卤肉经营店及市场食品安全快检室运行情况。

【全县电动自行车综合治理集成改革工作推进会】 11月25日，象山县电动自行车综合治理集成改革工作推进会在象山宾馆召开，副县长张微燕出席会议，县委宣传部、政法委、县市场监管局、县公安局、县消防救援大队、市生态环境局象山分局等20个电动自行车综合治理集成改革工作专班成员参加会议。县市场监管局、公安局、消防大队及其他成员单位根据各自职责汇报相关工作进展情况、存在问题及下步计划。

【数字化改革落地】 加快推进市场监管领域数字化改革，获得省市场监管局场景试点项目7个，占全市市场监管系统所获总数33%，位居全市第一、全省第五。应用"浙食链"推进水产品全程追溯管理、区域质量基础设施"一站式"服务等走在省市前列，并在全省"浙江外卖在线"应用、市场监管所数字化应用上线等现场会上作典型发言，"药管家"项目获得全县数字化改革创新大赛银奖。推进"阳光"系列工程，全县农村家宴、学校食堂实现"阳光厨房"全覆盖，建成率全省领先，探索实施卤肉食品安全"一件事"集成改革，获评全省系统改革创新优秀实践，并承办全市"卤肉食品安全一件事"集成改革现场会。

【营商环境最优县打造】 2021年，率先试点"三小"行业登记改备案获全省推广，修订发布全县"个转企"扶持政策，全县累计在册市场主体突破7万户，商事制度改革、强化事中事后监管成效显著，相关政策措施社会反映好，荣获市政府督查激励。全县注册商标总量突破1万件，有效发明专利拥有量增速保持全市第一，增添中国驰名商标1件，"象山红美人"获评国家地理标志证明商标，"象山柑橘"入围国家级地理标志运用促进工程重点项目，并开展首单地理标志证明商标质押融资工作。修订发布县政府质量奖管理办法，提高奖励金额激发企业主动申报积极性，宏润建设集团股份有限公司、宁波勤邦新材料科技有限公司、象山影视城开发有限公司获评2021年度县政府质量奖。跟踪服务企业推进标准品牌建设，新增"浙江制造"标准4家、"品字标"企业认证7家，其中"品字标"认证企业超额达成年度目标任务的175%。

【市场秩序维护】 全力查办商标侵权、商业贿赂、特种设备、食品药品安全等各领域违法案件980起，罚没款1175万元，同比分别增长10%和54%。其中，首次查办拍卖领域恶意串通交易案件，罚没400万元，查处宁波络通生物科技有限公司标签说明书违法案列入了国家总局典型案例。开展中央巡视整改工作，全力解决"三品一车一网"领域和"教育培训机构关门跑路""服务行业预付卡变相融资关门跑路"等突出问题，全县相关领域投诉举报较2020年同期下降25%，实现国家级、省级重复信访件全面清零。推进放心消费"三服务"活动，放心消费单位创建进度一直稳居全市前三。抓好常态化疫情防控，督促农贸市场、餐饮单位、药店等单位守好"小门"，责令15家疫情防控不力的药店停业整顿。深化冷链食品"物防"工作，查扣"三证一码"不齐全进口冷链食品413公斤，食品追溯赋码和经营采购扫码率稳定在100%。

（郭学斌）

农业·农村

综 述

2021年，象山县聚焦农业高质高效、乡村宜居宜业、农民富裕富足，加快推进美丽乡村建设行动，持续深化乡村改革集成，全面打造工农互促、城乡互补、区域协调、整体智治、共同富裕的“三农”发展新局面。全年完成农林牧渔业总产值152.59亿元，增长4.5%，农民人均可支配收入39077元，增长9.9%，城乡收入比缩小至1.7∶1。列入全国农民合作社质量提升整县推进试点，获评省新时代美丽乡村示范县，荣获全省实施乡村振兴战略实绩考核优秀单位、全省深化“千万工程”建设新时代美丽乡村工作优胜县、全省提升农村人居环境（农村生活垃圾分类处理）工作优胜县、省农村生活污水治理工作考核优秀县、全省“肥药两制”改革综合试点县等荣誉。涉海涉渔领域安全生产得到省主要领导、刘小涛副省长批示，基层治理现代化得到省主要领导、王文序副省长批示。

农业高质高效。象山县农业总产值152.59亿元，增长4.5%。打好扩面、挖潜和政策激励等增粮“组合拳”，全年粮食播种面积1.27万公顷、产量0.835亿公斤。推动华统项目建设，生猪存栏13.37万头，家禽出栏191万只，新建省美丽牧场3家，水产品产量62.9万吨。围绕柑橘、梭子蟹、白鹅等特色优势农产品，组建产业联盟，开展5G+区块链追溯试点，成功引进院士工作站2个，象山柑橘、梭子蟹成为省级农业全产业链，产值分别超过25亿元、20亿元，“红美人”柑橘亩均净收入超过6万元。围绕种源“卡脖子”技术开展攻关，繁育银鲳、小黄鱼等海水鱼类品种26个，占全国总量的46%，全球首发浙东白鹅全基因组序列图谱，创新推广稻渔共生、稻菜轮作等高效生态种养8万亩，亩均增收超万元，农业劳动生产率11.8万元/人。建成现代农业大数据服务中心，改造数字种养基地13个，上线农业农村“数字大脑”，列入全省农业农村数字畜牧首批“先行先试”单位，柑橘种苗系统接入浙农码场景应用，数字农合联实现全覆盖。

农村宜居宜业。实施“三清三美”行动，象山县整改问题点位10483个，城乡环境品质明显提升。开展“三大四小”整治，整改垃圾资源化站点72个，新建省星级农村公厕21座，改造农村公厕110座、农村生活污水处理设施标准化运维342个，改造农村生活污水处理设施55个，建成美丽庭院精品村10个、示范村20个。推动“两线两村”创建，以北纬30度最美海岸线为主线，梳理明确“35个标杆、33个组团”村庄发展清单，建成“智造蓝海”等精品线2条，启动培育精品线20条、共同富裕村庄28个。实施省未来乡村试点1个，创建省新时代美丽乡村精品村5个、达标村75个，市美丽乡村示范镇村2个、示范带2条、小集镇式中心村1个，墙头镇方家岙村被评为中国美丽休闲乡村。提升乡村基础设施，新建农村公路17.7千米，创建气象防灾减灾村39个、新时代乡村电气化村7个，城乡同质化供水覆盖率98%，快递主要品牌平均进村覆盖率100%。

农民富裕富足。象山县农民人均可支配收入增幅跃居全市中档，低收入农户人均可支配收入同比增长17.6%，增幅列宁波市第一。创新探索村民众筹模式，引导村民、乡贤以众筹、合资等形式发展乡村产业，实现资源共享、全民共富，象山县村民众筹项目涉及2982户，户均增收1.1万元。深入实施村级集体经济巩固提升五年行动，探索镇村联建、“飞地”抱团模式，健全“社会资本+集体经济+农民利益”联结机制，全年确定财政扶持项目19个，村集体经济总收入8.02亿元，其中经营收入3.17亿元，同比分别增长12.77%、11.2%。持续提升农村公共服务能力，新增城乡教共体农村受援学校10所，农村义务教育标准化达标率及等级幼儿园覆盖率100%。加快乡村卫生一体化，村卫生室规范化率71%以上，每万常住人口全科医生数4.62名。户籍人口医保参保率99.4%，农村居家养老服务覆盖率98.2%。

种 植 业

【概况】 2021年，象山县围绕“稳粮、优经、强特”发展要求，克服低温冻害、连阴雨、台风等自然灾害影响，加快推进优粮优品提升工程，积极培育精品特色果蔬产业，确保“米袋子”和“菜篮子”安全。全年农作物播种面积2.16万公顷，产量29.68万吨，产值7.67亿元，同比分别减少17.4%、增长14.6%、增长5.6%。

【粮食生产增产增收】 2021年，象山县粮油生产形势整体向好。虽然受“烟花”等台风天气影响，但在国家粮食补助政策激励下，象山县粮食生产面积与产量都比2020年同期有所提高。全县粮食种植面积1.27万公顷，比2020年增长8.5%。小麦0.12万公顷，产量4654吨，同比分别增长50%、30.4%。全县水稻播种面积0.84万公顷，同比增长2.8%，其中早稻面积0.08万公顷，总产0.49万吨，同比分别增长38.8%%、增长36.1%；晚稻面积0.76万公顷，产量6.17万吨，同比分别持平、减少6.1%。

【经济作物生产整体平稳】 2021年，全县经济作物种植面积0.96万公顷，产量23.3万吨，产值7.04亿元，同比分别减少0.8%、增长0.3%、增长1.2%。蔬菜播种面积7566公顷，产量18.4万吨，产值3.08亿元，同比分别增长1.4%、增长0.6%、增长4.1%。瓜果播种面积1040公顷，产量4.83万吨，产值0.92亿元，同比分别增长6.8%、1.3%、13%，其中草莓播种面积46.67公顷、产量1050吨、产值2730万元，分别比2020年持平、增长20%、增长26.8%；西瓜播种面积873.33公顷、产量3.6万吨、产值6360万元，分别比2020年增长4.8%、增长8.4%、减少4.2%；甜瓜播种面积96.6公顷、产量2062.5吨、产值1481万元，分别比2020年增长3.5%、增长9.7%、增长11.4%。

【粮食补贴】 2021年，象山县继续实施扶粮惠农政策，确保农业"三项补贴"落实到位，发放2020年种粮大户补贴和收购环节补贴资金612.3万元；2021年种粮大户补贴资金501.7万元；种粮农民一性补贴208.79万元，惠及1.98万户；耕地地力保护补贴1227.5万元。

【政策性农业保险扩面】 2021年，象山县按照"政府引导，市场运作，自主自愿，协同推进"的原则，及早部署落实政策性农业保险工作，创新开设鹅养殖、水稻种植保险附加成本补充、水稻种植保险附加收益补充等3个险种，累计开设险种达35个，全年总投保数1.98万户，总保额12.50亿元，实现保费5061.73万元，分别比2020年同期增长4.8%、10.5%、28.2%。做好灾害气候造成农业受灾的查勘、定损和理赔工作，全年理赔户次17578户，赔付金额8163.65万元，简单赔付率达161.3%。

【粮食生产用种保障】 加强粮油种子经营主渠道建设，做好种子调运、储备、供应工作，全年储备粮食作物种子40吨，累计供应粮油种子160吨，其中早稻种子60吨，超级稻种子42吨，常规晚稻种子26吨，大小麦及油菜、绿肥种子32吨，基本满足全县用种需求。

【高产高效创建活动】 2021年，象山县实施粮食绿色高产高效创建活动，建立市级示范方9个、县级示范方11个，水稻最高亩产795.5公斤，比该县单季晚稻平均产量水平高出46.0%。积极发展"稻渔"综合种养产业，大力推广"水稻+小龙虾、青蟹"等技术模式，建立规模种养示范基地6个、53公顷。

【种子种苗提升工程】 2021年，象山县加快农作物新品种引进、示范与推广，落实杂交水稻制种基地180公顷，繁育种子数量345吨；开展泗洲头马铃薯等地方品种脱毒选育，繁育脱毒马铃薯种苗25吨；建立市级水稻新品种展示基地1个，提升打造东陈农业新品种引试中心，引进各类优质新品种72个，推广的"提味"西瓜等品种在省市西甜瓜评比活动中获省市级金、银奖4个。

【环境友好型肥料推广】 2021年，象山县继续开展商品有机肥、配方肥(含缓控释肥)等环境友好型肥料推广应用，制定《2021年度象山县环境友好型肥料补贴工作实施方案》，确定商品有机肥、作物配方肥的补贴标准和补贴程序，明确对符合购肥资质的主体购买入围供肥企业的6种配方肥给予400元/吨的补贴。结合农户施肥调查、测土配方施肥数据与肥效试验情况，对10种农作物发布18个主推配方。引导种植户按方施肥和肥料企业按方供肥，推广商品有机肥3500吨、配方肥1900吨，农户按方施肥4600万吨，测土配方施肥覆盖率达93.34%。

【农药减量工作】 2021年，象山县持续推进农药减量工作，加大绿色防控示范引领，落实农药监测点24个，创建省级水稻绿色防控示范区1个，建立绿色防控示范基地467.5公顷，完成全县绿色防控面积11.3万亩次，实现农药减量12吨。推进专业化统防统治，培育市级示范性统防统治服务组织4家，开展病虫害统防统治面积6667公顷。

【农业面源污染防治】 实施肥药减量工程，在西周镇航头村建成1个化肥定额制示范方，全年实现不合理化肥减量130吨，农药减量20吨。在定塘镇金牛港村建成生态拦截沟渠1条。继续对涂茨镇钱仓村和新桥镇五兴村受污染耕地开展安全利用工作，治理修复59.9公顷，严格管控7.4公顷，受污染耕地安全利用率100%。

【高标准农田建设】 2021年，象山县新立项高标准农田项目共9个，涉及7个乡镇，面积1299.67公顷，项目总概算投资4408.99万元。其中2021年度新建项目2个、面积333.47公顷，2020年度补建项目7个，面积966.2公顷。截至12月底，所有项目均开工建设。2019年3个项目640公顷已全部通过县级竣工验收，2020年丹西街道、石浦镇、大徐镇、黄避岙乡、晓塘乡、墙头镇、贤庠镇海墩村等7个项目已通过县级验收。

【市种植业"六园"示范基地】 2021年，县内宁波市恒诚生态农业科技有限公司(道地药园)，亿隆(宁波)生态农业有限公司(生态茶园)，象山红达莲藕专业合作社(放心菜园)，象山石浦昌明家庭农场(精品果园)、象山鹤岛梨园(精品果园)、象山县青果水果专业合作社(精品果园)、象山茅洋花旦家庭农场(精品果园)、象山葆元农业发展有限公司(精品果园)等8家基地被认定为市种植业"六园"示范基地。截至2021年底，全县累计市种植业"六园”示范基地14家。

【科技创新与示范推广】 加强与中国水稻所、南京农业大学、南京农科所等科研单位合作，成立象山科研实践工作站，聘请省淡水研究所专家为“稻渔”产业技术顾问，成功申请市、县科技项目5项，组织实施全降解生物膜应用等试验15个，建立提味西瓜高品质生产等示范基地3个，引进S8土壤改良剂等新技术、新装备3项。

【农作物疫情疫病监测防控】 2021年，象山县加强植物疫情疫病监测，开展草地贪夜蛾、柑橘黄龙病等重大疫情田间调查和防控指导，设立柑橘黄龙病等疫情监测点12个，调查各类作物面积1.67万公顷；完成水稻制种田产地检疫180公顷，检疫柑橘种苗825万株、接穗1.25万公斤，签发产地检疫合格证33份；调运检疫橘苗55.4万株，签发植物检疫证书23份。构建智慧植保监测网络，安装昆虫性诱电子智能测报系统8套，引进佳多虫情图像自动信息采集系统1套，落实病虫监测点9个，印发病虫情报12期2000余份。

林特业

【概况】 2021年，象山县紧扣“聚力一二五，奋力上台阶”目标要求，深入实施“3435”乡村产业振兴行动，积极践行高质量高水平发展理念，林特业经济效益和社会效益显著提升。全年林特产业实现总产值16.3亿元，其中水果产值13.2亿元，茶叶产值0.7亿元，花卉苗木产值2.0亿元，竹笋产值0.4亿元。

【水果产值增长】 2021年，象山县继续深化优势品种结构调整和区域品牌推广，水果产业保持平稳快速增长态势，全县新发展水果面积589.5公顷，总面积达到1.5万公顷，总产量16.0万吨，实现总产值13.2亿元。

【柑橘产业提升】 2021年，象山县柑橘产业加强转型升级力度，大力发展“小而精”的红美人柑橘种植模式，新推广柑橘优新良种503.1公顷，缩减中晚熟温州蜜柑种植面积至33.0%，形成以“红美人”“甘平”等优质杂柑为特色的精品柑橘生产体系。全年柑橘栽培面积8489.7公顷，产量12.1万吨，实现产值9.4亿元，比2020年增长20.3%，其中“红美人”栽培面积2588.9公顷，产量1.8万吨，实现产值6.3亿元，比2020年增长14%。

【枇杷受冻减产】 2021年，象山县枇杷种植面积1393.1公顷，比2020年减少4.0%，受元旦前后极端寒潮天气影响，枇杷遭受严重冻害，产量3540吨，比2020年减少55.8%。枇杷销售期短，但销售价格大涨，实现枇杷总产值9665万元，比2020年减少9%。

【杨梅产值破亿】 2021年，象山县杨梅种植面积3110.6公顷，比2020年增长1.4%，受上市期有利天气和市场行情利好影响，全县杨梅产量1.9万吨，比2020年增长39.3%，产值达到1.3亿元，比2020年增长95%。

【竹笋“大年”丰收】 2021年，由于气候条件适宜，象山县西周镇、墙头镇、茅洋乡等3个竹笋主产区均为竹笋生长“大年”，竹笋产量1.3万吨，比2020年增长8.6%，实现产值4303万元，比2020年增长34.5%。

【花卉苗木稳定增收】 2021年，花卉苗木销售行情大好，实现产值2.0亿元，比2020年增长232.9%，其中杜鹃类销售量7560万株，产值1.1亿元，珊瑚树553万株，产值3869.3万元，桂花、茶梅等其他多年生苗木面积产值4755.6万元。

【茶叶量产双增】 2021年，象山县茶园总面积稳定在1000公顷，投产面积维持在533.3公顷，茶叶总产量207吨，比2020年增长71.1%，总产值7130万元，比2020年增长40.7%。其中名优茶减产减收，产量54吨，比2020年减少12.9%，产值3360万元，比2020年减少11.9%，但是红碎茶出口量大幅上涨，达到153吨，比2020年增长206%，产值3770万元，比2020年增长190%。

【建设全国一流柑橘研究所】 2021年，象山县充分利用邓秀新院士团队专家工作站、国家现代柑橘产业体系试验站等技术支撑平台，全力打造全国一流柑橘研究机构，建成象山县柑橘研究所市级柑橘种质资源库1个、16000平方米，新搭建钢质设施大棚9568平方米，收集保存国内外现有资源300个，认定象山县美礁乌紫杨梅专业合作社和象山县农丰果园杂交育种研发圃等杂交育种研发圃2个、8000平方米，育有杂交后代单株8000株，新试验柑橘杂交组合4个，认定象山县柑橘研究所和象山青果红美人无病毒原种圃等无病毒原种圃2个、5000平方米，脱毒种苗扩繁基地4个、26000平方米，保存脱毒柑橘品种20个，首创试验珠心胚脱毒柑橘品种15个，年可出圃脱毒柑橘苗木100万株。

【柑橘产业核心技术攻关】 2021年，象山县主攻品种筛选、杂交育种、脱毒种苗等国内柑橘产业核心领域，努力在品种资源、自主育种、无病毒种苗等三个方面占领全国之最。完成省农业重大技术协同推广计划项目“红美人高品质栽培技术研究与集成推广”、“十三五”省柑橘新品种选育专项、县重大农业专项“‘红美人’等特色杂柑精致高效栽培技术集成与示范”验收，立项实施省“十四五”育种专项、省农业重大技术协同推广计划项目“温州蜜柑品种筛选与栽培技术提升的研究”、市农业公益类项目“浙东地区海涂地红美人橘园适栽砧木筛选及脱毒苗产业化示范”。

【“肥药两制”精准施肥用药技术】 2021年，象山县加快推进“肥药两制”改革综合试点县创建及大塘港农业面源污染治理行动，制定发布《特早熟温州蜜柑肥药两制精准化施肥技术指南》《红美人设施栽培肥药两制精准化施肥技术指南》《象山红美人设施栽培肥药两制用药指南》等4个技术指南《象山红美人柑橘绿色食品栽培模式图》,组织农技人员结对指导“肥药两制”试点主体全覆盖,举办红美人柑橘精准施肥用药技术等培训班12期、农业科技下乡2期,深入定塘镇渡头村等田间地头开展“肥药两制”精准施肥用药技术培训,发放技术资料600余份。

【减肥减药精准化栽培技术研究】 2021年,象山县主攻减肥减药精准化栽培技术研究,完成市科技项目“茶园‘趋性’诱导绿色防控技术研究和示范”验收,茶园农药使用量减少60%~83%。立项实施市农业技术茶产业专项“有机茶园病虫草害综合防控技术应用研究与示范”,通过使用有机除草剂、“以草治草”试验以期减少化学除草剂使用。开展小湾塘村200亩柑橘基地生草栽培、生物农药运用、肥水一体化等新型栽培模式推广实施试点,结对建设象山县农丰果园等2个高品质绿色科技示范基地。

【“象山红美人”地理标志证明商标注册】 2021年8月13日,国家知识产权局发布一批证明商标注册公告,“象山红美人”地理标志证明商标通过核准注册,商标专用权期限自2021年8月14日至2031年8月13日,成为象山县农业领域第9个地理标志证明商标。

【《红美人柑橘设施完熟栽培技术》短视频获奖】 2021年8月31日,象山县选送的“红美人柑橘设施完熟栽培技术”获首届全国绿色园艺新模式新技术新产品短视频学习交流活动优秀短视频。视频结合象山县红美人柑橘生产实际,对红美人柑橘设施完熟栽培过程中设施搭建、温度控制、肥水一体、土壤改良、绿色防控、完熟采收等诸多核心技术进行阐述,对规范红美人柑橘栽培技术,提高红美人柑橘生产水平,促进象山县柑橘产业健康发展具有重要意义。

【“象山柑橘”地理标志证明商标质押融资】 2021年9月9日,象山县农业经济特产技术推广中心与象山县农村信用合作联社签订“象山柑橘”地理标志证明商标使用权质押战略合作协议,通过地理标志证明商标使用权统一质押形式,为“象山柑橘”地理标志证明商标使用授权许可的橘农或企业争取到2亿元集体预授信额度,橘农或企业不用抵押和担保即可顺利申请贷款,成功解决融资难题,为“象山柑橘”品牌建设和企业发展注入活力。

【红茶生产渐趋规模】 2021年,象山县新增嫩槚茶场和山水舫前茶厂红茶加工厂2家,全县红茶生产单位增加到10家,其中规模生产红茶有4家。第五届2021年宁波市红茶产品质量推选活动中,智门寺茶场的“雷雾春”牌红茶获金奖,象山半岛仙茗茶叶专业合作社的“望潮红”牌红茶、象山县黄避岙乡精制茶厂的“燕子红”牌红茶、象山茅洋南充茶场的“野茗红”牌红茶、象山嫩槚茶场有限公司的“嫩槚”牌红茶获银奖。在2021“甬红杯”首届宁波优质红茶推选活动中,象山半岛仙茗发展有限公司选送的嫩享红红茶获特别金奖,象山县黄避岙乡精制茶厂燕子红茶、象山万芽春家庭农场的雷雾春牌红茶和茅洋南充茶场野茗红茶获银奖。

【茶叶新品种新技术推广】 2021年,象山县在杨蓬岙茶场引进种植两个彩色茶树优新品种“乌牛白”和“越黄一号”,试验研究确定其在象山县的适栽性及相关技术;在茅洋南充茶场开展喷灌设施建设以及喷水防霜的相关技术试验研究,引进固定喷灌系统进行冠面喷水防冻;在南峰岗茶场首次引进无人机开展茶园病虫害飞防作业,并开展相关试验,摸索出适宜山地茶园飞防作业指标;在黄避岙高登洋茶场和杨蓬岙茶场首次引进种植鼠茅草等草种,开展茶园以草除草试验,还同时开展有机除草剂试验研究,确定其有效性,评估该技术的应用前景。

【象山半岛仙茗品牌建设】 2021年,象山县开展品牌宣传,完成“象山半岛仙茗”公用品牌宣传广告的拍摄和制作。推行母子商标模式,允许黄避岙茶厂和南充茶场以母子商标的模式应用“象山半岛仙茗”品牌;抓好半岛仙茗合作社建设,完善半岛仙茗合作社各项管理制度,半岛仙茗合作社社员合计47人,并对37家合作社成员单位2022年“象山半岛仙茗”商标使用许可授权。搞好包装统一征订,按照统一征订、各户签约、定点加工方式帮助半岛仙茗合作社社员完成2022年半岛仙茗专用包装订购1.6万套。

【茶园害虫蓟马上升为主要害虫】 2021年,象山县茶园蓟马危害情况呈逐年加重趋势,已从茶园次要害虫上升为主要害虫之一。尤其是墙头、茅洋等主产区茶场发生更为普遍,有的地块危害程度相当严重,成为继小绿叶蝉、茶尺蠖以外第三大茶园虫害,对茶叶品质和产量影响较大。针对蓟马虫情,象山县农业经济特产技术推广中心发布蓟马防治病虫情报1期。

畜牧业

【概况】 2021年,象山县坚持以加快恢复和稳定生猪生产能力为目标,构建现代化畜禽养殖体系和动物防疫体系,深入开展兽用抗菌药减量化和饲料环保化试点,持续推动畜牧业高质量发展。全县畜牧产业总体发展平稳,肉类总产量2.2万吨,同比增长7.1%;禽蛋总产量1.26万吨、同比减少1.5%;实现畜牧业总产值10.14亿元,同比减少7.4%。

【生猪产能提升】 2021年象山县生猪饲养量29.47万头,同比增长12.8%,其中存栏13.38万头,同比增长21.5%;出栏16.09万头,同比增长6.49%;能繁母猪存栏1.26万头,同比增长12.5%。2021年生猪价格继续下跌,最高价格40元/公斤,最低价格12元/公斤,生猪均价20.2元/公斤,同比下跌45.4%，每头生猪可实现净利润390元。

【家禽市场总体回暖】 2021年象山县家禽饲养量326.39万羽，基本与2020年持平，其中存栏135.11万羽，出栏191.29万只。全年象山白鹅饲养量126.72万羽，同比增长0.9%，其中存栏52.99万羽，同比增长0.6%；出栏73.73万羽，同比增长1.2%。生产销售苗鹅1000万羽，与上年同期持平。蛋禽全年存栏60.82万羽，同比增长4.3%，其中蛋鸡存栏39.13万羽，同比增长4.2%；蛋鸭存栏21.68万羽，同比增长4.4%。家禽及禽蛋价格有所上涨。鸡蛋均价为8.8元/公斤，同比上涨10%；鸭蛋均价13.6元/公斤，同比上涨17.24%；苗鹅均价16元/只，同比上涨33.3%；肉鹅均价25元/公斤，同比上涨25%。

【食草动物和蜜蜂产量稳定】 2021年，全县牛饲养量1646头，同比增长3.5%；山羊饲养量3.3万头，与2020年持平。全县蜜蜂养殖以意大利蜂为主，年底存栏1.2万箱，与上年持平。

【生猪增产保供】 2021年，象山县坚持实行生猪生产日报制度，建立生猪存栏量、出栏量和屠宰量日报统计监测，严格执行生猪、猪肉价格监测日报及生产、流通环节价格监测周报制度，全面掌握本地生猪产能及时掌握市场供求及价格变化趋势。继续实施符合本地区生猪生产的育种方案，通过自繁自育增产扩容2.36万头存栏，母猪增加0.13万头。全力推进象山华统生猪项目建设，完成主体建筑10栋楼建设，完成母猪舍、肉猪舍所有漏粪地板、定位栏、产床的安装，完成料线、通风设施及数字化系统安装，完成场内水电、道路和粪污处理设施的建设工作，象山县畜牧兽医总站获评浙江省生猪增产保供成绩突出集体。

【象山白鹅养殖规模扩大】 2021年，象山县筹建县农合联白鹅产业分会，成功申报市级农业产业化共富联合体，完成省级农业产业联合体申报。借助对口帮扶平台拓展省外养殖空间，在四川省屏山县、西昌市成功试养林下生态养殖白鹅6000羽，并派驻技术人员在雷波县开展养殖基地建设可行性考察。同时，在县内探索养殖新模式，在5家红美人家庭农场开展林下养鹅推进农牧结合生态循环，在东陈乡、泗洲头镇开展冬闲稻田养鹅模式小规模试点养殖，并在浙江省嵊州、兰溪两地推广生态养鹅模式，累计形成养殖规模5万羽。

【象山白鹅种质资源开发与保护】 2021年，象山县依托中国畜牧兽医学会宁波(象山)服务站平台，设立上海农科院乡村振兴科技支撑行动专家工作站，立足国家级及市级象山白鹅保种场开展象山白鹅种质资源开发与保护工作，积极申报省级良种繁育基地，成功申报“浙东白鹅疫病的垂直传播及防治技术研究与推广应用”县级科技项目，积极参与市级浙东白鹅育种科技项目，创新及推广新技术，提升白鹅产业科技含量，带动全县白鹅产业发展。

【全国首创白鹅种蛋保险】 10月23日，象山白鹅种蛋目标价格保险签约投保，首批6户白鹅养殖户与中国太平洋财产保险股份有限公司象山支公司签订保单，系全国首创白鹅种蛋目标价格保险。该保险由象山县农业农村局与中国太保产险象山支公司联合推出，总保额2500万元，起保时间2021年11月1日，保险期1年。保单约定，象山白鹅投保种蛋单位保险金额15元/枚，若种蛋价格低于约定价格将促发保险事故，按月赔偿，年赔偿金最高可达600万元。象山白鹅是象山县特色农业产业，有种鹅存栏50万羽，年出栏苗鹅1100万羽，该险种的推出有效化解白鹅产业市场价格波动风险，保障白鹅产业健康稳定发展。

【家禽屠宰点设立】 2021年，象山县开展家禽屠宰点验收认定工作，推动白鹅肉制品加工发展，根据《关于印发宁波市家禽定点屠宰厂(点)验收认定办法的通知》，组织宁波市生态环境局象山分局等部门对宁波亲清鹅食品有限公司实施家禽屠宰进行验收并通过，完成省市两级报批，实施屠宰家禽检疫出证，实现地标家禽挂标上市。

【第九届象山白鹅节】 2021年6月8日，象山县举办主题为“振兴种业、共同富裕”的第九届象山白鹅节。本届白鹅节上确认象山白鹅为“亚运助力鹅”，还举办白鹅产业技术高峰论坛、白鹅文创体验和产品展览、白鹅直播推介及“时光鹅”认养等活动，多维度展示象山县白鹅种质资源优势和民俗文化。尤其是挖掘数字化产业发展潜能，探索“云认养”销售新模式，通过“抖音直播+认养+溯源”让消费者亲眼感受农产品种植、养殖的整个生长过程。“时光鹅”的数字化探索在央广网、“学习强国”、宁波农道等媒体、平台进行宣传，推动象山白鹅产业高质量发展。

【象山白鹅地理标志保护项目】 2021年，象山白鹅成功申报2021年农业农村部地理标志农产品保护工程项目、宁波市市场监管局2021年地理标志运用促进工程项目，上报《象山白鹅国家地理标志农产品保护工程实施方案》，同时发布《象山白鹅国家地理标志农产品保护工程项目实施细则》，进一步提升象山白鹅产业自我保护水平，促进象山白鹅地理标志的规范运用。

【畜禽遗传资源普查】 2021年，象山县为提升种业自主创新能力，打好种业翻身仗，开展全县畜禽遗传资源普查，普查发现9个畜种，17个地方品种，2个蜜蜂资源品种及1个新品种，群体数量约46万人，摸清全县畜禽种质资源家底。

【畜禽养殖污染防治长效监管】 2021年，象山县继续推进畜禽粪污资源化利用工作，明确落实养殖污染防治主体责任，执行县乡村三级网格化防控巡查机制，出动巡查人员2310余人次，排摸养殖场142家养殖污染隐患问题并整改20处，排查蟹钳港周边畜禽养殖污染

11处并完成整改。根据《象山县农业农村局关于开展大塘港流域农业面源污染治理"七个一"活动的通知》文件精神,结合"保护母亲河"活动,在定塘镇召开白鹅养殖污染专项整治工作现场会,培训70人次。

【畜禽粪污资源化利用指导】 2021年,象山县坚持做好粪污资源化利用指导,坚持以农牧对接为导向,建立健全养殖废弃物资源化利用体系,落实农牧对接生态消纳地3.5万亩,畜禽粪污综合利用率稳定在98%以上,完成象山甬味家庭农场和宁波象岛柑橘有限责任公司2个沼液综合利用示范项目创建工作。加强对宁波市龙兴生态农业科技开发有限公司在沼液收集、运输、施用等配送消纳去向环节监管,全年对沼液配送车辆的GPS轨迹与配送单据中的信息数据情况进行抽检20次,全年异地配送消纳沼液达5.18万吨。截至2021年底,象山县已完成生态化治理达标验收规模养殖场105家,新配备臭氧除臭机125台,投入资金37万元,累计配备臭氧除臭机503台。

【美丽牧场创建】 2021年,象山县继续按照"绿化美化、布局合理、技术先进、安全高效、资源利用"标准打造美丽生态牧场,全年创建省级美丽牧场3家,分别是宁波白羽鹅业有限公司、象山灵丰畜牧养殖场、象山西周观海家庭农场。截至2021年底,全县累计创建省级美丽牧场32家、县级示范性美丽牧场4家。

【"两化"试点行动】 2021年,象山县根据省市要求成立"两化"行动工作小组,出台县级"两化"行动试点方案,经过资质审核和现场评估,确定兽药减量化试点场19家(示范场1家)、饲料环保化试点场7家(示范场1家),组织政策宣传培训1次、业务培训4次,现场业务培训1次,累计培训206人次。所有送检样品均检验合格,共有兽药减量化试点场19家和饲料环保化试点场6家通过验收,超额完成年度"两化"试点场创建工作。

【象山县入选全省数字畜牧第一批"先行先试"单位】 2021年6月9日,浙江省农业农村厅公布厅多跨应用场景第一批"先行先试"单位,其中数字畜牧第一批"先行先试"单位共有22个,象山县成功入选,系宁波市唯一。2021年,象山县严格按照省级"三农"数据录入要求,制定并上报象山县数字畜牧应用场景推行实施方案,完成县级治理侧页面试运行,更新录入数字畜牧应用平台县级基础数据,完成生产端基础数据的录入更新,实现79家规模养殖场,1家屠宰企业,1家无害化处理企业,4家兽药经营企业,30家调运主体,8家饲料生产企业以及215家规模以下养殖户全覆盖。

【数字化规模猪场创建】 2021年,象山县按照《浙江省万头以上规模猪场数字化建设指南(2021年版)》要求,完成2家万头以上规模猪场数字化建设,分别是华统现代化生猪养殖基地和象山德利农牧科技发展有限公司。

【重大动物疫病防控】 2021年,象山县完成产地检疫猪16.69万头、鸡19.81万羽、牛29头、动物产品检疫出证9335吨,生猪产地检疫率达到100%。全年共使用禽流感疫苗240.62万毫升,免疫家禽268.64万羽次,其中鸡90.39万羽次,鸭44.35万羽次,鹅130.3万羽次,其他禽类3.6万羽次;使用生猪口蹄疫疫苗56.13万毫升,免疫生猪47.14万头次;使用牛羊口蹄疫O型-亚洲I型二价灭活疫苗5.05万毫升,免疫牛羊3.3万头次;使用猪瘟疫苗56.32万头份,免疫猪瘟47.33万头次,使用猪高致病性蓝耳病疫苗35.88万头份,免疫生猪30.97万头次;免疫犬只6433只,开展犬类电子芯片注射培训一次,并指导完成芯片注射4282只;指导种鹅养殖户自费购买禽出败、新城疫、大肠杆菌等疫苗免疫种鹅72余万羽。

【动物疫病监测】 2021年,象山县常态化实施重大动物疫病监测工作,全年共采集111个养殖场户3105份样品,检测主要动物疫病9093份数,其中禽流感H5N1-Re11检测合格率92.28%,禽流感H5N1-Re12检测合格率93.47%,禽流感H7N9-Re3检测合格率92.81%,禽流感H7N9-Re2检测合格率96.31%,新城疫检测合格率96.61%,猪瘟检测合格率93.30%,猪O型口蹄疫检测合格率83.33%,高致病性蓝耳病检测合格率93.79%,非洲猪瘟检测合格率100%,小反刍兽疫检测合格率83.57%,布病检测合格率100%。咽肛拭子及环境样本检测890份数,未检出禽流感病毒或非洲猪瘟病毒;生猪养殖环节检测尿样340个场户1020份样品,未检出瘦肉精。

【畜产品安全监管】 2021年,象山县严格按照相关规定执行养殖屠宰环节、市场经营环节抽检工作,全年市级以上共检测畜产品161批次,其中猪肉39批次,猪肝25批次,猪尿39批次,禽蛋32批次,禽肉24批次,蜂蜜2批次,检测结果全部合格。认真执行省外生猪及产品"点对点"调运制度,完成33辆生猪运输车辆的备案管理,共查验省外调运备案动物及动物产品1056批次,其中生猪720批次7.1万头、家禽51批次28.88万羽、动物产品282批次442.823吨。更新无害化处理设备2套,全年共处理病死猪5.4万头,其他病死动物及产品199.02吨。加强屠宰与病死动物无害化环节运输车辆洗消工作监管,共抽检40批次环境样品,非洲猪瘟病原检测结果均为阴性。

【非洲猪瘟常态化防控】 2021年,象山县按照"外堵、内清、严防"要求,落实各项防控措施,实现非洲猪瘟疫情防控常态化。做好宣传培训指导,全年累计下发日常防控提醒、每周一技、工作提示单等防疫相关内容345条,召开防疫培训会8次,培训人数335人,开展现场指导351人次。督促业主守好"小门",签订重大动物疫病防控工作责任告知承诺书125份。落实综合防控措施,新增碱类、氯制剂等消毒药剂14吨,购置臭氧机43台。加大主动发现防控风险点力度,开展疫病防控指导

1895人次,对排查发现的21家场消毒药剂配备不足、16家场臭氧消毒机无法正常运行等情况要求整改到位。建立健全实验室自检自测体系,利用县级兽医实验室和3家企业检测室,全年累计采集养殖、屠宰、流通等各环节样品共计318批次,完成2028个样品的检测工作,检测结果均为阴性。

【非洲猪瘟无疫小区创建】 2021年,象山县根据《无规定动物疫病小区管理技术规范》和《无规定动物疫病小区评估管理办法》等要求,按照"逐项对账"的方式,对创建主体的基本条件、生物安全管理体系建立、生物安全计划制定等内容开展技术指导,开展现场指导与业务对接30余次。针对官方兽医机构监管要求,制定《象山县无规定动物疫病小区监管制度》,对无疫小区、缓冲区组织开展专项监管和监测,累计开展专项检查10余次,检测猪只样品120份(包括全血、拭子样品)、环境样品50份、水样30份、车辆20份、人员20份、饲料10份,合计检测250份样品,所有样品未检出非洲猪瘟病毒。

【生猪屠宰行业监管】 2021年,象山县继续规范生猪屠宰环节监管,保障生猪产品质量安全。做好屠宰企业驻场检疫,检疫屠宰生猪9.77万头,检出病害猪378头,检验检疫不合格产品及废弃物134.5吨,并全部无害化处理。开展屠宰环节"瘦肉精"风险监测,全年抽检3812批次,均为阴性。推进屠宰企业"两项制度"落实,全年开展屠宰企业督查检查22次,其中市级专项督查4次。做好屠宰行业延伸管理,加强安全生产和环保监管力度,督促企业牢固树立安全生产意识,确保不发生安全生产事故,同时对屠宰场污水、病害动物及产品等废弃物排放处理情况进行重点监督,杜绝污水直排、偷排、漏排等违法违规行为,累计出动51人次,督查16次。

【"三沼"安全生产管理】 2021年,象山县落实农村沼气安全生产主体责任,签订沼气安全生产告知书、责任承诺书、消防安全告知书等135份,发放安全生产宣传海报180份,召开全县安全生产技术培训1次。委托第三方公司完成《农村沼气工程突发事件专项应急预案》制定,完成应急物资采购和应急演练工作,全年进行安全大检查4次,对安全警示标识、灭火器及避雷针等防火防雷设备,沼气池进出料口、氧化塘周边安全护栏等设施,安全制度上墙等情况进行全面检查,发现12处安全隐患并全部完成整改。

农业产业化

【概况】 2021年,象山县深入实施乡村振兴战略,紧紧围绕一、二、三产业融合发展,实施"3435"乡村产业振兴行动,持续深化"亩均超万美元"农业供给侧结构性改革,大力培育特色优势产业,推动农业高质量发展,全面提升现代农业发展水平。

【"3435"乡村产业振兴行动】 2月5日,象山县出台《象山县实施"3435"乡村产业振兴行动方案》,围绕发展提升粮食、生猪、蔬菜等3个基础产业,优势种业、现代渔业、精品果业、白鹅产业等4个特色优势产业,农产品加工业、资源综合利用环保加工业、农产品商贸流通业等3个加工流通业,乡村数字产业、乡村休闲旅游业、乡村文体康养业、乡土特色产业、乡村现代化服务业等5个融合产业,构建"3435"乡村产业体系,提高农业质量效益和竞争力。计划至2025年,全县乡村产业总产值达500亿元,农业增加值年增长率稳定在2%以上,农村居民人均可支配收入达5.6万元。

【政策支撑体系健全】 2021年,象山县加强农业政策体系建设,推进人财物等资源流向农业领域,增强对农业发展的支撑,制定出台《象山县现代农业发展扶持办法》,从加强重要农产品保供、扶强特色优势产业、培优新型经营主体、深化科技机械强农、推动数字赋能增效、推进绿色生态发展、提升标准化品牌化、完善信贷保险保障等方面给予政策支撑。

【产业平台提升】 2021年,晓塘省级柑橘特色农业强镇创建通过验收,定塘国家级特色农业强镇创建完成所有项目建设并向农业农村部申报认定,象山柑橘、象山梭子蟹获省特色农产品优势区认定,建成象山青果水果专业合作社"红美人加温促早栽培基础设施及品种提升工程",墙头镇方家岙村被评为中国美丽休闲乡村。新获得西沪港省级现代农业园区、大塘港市级未来示范农业园区创建立项,成功创建贤庠镇省级林业特色产业小镇。

【扶持壮大农业经营主体】 2021年,新认定象山柑橘、象山白鹅2个市级共富产业化联体,新增市级以上农业龙头企业3个,争取45家农业经营主体获市级财政2020年贷款贴息1110.34万元,总量位居宁波市第一。实施市万名农创客培育计划,新增农创客入库195人,累计达到300人。

【农业投资扩大】 2021年,象山县召开"跨越山海·象山乡村产业空间"发布会,推出20个乡村资源开展招商引资,落户项目1个。接洽斯维登集团、中农联和宁波芯酿等公司,农业招商引进内资5000万元以上。完成县级农业固定资产投资2.06亿元,完成市级农业投资6.86亿元(含渔业),位列市督查初核第三。

【农业品牌建设】 2021年,"象山红美人"成功注册国家地理标志证明商标,申报注册"象山葡萄""象山草莓"国家地理标志证明商标。国家象山柑橘区域公用品牌培育提升标准化示范区创建有序开展,"红美人"柑橘获"品字标浙江农产"团体标准认定,"象山柑橘"入选国家地理标志运用促进工程项目。组织参加中央电视台联合新浪微博冬至节气直播带货和宁波电视台《知识产权新视界》讲大道活动,推介销售象山红美人。新建宁波名优农产品鼓楼店象山馆,联姻20家精品民宿销售"象山半岛味道”产品，推送品牌农产品参加义乌森博会、省网上农博会等展示展销。

【红美人”柑橘团体标准获批省“品字标”团体标准】 11月8日，浙江省品牌建设联合会批准发布一批“品字标”团体标准，象山县《‘红美人’柑橘》团体标准成功入选，成为继省首批“品字标浙江农产”品牌授权后的又一重大成果。该团体标准将“红美人”柑橘的基本要求、生产要求、产品要求、检验方法、检验规则、标识标签、包装贮运等作详细规定，为“红美人”柑橘的生产和销售提供标准化指引。近年来，象山县大力发展“红美人”柑橘产业，制定出台国内首个“红美人”柑橘设施绿色栽培技术规程省级地方标准，将产前、产中、产后各环节纳入标准化管理，切实提高“红美人”柑橘生产水平。

【第五届象山柑橘文化节】 11月16日，以“庆丰收、感党恩、奔共富”为主题的第五届象山柑橘文化节暨象山“红美人”开摘仪式在象山影视城举行。本届柑橘文化节现场举行象山“红美人”地标品牌授牌、“红美人”品牌创意宣传短片首播、“红美人”直播大赛颁奖、象山“红美人”官方标准发布，以及象山“红美人”产销对接、知识产权保护服务、物流服务签约仪式、“红美人”认养、中国第一棵“红美人”采摘直播连线等活动。

【浙农码场景应用——象山美人橘】 2021年，象山县对接省农业厅浙农码赋码规则，依托现有的数字农业大脑，建成全国首创柑橘(红美人)脱毒种苗全程追溯系统应用场景。该场景内容包括母本园、扩繁园、政府等种苗溯源管理系统(PC端)，苗木管理员、销售员等“随手记”小程序，母本园一企一码、无病毒母树一树一码、接穗一批次一码、扩繁园一企一码、脱病毒苗一苗一码等5个扫码界面，全流程解决柑橘种苗生产销售过程中种源不清、种质良莠不齐、脱病毒苗木辨识难等问题，从源头遏制病毒苗木对柑橘产业的危害问题，确保柑橘产业健康可持续发展。2021年，认定象山柑橘研究所和象山青果水果专业合作社2家单位为柑橘无病毒原种圃。

【数字农业“1121”工程启用】 2021年，象山县把数字赋能作为农业增效、农民增收的重要支撑，以“小投入大产出、小切口大特色”为导向，深入实施数字农业“1121”工程，全面构建农业农村“数字大脑”。该平台共建成11个子系统，包含数据采集系统、数据资源管理系统、数据质量运营监测系统等3个数据系统，全程质量追溯系统、农事上报微平台、一标两码系统、农业物联网、象e农、智慧农机管理子系统等6个应用系统以及象山·三农驾驶仓、特色农产品展示平台等2个展示系统，利用“5G+大数据”、云计算、区块链、物联网等技术，汇聚、分析并整合特色产业、农业环境、农情信息、农机数据、种苗数据、物联网感知、农户服务等数据，为农业农村现代化建设、推动共同富裕提供数字支撑。2021年，累计推广地标标签使用主体360多户，申领标签73万枚，建成数字农业示范园(基地)14个。

【农业“五新”项目实施】 2021年，象山县围绕农业新品种、新技术、新模式、新装备、新工艺创新研究与示范推广，加快推进农业科技成果转化应用，全年实施“稻虾周年混养高效模式集成研究与示范”等农业“五新”项目17个，补助资金100万元。

【巩固国家农产品质量安全县创建成果】 2021年，象山县巩固国家农产品质量安全县创建成果，按照“高产、优质、高效、生态、安全”理念，坚持“产管”两手抓、两手硬，严格落实乡镇属地管理责任，建立健全农产品质量安全监管体系，全面提升农产品质量安全水平和基层监管能力，全县农业标准化生产程度达68%，部省市例行检测合格率100%，县级农产品检测1127批次，乡镇快速检测10536批次。

【“三品一标”农产品】 2021年，象山县围绕高质量保供，统筹推进两个新“三品一标”，即品种培优、品质提升、品牌打造和标准化生产，绿色食品、有机农产品、地理标志农产品和食用农产品承诺达标合格证，新认证绿色食品15个，续展认证绿色食品6个。截至2021年底，全县共有无公害产品146个，绿色食品36个，有机产品3个，农产品地理标志2个，总面积1.93万公顷，绿色优质农产品占比率达65.45%。

【“信用农安”工作】 2021年，象山县531家规模农业生产主体列入信用信息采集范围，71家列入农安信用激励名单，7家受失信惩戒，金融机构对14家经营主体执行贷款利率优惠10%～15%，涉贷金额2268万元，对7家经营主体提高贷款额度，涉贷金额295万元，金融激励惩戒的成效明显。《构建“主体覆盖、科学评价、动态监管、激励惩戒”信用监管模式》入选2021年全国农产品质量安全信用体系建设现场会(湖州)交流材料汇编，同时入选宁波市参评全国信用案例。

【推行食用农产品承诺达标合格证制度】 2021年，象山县依托宁波市农产品质量安全监管平台，持续深入推广食用农产品承诺达标合格证制度，县级以上三类主体、规模生产主体保持使用率100%。针对生产主体的使用特点，在农产品上市之前组织人员实地走访，帮助解决技术问题并督促主体积极开具合格证，全县563家生产主体使用并开具合格证25万张，使用率和使用量位居全市第一。在宁波市率先开展市场准入衔接试点工作，制定印发《象山县食用农产品产地准出与市场准入衔接工作的实施方案》，选取城东市场5家地产蔬菜种植经营户作为首批试点户，确定产品上市前检测—产地准出—凭合格证市场准入—销售环节赋码消费者的基本流程。截至2021年底，试点户共开具二维码合格证11355张。“质量追溯助推‘象山柑橘’品牌价值提升”入选农业农村部农产品质量安全监管司汇编的质量追溯典型案例。

【大学生农业创业基地】 2021年，象山县继续实施大学生创业就业政策扶持，出台《关于做好2021年度农业生产领域大学生就业创业扶持申报工作的通知》，全年共补助创业大学生13个、引进人才的农业经营主体10家，发放补助46万元。截至2021年底，全县共有大学生创业基地93个、面积414.73公顷。

【农业乡土专家评选】 2021年，象山县开展第三届农业乡土专家评选，从直接从事农业（渔业）生产经营，应用技能突出、示范带动显著、群众认可度高，为农业经济发展和农民增收致富做出较大贡献的新型职业农民中，评选出屠野田、施立新、励阿达、陈庆忠、潘俊名、吴存吉、林伟勇、范景水、奚美钱、张进城等10名农业乡土专家，充分发挥他们在科技兴农方面的示范引领作用和技术扩散效应，全力助推乡村产业振兴。

【全国基层农技推广体系改革与建设项目实施】 2021年，象山县继续实施基层农技推广体系改革与建设补助项目，围绕农业主导品种，制定并推介发布2021年农业主导品种91个和主推技术15项，建立象山农丰果园、象山高塘义平家庭农场、象山好地道家庭农场、象山葛太满家庭农场4个科技示范基地，实现主导品种和主推技术入户率与到位率96%以上。遴选出255户科技示范户，85名骨干农技人员，组织4批次50名农技人员参加5天以上的脱产业务培训。通过项目实施，基本建成职能明确、机构完善、队伍精干、保障有力、运转高效、服务到位、支撑有力、农民满意的基层农技推广体系，建立竞争上岗制度、农技推广责任制度、绩效考核制度、知识更新制度等基层农技人员管理机制，形成“一个主导产业、一个技术团队、一个产业项目、一批示范基地”的农技推广网络体系。

【省“肥药两制”改革综合试点县创建】 2021年，象山县深入践行“两山”理念，全面推进“肥药两制”改革试点创建，切实转变农业发展方式，改善农业生态环境，推动农业绿色发展。全年培育“肥药两制”示范主体165家、示范农资店25家，肥药实名购买活跃指数达100%。发布肥药定额施用标准5个，创建肥药定额施用示范区2个、1800亩，不合理施用化肥减量130吨、农药减量20吨；化肥、农药废弃包装物回收处置75.53吨、回收率达到省定目标116.33%，农膜回收1316.25吨、回收率92.39%，秸秆综合利用率达96.68%，成功创建省“肥药两制”改革综合试点县。

【农民培训】 2021年，象山县聚焦乡村振兴和现代农业发展人才需求，培养有文化、懂技术、善经营、会管理的高素质农民队伍，全年完成农民培训8687人次，其中高素质农民培训331人次，农村实用人才培训1837人次，实用技术培训6519人次。

农经管理

【概况】 2021年，象山县坚持新发展理念，积极推进行政村规模优化调整后“三资”融合，因地制宜发展壮大村级集体经济，加快推进农村集体经济数字化管理系统应用，有效破解村集体经济与新型农业经营主体发展瓶颈，农村经营管理水平显著增强。2021年，全县村集体经济总收入、经营性收入分别达到8.02亿元、3.17亿元，同比分别增长12.8%、11.2%。

【象山县入选全国农民合作社质量提升整县推进试点】 6月25日，农业农村部办公厅公布全国农民合作社质量提升整县推进试点单位名单，全省仅11个县（市、区）被列入试点，其中宁波市2地入围，象山县成为其中之一。近年来，象山县坚持数量发展与质量提升并重，规范引导与示范引领并举，制定农民合作社示范标准，持续开展示范创建活动，建立优进劣出动态监测管理机制，不断提升农民合作社发展水平，助推农民增收致富。截至2021年底，象山县农民专业合作社达714家，其中国家级示范社1家、省级示范社5家、市级示范社13家、县级规范化合作社66家，全年农民专业合作社统一组织销售农产品总值11.45亿元。

【“三资”融合验收】 2021年，结合该县2次行政村规模优化调整，象山县农业农村部门会同象山县委组织部、象山县财政局、象山县民政局、象山县审计局等部门开展资产融合验收，先后验收3次，通过村168个，下拨补助资金3250万元。

【巩固提升村级集体经济】 2021年，象山县积极谋划巩固提升村级集体经济，推进行政村规模优化调整后新村规划与产业融合发展，起草出台《象山县村级集体经济发展巩固提升五年（2021—2025）行动实施方案（征求意见稿）》《象山县村级集体经济发展专项扶持资金管理办法》等新一轮村级集体经济发展政策，开展2020年经营性收入20万元以下村“一村一策”提升行动计划，探索建立村集体经济长效发展机制。开展2021年村级集体经济发展项目申报排摸及“回头看”工作，实地踏勘村级集体经济发展项目，确定扶持项目15个，下拨补助（配套）资金880万元。下拨2020年度村级运转保障经费1149.04万元，涉及对象138个。2021年，全县村集体经济总收入、经营性收入分别达到8.02亿元、3.17亿元，同比分别增长12.8%、11.2%，355个行政村总收入30万元，经营性收入15万元实现全覆盖。

【“三资”管理数字化】 2021年，象山县推进农村集体经济数字化管理系统上线运行，召开数字化管理系统运行推进会5次，对全县农经员、代理会计进行“一对一”培训、讲解，完成全部人员培训操作上岗，开展村级财务人员系统操作培训，开展相关业务培训24期，培训达460余人次。配足配强村级“三资”管理硬件设施，发放村级专用电脑200余台、高拍仪450余台。

【“三资”专项监督检查】 2021年，象山县开展漠视侵害群众利益专项治理工作，组织梳理以村级合同规范性、资源交易公开性等情况为主线的问题清单，并建立问题挂牌整改机制，共查出问题30个，下发问题整改通知书18份，健全完善村级管理机制32条。开展农村集体“三资”互查4次。结合“两代表一委员”候选人资格审查工作，开展相关人员侵害农村集体“三资”未整改到位或未归还等问题审查，共审查92批次，审查人数5439人次。

【清廉村居创建】 2021年，象山县围绕“干部清正、村事清爽、民心清朗、乡风清朴”建设标准，结合乡村清廉指数评价工作，制定印发《关于纵深推进清廉村居建设的实施方案》《关于开展乡村清廉指数评价工作的通知》，指导各镇乡（街道）根据实施方案建设自治、法治、德治、智治“四治”融合的清廉村居，创建清廉示范村25个，培育墙头镇为省级首批清廉村居标杆镇、涂茨镇旭拱岙村为省级首批清廉村居标杆村。

【新型农业经营主体培育】 2021年，象山县加大新型农业经营主体培育力度，引导和鼓励农业企业做大做强，推进家庭农场、农民专业合作社提质发展。全年落实贷款贴息补助资金21.71万元，新增省级、市级、县级农民专业合作社分别1家、2家、4家，省级、市级、县级示范性家庭农场分别7家、7家、16家，下拨奖励资金16万元，完成相应主体监测30家。

【农村集体经济审计】 2021年，象山实施开展“百村审计”及村干部离任经济审计等农村集体经济审计工作，共审计村数147个，其中财务收支审计数145个，其他事项专项审计数2个，审计资金总额数50.01亿元，落实审计整改措施数117条。

【土地经营流转】 2021年，象山县继续做好农村承包土地确权颁证修改工作，对农村承包土地确权颁证后信息错误、纰漏等进行集中修改，共涉及农户94户。推进土地流转，保障土地适度规模经营，新增土地流转面积49.5公顷，全年土地流转总面积达1.29万公顷，流转率为77.91%，其中规模流转1.11万公顷，规模经营率达85.98%。

【农民负担动态监测】 2021年完成“21216”农民负担动态监测，抽查丹西街道、贤庠镇、鹤浦镇、东陈乡、晓塘乡等5个镇乡（街道）的10个村、100户家庭样本，据样本统计，100户的家庭纯收入723.72万元，其中家庭经营纯收入137.71万元，人均收入达19507元。

【农业综合行政执法】 2021年，象山县始终保持对农业违法犯罪行为的严管、重打、高压态势，积极查找问题隐患，强化追根溯源，严厉打击农业违法行为，实现检查发现违法行为查处率、抽检不合格产品查处率、投诉举报案件查处率“三个100%”。2021年，共办理农药、种子、农产品、兽药、动物卫生监督等违法案件53件，其中2020年结转案件办结5件，2021年立案48件、办结38件，罚没款合计12.54万元。

【农资废弃包装物回收处置】 2021年，象山县以打造绿色安全和谐的清洁田野和环境整洁优美的美丽乡村为目标，建立完善农资废弃包装物回收处置长效监管机制，加强执法检查，开展普法宣传，农资废弃包装物回收处置工作有序推进。全年完成农资包装废弃物回收75.53吨，回收率116%，无害化处置68.5吨，处置率90.6%，完成省市下达年度目标任务的117%。

【农业投入品和农产品质量监督】 2021年，象山县围绕农资打假治劣主线，打响“绿剑”执法护农品牌，全年开展以打击制售假劣农业投入品和保障农产品质量安全为重点的“绿剑”系列专项集中执法行动17次，出动执法人员1023人次，检查农业投入品经营单位、农业投入品生产企业310家次。完成农业投入品监督抽检94批次，农产品监督抽检93批次。

【“最多跑一次”改革】 2021年，象山县农业农村部门纵深推进“最多跑一次”改革，为办事群众提供更优质、更高效的政务服务。取消执业兽医注册许可事项1项，落实农药经营许可、兽药经营许可、动物诊疗许可、动物防疫条件合格证核发（变更）、生鲜乳准运证明核发等告知承诺事项5项。

【农业法治宣传教育】 2021年，象山县农业农村部门结合“三联三送三落实”、农业科技下乡、专项监督检查等活动，充分利用“象山农业农村”等微信公众号平台，普及“肥药两制”改革、垃圾分类、农产品质量安全、农业保险和农业农村相关法律法规。全年开展各类宣传培训22次，受众1000余人次，发放各类宣传资料1万余份。通过党组中心组学习、每月的局务会议、“周二”夜学，“三农大讲堂”和科室每月例会等开展民法典、行政处罚法、乡村振兴法等相关专业法律法规的学习。

【推进法治政府建设】 2021年，承办农业各类行政处罚案件63件，办结61件，共处罚没款16.12万元。办理行政诉讼案件3件。梳理涉企轻微违法行为“首违免罚”事项17项，无必要行政执法事项14项，对10家单位作出“首违免罚”处罚决定。新认领公共服务清单49项，行政检查清单2项，行政处罚清单2项。开展“双随机”检查任务清单17项84家，抽查事项覆盖率100%，信用规则利用率100%，跨部门监管率17.64%，执法人员账号开通率掌上激活率和掌上执法率都达100%。行政检查事项认领275项，零申报89项，监管行为认领率和覆盖率均100%。

【农业行政审批服务群众满意度】 2021年，象山县农业农村部门共受理各类行政许可事项3483件，其中即办件3462件、承诺件21件，办结3483件，政务服务2.0收件率达到92.6%，按期办结率和准确率均为100%，群众测评满意度100%。

【农业生产事故调处】 2021年，象山县农业农村部门严格贯彻落实《浙江省农业生产事故处置办法》，坚持以事实为依据，以稳定和谐为目的，以维护农民利益为根本，妥善调处农业生产事故。2021年，共受理农药药害、种子问题等农业生产事故投诉21起，调处19起，农民获得补偿17.85万元。

（杨瑞瑞）

农业机械

【概况】 2021年，象山县围绕加快农业机械化供给侧结构性改革的总要求，推进结构调整，绿色发展和创新驱动，加快“三个融合”（农机农艺融合、农业机械化与适度规模经营融合、农业机械化与信息化融合），破瓶颈、补短板，加快象山农业机械化提档升级，农机化工作取得明显成效。截至2021年底，全县农机总动力72万千瓦，拥有各类农业机械4万余台（套、件），其中大中型拖拉机369台、水稻插秧机347台、联合收割机177台、谷物烘干机212台。装备结构进一步优化，拖拉机与农机具的配套比提高到1∶1.84，创建市级农机专业合作社示范社2家，农机作业服务公司1家，市级功能培育2家，区域性农机化综合服务中心1家，全程机械化+综合农事1家。

【农业“机器换人”】 以省农业“机器换人”示范创建工程为工作重点，制定工作计划，逐步推进落实。调查摸排各镇乡（街道），确定宁波壹心农业科技有限公司等5家企业为“机器换人”示范基地创建单位。起草《关于印发2021年度象山县农业领域“机器换人”示范创建实施方案的通知》（象农创办〔2021〕1号文件），明确各创建单位的职责及任务。相关单位均已通过验收，完成创建任务。

【农机装备结构优化】 按照市农机化主管部门工作要求，印发《关于印发象山县2021—2023年农机购置补贴实施意见的通知》。建立工作责任制，细化岗位工作职责。严格按照要求，积极推进信息公开，规范程序操作，完善监督管理机制，强化监督检查，确保补贴政策落实，全年共发放购置补贴资金320万元，其中轮式拖拉机11台，旋耕机（含履带自走式旋耕机）47台，微耕机98台，秧盘播种成套设备1台（套），水稻插秧机27台，联合收割机22台，粮食烘干机12台，热风炉1台，组合米机1台，施肥机7台，简易保鲜储藏设备3套、开沟机10台、茶树修剪机37台、孵化机20台等。着眼象山农机产业发展要求，将燃油暖风机纳入2021年新型农机具补贴目录，保留适合象山农机产业发展的多功能旋耕机、金属粮仓、多功能施肥机和烘干机粮食输送装置，全年共实施补贴新型农机具684台套，共计130.88万元。

【农机重点领域监管】 按照“一把手负总责”“党政同责、一岗双责、齐抓共管”的要求，为拓展农机安全监管领域，适应安全生产形势要求，把农机合作社、农机维修点签订责任书列入检查和考核内容，进一步强化农机合作社、农机维修点安全生产主体责任，提高从业人员安全责任意识。根据省市决策部署，2021年5月底完成变型拖拉机提前报废淘汰工作，全县共报废淘汰变型拖拉机1257台，其中在册1128台，不在册129台，报废完成率为100%。同时深入开展农机具免费实地检验，上门为全县机主提供农田拖拉机和联合收割机免费实地检验服务，检验375台；积极与稻谷烘干机厂家对接协调，请相关技术人员上门为全县稻谷烘干机热风炉提供全面免费安全检测，共检测33台热风炉。全年在辖区内未发生道路交通事故，道路外农机作业未发生农机亡人事故，持续保持农机事故低发态势。

【数字农机建设】 贯彻绿色发展理念，大力推广增产增效、资源节约、环境友好型农业机械化技术，节水灌溉、高效植保、机械化秸秆还田和综合利用等机械化绿色增产技术应用范围进一步扩大。在红美人柑橘领域积极推广设施大棚热风炉加热设备、山地轨道运输车、水果分级拣选机等，为农户省工节本的同时，提高产业的机械化水平，促进产业的发展。在上级部门的支持下，积极开展物联网、移动互联等现代信息技术的智慧农业机械研究和示范推广工作，引进农业自动化生产加工流水线、农业物联网与自动控制技术、无人植保飞机等智能化装备，实现农业生产过程的智能化。截至2021年底，象山县共有智慧农机装备应用基地7家，其中石斛种植1家、畜牧养殖1家、果蔬种植5家。

（李尧）

为农服务

【农合联数字化改革】 2021年6月，象山县被列为全市农合联数字化改革三个试点县之一。在省供销联社工作部署调整之后，由象山县先行先试开展数字化农合联创建工作，年底前完成象山数字农合联平台的基础数据采集工作，平台数据已报省供销联社，2022年后开始投入运行。同时抓好人员使用培训等相关工作。

【省级白鹅产业农合联建成】 2021年，依托“象山大白鹅”国家农产品地理标志优势，通过整合提升象山大白鹅产业优势，以协会+龙头企业+基地+农户农业产业化经营模式，成立象山大白鹅产业农合联；通过积极探索创新养殖新技术和新模式，创新养殖技术，走规模化养殖之路；采用鹅农互助新模式，由产业农合联面向会员进行白鹅饲养全方位的服务。

【省级现代农业服务中心创建】 2021年，以“农文旅”融合发展为导向，以西周种粮大户、农机合作社、农机公司为依托，整合西周农业产业资源，突出西周大米、毛竹、农家点心等特色，成功创成西周省级现代农业服务中心。把西周竹文化融入到现代农业服务中心创建过程中，引进真空分装式打包设备，实现田间收割、服务中心烘干、打包的

12小时稻米收获链，打造西周稻米“新鲜米”特色品牌。

【推进农村普惠金融】 县供销联社与县信用联社共同出台金融贷款扶持政策，加大扶持力度，信用评定和授信对象范围延伸到家庭农场，手续上结合网上审核和放款更加便利，授信额度上由最高30万元增加到50万元，在利率优惠上最高按农信联社利率定价基础上最高下浮40基点（下限为央行基准利率）。同时，与中行象山支行、富登村镇银行等金融机构加强信贷合作，开发针对粮农、橘农信贷的个性化金融产品。

【农村电商公共服务】 2021年，共牵头举办电商网络营销活动5场，包括6月的泗洲头甜瓜、杨梅农旅推广活动；7月中旬的“海岛梨韵·清新一夏”——2021年鹤岛翠梨开摘节；7月末的“缤纷盛夏·萄你喜欢”——第十六届西边塘葡萄节；9月16日“万象山海·渔开天下”第二十四届中国（象山）开渔节网络营销活动和9月7日中国农民丰收节；11月16日举办象山县第五届柑橘文化节网络营销活动。

【农资保供】 春耕和双夏期间，积极落实800万元资金，储备化肥1600余吨、农药100余吨，确保农业生产农资供应；面对进口原料涨价的情况，农资公司坚持让利于民的宗旨，及时组织货源到仓，确保货源充足，价格稳定。

【农作物统防统治】 坚持“预防为主、综合防治”的植保方针，以农药减量控害为抓手，以绿色防控和统防统治为重点，切实抓好统防统治的服务工作，统防统治面积逐年增长，全年落实专业化统防统治服务面积43811亩。

【测土配方肥推广】 按照省政府深化“肥药两制”改革决策部署，进一步推进实施农药购买实名制、化肥使用定额制，推广绿色农资和高效低毒的农药产品，减少不当施肥和农业面源污染，促进生态循环农业发展。2021年，推广测土配方肥1329吨。

【农技服务】 加强农民培训和农技指导工作，召开2021年供销系统“春备耕”种粮大户技术培训会和组织茶叶从业人员参加全市茶叶加工实操技术培训，培训人员共计120名。举办“双夏”生产现场会，通过专家现场解答水稻病虫草害的防治技术、新型农机展示及使用技术解答、座谈形式了解农户种粮实际困难等活动方式，提高种粮大户种植水平。

（县供销联社）

新农村建设

【概况】 2021年，象山县新农村建设稳步发展，深入开展农村清洁行动，推进“两线两村”建设，建成市级美丽乡村示范镇乡2个、乡村振兴示范带2条、示范村5个，获评全省深化“千万工程”建设新时代美丽乡村工作优胜县和全省农村生活垃圾分类处理工作优胜县。

【象山县通过全国乡村治理体系建设试点中期评估】 3月9日，浙江省农业农村厅组织召开全国乡村治理体系建设试点示范工作中期评估联合评审会，象山县乡村治理试点工作获评估组一致好评，顺利通过中期评估。自2019年12月被列入全国试点以来，象山县突出源头治理，加大重心下移，全力构建以村民说事为基本载体的乡村治理体系，推动乡村治理从少数向多数治理转变、自上向自下改革转变、单一向综合发展转变，形成村民说事、大徐经验、代表督事、乡贤参事等一批省市乃至全国领先的乡村治理特色品牌，累计创成省善治村99个，建成村民说事示范村133个，群众满意率达95.6%。

【象山县连续3年获评全省实施乡村振兴战略实绩考核优秀单位】 3月31日，浙江省乡村振兴领导小组公布2020年度全省实施乡村振兴战略实绩考核结果，象山县再次获评考核结果优秀单位，已连续3年获此荣誉。近年来，该县坚持农业农村优先发展总方针，深入实施乡村振兴战略，突出改革引领，放大特色优势，全力争先创优，乡村振兴战略取得良好成效。先后被列入部省共建乡村振兴示范省先行创建县、全国首批乡村治理体系建设试点县、全国农村宅基地制度改革试点县、全省首批新时代乡村集成改革试点县等。2020年，全县农林牧渔业总产值146亿元，增长2.9%，农村居民人均可支配收入35557元，增长6.3%，城乡居民收入比缩小到1.71∶1。

【象山县乡村振兴局挂牌】 6月11日上午，象山县乡村振兴局正式挂牌。象山县委副书记、政法委书记李晓东宣布县乡村振兴局正式成立，副县长吴志辉宣读县委编委《关于县农业农村局增挂县乡村振兴局牌子的通知》，并共同揭牌。县农业农村局增挂乡村振兴局牌子，既是贯彻落实中央和省、市、县委重大决策部署的具体行动，也是做好巩固拓展脱贫攻坚成果同乡村振兴有效衔接的重要举措，开启象山乡村振兴工作的新篇章。

【新时代美丽乡村标杆县创建】 2021年，象山县坚持组团打造、联片发展，推动象山美丽乡村建设从局部美向全域美转变，深化村庄清洁行动推进“山水林田路房”综合整治，全面提升农村人居环境，不断壮大数字农业新业态、大胆探索数字治理新模式，加快构建农业农村“数字大脑”，践行新发展理念，加快打通“两山”转化通道，推进美丽环境向美丽经济转变。全年创建省美丽乡村示范乡镇2个，省美丽乡村特色精品村5个，市级美丽乡村示范乡镇2个，市级小集镇式中心村1个，市级美丽乡村示范村5个，县级美丽乡村特色村13个。完成新桥镇“光爱西海岸”、高塘岛乡“海上仙缘”2条乡村振兴示范带重要节点打造、沿线绿化提升、旅游公厕升级、交通路网提升等工程，并通过市级验收，集成打造一批展现“山海风貌、田园风光、半岛风情”的美丽乡村示范窗口。

【农村生活垃圾分类】 2021年，象山县出台《2021年象山县农村生活垃圾分类工作考核办法》等10余项政策，通过党建引领，发挥党组织和党员干部先锋模范作用，动员青年团体、妇女群体、老年协会等社会各界力量组建志愿服务队伍，创新融媒体报道、主题宣讲、入户指导等多样化宣传形式，不定期开展农村生活垃圾分类系列宣传活动。委托第三方公司从宣传效果、工作机制、源头分类、垃圾清运、终端减量化处理五方面，开展农村生活垃圾分类和农村人居环境工作检查评估，完成5轮345个行政村检查工作，下发问题清单1467个。深化"大数据+"云平台建设，对9个镇域垃圾分类处理资源化站点使用情况进行全程监管，有效推动垃圾分类"能落地、出实效、可持续"。全年创建省级高标准农村生活垃圾分类示范村4个、市级示范乡镇3个、示范村10个，农村生活垃圾分类覆盖率和无害化处理率均达到100%，连续第5年获评全省农村生活垃圾分类处理工作优胜县。

【农村人居环境整治提升】 2021年，象山县紧紧围绕浙江省"千万工程"和宁波市"13511"工程目标要求，集中开展城乡品质提升"三清三美""两线两村"建设等行动，推进村庄清洁行动各类攻坚活动，全面提升农村人居环境。全年创建省星级公厕21座、示范性公厕2座，新改建农村公厕86座，完成房前屋后乱堆放、垃圾分类混投、公厕设施老化等相关问题整改1462个，村庄梳理式改造拆除面积50.63亩，获评2021年度浙江省深化"千万工程"建设新时代美丽乡村（农村人居环境提升）工作优胜县。

【"三清三美"行动】 2021年，象山县结合亚运城市行动，对标公园城市建设，突出"山林湖田路房"六度空间，启动清洁田园、清洁山体、清洁水面和美丽村社、美丽廊道、美丽港湾"三清三美"专项行动，通过实施综合治理、结合地域特色、深化多元共治，厚植"全域洁美"生态底色，注入"全域美丽"发展活力，构建"全域协同"长效机制，全方位提升城乡环境品质。全年累计整改问题点位10483个，清理各类垃圾1.56万吨，清洁农田15.85万亩、山体整治1.44万亩、路面清理1.8万千米、绿化补种9000余株以及河湖清淤10万立方米，拆除违建棚屋1774处。

【"两线两村"建设】 2021年，象山县以北纬30度最美海岸线为主线，依托高速公路和省市县道主干线建设，按照"一镇一标杆、一村一品牌"思路，梳理明确"31个标杆、33个组团、16条连线"村庄发展清单。启动实施"两线两村"行动，串联建设一批集乡村治理、滨海旅游、集成改革、历史文化等特色集成样板村庄，计划集中3年建成14条县级精品线、20条县级精品培育线和5个小集镇式中心村、50个共同富裕示范村。2021年建成"智造蓝海"等精品线4条，启动培育精品线20条、共同富裕村庄28个。

【象山"村民说事"应用场景入选省农业农村数字化改革首批"优秀应用"】 11月24日，浙江省农业农村厅公布全省农业农村数字化改革第一批21个"优秀应用"名单，象山"村民说事"应用场景成功入选。该应用集成信息发布、投票调研、事务备案、会议直播、文档上传等功能，通过村民说事一键直达、村务决策一体联动、村级事务一网通办、办事进程一览无余、监督评价一触即可，推动"说议办评"数字化升级、全闭环运行，实现"群众说得出、决策议得好、事情办得实、成效评得准"。

【低收入农户增收】 2021年，象山县注重促进帮扶开发与乡村振兴有效衔接，持续巩固低收入农户高水平全面小康攻坚成果。健全低收入农户精准识别和监测体系，建立以经济来源、劳动能力、就业意愿等为重点的低收入农户信息库，截至2021年底，全县共有低收入农户7948户11990人。深化完善低收入农户持续增收机制，落实"一户一策一干部"帮扶制度，通过提供就业岗位、发展产业帮扶、加强金融支持、来料加工等多措并举开展帮扶，下拨产业帮扶资金253.09万元，发放扶贫小额贷款25笔1248万元；实施综合性保险保障，为低收入农户出现灾病风险提供有力兜底保障，落实综合性保险保费574.15万元，共有11969名低保人员和低保边缘人员参加保险，共计赔付3840人405.5921万元。2021年该县低收入农户人均可支配收入达到18762元、增长17.6%，增幅全市第一。

【东西部帮扶协作】 2021年，象山县贯彻落实中央和省市关于东西部扶贫协作决策部署，以长期协作、共同发展为出发点，按照"力度不减、措施不弱"的工作原则，全面助力凉山州雷波县巩固拓展脱贫攻坚成果，稳步推进乡村振兴，奋力塑造象山帮扶品牌，为全省打造东西部协作"五张金名片"增添象山色彩。深入推进产业、经贸、民生、社会事业等领域合作，全年统筹市、县两级财政援助资金6200万元，落实医疗、教育、就业、产业发展、示范村建设等项目23个，动员社会募捐资金、物资476.6余万元，助销农特产品7500余万元，引导7家企业在四川省投资5.04亿元，培训四川省农村劳动力748人，帮助就业4329人。超额完成企业投资、消费协作、社会帮扶等重点工作，上报市级以上宣传报道90余篇，其中劳务协作、文化走亲等做法得到《中国劳动报》、央视《新闻直播间》、中央人民广播电台等国家媒体宣传报道。

【雷波县党政代表团到象山考察】 5月20—22日，四川省凉山州雷波县委副书记、县长陈翔率该县党政代表团到象山考察交流，奏响东西部协作新序曲。考察团在象山期间先后考察锦浪科技股份有限公司、大目湾开发建设管理中心、亚帆中心、墙头镇溪里方村、方家岙村、象山影视城、石浦渔港古城、中国海洋渔文化展示馆等地，并召开象山—雷波东西部协作党政联席会议，共商东西部协作有关事宜。象山县委书记潘银浩，县委副书记、县长包朝阳，象山县领导罗来兴、李晓东、陈柳松、张微燕、吴志辉、陈建瑜，雷波县领导杨顺忠、刘二伟、马格胚参加相关活动。

【象山县党政代表团赴雷波考察】 10月17—18日,象山县委副书记、县长包朝阳率象山县党政代表团赴四川省凉山州雷波县考察交流,看望慰问象山在该县的挂职干部、人才,推进东西部协作有关事宜。考察团先后考察雷波县汶水镇汶水村、黄琅镇马湖景区、千万贯乡青杠村等地,走访调研雷波县集镇改造、商贸综合体建设、旅游产业开发、乡村振兴发展等情况,并在雷波—象山东西部协作党政联席会议上交流合作事宜。

(杨瑞瑞)

渔业·水利·水务

渔　业

【概况】　2021年,象山县渔业经济总体运行平稳上升。全县渔船2946艘,其中捕捞渔船2745艘,渔船数量为全省前3;全县水产品总产量62.03万吨、渔业总产值约111.8亿元,同比分别增长5%和5.3%左右。其中海洋捕捞36.2万吨,同比增长5%;养殖17.51万吨,同比增长6%;远洋捕捞8.32万吨,同比增长4.5%。水产品总产量居全市第1,增长率排名第4。全县海淡水养殖1.27万公顷,其中浅海养殖0.43万公顷、滩涂养殖0.29万公顷、海水池塘0.39万公顷、淡水池塘0.16万公顷。全县水产品加工企业195家,规模以上加工企业29家,超亿元企业10家,年产值30.9亿元。

【渔船安全】　实施渔船本质安全提升工程,强化风险管控,完成渔船风险普查2026艘,完成率106%,消除高风险渔船328艘、风险点980余处。强化渔船检验,全年完成渔船检验3779艘次,设备改造升级渔船947艘。攻坚"异地挂靠"渔船,开展"证业不符"整治,303艘省内异地挂靠渔船全部清零。根据"四化五场景"要求,完成示范船改造21艘,为全省提供实践案例。

【船员安全】　实施船员安全素质提升工程,采用"渔业安全培训"App+线下培训相结合,强化船员实操技能,开展职务船员和普通船员培训,全年完成职务船员培训考试4255人、普通船员培训考试4147人。启动全县船长"面对面"安全警示教育,结合象山实际,将船副纳入培训范围,全年培训3816人。成功举办象山县第二届渔民运动会。

【安全执法】　持续开展"铁拳"行动"清港行动",严查严打"两类违规""三种情况""四类设备"和"五超行为",严防渔船"带病出海"。2021年,累计开展执法检查2693次,检查渔船4785艘次,查扣涉嫌违规渔船160艘,查处"三无"排筏94艘,立案查处各类渔业违法违规案件476起,查获违禁渔获物1.1万公斤,清理取缔地笼网等违禁网具3306顶,破获非法捕捞案件25起62人并移交公安。

【智慧渔港】　实施渔船渔港精密智控工程"三端一链"建设,构建"一平台六场景"数字渔港,完善渔业安全组织架构和运作机制、优化海洋资源市场化配置、健全现代渔港管理服务体系,获省农业农村厅多跨应用场景第一批"先行先试"单位。完成66艘渔船80厘米Ku波段海上卫星宽带终端(迪泰)及船载视频监控安装。

【水产养殖】　水产养殖向优质、高效、生态发展,编制《象山县渔业高质量发展"十四五"规划》,深入推进水产健康养殖五大行动,建成示范基地11个,完成绿色生态网箱96口。有序推进水产养殖尾水治理工作,完成13个乡镇、68个区块养殖尾水方案专家评审。在南韭山海域、渔山海域等海域完成大黄鱼、曼氏无针乌贼、对虾等本土品种增殖放流1.9亿个(只)。开展水产品质量安全风险隐患排查整改"百日攻坚"等专项行动,2021年完成水产品抽样645批次,水产品药物残留快速检测116次,检测南美白对虾苗种等苗种2.23亿尾,可养殖面积近266公顷。

【产业发展】　产业发展向多元化、外向化、品牌化发展,完成正大水产(浙江)有限公司网上注册,完成种虾项目工艺设计。成功注册网络标识国家通用网址域名"海鲜之都·中国""海鲜之都·CN",成功创建象山梭子蟹浙江省特色农产品优势区。开展全国农业全产业链典型县创建,完成省农业农村厅申报答辩工作。

【海洋捕捞】　海洋捕捞向稳定、规模、远洋规范化发展,推进甬利号南极磷虾捕捞加工船建造,完成双层底9个分段制作。加快海洋渔业经营体制改革,组建渔业经营体制改革工作专班,完成《象山捕捞渔业经营体制改革调研报告(初稿)》《深化捕捞渔业经营体制改革试点实施方案》。创建"公司+渔船+洋地运销+销售"现代运营模式,运营集"鲜活海鲜、电子商务、物流运输"为一体的石浦电商、旅游水产精品市场。

【象山县获评浙江渔场修复振兴暨"一打三整治"行动县级考核优秀单位】　2月10日,浙江渔场修复振兴暨"一打三整治"协调小组发文,象山以宁波市第一的得分被评为2020年度浙江渔场修复振兴暨"一打三整治"行动县级考核优秀单位。

【"亮剑2021"海洋伏季休渔专项执法行动在象山县启动】　4月30日上午,由农业农村部、公安部和中国海警局联合举办的"亮剑2021"海洋伏季休渔专项执法行动启动活动在石浦镇举行。农业农村部副部长于康震、公安部副部长林锐、中国海警局副局长赵学翔、浙江省副省长刘小涛、宁波市市长裘东耀、中央外办海洋权益局副局长梁金哲、公安部治安管理局局长李京生、农业农村部渔业渔政管理局局长刘新中等领导出席。浙江省农业农村厅党组书记、厅长王通林出席活动并作交流发言。

【象山县"省级渔业转型发展先行区"验收通过】 6月29日,浙江省农业农村厅组织相关专家组成验收组对象山县"省级渔业转型发展先行区"创建工作进行验收,以101分的佳绩通过省级验收,象山县成为宁波市首个渔业转型发展先行区。

【浙江省渔船安全精密智控系统1.0测试版启动仪式在象山县举行】 9月16日上午,浙江省渔船安全精密智控系统1.0测试版启动仪式在象山举行。浙江省副省长徐文光、农业农村部渔业渔政管理局局长刘新中、省政府副秘书长陈广胜、省农业农村厅厅长王通林、省海事局副局长梁永铭、温州市副市长娄绍光、市农业农村局局长李强、象山县委书记潘银浩共同启动"浙渔安"上线。此时,全省渔船"浙渔安"已安装500艘。其中,象山县已安装200艘。

【《象山国家级沿海渔港经济区项目实施方案》评审通过】 9月23日,市农业农村局在象山县组织召开《象山国家级沿海渔港经济区项目实施方案》(以下简称《实施方案》)评审会。专家组一行实地考察浙东海上桃源·M湾渔村、国庆海塘提升改造及渔港建设工程、风情渔港、中国海洋渔文化展示馆、象山国际水产冷链物流基地等地,听取县政府对《实施方案》汇报,查阅相关资料。经专家组审议,一致通过该实施方案。

【千名干部进渔家"遏重大、保平安"专项行动工作会议】 11月14日上午,象山县千名干部进渔家"遏重大、保平安"专项行动工作会议召开。县委书记潘银浩在会上强调,要以最大的力度、最实的作风、最硬的举措,坚决打赢遏制涉海涉渔领域安全生产事故这场硬仗,坚决扛起"护一方百姓,保一方平安"的责任担当。

【象山县与浙大宁波理工学院签署海洋领域战略合作协议】 12月22日,副县长吴志辉与浙大宁波理工学院副校长杨灿军代表双方签署关于海洋领域战略合作协议,并共同为"象山县人民政府—浙大宁波理工学院联合海洋试验基地"揭牌。

水 利

【概况】 2021年,县水利和渔业局坚持"管行业必须管安全、管业务必须管安全、管生产经营必须管安全"工作要求,坚决执行"水利工程补短板、水利行业强监管"总基调,聚焦水利领域薄弱环节,全力推进水资源、水生态、水环境、水灾害统筹治理,全面提升水安全综合保障能力,确保水利在建工程更加安全、已建工程运行更加高效、行业管理更加有序。

【水利工程建设】 2021年,完成年度投资2.64亿元。鹤浦水糊涂二期海堤、高塘黄沙岙海堤2条海塘,东沿塘闸门、小东塘闸门、军民塘老闸3个闸门完工,下沈海塘万青塘闸完工,万丈涂海塘和吉港海塘开工建设。中心城区防洪排涝东陈片河道整治工程和西周镇柴溪流域治理工程完工,长塘河、黄埠塘江水系综合治理工程,岑晁流域治理(一期)等3条流域在建。其他面上工程完成投资2102万元,水利信息化工程超额完成年度投资计划。

【水利工程管理】 2021年,推进水利三化改革,全县18个镇乡、街道物业化管理全覆盖,完成全县80座中小型水库、35条海塘视频监控,水闸水位点位建设,进一步提升数字化水平。在丹东、东陈开展水库确权试点工作,完成中型水库部分权证及樊岙、松岙、黄金坦等小型水库确权工作。开展"四不二直"和市级交叉检查178次,发现并及时闭环整改问题105个。

【水资源管理】 2021年,严格水资源管理,颁发有效取水许可证46家,征收水资源费1153.6万元,开展水保监督检查30余次,下发监督意见5份,协调处理涉水案件15起,下发《责令改正通知书》5份。推进"清洁水面"专项行动,开展河湖清"四乱"工作,拆除涉河违建58平方米,销号四乱问题10处,清理地笼网1000余顶。

【水利安全保障】 2021年,严格落实"三人三方案",组织各类防汛隐患检查25次,排查问题27处,整改27处,完成310座山塘安全评定、7座水库安全鉴定,整治渗漏山塘15座。

【美丽河湖创建】 2021年,探索"美丽河湖"升级版,东大河成功创建省级美丽河湖、黄避岙乡创建市级水美乡镇。完成西周大同伴、小同伴、丹西大丘、爵溪上厂等12座美丽池塘整治。村庄水环境整治和溪坑河道建设项目完成投资2000万元,溪坑河道整治15千米,河湖库塘清淤10万立方米。

【水资源平衡"512"工程】 力争通过5年时间,投入20亿元,重点实施降漏损、节水、分质供水、水源地保护、水库群精准调度、水库清淤、新增水源工程、扩建水库工程、小型水厂提升工程、县外引水等10个项目工程。2021年,成立象山县水库新扩建工程建设工作专班,白仙山水库新建工程完成项目建议书初稿,平潭水库维修加固工程完成初设咨询稿,仓岙水库清淤扩容完成部分临时工程。

【防御台风"烟花"】 成功防御第6号强台风。截至2021年7月29日(过境第二天)8时全县平均降雨量304.8毫米,其中最大降雨量为西周镇下芭蕉站533.5毫米。全县总蓄水量13996万立方米，占控制蓄水量的83.6%。研究制定蓄洪"一库一方案"，创新实施"一塘一策"，科学调度水资源，水库山塘、河网、水闸合理预排、提前预泄16495万立方米。

（陈兴平）

防汛抗旱

【抗旱保供水】 2020年以来，象山县防指办密切关注旱情发展态势，抓好抗旱保供水各项工作，全力保障城乡供水安全。整个旱情从2020年10月15日启动抗旱应急响应到2021年5月28日解除，历时223天。其间，在市防指和市水利局的大力支持下，全县从白溪水库共引水2092万立方米，采取各种节水措施节约用水约896万立方米。

【防汛基础工作】 一是落实防汛责任。严格落实行政首长负责制，及时更新全县镇（乡）街道级防汛指挥部和县防指成员单位成员，调整村级防汛工作组，落实全县重要防汛工程责任人、技术负责人和巡查责任人。二是修编防汛预案。督促各地各部门按照"三预"（预案、预报、预警）工作要求，着力开展预案检查和完善工作。三是补充防汛物资。县级储备防汛麻袋4万余只、防汛沙袋1万只、膨胀堵漏袋5000只，冲锋舟和橡皮艇28艘，6座中型水库等工程管理单位储备麻袋4万多只；对交通系统的挖机、装载机、运输车等抢险救援机械等进行充实与登记；各乡镇与防汛任务较重村都确定防汛仓库，并补充雨衣、手电、铁锹、编织袋等必要的防汛物资。县发改局按要求落实储备矿泉水、方便面、大米、猪肉等救灾生活物资。四是做好防汛检查。全县共出动检查人员383人次，检查防汛工程125处，发现防汛安全隐患32处，均在5月底前完成整改或落实措施。对汛前检查出来的32处隐患，县防指下发督办令，要求各地限期整改，确实无法在主汛期前完成整改的，必须逐一落实度汛措施和应急抢险方案，明确风险隐患整改责任人、整改时限、整改标准，完成整改一处，闭环销号一处，有力提升防汛防台本质安全。

【梅雨期防汛】 象山县于6月10日入梅，7月5日出梅，梅雨期25天，全县梅雨量225毫米，与常年基本持平。县防指于6月18日召开防汛隐患整改会商会，要求各地各部门加强防汛隐患排查，并及时闭环管理。对排摸出来的53个村132户老弱病残实行一户一策针对性避险方案，确保重点群体安全防范工作做细做实。

【强对流天气防汛】 2021年，象山县遭受6次明显的强对流天气，特别是8月中旬连续3次强对流天气，防御工作进步明显。县防指办及时发现城区排水职责转隶后应对工作脱节等问题，连续发出防汛指令4次，下发风险提示单1个，并联合县气象局紧急落实短临气候应急叫醒机制，督促强对流天气可能严重影响乡镇和县住建局、县城投集团、县水务集团、县旅发中心等单位加强防范，实现"打一仗、进一步"的目标。

【防御台风"灿都"】 9月13日下午，象山县召开调度工作会议，安排部署下阶段防台防汛工作。会议强调，各级各部门要按照上级部署要求，按照防台风等级响应要求，发扬连续作战精神，统筹调度，把握重点，慎终如始打好防台防汛攻坚战。宁波市副市长陈炳荣到会督查指导，县委书记潘银浩讲话，县委副书记、县长包朝阳主持会议。会议通过视频连线，听取各地关于防御台风"灿都"相关工作情况汇报。潘银浩在会上指出，此次防台工作总体上有力、有效、有序，实现初步阶段性目标，特别是广大党员干部与人民群众风雨中在一起，增进干群感情，锻炼干部能力、提升干部作风。他还强调，要始终把人的安全放在第一位，科学研判，综合分析，切实管好回港船只，统筹做好渔业发展和安全工作。要预防次生灾害，进一步排摸检查，做好地质灾害防范，以及危旧房、道路、水利设施的防护等工作。要科学做好河网水库的调度管理工作，根据降雨及潮位情况，加强实时调度，确保各类水闸运行安全。要有序恢复生产生活秩序，统筹做好防台和防疫工作，加强台风灾后消杀和公共卫生管理。要做好复盘工作，科学运用数字化、信息化技术，梳理在基础设施、应急预案、指令体系、责任体系等方面的薄弱环节，加快形成"一盘棋、一张图、一体化"等制度性成果。

【防台期间人船安全】 2021年，完成"烟花""灿都"等台风防御工作。县主要领导靠前指挥，紧紧抓住渔船及时回港避风、各类风险区人员提前避险转移这两个重点，两次台风共组织人员避险转移73022人次，渔船回港避风11800船次，"烟花""灿都"台风期间对石浦港内渔船均实施二次转移。建设完成宁波市执法扣押船舶管理基地，对执法扣押船舶、"三无"船舶实行统一管理，出台无动力船只管理规定，极大提升海上防台安全。做好台风"烟花"灾后复产工作，并在隐患排查、风险研判、预案完善、工作机制、基础数据等方面进行复盘，进一步提升防汛防台能力。

【全省基层防汛防台体系标准化建设试点】 象山县作为2021年全省基层防汛防台体系标准化建设十三个试点县之一，为宁波市唯一一家。一是及时动员部署建设。认真谋划实施方案，5月14日下发《关于开展基层汛防台体系标准化建设的通知》，按照"试点先行、全面推进、整改提升"原则，明确时间节点，落实试点乡镇和试点村，做好创建工作。二是克服困难推进实施。试点县建设时间紧、任务重，但县财政无法保障创建资金，象山县在细化完善试点县建设实施方案的同时，从日常防汛经费中借用30万元进行试点村建设，多次和市应急管理局、县财政局对接落实建设资金，于6月底完成西周镇淡港、港南、莲花3个试点村建设，基本完成爵溪街道试点乡镇建设。三是认真谋划创建特色。根据象山县基层防汛防台体系特点，统一研制下发"村级防汛防台一页纸预案"模板，统一定制村级防汛责任人“四小件”应急包，统一集中采购避灾安置场所应急物资，统一为各级防汛防台应急抢险人员（含社会救援队成员）购买人身意外保险，自行摸索后统一乡镇级、村社级创建台账要求，认真做好基层防汛防台标准化建设有关工作。12月28—29日，省级验收组对象山基层防汛防台体系标准化建设进行验收。验收组随机抽取西周镇和黄避岙乡，实地查看西周镇及淡港村、莲花村和黄避岙乡及横塘村、白屿村。通过实地查看、台账检查、面谈询问、平台展示等方式，就各地各村的防汛应急指挥中心、防汛防台工作场所、避灾安置场所、应急队伍、物资仓库等地，对照验收标准就组织责任、风险防控、抢险救援、灾后恢复、运行保障、数字赋能等方面工作落实情况进行验收和评分，省验收组一致认为象山县基层防汛防台体系标准化建设工作领导重视、行动迅速，建设到位、体系完备，结合实际、创新亮点，海上防台风安全、村级“一页纸”预案、村级防汛平台、抢险救援人员保险、“防汛四小件”等特色鲜明，符合试点县考核标准，予以通过验收。

【全市基层防汛防台体系标准化建设现场会在象山县召开】 为全面总结2021年度宁波市防汛防台抗旱工作，学习借鉴象山县基层防汛防台体系标准化建设试点经验，更好地推进下一步工作，提高全市防范化解重大风险能力和防汛防台救灾整体能力，11月2—3日，全市防汛防台抗旱工作总结暨基层防汛防台体系标准化建设现场会在象山县召开。市防指办常务副主任、市应急管理局副局长许武松出席会议并讲话。宁波各区县（市）、开发园区防指办业务分管领导、科室工作人员，市防指有关成员单位参加会议。会上，与会人员实地观摩象山县试点乡镇防汛防台体系标准化建设试点情况，市防指办、市防指有关成员单位及各地对标准化试点及2021年、2022年工作进行交流发言。

（叶冰倩）

2021年4月，农村供水“一户一表”工程施工中（沈洋　摄）

城乡水务建设

【概况】 2021年，县水务集团完成实施类项目42个，累计投资5.21亿元，为年度投资计划的118%。

【重点水务工程建设】 2021年，万达广场配套污水管网扩容工程完成顶管作业5千米，完成投资4624万元；大中庄至城东污水厂输送管工程完成管网铺设24千米，完成投资3179万元；农村供水“一户一表”工程完成18352户接户工作，实现抄表收费到户。

【智慧水务建设】 县水务集团调度中心于5月31日正式挂牌运行，实现水厂、管网在线监测预警，报修维修平台全闭环流程。在控漏损工作上，2021年累计安装分区计量设备676台，更换水表51251只，巡检11313千米，查出修复漏点1588个，修复消火栓328个，漏损率降至19.78%。县水务集团下属3家自来水公司总供水量6964万立方米，日均供水量19万立方米，较2020年的22万立方米降低3万立方米。

【原水资源平衡优化】 编制完成《象山县供水水资源规划》，启动“512”水资源平衡工程，县水务集团协同相关部门、乡镇在“十四五”期间着力破解象山县水资源紧缺瓶颈。2021年，隔溪张水库除险加固工程主体工程建设已完成80%工程量，完成投资2492万元。仓岙水库清淤扩容工程采用矿产资源拍卖形式已于5月开工，溪口水库清淤扩容工程已完成设计方案编制，平潭水库续建扩容工程完成项目指挥部组建和设计方案评审。

【标准化营业所建设】 完成中心城区、东郊、西周3个营业所标准化创建，同步开展营抄岗位服务外包工作，并参与宁波首个“电水气数”鹤浦营业厅建设，提高服务质量。

污水处理

【概况】 2021年，县水务集团下属5个污水厂全年污水处理量3362万吨，并生产中水补充爵溪117.7万吨、河道生态补水115.3万吨。

【污水专业化运营】 2021年，共实施城区污水管网日常巡查698千米，完成污水管网清淤疏通62.3千米，管道CCTV（Closed Circuit Television）检测27.8千米，完成各类修复256处。完成2021年度农村污水处理设施标准化创建工程，对127个修复型和直创型终端进行改造提升。完成省环保督查整改重点工作的南庄六村提标改造工程，并顺利销号验收。

【污水提升项目】 加快污水厂提标改造项目，中心城区、西周污水厂已完成验收，城东、鹤浦和贤庠污水处理厂按计划推进。完成农村生活污水4处迎检点和16条精品路线提升改造。

【大塘港水环境治理】 2021年，完成大塘港浮礁渡周边区域农村污水提标改造工程，推进大塘港水生态修复，努力实现水质稳定达标。

水务产业化

【概况】 2021年，县水务集团共有7个部门、8家子公司、1家合资公司，下辖6座水库，拥有在编员工499人，其中国企编制459人，事业编制40人。负责除爵溪街道以外的所有乡镇12个自来水厂和17个水站的运营，制水能力达46.4万吨/日；除爵溪、石浦、象保区外的5家污水处理厂（日处理能力为12万吨）、7个乡镇污水处理站和563个农村污水处理终端的运营。

【集团经济运行情况】 至2021年底，县水务集团账面总资产99.06亿元（包含水库资产49.63亿元和海域使用权8.37亿元），总负债34.56亿元，净资产64.50亿元。融资规模32.75亿元，对外借款10.1亿元，对外担保6.23亿元。2021年，实现营业收入2.59亿元，营业亏损2.61亿元。在融资置换上，完成7笔流动资金存量转贷4.4亿元，归还融资租赁2.1亿元，节省成本750万元。在清产核资上，完成墙头、新桥、定塘3家乡镇水厂评估。

【企业经营改革】 2021年，县水务集团与省环保集团合资组建的浙江省环保集团象山有限公司，连续3年荣获省、市农村生活污水治理设施运维管理考核优秀称号，已累计创利税破1000万元，2021年度获分红480万元。

（葛宇琪）

工　业

综　述

【概况】 2021年，面对依然复杂严峻的宏观环境，象山县工业经济总体平稳发展，全年实现规模以上工业总产值750.1亿元，同比增长12.9%；工业销售产值713.3亿元，同比增长12.5%；外贸出口交货值132.8亿元，同比增长21.2%，产销率95.1%。实现规模以上工业增加值161.8亿元，同比增长12.3%；增速高于全市平均0.4个百分点；规模以下工业增加值同比增长13.4%，高于全市平均1.3个百分点，增速居全市第一。完成工业投资99.1亿元，同比增长28.9%，增速居全市第二，其中技改投资66.2亿元，同比增长42.7%，增速居全市第一；制造业投资54.4亿元，同比增长5.3%。完成数字经济核心产业增加值（制造业部分）12.1亿元，同比增长0.9%。工业用电量193840万千瓦时，同比增长6.4%。

稳运行经济发展向好 一是加强顶层设计。制定出台《象山县工业高质量发展"十四五"规划》及临港装备、汽模配、功能材料3个产业发展精准招商规划，明确构建以临港装备产业为核心，改造提升汽模配、纺织服装两大传统优势产业为重点，培育发展功能材料、绿色能源、海洋生物三大战略性新兴产业为突破口的"123"百亿级产业集群建设。出台《象山县关于加快推进制造业高质量发展的若干意见》及其实施细则，预安排总资金2亿元，更加突出在链群建设、先进制造、数字经济等方面的扶持，进一步加快象山县主导产业集群建设步伐，推动制造业高质量发展。二是优化企业服务。综合运用"互联网+"新服务模式，以"企业码"平台为载体，开发上线"企服一点通"系统，做好涉企政策梳理、入库、推送等工作，收集并流转项目申报、政策咨询、融资帮扶等困难问题，推进跨部门协调解决，构建"零距离"企服模式。开展联企业促转型、联项目促投资等活动，32位县级领导针对性联系81家企业和62个亿元以上项目，优化镇乡（街道）工业队伍"企服责任人"机制，以现场办公、走访调研、交流座谈等方式"一对一"帮助企业解决实际困难。全年累计受理涉企难题1537个，已办结1362件，办结率88.6%、答复率100%。三是强化要素保障。加快各项惠企政策落地，协助企业绿色工厂、技改项目等政策申报225家次，兑现国家单项冠军、首台（套）、省级企业技术中心、市级数字化车间等补助资金超2亿元，实现制造业减负降本5.41亿元。精准做好能源双控有序用电工作，合理优化企业名单和用电时间，优先保障优质企业、产业链安全企业用电需求，确保工业生产有序平稳。强化土地供给，实行工业用地弹性供应，全年出让工业土地41宗2341.94亩。

外引内育释放增长潜力 一是加大工业投资。构建项目"谋划—储备—前期—建设—竣工"全周期工作链条，推行投资项目完成情况"月度预报、半月对账、月底通报"制度，挂图作战全程跟踪，做到责任到人、倒排工期、到点验收，确保新增产能应统尽统、达产入库。2021年，17个亿元以上项目开工动建，38个亿元以上续建项目推进顺利，15个亿元以上项目试投产。二是注重企业培育。出台《象山县"330"企业梯度培育方案（试行）》及评定管理办法，评选公布第一批领军型、标杆型、创新型企业81家，落实"放水养鱼"、金融支持、要素保障等一系列扶持措施，加大扶强扶优力度。构建形成"小升规"—专精特新"小巨人"—单项冠军—"大优强"企业的培育路径，鼓励企业持续深耕细分市场，加快从"小而多"向"精而强"转型升级。2021年，华翔电子等3家入选市"大优强"培育企业，锦浪科技入列国家级单项冠军示范企业，戴维医疗等3家入围省级单项冠军培育企业，钰烯腐蚀等5家入选国家级专精特新"小巨人"，全年新增规模企业127家、净增75家，规模企业总数达658家。三是做强做优园区平台。依托现有产业布局和港口、岸线优势，围绕"123"百亿级产业集群，明确临港装备产业园、城南高新园等高能级产业平台的细分产业发展方向，推动产业集聚、错位发展。完善园区硬件设施和配套服务，做强园区产业平台的集聚功能，加快打造一批规划布局合理、产业特色鲜明、土地利用集约的小微企业园，新认定七里亭等2个省级小微企业园，改造提升塘中造者等3个小微企业园。

创新驱动提升产业层次 一是深化数字化改革。制定出台《象山县数字经济建设方案》，成立数字经济建设工作专班，为数字经济建设定下方向、内容。上线数字经济系统门户，录入6项重大任务、17项一级任务与42项子任务，新增象山智慧招商地图、产业链"一键通"等创新应用。2021年，未来菜场项目获评省"新业态"优秀案例，云朵网"浙江省文化产业大数据服务平台"获评省"新治理"优秀案例；乐惠

精酿啤酒行业应用建设获市数字经济系统应用场景大赛三等奖。二是推进智能制造。实施“数字经济”一号工程，推进数字化车间、未来工厂等项目建设，引导企业高水平上云、深层次用云，加快打造针织云、模具云，积极谋划针织、数字影视、甬舟一体水产品加工等产业大脑。2021年，劳伦斯汽车内饰件等2家企业入列省智能工厂（数字化车间），恒富汽车等2家企业实施国家级两化融合贯标，威霖住宅等9家企业入列市“5G+工业互联网”试点项目计划库，新增上云企业350家，威霖住宅入选省级制造业“云上企业”，新建5G基站470个。三是加快技术改造。引导企业积极开展技术改造和技术创新，加快开发新产品并加大推广力度，推进新技术、新模式在制造业领域的应用，着力推动科技成果加速转化。2021年，锦浪科技入列国家技术创新示范中心、市重点工业新产品，乐惠国际入列省企业技术中心，易锻精机入列省重点技术创新项目、市重点产业链上下游企业共同体，中机智能、瑞德森等3家企业获国家和省级首台（套）产品认定，南方中心高性能刀具创新中心入列市级制造业创新中心创建名单。

改革治理加快转型步伐 一是深化“亩均论英雄”改革。出台《象山县“亩均论英雄”改革实施方案》，创新采用规上企业分行业评价、规上特殊类及规下企业亩均税收达标制评价的方法，完善差别化用地、用能、排污、税费机制及财政激励约束机制。开展“闲置土地破冰动建”“低效企业税收达标”“散乱污区块整合拔钉”三大攻坚行动，重点整治大碶头原缝纫机厂、河东工业园等区块，通过转让出租、引进项目、开拓税源等方式，加快推进用地提效、空间提容。宁波中油重工等4个地块完成整治，豪翔新型建材等14家企业持续改造提升，大碶头原缝纫机厂区等3个地块逐步攻坚征迁。二是推进绿色体系建设。结合新一轮制造业“腾笼换鸟、凤凰涅槃”工作，加快推进落后产能淘汰和“两小”企业综合治理提升，引导企业开展节水型企业、绿色工厂（园区）等项目创建，通过整体腾退、搬迁入园等方式依法依规实施分类整治。全年整治高耗低效企业154家，“低散乱”企业203家，淘汰落后产能21家，日星铸业入列国家级绿色工厂，开展市级绿色化技术改造项目7个，创建省级节水标杆1家、市级节水型企业4家。三是加快产业动能转换。改造提升传统产业，出台纺织服装、船舶等传统产业改造提升方案，成立纺织服装产业联盟，推动爵溪针织品市场开业，加快推进传统制造业集群化、数字化、绿色化发展。全年纺织服装产业完成规上工业产值111.0亿元，同比增长16.9%；汽模配产业完成规模以上工业产值147.3亿元，同比增长5.6%。

服务争先优化营商环境 一是加快市场开拓。组织全力机械、合力模具等12家企业参加第17届中国模具之都博览会，组织巨鹰集团、甬南控股等17家企业参加25届宁波国际服装节。天安、日升等44家企业被列入《宁波市优质产品推荐目录》，扩大象山特色优质产品更多参与市内项目招标。积极开展山海协作，赴雷波县开展东西部协作对接，通过推进党政和人才交流、产业合作、劳务对接等方式，实现两地资源、产业优势互补。二是鼓励管理创新。举办“创客中国”中小企业创新创业大赛，海铂新材料入围市级决赛。召开企业管理创新提升培训会，组织中化（浙江）膜等5家企业申报省市级管理创新提升标杆企业。开展互联网思维专题讲座、数字化转型提升发展论坛等培训，受益企业超300家次。开展百行百场金融对接活动，深入大目湾双创园、科创中心等园区，召开政银企融资对接会8场，发布融资需求125份，为昆卓机械等21家企业获得贷款近2亿元。三是强化安全生产。按照“一打三整治”等专项行动要求，委托第三方安全生产专业机构采取日常检查与专项检查、全面检查与重点检查相结合方式，重点在安全用电、危化品储存与使用、有限空间作业等方面开展安全隐患排查整治。全年走访企业215家次，下发安全隐患告知书215份，排查发现一般事故隐患1142起，组织开展企业安全应急演练2次。

纺织服装

【概况】 纺织服装业是象山县重要的传统优势产业，始创于20世纪70年代末，发展于八九十年代，转型于21世纪初，是象山县第一个突破百亿产值的产业。近年来，象山县先后荣获“中国针织名城”“国家外贸转型升级专业型示范基地”“国家纺织人才培训基地”等称号。2021年，181家规上纺织服装企业累计实现工业总产值111.02亿元，同比增速16.85%，其中累计实现新产品产值22.21亿元，同比增速33.10%；实现工业销售产值108.49亿元，同比增速17.81%，外贸出口交货值56.85亿元，同比增速40.28%。

【双循环格局重塑针织产业优势】 在2021年的县政协十届五次会议上，政协爵溪街道联委会提出《关于加快构建我县针织产业双循环格局的建议》。2021年象山针织产业有各类生产企业700余家，其中规模以上企业179家，占到全县规上企业数的36%。针织产业经历了艰难起步、总量扩张、发展壮大、创新提高等发展阶段，迈出内转外、僵转活、量转质的关键性步伐，但要打通国内国际“双循环”，仍面临着诸多困难。据委员们调研，象山针织企业95%以上的针织产品依赖出口，基本上全是贴牌生产，其中60%以上出口至欧美地区。这种对外贸过度依赖的产业结构，束缚企业发展模式；企业对于市场的敏感程度和应变能力普遍偏弱，大多延续着低附加值、低档产品、低利润和高能耗、高排放、高投入的老路子。在多年的外贸红利逐步消失后，企业经营发展疲态明显。虽然也有企业家们尝试走针织品牌之路，比如巨鹰集团的“巨鹰牌T恤”和甬南集团的“伟绅牌服饰”等，但终因设计开发与营销拓展两大核心能力不足，品牌之路举步维艰。而作为象山未来“十四五”时期重点打造的百亿级产业，针织产业须要尽快适应“双循环”格局合理转型，将重心转移到扩大内需和延续外贸两者平衡上来，才能走上产业破局之路。因此，委员们建议，要引导企业练好内功，巩固外销国际竞争优势。鼓励企业提升价值链层次，树立品牌意识和品牌价值。支持企业实施技术改造升级，加快智能化、数字化转型。加强人才培育，引导企业在外设立服装设计中心、面料研发中心，形成“设计在外、生产在象”的格局。要引导企业多点发力，加速国产替代发展步伐。通过“政府+企业”双重渠道，为企业搭建好直播平台与企业的合作平台。加大“网红主播”的孵化培育力度，加快传统针织企业通过营销模式的转变推动企业走向内循环。要引导企业用好政策，持续做优做强产业链条。针对针织企业存在的融资难、担保难、融资成本过高等问题，加强与金融机构合作，为信用良好的企业开辟融资绿色通道。研究出台新一轮精准扶持象山针织产业的行业政策，探索“商、仓、流”一体化发展路径，大力发展智慧物流、智能仓储、共享云仓，推动现代物流赋能传统针织业转型。

【数字化赋能针织产业转型发展】 6月15日，宁波海润制衣有限公司、宁波恒大印染有限公司、宁波统富制衣有限公司、宁波龙基服饰有限公司与中国联通宁波市分公司举行签约仪式，达成“5G+未来工厂”建设战略合作协议。这是象山县“5G+工业互联网”项目首次在针织领域推广应用，标志着该县新智造群体建设迈上新台阶。根据协议内容，双方将开展基于5G网络的各类创新应用试点合作，宁波联通全力协助签约企业打造5G智慧工厂，实现云联网、大数据、云计算、边缘计算等前沿科技在5G制衣各个环节的覆盖应用，改变传统服装生产方式，助力企业提高生产效率及管理水平，打造象山5G制衣标杆企业。

【纺织服装产业联盟成立】 10月29日，象山县纺织服装产业联盟成立暨产融合作对接大会召开。该联盟是由县内纺织、染整、印绣花和服装及辅料企业，自愿结成的全县性、行业性社会团体。下步，纺织服装产业联盟将搭建政企沟通平台，凝聚企业家力量，关心企业发展难点痛点，促进信息互通、资源共享，达成“1+1>2”的共识；加强行业管理，制定规章制度，规范行业行为，引导企业遵纪守法，助力行业健康发展；通过开展研讨、联谊等活动，探索推广先进管理经验，推动体制、管理及技术创新，增强企业发展潜力和市场竞争力，为加快建设社会主义现代化滨海城市、打造共同富裕样板县贡献力量。会议选举产生象山县纺织服装产业联盟第一届理事以及会长、执行会长、副会长、秘书长、监事长，举行了象山县纺织服装产业联盟成立启动仪式、颁发顾问聘书以及产融对接签约授信活动。

【推动针织产业提档升级】 象山县以新技术新设计、品牌建设、市场营销为重点方向，着力打造纺织服装产业供应链平台基地。出台《象山县针织业改造提升行动方案》，提出打造供应链品牌，加强供应链管理和产品设计，同时推动企业生产向智能制造转型，提高企业柔性生产和“小单快反”能力。制定品牌培育、智能制造、强链补链、人才发展等“针织四条”政策，采取有效措施促使本地产业向研发设计等价值链高端升级。2021年以来，象山县以针织业与数字技术深度融合为抓手，提高产业链绿色化水平，打造供给体系和柔性生产竞争新优势。积极推进智能制造，打造海润制衣市级数字化车间，推行关键环节“机器换人”，树立行业示范样板，带动一批针织企业实行数字化改造。依托航天云网打造“针织云”工业互联网平台，实行线上订货交易，整合产业链协作生产能力，“针织云”平台已上线运营，90余家企业实施数字化系统。

汽　模　配

【概况】 汽模配行业是象山县重要的传统优势产业，该县素有“中国铸造模具之乡”称号，拥有华翔集团等100余家专业生产企业。2021年，全县汽模配规模企业拥有85家，全年完成产值147.32亿元，同比增速5.63%，其中累计实现新产品产值65.69亿元，同比下降8.91%；实现工业销售产值141.00亿元，同比增速5.13%，外贸出口交货值8.87亿元，同比增速10.83%。

【劳伦斯汽车饰件被列入国家“两化”贯标试点】 1月25日，工信部公布2020年国家级“两化融合”管理体系贯标试点企业名单，该县易锻精机、劳伦斯汽车饰件两家企业入围。宁波劳伦斯汽车内饰件有限公司是华翔集团旗下的一家直属子公司，主要从事汽车车身、汽车零部件等生产制造。该公司每年投入信息化建设约500万元，基于现有成熟的ERP（企业资源计划）管理平台，全面对接MES（制造执行系统），推动数字化车间打造，全面提升生产、资源、仓储、质量等管理水平，提高生产过程数字化管控能力，生产效率提高30%。

【象山县首个“5G+智慧工厂”项目启动】 5月17日，宁波劳伦斯表面技术有限公司（以下简称劳伦斯）与浙江移动宁波象山分公司举行签约仪式，启动实施象山县首个“5G+智慧工厂”项目。劳伦斯是宾利、宝马、奔驰、通用等著名车企的供应商，拥有2条全自动电镀生产线、50多台注塑机，新工厂刚建成不久。项目签约后，象山移动将结合劳伦斯的实际需求以及未来的发展趋势，设计出使用5G网络覆盖、MEC边缘计算服务器、数字电路，实现厂内注塑机数据采集，且数据不出本地，形成“5G+工业互联网”的5G+数据采集具体方案。同时，通过宁波移动特有的网随业动新模式，申请建设涂茨镇白岩山区域5G宏站，为更多制造企业智能化转型赋能。

【华启轴承“机器换人”】 近年来，华启轴承投入近3000万元引进全自动数控设备，实现“机器换人”。具有低噪音、长寿命特点的轴承是静音空调的关键部件，也是华启轴承的“拳头产品”。然而2017年以前，国内市场上此类产品还一直依赖进口。经过研发投入，华启轴承如今已经能够自主生产该类产品,“国产轴承”的质量达到国际领先水平。“机器换人”,进一步提升企业生产效率和产品质量,残次品率也大为降低。“机器换人”也让工人工作性质发生改变,原来一线操作变成编程、监管和检修,劳动强度大大降低。而更为重要的是,在制造业转型升级的当下,“机器换人”已开始产生新的红利。

【百易东和“科技风”拓市场】 宁波百易东和汽车部件有限公司是一家专业生产各类汽车密封件、装饰件及自动化设备的企业。该公司自2016年成立以来,主打“科技风”,凭借自身强大的研发能力,获评2017年度县科技型“小巨人”企业,并成为宁波高新技术企业。近年来,百易东和引进大量先进的生产线及生产设备,包括纯押复押生产线、三元弯曲机、高精度冲床以及各类试验设备等。技术做后盾,各类订单也源源不断,2020年公司完成销售额6800多万元。2021年,尽管受原材料上涨等市场环境因素影响,但是企业凭借自身过硬的产品质量、可靠的发货效率,第一季度仍有1500万元的销售额,同比增长20%。

【九龙创展“机器换人”】 宁波九龙创展紧固件制造有限公司是一家专门生产高强度螺栓、螺母等多样规格特种紧固件企业,其产品被广泛应用于大跨度钢结构厂房、高层建筑、铁路桥梁等项目。为深耕国内外市场,应对订单需求,10月29日九龙创展新购置安装一条原料自动化酸洗表面处理线并正式投产。该生产线的投入生产,还使原料预处理由原来6小时缩减至2小时,同时引进的数十台全新紧固件自动化生产机,单日产量达到150吨。九龙创展还与上海紧固件技术研究所等建立合作关系,通过聘请专家、组建企业内部智能团,打造核心竞争力。此前,该公司研发的高速机车制动螺栓,首次应用在350千米动车上,成功替代原日本进口螺栓。多项特种紧固件成功运用于中国南车集团多个系列动车、杭州湾跨海大桥、高铁京沪线等项目。

功能材料

【概况】 依托宁波市新材料科技城象山延伸区优势,围绕“海洋+”产业结构体系,象山功能材料产业总体来说起步较晚,主要有激智新材料、勤邦新材料、浙江钰稀等一批新引进企业及志华化学、南塑合成等一批原有企业。2021年,累计完成工业总产值55.52亿元,同比增速25.93%,其中新产品产值27.85亿元,同比增长16.22%;实现工业销售产值54.62亿元,同比增长30.56%,外贸出口交货值3.23亿元,同比增速15.01%。

【钰烯助力舟山海上风电项目】 1月10日,国电电力舟山海上风电公司开发建设的普陀6号海上风电场2区工程获得国家优质工程金奖,这是本批次国家能源集团唯一获得金奖的项目。舟山海上风电项目中的腐蚀控制系统均采用浙江钰烯腐蚀控制股份有限公司的铝合金牺牲阳极产品。该产品采用专利技术,具有产品性能稳定,阳极电位波动小,电流效率稳定等优势,且阳极内部无气孔、缩孔等缺陷,有效保护海上风电平台的正常运行。

【宁波生物基可降解新材料产业基地项目】 1月21日,宁波生物基可降解新材料产业基地项目签约仪式在象山举行。5月29日上午,该项目开工仪式在西周镇循环生态产业园举行。该项目选址西周镇循环经济产业园,总投资约51亿元,分三期建设,全部建成后,将形成以第三代秸秆乳酸为核心标志的年产30万吨乳酸、20万吨聚乳酸、10万吨聚乳酸纤维的生产基地,实现年产值108亿元,利润22亿元,税收14亿元。

【振和墙材推进技术革新】 振和新型墙体材料有限公司成立于2014年,主营利废烧结多孔砖及空心砖、墙体保温材料制造、加工等业务,2020年产值达到4000余万元。2021年以来,公司优化调整原有生产线,对整体环境、窑炉改造、人员配比等方面进行科学化、合理化配置,5月正式投产。新型自保温砖块一经推出,市场反应良好,产品销售供不应求。公司负责人何小良介绍,新生产线投产后,技术革新效应明显,产量由原先的日产12万块标准多孔砖提升到了现在的25万块,车间人工数也从原先的60人锐减至16人,年产值预计提升12%以上,产能也会在原有基础上同步增加20%。该项技术的运用,使建筑渣土、河道淤泥、页岩、煤矸石等日常难以处理的建筑垃圾有了去处。据统计,振和墙材可日处理固体废弃物1500~2000吨,资源可利用率达90%以上。

【中国(宁波)新材料与产业化国际论坛象山分论坛】 10月26日下午,以中国机械科学研究总院南方中心为专场的中国(宁波)新材料与产业化国际论坛“数控装备、核心部件与关键材料”分论坛在甬举行。此次活动旨在服务“制造强国”等国家战略,助力宁波“中国制造2025”示范城市建设,推动制造业向绿色化、智能化方向发展。市科技局、县科技局、经信局以及全市数控装备、核心部件与关键材料等领域科研院所、企业代表120余人参加活动。

【中化膜产业成功装配首套膜应用设备】 中化(浙江)膜产业发展有限公司(下称中化膜产业)成功组装出首批大型膜应用装置,待检验合格后将运抵湖北,用于宇浩高科五万吨磷酸铁锂项目。2021年9月,中化膜产业开始筹建制造中心,并组建一支拥有20多年工厂制造运营经验的团队进行生产管理。据介绍,这批大型膜应用装置共8套,主要用于工业废水的分离提纯资源化利用。中化膜产业公司自2020年成立以来,先后签订城市矿产(飞灰)膜法资源化、PTA(精对苯二甲酸)中水回用及溴化钠提取、磷酸铁废水资源化等订单共计超过9亿元,2021年前11个月实现产值3.43亿元。

海洋生物

【概况】 象山海洋生物产业从20世纪80年代起形成的水产品加工行业逐步转型升级演变而来，已成为县三大重点突破的战略性新兴产业。该县海洋生物产业主要存在三种发展模式，以超星生物、飞润生物为代表的传统水产品加工企业，以希诺亚、浮田生物为代表的高科技生物工程企业，以戴维医疗为代表的生命健康企业。2021年，累计完成工业总产值31.02亿元，同比增长4.46%，其中新产品产值2.96亿元，同比增长10.55%；实现工业销售产值28.60亿元，同比增长2.08%，外贸出口交货值6.49亿元，同比下降8.88%。

【和信制药技术引领促产能】 宁波和信制药设备有限公司是专业从事不锈钢制药设备开发及制造的高新技术企业，主要进行纯化水制备、注射用水制备、纯蒸汽制备、全自动配液等制药行业成套设备设计、研发、制造和工艺管道工程项目的安装。硬件方面，公司引进两台立柱式自动焊接操作机，加快形成全智能操作系统，通过短时间磨合调试，投产后大大提高工作效率。公司拓展技术服务，突破技术壁垒。为了能给国内外制药厂商提供稳定可靠的全套“交钥匙”系统，在生产领域拓展过程中，公司攻克眼膏剂和脂肪乳制药设备生产过程中多项技术难点，获得多领域技术专利。2021年，和信制药自主研发的智能型自动化在线清洗系统、新型低耗高效纯蒸汽制备系统、新型多效蒸馏水机等多项产品都处于国内领先水平。过硬的产品撬开广阔市场，和信制药产品销往全国10多个省市，并与康恩贝、莎普爱思、万通药业等多家名企建立战略合作关系。

【北欧(中国)鲑鱼RAS陆基养殖项目(一期)招标完成】 5月6日，“龙元建设”发布公告称，公司已经中标象山县北欧(中国)鲑鱼RAS陆基养殖项目(一期)厂房工程，中标总价约2.01亿元，预计2022年4月底完工。诺帝克水产(宁波)有限公司将利用北欧先进的技术和专业知识，在象山建造一个全集成商业化大规模的大西洋鲑鱼RAS(循环水养殖系统)养殖场。此外，通过可持续的鲑鱼RAS养殖系统，实现从孵化到成鱼的全程可追溯，最大程度地保障食品安全性。北欧(中国)鲑鱼RAS陆基养殖项目位于高塘岛乡渔潭村区块，占地面积约300亩，由丹麦诺帝克水产有限公司投资，总投资约8000万欧元，分三期实施，其中一期总建筑面积约42693平方米，主要是三文鱼养殖厂房、三文鱼繁殖厂房、配电房、水泵房、污水生物处理池、连廊、室外附属工程及绿化工程等。该项目运行成熟后，还将以“工业+旅游”“工业+农业”融合发展为抓手，打造大西洋鲑鱼工厂化精品养殖旅游观光项目，助力海岛美丽经济增效。12月29日，该项目一期繁殖厂房结顶。

【蓝尚海洋“智能”养殖南美白对虾】 蓝尚公司是一家以优质水产苗种培育和海水养殖为主的农业龙头企业，为全国基层渔业科技试验示范基地、农业部健康养殖示范场、中国水产学会科技示范服务基地，养殖面积达150亩。在公司的中枢控制室内，工作人员通过红外线摄像头24小时记录各个池塘动态，实时监测养殖水体温度、pH值、溶氧量等数据。而这一切通过网络上送云平台，可以与手机进行无缝对接。打开手机App软件，可以实现对虾塘养殖的远程智能监测管理。作为市级现代农业园区渔业精品园，蓝尚公司选育出无病毒优质一代虾苗，具有个体大、生长快、营养需求低、抗病力强等优点。经过层层把关，“蓝尚”南美白对虾已获得农业部无公害农产品认证。

【飞创公司拓宽销售渠道】 飞创公司作为泗洲头镇企业，位于县城南高新创业园区，占地3000平方米左右。公司从2018年9月开始投产，是一家主要生产纯化水制备系统、多效蒸馏水机、配液系统、双管板换热器等制药行业配套设备为主的企业。产品广泛应用于制药、生物、化工、食品等多个行业，并充分显示节能、减排、环保等诸多优点。近年来，飞创公司依托制药设备市场需求扩大这一良好势头，用技术创新坚守产品质量，不断拓宽销售渠道，企业产值得到连年攀升，2021年完成产值2500万元。该公司严格按照有关质量管理体系进行管理，从原材料进场入库、加工、装配到整机出厂，产品质量实施全过程监督控制，符合制药行业GMP(良好生产规范)认证需要。2019—2021年，公司生产的制药设备已获得16项外观设计专利和实用新型专利。

绿色能源

【概况】 象山县绿色能源行业主要由风电、输变电、光伏等行业组成，以锦浪新能源、日星铸业、天安智能等一批研发型企业为依托，加大太阳能、风能、海洋能、生物质能等能源的开发利用，加快节能环保型绿色能源产业发展，着力推进压力容器、控制棒驱动机构等设备研发生产。2021年，全县54家绿色能源规模企业完成工业总产值111.94亿元，同比增长12.71%，其中新产品产值90.72亿元，同比增长28.14%；实现工业销售产值108.63亿元，同比增长8.07%，外贸出口交货值28.36亿元，同比增长21.62%。

【锦浪科技入围“国家企业技术中心”】 1月10日，在国家发展改革委最新发布的2020年(第27批)国家企业技术中心名单中，宁波有2家企业上榜，锦浪科技股份有限公司成功入围。作为国家火炬计划重点高新技术企业、工信部光伏制造行业规范企业、国家第五批“绿色工厂”——锦浪科技公司高度重视科技创新工作，不断加强技术研发投入和品牌标准化建设，注重科技成果转化，建立以企业为主体、市场为导向、产学研相结合的技术创新体系，形成创新性的高新技术企业格局。

【日风电气产业项目落户】 1月22

日,日风电气产业项目(大型海上风电变流器、储能与光伏逆变器产业化项目)洽谈会暨签约仪式在象山举行。浙江润丰能源集团有限公司董事长卢钢,县委书记潘银浩,副县长石坚定等参加相关活动。日风电气股份有限公司是润丰能源集团的控股子公司,致力于风电变流器、光伏逆变器、储能逆变器及无功补偿等电力电子设备的研发、生产、销售和服务,产品主要应用于新能源技术和节能技术领域,控制技术处于行业领先水平。该项目计划选址于象山经济开发区滨海工业园,用地面积约67.6亩,总投资约6亿元,达产后预计可实现年销售收入约10亿元,年税收7000万元以上。

【日星风电产业园项目开工】 3月13日,日星风电产业园开工仪式在象山经济开发区举行。此次开工的日星风电产业园项目位于象山经济开发区临港装备工业园大中庄区块,用地面积约700亩,总投资50亿元,年度计划投资3.5亿元,由宁波日星铸业有限公司投资,主要生产大型海上风电整机和关键零部件,建成后将补强象山县临港装备制造和关键工序能力,完善风电产业链布局。

【锦浪科技获EUPD权威认证】 3月18日,锦浪科技旗下“Solis”品牌再获由欧洲权威调研机构EUPD Research颁发的2021“顶级光伏逆变器品牌”荣誉勋章。这是锦浪科技自2016年以来,连续第六年荣膺此项荣誉。EUPD Research的“Top Brand PV”大奖,是全球光伏行业认可度最高、最负盛名的光伏奖项之一。作为国家企业技术中心,锦浪科技坚持以产品为中心,发展“锦浪”和“Solis”双自主品牌的全球化战略布局,现已在欧洲和美国、澳大利亚、印度、巴西、墨西哥等地成立办事处,构建辐射全球的销售网络和营销售后服务体系。

【龙泰电机“智造”赋能促发展】 宁波龙泰电讯电机有限公司是一家集科研、设计、生产、维修和销售于一体的专业风机制造商。近年来,该公司扎根乡土,紧跟电机行业革新脚步,围绕“高、精、尖”目标,实施机器换人,推动转型升级。公司着眼于生产线改造提升,从效率、精密度、环保、产品质量等方面综合施策,投入500万元购入高速中床、激光中床、激光焊接机和零件喷塑一体机,全流程实现先进制造装备替代传统人工作业。特别是零件喷塑一体机,一改以往工人手工喷淋上色的模式,通过传送带将一个个零部件送至喷涂车间进行全方位的机器操作,短短10秒,零部件就完成上色,并被输送到下个环节,喷涂颜料产生的粉尘通过机器自动回吸、过滤直至达标排放。

【锦浪科技设立博士后工作站】 继2016年成为全国示范院士专家工作站后,锦浪科技又取得人才培养和科研创新重大突破。2021年,浙江省博士后工作办公室正式发函,同意批准锦浪科技股份有限公司设立浙江省博士后工作站,开展博士后培养工作。这是浙江省首个以“逆变器”为研究方向的省级博士后工作站。

【恒冠机械建设与生产并进】 4月19日,宁波恒冠机械制造有限公司占地3.6万平方米的大厂房内一片繁忙。该公司在生产车间建成后,一边建设一边生产,在不耽误建设工期的前提下,加快机械设备安装,加强生产线磨合,确保新厂区达产见效。恒冠机械是一家专业制造风力发电主机配件的企业,其生产的大兆瓦风力发电设备配件远销全国,企业生产规模位列华东地区前三甲。2019年,因上游企业订单量逐年增大,原先位于鄞州区的老厂房产能受到严重限制。为应对未来风力发电行业向海上风电转型需求,2020年6月,该公司通过排摸走访、综合考量,最终决定在象山县经济开发区临港装备工业园落户新厂区,并于同年9月正式开工建设。建设中的新厂房能容纳包括大型数控落地镗床、数控立车、数控龙门加工中心及数控卧车等60台数控设备。根据生产装备的全智能化程度,满负荷生产的月产能预计达到1万吨。与之前相比,加工的风力发电配件从最高3米20吨升级到了8米100吨,产能提升接近5倍。

【锦浪科技斩获“艾唯奖”】 4月26日,第五届“艾唯奖”颁奖典礼在上海隆重举行。锦浪科技荣膺可再生能源发电系统行业“优选储能变流器(户用/工商业)”奖项。该届“艾唯奖”由中国低压电器行业评选活动组委会、中国可再生能源发电系统评选活动组委会、《电器与能效管理技术》杂志社共同主办。两年一度的“艾唯奖”由10万网友投票、百名资深专家评审、核心评审专家审议,是我国低压电器领域的大型综合评选活动。多年来,锦浪科技深耕光储领域,不断创新,储能业务版块迅速增长,供有低压储能、高压储能、交流耦合等适应全球各地不同应用场景的储能应用解决方案,在此次评选活动中脱颖而出。

【长大涂光伏项目】 5月5日,长大涂光伏项目开展水陆双栖作业模式,为国内首创。该项目位于高塘岛乡长大涂,是全国最大海岸滩涂渔光互补光伏项目,上层空间用于发电,滩涂用于水产养殖,63.7万块单晶硅光伏组件铺设在4500多亩滩涂上,面积相当于422个足球场,总投资12.7亿元,总装机容量300兆瓦。同时,该项目也是省市重点工程项目,由中国水利水电第十二工程局承建。预计项目建成后,平均年发电量3.4亿千瓦时,每年可节约标煤10万吨,减少排放二氧化碳27万吨、二氧化硫2300吨、氮氧化物1000吨,经济、环保、社会效益显著。滩涂光伏发电上部结构采用支架上铺太阳能光伏板的工艺,下部结构为透水构筑物,不改变海域自然属性,有效减小对海洋生态环境破坏,是一种新型能源渔光互补模式。该项目除从外地大公司采购光伏组件和箱逆变一体机外,还“就地取材”购进锦浪科技逆变器650台、天安电气箱变50台,共组成75个发电方阵,拟通过12条集电线路经海上栈桥送至陆上220千伏升压站上网。6月29日15时48分,该项目成功并网发电，将为“十四五”末象山县电能100%由清洁能源供应打下坚实基础，助推浙江率先实现“碳达峰、碳中和”目标。

【锦浪科技亮相中国品牌日】 5月10日至12日，以“聚力双循环，引领新消费”为主题的第五届中国品牌日活动在上海举行，宁波作为独立参展城市仅筛选10家代表企业参与线下展出，而锦浪科技作为新能源企业的形象代言，吸引众多观展者聚焦的目光。近年来，锦浪科技深耕组串式逆变器细分领域，陆续与德国的英飞凌等全球顶级品牌生产商达成合作，发力国内外细分市场，持续在清洁能源、绿色低碳领域走在新能源行业最前端。2021年，锦浪科技在第十届宁波品牌双选活动中斩获“突出贡献品牌”，公司董事长王一鸣在“品牌宁波年度人物评选中”荣获“品牌年度功勋人物”称号。

【锦浪科技上榜全球新能源企业500强】 2021氢能产业发展论坛暨第十一届全球新能源企业500强峰会在太原举行，会上发布“2021全球新能源企业500强榜单”。锦浪科技股份有限公司榜上有名。2021全球新能源企业500强分别来自中国、美国、日本、德国、韩国等39个国家和地区。相关资料显示，“全球新能源企业500强”由中国能源报和旗下智库机构中国能源经济研究院联手打造，自2011年启动以来，已连续发布11届。作为研究全球新能源产业发展的公益性评价项目，该榜单以企业上一年度营业收入、盈利能力、研发创新投入等核心指标为评测依据，客观公正、数据翔实，是新能源行业发展的重要风向标。

【锦浪科技荣膺国家级制造业单项冠军】 工信部公布第六批国家级制造业单项冠军名单，锦浪科技股份有限公司凭借在“户用光伏逆变器”领域的突出表现，获评国家级制造业单项冠军示范企业。至此，象山县国家级单项冠军企业(产品)增加至4家。制造业单项冠军企业是指长期专注于制造业某些特定细分产品市场，生产技术或工艺国际领先，单项产品市场占有率位居全球前列的企业。锦浪科技股份有限公司创立16年以来，坚持推动技术创新，专注于组串式光伏逆变器的设计、制造以及销售，在逆变电路、直流电弧检测、散热、并网逆变等核心技术上取得重大突破，在国内外市场赢得良好口碑、骄人市场份额以及销售业绩。

【锦浪科技上榜国家技术创新示范企业】 11月，工信部下发《关于公布2021年国家技术创新示范企业名单的通知》，全国58家企业入选，锦浪科技股份有限公司荣列其中，为宁波唯一、象山县首家入选企业。国家技术创新示范企业，是工信部认定的在制造业重点领域技术创新能力突出、创新业绩显著、具有重要示范和导向作用的企业。锦浪科技股份有限公司专业从事光伏发电系统核心设备组串式逆变器研发、生产、销售和服务，企业始终坚持“自主创新、自主探索、实现重点突破”的研发精神，在打造科技创新平台上下足功夫。先后建立国家企业技术中心、全国示范院士专家工作站、浙江省级企业研究院、浙江省博士后工作站等研发平台，汇集了一批国内外光伏逆变器行业专家，研发团队获评浙江省重点创新团队。

【国电象山1号海上风电场一期工程投运】 12月23日，宁波市首个海上风电项目——国电象山1号海上风电场一期工程建成投产。该项目位于鹤浦镇东南海域，总投资约44亿元，装机容量25.42万千瓦，共安装41台6.2兆瓦海装风机，接入1座220千伏海上升压站，单独配置一条5千米长的送出线路，通过陆上集控中心关口并入电网。作为浙江省2021年重点建设工程，该项目自2020年12月25日开工建设以来，充分发挥国电电力海上风电建设经验，科学组织、创新工艺，严管控、抓安全、保质量、抢进度，实行“人员倒班，设备不停”机制，实施“探海驻船，靠前管理”举措，顺利完成海上桩基、风机安装、线路倒送电、并网调试等关键节点目标。从2021年11月2日首台风机安装完成到全部41台风机安装完毕，仅用时51天，确保项目如期全容量投产。该项目投运后，每年可提供绿色电能约7亿千瓦时，相当于减少标准煤消费23.3万吨，减少碳排放47.7万吨，对优化区域能源结构、实现“碳达峰、碳中和”目标具有积极意义。

临港装备

【概况】 以海洋装备、船舶制造为重点的高端装备初具规模，将以临港装备工业园为主平台，象保合作区为补充。处于象山港口区域的临港装备工业园，吸引了中石化宁波天翼、铭汇制造等一批重大项目落户投产，初步形成以日星铸业、易锻机械、乐惠国际、杭钢富春、新乐造船等企业为代表的新能源、智能化、食品机械、先进加工、高端船舶、炼化设备等各类装备制造基地。2021年，全县142家规模上企业实现产值195.59亿元，同比增长14.39%，其中新产品产值104.42亿元，同比增长20.81%；实现工业销售产值174.56亿元，同比增长9.67%，外贸出口交货值20.18亿元，同比增长6.75%。

【两项产品获国内首台(套)认定】 1月8日，市经信局公布2020年度宁波市高端装备制造业重点领域首台(套)产品认定名单，其中宁波天安磁性传动科技有限公司的“CZMXB永磁复合电机”和宁波乐惠国际工程装备股份有限公司的“BCMF智能陶瓷膜啤酒无土过滤设备”被认定为国内首台(套)产品。这是象山县工业企业首次获此殊荣。宁波乐惠国际工程装备股份有限公司是一家主要生产啤酒酿造设备的企业，首创智能陶瓷膜啤酒无土过滤设备，在确保啤酒质量的前提下，大大提升滤芯可回收程度、清洗效果和使用寿命，综合性能处于国际领先水平；宁波天安磁性传动科技有限公司专门研究开发磁性传动装置，此次获评的CZMXB永磁复合电机具有低转速、大转矩、高转矩密度等特点，以双转子的新颖结构有别于其他电动机，应用于直驱游梁式抽油机，其大转矩输出技术达到国际先进水平。

【易锻精机被列为国家“两化”贯标试点】 1月25日，工信部公布2020年国家级“两化融合”管理体系贯标试点企业名单，易锻精机、劳伦斯汽车饰件两家企业入围。浙江易锻精密机械有限公司是一家集设计、制造、销售、服务、贸易于一体的中高端锻压机械制造服务商。近年来，不断引进新设备、借力新技术，深入开展产学研合作，加快智能制造步伐，实现远程运维，与MES、ERP等信息化系统实现无缝衔接，极大提高了生产效率。2020年，公司实现销售近4亿元，同比增长32%。

【乐惠国际获评国家制造业单项冠军】 1月27日，工业和信息化部、中国工业经济联合会公布第五批制造业单项冠军示范企业和产品名单。宁波乐惠国际工程装备股份有限公司的啤酒酿造成套设备获评国家制造业单项冠军产品。单项冠军企业（产品）是指在制造业特定细分产品市场，生产技术或者工艺国际领先，单项产品市场占有率位居全球前列的企业或产品。该公司专注于啤酒酿造为主的过程装备及无菌灌装设备的设计研发、制造、安装，产品涵盖啤酒生产过程所需的核心设备，可提供原料处理系统、糖化系统、发酵系统交钥匙工程服务，是全球仅有的两家具备啤酒酿造整厂交钥匙能力的供应商之一。近几年来，该公司业绩持续稳定增长，在国内外市场不断开疆辟土，在啤酒饮料装备行业打响“中国创造”的品牌。

【乐惠工业互联网应用平台入选企业上云典型案例】 6月21日，工业和信息化部公布了2020年企业上云典型案例遴选结果。宁波两家企业入选，其中乐惠国际的“乐惠工业互联网应用平台”榜上有名。乐惠国际是国内最大的啤酒设备供应商、细分市场装备制造业隐形冠军，是全球少数具备啤酒厂整厂交钥匙能力的供应商之一，产品出口世界40多个国家和地区。乐惠工业互联网应用平台是乐惠国际与阿里云合作的国内首个精酿啤酒工业互联网平台，项目依托机械化、自动化、智能化设备，在自动化生产基础上，利用大数据分析技术，全面搭建数字装备和数字精酿平台。通过升级装备产线，打造核心数字化产品和生产中台，包括客户管理、项目管理、生产管理等应用，有效提升装备工厂运营效率、降低运营成本。

【“模块化”技术成就“东红速度”】 6月17日，浙江东红船业有限公司建造的2.2万载重吨散货船“弘泰819”顺利下水。为实现提前完工目标，东红船业与船东签订建造合同后，快速点火开工，船台周期共用时110天，创全县同级散货船最短纪录，有效提高船台周转率。船舶建造的“东红速度”源自技术创新，在“分段式”造船基础上实施“模块化”技术，不断提升造船质量、精度和进度控制水平。东红船业聚焦设施、人才、技术以及工序衔接，精心筹配优质生产资源，扩建5万平方米加工车间，筹建5万吨级舾装码头和船坞，配备150余台套现代办公设备，打造一支科技型施工铁军。通过“精打细算”确保各个工序环节“丝丝相扣”，实现“船、机、电、壳、舾、涂”生产一体化。东红船业凭借占地600余亩、海岸线长达600余米的修造区域，可批量建造8万吨级以下油船、散货船、集装箱船、海洋工程船、远洋鱿钓船、速冻运输船、近海溢油回收船等7大系列船舶。

【“东红造”集装箱巨轮下水】 8月7日，由浙江东红船业有限公司建造的“弘泰629”集装箱船顺利下水。当天早上7点58分，东红船舶制造基地十二号船台鞭炮喧天，随着总指挥一声令下，新建成的“弘泰629”缓缓滑入石浦港，进入设备调试和试航阶段。该船载重35878吨，总长181.68米，型宽30.0米，型深14.2米，可装载20英尺集装箱2076个。这是东红船业2021年为厦门弘毅船务有限公司“量身定制”的第二艘集装箱船。东红船业是宁波市行业龙头企业，具有8万吨级以下船舶、年产达40余万载重吨的建造能力。

【波威重工安防进入5G时代】 8月4日，浙江波威重工有限公司与浙江移动宁波分公司举行“5G+智慧工厂”战略合作签约仪式，此次合作率先在全县打造了5G赋能工厂智慧安防应用的标杆。波威重工作为浙江波威控股集团旗下全资子公司，主要从事跨海大桥和高架桥大型钢构件制作、立体停车库和机电产品加工制造、混凝土预制构件加工制作等。作为象山县最大的桥梁大型钢构件生产企业，近年来，该企业在生产厂房的建设和制作设备自动化进程上加快脚步。项目签约后，移动宁波分公司将结合波威重工实际需求以及未来的发展趋势，设计出使用5G网络覆盖、MEC边缘计算服务器、数字电路，通过大量无线监控设备部署，进而对厂区内工人和车辆等工作状态进行预判，有效地保障监管人员的监控需求和全体员工人身安全。

【中机装备一项目通过新产品新技术市级鉴定】 由中机智能装备创新研究院（宁波）有限公司独立完成的“盾构刀具高可靠自动化钎焊装备”项目，通过宁波市新产品新技术鉴定。盾构刀具高可靠自动化钎焊装备集成稳定传动机构、精准定位机构、智能感应加热控制系统、低氧可视焊接系统、分舱控温降氧加热系统、密封过渡室、循环水冷系统等单元，实现盾构刀具在高纯氮气氛围下各工序的全自动执行，生产效率提高3倍以上，接头抗剪强度提高40%以上，并可根据盾构刀具的形状、种类不同，智能调控感应加热功率、频率、线圈与刀具间距等关键参数，实现盾构刀具高效均匀加热，提高焊缝质量与盾构刀具服役可靠性。该装备填补国内在盾构刀具自动钎焊技术和产业的空白，与国内外现有钎焊工艺技术及装备对比具有明显的竞争优势。推广应用后，将逐步改变我国高性能盾构刀具依赖国外技术的不利局面，增强行业自主化发展能力。2021年，该装备已在中铁工程装备集团隧道设备制造有限公司正式投产，到2023年将推广应用到10套，预计将为应用企业提升产能100%～300%。

【威霖公司一产品被授权使用“品”字标志】 宁波威霖住宅设施有限公司生产的中央空调通风口符合“浙江制造”认证实施细则要求，被授权使用“品”字标志，并核发浙江制造认证证书。这是全县第11家获得的“浙江制造”认证证书企业。威霖公司生产的中央空调通风口在暖通行业细分领域处于领先地位，占比约15%。其中，国外市场销售占70%～80%，国内市场销售占20%～30%。2020年公司实现销售收入6.7亿元，认证产品占主营业务收入35%。按《“浙江制造”评价规范》，该公司通过“自我声明+部分项目检验+‘浙江制造’评价规范+获证后监督”的认证模式，经专家现场审核，在战略、资源管理、过程管理、测量分析和改进创新等方面创下700分的高分（总分1000分），成功通过认证。

【全面开展船舶修造行业专项整治】 10月10日，象山县印发《象山县船舶修造行业专项整治工作实施方案》（以下简称《方案》），全面开展专项整治，着力打造一批符合象山县产业规划、绿色生产、高端制造、安全规范的船舶企业，推动船舶修造行业高质量发展。《方案》提出，全县将紧紧围绕加快培育“123”百亿级产业集群、推动制造业高质量发展的工作要求，按照“绿色、高端、安全”的发展目标，充分运用好“用海、用地、环保、安全”四把“尺子”，全面开展船舶修造行业整改提升工作。

【乐惠国际企业技术中心获省级认定】 省经信厅发文公布2021年拟认定浙江省企业技术中心的企业名单，宁波乐惠国际工程装备股份有限公司名列其中。根据相关规定，对认定为省级企业技术中心的制造业或软件信息服务业企业，县级将给予20万元奖励。

【“高精尖”三项产品获首台（套）认定】 市经信局公布2021年度宁波市高端装备制造业重点领域首台（套）产品认定名单。其中，中机智能装备创新研究院（宁波）有限公司的“盾构刀具高可靠自动化钎焊装备”被认定为国内首台（套）产品，锦浪科技股份有限公司的“五代三相光伏逆变器（GCI-110K-5G）”和宁波瑞德森船用泵制造有限公司的“HDS125高压封水泵”被认定为省内首台（套）产品。

【两艘5万吨级集装箱船开工建造】 浙江金川船业有限公司两艘2700TEU（20英寸标准集装箱）船在石浦打鼓峙岛开工建造。这是象山县首次建造5万吨以上的最大吨位集装箱船舶，标志着象山船舶行业在集装箱船舶大型化建造领域取得新突破。据了解，这两艘船舶同型，总长198.6米、型宽32.25米、型深16.8米，设计航速约14节，最大载重量达5.1万吨，最多可装载2754个20英寸标准集装箱，合同工期约为10个月。前期船厂与船东、船舶设计单位积极沟通，通过优化整体布置、结构设计、动力装置以及建造工艺，使船舶能效、经济环保指标全面达到国内先进水平；开工后，专门成立项目组、技术组和监造组，采用数控下料、自动焊接、模块建造等新工艺，有效缩短造船周期，保证船舶质量。金川船业现拥有8座万吨级船台、6000平方米喷涂车间和5万平方米的生产厂房，年造船能力超20万吨。

【西利泰克首台尾矿砂精细化处理生产线下线】 11月24日，历经6个月的设计制造，在西利泰克（宁波）设备制造有限公司，首台尾矿砂精细化处理生产线设备下线。该项设备由企业自主研发设计，解决了行业尾矿砂、炉渣等固废处理难的问题，填补国内多项技术空白。西利泰克是一家专门生产尾矿砂精细化处理生产线、密炼系统及其它机械设备的企业，2021年4月落户大徐镇智能小微企业集聚区。此次下线的尾矿砂精细化处理生产线设备由中频高温干燥处理系统、等密度重金属浮法处理系统、震动压力粉碎系统等8个主要系统组成，设备能分离出尾矿砂里的重金属和有害元素，还能把尾矿砂磨成1200目（每英寸筛网上的孔眼数目）的超细硅粉，设备单线24小时可处理500吨尾矿砂。

【欧乐机械专注精密】 宁波欧乐机械有限公司是一家专注于设计制造数控机床刀具的企业。从创业之初的两个类型产品，到如今涵盖细分领域的全系列上万种品类，欧乐机械依靠不断的技术创新，实现跨越式发展，跻身行业前列。欧乐机械全年订单中有30%非标产品，需要根据客户需求进行定制化生产，这对企业的研发能力提出较高要求。为保障产品精度不断刷新，该公司耗资近7000万元采购全球领先的“精密中心”以及检测设备，并以每年近600万元的投入支持研发，先后开发了极细微调精密镗头等20多项专利，研发了新型直齿锥齿轮刀具，受到市场好评。该公司还首次解决刀具行业基本材质设计、涂层组织结构设计以及专用数字化技术开发等技术难题，推动整个刀具行业技术系统性质变化调整。

（郑颖）

电 力

【概况】 2021年，象山电网全社会最高负荷为59.81万千瓦（出现在8月24日），同比上升2.33%。全社会用电量累计31.38亿千瓦时，同比上升8.56%，其中工业用电量累计18.7亿千瓦时，占比59.6%，同比上升8.95%；城乡居民生活用电量6.14亿千瓦时，占比19.56%，同比上升2.67%。第一产业用电量0.39亿千瓦时，占比1.24%，同比上升1.42%；第二产业用电量19.23亿千瓦时，占比61.27%，同比上升8.53%；第三产业用电量5.63亿千瓦时，占比17.93%，同比上升16.54%。国网浙江省电力有限公司象山县供电公司完成固定资产投资1.99亿元，售电量29.46亿千瓦时，同比增长9.2%。营业收入17.15亿元，职工劳动生产率117万元/人·年。荣获“全国‘安康杯’竞赛职工安全应急技能知识竞赛活动优秀组织单位”

“国家电网有限公司文明单位”“国网浙江省电力有限公司‘五小’供电所示范点”“浙江省‘AAA级守合同重信用’企业”等荣誉称号。

【电网建设】 修编“十四五”电网规划,制定山海协同零碳电网建设方案。推动政府召开全县电力工作会议。完成涂茨海上风电220千伏送出等2项工程核准,取得220千伏宁海变至衣亭变电网补强等4项工程可研审批。投运35千伏高塘变,完成35千伏东定线改造。高质量完成亚运配套工程,亚帆中心供电工程获评省公司配电网二十佳优质工程。完成配网投资1.92亿元,完工配网项目40个,新增及改造10千伏线路49.65千米、配变容量47.39兆伏安。完成丹城区域34个三遥站点改造,首次实现架空型合闸速断式FA功能应用。建设秒级可中断负荷13.7兆瓦。

【供电服务】 落实大工业降价、普通直接交易电价政策,协助开展转供电价格专项整治,降低企业用电成本8330万元。加强“网融链”推广,助力中小微企业融资305万元。投运宁波首个“电水气”共享营业厅,促成丹城便民服务中心率先在全省实现水电气数业务办理“四窗合一”。完成586家规上企业能效普查,帮助18家企业制定“一企一策”、2个行业编制个性化用电方案。推动政府发布空调负荷柔性控制、能源数据中心建设等4项政策。实现综合能源营收4030.9万元。完成电能替代5981.66万千瓦时,花岙岛全电景区建设入选全省十大典型场景,顾家村柑橘电气智能化养殖大棚项目入选市公司十大电能替代项目。

【象山电网冬季负荷创新高】 1月7日18时41分,象山电网冬季全社会最高负荷达54.90万千瓦,刷新象山冬季最高负荷纪录,比历史最高值增加7.83万千瓦,增长25.51%。象山冬季负荷已突破50万千瓦,已接近夏季高峰水平,象山电网整体运行平稳,电力供应正常有序。

【亚帆中心送电】 3月25日,国网浙江象山县供电有限公司完成中国·浙江海洋运动中心(亚帆中心)项目10千伏供电工程,为亚帆中心成功送电。

【推动省内首个充电桩“统建统营”项目落地】 3月24日,国网浙江电动汽车服务有限公司、国网浙江象山县供电有限公司与涌泉置业有限公司及其物业公司,签订《电动汽车居民区充电桩建设运营合作协议》,为国网公司居民区充电设施“统建统营”模式首批试点、省内首个落地项目。

【110千伏石浦变综合检修完成】 4月18日,110千伏石浦变完成综合检修,为象山电网迎峰度夏、临港产业用电需求提供稳定有序供电。110千伏石浦变改善象山主电网结构,提高象山石浦地区及周边重要用户供电可靠性。

【“五一”劳动先进表彰】 5月8日,浙江省、宁波市庆祝“五一”国际劳动节暨表彰劳模先进表彰,国网浙江象山县供电有限公司员工李永军被授予2021年“新时代浙江工匠”称号,叶夏杰被授予2021年“宁波市五一劳动奖章”。

【象山电力实业有限公司电建生产基地开工】 5月13日,象山电力实业有限公司电建生产基地项目举行开工奠基仪式。实业公司是象山电网建设的骨干企业,项目占地面积13141.95平方米(约19.7亩),总建筑面积约23210平方米,概算投资7276.08万元,计划建设生产经营、实训及物流仓储等功能用房,建设周期35个月。

【35千伏高塘变投运】 7月6日,35千伏高塘变电所投运。高塘变将满足在建北欧(中国)鲑鱼RAS陆基养殖项目,花岙岛旅游产业用电需求,全面支撑高塘岛转型发展,促进海岛共同富裕。

【迎战“烟花”台风】 国网浙江象山县供电有限公司与县委、县政府共享信息数据,落实电力设备防风防涝应急措施,完成5座变电站配网方式调整,4座110千伏变电站配电自动化系统一键转负荷预案;巡视变电站24座,输电杆塔632基,加固防风拉线190余组,拆除临时建筑63处,消除输变电环境危险点41处;投入抢修队伍65支、人员1634人次、车辆534台次;40.86%停电用户实现30分钟恢复供电,72.97%、85.65%停电用户1.5小时、3小时内恢复供电,创造“浙电抗台速度象山样板”。

【驰援海曙】 7月30日,国网浙江象山县供电有限公司驰援海曙抢险红船党员服务队60名队员,经过3天3夜的奋力拼搏,完成古林镇2条10千伏主线、62台公变、37台专变、洞桥镇洞桥明苑小区抢修送电任务,涉及用户6400余户,完成抗台保电支援任务。

【国网浙江象山县供电有限公司子改分】 8月4日,根据《国网浙江省电力有限公司关于国网杭州市余杭区供电公司等24家县公司改为分公司的批复》(浙电财〔2021〕511号),国网浙江象山县供电有限公司由子公司改制为分公司,改制方式采用吸收合并,改制基准日为9月30日,分公司名称为:国网浙江省电力有限公司象山县供电公司,简称:国网象山县供电公司。

【《充电基础设施专项规划》落地】 8月5日,《象山县充电基础设施专项规划(2020—2025)》正式获得象山县人民政府批复,是宁波市首个“充电基础设施专项规划”落地。《规划》空间覆盖全县18个镇乡(街道),重点针对公共桩和专用桩建设,引导鼓励自用桩建设。“十四五”期间,象山县将规划新建充电桩3200根左右,其中规划建设专用桩750根、公共桩2450根。中心城区的规划建设1250根,周边乡镇的规划建设1950根,满足城乡各领域新能源汽车充电服务需求。

【象山电力实业有限公司签署首单分布式光伏发电项目框架协议】 8月6

日，象山电力实业有限公司和象山惠合置业有限公司签署《象山大目湾乐惠广场分布式光伏发电站建设框架协议》，标志实业公司在绿色转型升级上迈出一大步。国网浙江象山县供电有限公司执行董事、党委书记梁帅伟和惠合置业总经理张伟发围绕分布式光伏发电站建设开展会谈。

【巡检韭山列岛中华凤头燕鸥研究基地】 8月6日，国网浙江电力（象山）红船共产党员服务队的队员们经过两个小时海上航行到韭山列岛开展中华凤头燕鸥监测与招引设备巡检，推进光伏电板、蓄电池更新换代及破损设备维护与替换。研究基地发电容量提高至原先500%，保障基地用电需求。

【象山电网负荷创年内新高】 8月24日13时17分，象山全社会最高负荷达到59.81万千瓦，比2020年最高值（58.45万千瓦）增加1.36万千瓦，增长2.33%，刷新历史记录。象山电网整体运行平稳，电力供应正常有序。

【宁波首个“电水气数”共享营业厅在鹤浦岛投运】 9月8日，宁波首个“电水气数”共享营业厅在象山县鹤浦岛投运，海岛共享营业厅由鹤浦供电营业厅转型而成，提供“电水气数”线上线下联合办理、变更等服务，实现海岛用户跑一趟就能办理用电、用水、用气、数字电视等民生事。

【防御“灿都”台风】 9月12日，国网浙江象山县供电有限公司提升防台风应急响应至Ⅰ级，组建抢修队伍10支共342人，开展线路通道树竹清障、设备隐患排查及电杆防风临时拉线补强，落实变电站、输电通道周边环境隐患、配网树竹隐患、易内涝变配电站隐患整治，做好防倒灌等各项防御和应急措施。

【开渔节供电保障】 9月16日，中国农民丰收节系列暨第二十四届中国（象山）开渔节开渔仪式在石浦举行，国网浙江象山县供电有限公司在石浦海峡广场和中国渔村皇城沙滩等活动现场，完成海洋庆典节日及百家媒体聚焦中国（象山）开渔节用电保障任务。

【全运会帆船比赛供电保障】 9月11日至25日，第十四届全国运动会帆船比赛资格赛及决赛在亚帆中心举行，国网浙江象山县供电有限公司成立全运会电力保障工作领导小组，10个专业保障组，140余名员工参与保电。共涉及重要活动场所3个，涉及110千伏及以上变电站4座、输电线路12条，10千伏配电线路9条。

【宝海生产综合楼搬迁】 9月26日，国网浙江象山县供电有限公司本部、丹城供电中心办公地点由新丰路286号搬迁至丹西街道宝海路420号。

【象山1号海上风电220千伏送出工程投运】 10月13日，象山1号海上风电220千伏送出工程成功投运，确保宁波首个海上风电项目清洁能源全接入、全消纳。工程按同塔双回建设，沿线途经象山鹤浦镇、高塘岛乡、石浦镇等5个乡镇，线路总长28.785千米，新建铁塔67基，新架导线31千米。工程位于象山县南田岛东南海域，涉海面积约30平方千米，装机容量25.42万千瓦，共安装41台6.2兆瓦海装风机，2021年底全容量投产。投运后年上网电量约7.3亿千瓦时，与燃煤火电机组相比，每年可节约标煤约23.3万吨，减少二氧化碳排放47.7万吨。

【省内首次实现用户光伏直采直控】 11月19日，南堡黄1号公变台区、王家兰1号公变台区等8个台区作为省内首批低压光伏直采直控示范点，率先完成融合终端拓展应用设备安装，洋坑1号公变台区完成全部功能调试，是公司实现省内首次对用户光伏运行状态的实时调控，提高电网削峰填谷能力，为大规模光伏接入电网背景下有源配电网稳定可靠运行提供技术支撑。

【全市首个电动汽车充电联办4S店签约】 11月12日，国网象山县供电公司与象山众越汽车销售服务有限公司签订充电联办合作协议，推动完成宁波首个电动汽车充电联办4S店签约。“购车办电—装桩接电—充电服务—增值服务”一站式服务，即与4S店达成合作，公司办电服务向前延伸，用户4S店购车过程中，通过国网App将充电桩报装接电信息发送至供电公司，供电客户经理进行办理。

【“家门口”充电】 12月17日，国网象山县供电公司全面推进城区小区地下车库电缆施工工作，公司联合县住建局、街道及各小区业委会紧密协作，对充电桩需求大小区分期分批开展电气设备加装，土建改造，规划接入路径，集中建设充电桩，实现业主“家门口”充电愿望。公司已完成人才公寓二期、悦兰庭、奥林公馆等小区充电桩配套建设，上城公馆和宏润花园前期路径协调、图纸公示、桥架安装、电缆敷设、分线箱及集中表箱安装等工作，解决小区充电难题。

【获评省公司“优质工程”】 12月30日，国网象山县供电公司“宁波象山亚帆中心10千伏供电工程”被国网浙江省电力有限公司评为2021年配网优质工程。

（周铮峥）

工业投资

【概况】 截至2021年12月底，象山县工业投资集团有限公司资产总额53.6亿元，实现营业收入2.08亿元，息税前利润2.8亿元，上缴税金707.1万元。

【融资降本】 一是降低融资成本。强化与多家金融机构合作，争取以银行流贷为主的直接融资。截至12月底，总融资规模23.5亿元，其中新增融资5.8亿元，综合成本5.5%。存量债务成本下降至6%以内，比年初下降0.6个百分点。二是优化融资结构。降低非标融资占比，提高项目贷款占比，利用大徐小微园项目等资源，申请增加经营性物业贷款和流动资金贷款。提前梳理到期债务，置换高成本产品，归还私募债2.83亿元。三是拓宽融资渠道。通过贸易融资方式，增加现金流量及增信，全年贸易交易量达1.02亿元。通过争取增值税留抵退税、市级公改租项目资金补助等政策红利，收到退税740.7万元，补助291.5万元。

【基金投资】 一是强化杠杆撬动。参与组建宁波燕创象商创业投资合伙企业（有限合伙），总出资认缴规模10亿元，连同县内15家头部企业完成一期认缴出资3亿元，完成合肥微睿光电、勤邦新材料等4个项目股权投资8000万元。拉动外部社会资本共同发起设立象投基金，首期规模1亿元，其中集团出资20%，社会资本及管理团队出资80%，改变单一政府性投资现状，促进县域内基金良性竞争合作。探索开展直投业务，与经济开发区联合出资7000万元受让宁波沃衍持有的勤邦新材料部分股权。二是开展资本市场运作。出资1.29亿元参与日月股份、乐惠国际定向增发，通过二级市场减持收回资金约1.75亿元，剩余持仓总市值2715万元左右，总投资浮盈率接近60%。三是强化投后管理。妥善处理投资退出的企业，减少投资损失。重点关注海达蓝源基金国泰安项目上市进程、上海合复新材股权置换、江西万年鑫星农牧回购退出等动态情况，按照投后绩效考评整改要求，收到分红款200万元。建立“三色单”督查机制，对基金管理团队的绩效考核增加有效管控手段。

【资产收购】 一是推进收处联动。实时关注淘宝司法拍卖信息，与光大金瓯资产管理有限公司、宁波金融资产管理股份有限公司等资产公司合作，成功收购资产合计1.19亿元。及时掌握出包动态，出售宁波扬子水产食品有限公司、宁波富红针织有限公司等债权资产，盈利1750万元。二是规范资产管理。通过公开招租、协议出租等方式，合计对外出租房屋面积25万平方米。加强租金管理，对重点欠租企业通过协商、司法诉讼、县政府协调等方式收回租金1796万元。三是加强项目建设。全力推进大徐镇小微企业集聚区建设，累计完成投资约2亿元，意向入驻企业近30家。完成象山县数字经济产业园、人力资源产业园及象山科创中心办公用房等装修工程。建立小型项目公共资源交易平台，设立不见面开标直播间，提高招投标工作效率。

【担保转贷】 以整合象山县中小企业融资担保有限公司与象山县农业融资担保有限公司为契机，推进政策性融资担保体系建设。一是建立市场化运营机制。制定薪酬激励考核办法，完善业务管理制度，实施代偿应收款账务剥离方案，赔付代偿资金4438万元，有效提升担保增信能力。二是稳妥推进担保业务。修复银担合作关系，与县内多家金融机构重新签订银担合作协议。通过降低担保费率、优化服务、简化流程、创新担保产品等方式，推进担保业务提质增量扩面。截至12月底，共办理担保业务363笔，在保余额超6.01亿元。帮助企业解决融资难问题，发放应急转贷4.05亿元。三是把牢风险防控。发挥法务、风控职能，严格业务合同法律审查。加强法务催讨力度，做到应诉尽诉，向法院诉讼立案73件，涉及金额3.6亿元，合计清收6858.89万元。

【制度管理】 一是推进数字化改革。开发建设“掌上工投”数字化智慧办公协同系统，搭建资产管理平台，提高信息共享、资产管理、办公运行效率。二是抓好制度化建设。完善决策机制，组建成立集投资、风控、法务、财务于一体的投资决策领导小组，涉及资产收购、对外投资、贸易合作等重大事项，一律上会研究、民主决策，有效避免决策失误。修订完善《应急转贷专项资金操作规程》《基金管理办法》《不良资产管理办法》等议事规则，制定出台《资产出租管理办法》《小额工程办法管理》等操作办法，做到流程科学、风险防控。三是强化规范管理。强化巡察审计整改落地见效，完成审计整改5项，共计收回各类款项1.19亿元，完成诉讼案件123件，涉及金额5.37亿元。扎实推进档案管理，争创省级示范档案评级。做实做细安全生产，实行资产巡查常态化，定期排查安全隐患。

（欧芮嘉）

象山经济开发区

【概况】 2021年，象山经济开发区共引进项目44个，其中亿元以上投资项目37个。全年实现规模以上工业产值286.8亿元，占全县规模以上工业产值38.2%，增长16.43%；规模以上工业增加值58.28亿元，占全县规模以上工业增加值36%，增长9.9%；实现工业投资33.2亿元，占全县工业投资的28%。

【重大项目集中开工】 3月3日，全县重大项目集中开工仪式在象山经济开发区日星风电产业园项目现场举行。集中开工的30个重大项目，其中产业项目19个，房地产项目4个，基础配套项目7个。分别是日星风电产业园项目、一院医疗健康集团总院改扩建工程、卓鑫新能源汽车逆变器项目、宁波乔兴水产加工品项目、宁波川井传动汽车配件生产项目、浙江子夏精密机械新建项目、国信·航天家苑项目、宁波顺昇商住用房项目、丰饶路（政实路至滨海大道）、兴洋路（天安路至来薰路）、象山1号海上风电场和长大涂光伏220千伏送出工程、宁波华智丰机械配件生产项目、宁波三诚汽车零部件制造项目、中车城市交通智能装备产业基地项目、象山电建生产基地工程、象山丹山路北侧项目、亚大年产2.6万吨金属表面处理项目、勤邦高端光学膜生产项目、宁波冠权儿童玩具项目、宁波海泰工业园二期项目、石浦金山路（曙光路至白云路）延伸工程、宁波天铿高精度磨生产项目、宁波福亿照明灯具制造项目、北欧（中国）鲑鱼RAS陆基养殖项目、象山北粮食储备库建设工程、宁波华美达高精密节能型注塑机项目、浙江星城聚苯硫醚树脂生产项目、鸿程璟麟府（南街以西、西街以南地块项目）、宁波宁塑注塑机生产项目、宁波爱庭年产

100万套智能家具项目。9月29日，全县重大项目集中开工仪式在象山经济开发区宁波腾华高精密节能型注塑机项目现场举行。集中开工的18个重大项目，其中产业项目13个，房地产项目2个，基础配套项目2个，旅游项目1个。分别是宁波腾华年产10000台高精密节能型注塑机项目、海润一业注塑机生产项目、易东大件高精冲压配件加工中心项目、宁波海卓年产2000万件接头生产项目、宁波与同智能注塑智能装备项目、松兰山滨海旅游度假区核心区改造提升一期项目、象山县丹南路南侧、白鹤路两侧地块新建项目（海玥和鸣小区）、鹤浦吉港海塘加固工程、亚帆东路延伸段改建工程、鑫丰怡润模具制造项目、宁波金沐阳年产38吉瓦光伏边框及5吉瓦光伏支架制造项目、博森特年产750台注塑机及300台智能设备项目、宁波德鑫高强度紧固件生产项目、东塘山路和东澄河路交叉口东南角地块项目（象山县五期棚改项目）、宁波永拓年产300万只插座项目、象山涂茨海上风电项目、宁波巨航电动汽车驱动电机轻量化主轴生产项目、宁波骏腾发自动化焊接设备生产项目。

【重点工程项目】　全年30个实施类重点工程项目累计完成投资18.98亿元。其中，中化膜产业生产基地和膜研发创新中心项目一期厂房完工并投产；宁波日星铸业有限公司大中庄区块扩建项目厂房主体竣工，附属工程中；宁波市浙东表面处理工业城标准厂房及配套设施项目一期厂房完工；宁波昌晖新能源汽车零部件项目二期厂房主体工程中；象山置信智造谷项目二期钢结构厂房主体结顶；象山经济开发区海洋科技创业园主体结顶；宁波灵峰工程机械耐磨件专业制造项目完工；宁波恒冠电力发电机零部件生产项目一期完工；宁波锦浪12万台分布式组串并网逆变器新建项目和研发中心项目一幢厂房主体完工，开展室内装修；宁波中甬电动工具生产项目完成厂房主体工程；宁波睿新机械生产项目完工；博宇汽车配件生产二期项目厂房主体工程中；浙江申越高档绣花珠片生产项目主体结顶；浙江金韵昌机械制造项目完成厂房主体工程，完成设备安装；日星风电产业园项目完成桩基工程，厂房基础工程中；宁波腾华机械制造项目厂房桩基工程中；浙江日风逆变器生产项目厂房桩基施工中；中车城市交通智能装备产业基地项目厂房桩基施工中；象山同家汽车发动机气缸模具生产项目厂房桩基施工中；宁波宁塑注塑机生产项目厂房桩基施工中；滨海工业园蓝领公寓4~8号楼建设工程4号楼主体结顶；勤邦高端光学膜生产项目厂房主体结顶，设备安装中；宁波海纳机械生产项目厂房主体施工中；宁波冠权儿童玩具项目厂房桩基施工中；宁波海泰工业园二期项目厂房主体施工中；宁波天安智能设备生产项目厂房桩基施工中；浙江荣辉模具生产项目厂房主体结顶；宁波爱庭年产100万套智能家具项目厂房主体施工中。

【年产4000台注塑机项目签约】　1月13日，由宁波宁塑机械制造有限公司投资的年产4000台注塑机项目签约。该项目位于城东工业园区块，用地面积90667平方米，约9.07公顷。项目总投资6亿元，主要从事注塑机整机生产。项目达产后可实现年销售10亿元，实缴税收3500万元。

【大型海上风电变流器、储能逆变器与光伏逆变器产业化项目签约】　6月7日，由浙江日风电气股份有限公司投资的大型海上风电变流器、储能逆变器与光伏逆变器产业化项目签约。该项目位于滨海工业园区块，用地面积38400平方米，约3.84公顷。项目总投资6亿元，主要从事大型海上风电变流器、储能逆变器与光伏逆变器的生产。项目达产后可实现年销售10亿元，实缴税收7000万元。

【年产万台高精密节能型注塑机生产项目签约】　8月17日，由宁波华美达机械制造有限公司投资年产1万台高精密节能型注塑机生产项目签约。该项目位于城东工业园区块，用地面积217667平方米，约21.77公顷。项目总投资15亿元，主要从事高精密节能注塑机生产。项目达产后可实现年销售20亿元，实缴税收8000万元。

【年产8吉瓦光伏边框及5吉瓦光伏支架项目签约】　9月29日，由山东金沐阳新能源科技有限公司投资的年产8吉瓦光伏边框以及5吉瓦光伏支架项目签约。该项目位于城东工业园区块，用地面积8万平方米，约8公顷。项目总投资10亿元，主要从事光伏组件用铝边框、支架以及光伏铝型材等新能源配套产品生产。项目达产后可实现年销售12亿元，实缴税收6000万元。

【新能源锂电池钢壳及碱锰电池钢壳生产项目签约】　9月29日，由宁波光华电池有限公司投资的新能源锂电池钢壳及碱锰电池钢壳生产项目签约。该项目位于城东工业园区块，用地面积46000平方米，约4.6公顷。项目总投资5亿元，主要从事新能源锂电池钢壳及碱锰电池钢壳生产销售。项目达产后可实现年销售收入5亿元，实缴税收2500万元。

【卸船机斗轮机重型装备生产项目签约】　10月29日，由力勤印尼公司、象山光明输送机有限公司投资的卸船机斗轮机重型装备生产项目签约。该项目位于临港工业园区块，用地面积59333平方米，约5.93公顷。项目总投资5亿元，主要从事卸船机斗轮机等装备生产。项目达产后可实现年销售4.5亿元，实缴税收2670万元。

【日星机加工项目签约】　12月10日，由日月重工股份有限公司投资的日星机加工项目签约。该项目位于临港装备工业园区块，用地面积335333平方米，约33.53公顷。项目总投资25.5亿元，主要从事大型风力发电铸件产品研发生产。项目达产后可实现年销售50亿元，实缴税收2.4亿元。

【山海情公寓4~8号楼开工建设】　8月18日，象山经济开发区滨海工业园山海情公寓4~8号楼动建，该项目总投资约2.6亿元，总建筑面积3万多平方米，待全部建成后，公寓各类套型共计966（间）套，可入住人数约1679人。该项目建成有利于完善滨海工业园生活居住功能，提高园区职工生活居住条件，改善园区营商环境，促进园区健康发展。

【推进开发区（园区）整合提升】 进一步发挥重大平台支撑作用，加快推进象山县开发区（园区）整合提升，促进产业转型升级，推动经济高质量发展，根据《浙江省人民政府办公厅关于公布浙江省开发区（园区）名单（2021）版的通知》、《宁波市人民政府关于印发宁波市开发区（园区）整合提升总体方案的通知》（甬政发〔2021〕25）等文件精神，5月26日，县委、县政府出台《关于象山县开发区（园区）整合提升工作的实施意见》（县委发〔2021〕20号），将原浙江象山经济开发区、爵溪针织服装创意产业园、西周生态循环工业园进行整合，组成新的浙江象山经济开发区，形成以临港装备园为核心（包括原临港装备工业园、城东工业园、爵溪针织服装创业产业园），城南高新园（包括工业示范园、原城南高新创业园、滨海工业园、仁义涂区块）、象西循环经济园（原西周生态循环工业园）为分片区的“1+2”空间架构，整合后总规划面积96.98平方千米。其中，象山经济开发区实际开发区块按照实际可利用面积划分，包括原临港装备工业园（贤庠西泽塘区块）、城东工业园、爵溪针织服装创业产业园新增区块、原城南高新创业园、滨海工业园（东陈腾云小微企业集聚区）、仁义涂区块。整合后象山经济开发区面向长三角，发挥港口、岸线、岩基等资源优势，塑造“新产业发展平台、新经济培育主战场、新模式打造示范区”三种角色，重点发展临港装备、汽模配、功能材料等三大主导产业，努力打造浙江省高能级战略平台，成为推动象山经济转型发展的核心动力源。

【中油重工地块回购完成】 8月30日，由象山产业区投资建设有限公司、中国石油天然气第一建设有限公司和宁波中油重工有限公司三方签订《关于收回宁波中油重工有限公司项目土地的协议》，顺利完成该地块回购工作。

【非公开公司债券发行】 3月8日，浙江象山经济开发区城南开发建设有限公司非公开发行公司债券（第一期）发行，发行期限3年，发行规模7亿元。10月14日，浙江象山经济开发区城南开发建设有限公司非公开发行公司债券（第二期）发行，发行期限3年，发行规模8亿元，创区域内县级平台同主体评级同期限债券历史最低利率。

（王士凤）

宁波象保合作区

【概况】 2021年，宁波象保合作区（航天智慧科技城）签约落户工业项目达14家。其中，拿地企业8家（京骏、星箭、铠士、巨虹、优诺姆、华元、雪波特、宁杭），总投资14亿元，共计出让工业用地525亩，待规划设计完成后即可进入施工环节；生产力中心新入驻企业6家，租用标准厂房2.75万平方米，均已开工投产。全年引进企业2376家，同比增长201%，实现财政收入14.4亿元，其中税收收入12.8亿元，同比增长251%。全年固定资产投资达到4.7亿元，累计达到64亿元。其中，航天智慧科技城公共设施一期PPP项目，完成项目整体竣工验收，正式进入日常运维阶段；旦门盐场平基工程完成矿山基建期建设，全年开采石料约80万立方米；双创中心项目竣工验收，已经启动内部装修。幼儿园项目完成主体结构验收。公交场站项目完成初步方案及施工图设计。工业企业中，海伦钢琴、欣昱豪机械进入试生产，方德汽配正式投产，卓鑫项目加快建设。

【8家拿地企业】 2021年，签约落户工业项目达14家。其中拿地企业8家，分别为京骏（京阪）、星箭、铠士、巨虹、优诺姆、华元（能元）、雪波特、宁杭（建航）。浙江京阪智能装备研发有限公司。项目总投资约3.5亿元、用地100亩，主要生产系列注塑机设备，建成达产后年产值4亿元、年纳税3000万元以上。原企业位于鄞州，是科技部科技创新创业人才和宁波市“3315计划”创业人才企业；星箭科技（宁波象保合作区）有限公司。项目总投资约3.5亿元、用地100亩，主要生产航天航空高端装备研制、航天关键基础件研制、航天地面保障系统集成、航空发动机关键零部件研制、航空新材料研制等项目，建成达产后年产值3亿元、年纳税3000万元以上。原企业位于海曙；宁波铠士工业介质有限公司。项目总投资约1亿元、用地30亩，专业生产高端润滑介质及环保集成智能装备，建成投产后年产值2亿元以上、年纳税1000万元以上。原企业位于余姚；浙江巨虹智能装备有限公司。项目总投资1.5亿元、用地30亩，主要生产数控多轴复合数控机床，建成投产后年产值3亿元、年纳税2000万元以上。原企业位于余姚；宁波优诺姆智能装备研发有限公司。项目总投资约2.5亿元、用地70亩，主要生产自主研发的“排气式注塑机”、“蜡笔注塑机”，建成投产后年产值3亿元以上、年纳税1600万元以上。原企业位于镇海；宁波能元电气技术有限公司。项目总投资约2亿元、用地50亩，主要生产机器人、电梯等高精度伺服电机，建成达产后年产值4亿元、年纳税3000万元以上。原企业位于镇海，是国家专精特新“小巨人”企业；宁波雪波特电气自动化科技有限公司。项目总投资3亿元、用地100亩，主要生产自升式组合螺钉生产线及涉军配套继电器产品，建成投产后首年产值约2亿元、年纳税2100万元，以后逐年增加。原企业位于北仑；建航智能科技（宁波）有限公司。项目总投资约1.2亿元、用地40亩，主要生产新能源光伏逆变器背架、壳体项目，建成达产后年产值1.5亿元，年纳税1000万元以上。

【4家工业企业】 宁波海伦钢琴有限公司。项目总投资4亿元、用地141亩，重点打造“年产钢琴15000架和钢

琴外壳40000套生产扩建"项目。母公司海伦钢琴是创业板上市企业、国家重点火炬计划实施高新技术企业、国家文化出口重点企业，钢琴产销量位居世界前列，荣获"中国名牌产品""中国驰名商标"称号；宁波吉烨方德汽车技术有限公司。项目总投资5.6亿元、用地100亩，2019年开工建设，已建成大型自动化压铸单元5条、自动化高精密加工线8条、高精密超声波清洗线3条、摩擦焊接机8台，以及400平方米无尘车间和全套德国蔡司设备实验室等。2021年9月量产，当年产值2000万元、税收80万元；2022年一季度完成产值3000万元、税收120万元，全年预计产值1.5亿元、税收800万元；宁波欣昱豪机械有限公司。项目总投资1亿元、用地30亩，主要生产电梯设备。原企业位于北仑区；宁波卓鑫汽车零部件有限公司。项目总投资2.3亿元，用地70亩，主要生产新能源汽车逆变器，未来打造新能源汽车产品示范基地。原企业位于鄞州区。

【税源项目招商】 2021年，共引进企业2376家（累计引进5286家），实现财政收入14.4亿元（累计36亿元）。新引进税源项目中，还有慕尚集团、乐惠国际、比音勒芬、挪客户外等上市公司或知名企业。

【企业服务】 2021年，入驻企业的数量继续保持超常规速度增长，累计在册企业已达4300多家。园区企业服务工作经受住考验，以生产性服务为重点的营商软环境不断完善，园区市场监管窗口年受理业务12000多件（其中审批审核类业务5000余件），税务窗口9000余件。商秘公司正式成立并运行，窗口服务人员也从2020年的6人增至14人。

【工团组织成立】 11月30日下午，象保区召开宁波航天智慧科技城工会联合会暨团支部成立大会。大会选举产生宁波航天智慧科技城首届工会联合会委员会、首届团支部委员会。

（张夏）

商　贸

商贸业

【概况】 2021年,全县实现社会消费品零售额增速11.4%;商品销售额增速47.1%;自营货物进出口额195.4亿元,增速15.8%;机电+高新技术出口增速23.8%;批发业销售额增速54.5%;零售业销售额增速22%;餐饮业营业额增速37.6%;网络零售额增速22.2%。

【提振市场经济】 制定出台《2021年度象山县促消费工作要点》,确定全年促消费工作任务。指导商贸企业做好“留象过大年”春节促销、“五一”黄金周及2021“浙里来消费”消费促进月系列主题活动,不断活跃象山县消费氛围。以创建夜市经济特色街区和夜市经济品牌活动为抓手,引导企业开展系列夜市经济活动,编制并发布象山夜间消费指南,以夜间餐饮为主,联动其他夜间活动,丰富夜间消费业态,不断活跃夜间消费氛围。完成《象山县中心城区商圈(街区)优化提升项目方案》编制工作,推动中心城区四大重点商圈优化提升。积极推进特色街区创建,结合2021年宁波市特色街区创建考评工作,精心打造青草巷、中国国际风情街、渔港古城、五彩渔镇四大特色街区。其中,青草巷和中国国际风情街已通过市级特色街区验收。启动2021年度象山海鲜美食体验店和网红餐饮店打造工作,筛选并打造若干网红餐饮打造店。加大象山海鲜美食宣传,进一步完善“象山味道”微信公众号平台运营,不定期推介象山美食,不断挖掘餐饮文化和家乡故事。创新举办第十九届宁波象山海鲜美食节,精心推出“海鲜+美食”“海鲜+旅游”“海鲜+营销”等极具象山辨识度的“海鲜+”系列活动,不断提升象山海鲜知名度。积极推进海鲜餐饮集聚区打造。加快城南市场海鲜餐饮集聚区方案设计,促进“海鲜市场+海鲜餐饮”融合发展,打造商旅一体化的海鲜餐饮夜色广场。参与策划编制渔人码头打造方案,谋划引进更多特色海鲜餐饮品牌,丰富海岸沿线业态布局,提升品牌档次,打造富有渔港风情的品质排档集聚区。

【畅通内外通道】 继续支持出口信保工作。完成中信保、人保“宁波市象山县小微外贸企业出口信用保险政府统保平台协议”的签订工作,并为226家小微企业实现免费投保。联合中信保召开小微企业培训会,提高小微企业风险防范及应对处理能力。加大展会支持力度。结合企业参展需求、象山县外贸出口结构和2021年度展会举办情况,出台象山县《2021年度重点展会支持目录》,新增16个重点支持展会,同时扩大企业境内展会摊位支持个数。着重做好企业参展组展工作。组织企业参加第131届线上广交会、第二十届中国国际日用消费品博览会、第四届中国国际进口博览会等国际知名展会,同时做好参展企业的参展成果统计和市场走势摸底。依托“宁波走出去服务联盟”相关成员单位,组建象山服务小分队,为象山县外经企业在“走出去”过程中精确提供上门咨询服务。为申菱、龙元、华翔电子三家重点外经企业,帮助解决投资风险、疫情影响、应收账款等实际问题。为振鹤、博大、新乐三家船舶企业,提供免费资信调查名额,并对企业在船舶出口和远洋捕捞过程中相关问题提供专业指导和服务。组织21家采购商参加第2届中国—中东欧国家博览会,实现中东欧国家意向采购额1510万元、欧洲其他国家意向采购额1010万元,超额完成指标任务。加强对外贸企业的平台服务和风险预警。继续设立“象山县小微外贸企业代理平台”,全年共为70家小微企业免费代办各类外贸单证及报关报检。通过企业群及时发布各国外贸动态及风险预警消息,通知企业参加市级组织的外经贸法律服务线上、线下培训,涉及反倾销、反补贴和保障措施调查等国际贸易救济的应诉风险及对策、经济制裁风险及应对。

【聚焦电商发展】 配强工作队伍抓电子商务发展,设立电子商务业务科室。出台电子商务发展扶持措施,加大政策支持力度,全年兑现国内电商、跨境电商等政策资金134万元,惠及电商企业44家。推进直播、跨境等电商“进乡镇、进产业、进企业”系列培训和交流活动,累计开展直播、短视频、跨境等各类电商培训、沙龙活动44场次,赴上海、杭州开展电商游学1场,累计培训人员693人次,建立电商人才服务体系,免费为电商企业对接输送人才280人。县电子商务创业园成功通过市跨境电商园区复评,2021年新招引电商企业30家,园区已入驻电商企业86家,提供就业岗位398人,1—11月实现园区网络零售额约3.1亿元。水产、针织等产业电商空间载体建设有效推进,石浦汇舟水产旅游电商精品市场、耕海牧渔水产供应链园区正式运营,吸引了一批水产微商、直播企业入驻。爵溪中国针织名城国际交易中心改造已完成，正积极招商直播、供应链等针织电商企业入驻。积极推进传统企业和传统电商转型发展直播等新业态，2021年全县共有淘宝、抖音等活跃直播店铺60余个，月均开展电商网络直播2815场次，观看人次1200万余人次，销售商品60余万件，直播网络零售额2600万元。

【优化保障能力】 重点抓好重大节假日期间菜篮子商品保供工作。为确保春节期间及“五一”国际劳动节期间农副产品产得出、运得进、送得到，多措并举、多点发力，在“产、供、销”全过程各环节，全力做好相关服务保障工作。同时做好菜篮子商品供需总体情况分析、主要商品监测情况分析、菜篮子商品应急保障供应预案等工作，确保蔬菜、猪肉、水产、禽蛋等菜篮子商品货源品种丰富、数量充足，可随时根据需求投放市场，大部分生活必需品价格运行平稳，市场秩序良好。切实做好成品油市场供应工作。积极贯彻省市打击涉油违法违规行为的部署，以油品“质量有保证、安全有保障、源头可追溯、去向能查清”为整治目标，结合“一打三整治”工作部署，会同相关部门检查并处理成品油经营企业违规经营行为。全面推进油品领域平安建设和渔业生产领域大整治大提升，坚决遏制象山县非法经营（运输）油品危害社会公共安全、扰乱油品经营市场现象。切实做好预付卡变相融资跑路整改工作。通过加强事前备案管理、加强事中依法处置、加强事后宣传教育在全市预付卡会议上介绍跑路案件处理经验。编制并发布《2021年度象山县消费协作工作实施方案》。强化定向采购、扩大社会参与、深入合作对接、优化市场秩序、加强宣传引领等几方面做好实地走访和考核工作。根据消费协作实施方案，共有15家消费协作零售商家入围。经合计，2021年，雷波县消费协作考核总金额7700万元，丽水地区山海协作考核720万元。“雷波特色农产品展示大厅”的落成，为雷波特色农产品搭建对外展示大舞台，累计带动各类农产品销售7000余万元，助推雷波脐橙、莼菜、天麻等特色农产业发展进入快车道。

【春节市场供应情况】 2021年春节期间，市场保供情况总体平稳，协调大润发、世纪联华、三江等超市以及各农贸市场加强商品供应及储备，并启动生活物资监测日报制度。菜篮子商品供应充足，价格总体略有上涨，中心菜市场蔬菜、水产品可批发量增加30%，野生宝蟹、解冻大白鳊等高档水产品价格分别为380～520元/公斤和500～700元/公斤，同比均上涨30%～40%。

【春节期间商贸消费情况】 2021年春节期间，消费市场繁荣活跃，全县25家重点监测企业共实现销售额7423万元，同比增长7%。其中，万达广场、博浪海港城、国际风情街等大型商业综合体实现销售额2885万元，同比增长8.3%，累计客流突破40.6万人次；大润发超市、联华超市石浦店、联华超市丹南路店和三江超市共实现销售额2177万元，较2020年同期增长0.8%；盛世大通、现代家电、太平洋家电等3家重点家电卖场实现销售额66万元，同比增长29.4%。大众餐饮市场消费火爆，团圆家宴、亲朋聚餐成为春节餐饮市场主角，新东谷湖大酒店、海洋酒店、石浦半岛酒店等年夜饭预订热度不减，春节假期全县10家重点监测酒店饭店累计实现营业额741万元，同比增长4.1%。休闲娱乐消费市场有序平稳，全县5家大型影院共实现票房收入380万元，较2020年增长2.7%，累计吸引7.8万人次观影，平均上座率30%左右。

【第二届中国国际贸易促进委员会象山支会换届大会】 4月16日，县商务局召开中国国际贸易促进委员会象山县支会第二届换届选举大会，会议选举并通过干焊为中国国际贸易促进委员会象山支会会长，金波、岑晓林为副会长，王兆兵为秘书长。

【县商务局成立中东欧博览会工作专班】 4月20日，“象山商务局中东欧博览会工作专班”成立，由局党委书记、局长干焊担任组长，徐辉、吴寅、周武、金波担任副组长。根据习近平总书记在中国—中东欧国家领导人峰会上发表的主旨讲话精神，以及市委、市政府部署要求，工作专班明确了主要任务，并编写工作方案。

【参加中东欧博览会】 6月8—11日，第二届中国—中东欧国家博览会暨国际消费品博览会在宁波开幕，象山县21家采购商参加采购活动，采购范围涵盖汽车零部件、棉纱、食品饮料、酒类等中东欧特色产品。截至6月9日，象山县采购商已实现中东欧国家意向采购额1510万元、欧洲其他国家意向采购额1010万元。

【汽车消费节】 6月12—29日，县商务局举办汽车消费节。活动期间在县内参与活动的11家限额以上汽车销售企业购买新车，在享受各企业优惠方案后，还可享受以下补贴：1. 消费者在县限上汽车销售企业购买8万元（含）至20万元的新车，补贴2000元生活消费券、1000元现金、1000元无门槛装潢美容保养维修现金券；2. 消费者在县限上汽车销售企业购买20万元（含）以上的新车，补贴2000元生活消费券、2000元现金、1000元无门槛装潢美容保养维修现金券。

【安全生产（消防安全）大排查大整治专项行动】 6月15日下午，县商贸安全生产专委会组织安全生产（消防安全）大排查大整治专项行动。由副县长张微燕带队，县商务局、县卫生健康局、县住建局、县公安局、县应急管理局、县消防救援大队、市生态环境局象山分局、县商贸集团、县旅游发展中心、县综合行政执法局相关人员组成检查小组。首先对涌金广场内消防设施系统进行系统排查，通过现场了解涌金广场安全状况。安全小组现场指出部分消防设施，以及用电线路、水泵房设施等不符合安全规范。检查小组立即督促涌金广场落实整改，并告知整改期限。随后，进行安全生产工作会议。

【“下乡授课直播 & 短视频营销”培训】 7月28日，由县商务局主办的“下乡授课直播 & 短视频营销”培训活动在鹤浦镇开展。此次培训学员20余人，以直播带货和短视频营销为主，围绕抖音、快手功能开通，以及直播流程与脚本制作、短视频营销等进行讲解。学员们在老师指导下，学习了短视频拍摄、制作等理论知识，同时进行现场直播模拟，亲身体验直播带货。

【“烟花”台风登陆期间县内生活物资供应】 6号台风“烟花”登陆期间，象山县各大超市货源充足，供货渠道多样，有超市生活必需品库存大米超100吨、面粉9吨、食用油12.36万升、方便面5.1万包、矿泉水19万瓶。同时企业多渠道进行采购调集货源。大润发超市、三江超市、欧德隆超市、仟家易卖超市、石浦好友多超市、千润发超市通过紧急调拨，增加库存量为日常2倍以上。县商务局启动重点“菜篮子”商品每日监测，跟踪市场供应及库存情况，并指导和组织市场经营户加大进货备货工作力度，确保货源供应平稳有序。“菜篮子”商品储备企业落实生猪活体储备6000头；经营性耐储藏蔬菜160吨；冻猪肉储备120吨；蔬菜、肉类、水产、豆制品、禽蛋等菜篮子商品零售市场价格平稳。

【青草巷特色街区、象山·国际风情街通过市“精特亮”考评验收】 8月24日下午，市抓落实办、奉化和余姚互学互评团到象山县开展“精特亮”创建互学互评工作，县商务局牵头打造的青草巷特色街区和象山．国际风情街顺利通过考评验收。青草巷特色街区位于象山最具历史文化渊源的老城区，作为象山第一个棚改项目，遵照“让文物活起来”原则进行改造，保留原来空间走向、布局和建筑细部。街区里11幢中式宅院和5幢文保建筑，以民俗体验、主题美食为龙头，文化、文创、互动体验为互补，打造成集主题美食、非遗民俗、文化娱乐、休闲体验等为一体，具有象山城市特色休闲体验的“慢生活”文化街区。象山国际风情街地处县城新中心城区核心地带，街区集酒店、餐饮、休闲、娱乐、购物等城市生活消费元素于一体，按照“年轻、时尚、国际、智慧”的理念，美化街区环境、优化业态结构、提升智能水平，增设亚运观赛空间、宁波首家全息投影裸眼3D、“春暖花开”街区艺术设施、现代美术馆、中东欧展馆等，进一步打造商旅文融合发展特色街区。

【象山县消费协作工作实施方案会议】 9月8日下午，县商务局牵头组织召开象山县消费协作工作实施方案会议，县政府办公室副主任周增培、县商务局副局长潘招夫、县商贸集团副总经理柯先宏、各部门及镇乡街道负责人等参会。会上，各部门及镇乡街道负责人根据2020年工作情况结合2021年消费协作工作分工进行交流讨论。会议讨论通过五项重点工作内容：一是强化定向采购。新增最高500元工会福利经费必须购买凉山州地区特别是雷波县农特产品，由县商贸集团负责统一采购。二是扩大社会参与。引导社会商贸企业参与对口产销对接，引导帮助对口地区农特产品到象山商贸集聚区、旅游景点、景区、饭店宾馆、加油站、居民社区等设立农特产品专卖店、直营店、销售专柜，集中推介、展示、销售农特产品。三是深入合作对接。将消费协作作为重要内容，与象山“米袋子”“菜篮子”工程有机结合，尝试共同建设冷链物流体系，延伸农产品生产和消费链条。四是优化市场秩序。协助对口地区重点抓好协作产品认定和管理工作，发展市场有需求、当地有优势的特色协作产业，充分发挥对口地区特色资源禀赋，推进对口地区产业品牌化、规范化，提高质量，保障供给。五是加强宣传引领。积极开展全方位、多形式对口地区特色农副产品主题宣传活动，向社会推介对口地区特色农副产品，依托直播、新媒体、公众号等载体，开展形式多样的消费协作宣传，营造良好的社会协作氛围，开展休闲农业、乡村旅游等相关主题宣传活动。

【雷波县（象山）招商暨农特产品推介会在象山县举办】 9月15日，由象山县人民政府、雷波县人民政府主办，象山县商务局、象山县农业农村局、象山县文化和广电旅游局、象山县经信局、象山县商贸集团、雷波县商务外事局、雷波县农业农村局、雷波县发改经信局、雷波县乡村振兴局、雷波县文广旅

2021年9月15日，雷波县（象山）招商暨农特产品推介会现场（县商务局　供图）

局、雷波县机关事务局、雷波县磷化工管理委员会、雷波县文化馆承办的“雷波县(象山)招商暨农特产品推介会”在象山成功举办。活动共吸引两县近70家企业单位参加。在推介会上,雷波县共推介一、二、三产业包含雷波特色种、养殖及精深加工、磷石膏综合利用、纺织及新材料产业园建设,以及黄琅古镇、马湖、溪洛渡、阿合哈洛大草原康养文旅开发等28个项目,总投资额约284.85亿元。

【金秋购物节】 9月15日至10月31日,金秋购物节成功举办,活动涵盖百强县市汽车巡展、家居博览会、渔港古城国庆夜游等25项内容。

【小微企业信用保险政府统保平台赔款发放】 9月28日,县商务局联合中信保南三县办事处将一笔10万美元赔款通知书送达企业,极大减轻出险企业运营压力。该笔赔款是象山县2021年以来第二笔小微企业信用保险政府统保平台赔款。中信保南三县办事处接到企业报案后,经过2个月境外案件调查核定,最终认定10万美元赔款金额并及时发放到企业。

【第十九届宁波象山海鲜美食节】 10月20日,第十九届宁波象山海鲜美食节暨象山北纬30度最美海岸线“品鲜季”活动发布会在宁波举行。活动现场正式发布象山“品鲜季”系列活动内容,推出象山海鲜之旅精品线路、自由行产品和系列优惠政策,启动“甬菜百碗·象山新十碗”评选暨马蜂窝“象往新鲜·象往象山”未知饭局体验招募活动等。11月5日,第十九届宁波象山海鲜美食节暨品鲜季,在象山影视城正式启幕。本届活动以“向往象山·象往新鲜”为主题,以“去象山吃源头海鲜”为口号,以海鲜美食+沉浸式宋风场景相结合的开幕方式,精心推出“海鲜+美食”“海鲜+音乐”“海鲜+露营”“海鲜+影视”“海鲜+度假”等极具象山辨识度的“海鲜+”系列活动,让每一位来到象山的游客,尽情享受一路美食、一路风景和一路好心情,深度体验象山北纬30度最美海岸线独特魅力。开幕式现场还举办了象山特色海鲜小吃擂台赛、“百县千碗”2021新象山菜发布品鉴会、象山美食群英会等系列活动。

(章恒瑜)

供销服务

【省级白鹅产业农合联建成】 依托“象山大白鹅”国家农产品地理标志优势,通过整合提升象山大白鹅产业优势,以协会+龙头企业+基地+农户农业产业化经营模式,成立象山大白鹅产业农合联。通过积极探索创新养殖新技术和新模式,创新养殖技术,走规模化养殖之路。采用鹅农互助新模式,由产业农合联面向会员进行白鹅饲养全方位服务。

【省级现代农业服务中心创建】 以“农文旅”融合发展为导向,以西周种粮大户、农机合作社、农机公司为依托,整合西周农业产业资源,突出西周大米、毛竹、农家点心等特色,成功创成西周省级现代农业服务中心。把西周竹文化融入到现代农业服务中心创建过程中,引进真空分装式打包设备,实现田间收割、服务中心烘干、打包的12小时稻米收获链,打造西周稻米“新鲜米”特色品牌。

【农村普惠金融】 与县信用联社共同出台金融贷款扶持政策,加大扶持力度,信用评定和授信对象范围延伸到家庭农场,手续上结合网上审核和放款更加便利,授信额度上由最高30万元增加到50万元,在利率优惠上最高按农信联社利率定价基础上最高下浮40基点(下限为央行基准利率)。同时,与中行象山支行、富登村镇银行等金融机构加强信贷合作,开发针对粮农、橘农信贷的个性化金融产品。

【网络拍卖新型商业模式探索】 联合阿里拍卖等多家平台开展拍卖直播,面向全国经销商、采购商对6种象山特色海鲜产品进行拍卖,通过实施面向客户的珍稀鱼种直播拍卖和面向商家的海鲜产品大宗拍卖,探索新型海鲜交易场景和商业模式。

【象山数字渔港系统应用】 开渔节活动中,象山县的数字渔港系统与阿里智慧渔港系统实现初步协同,将海鲜交易数据留在存线上,逐步形成数字化的象山海鲜交易市场体系,缩短供应链流程,为象山渔民拓宽海鲜销售渠道。

【网络直播销售人才培育】 为配合2021年柑橘“红美人”网络营销活动,10月中下旬至11月,由县供销联社联合县农业农村局与阿里巴巴集团、象山影视学院通力合作,以在校学生为主体,举办“象山美人·华夏当红”主体直播达人大赛。通过组织线上线下培训、网络直播技术指导、短视频制作等形式,在学生群体中培养一批直播带货新生力量,进一步为象山县柑橘“红美人”等特色农产品网络直销夯实基础。

【电商网络营销活动】 2021年,全年共牵头举办电商网络营销活动5场,包括6月的泗洲头甜瓜、杨梅农旅推广活动;7月中旬的“海岛梨韵·清新一夏”——2021年鹤岛翠梨开摘节;7月末的“缤纷盛夏·萄你喜欢”——第十六届西边塘葡萄节;9月16日“万象山海·渔开天下”第二十四届中国(象山)开渔节网络营销活动;11月16日第五届柑橘文化节网络营销活动。

【县域生鲜物流服务体系】 依托县政府同阿里巴巴集团签署的数字乡村建设合作框架协议,着力开展围绕象山柑橘、海鲜等产业的物流服务体系建设,建立包括网货标准、产销对接、全域营销、区域公共品牌、园区建设与运营等在内的县域产业电子商务公共服务体系。在整合现有资源基础上,已继续拓展县内20个揽收服务点,实现电商发货日出单量由原来的日均100单每日提高到800单,9月开渔节以来实现快递日单量2000单。

【微超联盟点建设】 结合县供销联社现有电商营业点，筹建微超联盟点3家，定位于宣传象山品牌，着重叫响象山农特产品和进行产品体验为主，同时营销县内农特产品和其他县市微超农副产品，以及山海协作农产品。开展“供销微超”活动2次，微超联盟成员销售100万元。举办“阿拉宁波”品牌营销活动6次，受众2.9亿人次，带动销售额7000万元。

【农资保供】 春耕和双夏期间，积极落实800万元资金，储备化肥1600余吨、农药100余吨，确保农业生产农资供应。面对进口原料涨价的情况，县农资公司坚持让利于民的宗旨，及时组织货源到仓，确保货源充足，价格稳定。

【农作物统防统治】 坚持“预防为主、综合防治”植保方针，以农药减量控害为抓手，以绿色防控和统防统治为重点，切实抓好统防统治的服务工作，统防统治面积逐年增长。2021年落实专业化统防统治服务面积43811亩。

【测土配方肥推广】 按照省政府深化“肥药两制”改革决策部署，进一步推进实施农药购买实名制、化肥使用定额制，推广绿色农资和高效低毒农药产品，减少不当施肥和农业面源污染，促进生态循环农业发展。全年推广测土配方肥1329吨。

【民生实事项目】 按照宁波市“垃圾分类+资源回收”两网融合体系建设总体规划，象山县如期完成布设100部智能回收柜的任务。截至12月底，共完成布设151部，分布于11个镇乡街道，6部清运车辆全部实现新能源化。

【一般工业固废收处】 2020年6月起，以分拣中心为基础新建工业固废处理中心，日处理量可达300吨以上，面向县内各开发区工业企业开展宣传和签约工作，已完成签约700余家。7月完成再生资源分拣中心建设并投入使用。同时，引进高燃烧值燃料棒(RDF)制备处置生产线，日生产量可达300吨，向焚烧发电厂提供清洁高效的再生能源。

【烟花爆竹行业专项督查】 在各重大节假日前夕，对烟花爆竹公司丹城石浦经营部、储存仓库的安全生产规章制度执行情况、消防设施有效性等进行安全检查，查看公司消防应急救援方案。邀请公安和应急管理局对烟花爆竹零售商进行现场培训和演练。积极配合市、县督查组对烟花爆竹行业的专项检查，对发现问题立即配合网点整改，及时消除安全隐患。11月初，对在烟花爆竹联合执法中缴获的非法、破损、过期的烟花爆竹247箱，价值5.3万元，在大目湾空旷地段实施集中销毁，确保烟花爆竹时长合法合规以及群众消费安全。

（县供销联社）

烟草专卖

【概况】 2021年，象山县全年销售卷烟2.85万箱，同比增长4.57%，实现销售额14.51亿元，同比增长6.71%；全年单箱销售额5.10万元，同比增长2.05%，实现税利4.11亿元，同比增长6.32%，各项指标均高于全市大盘水平；全年共查获案件221起，查获违法真烟14564.6条，假私烟2551.5条，省外流入真烟5803条，同比增长30%。

【定制品牌】 累计销售中支烟1418箱，同比增长88%，增幅位列全市第三；累计销售定制品牌云端系列47.56箱，占高价位卷烟比重6.85%，比重位列全市第一。

【终端生态】 大力推进“五层八类”终端体系建设，累计建成加盟终端75户、现代终端1272户，建成终端示范街2条、美丽乡村示范街1条、特色终端示范店3户。全年“香溢家”会员总数新增4.85万人，累计会员总数13.14万人，香溢通应用总户数1493户，占比32.18%，其中双屏机有效安装781户，占比16.84%，香溢坊组员活动参与率63.5%。

【非烟销售】 全年非烟订单累计达1.01万户次，订货面36.85%，非烟商品销售449万元，其中荷花酒销售40万元，贺兰神酒销售20万元。

【物流质效】 两周一订客户560户，占比达到11.8%，自有送货线路进一步精简到6条，送货电子签收率全市第一，配送现场精益管理水平提升明显，物流保障能力不断加强。

【市场监管】 开展“甬鹰”“元春百日攻坚战”、打击卷烟收购行为等专项行动，全年共查获案件221起，其中重点籍案件18起，违法大户案件31起，“双五”以上案件16起；查获违法真烟14564.6条，假私烟2551.5条，省外流入真烟5803条，同比增长30%。

【打假打私】 破获“1·30”非法经营专案，涉案卷烟2500余条，案值1000余万元，4人判刑7人刑拘，案件正在进一步侦办中。积极挖掘网络案线索，破获“2·12”海上走私假烟案件，涉案卷烟10万余条，案值3000余万元，获得国家烟草局贺喜表彰。

【证件管理】 进一步优化“网上办、掌上办、随时办”，大力推进“就近办”“无感智办”，网上办证率100%。落实新修订《中华人民共和国未成年人保护法》，巩固推进许可证清理工作，清理校园周边零售户11户。全年办理行政许可1591户，期末有效许可证4777户，比期初减少72户。严格把关电子烟市场主体申报信息，为开展电子烟监管打下基础。

【数字项目】 以“重点工作目标任务可视化展示”为课题，重点提炼、研究基础数据对实际工作的应用支撑问题，在营销条线取得阶段性应用成效，荣获全市QC成果评选二等奖、全市数据大赛三等奖；以“定点供应商库询比平台建设”为课题，开展“一县一品”创新实践研究，顺利通过结题评审。

（张旦颖）

招商引资

【概况】 2021年，象山县统筹推进合力招商引资，各项指标均取得一定突破，一批战略性、创新型产业项目成功落户。全年完成实际利用外资1.32亿美元，完成全年目标任务（1.27亿美元）的103.8%，同比增长626.9%；内资指标完130.72亿元，同比增长20.54%，完成全年目标任务（80亿元）的163.4%；浙商回归指标完成95.08亿元，同比增长4.76%，完成全年目标（65亿元）的143.6%。

【项目招引】 2021年，全县共签约项目246个，总投资379.3亿元，161个项目实现当年签约当年动建。其中，亿元以上重大项目68个，总投资347.25亿元，10亿元以上项目10个，50亿元以上项目2个。项目招引整体产业结构较为合理，制造业项目106个，占比43.10%，居主导地位。

【“七评一看”招商引资预评审机制】 2月，《象山县招商引资项目准入预评审管理办法》出台，明确项目引进评审程序，实行包括环评、卫评、能评、绩评、安评、科技、土地评价、看企业家素质等八个环节的“七评一看”机制，对项目产业关联带动性、技术工艺先进性、空间规划相符性、要素保障可能性、用地规模合理性等开展评审。2021年，开展联合评审会3场次。

【全县工业项目集中“云签约”】 8月12日上午，象山县举行工业项目集中“云签约”仪式，共25个总投资约70亿元的项目以视频连线、远程签字的形式顺利完成签约。县委书记潘银浩出席活动并致辞，县领导包朝阳、罗来兴、石坚定、欧亚群等参加签约仪式，副县长石坚定主持仪式，并介绍工业项目签约情况，新加坡丰树集团、山东金沐阳新能源科技有限公司、宁波高灵电子有限公司等客商代表致辞。

2021年8月12日上午，象山县举行工业项目集中“云签约”仪式（县招商发展中心　供图）

【全县重大项目集中开工】 9月29日上午，象山县举行重大项目集中开工仪式，县委副书记、县长包朝阳讲话并宣布项目开工，县领导罗来兴、俞骏、李晓东、陈兴立、石坚定等参加仪式。本次开工项目共18个，总投资98.37亿元，年度计划投资6.55亿元。

【宁波生物基可降解新材料产业基地项目签约】 1月14日，象山县与浙江友诚集团举办宁波生物基可降解新材料产业基地项目签约仪式，市委常委、常务副市长陈仲朝、市政府副秘书长顾立群、浙江友诚集团董事长徐有忠，县领导潘银浩、包朝阳、石坚定等参加活动。该项目落户于西周镇循环经济产业园，总投资约51亿元。5月29日，该项目开工仪式在西周镇循环生态工业园举行，市委常委、常务副市长陈仲朝出席活动并宣布项目开工，县委书记潘银浩致辞，罗来兴、俞骏、李晓东等县四套班子领导参加，县委常委、常务副县长陈兴立主持开工仪式并介绍项目情况。

【日风电气产业项目签约】 1月18日，日风电气产业项目（大型海上风电变流器、储能与光伏逆变器产业化项目）洽谈会暨签约仪式举行，浙江润丰能源集团有限公司董事长卢钢，县委书记潘银浩，副县长石坚定等参加活动。日风电气产业项目由浙江日风电气股份有限公司投资6亿元建设，计划用地67.6亩，主要生产大型海上风电变流器、储能逆变器与光伏逆变器等产品。该项目于12月31日开工，预计2023年底建成投产，达产后年销售约10亿元，年税收约7000万元。

【日星大型风电装备制造及配套项目签约】 3月25日，日星大型风电装备制造及配套项目签约落户象山。该项目由日月重工股份有限公司投资建设，总投资24亿元，落户于临港装备工业园，计划用地584.66亩，主要从事风电机组智能化机加工与涂装生产。项目计划于2022年6月开工，2024年底投产，建成后预计年产值可达30亿元，年税收1.7亿元。该项目是日月重工股份有限公司继2020年风机总装制造基地项目后在象山县投资的又一风机项目，将借助日月重工原有生产、科研能力，充分发挥象山区位、港口优势，助力该县临港装备产业发展再上台阶。

【金沐阳光伏边框及支架制造项目签约】 5月27日，由山东金沐阳新能源科技有限公司投资10亿元建设的光伏边框及支架制造项目正式签约。该项目落户于城东工业园，用地面积约120

亩，主要从事光伏组件用铝边框、支架以及光伏铝型材等新能源配套产品的生产，计划于2022年初开工建设，2023年投产运营，预计可实现年销售12亿元，年税收6000万元。

【腾华高精密节能型注塑机项目签约】 8月7日，腾华高精密节能型注塑机项目正式签约落户象山。该项目由宁波华美达机械制造有限公司投资建设，总投资15亿元，项目落户于城东工业园，用地面积约300亩，主要生产高精密节能注塑机，计划于2024年3月建成，投产后年产值可达20亿元，年税收1亿元。

【力华港机生产项目落户】 11月10日，由浙江力勤投资有限公司、象山光明输送机有限公司联合投资5亿元建设的力华港机生产项目正式签约入驻象山。该项目落户于临港装备工业园，计划用地面积89亩，主要从事新兴能源技术研发以及机械设备生产销售等。项目计划于2022年8月开工建设，2024年6月建成运营，投产后预计可实现年销售4.5亿元，年税收2670万元。

【大目湾智慧运动健康医疗项目签约】 12月8日，由浙江毅杰世峰大健康产业集团有限责任公司投资建设的大目湾智慧运动健康医疗项目正式签约入驻象山。该项目计划总投资6亿元，总用地面积64亩，主要建设以智慧运动康复医院为中心，结合运动康复研究所、交流中心、康养酒店等的全龄智慧运动健康示范区，计划于2023年10月开工建设，2026年竣工投产。

【新能源锂电池钢壳及碱锰电池钢壳生产项目签约】 10月13日，由宁波光华电池有限公司投资建设的新能源锂电池钢壳及碱锰电池钢壳生产项目签约落户象山城东工业园。该项目总投资5亿元，从事新能源锂电池钢壳及碱锰电池钢壳研发生产，总用地面积约60亩，项目计划于2022年9月开工，2024年6月投产，达产后可实现年销售收入5亿元，年实缴税收2500万元。

【日星大型海上风电及船运装备关键零部件新建项目动建】 10月8日，位于临港装备工业园的日星大型海上风电及船运装备关键零部件新建项目开工动建。该项目由日月重工股份有限公司投资10亿元建设，用地约189亩，主要生产风机整机关键零部件，项目建成后预计可实现年销售8亿元，年税收4000万元。

【新能源汽车零部件生产项目二期动建】 3月5日，由宁波昌扬机械工业有限公司投资6.12亿元建设的新能源汽车零部件生产项目二期正式开工。项目位于城东工业园，用地面积60.2亩，主要从事新能源汽车零部件的生产。项目达产后预计年销售1.5亿元，年税收600万元。

【宁塑注塑机整机生产项目动建】 8月31日，由宁波宁塑机械有限公司投资5亿元建设的宁塑注塑机整机生产项目正式开工动建。该项目落户于城东工业园，用地136亩，主要从事注塑机整机生产制造。项目达产后预计年销售6.5亿元，年税收3900万元。

【新能源汽车设备项目建成】 6月，由江苏若宇检具股份有限公司投资6亿元建设的新能源汽车设备项目竣工投产。该项目于2018年8月签约，落户于石浦镇科技园区，用地面积188亩，主要生产新能源汽车设备。项目达产后预计年销售8000万元，年税收500万元。

【灵峰工程机械项目建成】 5月，落户于临港装备工业园的灵峰工程机械项目竣工投产。该项目于2018年7月签约，总投资5亿元，用地面积95亩，主要生产大型工程机械耐磨部件。项目达产后预计年销售5亿元，年税收5000万元。

【恒冠风力发电机零部件生产项目建成】 6月，落户于恒冠风力发电机零部件生产项目竣工投产。该项目于2020年1月签约，总投资5亿元，用地面积95.8亩，主要生产日星配套风机配件及电梯配件。项目达产后预计年销售可达4.6亿元，年税收2800万元。

【大型钢结构生产制造项目（二期）建成】 7月13日，由浙江波威建工有限公司投资5亿元建设的大型钢结构生产制造项目（二期）竣工。该项目于2018年7月签约，落户于临港装备工业园，用地180.4亩，主要进行大型钢结构的组装生产制造。项目达产后预计年销售7.5亿元，年税收3000万元。

【航天智慧科技城公共设施一期项目建成】 12月1日，航天智慧科技城公共设施一期项目建成，该项目于2016年11月签约，落户于宁波航天智慧科技城，用地面积225亩，生产力中心建筑面积约15万平方米，包括1幢商务楼、2幢研发楼、11幢厂房；启动区块市政设施共道路12条长21.8千米，河道长5千米，绿化21万平方米，排污泵站1座。

【国电象山1号海上风电场（一期）工程项目建成】 12月23日，国电电力发展股份有限公司象山1号一期25.42万千瓦海上风电项目全容量投运。该项目位于象山县鹤浦镇东南海域，总投资约44亿元，安装41台6.2兆瓦风机，接入1座220千伏海上升压站，单独配置一条5千米送出线路，通过陆上集控中心关口并入电网。项目投运后，每年可提供绿色电能约7亿千瓦时，相当于减少标准煤消耗23.3万吨，减少碳排放47.7万吨。

（甘晨露）

商业贸易

【概况】 象山县商贸集团于2020年8月成立，在原县商务局下属管理的市场开发经营有限公司和金溢贸易集团有限公司等基础上组建而成，主要职能是城乡各类市场开发经营和其他商贸资产经营管理。主要管辖14个农贸市场(包括租赁管辖)、7个专业市场和1家黄金海岸大酒店,下辖黄金海岸大酒店有限公司、金溢贸易有限公司、象港市场有限公司、市场开发经营有限公司、象生配送有限公司5个全资子公司。2021年,县商贸集团总资产29.56亿元,同比增长8.6%。主营业务收入1.57亿元,同比增长53.9%;集团下属共有放心农贸市场12家,其中四星级1家、三星级7家、二星级2家、一星级2家,省级五化市场4家,市级环保农贸市场3家,市级党建引领市场1家。另外,汪家河、蓬莱、西周、大徐、大碶头、石浦等6个市场完成外围管理"外包",形成政企联动、齐抓共治良好局面。

【中心菜市场首台智能电子秤使用】 1月7日,象山中心菜市场第一台智能电子秤正式投入使用。该电子秤实行"政府定标下单、厂商定制供货"策略,即根据象山农贸市场实际情况,由县商贸集团和大数据中心提出智能电子秤硬件和软件技术标准,厂商进行定制化开发生产,知识产权均归属政府。最终根据不同市场行业使用习惯,设计5款不同尺寸规格电子秤,重点突出防水、防腐蚀、防作弊等功能,强调操作易用性和系统稳定性。最终定型软硬件产品在业内公认达到全国领先水平。为有序推进中心菜市场全场智能电子秤安装和调试,将通过实施分区分批推广模式,保障电子秤项目有序推进。

【黄金海岸大酒店改造工程动工】 4月,作为亚运会配套酒店—黄金海岸大酒店改造工程正式动工,项目总投资1.3亿元,总用地面积150亩,其中酒店改造装修21800平方米,道路绿化景观等改造提升18500平方米,新增连廊改造1268.5平方米,计划2022年4月全面竣工,5月完成主体装修工程,6月试营业。

【首家国有农副产品配送公司成立】 象山县象生配送有限公司隶属县商贸集团旗下全资子公司,成立于2021年5月,注册资本2000万元整。该公司依托县级大型农贸批发市场和象山海鲜资源优势,从事蔬菜、肉类、海鲜、家禽等产品一站式配送的农副产品配送。通过统一采购、统一监测、统一定价、统一配送、统一结算的运营模式,与西部消费协作直供地、菜篮子基地、水产市场等上游农业基地达成大宗商品采购关系。与大型餐饮酒店、企事业单位、学校等下游终端消费群体建立长期稳定供应关系。逐步推行自身品牌化建设,实施轻资产运营,辐射宁波、杭州、上海等地。

【首个乡镇农贸市场完成外围管理权"外包"】 5月21日,县商贸集团联合综合行政执法局和西周镇政府,与第三方管理服务公司合作,实施西周农贸市场外围管理权"外包"模式。该模式即由西周镇政府和县商贸集团承担外包费用,由县商贸集团统一指挥第三方每日凌晨4点起对菜场外围沿街流动设摊、店面跨门经营、非机动车违停等现象进行综合管理,由西周镇政府、县商贸集团、综合行政执法局西周中队联合考核。有效构建政府主导、社会参与、市场化运作的高效有序的市场外围管理新格局。该模式自4月13日试行以来,日均出动工作人员7人,整治街面房157间,安置真正自产自销户36余人,取缔无证经营户(非自产自销类)11人。

【首家市"党建引领"农贸市场】 6月,县中心菜市场在市党建引领市场创建暨咸祥红色农贸研学精品线启动仪式上荣获市"党建引领"农贸市场这一殊荣。在申报初期,县中心菜市场就积极营造红色氛围,结合党建引领市场创建工作标准,准确挖掘自我特色,以市场升级改造为抓手,找准党建引领工作切入点,切实发挥中心菜市场党支部战斗堡垒作用和党员先锋模范作用,积极落实党员"三亮"情况,引入党员志愿者服务制度。在积极开展党建引领工作下,发动市场党支部参与中心菜市场管理、改造和建设,凝聚力量助推中心菜市场的升级改造,有效推动中心菜市场治理体制机制创新,优化市场营商环境。作为县内首家"党建引领"农贸市场,县中心菜市场将继续坚持党建引领,进一步创新市场经营模式,持续发挥示范引领作用,推动市场繁荣发展。

【"未来菜场"数字改革项目领导小组成立】 7月,成立由副县长张微燕任组长,改革办、大数据中心、财政局、商务局等9家单位多方参与的"未来菜场"项目建设工作领导小组和工作专班,确定由县商贸集团为牵头单位,采取"政府主导、银行投资、多方参与"的"政银企"新型建设模式,以县中心菜市场为试点,由建设银行全额承担近800万元建设成本并作为项目唯一合作银行,通过统一推行由政府采购、量身定制的电子智能秤,免费供市场经营户使用,实现计量工具、结算功能、支付方式等统一化、规范化、标准化,打造一个真正让买卖双方都放心的公平交易市场,实现传统农贸向智慧农贸转型跨越。

【中心菜市场场景化改造工程开工】 8月15日,县中心菜市场场景化改造工程正式动工,总投资800万元,改造总面积1.2万平方米,主要改造摊位76仓、营业房25间及其他配套附属工程,计划2022年1月底完成改造。改造工程重点围绕滨海消费城市、渔港古镇、海鲜旅游市场等文化特点,对市场进行外立面、导视系统、灯光等场景化改造,构建沉浸式消费场景,打造"大东海海洋博物馆""一半是烟火,一半是海洋"主体农贸市场,通过改造展示出象山最有特色场景。

【与雷波县达成消费协作协议】 9月3日,县商贸集团赴雷波调研东西部消费协作,商议筹备"象山·雷波农特产品体验馆"开业及中秋国庆—象山工会福利产品采购事宜,双方达成采购意向:将象山县750万元的工会会员福利产品、1140万元的各乡镇、机关单位、金融企业、建筑企业和工业企业的产品采购定点在雷波县。

【蓬莱菜场改造工程开工】 9月3日,为进一步落实“五化”市场创建,蓬莱菜场改造工程正式开工。项目总投资19万元,主要对一楼管理房、检测室和部分摊位进行合理改造提升,破除基础设施陈旧,改变过时格局,共计改造面积248平方,工期35天。

【“未来菜场”亮相2021世界数字经济大会】 10月15日,由市人民政府、省经济和信息化厅联合中国电子信息行业联合会、中国电子学会等单位共同主办的“2021世界数字经济大会暨第十一届智慧城市与智能经济博”上,象山县“未来菜场”项目惊艳亮相,吸引众多市民围观体验。该项目以象山县中心菜市场为试点,向全体市场商户提供可以自动采集、无线传输农贸商品交易数据的智能电子秤,推广使用移动支付二维码和大数据统计分析等软硬技术,打造集数字化交易结算、数字化信息展示、数字化经营管理于一体,真正公平高效的现代化农贸市场。在保护消费者权益、方便消费购物的同时,提升市场管理水平,充分实现信息的实时化、具体化、可视化,极大地方便市场和相关职能部门对市场经营活动的动态监管。该项目首次亮相世界级展会,展现象山县按照“以数字化改革引领撬动各领域各方面改革”的发展理念,彰显象山县围绕数字化改革总体要求,高水平建设平台支撑体系,高质量赋能象山数字化改革全局。

【“数字农贸”获2021市数据开放创新应用大赛三等奖】 10月16日,由市大数据局、市委网信办、市经信局、市总工会联合举办的2021宁波市数据开放创新应用大赛中,象山县“未来菜场”项目以“数字农贸”为名称参赛并荣获大赛三等奖。自大赛启动报名以来,县商贸集团和浙江雅锐斯科技有限公司骨干成员组成参赛团队报名参赛,并由县大数据中心全方位指导。项目历时近3个月初赛筛选和专业评审,一路劈波斩浪,从145个项目中脱颖而出,入围前18名。最终在决赛当日,“雅锐斯科技 & 象山商贸集团大数据赋能团队”发挥出色,赢得评委一致好评,最终名列第五名,荣获大赛三等奖。

【二手车市场临时安置点完工】 10月19日,二手车市场临时安置点完成竣工验收,项目位于东陈汽车广场北侧汽车广场二期预留地区块,总用地面积8500平方米,总投资150万元,建设内容为场地硬化及管理房搭建,主要为满足二手车市场工程实施过程中二手车市场经营需要。

【石浦菜场一期改造工程完工】 11月12日,石浦菜场一期改造工程完工,项目位于石浦镇荔港路85号,总投资600万元,总用地面积2481平方米,维修改造面积1519平方米。项目建设内容主要包括配套营业用房19间,海鲜摊位40个,肉类摊位43个及其他市场配套设施。该菜场改造提升依托石浦渔港地理优势,以“海滨古镇”为切入口,重新划分布局市场行业,增加餐饮、购物、打包专区,并引入当地美食小吃、农特产品、传统工艺等,改造成具有老石浦市井风貌特色的农贸市场和一条渔港古镇场景内街,实现全景沉浸式新型农贸市场的华丽转身。石浦菜场二期改造工程计划2022年开工。

【交通理赔中心改造工程完工】 于11月17日,交通理赔中心改造工程完成竣工验收。项目位于城南高新创业园滨海大道与环城西路交叉口东北侧地块内,总投资2300万元,总建造面积为6035平方米,于2021年6月28日正式开工动建,主要建设包括改造内部格局,内墙、顶棚涂刷白色乳胶漆,铺设瓷砖,外墙涂刷仿石漆,综合管线改造,平整场地,混凝土路面修复及硬化614.06平方米,透水砖路面硬化304.58平方米等附属配套工程。该项目正式对外运营将进一步完善东陈汽车广场相关产业链和配套服务,健全道路交通事故快速处理机制,提高交通事故理赔效率和保险行业风险管控水平,保障消费者权益,规范象山县交通事故理赔市场秩序。

【3家农贸市场通过省级“五化”创建验收】 12月13日,省市场监督管理局公布第二批“五化(便利化、智慧化、人性化、特色化、规范化)”改造商品市场名单,县中心菜市场、蓬莱菜场和汪家河菜场3家农贸市场成功通过验收。2021年以来,县商贸集团累计投入资金100余万元,实施改造项目40个,涉及经营户超1480户,成功将该3家农贸市场打造为符合“五化”标准的样板标杆市场。

【水果及木材市场改造工程完工】 12月20日,水果及木材市场改造工程正式完工。项目位于丹西街道丹峰路与园中路交界,总投资360万元,主要对现有水果、木材市场进行基础性改造提升,着重解决地面不平整、墙面破损、危房棚屋搭建及市场外围恶性竞争乱象等问题。该项目全面改造完工将进一步改善市场内软硬件设施,提升专业市场面貌和竞争力,是推动专业市场可持续发展动力,也是做好创建文明城市工作重要一步。

【“未来菜场”获2021年省数字经济新业态优秀案例】 12月27日,省数字经济发展领导小组办公室公布省数字经济“五新”(新技术、新制造、新基建、新业态和新治理)优秀案例名单,象山县“未来菜场”项目成功入选“新业态”优秀案例。该项目充分运用5G无线交互、大数据分析、AI算法、智能秤数据采集、视频监控等软硬件技术,推动实现农贸商品交易向网络化、智能化、社区化发展,并探索农贸商品交易数据在政府职能履行、民生利益保障、经济发展助力等方面的应用。项目自落地以来,日均活跃用户数超过500,累计交易入库数据共计2423583条,为政府相关决策提供数据支撑,增强政府的市场监管能力和调控保障能力。

【泗洲头综合市场改造工程完工】 12月28日,泗洲头综合市场改造工程完工,项目总投资280万元,主要是对泗洲头旧市场棚屋拆除后着重对摊位、照明、给排水等进行合理布局。改造后的泗洲头综合市场总面积共1800平方米，内设有40个摊位，3间营业房，设有水产、白肉、蔬菜、酱杂、粮制品、豆制品、熟食等行业，一应俱全，能充分满足周边居民生活所需。同时，该市场完全按照三星级市场标准配有检测室及检测设备，设立服务台、公平秤、休息区等便民设施。该市场成功改造将进一步提升泗洲头镇对外窗口形象，为该镇创建美丽集镇奠定良好基础。

【新添3家市级绿色环保农贸市场】 12月29日，县中心菜市场、城东市场和大徐集贸市场经市农贸市场改造提升工作领导小组正式认定为2020—2021年度市绿色环保农贸市场。自2021年以来，县商贸集团根据创建任务，强化措施、狠抓落实，推进落实农贸市场“限塑”工作，与该3家市场经营户共签订限塑承诺书1099份，开展农贸市场“零利润”全降解购物袋统购统销业务，设置15个型号供经营户选择，并投入资金28万元采购大型垃圾处理设备。该3家市场已实现全降解购物袋全覆盖，共设有17台自助环保取袋机供市民免费领取购物袋。同时，可实现日常产生的果蔬菜皮等垃圾进行就地处理，减少垃圾处理运行成本。

【“山海携手·同心共富”直播助农活动】 12月30日，为深入贯彻省市关于东西部协作工作的决策部署，加强东西部协作，县商贸集团子公司象生配送有限公司携手县新联会、网联会借助“潮象山海”直播平台联合举办“山海携手·同心共富”象山雷波特色农品直播活动。据统计，此次直播活动共吸引近万人观看，网友点赞5.2万人次，销售农品总价金额3.6万元，近距离为广大市民朋友展现雷波优质农特品，促进雷波产品又好、又快地走出当地、走进象山。

（周云璐）

浙台经贸合作区

【概况】 2021年，浙台经贸合作区实际到位外资2339万美元，实际县外内资39.6亿元，实际市外内资15.1亿元，规上企业104家，总产值127.39亿元，进出口总额12.58亿元，实现利税62.34亿元。

【开发区(园区)整合提升】 7月，正式成立浙台经贸合作区党工委（由原浙台和原水产城领导班子组成），为县政府派出机构。主要负责编制实际开发范围内经济建设发展规划、专项规划、控制性详细规划及其他规划；研究并拟订推进实际开发范围内开发建设的政策措施；负责研究并实施实际开发范围内产业发展布局，组织开展对外招商引资工作；深化对台交流合作，做好与全国台湾同胞投资企业联谊会的联络沟通工作。党工委书记由县委常委、石浦镇党委书记兼任，设主任1名、副主任4名，其中1名副主任负责对台交流合作工作。内设党建和综合科、招商科、发展服务科、规划建设科、口岸事务科等5个科室，正科（股）级直属事业单位2个，分别是综合服务中心、中国水产城发展管理中心。

【石浦港口岸开放】 正式开放申报工作顺利推进，5月13日，县政府于向市政府提交口岸正式开放申请，市级查验部门均已回复同意。下一步，石浦港口岸正式开放申请将会同穿山港区码头一起，由市政府向省政府提交申请，省政府征求完省级查验部门意见后上报国务院审批。口岸临时开放稳步运行，新一轮口岸临时开放审批工作于该年3月、8月按计划如期完成，为进出口贸易顺利开展提供保障。

【石浦港口岸贸易发展】 2021年，2家进出口贸易公司入驻新港码头，口岸贸易稳步拓展，停滞近一年的对台小额贸易重新启动。防疫期间，积极协调相关联检单位帮助象山远洋捕捞企业进口鱿鱼、秋刀鱼共计5个航次2292.7吨。是年，石浦港口岸累计完成进出口109个航次，吞吐量29184.07吨，贸易额8471.51万美元。认真贯彻落实口岸疫情防控“外防输入，内防反弹”工作方针，出入境船舶严格实行“一船一方案”，全力筑牢海港疫情防控屏障，全年落实海港防疫125航次，涉及船员364名，完成686人次核酸检测，稳妥处置医疗救助事件1起。

【石浦港岸线规划编制】 2021年，委托浙江海洋大学编制《象山县石浦港岸线综合开发专项规划》，按照“盘活家底、重构转型、整合资源、高效利用”原则，对环石浦港码头、岸线资源进行梳理与规划；石浦港北岸—东部连片岸线为旅游岸线、西部为渔业岸线，石浦港南岸为港口岸线，形成东游西产中生活，北优南拓两岸联动空间格局。

【北欧(中国)鲑鱼RAS陆基养殖项目(一期)】 北欧（中国）鲑鱼RAS陆基养殖项目（一期）工程位于高塘岛乡纱帽绿区块，总投资8亿元，用地100亩。其中北欧投资方计划总投资7500万欧元，注册资金2500万欧元，用于包括但不限于养殖设备投资、引进挪威鲑鱼养殖技术、鱼种育苗、专技人才引进及技术研发等；浙台经贸合作区下属象山海峡经济技术合作有限公司负责一期厂房建造和基础设施配套，为北欧投资方提供租赁服务。项目自2021年初启动以来，从完成设计至项目开工仅用了1.5个月，先后完成土地回购、政策处理、矿山摘牌、场地平整、施工招标等工作，于5月初正式动工，至2021年底累计完成投资2.02亿元。该项目建设内容分为三部分。厂房工程总建筑面积约51392平方米，施工单位为龙元建设集团股份有限公司，中标价格为20087.8672万元，主要建设繁殖厂房、养殖厂房、配电房、水泵房、污水生物处理池、连廊、海水淡化、室外附属工程及绿化工程，截至12月底，繁殖厂房完成主体结构。附属取水工程引水管道总长度约为655.5米，施工单位为华锦建设集团股份有限公司，中标价格为2317.9256万元，于12月底开始取水泵房打桩作业工作，预计2022年7月完工。附属道路工程道路总长约795米，宽12米，施工单位为中和华丰建设有限公司，中标价格为5782035元，主要建设内容包括道路总面积9562平方米，雨水长1057米，污水长838米及其他附属工程，截至12月底，完成1.3万吨塘渣堆载工作。

【象山现代渔业养殖基地场地平基工程（一期）】 项目位于高塘岛乡黄湾塘区块，工程内容包括约9.87公顷土地上山体开挖、45.5公顷土地场地平整。建设单位为象山海峡经济技术合作有限公司，施工单位为浙江凯磊爆破工程有限公司、宁波廉宏市政园林建设有限公司，中标价为4420.9166万元。项目于6月1日正式开工，截至12月底，完成产值约800万元。

【合作区建设要素资源保障】 整合提升后，2021年，管委会全年综合融资成本下降0.67个百分点，为5.13%；贷款结构进一步优化，项目贷款占比45%。国资综合考核全县第二。

（陈雪）

金　融

综　述

2021年，象山县金融业围绕宁波市金融“三争三服务”和象山县“实体经济融资畅通专项攻坚行动”，立足需求导向、改革创新、协同联动和考核督导，推动金融支持地方经济高质量发展。是年，金融业增加值39.5亿元，同比增长4.6%，占地区生产总值比重5.90%。至12月底，全县本外币贷款1150.39亿元，同比增长12.87%，其中制造业贷款余额155.43亿元、同比增长14%，制造业中长期贷款增速尤为明显，同比增长35.78%。

2021年，全县金融系统搭平台优环境，支持实体经济成效明显。金融服务顾问团为象山经济融智融资，“百场银企”融资对接活动58场，累计为1780家企业提供融资对接服务，达成意向融资金额27.2亿元。小贷险、出口信保保单融资业务规模分别达6.62亿元、3.7亿元。地方法人金融机构为航运企业授信14亿元、发放贷款10亿元。引入3亿元保险资金支持世茂宁波象山茂御酒店项目建设，农(渔)业“试验田”孵化全省首创“小黄鱼网箱养殖保险”，落地全市首个生猪价格指数保险、鹅种蛋目标价格指数保险，风险保障能力不断增强。新一轮“凤凰行动”象山计划及配套资金管理办法实施，进一步加大对企业股改上市、并购重组、融资发展的支持力度，切实减轻企业上市成本压力。是年，兑现县级补助82万元，新增新三板创新层挂牌企业1家，甬股交挂牌企业25家，入选市级科创板拟上市储备库企业1家，签约启动上市企业3家，重点拟上市挂牌后备企业数量扩增至21家，多层次资本市场基础力量不断夯实。借助上市公司平台，推动机构对接，引导上市挂牌企业再融资，推动平台公司和企业利用发债、融资租赁、引进股权投资基金等资本市场融资工具，利用资本市场融资20.18亿元。组建运行首支纯市场化运作的政府引导基金“象商基金”，首期基金规模3亿元，全力支持科技创新、制造业和中小企业发展，投资总额0.8亿元。全县8支基金总规模13.4亿元，逐步进入市场化、专业化、规范化发展轨道。

（叶楠）

中国人民银行象山县支行

【概况】 中国人民银行象山县支行是中央银行的派出机构。2021年，该支行紧紧围绕“强党建、重担当、求实效、争一流”工作思路，持续聚焦主责主业、着力推动提质增效，支持地方经济社会高质量发展。是年，该支行获评由中国金融教育发展基金会颁发的“星海计划示范支行”，象山县开放型经济优胜服务单位、象山县“三结对”工作优秀集体；金融服务部获评宁波市“巾帼文明岗”。

【支持实体经济发展】 一是金融总量合理增长，信贷结构有所优化。认真贯彻稳健的货币政策灵活精准、合理适度要求，紧扣上级行首贷户拓展、制造业中长期贷款提升和应收账款融资“三大专项行动”，强化对重点领域金融支持。印发3期情况通报，包括各项重点领域贷款增量、增速、占比等指标内容，并报县委、县政府。二是用好创新政策工具，引导合理减费让利。引导各银行机构在信贷资源配置和央行资金安排可持续性上做到“三个必须”。深化落实LPR（贷款市场报价利率）改革，促进贷款利率稳中有降，全辖小微贷款综合利率成本4.82%，比年初下降0.24个百分点。高标准推进绿色金融发展，引导辖内银行加大对能源结构转型、绿色建筑、绿色交通、制造业减碳脱碳等绿色产业信贷投放。指导完成全市首笔鱼货抵押登记业务，推动“象山柑橘”等地理商标质押融资落地。三是深化普惠金融建设，促进银企精准对接。推动县政府印发《关于实施海洋经济普惠金融专项行动的二十条意见》，召开现场推进会，发挥四家海洋经济普惠金融专营支行引领作用，累计投放海洋六大产业链贷款15亿元，研究制定《象山县农民住房抵押贷款管理办法（征求意见稿）》。依托宁波市、浙江省两个信用信息服务平台开展线上融资对接活动，同步推进“贷款码”服务。至12月末，累计为通过贷款码扫码的小微企业、个体工商户发放贷款542笔、21亿元。

【提升民生服务保障水平】 一是深化支付多场景应用，提高资金支付效率。引导金融机构积极参与“移动支付便民工程”和“智慧支付工程”建设，建成7个智慧支付菜场、12家“刷脸支付”商户，其中象山中心数字菜场“未来菜场”亮相2021世界数字经济大会。二是加强银行账户服务，加强人民币流通管理。做好小微企业银行账户服务，对全辖26家机构160余个网点开展实地督导及互查暗访工作，督促落实小微企业简易开户服务，落实支付手续费降费工作。创建爵溪街道现金服务示范区，对6家试点银行网点进行现场指导，开展区域现金处理中心探索。向县市场监管局等11个县直部门发送提示函件，构建联动整治拒收现金工作长效机制。三是防范电信网络诈骗，严控支付领域风险。印发打击治理电信网络诈骗和跨境赌博宣传活动方案，联动相关部门召开专题会议、金融机构负责人会议、支付结算工作会议等，对全辖金融系统进行政策传达和反诈培训。全辖银行机构协助查询、冻结、紧急止付账户数量258个，协助紧急止付金额达156万元，保障群众财产安全。现场约谈13家落实不力的银行机构。

【促进跨境资金均衡流动】 一是助推开放型经济转型升级。积极开展“深化外汇普惠金融 暖心帮企优服务”活动，落实汇率避险“首办户”拓展行动，举办“外汇普惠金融联络员”授牌仪式。开展培训宣讲活动32次，覆盖400余家企业。支持新型国际贸易、跨境电商企业规范发展，新增跨境电商4家。对照关于进一步促进跨境贸易投资便利化文件，辖内落地10项措施。二是切实防范跨境资金流动风险。突出机构监管重点。对辖内浙商银行等3家机构开展国际收支现场核查，暗访12家银行，及时发现政策执行短板并指导提升服务水平。突出事中事后监管抓手。列入B类5家、C类10家，立案查处1起个人逃汇案。

【化解地方金融风险】 一是健全完善监测体系，促进房地产平稳健康发展。开展金融风险“排雷”专项行动，督促“亚健康”机构多措并举加大不良处置力度。至12月末，全县不良贷款余额9.56亿元，不良率0.83%。联动县住建局开展商品房预售资金监管专项核查，重点关注恒大系房产项目风险，对房地产信贷增速过快，新增占比超限的法人机构开展约谈并下发风险提示函。二是夯实基础金融服务，强化金融行为监管。加大反假货币监管工作力度。按月做好假币实物收缴，共收缴假币2887张，金额24.95万元，多次举办反假知识技能培训。对储蓄国债承销机构开展巡查20次，国债下乡宣传3场次。对中银富登开展反洗钱现场风险评估，对中信银行等4家银行机构开展监管走访，督促银行机构有效履行反洗钱义务。三是探索多样化金融宣教模式，强化社会综合治理。组织开展征信、存保、国债等各类金融知识宣传活动，重点开展学生、老年群体、渔民群体对象宣传。至年底，组织辖内金融系统共受理法院委派调解248起，共调解成功52起，金额943.9万元。妥善处理消费者投诉37起、举报1起、依申请公开1起，接受咨询400余起。用心用情用力解决好群众的“烦心事”，维护群众切身利益。

银行机构

【概况】 至2021年年末，象山县共有银行业金融机构26家，网点158个，银行从业者2235名。全县本外币各项存款余额819.13亿元，比年初增加64.90亿元，同比增长8.6%；本外币各项贷款余额1154.35亿元，比年初增加130.60亿元，同比增长12.76%，存贷款总体增势良好。全县民营企业贷款余额254.46亿元，同比增长6.8%；普惠小微贷款余额161.27亿元，同比增长26.89%；制造业贷款余额155.43亿元，其中中长期贷款余额43.95亿元，比年初增加12.42亿元；全年拓展首贷户1400户。

【中国农业发展银行象山县支行】 中国农业发展银行象山县支行下辖1个营业部，共17名员工。至2021年年末，各项贷款余额328523万元，其中：政策性贷款295077万元；各项存款59740万元；FTP（文件传输协议）净利润2344万元；实现存贷双增，不良贷款保持零余额。

该支行作为县内唯一一家政策性银行，切实履行农业政策性支农职责，稳定粮食市场，维护县域粮食安全，确保粮食收购工作“不打白条”，做到“钱等粮”。全年累放收购贷款1.16亿元，支持收购粮食4280万公斤。配合政府加强对粮食市场的宏观调控力度，支持投放象山北粮食储备库建设1000万元。推进“非粮化”整治工作，对县内3.72万亩待整治土地开展耕地功能恢复，项目金额10亿元的耕地功能恢复及道人山围区整治工程，实现1.5亿元首笔投放，使有限的耕地资源优先用于粮食生产。同时，以象山打造共同富裕样板县为契机，主动作为、抢抓机遇，积极对接象山县交通运输集团、水务集团、旅游集团、城投集团、浙台经贸管委会等国企以及县政府和县财政等政府部门，深入调研项目规划、资金需求，致力提高交通和饮水条件、扩大产业规模，改善城乡发展不平衡、农村发展不充分问题。全年累计向政府、企业宣传政策53次，主动上门对接118次，成功营销项目4个，实现项目审批27.95亿元，累计投放项目贷款11.2亿元。其中向浙江海洋运动中心（亚帆中心）项目投放2亿元，向现代渔业养殖基地建设工程投放4.4亿元，投放安置房拆迁项目贷款3亿元。发放小微企业贷款1850万元。将政策红利真正转化为惠及企业的发展动力，为象山县经济发展积极提供政策性金融支持。

【中国工商银行象山支行】 中国工商银行象山支行下辖1个营业部、7家网点，集中分布在中心城区、石浦镇、西周镇三地，共有员工190人。2021年年末，本外币各项存款余额88.15亿元，比年初增加4.72亿元；贷款余额143.68亿元，比年初增加8.41亿元。

2021年，该支行以支持实体经济发展，提供卓越金融服务为己任，助力区域经济不断发展，贷款规模四行第一。一是持续支持基础设施建设，对接政府加大项目投放，通过组建银团，投贷联动等方式，全年投放大目湾城市综合广场、悦洋实业、影视城等重点项目贷款18.9亿元；二是强化普惠金融发展力度，充分发挥小微金融业务中心的优势作用，人行口径普惠贷款余额

16.06亿元，较年初增加5.1亿元，总量位列四行第一；三是持续提升金融服务水平，始终秉持以“客户为中心”的服务宗旨，统筹推进客户服务价值提升与渠道完善优化，以“工行驿站”为依托，为辖内网点配备多项惠民服务设施，主动为客户提供咨询、引导或帮助；四是持续开展金融知识宣传，通过金融知识进企业、进校园、进社区开展反假币、反洗钱、非法集资、电信诈骗等金融知识普及，提升市民风险防范意识和能力。

【中国农业银行象山县支行】 中国农业银行象山县支行是农行宁波市分行下辖一级支行、正处级支行，是象山县改革开放后首家恢复设立的国有银行，是县域内金融系统中网络覆盖最广、服务领域最宽、机构人员最多的国有控股商业银行。该支行下辖6个本级部门、9家经营网点(城区5家、乡镇4家)、7家离行式自助银行，共有员工222人。2021年年末，该支行本外币各项存款80.10亿元，比年初增加5.89亿元，四行占比28.64%，总量四行第二，增量四行第一；本外币各项贷款132.74亿元，比年初增加37.92亿元，四行占比27.24%，总量四行第三，增量四行第一。存贷款总规模处于县域26家银行业金融机构前三。2021年，该支行获评象山县金融服务制造业先进单位、象山县银行业金融机构综合评价A类行，象山县金融服务业年度综合考评二等奖。

2021年，该支行在县域国企板块，重点支持人民广场—瑶琳社区城市更新项目(授信15亿元)、象山县水务集团项目(授信9.12亿元)、象山大目湾松兰山提升项目(授信2.04亿元)等，合计授信超26亿元、用信超12亿元；支持全县三农经济、实体经济、绿色能源等产业，对公制造业信贷余额30.88亿元、绿色产业信贷余额25.66亿元，两项余额均位列县域银行业金融机构首位；全口径个贷余额47.46亿元，比年初增加9.05亿元，增量比肩其他三大行增量之和；惠农e贷余额8.34亿元，比年初增加3.69亿元，其中办理渔船贷179户、合计金额3.81亿元，渔民贷251户、合计金额4.38亿元。强化信贷风险防控，不良率0.35%，保持低位。与多家政府单位、企业、学校合作，打造出一批智慧停车、智慧食堂、智慧校园等涉及民生的线上缴费业务，共搭建智慧食堂等互联网高频场景31个，带动客户数7245户；成功打造万达广场、申菱广场、涌金广场、西周商业街、食全食美等32个智慧商圈场景，累计带动信用卡掌银交易12000余户。成功办理分行首笔保理e融1000万元、支行首笔上市公司股东增发并购贷款4亿元、首笔工业地产项目授信3亿元、首笔“内部联合贷款+外部银团贷款”5000万元等新型业务。

【中国银行象山支行】 中国银行象山支行本级设立7个部门，下辖5个经营性支行，共有员工140人。2021年，该支行实现本外币存款余额53.72亿元、同比增加4.44亿元，本外币贷款余额77.66亿元，同比增加2.7亿元，其中人民币各项存款余额49.60亿元，同比增加5.14亿元，人民币各项贷款余额75.58亿元，同比减少4.25亿元。

2021年，该支行新设立普惠金融事业部，牵头全行普惠金融业务，深耕当地市场，积极践行普惠服务实体经济，以金融活水浇灌小微企业茁壮成长，不断完善产品及服务体系，加大绿色金融等重点领域的信贷支持力度，实现“两增”普惠贷款余额8.44亿，“两增”户数431户。履行国有大行责任担当，持续深化与县域内重点企业的合作，全力争揽区域内有影响力的机械研究总院南方中心项目，打开业务新局面，组建12.5亿元规模的银团贷款，获评2021年“融资规模先进机构”。提升金融服务水平，深挖企业业务契机，新增华翔大额存单1亿元、营销代发业务2.04亿元，落地峰梅实业定增非标项目，沉淀勤邦活期存款1.2亿元，致力于用专业为客户创造价值。积极推广场景应用，努力搭建良好的移动支付生态环境，做好便民、惠民服务，提高金融服务民生水平。面对经营环境变化，坚持倡导审慎稳健的风险管理文化，积极谋求业务发展与风险管理之间的有效平衡，扎实有序推进内控合规建设，健全内控合规管理工作体系，不断加强警示教育，稳健经营能力得到提升，并获评国家外汇管理局象山县支局“2021年度银行外汇业务合规与审慎经营A级行”。

【中国建设银行股份有限公司象山支行】 中国建设银行象山支行下辖6个营业网点，12个离行式自助银行，共有员工139人，主要集中分布在丹城、石浦和爵溪。2021年年末，实现本外币一般性存款余额56.74亿元，比年初新增4.69亿元，各项贷款余额133.23亿元，比年初新增34.64亿元。2021年，该支行获评象山县金融服务实体经济先进单位、象山县银行业金融机构综合评价A类行，金融服务业银行机构综合考评二等奖。

2021年，该支行贷款全年新增四行第二，新增四行占比41.38%，对公贷款全年新增四行第一，新增四行占比48.26%，其中为助推象山县美丽乡村振兴建设，全年投放近28余亿贷款；为落实绿色发展要求，全年绿色信贷新增7.2亿元。积极践行金融科技战略，改善学校缴费服务的难点、痛点，搭建“建融慧学”——缴费大厅平台，象山县近8万名学生在平台完成交费，交费金额2亿多。积极打造“劳动者港湾”公益服务品牌，全年开展“留象过大年　港湾有温情”、“3·15”金融消费者权益日等多个公益宣传活动。

【交通银行股份有限公司宁波象山支行】 交通银行宁波象山支行位于浙江宁波象山丹西街道象山港路451、453、455、457、459、461、463号，下设行长室、办公室、公司部、个金部、营运部，外设2家离行式自助银行，有正式员工29人。2021年12月末，该支行各项存款余额159205万元，各项贷款余额254868万元。2021年，该支行获评象山县银行业金融机构综合考评B等次、外汇管理考核评定B+类银行，象山县金融服务业考核三等奖，宁波分行营运与渠道条线风险管理奖。

2021年，该支行认真贯彻中央宏观经济金融政策及地方政府、人行等金融工作要求，实行常态化走访机制，以线上抵押贷、税融通等产品为抓手，深入解小微企业并解决一批稳健小微企业新增融资需求，主动让利，减轻企业融资成本。积极对接政府投融资集团相关资产项目，全力支持实体经济发展。同时，积极参加县金融发展服务中心、县人行组织的各项金融知识宣传活动。2021年，组织开展“3·15”金融消费者权益日活动、“普及金融知识，守住钱袋子”、“6·14”信用记录关爱日专题宣传、国家网络安全宣传、存款保险宣传、普及防范电信网络新型违法犯罪知识宣传、反假反洗钱宣传等金融知识普及活动20余场，为进一步推进银行业金融知识普及工作，着力提升社会公众的金融素质和安全意识出一份力，承担应有的社会责任。

【中国邮政储蓄银行象山县支行】 中国邮政储蓄银行象山县支行成立于2008年4月2日，内设综合管理部、风险合规部、零售金融部、公司金融部四个部门，下辖1个营业部、3个二级支行、17家邮政代理网点。2021年年末，全县邮政金融存款余额31.06亿元，其中银行存款余额12.55亿元，各项贷款余额48.72亿元，实现自营收入1.05亿元。

该支行定位于服务“三农”、城乡居民和中小企业，依托“自营+代理”的独特模式和资源禀赋，致力于为县域经济转型中最具活力的客户群体提供服务。渔船类贷款是该支行的重点业务，在十余年发展中，根据渔民的融资需求和经营特点，大力创新开发海洋捕捞产业链上下游新产品，使渔船类贷款更加贴近市场，竞争力不断提高。近几年疫情反复，该支行对受疫情影响较大的批发零售、住宿餐饮、水产养殖、文化旅游等行业大力扶持，相继推出全线上申请支用的“极速贷”“优享贷”、小微易贷等产品，为客户提供优质、便捷、高效的综合化金融服务。

【上海浦东发展银行宁波象山支行】 上海浦东发展银行宁波象山支行有营业网点2个，分别是象山支行和石浦小微支行，员工35名。2021年年末，该支行本外币各项存款余额215935万元，比年初增加60221万元，主要是公司存款增加明显。其中，个人存款余额41958万元，公司存款余额173977万元。本外币贷款余额为388587万元，较年初基本持平。其中公司贷款余额237467万元，比年初减少7147万元；个人贷款余额151120万元，比年初增加7392万元。全行不良贷款总额5799万元，不良率1.49%。

公司业务方面，结合县域经济情况，落实总分行各项政策，运用国际业务、普惠金融、绿色金融等产品，以量补价，让利实体经济，增大制造业服务覆盖面，存贷款规模创新高，有效控制不良率，在优化业务结构、打造三大品牌、助力实体经济上取得一定的成效。一是优化客群结构，提升存贷款规模。客群方面从前期以银政客户为主，构建以政府客户、企业客户、招商新客户为三大基础客群，其中新增企业客户37户，招商新客户961户。二是打造国际业务（自贸区）、中小企业业务（普惠）、投行业务（绿色金融）品牌。借力总行上海自贸特色服务重点产品，以通（跨境双向人民币资金池）、融（跨境投融资）、兑（FT自由结售汇）的产品优势，服务有跨境需求的客户；通过特色产品放抵快贷、设备通、账款贷变固定资产为流动资金，通过信用贷款产品银税贷、银信贷、浦惠e贴、诺诺银税贷提升数字普惠金融综合服务能力，2021年新增普惠金融客户9户，2024万元；通过债券主承、并购贷款、绿色金融等产品，服务国企、助力“双碳”目标，其中发行象港PPN10亿元，绿色贷款670万元。三是助力实体经济。联动招商局、经信局、发改局、乡镇街道等相关渠道，解制造业融资需求，加大中长期制造业贷款投放、扩大普惠金融业务覆盖面，以量补价增、精耕细作强银行社会责任，有效提升制造业投放，为实体经济做出金融贡献。2021年新增制造业贷款12家，金额累计1.41亿元。

零售业务方面，继续充分利用浦发优势产品，为象山县个人客户提供有力的金融支持。一是个人存款，利用“安享盈”“汇理财”“大额存单”等存款产品，切实提高客户的存款收益，因此个人存款快速增长，一般性存款余额比年初增长9693万元，增幅29%。二是个人贷款，新增生产经营性贷款0.89亿元，增幅16.6%，网络贷款产品进一步优化。“浦银点贷”解决城乡居民消费需求，其中“公积金点贷”投放量位于浦发银行宁波分行前列；“浦银快贷”解决小微企业主的短期小额经营性需求；“房抵快贷”使小微企业主在疫情期间减轻还款压力，可快速得到贷款，且可以慢慢归还。三是信用卡业务，“玩转商圈”和“礼券银行”成为知名品牌，“随借金”“万用金”为客户消费提供支持。四是提供长短期理财产品，满足城乡居民的理财需求，其中代理期交寿险在浦发宁波分行排名位于前列。

【平安银行股份有限公司宁波象山支行】 平安银行宁波象山支行是平安银行股份有限公司宁波分行驻象山的一级支行机构，前身为深圳发展银行股份有限公司宁波象山支行，2009年9月开始筹备，2009年12月17日正式挂牌成立，于2012年8月27日正式更名为平安银行股份有限公司宁波象山支行。该支行有员工16人，营业网点1个，24小时自助设备银行1个。网点设行长室、公司部、零售部、运营部、小微部和综合室。

2021年，该支行全年AUM（资产管理）余额9.2亿元，较年初增加1.2亿元，存款日均2.7亿元，达成率46.7%，贷款余额7.8亿元。2021年区域经济运行平稳，住户存款较年初新增26.91亿元，住户贷款较年初新增49.03亿元，同业整体业绩平稳增长，部分同业出现业绩下滑或增速降低情况，总体规模增长速度在同业中表现较好，随着规模及客群的不断扩大，该支行的增长速度还会进一步得到提升。

【中国光大银行股份有限公司宁波象山支行】 中国光大银行宁波象山支

行成立于2010年10月，位于县丹西街道丹峰西路128号，内设公司业务部、零售业务部、办公室、营业部4个部门，共有25名员工。2021年年末，各项存款余额25.25亿元，较上年末新增5.82亿元，其中对公存款21.2亿元，较上年末增长6.13亿元，对私存款余额4.05亿元；为县内各市场主体提供的融资余额合计达到56.12亿元，较上年减少7.25亿元，其中对公48.29亿元，零售个贷7.83亿元，分别较上年减少7.68亿元和新增0.44亿元。2021年，该支行获评光大银行宁波分行2021年度先进集体、2021年度综合评价零售AUM先进支行一等奖，以及象山县金融服务业金融创新先进单位。

2021年，该支行加强对一批县重大基础设施项目和重点工程信贷支持，通过项目贷款、投债、隐性债务置换、流动资金贷款等方式拓宽国有企业融资，为国有企业降成本、扩融资贡献光大力量。此外，与集团内兄弟企业联动卓有成效，联动永明资管成功落地永明资管在宁波区域内的首单保险债权计划，投放金额3亿元；促成中青旅浙江公司与象山县古城二期开发的正式合作签约，集团联动为县内客户提供优质综合金融服务，充分发挥光大集团优势支持当地经济发展。同时，坚决贯彻落实党中央的各项决策部署和集团、总分行各项重大工作要求。一是坚决落实支持普惠金融发展政策，积极推进零售小微特色支行的建设，至2021年年末，普惠贷款余额达2.5亿元，较上年新增3235万元，普惠客户数219户，较年初增加33户；二是继续推进扶贫贷款，在2020年合作的基础上，通过“合同贷”方式为象山安可物业再次投放扶贫贷款一笔，金额为400万元，切实履行央企责任，支持普惠业务发展。

【招商银行股份有限公司宁波象山支行】 招商银行象山支行成立于2010年5月，2015年起实行事业部制管理，下设公司金融客户部、零售银行部、零售信贷部和运营部，共有1家网点、1家在行式自助银行和19名员工。2021年，该支行零售金融业务持续发展，资产负债结构进一步优化，深入贯彻“轻型银行”的战略目标和“一体两翼”的战略定位，坚持效益、质量规模动态均衡发展，有力推进3.0服务模式转型，贷款重点支持特色产业、绿色产业、重点项目等战略新兴产业，以促进象山经济结构调整和产业转型升级。至2021年12月末，该支行信贷余额为20亿元。

2021年，该支行坚持服务地方经济、助力企业发展的信贷政策导向，深化银企合作，重点在小微企业贷款、农林牧渔业贷款、县投资重点项目贷款投放。发挥网上企业/个人银行、银关通、商票贴现、融资授信、贸易融资、离岸业务、个人资产业务和双卡（一卡通、信用卡）系列等业务特色和优势，推出摩羯智投、多级现金池、区间远期等特色业务和创新产品，降低企业融资业务操作成本、提高融资放款效率、提升客户服务体验，促进和助推地方产业经济发展。

【中信银行宁波象山支行】 中信银行宁波象山支行位于象山县新华路298号，全县共有1家营业网点，下设行长室、公司业务部、零售业务部、营业部、运营管理部、综合管理部六个部门，共有正编员工23名。2021年12月末，该支行各项存款余额24.8亿元，较年初减少8.9亿元，其中对公存款15.9亿元，个人储蓄存款8.8亿元；各项贷款余额46.7亿元，较年初增加4.6亿元，其中对公贷款37.4亿元，个人贷款9.3亿元；不良贷款余额342万元，不良率0.08%，较年初减少0.1%。2021年，该支行获评县人行2021年度综合考评B等次、县金融机构2021年综合考评B等次、宁波市三星治安安全单位，以及市分行2021年度运营管理优秀支行、2021年度零运融合优秀支行、2021年度机构业务重点领域突破优秀支行、2021年度内控合规优秀支行。

2021年，面对监管趋紧的金融市场环境，该支行在严防信用风险、合规风险的前提下，主动承担助推县域经济发展责任，加大对县重点项目、重点工程的信贷投放。2021年年末，对40余个县级重点工程建设信贷投放达40.57亿元，投放领域涉及旧城改造、园区建设、全域旅游、交通物流、美丽集镇等，对县国企项目的融资已覆盖象港集团、城投集团、水务集团、工投集团等；以及经济开发区、石浦科技园区、临港装备园区等产业园区，大目湾新城区以及松兰山、影视城、渔港古城等旅游文化产业；大力支持乡镇发展，其中包括石浦、西周、黄避岙等十多个乡镇街道。同时，积极加大对制造业企业、普惠小微企业、个体工商户的政策倾斜，争取信贷资源，优化信贷流程，通过产品创新为客户解决融资难问题，助力实体经济发展。12月末，普惠金融法人贷款增加3513万元，绿色信贷增加23300万元，战略新兴产业贷款增加14170万元，民企融资增加8539万元，对公制造业中长期贷款增加1157万元，个人普惠贷款增加1729万元。同时，还积极贯彻落实县人民银行及上级行下达的各项稳企业保就业政策，扎实推进相关工作的开展，通过“银政企座谈”形式帮扶企业排忧解难、复工复产。其间共走访115家企业，其中34家企业实现贷款投放，落实授信金额共计10.68亿元，实现贷款投放共计5.65亿元。

【中国民生银行宁波象山支行】 中国民生银行象山支行下辖1个营业部，1个社区支行，1个小微支行，1个自助银行，有31名员工。2021年，该支行坚持“以客为尊——诚信、创新、高效、共赢、稳健”的价值观，坚持“民营企业的银行、敏捷开放的银行，用心服务的银行”的战略定位，努力践行“服务大众、情系民生”的使命，发展目标是成为一家特色鲜明、持续创新、价值成长、稳健经营的一流商业银行。2021年年末，各项存款余额13.8亿元；各项贷款余额24.9亿元。

其中，象山石浦小微支行于2020年11月迁址至石浦镇玉泉路177号，全面健康有序地开展各项业务，以此为服务平台，以海洋渔业为特色，立足地方，积极开展各项金融服务。宏润花园社区支行以努力打造成周边社区“家门口的银行”为宗旨，开展客户精细化服务，取得良好成效。

【宁波银行股份有限公司象山支行】 宁波银行象山支行下辖营业部1个，二级网点7个，区域辐射丹城、石浦、西周、东陈、贤庠，共有193名员工。营业部内设16个部门：行长室、办公室、风险管理部、监察保卫部、公司业务一部、公司业务二部、公司业务三部、交易银行部、营业部零售公司部、零售公司业务部、零售公司管理部、营业部个人银行部、财富管理部、个人信贷和信用卡部、私人银行部、运营部。2021年12月，存款余额达到68亿，比年初增加9亿，贷款余额达到52亿元，比年初增加5.4亿。

2021年，该支行紧抓区域市场机会，强化客户需求导向，不断推动业务落地。在总行既定战略的框架下，聚焦核心客户，围绕经营逻辑，依托轻型商业模式，加快数字赋能，为客户创造价值，着力构筑发展护城河。坚持“控制风险就是减少成本，管好风险就是创造价值”的经营理念，围绕“科技引领，风控有效”的工作主基调，将守住风险底线作为最根本的经营目标，保持较低的不良率，不断完善、优化和升级风控体系的建设。围绕系统化、数字化、智能化的要求，优化金融科技组织架构，前中后台联动，使得科技与业务融合更加紧密。同时，加强案防管理体系的优化，从“表象监测与数据传递”向“智慧分析与管理提升”拓展，提高管理的针对性有效性。坚守“诚信敬业、合规高效、融合创新”的理念，为客户提供专业服务，蝉联2021年度象山县外汇管理评级A类行、2021年度象山县银行业金融机构综合评价A类行。

【宁波东海银行股份有限公司象山支行】 宁波东海银行象山支行下辖1个营业部、5家支行，有100名员工。2021年年末，该支行各项存款余额141922万元，各项贷款余额121791万元。

2021年，该支行以“做小、做散、做新”战略作为业务开拓的方向，紧抓业务发展，调整业务结构，坚守合规经营底线，大力开拓小微、零售业务，服务小微、制造业企业，并深化银政合作，努力营销财政、国资存款，同时积极清收压降风险资产，努力实现经营目标。2021年，小微企业贷款余额达68565万元，有力地支持当地小微企业的发展。2021年下半年，该支行又加大投放二手房按揭贷款，投放二手房按揭贷款59户，共发放金额4197万元。同时，严格执行年初制定的各项方针政策，克服内外压力，群策群力促转型，一心一意谋发展，优化客户结构，拓展零售业务的有序发展。至2021年12月末，理财累计销售153727万元，理财销售增长平稳。组织各类营销活动共计360场，其中大型特色活动11场。活动足迹覆盖整个象山各大城区，并且与北路社区、瑶琳社区、塘头港社区、延昌社区、老年大学、石浦成人教育学院、绿城百合小区、保集蓝郡小区、丹峰小区等建立长久、良好的合作关系。

【上海银行股份有限公司宁波象山支行】 上海银行宁波象山支行下设行长室、综合部、公司业务一部、公司业务二部、零售业务部和营业部，共有员工26名。2021年12月，人民币存款余额121359万元，其中公司存款余额93351万元，零售存款余额28008万元，存款规模在辖区内排名第17位，较上年下跌6位；人民币贷款余额367112万元，其中公司贷款余额238883万元，零售贷款余额128229万元，贷款规模在辖区内排名第10位，较上年下跌2位。2021年，该支行获评2020年度象山县移动便民工程劳动竞赛优秀集体。

该支行以支持地方经济发展为己任，以服务实体经济为根本，通过不断完善专业化经营，将自身的业务高质量发展与履行社会责任有机结合，努力打造“精品银行”。2021年年末，共有国资国企授信客户53户，授信余额242305万元，债券余额60000万元，民营企业授信客户28户，授信余额9078万元，个人住房按揭贷款客户2252户，授信余额12000万元。年末不良贷款率0.37%，低于辖区内同业平均不良率。

【浙江民泰商业银行宁波象山支行】 浙江民泰商业银行宁波象山支行地处丹东街道丹峰东路299-315号，设有行长室、综合部、营业部和3个业务部，在册员工共计29人。2021年年末，各项存款余额35356万元，各项贷款余额44307万元，实现营业收入2695万元，账面利润1695万元。

2021年，自该支行列入民泰银行的标杆支行，一直坚持以创新求发展的经营思路，积极履行模范支行带头作用，踏实走出一条具有民泰特色，与村民融合的发展之路。以乡村振兴为抓手，继续深化“五个一”工程，推进根据地模式，结合网格化营销的指引，一方面开拓业务新增长点，大力拓展渔业及其上下游产业链，把象山的属地优势发挥好，转化为客群优势，并积极开拓工业小微企业客户群和村居客群等。同时，还潜心扎根村镇业务开拓。

【象山县农村信用合作联社】 至2021年年末，象山县农村信用合作联社各项存款135.19亿元，比年初增加20.1亿元，增幅10.74%。155.51亿元，比年初增加19.03亿元，增幅13.95%。实际不良贷款余额2.1亿元，不良率1.35%。全年实现财务收入11.05亿元，同比增加1.06亿元，实现账面利润2.8亿元，同比增幅14.49%，全年地方纳税1.15亿元。2021年，获评浙江省“民企最满意银行”、最佳银担合作银行、金融服务实体经济先进单位，银行机构综合考评一等奖。

在业务发展方面，一是服务乡村振兴战略。主动担起县域乡村振兴主办银行责任，大力推广农户小额普惠贷款；为乡村振兴追梦人创业联盟贷款授信5亿元；携手象山柑橘产业联盟及大白鹅养殖户打造象山特色产业链；向象山县光彩事业基金专项捐赠1000万元，定向用于扶贫发展及助力新农村建设等；“三资”管理系统实现村社经济组织全覆盖。二是服务融资畅通工程。做大融资担保业务，融资担保贷款余额居全市所有金融机构首位；积极落实小微企业延期还本付息政策。三是服务“海洋经济强县”再完善。成立县域海洋经济普惠金融专营机构；与县港航管理中心签订海运业健康发展战略合作协议，推出“一企一策”融资方案；金融支持海洋经济工作成效获得县委书记、县长及分管副县长等多位领导批示肯定。

在基础管理方面，一是推动总部管理效能提升。开展质效提升年活动，对总部全年41项重点工作列成清单并进行量化考核；实施组织与人力资源提升项目，完善组织架构及岗位设置；上线升级协同系统，实现移动办公、督查督办、月计划管理等，提升办公效率。二是推动信贷管理效能提升。调整信贷用信审批流程，进一步缩短贷款审批时间、简化办贷流程；开发调查报告数字支撑系统，实现30万元以下小额贷款客户调查报告实时化、规范化、数字化。三是推动运营管理效能提升。试点函证业务集中清算中心处理回函，开展银行函证业务受理回函规范性检查；与县财政国库科、省农信联社对接“智慧财政”项目，建设涉及县级国库集中支付业务。

在内部管理方面，一是盯牢重点领域排查。经受住近2个月的监管序时性现场检查考验，未发现重大违规情况；认真落实人行房地产贷款集中管理，建立房地产贷款和住房贷款占比常态化监测机制；认真审查首付款资金来源和偿债能力，严格执行差别化住房信贷政策。二是抓好内控合规建设。围绕“内控合规管理建设年”活动要求，强化机制建设、深耕合规文化、深入排查整改；整合出台禁止性文件，进一步明确底线、红线和高压线；成立一支合规员队伍，增强干部职工合规管理能力；组织开展合规演讲比赛，奏响党建促合规最强音；联合县人行成立金融安全“渔嫂宣传联盟”，长期参与金融知识宣传；压实消保、舆情责任，全年有效处理投诉26起。三是加大不良清收处置。开展呆账核销贷款清收攻坚、不良贷款管理提质等活动。

【象山国民村镇银行】　2021年，象山国民村镇银行各项贷款24.63亿元，其中涉农贷款22.04亿元，占比89.50%；各项存款余额28.44亿元，其中，个人存款21.23亿元，公司存款7.21亿元。实现利润796万元，成本收入比63.18%，资产收益率3.02%，百元贷款收息率7.45%。资本充足率为12.47%；贷款不良率1.69%，综合收息率98.46%，户均贷款29.36万元。拨备覆盖率150%，流动性比63%。

2021年，该支行重点做好两项工作。一是支持实体经济。根据县域内海洋经济发展政策，细分海洋产业链，根据上下游产业特色开展季节性、差异性营销，充分利用好造船贷、渔船抵押贷等产品，积极打入海洋经济产业链；推进种养殖市场客群挖掘，打造具有国民银行特色的“名品战略”。根据不同区域的行业、客群特点，建立差异化的营销工作机制，强化日常“走村入企”工作，全年开展走访7551次，全年发展首贷户272户，放款9895.59万元。做好个体工商户的融资对接工作，全年对接个体工商户1360户，发放1800余份宣传资料，累计满足个体工商户融资需求户数1011户，授信金额2.17亿元。二是推动普惠金融工作。制订“国民银行普惠金融”品牌推进计划，2021年全面推进该计划在各乡镇落地，跟进营销人民广场周边区块、丹西片区、鹤浦水糊涂村和金七门村等区域的拆迁款，强化县域内“非粮化”整治项目存款营销。支持耕地垦造、高标准农田建设、耕地质量提升等县域农村重点工作，进一步打响独有的普惠金融品牌。策划“党建引领、支持乡村”系列活动，开展残币回收进海岛、乡村徒步推广绿色金融、助力乡村文化旅游等活动。

【象山中银富登村镇银行】　象山中银富登村镇银行于2013年9月18日开业，于2015年2月1日、2015年12月31日各在丹东街道、石浦镇开设支行，在编员工50人。至2021年年末，存款余额25459万元，较年初新增2461万元；贷款余额57354万元，较年初新增3800万元，不良率0.92%，较上年末下降0.1%；资产质量得到有效管控。

2021年，该行始终坚持“扎根县域、支农支小”战略定位，持续加大金融科技投入，根据市场需求，不断推动产品创新。为充分满足市场及客户对贷款产品的个性化需求，在基于错位竞争的理念下，推出“中富翼贷”“整村推进信用贷”“专业市场信用贷”企业易贷”等特色信贷产品。积极参与乡村振兴，为美好乡村建设提供金融支持。大力发展农村普惠金融，全面提升农村金融服务质效。通过大量深入细致的实地调查，在重点乡镇的重点行政村开展信用村推广工作，进一步为当地农户提供“零距离”的金融服务。真正树立普惠金融的价值理念，切实肩负起应尽的社会责任，以最大热情服务“三农”、服务“小微”，以最大限度让利于社会大众。

【浙江泰隆商业银行股份有限公司宁波象山支行】　泰隆银行象山支行于2015年2月开业，并在2019年1月在石浦镇开设小微企业专营支行，现共有员工数46人。至2021年底，还行全部存款余额为49890万元，较年初新增1351万元，全部贷款余额为91028万元，较年初新增28727万元。

2021年，该支行在产品的创新上，适应疫情环境下小微企业急金融需求，支行先行先试线上化纯信用产品“泰e贷”，在社区化模式基础上，通过流程简化(最快30分钟放款)，担保简化(纯信用)，用款灵活(随借随还、线上化操作)，以小额实质预授信形式实现信贷审查流程前置，不仅做到让客户“一次都不用跑”，而且实现“秒批秒贷”。

【浙商银行宁波象山支行】　浙商银行宁波象山支行成立于2017年6月26日，内设行长室、综合管理部、公司业务部、小企业业务部(零售业务部)、营业部及派驻风险经理，共有正式员工21名。至2021年12月末，表内各项本外币存款余额14.04亿元，较年初增长3.75亿元，增长率35.71%，其中对公存款11.09亿元，个人存款2.95亿元。表内各项本外币贷款余额25.89亿元，较年初增长1.93亿元，增长率8.06%；其中对公贷款16.43亿元，个人贷款9.46亿元。2021年，该支行获评象山县金融服务业制造业融资服务单项先进，象山县银行业金融机构综合评价A类行。

该支行是唯一一家总部位于浙江

的全国性股份制商业银行，紧紧围绕总行“成为最具竞争力全国性股份制商业银行和浙江省最重要金融平台”的“两最”总目标和平台化服务战略，并结合当地金融特点，全面支持企业稳生产、扩产能，提升金融服务质效。2021年，该支行深耕浙江大本营，回归本源，以浙江省智造融通工程企业、宁波市技改企业为首要服务对象，创新民营企业融资渠道和水平，大力支持实体经济。针对小微企业推出便利贷、出口退税贷、余值贷、房抵点易贷等丰富的小微产品以及无还本续贷等特色业务，成为一家服务于小微企业的特色银行。

【台州银行股份有限公司宁波象山支行】 台州银行宁波象山支行位于宁波市象山县天安路536～544号，于2017年2月10日正式开业。下设前台业务部、业务拓展部、小额信贷业务拓展部，共有员工23人。至2021年12月31日，各项存款余额11611万元，较年初增长3109万元；各项贷款余额48771万元，较年初增长8624万元。

2021年，该支行始终坚持“小微企业伙伴银行”的市场定位不动摇，秉持“社区银行”商业模式，“深扎基层、下沉服务”，积极主动“入村居、进厂区”。紧密围绕“小微企业金融服务高质量发展”“金融支持宁波建设‘中国制造2025’试点示范城市”“乡村振兴”等主题，运用新技术、新平台，不断加大信贷投放力度，增量扩面、提质增效，助力象山地区实体经济发展。同时，还热心践行普惠金融，积极投身公益宣传及金融知识普及等活动，全年共开展“小小银行家”“打击洗钱，远离犯罪”“粽情台行，普惠百姓”“3·15”金融消费者维权日、“普及金融知识万里行”等丰富的公益营销宣传活动25场，累积受众1200多人，发放各类宣传单页800多张，通过LED显示屏等行内宣传渠道播放信息28万多条次，有效提升周边百姓金融常识普及率，实现经济效益与社会效益双丰收。

【恒丰银行股份有限公司宁波象山支行】 2021年，恒丰银行宁波象山支行正常营业网点1个，位于天安路149～151号，支行内部设行长室、营业部、综合管理部、公司业务部、零售业务部5个部门。共有正式员工16人，行长1名，副行长1名，中共党员6人。至2021年12月，该支行贷款余额28.61亿元，年初数28.42亿元；存款余额7.25亿元，年初数4.98亿元。该支行2021年度不良贷款率为零，获象山县金融服务业“风险防控”单项先进奖。

该支行注重党建激发、党建和业务的双融双促，在疫情持续的这一年，加强金融服务，走访民营企业，开拓普惠业务，进社区、进村镇、进学校进行金融知识宣传，主动承担宣传职责，参加当地慈善捐助、一对一帮扶困难学生活动，主动承担社会责任，不遗余力帮助地方经济社会不断发展。

【广发银行股份有限公司宁波象山支行】 广发银行象山县支行于2019年9月20日正式开业，内设行长室，公司部、零售部、运营部，共有17名员工，营业网点一个，24小时自助设备银行一个。至2021年底，各项存款余额9.33亿元，各项贷款余额19.85亿元，不良贷款及不良率为0，全年安全无事故。

2021年，该支行制定分头突破、先粗后精的项目营销思路：即兵分三路，由行长室负责牵头重大项目和县局级机关营销，公司部负责乡村和中小企业对接工作，零售部负责优质楼盘和优质阳光中介的对接。公司部将象山18个乡镇（街道）根据各区域经济特色、经济总量进行划分，落实到3名客户经理，由分管行长牵头对丹东街道、丹西街道、石浦镇、东陈乡等重点乡镇（街道）进行逐个走访对接，成功营销一批优质企业。零售部在楼盘项目营销上，利用分行的优惠政策，抓住新楼盘开盘的机遇，和象山万达广场、象东府、保集象山府、中梁大都会、宝龙商业广场等楼盘签署合作协议。

【浙江稠州商业银行股份有限公司宁波象山支行】 稠州银行象山支行成立于2019年11月，位于县象山港路677～687号，内设行长室、办公室、小微部、营业部4个部门，全行共有21名员工。至2021年12月末，各项存款余额达3.03亿元，其中个人存款达1.69亿元，对公存款达1.34亿元；贷款余额合计5.88亿元，其中企业贷款1.01亿元，个人贷款4.86亿元。

业务发展方面。该支行立足民营、小微企业，坚持市场导向，把握总行政策、利用现代科技，强化产品创新驱动，积极开发、推动多元化、有特色的小微金融产品，提高小微企业融资的可获得性，缓解小微企业融资难、融资贵、融资慢等难题。聚焦第一还款来源，积极推广“政银”、银保合作产品，提高小微企业融资便利性和可获得性。

风险管理方面。一是授信客户结构持续优化，严格做好存量风险隐患客户的调整退出工作，部分风险隐患客户授信风险得到有效控制。加强重点行业、重点企业风险防控。做好新增授信准入，鼓励小微业务进一步向小额化发展，对小微贷款标准化流程进行梳理，简化小额贷款申报审批流程。二是加大贷后管理力度，成立专业后督队伍，负责全行授信业务贷后督查工作，组建飞行检查团队，承担小额授权项下审批业务抽查、大额授信业务风险排查，以及行内新产品、新业务评估等工作。三是丰富处置手段，全力压降不良，在全力推动现金清收、诉讼、重组、核销等处置方式的基础上，尝试以物抵债的方式盘活不良资产，同时利用淘宝司法拍卖、押品交易信息网等平台，促进押品流转，提升清收成效。

规范经营方面。一是建设完善“预防在前、全程规范、惩戒在后、以人为本”的内控管理体系，在全行员工中树立“合规创造价值，违规代价惨痛”的案防意识，形成“尊重制度、学习制度、执行制度”的合规文化，从而有效预防各类违法违规行为发生，维护支行各项业务健康运行。二是继续开展合规管理提升工作，全面整合内控措施，形成由机制流程、教育培训、全面检查、随机督查、警示问责五大体系组成的内控管理框架，并细化为合规综合检查、随机客户走访等26项工作内容，并就日常工作中发现的问题作好违规行为的问责处理。三是强化案件防控及反洗钱管理工作。加强员工行为禁令、风险案例的宣导和解析,有效落实重要岗位轮休、八小时外动态管理等规定。四是开展消费者权益保护工作,切实维护群众利益。

保险公司

【概况】 至2021年年末,象山县辖内共有保险公司26家,保险机构网点56个,从业人员为2902人。

【中国人寿保险股份有限公司象山县支公司】 2021年,中国人寿保险股份有限公司象山县支公司实现股份总保费收入1.9亿元,继续保持行业主导地位。

2021年,该支公司在坚持保障民生工程方面积极作为。一是继续坚持加强政保合作,惠民导向多元发展。2021年,承办政保业务有象山县城乡居民大病和特药保险、经办医疗保险服务外包项目、经办医疗救助对象和优抚对象医疗费用项目及大额医疗费用异地核查项目等。2021年服务城乡居民大病保险人数30.12万人,服务职工特药人数20.28万人,共服务全县50.4万人。城乡居民大病保险累计赔付36579人次,赔付金额2472.03万元,较2020年同期41.93%,次均赔付费用668.28元,同比每人次增加81.55元;大病特药赔付67人次,赔付金额27.54万元。大病保险和特药保险客户回访件中客户满意度100%。二是坚持全力支持积极应对人口老龄化国家战略。每年为全县满60周岁独生子女死亡的计生家庭提供"计划生育特殊家庭综合保险"。2021年,合计为5万余户家庭提供数亿元风险保障;为198户失独家庭提供近30万元的理赔。三是坚持惠民导向,积极开发民生保障项目。公司发展农村小额保险、男女性安康保险作为针对农村板块的重要普惠金融产品。2021年,农村小额保险覆盖18个乡镇、行政村覆盖率达60%以上,为6万余名农村人口提供超20亿元风险保障。2021年,已连续第八年联合县计生协会开展以困难计生家庭为重点对象的"生育关怀—圆梦微心愿"活动,为全县18个乡镇500多个行政村的80户计生困难家庭实现微心愿,购置"微心愿"物资合计12000余元。连续10余年为象山县两会提供意外保险保障。四是坚持全面做好助力乡村振兴。2021年,积极配合象山县委、县政府消费协作工作,及电商消费扶贫累计近3万元;积极开展公益捐赠,开展"慈善一日捐"活动,共募集善款3780元,专项用于象山县慈善总会扶贫资助。

【中国人民人寿保险股份有限公司象山县支公司】 中国人民人寿保险股份有限公司象山县支公司成立于2009年11月,根据总公司2021年机构分类结果和四级机构弱体测定结果,该支公司评定为D类机构。组织架构设置如下:设支公司经理1人,副经理1人,综合内勤岗2人,组训岗1人,象山支公司在职劳动合同制内勤人员4人,外勤银保劳动合同制2人,代理制外勤人员32人。2021年,完成规模保费收入587万元,新单期缴完成508万元,十年期及以上保费完成56万元,短期险完成23万元。

【中国人寿财产保险股份有限公司象山县支公司】 中国人寿财产保险股份有限公司象山县支公司成立于2009年。该支公司经营范围包括:经营财产损失保险、责任保险、保证保险和信用保险、短期健康保险和意外伤害保险、上述业务的再保险业务,经中国保监会批准的其他业务等。公司经营场所为象山县丹东街道丹峰东路751号4层。公司内设车商业务一部、银保业务一部、互动业务部、综合业务部、客服服务部。2021年公司员工19人,全年完成保费4647万元,同比增长12.33%,其中车险保费4221万元,同比增长7.75%;非车险保费913万元,同比增长36%。

【中国太平洋人寿保险股份有限公司象山支公司】 2021年,中国太平洋人寿保险股份有限公司象山支公司主要经营业务包括:各种人寿保险、健康保险及意外伤害保险等,覆盖领域包括银行贷款保险业务、学生平安保险、农村小额意外保险、乘车人员意外伤害保险、剧组意外保险、建筑工程意外保险等项目,全县超过5万名客户在该支公司承保。营业场所规模自有面积1800平方,下设石浦营销服务部(租赁,150平方)、西周营销服务部(租赁,200平方)。在册员工27人,其中正式24人,返聘人员2人,内退人员1人;领导班子3人,中层4人。至2021年11月底,太平洋寿险保费总收入24010.8万元,其中个险新保3776万元,短期意外险285万元,短期健康险272万元;其中,短险赔付金额4064万元,短险赔付率44%。11月行业协会统计数据表明,该支公司个险新单期缴保费在当地市场占比23.79%,当地市场份额暂列第一。

【新华人寿保险股份有限公司象山支公司】 2021年,新华人寿保险股份有限公司象山支公司下辖营业部1家,外勤营业部6个,营业组32个,拥有内勤员工7人,外勤人力289人,实现新单保费2407.2万元。

【阳光人寿保险股份有限公司宁波中心支公司象山县营业区】 阳光人寿保险股份有限公司宁波中心支公司象山县营业区成立于2011年。经营范围包括:人寿保险、健康保险、意外伤害保险等各类人身保险业务,上述业务的再保险业务,总公司等上级机构在保险监管机构批准经的其他业务等。经营场所为象山县丹西街道新峰路380号东首7-02室。公司内设车商业务一部、银保业务一部、互动业务部、综合业务部、客服服务部。2021年,员工30人,全年完成标准保费268万元,同比增长-12.7%。

【中国人民财产保险股份有限公司象山支公司】 2021年,中国人民财产保险股份有限公司象山支公司累计实现账面保费收入27717万元,增速11.34%。其中车险保费收入15572万元，增速5.02%；商业非车险保费收入9229万元，增速17.48%；农险保费2916万元，增速31.9%。

2021年，该支公司有多项保险创新工作。其中，1月13日，该支公司与象山文杰大白鹅养殖有限公司签订地理标志被侵权损失保险合同，为“中国国家地理标志产品—象山白鹅”提供累计12万元的风险保障，标志着全市首单地理标志被侵权损失保险落地象山；3月13日，该支公司首次使用无人机进行农险承保验标。6月10日，在县金融发展服务中心、县科技局、水利与渔业局的见证指导下，该支公司与县内3家养殖户签订小黄鱼网箱养殖保险协议书，标志着全省首单小黄鱼网箱养殖保险在象山正式落地；7月25日上午11点46分，该支公司完成首单“烟花”台风农业保险理赔，泗洲头镇墩岙塘的梭子蟹养殖户陈先生第一时间收到了6.576万元赔款；9月13日，为新桥镇的象山南美白对虾养殖户洋先生送上首笔“灿都”台风农业保险理赔款13.33万元。

【中国太平洋财产保险股份有限公司象山支公司】 中国太平洋财产保险股份有限公司象山支公司成立于2003年6月。经营范围：经营企业财产损失保险；家庭财产损失保险；建筑工程保险；货物运输保险；机动车辆保险；船舶保险；能源保险；一般责任保险；保证保险；信用保险；短期健康保险和意外伤害保险；经中国保监会批准的其他财产保险业务。营业场所位于丹东街道象山港路501号12-01室，员工43人，其中派遣9人，外包5人，另有宁波分公司驻象山标准服务中心8人。纳税信用评定等级为A。2021年，完成保费15894万元，同比增长10.08%；市场份额20.6%，同比提升0.5%。

证券营业部

【概况】 至2021年年末，象山县辖内证券公司营业部3家，分别是光大证券股份有限公司象山县象山港路证券营业部、浙商证券股份有限公司象山靖南大街证券营业部、财通证券股份有限公司象山丹河东路证券营业部，从业人员55人。

【光大证券股份有限公司象山县象山港路证券营业部】 光大证券股份有限公司象山县象山港路证券营业部是光大证券股份有限公司下属的1个营业部，有23名员工。2021年年末，资产总额81.49亿元，净收入4275万元，合计股基交易量892.29亿元，净利润2356万元，在总公司100多家营业部排名第6位，荣列AAA级营业部。2021年，该营业部在业务发展方面取得一定的进步，引进PB（平均市净率）资产1.6亿元，私募1.01亿元，权益类基金产品3.62亿元，两融净佣金收入692.07万元。

【浙商证券股份有限公司象山靖南大街证券营业部】 浙商证券股份有限公司象山靖南大街证券营业部是浙商证券股份有限公司下属的1个营业部，成立于2010年2月，2021年有员工23人，其中经纪人2位。至2021年12月，该营业部经纪业务等资产规模达约46亿元（不包括限售股市值）。2021年，该营业部在开展传统经纪业务的基础上，紧跟公司总部的步伐，实行传统经纪业务与创新业务“两手抓”而且“两手都要硬”的方针，积极开展财富管理业务、融资融券业务、新三板业务、债券承揽业务、IB业务、期权业务等，与其他兄弟金融单位共同推进象山地区金融业的快速发展，打造具有浙商特色的财富增值服务商，均取得一定的成绩。并始终致力于服务象山实体经济建设、满足中小企业投融资需求以及广大投资者日益增长的财富管理需求，联合公司总部的投行力量辅导象山有潜力的企业挂牌上市。

【财通证券股份有限公司象山丹河东路证券营业部】 财通证券股份有限公司象山丹河东路证券营业部是隶属财通证券股份有限公司宁波分公司的一级营业部。该营业部于2021年11月22日正式营业，组织架构设有总经理、财富业务部、综合管理部，管理人员3名，员工6名，共计9人。2021年11月9日，经浙商总会金融服务委员会批准，该营业部牵头成立由象山县各银行、律所、保险等单位共同组建的象山县金融顾问工作室，致力打造金融顾问活动交流主阵地。2021年，该营业部秉承“人正财通，财通人和”的企业精神，坚持以客户为中心，服务实体经济。立足象山本地，利用总部优势，联合集团优质子公司永安期货、财通基金、财通资管等，为当地政府、企业及居民提供综合金融服务。

（周秀珍）

地方金融组织

【概况】 地方金融组织在服务县域经济及特色产业中切实发挥金融“毛细血管”作用，助力打通普惠金融支持小微企业、个体工商户、“三农”市场主体等“最后一公里”。2021年，象山县辖内共有地方金融组织11家。

【融资担保公司】 全县共有4家，分别是象山县中小企业融资担保有限公司、象山县农业融资担保有限公司、宁波华翔担保有限公司、象山县五联担保有限公司。2021年度担保公司担保年度累计总额10.56亿元，同比增长28.62%。

【小额贷款公司】 全县共有5家，分别是象山汇鑫小额贷款有限公司、象山华翔小额贷款有限公司、象山县天勤小额贷款有限公司、象山茂源小额贷款有限公司、象山佳利小额贷款有限公司。2021年度累计发放贷款10.07亿元，同比增长21.52%。

【典当行】 全县共有3家，分别是象山县正大典当有限公司、宁波祥瑞典当有限责任公司、宁波巨鹰典当有限责任公司，2021年度累计典当总额1.63亿元，同比增长6.53%。

（叶楠）

旅　游

综　述

2021年,象山县旅游工作紧紧围绕国家全域旅游示范区创建和旅游业"微改造、精提升"行动目标,深入实施旅游业高质量发展九大行动计划,切实做好"IP、流量、体验"三篇文章,全面打响"象山北纬30度最美海岸线"品牌,入列2021全国县域旅游综合竞争力百强县第4位。是年,全县共接待游客614.20万人次,实现旅游总收入105.39亿元,同比分别增长12.86%和2.94%。全县共有国家AAAA级景区4家,AAA级景区3家,省级旅游度假区1个,国家海钓竞赛基地1个,国际自驾车露营基地2个,省市级以上休闲基地40个,省A级景区村庄216个,民宿1203家、床位数23243张,拥有旅行社26家(其中,四星级旅行社3家、三星级旅行社5家),高标准旅游饭店12家,花级酒店8家,叶级客栈12家,导游员333名(其中,高级导游26名、中级导游57名、宁波市金牌导游2名)。

资源开发

【旅游项目建设】 2021年,象山县旅游项目和旅游相关项目共52个,总投资317.55亿元,全年完成旅游项目投资52亿元,同比增长12.55%;建成亚运沙滩排球、浙江省海洋运动中心、数字虚拟拍摄平台、橘中游庭水上运动、龙溪峡谷漂流等项目16个,总投资额26.32亿元;新开工黄金海岸大酒店改造提升工程、象山影视城景区品质提升工程等项目17个,总投资额70.27亿元;续建松兰山游客中心及周边环境提升工程、浙江广电象山影视基地三期等项目35个,总投资额247.28亿元。浙江广电影视基地三期、茅洋乡野国际俱乐部、喜来登酒店等一批文旅项目稳步推进。

【旅游规划编制】 编制《环蟹钳港区域旅游策划》,完成《象山县花岙海岛公园建设规划》市级、县级审查工作,完成《象山县旅游业"十四五"发展规划》专家组论证。参与全县国土空间规划编制,促进《象山县旅游用地专项规划》与国土空间规划有机衔接,指导镇乡在全域旅游规划框架下开展镇乡旅游规划编制。牵头定塘镇橘中游庭旅游项目前期论证。

【旅游基地创建】 2021年,象山县枫康养生园获评省AAA级采摘旅游体验基地,象山县柑橘博览园获评省AA级采摘旅游体验基地,象山竹大千获评省三星级休闲观光旅游购物场所。

【景区镇创建】 2021年,爵溪街道、西周镇、墙头镇、定塘镇、鹤浦镇成功创建浙江省第三批AAAA级景区镇(乡、街道),东陈乡、高塘岛乡成功创建浙江省第三批AAA级景区镇(乡、街道)。

【旅游驿站创建】 2021年,象山港大桥高速服务区旅游驿站、泗洲头镇墩岙村旅游驿站、定塘镇中坭村旅游驿站、晓塘乡大塘港旅游驿站、新桥山海汇旅游驿站、象山蟹钳港景区旅游驿站等6家旅游驿站成为浙江省首批正式挂牌的旅游驿站。

【《象山县花岙海岛公园建设规划》审查会】 2月5日下午,《象山县花岙海岛公园建设规划》审查会在象山港湾海洋酒店召开。副县长张微燕出席会议,县级相关部门及镇乡等分管负责人20余人参加会议。会上,听取浙江大尖文化旅游策划有限公司关于规划编制情况汇报,与会部门、专家就《象山县花岙海岛公园建设规划》提出意见建议,并进行细化指导,探索花岙海岛公园绿色、可持续、高质量发展新路径。

【与中国美术学院签订校地合作框架协议】 3月4日上午,象山县与中国美术学院签订校地合作框架协议,双方围绕打造象山北纬30度最美海岸线、宣传推广亚运品牌、推进实施"神笔马良计划"等达成一致意见。中国美术学院院长高世名、副院长韩绪,县领导包朝阳、应建勇、钮晶莹、张微燕、陈建瑜等参加活动。

宣传促销

【2021吉利车主免费游象山北纬30度最美海岸线暨吉利星瑞象山发布会】 1月1日下午,"喜迎亚运　吉象如意"2021吉利车主免费游象山北纬30度最美海岸线暨吉利星瑞象山发布会在宁波象山海景皇冠假日酒店举行。县旅游发展中心、吉利汽车集团、新闻媒体记者、吉利车主俱乐部、象山旅游企业等百余名代表出席活动。发布会上,县旅游发展中心与浙江吉利控股集团汽车销售有限公司签订2021吉利车主免费游北纬30度最美海岸线优惠政策合作协议。

【象山北纬30度最美海岸线踏沙季暨石浦“三月三”民俗文化节启动】 4月14日下午，由市文化广电旅游局指导、县人民政府主办的象山北纬30度最美海岸线踏沙季暨石浦“三月三”民俗文化节启动仪式在东海半边山旅游度假区举行。市文化广电旅游局一级调研员杨雄鹰，县委常委、石浦镇党委书记奚海峰，副县长张微燕等领导出席活动，来自长三角地区近百家旅行商、自驾车俱乐部、OTA等企业负责人和20余家媒体记者参加活动。现场发布象山北纬30度最美海岸线踏沙季系列活动内容，宣布开通8个城市的“象山旅游直通车”，启动长三角十城千车自驾游象山活动授旗仪式。

【2021象山旅游疗休养产品推介会】 4月22—23日，2021象山旅游疗休养产品推介会分别在丽水、衢州举行。面向丽水、衢州市民，推出2021象山疗休养定制游线路，现场讲解2021象山旅游客源招徕奖励政策，包括旅游产品采购、疗休养市场开发、主题游线路研发推广、旅游直通车开通等内容，奖励总额近千万元。

【象山北纬30度最美海岸线赶海季暨阿拉的海呐海电音节启动】 7月9日，象山北纬30度最美海岸线赶海季暨阿拉的海呐海电音节启动仪式在阿拉的海水上乐园举行，活动围绕IP、流量、体验三篇文章，加强线上线下联动。线下整合部门、镇乡（街道）、景区推出7—9月节庆活动、新的体验项目，邀请30余家江西省上饶市旅行社考察象山旅游资源，进一步开通江西市场。线上邀请6名抖音达人现场开通直播间，邀请各部门、镇乡（街道）、景区、酒店、民宿进直播间互动推广，观看人数达37.5万人，近90家新闻媒体对活动进行宣传报道。

【2021象山文旅疗休养产品（宁波旅行社）座谈会】 8月11日，2021象山文旅疗休养产品（宁波旅行社）座谈会在宁波城市旅游之窗举行，县旅游发展中心主任袁明全、副主任郑芝璟，宁波海丝国际旅游交流中心负责人叶兴法，宁波旅行社协会会长宣学军等领导和嘉宾出席。此次座谈会旨在全面做好常态化疫情防控基础上，以市内疗休养市场开发为切入口，携手文旅企业共同应对本轮疫情给象山旅游市场带来的阶段性影响，及早做好市场回暖前准备，坚持疫情防控与旅游经济发展“两手抓”，确保“两战赢”。

【2021秋冬季营销工作座谈会】 8月30日下午，2021秋冬季营销工作座谈会在县委党校举行，县旅游发展中心副主任包春成、郑芝璟，象山饭店业分会、县民宿经济促进会、旅行社分会等40余名代表出席会议。座谈会旨在全面做好常态化疫情防控基础上，针对秋冬季旅游市场，商讨淡季旅游营销合作战略，达到“抱团取暖”互利共赢效果。

【“象山北纬30度最美海岸线”抖音短视频大赛评选活动】 10月14日下午，“象山北纬30度最美海岸线”抖音短视频大赛评选活动在县旅游发展中心举行，县委宣传部、宁波财经学院象山影视学院及抖音方代表组成专家团参与评选，共评比出一等奖1名、二等奖2名、三等奖3名、最佳人气奖1名、最佳创意奖1名、优秀入围奖5名。

【第十九届宁波象山海鲜美食节暨象山北纬30度最美海岸线“品鲜季”活动发布会】 10月20日，第十九届宁波象山海鲜美食节暨象山北纬30度最美海岸线“品鲜季”活动发布会在宁波城市旅游之窗举行。此次活动由市文化广电旅游局指导，县旅游发展中心、县商务局联合主办，各大媒体代表、重点旅行商和象山旅游代表共50余人参加。活动现场正式发布象山“品鲜季”系列活动内容，推出象山海鲜之旅精品线路、自由行产品和系列优惠政策，启动“甬菜百碗·象山新十碗”评选暨马蜂窝“象往新鲜·象往象山”未知饭局体验招募活动。

【第十九届宁波象山海鲜美食节暨象山北纬30度最美海岸线品鲜季启幕】 11月5日，第十九届宁波象山海鲜美食节暨象山北纬30度最美海岸线品鲜季在象山影视城正式启幕。活动由市商务局、市文化广电旅游局支持，县人民政府主办，县委宣传部、县商务局、县旅游发展中心、宁波市影视文化产业区管委会承办。此次活动以“向往象山·象往新鲜”为主题，以“去象山吃源头海鲜”为口号，以“海鲜美食+沉浸式宋风场景”相结合的开幕方式，推出“海鲜+美食”“海鲜+音乐”“海鲜+露营”“海鲜+影视”“海鲜+度假”等极具象山辨识度的“海鲜+”系列活动，做大做深做强“海鲜+”文章。

行业管理

【旅游行业品质提升】 2021年，浙商旅行社通过四星级旅行社评定，象山港国际大酒店、宁波石浦半岛酒店通过五星级酒店复评，黄金海岸旅行社等5家旅行社通过星级旅行社复评。宁波松兰山海景大酒店、宁波工人疗养院·半边山度假酒店、象山东谷湖开元度假酒店被评为第三批“诗画浙江·百县千碗”省级美食体验（示范）店，象山县观海渔港海鲜食府、象山石浦名家名厨饭店、象山金宏食府等7家餐饮企业被评为“诗画浙江·百县千碗”市级美食体验店。做好旅游人才自主评价工作，共评出“金旅”“银旅”人才22人。组织开展旅游行业人员职业素养提升培训、迎亚运导游服务质量提升培训等培训项目7场，培训人员3000余人次。组织参加宁波市首届“乡村振兴”职业技能大赛，5名选手参加比赛，3名选手入围前十，1名选手入围前五，获得优胜奖；组织参加宁波市二类职业技能竞赛，获得2个一等奖、3个二等奖、2个三等奖；组织参加第十一届全国海鲜烹饪技能大赛暨“诗画浙江·百县千碗·甬菜百碗”美食推广大赛，2名厨师荣获金奖，其中1名厨师荣获“宁波十大美食制作大师”称号。象山县旅游饭店及饭店从业人员在宁波市旅游饭店金茶花奖评选中荣获金茶花奖（最佳综合饭店）等20项宁波市旅游金茶花奖奖项。

【旅游专班第一次工作例会】 1月15日下午，县旅游专班第一次工作例会在县委党校召开。专班组长、副县长张微燕召集22家成员单位及18个镇乡（街道）相关负责人，就2021年全县旅游项目安排、2021年全县旅游节庆（赛事活动）计划，进行专题研讨。会上，首先由县旅游专班办公室主任袁明全就县旅游专班工作方案进行汇报说明。随后，县旅游发展中心、县文化和广电旅游体育局、宁波市影视文化产业区管委会、松兰山旅游度假区管委会、石浦渔港旅游开发中心、县旅游集团以及县农业农村局、县卫生健康局等部门、单位，先后围绕文旅、体旅、农旅、康旅四大产业融合目标，结合行业实际，进行重点汇报，初步排摸涉旅项目80余个、招商资源60余个，摸清旅游项目工作基数。同时，县委宣传部（大活动办）等与会单位侧重全县节庆赛事活动，进行座谈讨论。会上初步梳理形成全县重大节庆赛事活动87项，拟构建一年四季“月月有主题、周周有活动”的节庆发展氛围。

【旅行社行业工作座谈会】 1月29日上午，县旅游发展中心在县委党校召开旅行社行业工作座谈会，县旅游发展中心主任袁明全、副主任包春成和郑芝璟出席会议，全县20家旅行社负责人及中心相关科室负责人参加会议。会上，首先各旅行社负责人就2020年旅行社全年工作情况、工作经验及2021年工作思路进行交流汇报，畅谈旅行社经营现状及存在问题，并对县旅游发展中心相关工作提出意见建议。随后，县旅游发展中心副主任包春成、郑芝璟分别进行发言。

【县内旅游品质饭店座谈会】 3月2日，县旅游发展中心在象山港国际大酒店召开县内旅游品质饭店座谈会，县旅游发展中心主任袁明全、副主任包春成出席会议，县内13家旅游饭店负责人参加会议。会议围绕2020年酒店工作情况、经营管理情况以及2021年工作思路进行交流汇报，并针对“市场开拓、品质提升”等内容对各酒店提出2021年工作思路安排建议。

【“迎亚运”2021年象山县旅游行业从业人员职业素养提升培训】 3月9—18日，象山县旅游发展中心在宁波建设工程学校举办“迎亚运”2021年象山县旅游行业从业人员职业素养提升培训，全县酒店、民宿、景区、旅行社、咨询服务中心等120余人参加培训。此次培训纳入象山县项目制培训，共两期，邀请专家老师授课，通过小班制个性化培训，以“理论学习+课堂互动+考核”的形式进行系统全面教学，主要围绕旅游行业发展与个人职业规划、基础法律普及、旅游业职业心理疏导、高效协作团队打造、关系经营与自我探索、职场人际与沟通训练等六方面内容进行培训。

【2021年象山旅游商品（伴手礼研发）座谈会】 5月14日，县旅游发展中心在象山港湾海洋酒店举办2021年象山旅游商品（伴手礼研发）座谈会，县旅游业协会旅游商品分会以及旅游商品企业等代表参加会议。会上，首先由县旅游业协会旅游商品分会秘书长杨荣曦对协会成立以来的工作情况及下步工作计划进行汇报。随后，由浙江垄上文旅有限公司旅游商品研发团队解读旅游商品（伴手礼）概念，并就目前旅游商品市场需求、产品开发组合、品牌打造等方面开展研讨。

【饭店业餐饮宴会接待能力及创意提升项目制培训】 6月17—20日，县旅游发展中心在宁波建设工程学校开展饭店业餐饮宴会接待能力及创意提升项目制培训，全县旅游饭店餐饮宴会从业人员35人参加。本次培训纳入项目制培训，邀请专家老师授课。通过小班制个性化培训，以“理论学习+实践+考核”的模式，针对服务关系沟通及形象提升、餐厅优质服务、中餐技能大赛解读指导、中餐盘花创意设计与折叠等四方面内容进行培训。

【2021年象山旅游商品（伴手礼）开发工作会】 7月16日，县旅游发展中心在象山港湾海洋酒店召开2021年象山旅游商品（伴手礼）开发工作会议，全县各镇乡（街道）旅游工作相关负责人20余人，县旅游业协会旅游商品分会成员、象山旅游商品企业40余家代表参加会议。会上，洛可可华东区总经理纪翔昊和垄上文旅、万物之源文创创始人王玉麟分别围绕“文创产品爆品战略”和“文创产品开发逻辑”两个主题开展分享交流，进一步提升对旅游商品（伴手礼）开发工作的认识和理解。

【迎亚运酒店金钥匙服务品质提升工作会】 7月19日，迎亚运酒店金钥匙服务品质提升工作会议在象山县旅游发展中心召开，宁波城市职业技术学院专家老师、宁波金钥匙联盟部分成员及部分酒店代表参加会议。会上，与会人员围绕《亚运会象山赛区酒店金钥匙品质服务提升项目》合作协议，对亚运会象山赛区金钥匙服务设计方案展开研究讨论。

【象山县旅游人才自主评定联席会议暨象山县旅游业协会会长办公会议】 11月18日，县旅游人才自主评定联席会议暨县旅游业协会会长办公会议在象山港国际大酒店召开。县旅游发展中心副主任邵震洋，县旅游业协会会长方良，执行会长贺爱萍，副会长钱学东、杭海燕、朱克军，监事长蒋良欢等参加会议。会上，传达学习中共十九届六中全会精神，商讨通过象山县旅游专业人才自主评价评审工作方案、2021年度象山县旅游行业评优活动方案、象山县旅游业协会第三届五次会员大会方案以及组建象山县旅游业协会第四届换届筹备工作小组建议名单，与会人员就如何发挥好协会作用，进一步推进象山旅游行业高质量发展展开交流讨论。

（周艳英）

影视文化产业

【概况】 2021年，宁波市影视文化产业区认真落实县委、县政府“聚力一二

五、奋力上台阶”专项行动，立足打造具有国际影响力的影视文化创新中心，围绕国家AAAAA级景区、浙江省特色小镇、浙江省未来景区三大创建目标，招商引资成效显著，剧组引进再创新高，工程项目稳步推进，景区品质大幅提升，营销宣传破局提档，产品研发推陈出新，管理机制逐步完善，有力推动象山影视文化产业实现破局发展。产业区全年实现营业收入73.13亿元，同比增长53.89%；实现税收3.56亿元，同比增长40.71%；接待勘景、拍摄剧组306个，其中入驻拍摄剧组230个，同比增长17.95%。荣获中国电影家协会影视基地工作委员会理事单位、首批浙江省现代服务业创新发展区、浙江省重点文化产业园区、浙江省示范级文化和旅游IP、浙江十大数智景区、宁波市科普教育基地、象山县人民政府质量奖等荣誉，星光影视小镇在浙江省创建特色小镇中考核优秀。

【象山影视文化产业媒体报道】 2021年，中央电视台报道36次，其中新闻联播3次，春节活动24小时内被央视CCTV-1、CCTV-4、CCTV-13频道中的《新闻联播》《中国新闻》《晚间新闻》《午夜新闻》《新闻直播间》《朝闻天下》等栏目报道11次。中央电视台、中国政府网、中国国际电视台、人民日报客户端、“学习强国”App、中国文化报、浙江卫视、浙江新闻客户端、凤凰网、象山电视台、象山发布、影视独舌、红星新闻等300多家中央省市级媒体及行业媒体密集报道象山影视城4826篇次。

【招商引资】 2021年，新引进自由酷鲸影业（象山）有限公司、赵文卓工作室等落户影视企业1799家，同比增长50.29%，累计在册落户影视企业达4646家，落户影视企业实现营业收入73.13亿元、上缴税收3.56亿元，同比分别增长53.89%和40.71%；新增宁波慧寰影视、宁波渡渡鸟文化等规模以上企业8家，目前累计规模以上企业24家，规模以上企业营业收入8.51亿元，同比增长35.73%。积极协助落户企业争取县内外扶持政策及资金配套支持，实现县内财政奖励5987.96万元，惠企2807家，《和平之舟》获省级艺术基金500万元，《非常四侠》获市级文化精品工程200万元。

【数字影视产业基地打造】 推进“智治影城”改革项目，建立“智治影城”云平台，形成景区管理、影视服务、智慧旅游及综合治理四大应用场景，初步实现智慧化的共享共治。成立象山影视城数字科技有限公司，引进加拿大专业虚拟拍摄团队、设备及数字资产库打造电影级LED数字虚拟摄影棚，充分运用虚拟拍摄技术，减少剧组实景搭建及后期特效处理，优化影视制作流程，提高影视摄制科技含量。开发“象影智管”App为数字影视综合服务前端，为剧组提供人员车辆出入证件办理、影视烟火枪支使用报备、群众演员选角、场景及摄影棚预约等线上办理服务及在线工作分配、食宿安排、物资管理、财务管理、拍摄进度管控等线上管理服务，大幅提高剧组拍摄管理效率。“象山影视城数字影视产业改革创新”项目入选2021年浙江省文化产业优秀创新案例名单。

【基础配套设施提升】 占地210亩的产业区停车场及游客服务中心完成土地政策处理及塘渣填平工作。象山影视城AAAAA级景区创建项目，水帘洞广场一期及瓮城广场提升改造工程完工，剧组出入门楼投入使用。景区内完成《速度与激情》场馆、襄阳集市、宁波志愿者服务We站、新游客出口、小火车片场游候车厅等功能性项目。办公区完成小镇客厅、办公楼中庭改造及咖啡馆装修，进一步提升办公区形象及功能。

【曹盾大师工作室落户象山影视城】 1月7日下午，曹盾大师工作室揭牌仪式在象山影视城同心苑举行。市委宣传部常务副部长魏祖民、市委宣传部干部处处长俞自东、市委宣传部文艺和电影处处长陈善杰、市委宣传部文化产业处处长陈甬浦、宁波市影视文化产业区管委会主任陈建瑜等出席活动。通过曹盾团队大师工作室的落户，推动象山影视城与团队长效拍摄合作，协助完善象山影视城拍摄服务体系，又强化影视拍摄资源的不断导入。

【象山影视城建设首次写入浙江省政府工作报告】 1月26日上午，浙江省十三届人大五次会议在杭州开幕。省政府工作报告提出“十四五”期间要“加快发展文化旅游产业”，明确提出“支持象山影视城建设，打造具有国际影响力的影视文化创新中心”。

【春节“穿越千年来看你”主题游园活动】 为响应省委、省政府号召，为游客“省内过年”提供更加丰富、更有年味的文旅产品，象山影视城推出“穿越千年来看你”主题游园活动，主推团圆主题系列活动，增设多处网红打卡点，以及AR扫红包、机器人互动引导游园等高科技游园体验项目，狮王争霸、绝活绝技、戏曲快闪等非遗民俗表演。春节期间，象山影视城累计接待游客15万人次。春节活动被人民日报客户端、浙江新闻客户端、钱江频道、《钱江晚报》、《宁波日报》、宁波电视台、甬上、象山发布等30个平台报道200篇次。象山影视城官方微信、微博、抖音、视频号发布80篇次。抖音直播9次，累计观看量7.5万人次。景区活动、文明旅游、企业留象员工旅游、AR红包和机器人等内容多次报道。

【宁波市影视文化产业区5G+影视数字制作获评“十佳宁波网络文创产品”，象山影视城官方抖音获评“宁波自媒体十强”】 3月20日，2020宁波互联网年度风云榜颁奖典礼在奉化隆重举行。此次活动的指导单位是市委统战部、市委网信办，主办单位是宁波市互联网发展联合会、宁波日报报业集团。活动旨在全面展现2020年来宁波市互联网领域取得的发展成就，通过标杆示范作用，推动互联网产业和内容创新发展。5G+影视数字制作获评“十佳宁波网络文创产品”，象山影视城官方抖音获评“宁波自媒体十强”。

【象山影视城获评“2020浙江十大数智景区”】 4月21日，由省文化和旅游厅、省旅游协会、浙江日报报业集团指导，浙江日报、钱江晚报、浙江在线、天目新闻客户端和江南游报主办的“2020浙江文化和旅游总评榜”颁奖仪式在浙江绍兴举行，象山影视城入榜“2020浙江十大数智景区”榜单。

【第17届影视嘉年华】 5月1—5日，象山影视城举办第17届影视嘉年华，推出王者荣耀全国大赛、“传承国粹 百筝颂党”古筝大会、明星见面会、红色戏曲演唱会、LED影视拍摄体验、好莱坞大戏法、沉浸式剧本杀、影视汉服周等活动，共接待游客量达15万人次。此次活动被人民网、中央电视台、光明网、浙江新闻客户端、宁波日报头版、宁波发布、象山发布、今日头条等30余个平台报道280篇次，抖音直播累计观看量5.5万人次，微信视频号累计观看11万人次。

【第八届泼水节开幕式】 6月27日，象山影视城第八届泼水节在大理皇宫盛大开幕，浙江电视台钱江频道携手今日头条、微博、凤凰网等媒体进行网络直播。活动现场，县政协副主席、宁波市影视文化产业区管委会主任陈建瑜为云南西双版纳州、吉林龙井市、四川雷波县、浙江景宁县四地授牌“象山影视城外景拍摄基地”。

【宁波市影视文化产业区入选省现代服务业创新发展区】 10月21日，浙江省服务业发展工作领导小组印发《关于公布首批浙江省现代服务业创新发展区名单的通知》（浙服务业办〔2021〕8号），宁波市影视文化产业区入选首批浙江省现代服务业创新发展区名单，为数字文旅方向。

【象山星光影视小镇在省创建特色小镇中考核优秀】 11月5日，浙江省命名和创建特色小镇2020年度考核结果公布，象山星光影视小镇在省创建特色小镇中考核为优秀等级。

【“星光影视”共治驿站在象山影视城成立】 11月16日下午，“星光影视”共治驿站在象山影视城揭牌成立。县委副书记、政法委书记李晓东，宁波中院副院长王水维，县政协副主席、宁波市影视文化产业区管委会主任陈建瑜，象山法院党组书记、院长陈海虹，宁波中院民二庭庭长吕伟东，杭师大法学院副院长余钊飞，新桥镇党委书记宋松等共同为“星光影视”共治驿站揭牌。

【网络影视剧审查中心落户宁波市影视文化产业区】 12月30日，“宁波市影视文化产业区网络影视剧审查中心”正式揭牌，并为相关审片专家颁发网络影视剧审片专家证书。承接省广电网融处下放的网络影视剧规划备案初审权及上线备案审查权，提高审查效率，降低剧组创作风险和时间成本，有效推进影视全产业链产业区建设。

（余晶晶）

乡村旅游

【乡村旅游逐步回温】 2021年，象山县乡村旅游共接待游客874.88万人次，实现乡村旅游总收入9.01亿元，同比分别增长21.09%和29.05%。截至2021年底，全县共有民宿1203家，床位数23243张，占宁波市65%以上。其中，精品民宿159家，省银宿级以上民宿41家（省白金宿级2家、省金宿级民宿6家、省银宿级民宿33家），全县17个镇乡（街道）141个村都有民宿经营户。

【乡村旅游特色品牌打造】 县蟹钳港旅游发展有限公司刘建江入选2021年度乡村文化和旅游能人名单，黄避岙乡湖头新村谢贤华入选浙江省乡村文化和旅游带头人培育项目名单。东陈乡达到培育单位验收标准要求，列入宁波市乡村全域旅游示范区创建名单。截至2021年底，全县成功创建宁波市乡村全域旅游示范区5家，数量位居宁波市第一。

【村庄景区化建设】 2021年，黄避岙乡湖头新村等11个村庄获评浙江省AAA级景区村庄，丹西街道仇家山村等19个村被评定为浙江省AA级景区村庄，丹西街道珠水溪村等58个村被评定为浙江省A级景区村庄。截至2021年底，全县共有A级景区村庄216个，其中AAA级景区村庄42个。

【民宿数字化培训】 3月24日下午，县旅游发展中心在海米木木亲子庄园召开“订单来了”管理软件培训会，县内首批26家等级民宿业主参加培训。“订单来了”管理软件，可提升住宿、餐饮、农副旅游产品等民宿业管理水平，云储存客户多业态、多维度消费数据，掌握客户交易信息、商品信息等，并进行数据分析。同时，该软件系统接入微信、抖音、小红书、携程等25个社交渠道，为民宿营销全面赋能。

【全国首个《海洋渔文化主题民宿基本要求》团体标准出台实施】 4月15日，象山县出台实施全国首个《海洋渔文化主题民宿基本要求》团体标准。该标准在现有民宿要求与评价标准基础上，依托象山县海洋渔文化元素和资源优势，加强海洋渔文化特色挖掘以及与民宿有机融合，形成民宿经济高质量发展象山标准，填补国内海洋渔文化民宿标准空白。

（周艳英）

渔港旅游

【石浦渔港旅游五一主题活动】 5月1—5日，县旅游集团成功举办一系列精彩活动，推出汉风古韵—汉服秀、古城音乐会、舌尖上的古城、小渔民大舞台、非遗手工课堂、中国海洋渔文化馆·趣味研学行等等。为游客打造沉浸式旅游场景，带来全新的旅游体验。

【游艇派对主题活动】 5月15日，县旅游集团举办的“艇”会玩｜“乘风破浪．亚运同行”游艇派对圆满成功。活动以“乘风破浪．亚运同行”为主题，配有音乐派对、海上直播间、自助冷餐会、海上非遗手工课堂等等，让每一位游客从繁忙的工作中抽身，赶赴一场与大海的约定。

【檀头山岛徒步主题活动】 5月22日，面朝大海春暖花开好时候，县旅游集团成功举办檀头山岛旅游徒步日活动。此活动为个人自愿的户外徒步活动，徒步爱好者乘坐“渔光曲号”航班前往檀头山，集体徒步健身，文明旅游，低碳出行，并在健身中畅游檀头山岛美景，健身赏景两不误！

【海风纳凉节主题活动】 7—8月，县旅游集团成功举办以海风纳凉节为主题的渔港古城夜游活动，“鲸”夜圆梦、海防文化的建筑投影秀、街区赛博朋克风秀等，让光影充分依托石浦文化，重点打造特别体验，让文化“亮起来”，让文化“会说话”，让文化形成属于自己的独有特色，让年轻人用自己的方式去撕掉古城旧标签，发掘渔港古城“敢玩、敢想、敢创新”的新个性，去惊叹“原来你是这样的古城”！

【石浦渔港旅游“十一”主题活动】 10月1—7日，县旅游集团成功举办以“唱响红色经典．畅享非遗体验”为主题的一系列精彩活动，渔港古城推出了红色音乐秀、非遗跑马灯、民俗展演、皮影戏、街头秀等，与游客一起共贺祖国华诞。中国海洋渔文化馆运用大量新科技开发沉浸式项目，让游客在海量的渔文化实物遗存与新科技视觉中进一步感受历史与文明。

旅游建设投资

【概况】 2021年，象山县全年累计完成项目投资约3.5亿元；接待游客约85.5万人次，门船票、租金、疗休养等经营性收入约8126.4万元，同比分别增长35.7%和16.1%。

【花岙岛蓝色海湾整治与修复工程】 项目位于高塘岛乡花岙岛，是国家“蓝色海湾整治行动”工程之一，由县旅游集团有限公司（占股61%）与高塘岛乡人民政府合资成立宁波花岙岛蓝色海湾保护开发有限公司投资建设，总投资1.76亿元。项目于2018年3月开工，由象山宝盛建设有限公司、浙江润业建设有限公司、浙江汇润环境建设有限公司等公司承建，建设内容包括花岙岛环岛主干道提升改造、花岙岛香桩码头岸线整治修复、海洋自动观测站、天作塘保护与修复、沙滩整治与修复、花岙岛海洋实验室、生态绿道建设、垃圾无害化处理站等。2021年，完成投资1000万元。环岛主干道、香桩码头完成财务决算；沙滩整治与修复项目、海洋实验室、自动观测站、垃圾处理站完成一审；生态绿道建设工程联系单完成联系单及相关手续办理，启动结算申报；天作塘完成结算二审。

【茅洋国际乡野俱乐部项目】 项目位于茅洋乡五狮山麓，由县旅游集团有限公司（占股30%）与河北杰明投资合资成立象山县耕耘桂谷置业有限公司投资建设，总占地面积约116亩，总投资额2.5亿元。项目于2020年3月开工，由河北宁卓建筑安装工程有限公司承建，项目规划有矿洞探险、冷泉康养、民俗展览、素质教育、五峰书吧、特色餐饮、分时度假产权式酒店等内容，拟打造一个集高端康养、休闲度假、饮食窖藏等为核心的长三角微旅游度假目的地。2021年，完成投资额5150万元；38亩区块：5~9号楼主体完成，房屋结顶，12号楼与投资商、施工图设计单位经过多轮对接交流于8月完成施工图设计工作，至12月底正在抓紧楼板施工中，同时4号、10号、11号三幢古建完成修缮方案编制；78亩区块：5月项目规划方案调整后通过审核，6月完成规划方案办理完成规划许可证、施工许可证，至12月底项目正在加快进度施工，主体工程已完成50%。

【北黄金海岸数字康养酒店项目】 项目位于黄避岙乡外高泥村，原为北黄金海岸度假村，由县旅游集团有限公司（占股40%）与宁波华医健康合资成立宁波华医旅游开发有限公司投资建设，规划用地约64.5亩，总投资额2亿元。一期项目于2020年6月开工，由中和华丰建设集团有限公司承建，计划以健康度假为主题，以数字生命舱为特色，打造省内标杆、国内一流、全球知名的数字康养综合体。2021年，完成投资额1866万元。年初以来项目加快工程进度，9月项目基本完工，10月开展项目档案管理及项目自查整改工作。至12月底室内外改造装修工程及附属配套工程已全部完工，正在开展项目验收工作。

【大沙爱琴丽旎海岸艺术酒店】 项目位于鹤浦镇大沙村，由县旅游集团有限公司（占股30%）与河北杰明投资合资成立象山县爱琴丽旎旅游开发有限公司投资建设，用地面积约15亩，总投资额约1亿元。项目于2020年11月开工，由河北宁卓建筑安装工程有限公司承建，项目依托大沙天然滨海资源，以圣托里尼、爱琴海、希腊神话为灵感，结合本土原生态物质文化遗产的自然资源，打造一个集文化养生、乡村旅游、特色餐饮、儿童研学、商务会议、休闲度假等于一体的高端生态休闲度假酒店。2021年，完成投资额3840万元。至12月底，正在进行地下室基础施工。

【檀头山公共客运码头项目】 项目位于石浦镇檀头山岛景区东南侧，由象山海岛休闲旅游开发有限公司投资建设，总投资额858.8万元。项目于2019年11月开工，由宁波市中海疏浚工程有限公司承建，建设规模为新建300吨公共客运码头1座，布置泊位2个，进一步完善檀头山岛基础设施建设。2021年，完成投资额63万元。3月，引桥墩、撑墩砼浇筑完成；8月，钢结构安装完成。新建码头在安装过程中受暗流影响，趸船和桩基受到一定破坏，施工方案调整。

【象山橡树缘·海上牧心民宿项目】 项目位于石浦镇沙塘湾村，由县旅游集团有限公司（占股20%）与上海市缘白酒店管理有限公司合资成立象山县缘海旅游发展有限公司投资建设，总投资2000万元。项目于2018年1月开工，建设内容包括8栋滨海休闲度假型高端民宿等。2021年，完成投资180万元。三期项目完工，并于5月1日试营业；10月，四期项目（7号楼）完成前期报批、设计等工作；12月，启动拆除重建工作。

【观光游览船项目】 项目由县海洋休闲旅游发展有限公司投资建设，总投资额3050万元。项目于2019年3月，与江龙船艇科技股份有限公司签订合同，打造1艘196客位、1艘98客位、1艘60客位观光游览船。2021年，完成项目投资额共2273.6万元。98客位：3月，完成船舶运送工作，同期完成试航。4月，正式投入运营。196客位：4月，完成船舶运送工作，同期完成试航。5月，正式投入运营。

【企业投融资和市场化转型】 2021年，根据县政府投融资改革和市场化转型总体要求，立足县旅游集团公司实际情况，完善全年财务预算管理，力争细化到月周节点，确保资金精准高效使用。推进涉旅资产资源注入，积极对接国资、资规等部门，扎实做好南山岛、布袋山岛等海岛资产评估入账。继续抓好存量资产盘活，开展存量房产拍卖，回笼资金766万元，完成渔人码头、海峡广场、宁波临港高新区办公楼及单身公寓续租或招租工作，资产出租率达84%，收缴租金446.7万元。稳妥推进AA新主体培育包装工作，已通过联合评级公司预评，财务尽调、财报分析、股权划转等工作正在推进，搭建“双集团”运作新模式。2021年，融资规模约25亿元，综合融资成本约6%，较2020年下降0.14%；实际总资产57.9亿元，新增资产11.3亿元，资产负债率为74.3%，较2020年下降17.6%。

（胡燕燕）

风景区管理

【概况】 2021年，象山韭山列岛国家级自然保护区和象山渔山列岛国家级海洋生态特别保护区各项工作有序开展。全年进行韭山列岛保护区管护船海上巡航107航次，渔山列岛保护区巡航89次，对违规进入保护区的船只和人员进行驱离，定时对保护区内网具开展清理工作。

【中华凤头燕鸥被列为国家一级保护动物】 3月中旬，《国家重点保护野生动物名录》正式公布，中华凤头燕鸥被列为国家一级保护野生动物，与“国宝”大熊猫同等级。截至2021年初，中华凤头燕鸥全球种群数量不超过150只，是IUCN（世界自然保护联盟）红色名录极危物种。宁波象山和舟山定海的个别岛屿是中华凤头燕鸥在全世界范围内为数不多的几处繁殖地之一。

【中华凤头燕鸥招引和监测】 中华凤头燕鸥又名黑嘴端凤头燕鸥，因其极为罕见、踪迹神秘而被誉为“神话之鸟”。2013年开始，象山韭山列岛国家级自然保护区在铁墩岛开展中华凤头燕鸥人工招引和恢复监测项目后，每年都有约5000只国家二级保护动物大凤头燕鸥和数十只国家一级保护动物中华凤头燕鸥到保护区繁衍生息，该自然保护区成为世界上最大的中华凤头燕鸥孵化繁殖基地。4月20日监测志愿者上岛，5月1日起，租赁1艘社会船只在中铁墩屿周边海域进行24小时守护，防止无关人员进入和破坏。7月10日至11日，联合浙江自然博物院开展海鸟幼鸟环志工作，共环志大凤头燕鸥198只。全年共观测到中华凤头燕鸥84只，孵化幼鸟22只，另有大凤头燕鸥5000余只。

【神话之鸟宣传】 全年利用新闻媒体、短信、网站、微信、微博等平台多渠道开展保护区保护宣传工作，扩大影响力和宣传效果，切实提高群众对自然保护地的认识和资源环境保护意识。通过央视新闻栏目《跟着高速看中国》、浙江日报骑迹中国之绿巨人纪录片、浙江卫视大型融媒体行动“寻找山水精灵”直播、浙江卫视新闻联播头条等开展韭山列岛、渔山列岛保护区宣传，其间韭山列岛保护区登上《浙江林业》杂志封面。2021年全年发布关于中华凤头燕鸥保护宣传相关新闻40余条，组织40余名青年志愿者完成爱岛护鸟专项行动，开展科普讲座5次。5月10日，通过腾讯oc实验室微信小程序、浙江卫视中国蓝新闻App（抖音号同步）、钱江晚报App开展鸟岛现场直播，累计点击观看人数达千万。

【大黄鱼放流活动】 6月8日是全国海洋宣传日，象山县开展一场以“保护渔业资源，建设蓝色渔仓”为主题的岱衢族大黄鱼增殖放流活动，由县自然资源和规划局、县水利和渔业局共同举办。该次活动主要投放岱衢族大黄鱼鱼苗、曼氏无针乌贼受精卵，经由人工增殖放流监督人员和技术人员组成的放流组严格抽检、计数、测量，鱼苗健康活泼，符合放流规定要求。经统计，在韭山列岛保护区内投放曼氏无针乌贼受精卵222.336万粒，在渔山列岛保护区内投放岱衢族大黄鱼苗种160.854万尾，增殖放流是修复天然水生生物资源、改善水域生态环境的一项有效措施。

【水獭调查】 2018年5月6日，在韭山列岛国家级自然保护区铁墩岛附近海面发现水獭1只，该次发现增加了保护区的物种记录，对浙江省内存在水獭提供确凿证据。经过2019年和2020年的初步调查，保护区内存在稳定的水獭种群。在此基础上，2021年，县自然资源和规划局开展水獭种群调查，进一步掌握象山韭山列岛国家级自然保护区水獭种群分布状况，揭示水獭栖息地利用规律，为保护区开展生态管理、科研监测提供科学依据和基础资料，同时为科普宣传提供数据影像资料。通过调查，水獭在保护区范围内的岛屿上均有活动痕迹，侧面说明整个保护区范围内都有水獭分布。在面积较大的岛屿上，如积谷山、南韭山、官船岙及上竹山等岛屿，活动痕迹更多，并且红外相机触发频率也更高。较大岛屿水獭活动更为频繁与那里多样的环境有关，具有适宜水獭活动的洞穴和岩石缝隙，适宜水獭洗浴的淡水或咸淡水水坑，同时较大岛屿的环境多样性为抵御台风等自然灾害以及满足水獭的多种活动提供了充足的场所。由于外形上水獭没有特别明显的个体识别特征，无法从红外相机拍摄的照片中区分水獭个体，故保护区范围内水獭数量仍待进一步调查。

2021 年韭山列岛水獭红外相机拍摄次数及分布情况表

表 12

岛　屿	累计出现次数	月　份											
		1 月	2 月	3 月	4 月	5 月	6 月	7 月	8 月	9 月	10 月	11 月	12 月
官船岙	57	23	13	4	0	1	2	—	—	—	2	6	6
积谷山 1	5	—	1	1	—	1	2	—	—	—	—	—	—
积谷山 2	38	0	0	0	1	12	15	9	—	—	0	1	0
上竹山 1	41	9	1	3	1	0	3	1	—	—	3	7	13
上竹山 2	8	2	—	—	—	—	—	—	—	—	—	2	4
南韭山 1	2	—	—	—	—	—	—	—	—	—	2	—	—
南韭山 3	41	—	—	—	—	3	21	11	—	6	—	—	—
南韭山 4	9	—	—	—	—	—	7	2	—	—	—	—	—
铁墩 1	3	—	—	—	—	1	1	1	—	—	—	—	—
大马灯岛 1	5	—	—	—	—	—	1	4	—	—	—	—	—
大马灯岛 2	12	—	—	—	—	—	3	9	—	—	—	—	—
下马灯岛 1	10	—	—	—	—	—	—	5	—	—	3	2	—
中马灯岛 1	4	—	—	—	—	—	3	1	—	—	—	—	—
蚊虫山岛	1	—	—	—	—	—	—	1	—	—	—	—	—
合　计	236	34	15	8	2	18	58	44	0	6	10	18	23

【江豚调查】 韭山列岛国家级自然保护区联合中国科学院水生生物研究所长期开展韭山列岛保护区江豚种群调查。2021 年全年进行 2 次监测设备更换和数据读取，数据采集后发现江豚的声呐信号能够被频繁监测到，证明韭山列岛国家级自然保护区是江豚的重要栖息地之一。江豚的声呐信号监测率具有明显的季节性规律，在 9—12 月出现监测高峰并显著高于其他月份。

（葛豪）

2021 年 5 月，在南韭山，用红外相机拍摄的水獭（县资规局　供图）

城乡建设与管理

城乡规划

【概况】 2021年,象山县城乡工作围绕建设现代化滨海城市,贯彻落实长三角一体化发展战略,聚焦国土空间总体规划编制,坚持规划引领,着力统筹城乡发展,科学布局发展蓝图,加强海陆联动、深化多规融合、基本确立"多规合一"的空间规划体系,加强城市设计、推进专项规划和控规编制,加强风貌引导、深化村庄规划、深入开展阳光规划等各项工作。核发用地预审和规划选址意见书104件,总用地面积198.6公顷。

【全省率先启动城市地下市政基础设施普查】 5月28日,象山县正式列入省城市地下市政基础设施建设试点城市之一,主要任务是全面查清城市地下主要市政基础设施的数量、种类、属性及分布情况,建立城市地下市政基础设施大数据库,为城市建设运行提供精准的地下地理信息支撑。该次普查作业范围为滨海大道以北,丹东街道、丹西街道两个区块,约38平方千米的城市建成区。

【城市空间成片开发座谈会】 6月24日,由县政府主办,县资规局、县住建局承办,搜地网络协办的"深耕蓝色海湾·筑梦山海美城——2021年象山城市空间成片开发座谈会"在象山港国际大酒店召开,吸引碧桂园、金茂、绿城、宝龙等30余家知名房地产企业参加。

【宁波至象山市域(郊)铁路大目湾站规划选址完成】 10月8日,宁波至象山市域(郊)铁路大目湾站土建工程完成规划选址,象山县将正式迈入轨道交通时代。宁波至象山市域(郊)铁路大目湾站土建工程位于大目湾新城区域,松兰大道与来薰路交叉口西北角地块,车站整体呈南北向布置,用地面积约17808平方米。宁波至象山市域(郊)铁路北起东钱湖区域,南至大目湾新城,该工程线路全长约62.4千米,其中地下线6.3千米,建成后主要承担宁波中心城区与象山、东部滨海组团之间的市域联系功能,对于提升轨道沿线区域快速交通服务水平具有重要推动作用。

【国土空间总体规划编制】 强化战略引领,贯彻落实国家、省、市的战略定位和功能部署,深入研究城市发展战略和空间格局;坚持底线管控,以资源环境承载力评价和国土空间开发适宜性评价为基础,科学开展生态保护红线、永久基本农田、城镇开发边界三条控制线划定工作;深度聚焦核心关键问题,22个专题研究基本形成阶段性成果,充分发挥国土空间总体规划工作领导小组作用,上报"三区三线"第三轮划定成果,全年工作进度走在全市前列。

【城镇开发边界划定】 基于县域"北工、中城、南闲"三大功能板块特征及"一核两翼三极点"的空间格局,城镇开发边界按照"科学合理布功能空间"的划定思路,引导属地对自身发展与空间布局作精细化梳理,扭转粗放式的土地使用惯性,平衡好现状用地的有效整合与新增规模的集中投放。12月底,完成城镇开发边界预案工作成果上报。

【生态保护红线评估调整】 根据省资规厅《关于在国土空间规划中统筹划定落实三条控制线实施意见》和"二上二下"工作模式,按照"应划尽划、纠偏优化、规模稳定、分级管控"总体要求,划定生态红线2770.12平方千米,其中陆地生态保护红线183.96平方千米,海洋生态保护红线2586.16平方千米。协同技术单位,与省市进行多次对接,全面推进生态保护红线评估调整工作。调整后陆域生态保护红线面积基本持平,海域生态红线保护面积较前一版大幅减少;会同林业科室开展自然保护地整合优化。经过调整,生态红线与城市发展、与永农的矛盾冲突大幅减少,红线落地更加精准,生态功能得到提升,生态空间的系统性、完整性、连通性得到增强。

【乡镇国土空间总体规划编制】 围绕县级国土空间总体规划总体定位、空间格局、三线划定、三调基数转换成果、国土空间整治、指标分配等核心工作内容,开展全县各乡镇国土空间规划编制对接工作。结合全县各乡镇国土空间总体规划现状、发展目标和新一轮国土空间规划方案,12月底基本完成18个乡镇街道国土空间规划领导班子专项座谈会议和编制工作任务专项对接会议。针对乡镇关心的永农调整、用地保障、规则变化等相关政策分别作耐心解读,并合理安排乡镇空间和重要节点,以及重大公共、市政及交通基础设施网络,因地制宜地确定乡镇国土空间保护、开发、利用、修复、治理的总体格局,强化对镇级国土空间总体规划编制进度和质量的双重把控。

【重大项目规划编制】 全年积极开展中心城区近期建设规划研究。按照实现“精致友好的滨海小城”目标，推行以“重大片区改造提升”为抓手的规划改造模式，明确中心城区有机更新的策略和路径，规划“人口疏解、功能完善、配套增强、交通优化、环境改善、风貌提升”宜居宜人城市空间。通过老城街巷更新、城市绿道提升、交通系统提升、城市驿站建设等行动计划有序推动各片区改造提升，盘活城市资产与空间运营价值逻辑，优化中心城区用地布局。全年积极推进城市设计。编制完成人民广场周边地块、南部新城和客运站周边地块3个区块城市设计。其中人民广场板块以未来社区为方向，以TOD（以公共交通为导向的发展模式）模式为引领，创新生活方式，通过活力邻里和有机更新，泛活商业类别，提升公共服务设施；南部新城板块以花园社区为目标，优化办公、旅游、生活、配套环境，打造融合公共服务、产业服务、旅游服务三大服务平台融合的生态社区；客运中心板块以生态联动为引领，完善空间组织，营造舒适健康社区生活，构建多元活力共享的开放空间体系。全年细化完善全域空间综合整治。完成《象山县全域国土空间综合整治实施方案》制定，明确产业空间、城市空间、乡村空间、海洋空间、生态空间和廊道空间等六大整治空间22项整治重点，划定城南片约33平方千米为全域空间整治示范区，通过有序推进示范区空间整治策划方案，进一步提升城市能级、优化农田格局、提升城乡品质、美化生态环境。

【控规动态维护】 结合2021年度用地出让计划和乡镇、产业平台需求，推进控规维护。截至2021年年底，完成中心城区西谷湖地段、爵溪龙溪东段地段、爵溪东海铭城、周家湾、城东工业园、滨海工业园等37个控规修编及局调批复，其中东海铭城控规修编、爵溪北塘小微工业园区等4个规划的编制完成，加快了闲置地处理和矿山利用工作；中心城区老城区、西谷湖地段、爵溪东塘龙溪地段等控规调整，推进了棚改区块城市更新；城南新区工业园、临港装备园、亚帆中心、大目湾技师学院等14个控规调整，为优化城市空间布局，加快工业经济发展、保障民生项目等提供有利依据，并直接服务农转用报批和供地。

【专项规划和规划研究】 基于社会主义现代化滨海城市定位，以“迎接亚运、城市双修”为契机，全年基本完成海岸带综合发展规划、公园城市专项规划、中心城区停车设施专项规划等多个专项规划；完成《滨海城市特色风貌塑造设计指导手册》，为营造滨海城市特色风貌提供具体依据；同步推进综合交通发展战略和重大基础设施布局，结合宁波象山市域铁路、甬台温高速复线等外部交通条件改善的机遇，重构区域对外交通格局，协调城市发展与交通发展，强化内联外通的现代交通体系。

【“一张图”实施监督信息系统建设】 2021年整理融合一张图数据，开展一张图现状数据、规划数据和业务管理数据的建库工作。初步搭建国土空间基础信息平台，基于“三调”工作阶段性成果，集合各类现状数据、公共专题数据等形成一张底图，基本完成与省市平台接口建设逐步建库叠加，进一步完善国土空间基础信息平台建设。开展国土空间规划“一张图”实施监督系统的建设前期研究工作，并以城镇开发边界划定审查、过渡时期规模台账审查等辅助工具的开发与应用为探索，加强对乡镇总体规划编制的技术统筹。确定建设县域国土空间规划“一张图”实施监督系统工作方向、思路，为规划成果管理、规划实施和新一轮国土空间规划编制等提供数字化支撑。

【城乡风貌引导】 2021年基本完成《中心城区城中村改造专项规划》，后洋、梅岙等19个城中村整治方案通过评审，青草巷特色街区保存城市记忆、延续城市文脉。推进美丽城镇建设，编制实用性村庄规划，开展县域乡村（驻镇）规划师工作并在全市率先实现全覆盖，引导形成西周尖坑、东陈红岩、贤庠青莱等一批170余户传统风貌示范村居。持续开展“三名”保护，完成石浦历史文化名镇保护规划和东门渔村、墙头村2个省级历史文化名村保护规划，2019—2021年度“三名”保护补助项目37个，修缮保护性建筑43个。

（葛豪）

城乡建设投资

【概况】 2021年，城投集团共承建实施类项目56项，项目总投资70.9亿元，年度计划投资18.04亿元。其中涉及重点工程17项，总投资59.79亿元，年度计划投资14.59亿元，占比80.9%，全年完成投资额13.33亿元，完成率91.36%。全年完成建设县中医医院迁建工程、县人才公寓B组团、石浦凤栖安置小区、环城西路五期、来薰路三标、靖南路大修工程、会源路（巨鹰路至规划支路）、东谷路（象山河路至丹山路）、滨海大道（天安路至巨鹰路）等17个项目。建设的塔山公园、海山公园项目分别获得2021年度宁波市“茶花杯”优秀园林工程金奖、银奖。

【象山县中医院配套3条路段动建】 宝海路（来薰路至新一路）道路工程于6月动工建设，丰饶路（政实路至滨海大道）、兴洋路（天安路至来薰路）道路工程于9月动工建设，3条道路工程均为世行项目、县重点工程。其中宝海路（来薰路至新一路）长695米，宽24米，项目总投资约1.33亿元，截至12月，该路段完成路基90%，2021年度计划投资8000万元，实际完成投资3966万元，完成率49.6%。丰饶路（政实路至滨海大道）全长1054米，宽24米，总投资为1.22亿元，截至12月，该路段完成路基60%，2021年度计划投资4000万元，实际完成投资7000万元，完成率175%。兴洋路（天安路至来薰路），全长1061米，宽16米，截至12月，项目总投资约8271万元，完成路基65%，2021年度计划投资8000万元，实际完成投资3966万元，完成率49.6%。

【巨鹰路(塔山路至迎海路)路段动建】 巨鹰路(塔山路至迎海路)道路工程为世行项目、县重点工程,于6月7日动工建设,道路位于城区东侧,为城市主干道,呈南北走向,北至塔山路,南至迎海路,道路长7950米,宽60米。项目总投资32059万元,2021年度计划投资10000万元,实际完成投资8900万元,完成率89%。该项目是象山县亚运通行的主要道路,是全新标志性道路。

【象山县人才公寓B组团完成项目交付】 象山县人才公寓B组团项目位于丹河路与莱熏路交叉口东北角,东临丰饶路,南临丹河路,西临来熏路,北临丹阳路。该项目于2018年3月开始施工,项目总建筑面积104212.74平方米,总停车位721个,总户数610户,项目总投资8.0342亿元。10月,该项目完成竣工验收并交付。2021年度计划投资7290万元,实际完成投资7300万元,完成率100.1%。该项目作为象山县人才引进战略中重要组成部分,对于引进留住人才,改善城市面貌、提升城市品质、促进经济增长具有重要意义。

【丹山路开展保障性施工】 丹山路道路工程全长1825米,宽24~36米,总投资1.99亿元,分为来薰路至天安路段和来薰路至新丰路段两个标的同时进行。截至12月,新丰路至来薰路段完成路基90%;来薰路至天安路段已完成路基80%,完成投资11697万元。作为链接城西区块和城区纵向干道的主要通道,丹山路道路能极大改善城西路网交通淤塞现象,对于疏散城区交通堵点具有重要意义,有利于提升中心城区道路交通状况。

【丹山人家安置小区结顶】 丹山人家安置小区项目是象山县棚改四期安置用房,属于县重点工程,位于城西路以西、靖南路以北,环城西路以东、狮山路以南,项目总投资额8.19亿元,总用地面积46576.4平方米,总建筑面积102560平方米,项目设计共有14幢居住楼,总计户数643户。截至12月底,丹山人家安置小区完成封顶,该项目建筑墙体已完成90%工程量。

2021年10月29日,丹山路道路工程挖土机清障工作(林芷仪 摄)

【象山县城路市政运维建设有限公司成立】 2021年11月13日上午,象山县城路市政运维建设有限公司揭牌仪式举行。县委副书记、县长包朝阳宣布揭牌,杭州市城投集团党委副书记、副董事长、总经理李红良、县委常委周坚栋、杭州路桥集团董事长韩毅敏、县城投集团党委书记、董事长、总经理叶国栋参与揭牌。该公司的成立意味着象山市政道路与园林养护工作理念的转变、运行机制的更新、运维管养的提升,推动全县城市市政设施多元化养护服务开启新征程。

【市人大代表、考核小组考察特色街区】 8月20日下午,市人大代表象山中心组集中视察风情街街区精品线路和特色街区打造工作,县城投集团总经理助理施剑钧陪同视察。市人大代表一行参观裸眼3D、we站、风情街艺术馆、中东欧展厅等风情街特色点位,听取关于象山县"亮点"工程、精品线路和特色街区建设情况,表示街区建设富有新意,亮点特色深入人心。8月24日下午,奉化、余姚考核小组一行赴风情街、青草巷街区互学互评"精品路线""特色街区",县城投集团董事长叶国栋陪同考核。考核小组在讲解员的讲解下,参观风情街艺术馆、中东欧进口产品展销中心、非遗百工坊、王家谟故居等特色点位,表示两个特色街区是象山县城市建设的点睛之笔。

(林芷仪)

中心城区建设

【概况】 2021年,全面启动城市品质"八大提升行动"和"四大工程",对城市公共空间进行全面整治提升,完成城市家具有机更新、道路有机更新和路域环境整治、灯光照明改造提升、户外广告专项整治等一轮提升行动,推进中心城区绿道网络建设、社区15分钟文体圈建设、公共空间微改造精提升、城公共绿地及公园建设等新提升行动,打造环城绿道、大地景观、夜景灯光、未来社区建设等四大精品工程。棚户区改造稳步推进,多渠道做好棚改融资工作,累计募集私募债9220万元,累计补办丹城、石浦片区已收购房屋权证447套,棚改五期土地顺利出让,全县符合条件棚改地块全部实现出让成交。

【中心城区道路公共设施指引标志工程完工】 2月2日,中心城区道路公共设施指引标志工程全面完工。该工程于2018年12月开工,实施范围西至史家山隧道、北至彭母岭隧道和林善岙隧道、东至赵岙隧道和爵溪隧道、南至大目湾新城，对中心城区建设路、象山港路、滨海大道、丹南路、丹阳路、来薰路、潘家桥规划支路等20条快速路、主、次干道和支路的标志标牌，统一采用中英文双语标识进行规范升级更新。此次共计更新改造道路交通指引标志牌963套、公共设施指引标志牌198块，总投资1240万元。

【5个省级节水型居民小区创建成功】 2月7日，2020年度浙江省节水型居民小区名单公布，上城公馆、和景府、宏润花园、东河花园二期和塔山花园三期等5个小区成功完成创建。创建小区节水器具使用率、居民生活用水户水表和公共用水水表安装率均实现100%，有效提高水资源利用率。至2021年，象山县已创建省级节水型居民小区12个、省级节水型标杆小区1个。

【中心城区环城绿道一期开工】 3月14日，环城绿道一期开工。项目全长16.8千米，东起靖南大道，西至彭姥岭隧道顶，途径岙里、老年公寓、象山府、桃花源、西湖潭景区、姚家山、塔山遗址公园、东谷湖景区、鲫鱼山水库、凤跃山景区至彭姥岭隧道顶，并串联东寺、西寺。绿道建设内容包括慢行道、交通衔接设施、服务设施、文化彰显设施、局部节点提升及绿化等。

【海绵城市改造项目开工】 4月15日，海绵城市改造项目开工建设。该项目包括万象路（丹南路至丹阳路）人行道改造、职业高级中学改造、南部新城商务区湿地改造、中心城区道路雨水口海绵化改造，概算总投资664.27万元，总改造面积15029.15平方米，新建排水管网550米，雨水收集池2个等配套附属工程，改造侧石1100米。

【瑶琳社区入选全省未来社区创建名单】 5月25日，省发改委、省住建厅联合下发通知，公布全省2021年未来社区创建名单。宁波市共有10个社区入选，瑶琳社区名列其中，被列入整合提升类。“瑶琳社区”未来社区项目将重点围绕未来社区建设的人本化、生态化、数字化三维价值坐标及九大场景创新要求，以和睦共治、绿色集约、智慧共享为基本内涵，积极整合周边资源，实现社区整体智治和智慧生活，打造出独具象山特色的未来社区样板项目。

【中心城区道路“脱空”检测】 7月15日至17日，县住建局开展中心城区道路“脱空”检测，根据《城市地下病害体综合探测与风险评估技术标准》（JGJ/437—2018）要求，充分利用地质雷达技术开展检测工作，在不破坏公路的情况下，对桥梁周边、大型基坑开挖周边、存在裂缝塌陷问题的道路进行重点检测，提前发现道路存在的空洞、脱空、疏松、富水体等地下病害。2021年，累计检测隐患区域6处、测线长度3394米。

【中心城区排涝】 7月25日，受台风“烟花”影响，城区出现多处积水，县住建局市政抢险专项小组即刻出动，根据前期制定的“一名总指挥、一套设备、一支固定抢险队伍、一支临时应急队伍”的“四个一”应对策略，在宾阳路区块采用“小包围+强排”方式，在区域外围设置拦水闸，阻拦外来水体进入低洼区，并利用800立方米/小时强排泵站在一小时内处置完毕。出动应急电源排涝车1辆、移动强排泵车9台，通过强排等措施对积水点开展应急处置，并均于当日处置完毕。

【中心城区功能性照明智能化改造项目开工】 8月3日，县住建局投资4334.9万元启动中心城区功能性照明智能化改造及运维，将3391盏高压钠灯替换为可调光LED路灯，并同步对新改造LED灯和原有6000盏LED灯加装智能单灯控制器，改造工程预计10月初完工，投用后年度节点效率将提高48.2%、节约电费139.2万元。

【棚改项目东塘山路和东澄河路交叉口东南角地块出让】 8月17日，象山县老城更新三期（五期棚改）项目东塘山路和东澄河路交叉口东南角地块经过2轮有效竞价后正式出让。该地块由赤峰蓝宇房地产开发有限公司竞得，成交总价为42758万元，成交楼面价7730元/平方米，溢价率0.23%。至2021年年底，象山县符合条件棚改地块均已出让成交完毕，累计出地29.2254万平方米（438.382亩），出让成交价格20.4193亿元。

【《象山县退红空间管理促进办法（试行）》出台】 为进一步提升城市品质和面貌，6月10日，《象山县退红空间管理促进办法（试行）》正式出台，适用于丹东街道、丹西街道和爵溪街道范围内退红空间内设施的改造、使用、更新、养护、维修以及相关管理活动。该办法明确住建、综合行政执法、资规、发改等20家部门的职责，根据周边配套道路是否建成、住宅小区是否建成或交付、商业地块和商住用地主干道两侧是否建成投用等条件，将退红空间用地划分为5类，并明确各类移交接管程序。该办法出台后，将逐步解决住宅及商业地块的退让道路红线空间因权责不明、管理缺失，存在无人维护、设施破损、环境脏乱等问题。

【城市运行安全专业委员会第一次全体会议】 6月16日，县住建局组织召开城市运行安全专业委员会第一次全体会议。会议由局长徐颖峰主持，县资规局、县综合行政执法局、县公安局交警大队、县市场监管局等11家单位分管负责人参加会议。会议进一步明确城市运行安全专业委员会的组织机构及工作职责，部署落实城市运行领域安全生产风险普查工作。

房地产业

【概况】 坚定贯彻“房住不炒”定位，建立和完善房地产市场平稳健康发展长效机制工作，制定“一城一策”“一案一策”，牵头推进建筑业和房地产专班工作，强化房地产风险防控，促进房地产市场平稳发展。2021年完成商品房销售79.96万平方米、均价11349元/

平方米，分别同比增长14.68%、5.1%，其中商品住宅销售6059套70.78万平方米、均价11830元/平方米，分别同比增长13.51%、10.03%和9.23%。危旧房改造取得实效，丹东、丹西、石浦危旧房屋典型性结构补强加固解危项目抓紧推进，创新推行“保险+服务”模式，第三轮房屋安全专业机构动态巡查全面铺开，常态化网格化动态巡查，累计巡查16566人次，巡查房屋总量9328幢。住房租赁市场快速发展，《象山县加快培育和发展住房租赁市场的实施意见》出台，全年共筹集新改建类租赁住房473套，盘活租赁住房1112套，完成率分别达378.4%、108.6%，海洋科技创业园、供销大厦、大徐智能小微创业园、广电象山影视基地宿舍区等4个项目成功通过中央财政试点奖补租金项目申报，获得奖补1197万元。物业管理提档提质，启动“迎接亚运”物业管理提档工作，出台指导性政策文件12个，建立红黑榜、执法清单进小区等长效管理机制，完成高层住宅消防设施维修改造35个、老旧小区改造5个、加装电梯10台、创建“污水零直排小区”5个，全县物业管理覆盖率提升至65.1%。

【《住宅小区行政执法清单制度》出台】 3月18日，县住建局联合县司法局、县综合行政执法局发布《住宅小区行政执法清单制度》，已公布的执法清单按责任部门分7大类，涉及的违法行为共30项。该制度厘清各行政主管部门在住宅小区内的执法边界，加大对住宅小区内违法违规行为的执法力度，为解决住宅小区内的突出矛盾和问题奠定扎实基础。

【《象山县加快培育和发展住房租赁市场的实施意见》出台】 4月12日，《象山县加快培育和发展住房租赁市场的实施意见》印发，在完善体系、保障供给、规范运行上下功夫，全力推进住房租赁市场培育和发展。该意见表明象山县将通过新建、改建、集中配建、盘活存量闲置住房等方式多渠道筹措租赁房源，扩大有效房源供给。同时，完善供应主体多元、经营服务规范、租赁关系稳定的住房租赁市场体系，培育专业化、规模化租赁企业和中介机构等供应主体，强化全流程、全要素、全链条监管，保障租赁住房市场健康稳定发展。计划到2022年，全县新增各类租赁住房5555套(间)以上，培育专业化住房租赁企业2家以上。

【房地产中介机构专项整治】 为规范中介行业秩序，打击房地产中介领域侵害群众利益的违法违规行为，4月15日以来，县住建局对丹城片区中介机构进行专项整治，实地检查营业执照、备案证明、业务流程图及收费标准等信息公示情况，摸清中介机构从业人员、持证人员底数，责令整改不规范市场行为，累计走访中介机构37家，责令下架违规房源信息14条，做出暂停合同网签处罚2家。

【全面开展老旧小区改造】 6月5日以来，象山县城镇老旧小区改造工程全面铺开，5个老旧小区改造项目陆续开工，分别为丹东街道丹峰小区、丹西街道天安一区、一建公司、爵溪街道碧海园小区和石浦镇静河苑。5个小区建成时间均在2000年以前，共有住户2073户、住宅楼134栋，总建筑面积27.45万平方米。工程预计2021年底完工，总投资约2300万元。

【首个高层住宅小区消防设施维修改造工程验收通过】 8月3日，大徐镇东城佳苑小区顺利通过高层住宅消防安全整治领导小组办公室检查验收。该小区为象山县首批45个消防设施重点改造对象之一，在前期从严排查基础上逐一“清缴”安全隐患，投入72万元推进消控主机、消火栓、火灾报警、防排烟、应急照明等消防设备设施改造升级，配齐配强物防、技防力量，切实提高火灾防控能力。同时，压实物业企业消防安全责任，通过“线上+线下”多渠道发力，严格落实高层住宅小区消防安全有关管理规定，及时整改违规充电、消防通道堆物等隐患问题。

【石浦镇锦河小区9幢解危顺利完成】 9月8日，石浦镇锦河小区9幢加固维修工程正式交房。石浦镇锦河小区9幢，原为六层加架空层砖混结构建筑，总占地面积330平方米，建筑面积2650平方米，采取加固改造方式解危。历经十余月紧锣密鼓地施工，房屋梁柱板、屋面墙体等整体解危加固，各种管道和线路统一优化规整，阳台安装制式铝合金窗，外墙增设悬挑设备平台，24户居民顺利回迁“新居”。

2021年象山县物业企业基本情况表

表13 单位：个

序号	企 业 名 称	其中在管住宅小区	小区数量
1	宁波保佳物业	半岛康桥、半岛上嘉园、半岛琴声	3
2	象山鸿发物业服务有限公司	金丰花园、海域华府、瑶琳小区、泰和苑二期、蓬莱小区、丰雅苑	6
3	象山顺和物业管理有限公司	滨海公馆	1
4	宁波泛亚物业服务有限公司	大红鹰家园、和景府、牡丹苑、阳明花园、学府名苑、海申苑、奥林公馆、金都花苑、巨和苑、印象江南、东一华庭、永泰华苑、锦湖名苑、悦兰庭、塔山三期、城南御府	16

续表13

序号	企业名称	其中在管住宅小区	小区数量
5	怡家园(厦门)物业服务有限公司宁波分公司	涌金广场	1
6	象山迅捷物业管理有限公司	金港花园、紫悦馨园、皇城家园、东河二期、星海名都、玉兰雅府、海御官邸、新峰小区	8
7	宁波新上海国际物业管理有限公司象山分公司	上城公馆、幸福苑、邦泰城御园	3
8	象山朝晖物业服务有限公司	盛世华府、翡翠苑、御景园、锦怡花苑、锦绣家园、腾蛟雅苑	6
9	宁波绿城物业管理有限公司象山分公司	象山兰园、丹桂花园、丹桂花园二期	3
10	象山鸿翔物业服务有限公司	海滨佳苑、锦明花苑、晓城故事家园	3
11	宁波荣安物业服务有限公司象山分公司	侯潮府、涌清府	2
12	宁波腾越物业管理有限公司	浦港佳苑、金山佳苑、港城家园、浦港名都	4
13	象山圆顺物业服务有限公司	彩虹家园	1
14	宁波卓大物业服务有限公司	万华康庭、丹府一品、东方大厦、耀辰公馆、华翔大厦	5
15	碧桂园生活服务集团股份有限公司象山分公司	西周天麓府小区	1
16	象山幸福家园物业服务有限公司	紫汀盛园、青山佳苑	2
17	象山宇达物业服务有限公司	丹峰小区、城东公寓、丹静公寓、文峰小区	4
18	象山合家物业服务有限公司	文华苑小区	1
19	象山灵通物业有限公司	文景苑	1
20	宁波嘉明物业服务有限公司	西子华庭、久久华庭、西和苑、海景华苑、瀛洲小区、西谷苑小区、中北星园	7
21	象山臻心物业管理有限公司	海东方嘉园、迎凤山庄	2
22	象山大成物业有限公司	阳光雅苑一期、阳光雅苑二期	2
23	宁波迪繁物业服务有限公司	海山佳苑、丽景一期、山水人家二期	3
24	四川蓝光嘉宝服务集团股份有限公司象山分公司	金域华府	1
25	象山凤凰新城物业管理有公司	凤凰新城	1
26	象山怡景物业管理有限公司	怡景雅苑	1
27	宁波骏成物业管理有限公司	海城阳光苑一期、海城阳光苑二期	2
28	象山新宏润家政服务有限公司	宏润花园	1

续表13

序号	企 业 名 称	其中在管住宅小区	小区数量
29	宁波华耀物业管业有限公司象山分公司	紫金华庭	1
30	深圳市金地物业管理有限公司象山县分公司	半岛华府、金地风华大境府	2
31	世茂天成物业服务集团有限公司象山分公司	世茂天玺花园、世茂玖玺花园、云海居、云涛居、云澜府、云潮府、东麟府、万晟华府	8
32	石榴物业服务集团有限公司宁波分公司	十里澜山西区、十里澜山东区、十里春风	3
33	华西物业服务有限公司	环球苑小区	1
34	甬黔物业管理有限公司	晶都佳苑	1
35	金碧物业有限公司象山分公司	恒大海上华府	1
36	浙江亚太酒店物业服务有限公司	梧桐御府、桃花源	2
37	宁波市鄞州华科物业管理有限公司象山分公司	嵩溪茗都	1
38	绿城物业服务集团有限公司象山分公司	绿城百合公寓、白沙湾玫瑰园、象山玖墅府	3
39	浙江绿升物业服务有限公司象山分公司	宏地首府	1
40	浙江开元物业管理股份有限公司象山未来城分公司	象山未来城一期、熙华府小区	2
41	浙江盛元城市物业管理有限公司象山分公司	山水人家一期	1
42	宁波中梁物业服务有限公司象山分公司	象山中心大厦	1
43	浙江欣城物业服务有限公司宁波象山分公司	丰泽园、水木华庭	2
44	中铁建物业管理有限公司象山分公司	山语城春天里、山语城秋天里	2
45	广州海伦堡物业管理有限公司象山分公司	海伦堡象东府	1
46	苏州红星品唯物业物业管理有限公司象山分公司	紫瑞湾小区	1
47	深圳市嘉诚物业管理有限公司象山分公司	梅苑中央花城、世纪花园、财富中心	3
48	宁波市拓展物业公司象山分公司	盛世昌明	1

续表13

序号	企业名称	其中在管住宅小区	小区数量
49	浙江保集佳悦物业管理有限公司	保集蓝郡、府邸庄园、保集璟瑞府、嘉悦景苑	4
50	浙江捷达物业服务有限公司象山分公司	欢乐家园一期、欢乐家园二期、欢乐家园三期	3

（郑叶）

房屋征收

【规范化管理】 2021年4月，制定出台《征收集体所有土地房屋拆迁工作流程图》《征收集体所有土地房屋拆迁工作有关法律预警及风险防范提示》《人民广场及周边区块征迁工作八项制度》《入户问答手册》，对征迁工作的流程、标准、秩序、纪律等问题进行全方位规范。绘制违法建筑物拆除流程图，明确从立案到强制拆除每项程序，细化程序时间节点，对法律风险进行针对性预警。2021年8月，编制《关于进一步规范征收集体所有土地房屋拆迁补偿的指导意见》，明确合法面积认定，一户多宅认定及补偿，房屋买卖、析产、继承相关情况的认定及补偿，大龄未婚女青年、出嫁女的认定及补偿等情况，全面规范征地拆迁房屋补偿，确保征迁工作顺利进行。

【人民广场周边区块改造项目】 2021年7月，县政府作出人民广场周边区块改造项目房屋征收决定，涉及征收国有土地上房屋建筑面积约1.2万平方米，征收总户数约11户；涉及集体所有土地房屋建筑总面积约13.8万平方米，被拆迁土地总面积约6万平方米，被拆迁户数约310户。签约期限为20日，搬迁期限为50日。涉及征迁货币安置补偿费用16.2亿元，调产安置面积约5万平方米。人民广场周边区块改造项目国有签约率100%，集体签约率达99.67%，其中10月1日即首日签约209户、首日签约率70.61%，首日签约量、首日签约率、签约生效时限等多项指标均排名全县第一，并在全市同等体量征迁项目中位居前列，创造象山征迁新速度，相关经验做法得到省委常委、市委书记彭佳学批示肯定。

项目成立人民广场及周边区块征迁开发指挥部，抽调全县百余名干部成立规划组、招商组、政策组、征迁组等9个工作小组全程跟踪项目。实行县级领导联系包干征迁机制，落实县级领导领衔负责制和工作目标责任制。推行驻守现场办公机制和夜办公制度，选派骨干力量分网格联户包干开展群众工作。发动村级党员当好宣传员、示范员和调解员，形成县级、部门、街道、村(社)四级联动征迁推进机制。创新货币结合调产安置方式、多样化奖励政策，实行限时奖励制度，对提前签约、提前腾空对象按时间先后分段分档给予奖励。同时，结合农村实际，设立“网格清零奖”、“整村清零奖”，对各网格及整村签约搬迁完成率增设8万元奖励金，增强村民集体利益意识。

【城乡建设征迁清零专项攻坚行动】 2021年1月14日，象山县开展城乡建设征迁清零专项攻坚行动，共涉及清零区块14个，清零对象67户，其中未签约43户，已签约未腾空24户。分别为丹东街道清零区块4个，涉及清零对象22户(未签约17户)；丹西街道清零区块5个，涉及清零对象12户(未签约12户)；石浦镇清零区块4个，涉及清零对象30户(未签约14户)；东陈乡清零区块1个，涉及已签约未腾空清零对象3户。县房征中心统筹协调，坚持落实“专班+工作小组”工作机制，采取“一户一策一攻坚小组”跟踪服务，依托浙政钉工作群交互清零信息，创建“领导点赞”“蜗牛项目”等考核激励机制，创新“挪房不挪地”的工作方法，全方位开展入户沟通、摸底调查、解答政策、疏导思想等工作。同步启动司法程序，10月29日，根据宁波市中级人民法院行政裁定书，组织实施第一例征收集体所有土地房屋强制搬迁。截至2021年年底，完成环城西路、图书馆地块、上半河、东陈乡等13个区块66户清零，高效啃下历史遗留问题多、时间跨度长的“硬骨头”，为道路建设、地块出让、重大项目建设及引进腾出发展空间，全面推进城市化建设。

（黄优优）

住房公积金管理

【概况】 象山县住房公积金管理机构为象山县住房公积金中心，由县住房委员会办公室与市住房公积金管理中心象山分中心合署办公。截至2021年12月底，全县已累计办理住房补贴16191人，住房补贴资金47078.93万元，手续办结率100%。其中：1. 县属单位15625人，45439.53万元。2. 垂直单位566人，1639.40万元。垂直单位住房补贴资金由单位自行解决。全县共有住房公积金缴存单位2286家(其中：正常缴存1575家，封存711家)，实际缴存53050人，累计归集总额840201.11万元，累计提取609579.82万元，归集余额230621.29万元。累计贷款575227.22万元(包括住房公积金转商业贷款贴息贷款，以下简称“公转商”贷款136052.00万元)，贷款余额298974.44万元(包括“公转商”贷款86450.57万元)，累计增值收益(包括风险准备金、管理费用、廉租房补充资金)30114.57万元。

【住房补贴】 1. 兑现住房补贴应发资金。2021年,兑现住房补贴对象6432人次(包括本年度新增人员),1533.70万元。截至2021年12月底,尚有8651.28万元,待2022年及以后年度按现行政策规定兑现。2. 办理新增人员住房补贴。计324人,住房补贴资金875.51万元。3. 配合做好资格条件审查。配合主管部门做好自收自支事业单位退休和在职人员住房补贴对象资格条件审查,计3个部门(单位),14人,涉及住房补贴资金32.90万元。参与协调落实住房补贴资金1家单位,计39人,涉及住房补贴资金111.49万元。会同县财政全面梳理自收自支事业单位住房补贴情况。4. 历史遗留问题妥善处理。

【住房公积金】 1. 缴存。2021年月均缴存人数54530人,完成年计划51123人(按省、市业务主管部门口径,年度计划为上年月均缴存人数48688人的基础上增长5%)的106.67%;归集122050.06万元,完成年计划105000.00万元的116.24%。2. 提取。提取97683.06万元,完成年计划100000.00万元的97.68%。3. 贷款。放贷54678.59万元,完成年计划31000.00万元的176.38%。其中:(1)住房公积金贷款39504.59万元,完成年计划18000.00万元的219.47%;(2)"公转商"贷款15174万元,完成年计划13000.00万元的116.72%。4. 增值收益。增值收益2451.39万元,完成年计划1250.00万元的196.11%。

【相关政策完善】 通过住房公积金缴存基数的调整,行政事业单位在职人员的每月缴存额度均有不同幅度的提高。支持生育二孩或三孩家庭户贷款政策,最高贷款额由40万元/户提高到60万元/户。试行城镇老旧小区改造及住宅加装电梯提取。出台配套人才引进住房公积金放贷优惠举措。

【规范执法督缴】 编内人员申报行政执法证审核通过。对接社保参保人数,对未缴、漏缴、欠缴等现象且拒不整改的,通过发催交函等形式,依法依规予以处理。对涉及骗提骗贷案件,采取向公安部门报案、移交纪委监察委等处理方式震慑涉案人员。2021年,未发现向上级部门移交的线索,未发生骗提骗贷案件,清理封存或中止缴存账户15户,占应清理账户1336户的1.12%,尚有659户待继续清理。住房公积金年度验审应参加1477家单位,已参加1421家单位,完成率96.21%。

【严控房贷风险】 以保民生为考量,统筹协调相关银行,充盈"公转商"放贷资金池。对限期内未归还贷款本息的,专人负责贷款逾期催讨,采取打电话、短信提醒、向单位发告知函、发放律师函、进行起诉等方式动态跟踪催讨。2021年,新增放贷楼盘8个,历年他项权证录入不规范问题已全面整改,排查他项权证1308户(其中:"二手房"237户,期房1071户),受理撤销备案合同117笔,贷款逾期率为万分之0.0175,在可控范围内。

【规范资金存储】 完成2020年底中标入围合作银行的帐户管理及资金帐户协议签订。截至2021年12月底,10家银行中标入围,开立象山县住房公积金帐户;1家银行作为象山县住房公积金增值收益的定点存放银行,开立增值收益专户,安排竞争性资金17050.00万元。

【"一中心四区块"打造】 2021年,在县域业务办理20个网点覆盖到全县18个镇乡(街道)的工作基础上,为更便捷边缘乡镇业务办理,实现"零距离",坚持数字赋能、改革破题,倾力打造"一中心四区块"(中心城区、石浦区块、西周区块、贤庠区块、鹤浦区块),通过业务就近办理,辐射周边乡镇模式,达到"同城通办、线上联办、公银合办"。该做法作为"上山下海"最多跑一次就近业务办理模板在全大市推广,浙江新闻频道20211016期《魅力长三角·推进数字化改革"新速度" 实现公积金"心服务"》节目专题播放,受到省、市、县领导的肯定。2021年以来,累计办理业务130笔。

【三个通办实现】 在完善提取(退休)、贷款"一件事"联办、机关公务员和事业编制人员职业生涯全周期管理"一件事"改革的工作基础上,采用全程网办、代收代办、多地联办的办理模式,实现三个通办,即:1."全城通办",外地购房提取、翻建提取的,可通过异地受理、属地办理方式实现;2."全省通办",实现购房、退休、偿还贷款、租房、失业满5年提取;3."跨省通办",实现购房、退休提取。

【"互联网+"利用】 利用住房公积金大数据和"互联网+"技术,优化服务效能,2021年,受理全国住房公积金异地转移业务316笔,508.19万元(其中:转入193笔,358.70万元;转出123笔,149.49万元)。根据政府数字化转型工作要求,2021年,网上办件率94.96%和零跑次86.20%,维持2020年水平,其他7个指标均为100%。4项主项29项子项的群众和单位办理事项为100%,全部达到"最多跑一次"目标。

【政银合作深化】 完善与业务承办银行定期工作交流座谈制度,落实对业务承办银行的考核,开发贷款银行手机客户端办理住房公积金纯商贷提取业务,开发完成县农信社"公转商"贷款系统。截至2021年,县域内已有11家合作银行为123985人次住房公积金缴存者提供查询或办理"公积金"点贷业务,比上年同期增加45961人次。

【信息平台支撑】 2021年,参加县首届网络安全技能大赛,完成办事指南更新。严格管理入网控制软件,规范业务系统权限配置,确保住房公积金综合信息系统安全运转,保障各综合服务网点平稳进行。规范管理政务外网、浙江政务服务网、浙政钉、公共数据、好差评、短信、无证明核查、政务信息地理采集等系统平台；保障无线 IWi-Fi 平台、电子屏、监控、考勤机、自动查询机、取单机正常运行。

【规范服务标准】 完成调研报告《提升住房公积金管理服务水平　助推实体经济发展》，业务大厅推出“八个统一”，即统一仪表服饰、统一礼貌用语、统一办事流程、统一服务承诺、统一柜面摆放、统一投诉受理、统一服务专线、统一考核标准。结合“每日点评、月度通报、年度考核”办法，出台《月度之星考核制度》，进行服务礼仪培训和政策业务培训学习。妥善安排“12329”服务热线并入县“12345”政务服务热线的人员轮岗。开通住房公积金手机 App 查询业务及网上办事大厅，实现“零跑腿”。

【接受社会监督】 公布年度住房公积金管理和财务运作情况及年度政务信息，年度住房公积金个人帐户结息已到账到户，新版协同办公系统升级启用，业务大厅设置电子二维码群众评价系统，档案管理全部归档实现电子化，涉密文件统一清退，重要政策文件集中统一公开。2021 年，受理网上民声回应和网民政策咨询 12 件，回复信访件 35 件，回复首问责任制来电 62 件，无有效投诉。根据县政务办反馈信息，群众对服务窗口的服务满意度达 100%（测评对象为业务办理对象）。

（蒋新辉）

城市管理

【概况】 2021 年，象山县共查处城市管理违法案件 1633 起，罚没金额 430.9 万元，同比增长 73.5%；商户“微网格”自治模式探索形成，值周长轮流制度获群众好评；创成浙江省高标准生活垃圾分类示范小区 7 个。

【殷夫公园渔歌广场、县府广场入选市第二批“席地而坐”城市客厅示范区域】 县综合执法局以公共区域无死角、地面路面无积尘、城市家具无污渍、水体清澈无垃圾，道路保洁见本色、绿化绿地见景致为工作目标，协同县住建局等多家单位，落实各公园管理单位、养护单位、环卫指导中心等力量，积极开展创建工作。

【春节环卫保障】 春节期间，留象的近千名环卫工人全员上岗，清扫、收集、运输道路上的生活垃圾和烟花爆竹屑等约 1071 吨。

【第一批“城市驿站”投入使用】 4 月 16 日，县综合执法局以报刊亭升级改造和宁波志愿服务 We 站建设为契机，通过完善硬件设施、入驻志愿服务组织等方式，在城区主干道、公园、商圈等人流密集区域设置“城市驿站”，为广大市民提供休息、咨询、急救药品等微服务。同时，实施“定点值守、就近处置”新型勤务模式，探索打造十分钟执法处置圈。

【《浙江省生活垃圾管理条例》贯彻】 5 月 1 日，《浙江省生活垃圾管理条例》正式实施，这意味垃圾分类在浙江有了省级层面的地方性法规。县综合执法局积极建立垃圾分类执法与管理的联合督查机制，保证垃圾分类各个环节全覆盖检查、全过程处置、常态化执法，通过边宣传边指导，边执法边普法，促使垃圾分类意识深入人心。

【燃气安全专项整治启动】 为切实提高全市执法人员城镇燃气执法检查和案件办理业务水平，进一步加强城镇燃气安全管理，促进城镇燃气事业安全健康有序发展。6 月 28 日下午，县综合执法局 60 余名执法干部参加全市燃气执法实务千人专题培训，燃气安全专项整治同步启动。

【防御“烟花”台风】 对存在安全隐患的无主乱吊挂、乱堆物进行清理，对一些店面招牌、灯箱、广告牌进行加固，共出动执法人员 689 人次，加固 55 处存在安全隐患户外广告，拆除破损灯箱、移动网架 216 处，清理违规设置横幅旗幔 359 条，清理各类杂物堆放 260 余处，修复灾后户外广告设施 40 处。中心城区 1000 余名一线环卫工人全员上岗，科学调度、全线恢复正常保洁作业，保洁时间自 6 点至 22 点，并同步配置机械清扫车 9 辆、冲洗车 5 辆，全面上路清扫。中心城区日均收运、清理各类生活垃圾 300 余吨，其中散落的残枝落叶 8 吨。

【中心城区户外广告一期整治完成】 截至 8 月 31 日，共计拆除楼宇标识店招 615 处，大型支架广告 23 处，道旗

2021 年 7 月，“烟花”台风期间，城管工作人员处理伏树（县综合执法局　供图）

686个,在拆除存量的同时,对新建户外广告进行严格审批备案,做好控新工作。

【县静脉产业园沼气发电项目首批垃圾进厂】 11月25日,县静脉产业园沼气发电项目首批垃圾顺利进厂,标志着该项目正式进入调试阶段,为后续的餐饮厨余垃圾处置、产沼发电等节点奠定坚实的基础。

(县综合执法局)

地名管理

【概况】 2021年,象山县围绕地名规范优化工作,推进地名文化建设,主要做好完善新建住宅小区地名命名"一事联办"机制、行政区域界线界桩联合检查、地名规范优化和路门牌核查更新等工作。

【完善新建住宅小区地名命名"一事联办"机制】 为深入推进"最多跑一次"改革,方便全县建筑单位办事,进一步完善新建住宅小区命名"一事联办"工作机制,在新建住宅小区申请办理"住宅小区(楼)、建筑物命名"时,同步为建设单位办理楼(幢)门牌编制,并联系专门的公司进行制作和上门安装门牌,及时录入地名系统。基于新建住宅小区还未取得产权证这一实际情况,精简申报材料,仅需一次性提交申请表、建设工程规划许可证、项目总平面图3份材料即可,将审批时限缩减为2个工作日,精简材料50%,时限压缩83%,做到让"最多跑一次"真正落地生根。2021年,已累计办理地名命名服务15件次。

【行政区域界线界桩联合检查】 出台《象山县2021年创建平安边界活动的实施方案》(象民发〔2021〕23号),联合宁海县民政局完成5个界桩的勘查,经检查,界桩完好无移位,界桩面文字清晰可辨,界桩方位物和周围标志物、地貌与界桩登记表上所记载的相一致。同时对5个界桩周边道路进行清理,护栏安全情况进行检查。在边界显要位置张贴宣传标语5幅,在边界附近村发放平安边界宣传资料1000余份,充分利用村务公开栏大力宣传创建平安边界活动。

【地名规范优化】 根据"最多跑一次改革"要求,对小区、道路、门牌名等纳入窗口一次性受理,按照规范程序,及时审批,输入宁波地名网,提高工作效率。2021年,将新批复的15个小区名、4条道路名、新安装的500余条标准路门牌录入宁波地名网。开展不规范地名和一路多名排查,完成西周镇中央公馆等4个不规范地名整治工作。完成2018年以来约1300个门牌数据点图录入。

【路门牌核查更新】 联合智慧城管完成全县1130只(其中灯箱式路名牌335只,单杆路名牌795只)路名牌点位和完整情况核查。为迎接亚运,提升城市品质,联合县住建局做好第一批306个中心城区路名牌的更新工作。对靖南大街、丹峰路等老旧、破损路门牌进行全面排查,共排查出612个,进行全部更新,进一步美化街区,提升城市品质形象。

(俞明)

气象服务

【概况】 2021年,县气象局按照上级气象部门和县委、县政府工作部署,深入学习贯彻中共十九届六中全会精神、习近平总书记关于气象工作重要指示精神,以习近平新时代中国特色社会主义思想为指引,增强政治"三力",锻造硬核力量,统筹推进各项工作,为象山"聚力一二五、奋力上台阶"总体目标和加快建设社会主义现代化滨海城市贡献气象力量。

【公众气象服务】 2021年,县气象局在寒潮、强对流、大雾、台风等灾害性天气服务中做到主动预警、及时预报、服务效果显著。其间共发布预警信号215次,发送微信528条、微博1500余条、气象服务短信369条次。

【专题气象服务】 一是森林防火气象服务。2021年入春以后,受前期旱情影响,象山县森林防火形势严峻,县气象局积极与县应急管理局、县自然资源与规划局联动,积极开展森林防灭火专题气象服务工作,针对天气形势变化,每周制作发布《森林防灭火天气专报》,发布未来七天天气及森林火险气象等级,为加强森林火灾隐患排查,野外火源管控提供技术支撑,累计发布天气专报5期。二是海洋专题气象服务。2021年4月,县气象局结合"我为群众办实事"实践活动开展海洋专题气象服务,发布渔场精细化气象预报,为象山县渔民海上捕捞作业提供精细气象保障服务,特别制作发布海洋专题天气预报19期,海洋伏季休渔活动气象服务专报6期。三是春耕春播、秋收冬种等农业气象服务。每周发布一次气象服务专报,共发布春耕春播气象服务专报8期,秋收冬种专题气象服务13期。

【灾害性天气气象服务】 2021年,象山县出现了干旱、强对流、大雾、台风、强降水、大风和寒潮等灾害性天气,在服务中坚持做到主动预警,及时预报,服务效果显著。

1月6—9日,象山县出现强降温、大风和低温雨雪冰冻天气,县气象局共发布重要天气报告2期,内参1期,预警信号5次,公众气象服务短信3条1.5万人次。

7月20—28日,"烟花"台风影响期间,县气象局共发布重要天气报告41期,气象信息内参2期,台风消息7次,海上台风警报3次,台风警报5次,台风紧急警报22次,避风港锚地风力专报7期,短信53次计15万余条;与联通公司合作,发布微信朋友圈广告,提醒公众注意及时关注最新台风预报预警信息,并宣传台风预警知识及防御知识,信息覆盖全县12万余人。

8月10—17日,象山县出现罕见持续性大范围强雷电、局地雷雨大风和短时暴雨天气,县气象局共发布更新雷电黄色预警信号7次，暴雨黄色预警信号3次，暴雨橙色预警信号5次，暴雨红色预警信号2次，制作、发布决策材料4期，发送40条达11.2万人次，联合发布地质灾害气象风险提醒短信3次。

9月11—16日，“灿都”台风影响期间，县气象局共发布更新雷电黄色预警信号2次，暴雨黄色预警信号1次，暴雨橙色预警信号1次，暴雨红色预警信号1次，台风黄色预警信号4次，台风橙色预警信号1次，台风红色预警信号1次，制作发布气象信息内参24期，重要天气报告4期，台风动态信息26期，避风港锚地风力专报4期，发送决策短信39条13万人次。

11月6—9日，受寒潮影响，象山县出现强降温、大风和暴雨过程，县气象局共发布更新寒潮黄色预警信号2次，暴雨橙色预警信号1次，大风橙色预警信号3次，大风黄色预警信号1次，制作发布气象信息内参1期，发送决策短信17条6万人次。

11月21—22日，受寒潮影响，象山县出现强降温、大风和降雨过程，县气象局共发布更新寒潮黄色预警信号2次，大风黄色预警信号2次，大风橙色预警信号2次，霜冻蓝色预警信号1次，霜冻黄色预警信号1次，制作发布气象信息内参3期，发送短信13条达4万人次。

12月23—27日，受寒潮影响，象山县出现强降温、大风和弱降水过程，县气象局共发布更新寒潮蓝色预警信号2次，大风黄色预警信号3次，气象信息内参2期，短信9条达3万人次。

2020年9月下旬至2021年4月，象山县出现秋冬春持续性气象干旱。为有效缓解气象干旱，县人影办成功实施人工增雨火箭作业11轮次，共发射增雨火箭弹48枚。

【重大活动气象服务保障】 主要有两项：一是中国（象山）开渔节气象服务保障。9月14—16日，中国农民丰收节系列活动之一——第23届中国（象山）开渔节在象山举行。针对开渔节期间活动分散的特点，县气象局量身定做气象保障服务方案。7月14日起开始开渔节系列活动专题气象服务，每天发布未来七天天气概述及具体天气预报信息、近三天沿海海面风力、温馨提示等内容。从9月6日始，每日通过微信向县委宣传部大活动办负责人发送《开渔节专题气象服务》内参，滚动预报开渔节期间天气、气温及内陆和沿海海面风向风力，并针对不同时段、不同地点的活动进行精细化预报及相关温馨提醒。开渔节活动期间，县气象局共发布开渔节子活动气象服务专报37期，开渔节专题气象服务8期，内参1期，短信2条次。二是全运会帆船比赛气象服务保障。第十四届全国运动会帆船比赛（宁波赛区）于2021年9月11日至25日在浙江海洋运动中心（亚帆中心）举行。作为赛事保障成员单位，县气象局高度重视，精心谋划，全力保障本次赛事顺利运行。建设完成浙江海洋运动中心（亚帆中心）、灯塔、大漠山卵子屿3套区域自动气象站，2套船舶气象站。编制《第十四届全运会帆船比赛（宁波赛区）气象服务实施方案》，落实组织机构与职责，明确服务产品和应急保障。开展赛区自动气象站风力实况、预报对比观测，探索建立风力精细化气象要素预报方法。“前店后厂”模式全力保障赛事运行。9月8日起分现场服务组、预报服务组专人专岗全方位开展赛事气象服务产品制作发布。累计发布赛区自动站近24小时实况136期，赛区未来24小时逐时预报32期，赛区未来48小时逐3小时预报33期，赛区五天天气预报17期，灾害性天气预警信号16期，重要气象服务专报8期。

【气象服务能力提升】 一是气象监测网络逐步完善。保障专项气象服务需求，新建辐射站、海岛区域自动气象站、船舶自动站和特色农气站7套；弥补区域监测盲区，新建温雨自动气象站32套、全天空要素气象站6套。二是气象灾害风险普查全面开启。开展台风、暴雨等9种气象灾害风险普查，建立健全气象灾害风险评估指标体系。三是气象专项规划科学编制。《象山县气象事业发展“十四五”规划》通过专家论证并正式发布，与县资规局联合发布《象山县国家气象站气象探测环境保护专项规划（2021—2035）》。四是特色服务为“红美人”柑橘品质加持。开展气象服务需求调研，编制“红美人”气象服务手册。明确小湾塘村“红美人”种植基地为服务示范基地，与定塘镇政府签订合作备忘录，针对全县560余名柑橘产业联盟会员开展“红美人”柑橘专题气象服务10余次，象山“红美人”柑橘获气候品质“优”等级。五是品牌创建为生态旅游发展添色。助推晓塘乡西边塘村入选全省首批“浙江省气候康养乡村”名单；联合农业农村局发布生态服务产品《跟着24节气游美丽乡村》，促进乡村生态旅游经济发展及文旅健康产业发展。六是数字化融入渔船精密智控能力建设。将海上自动站气象站信息、渔场及航线预报等内容接入数字渔港项目场景应用，有力提高海上渔船气象保障服务水平。七是气象工作纳入网格管理。与县矛调中心联合发文实现气象防灾减灾纳入网格工作，编制完成网格员气象工作手册。气象团队进入网格服务。组建“网格气象服务团队”和“气象网格员团队”，通过网格员例会、气象科普讲座，实现气象专业资源下沉到网格。气象信息融入网格传播。建立手机短信+智慧信息员系统等渠道，形成“一键直达、随时处置、及时反馈”预警信息传播机制。在台风等强天气过程中气象预警信息直达助力实现零伤亡，全县网格员通过灾害上报系统报送灾情相关信息600多条次。

（徐彬）

大目湾新城

【概况】 2021年，大目湾顺利完成“房产城、房产城—产业城、产业城”三个阶段的转型升级。借着“海洋时代”“亚运时代”“高铁时代”的东风，大目湾—松兰山围绕“运动康养、科创文创、旅游会展”三大产业，不断向海洋新兴产业延伸和拓展，着力打造青年人的双创(创新、创业)社区。紧扣“兴产业、提品质、促改革、强管理、保稳定”五大抓手,聚焦产业发展,全力推进大目湾青创社区建设和松兰山国家级旅游度假区创建。全年被列入县重点项目11个,年度计划投资14亿元,至12月底共完成投资14.12亿元,其中政府计划投资6.9亿元,完成9.12亿元,完成年度指标132%;社会计划投资7.64亿元,完成5亿元,完成年度指标65.4%。累计完成内资考核9.41亿元;浙商回归4.29亿元。松兰山游客服务中心等12个项目开工动建,乐惠精酿等7个项目开业运营。2021年,重点工作取得阶段性成果,宁象城铁启动前期进场施工,浙江海洋运动中心挂牌,第十四届全运会帆船帆板比赛圆满举行,象山影视学院在校生突破3700人。

【项目建设】 城市综合广场、机械研究院总院南方中心(一期)工程、乐惠啤酒广场、塔山教育培训中心等大型工程完成5个,清心河众乐河景观、老虎洞石场整治、大目湾新城电力设施等小型工程完成10个。部分重点工程进度如下,大目湾新城学校1号、3号、5号楼完成主体结构开始装修工程,2号、4号楼开始二次结构施工,地下室顶板完成;松兰山游客中心及周边环境提升工程房建工程已进入装修收尾阶段;松兰山滨海旅游度假区核心区改造提升一期桩基工程完成15%;象山影视学院工程三期项目完成前期工作,准备工程招投标;机械研究院总院南方中心(二期)工程科创中心1幢、综试楼、研究所3幢已完成主体结构、二次结构;喜来登度假酒店外墙涂料工程完成85%,精装修完成90%。

【招商项目运营】 围绕全县招商引资总体工作部署,立足大目湾产业布局,以“科创”“文创”“数创”三创产业为引领,“康复”“游艇”“运动”康养产业为合翼,“休闲”“旅游”“会展”度假产业为充盈,积极拓展招商渠道,有的放矢开展定向招商,招商工作取得实质性突破。2021年,客商接洽势头良好,累计接待客商100余批次,共签约落户20家。大目湾新城智慧运动健康医疗等项目陆续签约落地。浙江清华长三角研究院宁波分院清华科创园(象山)投入运营,将引入高端人才,助力象山产业转型升级;机械研究院总院南方中心(一期)、河姆渡工业互联网公司、京东城市(宁波)数字产业创新基地、MIX教育培训、乐惠啤酒广场等项目逐步投入运营,其中河姆渡工业互联网公司、京东科技年度产值合计已超2.5亿元。

【海洋运动策划】 根据当前产业发展趋势,借助亚运东风,以亚运会帆船帆板比赛项目在象举办为契机,发挥大目湾亲水湾、松兰山度假区、亚帆项目资源优势,高起点谋划发展游艇、帆船、海钓等海洋运动休闲产业发展。建管中心以帆船运动、休闲海钓等游艇消费为海洋运动休闲产业发展切入口,横向开拓以游艇为核心的水上运动产业。2021年,引进天津天海风帆船俱乐部和广州卡伦体育陆上运动俱乐部,开展水上运动培训等体育运动项目。浙江青少年帆船帆板训练基地成功挂牌。全市第二家游艇驾驶员培训基地在大目湾落成,项目于2020年10月签约,是县内首个游艇驾驶培训基地。项目落地后,游艇培训对象主要为驾驶游艇爱好者和在水上景区、水上运动中心等工作就业人群。截至9月17日,大目湾游艇培训基地第二期结束。2021年,累计培训学员60余名。

【创建工作】 编制完成松兰山旅游度假区总体规划,形成“两带五区”的旅游开发思路,确立松兰山发展滨海休闲度假旅游的主题和方向,通过省政府审批。同时,在旅游总规的指导下,对标国家级旅游度假区创建标准,重点对交通组织、游客中心、游憩系统、标识标牌、旅游业态、景观风貌、智慧旅游等项目进行规划与设计,为度假区建设打下基础。与中国旅游出版社合作,推进松兰山入编《中国旅游景区纵览》。游客服务中心、核心区、喜来登大酒店、黄金海岸大酒店改造、通景公路(巨鹰路延伸段)等项目均按计划稳步推进中。

【重大改革】 投融资改革继续深化,尽力置换高成本历史融资,逐步降低大目湾整体融资综合成本,融资年综合成本从6.75%降至6%。进一步深化国有企业改革,坚持和完善基本经济制度,根据县财政局、国资中心的工作部署,先后完成《企业市场化转型方案》

2021年12月31日,位于攸品生活广场的大目湾中心菜场正式营业(林敏　摄)

和《关于象山县大目湾新城投资开发有限公司等4家企业加快市场化实体化转型的实施方案》。一是主动融入数字产业，与河姆渡公司合作成立城市数字公司，引进人才进行数字产业运作。二是与宁波新洋海事技术有限公司、宁波工程学院成立水上运动管理公司，开展驾照资质、上牌资质、安全管理资质等业务，从人、船、安全等方面，为今后发展海洋运动做好运营保障。三是和宁波杉杉集团合作运营松兰山景区，丰富景区业态和布局。四是与宁波攸品邻里、宁波捷达物业等合作成立大目湾物业公司，引进专业运营团队，探索区域大物业管理模式，整体提升新城品质。

【城市品质提升】 全面提升新城"洁化、绿化、亮化、序化"管理水平，实施环境综合整治和精品线路提升改造。开展道路设施和水利设施安全大排查，消除道路、绿地、广场、水系等安全隐患。开展春季绿化养护和汛前检查、检测、检修"三检"工作，落实园林补植修剪和设备更新保养，横大河获评省级"最美河道"。开展社区基层管理，继续全面落实社区党支部活动、文娱活动以及垃圾分类和疫苗接种，并组织开展垃圾分类现场推进会和退役军人主题实践会。继续加快推进新城学校，城市综合广场建设，完善公交集散中心、大目湾中心菜场等生活配套，其中大目湾菜场作为"我为群众办实事"的重点民生项目，"中心菜场"突破"菜市场只管卖菜"的传统思维，打造成环境好、品类全、智能化的"网红菜场"，率先实现开市。同时，通过扬帆海湾线路打造，加快推进四个重要点位建设，着力增加沿线文化创新和未来社区等相关概念建设，整合区域内道路绿化景观、夜间灯光等工程，提升区域景观品质。

【区域生活安全稳定】 一是开展安全生产大排查，共排查隐患约120处，落实整改约110处。与落户项目和在建项目签署《生产经营单位安全生产主体责任承诺书》12份，落实高层消防布置，督促前期加快进度。二是妥善解决矛盾调处及信访投诉，及时发现苗头性隐患，做到早发现早处理，同时，针对存在的重点矛盾，坚持区分情况，综合施策，成立矛盾化解小组，时刻关注重点维稳人员动态，加强与职能部门协同对接，确保区域安全和谐稳定。重点完成处置中传项目停工问题和石榴集团、世贸集团工程欠薪问题，尤其中传破产重整问题顶住压力取得较大进展，第一次债权人大会顺利通过破产方案。全年累计受理县民生回应平台66件，省平台197件，落实双联警情处置109件，受理调处欠薪、社区邻里等纠纷98起。5月底，大目湾派出所揭牌成立，管辖周边6个村庄、2个社区、1个景区，面积超60平方千米，人口达3.3万人。

（林敏）

建 筑 业

综 述

2021年,象山县建筑业完成总产值712.48亿元,同比增长3.61%,占比全市总量21.6%,继续稳居全市第一、全省前列;完成省内产值455.60亿元,同比增长16.64%,位列全市第二;实现地方入库税收8.38亿元,对全县财政贡献率为9.24%。是年,象山县建筑企业及个人荣获各种市级以上荣誉22项,其中龙元建设7项、宏润建设3项、华锦建设9项、良和建设3项。

建筑业管理

【行业发展政策出台】 推动出台《关于推动建筑业招商和回归行动的实施意见》《象山县建筑业发展"十四五"规划》《关于促进象山县建筑业高质量发展的实施意见》等行业发展政策,促进县外优秀建筑企业回归象山,引导象山县建筑企业做强做优、做精做专,增强行业发展后劲,推动建筑业高质量发展。

【建筑业招商回归行动实施】 对接县财政局,对2020年度符合税收增量奖励的15家建筑企业进行奖励,金额约2900万元。开展走访调研、宣传摸底、精准招商等工作,2021年完成新招引企业12家,新增建筑业产值约30亿元。

【建筑市场信用体系建设】 建立建筑企业"白名单"制度,评选并积极推送"2021年度象山县建筑业'白名单'企业",推动房产企业与象山县优秀建筑业施工企业开展战略合作。完成7家企业资质新批,19家企业39项资质平移,系统人员审核约6000人次、入库约600人。对8家企业获得的20项优质工程奖开展推送、奖励工作,推进企业信用等级与工程招投标、市场动态监管等挂钩。调查摸底企业社保情况,引导企业进一步规范社保工作,做到应保尽保。

【行业人才队伍建设】 以高层次"创二代"、企业管理层、企业"工匠"等人才培养提升工作为抓手,推动高素质产业队伍培养。启动"建筑行业青年企业家"提升行动,推动"象山建筑业协会青年企业家分会"会员人选筹备。组织头部建筑企业中高层参加宁波大学金融总裁班,依托宁波电大象山学院、宁波建设工程学校开展联合办班,推进产教融合,推动培养复合型实战人才。召开数字化应用、"民法典"、信息报道等业务培训会,促进提升从业技能。通过"请下来、送上门"等方式,在上海、宁波、象山等地开展建筑行业持证人员考试培训约2200人次。组织企业参加行业招聘会,加大人才引育力度。

【行业党建】 落实"一人一档案"工作要求,完善"党员管理信息系统"平台,推进党员管理规范化、数字化;认真落实组织生活制度,依托"象建红领"党建联盟平台,积极组织开展党员志愿服务、祭扫烈士墓、参观红色基地、十九届六中全会宣讲、党务工作培训等活动,推进组织标准化、规范化建设;创新工作方式,以片区考察组方式开展党员考察工作,严把党员质量,以区域联建的方式推进党组织建设,提升党组织覆盖面。进一步深化"支部建在项目部、党旗飘在工地上"活动和"象建红领"党建联盟各项工作,持续推进"一点一特色、一企一品牌""双强六好""红色工地"等党建品牌创建活动,"支部建在项目部、党旗飘在工地上"品牌荣获"象山县两新组织党建示范品牌",宏润集团2个项目获评省级优秀"红色工地"。组织开展"两优一先"评选上报工作,对18家党建工作先进单位进行通报表扬,营造比学赶超氛围。

优质工程与科技创新

【优质工程】 2021年,象山县建筑企业共获各级优质工程奖46项,其中国家级优质工程8项,良和建设参建工程首获鲁班奖,华锦建设承建工程首获大禹奖,该奖是象山县建筑企业首次获得;获省级优质工程10项,其中陕西长安杯优质工程奖、河南省中州杯优质工程奖是象山县建筑企业首次获得;获市级优质工程26项,其中株洲市神农奖、常德市芷兰杯、郑州市商鼎杯、泉州市刺桐杯是象山县建筑企业首次获得。

2021年度象山县建筑业优质工程基本情况表

表14

获奖名称	工 程 名 称	承 建 单 位	项目经理
中国建设工程鲁班奖	台州湾大桥及接线工程TS17标	浙江良和交通建设有限公司(参建单位)	任志敏
国家优质工程奖	黄浦江上游水源地工程	宏润建设集团股份有限公司	胡 彪
	盐城市新水源地及引水工程	宏润建设集团股份有限公司	卢金考
中国土木工程詹天佑奖	杭州文一路地下通道(保俶北路—紫金港路)工程	宏润建设集团股份有限公司	吴永敏
	黄浦江上游水源地工程	宏润建设集团股份有限公司	胡 彪
	宁波市轨道交通3号线一期工程	宏润建设集团股份有限公司	杜云龙
中国水利工程优质(大禹)奖	温州市鹿城区瓯江绕城高速至卧旗山段海塘工程	华锦建设集团股份有限公司	毛仲蛟 赖錾敏 杨利华
中国钢结构金奖	福建晋江市国际会展中心ppp项目	龙元建设集团股份有限公司	吴建设
浙江省“钱江杯”	宁波大红鹰学院象山影视 学院工程一期II标段	龙元建设集团股份有限公司	杨 勇
	宁波东外环路快速化 改造工程三路一桥PPP项目	龙元建设集团股份有限公司	鲍海敏
	宁波市轨道交通3号线 一期地下土建工程 TJ3106标段施工	宏润建设集团股份有限公司	林定雄
上海市“白玉兰”	上海中华新城北地块5号	龙元建设集团股份有限公司	赖吉文
	上海中华新城北地块4号	龙元建设集团股份有限公司	赖吉文
	上海中华新城北地块3号	龙元建设集团股份有限公司	赖吉文
	石洞口污水处理厂污泥处理二期工程——污泥焚烧车间	象山宝盛建设有限公司	刘 晓
湖北省“楚天杯”	荆门星球世界城北商业裙楼	龙元建设集团股份有限公司	余秋成
河南省“中州杯”	周口现代城鸿泰园(大四期)A组团9号、10号、11号、12号、13号、15号及1号地下室	华锦建设集团股份有限公司	方 科
陕西省“长安杯”	西安鑫垚陶瓷研发中心	龙元建设集团股份有限公司	周礼听

续表14

获奖名称	工　程　名　称	承　建　单　位	项目经理
宁波市“甬江杯”	宁波大红鹰学院象山影视　学院工程一期Ⅱ标段	龙元建设集团股份有限公司	杨　勇
	宁波奥体中心项目市政　绿化工程	龙元建设集团股份有限公司	许旭敏
	宁波东外环路快速化改造工程三路一桥PPP项目	龙元建设集团股份有限公司	鲍海敏
	宁波市中医院扩建项目	中达建设集团股份有限公司	林仕全
	宁波大红鹰学院象山影视学院工程一期Ⅰ标段	中能建华东润业工程建设有限公司	史天明
	福明220千伏变电站工程	宁波景业建设有限公司(参建单位)	董斌全
宁波市“三江交通杯”	石浦高速公路新桥连接线(下七里至大圻头公路)工程	浙江良和交通建设有限公司	黄　刚
杭州市“西湖杯”	杭州地铁1号线工程　打铁关站Ⅱ标	宏润建设集团股份有限公司	邓文全
	杭州地铁5号线一期工程　SG5-11标段	宏润建设集团股份有限公司	李祥勇
	杭州地铁5号线一期工程　SG5-17标段	宏润建设集团股份有限公司	陈文祥
	杭州地铁5号线一期工程　SG5-19标段	宏润建设集团股份有限公司	吴永敏
	大毛坞-仁和大道　供水管道工程Ⅳ标	宏润建设集团股份有限公司	吴义明
	杭州地铁6号线一期工程　土建施工SG6-12标段	宏润建设集团股份有限公司	袁　琳
	沿江大道(观潮路-和睦港地下综合管廊(自来水供水管道维修改造)工程Ⅰ标	宏润建设集团股份有限公司	袁　翔
温州市“瓯江杯”	苍南县马站旅游　集散中心项目	华锦建设集团股份有限公司	王钧波
	温州市瓯江路(香源路—蒲州水闸段)堤防加固改造工程(一阶段)Ⅰ标段水利部分	华锦建设集团股份有限公司	毛仲蛟
株洲市“神农奖”	景业山湖湾一期1、2、8、9栋	宁波锦虹建设有限公司	高庆衡
常德市“芷兰杯”	湖南澧县城区路网建设工程一期PPP项目一标段澧州大道	龙元建设集团股份有限公司	俞林军
郑州市“商鼎杯”	天地东苑项目C1	龙元建设集团股份有限公司	冯　健
	天地东苑项目C3	龙元建设集团股份有限公司	冯　健
	天地东苑项目C8	龙元建设集团股份有限公司	冯　健
	碧桂园万山湖壹号A区　一标段182号183号	华锦建设集团股份有限公司	许国民
	碧海花苑北苑16号、17号楼	华锦建设集团股份有限公司	李传祥

续表14

获奖名称	工程名称	承建单位	项目经理
泉州市“刺桐杯”	福建南安中骏四季丽景	龙元建设集团股份有限公司	傅煌春
苏州市“姑苏杯”	日立产机（苏州）压缩机有限公司新建年产7000台（套）空气压缩机及配套设备项目一期工程	龙元建设集团股份有限公司	严金华
	苏州盛泽欧景花园项目三期	龙元建设集团股份有限公司	潘仁良
象山县“金象奖”	宁波大红鹰学院象山　影视学院工程（二期）	中能建华东润业工程　建设有限公司	仇海平
	中国·浙江海洋运动中心（亚帆中心）工程	宏润建设集团股份有限公司	林备战

【科技创新】 2021年，象山县建筑企业共获专利41项，其中发明专利5项，实用新型专利36项；获省级工法6项、省部级4项；主编、参编行业标准5项；获科学技术奖3项，其中部级1项，省级2项。

2021年度象山县建筑业企业科技创新基本情况表

表15

序号	奖项	名称	企业名称	级别/类别/编别	备注（参编）
1	专利	装配式现浇板带模板的加固装置	龙元建设集团股份有限公司	实用新型	—
2		回填土用夯锤	龙元建设集团股份有限公司	实用新型	—
3		用于大跨度后张预应力梁的真空辅助灌浆装置	龙元建设集团股份有限公司	实用新型	—
4		用于大跨度后张预应力梁加腋结构的模板支撑架	龙元建设集团股份有限公司	实用新型	—
5		大跨度后张预应力梁节点双面及两侧加腋结构	龙元建设集团股份有限公司	实用新型	—
6		工具式组合钢制洗车台	龙元建设集团股份有限公司	实用新型	—
7		防松螺母	龙元建设集团股份有限公司	实用新型	—
8		一种外墙保温锚固件	宁波华康陆鼎建设有限公司	实用新型	自主申报
9		一种水闸除险加固围堰	宁波华康陆鼎建设有限公司	实用新型	自主申报
10		一种钢筋笼石笋桩用钢筋笼	宁波华康陆鼎建设有限公司	实用新型	自主申报
11		一种预定位钢筋笼	宁波华康陆鼎建设有限公司	实用新型	自主申报
12		一种房屋建筑基坑支护	宁波华康陆鼎建设有限公司	实用新型	自主申报
13		屋面防渗漏变形缝的结构及其施工方法	中和华丰建设集团有限公司	发明	—
14		一种深井点降水的施工方法	中和华丰建设集团有限公司	发明	—
15		一种钢筋混凝土楼梯施工方法	中和华丰建设集团有限公司	发明	—
16		一种桩基及其施工方法	中和华丰建设集团有限公司	发明	—
17		一种宿舍楼道通风排烟系统	中和华丰建设集团有限公司	发明	—
18		一种可调式道路施工用安全警示装置	华锦建设集团有限公司	实用新型	—

续表15

序号	奖项	名　　称	企 业 名 称	级别/类别/编别	备注（参编）
19	专利	一种建筑用钢筋切割捆绑装置	华锦建设集团有限公司	实用新型	—
20		一种建筑用快速贴墙砖装置	华锦建设集团有限公司	实用新型	—
21		一种建筑工程隔声装置	华锦建设集团有限公司	实用新型	—
22		一种建筑工程用材料运输装置	华锦建设集团有限公司	实用新型	—
23		一种建筑工程用安全防护装置	华锦建设集团有限公司	实用新型	—
24		一种配电箱混凝土预制框架	华锦建设集团有限公司	实用新型	—
25		一种防尘挖掘机	华锦建设集团有限公司	实用新型	—
26		一种道路桥梁养护结构	华锦建设集团有限公司	实用新型	—
27		一种桥梁养护用混凝土混合装置	华锦建设集团有限公司	实用新型	—
28		一种铺浆器	宏润建设集团股份有限公司	实用新型	—
29		用于盾构机管片拼装的供电控制系统	宏润建设集团股份有限公司	实用新型	—
30		间接冻结装置及冻结系统	宏润建设集团股份有限公司	实用新型	—
31		钢套箱清障装置	宏润建设集团股份有限公司	实用新型	—
32		装配式剪刀撑及具有其的平台支撑结构	宏润建设集团股份有限公司	实用新型	—
33		磨墙机构	宏润建设集团股份有限公司	实用新型	—
34		磨墙装备	宏润建设集团股份有限公司	实用新型	—
35		盾构机保压控制器及控制装置	宏润建设集团股份有限公司	实用新型	—
36		一种超挖刀及具有其的成槽机	宏润建设集团股份有限公司	实用新型	—
37		预制双壁管道装置	宏润建设集团股份有限公司	实用新型	—
38		一种管片拆除吊具	宏润建设集团股份有限公司	实用新型	—
39		一种钢桥面铺装结构	宏润建设集团股份有限公司	实用新型	—
40		一种钢管外包混凝土抗上浮装置	宏润建设集团股份有限公司	实用新型	—
41		一种管道安装辅助工具	宏润建设集团股份有限公司	实用新型	—
42	工法	十字桩直立挡墙施工工法	龙元建设集团股份有限公司	省级	—
43		硬质岩层全套管式潜孔锤灌注桩施工工法	华锦建设集团有限公司	省级	公示中
44		T型螺纹杆定位PVC管控制管道洞口预留位置准确度施工工法	华锦建设集团有限公司	省级	—
45		钢结构工程高精准螺栓连接板钢梁一体化施工工法	中和华丰建设集团有限公司	省级工法	—
46		建筑地楼层临时用水汇集型循环利用系统施工工法	中和华丰建设集团有限公司	省级工法	—
47		装配式混凝土结构钢筋半灌浆连接施工工法	中和华丰建设集团有限公司	省级工法	—
48		钢结构塔柱竖向转体施工工法	宏润建设集团股份有限公司	省部级	—

续表15

序号	奖项	名　　称	企业名称	级别/类别/编别	备注（参编）
49	工法	双曲线4m超大直径混凝土顶管轴线控制施工工法	宏润建设集团股份有限公司	省部级	—
50		受限空间内大口径钢管外围混凝土施工上浮量控制工法	宏润建设集团股份有限公司	省部级	—
51		盾构空间内大口径钢管快速精准对接施工工法	宏润建设集团股份有限公司	省部级	—
52	行业标准	智慧工地评价标准	中和华丰建设集团有限公司	浙江省工程建设标准	参编（年内发布并实施）
53		建筑工程安全管理标准	华锦建设集团有限公司	团体标准	—
54		基坑工程地下连续墙技术规程	宏润建设集团股份有限公司	地方标准	主编
55		地铁盾构法隧道施工技术标准	宏润建设集团股份有限公司	地方标准	参编
56		桥梁顶升施工技术标准	宏润建设集团股份有限公司	地方标准	参编
57	科学技术奖	长距离复合地层顶管工程关键技术应用与研究	宏润建设集团股份有限公司	福建水利科学技术奖	二等奖
58		富水敏感环境下盾构隧道灾害防控关键技术与应用	宏润建设集团股份有限公司	浙江省科学技术奖	三等奖
59		特殊复合地层土压平衡盾构高效掘进控制技术	宏润建设集团股份有限公司	铁道科技奖	三等奖

龙元建设集团股份有限公司

【中标重大工程项目】 1. 中标上海市闵行区马桥镇90号（15A-08）地块项目。该项目位于上海市闵行区，总建筑面积12.3万平方米，中标合同额为4.9亿元。占地面积5.6万平方米，包括地下2层、地上3层联排别墅及4层洋房。2. 中标广州江银江南富湾项目。该项目位于广东省江门市，总建筑面积30.45万平方米，中标合同额5.29亿元。3. 中标北欧（中国）鲑鱼RAS陆基养殖项目（一期）厂房工程。该项目位于象山县，总建筑面积4.09万平方米，中标合同额为2.01亿元。4. 联合利伟建设集团有限公司、青岛腾远设计事务所有限公司中标日照经济技术开发区运动员培训训练基地EPC项目。该项目位于山东省日照市，总规划面积19.31万平方米，合同额12.27亿元。5. 中标保利地产连云港市海州区时光印象苑项目。该项目位于江苏省连云港市，总建筑面积14.64万平方米，中标合同额为2.46亿元，包含高层住宅及商业、幼儿园等配套设施。6. 中标建德市更楼街道南方产业园搬迁安置房项目。该项目位于杭州市建德市，总用地面积约4.7万平方米，总建筑面积约16万平方米，中标价4.47亿元。7. 中标广西壮族自治区防城港市首个钢结构装配式住宅项目——津西·美墅馆项目5号楼总承包工程。该项目地处广西防城港市城南新区，建筑高度57.7米，层高2.9米。8. 子公司信安幕墙继4月中标南京恒瑞医院1.27亿元项目后，5月再次中标西安自然界A3地块项目，总价逾1.2亿元。该项目位于陕西省西安市灞柳区，是由上海实业和上海城开开发投资建设的高端住宅小区。9. 中标长垣职专新校区一期建设项目（两馆两中心及南北校区综合教学楼）总承包（装配式EPC）。该项目总建筑面积为263399.53平方米，中标金额10.004亿元，装配率不低于50%，涵盖两馆两中心地块红线范围内所有项目及南北校区综合教学楼的设计、采购、施工，两馆两中心建设工期为616日历天。

【龙元盛宏和龙元天册获评国家高新技术企业】 2020年12月29日，全国高新技术企业认定管理工作领导小组办公室发文对宁波市2020年第一批高新技术企业备案复函，宁波龙元盛宏生态建设工程有限公司榜上有名，获评为“国家高新技术企业”。2021年1月18日，全国高新技术企业认定管理工作领导小组办公室对上海市2020年第一批高新技术企业备案复函，上海市龙元天册企业管理有限公司榜上有名，获评为“国家高新技术企业”。

【联合中标首个EPC+O项目】 2月3日，龙元集团联合2家公司中标新洋港生态渔港小镇一期项目工程总承包EPC+O项目。该项目是龙元集团首个EPC+O项目，项目位于江苏省盐城市亭湖区黄尖镇新洋港境内，随着2019年7月盐城市黄海湿地申遗成功，项目所在的黄海湿地是世界重要的珍稀鸟类全球种群越冬栖息地，是江苏省首项世界自然遗产，也是中国唯一的滨海型湿地自然遗产。此次中标的一期工程采用EPC+O工程总承包模式进行设计建设运营，主要建设内容包括：鹤汀云栖民宿、黄海码头立面改造及灯光亮化、研学营地等四个区块。该项目建安工程费约3.4亿元，是盐城市的重点文旅项目之一。

【中标新城控股天长装配式建筑项目】 2月7日，龙元建设中标新城控股天长吾悦广场三号地块37#楼总承包工程，龙元明筑高性能·全装配·钢结构建筑产品体系——S-SYSTEM将在项目中实现全体系集成实施，装配式结构、楼面、外围护、式内隔墙、内装、管线等6大系统研发成果同时呈现，装配率达到95%以上。该项目位于安徽省滁州市天长市，采用“EPC模式”、一站式服务，辅以完善的装配式建筑施工作业标准、全过程BIM(建筑信息模型)信息化管理体系，加强构件工厂与装配式设计和装配式施工现场之间的多方协同，各阶段信息及时共享、高效传递，助力装配式建筑数字化、智慧化升级，促进精细化管理，提质降本增效。10月，龙元集团承建的天长吾悦和府项目37号楼精装房样板间顺利通过验收。

【龙元明筑装配式建筑科技产业园开工】 3月27日上午，龙元明筑装配式建筑科技产业园开工建设。项目于2020年8月正式落户安徽宣城，由龙元明筑负责建设运营，涵盖钢结构、外围护、内装等核心部品部件的生产制造及研发，致力打造为建筑工业化智能制造和产学研一体化的新型专业产业园区。该项目系安徽省重点工程，以龙元自研的最新装配式技术为依托，大量引入智能产线，涵盖结构、围护、内装等核心部品、部件的设计与制造。产业园规划用地500亩，分两期实施，总投资15亿元。预计达产后，可服务长三角地区100万平方的钢结构装配式建筑建设，年产值超15亿元。

【潍州大厦1号楼启用】 3月29日，由龙元建设、投资、建设、运营的“潍州大厦PPP项目”子项目——潍州大厦1号楼正式启用，潍城区行政审批服务局以及政务服务办公室成为首批入驻机构，同时部分行政审批业务已在新大楼内面向大众服务。该项目运营管理由龙元集团旗下专业的运营公司——龙元明兴负责。潍州大厦PPP项目位于潍坊市潍城区彩虹路，紧邻潍城区政府，包含潍州大厦1号和2号楼两个子项目。潍州大厦1号楼作为政务服务中心使用，地上5层，地下1层(车库及设备、附属用房)，车位499个。

【S-SYSTEM通过住建部科技成果评估】 3月，龙元明筑“全装配多高层钢结构住宅(S-SYSTEM)”顺利通过住建部科技成果评估。该体系由龙元明筑、大地钢构、上海市建科院、同济大学建筑设计研究院、品宅装饰科技等共同研发，成为业内首个通过住建部科技成果评估的完整钢结构装配式住宅体系。2021年年底，S-SYSTEM体系应用已拓展至租赁住宅、学校、高层公建等细分领域，取得了相关专利近200项，主导及参编/参研行业标准、省部级课题20余项，并获国家第二批装配式建筑产业基地认定。

【首个PPP项目获“中国钢结构金奖”】 4月，中国建筑金属结构协会公布了第十四届第二批(2020年度)中国钢结构金奖工程项目名单，全国首个会展类PPP项目、龙元集团首个中标的PPP项目——晋江国际会展中心钢结构工程荣获第十四届第二批“中国钢结构金奖”。晋江国际会展中心由龙元集团总承包，集团旗下子公司大地钢构施工，是集团第一个PPP项目、福建第一批财政部PPP示范项目、中国第一个联合体中标的PPP项目、全国首个会展类PPP项目。

【与中建西北院战略合作签约】 5月6日，龙元建设集团与中国建筑西北研究院(以下简称“中建西北院”)战略合作签约仪式隆重举行。合作双方表示今后将开展更进一步的合作，实现共享共赢。未来，双方将重点围绕相关领域，对EPC工程总承包、建筑工业化、BIM应用及研发、区域综合开发、交通基础设施建设及其它重大技术课题研发、PPP项目投融建等各个领域展开全面的战略合作。双方将秉持优势互补、互利共赢的原则，发挥各自领域的专业优势，建立信息互通机制，瞄准行业顶尖水准和发展前沿，进一步提升整体运营效率、降低运营成本，实现双方的合作共赢。

【与黑龙江大学校企合作】 7月9日上午，龙元建设集团与黑龙江大学建筑工程学院签订校企合作协议，为双方在人才培养、专业共建等领域在今后的合作发展提供更为广阔的空间和更加坚实的平台。签约仪式上，同期举行了“‘龙元杯’黑龙江大学首届建筑信息模型(BIM)竞赛”颁奖仪式，这是龙元建设集团与黑龙江大学建立校企合作关系的开端。

【泉州城东至北峰快速通道主线通车】 7月9日，由龙元建设投资建设运营的泉州城东至北峰快速通道及两侧片区棚户区改造PPP项目最重要的控制性节点以及重难点工程——五台尾隧道实现双向试通车，标志着该通道主线双向六个车道实现通行。该PPP项目总投资39.73亿元，项目路线全长7.215千米，共包括2座主线隧道、1座闸道隧道、3座高架桥，3座互通式立交和6座匝道桥，是带有隧道工程的大型交通项目。

【捐赠百万助力河南长垣灾后重建】 7月30日，龙元建设集团向长垣市红十字会定向捐赠100万元，其中50万元用于紧急救助物资采购、群众安全保障及灾后重建工作，50万元专项用于灾后学校办学条件的改善。

【龙元明树中标投融资咨询、信息化平台建设项目】 10月，龙元建设子公司北京明树数据科技有限公司（明树数据）持续在投融资咨询和数字化平台开发建设上取得佳绩，连续中标甘肃省“十四五”交通基础设施投融资规划咨询服务和甘肃城市大数据运营有限公司信息化管理平台项目。明树数据中标甘肃城市大数据运营有限公司信息化管理平台项目（第二包），该项目由甘肃城市大数据运营有限公司集成采购，为甘肃省交通厅建立全省交通项目全生命周期投资管理信息系统。明树数据主要开展甘肃省“十四五”交通运输投融资规划研究，提出交通建设投融资创新模式和资金平衡方案。同时，明树团队还为四川省交通厅服务，承担四川省“十四五”期间交通基础建设资金供给创新对策研究工作。

【光伏新能源产业战略合作协议签订】 11月，龙元建设集团联合天合光能分别与安徽省淮南市谢家集区政府、陕西省渭南市华州区政府就整区光伏新能源投资开发签订战略合作协议。集团副总裁孟旭明表示，传统建筑与新基建的结合是公司发展的必要走势，光伏和建筑的交集、绿色建筑和零碳建筑是构建绿色低碳循环发展经济体系的方向。

【杭州城投建设中标未来社区全过程工程咨询服务项目】 12月，龙元建设子公司杭州城投建设中标第三批拆除重建类省级未来社区“丽水景宁浮丘社区全过程工程咨询服务项目”，这是2021年来杭州城投建设中标的第6个未来社区全过程咨询业务。该项目服务内容为未来社区“1+N+X”咨询服务，包含综合性咨询、前期专项咨询、工程建设专项咨询。丽水景宁浮丘社区于2021年5月25日列入浙江省第三批未来社区创建名单，项目类型为拆除重建类。项目规划单元79.5公顷，实施单元21.78公顷。浮丘社区建设内容涵盖普通住宅、人才公寓、邻里中心、幼儿园等，建设阶段总投资约58.59亿元。

宏润建设集团股份有限公司

【中标重大工程项目】 1. 2月2日，中标宁波市邱隘镇前殷区块二期配套道路工程II标施工项目，工程中标价1.2亿元。项目工程工期：720天，项目规模：包括宜兴路（海晏南路—规划四路）、后殷路（环城南路—宜兴路）和规划四路（潘火路—甬台温铁路）2. 2月3日，中标宁波鄞州大道—福庆路综合管廊施工项目第3标段，中标价3.5亿元。3. 5月7日，中标杭州机场轨道交通快线2号区间风井土建工程，中标价3.6亿元。4. 7月3日，中标上海市轨道交通市域线崇明线一期工程施工103标段，中标价4.2亿元。5. 7月29日，联合浙江蓝绿双城建筑设计中标杭州西誉置业杭政储出（2020）64号地块商品住宅项目设计采购施工（EPC）总承包项目中标价6.63亿元。6. 8月31日，联合北京城建设计、杭州市交通工程等单位中标杭州市潮王路—新风路连通一期工程，中标价11.3亿元。7. 11月17日，中标嘉兴市市区快速路环线工程施工1标项目，中标价5.5亿元。8. 12月14日，中标上海轨道交通21号线一期土建7标，中标价8.2亿元。9. 12月23日，中标宁波鄞州大道快速路工程施工3标段，中标价4.6亿元。

【杭州地铁9号线昌达路车辆段热滑试验完成】 3月15日，由宏润建设杭州公司承建的杭州地铁9号线一期工程昌达路车辆段Ⅰ标项目通过轨道、接触网分部工程验收，并顺利完成“热滑”验收，标志着昌达路车辆段已满足初期运营基本条件，为后续9号线北段开通奠定基础。本工程位于余杭区东湖街道，Ⅰ标段位于车辆段的北侧，项目造价16.7亿元，是昌达路车辆基地北区上盖板面及盖下单体建筑，采用“地铁+物业”上盖开发模式，总建筑面积约14.7万平方米。

【浙江海洋运动亚帆中心工程竣工验收通过】 经过近27个月的施工，宏润建设承建的中国·浙江海洋运动中心（亚帆中心）工程于3月30日通过交（竣）工验收。亚帆中心场馆建设分为陆域、海域两部分。主要施工内容有陆域的土建结构、装饰装修、市政道路等，海域的2座新建防波堤、浮式码头泊位、水上操作平台、下水坡道、标志性灯桩等，是宏润建设主导施工的第一个海上工程。

【苏州轨道交通6号线虎丘西路站——虎丘站区间右线盾构接收】 4月7日，由宏润建设承建的苏州公司承建的苏州地铁6号线Ⅳ-TS-03标虎丘西路站-虎丘站区间右线（25号川崎盾构）在虎丘站小里程端头井顺利接收，成为苏州轨交6号线3标首条贯通线路。右线总长1022.400米，设计总环数851环，盾构机开挖直径6.78米，隧道覆土厚度9.1～16.9米，最大坡度25‰。

【上海轨道交通市域机场联络线14标开工】 4月8日晚，由宏润建设施工总承包的上海轨道交通市域机场联络线JCXSG-14标祝桥工作井首幅地下连续墙顺利开工，标志着该工程正式进入施工阶段。该项目为国家发改委明确的市域铁路示范项目，也是上海市第一条自主投资、建设、运营的市域铁路项目，本标段全长1.705千米，由祝桥工作井、明挖隧道区间、路基、框架桥梁、排洪涵等工程组成。

【与宁波建设工程学校校企合作】 4月14日，宏润建设与宁波建设工程学校校企战略合作签约仪式在上海宏润大厦17楼会议室举行。校企双方将遵循“资源共享、优势互补、平等互利”的原则，以建立长期性、战略性的现代学徒制合作关系和促进学校、企业、学生三方共同发展为目的开展合作。

【嘉兴市域外千岛湖配水工程试运行】 历经3年，嘉兴市域外千岛湖配水工程5月10日试运行，6月底正式通水。嘉兴市域外配水工程（杭州方向）设计配水规模为每年2.3亿立方米，水源地至杭州仁和节点为嘉兴杭州两市共线段，长143.87千米，从仁和节点起始，单供嘉兴段长为171.6千米，总投资86.54亿元，工程由隧洞、管道、加压泵站等组成，取水水源地为千岛湖金竹牌，嘉兴域内设置了海宁、南湖两座泵站，将配水至嘉兴市区及五县市7个受水点水厂，设计服务人口500万人。宏润建设于2018年8月1日收到嘉兴市原水投资中标中标嘉兴市域外配水工程（杭州方向）盾构一标项目，中标价6.74亿元。

【福州晋安湖公园开园】 6月16日上午，由宏润建设承建的晋安湖调蓄工程开闸汇水和晋安湖公园（一期）开园。晋安湖是福州城区水系联排联调系统的重要节点，是一项水利工程、更是一项民生工程，晋安湖公园是一个系统性、综合性、景观性较强的市政综合类项目，涉及水利、水环境、园林景观、市政、桥梁、建筑、古建等多个专业。项目位于福州市东城区核心区域，北起化工路，东至龙安路，南延福新东路，西达东二环，总占地面积约930亩，其中陆上面积约320亩，水域面积约610亩，是目前福州市城区调蓄库容最大的生态湖，相当于西湖与左海公园水域面积的总和。

【杭州地铁首个控股TOD住宅项目开工】 8月12日上午，由杭州地铁开发有限公司首个控股TOD住宅地铁转塘项目正式开工。该项目设计采购施工（EPC）总承包由宏润建设及浙江蓝绿双城建筑设计联合中标，公司第12项经部负责承建。项目是杭州地铁开发公司成立以来首个控股、首个在“三江汇”板块内的TOD住宅项目。项目位于西湖区地铁美院象山站北侧400米处，灵美路和龙田路交叉口，地处杭州未来城市先行实践区“三江汇”板块辐射区内。占地面积约7万平方米，总建筑面积约15.9万平方米。规划住宅22栋单体约9.3万平方米，其中8栋高层，14栋多层。地块内配建公租房约1万平方米、幼儿园约4677平方米。

【杭州市博奥隧道工程开通】 8月28日上午10点，由宏润建设承建的杭州市博奥隧道工程正式开通试运行。通车后，杭州城市核心区社会车辆能够通过博奥隧道快速过江，有效缓解交通压力，在道路不拥堵的情况下，过江时间将缩短至3分钟。博奥隧道工程位于钱江三桥与庆春隧道之间，北起钱江新城新业路与富春路交叉口，南至钱江世纪城博奥路与平澜路交叉口，全长2.8千米，双向四车道城市主干道设计，隧道设施满足80千米/时运行要求，是浙江省重点工程，是2022年杭州亚运会核心通道。在博奥隧道施工时，宏润建设采用2台新购直径11.7米泥水平衡盾构机施工，大盾构成功穿越了钱塘江底的长距离、高水压、全断面卵砾石层复杂地质区段，实现了盾构机1680米不换刀一次性通过并安全顺利接收，出色完成隧道掘进任务。同时采用先进的盾构泥水分离系统，施工全过程对盾构循环泥浆进行高效分离、固化处置，实现了泥浆零排放处置和绿色施工。

【宁波轨交TJ5107标完成车站工程验收完成】 9月3日，由宏润建设宁波公司承建的宁波轨道交通5号线一期TJ5107标曹隘站土建工程顺利完成车站单位工程验收。曹隘站是宁波轨道交通5号线第14个车站，车站主体基坑全长约300.75米，为地下两层岛式车站，共设置7个附属，均采用明挖顺筑法施工。该站于2018年4月开始围护结构施工，2021年7月完成最后一处盾构井封孔作业，历时1188个昼夜。TJ5107标施工车站共包含大洋江站、泗港站、曹隘站及曹柳明挖区间建段，其中大洋江站、泗港站、曹柳明挖区间自建段分别于2021年6月、8月完成单位工程验收。

【宁波西洪大桥贯通】 12月31日，随着宏润建设施工人员安装完成最后一片小箱梁，省、市重点项目西洪大桥及接线工程高架主体结构全部贯通。这是继11月26日大桥主桥顺利合龙后，工程建设迎来的又一个重要节点。西洪大桥及接线工程（环镇北路—北环快速路）横跨姚江，是连接江北区、海曙区的重要通道。工程全长约4.5千米，采用“主线高架+地面辅道”，于2019年5月28日开工。施工中，创新采用了锁扣钢管桩围堰、桁架梁支架法、主塔卧拼竖转等施工工艺。该工程对完善中心城区快速路网系统，进一步拉开城市框架和缓解城西片区交通压力、促进区域经济社会发展，都具有重要意义。

华锦建设集团股份有限公司

【中标重大工程项目】 1. 宁波杭州湾新区通航大道（兴慈四路至兴慈大道）市政工程项目，位于杭州湾新区，合同造价约3.97亿元，道路全长5000米，标准断面宽44米，含4座桥梁及1座污水提升泵站，道路按城市主干路标准设计，设计行车速度60千米/时，计划工期720天，包括道路、桥梁、给水、泵站、排水、电气与交通工程等施工内容。2. 宁南贸易物流区二十六号地块项目一标段施工总承包工程项目，位于奉化市，合同造价约2.51亿元，总建筑面积116613平方米，计划打造9幢高层住宅及相应商业配套，工期687日历天。3. 广州亚运城项目自编号E地块住宅楼E-1、E-2、E-3幢及地下室工程项目，位于广州市，合同造价约1.93亿元，由3栋48~56层超高层住宅、裙楼、小区配套和地下车库等组成，总建筑面积108489平方米，其中地上建筑面积78854平方米，地下建筑面积29635平方米，工期约912日历天。

【首个地下综合管廊项目开工】 8月24日，华锦建设承建的首个地下综合管廊项目宁波鄞州大道至福庆路综合管廊工程土建施工Ⅰ标段首幅地下连续墙开工仪式举行。该项目位于鄞州区,全长2.7千米,合同造价约3.25亿元,工期900天。施工内容包括4座盾构工作井、3处盾构区间管线分支井、2个顶管工作井、1处电力顶管隧道施工。该项目是宁波市重点民生市政工程,项目建设将有效提高城市综合承载力,优化电力、通信、给水等市政设施建设,维护城市建设美观,满足经济发展和民生需求。

【2021年首期技术培训】 为提高技术人员专业水平,提升华锦建设质量品牌,9月29日,华锦建设集团2021年首期技术培训顺利举办,技术管理人员与专业技术人员45人参加了现场培训。受疫情影响,另有40余人以线上视频学习的方式参加培训。集团公司总经理宋祖益出席并作开班讲话。培训邀请杭州品茗安控信息技术股份有限公司技术专家王小康进行授课,培训对《建筑施工承插型盘扣式钢管脚手架安全技术标准》(JGJ/T 231—2021)、《塔式起重机混凝土基础工程技术标准》(JGJ/T 187—2019)及新实施的《安全生产法》进行解读。

【博士后工作站开题评审会】 10月25日,华锦建设博士后工作站开题评审会召开,标志着华锦博士后科研工作正式启动。评审会议由宁波市建设工程安全质量管理服务总站副站长、市建筑业协会秘书长钱宏春,南开大学外籍教授、博导、加拿大工程院院士 Abdul Ghani Razaqpur(视频连线参会),华锦建设总工程师方昀及来自市有关单位和企业的专家七人组成专家小组。邀请宁波市人力资源和社会保障局、象山县人力资源和社会保障局、象山县建筑业理管中心等主管单位领导共同参加评议。评审会认真听取了王恒宇博士个人基本情况以及科研课题“考虑软土扰动分区的深基坑开挖对邻近地铁隧道影响研究”的开题报告。专家组对博士后的选题内容进行了提问,并从专业角度为课题的后续研究提出了建设性指导意见,从研究的市场前景和产业化角度提出了良好建议。

【2021年度慈溪市建设工程安全质量管理标准化暨智慧工地应用交流观摩会】 10月28日,由慈溪市住房和城乡建设局主办,华锦建设与中慈国际建设联合承办的2021年度慈溪市建设工程安全质量管理标准化暨智慧工地应用交流观摩会在华锦建设下属宁波慈溪中横线北侧A地块项目成功举办,来自政府部门和同行企业300余人参加会议。安全管理与文明施工智慧化建设、质量通病防治、红色工地创建、绿色施工等展示区域吸引了建筑业同行驻足观摩,获得了大家的一致认可。

中和华丰建设集团有限公司

【发展平稳】 中和华丰建设集团股份有限公司,2018年以来步入稳步发展时期,2021年实现建筑业总产值63.7亿元,入库税收达1123万元,同比分别增长20%左右,全年承接各项业务107亿元,同比持平。

2021年中和华丰建设中标上亿元工程项目基本情况表

表16

序号	项目名称	地址	面积(万平方米)	造价(亿元)
1	宁波厂房项目	浙江	12.8	1.9
2	余姚地块房产项目	浙江	—	1.7
3	厂房工程	山东	—	1
4	老旧小区改造项目	江苏	—	10
5	岱山石油中转项目	浙江	—	1.2
6	淮北房产项目	安徽	6.3	1.16
7	上饶地下停车场	江西	5.3	2.8
8	瑞安新农村安置工程	浙江	6	2.6
9	鲁山县房产项目	河南	20	4
10	宁海县房产项目	浙江	9	2.1
11	镇海区厂房项目	浙江	4.4	1.02
12	瑞安房产项目	浙江	4.2	2.6

浙江良和交通建设有限公司

【慈溪中横线路面提升工程交工验收通过】 4月25日，经过验收小组综合评议，慈溪中横线路面提升工程顺利通过交工验收。该工程按一级公路标准进行改造提升，东起杭朱线（老G329），西至余姚界，实施里程39.235千米，施工内容包括路面维修、桥梁维修，工程同步实施交叉口渠化改造、排水设施、道路接坡、交安设施、辅道维修完善等附属工程。中横线路面提升工程一标段由良和建设承建，全长12.356千米，工期4个月。

【台州湾大桥及接线工程竣工验收通过】 7月29日至31日，省交通运输厅组织召开台州湾大桥及接线工程竣工验收会议，对工程进行竣工验收。台州湾大桥及接线工程全长102.38千米，总投资240亿元，是台州沿海高速公路的组成路段。工程于2015年6月开工建设，2019年1月建成通车。良和建设承建第17标段，建设内容主要包括路基、桥梁、隧道工程等，主要结构物包括张家分离桥（中桥）、旗头大桥（大桥）、城南高架桥（特大桥）、城南互通立交桥（含6个匝道桥及一个拼宽桥）、柴山大桥、闸头大桥及田西隧道等，这也是公司承建的第一个高速公路项目。2019年1月7日，工程通过交工验收后，于1月16日通车，经过两年试运营，该项目总体运行平稳，安全可控，无明显的质量隐患。2021年，工程先后通过水保验收、环保验收和档案验收。在7月31日召开的竣工验收会议上，由各部门和相关专家组成的验收委员会一致通过《台州湾大桥及接线工程竣工验收鉴定书》，工程质量和建设项目等级评定均为优良，项目顺利通过竣工验收。

【浙江海洋运动中心（亚帆中心）配套道路工程完工】 7月底，由良和建设负责施工的位于松兰山境内的中国浙江海洋运动中心（亚帆中心）配套道路彩色沥青全部铺设完成，意味着整体工程施工完成，基本具备通车条件。该项目起点位于松兰山北侧爵溪收费站处，终点位于松兰山隧道接线处，总里程12.8千米，由亚帆东路、亚帆南路、核心区三条道路组成。亚帆中心道路工程除对现状道路进行加宽和优化外，还增设了休闲靓丽元素，包括骑行、栈桥、驿站等功能分区，并首次实施铺设彩色沥青，主路采用黑色橡胶沥青混凝土，非机动车道靠山侧采用蓝色彩色沥青混凝土，靠海侧采用红色沥青混凝土。

【温州330国道鹿城官岭隧道贯通】 8月3日，由良和建设承建的330国道鹿城官岭隧道改建工程新隧道正式贯通，比原计划提前2个月。330国道鹿城官岭隧道改建工程起点位于仰义后京加油站，沿330国道南侧布设，至藤桥镇下岸村与330国道老路顺接。改建工程全长2.517千米，隧道全长1.14千米，总投资约3亿元，于2019年10月开工。该工程右幅利用老官岭隧道，左幅新建一条二级公路与老路形成双向四车道一级公路路幅。隧道施工基本采用新奥法开挖，尽可能减少项目在施工期间对乐清湾铁路、金温铁路的影响。老官岭隧道是连接鹿城西片与市区的重要通道，面对日益增多的车流量，双向两车道的二级公路路幅设计制约鹿城西片地区的发展。改建后，新官岭隧道合并提升为了双向四车道的一级公路，内设人行通道、非机动车道，兼顾市政功能，便于车辆、行人通行的同时，也提高了应急疏散功能。

【新桥至石浦高速公路通车】 12月24日，由良和建设和宏润建设联合承建的沈海高速连接线新桥至石浦段高速公路正式通车运行。该路起点与三门湾大桥及接线工程的新桥枢纽互通相接，经新桥下七里北侧，设新桥互通，经定塘镇陆家东侧，设定塘互通，路线终点位于石浦镇白门头东侧，设石浦互通与沿海南线相接。项目于2017年12月开工建设，历时4年之久。良和建设与宏润建设联合承建的TJ2标段全长4.3千米，项目造价4.75亿元。

【首个地下综合管廊工程竣工】 12月，良和建设首次承建的台州地下综合管廊一期工程竣工，该工程市区段总长15.6千米，良和建设施工的1标段总长8千米，入廊管线包括电力、通信、给水、中水、污水、燃气等，造价7.8亿元。该工程建成后将彻底解决市区段传统建设模式中出现的城市“空中蜘蛛网”和“马路拉链”等问题。

【科兴路东延工程（余姚段）一期项目信息化建设】 2021年，为实现“信息化良和”总体目标，规范信息化推广实施，科兴路东延工程（余姚段）一期工程作为良和建设正式实施信息化管理的首个项目，依据公司规矩库、流程库、计划库、报表库和决策监审平台、行政管理平台、项目管理平台的分类要求，建立“四库三平台”的信息化管理总体架构，科兴路实行信息化管理“线上+线下”相结合的处理办法，切实有效推进项目管理及实施。为能起到监控管理，服务于项目，制定出符合科兴路项目的《项目信息化管理指导意见》。该指导意见确定了科兴路项目信息化管理的总框架，在框架下对项目办公、财务、合同、机料管理等各方面需要准备的工作、配备的人员、录入的数据都有详细的说明。

（马建杰　方碧君）

生态环境保护

综　述

2021年，象山县环境空气监测有效天数365天，优良天数361天，优良率为98.9%，比2020年同期增加2.5个百分点；细颗粒物PM2.5均值18微克/立方米，与2020年同期持平；可吸入颗粒物PM10均值33微克/立方米，比上年同期下降10.8%。象山县1个国控断面、4个市控河流断面、5个县控断面、14个农村千吨万人集中式饮用水源地水质总体良好，全部达到Ⅲ类水环境功能区要求，达标率为100%。

2021年，象山县环境质量保持平稳向好态势，环境空气质量保持全市第一，全省排名第14名，较2020年上升5名，环境空气质量综合指数较2020年有所上升，细颗粒物、可吸入颗粒物和二氧化氮指数值下降较明显，臭氧仍为主要污染物；降雨量为1767毫米，与上年相比降雨量上升879毫米，全县降水pH年平均值为4.71，降雨pH值下降，属于中酸雨区；地表水水质优良率和功能达标率总体不高，整体水质状况评价为轻度污染；饮用水源地水质有所改善，总体富营养程度减轻；近岸海域富营养化程度总体较高，水质较差；区域环境噪声污染水平基本稳定，总体声环境质量较好。

水环境保护

【概况】 2021年，象山县26个地表水监测断面中，Ⅰ～Ⅲ类、Ⅳ类、Ⅴ类和劣Ⅴ类断面比例分别为57.7%、26.9%、3.8%和11.5%，功能区达标断面比例为57.7%，与2020年相比上升3.9个百分点。2021年共监测24个集中式饮用水水源地，水质达标率为95.8%，较2020年提升4.1个百分点，在所有监测项次中，共出现2次总磷超标现象，均发生在军民塘水库，总体水质达标率为98.0%。营养状态除九顷水库为轻度富营养外，其余水库水质均为中营养，总体来说2021年饮用水水源地的水质有所改善。2021年，象山县近岸海域富营养化程度总体较高，水质较差。6个监控点位中，大目洋的2个点位为四类水质，石浦港和象山港的4个点位为劣四类水质，均不能满足近岸海域水环境功能要求，主要超标指标为无机氮和活性磷酸盐。与2020年相比，大目洋二类区和石浦港四类区营养级别保持不变，但程度有所好转。

【地表水监测结果及评价】 2021年，象山县26个地表水监测断面中，功能达标断面比例为57.7%，与2020年相比上升3.9个百分点。Ⅰ～Ⅲ类水质优、良水质断面15个，比例为57.7%；Ⅳ类轻度污染断面7个，比例为26.9%；Ⅴ类重度污染断面1个，比例为3.8%；劣Ⅴ类重度污染断面3个，比例为11.5%。市控及以上断面5个，水质优良率和功能区达标率相对较高，5个断面全部达到Ⅲ类水功能区要求，达标率为100%。2021年，象山县地表水水质优良率和功能达标率总体不高，整体水质状况评价为轻度污染。县控及以上断面水质定性评价多为优良至轻度污染，地表水水质不能达标的主要原因是氨氮、总磷等指标浓度过高。污染指数高的监测站位主要集中在象山中心城区和爵溪街道（最主要的污染物为总磷和氨氮），南大河河网超标最为严重。

2021年象山县地表水水质评价结果基本情况表

表17

名　称	站位名称	等　级	目　标	2020年水质	2021年水质	趋势分析	达标结果
大塘港	浮礁渡	国　控	Ⅲ	Ⅲ（良好）	Ⅲ（良好）	无明显变化	达　标
南大河河网	岳头嘴	市　控	Ⅲ	Ⅲ（良好）	Ⅲ（良好）	无明显变化	达　标
下沈港	龙　翔	市　控	Ⅲ	Ⅱ（优）	Ⅱ（优）	无明显变化	达　标
泗洲头溪	后　王	市　控	Ⅱ	Ⅱ（优）	Ⅱ（优）	无明显变化	达　标
珠　溪	珠　溪	市　控	Ⅲ	Ⅱ（优）	Ⅱ（优）	无明显变化	达　标
鹤浦大河	蟹厂村	县　控	Ⅲ	Ⅳ（轻度污染）	Ⅳ（轻度污染）	无明显变化	未达标

续表17

名　称	站位名称	等　级	目　标	2020年水质	2021年水质	趋势分析	达标结果
金石引河	树桥头	县　控	Ⅲ	Ⅳ(轻度污染)	Ⅳ(轻度污染)	无明显变化	未达标
九龙江	九龙江村	县　控	Ⅲ	Ⅳ(轻度污染)	Ⅳ(轻度污染)	无明显变化	未达标
腾蛟河	巨鹰大酒店	县　控	Ⅲ	Ⅳ(轻度污染)	Ⅲ(良好)	有所好转	达　标
大塘河	中站村	县　控	Ⅲ	Ⅲ(良好)	Ⅴ(中度污染)	明显下降	未达标
长塘河	渡头村	县　控	Ⅲ	Ⅲ(良好)	Ⅲ(良好)	无明显变化	达　标
旦仁河	旦义桥	县　控	Ⅲ	Ⅲ(良好)	Ⅲ(良好)	无明显变化	达　标
管　溪	平桥头	县　控	Ⅲ	Ⅱ(优)	Ⅱ(优)	无明显变化	达　标
横塘岗河	横塘桥头	县　控	Ⅲ	Ⅲ(良好)	Ⅲ(良好)	无明显变化	达　标
雅林溪	清风塘	县　控	Ⅲ	Ⅲ(良好)	Ⅲ(良好)	无明显变化	达　标
泊戈洋河	泊戈洋村	县　控	Ⅲ	Ⅳ(轻度污染)	Ⅲ(良好)	有所好转	达　标
关头塘河	永新桥	县　控	Ⅲ	Ⅲ(良好)	Ⅲ(良好)	无明显变化	达　标
东　溪	东溪村	县　控	Ⅲ	Ⅱ(优)	Ⅱ(优)	无明显变化	达　标
亭　溪	大溪蒋村	县　控	Ⅲ	Ⅱ(优)	Ⅱ(优)	无明显变化	达　标
乌岩港	乌岩头陈	县　控	Ⅲ	Ⅳ(轻度污染)	Ⅳ(轻度污染)	无明显变化	未达标
南大河河网	东大河	城区内河	Ⅲ	Ⅴ(中度污染)	Ⅳ(轻度污染)	有所好转	未达标
南大河河网	西大河	城区内河	Ⅲ	Ⅳ(轻度污染)	Ⅳ(轻度污染)	无明显变化	未达标
南大河河网	南大河	城区内河	Ⅲ	劣Ⅴ(重度污染)	劣Ⅴ(重度污染)	无明显变化	未达标
南大河河网	新华河	城区内河	Ⅲ	劣Ⅴ(重度污染)	劣Ⅴ(重度污染)	无明显变化	未达标
南大河河网	横大河	城区内河	Ⅲ	Ⅴ(中度污染)	Ⅳ(轻度污染)	有所好转	未达标
燕山河	燕山河	城区内河	Ⅲ	劣Ⅴ(重度污染)	劣Ⅴ(重度污染)	无明显变化	未达标

2021年象山县地表水污染指数结果基本情况表

表18

名　称	站位名称	等　级	2020年污染指数	2021年污染指数	主要污染物及超标倍数
大塘港	浮礁渡	国　控	0.54	0.20	—
南大河河网	岳头嘴	市　控	0.62	0.21	—
下沈港	龙　翔	市　控	0.25	0.11	—
泗洲头溪	后　王	市　控	0.21	0.08	—
珠　溪	珠　溪	市　控	0.17	0.31	—
鹤浦大河	蟹厂村	县　控	0.79	0.99	高锰酸盐指数(0.17);总磷(0.42)
金石引河	树桥头	县　控	0.89	1.13	总磷(0.41)
九龙江	九龙江村	县　控	0.76	0.96	总磷(0.30)
腾蛟河	巨鹰大酒店	县　控	0.91	0.59	—
大塘河	中站村	县　控	0.81	1.12	总磷(0.58)
长塘河	渡头村	县　控	0.80	0.72	—

续表18

名　称	站位名称	等　级	2020年污染指数	2021年污染指数	主要污染物及超标倍数
旦仁河	旦义桥	县　控	0.59	0.38	—
管　溪	平桥头	县　控	0.19	0.26	—
横塘岗河	横塘桥头	县　控	0.60	0.66	—
雅林溪	清风塘	县　控	0.46	0.61	—
泊戈洋河	泊戈洋村	县　控	0.97	0.41	—
关头塘河	永新桥	县　控	0.49	0.61	—
东　溪	东溪村	县　控	0.21	0.24	—
亭　溪	大溪蒋村	县　控	0.17	0.20	—
乌岩港	乌岩头村	县　控	1.00	0.97	总磷(0.06)
南大河河网	东大河	城区内河	1.23	1.17	总磷(0.22);氨氮(0.3)
南大河河网	西大河	城区内河	0.76	1.09	总磷(0.24);氨氮(0.38)
南大河河网	南大河	城区内河	2.16	1.63	总磷(0.66);氨氮(1.34)
南大河河网	新华河	城区内河	2.67	1.23	总磷(2.16);氨氮(5.58)
南大河河网	横大河	城区内河	1.13	3.55	总磷(0.14);氨氮(0.38)
燕山河	燕山河	城区内河	3.03	1.64	总磷(1.22);氨氮(0.64)

2020—2021年象山县26个地表水监测站位主要污染指标年均值基本情况表

表19　　单位:毫克/升

指　标	2020年	2021年	Ⅲ类标准评价	与2020年相比
总　磷	0.193	0.200	达标	略升
氨　氮	1.02	0.887	达标	略降
高锰酸盐指数	3.56	3.99	达标	略升

2020—2021年象山县市控以上地表水主要因子基本情况表

表20

名　称	站位名称	等　级	高锰酸盐指数		类　别	总　磷		类　别	氨　氮		类　别
			2020年	2021年		2020年	2021年		2020年	2021年	
大塘港	浮礁渡	国　控	3.6	3.6	Ⅱ	0.18	0.19↑	Ⅲ	0.13	0.10↓	Ⅰ
南大河河网	岳头嘴	市　控	3.3	4.5↑	Ⅲ	0.17	0.16↓	Ⅲ	0.45	0.51↑	Ⅲ
下沈港	龙　翔	市　控	2.2	2.0↓	Ⅰ	0.05	0.07↑	Ⅱ	0.14	0.17↑	Ⅱ
泗洲头溪	后王	市　控	1.3	1.2↓	Ⅰ	0.06	0.09↑	Ⅱ	0.14	0.13↓	Ⅰ
珠　溪	珠　溪	市　控	1.6	1.7↑	Ⅰ	0.03	0.03	Ⅱ	0.10	0.11↑	Ⅰ

2021 年象山地表水监测结果基本情况表

表 21　　单位：毫克/升

站位名称	项目	PH	溶解氧	化学需氧量	高锰酸盐指数	BOD_5	总磷	总氮	氨氮	挥发酚	石油类	阴离子表面活性剂	氰化物	硫化物	氟化物	总砷	总汞	硒	六价铬	总铅	总镉	铜	锌
浮礁渡	样品数	11	11	11	11	11	11	11	11	4	4	4	4	4	4	4	4	4	4	4	4	4	4
	最大值	9	13.9	33	5.6	9.0	0.259	4.60	0.250	0.0010	0.02	0.02	0.002	0.002	0.443	0.0033	0.00002	0.0002	0.002	0.00004	0.00002	0.002	0.006
	最小值	6	5.9	7	2.4	0.8	0.098	0.59	0.030	0.0002	0.005	0.02	0.002	0.002	0.100	0.0026	0.00002	0.0002	0.002	0.00004	0.00002	0.002	0.001
	均值	7	8.4	19	3.6	3.3	0.186	2.89	0.097	0.0007	0.01	0.02	0.002	0.002	0.287	0.0030	0.00002	0.0002	0.002	0.00004	0.00002	0.002	0.004
	超Ⅲ率	0%	0%	36%	0%	27%	55%	82%	0%	0%	0%	0%	0%	0%	0%	0%	0%	0%	0%	0%	0%	0%	0%
	类别	Ⅰ	Ⅰ	Ⅲ	Ⅱ	Ⅲ	Ⅲ	劣Ⅴ	Ⅰ	Ⅰ	Ⅰ	Ⅰ	Ⅰ	Ⅰ	Ⅰ	Ⅰ	Ⅰ	Ⅰ	Ⅰ	Ⅰ	Ⅰ	Ⅰ	Ⅰ
岳头嘴	样品数	6	6	6	6	6	6	6	6	6	6	6	6	6	6	6	6	6	6	6	6	6	6
	最大值	7.94	11.6	19	5.9	3.9	0.200	6.54	0.990	0.0014	0.01	0.025	0.002	0.027	0.325	0.00015	0.00002	0.0002	0.002	0.001	0.00005	0.0005	0.025
	最小值	6.60	6.81	11	2.7	2.3	0.100	2.85	0.111	0.00015	0.005	0.025	0.002	0.0025	0.210	0.00015	0.00002	0.0002	0.002	0.001	0.00005	0.0005	0.025
	均值	7.38	8.83	15	4.5	3.2	0.164	3.81	0.512	0.00036	0.0058	0.025	0.002	0.0113	0.255	0.00015	0.00002	0.0002	0.002	0.001	0.00005	0.0005	0.025
	超Ⅲ率	0%	0%	0%	0%	0%	0%	100%	0%	0%	0%	0%	0%	0%	0%	0%	0%	0%	0%	0%	0%	0%	0%
	类别	Ⅰ	Ⅰ	Ⅰ	Ⅲ	Ⅲ	Ⅲ	劣Ⅴ	Ⅲ	Ⅰ	Ⅰ	Ⅰ	Ⅰ	Ⅰ	Ⅰ	Ⅰ	Ⅰ	Ⅰ	Ⅰ	Ⅰ	Ⅰ	Ⅰ	Ⅰ
龙翔	样品数	6	6	6	6	6	6	6	6	6	6	6	6	6	6	6	6	6	6	6	6	6	6
	最大值	8.28	9.46	12	3.3	3	0.126	2.75	0.287	0.0006	0.005	0.025	0.002	0.019	0.129	0.00015	0.00002	0.0002	0.002	0.001	0.00005	0.0005	0.025
	最小值	7.24	7.48	4	1.2	0.25	0.055	1.10	0.110	0.00015	0.005	0.025	0.002	0.0025	0.063	0.00015	0.00002	0.0002	0.002	0.001	0.00005	0.0005	0.025
	均值	7.59	8.50	8	2	1.44	0.074	1.93	0.173	0.00022	0.005	0.025	0.002	0.006	0.088	0.00015	0.00002	0.0002	0.002	0.001	0.00005	0.0005	0.025
	超Ⅲ率	0%	0%	0%	0%	0%	0%	100%	0%	0%	0%	0%	0%	0%	0%	0%	0%	0%	0%	0%	0%	0%	0%
	类别	Ⅰ	Ⅰ	Ⅰ	Ⅰ	Ⅰ	Ⅱ	Ⅴ	Ⅱ	Ⅰ	Ⅰ	Ⅰ	Ⅰ	Ⅰ	Ⅰ	Ⅰ	Ⅰ	Ⅰ	Ⅰ	Ⅰ	Ⅰ	Ⅰ	Ⅰ

续表21

站位名称	项目	PH	溶解氧	化学需氧量	高锰酸盐指数	BOD_5	总磷	总氮	氨氮	挥发酚	石油类	阴离子表面活性剂	氰化物	硫化物	氟化物	总砷	总汞	硒	六价铬	总铅	总镉	铜	锌
珠溪	样品数	6	6	6	6	6	6	6	6	6	6	6	6	6	6	6	6	6	6	6	6	6	6
	最大值	7.93	8.99	10	2.2	1.3	0.043	2.46	0.170	0.00015	0.005	0.025	0.002	0.021	0.057	0.00015	0.00002	0.0002	0.002	0.001	0.00005	0.0005	0.025
	最小值	6.60	7.72	6	1.3	0.25	0.020	1.41	0.050	0.00015	0.005	0.025	0.002	0.0025	0.027	0.00015	0.00002	0.0002	0.002	0.001	0.00005	0.0005	0.025
	均值	7.33	8.30	8	1.7	1.0	0.028	1.90	0.114	0.00015	0.005	0.025	0.002	0.0067	0.037	0.00015	0.00002	0.0002	0.002	0.001	0.00005	0.0005	0.025
	超Ⅲ率	0%	0%	0%	0%	0%	0%	100%	0%	0%	0%	0%	0%	0%	0%	0%	0%	0%	0%	0%	0%	0%	0%
	类别	Ⅰ	Ⅰ	Ⅰ	Ⅰ	Ⅰ	Ⅱ	Ⅴ	Ⅰ	Ⅰ	Ⅰ	Ⅰ	Ⅰ	Ⅰ	Ⅰ	Ⅰ	Ⅰ	Ⅰ	Ⅰ	Ⅰ	Ⅰ	Ⅰ	Ⅰ
后王	样品数	6	6	6	6	6	6	6	6	6	6	6	6	6	6	6	6	6	6	6	6	6	6
	最大值	7.91	8.98	8	2	1.2	0.119	3.25	0.160	0.0012	0.005	0.025	0.002	0.023	0.544	0.00015	0.00002	0.0002	0.002	0.001	0.00005	0.0005	0.025
	最小值	6.60	6.93	2	0.5	0.25	0.042	1.52	0.100	0.00015	0.005	0.025	0.002	0.0025	0.067	0.00015	0.00002	0.0002	0.002	0.001	0.00005	0.0005	0.025
	均值	7.42	8.24	5	1.2	0.7	0.090	2.05	0.131	0.00032	0.005	0.025	0.002	0.0079	0.171	0.00015	0.00002	0.0002	0.002	0.001	0.00005	0.0005	0.025
	超Ⅲ率	0%	0%	0%	0%	0%	0%	100%	0%	0%	0%	0%	0%	0%	0%	0%	0%	0%	0%	0%	0%	0%	0%
	类别	Ⅰ	Ⅰ	Ⅰ	Ⅰ	Ⅰ	Ⅱ	劣Ⅴ	Ⅰ	Ⅰ	Ⅰ	Ⅰ	Ⅰ	Ⅰ	Ⅰ	Ⅰ	Ⅰ	Ⅰ	Ⅰ	Ⅰ	Ⅰ	Ⅰ	Ⅰ
鹤浦大河	样品数	2	2	0	2	0	2	0	2	0	0	0	0	0	0	0	0	0	0	0	0	0	0
	最大值	8.9	9.17	—	9.7	—	0.334	—	0.500	—	—	—	—	—	—	—	—	—	—	—	—	—	—
	最小值	8.58	6.97	—	4.3	—	0.233	—	0.249	—	—	—	—	—	—	—	—	—	—	—	—	—	—
	均值	8.74	8.07	—	7	—	0.284	—	0.374	—	—	—	—	—	—	—	—	—	—	—	—	—	—
	超Ⅲ率	0%	0%	—	50%	—	100%	—	0%	—	—	—	—	—	—	—	—	—	—	—	—	—	—
	类别	Ⅰ	Ⅰ	—	Ⅳ	—	Ⅳ	—	Ⅱ	—	—	—	—	—	—	—	—	—	—	—	—	—	—

续表21

站位名称	项目	PH	溶解氧	化学需氧量	高锰酸盐指数	BOD_5	总磷	总氮	氨氮	挥发酚	石油类	阴离子表面活性剂	氰化物	硫化物	氟化物	总砷	总汞	硒	六价铬	总铅	总镉	铜	锌
金石引河	样品数	2	2	0	2	0	2	0	2	0	0	0	0	0	0	0	0	0	0	0	0	0	0
	最大值	7.54	3.51	—	6.6	—	0.335	—	1.27	—	—	—	—	—	—	—	—	—	—	—	—	—	—
	最小值	7.50	7.88	—	5.5	—	0.230	—	0.640	—	—	—	—	—	—	—	—	—	—	—	—	—	—
	均值	7.52	8.20	—	6.0	—	0.282	—	0.955	—	—	—	—	—	—	—	—	—	—	—	—	—	—
	超Ⅲ率	0%	0%	—	50%	—	100%	—	50%	—	—	—	—	—	—	—	—	—	—	—	—	—	—
	类别	Ⅰ	Ⅰ	—	Ⅲ	—	Ⅳ	—	Ⅲ	—	—	—	—	—	—	—	—	—	—	—	—	—	—
九龙江	样品数	2	2	0	2	0	2	0	2	0	0	0	0	0	0	0	0	0	0	0	0	0	0
	最大值	8.58	7.32	—	6.3	—	0.317	—	0.700	—	—	—	—	—	—	—	—	—	—	—	—	—	—
	最小值	7.88	4.75	—	4.8	—	0.205	—	0.585	—	—	—	—	—	—	—	—	—	—	—	—	—	—
	均值	8.23	6.0	—	5.6	—	0.261	—	0.642	—	—	—	—	—	—	—	—	—	—	—	—	—	—
	超Ⅲ率	0%	50%	—	50%	—	100%	—	0%	—	—	—	—	—	—	—	—	—	—	—	—	—	—
	类别	Ⅰ	Ⅱ	—	Ⅲ	—	Ⅳ	—	Ⅲ	—	—	—	—	—	—	—	—	—	—	—	—	—	—
腾蛟河	样品数	2	2	0	2	0	2	0	2	0	0	0	0	0	0	0	0	0	0	0	0	0	0
	最大值	8.09	9.31	—	3.6	—	0.209	—	1.05	—	—	—	—	—	—	—	—	—	—	—	—	—	—
	最小值	6.60	8.90	—	0.9	—	0.101	—	0.2	—	—	—	—	—	—	—	—	—	—	—	—	—	—
	均值	7.35	9.36	—	2.2	—	0.160	—	0.63	—	—	—	—	—	—	—	—	—	—	—	—	—	—
	超Ⅲ率	0%	0%	—	0%	—	50%	—	50%	—	—	—	—	—	—	—	—	—	—	—	—	—	—
	类别	Ⅰ	Ⅰ	—	Ⅱ	—	Ⅲ	—	Ⅲ	—	—	—	—	—	—	—	—	—	—	—	—	—	—

续表21

站位名称	项目	PH	溶解氧	化学需氧量	高锰酸盐指数	BOD_5	总磷	总氮	氨氮	挥发酚	石油类	阴离子表面活性剂	氰化物	硫化物	氟化物	总砷	总汞	硒	六价铬	总铅	总镉	铜	锌
大塘河	样品数	2	2	0	2	0	2	0	2	0	0	0	0	0	0	0	0	0	0	0	0	0	0
	最大值	7.88	8.12	—	5.8	—	0.360	—	0.973	—	—	—	—	—	—	—	—	—	—	—	—	—	—
	最小值	7.77	4.02	—	5.0	—	0.269	—	0.800	—	—	—	—	—	—	—	—	—	—	—	—	—	—
	均值	7.82	6.07	—	5.4	—	0.315	—	0.887	—	—	—	—	—	—	—	—	—	—	—	—	—	—
	超Ⅲ率	0%	50%	—	0%	—	100%	—	0%	—	—	—	—	—	—	—	—	—	—	—	—	—	—
	类别	Ⅰ	Ⅱ	—	Ⅲ	—	Ⅴ	—	Ⅲ	—	—	—	—	—	—	—	—	—	—	—	—	—	—
长塘河	样品数	6	6	6	6	6	6	6	6	6	6	6	6	6	6	6	6	6	6	6	6	6	6
	最大值	8.30	9.29	20	5.6	3.5	0.199	11.2	0.840	0.0015	0.01	0.025	0.002	0.023	0.329	0.00015	0.00002	0.0002	0.002	0.001	0.00005	0.0005	0.025
	最小值	7.80	5.02	9	3.6	2.1	0.091	2.46	0.150	0.00015	0.005	0.025	0.002	0.0025	0.124	0.00015	0.00002	0.0002	0.002	0.001	0.00005	0.0005	0.025
	均值	7.96	7.47	13	4.4	3.0	0.163	4.87	0.623	0.00038	0.006	0.025	0.002	0.0117	0.218	0.00015	0.00002	0.0002	0.002	0.001	0.00005	0.0005	0.025
	超Ⅲ率	0%	0%	0%	0%	0%	0%	100%	0%	0%	0%	0%	0%	0%	0%	0%	0%	0%	0%	0%	0%	0%	0%
	类别	Ⅰ	Ⅱ	Ⅰ	Ⅲ	Ⅰ	Ⅲ	劣Ⅴ	Ⅲ	Ⅰ	Ⅰ	Ⅰ	Ⅰ	Ⅰ	Ⅰ	Ⅰ	Ⅰ	Ⅰ	Ⅰ	Ⅰ	Ⅰ	Ⅰ	Ⅰ
旦仁河	样品数	2	2	0	2	0	2	0	2	0	0	0	0	0	0	0	0	0	0	0	0	0	0
	最大值	7.92	10.68	—	2.6	—	0.118	—	0.190	—	—	—	—	—	—	—	—	—	—	—	—	—	—
	最小值	7.62	8.32	—	2.1	—	0.117	—	0.152	—	—	—	—	—	—	—	—	—	—	—	—	—	—
	均值	7.77	9.50	—	2.4	—	0.118	—	0.171	—	—	—	—	—	—	—	—	—	—	—	—	—	—
	超Ⅲ率	0%	0%	—	0%	—	0%	—	0%	—	—	—	—	—	—	—	—	—	—	—	—	—	—
	类别	Ⅰ	Ⅰ	—	Ⅱ	—	Ⅲ	—	Ⅱ	—	—	—	—	—	—	—	—	—	—	—	—	—	—

续表21

站位名称	项目	PH	溶解氧	化学需氧量	高锰酸盐指数	BOD_5	总磷	总氮	氨氮	挥发酚	石油类	阴离子表面活性剂	氰化物	硫化物	氟化物	总砷	总汞	硒	六价铬	总铅	总镉	铜	锌
管溪	样品数	6	6	6	6	6	6	6	6	6	6	6	6	6	6	6	6	6	6	6	6	6	6
	最大值	8.82	9.42	8	2.2	2.8	0.110	4.44	0.240	0.0011	0.005	0.025	0.002	0.023	0.202	0.00015	0.00002	0.0002	0.002	0.001	0.00005	0.0005	0.025
	最小值	7.00	6.15	4	1.1	0.25	0.049	2.19	0.140	0.00015	0.005	0.025	0.002	0.0025	0.067	0.00015	0.00002	0.0002	0.002	0.001	0.00005	0.0005	0.025
	均值	7.68	8.25	6	1.5	1.3	0.068	2.81	0.178	0.00031	0.005	0.025	0.002	0.0073	0.095	0.00015	0.00002	0.0002	0.002	0.001	0.00005	0.0005	0.025
	超Ⅲ率	0%	0%	0%	0%	0%	0%	100%	0%	0%	0%	0%	0%	0%	0%	0%	0%	0%	0%	0%	0%	0%	0%
	类别	Ⅰ	Ⅰ	Ⅰ	Ⅰ	Ⅰ	Ⅱ	劣Ⅴ	Ⅱ	Ⅰ	Ⅰ	Ⅰ	Ⅰ	Ⅰ	Ⅰ	Ⅰ	Ⅰ	Ⅰ	Ⅰ	Ⅰ	Ⅰ	Ⅰ	Ⅰ
横塘岗河	样品数	6	6	6	6	6	6	6	6	6	6	6	6	6	6	6	6	6	6	6	6	6	6
	最大值	8.61	10.40	20	6.0	4.0	0.190	5.91	0.910	0.0023	0.005	0.025	0.002	0.037	0.276	0.00015	0.00002	0.0002	0.002	0.001	0.00005	0.0005	0.025
	最小值	6.70	7.49	14	3.7	2.8	0.069	1.86	0.410	0.00015	0.005	0.025	0.002	0.0025	0.163	0.00015	0.00002	0.0002	0.002	0.001	0.00005	0.0005	0.025
	均值	7.83	8.81	17	4.7	3.3	0.128	3.42	0.575	0.00051	0.005	0.025	0.002	0.0132	0.215	0.00015	0.00002	0.0002	0.002	0.001	0.00005	0.0005	0.025
	超Ⅲ率	0%	0%	0%	0%	0%	0%	100%	0%	0%	0%	0%	0%	0%	0%	0%	0%	0%	0%	0%	0%	0%	0%
	类别	Ⅰ	Ⅰ	Ⅲ	Ⅲ	Ⅲ	Ⅲ	劣Ⅴ	Ⅲ	Ⅰ	Ⅰ	Ⅰ	Ⅰ	Ⅰ	Ⅰ	Ⅰ	Ⅰ	Ⅰ	Ⅰ	Ⅰ	Ⅰ	Ⅰ	Ⅰ
雅林溪	样品数	2	2	0	2	0	2	0	2	0	0	0	0	0	0	0	0	0	0	0	0	0	0
	最大值	8.40	10.3	—	3.1	—	0.228	—	0.490	—	—	—	—	—	—	—	—	—	—	—	—	—	—
	最小值	8.26	8.7	—	3.0	—	0.145	—	0.300	—	—	—	—	—	—	—	—	—	—	—	—	—	—
	均值	8.33	9.5	—	3.0	—	0.187	—	0.395	—	—	—	—	—	—	—	—	—	—	—	—	—	—
	超Ⅲ率	0%	0%	—	0%	—	50%	—	0%	—	—	—	—	—	—	—	—	—	—	—	—	—	—
	类别	Ⅰ	Ⅰ	—	Ⅱ	—	Ⅲ	—	Ⅱ	—	—	—	—	—	—	—	—	—	—	—	—	—	—

续表21

站位名称	项目	PH	溶解氧	化学需氧量	高锰酸盐指数	BOD_5	总磷	总氮	氨氮	挥发酚	石油类	阴离子表面活性剂	氰化物	硫化物	氟化物	总砷	总汞	硒	六价铬	总铅	总镉	铜	锌
泊戈洋河	样品数	2	2	0	2	0	2	0	2	0	0	0	0	0	0	0	0	0	0	0	0	0	0
	最大值	8.95	12.81	—	4.7	—	0.082	—	0.210	—	—	—	—	—	—	—	—	—	—	—	—	—	—
	最小值	7.19	8.14	—	3.5	—	0.062	—	0.164	—	—	—	—	—	—	—	—	—	—	—	—	—	—
	均值	8.07	10.48	—	4.1	—	0.072	—	0.187	—	—	—	—	—	—	—	—	—	—	—	—	—	—
	超Ⅲ率	0%	0%	—	0%	—	0%	—	0%	—	—	—	—	—	—	—	—	—	—	—	—	—	—
	类别	Ⅰ	Ⅰ	—	Ⅲ	—	Ⅱ	—	Ⅱ	—	—	—	—	—	—	—	—	—	—	—	—	—	—
关头塘河	样品数	2	2	0	2	0	2	0	2	0	0	0	0	0	0	0	0	0	0	0	0	0	0
	最大值	7.52	7.76	—	3.8	—	0.220	—	0.540	—	—	—	—	—	—	—	—	—	—	—	—	—	—
	最小值	7.39	7.10	—	2.1	—	0.109	—	0.488	—	—	—	—	—	—	—	—	—	—	—	—	—	—
	均值	7.46	7.43	—	3.0	—	0.165	—	0.514	—	—	—	—	—	—	—	—	—	—	—	—	—	—
	超Ⅲ率	0%	0%	—	0%	—	50%	—	0%	—	—	—	—	—	—	—	—	—	—	—	—	—	—
	类别	Ⅰ	Ⅱ	—	Ⅱ	—	Ⅲ	—	Ⅲ	—	—	—	—	—	—	—	—	—	—	—	—	—	—
东溪	样品数	6	6	6	6	6	6	6	6	6	6	6	6	6	6	6	6	6	6	6	6	6	6
	最大值	8.27	9.32	15	2.8	2.3	0.057	2.46	0.270	0.0011	0.005	0.025	0.002	0.023	0.204	0.00015	0.00002	0.0002	0.002	0.001	0.00005	0.0005	0.025
	最小值	6.90	7.20	4	1.0	0.25	0.025	0.85	0.050	0.00015	0.005	0.025	0.002	0.0025	0.120	0.00015	0.00002	0.0002	0.002	0.001	0.00005	0.0005	0.025
	均值	7.64	8.03	9	2.0	1.4	0.045	1.94	0.166	0.00031	0.005	0.025	0.002	0.0073	0.170	0.00015	0.00002	0.0002	0.002	0.001	0.00005	0.0005	0.025
	超Ⅲ率	0%	0%	0%	0%	0%	0%	83%	0%	0%	0%	0%	0%	0%	0%	0%	0%	0%	0%	0%	0%	0%	0%
	类别	Ⅰ	Ⅰ	Ⅰ	Ⅱ	Ⅰ	Ⅱ	Ⅴ	Ⅱ	Ⅰ	Ⅰ	Ⅰ	Ⅰ	Ⅰ	Ⅰ	Ⅰ	Ⅰ	Ⅰ	Ⅰ	Ⅰ	Ⅰ	Ⅰ	Ⅰ

续表21

站位名称	项目	PH	溶解氧	化学需氧量	高锰酸盐指数	BOD_5	总磷	总氮	氨氮	挥发酚	石油类	阴离子表面活性剂	氰化物	硫化物	氟化物	总砷	总汞	硒	六价铬	总铅	总镉	铜	锌
亭溪	样品数	6	6	6	6	6	6	6	6	6	6	6	6	6	6	6	6	6	6	6	6	6	6
	最大值	8.92	9.21	8	2.9	2.1	0.051	2.71	0.202	0.00015	0.005	0.025	0.002	0.017	0.138	0.00015	0.00002	0.0002	0.002	0.001	0.00005	0.0005	0.025
	最小值	6.60	7.76	5	1.1	0.25	0.027	1.83	0.060	0.00015	0.005	0.025	0.002	0.0025	0.064	0.00015	0.00002	0.0002	0.002	0.001	0.00005	0.0005	0.025
	均值	7.50	8.59	6	1.8	1.1	0.037	2.28	0.131	0.00015	0.005	0.025	0.002	0.0066	0.085	0.00015	0.00002	0.0002	0.002	0.001	0.00005	0.0005	0.025
	超Ⅲ率	0%	0%	0%	0%	0%	0%	100%	0%	0%	0%	0%	0%	0%	0%	0%	0%	0%	0%	0%	0%	0%	0%
	类别	Ⅰ	Ⅰ	Ⅰ	Ⅰ	Ⅰ	Ⅱ	劣Ⅴ	Ⅰ	Ⅰ	Ⅰ	Ⅰ	Ⅰ	Ⅰ	Ⅰ	Ⅰ	Ⅰ	Ⅰ	Ⅰ	Ⅰ	Ⅰ	Ⅰ	Ⅰ
乌岩港	样品数	2	2	0	2	0	2	0	2	0	0	0	0	0	0	0	0	0	0	0	0	0	0
	最大值	7.81	7.63	—	5.7	—	0.270	—	1.82	—	—	—	—	—	—	—	—	—	—	—	—	—	—
	最小值	7.40	5.73	—	4.7	—	0.152	—	0.145	—	—	—	—	—	—	—	—	—	—	—	—	—	—
	均值	7.61	6.68	—	5.2	—	0.211	—	0.983	—	—	—	—	—	—	—	—	—	—	—	—	—	—
	超Ⅲ率	0%	0%	—	0%	—	50%	—	50%	—	—	—	—	—	—	—	—	—	—	—	—	—	—
	类别	Ⅰ	Ⅱ	—	Ⅲ	—	Ⅳ	—	Ⅲ	—	—	—	—	—	—	—	—	—	—	—	—	—	—
东大河	样品数	6	6	0	6	0	6	0	6	0	0	0	0	0	0	0	0	0	0	0	0	0	0
	最大值	7.76	11.9	—	8.5	—	0.411	—	2.66	—	—	—	—	—	—	—	—	—	—	—	—	—	—
	最小值	7.00	6.37	—	4.3	—	0.176	—	0.65	—	—	—	—	—	—	—	—	—	—	—	—	—	—
	均值	7.42	8.37	—	5.8	—	0.245	—	1.30	—	—	—	—	—	—	—	—	—	—	—	—	—	—
	超Ⅲ率	0%	0%	—	33%	—	67%	—	50%	—	—	—	—	—	—	—	—	—	—	—	—	—	—
	类别	Ⅰ	Ⅰ	—	Ⅲ	—	Ⅳ	—	Ⅳ	—	—	—	—	—	—	—	—	—	—	—	—	—	—

续表21

站位名称	项目	PH	溶解氧	化学需氧量	高锰酸盐指数	BOD_5	总磷	总氮	氨氮	挥发酚	石油类	阴离子表面活性剂	氰化物	硫化物	氟化物	总砷	总汞	硒	六价铬	总铅	总镉	铜	锌
横河	样品数	6	6	0	6	0	6	0	6	0	0	0	0	0	0	0	0	0	0	0	0	0	0
	最大值	7.72	11.7	—	5.2	—	0.335	—	4.14	—	—	—	—	—	—	—	—	—	—	—	—	—	—
	最小值	6.90	5.84	—	3.5	—	0.116	—	0.230	—	—	—	—	—	—	—	—	—	—	—	—	—	—
	均值	7.40	8.22	—	4.4	—	0.229	—	1.385	—	—	—	—	—	—	—	—	—	—	—	—	—	—
	超Ⅲ率	0%	0%	—	0%	—	67%	—	50%	—	—	—	—	—	—	—	—	—	—	—	—	—	—
	类别	Ⅰ	Ⅰ	—	Ⅲ	—	Ⅳ	—	Ⅳ	—	—	—	—	—	—	—	—	—	—	—	—	—	—
南大河	样品数	6	6	0	6	0	6	0	6	0	0	0	0	0	0	0	0	0	0	0	0	0	0
	最大值	7.66	10.4	—	7.0	—	0.798	—	4.57	—	—	—	—	—	—	—	—	—	—	—	—	—	—
	最小值	6.80	5.08	—	4.1	—	0.187	—	0.330	—	—	—	—	—	—	—	—	—	—	—	—	—	—
	均值	7.32	7.82	—	5.3	—	0.332	—	2.34	—	—	—	—	—	—	—	—	—	—	—	—	—	—
	超Ⅲ率	0%	0%	—	17%	—	83%	—	83%	—	—	—	—	—	—	—	—	—	—	—	—	—	—
	类别	Ⅰ	Ⅰ	—	Ⅲ	—	Ⅴ	—	劣Ⅴ	—	—	—	—	—	—	—	—	—	—	—	—	—	—
西大河	样品数	6	6	0	6	0	6	0	6	0	0	0	0	0	0	0	0	0	0	0	0	0	0
	最大值	7.88	12.6	—	6.6	—	0.529	—	3.79	—	—	—	—	—	—	—	—	—	—	—	—	—	—
	最小值	7.00	5.47	—	3.6	—	0.183	—	0.204	—	—	—	—	—	—	—	—	—	—	—	—	—	—
	均值	7.29	8.12	—	5.2	—	0.289	—	1.38	—	—	—	—	—	—	—	—	—	—	—	—	—	—
	超Ⅲ率	0%	0%	—	33%	—	83%	—	50%	—	—	—	—	—	—	—	—	—	—	—	—	—	—
	类别	Ⅰ	Ⅰ	—	Ⅲ	—	Ⅳ	—	Ⅳ	—	—	—	—	—	—	—	—	—	—	—	—	—	—

续表21

站位名称	项目	PH	溶解氧	化学需氧量	高锰酸盐指数	BOD_5	总磷	总氮	氨氮	挥发酚	石油类	阴离子表面活性剂	氰化物	硫化物	氟化物	总砷	总汞	硒	六价铬	总铅	总镉	铜	锌
新华河	样品数	6	6	0	6	0	6	0	6	0	0	0	0	0	0	0	0	0	0	0	0	0	0
	最大值	7.54	10.8	—	7.3	—	1.60	—	14.8	—	—	—	—	—	—	—	—	—	—	—	—	—	—
	最小值	6.83	5.43	—	3.8	—	0.172	—	1.89	—	—	—	—	—	—	—	—	—	—	—	—	—	—
	均值	7.19	7.27	—	5.4	—	0.633	—	6.58	—	—	—	—	—	—	—	—	—	—	—	—	—	—
	超Ⅲ率	0%	0%	—	33%	—	83%	—	100%	—	—	—	—	—	—	—	—	—	—	—	—	—	—
	类别	Ⅰ	Ⅱ	—	Ⅲ	—	劣Ⅴ	—	劣Ⅴ	—	—	—	—	—	—	—	—	—	—	—	—	—	—
燕山河	样品数	6	6	0	6	0	6	0	6	0	0	0	0	0	0	0	0	0	0	0	0	0	0
	最大值	8.68	11.60	—	8.4	—	1.06	—	4.55	—	—	—	—	—	—	—	—	—	—	—	—	—	—
	最小值	6.67	3.70	—	4.8	—	0.025	—	0.126	—	—	—	—	—	—	—	—	—	—	—	—	—	—
	均值	7.74	7.53	—	6.3	—	0.444	—	1.64	—	—	—	—	—	—	—	—	—	—	—	—	—	—
	超Ⅲ率	0%	17%	—	50%	—	67%	—	67%	—	—	—	—	—	—	—	—	—	—	—	—	—	—
	类别	Ⅰ	Ⅰ	—	Ⅳ	—	劣Ⅴ	—	Ⅴ	—	—	—	—	—	—	—	—	—	—	—	—	—	—

【饮用水源监测结果】 2021年，象山县24个参评水源地有23个年均值达到Ⅲ类水质要求，达标率为95.8%，与2020年相比提高4.1%。其中14个千吨万人饮用水水源地均达到Ⅲ类水质要求，达标率为100%。有2个水库水质由Ⅲ类提高至Ⅱ类，有1个水库水质由Ⅳ类提高至Ⅲ类，17个水库无明显变化，思娘岙水库、金架山水库、珠溪水库、隔溪张水库水质由Ⅱ类下降至Ⅲ类，营养状态除九顷水库为轻度富营养外，其余水库水质均为中营养，总体来说2021年饮用水水源地的水质与上年相比略有提升。在所有监测项次中，共出现2次总磷超标现象，均发生在军民塘水库，总体水质达标率为98.0%。6个市控饮用水水源地均达到Ⅱ类水质要求，达标率为100%。

2021年象山县集中式饮用水源地水质基本情况表

表22

序号	水源地	等级	2020年水质类别	2021年			
				水质类别	水质达标率（%）	主要超标指标	超标次数（次）
1	溪口水库	县级	Ⅱ	Ⅱ	100	—	0
2	仓岙水库	县级	Ⅱ	Ⅱ	100	—	0
3	上张水库	县级	Ⅱ	Ⅱ	100	—	0
4	燕山水库	乡镇级千吨万人	Ⅲ	Ⅱ	100	—	0
5	樊岙水库	乡镇级千吨万人	Ⅱ	Ⅱ	100	—	0
6	平潭水库	乡镇级千吨万人	Ⅱ	Ⅱ	100	—	0
7	三家村水库	乡镇级千吨万人	Ⅱ	Ⅱ	100	—	0
8	军民塘水库	乡镇级	Ⅳ	Ⅳ	0	总磷	2
9	九顷水库	乡镇级千吨万人	Ⅲ	Ⅲ	100	—	0
10	思娘岙水库	乡镇级	Ⅱ	Ⅲ	100	—	0
11	东坑里水库	乡镇级	Ⅲ	Ⅲ	100	—	0
12	小百丈水库	乡镇级	Ⅲ	Ⅲ	100	—	0
13	金架山水库	乡镇级	Ⅱ	Ⅲ	100	—	0
14	龙角岩水库	乡镇级	Ⅲ	Ⅱ	100	—	0
15	岩头陈水库	乡镇级千吨万人	Ⅲ	Ⅲ	100	—	0
16	利民水库	乡镇级	Ⅲ	Ⅲ	100	—	0
17	方家岙水库	乡镇级千吨万人	Ⅱ	Ⅱ	100	—	0
18	洪山庙水库	乡镇级	Ⅳ	Ⅲ	100	—	0
19	塘岙水库	乡镇级千吨万人	Ⅲ	Ⅲ	100	—	0
20	大斜桥水库	乡镇级	Ⅲ	Ⅲ	100	—	0
21	新民水库	乡镇级	Ⅲ	Ⅲ	100	—	0
22	珠溪水库	乡镇级千吨万人	Ⅱ	Ⅲ	100	—	0
23	隔溪张水库	乡镇级千吨万人	Ⅱ	Ⅲ	100	—	0
24	南盘水库	乡镇级千吨万人	Ⅲ	Ⅲ	100	—	0

根据湖泊(水库)营养状态评价,2021年象山县24个参评饮用水源地中有23个为中营养状态,1个为轻度富营养状态。与2020年相比,九顷水库营养状态有所上升,其余水库营养状态都有不同程度下降或保持不变。

2020—2021年象山县集中式饮用水水源地营养状态基本情况表

表23

序 号	水 源 地	等 级	2020年富营养程度	2021年富营养程度
1	溪口水库	市 控	轻度(55)	中(41)
2	仓岙水库	市 控	中(34)	中(37)
3	上张水库	市 控	轻度(55)	中(41)
4	燕山水库	市 控	中(37)	中(40)
5	樊岙水库	市 控	中(36)	中(37)
6	平潭水库	市 控	中(36)	中(40)
7	三家村水库	县 控	中(36)	中(43)
8	军民塘水库	县 控	中(47)	中(50)
9	九顷水库	县 控	中(41)	轻度(53)
10	思娘岙水库	县 控	中(39)	中(49)
11	东坑里水库	县 控	中(39)	中(45)
12	小百丈水库	县 控	中(38)	中(44)
13	金架山水库	县 控	中(37)	中(43)
14	龙角岩水库	县 控	中(35)	中(38)
15	岩头陈水库	县 控	中(38)	中(40)
16	利民水库	县 控	中(41)	中(49)
17	方家岙水库	县 控	中(32)	中(36)
18	洪山庙水库	县 控	中(39)	中(44)
19	塘岙水库	县 控	中(39)	中(45)
20	大斜桥水库	县 控	中(37)	中(45)
21	新民水库	县 控	中(40)	中(43)
22	珠溪水库	县 控	中(34)	中(41)
23	隔溪张水库	县 控	轻度(54)	中(39)
24	南盘水库	县 控	中(40)	中(46)

2021年象山饮用水源地监测结果基本情况表

表 24　　单位：毫克/升

站位名称	项目	pH	溶解氧	化学需氧量	高锰酸盐指数	BOD_5	总磷	总氮	氨氮	挥发酚	石油类	阴离子表面活性剂	氰化物	硫化物	氟化物	总砷	总汞	硒	六价铬	总铅	总镉	铜	锌
溪口水库	样品数	12	12	12	12	12	12	12	12	12	12	12	12	12	12	12	12	12	12	12	12	12	12
	均值	7.63	8.98	6	2	1.2	0.024	1.51	0.125	0.00015	0.005	0.025	0.002	0.0060	0.034	0.00015	0.00002	0.0002	0.002	0.001	0.00005	0.0005	0.025
	最大值	8.99	10.2	10	2.7	2.3	0.034	2.09	0.210	0.00015	0.005	0.025	0.002	0.019	0.050	0.00015	0.00002	0.0002	0.002	0.001	0.00005	0.0005	0.025
	最小值	6.35	7.92	4	1.5	0.25	0.005	0.80	0.064	0.00015	0.005	0.025	0.002	0.0025	0.072	0.00015	0.00002	0.0002	0.002	0.001	0.00005	0.0005	0.005
	超Ⅲ率	0%	0%	0%	0%	0%	0%	100%	0%	0%	0%	0%	0%	0%	0%	0%	0%	0%	0%	0%	0%	0%	0%
	类别	Ⅰ	Ⅰ	Ⅰ	Ⅰ	Ⅰ	Ⅱ	Ⅴ	Ⅰ	Ⅰ	Ⅰ	Ⅰ	Ⅰ	Ⅰ	Ⅰ	Ⅰ	Ⅰ	Ⅰ	Ⅰ	Ⅰ	Ⅰ	Ⅰ	Ⅰ
仓岙水库	样品数	12	12	12	12	12	12	12	12	12	12	12	12	12	12	12	12	12	12	12	12	12	12
	均值	7.30	8.82	5	1.4	0.9	0.022	1.74	0.135	0.00015	0.005	0.025	0.002	0.0054	0.046	0.00015	0.00002	0.0002	0.002	0.001	0.00005	0.0005	0.025
	最大值	7.94	11.0	9	2.0	1.5	0.042	2.16	0.400	0.00015	0.005	0.025	0.002	0.017	0.101	0.00015	0.00002	0.0002	0.002	0.001	0.00005	0.0005	0.025
	最小值	6.60	7.74	2	0.8	0.25	0.005	1.12	0.070	0.00015	0.005	0.025	0.002	0.0025	0.020	0.00015	0.00002	0.0002	0.002	0.001	0.00005	0.0005	0.025
	超Ⅲ率	0%	0%	0%	0%	0%	0%	100%	0%	0%	0%	0%	0%	0%	0%	0%	0%	0%	0%	0%	0%	0%	0%
	类别	Ⅰ	Ⅰ	Ⅰ	Ⅰ	Ⅰ	Ⅱ	Ⅴ	Ⅰ	Ⅰ	Ⅰ	Ⅰ	Ⅰ	Ⅰ	Ⅰ	Ⅰ	Ⅰ	Ⅰ	Ⅰ	Ⅰ	Ⅰ	Ⅰ	Ⅰ
上张水库	样品数	12	12	12	12	12	12	12	12	12	12	12	12	12	12	12	12	12	12	12	12	12	12
	均值	7.61	8.94	7	2.2	0.5	0.025	1.70	0.123	0.00015	0.005	0.025	0.002	0.0078	0.063	0.00015	0.00002	0.0002	0.002	0.001	0.00005	0.0005	0.025
	最大值	8.91	10.9	10	2.9	1.6	0.042	2.30	0.290	0.00015	0.005	0.025	0.002	0.021	0.112	0.00015	0.00002	0.0002	0.002	0.001	0.00005	0.0005	0.025
	最小值	6.61	7.96	4	1.4	0.3	0.005	1.16	0.019	0.00015	0.005	0.025	0.002	0.0025	0.042	0.00015	0.00002	0.0002	0.002	0.001	0.00005	0.0005	0.025
	超Ⅲ率	0%	0%	0%	0%	0%	0%	100%	0%	0%	0%	0%	0%	0%	0%	0%	0%	0%	0%	0%	0%	0%	0%
	类别	Ⅰ	Ⅰ	Ⅰ	Ⅱ	Ⅰ	Ⅱ	Ⅴ	Ⅰ	Ⅰ	Ⅰ	Ⅰ	Ⅰ	Ⅰ	Ⅰ	Ⅰ	Ⅰ	Ⅰ	Ⅰ	Ⅰ	Ⅰ	Ⅰ	Ⅰ

续表24

站位名称	项目	pH	溶解氧	化学需氧量	高锰酸盐指数	BOD_5	总磷	总氮	氨氮	挥发酚	石油类	阴离子表面活性剂	氰化物	硫化物	氟化物	总砷	总汞	硒	六价铬	总铅	总镉	铜	锌
燕山水库	样品数	4	4	4	4	4	4	4	4	4	4	4	4	4	4	4	4	4	4	4	4	4	4
	均值	7.42	8.31	8	2.9	1.6	0.024	1.90	0.331	0.00015	0.005	0.025	0.002	0.0051	0.185	0.00015	0.00002	0.0002	0.002	0.001	0.00005	0.0005	0.025
	最大值	7.99	8.84	10	3.8	3.0	0.034	2.26	0.900	0.00015	0.005	0.025	0.002	0.013	0.204	0.00015	0.00002	0.0002	0.002	0.001	0.00005	0.0005	0.025
	最小值	7.05	7.74	6	2.3	0.25	0.018	1.64	0.100	0.00015	0.005	0.025	0.002	0.0025	0.167	0.00015	0.00002	0.0002	0.002	0.001	0.00005	0.0005	0.025
	超Ⅲ率	0%	0%	0%	0%	0%	0%	100%	0%	0%	0%	0%	0%	0%	0%	0%	0%	0%	0%	0%	0%	0%	0%
	类别	Ⅰ	Ⅰ	Ⅰ	Ⅱ	Ⅰ	Ⅱ	Ⅴ	Ⅱ	Ⅰ	Ⅰ	Ⅰ	Ⅰ	Ⅰ	Ⅰ	Ⅰ	Ⅰ	Ⅰ	Ⅰ	Ⅰ	Ⅰ	Ⅰ	Ⅰ
樊岙水库	样品数	4	4	4	4	4	4	4	4	4	4	4	4	4	4	4	4	4	4	4	4	4	4
	均值	7.51	8.88	6	2.4	1.3	0.019	2.08	0.168	0.00015	0.005	0.025	0.002	0.0041	0.046	0.00015	0.00002	0.0002	0.002	0.001	0.00005	0.0005	0.025
	最大值	7.93	10.4	6	3.9	1.8	0.026	2.34	0.248	0.00015	0.005	0.025	0.002	0.009	0.076	0.00015	0.00002	0.0002	0.002	0.001	0.00005	0.0005	0.025
	最小值	7.04	8.17	4	2.1	0.25	0.016	1.74	0.100	0.00015	0.005	0.025	0.002	0.0025	0.031	0.00015	0.00002	0.0002	0.002	0.001	0.00005	0.0005	0.025
	超Ⅲ率	0%	0%	0%	0%	0%	0%	100%	0%	0%	0%	0%	0%	0%	0%	0%	0%	0%	0%	0%	0%	0%	0%
	类别	Ⅰ	Ⅰ	Ⅰ	Ⅱ	Ⅰ	Ⅱ	劣Ⅴ	Ⅱ	Ⅰ	Ⅰ	Ⅰ	Ⅰ	Ⅰ	Ⅰ	Ⅰ	Ⅰ	Ⅰ	Ⅰ	Ⅰ	Ⅰ	Ⅰ	Ⅰ
平潭水库	样品数	4	4	4	4	4	4	4	4	4	4	4	4	4	4	4	4	4	4	4	4	4	4
	均值	7.50	8.75	8	2.2	1.6	0.022	1.89	0.123	0.00015	0.005	0.025	0.002	0.0075	0.062	0.00015	0.00002	0.0002	0.002	0.001	0.00005	0.0005	0.025
	最大值	7.79	9.42	11	3.4	2.7	0.025	1.94	0.143	0.00015	0.005	0.025	0.002	0.015	0.070	0.00015	0.00002	0.0002	0.002	0.001	0.00005	0.0005	0.025
	最小值	7.23	8.05	6	1.4	0.25	0.018	1.80	0.080	0.00015	0.005	0.025	0.002	0.0025	0.046	0.00015	0.00002	0.0002	0.002	0.001	0.00005	0.0005	0.025
	超Ⅲ率	0%	0%	0%	0%	0%	20%	100%	0%	0%	0%	0%	0%	0%	0%	0%	0%	0%	0%	0%	0%	0%	0%
	类别	Ⅰ	Ⅰ	Ⅰ	Ⅱ	Ⅰ	Ⅱ	Ⅴ	Ⅰ	Ⅰ	Ⅰ	Ⅰ	Ⅰ	Ⅰ	Ⅰ	Ⅰ	Ⅰ	Ⅰ	Ⅰ	Ⅰ	Ⅰ	Ⅰ	Ⅰ

续表24

站位名称	项目	pH	溶解氧	化学需氧量	高锰酸盐指数	BOD_5	总磷	总氮	氨氮	挥发酚	石油类	阴离子表面活性剂	氰化物	硫化物	氟化物	总砷	总汞	硒	六价铬	总铅	总镉	铜	锌
岩头陈水库	样品数	4	4	4	4	4	4	4	4	4	4	4	4	4	4	4	4	4	4	4	4	4	4
	均值	7.70	8.53	7	2.6	1.4	0.028	2.16	0.120	0.00015	0.005	0.025	0.002	0.0053	0.076	0.00015	0.00002	0.0002	0.002	0.001	0.00005	0.0005	0.025
	最大值	8.02	11.6	8	3.6	1.7	0.047	2.96	0.213	0.00015	0.005	0.025	0.002	0.009	0.123	0.00015	0.00002	0.0002	0.002	0.001	0.00005	0.0005	0.025
	最小值	7.18	7.18	5	1.7	1.1	0.019	1.82	0.070	0.00015	0.005	0.025	0.002	0.0025	0.057	0.00015	0.00002	0.0002	0.002	0.001	0.00005	0.0005	0.025
	超Ⅲ率	0%	0%	0%	0%	0%	0%	100%	0%	0%	0%	0%	0%	0%	0%	0%	0%	0%	0%	0%	0%	0%	0%
	类别	Ⅰ	Ⅰ	Ⅰ	Ⅱ	Ⅰ	Ⅲ	劣Ⅴ	Ⅰ	Ⅰ	Ⅰ	Ⅰ	Ⅰ	Ⅰ	Ⅰ	Ⅰ	Ⅰ	Ⅰ	Ⅰ	Ⅰ	Ⅰ	Ⅰ	Ⅰ
九顷水库	样品数	4	4	4	4	4	4	4	4	4	4	4	4	4	4	4	4	4	4	4	4	4	4
	均值	8.14	8.83	12	4.6	2.6	0.043	2.98	0.272	0.00015	0.005	0.025	0.002	0.0118	0.107	0.00015	0.00002	0.0002	0.002	0.001	0.00005	0.0005	0.025
	最大值	8.34	11.2	15	5.7	3.9	0.050	5.72	0.739	0.00015	0.005	0.025	0.002	0.034	0.167	0.00015	0.00002	0.0002	0.002	0.001	0.00005	0.0005	0.025
	最小值	7.92	5.6	8	3.7	1.1	0.031	1.68	0.070	0.00015	0.005	0.025	0.002	0.0025	0.081	0.00015	0.00002	0.0002	0.002	0.001	0.00005	0.0005	0.025
	超Ⅲ率	0%	0%	0%	0%	0%	100%	100%	0%	0%	0%	0%	0%	0%	0%	0%	0%	0%	0%	0%	0%	0%	0%
	类别	Ⅰ	Ⅰ	Ⅰ	Ⅲ	Ⅰ	Ⅲ	劣Ⅴ	Ⅱ	Ⅰ	Ⅰ	Ⅰ	Ⅰ	Ⅰ	Ⅰ	Ⅰ	Ⅰ	Ⅰ	Ⅰ	Ⅰ	Ⅰ	Ⅰ	Ⅰ
思娘岙水库	样品数	2	2	2	2	2	2	2	2	2	2	2	2	2	2	2	2	2	2	2	2	2	2
	均值	7.74	8.22	10	4.5	1.8	0.028	2.44	0.278	0.00015	0.005	0.025	0.002	0.0118	0.093	0.00015	0.00002	0.0002	0.002	0.001	0.00005	0.0005	0.025
	最大值	8.12	8.81	12	4.8	2.3	0.034	3.08	0.280	0.00015	0.005	0.025	0.002	0.021	0.102	0.00015	0.00002	0.0002	0.002	0.001	0.00005	0.0005	0.025
	最小值	7.36	7.62	8	4.2	1.4	0.022	1.80	0.277	0.00015	0.005	0.025	0.002	0.0025	0.084	0.00015	0.00002	0.0002	0.002	0.001	0.00005	0.0005	0.025
	超Ⅲ率	0%	0%	0%	0%	0%	0%	100%	0%	0%	0%	0%	0%	0%	0%	0%	0%	0%	0%	0%	0%	0%	0%
	类别	Ⅰ	Ⅰ	Ⅰ	Ⅲ	Ⅰ	Ⅲ	劣Ⅴ	Ⅱ	Ⅰ	Ⅰ	Ⅰ	Ⅰ	Ⅰ	Ⅰ	Ⅰ	Ⅰ	Ⅰ	Ⅰ	Ⅰ	Ⅰ	Ⅰ	Ⅰ

续表24

站位名称	项目	pH	溶解氧	化学需氧量	高锰酸盐指数	BOD_5	总磷	总氮	氨氮	挥发酚	石油类	阴离子表面活性剂	氰化物	硫化物	氟化物	总砷	总汞	硒	六价铬	总铅	总镉	铜	锌
东坑里水库	样品数	2	2	2	2	2	2	2	2	2	2	2	2	2	2	2	2	2	2	2	2	2	2
	均值	8.02	8.04	4	3.4	1.4	0.026	2.48	0.198	0.00015	0.005	0.025	0.002	0.0058	0.044	0.00015	0.00002	0.0002	0.002	0.001	0.00005	0.0005	0.025
	最大值	8.31	8.12	5	3.4	1.7	0.030	2.88	0.235	0.00015	0.005	0.025	0.002	0.009	0.067	0.00015	0.00002	0.0002	0.002	0.001	0.00005	0.0005	0.025
	最小值	7.74	7.97	4	3.4	1.2	0.023	2.09	0.160	0.00015	0.005	0.025	0.002	0.0025	0.021	0.00015	0.00002	0.0002	0.002	0.001	0.00005	0.0005	0.025
	超Ⅲ率	0%	0%	0%	0%	0%	0%	100%	0%	0%	0%	0%	0%	0%	0%	0%	0%	0%	0%	0%	0%	0%	0%
	类别	Ⅰ	Ⅰ	Ⅰ	Ⅱ	Ⅰ	Ⅲ	劣Ⅴ	Ⅱ	Ⅰ	Ⅰ	Ⅰ	Ⅰ	Ⅰ	Ⅰ	Ⅰ	Ⅰ	Ⅰ	Ⅰ	Ⅰ	Ⅰ	Ⅰ	Ⅰ
小百丈水库	样品数	2	2	2	2	2	2	2	2	2	2	2	2	2	2	2	2	2	2	2	2	2	2
	均值	7.72	8.38	4	2.6	1.3	0.032	2.30	0.152	0.00015	0.005	0.025	0.002	0.0048	0.059	0.00015	0.00002	0.0002	0.002	0.001	0.00005	0.0005	0.025
	最大值	8.09	8.64	4	2.6	1.6	0.033	2.48	0.170	0.00015	0.005	0.025	0.002	0.007	0.086	0.00015	0.00002	0.0002	0.002	0.001	0.00005	0.0005	0.025
	最小值	7.36	8.11	4	2.5	1.0	0.030	2.13	0.133	0.00015	0.005	0.025	0.002	0.0025	0.032	0.00015	0.00002	0.0002	0.002	0.001	0.00005	0.0005	0.025
	超Ⅲ率	0%	0%	0%	0%	0%	0%	100%	0%	0%	0%	0%	0%	0%	0%	0%	0%	0%	0%	0%	0%	0%	0%
	类别	Ⅰ	Ⅰ	Ⅰ	Ⅱ	Ⅰ	Ⅲ	劣Ⅴ	Ⅱ	Ⅰ	Ⅰ	Ⅰ	Ⅰ	Ⅰ	Ⅰ	Ⅰ	Ⅰ	Ⅰ	Ⅰ	Ⅰ	Ⅰ	Ⅰ	Ⅰ
金架山水库	样品数	2	2	2	2	2	2	2	2	2	2	2	2	2	2	2	2	2	2	2	2	2	2
	均值	7.50	8.42	3	2.0	1.2	0.030	2.33	0.182	0.00015	0.005	0.025	0.002	0.0078	0.020	0.00015	0.00002	0.0002	0.002	0.001	0.00005	0.0005	0.025
	最大值	7.53	8.44	4	2.6	1.6	0.031	2.53	0.203	0.00015	0.005	0.025	0.002	0.013	0.020	0.00015	0.00002	0.0002	0.002	0.001	0.00005	0.0005	0.025
	最小值	7.48	8.41	2	1.4	0.8	0.030	2.13	0.160	0.00015	0.005	0.025	0.002	0.0025	0.019	0.00015	0.00002	0.0002	0.002	0.001	0.00005	0.0005	0.025
	超Ⅲ率	0%	0%	0%	0%	0%	0%	100%	0%	0%	0%	0%	0%	0%	0%	0%	0%	0%	0%	0%	0%	0%	0%
	类别	Ⅰ	Ⅰ	Ⅰ	Ⅰ	Ⅰ	Ⅲ	劣Ⅴ	Ⅱ	Ⅰ	Ⅰ	Ⅰ	Ⅰ	Ⅰ	Ⅰ	Ⅰ	Ⅰ	Ⅰ	Ⅰ	Ⅰ	Ⅰ	Ⅰ	Ⅰ

续表24

站位名称	项目	pH	溶解氧	化学需氧量	高锰酸盐指数	BOD_5	总磷	总氮	氨氮	挥发酚	石油类	阴离子表面活性剂	氰化物	硫化物	氟化物	总砷	总汞	硒	六价铬	总铅	总镉	铜	锌
珠溪水库	样品数	4	4	4	4	4	4	4	4	4	4	4	4	4	4	4	4	4	4	4	4	4	4
	均值	7.35	8.34	7	2.1	1.4	0.026	1.97	0.118	0.00015	0.005	0.025	0.002	0.0058	0.040	0.00015	0.00002	0.0002	0.002	0.001	0.00005	0.0005	0.025
	最大值	7.65	8.94	9	3.2	2.0	0.030	2.54	0.162	0.00015	0.005	0.025	0.002	0.009	0.068	0.00015	0.00002	0.0002	0.002	0.001	0.00005	0.0005	0.025
	最小值	7.04	7.61	5	1.6	0.5	0.024	1.53	0.060	0.00015	0.005	0.025	0.002	0.0025	0.022	0.00015	0.00002	0.0002	0.002	0.001	0.00005	0.0005	0.025
	超Ⅲ率	0%	0%	0%	0%	0%	0%	100%	0%	0%	0%	0%	0%	0%	0%	0%	0%	0%	0%	0%	0%	0%	0%
	类别	Ⅰ	Ⅰ	Ⅰ	Ⅱ	Ⅰ	Ⅲ	Ⅴ	Ⅰ	Ⅰ	Ⅰ	Ⅰ	Ⅰ	Ⅰ	Ⅰ	Ⅰ	Ⅰ	Ⅰ	Ⅰ	Ⅰ	Ⅰ	Ⅰ	Ⅰ
三家村水库	样品数	4	4	4	4	4	4	4	4	4	4	4	4	4	4	4	4	4	4	4	4	4	4
	均值	7.85	8.43	6	2.2	1.6	0.025	2.32	0.137	0.00015	0.005	0.025	0.002	0.0060	0.055	0.00015	0.00002	0.0002	0.002	0.001	0.00005	0.0005	0.025
	最大值	8.35	9.24	10	2.8	1.9	0.034	2.96	0.190	0.00015	0.005	0.025	0.002	0.012	0.076	0.00015	0.00002	0.0002	0.002	0.001	0.00005	0.0005	0.025
	最小值	7.55	7.11	4	1.6	0.9	0.019	1.94	0.060	0.00015	0.005	0.025	0.002	0.0025	0.042	0.00015	0.00002	0.0002	0.002	0.001	0.00005	0.0005	0.025
	超Ⅲ率	0%	0%	0%	0%	0%	0%	100%	0%	0%	0%	0%	0%	0%	0%	0%	0%	0%	0%	0%	0%	0%	0%
	类别	Ⅰ	Ⅰ	Ⅰ	Ⅱ	Ⅰ	Ⅱ	劣Ⅴ	Ⅰ	Ⅰ	Ⅰ	Ⅰ	Ⅰ	Ⅰ	Ⅰ	Ⅰ	Ⅰ	Ⅰ	Ⅰ	Ⅰ	Ⅰ	Ⅰ	Ⅰ
利民水库	样品数	2	2	2	2	2	2	2	2	2	2	2	2	2	2	2	2	2	2	2	2	2	2
	均值	7.47	6.60	6	3.4	1.9	0.036	2.88	0.222	0.00015	0.005	0.025	0.002	0.0058	0.092	0.00015	0.00002	0.0002	0.002	0.001	0.00005	0.0005	0.025
	最大值	7.89	7.08	8	4.0	2.2	0.044	3.43	0.230	0.00015	0.005	0.025	0.002	0.009	0.099	0.00015	0.00002	0.0002	0.002	0.001	0.00005	0.0005	0.025
	最小值	7.05	6.12	5	2.7	1.6	0.027	2.32	0.213	0.00015	0.005	0.025	0.002	0.0025	0.085	0.00015	0.00002	0.0002	0.002	0.001	0.00005	0.0005	0.025
	超Ⅲ率	0%	0%	0%	0%	0%	0%	100%	0%	0%	0%	0%	0%	0%	0%	0%	0%	0%	0%	0%	0%	0%	0%
	类别	Ⅰ	Ⅱ	Ⅰ	Ⅱ	Ⅰ	Ⅲ	劣Ⅴ	Ⅱ	Ⅰ	Ⅰ	Ⅰ	Ⅰ	Ⅰ	Ⅰ	Ⅰ	Ⅰ	Ⅰ	Ⅰ	Ⅰ	Ⅰ	Ⅰ	Ⅰ

续表24

站位名称	项目	pH	溶解氧	化学需氧量	高锰酸盐指数	BOD_5	总磷	总氮	氨氮	挥发酚	石油类	阴离子表面活性剂	氰化物	硫化物	氟化物	总砷	总汞	硒	六价铬	总铅	总镉	铜	锌
方家岙水库	样品数	4	4	4	4	4	4	4	4	4	4	4	4	4	4	4	4	4	4	4	4	4	4
	均值	7.50	8.31	6	1.4	0.9	0.025	1.93	0.129	0.00015	0.005	0.025	0.002	0.0036	0.047	0.00015	0.00002	0.0002	0.002	0.001	0.00005	0.0005	0.025
	最大值	7.85	8.64	7	1.6	1.5	0.029	2.31	0.187	0.00015	0.005	0.025	0.002	0.007	0.074	0.00015	0.00002	0.0002	0.002	0.001	0.00005	0.0005	0.025
	最小值	7.22	8.02	5	1.1	0.25	0.020	1.64	0.080	0.00015	0.005	0.025	0.002	0.0025	0.034	0.00015	0.00002	0.0002	0.002	0.001	0.00005	0.0005	0.025
	超Ⅲ率	0%	0%	0%	0%	0%	0%	100%	0%	0%	0%	0%	0%	0%	0%	0%	0%	0%	0%	0%	0%	0%	0%
	类别	Ⅰ	Ⅰ	Ⅰ	Ⅰ	Ⅰ	Ⅱ	Ⅴ	Ⅰ	Ⅰ	Ⅰ	Ⅰ	Ⅰ	Ⅰ	Ⅰ	Ⅰ	Ⅰ	Ⅰ	Ⅰ	Ⅰ	Ⅰ	Ⅰ	Ⅰ
洪山庙水库	样品数	2	2	2	2	2	2	2	2	2	2	2	2	2	2	2	2	2	2	2	2	2	2
	均值	7.26	7.91	5	2.4	1.6	0.034	2.44	0.146	0.00015	0.005	0.025	0.002	0.0068	0.046	0.00015	0.00002	0.0002	0.002	0.001	0.00005	0.0005	0.025
	最大值	7.47	8.29	5	2.5	1.7	0.041	2.61	0.181	0.00015	0.005	0.025	0.002	0.011	0.065	0.00015	0.00002	0.0002	0.002	0.001	0.00005	0.0005	0.025
	最小值	7.05	7.53	5	2.2	1.6	0.028	2.28	0.110	0.00015	0.005	0.025	0.002	0.0025	0.026	0.00015	0.00002	0.0002	0.002	0.001	0.00005	0.0005	0.025
	超Ⅲ率	0%	0%	0%	0%	0%	0%	100%	0%	0%	0%	0%	0%	0%	0%	0%	0%	0%	0%	0%	0%	0%	0%
	类别	Ⅰ	Ⅰ	Ⅰ	Ⅱ	Ⅰ	Ⅲ	劣Ⅴ	Ⅰ	Ⅰ	Ⅰ	Ⅰ	Ⅰ	Ⅰ	Ⅰ	Ⅰ	Ⅰ	Ⅰ	Ⅰ	Ⅰ	Ⅰ	Ⅰ	Ⅰ
塘岙水库	样品数	4	4	4	4	4	4	4	4	4	4	4	4	4	4	4	4	4	4	4	4	4	4
	均值	7.34	8.18	10	3.0	2.2	0.041	2.56	0.143	0.00015	0.005	0.025	0.002	0.0081	0.077	0.00015	0.00002	0.0002	0.002	0.001	0.00005	0.0005	0.025
	最大值	7.52	8.76	11	4.0	2.6	0.047	3.02	0.203	0.00015	0.005	0.025	0.002	0.012	0.118	0.00015	0.00002	0.0002	0.002	0.001	0.00005	0.0005	0.025
	最小值	7.10	7.64	8	2.1	1.8	0.025	1.79	0.100	0.00015	0.005	0.025	0.002	0.0025	0.052	0.00015	0.00002	0.0002	0.002	0.001	0.00005	0.0005	0.025
	超Ⅲ率	0%	0%	0%	0%	0%	0%	100%	0%	0%	0%	0%	0%	0%	0%	0%	0%	0%	0%	0%	0%	0%	0%
	类别	Ⅰ	Ⅰ	Ⅰ	Ⅱ	Ⅰ	Ⅲ	劣Ⅴ	Ⅰ	Ⅰ	Ⅰ	Ⅰ	Ⅰ	Ⅰ	Ⅰ	Ⅰ	Ⅰ	Ⅰ	Ⅰ	Ⅰ	Ⅰ	Ⅰ	Ⅰ

续表24

站位名称	项目	pH	溶解氧	化学需氧量	高锰酸盐指数	BOD_5	总磷	总氮	氨氮	挥发酚	石油类	阴离子表面活性剂	氰化物	硫化物	氟化物	总砷	总汞	硒	六价铬	总铅	总镉	铜	锌
大斜桥水库	样品数	2	2	2	2	2	2	2	2	2	2	2	2	2	2	2	2	2	2	2	2	2	2
	均值	8.24	8.86	8	3.2	2.5	0.042	2.38	0.175	0.00015	0.005	0.025	0.002	0.0048	0.093	0.00015	0.00002	0.0002	0.002	0.001	0.00005	0.0005	0.025
	最大值	9.27	9.48	11	4.0	3.5	0.050	2.73	0.230	0.00015	0.005	0.025	0.002	0.007	0.097	0.00015	0.00002	0.0002	0.002	0.001	0.00005	0.0005	0.025
	最小值	7.20	8.25	4	2.4	1.5	0.033	2.02	0.120	0.00015	0.005	0.025	0.002	0.0025	0.089	0.00015	0.00002	0.0002	0.002	0.001	0.00005	0.0005	0.025
	超Ⅲ率	0%	0%	0%	0%	0%	0%	100%	0%	0%	0%	0%	0%	0%	0%	0%	0%	0%	0%	0%	0%	0%	0%
	类别	Ⅰ	Ⅰ	Ⅰ	Ⅱ	Ⅰ	Ⅲ	劣Ⅴ	Ⅱ	Ⅰ	Ⅰ	Ⅰ	Ⅰ	Ⅰ	Ⅰ	Ⅰ	Ⅰ	Ⅰ	Ⅰ	Ⅰ	Ⅰ	Ⅰ	Ⅰ
龙角岩水库	样品数	2	2	2	2	2	2	2	2	2	2	2	2	2	2	2	2	2	2	2	2	2	2
	均值	7.81	8.22	3	1.8	1.5	0.024	1.82	0.162	0.00015	0.005	0.025	0.002	0.0058	0.077	0.00015	0.00002	0.0002	0.002	0.001	0.00005	0.0005	0.025
	最大值	8.20	8.31	4	2.0	1.6	0.026	2.00	0.165	0.00015	0.005	0.025	0.002	0.009	0.103	0.00015	0.00002	0.0002	0.002	0.001	0.00005	0.0005	0.025
	最小值	7.42	8.12	2	1.6	1.4	0.022	1.65	0.160	0.00015	0.005	0.025	0.002	0.0025	0.051	0.00015	0.00002	0.0002	0.002	0.001	0.00005	0.0005	0.025
	超Ⅲ率	0%	0%	0%	0%	0%	0%	100%	0%	0%	0%	0%	0%	0%	0%	0%	0%	0%	0%	0%	0%	0%	0%
	类别	Ⅰ	Ⅰ	Ⅰ	Ⅰ	Ⅰ	Ⅱ	Ⅴ	Ⅱ	Ⅰ	Ⅰ	Ⅰ	Ⅰ	Ⅰ	Ⅰ	Ⅰ	Ⅰ	Ⅰ	Ⅰ	Ⅰ	Ⅰ	Ⅰ	Ⅰ
军民塘水库	样品数	2	2	2	2	2	2	2	2	0	0	0	0	0	0	0	0	0	0	0	0	0	0
	均值	7.66	8.24	12	3.7	2.8	0.076	5.14	0.498	—	—	—	—	—	—	—	—	—	—	—	—	—	—
	最大值	8.29	8.27	14	4.0	3.0	0.096	5.97	0.605	—	—	—	—	—	—	—	—	—	—	—	—	—	—
	最小值	7.03	8.20	9	3.4	2.6	0.055	4.32	0.390	—	—	—	—	—	—	—	—	—	—	—	—	—	—
	超Ⅲ率	0%	0%	0%	0%	0%	100%	100%	0%	—	—	—	—	—	—	—	—	—	—	—	—	—	—
	类别	Ⅰ	Ⅰ	Ⅰ	Ⅱ	Ⅰ	Ⅳ	劣Ⅴ	Ⅱ	—	—	—	—	—	—	—	—	—	—	—	—	—	—

续表24

站位名称	项目	pH	溶解氧	化学需氧量	高锰酸盐指数	BOD_5	总磷	总氮	氨氮	挥发酚	石油类	阴离子表面活性剂	氰化物	硫化物	氟化物	总砷	总汞	硒	六价铬	总铅	总镉	铜	锌
新民水库	样品数	2	2	2	2	2	2	2	2	2	2	2	2	2	2	2	2	2	2	2	2	2	2
	均值	8.28	8.24	6	2.9	1.5	0.034	2.75	0.115	0.00015	0.005	0.025	0.002	0.0048	0.055	0.00015	0.00002	0.0002	0.002	0.001	0.00005	0.0005	0.025
	最大值	8.83	8.70	7	3.3	1.8	0.042	3.62	0.120	0.00015	0.005	0.025	0.002	0.007	0.075	0.00015	0.00002	0.0002	0.002	0.001	0.00005	0.0005	0.025
	最小值	7.72	7.79	4	2.5	1.2	0.026	1.88	0.110	0.00015	0.005	0.025	0.002	0.0025	0.034	0.00015	0.00002	0.0002	0.002	0.001	0.00005	0.0005	0.025
	超Ⅲ率	0%	0%	0%	0%	0%	0%	100%	0%	0%	0%	0%	0%	0%	0%	0%	0%	0%	0%	0%	0%	0%	0%
	类别	Ⅰ	Ⅰ	Ⅰ	Ⅱ	Ⅰ	Ⅲ	劣Ⅴ	Ⅰ	Ⅰ	Ⅰ	Ⅰ	Ⅰ	Ⅰ	Ⅰ	Ⅰ	Ⅰ	Ⅰ	Ⅰ	Ⅰ	Ⅰ	Ⅰ	Ⅰ
隔溪张水库	样品数	2	2	2	2	2	2	2	2	2	2	2	2	2	2	2	2	2	2	2	2	2	2
	均值	7.39	8.24	6	1.3	0.7	0.034	1.89	0.101	0.00015	0.005	0.025	0.002	0.0025	0.044	0.00015	0.00002	0.0002	0.002	0.001	0.00005	0.0005	0.025
	最大值	7.41	8.58	6	1.6	1.2	0.040	2.17	0.112	0.00015	0.005	0.025	0.002	0.0025	0.049	0.00015	0.00002	0.0002	0.002	0.001	0.00005	0.0005	0.025
	最小值	7.37	7.91	5	1.0	0.25	0.029	1.61	0.090	0.00015	0.005	0.025	0.002	0.0025	0.039	0.00015	0.00002	0.0002	0.002	0.001	0.00005	0.0005	0.025
	超Ⅲ率	0%	0%	0%	0%	0%	0%	100%	0%	0%	0%	0%	0%	0%	0%	0%	0%	0%	0%	0%	0%	0%	0%
	类别	Ⅰ	Ⅰ	Ⅰ	Ⅰ	Ⅰ	Ⅲ	Ⅴ	Ⅰ	Ⅰ	Ⅰ	Ⅰ	Ⅰ	Ⅰ	Ⅰ	Ⅰ	Ⅰ	Ⅰ	Ⅰ	Ⅰ	Ⅰ	Ⅰ	Ⅰ
南盘水库	样品数	4	4	4	4	4	4	4	4	4	4	4	4	4	4	4	4	4	4	4	4	4	4
	均值	7.80	9.22	6	2.9	1.5	0.042	2.39	0.208	0.00015	0.005	0.025	0.002	0.0070	0.208	0.00015	0.00002	0.0002	0.002	0.001	0.00005	0.0005	0.025
	最大值	8.21	10.8	9	3.7	3.7	0.049	3.17	0.329	0.00015	0.005	0.025	0.002	0.015	0.540	0.00015	0.00002	0.0002	0.002	0.001	0.00005	0.0005	0.025
	最小值	7.51	8.22	4	2.1	2.1	0.034	1.94	0.080	0.00015	0.005	0.025	0.002	0.0025	0.064	0.00015	0.00002	0.0002	0.002	0.001	0.00005	0.0005	0.025
	超Ⅲ率	0%	0%	0%	0%	0%	100%	100%	0%	0%	0%	0%	0%	0%	0%	0%	0%	0%	0%	0%	0%	0%	0%
	类别	Ⅰ	Ⅰ	Ⅰ	Ⅱ	Ⅰ	Ⅲ	劣Ⅴ	Ⅱ	Ⅰ	Ⅰ	Ⅰ	Ⅰ	Ⅰ	Ⅰ	Ⅰ	Ⅰ	Ⅰ	Ⅰ	Ⅰ	Ⅰ	Ⅰ	Ⅰ

【近岸海域水质状况】 2021年，象山县近岸海域富营养化程度总体较高，水质较差。6个监控点位中，大目洋的2个点位为四类水质，石浦港和象山港的4个点位为劣四类水质，均不能满足近岸海域水环境功能要求，主要超标指标为无机氮和活性磷酸盐。

（一）大目洋二类区

监测结果表明：大目洋海域pH值、溶解氧、化学需氧量、石油类、铜、砷、镉、铅、汞和锌均符合第一类海水水质标准，活性磷酸盐爵溪站位符合第四类海水水质标准，大目洋站位则符合第二类海水水质标准，无机氮符合第四类海水水质标准，评价结果为四类海水。

2020—2021年大目洋二类区（爵溪站位）海域水质监测和评价结果基本情况表

表25

指标	类别	2020年	2021年	类别
pH	范围	8.05~8.06	8.00~8.05	一类
	均值	8.06	8.03	
化学需氧量（毫克/升）	范围	0.87~1.36	0.94~1.16	一类
	均值	1.17	1.03	
石油类（微克/升）	范围	6~11	13~22	一类
	均值	8.5	20	
溶解氧（毫克/升）	范围	7.37~8.18	7.50~8.10	一类
	均值	7.80	7.70	
汞（微克/升）	范围	0.023~0.026	0.019~0.022	一类
	均值	0.024	0.020	
铜（微克/升）	范围	1.9~2.37	1.51~2.28	一类
	均值	2.15	1.90	
铅（微克/升）	范围	0.16~0.81	0.108~0.341	一类
	均值	0.40	0.185	
镉（微克/升）	范围	0.035~0.09	0.042~0.064	一类
	均值	0.057	0.052	
砷（微克/升）	范围	0.8~1.11	1.02~1.16	一类
	均值	0.91	1.10	
锌（微克/升）	范围	5.63~14.6	7.59~10.8	一类
	均值	8.67	9.26	
无机氮（毫克/升）	范围	0.342~0.528	0.410~0.459	四类
	均值	0.438	0.433	
活性磷酸盐（毫克/升）	范围	0.027~0.033	0.029~0.038	四类
	均值	0.029	0.032	

2020—2021年大目洋二类区（大目洋站位）海域水质监测和评价结果基本情况表

表26

指标	类别	2020年	2021年	类别
pH	范围	8.02~8.13	8.02~8.04	一类
	均值	8.08	8.03	

续表26

指　　标	类　别	2020 年	2021 年	类　　别
化学需氧量(毫克/升)	范围	1. 17~1. 35	0. 93~1. 23	一类
	均值	1. 27	1. 11	
石油类(微克/升)	范围	6~11	7~12	一类
	均值	8. 5	10	
溶解氧(毫克/升)	范围	6. 81~7. 85	6. 89~7. 54	一类
	均值	7. 32	7. 25	
汞(微克/升)	范围	0. 015~0. 021	0. 021~0. 023	一类
	均值	0. 018	0. 022	
铜(微克/升)	范围	1. 0~1. 43	1. 39~2. 45	一类
	均值	1. 26	1. 98	
铅(微克/升)	范围	0. 145~0. 18	0. 107~0. 194	一类
	均值	0. 16	0. 144	
镉(微克/升)	范围	0. 027~0. 053	0. 043~0. 067	一类
	均值	0. 045	0. 057	
砷(微克/升)	范围	0. 9~1. 05	1. 02~1. 50	一类
	均值	0. 99	1. 23	
锌(微克/升)	范围	2. 5~5. 77	6. 60~13. 0	一类
	均值	4. 08	9. 15	
无机氮(毫克/升)	范围	0. 36~0. 435	0. 374~0. 496	四类
	均值	0. 401	0. 442	
活性磷酸盐(毫克/升)	范围	0. 037~0. 045	0. 019~0. 036	二类
	均值	0. 040	0. 028	

(二)石浦港四类区

监测结果表明:石浦港海域 pH 值、溶解氧、化学需氧量、石油类、铜、砷、镉、铅、汞和锌符合第一类海水水质标准,活性磷酸盐符合第四类海水水质标准,无机氮超出第四类海水水质标准,评价结果为劣四类海水。

2020—2021 年石浦港四类区海域水质监测和评价结果基本情况表

表 27

指　　标	类　别	2020 年	2021 年	类　　别
pH	范围	7. 94~8. 09	8. 01~8. 03	一类
	均值	8. 01	8. 02	
化学需氧量(毫克/升)	范围	1. 17~1. 53	1. 07~1. 60	一类
	均值	1. 34	1. 33	
石油类(微克/升)	范围	15~15	5~7	一类
	均值	15	6	

续表27

指　　标	类　别	2020 年	2021 年	类　　别
溶解氧(毫克/升)	范围	6.80~7.76	6.89~7.60	一类
	均值	7.29	7.22	
汞(微克/升)	范围	0.013~0.023	0.022~0.024	一类
	均值	0.022	0.023	
铜(微克/升)	范围	1.0~2.9	1.51~2.34	一类
	均值	1.64	1.90	
铅(微克/升)	范围	0.08~0.28	0.165~0.230	一类
	均值	0.16	0.204	
镉(微克/升)	范围	0.05~0.06	0.045~0.054	一类
	均值	0.056	0.050	
砷(微克/升)	范围	0.86~1.0	1.08~1.16	一类
	均值	0.9	1.11	
锌(微克/升)	范围	2.3~7.2	3.67~18.8	一类
	均值	4.31	9.92	
无机氮(毫克/升)	范围	0.41~0.893	0.446~0.726	劣四类
	均值	0.648	0.604	
活性磷酸盐(毫克/升)	范围	0.036~0.043	0.023~0.047	四类
	均值	0.039	0.035	

（三）象山港一类区

监测结果表明：象山港海域 pH 值、溶解氧、化学需氧量、石油类、铜、砷、镉、铅、汞和锌均符合第一类海水水质标准，活性磷酸盐符合第二类海水水质标准，无机氮超出第四类海水水质标准，评价结果为劣四类海水。

2021 年象山港一类区（野龙山站位）海域水质监测和评价结果基本情况表

表 28

指　　标	类　别	2021 年	类　　别
pH	范围	8.04~8.07	一类
	均值	8.06	
化学需氧量(毫克/升)	范围	0.97~1.42	一类
	均值	1.21	
石油类(微克/升)	范围	11~19	一类
	均值	15	
溶解氧(毫克/升)	范围	6.60~7.47	一类
	均值	7.10	
汞(微克/升)	范围	0.020~0.027	一类
	均值	0.022	

续表28

指　标	类　别	2021年	类　别
铜(微克/升)	范围	1.51~2.90	一类
	均值	2.24	
铅(微克/升)	范围	0.189~0.504	一类
	均值	0.330	
镉(微克/升)	范围	0.037~0.044	一类
	均值	0.042	
砷(微克/升)	范围	0.936~1.15	一类
	均值	1.03	
锌(微克/升)	范围	4.75~9.23	一类
	均值	7.41	
无机氮(毫克/升)	范围	0.389~0.691	劣四类
	均值	0.553	
活性磷酸盐(毫克/升)	范围	0.013~0.029	二类
	均值	0.022	

2021年象山港一类区(黄避岙站位)海域水质监测和评价结果基本情况表

表29

指　标	类　别	2021年	类　别
pH	范围	8.02~8.10	一类
	均值	8.06	
化学需氧量(毫克/升)	范围	1.27~1.66	一类
	均值	1.44	
石油类(微克/升)	范围	12~27	一类
	均值	20	
溶解氧(毫克/升)	范围	6.83~7.71	一类
	均值	7.17	
汞(微克/升)	范围	0.017~0.020	一类
	均值	0.019	
铜(微克/升)	范围	1.44~3.05	一类
	均值	2.14	
铅(微克/升)	范围	0.181~0.289	一类
	均值	0.240	
镉(微克/升)	范围	0.035~0.050	一类
	均值	0.044	

续表29

指　标	类　别	2021年	类　别
砷（微克/升）	范围	0.899~1.07	一类
	均值	0.981	
锌（微克/升）	范围	5.59~7.69	一类
	均值	6.31	
无机氮（毫克/升）	范围	0.557~0.834	劣四类
	均值	0.676	
活性磷酸盐（毫克/升）	范围	0.017~0.031	二类
	均值	0.024	

2021年象山港一类区（下三山站位）海域水质监测和评价结果基本情况表

表30

指　标	类　别	2021年	类　别
pH	范围	8.04~8.08	一类
	均值	8.06	
化学需氧量（毫克/升）	范围	0.85~1.66	一类
	均值	1.23	
石油类（微克/升）	范围	16~19	一类
	均值	18	
溶解氧（毫克/升）	范围	6.80~7.90	一类
	均值	7.37	
汞（微克/升）	范围	0.021~0.027	一类
	均值	0.023	
铜（微克/升）	范围	1.69~2.66	一类
	均值	2.31	
铅（微克/升）	范围	0.222~0.390	一类
	均值	0.293	
镉（微克/升）	范围	0.040~0.050	一类
	均值	0.045	
砷（微克/升）	范围	0.917~1.14	一类
	均值	1.06	
锌（微克/升）	范围	4.85~8.49	一类
	均值	6.97	
无机氮（毫克/升）	范围	0.565~0.720	劣四类
	均值	0.642	
活性磷酸盐（毫克/升）	范围	0.015~0.027	二类
	均值	0.021	

（四）营养状况

象山近岸海域水质均属营养型。2021年，大目洋二类区爵溪站位3.17、大目洋站位3.05、石浦港四类区富营养化指数为6.25、象山港一类区野龙山站位3.27、黄避岙站位5.19、下三山站位3.69。根据海域水体水质营养等级划分标准，大目洋二类区爵溪站位和大目洋站位均为中度富营养，石浦港四类区为重度富营养，象山港一类区野龙山和下三山为中度富营养、黄避岙站位为重度富营养。与上年相比，大目洋二类区和石浦港四类区营养级别保持不变，但程度有所好转。

2020—2021年各站位营养指数评价基本情况表

表31

区　域	2020年营养指数	2020年评价	2021年营养指数	2021年评价
爵　溪	3.30	中度富营养	3.17↓	中度富营养
大目洋	4.53	中度富营养	3.05↓	中度富营养
石浦港	7.53	重度富营养	6.25↓	重度富营养
野龙山	—	—	3.27	中度富营养
黄避岙	—	—	5.19	重度富营养
下三山	—	—	3.69	中度富营养

大气环境保护

【概况】 2021年，象山县环境空气质量总体稳中向好，主要污染物浓度呈下降趋势，全年监测有效天数为365天，达标天数共361天，达标天数比例为98.9%。超标4天，超标天数比例为1.1%，均为轻度污染，无重度污染和严重污染情况。环境空气质量综合指数为2.51，同比下降7.0%，空气质量优于上年，在宁波市排名保持第一，全省排名第14名，较2020年上升5名。对比主要污染物单项指数，可吸入颗粒物、臭氧、一氧化碳指数值均下降，2021年臭氧仍为主要污染物。

2020—2021年象山县环境空气质量状况表

表32

项　目 时　间	级　　别（微克/立方米）						达标天数 比例（%）
	Ⅰ	Ⅱ	Ⅲ	Ⅳ	Ⅴ	Ⅵ	
2020年	199	153	12	1	0	0	96.4
2021年	210	151	4	0	0	0	98.9

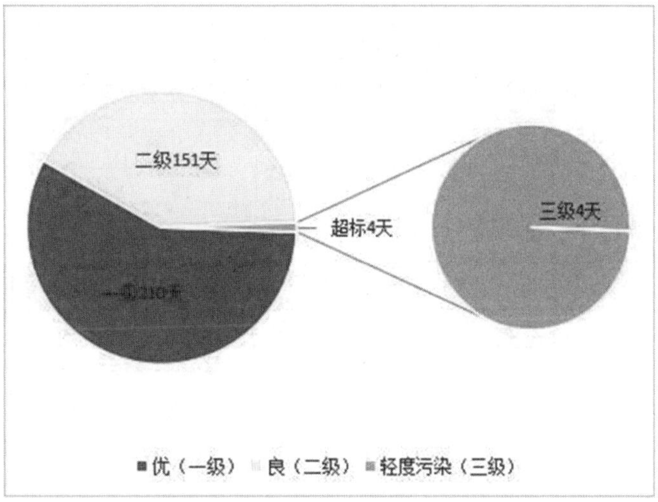

2021年象山县空气质量指数类别年统计图

【中心城区空气质量】 2021年，象山县中心城区监测有效天数为355天，达标天数共349天，达标天数比例为98.3%。超标6天，超标天数比例为1.7%，均为轻度污染。2021年环境空气质量综合指数较2020年有所下降，而对比主要污染物单项指数，细颗粒物和可吸入颗粒物指数值下降较明显，2021年臭氧仍为主要污染物。

2020—2021年中心城区环境空气质量状况表

表33

项　目 时　间	级　　别（微克/立方米）						达标天数 比例（%）
	Ⅰ	Ⅱ	Ⅲ	Ⅳ	Ⅴ	Ⅵ	
2020年	184	161	15	1	0	0	95.6
2021年	198	151	6	0	0	0	98.3

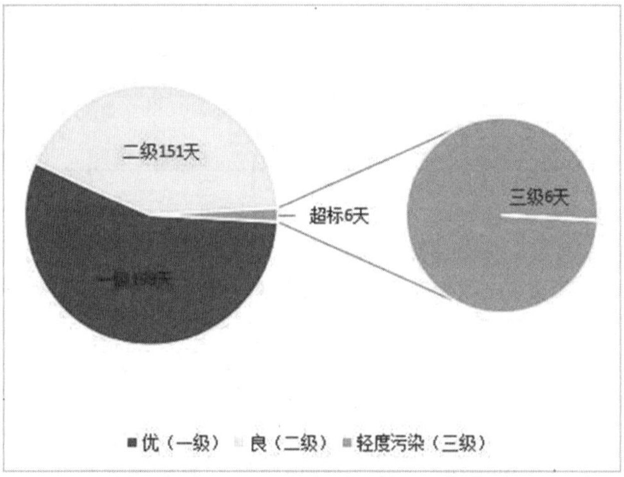

2021年象山中心城区空气质量指数类别年统计图

（一）2021年中心城区环境空气质量评价结果

按《环境空气质量评价技术规范（试行）》（HJ 663—2013）评价，2021年中心城区环境空气质量综合指数为2.56，年度首要污染物为臭氧，其单项指数为0.81。

2020—2021年中心城区环境空气各项污染物浓度及单项指数一览表

表34

时　间	指　　标	$PM_{2.5}$（微克/立方米）	PM_{10}（微克/立方米）	SO_2（微克/立方米）	NO_2（微克/立方米）	CO（毫克/立方米）	O_3（微克/立方米）	综合指数
2020年	污染物浓度	18	38	6	19	1.0	133	—
2021年		18	33	7	18	0.8	130	—
2020年	环境空气质量指数	0.51	0.54	0.10	0.48	0.25	0.83	2.71
2021年		0.51	0.47	0.12	0.45	0.20	0.81	2.56

注：CO采用24小时平均第95百分位数浓度；O_3采用日最大8小时滑动平均值第90百分位数浓度。

（二）主要污染物

细颗粒物（$PM_{2.5}$）：2021年，中心城区细颗粒物浓度范围在2～78微克/立方米之间，年平均浓度为18微克/立方米，与2020年持平，按年均值二级标准（35微克/立方米）评价为达标。按日均值二级标准（75微克/立方米）评价，超标1天，超标率0.3%。细颗粒物为首要污染物的天数为14天，另有1天和可吸入颗粒物同为首要污染物。

可吸入颗粒物（PM_{10}）：2021年，中心城区可吸入颗粒物浓度范围在3～

111 微克/立方米之间，年平均为 33 微克/立方米，比 2020 年下降 5 微克/立方米，按年均值二级标准（70 微克/立方米）评价为达标。按日均值二级标准（150 微克/立方米）评价，全年无超标天。可吸入颗粒物为首要污染物的天数为 27 天，另外有 1 天和细颗粒物同为首要污染物。

二氧化硫（SO_2）：2021 年，中心城区二氧化硫浓度范围在 3~15 微克/立方米之间，年平均为 7 微克/立方米，比 2020 年上升 1 微克/立方米，按年均值二级标准（60 微克/立方米）评价为达标。按日均值二级标准（150 微克/立方米）评价，全年无超标天。二氧化硫为首要污染物的天数为 0 天。

二氧化氮（NO_2）：2021 年，中心城区二氧化氮浓度范围在 3~51 微克/立方米之间，年平均为 18 微克/立方米，比 2020 年下降 1 微克/立方米，按年均值二级标准（40 微克/立方米）评价为达标。按日均值二级标准（80 微克/立方米）评价为达标，全年无超标天。二氧化氮为首要污染物的天数为 2 天。

一氧化碳（CO）：2021 年，中心城区一氧化碳浓度范围在 0.2~1.0 毫克/立方米之间，年平均为 0.6 毫克/立方米，与 2020 年持平，全年无超标天。一氧化碳 24 小时平均第 95 百分位数浓度为 0.8 毫克/立方米，年评价结果为达标。一氧化碳为首要污染物的天数为 0 天。

臭氧（O_3）：臭氧按照日最大 8 小时滑动平均浓度标准限值 160 微克/立方米评价，2021 年象山中心城区臭氧超标共计 5 天，超标率为 1.4%。臭氧日最大 8 小时滑动平均值第 90 百分位数浓度为 130 微克/立方米，年评价结果为达标。臭氧为主要污染物的天数为 113 天。

2021 年中心城区主要污染物均值基本情况表

表 35

时　间	$PM_{2.5}$（微克/立方米）	PM_{10}（微克/立方米）	SO_2（微克/立方米）	NO_2（微克/立方米）	CO（毫克/立方米）	O_3（微克/立方米）
1月	27	56	7	31	0.6	69
2月	20	41	6	19	0.5	87
3月	17	36	6	22	0.6	93
4月	18	37	8	21	0.6	110
5月	16	29	9	16	0.7	117
6月	11	19	8	14	0.5	93
7月	8	20	9	8	0.5	80
8月	10	22	8	9	0.5	82
9月	12	22	5	11	0.6	105
10月	13	24	6	15	0.6	85
11月	24	38	8	23	0.6	91
12月	36	51	7	29	0.6	77
年平均	18	33	7	18	0.6	91

【石浦地区环境空气质量】 2021 年，石浦地区监测有效天数为 362 天，达标天数共 359 天，达标天数比例为 99.2%。超标 3 天，超标天数比例为 0.8%，其中轻度污染 3 天。2021 年环境空气质量综合指数较 2020 年有所下降，而对比主要污染物单项指数，一氧化碳指数值、臭氧指数值下降较明显，2021 年臭氧仍为主要污染物。

2020—2021年石浦地区环境空气质量状况一览表

表36

项目 时间	级别						达标天数 比例（%）
	Ⅰ	Ⅱ	Ⅲ	Ⅳ	Ⅴ	Ⅵ	
2020年	191	156	11	1	0	0	96.7
2021年	212	147	3	0	0	0	99.2

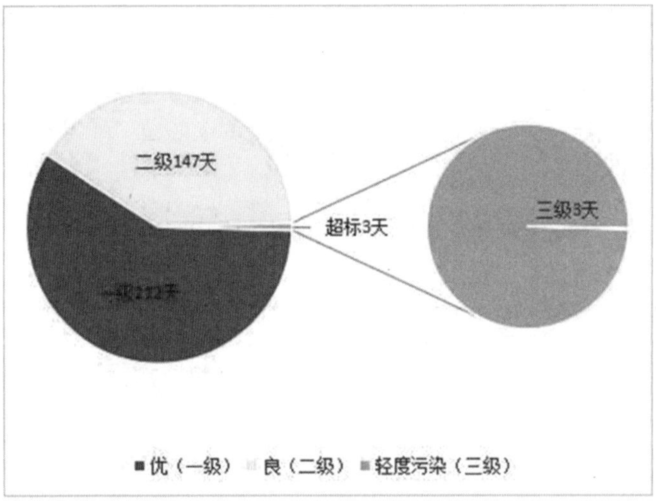

2021年象山石浦地区空气质量指数类别年统计图

（一）2021年石浦地区环境空气质量评价结果

按《环境空气质量评价技术规范（试行）》（HJ 663—2013）评价，2021年石浦地区环境空气质量综合指数为2.57，年度首要污染物为臭氧，其单项指数为0.75。

2020—2021年石浦地区环境空气各项污染物浓度及单项指数一览表

表37

时间	指标	$PM_{2.5}$（微克/立方米）	PM_{10}（微克/立方米）	SO_2（微克/立方米）	NO_2（微克/立方米）	CO（毫克/立方米）	O_3（微克/立方米）	综合指数
2020年	污染物浓度	18	36	8	18	1.3	134	—
2021年		19	34	7	18	0.9	120	—
2020年	环境空气质量指数	0.51	0.51	0.13	0.45	0.33	0.84	2.77
2021年		0.54	0.49	0.12	0.45	0.22	0.75	2.57

注：CO采用24小时平均第95百分位数浓度；O_3采用日最大8小时滑动平均值第90百分位数浓度。

（二）主要污染物

细颗粒物（$PM_{2.5}$）：2021年，石浦细颗粒物浓度范围在：2~74微克/立方米之间，年平均浓度为19微克/立方米，比2020年上升1微克/立方米，按年均值二级标准（35微克/立方米）评价为达标。按日均值二级标准（75微克/立方米）评价，全年无超标天。细颗粒物为首要污染物的天数为22天。

可吸入颗粒物（PM_{10}）：2021年，石浦可吸入颗粒物浓度范围在4~145微克/立方米之间，年平均为34微克/立方米，比2020年下降2微克/立方米，按年均值二级标准（70微克/立方米）评价达标。按日均值二级标准（150微克/立方米）评价，全年无超标天。可吸入颗粒物为首要污染物的天数为28天，另有1天和二氧化氮同为首要污染物。

二氧化硫（SO_2）：2021年，石浦二氧化硫浓度范围在4~13微克/立方米之间，年平均为 7 微克/立方米，比 2020 年下降 1 微克/立方米，按年均值二级标准（60 微克/立方米）评价为达标。按日均值二级标准（150 微克/立方米）评价，全年无超标天。二氧化硫为首要污染物的天数为 0 天。

二氧化氮（NO_2）：2021 年，石浦二氧化氮浓度范围在 3~46 微克/立方米之间，年平均为 18 微克/立方米，与 2020 年持平，按年均值二级标准（40 微克/立方米）评价为达标。按日均值二级标准（80 微克/立方米）评价为达标。二氧化氮为首要污染物的天数为 3 天，另有 1 天和可吸入颗粒物同为首要污染物。

一氧化碳（CO）：浓度范围在 0.2~1.2 毫克/立方米之间，年平均为 0.6 毫克/立方米，与 2020 年持平，全年无超标天。一氧化碳 24 小时平均第 95 百分位数浓度为 0.9 毫克/立方米，年评价结果为达标。一氧化碳为首要污染物天数为 0 天。

臭氧（O_3）：按照日最大 8 小时滑动平均浓度标准限值 160 微克/立方米评价，2021 年象山石浦臭氧超标共计 3 天，超标率为 0.8%。臭氧日最大 8 小时滑动平均值第 90 百分位数浓度为 120 微克/立方米，年评价结果为达标。臭氧为首要污染物的天数为 96 天。

2021 年石浦地区主要污染物均值基本情况表

表 38

时间	$PM_{2.5}$（微克/立方米）	PM_{10}（微克/立方米）	SO_2（微克/立方米）	NO_2（微克/立方米）	CO（毫克/立方米）	O_3（微克/立方米）
1 月	31	55	7	28	0.6	63
2 月	27	45	8	21	0.6	76
3 月	25	41	6	24	0.7	82
4 月	19	42	7	23	0.6	95
5 月	15	31	6	17	0.6	107
6 月	11	21	6	13	0.5	91
7 月	8	20	7	7	0.4	71
8 月	9	19	6	10	0.4	75
9 月	12	20	6	13	0.6	100
10 月	12	22	7	15	0.6	88
11 月	24	42	8	23	0.6	85
12 月	32	49	7	28	0.5	71
年平均	18	34	7	18	0.6	84

【西周地区环境空气质量】 2021 年，西周地区监测有效天数为 360 天，达标天数共 360 天，达标天数比例为 100%。2021 年环境空气质量综合指数较 2020 年有所下降，而对比主要污染物单项指数，细颗粒物、臭氧、一氧化碳指数下降明显，二氧化硫指数小幅升高，可吸入颗粒物指数明显上升，成为 2021 年主要污染物。

2020—2021 年西周地区环境空气质量状况表

表 39

项目/时间	级别						达标天数比例（%）
	Ⅰ	Ⅱ	Ⅲ	Ⅳ	Ⅴ	Ⅵ	
2020 年	202	147	16	0	0	0	95.6
2021 年	202	158	0	0	0	0	100

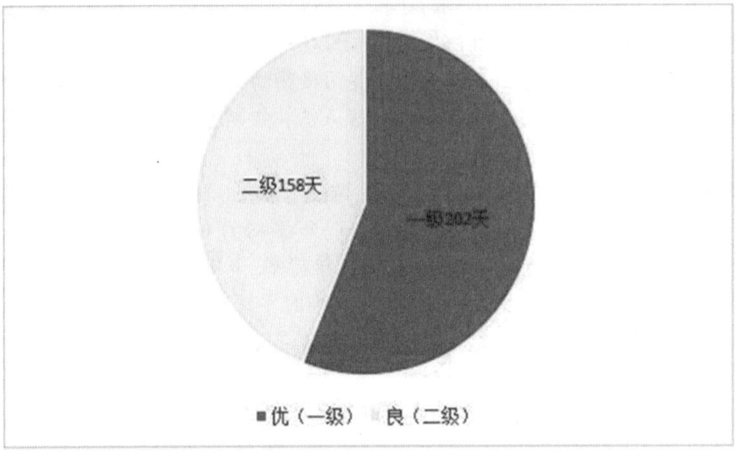

2021年西周地区空气质量指数类别年统计图

（一）2021年西周地区环境空气质量评价结果

按《环境空气质量评价技术规范（试行）》（HJ 663—2013）评价，2021年西周地区环境空气质量综合指数为2.42，年度首要污染物为可吸入颗粒物，其单项指数为0.60。

2020—2021年西周地区环境空气各项污染物浓度及单项指数一览表

表40

时间	指标	$PM_{2.5}$（微克/立方米）	PM_{10}（微克/立方米）	SO_2（微克/立方米）	NO_2（微克/立方米）	CO（毫克/立方米）	O_3（微克/立方米）	综合指数
2020年	污染物浓度	23	31	12	18	1	132	—
2021年		16	42	16	17	0.6	81	—
2020年	环境空气质量指数	0.66	0.44	0.20	0.45	0.25	0.83	2.83
2021年		0.46	0.60	0.27	0.43	0.15	0.51	2.42

注：CO采用24小时平均第95百分位数浓度；O_3采用日最大8小时滑动平均值第90百分位数浓度。

（二）主要污染物

细颗粒物（$PM_{2.5}$）：2021年，西周细颗粒物浓度范围在2～46微克/立方米之间，年平均浓度为16微克/立方米，与上年相比下降7微克/立方米，按年均值二级标准（35微克/立方米）评价为达标。按日均值二级标准（75微克/立方米）评价，全年无超标天。细颗粒物为首要污染物的天数为0天。

可吸入颗粒物（PM_{10}）：2021年，西周可吸入颗粒物浓度范围在4～136微克/立方米之间，年平均为42微克/立方米，与上年相比上升11微克/立方米，按年均值二级标准（70微克/立方米）评价为达标。按日均值二级标准（150微克/立方米）评价，全年无超标天数。可吸入颗粒物为首要污染物的天数为81天。

二氧化硫（SO_2）：2021年，西周二氧化硫浓度范围在11～31微克/立方米之间，年平均为16微克/立方米，与上年相比上升4微克/立方米，按年均值二级标准（60微克/立方米）评价为达标。按日均值二级标准（150微克/立方米）评价，全年无超标天。二氧化硫为首要污染物的天数为0天。

二氧化氮（NO_2）：2021年，西周二氧化氮浓度范围在6～43微克/立方米之间，年平均为17微克/立方米，与上年相比下降1微克/立方米，按年均值二级标准（40微克/立方米）评价为达标。按日均值二级标准（80微克/立方米）评价为达标，全年无超标天。二氧化氮为首要污染物的天数为0天。

一氧化碳（CO）：2021年，西周一氧化碳浓度范围在0.2～1.3毫克/立方米之间，年平均为0.6毫克/立方米，与上年持平，全年无超标天。一氧化碳24小时平均第95百分位数浓度为0.9毫克/立方米，年评价结果为达标，一氧化碳为首要污染物的天数为0天。

臭氧（O_3）：2021年，西周臭氧按照日最大8小时滑动平均浓度标准限值160微克/立方米评价，全年无超标天。臭氧日最大8小时滑动平均值第90百分位数浓度为119微克/立方米，年评价结果为达标。臭氧为首要污染物的天数为77天。

2021 年西周地区主要污染物均值基本情况表

表 41

时　间	$PM_{2.5}$（微克/立方米）	PM_{10}（微克/立方米）	SO_2（微克/立方米）	NO_2（微克/立方米）	CO（毫克/立方米）	O_3（微克/立方米）
1 月	25	78	15	28	0.8	62
2 月	21	55	13	13	0.6	81
3 月	17	46	13	20	0.7	85
4 月	18	47	14	22	0.7	99
5 月	15	35	14	17	0.6	106
6 月	11	25	15	14	0.6	84
7 月	10	22	16	11	0.5	74
8 月	10	22	17	11	0.5	74
9 月	14	28	17	12	0.7	92
10 月	12	30	17	16	0.4	74
11 月	18	48	19	20	0.6	72
12 月	23	62	21	25	0.7	71
年平均	16	42	16	17	0.6	81

【酸雨现状】 象山县 2021 年降雨量为 1767 毫米，与上年相比降雨量上升 879 毫米，全年单次降水 pH 测值在 3.98~6.19 之间波动，全县降水 pH 年平均值为 4.71，降雨 pH 值下降，属于中酸雨区。全年共采集雨水样品 64 个，年酸雨率 81.3%，酸雨率与上年相比上升 33.8%。其中较强酸性样品 15 个，占总数的 23.4%，弱酸性样品 23 个，占总数的 35.9%，中性样品 26 个，占总数的 40.7%。城区降水中各种离子浓度值波动较大，阴离子浓度由高到低的顺序是氯离子、硝酸根离子、硫酸根离子、氟离子；阳离子浓度由高到低的顺序是铵根离子、钙离子、钠离子、钾离子、镁离子。

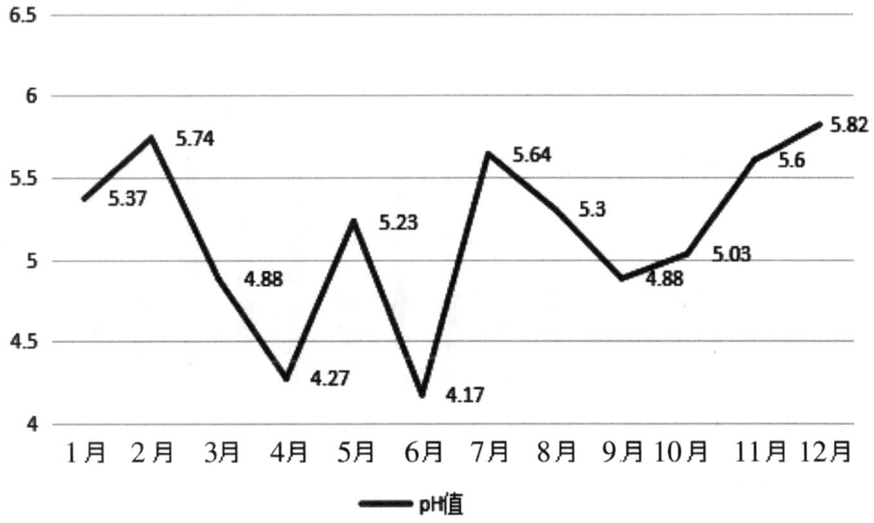

2020—2021 年象山县降水状况一览表

表 42

年　份	降水量（毫米）	pH 值	样品数（个）	酸雨率（%）	较强酸性（个）	弱酸性（个）	中性（个）
2020 年	888	5. 32	40	47. 5	3	16	21
2021 年	1767	4. 71	64	81. 3	15	23	26

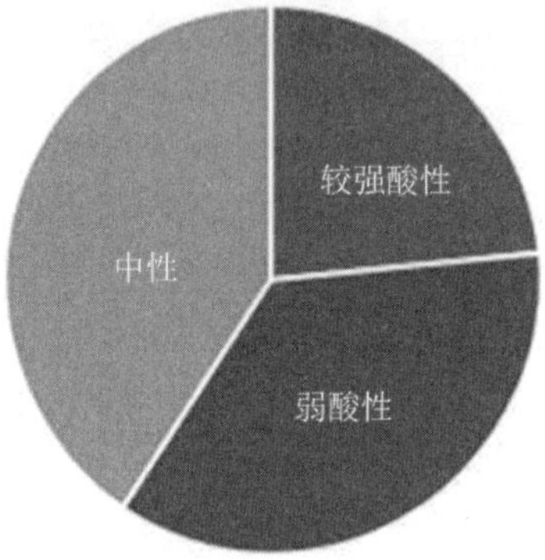

2021 年象山县降水酸度分级频率分布图

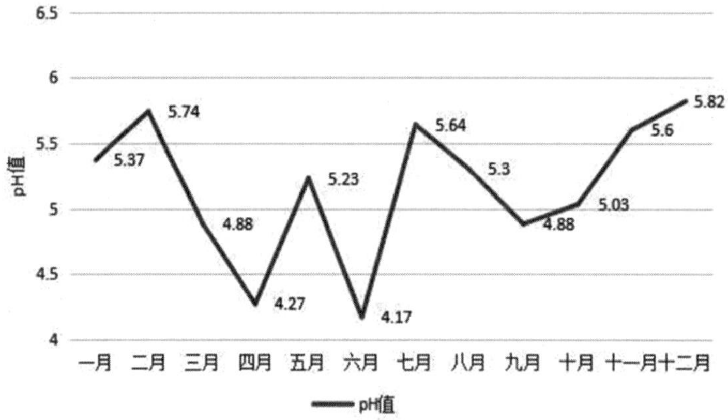

2021 年象山县降水酸度月变化图

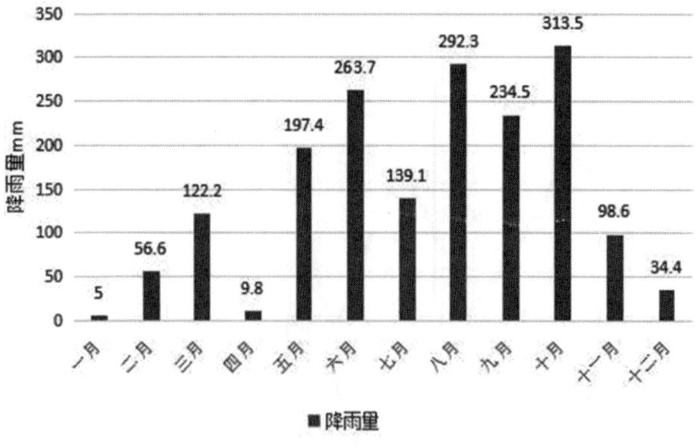

2021 年象山县降雨量月变化图

象山县 2021 年降尘量为 21.5 吨/平方千米，全年月降尘测值在 1.6-1.95 吨/平方千米·30 天之间波动，全县降尘均值为 1.79 吨/平方千米·30 天。

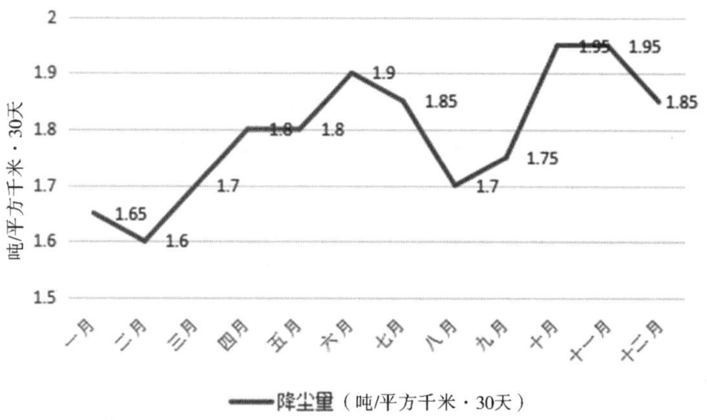

2021 年象山县降尘量月变化图

2021 年象山县降水监测基本情况表

表 43

时间	采雨总数(个)	降雨量(毫米)	酸雨率(%)	pH 值		电导率(微西/厘米)	降水化学成分(毫克/升)								
				范　围	均值		SO_4^{2-}	NO_3^-	F^-	Cl^-	NH_4^+	Ca^{2+}	Mg^{2+}	Na^+	K^+
1月	1	5.0	100	5.37	5.37	10.5	10.7	19.9	0.09	8.51	1.2	0.94	0.09	0.2	0.56
2月	3	56.6	66.6	5.57~6.19	5.74	3.21	2.01	2.3	0.02	4.71	1.22	0.56	0.06	0.11	0.4
3月	9	122.2	100	4.51~6.44	4.88	2.14	1.37	1.57	0.03	1.58	0.38	1.15	0.15	0.58	0.32
4月	2	9.8	100	4.25~4.28	4.27	3.6	1.95	2.48	0.11	3.33	1.92	0.51	0.05	0.13	0.34
5月	10	197.4	80	4.85~5.91	5.23	1.12	1.37	1.42	0.01	2.53	0.76	0.38	0.13	0.17	0.4
6月	7	263.7	100	3.98~4.71	4.17	1.36	0.71	1.25	0.01	1.91	1.53	0.41	0.13	0.23	0.46
7月	4	139.1	50	5.27~5.82	5.64	1.14	0.52	0.72	0.01	1.73	0.42	0.52	0.15	0.23	0.42
8月	7	292.3	85.7	4.76~5.93	5.3	0.83	0.7	1.03	0.02	2.48	0.29	0.43	0.16	0.23	0.43
9月	5	234.5	100	4.51~5.11	4.88	0.91	0.54	0.55	0.05	1.9	0.06	0.46	0.08	0.09	0.4
10月	9	313.5	77.8	4.5~5.93	5.03	1.15	0.83	0.99	0.04	1.34	0.04	0.45	0.21	0.16	0.33
11月	5	98.6	60	5.1~5.6	5.6	1.85	2.03	1.92	0.01	3	0.17	0.51	0.19	0.18	0.42
12月	2	34.4	50	5.6~5.86	5.82	1.48	3.97	2.73	0.01	3.55	0.24	1.17	0.21	4.08	0.63
合计	64	1766.8	81.3	3.98~6.19	4.71	1.4	1.08	1.28	0.02	2.16	0.59	0.46	0.14	0.25	0.41

声环境保护

【概况】 2021 年，象山县昼间区域环境噪声等效声级为 56.0 分贝，与上年相比上升 1.4 分贝，符合《声环境质量标准》（GB 3096—2008）2 类区标准，城市声环境质量等级为一般；昼间道路交通噪声均值为 65.4 分贝，城市声环境质量等级为好，测点的达标率为 100%；功能区噪声除工业区丹西街道办事处点位昼间超标外，其余均达标。全县的整体噪声污染水平基本稳定，总体声环境质量较好。

【区域环境噪声】 象山县城区区域噪声按照 400 米×400 米划分为 127 个网

格，1类区域44个测点，2类区域19个测点，3类区域20个测点，4类区域44个测点。2021年4月，进行昼间监测，取得有效数据127组，测得昼间区域环境噪声等效声级为56.0分贝。2021年昼间区域环境噪声按城市声环境质量等级划分为三级，属一般。

【道路交通噪声】 2021年4月，对城区道路交通噪声14个监测路段28个测点进行监测，共取得有效数据28组，测点的昼间交通噪声均值为65.4分贝，符合《声环境质量标准》4a类昼间标准，水平属于好，测点的达标率为100%，达标率与上年持平。

2021年象山县城区交通昼间噪声监测基本情况表

表44

序号	路段名称	路段长（米）	路段宽（米）	测点	车流量（辆/小时）	Leq（分贝）	L10（分贝）	L50（分贝）	L90（分贝）
1	建设路	1173	18	丹东街道劳动和社会保障综合服务中心	1140	69.7	72.6	66.6	58.5
				新光大宾馆	570	67.5	69.7	63.7	58.9
2	靖南路	1985	24	大脚板浴场	291	64.4	66.5	59.6	55.5
				春夏秋冬	519	60.7	64.3	58.4	50.6
3	丹峰路	2363	26	宝德汽车美容养护中心	720	66.5	69.4	64.2	59.6
				丹峰西路189号	600	61.1	64.2	51.0	47.0
4	象山港路	3274	60	宏利集团	1827	67.0	69.5	63.2	56.6
				象山县应急管理局	2370	64.5	67.3	62.2	55.0
5	巨鹰路	1811	60	东河花园二期	1305	64.6	68.0	62.1	56.5
				山水人家	1395	66.8	70.6	63.5	55.9
6	东谷湖路	1247	38	文峰小区东门	1128	65.3	69.0	61.5	53.1
				汇东超市	1956	66.1	68.7	62.9	57.2
7	新华路	1010	30	环保局	1149	65.6	65.3	60.6	54.9
				大东海休闲城	534	60.1	63.0	57.0	52.3
8	育才路	1100	24	文峰小区西门	951	69.8	73.5	63.4	54.1
9	天安路	1394	40	春天百货	1065	66.2	68.7	64.0	60.8
				中国银行总行	1221	65.4	68.8	63.8	57.3
				消防大队	1494	66.9	69.9	63.8	52.4
10	新丰路	766	40	供电局	825	62.8	65.8	59.3	52.7
				南门中学	510	66.6	69.2	62.6	55.8
11	环城西路	972	26	环城西路31号	216	65.2	67.1	60.5	57.4
				城西365线21号	300	59.0	59.7	50.1	47.7
12	丹南路	1350	24	新长城饭店	1248	68.4	70.9	66.3	62.2
				新客运中心	672	66.3	68.0	62.1	56.8

续表44

序号	路段名称	路段长(米)	路段宽(米)	测点	车流量(辆/小时)	Leq(分贝)	L10(分贝)	L50(分贝)	L90(分贝)
13	丹阳路	945	32	水木华庭	627	67.1	71.1	62.8	54.5
				实验小学南门	585	64.3	63.8	58.1	54.4
14	丹河路	432	24	象山县海洋与渔业局	1194	65.5	69.0	61.6	54.8

【功能区噪声】 2021年,对城区4类功能区噪声进行了四期24小时连续监测,监测结果表明,居民区昼夜间噪声全部达标,达标率为100%;混合区昼夜间噪声全部达标,达标率为100%;工业区昼间噪声丹西街道办事处在2月超标2.4分贝,夜间噪声全部达标;交通干线两侧昼夜间噪声全部达标,达标率为100%。

2021年象山县城区功能区噪声监测统计结果基本情况表

表45　　　　单位:分贝

类别项目	一类标准区		二类标准区		三类标准区		四类标准区	
功能区	居民区		混合区		工业区		交通干线两侧	
测点	东河花园	瀛洲小区	生态环境局	文峰学校	丹西街道办事处	丹河路	万象路	天安路
2月 L_d	53.8	48.1	51.6	54.0	67.4	55.9	50.2	52.9
2月 L_n	42.7	41.8	45.2	46.8	49.8	44.6	51.1	46.1
2月 L_{dn}	53.4	49.7	53.1	55.1	66.0	56.1	57.0	54.2
4月 L_d	51.8	49.3	51.0	56.2	62.5	59.9	57.8	61.3
4月 L_n	43.0	40.6	47.7	46.0	51.7	49.0	49.6	49.3
4月 L_{dn}	52.2	49.7	54.4	56.1	62.2	59.6	58.5	60.7
8月 L_d	48.1	48.3	51.1	55.9	60.8	58.6	57.2	60.1
8月 L_n	38.2	37.6	42.3	43.6	52.0	51.4	49.1	50.3
8月 L_{dn}	48.1	48.0	51.5	55.2	61.2	59.7	57.9	60.1
10月 L_d	51.0	51.5	48.3	56.5	61.2	58.9	58.0	59.2
10月 L_n	42.5	39.0	40.0	47.5	53.7	49.7	49.3	52.5
10月 L_{dn}	51.5	50.8	48.9	56.8	62.2	59.1	58.4	60.6

自然生态环境保护

【概况】 2021年，象山县积极推进生态文明改革进程，以持续打好蓝天、碧水、净土三大保卫战，着力解决人民群众反映强烈的突出生态环境问题为导向，高水平推进全县生态环境保护工作跃上新台阶，实现生态环境质量不断改善，公众生态满意度不断提升。环境空气优良率为98.9%，细颗粒物PM2.5均值18微克/立方米，环境空气质量保持全市第一，全省排名第14名。全县1个国控断面、4个市控河流断面、5个县控断面、14个农村千吨万人集中式饮用水源地水质总体良好，全部达到Ⅲ类水环境功能区要求，达标率为100%。

【蓝天保卫】 排摸2016—2019年度温室气体清单内容及全县“十四五”综合能耗5000吨标煤以上项目，开展象山县碳达峰工作。做好2021年细颗粒物和臭氧“双控双减”方案，打赢夏秋季臭氧污染防治狙击战。完成VOCs（挥发性有机物）污染整治企业3家（省厅1家），源头VOCs替代3家。新建高速公路沿线瞭望点3个，道路扬尘自动监测点位10个，实时管控秸秆焚烧和道路扬尘现象，改善大气环境质量。落实机动车排气污染防治管理，开展机动车上路执法检测2次，入户检测3次；完成国五柴油货车OBD（车载自动诊断系统）安装189辆。

【治水提升】 制定出台《象山县近岸海域水污染防治攻坚三年行动计划》和《象山县全面推行“湾（滩）长制”实施方案》，持续改善近岸海水环境质量。开展2个省级、1个市级污水零直排区创建，石浦镇和爵溪街道已完成创建验收。实施大塘港国控断面水质提升治理工程，委托中国环科院专家进行方案编制，并制定近期和中远期计划。开展爵溪街道石城山码头、东塘闸和高塘群英塘闸3个入海排口整治工作，开展长江经济带生态环境问题“举一反三”大排查大整改行动和千吨万人饮用水源整治，新建饮用水水源保护区界标66套，区域导向牌15套，新增防撞护栏、铁丝网、围栏等物理隔离措施或防护林等生物隔离8千米。

【治土清废】 制定2021年度《象山县土壤、地下水污染防治年度工作计划》，全县无受污染地块，一般工业固体废物综合利用处置率达99%以上。开展无废城市建设工作，编制印发《象山县“无废城市”建设实施方案》，推动一般工业固废和小微产废企业危废“两个体系”建成并运行，全县共有142家企业纳入大地环保小微企业“公交化”收运体系，2021年共处置小微企业工业固体危险废物71吨。开展全县工业固体废物（危险废物）专项排查整治，排查出铝灰渣产生企业14家，检查铝灰渣产生企业6家，建立铝灰渣企业危险废物处置问题销号制度，确保问题全部清零。

【蟹钳港“美丽港湾”打造】 聚焦环境问题，发挥区域特色，找准短板、精准治理，科学高效开展蟹钳港常态保护，全省率先开展港区生态旅游产业发展专项规划，推动蟹钳港区域生态能级提升，获副市长陈炳荣批示肯定。累计出动检查人员260余人次，排查蟹钳港区域工业企业、码头、水产畜禽养殖等各类生态保护问题61个，已完成整治48个，区域内涉生态环境信访同比下降38.5%，主要入海河流水质均达到地表水三类水质以上，其中二类水质占比77.8%，流域内森林覆盖率达68.9%，无污染土壤地块。

【生物多样性保护】 组织开展全域生物多样性本底调查，建立专家咨询委员会，组建调查团队，配备50余名专业人员，做到调查物种（项目）全覆盖，已完成夏季调查，共发现鸟类109种、哺乳动物9种、维管束植物1864种、昆虫244种、底栖动物23种、鱼类21种等；在鸟类调查中全省首次发现新物种家鸦。“守护神化之鸟——中华凤头燕鸥志愿者行动项目”获省志愿服务项目大赛金奖。2021年，象山县生态环境公众满意度得分89.73，列全市第1，全省第13位，比上年度提升45名。

【“智慧环保”体系建设】 全面推动生态环境领域“数字化”改革，积极探索环境监管数据化、智能化服务平台建设。启动并完成象山重点监控企业智慧环保管理平台建设，加快构建上下协同、信息共享的生态环境监管网络，建立西周华翔工业园区生态环境大数据库，实现企业车间生产、设备运行、污染排放智能监管，实现环境数据共享互通，推进智慧环保发展。共有11家企业拟安装智能监管设备，科镭、瑞鑫等4家企业已完成设备安装并入驻“智慧环保”管理平台。

（邵铭）

绿化造林

【概况】 2021年，根据《浙江省林业局关于认真做好2021年全省新增百万亩国土绿化行动的通知》《宁波市自然资源规划局办公室关于下达2021年“森林宁波”建设任务的通知》等文件要求，围绕碳达峰碳中和目标要求，县自然资源和规划局积极承担全县绿化美化、植树造林、森林抚育等国土绿化建设，认真完成上级委派各项任务，擦亮象山最美生态底色，获评2021年度“省绿化模范单位”称号。

【县四套班子领导义务植树】 3月10日上午，潘银浩、罗来兴、包朝阳、俞骏等县四套班子领导以及20个县级部门负责人等百余人到丹东街道东门外村狮子山公园，省林业局副局长王章明一行指导服务绿化造林工作并一起参与植树活动。该次活动共种下紫薇、梅花等彩色树种500余株，并建立县级义务植树基地。全县18个乡镇（街道）也在植树节前后邀请相关部门到属地植树地段开展植树活动。经统计，植树节期间全县共组织开展义务植树活动30

余场次，3000余名机关干部职工参加义务植树。

【**绿化造林**】 按照省、市新增百万亩国土绿化行动工作部署，结合国家森林城市创建、六大森林建设等各项工作，开展造林任务排摸、地段落实和组织实施，编制《2021年新增百万亩国土绿化实施方案》，并开展造林技术指导服务和落地上图等各项工作。2021年，全县在省百万亩国土绿化造林管理平台完成1056个图斑面积核实验收、内业数据输入、拍照举证等工作，完成新增造林面积490.6公顷，占年度任务量的117%，超额完成当年度新增百万亩国土绿化年度任务。

【**森林抚育**】 围绕省千万亩森林质量精准提升工程方案以及市局下达的森林宁波任务，紧密结合美丽乡村建设和森林资源分布特点，开展调查摸底、地段落实、技术指导服务和检查验收，编制完成《象山县千万亩森林质量5年实施方案》，有力推进森林质量精准提升。2021年，全县在鹤浦风门口森林公园、茅洋银洋村、大徐下院、大磊头、东陈樟岙、涂茨前山姚、泗洲头东联、墙头吊水岩等区域完成森林抚育面积348.2公顷，达任务数的105%。

【**森林城市创建**】 根据国家林业局《关于对象山县建设国家森林城市备案的复函》《国家森林评价指标》等文件要求，结合城市森林、森林城镇创建和森林乡村等绿化项目建设，推进国家森林城市创建。2021年，泗洲头镇成功获评“浙江省森林城镇”，泗洲头镇墩岙村、茅洋乡溪东村等2个村完成一村万树示范村创建。按照国家森林城市称号批准申报和时间节点要求，基本完成国家森林城市自查报告、森林城市规划重点工程实施情况测评报告和森林城市建设综合效益评估报告等3个项目调查评估报告，在公交车、站台以及路名牌等渠道开展创森广告氛围宣传，通过图片摄影方式制作创森图册，拍摄制作“创森”系列宣传片。

【**“清洁山体”专项整治**】 根据《象山县城乡品质提升“三清三美”行动实施方案》工作部署要求，对中心城区周边山体存在的毁林开荒、乱搭乱建、乱挖乱种等情况，开展实地踏勘，制定工作整改方案，出台《关于全力推进“清洁山体”专项行动的通知》文件，组建清洁山体工作专班，开展绿化造林技术指导服务，全面落实周边山体生态环境治理。2021年，全县完成山体清理面积961公顷，清理垃圾2332.5吨，森林修复181.2公顷，山体森林抚育面积348.2公顷，拆除棚屋1774间（处）。

【**象山2个村分别入选省、市级生态文化基地**】 12月14日，省、市生态文化协会分别公布50个“浙江省生态文化基地”、10个“宁波市生态文化基地”，其中西周镇儒雅洋村、黄避岙乡龙屿村分别入选省级生态文化基地和市级生态文化基地。至2021年底，全县拥有省级生态文化基地3个、市级生态文化基地2个。

（葛豪）

交通·口岸

交通基础设施建设

【概况】 截至2021年年底，象山县拥有公路里程1550.414千米，其中：国家高速公路1条（G1523），49.599千米；国道公路1条（G527），6.503千米；省高速公路2条（S19、S23），17.194千米（其中S19与G1523为重复里程）；普通省道公路3条（茅石线、盛宁线、象西线），129.199千米；县道公路18条，310.167千米；乡道公路39条，191.746千米；专用公路4条，13.827千米；村道公路794条，832.179千米。高速公路66.793千米，一级公路155.96千米，二级公路35.485千米，三级公路376.793千米，四级公路915.383千米，路网密度112.19千米/百平方千米。公路桥梁344座38430.63米，公路隧道59座31004.2米。

【象山亚帆配套道路获评市级优秀项目】 1月15日，2020年度宁波市干线公路标准化工程建设优秀项目名单公布，象山亚帆配套道路工程入选。该工程起点位于松兰山景区北侧爵溪收费站，终点位于松兰山隧道接线，由亚帆东路、亚帆南路、核心区三条道路组成，增设骑行、步道、驿站等多项功能分区，总里程12.8千米，建安造价1.71亿元。

【象山3个乡镇获评市“四好农村路”示范乡镇】 2月18日，宁波市高水平建设“四好农村路”工作领导小组办公室公布2020年度“四好农村路”示范乡镇考核结果，全市13个乡镇通过考核，茅洋乡、晓塘乡、新桥镇榜上有名。该县认真贯彻落实习近平总书记关于“四好农村路”建设重要指示批示精神，高水平推进农村公路建设，依托自然人文资源优势，因地制宜，优化公路环境，提升路网布局，并结合全域旅游创建、美丽集镇建设等行动，统筹推进农村公路“建管养运融”，成功创建“四好农村路”全国示范县。自2018年以来，全县累计创建市“四好农村路”示范乡镇8个，创建数量居全市首位。

【东溪岭隧道及连接线公路工程项目建议书获批】 3月23日，东溪岭隧道及连接线公路工程项目建议书获批。该项目为象山县2021年重点工程前期项目，起点为现状盛宁线东陈至茅洋段K2+465处现状T字交叉口，终点为茅石线改建段交叉口，全长6.97千米，工程估算总投资为63990万元，建设工期30个月，预计2025年建成通车。

【石浦客运中心工程获评市级优秀项目】 6月25日，宁波市建筑行业“六有一好”红色工地创建工作领导小组经对全市在建工程项目多轮评选，象山县石浦客运中心工程被评为宁波建筑行业“六有一好”红色工地创建优秀项目，为县内首家。

【亚帆配套道路工程交工验收通过】 7月29日，中国·浙江海洋运动中心（亚帆中心）配套道路工程1标段通过交工验收。该项目由亚帆东路、亚帆南路和核心区道路组成，起点位于松兰山北侧爵溪收费站处，终点位于松兰山隧道连接线，全长12.8千米，按四级公路兼顾城市支路功能标准设计，设计速度20千米/时，于2019年4月19日开工建设，2021年6月28日完工，项目概算总投资约4.27亿元。

【象山沿海南线路面提升完成】 11月8日，象山沿海南线（K10+000—K43+346逐段）路面提升工程完工。该工程主要针对近4年未中修且路面破损较为严重路段，旦门隧道、松岙隧道路面白改黑，下洋墩大桥桥面及护栏维修等项目，逐段开展罩面维修，折合成单幅长度为5.995千米，项目概算总投资约900万元。

【象山2条农村公路入选市“十大美丽农村路”】 11月8日，市美丽经济交通走廊创建办公室评选出2020年度“十大美丽农村路”。其中，象山王家兰至东旦公路、小百丈至大文沙公路入选。王家兰至东旦公路总长5.09千米，是东陈乡农村公路网络的重要组成部分；小百丈至大文沙公路起点位于小百丈通村公路，距离鹤大线约160米，终点接至大文沙景区门口，路线全长4.199千米。

【G527石浦至长街段象山段工程初步设计预审查会】 11月16日，G527石浦至长街段（岳井洋大桥及接线）象山段工程初步设计预审查会召开。与会单位代表及专家原则上同意项目初步设计。G527国道线是象山境内唯一的普通国道线，起点义乌市，终点至象山石浦镇，连接金华、绍兴、宁波，是宁波三门湾区域内部东西走向及对外沟通的主通道。全线按一级公路双向六车道设计,全长21.284千米,总造价约39亿元。

【象山超额完成农村公路新改建任务】 2021年,象山共实施农村公路新改建项目12个,总投资约4700万元,总里程约21千米,超额完成新改建任务。

交通运营管理

【概况】 截至2021年年底,客货运方面:全县客运企业4家,客运车辆229辆,班线51条;货运企业83家,货运车辆1274辆。全县驾校3家,教练车284辆,驾培教练人员358名;公共交通方面:全县城乡公交已有车辆运营433辆(其中新能源170辆),运营线路110条(主线32条、支线18条、区间线60条),运营线路总长度达1907.26千米;丹城城区公交车辆225辆(其中新能源165辆),运营线路37条(主线25条、支线12条),运营线路总长度485.1千米;出租车方面:全县出租车企业3家,出租车215辆;维修方面:全县维修经营业户254家,其中一类维修13家,二类维修36家,三类维修205家。

【象山城区60辆新能源纯电动公交车运营】 1月以来,象山新一批新能源纯电动公交车陆续投入运营,60辆新车集中投放在102、104、106、107、110、116、118、121、124线路上。

【客货危驾企业春运安全检查】 2月1日,县交通运输部门开展客货危驾企业春运工作大检查。检查组先后到象山客运中心、象山远达物流有限公司、象山县城乡公共交通有限公司、象山县港联驾驶员培训学校等地,实地查看相关安全生产工作及公共场所消杀、亮码测温等措施落实情况,了解各单位春运工作组织安排、疫情防控、隐患治理、应急预案等准备及开展情况,并对发现问题提出整改意见,确保机制完善、措施有效、管控得当。

【225辆城市公交体检完成】 2月1—5日,县交通运输部门对城市公交各场站及营运车辆开展安全体检。全方位排查车辆的电、油、灯光、制动、轮胎、底盘等技术状况,杜绝春运期间发生车辆技术问题。

【推进高水平交通强县建设动员大会】 3月11日,象山召开推进高水平交通强县建设动员大会。市交通运输局、市铁办、市轨交集团相关领导到会为象山交通建设鼓劲加油,县委书记潘银浩作重要讲话,县委副书记、县长包朝阳主持会议,县发改、交通运输、铁办、石浦镇等单位作表态发言。会议还举行县铁办授牌仪式。

【象山县获评第十四届中国物流业金飞马奖】 3月20日,第八届中国城市物流大会暨2021科技物流大会在北京召开,会上公布第十四届中国物流业金飞马奖获奖名单,象山县在列。根据奖项推选办法,通过媒体推荐、大数据分析、专家评议、组委会审核等评审环节,象山县荣获第十四届中国物流业金飞马奖——2020中国物流最具投资价值城市奖。

【钱仓公交站投入营运】 4月28日,象山县钱仓公交站投入营运。该公交站占地3366平方米,建筑面积529平方米,总投资473万元,共投入8辆公交车,始发235路、357路等公交线路,连接钱仓、旭拱岙、涂茨、大徐、客运东站等地,全天发车班次76个。

【现代物流园区公共服务中心获评"智慧之星"物流最佳服务示范单位】 5月13日,第四届中国智慧物流与供应链创新发展大会暨2021中国智慧物流与供应链创新技术展洽会在成都召开。宁波市象山现代物流园区公共服务中心凭借在公共服务和园区运营管理的突出表现,获评"智慧之星"物流最佳服务示范单位。

【象山车辆检测"一件事"集成改革省级验收通过】 5月19日,省车辆检测"一件事"集成改革验收组实地查看车辆检测站待检区、检测区、复检区、休息区、办事区、交车区等6个功能区域及车检流程,同意通过验收。

【象山首张交通运输电子证照申领成功】 7月15日,《道路运输从业人员从业资格证(货运、客运)》电子证照成功在县行政服务中心交通运输窗口申领,这是象山第一张交通运输个人电子证照。该电子证照全国通用,与传统纸质证照具有同等法律效力和行政效力。电子证照推行后,企业和群众在申请办事时可以选择获取纸质或电子证照,解决了办事多次往返、反复提交纸质材料、纸质证件丢失需要重新补办等问题。申请电子证件后,打开"浙里办"即可查看。

【象山公交代表队荣获市第四届公交驾驶员优质服务技能大赛团体第一】 9月16日,宁波市第四届公交驾驶员优质服务技能大赛落下帷幕,象山公交代表队表现突出,荣获团体第一。象山公交公司的张和乾、汤腾获得个人第二、第三,并荣获"公交优质服务明星"称号,王海波获得第十名,荣获"公交优质服务标兵"称号。

【象山航站楼机场专线线上购票】 10月18日,象山客运东站至宁波栎社机场专线大巴开通多平台购票渠道,旅客可在团子出行、携程、同程、飞猪、栎社出行等线上平台上进行购票。

【2021年全市职工新能源公交技能精英赛在象山县举办】 11月17—19日,2021年全市职工新能源公交技能精英赛在象山举办,来自全市14支代表队42名公交驾驶员参加比赛。

本次精英赛主要包括理论知识考试、例行保养、驾驶技能技术等3个比赛项目。其中,驾驶技能考核包括圆弧调头、穿越限宽吊门、侧方停车、港湾式停靠、定点停车等5项内容。象山城乡公交公司获得团体一等奖,象山公交公司林立获得个人一等奖。

(叶宽宽)

交通建设投资

【概况】 2021年，县交通集团全年超额完成交通建设项目投资目标，累计完成6.76亿元，为年度计划102.94%；营业预算收入百分百达标，实现营业收入10.77亿元，达成率107.7%，多元化发展显成效；融资总成本控制在5.75%，节支增效成效显著。其中，公交公司获评浙江省文明单位、宁波市先进基层党组织、浙江省红十字会新冠肺炎疫情防控先进集体；城乡公交荣获2021年度宁波市公交都市杯先进企业；轮渡公司荣获2021年度航运企业信用评价A类企业；亚帆中心配套道路工程（一期）被评为第三届“宁波最美绿道”；亚帆中心配套道路工程（一期）、象山县沿海南线海宁路至白云路段改建工程被评为2021年宁波市公路水运平安品质工程建设优秀建设单位，市标准化工地；沿海南线工程监理办被评为2021年市级平安工地示范监理合同段、市级平安工地示范施工合同段；吴爱图被授予浙江省道德模范，吴爱图、蒋立忠荣获宁波市五一劳动奖章。

【宁波交运特来电公司成立】 7月12日，宁波交运特来电新能源科技有限公司正式成立。该公司由象山交通集团与宁波特来电新能源有限公司合资成立，主营城区充电桩管理、电动汽车充电等业务，向市民提供新能源车辆充电便捷、高效、智能的服务体验。

【浙石油天安路站点营业】 6月10日，浙石油天安路站正式营业。该站是象山浙石油综合能源销售有限公司负责运营两个站点之一（另一为巨鹰路站），由象山交通集团与浙江浙石油综合能源销售有限公司合资成立，主要为市民销售安全放心油品和生活百货用品。

【大中庄通用码头划转县交通集团】 7月，象山港外干门大中庄通用码头划转象山交通集团子公司港务开发有限公司经营管理。该码头位于象山临港装备工业园内，拥有1个5000吨级大件运输泊位和1个5000吨级杂货泊位，占用岸线387米，年通过能力达61.8万吨。至2021年年底，象山交通集团拥有白墩码头、西泽港务码头、西泽5000吨级货运码头、大中庄通用码头共4个码头。依托象山港优越的区位优势，开拓丰富了集团主营业务，实现经营实力大提升。

【县交通集团环岛沥青拌和站投产】 10月23日，由象山县环岛公路养护有限公司投资建设的新沥青拌和站正式建成投入试运营。该站位于象保合作区，占地面积约0.67公顷，总投资约1600万元，配置一座4000型环保沥青拌和楼，额定产能320吨/小时。该站生产工艺兼具环保性、技术性、领先性，是象山县首个以天然气为燃料的环保型沥青拌和站。

【县交通集团钢、铜大宗商品贸易】 县交通集团钢、铜大宗商品贸易累计营业收入达6.46亿元。2021年，县交通集团与中航钢贸公司、上海恒越开展金属钢、铜大宗商品贸易，全年累计钢、铜贸易营业收入6.46亿元。

【茅石线拓宽改造工程动工】 3月27日，茅石线（K17+118—K17+728段）拓宽改造工程动工，工程项目起于石浦高速新桥连接线，向南终于茅石线，路线全长0.61千米，总投资约3695万元，道路工程按照一级公路设计标准投建，设计速度60千米/时。该工程建成将进一步完善新桥镇区域路网结构，促进新桥镇和象山影视城周边开发建设，促进农民农村实现共同富裕。

【鹤浦门扇后至蟹厂公路通过竣工质量评定】 2021年11月19日，鹤浦门扇后至蟹厂公路工程通过竣工质量评定会议。该工程连接鹤浦镇浦港东路和石三线，全长1.872千米。项目总投资约7450万元，于2017年4月正式动工，2019年1月通过竣工验收。本项目极大改善鹤浦、高塘区域交通环境，为实现环石浦港开发建设增添动力。

【现代物流园区公共服务中心（二期）项目竣工】 12月31日，宁波市象山现代物流园区公共服务中心（二期）竣工。现代物流园地公共服务中心位于象山现代物流园区九顷片区西侧，占地面积78362.49万平方米，总建筑面积达8242.36平方米，园区主要功能包括车辆检测区、危货停车场两部分，促进园区产业结构不断丰富，实现跨越式发展。

【石浦陆岛客运中心建成】 12月31日，石浦陆岛客运中心开展竣工验收。该中心主体为候船大厅，建筑面积2040平方米，为四级客运站，主要为当地群众搭船前往鹤浦、小网巾、对面山、韭菜湾提供舒适公共服务环境。

【沿海南线海宁路至白云路段拓宽改建工程通过质量评定】 12月29日，沿海南线海宁路至白云路段拓宽改建工程通过质量评定。该工程路线起点位于海宁路交叉口，由东往西沿老路经蒋家湾村东侧接沿海南线，终点位于金石运河桥桥头，全长3.141千米，总投资约2.42亿元。该项目于2020年3月动工，2021年12月完工，采用一级公路标准设计，改建后路基宽度加宽，行车道由双向四车道增加为双向六车道，设计速度60千米/时，是石浦镇东西走廊公路“动脉”，有力促进路域经济发展。

【75辆公交新能源车辆投入运营】 1月城市公交新购新能源公交车60辆，投运至108路、110路等多条城区主要线路。4月城乡公交新购新能源公交车15辆，投运城区至龙屿、黄避岙等城乡线路。投运的75辆新能源公交车均为新型纯电动公交车辆，极大改善县域公共交通运输环境，使市民乘客出行更加舒适安全。

【丹石快客取消运营】 11月1日，丹城—石浦(快客)班线停班。经城乡公交改制整合,丹石快客于2014年8月21日开线运营,至2021年11月1日取消运营。

【宁波象山至舟山普陀山航线试航】 11月10日,宁波象山(西泽码头)至舟山普陀山(普陀山码头)航线试航。该线全程约36海里,运营时间1小时40分。承载航运的"普陀祥云号"为双体钢铝高速客船,总长40.35米,型宽10.38米,满载客量280人。该航线开通极大促进象山融入甬舟一体化水上交通圈,推进象山交通旅游服务功能进入新阶段。

【7条公交线路新辟与优化】 结合全县居民公共出行实际,1月11日,城乡公交开通347路(墙头车站—周家路),编制完善墙头镇区域公交线网;3月26日,城市公交开通影视学院周末公交线(公交总站—影视学院),便利学院师生周末出行;6月3日,延长114线路、调整129线路,为居民前往新中医医院提供便捷;7月1日,城市公交增开101线路长线班次(公交总站—杨蓬岙村),填补杨蓬岙村公交运营空白;7月13日,城乡公交开通松兰山至亚帆中心通勤定制公交线路,为省水上运动管理中心职工往返帆船基地与亚帆中心通勤提供便捷;8月28日,开通240路(客运东站—西泽—龙屿),9月1日,开通397路(定塘—沙地—石浦东站),为沿途农村居民出行提供便捷。

【2021年春运】 1月28日至3月8日,全县公交客运共投入营运车辆786辆,累计发车7.45万班次,营运里程136.91万千米,运送乘客135.95万人次。轮渡公司投入3艘渡轮、46个车位、295个客位,累计发船1131航次,营运里程约1050千米,运送乘客6.49万人次,摆渡车辆1.81万辆次。其间,未发生有责上报事故,圆满完成公共交通春运任务。

(王峥石)

交通安全管理

【概况】 2021年,象山县公安局交通警察大队设有政工监察室、综合室、事故中队、秩序中队、车管所、公路巡逻中队等6个综合管理机构和丹城中队、石浦中队、西周中队、大徐中队、贤中队庠、爵溪中队、东陈中队、定山中队、新桥中队、鹤浦中队等10个执法勤务机构,共有工作人员106人,其中民警93人、职工13人。是年,象山县共发生亡人交通事故46起49人,亡人数同比下降27.9%,较前三年平均数下降36.7%,交通安全治理工作绩效居全市前列。

【隐患排查治理】 2021年,县公安局交警大队进一步优化路面勤务,在明确路面巡查警力隐患排查任务的基础上,通过深入剖析近5年交通事故成因,梳理明确286处年度隐患治理目标并按照"一点一方案"要求进行逐个研究、挂牌督办,落实治理资金2000万元,并争取各乡镇(街道)投入1215万元,顺利完成2处市级挂牌治理点及目标隐患整改,共关闭沿海南线、盛宁线、象西线等主要线路隐患道口57个,象山县道路交通事故物防、技防水平得到有效提升。

【重点车辆及驾驶人管理】 2021年,县公安局交警大队以"两客一危一货"、校车、农村面包车等为重点,通过"点对点"联系、"面对面"上门等措施,扎实开展车辆检验、报废、违法及驾驶人审验、换证等源头隐患清零工作,并将工程车管理纳入"数字法治"多跨协同应用场景项目,实现精准管控。继续实行重点车辆驾驶人定期培训制度,提升安全驾驶意识,杜绝不合资质的隐患车、隐患人上路。同时,完善"一企一警"动态管理机制,不定期组织人员上门检查客运企业、危险品运输企业等重点企业的营运资质、安全制度、动态监控等方面情况,随机抽查监控记录、违法记录,实现常态化、规范化、高效化监管,推动安全主体责任落实。全年共检查重点企业285家,整改视频监控不到位等问题26个,并联合属地乡镇(街道)及农机部门高质量完成1239辆变型拖拉机提前报废任务。

【路面交通秩序管控】 2021年,县公安局交警大队坚持常态严管与专项整治并重,以农村穿镇穿村道路、城区主要道路等为重点,推动全警上路,扎实开展全县交通安全集中整治、工程运输车专项整治、文明一号交通整治等系列行动。全年全县共查处各类交通违法行为12.5万起,同比上升10.9%;共办理行政拘留案件693起,同比上升161.5%;刑事案件272起,同比上升16.7%。

【重点车辆违法打击】 2021年,县公安局交警大队聚焦肇事肇祸重点车辆及重点违法,分类施策实行从严打击。紧盯"三车"重点,制定"宣、劝、禁、罚"路面管理四步工作法,并研究出台"三车"交通违法查处意见,明确"三车"路面查扣及处理的使用条款及处罚标准,推动规范管理。全年共查处"三车"违法9.5万起,查处量同比上升1.5%。积极联合交通、住建等部门,高效运用卡口系统等前端设备,进一步加大对"三超一疲劳"等重点违法的监管打击力度。全年共查处重点车辆违法6347起,同比上升62.7%。通过分析研判酒驾违法行为高发、易发时间及地点,按照警力跟着警情走、重点区域重点管理的原则,加大酒驾醉驾整治力度,全面筑牢道路交通事故防护网。全年共查处涉酒驾驶1229起,比市交警局下达任务数多69起。

【推进文明城市创建】 2021年,县公安局交警大队聚焦文明停车重点,完善主干道、步行街等重点区域停车设施,并夯实违停专管组力量开展视频巡查、定点治理,组建"交警+城管"联合执法队,进一步强化城区主干道路清违力度,严查严管重点道路违停行为。全年全县新开辟停车位2860个,增设更新隔离护栏23千米,安装抓拍系统10

套，现场查处违停5.5万余起，同比上升92.8%。以全国文明城市创建为抓手，结对105家机关单位常态化开展早晚高峰联合劝导，并分级设置重点勤务岗点167个，联合县局支援警力全力奋战测评迎检，提升工作实效。

【道路交通组织】 2021年，县公安局交警大队聚焦疏堵保畅工作任务，进一步加强城区、景区交通组织研究，通过合理设置单行、限行、禁行的交通管理措施，充分运用绿波调控、可变车道等智慧交通手段，改善重点路段交通微循环，确保道路安畅。同时，主动参与城市交通规划、路街建设工作，推动交管工作从末端走向前端。全年共完善城区道路交通组织25处，优化绿波时段调控5条，设置货运车辆禁行线路3条，参与城市道路建设研讨会21次。

【"四进"安全宣传】 2021年，县公安局交警大队以"四进"宣传为抓手，抽调18名民警、辅警组成文明交通宣讲志愿者团队，并通过喷制交通安全主题墙绘、制作老年人安全文明出行主题宣传展板等方式，进一步浓厚宣传氛围。全年共开展主题宣传389次，电影下乡940次。高度重视宣传阵地建设，成功创建全市首批文明出行示范单位3个，高效完成120个交通安全宣传教育工作站建设任务，宣教途径进一步拓宽。

（胡杰）

港口

【概况】 2021年，全县完成港口货物吞吐量1670.09万吨，同比增长8.7%；完成货物运输量4049.5万吨、同比增长26.9%；水路货物周转量537.78亿吨千米，同比增长29.0%；全县货运船舶总运力达到175.5万载重吨，同比增长8.7%；全县客运总运力达到1064客位，同比增长38%，均创历史新高。水运固定资产投资2.3亿元；完成船舶营运检验137艘次、48.8万总吨，同比分别增长9.6%、44%，船舶检验业务量总体相对稳定。

【美丽致富起航线】 在中国共产党成立百年之际，宁波象山"美丽致富起航线"获得全省港航系统"学史启航"专题学习教育活动第二名，"美丽致富起航线"由浙江海运第一村、铜钱礁渡口、宁波船检象山联合工作室串联成线，生动展示象山"海洋强县，美丽富民"发展战略成效和港航事业改革创新成果。7月20日，美丽致富起航线在石浦铜钱礁渡口首航。

【推进宁波舟山港总体规划调整】 结合象山县海洋经济发展，在充分对接各部门和乡镇的基础上，完成总规修订初步方案。分别在西周作业区西侧新增港口岸线；黄避岙乡象山水泥厂东侧新增港口岸线；贤庠作业区西侧新增港口岸线；新增东屿山岛港口岸线；新增象山港5万吨级锚地；雷公山作业区东侧新增港口陆域；汰网屿岛东侧岸线调增加港口岸线；石浦港水上集散中心码头；盘基作业区东侧新增港口岸线等诉求。

【《象山县码头布点规划》编制完成】 为更好支持象山地方经济发展和满足生活生产的需要，对象山全县中小型普货、危货进行布点规划，共规划中小型普货码头22座，危货码头10座，补充作业区外港口规划空白。

【"十四五"港航发展规划发布】 根据浙江省、宁波市"十四五"规划编制要求，结合象山港航实际，明确今后五年港航的发展目标、功能定位、发展思路、发展重点、保障措施及近期建设项目等。"十四五"时期，着力形成"一体两翼、南北并进、东西互补、协调发展"的局面，以象山全域港口发展为一体，以象山港和石浦港港口作业区开发为重点，共同推进重大项目、重大产业落户，以象山东部和西部中小型码头作为县域港口发展的补充，形成分层次、分体系布局的码头布点格局。要求码头布点要体现与后方陆域整体开发的良性互动关系，统筹海陆双向物流网络，实现对区域经济的最大化带动作用。

【在建水运工程建设】 浙江省海洋运动中心（亚帆中心）水上工程、台宁码头（叶口山）、西泽轮渡码头改造工程完成项目验收；香桩汽渡码头主体结构完工；鹤浦供销集团1万吨级、新港码头维修加固工程开工建设；普陀山－象山航线试航完成；象山港主航道提升工程和港内1号锚地、雷公山公共货运码头前期工作顺利推进。

【涉海建设项目审批服务】 县港航管理中心主动帮扶莛博爽码头、新乐船业舾装码头补办相关手续；国电象山1#海上风电场、象山1号海上风电送出工程220千伏架空电缆线路、南田海事工作船码头、中船海上风电基地、杭钢富春管业5000吨级码头完成通航条件影响评价；组织召开石浦渔港整治维护项目（铜钱礁）、林港村兴港码头、鹤浦吉港渔港等项目岸线联席会议；下湾门南田航道改道工程完成航标效能验收。

【海洋运输业补助资金发放】 县港航管理中心联合县财政局出台2021年海洋运输业扶持政策，通知相关企业按照规定做好各类补助申请材料填报，认真完成材料审核，联合财政对上报的企业开展现场核准。7月完成2019年度补助资金发放147.21万元（未含税收奖励96.21万元），12月完成2020年度补助资金发放82.3万元（未含税收奖励296.7万元）。积极充分运用宁波市关于印发《〈进一步促进公路、水路运输业扩量提质的实施办法〉的通知》，市财政安排总资金6500万元，按照先后顺序进行补助的政策要求，对符合条件的5艘船舶的相关资料进行汇总，审查并做好上报及资金发放工作。全年共争取奖励金额883.83万元。

【石鹤轮渡航线旅客实名制试点】 县港航管理中心牵头召开专题会议，部署工作任务，赴舟山了解旅客实名制运行情况，制定象山县水上旅客实名制工作实施方案，指导企业完成设施设备调试及人员培训工作，牵头做好水上旅客运输实名制购票实施方案工作布置，征求相关单位意见收集及反馈整理修改工作,完成4家单位联合发文、落实运行后日常监管工作,有力保障全县水上旅客运输安全和防疫管理。10月1日起试运行。

【港口码头环保】 积极开展现场核查督促企业整改,对涉及环保问题整治的12座码头再次进行现场核查,开展环保设施改造,推进码头雨水收集设施改造和装卸工艺改进,落实安装喷淋设施,除1家企业已暂时关停,其余11家均完成环保验收。建立健全企业码头防污染制度和台账。统一标准制定了污染物接收、转运台账,落实港口企业岸电及船舶污染物接收月报制度,并注册使用长江经济带船舶水污染物联合监管与服务信息系统。开展港口企业现状评估,对涉及的16家港口企业召开专题会议进行部署,联合环保部门共同参与整治,12家企业通过联合验收,4家企业落实整改。

【蟹钳港生态环境整治】 县港航管理中心按照"边排查边整治、边整改边提升"原则,建立蟹钳港区域统筹保护开发工作推进协调机制,通过巡查管控、定期会商、联合执法、跟踪督查等方式,按时按序落实问题销号,积极打造最美海岸线。对排查出来的3处砂石码头全部落实吊机拆除去功能化措施。6月底牵头对港内2处扣押船舶点的18艘长期搁浅无序锚泊船舶进行清理,其中13艘自行拖离,5艘拖至市执法扣押船舶停泊基地锚泊。

【全县水上交通安全整治】 严厉打击"假光租""假自有"及船舶管理企业"代而不管"全面审核航运企业经营资质和管理人员适任资质和履职能力。全年共整治船舶32艘,其中"假光租"15艘,"假自有"17艘,累计清退船舶9艘、拆解报废3艘、股权收购17艘,合法化3艘。

【港口领域安全生产整治】 开展2021年国内水路运输及辅助业核查、港口危货专项整治、普货码头作业安全专项整治、船厂综合整治等。累计召开专题会议16次,出动人员1343人次,检查企业459家次,共检查出问题549条,整改率100%,给予问题企业预警警告4次,督促2危货港口企业涉及6码头、8座储罐、56条压力管道等特种设备设施强制检测。

【巩固打非治违成果】 出动检查人员336人次,巡查岸线8000余千米,对发现违规超能力靠泊作业的码头和违规船舶进行严格执法。全年处罚6起,罚款15.5万元,纠正航道、航路违规养殖、停泊问题2起。

【吴爱图获评中国好人】 吴爱图,女,1971年出生,群众,籍贯象山,"象农渡98"轮船长。33年前,为帮父亲分担繁忙的渡船工作,17岁的吴爱图登上"象农渡98"轮船,从卖票收钱一直做到船长职务。父亲临退休前,吴爱图承诺父亲,继续坚守船长岗位,守住这条村民们出行的唯一通道。从17岁到50岁,吴爱图已在这条水上航线上运送旅客460余万人次,从未出过一次事故。其间,因为至亲遭遇意外离世,她一度想放弃这份职业,但想起对父亲、对村民的承诺,她最终选择回到驾驶舱。吴爱图的事迹被央视新闻频道、人民网、中新网等各大媒体广泛报道后,被越来越多的人知晓。2021年,吴爱图获评"中国好人""浙江省道德模范""宁波市五一劳动奖章"。

(县港航管理中心)

海　关

【概况】 2021年,象山海关内设办公室、综合业务科、监管一科、监管二科、稽查科5个科室,有行政编制工作人员31人。是年,象山海关有注册企业1414家,同比(下同)增长4%;审核报关单2029票,同比减少14.6%;监管进出口货物7.1万吨、货值11.7亿元,分别减少1%、下降17.9%;税收入库2560.1万元,下降9.5%;监管"活水鱼"出口额6537万元,增长3.4%。

【打击走私】 象山海关深化全员打私理念,制定《象山海关打击走私工作方案》及2021年任务分解表,实行量化考核,毫不放松打击洋垃圾走私等违法行为,成立课题组研究进出境检验检疫走私违规执法标准并形成课题文章1篇,向缉私部门移交刑事案件线索2起、行政案件线索1起,查处1起建关以来涉税金额最大的特许权使用费案件。

【疫情防控】 象山海关强化入境船舶精准防控,采取"一船一方案"的检疫措施,针对出口韩国活鱼返象山船舶进出频繁、远洋渔船入境船舶航行时间长等不同情况,与县联防联控单位"一船一议",形成流程化"防疫套餐"。2021年,象山海关监管进出境船舶130艘次,登临检疫船舶62艘次,监管进出境人员1333人次,检出有症状人员1人,移交地方集中医学观察人员135人次。

【食品安全"四个最严"】 象山海关针对监管的出口水产品在宁波关区占比超6成的实际,组建专家核查小组对辖区22家水产品企业做到核查全覆盖,发现4类问题21个不符合项,督促企业全部整改;开展出口动物源性食品安全风险监测,制定《象山海关2021年度出境水生动物监测方案》,对检出兽药残留养殖场派出专家指导整改;开展进出口危险货物及其包装检验领域安全风险隐患大排查大整治。连续多年实现食品国外"零通报"、危化品无安全事故。

【减税降费】 象山海关优化原产地签证服务,78%以上原产地证实现智能审核。2021年,共签发区域性优惠原产地证书3318份,同比增长8.9%,可助象山企业出口商品享受国外关税优惠约6330万元。加大减免税政策辅导宣传,助力辖区反渗透膜水处理设备、三文鱼养殖等项目快速启动。2021年,新增减免税项目1个,完成减免税审核确认25份,减免税款2010万元,同比增长1.2倍。

【营商环境优化】 象山海关持续压缩

整体通关时间，2021年象山海关进、出口整体通关时间约为宁波海关平均进、出口整体通关时间的1/3、1/2。推广“两步申报”模式，2021年进口两步申报率为50%（远超35%的指标）。坚持“应报尽报”理念，推进属地企业报关回流，报关企业同比增长11.1%。

【“现场监管与外勤执法权力寻租”专项整治】 象山海关召开8次会议专题部署推进“现场监管与外勤执法权力寻租”专项整治工作，一线执法科室开展纪法、警示教育16次；面向辖区企业、窗口办事人员发放并收回调查问卷23份；制定《象山海关“现场监管与外勤执法权力寻租”专项整治工作自查评估表》开展自查，确定重点问题15个，廉政风险4个，重点关注岗位7个，采取防控措施6条。

【首家跨境电商备案】 2月3日，宁波中瑞进出口公司下属子公司宁波甬外通电子商务有限公司成为象山辖区首家通过“海外仓”备案企业。

【紧急救助“远通渔22”】 2月3日，在锚地等待查验的远洋渔船“远通渔22”有1名中国籍船员出现疑似中风症状，需要紧急救助。象山海关接到报告后考虑到患病船员情况，立即向宁波海关请示允许“远通渔22”临时靠泊码头，并联系象山县防疫专班协调患病船员上岸就医流程。该船于该日15时30分靠泊码头，象山海关检疫人员对患病船员开展健康检查和流行病学调查等检疫排查，初步排除传染病可能，按要求采样后立即送检，并与地方做好下船就医交接手续。

【首次开展船舶跨省保税结转业务】 4月7日，象山海关派员到鹤浦镇船舶工业区码头，对嵊泗县北鼎星船舶修造有限公司申请的来自江苏省的1艘万吨货轮开展保税深加工结转实地检查和指导。该货轮申报载重量1.2万吨，货值超过9000万元。这是宁波市首例船舶深加工跨省结转进口业务。

【首次进口高科技摄影设备】 9月，象山影视城数字科技有限公司申报进口的一套虚拟拍摄设备经象山海关查验后顺利通关。该设备用于影视拍摄，共有600余个零部件，涉及品类繁杂。这是象山辖区首次进口高科技摄影设备。

【首次出口“红美人”柑橘】 12月28日，象山大旸农业发展有限公司申报的500千克、价值5.9万元的“红美人”柑橘，经过象山海关检疫合格完成通关，空运前往新加坡。这是象山“红美人”首次走出国门，走向国际市场。

【事业单位注销】 12月17日，象山出入境检验检疫局综合技术服务中心注销。

（象山海关）

海　事

【概况】 2021年1—10月，象山海事处辖区货物吞吐量442.1万吨，旅客运输186.6万人次，车辆运输23.6万辆。国内船舶进出港报告14923艘次，国际航行船舶进出口查验62艘次。船舶载运危险货物申报审批565艘次，港内安全作业报备51艘次；象山海事处工作日出勤率76.34%，非工作日出勤率19.25%；共计派发并完成任务8240个，巡航696次，巡查1183次，检查各类船舶3644艘次，安检208艘次。行政处罚立案986起，执行罚款924万余元，行政强制26艘，拆解船舶15艘。2021年，共发生海上交通事故11起，均为小事故，沉船2艘，无死亡失踪人员；发生险情20起，执行搜救抢险任务23次，成功救助71人。

【“三清理”水上交通安全综合治理活动】 2021年，开展“三清理”水上交通安全综合治理活动，共查获“三无”船舶23艘，已督促拆解12艘、上排待拆解3艘、推进纳归3艘、5艘扣押至扣押基地待拆解。对檀头山、南韭山等水域开展不间断蹲点行动，共查处内河船22艘，立案241起，罚款358.3万余元，促成省内首艘最大的内河船“和顺001”完成拆解。

【涉水治理体系】 强化航路宣贯，以VHF通播形式向航经船舶播放商渔安全信息，提醒过往船舶加强瞭望、宽让远离。制定《象山沿海航行航法手册》，向辖区45家航运公司、13家货运码头、进港或航经船舶等各类主体做好宣贯工作，向首批18家未按公共航路航行船舶管理公司发放安全管理建议书。与县水利和渔业局会商交流象山沿海商渔防碰撞、沿海公共航路实施等工作，通过联合执法、联合宣教、渔船不安全行为通报等形式，着力提升渔船安全航行意识。

【基层智慧海事建设】 推动宁波市首个县级海上搜救中心正式挂牌成立并投入实体化运行。全面启用智能信息化办公室，建立一套集现场综合执法系统、CCTV、动态监控系统、深蓝智享平台、VHF系统等业务系统的集中显示平台，初步实现值班室“看得见、叫得通、调得动、控的住”。同时，协同局指挥中心开发深蓝智享象山沿海模块，形成象山“一处全景”模块整体框架。

【海事执法领域突出问题专项整治】 围绕突出问题，对群众“急难愁盼”问题开展全面摸排。坚持问题导向，对督查中发现不规范等重点问题开展“举一反三”大讨论，提出整改举措，推动提升执法规范性。安排专人开展执法音视频全覆盖每日检查。成立专项自查组，定期开展问题排查，强化“回头看”督办，推进研究全维度执法自查红黄码督办机制，倒逼问题整改。营造“办实事、优服务”良好氛围。积极向航运公司、船员宣贯“首违不罚”机制，累计实施不予处罚15起，制作新海安法学习专题材料，面向航运公司召开普法送教专题会，开展融媒体新《中华人民共和国行政处罚法》《中华人民共和国海上交通安全法》及相关法律法规普法宣传，累计发布普法微信3篇，点击量破3万，制作发布“新海安法快问快答”抖音短视频，向市普法办公室投稿2篇。以警示教育室为载体,设计象山处警示教育机制及流程指南。

【商渔船防碰撞“遏重大”治理】 根据新《中华人民共和国海上交通安全法》及沿海航路公告,联动县水利和渔业局开展海上安全与搜救全面合作专题会商。持续与渔业、港航、公安等部门开展联合执法、航行安全知识进渔村等活动,完成2021年象山渔船船东船长(大副)“面对面”安全警示教育培训,累计开展培训达62批次,派出授课老师124人次,受教渔民达5000余人。

【客渡运船舶安全监管】 全力保障客渡运船舶安全有序复航复工,督促码头、船方落实好消毒、通风、体温检测、佩戴口罩等防控举措。强化属地联动,圆满完成两期“渡工夜校”安全教育专题活动,有效增强企业安全生产主体责任意识,提升客渡船船员安全意识和事故应对能力。推动石浦至鹤浦汽渡航线旅客实名制工作。

【航运公司监管】 开展《劳工公约自查》宣教和网上“非接触式”指导,督促公司开展自查,切实助力辖区海事劳工履约工作。联合局法制船舶宣讲团举办象山航运第二期安全文化沙龙,有效提升航运公司安全管理水平,落实安全宣传“五进”工作要求,帮扶航运企业积极应对疫情带来的不利影响。组织编写《象山航运资讯》,并通过电子邮箱、微信等平台向辖区近40家航运企业点对点进行推送,及时宣贯海事政策法规,提升船籍港管理水平。

(象山海事处)

邮电·信息

邮 政

【概况】 2021年，县邮政分公司立足新发展阶段，坚持新发展理念，融入新发展格局，以“三个视角”发现问题、“三大规律”解决问题，奋力在危机中育先机、于变局中开新局，加快企业提质增效发展，圆满完成各项工作目标。

【生肖牛票发行】 1月5日，县邮政分公司在靖南邮政所举行《辛丑年》特种邮票首发活动。《辛丑年》特种邮票设计延续第四轮生肖邮票“家国”理念。改套邮票1套2枚，图案名称分别为“奋发图强”和“牛年大吉”，全套邮票面值2.40元。县集邮协会特启用“辛丑年”生肖纪念戳一枚，免费供邮迷加盖。

【泗洲头镇率先开展邮快合作】 4月1日，泗州头镇“快递进村”集体签约仪式在县现代物流园区举行。市邮管局局长温雪荣、副局长王晓竑，市邮政分公司副总经理刘远东出席签约仪式，县邮政分公司总经理高坡及相关人员，象山县各家快递企业负责人参加此次签约。此次签约仪式，县邮政分公司分别与申通、圆通、韵达、百世汇通、极兔等5家民营快递签订快递进村合作协议。

【邮政安全月、寄递安全大整治、大排查暨中国共产党成立100周年安全服务保障专题会议】 6月16日，县邮政分公司在三楼会议室开展象山邮政安全月、寄递安全大整治、大排查暨中国共产党成立100周年安全服务保障专题会议。会议要求要以“安全生产月”为契机，紧紧围绕中国共产党成立100周年庆祝活动期间安全保障工作，持续深入开展隐患排查治理活动，重点加强寄递渠道安全、人身安全、金融安全、交通安全、消防安全、信息安全、机要安全等隐患治理和风险防控，突出抓好隐患排查整改和“回头看”，集中攻坚解决难点突出问题，及时排除各种安全风险隐患，落实各项安全防范和保障措施，坚决防范遏制各类事故案件及风险事件的发生，全面维护企业安全稳定，为庆祝中国共产党成立100周年营造良好环境。

【《中国共产党成立100周年》纪念邮票发行】 7月1日上午，《中国共产党成立100周年》纪念邮票发行，在靖南邮政所受市民追捧，引发排队热潮。本次发行的《中国共产党成立100周年》纪念邮票每套含20枚，总面值为24元，每一枚面值1.2元，是建党周年系列邮票中发行枚数最多、表现内容最广、发行规格最高的一套。邮票采用连票的设计形式，内容包括开天辟地、峥嵘岁月、中流砥柱、伟大胜利、开国大典、改革春潮、对外开放、世纪腾飞等20个主题，涵盖了百年来党的重大历史事件以及伟大成就。首发当日，纪念邮票240套、纪念封120套，均销售一空。

【象中营业所迁址高塘】 11月12日，高塘营业所正式开业，高塘营业所位于高塘岛乡龙泉路229号。该营业所面积180平方米，设置储蓄台席2个，邮政营业台席1个，并配置LED显示屏、液晶电视机、自动存取款机（CRS）1台和智能柜员机（ITM）1台，

【EMS极速鲜“红美人”寄递项目】 11月10日，县邮政分公司召开2021年邮银协同“红美人项目”启动会，标志着极速鲜“红美人”寄递项目正式启动，市邮政分公司副总经理吴明、邮储银行宁波分行副行长欧黎明等出席会议并讲话。截至12月31日，共揽收“红美人”76574件。同时，11月16日，县邮政分公司在象山红美人基地——锦绣农场开启2021年红美人开摘首播。此次直播吸引近1633名观众进行直播观看，来自全国各地客户积极下单，实现订单400多单。

（谢佳纹）

电 信

【概况】 2021年底，中国电信象山分公司拥有支局10家（泗洲头支局并入西周支局），12家自办营业厅，电信用户约14万户。截至2021年12月，象山分公司累计完成年度收入95.2%；完成移动5G网络覆盖，实现主城区、东陈、石浦、西周等政府机关单位、大型工业园区、主要道路、商场、居民区5G网络基本全覆盖；积极响应政府号召，做好重大社会活动、突发事件现场通信应急保障。2021年，象山县有线网络光衰达标率在98%以上；电联共建共享482个基站，2130个小区，4G覆盖率由95.69%升至98.9%。

【助力数字乡村振兴】 主动对接帮扶泗州头镇墩岙塘村，开展党建翼联、培训赋能、节日慰问、防诈宣传等一系列

活动,并签订平安乡村振兴战略合作协议。10月,完成数字乡村2.0平台搭建,大大方便该村对农副产品宣传。利用智慧产业功能,11月农户收益相比10月增长10万余元。截至11月,全县已有20个村建成"数字乡村平台"。

【亚帆中心赛区全运会通信保障】 赛前,象山分公司积极做好线路、管道的迁改和光缆建设工作,提前完成网络开通和调试。9月11—26日,第十四届全运会帆船比赛(宁波赛区)在象山亚帆中心举行,分公司负责赛事的网络保障工作。在制定针对性预案的同时,每天派出2名专业技术人员驻扎赛区巡检,确保赛事网络正常运行,并确保了21—22日赛事方临时提出直播的顺利开展。赛后,获得赛事举办方的肯定和感谢。

【爱心翼站建立】 11月18日,象山电信"爱心翼站"关爱行动启动仪式暨中华全国总工会"户外劳动者服务站点——爱心翼站"授牌活动在象山电信靖南大街中心营业厅举行。县总工会主席童立琴、县总工会主任沈海凤、象山分公司总经理李锦等参加活动,授牌仪式还邀请8名环卫工人一同参加。"爱心翼站"将充分发挥营业厅便利服务作用,定位为老年人、残疾人及快递小哥、环卫工人等户外劳动者群体提供休憩补给及智能技术科普等有温度的爱心公益服务。同时,"爱心翼站"建设运营列入"我为群众办实事"实践活动任务清单,专门组建"爱心大使"及电信青年志愿者服务队。2021年,共完成10家自有营业厅"无健康码"登记绿色通道、老年人爱心台席、现金/银行卡支付缴费、终端应用辅导四项基础服务内容加载,组织科技助老微讲堂场96场次,服务老年人1000人次。

【阳光工厂建设】 根据省市场管理局《关于进一步明确"浙江特种设备在线"系统应用工作任务的通知》要求,象山分公司积极响应省市公司关于阳光工厂建设的部署安排。2021年,完成市公司下达的"阳光工厂"工作指标。通过服务保障、后续维修获得县市场监督管理局好评,对象山分公司的客户经理和智云护航团队表示认可,达成长期合作共识。

【参加云网工程师和智云护航工程师技能大赛】 宁波分公司和宁波电信工会联合举办技能大赛,象山分公司派出优秀员工,在团体和个人比赛中取得佳绩。这次以赛代练,以赛促训,很好提升了云网工程师、智云护航工程师的维护支撑能力。

(县电信局)

移动通信

【概况】 2021年12月底,中国移动通信集团浙江有限公司象山分公司,在册职工211名,拥有自办营业厅11家,乡镇网格9家,各类营业网点300余家,网点遍布城区乡镇、海岛、农村,移动手机用户达49.1万户。

【象山中学迎新晚会直播】 由于疫情影响,象山中学迟迟无法举办新年联欢晚会。象山分公司得知情况后,利用5G直播助力象山中学开展迎新晚会。2月2日晚,象山分公司采用5G和直播方式进行,由1个报告厅主会场,36个班级分会场组成,上传速率达到120Mbps,下行速率可达1.1Gbps,将主会场演出视频实时传送到各班级电子屏,达到在校师生同步实时观看。同时通过线上直播,数千名家长、校友和社会各界人士通过手机链接同步观看,观看人员达6000余次。此次活动让校方隔屏不隔情,欢聚共迎新,同时也是象山分公司首家创新应用5G+视频直播技术,从开始到闭幕,画质清晰,画面流畅,得到社会各界好评。

【老年人智能手机操作技能普及】 3月,象山分公司深入各乡镇、街道、村委开展"与5G一起'智'起来"全县老年人智能手机操作技能普及工程。根据老年人实际需求,设计一系列课程,内容实用丰富,使参训老年人能够进行智能手机基本应用操作。同时,针对电信诈骗层出不穷的实际情况,邀请辖区民警开展电信防诈骗宣传,以实操演练为主要形式对现场老年人进行实地讲解指导,帮助老年人跨越数字鸿沟,尽可能为他们生活带来便利。2021年,已累计开展30场,受训老人1000余人次。

【"5G智慧云喇叭"广播预警】 7月23日8时31分,县气象台发布台风黄色预警信号,受"烟花"台风环流影响,象山不少地方已出现中到大雨局部暴雨。为防范台风"烟花"登陆可能带来的强风大雨,各乡镇、村庄提前发布预警信息,通过"5G智慧云喇叭"进行广播预警。相较于传统的广播方式,工作人员要将语音文件录制好拷贝到各个村的喇叭存储设备,然后安排人员进行手动播放控制,遇到像台风这样的极端天气,往往无法及时通知。而"5G智慧云喇叭"使用起来十分简单,工作人员不仅能通过手机App远程实时喊话,还能将文本内容直接转为语音广播,极大提高信息传递实时性,解决地域和时效性限制。"5G智慧云喇叭"由象山分公司安装,基于智慧广播云平台,依托5G无线网络和移动物联网技术,服务器部署在云端,广播设备部署在相应村庄,通过互联网交互,利用电脑客户端、手机App即可实现跨区域实时广播。2021年,全县已安装5G智慧云喇叭334个,覆盖11个乡镇99个村庄。

【与浙江波威重工有限公司签署5G战略合作协议】 8月4日,浙江波威重工有限公司(以下简称波威重工)与浙江移动宁波分公司(以下简称宁波移动)举办5G战略合作协议的签约仪式。这标志着双方在长期友好合作基础上,结成优势互补、强强联合战略合作伙伴,后续双方还将就围绕打造"5G+工业互联网"的目标开展合作,以移动5G能力赋能波威重工的数字化转型,打造制造型企业的应用标杆。

【锦浪首个"5G+智慧工厂"项目落地】 8月19日,象山分公司成功落地锦浪科技股份有限公司首个“5G+智慧工厂”项目——5G AGV叉车。5G AGV叉车是锦浪公司一期厂区实现自动化水平的重要组成部分，该项目可通过建设低时延5G专网，实现AGV小车指令下达和位置信息的实时交互、AGV工作过程自动避障，提升物流转运效率。专业测试过程中，下载速率峰值最高达到600兆、上传70兆，整体信号良好。后续，象山分公司将继续为锦浪科技二期打造5G+机器视觉，5G+车间全连，5G+数字孪生等应用场景，全面实现5G+智慧工厂项目。

【首个移动5G 700兆赫示范站开通】 9月16日，象山县首个5G 700兆赫示范站在墙头镇吊水岩村开通，拉开全县700兆赫5G网络建设序幕。该站点的开通实现吊水岩村区域5G网络全覆盖，满足当地用户高速率、低时延的上网需求，并将给用户带来更多的数智化生活享受和改变。象山分公司立足象山县数字化改革发展需求，提前规划并积极向上争取网络建设资源，率先在全县开通首个5G 700兆赫示范站。经现场测试，该区域5G下行峰值速率达260兆比特/秒，上行峰值速率达120兆比特/秒，用户使用5G手机下载一部电影的速度将比4G快五倍。

（徐曼莉）

联　通

【概况】 中国联合网络通信有限公司宁波市象山县分公司（以下简称象山联通）是中国联合网络通信有限公司在象山的分支机构，于2008年12月由原中国联通有限公司象山分公司和原中国网络通信集团公司象山分公司合并而成。公司下设中台支撑室，建设维护室、政企客户室、象南网格、象北网格以及4个自营厅。2021年，拥有3G物理基站424个，3G室分106个；4G物理基站491个，4G室分87个；5G宏站161个，5G室分2个，渠道20多家，网点遍布各乡镇、海岛、农村、移动手机用户超过18万。

【助力复工复产】 2021年春节结束后，企业进入复工复产。疫情之下，既要坚决打赢疫情防控攻坚战，也要做好有序开工复工，象山分公司肩负央企使命，积极推出疫情防控、网上办公、信息管理、远程协作和数字化管理等应用，助力象山县单位企业高效有序推进各项工作，用贴心服务给企业复工复产注入“强心剂”，吃下“定心丸”，助力保民生、维稳定、促和谐。

【宁波威霖首家“5G+未来工厂”】 6月4日，宁波威霖住宅设施有限公司（下称宁波威霖）与宁波联通签署“5G+未来工厂”建设战略合作协议。“未来工厂”是指广泛应用数字孪生、物联网、大数据、人工智能、工业互联网等技术，实现数字化设计、智能化生产、智慧化管理、协同化制造、绿色化制造、安全化管控和社会经济效益大幅提升的现代化工厂。根据双方合作协议，宁波联通将加快宁波威霖宏站及室分的5G网络覆盖工作，打造超大带宽、超低延时、先进可靠的精品网络，完成MEC边缘云计算系统部署，充分满足该公司“5G+工业互联网”承载底座之需。在此基础上，依托工业互联网BU团队创新能力，双方将从“5G+数据采集”“5G+机器视觉”“5G+AGV”等轻量级“5G+工业互联网”应用入手，建设年产30万套的淋浴房数字化车间项目。

【中国（象山）开渔节通信保障】 为保障中国（象山）开渔节顺利进行，象山分公司成立专项工作小组，明确任务目标，周密组织协调，全力做好通信保障工作。9月16日，由省农业农村厅、省涉海涉渔专委办举办的“浙江省渔船安全精密智控系统”上线仪式在石浦举行。本次上线的“浙江省渔船安全精密智控系统1.0版测试版”，是依托卫星宽带通信网、智慧渔港网、安全生产预警网“三张网”打造的渔船安全管理系统。“浙渔安”上线运行，实现海陆互联全覆盖、监测预警全实时、风险防控全闭环、部门多跨全协同，标志着浙江省海上渔船安全生产工作开始进入智治新模式。为做好“浙渔安”上线保障工作，根据当地政府部门要求，选派技术精湛骨干员工提前到活动现场与业主进行协调，并做好演示船只系统调试工作。工作人员克服准备时间短、工作环境复杂等困难，仅用2天时间完成会场互联网专线测试运行，并安排专人场外值守，确保互联网专线运行通畅。同时，由市供销联社、阿里数字乡村和饿了么等平台进行开渔节5G直播活动，中国联通5G网络全程为直播活动提供网络支持。

【“智能门磁”应用】 12月20日，各镇乡、街道工作人员对智能门磁进行安全测试，随即安装在居家隔离人员门上，让人员管控更加精准。本次启用的智能门磁是在联通象山分公司采购的门磁探测器，它由无线发射器和磁块两部分组成，当隔离人员擅自开门外出，门磁就会自动发送信号报警给防疫监控平台，平台自动弹窗报警隔离人员位置。此外，该产品数据采集终端24小时不间断连续采集，可以保证用户开门即报警。相比传统锁门，门磁报警器对被隔离人员更加尊重，同时也让防控人员监控管理工作更加便捷高效。

（中国联通象山分公司）

电子信息制造业

【概况】 2021年，象山县推进信息网络基础建设，移动、电信、联通共部署5G基站460余个，覆盖城区主要商业广场、医院、部分景区人流密集处。聚焦数字产业化和产业数字化，强化企业培育和项目推进，通过推动物联网、大数据、云计算在制造业的深度应用，推进象山经济变革、效率变革和动力变革，以信息化培育新动能。全县计算机、通信和其他电子设备制造业企业20家，实现工业总产值14.94亿元，同比增长35.29%，工业销售产值14.06亿元，同比增长34.05%，出口交货值2.84亿元，同比增长74.61%，新产品产值7.98亿元，同比增长33.78%。

【数字经济核心产业创新策源地打造】 1月14日,作为国家级工业互联网试点示范企业、上海数字经济建设的龙头企业——上海河姆渡实业发展有限公司正式与象山县签约,达成《大目湾河姆渡工业互联网数字经济区域运营总部》协议。预计该项目建成后,将成为该县数字经济核心产业创新策源地,为该县核心产业注入高质量发展新动能,输送数字化转型机遇。近年来,象山县主动融入国家、省、市发展战略,以“数字产业化、产业数字化”为主线,大力发展以互联网、物联网、大数据等新技术为代表的数字经济,全力打造高质量发展新引擎。河姆渡工业互联网数字经济平台项目总投资5亿元,建筑面积1.1万平方米,立足智能建筑、智慧工厂、智慧城市、智能家居等领域,在产品与技术平台的研发、组织配套企业的生产、数据与系统的集成、供应链与市场的体系化等方面提供服务,为象山海洋经济、美丽经济及临港装备等9条产业链群的数字化转型升级赋能新动力。据项目相关负责人介绍,该平台类似于工业行业的“阿里巴巴”,在象山设立区域运营总部后,将为本地及周边地区的智能化制造企业、仓储物流企业以及相关商贸企业与行业下游客户群体之间建设数字设施的物联网系统,提供售前、售中、售后的全链路数字化运营服务保障。项目建成后,预计可实现年产值10亿元。

【京东城市(宁波)数字经济产业创新基地共建】 5月13日,象山县与京东科技共建京东城市(宁波)数字经济产业创新基地签约仪式在京举行。县委书记潘银浩出席活动并致辞,京东集团副总裁、京东数字城市群总裁徐丰参加活动。县委常委、常务副县长陈兴立代表县政府与京东科技集团数字城市群副总裁赵彬签订《共建京东城市(宁波)数字经济产业创新基地》合作协议。

【数字经济发展专项扶持资金】 10月,象山县下达2020年度数字经济发展专项扶持资金30.9万元,对宁波盈科光通信科技有限公司、浙江云朵网科技股份有限公司等11家企业申报的11个项目予以补助。近年来,象山县抢抓数字经济新赛道发展机遇,主动融入国家、省、市战略,围绕“数字产业化、产业数字化”主线,大力发展以互联网、物联网、大数据等新技术为代表的数字经济。

【“企业上云”赋能】 10月,经县经信局、县财政局审定,象山县对2020年度国家两化融合贯标、优秀工业App、省级制造业与互联网融合发展试点示范企业等项目下达奖励补助资金112万元。近年来,象山县大力推进实施“数字经济”一号工程,依托现有海洋、旅游资源优势,加快数字产业化发展,谋划建设一批县域级、行业级、企业级工业互联网平台,积极推进企业深度“上云”、数字化车间、两化融合工作,促进先进数字系统在优势企业中得到普遍应用,重点打造“新智造”“未来工厂”等标志性应用场景,进一步强化数字赋能,提升产业智能化水平。据了解,此次受到奖励的企业中,宁波合力制动系统有限公司等4家单位获得2020年度国家级两化融合贯标证书,锦浪科技股份有限公司等4家单位的5个App被认定为宁波市优秀工业App,宁波威霖住宅设施有限公司被列入2020年度省级制造业与互联网融合发展试点示范企业。

【乐惠工业互联网应用平台入选企业上云典型案例】 2021年,工业和信息化部公布2020年“企业上云”典型案例遴选结果。宁波两家企业之一象山县乐惠国际“乐惠工业互联网应用平台”入选。乐惠工业互联网应用平台是乐惠国际与阿里云合作的国内首个精酿啤酒工业互联网平台,项目依托机械化、自动化、智能化设备,在自动化生产基础上,利用大数据分析技术,全面搭建数字装备和数字精酿平台。通过升级装备产线,打造核心数字化产品和生产中台,包括客户管理、项目管理、生产管理等应用,有效提升装备工厂运营效率、降低运营成本。

【8家企业项目被列入市“5G+工业互联网”试点项目计划库】 2021年,全县有8家企业,项目入列宁波市“5G+工业互联网”试点项目计划库,包括日星铸业5G+工业互联网项目、海申机电民用装备数字化工厂项目、威霖住宅年产30万套淋浴房数字化车间项目、恒洲电子智能火灾报警器生产项目、大唐乌沙山电厂全厂区专网覆盖及5G全场景运用项目、锦浪5G+智慧园区项目、劳伦斯表面技术有限公司5G+MES数据采集项目、易锻5G+智慧工厂项目。“5G+工业互联网”作为新一代信息技术与工业经济深度融合新兴应用模式,正加速颠覆制造模式、生产方式,是促进企业数字化转型、智能化发展的新解决方案。

(郑颖)

数字化改革

【概况】 2021年,县大数据中心不折不扣对标对表、不偏不离执行到位、不破不立创新应用,按照“上头的要接得住、自建的要连得上”的思路,保证来一个接一个、建一个连一个,充分汲取省、市平台与系统的“干货”,把象山的特色化、个性化应用场景推向全市、全省,推上“试点”,推上“观星台”,推动象山县数字化系统提质增效。

【公共数据平台省考核全市第二】 12月31日,省大数据发展管理局公布2021年度市县一体化智能化公共数据平台综合评价结果,象山县得分85.80分,居全省第34位、宁波市各县市(区)第2位。一是夯实平台基础。建成数据专题、数据应用、数据治理、数据交换和数据共享5大基础支撑平台和数据采集、数据分析、数据安全三大子系统,集成接入特色应用118个、指挥平台11个。二是推进治理共享。建成原始、资源、主题、专题4层治理存储库,并组建相对应的算法模型及标准;归集本地数据目录2793个、数据1.69

亿条，按需申请403类省市批量和回流数据近亿条，数据共享接口调用量达5.9亿条；在省一体化数字资源系统（IRS）上完成县级应用建档96个，并提供优秀组件3个。三是做细考核指标。2021年初，即聚焦浙里办、浙政钉、一体化建设、数据高质量供给等18项评价指标，确保“高效落地”。其中，一体化建设，系统对接、应用目录质量、数据问题反馈等指标居宁波市各县市（区）第一。

【数据共享开放】 2021年以来，县大数据发展中心聚焦数据共享供需对接、技术支撑、应用成效、法规标准等方面存在的问题，积极开展各类数据共享协调、技术培训等攻坚行动，实现数字资源管理水平全面提升，在2021年“宁波开放数林指数”评估中，象山县综合指数位列各区县（市）第三。一是数字资源管理水平提升。积极对接省一体化数字资源系统（IRS），实现政务云基础设施、应用组件、数据资源纳入“一本账”管理。截至12月底，完成107个应用系统建档，关联编制2996类数据资源目录，累计归集2.2亿条数据。二是数字资源支撑能力增强。着力推进省级公共数据回流至本县，累计实现26个批次共368张表数据回流，数据共享需求满足率达100%。三是数字资源利用有序推进。加强在应用项目方案论证、应用成效评价、数字资源高效配置等过程中利用IRS系统开展工作。如“宁波西瀛生态科创园数字园区项目”已通过项目评审，但经IRS充分查询相似应用后，发现与“浙里小微园区管理服务综合应用”高度重合，当即暂停实施。

【数据开放创新应用】 2021年，县大数据中心开展数据开放创新应用工作取得成效，累计归集公共数据2.2亿条，数据共享接口调用量5.9亿条。一是建立数据资源库，统一编制全县数据目录，已编制完成本地数据资源2847类。二是开展数据共享开放“百日攻坚”行动，完成县公共数据平台的开放域系统建设，开放目录数1570类，开放率达55%。三是组织10个参赛团队参加2021年省、市数据开放创新应用大赛。2021年，象山县推荐的“数字农贸”项目获评市级决赛三等奖，“学区通”项目列入省级复赛项目，“未来菜场”项目参展2021年世界数字经济大会。

【“浙里办”推广】 2021年以来，县大数据中心紧抓重点指标提升，督促浙里办日活数、“互联网+监管”信访转执法率等核心指标完成情况。安排专人每天在群里通报建议转执法案件清单及责任部门，经过半年努力，象山县“互联网+监管”掌上执法率达到90%以上，信访转执法率保持在400%左右，位列全市第一。

【2021护网专项行动】 2021年5月，县大数据发展中心协同有关部门联合开展“2021护网专项行动”，全力做好网站、网络、服务器安全保障，完成电子政务外网第六版互联网协议（IPv6）和病毒态势感知项目建设，共检测、通报、督促各部门查杀中毒电脑终端1219台，进一步保障8762台终端和200台网络设备安全，提升严密可靠的政务网络安全防护体系。完成数据共享安全专项检查整改，配合省市平台完成态势感知接入、实现数据使用日志审计分析预警和立体化检测，规范数据分类分级安全策略，落实安全主体责任，开展中国共产党成立100周年安保工作。

【万象成云大数据运营公司筹建】 2021年9月，县大数据发展中心积极谋划成立万象成云大数据运营有限公司，9月，经县政府常务会议通过组建方案。以“一公司三代理”重点，健全象山县大数据运营公司建设体制，由县城投+头部企业+本土信息化企业联合组建公司，力争实现统筹谋划、专业建设、提高绩效、市场运作、本土方向五大目标。提供“代东”（代理东家提供综合保障和运营）服务，履行项目品牌打造、成果包装、宣传策划等综合保障职能；提供“代集”（代理东家提供技术统筹集成）服务，实现项目在系统、技术、架构、数据上高效率总集成；提供“代育”（代理东家培育本土化团队）服务，通过合资合作、生态联盟、政策倾斜等方式，让本土团队跟班、参与项目运营管理，促进本土企业发展壮大。邀请陈纯、邵军、何万篷3位乡贤作为高级顾问，并邀陈纯院士来象指导工作。

【数据平台打造】 2021年，按照“统建模式”，数据治理平台通过数据高铁和库表交换，实现本地2793个数据目录1.69亿条数据的归集，按需申请403类省市批量和回流数据近亿条，全县数据仓共有数据2.5亿条。先后回流人口、信用、经济、地理、电子证照5大主题库，建成海洋经济、重点人群2个特色专题库。建成4层治理存储库，并建立相对应的算法模型及标准组建。建立纠错校正闭环机制，对所有部门数据进行空数据、错数据、脏数据等数据质量检查形成数据问题库，定期反馈责任部门整改。基于市政务云网络安全，搭建数据共享平台，提供符合安全要求的数据实时、便捷服务。在省一体化数字资源系统（IRS）上完成县级应用建档96个，向省平台提供优秀组件3个。形成与市级平台共建共治共享、数据循环利用机制，数据共享接口调用量达5.9亿条，向市平台申请批量数据达72类目录、3120万条数据。

【“数字孪生渔港”项目】 自2021年2月18日以来，县大数据发展中心以数字化为引领、人本化为目标、综合化为基础、特色化为亮点，全力推进“数字孪生渔港”项目建设。该项目基于人工智能、物联感知、三维地理、大数据分析等技术，对照“一屏观海，一图揽港，一链护航，一机自游，一脑治城，一键惠民”目标，围绕“需求、场景、改革”三张清单，探索融合渔业、旅游、交通、经济、民生等领域的应用创新，打造数字孪生渔港模型，全方位多层次展现象山渔港、渔镇、渔村数字化、智能化建设的成果，为践行“海上两山”理论、助力渔区振兴、实现共同富裕贡献数字化改革象山样板。

（朱省清）

科学技术

综述

2021年,象山县实现高新技术产业产值391.6亿元,占规上工业产值的52.2%;实现高新技术产业增加值86亿元,同比增长12.1%;实现高新技术产业(全部)投资额30.2亿元,与上年基本持平。全社会研究开发费用支出预计23亿元,占GDP比重2.7%,其中规上企业研发经费支出17.3亿元,同比增长13.9%。完成技术交易额9.56亿元,同比增长40.1%。是年,完成市科技型中小企业备案162家,认定县科技型小微企业75家、科技型“小巨人”培育企业42家,新增高新技术企业35家,总量达到174家,实现三年翻番目标。新认定省级企业研究院3家、省级高新技术企业研究开发中心7家,市企业工程(技术)中心18家,县级企业工程技术中心19家。全县科技信贷余额1.1亿元,兑付科技金融专项资金共计239.2万元。增投2家创新型初创企业450万元,累计已投向8家创新型初创企业,投资总额2450万元,初步形成以财政投入为引导、企业投入为主体、社会资本为支撑、优惠政策作扶持的全社会科技投入体系,切实解决企业融资难、融资贵问题。

科技规划与科研项目

【被列入市级重大研发项目】 为协同攻关的方式开展研发创新,支撑和引领经济转型升级,经过企业自报、科技部门推荐、专家严格评审等环节,海洋新材料长期原位立体测试与评价系统及产业化应用、小黄鱼规模化设施养殖品质提升、出口鱿鱼食品的绿色加工及高值化利用关键技术研发与应用示范等3个项目被列入宁波市重大研发项目。

2021年象山县被列入宁波市重大研发项目一览表

表46

序号	项目名称	承担单位	公布文件
1	海洋新材料长期原位立体测试与评价系统及产业化应用	浙江钰烯腐蚀控制股份有限公司、中天海洋系统有限公司,浙大宁波理工学院等	甬财经〔2021〕1043号
2	小黄鱼规模化设施养殖品质提升	象山县水产技术推广站、浙江省农业科学院,象山港湾水产苗种有限公司等	甬财经〔2021〕840号
3	出口鱿鱼食品的绿色加工及高值化利用关键技术研发与应用示范	宁波希诺亚海洋生物科技有限公司、宁波飞润海洋生物科技股份有限公司	甬财经〔2021〕1043号

2021年象山县被列入宁波市重点自主创新产品一览表

表47

序号	项目名称	承担单位	公布文件
1	永磁复合电机	宁波天安磁性传动科技有限公司	甬科高〔2021〕93号
2	EDS系列高强力精密导柱式开式压力机	浙江易锻精密机械有限公司	甬科高〔2021〕93号
3	单元天花系列	锦浪科技股份有限公司	甬科高〔2021〕93号

2021 年象山县科技计划项目一览表

表 48

序号	项 目 名 称	承 担 单 位	公布文件
1	新能源汽车真铝一体化内饰的设计及其表面纳米级陶瓷漆喷涂工艺研究	宁波劳伦斯汽车内饰件有限公司	象科〔2021〕3 号
2	大型精密游艇发动机机体铸造工装的设计及研发	宁波高盛模具制造有限公司	象科〔2021〕3 号
3	基于深度学习的慢性肾病智能诊疗技术及产品研发	浙江禹谷医疗科技有限公司	象科〔2021〕3 号
4	汽车用高光金属色免喷漆 PMMA+ASA 材料的研发	浙江科普特新材料有限公司	象科〔2021〕3 号
5	高精度阻尼消震面铣刀柄的设计及研发	宁波欧乐机械有限公司	象科〔2021〕3 号
6	重汽轻卡 120L 燃油箱及 25L 尿素箱一体式模块的设计及研发	宁波春华汽配有限公司	象科〔2021〕3 号
7	增强型高分子铝合金分油器总成	象山申达轿车配件有限公司	象科〔2021〕3 号
8	低压型中空复合纳滤膜研究	中化（宁波）润沃膜科技有限公司	象科〔2021〕3 号
9	符合 UL-V0 阻燃等级且防静电 TPE 材料的设计及研发	宁波博思特高分子材料科技有限公司	象科〔2021〕3 号
10	警用装备智能化管理系统的研发及解决方案	宁波博盾安防科技有限公司	象科〔2021〕3 号
11	滚轮旋钮式手动液压平台车的设计及研发	雄豪机械科技（象山）有限公司	象科〔2021〕3 号
12	超高位高速卸垛机的设计及研发	宁波捷翔机械设备有限公司	象科〔2021〕3 号
13	高强度钢专用磨片砂轮的设计及研发	宁波汇捷砂轮有限公司	象科〔2021〕3 号
14	电梯挂钩组件的设计及研发	时空智能科技（宁波）有限公司	象科〔2021〕3 号
15	气固两相流智能控制系统的研发	浙江瑞科环保科技有限公司	象科〔2021〕3 号
16	柱上真空断路器固封极柱的研发	浙江万迪森电气有限公司	象科〔2021〕3 号
17	车路人协同一体化智能网约车系统的开发及推广	宁波弗浪科技有限公司	象科〔2021〕3 号
18	多工位肘节式冷间锻造冲床的设计及研发	宁波全勤智能科技有限公司	象科〔2021〕3 号
19	防爆型扣式微型圆柱软壳电池的设计及研发	宁波市万恒电池配件有限公司	象科〔2021〕3 号
20	智能插座控制系统的设计及研发	象山科力照明有限公司	象科〔2021〕3 号
21	多功能数据转换器的研发	宁波智霖信息技术有限公司	象科〔2021〕3 号
22	双速配油座粘土砂铸造工艺的设计及研发	宁波多成机械铸造有限公司	象科〔2021〕3 号

续表48

序号	项 目 名 称	承 担 单 位	公布文件
23	基于陆基集约化小池对虾产业绿色转型关键技术研究与示范	宁波欣源农业科技有限公司、宁波日月明水产养殖有限公司、宁波市海发苗种有限公司、象山县水产技术推广站	象科〔2021〕3 号
24	基于物联网技术的百香果设施栽培技术研究与应用	宁波科百物联网科技有限公司	象科〔2021〕3 号
25	基于物联网技术研发草莓种植智能管控系统	宁波莓时莓刻农业科技有限公司	象科〔2021〕3 号
26	基于水稻绿色生产的全生物降解膜除草技术研究与示范应用	象山县农业技术推广中心(象山县植物检疫站)	象科〔2021〕3 号
27	浙东白鹅疫病的垂直传播及防治技术研究与推广应用	象山县畜牧兽医总站(象山县动物卫生监督所)	象科〔2021〕3 号
28	羊栖菜深加工技术研究	鱼类的故事(浙江)文化科技有限公司	象科〔2021〕3 号
29	优质春季杂柑阿斯蜜、黄美人栽培技术研究及适应性 对比	象山县红美人果蔬有限公司	象科〔2021〕3 号
30	富硒酵素土壤改良剂对“红美人”品质影响的试验研究	象山开渔吉果蔬富硒营养科技专业合作社	象科〔2021〕3 号
31	锦鲤品质提升养殖关键技术研究	宁波雅溪生态旅游开发有限公司	象科〔2021〕3 号
32	盐碱性土壤优质杂柑脱毒苗培育技术集成示范	宁波万木春农业科技有限公司	象科〔2021〕3 号
33	象山马铃薯地方品种改良及高效栽培技术研究与示范	象山县种子有限公司	象科〔2021〕3 号
34	草莓立体栽培技术应用与研究	象山莓好时光农业种植有限公司	象科〔2021〕3 号
35	早熟杂柑新品种选育及优质栽培技术研究与示范	宁波盛腾农业科技发展有限公司	象科〔2021〕3 号
36	赤松茸高附加值深加工关键技术及新产品开发示范	宁波宏森源农业科技有限公司	象科〔2021〕3 号
37	甜瓜肥药减量增效栽培技术研究与示范	象山秋红果蔬专业合作社	象科〔2021〕3 号
38	颗粒型红茶工艺的研究及应用	象山茶飘香茶牧发展农场	象科〔2021〕3 号
39	三疣梭子蟹全人工生态育苗技术示范推广	宁波老骥缘水产科技有限公司	象科〔2021〕3 号
40	抗寒黑鲷的选育研究	宁波市象山港水产引种育种有限公司	象科〔2021〕3 号
41	“提味”西瓜裂果防治技术研究与示范	象山定塘先存家庭农场	象科〔2021〕3 号
42	冬桃品种引进及培育技术研究与示范	象山展丰农业发展有限公司	象科〔2021〕3 号
43	福鼎白茶扦插繁育试验技术研究	象山茅洋南充茶场	象科〔2021〕3 号

续表48

序号	项　目　名　称	承　担　单　位	公布文件
44	特早熟桃新品种‘东溪仙3号’繁育技术研究	象山新展水果专业合作社	象科〔2021〕3号
45	优质特色小果西瓜大棚立体吊蔓高产栽培技术研究	象山向往的田园农场有限公司	象科〔2021〕3号
46	宽鳍鱲繁育及养殖产业化开发	象山新桥瑞祥家庭农场	象科〔2021〕3号
47	“鹅-鱼-蔬菜(牧草)”立体生态种养技术的研究与示范	象山东茂家庭农场有限公司	象科〔2021〕3号
48	篮子鱼引进养殖技术研究与示范推广	宁波海的水产种苗科技有限公司	象科〔2021〕3号
49	毛竹林下优良食用菌引种以及栽培技术研究与示范	象山黄泥头竹笋专业合作社	象科〔2021〕3号
50	特色杂柑提质增效关键栽培技术研究	宁波象岛柑橘有限责任公司	象科〔2021〕3号
51	优质稻健康栽培技术研究与示范	宁波石浦财安家庭农场有限公司	象科〔2021〕3号
52	台湾“红心芭乐”新品种引进及示范	浙江香成农业科技发展有限公司	象科〔2021〕3号
53	“象光1号”特早熟柑橘新品种引进及示范	象山润之美家庭农场有限公司	象科〔2021〕3号
54	阳光玫瑰杂交后代等红色系葡萄品种引进试验及示范	象山盈园葡萄专业合作社	象科〔2021〕3号
55	宁波地区龙须菜养殖研究与推广应用	象山旭文海藻开发有限公司	象科〔2021〕3号
56	柑橘罐头加工废水高效处理的关键技术研究	象山华宇食品有限公司	象科〔2021〕3号
57	腐烂柑橘等农村有机废弃物资源化利用技术研究与应用示范	宁波延象环保科技有限公司	象科〔2021〕3号
58	集中隔离医学观察点信息化管理系统的研发与应用	象山县医学会	象科〔2021〕3号
59	长链非编码RNA BLACAT1通过miR-93-5p/GATA6轴抑制肺癌进展的机制研究	象山县第一人民医院医疗健康集团	象科〔2021〕3号
60	甲钴胺联合叶酸对社区高同型半胱氨酸老年女性骨代谢指标影响	象山县第一人民医院医疗健康集团(丹城分院)	象科〔2021〕3号
61	海岛甲状腺微小乳头状癌中央区淋巴结转移危险因素分析及评分预测模型探索	象山县第一人民医院医疗健康集团	象科〔2021〕3号
62	象山地区前列腺癌早期筛查	象山县第一人民医院医疗健康集团	象科〔2021〕3号
63	基层医院腹腔镜胃癌根治术治疗进展期胃癌安全性评价及疗效分析	象山县第一人民医院医疗健康集团	象科〔2021〕3号
64	连枷胸呼吸机“内固定”与肋骨切开复位钢板内固定术的临床疗效对比研究	象山县第一人民医院医疗健康集团	象科〔2021〕3号

续表48

序号	项 目 名 称	承 担 单 位	公布文件
65	动态监测 EGFR-TKI 治疗过程中 T 淋巴细胞亚群对预判 EGFR 突变晚期肺腺癌患者 EGFR-TKI 疗效和耐药的价值研究	象山县第一人民医院医疗健康集团	象科〔2021〕3 号
66	身心理疗模式在产妇盆底功能恢复治疗中有效性研究	象山县第一人民医院医疗健康集团	象科〔2021〕3 号
67	药物涂层球囊在冠状动脉原发小血管病变并 2 型老年糖尿病患者的应用研究	象山县第一人民医院医疗健康集团	象科〔2021〕3 号
68	中药配方颗粒麻杏石甘汤合苏葶丸加减治疗儿童哮喘(热哮证)临床疗效研究	象山县中医医院医疗健康集团	象科〔2021〕3 号
69	补肾养血膏方对女性卵巢功能减退血清 FSH、LH、E2、AMH 及窦卵泡影响的研究	象山县中医医院医疗健康集团	象科〔2021〕3 号
70	不同治疗方案对外源性胰岛素抗体阳性患者转归情况的临床研究	象山县中医医院医疗健康集团	象科〔2021〕3 号
71	PFNA 内固定结合撬拨复位、多针技术治疗老年难复性股骨粗隆间骨折临床研究	象山县中医医院医疗健康集团	象科〔2021〕3 号
72	10mm 内的结直肠息肉冷切除与电凝治疗方法的对比研究	象山县红十字台胞医院医疗健康集团	象科〔2021〕3 号
73	象山海岛地区大肠息肉的发生与饮食的相关性研究	象山县红十字台胞医院医疗健康集团	象科〔2021〕3 号
74	县域医共体慢病培训在分级诊疗中的作用研究	象山县红十字台胞医院医疗健康集团	象科〔2021〕3 号
75	生物反馈电刺激联合盆底肌训练对产后女性盆底功能康复的应用价值研究	象山县妇幼保健院	象科〔2021〕3 号
76	1Hz 重复经颅磁刺激对脑卒中恢复期患者上肢功能观察	象山县康复医院	象科〔2021〕3 号
77	三维建模技术修复文物在文旅产业的发展研究	宁波亿蓝信息科技有限公司	象科〔2021〕3 号
78	H-O-P-E:希望导向的中职学校育人模式研究与实践	宁波建设工程学校(象山县职业高级中学)	象科〔2021〕3 号
79	乡村振兴背景下象山亿元民宿村开发策略探究——以沙塘湾村民宿为样本剖析	象山县民宿经济促进会	象科〔2021〕3 号
80	科学用工之于工业高质量发展的探索与研究	象山县中小企业服务中心	象科〔2021〕3 号
81	象山固废(针织碎布)回收流程及技术提升研究	浙江理工大学象山针织研究院有限公司	象科〔2021〕3 号
82	象山县水产加工行业现状及发展对策研究	宁波宸云科技服务有限公司	象科〔2021〕3 号

续表48

序号	项 目 名 称	承 担 单 位	公布文件
83	推进象山县水稻产业高质量发展的探讨	象山县农学会	象科〔2021〕3 号
84	科技金融数字化平台科银保系统研发及应用	宁波云朵网络科技股份有限公司	象科笺〔2021〕38 号

2021 年象山县重大、重点项目(科技)一览表

表 49

序号	项 目 名 称	承 担 单 位	公布文件
1	新能源汽车真铝一体化内饰的设计及其表面纳米级陶瓷漆喷涂工艺研究	宁波劳伦斯汽车内饰件有限公司	象科〔2021〕3 号
2	大型精密游艇发动机机体铸造工装的设计及研发	宁波高盛模具制造有限公司	象科〔2021〕3 号
3	基于深度学习的慢性肾病智能诊疗技术及产品研发	浙江禹谷医疗科技有限公司	象科〔2021〕3 号
4	汽车用高光金属色免喷漆 PMMA+ASA 材料的研发	浙江科普特新材料有限公司	象科〔2021〕3 号
5	高精度阻尼消震面铣刀柄的设计及研发	宁波欧乐机械有限公司	象科〔2021〕3 号
6	重汽轻卡 120L 燃油箱及 25L 尿素箱一体式模块的设计及研发	宁波春华汽配有限公司	象科〔2021〕3 号
7	增强型高分子铝合金分油器总成	象山申达轿车配件有限公司	象科〔2021〕3 号
8	基于物联网技术的百香果设施栽培技术研究与应用	宁波科百物联网科技有限公司	象科〔2021〕3 号
9	基于物联网技术研发草莓种植智能管控系统	宁波莓时莓刻农业科技有限公司	象科〔2021〕3 号
10	柑橘罐头加工废水高效处理的关键技术研究	象山华宇食品有限公司	象科〔2021〕3 号

【科技政策兑现】 根据《关于实施创新驱动战略推进大众创业万众创新的若干意见》(县委发〔2016〕27 号)及《〈关于实施创新驱动战略推进大众创业万众创新的若干意见〉的实施细则》(象科〔2017〕18 号)有关规定,对符合条件的宁波戴维医疗器械股份有限公司、宁波飞润海洋生物科技股份有限公司等单位,下达 2020 年度科技政策扶持资金 421.4 万元,其中校企科研合作项目 40 项补助 165.4 万元、国家省市级众创空间、星创天地 4 家奖励 100 万元、列入市级农业和社发类科技项目 6 项补助 75 万元、研究生培养基地实践点补助 81 万元;首次认定为国家高新技术企业的 42 家企业奖励 420 万元,获得省级企业研究院的 3 家企业奖励 150 万元,获得国家企业技术中心的 1 家企业奖励 50 万元,获得省级高新技术企业研究开发中心的 4 家企业奖励 120 万元,获得市级企业工程(技术)中心的 15 家企业奖励 150 万元,获得县级企业工程(技术)中心的 29 家企业奖励 290 万元,列入科技部“科技助力经济 2020”重点专项和宁波市重大(重点)科技专项项目的 5 家企业补助 140 万元,获得 2020 年省、市级科技进步奖的 6 家企业奖励 35 万元。

科技成果

【高新技术企业认定】 加大科技型初创企业—科技型小微企业—科技型“小巨人”培育企业—高新技术企业“阶梯式”培育力度,推动科技型企业主体培育不断壮大。2021 年,新认定国家高新技术企业 35 家。

2021年度象山县新认定国家高新技术企业一览表

表50

序号	企 业 名 称	认 定 文 件
1	宁波沪东化学有限公司	甬高企认领〔2022〕1号
2	象山聚力模具制造有限公司	甬高企认领〔2022〕1号
3	宁波博生机电科技有限公司	甬高企认领〔2022〕2号
4	宁波马菲羊纺织科技有限公司	甬高企认领〔2022〕1号
5	浙江广天重工设备有限公司	甬高企认领〔2022〕1号
6	象山万邦电器有限公司	甬高企认领〔2022〕1号
7	宁波群惠新型墙体材料科技股份有限公司	甬高企认领〔2022〕1号
8	中机智能装备创新研究院(宁波)有限公司	甬高企认领〔2022〕1号
9	宁波晟利紧固件有限公司	甬高企认领〔2022〕1号
10	宁波茸发新材料科技有限公司	甬高企认领〔2022〕1号
11	宁波弗浪科技有限公司	甬高企认领〔2022〕1号
12	宁波博思特高分子材料科技有限公司	甬高企认领〔2022〕1号
13	象山百斯特机械制造有限公司	甬高企认领〔2022〕1号
14	宁波赛科效实科技股份有限公司	甬高企认领〔2022〕1号
15	宁波美久汽配科技有限公司	甬高企认领〔2022〕1号
16	浙江欧沃得电器有限公司	甬高企认领〔2022〕1号
17	象山宇翔机械有限公司	甬高企认领〔2022〕1号
18	宁波宏毅机械制造有限公司	甬高企认领〔2022〕1号
19	宁波梅德森汽车科技有限公司	甬高企认领〔2022〕1号
20	宁波浮田生物技术有限公司	甬高企认领〔2022〕1号
21	宁波全勤智能科技有限公司	甬高企认领〔2022〕1号
22	宁波利德自动化设备制造有限公司	甬高企认领〔2022〕1号
23	宁波灵象电器有限公司	甬高企认领〔2022〕1号
24	象山诺信机械制造有限公司	甬高企认领〔2022〕1号
25	宁波涛俊制冷设备有限公司	甬高企认领〔2022〕1号
26	宁波祝立机械科技有限公司	甬高企认领〔2022〕1号
27	宁波知一汽车零部件有限公司	甬高企认领〔2022〕1号
28	宁波坤宸机械有限公司	甬高企认领〔2022〕2号

续表50

序号	企 业 名 称	认 定 文 件
29	宁波捷翔机械设备有限公司	甬高企认领〔2022〕1号
30	象山洲海模具研发中心有限公司	甬高企认领〔2022〕1号
31	宁波正德康源健康科技有限公司	甬高企认领〔2022〕1号
32	宁波海之源生物科技有限公司	甬高企认领〔2022〕1号
33	象山金钇光电科技有限公司	甬高企认领〔2022〕1号
34	宁波世纪海洋信息科技有限公司	甬高企认领〔2022〕1号
35	宁波派丽肯智能渔具有限公司	甬高企认领〔2022〕1号

【市级科技型中小企业备案】 为调整和优化象山县产业结构，结合"大众创业、万众创新"新形势及当地实际，大力支持科技型中小企业发展，2021年，完成宁波市科技型中小企业备案162家。

2021年象山县完成宁波市科技型中小企业备案企业一览表

表51

序号	企 业 名 称	认 定 文 件
1	宁波启航船业有限公司	甬科高〔2021〕31号
2	多宝玖康（宁波）健康产业有限公司	甬科高〔2021〕31号
3	宁波维达金化实业有限公司	甬科高〔2021〕31号
4	象山华升塑料制品有限公司	甬科高〔2021〕31号
5	象山旭升机械制造有限公司	甬科高〔2021〕31号
6	象山佳顺塑业有限公司	甬科高〔2021〕31号
7	象山新锐模具有限公司	甬科高〔2021〕31号
8	象山象牌动力制造有限公司	甬科高〔2021〕31号
9	象山创亿金属制品有限公司	甬科高〔2021〕31号
10	宁波胜筹压铸有限公司	甬科高〔2021〕31号
11	象山大力精密机械配件有限公司	甬科高〔2021〕31号
12	宁波中照家居用品制造有限公司	甬科高〔2021〕31号
13	浙江飞腾电子科技有限公司	甬科高〔2021〕31号
14	宁波建业船业有限公司	甬科高〔2021〕31号
15	宁波龙马电力机具有限公司	甬科高〔2021〕31号
16	象山凤欣地理文具有限公司	甬科高〔2021〕31号
17	宁波象山丰力源塑业有限公司	甬科高〔2021〕31号

续表51

序号	企 业 名 称	认 定 文 件
18	宁波海钧金属制品有限公司	甬科高〔2021〕31 号
19	宁波正广食品机械有限公司	甬科高〔2021〕31 号
20	宁波威顺恒业钣金件有限公司	甬科高〔2021〕31 号
21	象山永宏食品设备有限公司	甬科高〔2021〕31 号
22	宁波港帆机械模具有限公司	甬科高〔2021〕31 号
23	宁波凯日机械制造有限公司	甬科高〔2021〕31 号
24	宁波储明机械有限公司	甬科高〔2021〕31 号
25	宁波潘良武电力机具制造有限公司	甬科高〔2021〕31 号
26	宁波艾蓝电子科技有限公司	甬科高〔2021〕31 号
27	宁波以洲化学有限公司	甬科高〔2021〕31 号
28	象山浩鹰网络科技有限公司	甬科高〔2021〕31 号
29	象山红星塑胶电器厂	甬科高〔2021〕31 号
30	浙江瑞丰电力机具有限公司	甬科高〔2021〕31 号
31	宁波星寰机械有限公司	甬科高〔2021〕31 号
32	宁波元隆机械设备有限公司	甬科高〔2021〕31 号
33	宁波真待供应链管理有限公司	甬科高〔2021〕31 号
34	象山浩羽模具有限公司	甬科高〔2021〕31 号
35	宁波龙育机械设备有限公司	甬科高〔2021〕31 号
36	宁波绿糖生物科技有限公司	甬科高〔2021〕31 号
37	浙江博骏环保科技有限公司	甬科高〔2021〕31 号
38	宁波银网电力机具有限公司	甬科高〔2021〕31 号
39	宁波诚元海洋生物科技有限公司	甬科高〔2021〕31 号
40	宁波吉峰汽车零部件有限公司	甬科高〔2021〕31 号
41	腾森鼎机床(宁波)有限公司	甬科高〔2021〕31 号
42	象山恩益模具有限公司	甬科高〔2021〕31 号
43	宁波依澳赛医疗科技有限公司	甬科高〔2021〕31 号
44	宁波科恒智能装备有限公司	甬科高〔2021〕31 号
45	象山彦彬电梯配件有限公司	甬科高〔2021〕31 号
46	浙江元润智能科技有限公司	甬科高〔2021〕31 号

续表51

序号	企 业 名 称	认 定 文 件
47	宁波康思德工具有限公司	甬科高〔2021〕31号
48	宁波兴月机械有限公司	甬科高〔2021〕31号
49	象山瑞钧模具有限公司	甬科高〔2021〕31号
50	宁波焌源塑料制品有限公司	甬科高〔2021〕31号
51	宁波维热光电科技有限公司	甬科高〔2021〕31号
52	宁波薇爱达医疗器械有限公司	甬科高〔2021〕31号
53	象山迪凯机模有限公司	甬科高〔2021〕31号
54	浙江新佩卡液压有限公司	甬科高〔2021〕31号
55	宁波侯捷网络科技有限公司	甬科高〔2021〕31号
56	宁波星丰科技有限公司	甬科高〔2021〕31号
57	浙江金本汽车零部件有限公司	甬科高〔2021〕31号
58	宁波恒胜工量具有限公司	甬科高〔2021〕31号
59	浙江满意哒物流供应链有限公司	甬科高〔2021〕31号
60	变风实验室科技（宁波）有限公司	甬科高〔2021〕31号
61	宁波新希望六和饲料有限公司	甬科高〔2021〕31号
62	宁波置富智连科技有限公司	甬科高〔2021〕31号
63	宁波居尚智科技有限公司	甬科高〔2021〕31号
64	浙江安健舒药业有限公司	甬科高〔2021〕31号
65	宁波川井传动科技有限公司	甬科高〔2021〕31号
66	象山禹山网络科技有限公司	甬科高〔2021〕31号
67	宁波澳鑫机械制造有限公司	甬科高〔2021〕31号
68	宁波淏海船舶工程有限公司	甬科高〔2021〕31号
69	安荣（宁波）安防科技有限公司	甬科高〔2021〕31号
70	宁波泊乐无避让智能设备有限公司	甬科高〔2021〕31号
71	宁波严友包装科技有限公司	甬科高〔2021〕31号
72	浙江宁波亚飞建筑科技有限责任公司	甬科高〔2021〕31号
73	宁波奎信电力有限公司	甬科高〔2021〕31号
74	浙江宁塑机械制造有限公司	甬科高〔2021〕31号
75	象山方源模具有限公司	甬科高〔2021〕31号

续表51

序号	企 业 名 称	认 定 文 件
76	浙江易东机械制造有限公司	甬科高〔2021〕31号
77	宁波和盛船舶工程有限公司	甬科高〔2021〕31号
78	宁波海铂新材料科技有限公司	甬科高〔2021〕31号
79	宁波新启鑫新能源有限公司	甬科高〔2021〕31号
80	宁波鑫鸿船舶修造有限公司	甬科高〔2021〕31号
81	浙江洪镯船舶制造有限公司	甬科高〔2021〕31号
82	宁波微猎网络技术有限公司	甬科高〔2021〕31号
83	宁波亿意达技术科技有限公司	甬科高〔2021〕31号
84	宁波翔逸起重设备有限公司	甬科高〔2021〕31号
85	宁波宇曦机械有限公司	甬科高〔2021〕31号
86	宁波翔贤矿山机械有限公司	甬科高〔2021〕31号
87	宁波琼照科技有限公司	甬科高〔2021〕31号
88	象山康海机械科技有限公司	甬科高〔2021〕31号
89	浙江东文技术有限公司	甬科高〔2021〕31号
90	禾子科技服务(宁波)有限公司	甬科高〔2021〕31号
91	自然空间(浙江)规划建筑设计有限公司	甬科高〔2021〕31号
92	象山县石浦渔港冷冻厂	甬科高〔2021〕31号
93	象山天宁轻工机械厂	甬科高〔2021〕31号
94	宁波宏南电器部件有限公司	甬科高〔2021〕31号
95	宁波宏丹机械制造有限公司	甬科高〔2021〕31号
96	象山远大机械制造有限公司	甬科高〔2021〕31号
97	宁波恒泰机械厂	甬科高〔2021〕31号
98	宁波翔羚机械有限公司	甬科高〔2021〕31号
99	象山美通机械有限公司	甬科高〔2021〕31号
100	象山鼎源金属表面处理材料厂	甬科高〔2021〕31号
101	象山恒大机械制造有限公司	甬科高〔2021〕31号
102	宁波象山凌峰轻工机械制造有限公司	甬科高〔2021〕31号
103	象山刻铭热流道有限公司	甬科高〔2021〕31号
104	象山鼎基机械制造有限公司	甬科高〔2021〕31号

续表51

序号	企业名称	认定文件
105	象山华隆模架有限公司	甬科高〔2021〕31号
106	宁波敏宏机械实业有限公司	甬科高〔2021〕31号
107	象山黄金发气体有限公司	甬科高〔2021〕31号
108	宁波和泰电气有限公司	甬科高〔2021〕31号
109	宁波乔兴食品有限公司	甬科高〔2021〕31号
110	象山亿佳电器有限公司	甬科高〔2021〕31号
111	象山晨曦模具有限公司	甬科高〔2021〕31号
112	象山丰磁机械厂	甬科高〔2021〕31号
113	象山石浦鸿贸机械厂	甬科高〔2021〕31号
114	象山佳恒机械制造有限公司	甬科高〔2021〕31号
115	宁波诺迈船舶工程有限公司	甬科高〔2021〕31号
116	宁波发莱福合金材料有限公司	甬科高〔2021〕31号
117	象山川岗机械厂	甬科高〔2021〕31号
118	象山凯泓机械厂	甬科高〔2021〕31号
119	宁波天安磁性传动科技有限公司	甬科高〔2021〕31号
120	象山南田岛新能源有限公司	甬科高〔2021〕31号
121	宁波奥森电器设备有限公司	甬科高〔2021〕31号
122	浙江揽舟科技有限公司	甬科高〔2021〕31号
123	宁波思辰生物科技有限公司	甬科高〔2021〕31号
124	宁波向海生物科技有限公司	甬科高〔2021〕31号
125	象山伟峰渔需物资有限公司	甬科高〔2021〕31号
126	宁波精啤食品机械有限公司	甬科高〔2021〕31号
127	宁波中弛汽车零部件有限公司	甬科高〔2021〕31号
128	宁波世纪海洋信息科技有限公司	甬科高〔2021〕31号
129	浙江理工大学象山针织研究院有限公司	甬科高〔2021〕31号
130	宁波华霖汽车零部件有限公司	甬科高〔2021〕31号
131	宁波甬港电器有限公司	甬科高〔2021〕31号
132	宁波宸信机械科技有限公司	甬科高〔2021〕31号
133	宁波佳佑包装机械有限公司	甬科高〔2021〕31号

续表51

序号	企 业 名 称	认 定 文 件
134	宁波众尔汽车泵业有限公司	甬科高〔2021〕31 号
135	象山合创机械有限公司	甬科高〔2021〕31 号
136	宁波铭禄机械制造有限公司	甬科高〔2021〕31 号
137	宁波芸苑信息科技有限公司	甬科高〔2021〕31 号
138	宁波嘉春生物科技有限公司	甬科高〔2021〕31 号
139	宁波长卿信息科技有限公司	甬科高〔2021〕31 号
140	宁波常辉生物科技有限公司	甬科高〔2021〕31 号
141	宁波强羽科技有限公司	甬科高〔2021〕31 号
142	象山福鑫电子科技有限公司	甬科高〔2021〕31 号
143	宁波锦钵信息科技有限公司	甬科高〔2021〕31 号
144	库锐（浙江）信息科技有限责任公司	甬科高〔2021〕31 号
145	宁波象贝生物科技有限公司	甬科高〔2021〕31 号
146	象山更平机械有限公司	甬科高〔2021〕31 号
147	象山博明机械有限公司	甬科高〔2021〕31 号
148	宁波卓鼎机械制造有限公司	甬科高〔2021〕31 号
149	宁波鑫农邨科技发展有限公司	甬科高〔2021〕31 号
150	宁波腾华机械制造有限公司	甬科高〔2021〕31 号
151	浙江国高钢品科技有限公司	甬科高〔2021〕31 号
152	浙江比翼计算机有限公司	甬科高〔2021〕31 号
153	宁波斯姆克泵业有限公司	甬科高〔2021〕31 号
154	宁波海生渔业发展有限公司	甬科高〔2021〕31 号
155	象山东进船厂	甬科高〔2021〕31 号
156	中真环保科技（浙江）有限公司	甬科高〔2021〕31 号
157	浙江云航食品有限公司	甬科高〔2021〕31 号
158	宁波芳好食品有限公司	甬科高〔2021〕31 号
159	宁波贸盛金属制品有限公司	甬科高〔2021〕31 号
160	宁波扬杰海洋装备科技有限公司	甬科高〔2021〕31 号
161	宁波保太金属制品有限公司	甬科高〔2021〕31 号
162	宁波新享电器科技有限公司	甬科高〔2021〕31 号

【县级科技型小微企业认定】 为认真贯彻落实国家和省、市支持科技型小微企业健康发展的各项政策，根据《象山县科技型小微企业认定管理办法》（象政办发〔2017〕141号），经初审、专家评审、公示等程序，2021年，认定宁波盈科光通信科技有限公司等75家企业为2021年度县科技型小微企业。

2021年度象山县科技型小微企业一览表

表52

序号	企 业 名 称	认 定 文 件
1	象山广业机械有限公司	关于公布2021年度县科技型小微企业名单的通知
2	宁波博生机电科技有限公司	关于公布2021年度县科技型小微企业名单的通知
3	宁波一隆环保科技有限公司	关于公布2021年度县科技型小微企业名单的通知
4	宁波天安磁性传动科技有限公司	关于公布2021年度县科技型小微企业名单的通知
5	象山聚力模具制造有限公司	关于公布2021年度县科技型小微企业名单的通知
6	宁波盛洋电子科技有限公司	关于公布2021年度县科技型小微企业名单的通知
7	宁波汇捷砂轮有限公司	关于公布2021年度县科技型小微企业名单的通知
8	宁波车佳轩停车设备有限公司	关于公布2021年度县科技型小微企业名单的通知
9	宁波宏普机械制造有限公司	关于公布2021年度县科技型小微企业名单的通知
10	宁波佳康生物科技有限公司	关于公布2021年度县科技型小微企业名单的通知
11	宁波海之源生物科技有限公司	关于公布2021年度县科技型小微企业名单的通知
12	宁波英赫机电科技有限公司	关于公布2021年度县科技型小微企业名单的通知
13	象山华美塑料制品有限公司	关于公布2021年度县科技型小微企业名单的通知
14	宁波知一汽车零部件有限公司	关于公布2021年度县科技型小微企业名单的通知
15	象山兴驰液压润滑有限公司	关于公布2021年度县科技型小微企业名单的通知
16	宁波誉洲塑业科技有限公司	关于公布2021年度县科技型小微企业名单的通知
17	宁波颖达机械制造有限公司	关于公布2021年度县科技型小微企业名单的通知
18	雄豪机械科技（象山）有限公司	关于公布2021年度县科技型小微企业名单的通知
19	宁波新路智能科技有限公司	关于公布2021年度县科技型小微企业名单的通知
20	象山创兴再生资源有限公司	关于公布2021年度县科技型小微企业名单的通知
21	宁波坤宸机械有限公司	关于公布2021年度县科技型小微企业名单的通知
22	宁波凯元电器有限公司	关于公布2021年度县科技型小微企业名单的通知
23	象山金钇光电科技有限公司	关于公布2021年度县科技型小微企业名单的通知
24	宁波象岛机械科技有限公司	关于公布2021年度县科技型小微企业名单的通知
25	宁波亿蓝信息科技有限公司	关于公布2021年度县科技型小微企业名单的通知
26	宁波涛俊制冷设备有限公司	关于公布2021年度县科技型小微企业名单的通知

续表52

序号	企 业 名 称	认 定 文 件
27	达理光线智能科技股份有限公司	关于公布2021年度县科技型小微企业名单的通知
28	宁波象工机械制造有限公司	关于公布2021年度县科技型小微企业名单的通知
29	宁波格鲁康生物科技有限公司	关于公布2021年度县科技型小微企业名单的通知
30	象山刻铭热流道有限公司	关于公布2021年度县科技型小微企业名单的通知
31	宁波合泽机械有限公司	关于公布2021年度县科技型小微企业名单的通知
32	宁波沪东化学有限公司	关于公布2021年度县科技型小微企业名单的通知
33	宁波昆卓机械有限公司	关于公布2021年度县科技型小微企业名单的通知
34	象山华鼎塑料制品有限公司	关于公布2021年度县科技型小微企业名单的通知
35	象山科博仪表有限公司	关于公布2021年度县科技型小微企业名单的通知
36	象山久辉模具厂	关于公布2021年度县科技型小微企业名单的通知
37	宁波明欣模具科技有限公司	关于公布2021年度县科技型小微企业名单的通知
38	宁波诚元海洋生物科技有限公司	关于公布2021年度县科技型小微企业名单的通知
39	象山诺信机械制造有限公司	关于公布2021年度县科技型小微企业名单的通知
40	象山洲海模具研发中心有限公司	关于公布2021年度县科技型小微企业名单的通知
41	宁波均富机电有限公司	关于公布2021年度县科技型小微企业名单的通知
42	浙江飞腾电子科技有限公司	关于公布2021年度县科技型小微企业名单的通知
43	宁波科百物联网科技有限公司	关于公布2021年度县科技型小微企业名单的通知
44	宁波浩东电器科技有限公司	关于公布2021年度县科技型小微企业名单的通知
45	象山卓盛汽车零部件有限公司	关于公布2021年度县科技型小微企业名单的通知
46	浙江弘安智能科技有限公司	关于公布2021年度县科技型小微企业名单的通知
47	宁波祝立机械科技有限公司	关于公布2021年度县科技型小微企业名单的通知
48	宁波力拓普传动科技有限公司	关于公布2021年度县科技型小微企业名单的通知
49	宁波凯日机械制造有限公司	关于公布2021年度县科技型小微企业名单的通知
50	宁波金瑞包装科技有限公司	关于公布2021年度县科技型小微企业名单的通知
51	宁波启象信息科技有限公司	关于公布2021年度县科技型小微企业名单的通知
52	象山锦佳模业有限公司	关于公布2021年度县科技型小微企业名单的通知
53	象山中宇模具有限公司	关于公布2021年度县科技型小微企业名单的通知
54	宁波云达消防设备有限公司	关于公布2021年度县科技型小微企业名单的通知
55	宁波百声特电子有限公司	关于公布2021年度县科技型小微企业名单的通知

续表52

序号	企 业 名 称	认 定 文 件
56	宁波捷翔机械设备有限公司	关于公布2021年度县科技型小微企业名单的通知
57	宁波爱苗苗植物科技有限公司	关于公布2021年度县科技型小微企业名单的通知
58	宁波众兴液压机械有限公司	关于公布2021年度县科技型小微企业名单的通知
59	宁波海钧金属制品有限公司	关于公布2021年度县科技型小微企业名单的通知
60	宁波中啤机械有限公司	关于公布2021年度县科技型小微企业名单的通知
61	宁波爱甬新材料科技有限公司	关于公布2021年度县科技型小微企业名单的通知
62	浙江博骏环保科技有限公司	关于公布2021年度县科技型小微企业名单的通知
63	宁波精挚模具有限公司	关于公布2021年度县科技型小微企业名单的通知
64	宁波绿糖生物科技有限公司	关于公布2021年度县科技型小微企业名单的通知
65	宁波故乡行雨具有限公司	关于公布2021年度县科技型小微企业名单的通知
66	宁波派丽肯智能渔具有限公司	关于公布2021年度县科技型小微企业名单的通知
67	宁波金日机床有限公司	关于公布2021年度县科技型小微企业名单的通知
68	宁波瑞德森船用泵制造有限公司	关于公布2021年度县科技型小微企业名单的通知
69	宁波汇土环保科技有限公司	关于公布2021年度县科技型小微企业名单的通知
70	象山金鑫轻工机械厂	关于公布2021年度县科技型小微企业名单的通知
71	象山铭锆模具有限公司	关于公布2021年度县科技型小微企业名单的通知
72	宁波丰肽生物科技有限公司	关于公布2021年度县科技型小微企业名单的通知
73	宁波博盾安防科技有限公司	关于公布2021年度县科技型小微企业名单的通知
74	宁波绿亿科技有限公司	关于公布2021年度县科技型小微企业名单的通知
75	宁波趣车智能科技有限公司	关于公布2021年度县科技型小微企业名单的通知

2021年度象山县科技型“小巨人”培育企业一览表

表53

序号	企 业 名 称	认 定 文 件
1	宁波盈科光通信科技有限公司	象科笺〔2021〕24号
2	象山百斯特机械制造有限公司	象科笺〔2021〕24号
3	宁波博思特高分子材料科技有限公司	象科笺〔2021〕24号
4	宁波鹿鼎电子科技有限公司	象科笺〔2021〕24号
5	宁波翔神生化有限公司	象科笺〔2021〕24号

续表53

序号	企业名称	认定文件
6	宁波德力鼎科技有限公司	象科笺〔2021〕24号
7	宁波全勤智能科技有限公司	象科笺〔2021〕24号
8	宁波浮田生物技术有限公司	象科笺〔2021〕24号
9	宁波梅德森汽车科技有限公司	象科笺〔2021〕24号
10	浙江忠建消防科技有限公司	象科笺〔2021〕24号
11	象山大宇机械设备有限公司	象科笺〔2021〕24号
12	宁波银象汽车配件制造有限公司	象科笺〔2021〕24号

2021年象山县新认定省级高新技术企业研发中心一览表

表54

序号	研发中心名称	依托企业	认定文件
1	浙江省博宇汽车模塑高新技术企业研究开发中心	象山博宇汽车模塑制造有限公司	浙科发高〔2021〕71号
2	浙江省恒富汽车部件高新技术企业研究开发中心	宁波恒富汽车部件发展有限公司	浙科发高〔2021〕71号
3	浙江省华众汽车发泡注塑模具高新技术企业研究开发中心	宁波华众模具制造有限公司	浙科发高〔2021〕71号
4	浙江省科普特高分子材料高新技术企业研究开发中心	浙江科普特新材料有限公司	浙科发高〔2021〕71号
5	浙江省赛德森轴系扭转振动减振降噪高新技术企业研究开发中心	宁波赛德森减振系统有限公司	浙科发高〔2021〕71号
6	浙江省希诺亚海洋生物工程高新技术企业研究开发中心	宁波希诺亚海洋生物科技有限公司	浙科发高〔2021〕71号
7	浙江省新华泰汽车零部件高新技术企业研究开发中心	宁波新华泰模塑电器有限公司	浙科发高〔2021〕71号

2021年象山县新认定市级企业工程(技术)中心一览表

表55

序号	工程中心名称	依托企业	认定文件
1	宁波晟利车用紧固件工程(技术)中心	宁波晟利紧固件有限公司	甬科高〔2022〕23号
2	宁波亿泰来铸造模具工程(技术)中心	宁波亿泰来模具有限公司	甬科高〔2022〕23号
3	宁波运生汽车天窗导轨工程(技术)中心	宁波运生电气科技有限公司	甬科高〔2022〕23号

续表55

序号	工程中心名称	依托企业	认定文件
4	宁波马菲羊纺织科技工程(技术)中心	宁波马菲羊纺织科技有限公司	甬科高〔2022〕23号
5	宁波澳翔精细纺织化工助剂工程(技术)中心	宁波澳翔精细化工有限公司	甬科高〔2022〕23号
6	宁波浮田藻类工程(技术)中心	宁波浮田生物技术有限公司	甬科高〔2022〕23号
7	宁波正源电力工程(技术)中心	宁波正源电力有限公司	甬科高〔2022〕23号
8	宁波德克尔金属家具制品工程(技术)中心	宁波德克尔运输设备有限公司	甬科高〔2022〕23号
9	宁波宇翔精密机械部件工程(技术)中心	象山宇翔机械有限公司	甬科高〔2022〕23号
10	宁波南塑合成材料特种模塑料工程(技术)中心	浙江南塑合成材料有限公司	甬科高〔2022〕23号
11	宁波联强汽车模具工程(技术)中心	象山联强汽车模具有限公司	甬科高〔2022〕23号
12	宁波林氏汽车密封件工程(技术)中心	浙江林氏汽车零部件有限公司	甬科高〔2022〕23号
13	宁波纵环啤酒酿造设备工程(技术)中心	宁波纵环机械有限公司	甬科高〔2022〕23号
14	宁波继望精密斗齿工程(技术)中心	浙江继望锻造科技有限公司	甬科高〔2022〕23号
15	宁波和信医药用水设备工程(技术)中心	宁波和信制药设备有限公司	甬科高〔2022〕23号
16	宁波吉翔电力机具工程(技术)中心	宁波吉翔电力机具制造有限公司	甬科高〔2022〕23号
17	宁波恒峰汽车零部件工程(技术)中心	象山恒峰汽车零部件有限公司	甬科高〔2022〕23号
18	宁波通大啤酒酿造设备工程(技术)中心	宁波通大机械制造有限公司	甬科高〔2022〕23号

2021年象山县新认定县级企业工程技术中心一览表

表56

序号	中心名称	依托单位	认定文件
1	象山博思特热塑性弹性体工程(技术)中心	宁波博思特高分子材料科技有限公司	象科笺〔2021〕15号
2	象山时空智能电梯配件工程(技术)中心	时空智能科技(宁波)有限公司	象科笺〔2021〕15号
3	象山浮田藻类工程(技术)中心	宁波浮田生物技术有限公司	象科笺〔2021〕15号
4	象山全勤智能冲床工程(技术)中心	宁波全勤智能科技有限公司	象科笺〔2021〕15号
5	象山祝立机械模坯工程(技术)中心	宁波祝立机械科技有限公司	象科笺〔2021〕15号
6	象山聚力模具工程(技术)中心	象山聚力模具制造有限公司	象科笺〔2021〕15号
7	象山万邦电器工程(技术)中心	象山万邦电器有限公司	象科笺〔2021〕15号

续表56

序号	中心名称	依托单位	认定文件
8	象山东方输煤设备工程(技术)中心	象山东方输煤设备有限公司	象科笺〔2021〕15号
9	象山和丰塑胶工程(技术)中心	宁波和丰塑胶有限公司	象科笺〔2021〕15号
10	象山洲海砂型模具工程(技术)中心	象山洲海模具研发中心有限公司	象科笺〔2021〕15号
11	象山涛俊制冷设备配件工程(技术)中心	宁波涛俊制冷设备有限公司	象科笺〔2021〕15号
12	象山合泽汽车零部件工程(技术)中心	宁波合泽机械有限公司	象科笺〔2021〕15号
13	象山宏毅集中润滑系统工程(技术)中心	宁波宏毅机械制造有限公司	象科笺〔2021〕15号
14	象山美久汽车饰件工程(技术)中心	宁波美久汽配科技有限公司	象科笺〔2021〕15号
15	象山飞腾智能化管理工程(技术)中心	浙江飞腾电子科技有限公司	象科笺〔2021〕15号
16	象山世纪海洋信息采集系统工程(技术)中心	宁波世纪海洋信息科技有限公司	象科笺〔2021〕15号
17	象山金钇光电工程(技术)中心	象山金钇光电科技有限公司	象科笺〔2021〕15号
18	象山华民汽配工程(技术)中心	象山华民汽车配件有限公司	象科笺〔2021〕15号
19	象山派丽肯智能渔具工程(技术)中心	宁波派丽肯智能渔具有限公司	象科笺〔2021〕15号

象山县获2021年度宁波市科技进步奖项目一览表

表57

序号	项目名称	主要完成单位	获奖等级	文号
1	王一鸣	锦浪科技股份有限公司	科技创新特别奖(个人)	甬政发[2022]10号
2	滨海软土地区深层地下空间开发中承压水分类控制技术	宏润建设集团股份有限公司	科技进步奖一等奖	甬政发[2022]10号
3	岱衢族大黄鱼养殖产业提升关键技术创新与应用	象山港湾水产苗种有限公司(第三完成单位)	科技进步奖一等奖	甬政发[2022]10号
4	海洋红藻龙须菜种质选育、高效栽培及产业化利用与示范	象山旭文海藻开发有限公司(第四完成单位)	科技进步奖三等奖	甬政发[2022]10号
5	高焓值可清洗全热交换芯新风系统	宁波威霖住宅设施有限公司	科技进步奖三等奖	甬政发[2022]10号

【市级以上科技经费补助争取】 通过制定和完善科技创新政策,充分发挥政策杠杆作用,最大限度激发全社会的创新创业活力。针对科技资金碎片化和科技项目聚焦不够等问题,坚持科技项目经费后补助制度,调整优化科技项目过程管理,将创新资源与要素聚焦主导产业、聚焦主攻方向,实现科技资金绩效最大化。2021年,全年争取到市级以上科技经费2704.5万元(不包括机械研究总院南方中心3000万元)。

科技合作与交流

【服务人才项目申报】 为精准服务人才项目申报,特邀财务与投资专家对

"3315"计划、省领军团队等项目开展预评和自评,增加人才项目入选的可能性,并指导好相关的申报资料,按规定和要求及时上报和对接。2021 年,已申报省"万人计划"3 人,入选甬江引才工程创新团队 1 个,省领军团队入围省评 1 个,评选入围海外工程师 4 名,支持资金 85 万元。

【网上技术市场】 2021 年,宁波市对象山县技术交易额考核指标为 7.5 亿元,完成技术交易额 9.56 亿元,同比增长 40.1%,完成率 127%,增长率和完成率均列宁波市各县市区第二。

【科技大市场】 县科技局大力发展科技创新服务平台,强化企业服务和项目对接,有效促进技术交易和科技成果转移转化。2021 年,科技大市场累计服务企业 800 余家次,发布最新科技成果 100 余项,挖掘企业技术难题 82 项,在市县两级举办了先进制造、海洋经济等领域技术对接活动 5 场,促成 11 个项目签约。同时,科技大市场连续三年被评为年度"宁波科技大市场优秀分市场",综合排名各县市区第一,也是至 2021 年唯一一个被评为优秀的县市区市场。

【37°湾——象山科创中心运营】 37°湾——象山科创中心针对在孵企业开展培育提升工作,着重为解决融资难问题开展金融服务,10 月,与中国建设银行象山支行签约"创业者港湾"联盟店。2021 年,已开展银企对接会 4 场,对接服务 31 家次,已授信宁波钱多多电子科技有限公司 245 万元,宁波象贝生物科技有限公司 50 万元。实现数字化系统和数字化大屏应用,通过数字化手段展示和分析企业信息及中心动态。2021 年,37°湾——象山科创中心入驻企业 72 家,其中科技类企业 49 家,文创类企业 12 家,其他企业 11 家;入驻企业注册资金达 3.78 亿元,实到资金 465.2 万元,产值达 1.93 亿元,实现税收 617 万元,引进高层次人才 11 人,申报知识产权 10 项,带动就业岗位 321 个。

【技术转移中心】 2021 年,浙江大学、浙大宁波理工学院、上海海洋大学等三家高校技术转移中心共签订科研项目合同 36 项、服务企业 70 家次,其中签订横向科研项目合同 24 项、合同总金额 637.56 万元,合同金额 100 万元以上的项目 1 项。在项目申报和评奖方面,浙大宁波理工学院与浙江钰烯腐蚀控制股份有限公司、象山县蟹钳港旅游发展有限公司等企业合作申报 2021 年度宁波市第一批重大科技攻关"揭榜挂帅"项目,并获得立项 1 项。浙江大学辅导县农推中心、龙兴生态、双鱼机械、威霖申报宁波市级科技进步奖,浙江钰稀作为第一完成单位获评浙江省科技进步三等奖;在开展技术对接方面,上海海洋大学则先后组织了教授服务团开展了海洋生物领域的专家技术对接会。

【中国机械科学研究总院南方中心】 2021 年,中国机械科学研究总院南方中心共组建 11 个专项组和技术开发部,新成立异质增材事业部,形成 129 人的创新队伍,其中特优人才 2 名,领军人才 2 名,博士 13 人,硕士 78 人,在站博士后 6 人,研究生及以上学历占比 71%,2 支团队入选甬江引才工程("3315"计划)创新团队;组织建设 3 个企业级实验室,获批浙江省工程研究中心等省市级平台 7 个;获批国家重点研发计划等各级别科研项目 9 项;申请专利、标准、软著等科技成果 94 项,3 项科技成果通过成果评价,整体技术达到国际先进,其中 2 项部分技术国际领先,先后荣获中国机械工业科学技术奖特等奖等省部级奖项 9 项;累计服务企业超过 300 家,签订合同过 1 亿元。

【宁波工程学院象山研究院】 2021 年,常态化深入服务企业 50 多家次,形成技术需求 11 个,形成合作研发项目 9 项,转移转化新产品、新技术 5 项、新增授权发明专利 3 项,承担县级重大专项 1 个。组织申报 2021 年度宁波市第一批重大科技攻关项目 3 项。与西工大宁波研究院组成挑战团队参加第六届全国创新挑战赛,对浙江易锻精密提出的技术需求参加挑战并获优胜奖。协助县科技局、经信局等部门开展第三方项目评审服务 176 项。

【浙江理工大学象山现代针织研究院】 2021 年,为象山企业提供近 2000 人次的技术培训;深度服务企业近 30 家,与宁波马菲羊纺织科技有限公司、象山森宏织造有限公司、宁波福民染纱有限公司、宁波日达服装有限公司等象山针织相关企业开展科技合作项目 6 项,项目经费 305 万元;为象山针织相关企业提供 1300 余批次的检测服务,帮助企业分析并有效改善了产品质量。培育"宁波马菲羊纺织科技有限公司"申报国家高新技术企业,与宁波海润制衣有限公司、象山德昕纺织印花有限公司等企业达成高企培育意向,引进孵化研选(宁波)科技创新有限公司,帮助企业完成专利申报 4 项。

(县科技局)

科学普及与推广

【科普阵地建设】 对各级各类科普教育基地进行业务指导,健全和完善基地科普设施;对全县 140 家科普画廊进行日常维护,定期更换展板内容;加大亚运科普宣传,结合亚帆旅游路线建设,在丹东街道岙里村建成亚帆科普公园,投资达 22 万元。

【科技志愿服务队伍建设】 指导和引导有关社团组织、科普基地积极投身志愿活动,逐步形成点单服务与送单服务相结合的科技志愿活动模式。在科技志愿服务网注册服务队 45 支,注册人数 1547 人,开展各类志愿服务活动 300 余次,在科技志愿服务网上发布活动 80 余次。

【网络科普专题宣传】 通过"新象山网"微信公众号每天发布一则科普知识,内容均来源于科普中国等权威媒体,其间还结合有关部门推出科普防疫、普法宣传、平安建设等专题宣传,日均阅读量 500 人次左右。

【“科技小院”平台运行】 立足象山县产业特点，探索科技小院运行模式，年初制定工作方案和细则。2021 年 3 月，宁波大学海洋学院毋昌考教授率领的专家团队及学生按要求入驻虾蟹科技小院。全年共计学生入驻科技小院时间 120 天，其间做好第一手数据收集，记录研究工作日志 145 篇。形成了以象山蓝尚海洋科技有限公司、新桥镇灵岙涂果蔬专业合作社等单位为核心基地、帮扶一批优秀养殖户为重点对象的培育体系。联合县水利与渔业局等单位，邀请知名专家先后赴墙头镇、新桥镇、西周镇、高塘岛乡等开展室内养殖户技术业务专题培训 4 场次，受训人数 360 人次，主要就如何有效开展病虫害防治、改善养殖塘水质等内容进行培训，力求解决农户关键技术问题。组织入驻学生深入一线开展现场技术培训和实地指导，做到“实验室和试验田”相结合、研究和传授相结合，共开展现场培训指导 42 次，服务虾蟹养殖户 620 人次。

【全国科普日活动】 指导各基层科协、县级学会积极围绕“百年再出发，迈向高水平科技自立自强”2021 年全国科普日活动主题，做好《全民科学素质行动规划纲要（2021—2035 年）》的宣传解读，坚持以网络活动为主，共开展各类全国科普日活动 8 项，并在老年大学开展智能手机培训网络直播活动，线上观看直播人数 1.2 万人次。

【科技活动周】 联合县科技局先后走进涂茨镇前山姚村、丹东街道丹桂社区等 8 个村（社区）开展科技文化卫生进村进社区活动，共服务群众 2000 人次。

【志愿服务活动】 依托象山县防溺水实践基地，在全县开展青少年防溺水培训 50 场次，象山县蓝豚水上救援队获评“2021 年度长三角优秀科技志愿服务组织”称号。开展“光明行动”，指导象山爱尔眼科医院、仁明眼科医院等科技志愿服务队走进学校、农村文化礼堂开展“光明行动”，其中进学校开展线上线下近视防控科普讲座 50 场，有近 1 万名学生和家长参与，在文峰学校、鹤浦小学建立“爱眼护眼科普小屋”。结合“健康象山”工作要求联合康复医院加强脊柱弯曲科普教育，走进学校、机关开展脊柱弯曲科普讲座活动 5 次。

【老年人智能手机技能普及工程】 会同县民政局、县公安局、县移动公司、民生银行、建设银行走进老年大学、社区、村及有关单位，切实帮助老年人跨越“数字鸿沟”，享受科技发展带来的便利。全年累计开展老年人智能手机操作技能培训 238 场次，受训人数达 12400 人次，并加大对农村的送教服务，共在 108 个村开展培训送教工作。

【民生政策宣讲“进基层”活动】 组织以“节约能源资源、保护生态环境、保障安全健康、促进创新创造”为主题的科普“五进”为民惠民行动，在全县各地开展形式多样的科普报告（讲座）、义诊、科普宣传等多形式活动 50 场次，受惠人数达 11400 人次。

【民工子弟学校科技教育活动】 春节期间，组织“留在象山过大年”科普电影节活动，邀请 1000 名留在象山过年“新象山人”的民工子弟学校学生观看有趣生动、奥妙无穷的科普科幻电影。走进爵溪北塘学校开展送教帮扶活动，为学生提供一批科教物品。

【航天科普专题科普宣传】 “中国航天日”期间，走进文峰学校、丹城第五小学等 9 所学校开展“致敬航天人”信箱、“冲上云霄”巡回展览等系列活动，通过航天知识展览的方式，激发青少年崇尚科学、探索未知的热情，1800 余名学生参与活动。

【省首届中小学生科技创新作文大赛参赛】 组织学生积极参加浙江省首届中小学生科技创新作文大赛，象山县中小学生取得较好成绩，获得省级奖项 34 项，其中省特等奖 2 项。

【青少年科技创新大赛参赛】 组织全县中小学生积极参加象山县、宁波市、浙江省青少年科技创新大赛，象山县选手取得较好成绩，获得省级奖项 5 项，其中省一等奖 2 项；宁波市级奖项 52 项，其中市一等奖 11 项。

2021 年浙江省青少年科技创新大赛象山县获奖作品一览表

表 58　　**创新成果**

序号	作品名称	选　手	辅导老师	学 校 名 称	奖　项
1	可计数仰卧起坐辅助器	卢金希	史赛玲 赵仙琴 盛佩佩	实验小学北校区	省一等奖
2	非金属接触式插头插座	赖增强 李　晨 邵志鹏	林浩俊 胡　聪	象山县技工学校	省二等奖

续表 58　少年儿童科学幻想画

序号	作品名称	选　手	辅导老师	学　校　名　称	奖　　项
1	文物修复器	徐好	李盼盼	新港小学	省一等奖
2	再制造发电	韩以诺	葛晶晶	石浦镇番头小学	省二等奖
3	胶囊战士	于金弘	郑斐斐	涂茨镇中心小学	省二等奖

（县科协）

科技创新

【科技成果转化】　一是低温半导体除湿技术。采用半导体冷凝技术主要由于半导体具有优良的性能，可以将电能转化为热能，从而排除压缩机冷凝除湿时造成的巨大噪音。通过对散热翅片的结构设计优化，提高散热面积，利于空气的冷凝，提高冷凝除湿效果。新增加热模块，增加温度差，利用电控系统的集成控制，降低翅片表面的露点温度，提高除湿量。二是压电陶瓷变压器的研发与应用。压电陶瓷变压器是利用压电材料的逆压电效应和正压电效应来实现高压输出。通过对 PZT 材料进行掺杂等关键技术提升，使压电陶瓷材料介电常数升高，机械品质因素增大，从而获得更好的谐振频率、温度，以及稳定性，达到最大优化。制成的压电陶瓷变压器可广泛应用于手机、笔记本电脑的 LCD 显示器的背光源，以及红外夜视仪和手提 X 光机中的高压电源等。

【技术难题解决】　对接中科院宁波材料所、西北工业大学宁波研究院、兵科院宁波分院、宁波工程学院等高校科研院所专家，在新材料工艺研发、高端智能装备、压电陶瓷产业化等方面为企业提供技术支持，其中与西工大宁波研究院、中科院宁波材料所组成挑战团队在第六届中国创新挑战赛（宁波）主赛场上对浙江易锻精密机械有限公司提出的技术需求参加挑战并获优胜奖。全年合计解决企业技术难题 16 项，深入服务企业 64 家。

【技术支持提供】　加强与县科技局、经信局等企业服务关键部门的联系，主动提供技术支持。组织专家团队协助县科技局、经信局及县改革办完成象山县“工业”“农业”“社科”项目、象山县重大重点项目、智团创业项目、县级企业工程（技术）中心评定项目、工业企业“机器换人”“重点产业链”“战略性新兴产业”“数字经济产业发展”和改革创新案例项目评选等相关立项、验收和评审工作，共 290 家次。

【研究生联合培养基地建设】　协助县科技局做好研究生联合培养基地建设，承担研究生基地实践点的日常管理。不定期走访象山恒大印染有限公司、宁波马菲羊纺织科技有限公司等 13 家研究生联合培养基地企业实践点，了解企业和高校院所技术合作现状，组织专家团队完成 2020 年度实践点考评；调研走访宁波翔神生化有限公司、浙江科普特新材料有限公司等多家企业，挖掘新的企业实践点。2021 年，新增宁波飞润海洋生物科技股份有限公司、浙江禹谷医疗科技有限公司、象山旭文海藻开发有限公司等 3 家企业实践点。

（俞奇）

教　育

综　述

2021年,象山县现有普高5所,职高3所,初中11所,小学23所,九年一贯制学校12所,外来务工子女学校4所,幼儿园68所(含民办45所),培智学校1所,电大1所,镇乡成人学校(社区学院)7所。在校学生81720人,普高生7332人,职高生5371人,初中生16454人,小学生35438人,特教生175人,在园幼儿16950人。是年,制定出台《关于贯彻落实"象有优学"推动教育高质量发展实施意见》和拟定《象山县关于学前教育深化改革规范发展的实施意见》,进一步优化教育布点,实施义务段学校强校提质工程、普高"窗口学校"争先创优三年行动和职业教育高质量发展三年行动;持续优化教育供给,全年投资2亿元,实施中小学新(改、扩)建项目15个,塔山中学、墙头幼儿园、机关幼儿园分园(丰泽园)正式启用。启力学校、梅溪学校完成民转公,城区流动人员子女学校"一东一西"办学格局基本形成。首次实施初中学校划片招生,"阳光招生""均衡分班"义务段学校全覆盖。"薄改"工程深入开展,投入2400余万元进行校园设施维修、校园设施改造,城乡学校硬件设施水平进一步提升;抓牢育人关键环节,深化"三全育人"改革,实现课业减负与育人增效"两手抓、两手硬"。中考成绩保持在"南三县"首位,高考一段上线率高出全省20个百分点,中职学校全国技能大赛获奖数居全市前列。共创建省文明校园2所,市文明校园32所、市劳动示范学校6所、市研学营地2个,市研学基地3个,县研学基地12个,打造一条市级红色研学精品路线。2021年,象山县成功创建浙江省区域推进语言文字规范化县和宁波市心理健康教育示范区,连续两轮荣获宁波市学前教育三年提升行动计划先进县。

学前教育

【概况】 2021年,象山县现有幼儿园63所,其中公办幼儿园24所,民办幼儿园39所;省三级以上幼儿园60所,一级园7所,二级园28所,三级园25所,准办园2所,高收费营利性幼儿园1所。在园幼儿数16339人,其中在公办幼儿人数占比72.3%;省等级园招生覆盖率98.5%,省二级以上优质园招生覆盖率76.5%,普惠性幼儿园招生覆盖率为87.2%。现有幼儿教职工2340人,其中园长和专任教师1398人,事业编制教师464人,园长专任教师事业编制比例是35.5%;专任教师持有幼儿教师资格证1374人,持证率98.3%;园长专任教师有技术职称941人,占67.3%;专任教师学历合格率100%,其中大专以上学历86.3%。

【幼儿园布局】 2021年,县内63所幼儿园,按所在街道、镇乡统计:丹东街道16所,丹西街道16所,爵溪街道4所,石浦镇10所,西周镇3所,高塘岛乡2所,其他镇乡各1所。县直属,各街道、镇乡的中心幼儿园有:县教育局直属:象山县县级机关幼儿园,象山县春晖幼儿园;县妇女联合会主管:象山县塔山幼儿园;丹东街道中心幼儿园:象山海韵幼儿园,丹西街道中心幼儿园:象山县滨海幼儿园,象山县爵溪街道中心幼儿园,象山县石浦镇中心幼儿园,西周镇中心幼儿园:象山县西周镇华翔幼儿园,象山县鹤浦镇中心幼儿园,象山县贤庠镇中心幼儿园,象山县定塘镇中心幼儿园,象山县墙头镇中心幼儿园,象山县涂茨镇中心幼儿园,象山县大徐镇中心幼儿园,象山县新桥镇中心幼儿园,象山县泗洲头镇中心幼儿园,象山县东陈乡中心幼儿园,象山县晓塘乡中心幼儿园,象山县黄避岙乡中心幼儿园,象山县茅洋乡中心幼儿园,象山县高塘岛乡中心幼儿园;象山县浙师大幼教集团附属大目湾幼儿园。

【《幼儿园保育教育质量评估指南》学习】 3月7日,邀请华东师范大学周念丽教授开展关于《幼儿园保育教育质量评估指南》(以下简称《指南》)的专题讲座,全县三级及以上幼儿园园长在石浦中心幼儿园现场聆听,通过专家领学《指南》,能进一步明确各幼儿园的保育教育工作方向和目标,推动学前教育各项工作协调发展。

【省级幼儿园优秀教研组展示活动在海韵幼儿园举行】 5月,省级幼儿园优秀教研组展示活动在海韵幼儿园举行。浙江大学语言与认知研究中心博士生导师徐慈华、宁波市名园长幼教五组导师和学员、县名优教师、集团园教师共140余人齐聚象山海韵幼儿园三参加了此次活动。

【学前教育宣传月活动】 2021年学前教育宣传月期间,学前教育管理中心梳理十年来学前教育工作亮点,拍摄了

“砥砺十年，未来可期”专题宣传片，该宣传片在甬上及宁波教育公众号播出。

【新丰幼儿园投入使用】 9月1日，新丰幼儿园投入使用。新丰幼儿园是保集．璟瑞府小区配套幼儿园，总用地面积8389.79平方米，建筑面积5031.28平方米，设计办学规模为12个班，分设托班、小班、中班、大班4个年龄段，总投资2000万元。

【机关山海幼儿园投入使用】 10月8日，机关山海园区投入使用。该幼儿园是丰泽小区配套幼儿园，总用地面积2394.69平方米，建筑面积2114.92平方米，设计办学规模为6个班，分设小班、中班、大班4个年龄段，装修总投资398万元。

【象阳男幼联盟教学展示活动】 11月25日，县幼儿园男教师教学展示研讨活动在塔山幼儿园举行。县“象阳”男幼师联盟团队成员、二级及以上幼儿园骨干教师等近60多位幼教同行现场参与，同时还采用线上直播方式，让全县更多幼儿园老师，通过直播观摩展示活动。男教师们充分展示各自个性，利用各种游戏形式，调动幼儿积极性，努力营造轻松愉悦的课堂氛围，让参与观摩的老师感受到幼教男教师的教学风采。

2021年象山县具有招生资格的幼儿园基本情况表

表59

序号	幼儿园名称	等级	办园性质
1	机关幼儿园	一级	公办
	机关幼儿园・万象园		公办
2	春晖幼儿园	一级	公办
	春晖幼儿园・世纪园		公办
3	石浦镇中心幼儿园	一级	公办
	石浦镇中心幼儿园・幸福苑分园		
	石浦镇中心幼儿园・新港早教园		
	石浦镇中心幼儿园・延昌分园	二级	
	石浦镇中心幼儿园・金星分园	预评二级	
4	海韵幼儿园	一级	普惠民办
	海韵幼儿园・百合园		普惠民办
5	滨海幼儿园	一级	普惠民办
6	塔山幼儿园	一级	普惠民办
7	西周镇华翔幼儿园（中心幼儿园）	一级	公办
	西周镇中心园幼儿园・树人园	二级	公办
8	新南幼儿园	二级	公办
9	林海幼儿园	二级	公办
10	欢乐家园幼儿园	二级	公办
11	大目湾幼儿园	二级	普惠民办
12	天安幼儿园	二级	普惠民办
13	山水幼儿园	二级	普惠民办
14	兰园幼儿园	二级	普惠民办
15	新丰幼儿园	二级	普惠民办
16	爵溪街道中心幼儿园	二级	公办
17	定塘镇中心幼儿园	二级	公办

续表59

序号	幼儿园名称	等级	办园性质
18	墙头镇中心幼儿园	二级	公办
	墙头镇中心幼儿园·亭溪园		
19	新桥镇中心幼儿园	二级	公办
	新桥镇中心幼儿园·东溪园		
20	泗洲头镇中心幼儿园	二级	公办
	泗洲头镇中心幼儿园·灵南园		
21	贤庠镇中心幼儿园	二级	公办
22	茅洋乡中心幼儿园	二级	公办
23	东陈乡中心幼儿园	二级	公办
24	涂茨镇中心幼儿园	二级	公办
25	晓塘乡中心幼儿园	二级	公办
26	鹤浦镇中心幼儿园	二级	公办
27	高塘岛乡中心幼儿园	二级	公办
28	石浦镇城里幼儿园	二级	公办
29	石浦镇昌国幼儿园	二级	公办
30	下沈幼儿园	二级	公办
31	大徐镇中心幼儿园	二级	公办
32	黄避岙乡中心幼儿园	二级	公办
33	振兴幼儿园	二级	普惠民办
34	金港幼儿园	二级	普惠民办

义务教育与普通教育

【概况】 截至2021年10月，象山县普通中小学毕业生人数：小学5746人、初中5398人、普通高中2049人。7月至8月，全县招生人数：小学5564人，初中5480人，普通高中2535人；小学、初中、普通高中招收的学生，分设为140个、136个、54个班。10月，象山县除1所小学停办外，有小学27所，其中公办23所、外来务工人员子女小学4所；在校生35438人，其中女学生16499人。初级中学11所、九年一贯制学校12所，完全中学初中部2个；在校生16454人，其中女学生7876人。高级中学3所，完全中学高中部2个；高中注册学生7332人，其中女学生3697人。

【小学布局】 2021年，全县23所公办小学按学校所在街道、镇乡统计：丹东街道：象山县丹城第二小学，象山县丹城第四小学，象山县丹城第五小学；丹西街道：象山县实验小学，象山县丹城第三小学，象山县丹城第六小学；石浦镇：象山县石浦镇中心小学，象山县石浦镇新港小学，象山县石浦镇延昌小学，象山县石浦镇番头小学，象山县石浦镇昌国小学（乡级小学）；定塘镇：象山县定塘镇中心小学；西周镇：象山县西周镇中心小学，象山县西周镇下沈小学（联村级小学）；泗洲头镇：象山县泗洲头镇中心小学，象山县泗洲头镇墩岙塘小学（村级小学）；鹤浦镇：象山县鹤浦镇中心小学；墙头镇：象山县墙头镇亭溪小学（联村级）；涂茨镇：象山县涂茨镇中心小学；大徐镇：象山县大徐镇中心小学；东陈乡：象山县汉章小学（乡级）；晓塘乡：象山县晓塘乡中心小学；黄避岙乡：象山县黄避岙乡中心小学。全县还有（民办）外来务工人员子女小学5所：象山县启力学校，象山县丹东街道梅溪小学，象山县丹西街道洋心学校，象山县丹西街道三伟学校，象山县北塘学校（校址爵溪街道），象山县石浦镇蓝天学校（停办）。

【九年一贯制学校】 2021年，全县12所九年一贯制学校分别为象山文峰学校（直属于县教育局），象山县林海学校（以上2所学校位于丹东街道）；象山县外国语学校（直属于县教育局）；象山县爵溪学校；象山县金星学校（位于石浦镇）；象山县贤庠学校；象山县墙头镇墙头学校；象山县新桥学校；象山县茅洋学校；象山县高塘学校。民办的：象山县浙江师范大学附属大目湾实验学校，象山县社会职业学校（停办）。另有直属于县教育局的：象山县培智学校（招收智力残疾的儿童少年）；象山县素质教育实践学校（下设中小学学生实践基地、渔文化艺术村，无全日制学生）。

【初中完中与普通高中格局】 2021年，全县11所初级中学分别为：象山县丹城中学、象山县塔山中学（位于丹东街道）；象山县丹城第二中学，象山县丹城实验初级中学（以上2所学校位于丹西街道）；象山县石浦中学（校址金山路），象山荔港学校（校址石浦镇）；象山县鹤浦中学；象山县定塘中学；象山县殷夫中学（校址大徐镇）；象山县泗洲头镇初级中学；象山县东陈乡初级中学。2所完全中学：象山县西周中学，宁波滨海学校，象山港书院（停办）；宁波滨海学校是民办中学。3所高级中学：浙江省象山中学，象山县第二中学，象山县第三中学。

【3所学校拟获评省现代化学校】 1月15日，浙江省教育厅、浙江省人民政府教育督导委员会办公室联合发布浙江省现代化学校督导评估结果，全省拟确定363所学校（幼儿园）为2020年现代化学校（幼儿园），宁波66所学校（幼儿园）入选，其中象山县丹城中学、象山县石浦镇成人中等文化技术学校、浙江省象山中学3所学校成功入选。

【首届象山县中小学生硬笔书法大赛】 4月，为弘扬中华传统优秀文化，推动象山硬笔书法的传承和发展，在象山县第十五届陈汉章读书节期间，“童心向党”象山县首届中小学生硬笔书法大赛在县新华书店举行颁奖仪式暨书法展活动。硬笔书法大赛活动于3月底正式启动，全县各中小学生积极参与投稿，大赛组委会共收到硬笔书法作品800余件。经宁波市硬笔书协专业评审组初评、终评和审查，最终评选出优秀作品27件，入展作品73件，入选作品45件。

【象山代表队在市青少年田径比赛中获佳绩】 5月16日，2021年宁波市青少年田径比赛在象山县教育园区田径场圆满结束。象山代表队以13金13银11铜、团体总分237分的优秀成绩夺得奖牌、总分双第一，并获体育道德风尚奖。本届比赛全大市共有10支代表队、314名领队教练员参赛。

【西藏名校长考察团到象山交流】 5月26日，新桥学校迎来由西藏自治区第二届名校长的10余名成员，开始为期半天的考察指导。本次活动通过本地文化走访、校园实地参观、学校整体工作汇报和考察团互动等形式展开。考察团一行对学校明确的发展规划、目标，清晰的发展思路以及井然有序的教育教学工作状态给予充分肯定。

【“我为新疆送本书”图书捐赠活动】 为支持东西部扶贫协作和对口支援工作，扎实推进“百万石榴籽工程”，进一步密切象山、库车两地中小学的交流合作。县教育局于5月初至6月底，开展了“百万石榴籽——我为新疆送本书”图书捐赠活动，助力当地建设“天一图书馆”。全县共40余所中小学校、幼儿园积极参与本次活动，累计收到捐赠书籍5600余册。在县邮政局“免邮”支持下，这些凝聚全县师生爱心的书籍已运抵新疆库车地区。

【高中毕业生体质健康水平总成绩合格率和优良率排名全省前列】 10月，浙江省教育厅发布《2020学年全省高校新生（浙江籍高中毕业生）体质健康测试情况》。结果显示，象山县大一新生（高中毕业生）体质健康测试总成绩合格率和优良率排名稳居全省前列。2020学年浙江省高校新生体质健康测试总成绩优良率20.82%，其中象山县为25.10%，在全省89个生源县（市、区）中，位居全省第十一、全市第三。2020学年浙江省高校新生体质健康测试总成绩合格率为90.99%，其中象山县为92.69%，在全省89个生源县（市、区）中，位居全省第十七、全市第二。

【“双减”工作落地】 全县中小学课后托管服务开设率100%、晚自习开设率100%、晚餐提供率100%，小学生参与率95.37%、初中生参与率96.89%，家长满意率97.3%。建立“基础+拓展”服务模式，课后服务期间，学生在完成大部分书面作业的基础上，根据自己的兴趣爱好和个性特长，选择参加素质拓展类活动，满足学生多样化发展需求。2021年底，全县各中小学累计共开设体艺类课程305门，科普科探类课程103门，人文阅读类课程98门，非遗传承等其他类课程87门。所有学科类培训机构完成“转非”“转登”，“甬信培”入驻率100%，全市率先完成压减任务。

【“双减”背景下学校管理论坛】 11月4日，县教育局召开“立三大课堂”之“双减”背景下学校管理论坛，校长们围绕“减量提质、轻负高效”，从学校管理的不同角度，分享研讨“一校一案”的“双减”经验。

【艺术系列活动成果斐然】 4—9月，开展庆祝中国共产党成立100周年艺术系列活动和县中小学“音乐节”“书画节”活动，共组织合唱、群舞、器乐合奏、课堂乐器合奏、戏曲戏剧、书画等六个专场比赛，全县各中小学约3000余名学生参加了各类专场比赛。5月—10月，积极组织学生参加省、市级中小学生艺术节比赛。在2021年度省、市中小学生艺术节等各大类比赛中，象山县共荣获省、市级一等奖27个，二等奖43个，三等奖59个，各奖次获奖数量均比2020年度有所增加。组织开展中小学生艺术素养监测工作，全县初三年级、小学六年级，均进行音乐、美术监测，总体成绩良好。

【法治教育】 11月，认真组织“学宪法讲宪法”活动，在宪法学习周期间，全县中小学努力克服疫情影响，开展了150多场次不同形式的宪法学习活动，全县六万余名中小学生参与了宪法学习与晨读活动。全县有39000余名中小学生参与宪法学习与测试，占全县中小学生（包括小学一至三年级）的

61.9%。组织县宪法知识竞赛并参加市赛，7人获奖，其中实验小学叶若晴获小学组演讲比赛一等奖。

【心理健康服务】 抓好"危机干预"，全县学校严格做好心理筛查工作，每所学校制定了《校园心理三级预警制度》，对全体学生进行筛查，对分数异常的学生进一步开展心理评估并全面分析心理健康状况，一一面对面访谈，一人一册建档立案，有效做到明确掌握、精准干预。对筛查出的心理高危学生，采用动态关注、个别心理辅导、小团体辅导的方式进行帮助。涉及重大心理危机的个案做好及时转介。公布学校及各级心理热线号码，充分利用现代信息技术，开通线上辅导、解忧邮箱等，形成心理筛查和动态管理"链式服务"。

【各类创建活动】 坚持以各类创建为抓手促进学校软硬件、管理能力和办学水平提升，大力推进文明城市创建和教育共同体、阳光食堂建设，丹城五小、象山中学入选首届省文明校园，共创建市文明校园32所、市劳动示范学校6所、市研学营地2个、市研学基地3个、县研学基地12个，打造一条市级红色研学精品路线；建成112个"阳光食堂"，覆盖率100%；建成16对教育共同体，超省厅任务指标70%，覆盖率达82%。首次实施初中学校划片招生，"阳光招生""均衡分班"实现义务段学校全覆盖。

职业教育

【概况】 2021年，象山县中等职业学校毕业生1298人；7—8月，招生2043人（少部分初中毕业生去县外职业学校就读）。10月，全县现有宁波建设工程学校（象山县职业高级中学）、象山港高级技工学校、宁波海洋职业技术学校（增挂象山港高级技工学校（石浦）校牌）3所，均独立"法人"。2021年年底，在校生5827人，其中，女学生2353人，分设43个专业149个班。其中，中高职一体化班51个，1805人；高职班18个，456人。教职工417人，其中专任教师391人。

近年来，全县职业教育深入开展教育改革，推进产教融合，根据《象山县职业教育高质量发展三年行动计划（2021—2023）》的文件精神，深化办学体制和育人机制改革，全面推行学徒制人才培养模式，提高人才培养的针对性和实效性。至2021年，3所职业学校的24个专业，73.2%的学生参与试点，基本形成现代学徒制人才培养模式的象山范本。

2021年象山县职业教育基本情况表

表60

序号	学校名称	校址	班级个数（个）	注册学生人数（人）	教职工人数（人）	占地面积（平方米）	校舍面积（平方米）	时任校长
1	宁波建设工程学校	县教育园区南区	57	2882	192	160990	75476	陈贤伦
2	象山港高级技工学校（其中四年级高职）	县教育园区北区	51	1660	175	55024	41843	潘永毅
			18	456	—	—	—	
3	宁波海洋职业技术学校（象山港高级技工学校（石浦））	石浦镇后街74号	23	829	50	32114	13675	潘永毅
4	全县合计	—	149	5827	417	248128	130994	—

【《象山县职业教育高质量发展三年行动计划（2021—2023）》制定】 1月13日，象山县人民政府办公室印发《象山县职业教育高质量发展三年行动计划（2021—2023）》（象政办发〔2021〕1号），确立了"职校布局优化、专业集群打造、产教深度融合、师资提档升级、优质品牌培育、教学改革深化、专业技能提升、社会服务强化"等八大专项行动；明确到2023年，象山县职业教育实现政策体系完善、协同机制健全，专业集群优化、产教深度融合的发展新格局，职教现代化水平达到新高度，力争成为全省一流、全市领先的现代职教品牌。

【宁波海洋职业技术学校教师礼仪操获市一等奖】 1月7日，宁波市中等职业学校庆祝中国共产党成立100周年主题教育暨"文明风采"系列活动之一"光明行"教师职业专业礼仪展示活动，宁波海洋职业技术学校报送的《像山如海画青春》荣获一等奖。

【县职业学校在十五届市技能大赛中获佳绩】 1月4日，第十五届（2021年）宁波市中等职业学校（技工学校）技能大赛落下帷幕，象山县职业学校取得了8枚金牌、29枚银牌、82枚铜牌共计119枚奖牌的优秀成绩。

【县技工学校2名教师获"浙江省技术能手"称号】 3月8日，第二届全国技工院校教师职业能力大赛浙江选拔赛中，象山港高级技工学校的朱灵芝老师获得了财经商贸类一等奖。2020年浙江省中等职业学校职业能力大赛（教师技能类）中，象山港高级技工学校的陈志能老师获得了汽车维修工项目的一等奖第一名。两位老师都被授予“浙江省技术能手”荣誉称号。

【2所职业学校获评第四批宁波市文明校园】 3月17日，宁波市文明办公布第四批宁波市文明校园名单，宁波建设工程学校和象山港高级技工学校获宁波市文明校园称号。

【宁波建设工程学校“象库”云端连线】 3月18日，由象山县教科研中心组织，宁波建设工程学校和库车中等职业技术学校共同承办，关于全国职业院校技能大赛中等职业学校班主任能力比赛的专题培训在宁波建设工程学校开展。宁波建设工程学校旅游专业教师张梦茜正在库车中等职业技术学校支教，在她的牵线搭桥下，促成了本次云端连线。

【象山港高级技工学校与日本稚内北星学园大学交流合作协议签署】 3月19日上午，象山港高级技工学校与日本京都育英馆教育集团旗下的稚内北星学园大学签署了交流合作协议。本次两校合作，既是双方为中日友好做出的积极贡献，同时也将培养出更多符合全球化趋势的国际复合型技能人才，在更广领域和更高层次为全球职业技能教育做出贡献。

【宁波建设工程学校被授予“1+X装配式建筑构件制作与安装职业技能等级证书省级考核站点”称号】 4月初，宁波建设工程学校被国家职业教育培训评价组织、廊坊市中科建筑产业化创新研究中心授予“1+X装配式建筑构件制作与安装职业技能等级证书省级考核站点”。2019年宁波建设工程学校借助学校智慧建筑实训项目建设，打造了全省唯一一所符合1+X装配式建筑实训基地建设标准的职业院校，将成为象山县及周边县市建筑企业装配式建筑应用型人才的培训中心、省市中职装配式建筑师资培训中心。

【宁波建设工程学校学生入选《中等职业教育国家奖学金获奖学生代表名录》】 5月4，《人民日报》刊文发布《中等职业教育国家奖学金获奖学生代表名录》，表彰“2019—2020学年度全国中等职业教育国家奖学金获得者”中的杰出代表。宁波建设工程学校18施工（2）班朱伟亮名列其中，成为全国百名、浙江省6名、宁波市唯一中职优秀学生代表之一。

【象山港技师学院创建】 4月6日，为进一步优化象山县职业教育布局，促进职业教育高质量发展，提升职业教育服务地方经济能力，加快创建象山港技师学院，出台了《象山县教育局关于象山港高级技工学校与宁波海洋职业技术学校联合创建象山港技师学院的通知》（象教〔2021〕9号文件），象山县技工学校与宁波海洋职业技术学校联合创建象山港技师学院，两校统一使用“象山港高级技工学校”名称，实行“一校两区、统一管理”。4月21日，出台《关于同意象山港高级技工学校更名等事项的批复》（象编办〔2021〕16号），象山县技工学校更名为象山港高级技工学校，宁波海洋职业技术学校挂牌象山港高级技工学校。

【3项成果获市教育教学突出成果奖】 5月6日，宁波市教育局公布宁波市2019—2020年度基础教育和职业教育与成人教育以及高等教育教学突出成果获奖名单，象山县职业学校2项成果获得宁波市2019—2020年度职业教育与成人教育教学突出成果一等奖，1项成果获得二等奖。

【象山港高级技工学校举行“百企千岗”校园专场招聘会】 6月4日，象山港高级技工学校举办了“就业起航、梦想扬帆”2021年校园专场招聘会，共有机电、汽修、电气、商贸等7个专业257名学生入场招聘，200名家长共同参会。此次校园招聘会共邀请企业100家，提供技术、技能、管理等岗位2000余个，供需比近1∶8，普遍薪酬在5000至15000元不等。据统计，在此次招聘会上，学生共发出简历约2250份，直接现场确认就业意向的学生132名。

【首届市技能大赛象山选拔赛在宁波建设工程学校开赛】 6月20日，第一届宁波市技能大赛（2021年宁波市“乡村振兴”职业技能大赛）象山选拔赛在宁波建设工程学校开赛，首批进行餐厅服务、砌筑、评茶、花艺四个项目选拔，来自全县各行业的100多名选手参赛。4名选手分别夺得餐厅服务、砌筑、评茶、花艺四个项目的第一名。获得第一名的选手被授予“象山县职工技术操作能手”，前三名核发技师（二级）职业资格证书，实操合格者核发高级工（三级）职业资格证书。

【象山港高级技工学校4名青年教师获评“省青年工匠”】 11月8日，象山港高级技工学校青年教师斩获市青年教师教学能力大赛金牌，林浩俊、洪伟、陈良峰和胡远波等4名教师被评为2021年浙江青年工匠。

【宁波建设工程学校在全国装配式建筑职业技能竞赛中卫冕】 12月12日，宁波建设工程学校贾婧雯同学在2021年全国第四届装配式建筑职业技能竞赛中以总分第一的成绩夺冠。由于疫情的影响，本次比赛从线下赛改为线上赛，由以往的团体赛改为个人赛。来自全国本科（38支）、高职（113支）、中职（28支）共179所院校179支代表队参加了此次比赛。宁波建设工程学校自2019年起参加该赛项，已经连续三年获得一等奖，并在2020年和2021年蝉联两届全国总冠军第一名。

【华翔智能制造实习实训基地获省职业院校产教融合项目】 12月，由象山港高级技工学校和宁波海洋技术学校共同申报的“华翔智能制造实习实训基地”获2021年度职业院校产教融合项目。学校以与华翔集团共建的实习实训基地为孵化平台，借力县汽模配联盟等行业力量，不断深入推进县域技能人才的培养力度和广度，努力把学生培养成为高技能应用型人才，做好企业高技能人才储备。

成人与社区教育

【概况】 2021年，象山县积极贯彻《宁波市关于在“十四五”期间实施终身教育“双高”建设工程的意见》，积极通过创建工作，构建融合全县现代化终身教育体系，成效显著。爵溪街道成人学校评为浙江省现代化学校，西周社区教育学院评为宁波市高水平成人学校，定塘镇成人学校评为宁波市新兴特色成人学校，丹东和丹西街道社区老年大学通过宁波市标准化老年大学验收。县社区学院的“七巧绣社织就小康路”评为成人教育服务乡村产业振兴创新项目，县社区学院的“银龄智学”团队被评为宁波市终身教育优秀教师团队，爵溪街道成人学校的“梯次式服装培训”、西周社区教育学院的“企林课堂”和贤庠镇成人学校的“贤庠旗袍部落”评为终身学习品牌，石浦镇成人学校的“包基勤鱼灯工作室”评为宁波市能人工作室。全年完成高中、大专和本科学历教育学员毕业数为1977人，下半年在册学员数为5317人，非学历培训17.23万人次左右。其中成人双证制（高中）2021年注册832人，2020级即2021届毕业569人。后备劳动力完成初级工培训考证168人。渔业船员培训报名人数7651人，全年通过培训考证人数7590人左右，渔民培训量占宁波市渔民培训总量的80%以上。8所社区老年大学共开设59个常规教学班，在册学员2052人。学分银行新开户数65331人，教育成果转换127216学分以上；第三年龄学堂注册1960人。从2013年开始的扫盲工作画上句号，“七普”数据显示象山县文盲人口为12606人，文盲率从“六普”的9.99%下降到2.22%。

【“双百千万”防疫科普行动】 2021年春节期间，充分发挥成人教育社区教育资源统筹、渠道下沉与基层动员等优势，各地成人学校全面投入防疫科普行动，重点面向农村地区和老年人群，通过及时有效的防疫知识科普宣传，增强市民的自我防范意识和防护能力，提升防疫工作的科学性和有效性。在防疫科普行动过程中，全县共有115名成校教师、1055名志愿者参加，线上课程推送642节，宣传语和助学导语推送量11350条，防疫科普进乡村活动46次，《新冠肺炎防护宣传册》和防疫科普资料发放5000余份，覆盖人群累计30万人次。同时加强宣传工作，国家、省级、市级和县级媒体分别录用2条、1条、7条和9条。

【象山县社区学院开展系列文化惠民活动】 2月，象山县社区学院开展“留象过大年”春节免费培训活动，推出涵盖职业技能、应急救护、健康休闲、美食制作等4个类别20余个班级，使留象人员春节期间“有所做、有所学、有所乐”。公益培训和送戏下乡等活动加大了“双百千万”防疫科普行动工作的宣传力度，营造了良好文化氛围，丰富了广大群众的精神文化生活，让大家过了一个安全欢乐的暖心年。

【渔业技术培训直达田间】 为培养一批有文化、懂技术、善经营、会管理的高素质渔民队伍，促进渔业转型升级、持续进步、全面发展。11月3日，象山县社区学院组织高素质农民培训水产养殖班学员赴墙头、高塘考察学习。相关养殖公司与学员们就数字化技术应用，科学化、数据化投喂与密度调整，尾水处理等技术方面进行了交流。学员在帆布池养殖技术、尾水处理、换水次数、病虫防治等方面学到了很多知识，开拓了视野，启发了他们在养殖业发展方面的新思路。

【物业项目经理垃圾分类技能项目制培训】 11月6日，象山县物业项目经理垃圾分类技能项目制培训在宁波电大象山学院开班，全县100余名物业项目经理参训。除了理论课程，本次培训还安排了现场实训教学，参训学员实地参观了省级生活垃圾分类高标准示范小区——上城公馆，通过讲解员的生动讲解、示范，直观展现了垃圾分类管理的程序和要求，帮助物业经理们更快、更好掌握垃圾分类相关技能。培训内容深入浅出，图文并茂，通俗易懂，操作性强，让学员明确了垃圾分类工作的重要性和紧迫性，认识到物业企业在垃圾分类工作中担负的重要职责，进一步带动物业服务企业更好地开展垃圾分类工作。

【科学素养宣传进文化礼堂】 4月12日起，丹西街道成人学校联合无忧花义工大队、民生银行、象山仁明眼科医院、象山佳博牙科医院，在下沙村文化礼堂开展了为期1周的科学素养宣传活动，来自该村60余名中老年人参加了此次活动。开展了智能手机操作、金融防诈骗预防讲解、垃圾分类宣传、新冠疫苗接种知识科普和健康义诊等活动。同时为下沙村里的多位孤寡老人及生活困难户进行了送温暖活动。本次内容丰富的各项活动，得到了村干部及村民们的积极好评。

【短视频制作培训】 9月下旬，丹西成校邀请网络博主为转岗再就业职工开展了为期3天的短视频制作培训，61名学员通过课堂听讲、实操拍摄、剪辑精修，基本上能熟练运用短视频的剪辑分割、音乐导入、文字添加、画中有画、特效滤镜、变速转场等各种功能，掌握颜色处理、色度抠图秒变大片、美颜瘦脸、深度剪辑、技术流驾驭以及极限词避坑、视频号使用技巧、电商应用等实践操作。此类培训广受学员喜爱，是企业职工和社区居民提升自身、学习技能、拓宽就业渠道，实现转岗再就业的有效途径。

【在清溪村开设“书记讲堂”】 为提升农村基层书记和社区居民的综合素养，进一步提高基层治理水平，助推乡村振兴，西周社区教育学院在清溪村开设“书记讲堂”。3月25日，清溪村党支部书记张方鸣以“书记谈乡村治理”为主题开讲，80余名村民参加听课。张方鸣针对目前农村基层组织体系的变革及并村后组织规模进一步扩大带来的挑战，与大家深入交流了关于乡村治理的三点思考，即强化党建引领，推进乡村治理；以服务群众为宗旨，坚持“三群”原则；村事务须公开说，合力抓，商议办。西周社区教育学院开设“书记讲堂”，一方面为基层书记定期开展培训，通过党务知识、社会治理、乡村规划、产业发展等培训主题，提升书记的乡村治理能力；另一方面通过基层书记上课的方式，宣讲党务知识、政策法规、生活理念、就业创业等知识，提升村民综合素养，共建和谐社会。

【在“老兵学堂”举办党史学习教育会】 4月1日，西周社区教育学院在“老兵学堂”举行党史学习教育会。县教育局党委副书记齐海燕、县退役军人事务局副局长张春毓等领导出席，全镇退役军人参加学习。此次党史学习会分党史图片展览学习和“共产党人的过去现在和未来”主题报告会两部分，图文并茂、声情并茂，通过中国共产党波澜壮阔的百年征程，阐述了马克思主义为什么行，中国共产党为什么能，中国特色社会主义为什么好。老兵学堂应作为新时代文明实践主阵地，积极宣传党的方针政策宣传，弘扬社会主义核心价值观，不忘初心、牢记使命。一方面为退役军人提供学习、交流的平台，提高他们的思想认识和生活技能；另一方面积极发挥退役军人的自身优势，继续服务社会，成为推动社会进步发展的“模范生”。

【“企业质量管理”专题培训】 4月20日，为进一步提高企业的质量管理水平，深化“以质量创品牌”的发展理念，西周社区教育学院联合西周商会开展“企业质量管理”专题培训，来自37家会员企业的80余名生产主管及品质管理人员参加了培训。此次培训特邀请宁波威霖住宅设施有限公司品保部经理陈小勇担任讲师。

【电商综合培训】 为解决定塘镇个体工商经营户网络直播营销技术短缺矛盾，4月30日，定塘镇成人学校联合工办，举行了1期电商综合培训，吸引了此镇约60余名经营户参加，其中不乏各类新媒体平台的“网络红人”。电子商务创业园孟老师为学员们介绍了各电商平台的优劣势，讲解了直播规则与禁忌，最后演示直播流程与脚本制作，以及手机拍摄技能操作。

【“红美人”种植技能培训】 为共同助力乡村全面振兴，促进农业增效、农民增收，10月，定塘镇成人学校针对定塘、新桥、晓塘三乡镇弱、小、散橘农进行了为期3天的“红美人”种植专项技能培训。此次培训邀请多位专家讲课，从种植理念、施肥用药、栽培嫁接、品质提升等方面深入浅出地进行讲解，并进行了实地考察。为橘农开拓了视野，增长了知识，让他们真真切切学到了红美人种植技术，也结识了授课老师、广大种植户，为今后的交流创设了很好的渠道。近年来，定塘柑橘产业发展如火如荼，其中象山红美人更是被称为中国柑橘界的标杆。2021年底，定塘种植“红美人”占全县的23.3%，达5000亩。在这5000亩种植面积中种植人数达上千户，大多数为小户散户。小户散户典型特征是种植观念老旧、种植技术薄弱、销售渠道狭窄，所以对弱、小、散橘农进行针对性帮扶，是提升象山定塘柑橘产业整体水平有效路径。

【多个项目通过2021年度市终身教育“双高”建设工程项目验收】 11月，在2021年度宁波市终身教育“双高”建设工程项目评估中，象山学院多个项目通过“双高”验收。其中象山县丹东街道成人学校以“A级”成绩通过“标准化社区老年大学”验收，象山县社区学院“银龄智学”团队和“七巧绣社织就小康路”分别通过“优秀教师团队”“成人教育服务乡村产业振兴创新”验收。

高等教育

【概况】 2021年，象山县高等教育办学形式主要有：国家开放大学开放教育、奥鹏教育和西南大学远程教育。其中，国家开放大学教育在校生为3136人，奥鹏教育和西南大学远程教育在校生人数为1191人。宁波广播电视大学象山学院有教职工59人，其中：专任教师56人，具有本科学历52人、硕士学位4人，有副高职称20人，中级职称36人。

【宁波电大象山学院获2020年度宁波电大县级电大目标管理考核一等奖】 1月20日，宁波电大象山学院再次从全市10所县区级电大中脱颖而出，名列全市第一。学院的学历教育招生规模、合作办学项目拓展、教科研、教学教务管理和系统支持等考核指标都位列第一，连续9年被评为优秀。

【宁波电大象山学院获市教科研突出成果一等奖】 3月9日，宁波电大象山学院申报的“乡村振兴背景下新型职业农民培育的实践”课题，荣获2019—2020年度宁波市职业教育与成人教育教学突出成果一等奖。

【宁波电大象山学院与儒雅洋村合作协议签订】 宁波电大象山学院为加强专业学科建设，提高开放教育学生素质，培养学生专业技能与职业素养，推动产学研相长，积极响应中共中央全面推进乡村振兴的要求，将开放教育村镇管理专业实践教育基地设在西周镇儒雅洋村。此基地的建立将进一步拓展村校合作领域，提升合作层次，进而为乡村振兴培养更多优秀人才。

【宁波电大象山学院参加国家开放大学2021年改革发展推进会视频会议】 12月23日上午，国家开放大学2021年改革发展推进会视频会议召开，宁波电大象山学院作为基层一线开放大学两个展示学校之一，在会上以宣传片的方式展现了近两年的办学情况和取得的办学成果。

特殊教育

【概况】 2021年，象山县特教学校1

所,共有学生 150 人,教学班 14 个,其中学前、义务段卫星班各 1 个。全县学前段持证残疾幼儿 35 人,入学率为 94.3%;义务教育段特殊学生 242 人,入学率为 100%;高中段持证残疾学生 97 人,入学率为 89.7%。至 2021 年,全县共有 28 所普通学校建有资源教室,其中示范性资源教室 11 个,合格性资源教室 17 个。近年来,全县特殊教育坚持"让每一个特殊孩子都有尊严地生活"的教育理念,深入开展教育改革:学前教育以"知动游戏"为核心构建单元主题基础性课程和康复性课程;义务教育以"生活适应"为核心构建主题统整课程;职业教育以"工作人格"为核心构建就业导向课程;指导中心以"优化服务"为重点构建独立运作管理模式,不断推进殊儿童适应社会、融入社会。至 2021 年 12 月,已有 25 名职业教育毕业的特殊学生进入工厂、饭店等上班,就业率达 78%。象山县基本形成全方位支持特殊儿童的服务体系,打造了具有象山特色的特殊教育范本。

【省特殊教育支持性教育工作座谈会在培智学校举行】 3 月下旬,浙江省特殊教育指导中心主办的省特殊教育支持性教育工作座谈会在培智学校举行,全省 14 所支持性教育实践工作基础的培智学校校长、分管领导参加。此次座谈会就支持性教育工作的理论基础进行了全面梳理,并对下阶段发展做了整体部署,为全省支持性教育工作发展谋划了新的蓝图,为象山县特殊教育谱写新的篇章打下了良好的行动基础。

【涂茨镇特殊儿童社区服务体系样本打造】 培智学校以所在地涂茨镇为试点,选取了区域内 6 个村作为重点研究对象,联合涂茨镇政府、周边爱心人士等成立特殊儿童社区服务体系管理委员会,出台《涂茨镇特殊儿童社区服务体系整体运作方案》。学校将打造好涂茨镇特殊儿童社区服务体系样本,并将这种服务新样态推广到全县乃至更高平台,帮助特殊儿童真正融入社会。

【培智学校获评市劳动教育示范基地】 3 月,培智学校获评"宁波市中小学劳动教育示范学校",创建中,学校围绕劳动教育的时代特征和需求,创设"向尚"校园文化,开拓"向尚"果园、"向尚"菜园等校内劳动实践基地,让学生在实践中形成劳动习惯,涵养文明品质。学校还通过丰富多彩的劳动教育课程,积极探索培智劳动教育的有效模式和途径,将劳动教育融入特殊学生培养全过程。

【特殊教育指导中心举办县首届融合教育教师基本功大赛】 为提升象山县融合教育质量及随班就读资源教师的业务素质和整体水平,为市级的随班就读教师基本功大赛选拔输人才。5 月 27 日,象山县特殊教育指导中心组织了县首届融合教育教师基本功大赛。10 月中旬,象山县选送的资源教师天安幼儿园黄钰岚、丹城第五小学朱婧霓、泗洲头镇初级中学陈宇丰在市资源教师基本功大赛中分别获得学前组、小学组、初中组一等奖的好成绩,并代表宁波市参加第二届浙江省资源教师基本功大赛。省赛中,三位老师再次获得学前组、小学组、初中组二等奖的佳绩。

【培智学校教师获省教坛新秀称号】 自 2020 年 11 月至 2021 年 5 月,培智学校老师奚旭琼历经层层选拔,在教育教学实绩考核、论文鉴定方面均表现出色。最终市级课堂比赛环节,奚旭琼老师以一堂精彩的生活数学课赢得评委一致赞赏,获得市教坛新秀评比特殊教育学科第一名,省教坛新秀称号。

【"三校"普特共同体构建】 为有效促进融合教育发展,充分发挥学校在融合教育中的主体作用,提升一年级学生学习适应性能力,营造良好的学习和生活环境。10 月下旬,县特殊教育指导中心牵头组织定塘小学、泗洲头小学和鹤浦小学构建"三校"普特共同体,通过专家把脉、课堂教研等多种途径解决一年级学生的学习适应性能力问题,让普校老师们在专业能力上得到了拓展提升,用科学有效的活动确保了学生学有所得,老师教导有方。

【培智学校建校十周年】 11 月,培智学校开展建校十周年庆祝活动。十年来,在县委政府、教育部门和社会各界的大力关心和鼎力支持下,培智学校始终坚持"让每一个孩子都有尊严地生活"的办学理念,以康复和生存技能培养为基础,以就业创业为目标导向。注重规范办学,专注教育科研,重视内涵发展,不断创新教学模式,为每一个特殊儿童提供最适合的教育。2021 年,学校已形成了以特教中心为指导、融合教育学校为主体、特教学校为骨干、送教上门和卫星班为补充的办学格局。

社会力量办学

【概况】 2021 年 12 月,象山县有 1 所民办完全中学:宁波滨海学校;1 所民办九年一贯制学校:象山县浙江师范大学附属大目湾实验学校。有民办外来务工人员子女小学 3 所:象山县丹西街道洋心学校,象山县丹西街道三伟学校,象山县北塘学校(校址爵溪街道)。2021 年,象山县民办学校有注册小学生 2099 人,初中生 2064 人,高中生 1246 人,教职工 589 人,合计占地面积 169883 平方米,建筑面积 105113 平方米。

2021年象山县民办中小学基本情况表

表61

校　名	校　址	班级个数（个）	注册学生数（人）	教职工人数（人）	占地面积（平方米）	建筑面积（平方米）	时任校长
宁波滨海学校	县中心城区丹阳路	44	2034	249	106268	52820	舒敏芳
其中：高中部	—	26	1246	186	—	—	—
初中部	—	18	788	63	—	—	—
县大目湾实验学校	象山县大目湾新城	69	2758	251	53085	47643	邱争光
其中：初中部	—	35	1276	145	—	—	—
小学部	—	34	1482	106	—	—	—
县丹西街道洋心学校	丹西街道洋心村	11	433	27	4530	1800	程正华
县丹西街道三伟学校	丹西街道白石村	11	458	24	3200	1650	陈　伟
象山县北塘学校	爵溪街道新瀛路东	17	726	38	2800	1200	藏德贝

【大目湾实验学校学生被西安交大“少年班”录取】 1月20日，西安交通大学2021年少年班“放榜”，来自全国各地500多所中学的2000余名优秀初三学子报名，最终录取234人。这些被录取初三学子中，年龄最大的15岁，最小的仅有11岁。其中浙师大附属大目湾实验学校908班赵一诺同学被全国“双一流”“985”高校西安交通大学2021年“少年班”录取。赵一诺成为县内西安交通大学少年班“第一人”。

【《象山县校外培训机构综合整治工作方案出台》】 为推动象山县校外培训机构健康、有序、规范发展，建立健全校外培训机构综合治理长效机制，根据中共中央办公厅国务院办公厅《关于进一步减轻义务教育阶段学生作业负担和校外培训负担的意见》《浙江省进一步减轻义务教育阶段学生作业负担和校外培训负担实施方案》精神，结合象山县实际，9月21日，制定出台《象山县校外培训机构综合整治工作方案》。

【民办培训机构转型完成】 “双减”政策出台后，10月启动学科类的培训机构转登及注销工作，该项工作于12月底基本完成。转登及注销后，经县民政局或者县市场监管局登记注册，县教育局审批许可、正常经营的培训机构共有61家，其中33家是非营利性学科类培训机构，20家是语言能力类培训机构，8家是艺术、特教、成人学历培训机构。

【大目湾学校更名】 11月17日，因学校董事会与浙师大合作协议到期，董事会决议终止“浙江师范大学附属”相关文化品牌使用，“象山县浙江师范大学附属大目湾实验学校”更名为“象山县大目湾实验学校”。

【大目湾实验学校“博雅奖学金”发放】 2021年，大目湾学校共发放“博雅奖学金”117万余元，150余名品学兼优的学子获得奖励。学校“博雅奖学金”于2016年底设立，对校内四年级以上在德、智、体、美等方面全面发展的在读优秀学生进行奖励。该奖学金的原始基金为200万元，设置一、二、三等奖，每学期末评选一次，于下学期初在开学典礼上进行公开发放。

2021年象山县“有证有照”民办教育培训机构基本情况表

表62

序号	机　构　名　称	办学许可证号	法人姓名	办　学　地　址
1	象山县三人行教育培训学校	233022570000228	陈芳君	象山县丹东街道象山港路726号
2	象山县立学教育培训学校	233022570000378	黄菊	象山县丹东街道兴盛路502号5楼
3	象山县阳光教育培训学校	233022570000148	金林杉	象山县丹东街道建设路339号347弄1-2号

续表62

序号	机 构 名 称	办学许可证号	法人姓名	办 学 地 址
4	象山跟我学教育培训学校	233022570000078	黄欢欢	象山县丹东街道丹河东路1156-1162号
5	象山县墨韵教育培训学校	233022570000268	孟繁民	象山县丹东街道象山港路730号1-8号,742号2-1-1号
6	象山县墨缘教育培训学校	233022570000258	孟繁民	象山县丹东街道靖南大街847号
7	象山县一书教育培训学校	233022570000408	陆彩萍	象山县丹东街道兴盛路48号二楼
8	象山县智胜教育培训学校	233022570000098	潘侠人	象山县丹东街道文韵路10号
9	象山易学堂教育培训学校	233022570000158	朱桂红	象山县丹东街道南河路321号
10	象山县书欣教育培训学校	233022570000118	钱江	象山县丹东街道丹峰东路778号三楼
11	象山县明德教育培训学校	233022570000238	王建国	象山县丹东街道丹峰东路702号
12	象山县语果教育培训学校	233022570000108	周备儿	象山县丹东街道兴盛路251~2~305(三楼)
13	象山县领斐教育培训学校	233022570000248	刘江玲	象山县丹东街道象山港路667号
14	象山县剑桥英学堂教育学校	233022570000388	王海燕	象山县丹东街道国际风情街2号楼2楼
15	象山县多维培训学校	233022570000028	奚婧	象山县丹东街道丹峰东路751号三楼东
16	象山县旭日培训学校	233022570000038	陈奇凯	象山县丹东街道兴盛路216号
17	象山县英才教育培训学校	233022570000058	何芳芳	象山县丹东街道新华路41号
18	象山县万融教育培训学校	233022570000448	万国慧	象山县丹西街道蓬莱路80号
19	象山县众人教育培训学校	233022570000068	李黎	象山县丹西街道一兆韦德广场二楼
20	象山县智诚教育培训学校	233022570000128	吴林建	象山县丹西街道莱薰路266~270号
21	象山县小桔灯教育培训学校	233022570000348	郑速雅	象山县丹西街道蓬莱路166号
22	象山县依米教育培训学校	233022570000438	舒莹	象山县丹西街道天安路308号二楼2-01,2-02,2-08,2-09
23	象山县学数教育培训学校	233022570000338	孙骏海	象山县丹西街道丹阳路328号(东一华庭小区)
24	象山县爱优教育培训学校	233022570000088	应伟业	象山县丹西街道新丰路348~350号
25	象山县百分教育培训学校	233022570000418	张永万	象山县丹西街道壹街区商业广场二楼2-38
26	象山县新协华教育培训学校	233022570000018	陈永坚	象山县丹西街道丹南路537号三楼
27	象山县石浦镇方舟教育培训学校	233022570000368	徐敏珠	象山县石浦镇金山路563~565号
28	象山县博昂教育培训学校	233022570000488	蒋治行	象山县石浦镇渔港南路803号
29	象山县儒苑教育培训学校	233022570000358	方旭涛	象山县石浦镇海宁路109号
30	象山县新起点教育培训学校	233022570000428	金从波	象山县石浦镇曙光路118~120号
31	象山县丛文教育培训学校	233022570000398	张梦艳	象山县西周镇嵩溪路182号
32	象山县小叮当作文培训学校	233022570000048	仇晓东	象山县西周镇西瀛大街291号

续表62

序号	机构名称	办学许可证号	法人姓名	办学地址
33	象山县新领程教育培训学校	233022570000178	杨飞飞	象山县西周镇昌明路175
34	象山县常春藤语言培训有限公司	233022570000129	潘爱红	象山县丹东街道丹峰东路667~675号三楼
35	象山学儿优语言培训有限公司	233022570000139	张一帆	象山县丹东街道丹河东路1146~1154号
36	象山县顶晨语言培训有限公司	233022570000159	沈洁	象山县丹东街道南河路393号
37	象山海仑多兰语言培训有限公司	233022570000069	胡刚	象山县丹东街道国际风情街9号楼一楼西首
38	象山县菲儿德语言培训有限公司	233022570000199	石靓靓	象山县丹东街道兴盛路500号2-01
39	象山斯蒂姆语言培训有限公司	233022570000039	杨政委	象山县丹东街道丹峰东路512号
40	象山县习华语言培训有限公司	233022570000209	奚春芬	象山县丹东街道象山港路1199号(客运东站4楼)
41	象山剑乔优学语言培训有限公司	233022570000089	王海燕	象山县丹东街道靖南路366号三楼
42	象山夏特易语言培训有限公司	233022570000119	井小庆	象山县丹东街道丹南路942号
43	象山风情街语言培训有限公司	233022570000059	胡琼燕	象山县丹东街道国际风情街6号楼
44	象山保集语言培训有限公司	233022570000049	胡琼燕	象山县丹东街道丹峰东路815号
45	象山县春蕾语言培训有限公司	233022570000109	石萍萍	象山县丹东街道育才路95号二楼
45	象山县名实语言培训有限公司	233022570000019	张敏敏	象山县丹西街道新丰路218号
47	象山想象力语言培训有限公司	233022570000079	朱丹红	象山县丹西街道天安路564~566号
48	象山思渊语言培训有限公司	233022570000179	黄雪莹	象山县丹西街道丹阳路450~452号
49	象山县子墨语言培训有限公司	233022570000169	孟繁民	象山县丹西街道丹阳路428号
50	象山墨海语言培训有限公司	233022570000099	孟繁民	象山港路730号1~8号,742号2-1-1
51	象山新来来语言培训有限公司	233022570000189	沈双霞	象山县西周镇盛世昌明商业街2幢3楼
52	象山县书海语言培训有限公司	233022570000029	施海静	象山县石浦镇金山路272~274号
53	象山行与知语言培训有限公司	233022570000149	徐仁林	象山县石浦镇港平路26号2层
54	象山县一泓音乐器乐培训学校	133022570000180	陈泓	象山县丹城梅溪村委会二楼
55	象山县博锐特艺术培训学校	133022570000360	周玉素	象山县丹东国际风情街6号楼
56	象山县天天舞蹈艺术培训学校	133022570000470	张英	象山县丹城丹东街道丹峰路778号
57	象山县星满天舞蹈培训学校	133022570000530	王丽丽	象山县丹城涌金广场3号楼5楼
58	象山县七彩艺术培训学校	133022570000409	赵康康	象山县丹西街道丹南路537号2楼
59	象山县七彩虹教育培训学校	133022570000748	周幸枝	象山县丹西街道西谷路322~2号
60	象山县石浦梦响艺术培训学校	133022570000560	葛梦莎	象山县石浦镇玉泉路212号
61	象山县好学教育培训学校	133022570000909	张永万	象山县丹东街道天安路157号绿叶大厦三楼

师资队伍建设

【概况】 2021年,象山县有专任教师5730人,其中幼儿教师1302人,学历合格率为100%;小学教师2006人,学历合格率为99.45%;初中教师1365人,学历合格率为97.44%;普通高中教师632人,学历合格率为99.84%;职业高中教师391人,学历合格率为98.21%;特殊教育教师34人,学历合格率为100%。全县新招聘事业编制教师157名,其中学前教育9名、小学52名、培智4人、普通中学77名、职业高中15名。新聘任晋升正高级教师2人,副高级教师106人,中级教师195人。

【初高中教师委托培养】 6月1日,象山县人民政府印发《象山县委托培养初高中教师实施意见》,是继小学全科教师委培制度后的又一次深入拓展,从教师队伍源头角度提供了坚实的保障。采用招生与公开招聘并轨的方式进行。计划从2021年开始连续委培4年,每年15名,由浙江师范大学、杭州师范大学承担培养,学制4年。委托培养的教师首次分配学校服务期不少于7年。经高考、面试,最终16名中学学科委培生、30名小学全科委培生签约。

【深化中小学教师职称学校自主评聘】 7月,浙江省教育厅、浙江省人社厅发文确定宁波建设工程学校(象山县职业高级中学)、宁波海洋职业技术学校等2所学校为新增自主评聘单位,具有高级讲师及以下职称自主评聘改革范围。2021通过教育局组织评审、学校自主评聘、援疆援川教师职称认定完成高级职称晋升106人,中级职称晋升195人,初级职称晋升211人。通过改革深化,进一步发挥学校用人自主权,有效发挥教师参评热情,成为学校推进教师队伍建设的重要抓手。

【"半岛名师"引进和培育实施办法出台】 9月,出台《象山县人民政府办公室关于印发象山县"半岛名师"引进和培育实施办法的通知》(县政办发〔2021〕38号)文件,多举措、下功夫打造人才引进、培育、激励机制,为高水平实现教育现代化提供人才保障。将引进人才分为4类,从正高级教师、市名师、竞赛辅导教师、紧缺学科高级教师、优秀毕业生、全日制研究生全覆盖,通过编制引进、柔性引进、招聘引进多举措引人。加大安家补助、购房补贴、专项奖励、包干补贴等力度,吸引优秀教育人才来象从教。另外,健全本土人才培育体系,资助在职教师学历提升深造,对新晋省特级教师、市名师、市骨干等给予一次性奖励,加大名师工作室工作经费补助和成果奖励,建立名优教师工作津补贴增长机制,强调发挥银龄名师作用。

【多层次培养教育人才】 2021年,象山县各级各类学校专任教师数为6019人,县内自主申报86个培训班,与外培训机构合作11个培训班,教师培训总学时数为591153.40,人均98.2,其中自主选课完成总学时数为420230.4,占总学时的74.4%,教师自主选课后参训率达到99.03%,教评学完成率100%,学评教满意率达97.76%,90及以上学时集中培训完成总人数为1375人,占总教师数的22.84%。面向骨干班主任开展班主任技能大赛辅导专训,开展首届青年教师新任班主任成长训练营活动,形成了新任班主任技能专训、普通教师的岗位培训、骨干班主任的高级研修层层递进的班主任培训课程体系。开展教育系统第三期中坚班培训、党支部书记网络培训、"共同富裕"专题培训、举办"立三大课堂""双减"背景下的学校管理校长论坛。首批1500名教师完成信息技术2.0培训,绩效考核总体成绩居宁波大市前列。评选了教师全员读书先进学校、校本研修典型案例、汇编《象山县"十三五"师训成果集》,1项培训课题获浙江省教科规划课题二等奖,1项获宁波市教师教育课题成果奖一等奖。

【名师骨干培养成效】 构建"省高端研修班、市递进培优班、县储备提升班"三级教育人才培养体系。与浙派名师工作室合作举办高研班,冲刺省特级和正高,2021年俞炯志、欧赛萍2名教师获评正高级职称;与宁波教育学院合作举办递进培优班,以小组学习搭建名优教师成长共同体,探索理论导师、实践导师双导师制,74名学员拜师市内30名省特级、市名师;完善县内名优教师带徒模式,围绕主题研修梯队和基础研究梯队两个层次,分级分类实行导师制,带动全县导师及学员近1500名,储备好青年教师队伍的冲锋队。2021年,市级导师人选进一步增加,严灵剑、张正菲等8人被聘请为市级特级(名师)带徒导师,李新华、何海卫等3人被聘请为宁波市名师工作室导师;张丽莉、沈珊珊被聘请为宁波市第二轮乡村名师骨干带徒导师。

【"立三大课堂"】 2021年,"立三大课堂"共开展三期,分别是第四届中小学班主任论坛和"双减"背景下学校管理论坛。在班主任论坛活动中评出一等奖6名、二等奖9名、三等奖15名。"双减"背景下的学校管理论坛中,校长们围绕着"减量提质、轻负高效",从学校管理的不同角度,分享研讨了"一校一案"的"双减"经验。通过论坛交流促进了思想的交流与碰撞,形成了优秀经验分享的共赢机制,"立三大课堂"逐渐成为引领个体成长、促进视野发展的高端交流平台。

【中小学教师资格首次定期注册】 根据宁波市教育局有关文件和会议精神,经申请人个人网上申报、所在单位信息确认和初审,最后经县、市、省教育部门审核,共计158名符合条件的教师完成首次注册工作。

【第一期人事档案复查通过】 象山县教育系统人事档案历时5年,于2020年完成第一期人事档案审核工作,完成4940名在编教师干部人事档案的材料收集、整理、审核、保存等系统性工作,确保了人事档案的完整性、规范性、严谨性。2021年1月,在人事档案复查过程中，检查组对县教育局人事档案工作给予大力肯定，在人员基数庞大的前提下高标准、严要求完成第一次人事档案审核工作，体现了较强的系统性和专业性。此项工作，为后续档案高效利用提供基础，为象山县加强教师管理提供坚实的档案保障。

【第四轮岗位设置完成】 根据《象山县教育局下属事业单位岗位设置管理实施办法》和《象山县教育系统岗位设置管理工作补充意见》，2021年象山县教育局完成教育系统第四轮岗位设置工作。该轮岗位设置最终推出岗位5216个，其中管理岗位619个、专业技术岗位4560个、工勤技能岗位37个。专业技术岗位中，正高级岗位推出17个，副高级岗位推出1213个，中级岗位推出2373个，初级岗位推出957个。新一轮的岗位设置，是学校规划教师专业发展的重要途径，进一步拓展了中小学教师职业发展空间。

【第二轮“县管校聘”完成】 根据《象山县人民政府办公室关于推进教师“县管校聘”管理改革工作的实施意见》文件精神，全县普职高、义务段学校在2021年暑期完成第二轮“县管校聘”工作，并根据要求进行中层选聘。本轮“县管校聘”无人落聘。县管校聘工作的持续推进，让教育主管部门对学校编制使用管理更加规范，同时给予学校更大的自主用人权，大大促进了教师资源的合理分配。

【教师资格证和三十年从教证认定】 根据各级有关文件精神，2021年经现场确认、资格审查、体检等程序，全县户籍或常住人口中317人具备教师资格，其中幼儿园教师资格79人、小学教师资格169人、初中教师资格69人。2021年，为206名教师颁发浙江省任教三十年教师荣誉证书。

【教师荣誉】 根据市级文件精神，象山港高级技工学校翁立东、荔港学校潘超群、丹城六小钱颖等3对师徒评为宁波市“好师傅、好徒弟”，象山县丹城第二中学俞志坚等5人为宁波市第三十三届“王宽诚育才教师”，象山中学张吴法等40人为宁波市第二批“四有”好老师。根据县有关文件精神，陈亚嫣等5人被评为象山县第二届“农村突出贡献奖”，王静等10人被评为象山县第四届“十大杰出教师”，吴亚等10人被评为第十届“十佳师德楷模”，黄依依等10人被评为象山县第九届“十佳农村教师”人选，姚志灿等100人为2020学年度优秀教师，阮春晖等100人为2020学年度优秀德育工作者。各级先进荣誉的评选进一步弘扬了教师爱岗敬业、为人师表、严谨笃学的优良品质，通过选树典型进一步发挥示范引领和先锋模范作用。

校园安全

【概况】 2021年，象山县教育局紧紧围绕深化教育领域综合改革中心任务，根据省、市、县有关学校安全工作要求，坚持“安全第一、预防为主、综合治理”的方针，坚持校园安全与基础建设、重点工作、防控治理和机制建设相结合，加强安全监管，深化安全隐患排查整治，确保了校园平安稳定。全县115所学校（含三级及以下幼儿园）平安校园创建率为100%，其中获评宁波市AAAAA级平安校园47所。

【完善校园安全工作责任体系】 3月，与100所学校（幼儿园）、下属单位签订2021年学校安全稳定综治工作目标管理责任书、反恐怖等工作责任书，进一步明确了学校安全稳定综治工作责任主体，形成“安全工作一级抓一级、层层抓管理、人人抓落实”的长效机制和齐抓共管的格局。6月16日，县委、县政府召开学校安全工作会议，会议指出校园安全问题关系到社会的发展与稳定，学校要时刻树立危机意识、紧迫意识、责任意识，要把校园安全问题摆上突出位置，把学校安全工作放在心上、抓在手上、落实在行动上。在2月23日、4月27日、8月26日、12月21日分别召开季度学校安全形势分析会，分析学校存在的安全问题及分析布置下一阶段的安全工作。

【疫情防控】 疫情期间，象山县以最严措施落实学校疫情防控工作：进出校园严格实行审批核实查验制度，各校严格进校“五步法”和24小时封闭式管理，确保无关人员一律不得进入校园。制定应急预案，完善应急体系，各校根据《象山县教育系统新型冠状病毒感染的肺炎疫情防控工作应急预案（试行）》要求，制定本校防控方案并开展核酸检测演练。12月22日，象山县学校大规模核酸检测实战演练在象山县丹城第四小学举行，全县各中小学校长、幼儿园园长等参加了演练。各校也随后进行演练与培训，共演练182场次，累计有9万多人参加。积极排查疫情防控风险隐患，共排查就餐教学间隔、人群聚集、错时措施、晨检流程、家长接送、校门口交通、通风消杀等各方面隐患320个。

【交通安全管理】 开展“校园最后500米”步行通道建设工作，联合住建、交警等部门，对丹城四小、塔山中学等学校进行改造，确保学生上下学的交通安全。做好学生集体外出审批工作，4月起，学生集体用车都在线上报备，由教育、交通、运管等部门审核把关，累计审批450余批次，涉及车辆950余辆，外出学生12万余人。

【防范校园电信诈骗】 将反电诈工作继续作为年度重点工作纵深推进，采取周盘点、月通报、联合督导、联席会议等措施拧紧责任链条，确保各项工作措施落到实处。强化警示教育，2021年以来，在全县范围内校园开展反诈宣传讲座50次，反诈宣传活动40余次，发放《致学生家长的反诈公开信》8.5万余份。建立预警信息推送机制，每月不少于一条，对于突发性预警信息即时进行推送，提高家长的防骗意识。线上线下联动、拓宽宣传，开展反诈知识学习和竞赛，做到师生和家长的受宣传率达到100%。

【学生欺凌防范】　成立以局长为组长、分管领导为副组长、各科室长为成员的县教育系统专项治理工作领导小组，负责全县教育系统专项治理工作的组织领导工作。强化防范宣传，各校电子屏幕滚动播放安全标语3000余条次，悬挂“安全生产月”活动宣传横幅100多条，张贴宣传画400多张，展出安全展板200张，发送短信10万多条，发放宣传资料1万多份。

【预防学生溺水】　4月起，县教育局连续下发中小学幼儿园预防学生溺水工作1号、2号、3号预警通知，加强宣传教育，注重预防措施，密切联防联动，开展隐患排查。各校充分挖掘防溺水教育资源，通过安全教育平台、主题班队会、黑板报、专题讲座、发布微信公众号、救护培训等多种方式和途径，深入开展校内外防溺水宣传教育。组织防溺水巡查员对校园及周边水域进行安全隐患拉网式排查，要求家长签订防溺水安全承诺书。6月中旬开始组织2个防溺水专业检查队对相关学校进行防溺水检查，累计发放告家长书8.2万余份，举办线上专题讲座100多场次。

【校园食品安全守护行动】　2021年92所中小学、幼儿园实行大宗物品统一配送或定点采购，92余所学校的116名教师取得食堂人员管理资格等级证书。全面推行食堂工作信息公开制度，重点公开每周菜单、饭菜价格、带量食谱、财务收支等九方面信息，及时回应家长和社会关注的热点问题。开展食堂集中用餐陪餐制度和食堂开放日活动，累计陪餐人数920余人，家长参与开放日1万余人。实施食堂等级提升工程，2021年全县公办中小学食堂餐饮量化分级A、B等级占比达100%。

【协调专安会解难题】　扎实开展隐患专项治理，对县级3家医疗卫生单位、17家乡镇卫生院、10家民营医院开展了危险化学品专项整治工作，共排查出一般安全隐患3项，整改完成3项，整改率为100%。全面推进交通安全整治，6月28日，专安会牵头交警、交通集团等8个相关成员单位，优化塔山中学附近公交站点优化建设方案，切实解决校门口公交车站点合理配置问题。有效落实重点领域工作，多次召开协商调度会，分析安全形势，全面推进专项整治行动，全面推进心理健康排查工作，对发现的问题和隐患限时整改，有效提升了管理水平和责任体系落实。深入做好专项防控工作，加强安全生产事故灾难应急管理，组织近150场次应急演练；充分发挥各部门单位宣传资源，全面普及安全生产法律法规及安全知识，不断增强安全防范意识、法律法规意识。不断提升群防群控水平，联合有关部门及社会各界人士建立群防群治组织，作为应急救援补充力量，协助教育、卫健等部门单位处理突发事件，全面提升安全生产底部水平。

（县教育局）

文化·传媒

群众文化

【概况】 2021年，象山县编制《象山县文化体育事业"十四五"发展规划》《象山文化体育设施空间规划研究报告》等，大力推进县图书馆、博物馆、文化艺术中心等文化设施布局。进一步优化城乡公共文化设施建设，建成城市书房（乡镇书吧）3家，打造书香民宿10家、乡村文旅周末剧场7家。紧紧围绕党史学习教育和庆祝中国共产党成立100周年，举办全县"我心向党"大合唱比赛、朗诵大会等主题活动，并积极组队参加省、市庆祝建党百年各类文艺活动，其中《年年有鱼》获省民间音舞大型广场展演金奖，象山合唱团摘得"红船颂·南湖情"全国合唱会演金奖，曲艺唱新闻《那片红》入选全国曲艺唱曲传承发展论坛及观摩交流展演。做好文化创强工作，成功入选省戏曲之乡（县级），石浦镇、爵溪街道通过省文化强镇复评，10个省级文化示范村（社区）通过复评，省民间文化艺术之乡项目—象山农民画、象山竹根雕通过复评。5户家庭获评省级文化示范户，10名文化骨干获评省级乡村文化能人。泗洲头镇、溪里方村、樟岙村入选省公共文化场馆服务功能拓展先行先试名单，溪里方村完成首批省级美育村培育项目建设。

【第五届群众文化艺术节】 1月6日晚，象山县第五届群众文化艺术节开幕式暨"蓝色畅想"渔歌组歌专场演出在象山县文化活动中心举行，宁波市文化广电旅游局一级调研员吕勇，县领导李晓东、应建勇、胡建萍、钮晶莹、莫俶茜等出席。《渔歌组歌》是一台极具象山本土特色和海岛风情的音乐专场演出，也是近年来象山县倾力打造的文化品牌。《渔歌组歌》共包含11首原创歌曲，历经三年精心打磨而成。

【"这个春节　感谢有你"非遗系列活动】 2月4日至5日，县文化和广电旅游体育局举办"这个春节　感谢有你"非遗系列活动，以"非遗味道"为主题，为民警、医护人员、驻地部队、留象外来务工人员四类具有代表性的人群送去新春祝福。以小视频方式推出非遗味道萝卜团，在微信公众号上发布，同时被《宁波日报》、浙江非遗、《人民日报》等媒体转载。

【北纬30度最美海岸线踏沙季暨石浦"三月三"民俗文化节】 4月14日下午，在东海半边山旅游度假区举行象山北纬30度最美海岸线踏沙季暨石浦"三月三"民俗文化节启动仪式，长三角地区近百家旅行商、自驾车俱乐部和20余家媒体参加。本次活动由宁波市文化广电旅游局指导，象山县人民政府主办，象山县文化和广电旅游体育局、象山县旅游发展中心和石浦镇人民政府承办。"踏沙季"是2021年象山旅游"踏沙""赶海""品鲜"三大主题系列活动的首季，时间从4月持续至6月。

【定塘镇入选第二批宁波市非物质文化遗产特色小镇】 4月15日，经宁波市文化广电旅游局评审，定塘镇新晋第二批宁波市非物质文化遗产特色小镇，这是象山县继石浦镇之后，第二个入选宁波市非物质文化遗产特色小镇的乡

2021年1月6日晚，在象山县第五届群众文化艺术节开幕式暨"蓝色畅想"渔歌组歌专场表演《渔歌组歌》（县文化馆　供图）

镇。至2021年,定塘镇已建立镇级非遗名录项目80个,县级以上非遗名录项目13个,县级以上代表性传承人4个,县级以上非遗传承基地5个。

【第十五届“陈汉章读书节”暨“大儒汉章　德润侨心”国学经典吟诵活动】 4月23日,象山县第十五届“陈汉章读书节”启动仪式暨“大儒汉章　德润侨心”国学经典吟诵活动在象山东陈乡陈汉章故居举行。浙江省侨联文化交流和信息传播部部长赵加慧,县委常委、统战部部长干维岳,县委常委、宣传部长应建勇,副县长钮晶莹及省市有关领导出席活动。该届读书节以“开卷红色经典,传承红色基因——万象山海,阅读常伴”为主题,一直持续至5月底。

【中国海洋渔文化馆开馆】 4月27日,位于象山石浦镇的中国海洋渔文化馆正式投入运营。该项目是全国首个海洋渔文化馆,分“渔海传颂”“渔海印记”“渔海华章”“渔海畅想”四个版块。总占地面积9415平方米,核心展示馆和文创园区建设总投资1.35亿元。大量运用AR技术,裸眼3D技术开发沉浸式项目,以历史演绎为载体,充分展现象山以海为生、与海共荣的海洋文化发展历程和中国海洋渔文化的多样性和丰富性。运营后将逐步引进渔文化延伸文创、线上直播新媒体推广等团队,形成由海洋渔文化衍生的一体化产业链。

【海洋渔文化(象山)生态保护区颁牌】 5月19日,在国家级文化生态保护区建设经验交流活动上,文化和旅游部党组成员王晓峰为海洋渔文化(象山)生态保护区颁牌,副县长钮晶莹代表象山作经验交流。本次活动由文化和旅游部非物质文化遗产司主办,来自全国省、自治区、直辖市的文旅厅、局代表和国家级文化生态保护(实验)区代表开展交流活动。

【西周镇入围第三批宁波市非物质文化遗产特色小镇创建名单】 5月27日,象山县西周镇以“有竹生活”非遗特色入围第三批宁波市非物质文化遗产特色小镇创建名单。目前,西周镇“竹”非遗项目涵盖省级项目竹根雕1个、市级项目跑马灯(跑马灯骨架为竹扎)1个以及竹刻艺术和烤咸笋、笋干、笋团等以竹生活为元素的县级项目14个。西周镇拥有县级非遗传承基地6个,县级非遗传承教学基地2个,2021年新申报并通过评审县级非遗项目6个。

【第六批象山县非物质文化遗产代表性项目名录公布】 6月2日,县人民政府公布第六批象山县非物质文化遗产代表性项目名录,同时对前五批县级非物质文化遗产项目的代表性传承人和传承基地进行增补。第六批象山县非物质文化遗产代表性项目主要包括象山朱漆描金工艺、石头画、泥金彩漆、沙糕制作技艺等共15项。前五批县级非遗项目中新增代了表性传承人17人、传承基地13人。

【象山竹根雕入选第五批国家级非物质文化遗产代表性项目名录】 6月10日,国务院发布《国务院关于公布第五批国家级非物质文化遗产代表性项目名录的通知》(国发〔2021〕8号),竹根雕(象山竹根雕)成功入选。截至目前,象山有徐福东渡传说,唱新闻,象山渔民号子,石浦—富岗如意信俗,海盐晒制技艺,渔民开洋、谢洋节,竹根雕(象山竹根雕)7项国家级非物质文化遗产,数量居宁波市首位。

【“我心向党”象山县庆祝中国共产党成立100周年合唱比赛】 6月23日至24日晚,“我心向党”象山县庆祝中国共产党成立100周年合唱比赛在县人民广场举行,此次活动由县党史学习教育领导小组办公室、县委宣传部、县委直属机关工作委员会、县文化和广电旅游体育局主办,县文化馆、县委直属机关工会联合会承办。潘银浩、包朝阳、罗来兴、俞骏、李晓东等领导出席活动。全县各镇乡(街道)和县级党政机关企事业单位的32支合唱队参加此次合唱比赛。经两个晚上角逐,评出2个金奖、3个银奖、5个铜奖以及若干优秀奖和组织奖。

【象山广场舞《年年有鱼》获金奖】 7月13日,石浦文化馆选送的广场舞《年年有鱼》获“迎建党百年　享美好生活”浙江省民间音舞大型广场展演民间舞蹈类金奖。活动由中华人民共和国文化和旅游部主办,浙江省文化和旅游厅联动主办。象山鱼灯舞《年年有鱼》为少儿民间广场舞,由石浦文化馆与象山星满天舞蹈培训学校联合打造,由鱼贯而入、方阵起伏、鱼戏水等十二个传统表演套路组成。

【浙江省民间文化艺术之乡项目复核通过】 8月26日,浙江省文化和旅游厅公布2021年度浙江省民间文化艺术之乡的评审命名和浙江省民间文化艺术之乡复核工作结果。象山县人民政府(象山竹根雕)通过浙江省民间文化艺术之乡项目复核。

【象山多人入选省级文化示范户和乡村文化能人名单】 9月6日,浙江省文化和旅游厅公布2021年度省级文化示范户和乡村文化能人名单,象山何财余、张丹阳、刘云良、奚洁琼、张根苗等5个家庭入选省级文化示范户,陈永国、欧行凯、徐嫦月等10人入选乡村文化能人。

【第十九届宁波象山海鲜美食节暨象山北纬30度最美海岸线“品鲜季”活动】 10月20日,第十九届宁波象山海鲜美食节暨象山北纬30度最美海岸线“品鲜季”活动发布会在宁波举行。现场正式发布象山“品鲜季”系列活动内容,推出象山海鲜之旅精品线路、自由行产品和系列优惠政策,启动“甬菜百碗　象山新十碗”评选暨马蜂窝“象往新鲜　象往象山”未知饭局体验招募活动等。

【2021年象山文旅消费季文创市集】 11月20日,2021年象山文旅消费季文创市集在象山丹城青草巷特色街区举

办,活动内容包括文创集市、电影、图书、非遗体验等,线上线下同步发放20万元各类文旅惠民消费券。活动由象山县文化和广电旅游体育局主办。

【余姚·宁海·象山文化走亲摄影作品展】 11月25日,象山县文化活动中心举办余姚·宁海·象山文化走亲摄影作品展。该活动由象山县文化和广电旅游体育局、宁海县文化和广电旅游体育局、余姚市文化和广电旅游体育局主办,象山县文化馆、宁海县文化馆、余姚市文化馆承办。

文化市场

【概况】 2021年,牢固树立便民服务理念,扩展"一事联办",升级企业全生命周期"一件事"事项和指南梳理,提升联办比率。推进"证照分离"改革,推出游艺娱乐场所设立审批等3项可实行告知承诺审批。165项县级依申请政务服务事项均接入政务服务2.0平台,办结行政许可案件218件。所有审批事项"掌上办"、网上办、跑零次、网上办件率及群众满意度均达到100%。强化文化市场监管,完成浙江省权力事项库"监管库"312个事项的认领和清单编制,处理监管类投诉举报转"互联网+监管"15件。规范实施"双随机、一公开"执法制度,开展安全生产(消防安全)大检查、"安全生产月"、文化市场综合执法"百日攻坚"行动、KTV曲库专项清理、"扫H打F"专项行动。全年共出动执法人员5589人次、2020家次,行政处罚立案调查27件,办结案件19件,警告15家次,罚款6.34万元。联合消防、公安等部门开展专项整治行动6次,联合属地乡镇(街道)开展专项整治行动11次,下发责令改正通知书27份。签订广电安全播出责任状,建立三个重保时段24小时监管制度,并开展安全播出应急演练。实施"非法地面卫星整治年"活动,拆除非法地面卫星接收设施62套,立案1起。

【疫情防控和安全生产检查专题会议】 2月7日下午,象山县文化体育专安委主任、副县长钮晶莹率象山县文化和广电旅游体育局、象山县公安局、象山县应急管理局等单位负责人,对象山县域内文化体育经营场所、影院开展疫情防控和安全生产检查,并召开专题会议,总结2020年以来文化体育专安委会疫情防控和安全生产工作,讨论部署2021年疫情防控和安全生产工作。

【安全生产专项检查】 6月22日,象山县文化和广电旅游体育局党组书记、局长陈淑萍,局党组成员、副局长史济一等一行对县域文体经营场所开展安全隐患检查。检查组一行重点对各场所企业安全生产主体责任落实情况、消防设施、消防通道、用电安全管理、疫情防控等进行检查。

【紧急安全隐患排查整治】 6月26日,象山县文化和广电旅游体育局召开安全生产紧急会议。会议要求文体系统干部深刻吸取河南"6·25"亡人火灾事故教训,强化红线意识和底线思维,全面贯彻落实县"平安护航建党百年"安全隐患排查整治工作。会后,局班子分组带队深入全县各文化体育场馆,就消防、燃气、用电、危化品、应急、地质灾害等领域安全生产工作进行检查。本次共出动检查人员43人次,检查人员密集场所33家。针对检查中发现的问题做到立查立改或限期整改或抄告相关部门,切实做到"控风险、除隐患、保平安"。

【宣传文化领域安全检查】 6月29日,象山县委常委、县宣传部部长、县文化体育专业安全生产委员会主任应建勇部长带队,象山县文化广电旅游体育局、象山县公安局、象山县消防救援大队等领导一行对象山全县宣传文化领域开展安全检查。检查组先后对宁波象导网络科技有限公司(象山在线)、晨晟纸箱厂、县传媒中心(象山广播电视台)、象山杰拉网吧、象山时代金球影院有限公司等场所进行检查,督促经营主体要不断提高安全意识,筑牢网络安全防线。

【节前安全生产(消防安全)专项检查】 9月29至30日,象山县文化和广电旅游体育局领导班子分组带队,开展节前安全生产(消防安全)专项检查,进一步加强节日期间安全生产防范管控以及做好新冠肺炎疫情防控工作。

公共图书馆

【概况】 象山县图书馆积极打造"书香象山",通过夯实图书馆基础建设,打造品牌阅读平台,融入社会力量参与机制,不断满足市民日益增长的精神文化需求。2021年,共借还图书245257册次,接待读者138385万人次,新增图书借阅卡1044张,收集地方文献81种132册,新建图书流动站6家,全县40%农家书屋进行提升,创建10家市农家书屋示范点。为农家书屋及图书流动站送书80643册。全年建成城市书房(乡镇书吧)3家,新建茅洋粮仓、象山港国际大酒店阅读角5家和儒雅洋村、旭拱岙村等20家景区村农家书屋。开展讲座120场,展览51场,阅读活动108场,受众群体达63.7万人。其中塔山讲堂53场,"阅+堂"活动50场,月读10期。成功举办第五届群众文化艺术节、第十五届"陈汉章读书节"等重大文化节庆活动,县委书记潘银浩作客"月读"栏目推荐红色书籍《火种》,网络点击量达30万余人次。县图书馆被市委组织部评为五星级基层党组织、象山县级先进基层党组织、"月读"推广人获得第三届省图学会服务品牌最佳影响奖、象山县图书馆入选省第一批"满意图书馆"名单、林丹红获宁波市2021年度"最美拥军人物"称号。

【"阅+堂"象山县全民阅读乡村计划】 5月8日下午,"阅+堂"象山县全民阅读乡村计划启动仪式在象山墙头镇溪里方村文化礼堂举行。此次启动仪式旨在整合全县公共阅读文化志愿者团队资源,将阅读服务终端下移至基层,积极探索具有象山特色的“政府引导、社会参与、群众享受”的全民阅读乡村计划。象山县人民政府副县长钮晶莹、政协副主席欧亚群、象山县委宣传部副部长励胜利、象山县文化和广电旅游体育局局长陈淑萍等领导及各镇乡街道代表、文化志愿者、图书馆理事等500余人参加。

【象山县图书馆入选省第一批“满意图书馆”达标名单】 5月11日，象山县图书馆入选浙江省文化和旅游厅公布的第一批“满意图书馆”达标名单。经自评申报、专家审查、实地考评等环节，全省第一批共确定70家公共图书馆达到“满意图书馆”服务标准。

【象山县图书馆“阅+堂”文化惠民进小学】 5月25日上午，象山县图书馆联合象山县青少年宫走进泗洲头墩岙塘小学开展“阅+堂”系列乡村阅读活动。象山县图书馆向墩岙塘小学赠送少儿图书200余册，带领学生参观展览《一本书的诞生》，开展“童心向党 · 点赞家乡”主题活动和《少先队基础知识》讲座。

【鲍贝做客“月读”栏目】 5月26日，中国作家协会会员，一级作家鲍贝走进“月读”栏目，推荐书籍《圣地边将》。该书展现驻藏县委书记几十年如一日为藏区人民的幸福生活而鞠躬尽瘁的事迹，讴歌多年来一代又一代党员干部建设美好西藏的无私奉献精神。

【黄立丰作主题讲座】 5月28日下午，浙江省党建研究会特邀研究员黄立丰受象山县图书馆的邀请，于塔山讲堂作《中国共产党入党誓词的发展历史与实践》的专题讲座，120余人参加。

【《塔山讲堂》2021年高考志愿填报指南】 6月20日上午9点，塔山讲堂2021年第40期(总第339期)讲座以线上直播的形式，特邀象山县教育局考试中心(高校招生办公室)原主任袁定玉带来《2021年高考志愿填报指南》专题讲座，就新招生形势、学校与专业的录取变化等话题为考生、家长答疑解惑。共计2.51万人点击观看此次讲座。

【《了解中国，从故宫开始》主题讲座】 10月10日，塔山讲堂第350期《了解中国，从故宫开始》主题讲座在象山县文化活动中心一楼报告厅举行，央视《百家讲坛》主讲人阎崇年亲临会场，分享他数十年故宫研究心得，并现场签售其作品《故宫六百年》《故宫疑案》，本次讲座共有350人前来听讲。

【2021年长三角阅读马拉松象山赛区大赛】 10月23日，象山县4支队伍20名选手在象山县新时代文明实践中心，参与2021长三角阅读马拉松大赛。经过6个小时的阅读，最终圆满完成比赛。

【晓城书吧开馆】 11月27日，象山县晓塘乡“文体之家健康门店”晓城书吧和百姓健身房正式开馆。宁波市体育局、象山县人大、宁波图书馆、象山县文化和广电旅游体育局等领导出席揭幕仪式，活动由晓塘乡党委副书记、乡长徐海荣主持。“晓塘乡 · 晓城书吧”位于晓塘乡美樵溪村，建筑面积约164平方，总藏书5000余册。

(县文广旅游体育局)

文物保护

【概况】 2021年，陈汉章故居保护利用案例入选浙江省第三届不可移动文物保护利用优秀案例，大徐镇“青”风徐来志愿宣讲队等红色根脉守护团队入围第五届“最美浙江文物守望者”名单，殷夫故居入选省级党员教育培训基地。公布石浦巡检司旧址等7处第八批县级文物保护单位。完成宁波全大市木结构文保单位线路改造试点二期工作，开展全县168家文保单位(点)文物消防安全大排查大整治大提升，全县各镇乡(街道)按照要求完成首轮木结构线路改造，文物建筑基本实现套管保护，县级以上文保单位基本建立微型消防站。完成174处文物博物馆单位安全直接责任单位(人)公告公示，完成省级以上文保单位安全责任人挂牌工作，检查各级文保单位(点)600余次。完成王家谟故居、殷夫故居、贺威圣故居等革命文物修缮和展陈提升，积极拓展爱国主义、党史学习教育等各类阵地。完成国保单位花岙兵营遗址本体保护工程计划书编制，积极推进建塔山遗址省级考古遗址公园创建，指导完成横湾沉船考古发掘基坑围护工程等前期工作。充分发挥博物馆教育惠民和宣传象山历史文化的窗口作用，举办“展示百年风华　传承红色基因”象山革命文物展等线上线下展览8期，开展流动博物馆进社区、进学校、进企业等宣传教育活动8场，累计接待博物馆参观人数达12万人次，接待团队285个。

【象山县革命文物展】 6月16日，“展示百年风华、传承红色基因——象山县革命文物展”在象山县博物馆正式展出。展览展期为6月16日至8月16日，以图文展板形式，展出象山县不可移动革命文物14处(县级文物保护单位8处、文保点4处以及三普登陆点2处)。以实物加说明形式展出县博物馆收藏的可移动革命文物60件，其中，“象宁人民抗暴游击总队之印”印章，贺威圣墓碑原文稿，殷夫、陈良义遗像等是首次展出。

【陈汉章故居入选省第三届不可移动文物保护利用优秀案例和入围案例名单】 6月25日，浙江省文物局公布全省第三届不可移动文物保护利用优秀案例和入围案例名单中，象山县陈汉章故居入选。陈汉章故居被辟为陈汉章纪念馆，自2007年开放以来，参观者100余万人次，至今已举办15届“陈汉章读书节”，成为象山县重要的群众性文化品牌。

【王家谟烈士故居重新开馆】 6月29日，象山县王家谟烈士故居经修缮后重新开馆。象山县委副书记、政法委书记李晓东，象山县委常委、宣传部部长应建勇为烈士故居重新开馆揭牌。修缮后的故居占地面积186平方米，设生活集聚区、史迹陈列区、数字影像室等区域，以实物展示、图文介绍、影像播放等形式再现王家谟烈士的光辉革命斗争历程。

【“智能烟感”技术引入】 7月13日，象山县文物保护管理所以大徐镇殷夫故居为试点，引进“智能烟感”技术，开启“动态监测”模式。此次烟感器安装的范围，包括象山辖内革命类、民居类和部分宗教类文物建筑。安装烟感器旨在预防火灾，减少火灾对古建筑的破坏，大大提高了古建筑本体的安全性。

【孔家穿堂文保点踏勘】 7月20日，象山县文物保护管理所联合象山县自然资源和规划局等部门对孔家穿堂文保点进行实地踏勘，实施维修保护工程。该工程遵守最大程度保护文物建筑的真实性、最低限度干预的原则进行施工。

【钱丹平捐赠《宋故史氏夫人墓志铭》碑】 8月3日，象山县博物馆收藏了象山县迄今发现的最早的北宋石质墓志铭—《宋故史氏夫人墓志铭》，由墙头镇风泉村合心自然村村民钱丹平捐赠。该墓志基本完好，石质灰白色，高56厘米，宽44厘米，厚11厘米，上书楷书，全文366字，记载的是象山毛公茂夫人史氏生平事略，已有910年历史，也是象山县首次发现的有着明确年号的石质墓志铭，对研究象山县地方历史文化以及北宋的书法特色具有较大价值。

【象山县文物局成立】 8月12日，象山县文物局挂牌成立。象山县委常委、宣传部部长应建勇，象山县人民政府副县长钮晶莹共同为“象山县文物局”揭牌。象山县文物局的成立将进一步加强象山县文物保护和利用。

【星光影视小镇文物保护区域评估完成】 12月17日，宁波市文化遗产管理研究院联合象山县文物保护管理所，完成对象山星光影视小镇的文物保护区域评估工作。经综合评估，星光影视小镇未建设区域大部分为1949年以后围垦土地，暂无需开展地下文物调查、勘探，亦未发现重要地面文物迹象，但不完全排除该区域内埋藏有时代更早的水下文物的可能。

《宋故史氏夫人墓志铭》碑捐赠者钱丹平讲解发现该碑情况（县博物馆　供图）

2021年象山县文物保护点一览表

表63　　单位：个

序号	乡镇（街道）	级　别	数　量	内　容
1	丹东街道	文保点	5	汤家大屋、后翁民宅、瑞龙寺、陆家陆氏宗祠、东塘山窑址
2	丹西街道	文保点	4	联合救火会、杨家善智庙、西街平水庙、上吴吴氏宗祠
3	爵溪街道	文保点	2	龙冲山岗烽火台、地厂烽火台
4	石浦镇	文保点	22	潘金镖夫妇墓、百花洞岩画、蛟龙风水墙、许云萼夫妇墓、大金山碉堡、邵榜眼旧宅、渔山清代沉船遗址、瑶池冰雪坊、民丰弄许家上宅院、金山旅馆、大夫第、九井邵氏宗祠、东门王将军庙、江心寺后摩崖石刻、石浦所城城墙遗址、董梦蛟墓、象山县第一初级中学旧址、大皆春药铺旧址、东门渔村任氏故居、石浦卢宅、昌国卫大庙、水门桥

续表63

序号	乡镇(街道)	级　别	数　量	内　容
5	西周镇	文保点	18	乌沙李家走马楼、石门岭关隘、长春桥、柴溪敬大房、万金山方氏祖坟、长庆桥、儒雅洋友二房、天寿寺、双汪岭路亭、柴溪陈氏宗祠、柴溪老大份宅院、牌头下屋新屋、关山信大房、勤丰奶奶坟、儒雅洋西碉楼、儒雅洋团练房、沙泉张氏宗祠、横山大寨屋
6	鹤浦镇	文保点	4	吴德元烈士墓、前龙头灯塔、原南田县署监狱县署门厅、小百丈铸铁遗址
7	贤庠镇	文保点	6	着衣亭吴家宅院、着衣亭何财房、贤庠小东房、青莱樊信房、山厂窑址、海墩贺氏中小房
8	墙头镇	文保点	8	大雷山灯塔、溪里方仁三房、墙头孔家穿堂宅院、大溪蒋铜矿冶炼厂旧址、大雷禅寺、墙头西一三房、墙头基督教堂、孔氏宗祠
9	定塘镇	文保点	4	中站耶稣堂、人民胜利碶、陈照华故居、奚家八角楼
10	大徐镇	文保点	3	杉木洋徐公祠、安东庆丰庙、缸窑蒋窑址
11	涂茨镇	文保点	4	中堡烽火台、后七埠沉船、白象头窑址、珠山法王寺
12	新桥镇	文保点	5	洋坑吴氏宗祠、海台韩氏宗祠、紫荆花馆、黄吉岙林氏宗祠、怀荫草堂
13	泗洲头镇	文保点	8	西洋大宅门、塘岸中保庙、后王祠堂、泗洲头新桥头、小石坑茅山桥·茅山庵、灵静庵、双连桥、盛城故居
14	东陈乡	文保点	4	东陈怡经堂、西山行宫、武家山武氏墓、孔房大份宅院
15	晓塘乡	文保点	5	黄埠三三堂、黄埠圆峰庙、黄埠孩儿塔、花湾炮楼、岩头角新楼屋
16	茅洋乡	文保点	6	大地园陈家大份宅院、文山塘坝、蓬莱寺、南充永丰庙、溪口粮站、溪东石氏宗祠
17	黄避岙乡	文保点	1	龙屿张家新屋
总计	—	—	109	—

2021 年象山县县级文物保护单位一览表

表 64　　单位：个

序号	乡镇(街道)	级　别	数　量	内　容
1	丹东街道	县　保	3	丹城东寺、梅岙烽火台、障川碶
2	丹西街道	县　保	7	丹城西寺、丹山井、王家谟烈士墓、石屋及摩崖石刻、王家谟烈士故居、姜毛庙正殿、青草巷李宅
3	爵溪街道	县　保	1	爵溪抗倭城墙
4	石浦镇	县　保	8	二湾摩崖石刻、金山书院、纪子庚先生墓、延昌宋皇宫、三湾路廊、石浦古井群、石浦巡检司旧址、东门城隍庙
5	西周镇	县　保	3	车岭村庆丰桥、欧阳桥、何恭房祠堂
6	鹤浦镇	县　保	1	白龙潭·蟹厂武圣庙民俗遗址

续表64

序号	乡镇(街道)	级　别	数　量	内　容
7	贤庠镇	县　保	3	贺威圣烈士墓、沈家洋牌坊、贺威圣故居
8	墙头镇	县　保	4	欧家祠堂、立三中学旧址、瑞安桥、西沙岭古驿道
9	定塘镇	县　保	2	镇潮庙、保安桥
10	大徐镇	县　保	2	殷夫烈士故居、吴乾养墓道石刻
11	涂茨镇	县　保	1	汤岙周氏宗祠
12	新桥镇	县　保	3	东溪励氏宗祠、关头源房、黄公岙山海楼
13	泗洲头镇	县　保	1	复兴禅寺
14	东陈乡	县　保	1	东陈鉴池公祠
15	晓塘乡	县　保	2	三戒堂、励家坪康熙方井
16	茅洋乡	县　保	2	茅洋“日寇华中矿业公司”遗址、茅洋庙山头遗址
17	黄避岙乡	县　保	1	陈岙青瓷龙窑遗址
18	高塘岛乡	县　保	1	高塘潮汐水电站
总计	—	—	46	—

2021 年象山县省市级文物保护单位一览表

表 65　　单位：个

序号	乡镇(街道)	级　别	数　量	内　容
1	丹东街道	省　保	2	赤坎游仙寨遗址、淳熙井
2	爵溪街道	省　保	2	街心戏亭、公屿烽堠(周家山防倭烽火台)
3	石浦镇	省　保	3	石浦城隍庙、金鸡山炮台、东门天后宫
4	鹤浦镇	省　保	1	大百丈岩画
5	东陈乡	省　保	1	陈汉章故居和墓
6	晓塘乡	省　保	1	“锺郝遗徽”石亭
总计	—	—	10	—

2021 年象山县国家级文物保护单位一览表

表 66　　单位：个

序号	乡镇(街道)	级　别	数　量	内　容
1	丹东街道	国　保	1	塔山遗址(含姚家山遗址)
2	石浦镇	国　保	1	浙东沿海灯塔[北渔山灯塔、东门灯塔(含任氏二难墓)]
3	高塘岛乡	国　保	1	花岙兵营遗址

（胡梦丹）

文艺创作

【各类文艺活动】 2021年,组织举办"百年伟业·艺心颂党"系列活动,围绕庆祝中国共产党成立100周年,结合党史学习教育,通过文学创作、书画摄影展览、文艺演出等多种形式的主题活动,生动宣传中国共产党成立100周年以来的巨大成就,引导党员干部坚定信仰信念信心,共举办70余场。其中,举办象山、宁海两地文联联合开展党史学习教育,重温左联五烈士之象山殷夫、宁海柔石的革命历程、追寻红色足迹,传承红色基因;举办象山县"我心向党"朗诵会,感悟革命先辈家国情怀的同时,提升朗诵业务水平;举办"党在我心中"象山县第三届故事会征文研讨会,对24篇优秀故事征文的作者开展培训。配合全县2021年"聚力一二五,奋力上台阶"、"三服务"活动、"创建全国文明城市"、"法治宣传"、"垃圾分类"等文艺宣传活动。组织各协会文艺骨干创作、排练、表演,创作走书《一张假币》、说唱《法律意识要跟上》、三句半《打黑除恶扬正气》等节目20余个,共举办"一曲渔光·百年芳华"摄影展等活动40余场。在"象山文联"微信公众号推出"法治"书法作品20余件。开展各种主题的宣传活动,开展"春暖象山　福送万家"百名书法家送福写春联系列活动,以楹联创作征集、"六进"送春联、给乡贤和延边、遂昌等结对地区邮寄春联、线上宣传报道等多种形式开展送福写春联活动22次,服务群众2万人次,送出春联3万余副,福字8000余个,窗花2000余个。

【乡村文艺振兴】 2021年,助力全县乡村振兴,结合县"扬帆海湾"精品线、"智造蓝海"精品线打造,研究确定墙头镇方家岙村和下沙村、涂茨镇汤岙村、西周镇儒雅洋村、新桥镇上盘村和西海岸等"五点一线"艺术乡建项目,组织引导县摄影家协会等文艺家协会与乡镇、村三级联动,通过"结对共建"模式,以建设摄影基地、乡村音乐基地、直播基地为抓手,与设计公司合作,加强村庄规划、产品包装、活动策划,用艺术和设计方法,帮助村庄注入创新基因,优化品牌,加速成长,积极打造"文艺驻村"升级版。在建立艺术村文艺人才培训机制的基础上,县文联发挥资源优势,邀请县内外知名学者和艺术家进村讲座,开展"一协会联系一村"活动,结对基层乡镇文联,举办各种文艺人才培训辅导8期,累计参培文艺工作者1000余名。推荐45名文艺骨干参加省、市专题培训班,提升艺术素养和业务水平。推荐东陈乡沙岗村、西周镇戏曲协会、爵溪七彩戏苑等11个基层文艺团队入选宁波市青年文艺人才下基层帮扶文艺团队项目,县剧协的李素琴、王柯欢,县曲协的倪双双,县民协的何萍青等人入选志愿者名单,分别对全县11个基层文艺团队开展文艺帮扶工作。文艺家协会、县文联文艺讲师团不定期推出书法、美术、音乐、舞蹈、戏剧等公益培训下乡活动,开展公益培训10余场次,参训2000余人次。

【文艺创作精品佳作】 全面落实《中共象山县委关于繁荣发展社会主义文艺的实施意见》(县委发〔2017〕19号)和《关于建立象山县文艺家工作室制度的实施办法(试行)》《象山县优秀民间文艺人才"百人计划"实施办法(试行)》,进一步完善《关于建立象山在外知名文艺界人士智库的实施意见》,争取各方支持,加强对重点项目规划、扶持、跟踪、名家指导、宣传推荐等,提高创作的组织化程度。积极创造条件,推荐优秀作品入选市级重点项目扶持、参加各级各类文艺评奖。借智借力,加强特色精品创作。加强与浙江音乐学院、宁波人民广播电台、宁波财经学院象山影视学院的联系合作,深化合作协议,借用专业力量,合力打造全省舞台艺术创作重点题材扶持项目音乐剧《渔老大》和重金全球征集原创海洋音乐(歌曲)《渔光曲》、广播剧《破壳》等富有象山地域特色的文艺精品力作,发挥著名导演曹盾电影工作室的优势,共同打造电影《和平方舟》。加大重点文艺精品项目的创作力度。散文集《乌塘后记》、音乐剧《渔老大》入选浙江文化艺术发展基金2020年度资助项目。舞蹈《团·圆》、专题摄影《戏文》入选宁波市文联2021年度文艺创作重点项目。唱新闻《西湖三杰——张苍水》、民间工艺美术《西沪乐海图》(竹编画)等市文化精品工程重点项目都创作完成。象山竹根雕列入第五批国家级非物质文化遗产名录,县文艺家服务中心申报的"象山竹根雕"图形商标获得国家知识产权局正式公告。一批文艺作品在各级各类比赛中获奖和入选。县作家协会:赖赛飞作品《腊月红》登上人民日报,《嘱托》荣获第八届"徐迟报告文学奖"优秀奖。杨卓娅小说《鱼鲞》入选2021《小说选刊》第二期。杨晟、杨卓娅、顾宝凯等10余位作家创作的多部作品在《中国作家》《人民日报》《人民文学》《诗刊》等重点期刊发表,并在全国性的文学赛事中获奖。县曲艺家协会:唱新闻《那片红》入选中国曲协优秀曲艺作品征集活动。县戏剧家协会:洪董艳慧荣获"一人一艺杯"宁波市第二届全民戏曲大赛银奖,顾艳艳登上中央电视台《一鸣惊人》。县美术家协会:花丽丽作品《晒墨鱼鲞》、顾圣亚作品《满载而归》入选庆祝中国共产党成立100周年第21届"江南之春"美术作品展。王亚红的《乡村振兴果满园》、杨杏芬的《我的家乡美食多》、吴铭璐的《开渔第一天》等3幅作品入围"幸福小康　美好生活"全国农民画作品展。县摄影家协会:仇伟传的组照《小农机拥抱大产业》、郑士伟的组照《再利用,垃圾焚烧发电》、周永的组照《老船记忆》入选第28届全国摄影艺术展览,创象山历史好成绩。县音乐家协会:欧鑫创作的《南塘老街》在中央电视台15音乐频道播出。县舞蹈家协会:在第三届"小荷初放　舞悦浙江"浙江少儿舞蹈展演中,由县文联选送、象山县博锐特艺术培训学校演出的《小小云朵》荣获金奖——浙江"小荷之星",并入围第十一届"小荷风采"全国少儿舞蹈展演活动进行表演。原创舞蹈作品《团·圆》荣获"舞彩宁波　同心向党"舞蹈展演最佳编创奖。县民间文艺家协会:谢才华剪纸《百牛迎春》献礼建党百年。20件作品入展宁波市“文艺与时代同行”书法美术摄影民间工艺作品联展。民间刺绣和鱼骨造型艺术等5项民间工艺入选市级非遗项目。县影视家协会：纪录片作品《翩跹》获宁波市广播电视政府奖一等奖。纪录片作品《乡见》获长三角微电影大赛纪录片单元最佳纪录片奖。在“红杜鹃”宁波市基层文艺社团风采大展示健康广场舞比赛中，丹西街道文联的《水墨丹青》、丹东街道文联的《欢庆铃鼓》荣获“红杜鹃”奖；泗洲头镇文联的《吉祥安康》获得优秀奖；象山县文联获得优秀组织奖。

【文艺人才培养】 搭建交流平台，加强文艺人才培养。全面推进市、县文艺家工作室建设和做好县优秀民间文艺人才的扶持工作，已设立市文艺家工作室5个、县文艺家工作室4个，认定象山县优秀民间文艺人才78名。充分发挥文联桥梁与纽带作用，积极拓展“上引下联”职能，通过“请进来”“送出去”等方式，加大文艺人才培养力度。组织文联干部、协会骨干会员走进浙江省党史教育基地遂昌县王村口、“天工之城、数字绿谷”遂昌县仙侠湖参加“万物开源·情牵山海”诸暨·上虞·南湖·象山·遂昌“仙侠雅集”现场学习、采风创作活动，进一步促进五县文化艺术的交流合作。联合宁波市文联组织下属协会支部书记和创作骨干赴山海协作单位丽水市遂昌县开展党史学习和采风创作活动，对之后构建全方位、多层次、宽领域的合作新格局与推动两地的文艺事业发展产生积极影响。

（县文联）

新闻传媒

【概况】 2021年，象山县传媒中心获2020年度全省广播电视新闻融合传播协作广播新闻协作、电视新闻协作三等奖，蓝莓联盟新媒体协作二等奖，全省电视对农节目服务工程建设考核获鼓励奖，全县宣传思想文化工作先进集体等荣誉。

【庆祝中国共产党成立100周年主题报道】 运用“两微一端”、广播、电视、报纸等媒介，聚焦主题主线，结合时代主题和中国共产党成立100周年历史，推出系列中国共产党成立100周年宣传报道《奋斗百年路　启航新征程》《学党史　悟思想　办实事　开新局》《建党百年　红色记忆》《百名党员话初心》《青春向党　红色印迹话初心》《阿树讲党史》《百年党史》等10余个专题专栏，办好《今日象山》“先锋”专版，推出“百年风华——致敬闪亮的名字”等专版6期。集中展示象山党史学习教育典型事迹、特色亮点，共刊播《贺威圣：碧血丹心昭沧海》《一张地图标注象山27处党史胜迹》等报道300余篇。同时，坚持移动优先，用新媒体讲好党史新中国史，向中国蓝新闻蓝莓号、浙江新闻客户端、新华号、人民号推送《象山：开学第一课，听党史话成长》《象山县青少年庆祝建党100周年重点项目公布》等新闻74篇，全面放大象山县党史宣传在互联网等舆论场的声音。

【国家级海洋渔文化（象山）生态保护区宣传报道】 自国家级海洋渔文化（象山）生态保护区正式颁牌以来，县传媒中心充分发挥融媒体优势，做好宣传引导、上通下联工作，更好地展示象山本地形象，扩大国家级“金字招牌”影响力。《象山新闻》、《今日象山》、“山海万象”客户端等全媒体平台同频共振，分别开设专题专栏，深入挖掘象山“百里黄金海岸”自然、人文、产业等方面的亮点，积极营造保护区建设的浓厚氛围，刊播《探秘中国海洋渔文化馆：带你走进“一冷”的前世今生》《向海图强，全力打造海洋之城》《加快海洋渔业绿色转型数字赋能　推进渔业发展提质安全治理增效》等极具象山特色以及彰显保护区建设原则的报道近300篇，多数为新华社、人民日报App录用，其中央视媒体各新闻栏目录用13条，浙江卫视录用23条，《大型融媒体新闻行动“寻找山水精灵”：中华凤头燕鸥——韭山列岛上的“神话之鸟”》在6月1日浙江新闻联播头条播出。

【“精特亮”工作宣传报道】 县传媒中心发挥主流媒体平台优势，统筹各类新闻资源，加强主题报道策划，打响宣传组合拳，努力壮大象山“精特亮”创建宣传声势，高效率助力描绘万象山海图，高品质传播象山精彩海洋故事。推出了一批“精特亮”打卡景观、“精特亮”记者体验走线等报道，让“精特亮”工作宣传融入百姓生活，吸人眼球。在《今日象山》推出“精特亮”建设工作言论，强化舆论引导作用。累计在广播、电视、报纸、新媒体平台发布“精特亮”相关新闻动态、专题专访150余篇。完成制作“精特亮”工作创建宣传片、总结片2部，采撷象山最美路线上的最美画面，全方位展示象山生态美、环境美、产业美、人文美，片子得到市委书记的高度评价。整合外宣资源和渠道，在浙江卫视、宁波电视台和“学习强国”、天目新闻客户端、浙江新闻客户端、人民日报客户端、新华社客户端、人民日报人民号、新华社新华号等主流媒体及其新媒体平台播发《象山：“精特亮”创建点亮“精彩海洋版块”》《象山亚帆中心启航　填补长三角空白》等新闻120篇，努力放大象山县“精特亮”品牌的社会效应、市场效应，充分展现良好城市形象。

【“丈量象山最美海岸线”大型新闻行动】 3月5日，由县委宣传部、县传媒中心、县新闻工作者协会联合推出的“丈量象山最美海岸线”大型新闻行动在石浦海峡广场正式启动。县传媒中心组织选调精干采访团队，通过走遍全县海洋资源、海洋产业标志性地方，行进式、全景式展现百年来象山的沧桑巨变，全方位彰显象山党员干部不忘初心再出发的精神风貌，写出象山践行习近平总书记要求发展海洋经济的火热实践。电视、报纸、新媒体联合推出《丈量象山最美海岸线》大型新闻行动，重磅推出《数说石浦》《探秘中国海洋渔文化馆：带你走进“一冷”的前世今生》等特别报道60余篇。

【防御台风“烟花”融媒体报道】 县传媒中心融媒体指挥中心科学调度、严密部署,做好台风登陆前、登陆中、登陆后三个阶段的宣传报道预案,首次尝试将“数字城市”系统服务于新闻宣传内容生产,成功将产业发展与新闻采编有机融合,助推新闻采集“智慧化”。7月23—27日,县传媒中心电视、广播、报纸、网站、新媒体5大平台融合协作、同频共振,推出各类新闻报道近500篇,新媒体产品超过150个,外媒录用稿件280条,全网点击、转发量突破1100万次。

【新媒体矩阵扩容进阶】 坚持内容为王、移动优先,积极探索体制机制创新,构建起报、台、网、政务发布、两微一端多平台的全媒介传播平台,具备了立体交互的全天候传播能力。通过与上级媒体积极开展合作,已集结了浙江新闻客户端、中国蓝新闻蓝媒号、天目云、“学习强国”、人民日报人民号、新华社新华号、央视频、抖音、微博、微信公众号、百家号、头条号、大鱼号、企鹅号、一点号、趣头条、云视网等一批集宣传性、服务性与互动性为一体的“移动宣传新媒体矩阵”,全面放大在互联网等舆论场的声音,已拥有千万级的受众影响力。

【海外宣传平台账号运维】 10月底,县传媒中心新媒体进驻海外宣传平台Twitter、Facebook,设立账号“Insight Xiangshan”并做好日常运维工作。结合象山本地特色,积极创编推文,自开设账号以来,累计发帖1000余条,粉丝5600余人,发帖量和粉丝数量居全省县市区媒体首位。

【“山海万象”客户端规范建设】 县传媒中心融媒体中心获得互联网新闻信息服务许可证、互联网新闻信息服务许可证和信息网络传播视听节目许可证。进一步规范了山海万象客户端发布流程,完成山海万象和中国象山港网站互联网信息服务安全评估和备案工作。加入浙江省网络文化协会,加强县融客户端“四力”数字化平台建设,实现客户端数据采集平台与市委网信办互联互通。

【《夜到讲白搭》新一轮改版】 为弘扬传统文化,增加节目的趣味性,对《夜到讲白搭》栏目进行新一轮改版,增设“教两句”和“讲党史”两个子栏目,分别于每周二、周四播出。其中“教两句”以“出镜+路人海采”的模式,增强市民的参与性和互动性,在内容上阐述该句方言的来源及背后蕴含的故事、寓意等,丰富了受众观看体验,提升了节目感染力。“讲党史”版块中,主持人阿树用方言讲述象山县各个时期各条战线的党员代表,展现他们践行初心的担当作为。从4月首推至12月底,已分别累计播出40期和42期。

【精办《每周聚焦》舆论监督栏目】 栏目选题聚焦“无废城市创建”“安全生产”“低散乱”“国土空间整治”“六大专项攻坚行动”“三改一拆”“三清三美”专项行动等重点工作,以“曝”促“改”,直击顽疾,打响了痛点堵点难点“攻坚战”,助推专项工作落实。每期节目播出前以滚动字幕预告,提升公众知晓率和节目影响力。推出《网红景点垃圾遍地　谁玩坏了饭桶山》《停车难停车乱　老大难问题如何根除》《消劣又反弹　8条河道被检测为劣五类水》等深度报道,相关问题受到县领导的批示和群众的广泛关注,促使各地各部门积极回应,迅速整改,将问题解决推向了快车道。《每周聚焦》自2015年5月6日开播以来,已累计播出160期,曝光各类问题180余个,问题整改完成率达94%,有力推动县委、县政府中心工作落地见效。

【推出《百年百歌——永不消逝的红歌》广播音乐节目】 播出频率:FM107.3、FM103.9;播出时间:周一至周日上午6:20—6:30,时长10分钟,中午11:20重播。《百年百歌》节目从中国共产党成立以来各个历史时期,遴选100首代表性的音乐,带领听众领略音乐背后的党史故事,这些经典旋律中,有反映战争岁月的《十送红军》《保卫黄河》,有描绘中华人民共和国成立后美好生活的《我的祖国》《在希望的田野上》,还有歌颂改革开放的《春天的故事》等。

【推出《奇奇怪怪知识局》广播节目】 播出频率:FM107.3、FM103.9;播出时间:周一至周日16:20首播,次日11点30重播,时长10~16分钟。《奇奇怪怪知识局》是一档面向全年龄段的广播栏目,主持人在节目中以“知识局局长”身份,用诙谐搞笑的方式传递知识内容,专注于研究奇奇怪怪的知识。旨在通过脱口秀、说段子方式,让大家在行车路上,听一听各个领域的知识和看点,内容涵盖古今历史、古人生活、古代人物、社会热点、网络热梗、生活常识、冷知识等。主创人员:石熹。

【推出《缤纷车世界》广播节目】 播出频率:FM107.3、FM103.9;播出时间:周一至周五:8:15—8:20。《缤纷车世界》是一档汽车栏目,节目中主要介绍汽车相关的资讯,结合最新的交通动态,及时带大家了解交通法规养护知识,带车主朋友们更加清楚地了解汽车。主创人员:张玲玲。

【推出《海娃娃星计划小主播》电视少儿节目】 播出时间:周六18:30,一周一期,时长10分钟。内容以星计划小主持人介绍“历史上的今天、象山人文史记、生活小妙招”为主,锻炼孩子们的胆量、自信心,同时学习历史知识,了解生活的城市发展历史,传播正能量。主创人员:章以芳。

【“宁波财经学院大学生实践教学基地”建立】 6月9日,在县传媒中心举行“宁波财经学院大学生教学实践基地”揭牌仪式。宁波财经学院象山影视学院党委书记、执行院长叶阳在揭牌仪式上介绍象山影视学院的建设情况,县传媒中心党组书记、主任陈兴达为大学生教学实践基地的建立致辞。“大学生教学实践基地”成立后,双方将推动优势资源互补,探索更多形式、更多领域的合作,搭建教育和实践的互动平台,促进双方在人才培养、项目合作等方面的互惠共赢,助力“高校+媒体”战略合作迈向新征程。

【精品创优作品增量提质】 大力实施新闻创优提质工程，上送作品累计获得全国省市各类新闻奖项68件、省广播电视节目质量奖（金鼎奖）6件，其中《乡村众筹赋能乡村集体创业》和《创新的力量——宁波象山乡村振兴十大经典案例》分获华夏高科技产业创新奖一、三等奖；24集海洋人文地理纪录类栏目《品读象山》分集《相见》获中国长三角微电影大赛最佳纪录片奖、2020年入围第三十届中国电视金鹰奖纪录片奖的《翩跹》获浙江纪录片丹桂奖。6件对农节目被省级录用，居全大市第一。

【2个电视频道停播】 根据上级安全播出要求，6月28日起停播象山三、四频道，原在三、四频道播出的气象、国学经典等节目编排至象山一、二频道。

【"象山停车"平台接入市级平台】 2月9日，"象山停车"平台接入宁波市级智慧停车服务平台，"象山停车"App余额1789385.36元迁移至宁波市政公用投资有限公司。

【"智慧停车"产业生态走向全国】 县传媒中心以数字化改革为契机，综合运用云计算、物联网、人工智能等技术，加速升级迭代"智慧停车"产业生态。截至2021年底，累计接待省内外考察交流、合作洽谈300余批次，承建浙江乌镇等七省十城"智慧停车"项目，累计注册用户超过110万人次，年产值达5000万元。"智慧停车"荣获县全面深化改革（数字化改革）十佳案例，"智慧停车"场景应用，通过构建数据融合、业务协同的公共停车服务体系，破解主城区交通拥堵和停车难题，列入全省数字化改革重大应用"一本账 S_1"，纳入全省交通数字社会系统"浙里畅行"综合集成应用，先后获得陈金彪、彭佳学、高兴夫等省领导批示肯定。

【广播电视公共服务优化】 对全县最低生活保障家庭、最低生活保障边缘家庭和特困人员分散供养对象等8447户实行免收终端基本收视维护费政策，对优抚对象和视言听残疾对象1858户实行免收基本维护费，2021年累计减免费用225万余元。

（杨增艳）

体　育

综　述

2021年，紧扣“海洋经济、美丽经济”战略，编制完成《象山县海洋运动产业发展“十四五”规划》。创建体育公园、百姓健身房、社区多功能运动场等省市基层体育设施建设项目28个，超出省市下达民生实事工程项目总数的55.5%。完成全民健身中心篮球场改造，稳步推进灯光球场改造等工程项目。紧密对接中帆协和省市体育部门，成功争取并举办第14届全国运动会帆船比赛8个赛事项目，系浙江省首次承办的全国运动会比赛项目。举办中国·象山首届海洋水域游泳公开赛、省青少年男子排球冠军赛、省青少年帆板赛等市级以上赛事12场，开展全民健身系列活动、“一人一技”公益培训等238场。成功签约3000万元社会捐助赛事基金。亚帆中心正式挂牌浙江海洋运动中心。主动对接世界帆联、中帆协、国家沙排协会、省足球协会等单位，积极争取大型帆船赛事、帆船运动项目、沙排训练项目、青少年足球训练基地等项目合作，初步达成《中国帆船帆板运动协会　象山县人民政府合作共建新型帆船城市典范的框架协议》。坚持强基育苗计划，完成运动员注册200人，向上级输送29名体育苗子。共取得市级以上计划内赛事金牌51枚，其中国家级2枚、省级18枚。12位象山籍运动健儿成功获得第十四届全国运动会入场券并获2银1铜，创造了象山体育事业历史最好成绩。举办浙江省百家企业走进宁波暨象山体育+旅游项目推荐会，吸引200多家企业参加，重点推介象山12个体育产业项目，4家企业成功签约。石浦半边山滨海运动乡镇入选省级运动休闲乡镇培育名单，东旦时尚运动海滩获评省运动休闲旅游示范基地，体育系列LED智能灯具和飞拉达户外拓展等2个项目列入市体育产业发展引导资金项目库。象山美丽海岸体育旅游线路入选“2021年国庆假期体育旅游精品线路”积极探索体医融合“易健身”项目，成功中榜省体育局2021年深化社会力量办体育改革重点项目“揭榜挂帅”。

体育设施

【杭州亚运会宁波（象山）分赛区沙排比赛场馆沙排基地交（竣）验收通过】 3月24日，2022年杭州亚运会宁波（象山）分赛区沙排比赛场馆沙排基地通过交（竣）工验收。沙排项目总投资1.25亿，主场馆是一座C字形半开放式运动场馆，总建筑面积达4400平方米，另建有副场馆1座、热身场地2片、练习场地3片以及满足举办比赛所需的相关配套用房。

【杭州亚运会宁波（象山）分赛区帆船比赛场馆亚帆中心交（竣）工验收通过】 3月30日，2022年杭州亚运会宁波（象山）分赛区帆船比赛场馆亚帆中心通过交（竣）工验收。亚帆中心总投资6.5亿，是杭州亚运会唯一一个海上施工项目，项目规划用地面积约15.7公顷，用海面积约49.9公顷，包括竞赛培训功能区、防波堤2座、水上操作平台1座、船艇提升港池2座及其他配套设施。

【国家级体育现代化社区（村）试点建设现场会】 11月27日，国家级体育现代化社区（村）试点建设现场会在晓塘乡青山头村举行。市体育局副局长徐健、市全民健身指导中心主任崔立琼、县文化和广电旅游体育局副局长奚斌辉等出席本次现场会。会议要求各试点项目建设在2022年3月前高水平完成建设任务，下阶段将重点推广样板经验，共同打造全域体育现代化乡村。

【浙江海洋运动中心正式落户】 11月3日上午，中国·浙江海洋运动中心正式颁牌落户象山松兰山旅游度假区。浙江海洋运动中心（亚帆中心）毗邻大目湾新城和爵溪街道，距象山市中心约9千米，距宁波市约46千米，是2021年第十四届全国运动会和2022年第十九届亚运会帆船比赛场地。项目总投资约6.02亿元，是杭州亚运会唯一一个海上施工项目，项目规划用地面积约15.7公顷，用海面积约49.9公顷。建设有陆上1.6万平方米的比赛控制中心、运动员中心、后勤服务中心等功能区和海上2万平方米的竞赛操作平台、33.6万平方米的港池、240个泊位（满布泊位约800个）。

主要赛事

【2020亚太区商学院龙象海越野挑战赛】 1月1日至3日，在象山东海半边山景区举行2020亚太区商学院龙象海越野挑战赛。参赛对象为亚太地区顶级商学院预录取学生、在读学生、往届校友以及其亲友和家属，参与人数约500人。

【2021年“体彩杯”浙江省青少年男子排球冠军赛】 4月12日至17日，2021年“体彩杯”浙江省青少年男子排球冠军赛在象山举办，来自杭州、宁波、温州等8个代表队335名运动员参加。此次比赛由省体育局主办，市体育局、县人民政府承办，旨在展现体教融合成果，不断丰富体育竞技舞台，进一步推动浙江省排球运动发展再上新台阶。

【2021“永利杯”青澳国际帆船拉力赛启航仪式】 5月14日，2021“永利杯”青澳国际帆船拉力赛启航仪式在象山县亚帆中心举行，副县长钮晶莹，县文化和广电旅游体育局党组书记、局长陈淑萍等领导出席活动。2021“永利杯”青澳国际帆船拉力赛于5月10日至30日举行，共有9支参赛船队从青岛奥帆中心起航，途经宁波象山、厦门、深圳及珠海、澳门，总赛程全长1200海里。象山设置补给站弥补了环中国海岸线在长三角区域的空缺。

【2021年宁波市青少年田径比赛】 5月14日至16日，2021年宁波市青少年田径比赛在象山县教育园区田径场举行。此次比赛由市体育局、市教育局主办，县文化和广电旅游体育局承办。比赛按年龄分为甲组（13岁）、乙组（12岁）和丙组（11岁及以下）3个组别，共设400米、800米、60米栏、跳高等34个单项，以及三项全能综合项目，共有10支代表队314名领队教练员参赛。象山代表队以13枚金牌、13枚银牌、11枚铜牌、团体总分237分的优秀成绩夺得奖牌、总分双第一。

【“东红杯”宁波市第五届小学生手球锦标赛】 5月28—30日，由市体育局、市教育局主办，县文化和广电旅游体育局承办的“东红杯”宁波市第五届小学生手球锦标赛在鹤浦镇中心小学举行，来自全大市9所学校21支代表队300余名运动员、教练员参赛。江北区费市小学和镇海区乔梓学校分获男女甲组第一名，鄞州区潘火花园学校和江北区费市小学分获男女乙组第一名。

2021年4月12—17日，2021年“体彩杯”浙江省青少年男子排球冠军赛在象山县举办
（县文化和广电旅游体育局　供图）

【2021年“绿水青山、运动浙江”第二届公开水域游泳系列赛（象山站）】 7月31日，2021年“绿水青山　运动浙江”第二届公开水域游泳系列赛（象山站）暨“力勤杯”中国·象山首届海洋水域游泳公开赛在象山亚帆中心举行，本次活动由省游泳协会、县人民政府主办，县文化和广电旅游体育局承办。省体育局副局长、省游泳协会主席张亚东，县委副书记、县长包朝阳，省水上运动管理中心副主任赵伟军等领导出席开幕式。开幕式上，力勤公司向县慈善总会捐赠了3000万元的“力勤资源体育发展基金”，按每年300万元标准用于象山体育事业发展。县政府特邀奥运会冠军罗雪娟担任“象山海洋运动形象大使”并颁发聘书。本次赛事有省内外28支队伍参赛。

【第十四届全国运动会帆船比赛（宁波赛区）】 9月11日至25日，第十四届全国运动会帆船比赛（宁波赛区）资格赛和决赛在象山亚帆中心举行，11个比赛日共产生9枚金牌。国家体育总局水上运动管理中心副主任、中国帆船帆板运动协会主席张小冬，国家体育总局水上运动管理中心部长、中国帆船帆板运动协会副秘书长苏科，省体育局党组成员、副局长李华，市委副书记宋越舜，市体育局党组书记、局长张霓，市体育局党组成员、一级调研员吴承军，县长包朝阳等领导和嘉宾出席颁奖仪式并为获奖选手颁奖。

【2021年全运健儿凯旋欢迎会】 9月30日，县文化和广电旅游体育局召开2021年全运健儿凯旋欢迎会，副县长钮晶莹，县府办副主任张李平，县文化和广电旅游体育局党组书记、局长陈淑萍，局党组成员、副局长奚斌辉，县财政局党组成员、副局长陈忠祥，县教育局党委委员王增良出席欢迎会，为出征第十四届全国运动会的10名象山籍运动员颁奖。该届全运会共有12名象山籍运动员参加，共获得2个第二名，1个第三名，2个第四名，创造象山籍运动员参赛人数之最，取得历史最好成绩。

【2021年浙江省青少年帆板级、激光4.7级帆船锦标赛】 11月1日，2021年浙江省青少年帆板级、激光4.7级帆船锦标赛在象山松兰山旅游度假区开赛。本次赛事由省体育局主办，省帆船协会、市体育局、象山亚筹办、县文化和广电旅游体育局承办，宁波中振体育文化发展有限公司、宁波璞元康复集团协办。赛事为期8天，设帆板、激光4.7级帆船2个项目、金牌17块。共有浙江省内9支队伍、142名运动员参赛。

群众体育

【象山县第十六届中小学生棋类比赛】 3月20日至21日,象山县第十六届中小学生棋类比赛在丹城中学和丹城五小举行,共有县域内528名学生参赛。比赛设中国象棋、围棋和国际象棋的混合团体赛、个人赛,最终决出各项目的前8名。

【亚运会倒计时500天太极拳展演】 4月27日,杭州亚运会迎来倒计时500天,象山县组织近千名太极拳爱好者在中国·浙江海洋运动中心(亚帆中心)举行太极拳展演活动,展现健康快乐的精神风貌,营造全民健身共享亚运的良好氛围,以及对中国共产党成立100周年的美好祝福。

【2021年象山县中小学生(幼儿园)游泳锦标赛】 5月21日,2021年象山县中小学生(幼儿园)游泳锦标赛在一兆韦德游泳馆举行,比赛共有全县17个中小学校(幼儿园)120余名运动员、教练员组队参赛。比赛设初中、小学和幼儿园3个组别、46枚金牌。丹城中学、实验小学(北)和机关幼儿园分获各组别团体总分第一。

【青山头村获评"全国群众体育先进单位"】 9月15日,晓塘乡青山头村在全国体育"双先"表彰大会上被授予"全国群众体育先进单位"。青山头村近年来以特色体育村建设为抓手,于2017年通过县级特色体育村验收,2019年底成功创建浙江省AAA级景区村庄,2020年获国家级体育现代化社区(村)试点项目,2021年建成省级民生实事工程百姓健身房。

【2021年宁波市社区运动会太极拳(剑)总决赛象山站】 10月17日,2021年宁波市社区运动会太极拳(剑)总决赛象山站在石浦镇番头小学开赛。经过一天角逐,在太极拳比赛中,海曙区鄞江镇队获集体陈氏56式太极拳第一名、象山县石浦镇队获集体42式太极拳第一名、慈溪市长河镇队获集体24式太极拳第一名。在42式太极剑比赛中,慈溪市长河镇队获第一名、江北区外滩队获第二名、象山县石浦镇队获第三名。

【2021年浙江省社区运动会(象山站)】 10月29日至31日,2021年浙江省社区运动会(象山站)气排球、太极拳比赛在象山县丹城中学、宁波建设工程学校举行。本次赛事由省体育局主办,县文化和广电旅游体育局、省气排球协会、省武术协会、县排球运动协会、县武术协会协办。赛事设气排球、太极拳(剑)2个大项,五人制混合排球、24式太极拳、42式太极拳等8个小项,共决出金牌12块。共有来自浙江省10个大市的25支代表队、230余名运动员参赛。金华金东多湖街道代表队、宁波奉化锦屏街道代表队、宁波奉化岳林街道代表队分获气排球总决赛一、二、三名。台州路桥代表队获集体太极拳第一名、金华代表队获集体太极剑第一名、舟山代表队获集体太极器械第一名。

【2021宁波市美丽乡村健身行(象山晓塘站)"红美人欢乐跑"系列活动】 11月27日,2021宁波市美丽乡村健身行"红美人欢乐跑"活动在象山县晓塘乡青山头村启动。开幕式上,发布青山头村"生态趣味运动项目",发出共同富裕·全民健身倡议。市体育局党组成员、副局长徐健宣布2021宁波市美丽乡村健身行(象山晓塘站)"红美人欢乐跑"开幕。活动期间开展"橘趣运动会""橘园音乐会""青山集市"暨共同富裕体育消费"跳蚤市场"《宁波市全民健身条例》宣传等系列活动。

【"全民健身迎亚运"航海模型2021浙江"象山杯"公开赛】 12月4日至5日,"全民健身迎亚运"航海模型2021浙江"象山杯"公开赛,在象山县东谷湖水库举行。赛事由省智力运动管理中心、市体育局、县人民政府主办,2022年第十九届亚运会宁波分赛区象山筹办工作领导小组办公室、县文化和广电旅游体育局承办,宁波嘉腾体育发展有限公司协办。本次比赛分F5-400、F5-E两大项,F5-400(个人)、F5-400(团体)、F5-E(个人)三小项,共有全省各地13支代表队、150余运动员参赛。龙港市代表队上官福航、丽水市代表队王若鑫、丽水市代表队张博翔分别获F5-400(个人)项目一、二、三名。龙港市代表队、龙泉市代表队、丽水市代表队列F5-400(团体)项目总分前三(排名无先后)。浙江省代表队陈卢宁宁、朱思致、王泽林分别获F5-E(个人)项一、二、三名。

体育产业和市场

【石浦半边山滨海运动乡镇入选第四批省级运动休闲乡镇培育名单】 3月23日,省体育局发布《浙江省体育局关于公布第四批省级运动休闲乡镇培育名单的通知》(浙体经〔2021〕76号),公布第四批省级运动休闲乡镇培育名单,石浦半边山滨海运动乡镇列入名单之中。

【2021百家体育企业走进宁波活动暨省体育产业联合会三届二次理事扩大会议】 4月28日至29日,2021百家体育企业走进宁波活动暨省体育产业联合会三届二次理事扩大会议在半边山工人疗养院举行。此次活动由省体育局指导,省体育产业联合会主办,县人民政府承办,市体育产业联合会、县文化和广电旅游体育局协办。省体育产业联合会执行会长大丰体育董事长丰岳、阿里体育首席运营官穆旸,省体育局、市体育局、县人民政府等单位领导,200多家会员单位、近300名企业家等参会。县文化和广电体育旅游局将全县12个优选体育产业招商项目制作成册,并现场推介部分重点项目,以此建立起政企之间资源对接的桥梁,吸引更多社会力量到象山投资体育产业。

【东旦时尚运动海滩入选省级运动休闲旅游示范基地】 9月29日,省体育局和省文化和旅游厅联合发布《浙江省体育局 浙江省文化和旅游厅 关于认定2021年度浙江省运动休闲旅游示范基地、精品线路和优秀项目的通知》（浙体经〔2021〕264号），东旦时尚运动海滩成功入选省级运动休闲旅游示范基地，其项目定位为“华东首席时尚运动海滩”，由青少年帆船为主的冬夏令营、青少年及成年人的水上及户外运动培训，承办国际和国内大型青少年水上赛事和水上表演组成。

【象山“美丽海岸体育旅游线路”入选精品线路】 9月30日，国家体育总局、文化和旅游部联合发布“2021年国庆假期体育旅游精品线路”公告，象山“美丽海岸体育旅游线路”入选。

【市体育产业促销费活动在东旦时尚运动海滩举行】 10月31日，“韵动金秋”宁波市体育产业促销费活动在东旦时尚运动海滩举行，现场邀请宁波市体育产业引导资金项目、运动服饰企业、运动场馆服务业、体育培训服务业、中国体育彩票等22家企业参加，并邀请10家文化企业采用“集市+非遗”的体验模式。活动线上线下同步进行，线上直播带货、宣推参展企业，线下发放大量消费券。活动由市体育局主办，县文化和广电旅游体育局承办。

（胡梦丹）

卫生健康

综 述

2021年,象山县共有执业登记医疗卫生机构324家,其中医疗健康集团总院3家,基层分院(院区)20家,公共卫生单位6家,民营医院10家。床位2668张,其中县级医院1648张、基层医疗机构452张、民营医疗机构568张。系统内共有执业(助理)医师数和注册护士数分别为2029人和1786人,千人执业(助理)医师数和注册护士数分别为3.66和3.22人。县级公立医院医疗服务收入占比32.82%,同比增长2.81%;药占比28.58%,同比下降3.53%;百元医疗收入消耗卫生材料(不含药品收入)24.48元,同比增长4.25%。

2021年,象山县严格贯彻落实省市卫生健康工作部署,一手抓疫情防控、一手抓卫生健康事业发展,圆满完成各项工作任务。新冠肺炎疫情防控坚持平战结合、精密智控,持续完善村(社区)网格化管理机制,进一步建立健全职责明确、流程清晰、科学精准、响应迅速、高效贯通、量化闭环、平战结合的防控体系。医共体建设纵深推进,积极引入长三角优质资源,建立3个紧密型医联体,县域疑难重症诊疗能力明显提升,县域就诊率达90%,基层就诊率达67.04%。健康支持环境稳步向好,坚持预防为主、健康优先,拓展集团公共卫生管理中心和连续医疗服务中心功能,加快医共体向健共体转型发展。数字化改革成效日益显著,依托数字化改革搭建"象有健康"共富框架,持续推进智慧妇幼平台搭建、数字化牧海急救项目深化等,将"健康大脑+智慧医疗"融入医改中,真正做到逐层构架、逐条实施、逐步达成。是年,象山县健康村镇建设工作获副省长成岳冲肯定批示,象山县卫健局被评为2018—2020年健康浙江建设先进集体,象山县被评为2019—2021年创建周期全国基层中医药工作先进单位。

社区卫生

【概况】 推进基本公共卫生服务项目落实,为居民提供安全、有效、便捷、经济的基本公共卫生服务,提高人民群众健康水平,促进全县卫生健康事业发展。完善"两员一中心一团队"工作机制,根据工作实际及时调整项目办成员单位和职责,明确医疗健康集团管理职责和任务。联合财政部门制订《象山县基本公共卫生服务项目补助资金管理办法》,确立资金来源和用途、拨付程序、使用范围、监督管理等内容。按照"定价量化、按项分配、奖优罚劣"的原则,对每一个服务项目按照标准工作当量进行分解和标化。2021年,象山县原基本公共卫生服务项目经费人均补助标准为72.7元,已拨付项目资金3860.7万元,项目资金到位率达100%。

【家庭医生签约服务】 探索"互联网+医疗",为交通不便的山区、海岛老年人以及高血压、糖尿病等慢性病患者等重点服务人群提供移动医疗一站式服务。通过移动4G+网络,创新"123"(一网通、两管理、三平台)家庭医生服务模式,患者健康档案和就诊信息一"屏"了解。截至2021年年底,通过移动医疗累计完成"上门零距离"服务3500余人次。推行"固定日"服务制度,在全县所有行政村和社区建立固定服务日,并通过健康教育宣传栏公示固定服务日时间。家庭医生团队在固定服务日以集中和入户方式进行随访管理,每次服务时间不少于3小时,4~6周即可覆盖一次辖区全部村庄,实时掌握村民的健康状况。家庭医生重点人群签约率83.77%,续签率76.31%。

【慢性病规范管理】 持续推进慢性病综合防控体系建设,完成第三轮慢性病防治临床指导中心挂牌。2021年,全县象山户籍报告发病率分别为:糖尿病463.47/10万、冠心病70.00/10万、脑卒中343.37/10万、肿瘤566.26/10万、慢阻肺261.58/10万。共报告5类慢性病发病病例9254例,较上年上升了8.87%;其中糖尿病、冠心病、肿瘤和慢阻肺均较上年上升,分别上升5.01%、32.87%、3.78%、44.60%;脑卒中较上年下降了0.53%;登记高血压患者数55133人,管理53680人,规范管理率70.10%,血压控制率75.16%;登记糖尿病患者数为17676人,管理16885人,规范管理率71.64%,血糖控制率62.51%。在"重点人群结直肠癌筛查项目"中,重点人群结直肠癌筛查共完成筛查8559人,肠镜检查466例,发现高危及癌前病变113例。在"重点人群慢阻肺筛查项目"中,累计筛查重点人群13200人,共发现慢阻肺患者1529人并纳入社区管理。在"医疗机构肺癌机会性筛查项目"中,累计筛查1254人,检出阳性者491人,检出癌症病例数6人,早期肺癌病例数4人。在

"海岛地区肺癌筛查项目"中，累计对1063名高危人群进行低剂量CT检查，其中发现疑似肺癌15例、阳性结节75例、气道重要病变2例、半阳性结节421例、肺外病变175例、肺其他病变57例，对相关人员进行随访并纳入社区管理。

【健康档案管理】 以信息化为手段，引入健康档案质量管理机制，对全县48.7万份档案进行红绿灯分级管理，为一年内维护档案为绿色、两年内维护的档案为黄色、三年内维护的档案为红色，绿灯档案覆盖率50%。居民通过"浙里办"，实名认证后可查询个人基本信息、诊疗信息、体检信息、随访信息等，调动居民参与自我健康管理的积极性，提高居民获得感。强化与市级平台对接，按照新版传输规范，传输电子健康档案48.7万份，规范化电子健康档案覆盖率85.56%，动态使用率达80.57%。

【重性精神疾患者社区管理】 规范落实严重精神障碍患者排查、随访，严格信息交换制度做到"应管尽管"。加大治疗保障力度，贫困患者享受全额服药补助，针对弱监护、服药依从性差、病情不稳定等存在危险因素的患者，实施长效针剂项目，做到"应治尽治"。2021年，在丹城、石浦、大徐、西周四地推行同伴支持项目，多形式、深层次促进精神障碍患者更好地回归社会，常态化开展家属联谊会34场，运行6家精神康复工疗站，收纳222位精神康复患者。全县在册严重精神障碍患者2768人，检出率为5.21‰，规范管理率99.64%，稳定率99.97%。

【健康服务管理】 组建儿保医生、幼儿园教师及村级指导员组成"1+1+1"多元化的婴幼儿照护指导服务团队，提供早期发展指导、养育照护小组活动及入户指导等服务。推出象山县产后（新生儿）访视保健管理路径，在原有访视工作基础上增加儿童早期发展促进项目，提供产后抑郁症的筛查、新生儿眼保健服务、家庭养育风险筛查、家庭养育技能指导、避孕咨询指导和避孕药具免费发放服务，同时统一服务包、统一服装胸牌、统一文明用语，让人生出生的第一站引来最好的服务。以基层医疗卫生机构免费服务方式提供基本公共卫生服务和家庭医生签约服务，为社区居家养老人群和部分机构养老人群提供"基本型"医养结合服务。以"颐养小屋"为纽带，通过养老院与卫生院签订合作协议，卫生院定期派驻专业医护人员，为入住老年人提供医疗问诊、保健咨询、急诊急救、远程会诊等"标准型"医养结合服务。老年人城乡社区规范健康管理率74.46%。

卫生监督

【概况】 2021年，象山县共有医疗机构312家、公共场所2455家、学校59家、职业健康申报企业298家、集中式供水单位13家、二次供水单位10家、病媒生物预防控制服务单位7家、职业健康检查机构2家、餐饮具集中消毒单位2家。是年，全县卫生监督工作紧紧围绕民生热点，突出医疗卫生、传染病防治、公共场所卫生、职业卫生执法等重点工作，坚决筑牢疫情防控堤岸，推进卫生监督能力建设。

【"双随机、一公开"】 2021年，全年掌上执法检查1038户次，检查率100%，"双随机"处罚率39.91%，其中国家"双随机"任务382家，监督完成355家，监督完成率92.93%，监测完成153家，监测完成率90.53%%。省级"双随机"总任务家数441家，监督完成397家，完成率90.02%，"双随机"抽查事项覆盖率100%，跨部门联合执法率27.27%，应用信用规则率100%。认领领域内行政检查子项36项，监管事项入驻率100%，处置风险预警事件41条，立案15件，处置率100%。

【医疗服务市场监管】 新冠肺炎疫情防控。开展多轮基层医疗机构全覆盖网格督查，重点对集中隔离医学观察场所、预防接种单位及方舱式临时接种点新冠病毒疫苗接种、核酸采样点工作开展督查，面向监管经营单位进行疫苗接种、核酸检测宣教引导工作。医疗机构依法执业监督。结合疫情防控，在医疗机构自查自纠的基础上，通过对人员资质、执业范围等常规检查、全市交叉检查、中医医疗机构规范诊疗检查、有无非法应用人类辅助生殖技术等组织专项行动，立案95件，罚没款26.66万元。打击非法行医"飓风行动"。开展历史非法行医窝点回头看、非法医疗美容、打击游医黑医等无证行医，立案26件，作出行政处罚22件，罚没款104万元。建成医疗口腔在线智慧监管试点单位4家。

【传染病防控】 专项检查抗抑菌制剂，检查药房超市、医疗机构等16家，采样检测1家药房在售的抗抑菌制剂膏霜剂12份，结果合格；开展三大医疗集团及公共卫生单位医疗废物处置监督，立案19件，罚没款2.7万元，处理医疗废物智慧监管平台风险预警14起，约谈1家医疗机构负责人；开展餐饮具集中消毒企业监督抽检，全年采样检测餐饮具160份，检测项目为沙门氏菌、大肠菌群、阴离子合成洗涤剂、游离性余氯，均符合国家卫生标准。

【职业与放射卫生监管】 组织2021年放射工作人员新训复训，重点对52家医用放射诊疗单位的放射许可、人员资质、防护用品配备等开展专项检查，责令整改10家，立案4件。开展职业健康专项执法，结合"蓝盾助企"普法月，开展培训9期、现场咨询20场次，有奖竞答1期，入企服务208家，检查用人单位96家，立案23件，处罚22件，同时回头看检查尘毒危害企业11家，发现关停1家，新增8家，处罚1家。做好职业健康体检服务，配备"一对一"职业健康协管员，做好体检服务指导，发现职业禁忌证235例，未收到职业病报告。推行用人单位"互联网+监管"，建成职业健康数字化监管单位3家，建立象山县职业健康安全监管平台，已备案企业279家，完成分类分级130家。

【公共场所卫生监管】 抓实开展重点风险领域专项治理，进一步强化落实公共场所安全主体责任。全市首创智慧控烟数字化执法，建成以来，声光劝阻吸烟人员500余人次，捕捉违法线索328条，预警图片100张，对接公安人脸识别核实身份信息50条，行政处罚23件。禁烟专项检查，检查医疗服务单位、商超酒店、网吧等禁烟场所168家，责令整改30家，立案43家。游泳场所夏季保健康行动，通过组织3期培训会议、抽检公示泳池水质卫生等措施，对全县15家开放的游泳场所开展夏季保健康专项整治，共开展四批次监督检测，采集水样168份，合格160份，合格率95.24%，立案处罚6家。集中空调通风系统专项检查，检查41家集中空调通风系统使用单位，下达卫生监督意见书12份，责令限期改正，监督检测10家，检测结果均合格。卫生监督检测，顾客用品用具消毒效果抽检115家公共场所，合格104家，合格率90.43%。完成春节、中秋、国庆、中高考、全运会期间公共场所疫情防控措施落实及卫生安全保障。建成住宿场所透明洗消间试点单位3家、住宿场所布草间行为分析试点单位2家、智慧游泳馆2家、空气质量在线监测试点单位1家。

【学校卫生监管】 以“校园卫生安全保健康专项行动”为主线，重点做好对全县59家中小学校基本情况、组织管理、传染病常见病防控管理、教学和生活环境、饮用水的监督检查。直饮温开水监督覆盖率均达100%，学校卫生监督建档率达到100%。对发生传染病聚集性疫情的学校（幼儿园）开展监督指导99家次。对59家学校进行采光、照明、课桌椅设置等教学生活环境卫生监测，发现部分学校存在教室照明、人均面积不达标等问题，立案处罚9家，并抄告教育局。

【生活饮用水卫生监管】 对全县13家集中式供水单位和10家二次供水单位的水源保护、设施设备运行、水质污染应急处置等进行监督检查，采集水源水、出厂水、管网水、二次供水共计72份，合格率均100%，并于每季度末向社会公开用户水龙头水质安全状况；对13家集中式供水单位开展卫生监督量化分级，评定A级2家、C级11家；督导2家A级供水单位水质在线监测预警体系正常运行。

【爱国卫生监管】 全县已备案病媒生物预防控制单位7家，基本信息均录入省卫生监督信息管理系统，省级“双随机”抽检2家，均合格。结合新冠疫情防控、学校创卫、“双随机”检查等工作，对300余家单位开展病媒生物防控工作监督检查，情况良好。

【卫生行政执法】 2021年，卫生健康行政执法效能考核全省并列第1名，全市卫生监督工作考核优秀。全年共立案734件，作出行政处罚717件（包括520件一般行政处罚案件和197件简易程序案件），强制执行10件，重大行政处罚案件30件，结案700件。其中警告669户次，没收违法所得14户次，罚款517户次，共计罚没款191.16万元。积极处置民众投诉举报，共接信访舆情50件，其中信访转执法30件，警情联动5件，民生回应帖15件，立案13件，信访转执法率、结案率、资料完整率、回复率均100%。

疾病预防

【概况】 2021年，象山县共报告甲、乙、丙类传染病10151例，比上年同期（7737例）上升31.20%，总报告发病率1911.67/10万。无甲类传染病报告，乙类传染病共报告病例1065例，比上年同期（1085例）下降1.84%，报告发病率200.56/10万；丙类传染病报告5种9086例，比上年同期（6652例）上升36.59%。处置各类聚集性疫情130起。开展传染病预警报告，所有信息均及时进行调查核实，传染病自动预警信息系统运行正常。全县各网络直报单位三级卫生信息平台传染病网络直报运行正常。

【新冠肺炎疫情防控】 全面落实“外防输入、内防反弹”的总体防控策略。一是持续开展新冠病毒外环境及重点人群监测。全年共采集各类标本12575份，其中物品标本2865份，外环境标本2446份，人员7264份，新冠病毒核酸检测结果均为阴性。二是科学有序、积极稳妥推进目标人群的新冠疫苗接种工作。开展相关业务培训，做好新冠疫苗接种工作人员的储备。切实开展接种现场督导和预防接种副反应的监测报告，共处置鉴定疑似预防接种异常反应8例。全年象山县累计接种1195910剂次，其中18岁以上、12~17岁、3~11岁均按要求完成任务，60岁以上人群全程接种覆盖率79.55%，18岁以上加强针接种80604剂次。三是支援镇海疫情防控工作。县疾控中心派出9名应急队员赶赴镇海开展流行病学调查和核酸检测工作。

【重大传染病防控】 一是艾滋病防控工作有力推进。进一步扩大艾滋病检测，推进重点人群自我检测和综合干预。全年各类人群HIV检测11万余人次。加强MSM（男性同性恋性接触者）人群干预，发放安全套2000余个，推送艾防宣教信息1400余条，检测361人次，发现阳性病例2例。象山县全年新报告HIV阳性病例42例，外地报至本地病例9例。现存活病例数共计369人，已启动抗病毒治疗在治338人，在治治疗比例91.61%。二是结核病防治稳步开展。全年新登记活动性结核病人219例，耐多药肺结核高危人群筛查率100%（16/16）。对确诊的肺结核病人均统一使用标准的短程化疗方案，使用统一化疗方案率达100%。结核患者满疗程成功治疗率96.64%（230/238）。完成入学（园）新生结核病症状筛查和高中和寄宿制初中入学新生PPD（结核菌素试验）筛查，未发现肺结核患者。

【病媒生物及寄生虫病、地方病防控】 加强夏登革热等虫媒传染病防控。4月开始，每月开展登革热白蚊伊蚊幼蚊密度监测，将监测结果以通报的形式转发给县爱卫办和当地政府部门，并提出相应的防蚊灭蚊建议。强化全县病媒生物监测防制工作，开展“三热”病人监测，监测404人，未发现疟疾病人。开展布病监测。对养殖、贩运等重点人员进行布病主动排摸和监测，无布鲁氏菌病病例报告。开展碘缺乏病监测，对5个镇乡5所学校的8~10周岁210名学生和105名孕妇开展碘营养调查，学生合格碘盐食用率53.33%，孕妇合格碘盐食用率49.52%。开展地方性氟中毒监测，14个原地氟病自然村全部完成改水工程，14份末梢水样品氟含量全部符合饮用水标准，调查120名8~12周岁儿童，未发现氟斑牙患者。开展居民土源性线虫感染率调查，调查结果表明象山县居民土源性线虫感染率已降至1%以下，防治工作取得明显成效。

【免疫规划】 依法依规做好免疫规划工作，加强全县预防接种和疫苗管理，确保疫苗与接种安全。全县免疫规划工作水平持续提升，全县常住儿童、流动儿童免疫接种保持较高水平，单苗接种率均在95%以上。加强业务指导和规范管理，利用医共体平台，充分发挥“两员一团队一中心”作用，常态化开展预防接种指导和督查，2021年共组织开展专项督导检查3期。组织开展2期预防接种业务培训，进一步提高象山县预防接种工作质量。持续推进免疫规划信息化建设，儿童常规免疫信息化系统与省SaaS系统成功切换，实现区域内免疫接种信息管理系统与省平台信息互联互通。

【职业健康保护行动】 深入实施职业健康保护行动，对35家工作场所开展职业病危害因素监测，6家黑色金属铸造业用人单位开展职业病危害风险评估，掌握职业病危害对劳动者健康影响程度，进入企业开展职业病防治法宣传周活动，加强职业病防控。

【食品安全风险监测】 开展食品安全风险监测，全面了解和掌握全县食品中主要污染物及有害因素的污染水平和发现食品安全风险隐患，保障人民群众食品安全。1—12月共采海产品、学校直饮水、酒类等食品6524份，检测细菌总数、大肠菌群、副溶血性弧菌、铜绿假单胞菌以及重金属残留量、农药残留、甲醛、甲醇、甜蜜素等指标，完成全年任务数111.45%。开展食源性病例特定病原体监测，沙门氏菌、副溶血性弧菌等特定病原体阳性检出率37.07%。

【学校卫生】 通过开展儿童青少年近视调查、适龄儿童窝沟封闭、学生龋病与健康行为调查和儿童口腔局部涂氟等工作，保障儿童健康成长。2021年，全县调查幼儿167人，近视13人，近视率7.78%；小学生1283人，近视541人，近视率为42.17%；初中生566人，近视459人，近视率为81.10%；高中生（含职高）291人，近视260人，近视率为89.35%。对41所学校开展窝沟封闭工作，封闭率86%，封闭完好率77%，获“2020—2021年度宁波市适龄儿童窝沟封闭项目”先进集体荣誉称号。在8所幼儿园开展口腔局部涂氟试点工作，对6000名幼儿进行口腔局部涂氟。

妇幼保健

【概况】 坚守母婴安全底线，提升健康服务能力，打造生育全程服务链，加大妇幼健康惠民力度。继续完善危重孕产妇、新生儿救治网络体系建设，修订危重孕产妇抢救预案，实行高危孕产妇“五色”管理，2021年未发生孕产妇死亡，婴儿死亡率和5岁以下儿童死亡率分别为1.35‰、2.25‰。建立完善促进婴幼儿照护服务发展的标准规范体系和服务供给体系，以多种形式开展婴幼儿照护服务，促进婴幼儿健康成长。全县所有镇乡（街道）都已建立家庭养育健康指导试点单位。

【孕产妇保健管理】 全年户籍地共2197例产妇分娩，活产数2220例。孕妇建卡人数2160例，早孕建卡率98.32%；产后访视人数2197例，产后访视率98.96%；孕产妇系统保健管理人数2152例，系统保健管理率96.94%；实行住院分娩活产数2220例，住院分娩率100%；孕产期发生高危1749例，高危孕妇发生率79.61%。非户籍地孕产妇800例，活产数809例，早孕建卡率、系统管理率、住院分娩率分别达91.63%、89.37%和100%。继续做好预防艾滋病、梅毒和乙肝母婴传播，对阳性病例均进行规范治疗。

【产科质量管理】 探索县域健共体妇幼健康管理工作机制，提高产科服务质量。全县3家助产技术服务单位共接生人数2507人，总分娩数同比下降477例。新生儿活产数2522例，剖宫产活产数1288例，助产单位的剖宫产率51.07%，非医学指征剖宫产率1.86%，剖宫产率同比略有上升。全县发生危重孕产妇10例，均及时治疗抢救，未发生孕产妇死亡情况。

【出生缺陷三级预防】 落实基本公共卫生免费项目，完善涵盖婚前、孕前、孕期、新生儿期等阶段的出生缺陷预防体系，健全出生缺陷三级预防网络。2021年，共有1277对新婚对象，其中1166对新人参加了免费婚前医学检查，婚检率达到91.31%；1182.5对待孕夫妇享受了免费婚孕前优生健康检查服务，免费孕前优生健康检查率90.75%。提高产前筛查和产前诊断率，孕妇产前血清学筛查率为96.6%，产前诊断率分别为93%。全县新生儿疾病筛查率达100%，串联质谱筛查率100%，听力筛查率为99.9%。

【儿童保健管理】 开展儿童早期发展示范基地和星级门诊创建工作，西周、鹤浦、爵溪卫生院分别创建新一轮孕产妇及儿童保健星级门诊。2021年，全县推出了婴幼儿照护“1+3+18”服务模式，开展“百场婴幼儿照护小组活动进乡村活动”以及“县域内婴幼儿照护服务项目在妇幼健康应用中的实践研究”课题研究，探索县域闭环式的婴幼儿照护服务模式。至2021年底，7岁以下户籍儿童总数24062人，接受儿童保健管理23003人，保健覆盖率95.60%，达到系统管理22610人，系统管理率93.97%；3岁以下户籍儿童总数8226人，接受儿童保健管8161人，保健覆盖率99.21%，达到系统管理8054人，系统管理率97.91%。继续推进儿童中医调养服务管理，2021年有6885例3岁以下儿童接受了儿童中医药健康指导，服务率为83.70%。发现贫血患儿562例，贫血发生率4.08%。

【惠民实事项目】 继续实施城乡妇女免费“两癌”检查，2021年全县共完成免费宫颈癌检查8188人，乳腺癌检查8464人。深化医疗卫生服务领域“最多跑一次”改革事项，推广通过浙里办App办理“出生一件事”事项，举办“出生一件事”相关工作培训会，建立象山出生一件事钉钉群和医院业务办理微信群，提高服务质量。

医政管理

【概况】 2021年，重点做好新冠肺炎疫情防控医疗救治工作。完善平战结合应急体系，建立健全职责明确、流程清晰、科学精准、响应迅速、高效贯通、量化闭环的防控体系。继续推进县第一人民医院医疗健康集团总院公共卫生大楼和县红十字台胞医院医疗健康集团总院感染楼建设。组建核酸采样队伍1710人，培训持PCR（聚合酶链式反应）上岗证101人，4家县级实验室配备PCR仪18台，日最大核酸检测量达1.8万管，在东陈乡组织全乡大规模核酸筛查演练1次，统筹做好核酸检测采、送、检、报各环节，强化监测预警能力。做好医学隔离点建设管理，牵头制订医学隔离点梯度管理方案、工作制度、流程规范、职责分工，先后启用23个医学集中观察点，第一时间做好涉疫人员处置、协查等工作，确保各类疫情风险管控在最小时段、最小范围。抽调6批共1100余人次医务人员驰援镇海、余姚、北仑等地疫情，高效接收异地转运人员1854人。

【深化医疗服务领域“数字化”改革】 持续深化医疗服务领域数字化改革，完善“健康大脑+”体系，建成“象山县全民健康信息平台”，实现跨区域、跨部门、跨机构、跨系统数据协同。整合医生门诊、药库管理、健康档案存储等系统，建成基于云计算技术的云HIS平台，实现诊疗数据标准化、信息化、可共享。聚焦影响居民群众就医体验的堵点痛点，按照“小切口、大场景”数字化改革要求，不断优化服务流程，日间手术比例（16.8%）、病房智慧结算率（94.24%）、院前急救平均出车时间（1.02分钟），连续性医疗服务模式获全国医患友好十大优秀案例。深化云上中医馆、共享中药房建设，构建中药代煎追溯体系，确保优质中医资源全面下沉。重塑患者预约挂号、检查检验、费用缴纳等流程，实现信息建档、科室诊疗、报告读取、医保支付等场景“全流程、全人群”智慧就医，全年完成刷脸就诊、扫码支付260万人次。全省率先实现基层医疗机构医学检查检验结果互认共享，就诊患者人均减少支出53元，就诊时长缩短1小时以上。

【深化公立医院综合改革】 组建综合医改工作专班，制定县域医共体建设目标任务、责任清单、考核细则，强化医共体运行监管。制订补偿机制改革方案，细化慢性病管理项目，按标化工作当量落实补助资金。建立基层医疗卫生机构补偿机制改革绩效考核指标池，构建覆盖医疗、公卫、综合管理等三方面293个指标体系，推进机构内部精细化管理。扎实推进县域医共体按人头包干支付方式改革，将留用分担比例与年度服务质量评价等级挂钩，有效控制医保费用增幅、优化医院收支结构。进一步强化公立医院运行管理，探索开展集团账户统一招标、管理平台统一建设、存量资金统一利用，继续推行物资采购一体化运行、后勤服务社会化运作，智慧后勤做法得到县委主要领导批示肯定。2021年，全年医疗服务收入占比32.75%，同比提升2.95个百分点；百元医疗收入医疗支出108.33元，同比增长3.46个百分点；药占比24.89%，同比下降4.14个百分点；百元医疗收入消耗卫生材料20.98元，同比下降0.33个百分点；检查检验收入占比29.46%，同比下降0.2个百分点。

【提升医疗质量】 加强医疗质控。用好全县27个质控分中心，完善质控组织体系，强化质控业务培训和飞行检查，全面贯彻落实医疗质量安全核心制度。重点加强对县域检验中心、病理中心、消毒供应中心，重点关注民营医疗机构、个体诊所（口腔）的复用器械消毒管理。县院感质控中心每月从专家团队中抽取一定数量的专业人员组成督查组，采取“四不两直”的方式，对各级医疗机构特别是定点医院和发热门诊（诊室）进行院感防控专项抽查。组织院感、医疗、护理等10个质控中心，分别在6月、11月开展全县联合质控督查，集中反馈并开展回头看。各质控中心组织开展质控培训共计11期，内容涉及业务能力和质量管理，受益400余人次，持续推进医共体医疗质量同质化管理。

【发展中医药事业】 2021年6月3日，象山县中医医院顺利完成搬迁，7月28日挂牌成为浙江中医药大学教学医院，门诊患者中药饮片使用比例28.27%，出院患者中药饮片使用比例64.55%，门诊患者中医非药物疗法比例10.43%，出院患者中医非药物疗法比例68.87%。根据《象山县中医诊疗中心建设方案》，完善中医药三级服务网络。开展中医药服务“六进”活动，组织开展义诊、冬病夏治、膏方节等活动普及中医药文化。建成以集团总院为中心枢纽，各成员单位中医科为基础，辐射社区卫生服务站、村卫生室的中医诊疗中心架构体系。建成中医临床、中医护理、中医适宜技术、中医药事四大中医质控中心，实施同质化管理。制定45项基层多发病常见病的中医适宜技术操作手册，每年推广6~8项。

【学科建设与科教】 融入长三角区域一体化和城市医联体建设，按照县域学科建设方案，推进各集团总院加强对外合作和自主培养，县第一人民医院医疗健康集团总院胃肠病学和感染病学成为第四轮宁波市市县共建医学重点学科，丹城分院呼吸内科成为第五批县级医学重点专科（基层特色专科）创建学科，集团内部创建9个集团重难学科，3个集团特色专科，5个集团扶持学科。2021年全县共举办省级继续医学教育项目1项，市级继续医学教育项目1项，温医大教学课题6项。

医疗科研与交流

【概况】 2021年，全县成功立项省医药卫生项目3项，市医学科技计划项目2项，其他省医学会2项，省医院协会项目1项，县科技计划项目9项，发表科研论文54篇，其中教学论文2篇，SCI论文9篇，影响因子达30余分，获得实用新型专利证书56个，外观专利2个，软件著作权5个，出版著作5部，成果转化2项。

【血浆外泌体中mtDNA在肺癌早期诊断和预后判断中的价值研究】 省医药卫生科技计划项目，由县第一人民医院医疗健康集团总院胡通洲主持，研究起始时间为2019年12月至2022年12月。本次研究采用外泌体提取试剂盒纯化肺癌患者血浆中的外泌体，采用Western blotting检测外泌体特异性标志物CD63和CD9，电镜鉴定外泌体形态。然后利用实时荧光定量PCR（real-time RT-PCR，qRT-PCR）技术扩增线粒体16s RNA基因的mtDNA79和mtDNA230片段，编码线粒体ATP合酶8的MTATP8基因片段，计算mtDNA79、mtDNA230、MTATP8的相对表达量。确定所检测的mtDNA片段确实是来自外泌体，而非血浆中游离的mtDNA片段，并进行储存条件检测和可重复性检测。最后，采用受试者工作特征（receiver operating characteristic，ROC）曲线分析确定血浆外泌体中mtDNA对肺癌诊断的灵敏度、特异度、假阳性和假阴性率。

【天然免疫蛋白MD2调控炎症——脂代谢环路介导非酒精性脂肪肝的机制研究】 省医药卫生科技计划项目，由县第一人民医院医疗健康集团总院左伟主持，研究起始时间2022年1月至2024年12月。非酒精性脂肪肝（NAFLD）是与脂质代谢紊乱相关的慢性炎症性疾病。目前NAFLD发病机制还有待完善，治疗手段有限。髓样分化蛋白2（MD2）是Toll样受体4识别LPS的重要辅助蛋白。有研究表明TLR4与NAFLD进展相关，同时我们前期研究发现在NAFLD小鼠模型中MD2敲除或抑制显著改善高脂饮食诱导的肝脏脂质堆积和炎症反应；RNA-seq的结果提示MD2可能介导AMPKα/SREBP1通路诱导脂质堆积和肝脏损伤。众所周知，TBK1和TNF-α都参与NAFLD进展，但MD2如何参与肝脏脂质堆积和炎症反应尚不清楚。因此，我们假设：一方面，在肝实质细胞中饱和脂肪酸（SFA）通过MD2/TLR4介导TBK1活化抑制AMPKα/SREBP1信号轴激活导致脂质堆积；另一方面，在巨噬细胞中SFA通过MD2/TLR4诱导炎症因子TNF-α的分泌。而TNF-α可以正反馈地增强TBK1-AMPKα/SREBP1信号轴活化从而加剧脂质的堆积。本项目拟利用小分子抑制剂、转基因小鼠和骨髓移植等技术在细胞和动物层面阐明MD2在NAFLD发生发展中的作用和机制。明确MD2小分子抑制剂缓解NAFLD的药理机制，为NAFLD的治疗提供新靶点和新策略。

【体重污名对超重肥胖青少年心身健康的影响及干预研究】 省医药卫生科技计划项目，由县第一人民医院医疗健康集团总院韩春婵主持，研究起始时间2022年1月至2024年12月。本研究将以青少年群体为研究对象，从外显态度和内隐态度两个层面分别探讨青少年体重污名的现象。基于社会认同威胁模型，探讨体重污名对超重肥胖青少年的社交焦虑、抑郁情绪的影响，以及被污名者的体重偏见内化是否有中介作用；依据社会支持的缓冲理论，探讨社会支持能否缓冲被污名者的社交焦虑、抑郁情绪。同时本研究以超重肥胖青少年为研究对象，基于肥胖与体重污名周期模型，探索体重污名是否会引起皮质醇变化，评估唾液皮质醇是否会因暴露于体重污名刺激而发生改变。采用系统评价法，基于认知行为疗法，综合运用社会技能训练、结构化问题解决等行为技术，通过德尔菲法开展2~3轮专家咨询，构建《超重肥胖青少年自我体重污名干预方案》。采用实验组对照组前测后侧实验设计，分析实验组（体重污名干预方案）与对照组（不做处理）在干预前、干预后即可刻、干预后3个月体重偏见内化、社交焦虑、抑郁状态的变化，初步验证干预模式的可行性和有效性。

【基线乙型肝炎表面抗原极低水平患者功能性治愈的研究与推广】 市卫生健康委员会医学科技计划项目项目，由县第一人民医院医疗健康集团总院邬琪焕主持，研究起始时间2022年1月至2023年12月。此次研究在前期研究的基础上，拟优选基线HBsAg极低水平（〈200IU/ml）的非活动性HBsAg携带者或一线NAs经治CHB患者，给予优化治疗（单用Peg-IFN-α或TAF/TDF/ETV+Peg-IFN-α）52周，从而探寻不同治疗组别的疗效和安全性，构建多因素回归模型分析对疗效有预测作用的各时间点指标，构建优选和优化治疗策略，为慢性HBV感染的功能性治愈提供翔实的依据。探索慢性HBV感染功能性治愈的优化治疗，对于控制或改善疾病的进展、实现患者的迫切期望有着重要意义。作为申请者研究工作的长期目标之一，该项目是在前期研究成果基础上的进一步拓展、深入、凝练、整合和提升，并实施技术推广。

【海岛地区门诊痛风患者自我管理行为现状及影响因素分析】 市卫生健康委员会医学科技计划项目项目，由县第一人民医院医疗健康集团总院江培兰主持，研究起始时间2022年1月至2023年12月。此次研究采用便利抽样法，选取2022年1月至2022年12

月于本院痛风科门诊就诊390例痛风患者。采用自制痛风患者一般资料调查问卷、痛风患者自我管理量表、心理韧性量表、疾病接受度量表、社会支持评定量表进行问卷调查。通过SPSS23.0软件分析，采用独立样本t检验或单因素方差分析进行均值比较，采用Pearson相关分析对痛风患者自我管理能力和心理韧性、疾病接受度及社会支持的相关性进行分析，采用多元线性回归分析对痛风患者自我管理能力的影响因素分析。$P<0.05$为差异有统计学意义。以此调查海岛地区痛风患者心理韧性、疾病接受度、社会支持和自我管理行为的现状，并分析三者与自我管理行为相关性，为构建该群体自我管理干预方案提供参考。

爱国卫生

【概况】 以巩固国家卫生县城和建设健康象山为目标，完善爱国卫生工作机制，提升爱国卫生工作水平，深化卫生城镇创建。开展健康细胞建设，新创健康促进学校铜牌单位4所、健康支持性环境67个、无烟党政机关16家、无烟学校1家。落实春秋季灭鼠、夏季灭蚊蝇蟑等除“四害”活动，病媒生物密度控制在国家C级水平。

【卫生创建】 墙头镇等10个乡镇通过国家卫生镇省级暗访。全面推进乡村爱国卫生工作，省、市级卫生村分别达202个、96个。

【病媒生物防治】 落实春秋季以灭鼠为重点、夏季以灭蚊蝇蟑为重点的病媒生物预防控制工作，对全县四害密度进行监测。在丹东街道、丹西街道、西周镇、墙头镇和大徐镇开展病媒信息化试点，通过信息化技术加强病媒生物预防控制动态化管理。继续推进各镇乡(街道)四害消杀市场化运作，加强对消杀公司的监督管理。开展环境卫生整治和病媒滋生地清理工作，2021年组织城乡环境卫生集中整治260余次，整治村庄500余个，整治农贸市场22个，参加爱国卫生运动45000余人次，共清理卫生死角3800余处，清除乱堆放4500余处，清理脏乱道路5万余平方米，消灭病媒生物滋生地5500余处，清除垃圾6700余吨。

【健康教育】 组建“健康象山”讲师团，启动健康素养进农村文化礼堂活动，发挥农村文化礼堂的“用”“育”作用。2021年，全县各乡镇(街道)累计开展健康素养进农村文化礼堂健康讲座794次、健康活动366次、健康服务912次、中医药活动216次，当地居民收益覆盖人次数为149874人次，覆盖351个农村文化礼堂，农村文化礼堂覆盖率为100%。结合世界无烟日、肿瘤宣传周、全国儿童预防接种日、世界肝炎日、全国爱牙日、全国高血压日、世界糖尿病日、世界艾滋病日等主题日开展各类大型主题宣传活动。对乡镇所辖社区(村)宣传栏进行统一更新内容，推进村级健康主题公园的建设，保证健康教育知识及时深入到基层。

【爱国卫生月活动】 开展以“文明健康 绿色环保”为主题的第33个爱卫月活动。活动期间，开展环境卫生整洁行动，加强病媒生物消杀，全县共举行宣传活动134场，张贴发放宣传材料2.9万余份，电视媒体报道2条，发布新媒体文章20篇，新媒体阅读量1.6万余次，线上活动参与1.66万人次，参与实践活动1.1万余人次。

【公共场所控烟活动】 组织开展主题为“承诺戒烟，共享无烟环境”的第34个世界无烟日控烟月活动，在技工学校组织开展“拒绝第一支烟”签名活动，同时展览烟草危害图片活动，内容主要以烟草和二手烟危害及烟草带来的疾病负担和戒烟的益处为题材，让学生进一步了解烟草危害，拒绝吸烟。对城区部分机关单位、医疗服务场所、教学活动场所、商场、超市、宾馆、影剧院、候车室等公共场所开展了控烟督查和执法，对违法吸烟者和控烟不力的经营者进行了处罚和曝光。在社区开展义诊咨询活动，现场放置宣传展板，免费测量血压血糖，发放宣传折页并赠送礼品等健康材料，活动中工作人员向围观群众讲解吸烟有害健康、戒烟的好处，劝导群众做到自我控烟，劝诫青少年抵制烟草，积极营造戒烟支持环境。活动共发放宣传资料7000余份，接受群众现场咨询1000余人次，以微信公众号、官方微博等自媒体以及电子屏幕等为载体发送烟草控制科普图文15次，受益人数3000余人。

【健康支持性环境建设】 2021年，全县新建健康社区、健康主题公园、健康步道、健康单位、健康食堂等健康支持性环境67个，培育健康家庭9157户，新创健康促进学校铜牌学校4所，新创无烟党政机关16家、无烟学校1家，建设健康促进机关52家、健康促进企业13家、健康促进医院21家。

(郑潇琳)

医疗保障

【概况】 2021年，象山县共有基本医保参保人52.65万人，其中城镇职工医疗保险参保22.10万人、城乡居民医疗保险参保30.51万人，免缴人员近1.6万人，户籍人口参保率99.5%；定点医药机构189家，其中医疗机构70家、零售药店119家。医保基金总收入19.05亿元，总支出15.62亿元。

【医保政策变动】 1月1日，调整县公务员医疗保险政策，做好县公务员医保缴费基数、公务员补助金筹资标准及个人账户补助标准与市级统一。3月1日，全面实施国家药品目录，切实保障参保人的合理用药需求。6月30日，将PET-CT检查纳入大病保险支付范围。7月1日，放开非象山县户籍灵活就业人员和0~6周岁婴幼儿参加基本医疗保险，调整基本医疗保险征缴依据，调整待遇享受时间。完善异地就医结算管理服务，实行省内异地就医免备案，调整转省外异地就医待遇及常住外地就医办法，提高异地就医报销比例，缩短取消异地安置备案时间。进一步完善大病保险制度，调整大病保险起付线及报销比例，适当提高困难群众医疗保障水平。调整医疗救助体系，搭建“基本医保、大病保险、医疗救助”的三重保障制度，层层化解高额医疗费用，将城乡居民的大病保险报销比例统一提高到70%。困难群众参加城乡居民基本医疗保险、大病保险的个人缴费部分由政府进行补助，其中特困、低保对象全额补助，低边对象按照不低于50%的比例补助。对于符合条件的医疗救助对象发生的合规医疗费用，如经过医疗救助、民政临时救助后，自付费用依旧超过3万元的部分给予全额补助。积极支持三孩生育政策落地，将女职工生育三孩的费用纳入生育保险待遇支付范围。10月1日，根据浙江省医疗保障局《关于公布新增基本医疗保险医疗服务项目的通知》，将新增的54项医疗服务项目及对应的医用耗材费用全部纳入医保范围。11月16日，调整缴费年限有关政策，职工基本医疗保险缴费年限调整至20年，做好过渡衔接工作。

【医保基金监管政策宣传】 4月为全国第三个医保基金宣传月，县医保局组织全县定点医药机构220人参加《医疗保障基金使用监督管理条例》（简称《条例》）学习暨警示教育；开展医保支付办法暨条例宣讲工作座谈会。通过《今日象山》全文刊登《条例》及问答分发、象山医保微信公众号推送《条例》全文、违规使用医保基金典型案例，结合医保电子凭证推广，进医院、村社开展宣传。累计印发《医疗保障基金使用监督管理条例》5万份、《医疗保障基金使用监督管理条例》问答手册1000份、宣传海报4000份、易拉宝120份。

【深化医保领域“最多跑一次”改革】 通过整合资源、多方联动，便民服务不断推向深入。实现大病保险特殊药品报销受理工作大市内“全城通办”。开展宁波市范围内异地居住参保人员健康体检委托结报服务。取消异地长期居住人员备案相关证明材料。实现省内医保转移接续一证通办“零跑腿”，通过网上自助办理省内医保关系转移接续业务，时限从原来2～3个月缩短到了当月甚至当日。完成出生、退休、身后等“一事联办”360例。

【深化基本医疗保险支付方式改革】 深化支付方式改革，协同推进“三医联动”建设。强化医保基金总额预算管理，制定《象山县基本医疗保险支付办法》，实行住院按DRGs（诊断相关分组）点数法付费、门诊按人头总额预算付费的复合医保支付方式。明确3家医共体集团按人头包干付费，年度服务人头51万人，门诊年度预算基金总额6亿元。全面推进DRGs点数法付费。对象山县18家医院实施住院医疗服务按DRGs点数法付费，明确统筹基金年度总额预算为5亿元。落实基本医疗保险长期住院、安宁疗护及精神疾病按床日DRG付费政策，明确50个DRGs病组支付同病同价政策。建立互通机制，组织业务培训，开展走访调研，收集医院问题并加以指导，按要求完成特病单议及15日返住审核，完成月度清算，着力提升医保精细化管理水平。

【医药机构医保定点协议管理创新】 按照新版医保定点医药机构协议管理办法，简化优化医药机构定点申请程序，完成协议管理审核系统测试工作。组织实施2021年度医保定点协议管理准入工作，开展现场审核、组织评估，拟定新增机构名单公示后，进行医保政策培训和测试，最后签订医保服务协议。全县已有189家医保定点医药机构，涵盖18个镇乡（街道），为参保群众提供更加就近便捷的医保服务。

【打击医保欺诈骗保专项整治】 县医保局持续打击医保欺诈骗保行为，与公安、司法等六部门联合开展专项整治行动，开展定点医药机构自查自纠和住院DRGs病案异地交叉检查，引进基金监管第三方服务项目对17家定点医疗机构医保费用情况进行大数据分析及现场检查。运用掌上执法App、专项检查、联合检查和“双随机、一公开”等检查形式，充分发挥“阳光医保”智能监管和自建大数据分析系统，将基金监管关口前移，降低事后结算的违规风险，筑牢医保基金安全防线。2021年，共检查定点医药机构189家，约谈24家，暂停违规定点医药机构医保费用结算7家，行政处罚定点零售药店1家，医保医师扣分处理5人次，追回医保基金533.7万元；稽查外伤759件，金额1332.2万元，其中拒付45件，金额59.5万元；处理112名参保人员死亡后继续刷卡交易数据，涉及金额321.43万元；实地核查350人次异地人员住院真实情况；追回23名死亡人员支付医保待遇1.08万元，完成“一票多报”重复参保核实；排查医保基金流失情形，追回交通事故纠纷违规使用医保基金5.96万元，核销服刑期间医保个人账户资金记入0.78万元。

【医保参保扩面】 深入实施全民参保计划，县内基本医疗保险参保人数52.65万人，象山县本地户籍基本医疗保险参保率持续稳定在99%以上，低保、特困人员及一、二级残疾人等群体1.5万人，医疗保险参保费用实行全额免缴且实现参保率100%，低保边缘家庭成员医保参保个人缴费费用实行减半政策，医疗保险基本实现全民参保，应保尽保。

【首例非宁波户籍参保】 7月13日上午，户籍在安徽长丰县的务工人员颜先生在象山县城镇医疗保险管理中心，凭在象山居住满一年的居住证顺利完成宁波市职工医保参保登记。这是宁波医保新政策实施后，象山县首例非宁波户籍灵活就业人员参保。自7月1日起，在国家规定的劳动年龄段内，非本市户籍，持有本市有效居住证满1年的非全日制从业人员以及其他灵活就业人员，未在宁波市以外参加基本医疗保险的，可以选择在居住地参加该市职工基本医疗保险。新政策的实施，让新象山人更有归属感和幸福感。

【2022年度城乡居民参保缴费启动】 9月15日起，象山县全面启动2022年度城乡居民参保缴费工作。根据省、市

医保改革目标和工作要求，对 2022 年度城乡居民基本医疗保险的缴费标准、财政补助等进行了调整。其中，参保对象按年龄分为成年居民、6 周岁以下婴幼儿、中小学生（不限户籍）、其他未成年人四档。2021 年成年居民档不再分设 A、B 两档，财政补助增加，医保待遇提高。筹资标准统一为 2840 元（个人缴费 750 元、财政补助 2090 元）；6 周岁以下婴幼儿筹资标准为 1600 元（个人缴费 600 元、财政补助 1000 元）；中小学生（不限户籍）和其他未成年人筹资标准均为 630 元（个人缴费 260 元、财政补助 370 元）。医疗费用的门诊报销比例从原先最低 30%提到 40%，住院最低报销比例从 65%提到 70%，住院和门诊特殊病程最高支付限额均增加 10 万元。

【首例非宁波户籍婴幼儿参保】 10 月 18 日，来自开化县的方女士到县城镇医疗保险管理中心，成功为 21 个月大的儿子办理了城乡居民医保参保登记。这是自 7 月 1 日宁波医保新政实施后，象山县首例非宁波户籍婴幼儿参保。最新的医保政策明确：居住在象山县的非本市户籍的 0～6 周岁婴幼儿，未在宁波市以外参加基本医疗保险，其父母一方参加本市职工基本医疗保险（含外来务工人员医疗保险）累计缴费满 12 个月且当前职工基本医疗保险待遇正常的，可由监护人持户口本（出生医学证明）、儿童在本市的有效居住证按规定在居住地为其办理参保手续。县医保局自成立以来，相继推出医疗救助“一站式”刷卡结算、省内异地就医免备案等便民惠民政策，有效维护外来务工人员的医保权利。

【“无差别综合受理”服务】 整合医保窗口资源，提升服务群众效能。优化经办服务流程，推出医保费用支出类“无差别综合受理”服务。实行生育保险待遇核准、外伤医疗费报销、医疗救补助及医疗费零星结报一窗综合受理，转外就医、特殊病种申请等就医备案受理并入“报销一件事”。2021 年，医疗费用零星结报 15342 人次，报销费用 5652.17 万元；公务员重病补助 45 人次，补助金额 87 万元；大病特药 9 人次，支付 3.6 万元；生育保险 1777 人次，支付 2638.2 万元；医疗救补助 462 人次，支付 118.5 万元。

【“不见面办报销”服务】 为了让参保人员少跑腿，推行“不见面办报销”服务，极大地方便参保人。通过浙里办 App 相关功能，参保人员可在线上上传电子票据、生育待遇申请表等材料，工作人员在后台审核确认资料齐全后便可即时办理医疗费用报销和生育保险待遇支付业务。而非电子票据也可将资料先行上传，待工作人员初审后，将缺失的材料告知参保人员，参保人员补齐资料再次上传，审核通过后将相关材料邮寄到医保中心报销窗口即可，无需线下办理，实现零星报销零跑腿。2021 年，后台累计办结了电子票据“不见面报销医疗费”189 人次，“不见面支付生育待遇”138 人次。

【“3+N”一站式结算】 围绕全省打造医疗保障经办最便捷省份和“最多跑一次”改革，推进基本医疗保险、大病保险、医疗救助“3+N”报销结算联办工作，及时获取本地困难群众数据，完善医疗救助即时结报管理平台，提高医疗救助效率，节约参保人时间成本，消除垫资的压力。2021 年，全县医疗救助对象已超过 15000 人，“3+N”一站式结算自开通以来，累计享受报销 32 万余人次，合计金额 3029.28 万元。实现医疗报销“零资料、零等待、零次跑”。突破传统医疗服务时间和地域的限制，真正打通医疗报销“最后一公里”。

【医保电子凭证推广】 全面推广应用医保电子凭证，贯彻执行定点医药机构等 15 项国家医保信息业务编码标准工作，全县 189 家医药机构完成系统接口改造，机构和人员赋码持续跟进，2021 年 6 月正式通过国家检查验收。2021 年，全县医保电子凭证激活人数为 45 万余人，激活率为 86.25%；医保电子凭证使用近 274 万人次，结算率为 21.22%。

【完善云医院平台结算机制】 参保人在云医院平台上诊疗配取的相关药品费用及诊疗费，临时纳入医保结算。个人垫付后，工作人员按照医保相关规定直接进行后台报销，参保人员无需到医保经办机构窗口办理报销，医保基金报销部分支付至参保人员社保卡金融账

2021 年 8 月 27 日，县医保局工作人员在黄避岙乡大林村推广医保电子凭证（县医保局供图）

户。参保人员通过手机即可完成就医配药和医保报销。2021年,云医院报销办结1398人次,总费用达307565.06元,其中医保支付221063.91元。

【异地就医直接结算】 扩大异地就医直接结算医疗机构范围,将新增定点医疗机构均纳入跨省异地就医直接结算系统。与全国59591家定点医疗机构实现异地联网直接结算,县第一人民医院、红十字台胞医院等3家县级医院、3家其他医院、17家乡镇卫生院以及10家民营医疗机构已纳入跨省异地就医直接结算系统。2021年,全县跨省异地就医35596人次,总费用8888.1万元,医保基金支出5624.7万元;跨省就医门诊直接结算32522人次,医保基金支出525.1万元,住院直接结算3074人次,医保基金支出5099.6万元。

【首次医保参保人PET-CT检查费用结算】 象山市民陆先生7月初因恶性肿瘤于省人民医院就诊,住院期间使用肿瘤全身断层显像(PET-CT)进行治疗后转移的检测。8月4日,县医保中心为其的这次检查进行审核结算,报销金额为1060元,这是象山县首次结算医保参保人PET-CT检查费用。宁波市肿瘤全身断层显像(PET-CT)公立医院价格为5300元/次,由大病保险基金支付20%。大病保险基金支付后的剩余部分,可由参保人员历年账户或家庭共济账户支付。肿瘤全身断层显像(PET-CT)眼恶性肿瘤分期及治疗后复发/转移的检测;原发灶不明转移性肿瘤原发灶的寻找;指导放疗计划靶区的设定。2021年,全县共支付PET-CT检查费用195040元。

【高额医疗费用化解】 扛起共同富裕重担,巩固精准扶贫胜利成果。开展困难群体精准扶贫,加强数据对接共享,动态追踪困难群体参保情况,定期梳理动员参保完成进度,按照"不漏一户、不落一人"的要求,实现免缴人群(低保、特困、一级二级重度残疾人员、优抚对象、孤儿)及低保边缘户资助参保率100%,确保贫困人口全覆盖。及时对接财政、民政、慈善组织等部门团体,数据共享破解"信息孤岛",按照"一事一议、一人一议"原则,着力化解2020年困难群众自负5万元以上的医疗费用。2021年,通过医疗救助、各部门联动救助、社会慈善组织等渠道化解36名困难人员高额医疗费用116.14万元,有效避免因病致贫、返贫问题发生。

【医保药品耗材集采】 全面落实药品、耗材集中带量采购。组织3家医共体集团和2家定点医院开展药品、耗材集中带量采购工作,涉及158种药品、9类耗材,实行带量采购、以量换价,药价平均降幅52%,显著减轻群众用药负担。制定上报机制,加强用药监测,定期考核分析,积极联系对接采购医院,落实采购任务,督促完成约定使用量及支付采购款,加强中选药品、耗材质量监管,保障中选药品供应顺畅,为降低"虚高"药价、减轻群众负担发挥了积极作用。

【新冠疫苗接种费用上解】 聚焦解决突出问题,践行医保为民使命担当。分片区入镇村、进医院、破难题,推进一批重难点工作末端落实。助力疫情防控,及时支付2021年新冠检测挂账费用1510万元和疫苗接种费用1168.6万元,上解三期2021年疫苗费用6544.5万元,有效缓解医疗机构资金压力。

【免费健康体检】 象山县每年为参保人员安排免费健康体检。县医保局指定具备条件的社区卫生服务中心(乡镇卫生院)和其他医疗机构为体检定点医疗机构,为职工医保退休人员及城乡居民医保参保人员安排免费健康体检。单数年安排60周岁以下成年居民、双数年安排企业退休人员进行体检,体检经费均由财政进行补助,无需参保人员自费。2021年,共免费健康体检148137人次,其中儿童10793人次,中小学生62142人次,成年居民75202人次。

【医保种植牙政策落实】 开展种植牙新政策落地工作。对县内部分牙科医院及诊所开展调研,收集开展限价种植牙存在的问题,明确参加种植牙项目支付政策调整医疗机构。与24家医疗机构签订《聚焦医保支付改革　助推共同富裕实施医保种植牙项目协议书》,公布13种医保目录内种植牙品牌,明确收费标准及收费项目,将种植牙价格从上万元降低至3000元左右,更好地推动"共同富裕"。

【医疗救助范围扩大】 针对特困人员、低保对象、重度残疾人、低边户家庭成员等困难群体,象山县全力做好兜底保障工作,在新年度参保中严格落实应保尽保,实施全额资助,让更多困难群众能够"看得起病、看得好病"。2021年,全县共资助困难群众参保15965人,重点救助对象8420人,资助参保补助资金1024.37万元;医疗救助对象通过"一站式"结算系统结算258983人次,结算医疗救助资金2270万元;因病致贫困难对象医疗救助追溯结报417人次,结报资金112.09万元;纳入医疗救助系统困难人员15201人,其中:特困589人,低保9629人,低边2248人,其他2735人。

(许佳燕)

人力资源管理

就业培训

【概况】 2021年，坚持民生为本的工作主线，推进大众创业万众创新，发展新就业形态，落实落细减税降费、稳岗扩岗等政策，支持脱贫人口稳定就业、做好就业困难人员帮扶、保障失业人员基本生活，实现了就业局势稳定。全县城镇新增就业人数25396人，城镇失业率1.87%。全年共举办90场招聘会，4050家企业参加，提供25762个岗位，需求人数100303人。建立全市首家零工劳务市场，搭建起了用工招聘和就业需求的桥梁，为灵活用工提供快捷、方便、精准的服务。加强省外劳务协作，连续引进四批次280位雷波县务工人员来象就业，稳岗率居全市前列。是年，发放个人创业担保贷款、创业者社保补贴、失业金、再就业援助补贴、价格临时补贴、创业者社保补贴、创业带动就业岗位补贴、失业保险费返还等各类政策补贴和贷款贴息7682.3万元。

【"迎新春"就业援助月网络招聘会】 1月18—20日，针对疫情不扎堆的新要求，结合企业年底招聘需求增多的实际情况，县人力社保局改就业援助月现场招聘会为网络招聘，搭建线上招聘平台，电话、微信、视频远程招聘面试，力促求职者和企业良好有效互动对接。全县102家企业积极响应，共推出岗位734个，当天累计访问人数1120人次，参会企业收到简历219份。企业采取电话、视频等方式在线面试，为促进企业的后续发展和人力资源结构性提升储备了人才。

【"春风行动"新春首场大型线上招聘会】 2月19日，象山县"春风行动"新春首场大型线上招聘会在象山招聘网开启，拉开了象山县"新春千企招工引才月"活动的序幕。共计参会企业249家，推出岗位1700个，线上累计访问人数3700人次，其间，收到简历共860份，通过电话、视频等方式在线面试，初步达成意向414人，实现了企业用工招聘和劳动者求职就业的双丰收。

【新春天天招聘会开幕暨招工引才小分队出征】 2月22日，象山县新春天天招聘会开幕仪式暨招工引才小分队出征仪式在县人力资源市场举行。为落实县委"聚力一二五、奋力上台阶"专项行动，做好保用工、稳就业、促发展工作，春节期间，县人力社保局对县内250家企业进行走访统计，排查出用工缺口8500余人。为吸引本地劳动力就业，县稳就业专班积极开展"新春千企招工引才月"活动，按"分时、分段、不集聚、可追溯"原则，集中40天时间举办线上线下新春天天招聘会。其间，安排了金融行业专场、就业困难人员专场及机械、服装专场等各类线上线下招聘会30余场，招聘会场遍布城区、爵溪、石浦、西周等各大镇乡（街道）。机械、设备、重工行业专场作为新春天天招聘会线下招聘的第一场活动，吸引了120家企业入场，提供岗位达1250个，需求人数约5100人。同时，为深化七省二十城三十县劳务协作，提升劳务协作质量，举办招工引才小分队出征仪式，组建了8个招工引才小分队，赴贵州省贞丰县、安徽省淮南市、云南省楚雄市等人力资源输入点，加强劳务招引力度，开拓更多人力资源输入点。

【"精准服务、三送下乡"系列招聘会】 3月上旬，县人力社保局依据求职者和企业用工需求，针对性举办"精准服务、三送下乡"活动，结合重点企业用工需求和重点群体求职意向，提高人岗匹配率，在西周、石浦、爵溪连续举办的三场乡镇招聘会吸引本地及其他乡镇90家企业进场参会，提供岗位533个，需要2108人，进场人次499人，113人初步达成意向。

【残疾人专场招聘会】 3月31日，县人力社保局联合县民政局、县残联在县人力资源市场举办2021年残疾人专场招聘会，共有19家企业参加，提供岗位132个，需求人数280人，其中有7家福利企业专门针对残疾人推出普工、清洁工等60余个工作岗位，90余名残疾人前来应聘求职，达成意向26人。该专场招聘会是促进象山县残疾人实现充分就业，搭建残疾人与用人单位的对接平台。

【象山——颍上两地人社部门签订劳务协作协议】 4月9日上午，县人力社保局与安徽颍上县人力社保局在象山签订劳务协作协议，开启两地劳动人力资源合作发展新局面。此次劳务合作战略合作协议的签订旨在加强象山—颍上两地劳务协作，建立深度劳务合作关系。两地将共同研究制定劳务输出和输入的具体协作方案，就劳务输送，企业运营，职工生产（生活），权益维护，技能培训等方面高效开展劳务跨地区合作，加强岗位信息对接，拓展颍上县劳动力到象山的就业空间。

【就业登记政策培训会】 5月11日，为规范象山县就业登记管理工作，明确职责分工、正规监管机制，切实做好全面推进就业登记提质扩面专项工作，县人力社保局召开就业登记政策培训会，对18个镇乡（街道）社保中心主任开展就业登记政策培训。此次培训是象山县全面推进就业登记提质扩面专项工作落实的重要举措之一。

【象山县与雷波县开展劳务协作】 为落实中央和浙江省有关优化调整东西部协作结对关系部署安排，贯彻市县关于东西部协作工作决策部署，吸引雷波县劳动力来象就业创业，6月28日上午，县人力社保局副局长张安祥带队在雷波县进行实地考察，同时举行劳务对接交流会并签订劳务协作协议。会上，双方就劳务协作工作机制、帮扶政策、强化技能培训等方面进行交流。下午，雷波县易地搬迁集中安置点阳光社区和马处哈三峡新村现场举办了2场专场招聘会。宁波康达电子有限公司和宁波兄弟服饰有限公司等15家企业参加专场招聘会，共提供岗位55个，需求人数485人，招聘会吸引360余人进场参会，达成就业意向95人。

【2021年宁波“乡村振兴”职业技能大赛（育婴）象山选拔赛】 6月26日，第一届宁波技能大赛2021年宁波“乡村振兴”职业技能大赛育婴员项目象山选拔赛在县卫生进修学校举行，来自象山县各镇乡（街道）的37名选手参赛。通过婴儿抚触、沐浴、幼儿发展游戏设计等多个项目的比拼，最终吴海霞获得育婴项目第一名，江惠菊、周玲玲获得第二名，周霞、沈五花、潘夏可获得第三名。其中，大赛前三名选手被推选于9月参加第一届宁波技能大赛暨2021年宁波市“乡村振兴”职业技能大赛总决赛。

【雷波县首批务工人员抵达】 7月15日凌晨3点，四川省凉山彝族自治州雷波县2021年首批务工人员一行47人抵达象山。雷波县是象山县对口帮扶协作地区，自对接以来，象山县全面开展协作帮扶，尤其在对口劳务协作上，倾力打造雷波务工人员的“第二故乡”。雷波县务工人员特点为总体年龄跨度较大、学历较低、少数民族居多。此次为首批来象的务工人员精心推荐了宁波康达电子有限公司、宁波卓艺家纺有限公司、宁波百易东和汽车部件有限公司、宁波兄弟服饰有限公司等4家公司。

【首届象山县制造业技能大赛】 7月18日，第一届宁波技能大赛象山港高级技工学校赛区选拔赛暨首届象山县制造业技能大赛举行。400余名选手分别进行数控铣工、数控车工、模具工、焊接、工具钳工、叉车、电工、汽车维修等8个项目的角逐，通过比赛切磋技艺、交流学习，展现半岛工匠风采。此次大赛由县人力社保局、县总工会、县教育局、县经信局、县交通局联合主办，为象山县历年来规模最大的一次职业技能竞赛。大赛旨在通过以赛促学、以赛促教、以赛促练，更好地在全社会弘扬劳模精神、工匠精神、劳动光荣、创造伟大，激励更多高技能人才特别是青年一代走技能成才、技能报国之路，培养更多高技能人才和半岛工匠，努力实现象山县制造业“五年翻一番、挺进千百亿”目标。这次大赛引入企业冠名加盟，得到合力模具、锦浪科技、宁波赛德森、浙江易锻等企业支持。经过一天角逐，共有50余名选手获得奖项，其中宁波赛德森减振减压有限公司王臣、宁波三安制阀有限公司俞林涛、宁波全力机械模具有限公司黄伦达、大唐乌沙山发电有限责任公司陈冠、大唐乌沙山发电有限责任公司高鹏跃、宁波祝立机械科技有限公司杨明、象山港高级技工学校陈奇琪、象山奥通科技有限公司林聪江获得第一名，并被授予象山县技术操作能手称号。

【2021年项目制培训承办机构评审会】 7月27日上午，根据《象山县职业技能提升行动项目制培训实施细则（试行）》，县人力社保局会同县财政局进行了2021年项目制培训承训机构评审会。此次全县共有象山县精信培训学校、象山县国穗培训学校等培训机构报名申请参与项目制培训，申请35个培训项目，涉及2万余人。经评审，最终确定2021年项目制培训承训机构16家，分配培训指标4000名。

【雷波县务工人员管理座谈会】 为使雷波县务工人员安心在象就职，同时为后续的来象务工人员打好基础，巩固脱贫成果，8月18日，县人力社保局组织召开雷波县务工人员管理座谈会，7家务工人员所在企业负责人、人事经理参加了会议。会议针对已经就职的雷波务工人员的工作表现、存在的问题及稳岗情况等问题进行了交流探讨。

【参加第一届宁波技能大赛】 9月5日，由市人民政府主办，市人力社保局、市农业农村局、江北区人民政府联合承办的第一届宁波技能大赛暨2021年宁波市“乡村振兴”职业技能大赛在宁波技师学院隆重举办。为此次技能大赛，象山县共选派56名优秀选手，包括先进制造类、城乡建设类、城乡旅游类、城乡服务类等四大类项目23个比赛项目。参赛选手取得了佳绩：吴海霞获育婴员项目金牌，胡跃杰获数控车工项目银牌，陈良峰获数控铣工项目铜牌。

【全市首家零工劳务市场在象山县开业】 12月1日，象山县零工劳务市场在丹西街道白石商业广场顺利开业。该零工劳务市场是宁波市首家零工劳务市场，是象山县响应李克强总理视察宁波人力资源市场的讲话精神而搭建的快捷、方便、精准的人力资源交易市场。该零工市场秉持“群众在哪里，服务就到哪里”理念，选址县内企业、外来务工人员最密集区域，设立互动式招聘路演大厅、不间断用工信息电子屏、纸质招工宣传栏、求职者休息区，免费为各类务工人员提供线上线下应聘洽谈、求职登记与推荐、职业指导等多项就业服务。此外，与保险公司合作，每年为提供劳务关系的务工人员提供30万元以内的雇主人身意外损害保险，切实保障灵活就业人员合法权益。

人才开发

【概况】 2021年,做大做响"心'象'事成"品牌,大力保障人才安居乐业。全县人才总量突破19万人,引进博士18人、硕士368人、接收高校毕业生7920人。培训技能人数达到18958人,培养高技能人才4091人。发挥专家基地"纽带"作用,开展专家服务智力活动。以"美丽象山,乡村振兴"为主题,在象山举办省市专家服务宁波乡村振兴活动。29位浙江省内农业、渔业、旅游业高层次专家,与全县32家种植、养殖、加工、旅游等企业、乡镇进行了现场对接。4位专家分行业举行了4场专题培训,受技术培训人员220人。落实博士后招收及建站工作,全年建立博士后工作站4家,引进博士后12名。扎实开展人才对口帮扶,全年向雷波县选派专技人才15名进行对口帮扶。

【象山企业在市第32届毕洽会上云端引才】 2月26日,宁波市第32届高校毕业生云端供需洽谈会在宁波人才市场云招聘平台举办。此次,象山县共有锦浪科技股份有限公司、浙江河姆渡工业互联网有限公司、浙江科普特新材料有限公司、龙元建设集团股份有限公司等37家优质企业云端引才。因疫情防控要求,本届"毕洽会"采用线上视频对接形式开展,这37家企业推出71个岗位需求,拟招录人数168人,涵盖了建筑、机械制造、人力资源、工商管理、财务等专业,共吸引418余人前来咨询,初步达成就业意向46人,实现了企业用工招聘和毕业生求职就业的双丰收,一定程度缓解了象山县人才紧缺难题。

【重点企业赴外人才招聘需求座谈会】为进一步缓解象山县人才紧缺难题,更有针对性地帮助企业招人揽才,3月9日下午,县人力社保局召开2021年重点企业赴外人才招聘需求座谈会,宁波日星铸业有限公司、锦浪科技股份有限公司、宁波勤邦新材料科技有限公司等10家重点企业的人事经理参加此次会议。会上,企业人事经理介绍了企业的人才现状,目前面临的困难以及人才需求情况。会中,县人力社保局将前期整理成册的近期省内外高校线上线下招聘会资料下发给与会人员,并着重介绍了个招聘会的相关政策及院校特点,积极深入地与人事经理探讨是否组团参展,同时对于企业个性化需求也做了详细记录以便后续更好地帮助企业解决难题。此外,还向企业重点培训《关于进一步做好稳就业工作实施细则》的政策内容,尤其是就业见习补贴、高校学生前来参加招聘交流活动交通补贴。此次座谈会拉开了象山县赴外招聘工作的帷幕。

【全县博士后工作座谈会】 为切实做强做优象山县博士后工作,提升服务象山经济高质量发展的贡献度,3月19日下午,县人力社保局召开全县博士后工作座谈会,中机装备创新研究院(宁波)有限公司、浙江易锻精密机械有限公司、象山旭文海藻开发有限公司等9家博士后工作站负责人参加会议,宁波市专技处处长刘红升出席。此次座谈会还邀请了锦浪科技股份有限公司和宁波天安(集团)股份有限公司2家待建站单位。

【省市专家服务宁波乡村振兴活动在象山县举行】 4月9日,由市人力社保局和县人民政府联合主办,县人力社保局和市人才服务中心承办的"美丽象山,乡村振兴"主题省市专家服务宁波乡村振兴活动在象山县举办。活动在象山县国家级专家服务基地的平台基础上,牵线搭桥、筑巢引才,挖掘专家资源,对接项目合作,满足象山在打造特色乡村等方面的智力需求,破解"三农"领域技术难题,助力新时代美丽乡村建设。活动上,农业、渔业、旅游业及相关领域的29位高层次专家齐聚象山,与象山的18个乡镇和30余家企业,围绕"三农"问题开展服务指导和项目合作。活动设置了浙江(宁波)乡村振兴专家服务联盟揭牌仪式,企业、专家签约仪式,以及特聘专家证书、象山休闲绿卡颁发仪式。活动初步达成合作意向26个,项目签约4个。活动结束后,各位专家与企业、乡镇负责人展开了深度洽谈交流,实地考察企业、走访乡镇,开展6场专家专场培训及各类技术指导。

【2021高校毕业生招聘会】 5月29日上午,由县人民政府主办、县人力社保局承办的2021"青春五月　心'象'事成"高校毕业生招聘会在宁波建设工程学校顺利举行。县委常委、组织部部长范焕平,市人社局副局长陈勇,县政府副县长章洪浩,市人才服务中心、市就业服务中心、县就业工作领导小组成员单位及18个镇乡(街道)相关负责人出席活动。太原工业学院、兰州文理学院、东华教育集团等14家省内外高校400余名毕业生参加了招聘会,全县130余家知名企业入场招聘,提供1800余个就业岗位,涉及第一、二、三产业,覆盖机械制造、临港装备、海洋生物、市场营销、酒店管理等30多个行业领域。共有500余名高校毕业生进场,初步达成意向164人。招聘会上还举行了高校引才工作站授牌仪式、企业订单班签约仪式、引才使者聘任仪式、象山用工就业服务平台启动仪式,并发布了象山博士后工作站全球招贤榜。

【第六期象山籍大学生进名企活动】7月29日,"家燕归巢　筑梦象山"第六期象山籍大学生进名企活动暨大学生就业实践基地授牌仪式如期举行。此次活动共吸引了90多名象山籍大学生参加,县人力社保局通过组织锦浪科技、日星铸业、宁波戴维公司等县内知名企业宣讲,开展走进皇冠假日、戴维医疗、南方中心等名企,举办象山县2021年"红色七月　乐业象山"余缺调剂招聘会暨高校毕业生供需洽谈会等一系列活动,让外出求学的学子们更好地感受家乡的变化和发展,对当前象山县各大名企有更加直观的了解,引导更多象山籍优秀青年人才回流助力家乡建设。活动还对获得"2020年度宁波市大学生就业实践示范基地""2020年度宁波市创业孵化示范基地""2020年度宁波市大学生就业实践基地”“2020年度象山县大学生就业实践基地”等荣誉称号的16家企业进行授牌。“家燕归巢，筑梦象山”象山籍大学生进名企系列活动已连续举办6期，累计有30余家县内名企和超过600余名学生参与。

【第六届“创客中国”象山赛区7个项目晋级】 8月4日，第六届“创客中国”象山县中小企业创新创业大赛决赛在37°湾-象山科创中心开赛。作为2021年“创客中国”宁波站的区域分赛，共有113个项目参与报名，主要聚焦数字经济、先进制造业、新基建、生物医药、绿色低碳、新材料等多个行业领域。经过前期精选，12个优质项目大展身手、同台竞技。12个参赛团队呈现出高水平、高质量的比赛，最终4个企业组项目与3个创客组项目获得晋级市级赛入场券，其中“贵金属催化剂用特种氧化铝”和“新一代超高精密超硬刀具”项目分别获得企业组和创客组的一等奖。

【2021年世界青年技能日主题宣传活动】 为进一步弘扬“劳动光荣、技能宝贵、创造伟大”的时代风尚，8月10日，由县人力社保局主办的2021年“世界青年技能日”主题宣传活动在县人力资源市场成功举办。本次活动请到了象山零厨职业技能培训学校的师生以及省级技能大师工作室领办人中国质量工匠赖建防、市级技能大师工作室领办人周秉益、县级技能大师工作室领办人范晓霞。

【象山县百名HR专业能力提升研修班（第二期）】 8月25日，第二期象山县百名HR专业能力提升研修班开班仪式在县商会大厦四楼报告厅举办，60余家企业80余位HR参加。此次开班仪式请到了上海江三角律师事务所宁波江三角负责人李昊律师。开班仪式后，李昊律师围绕《新形势下企业用工管理风险控制 & 成本控制》主题进行了授课。第二期百名HR专业能力提升研修班招募学员40名，共设职业生涯规划、培训需求分析与落地、三位一体薪酬激励体系设计实操等8个专业课程和5次实操培训，邀请了胡军令、李昊、张春喜等知名讲师开课，于12月举行结业考试，考试合格者由县人力社保局颁发结业证书。

劳动管理

【概况】 2021年，提升“象山无欠薪”创建成果，积极化解劳资纠纷及信访矛盾，继续扎实推进依法行政、普法宣传、建立欠薪治理长效机制构建和谐劳动关系。受理欠薪纠纷举报投诉案件658件，为1658名劳动者追回欠薪3237万元，其中群体性投诉案件28件，结案率100%。根治欠薪工作得到社会各界和劳动者充分认可。2021年1—10月，县劳动人事争议仲裁委员会立案受理劳动争议案件609件，涉及劳动者704人，处理金额2300万元，结案率92%，调解率78%。

【建筑工地保证金差异化缴纳】 为从源头上减少建筑企业劳资纠纷隐患，县人力社保局运用建筑工地保证金差异化缴纳手段，通过对欠薪建筑企业提高保函等方式，将欠薪纠纷从“事后追讨”转变为“事前预防”，倒逼建筑企业自觉规范工资支付行为。根据《关于在全省工程建设领域改革保证金制度的通知》（浙建〔2020〕7号）文件规定，联合住建部门对建筑企业发生欠薪后涉及的欠薪人数、欠薪金额、配合解决欠薪态度、处置速度等进行综合研判，对在两会期间因欠薪被立案且未积极消除影响、欠薪行为恶劣、影响社会和谐稳定的15家建筑单位，提高农民工工资保证金至应缴纳金额的3倍。联合住建部门共同使用保证金差异化缴纳手段对15家企业提高保函。除对欠薪建筑企业提高保函外，若建筑业企业因欠薪等被列入欠薪“黑名单”的，在惩戒期内，还需被作为重点监管对象，由县内15个部门在市场准入、资质资格管理、招投标等方面依法给予联合惩戒。

【保障未成年人合法权益】 新修订的《中华人民共和国未成年人保护法》于2021年6月1日起施行。6月11日，象山县开展护航建党百年“象山安薪”专项行动，除了检查用人单位按月足额支付工资情况、依法查处欠薪违法犯罪行为等问题外，企业违法招用童工以及未落实未成年人工特殊保护规定等内容也是象山县此次专项行动重要内容之一。此次专项检查针对招用人员较多的各类用人单位，特别是服装、餐饮服务等劳动密集型企业和服务行业。检查内容包括用人单位劳动合同签订情况、职工名册建立、劳动用工备案、工资发放、工时制度的落实，社会保险办理，未成年工劳动强度及工作场所、未成年工登记表、未成年工登记证，健康体检表等遵守劳动保障法律法规情况。通过专项检查行动，宣传《中华人民共和国未成年人保护法》《禁止使用童工规定》《未成年工特殊保护规定》等相关法律法规的贯彻落实，严格规范了企业招用未成年人用工行为。

【抽查在建项目六项制度落实情况】 6月28日，为切实维护劳动者合法权益和社会稳定，象山县开展了护航建党百年“象山安薪”专项行动—抽查在建项目六项制度落实情况。此次专项行动主要内容：一是检查用人单位按月足额支付工资情况；二是检查政府投资工程项目、国企项目及各类政府与社会资本合作项目的审批监管、资金落实和工程款按期结算拨付情况；三是检查工程建设领域施工企业贯彻落实《保障农民工工资支付条例》情况，尤其是落实“六项制度”情况；四是打击工程建设项目业主指定分包等违反市场秩序行为等。在建工程建设项目是此次专项行动的重点对象。对7个在建项目出具了询问通知书，对问题项目进行了调查了解，并督促整改落实到位。

【2021年企业退休人员养老金调整】 根据《关于2021年调整退休人员基本养老金的通知》（浙人社发〔2021〕27号）文件精神，象山县企业退休人员2021年基本养老金调整于6月底完

成，本次调整提高的基本养老金从2021年1月1日起执行，调资共涉及94347名企业退休（退职）人员，补发金额已于6月底发放到位。此次调整对象为2020年12月31日前在象山县按规定办理退休和退职手续的企业退休人员，采用定额调整、挂钩调整和适当倾斜相结合的操作办法。在普遍调整养老金的基础上，对高龄退休人员再适当增发基本养老金，即男性年满70周岁、女性年满65周岁及以上且不满80周岁的退休人员，每人每月增发27元；年满80周岁及以上的退休人员，每人每月增发54元。此次养老金调整的完成，标志着象山县企业退休人员养老金实现“17连涨”，不仅给退休人员提供了更好的生活保障，也使得广大退休人员更有获得感。

【重点群体性欠薪案件联合会商会议】 为推动象山县根治欠薪工作深入开展，妥善高效处置欠薪积案，形成群体性欠薪案件处置闭环，确保劳动者讨薪行为在合法轨道上运行，7月18日，召开了针对丹东街道辖区一起重点群体性欠薪案件的会商会议。会上“老周调解工作室”作为辖区民间调解组织，汇报了该案涉嫌包工头组织劳动者虚报工资、聚众扰乱工地正常施工秩序等恶意讨薪行为的相关情况。县公安局、法院等单位关于违法讨薪的定性、罪与非罪、证据认定等问题进行了探讨与陈清。开展重点群体性欠薪案件联合会商会议，是对根治欠薪会商工作机制的践行，可推动案件顺利处置、确保案件质量、维护社会和谐稳定。各部门共同参与到案件的深入分析中，可为案件把好证据关、事实关、法律适用关，确保了案件能成为经得起法律、历史和人民检验的“铁案”。

【规范企业职工养老保险参保约谈】 8月18日，县规范企业职工养老保险工作专班组织县税务局、县社会保险管理中心、县劳动保障监察大队、县劳动人事争议仲裁院组成约谈小组，对13个镇乡（街道）参保率较低的69家企业进行规范职工参保工作约谈。约谈小组通过理论与案例相结合的形式，从劳动监察、劳动仲裁、参保缴费经办、税务等各方面详细讲解企业用工的劳动领域风险和潜在法律风险，再次敦促各参会企业按要求完成社保参保工作，对未按时完成企业将加大行政执法力度。对未按要求参保的企业加强行政执法，对拒不改正的典型企业依法严厉打击并及时曝光，维护劳动者合法权益，保障企业公平竞争。

【规范律师事务所用工专项检查】 8月31日，县人力社保局、县司法局对县律师事务所开展规范劳动用工专项检查。此次专项执法行动统一使用浙江省行政执法监管平台，按照“双随机、一公开”工作要求，通过行政执法监管平台上设置抽查计划，检查时统一使用“浙政钉·掌上执法”系统进行用工资料实时录入，被检查人现场平台签字确认等形式，更加保证执法行动的公正性和公平性。本次专项检查针对律师事务所这个特定行业对象，通过专项检查行动，执法部门进一步宣传了劳动保障法律法规，也希望律师在承办劳资纠纷案件以及担任企业顾问工作时，能及时对企业用工合法性进行规范指导，提高用人单位法律意识，共建象山县和谐劳资关系。

【劳动能力鉴定“送上门”】 11月19日上午，一笔退休业务在涂茨镇旭拱岙村村民谢某床前办理完成。谢某2021年55周岁，双下肢瘫痪，不能行走，终日卧床，县人力社保局了解情况后，安排专人与其本人电话确认，发起“退休一件事”为其线上代办了养老待遇资格确认与退休交养老金核定。与医疗专家一起提供上门服务，做劳动能力鉴定，并其填写退休表格、完成退休工资核算单，帮助其足不出户完成了养老退休业务的全部手续。省政务服务2.0系统正式上线后跨部门信息共享使得退休人员可通过智慧大厅、浙里办等平台的“退休一件事”模块在线完成养老、医保、公积金等多件事项打包办理，实现了群众退休手续办理“最多跑一次”。同时，还为病退人员、残疾人等特殊群体配套提供了上门兜底办服务，为其提供上门劳动能力鉴定、退休手续办理等服务，把业务办理从“人社窗口”转移到申请人的“家门口”，用人社温度帮助特殊群体化解出门办事难题。

【数字化行政案件询问室建立】 11月25日，县人力社保局劳动监察数字化行政案件询问室正式启用，为根治欠薪冬季专项行动提供“硬核支撑”。大队主动沟通，积极争取，向公安执法部门就询问室装备配备、使用流程等情况进行借鉴，结合劳动监察工作特点，在完善文字记录、规范音像记录、严格记录归档、发挥记录作用四个方面规范升级，积极探索出一套效果好、易保存、应用方便的记录方式。为规范合理使用询问室，制定了严格的询问室使用流程和管理规定，确保行政执法公正、安全、文明。询问区设计具有24小时视频监控、案件讯问全流程视频录制、在线笔录制作等功能，询问结束，电子版笔录在线上传至案件所在文档，丰富案件电子版证据内容，真正实现一案一光盘。

【“安薪老娘舅”调解工作室成立】 12月9日上午，县人力社保局局长陈水明、丹东街道党工委书记张浩共同向老娘舅周万立授牌，“安薪老娘舅”调解工作室正式成立。“安薪老娘舅”调解工作室人员主要由“老娘舅”周万立和丹东街道劳动保障监察中队组成，主要负责丹东街道辖区内一般欠薪矛盾纠纷排查调解，指导企业建立欠薪纠纷处置联络和化解机制，开展《中华人民共和国劳动法》《中华人民共和国劳动合同法》等法律法规宣传及其他相关工作，并对欠薪调解处置且不收取劳动者任何费用。

人事管理

【概况】 2021年，人事管理水平持续提升，事业干部全周期管理体系不断健全，规范事业单位人事管理制度，出台

《象山县事业单位工作人员交流办法（试行）》和《象山县事业单位工作人员交流选聘工作操作细则（试行）》，自2021年4月开始执行县内事业人员交流公开选聘制度。做好事业单位工作人员流动、事业单位岗位管理、事业单位公开招聘、事业单位人员试用期满转正定级、行政奖励实施方案审核、表彰奖励项或通报表扬方案备案、机关事业单位公开招聘编制外人员公告审核及发布等7主项12子项的事项线上运行工作。完成全县85家主管部门及其下属事业单位完成年度考核审批，共有410名事业单位工作人员、行政工人考核优秀。完成2020年事业单位招录53人事业人员，2021年高层次紧缺人才公开选聘工作。

【首位藏族姑娘入职县事业单位】 1月底，藏族姑娘桑巴卓玛已按时向县第一人民医院医疗健康集团总院报到，开始入职后的新工作。这是象山县远赴西藏自治区公开招聘的首位藏族事业编制人员。象山县在此次招聘中共招收1人，并按规定完成了报名、资格审查、考试、体检、考察、公示、备案审批及办理聘用手续工作。此次招聘是该县坚决贯彻上级指示要求，加强民族团结的有力举措。

【机关事业单位年度考核晋升工资】 3月中旬，象山县顺利完成了2020年度机关事业单位工作人员正常晋升工资工作。根据《关于做好2020年度事业单位工作人员考核和奖励工作的通知》要求，年度考核被确定为合格及以上等次的，工资级别晋升一档薪级工资。同时，为全县机关工作人员年度考核累计两年、五年称职及以上等次的，分别进行了工资晋升调整。全县有1300多名机关工作人员工资晋级晋档调整，人均增资77元；事业工作人员有9700余名考核晋级工资调整，人均增资78元。

【2021年机关事业单位工作人员健康体检】 为进一步提升全县机关事业单位工作人员自我保健意识，切实保障工作人员的身体健康，根据《关于进一步明确机关事业单位体检制度的通知》（象人社〔2015〕39号）文件精神，县人力社保局决定启动2021年度健康体检工作，组织安排全县机关事业单位在编在职及退休人员开展健康体检。此次健康体检时间为3月22日至12月10日。县第一人民医院、县红十字台胞医院、象县中医院、县第三人民医院和县老年医院等5家县级医疗机构为定点体检医院，确定健康体检项目为一般检查、临床检查、物理检查及实验室检查等。

【事业单位绩效总量网上审批】 9月23日，县人力社保局通过浙政钉“象山e考通”系统平台，完成事业单位绩效总量网上审批工作。为进一步提升事业单位绩效总量审批工作规范化、高效化、智能化、数字化水平，县人力社保局依托“浙政钉”技术支撑，以“象山e考通”为平台，全力打造事业单位绩效总量审批过程的无纸化办公。通过线上全程操作，该事项办理实现了机关内部间“零跑腿”。根据办事流程，各单位经办人在进入“象山e考通”平台后，按要求提交相关电子数据，便可线上等待县人力社保局、县财政局经办业务科室的审批结果。审批部门根据审核结果予以退回或通过，各单位可对原数据进行修改再重新提交，并以审批通过后的审批表作为发放依据。

（王慈慈）

社会生活

城乡居民生活

【概况】 2021年是“十四五”开局之年，也是象山高质量发展建设共同富裕样板县的起步之年。面对复杂多变的国内外环境，象山县上下持续巩固拓展疫情防控和经济社会发展成果，精准实施宏观政策，扎实推进高质量发展。城镇、农村居民人均可支配收入增长平稳，但增收压力犹存。据城乡一体化住户调查数据显示，2021年象山县全体居民人均可支配收入56312元，同比增长9.5%。分城乡来看，城镇居民人均可支配收入66425元，同比增长9.3%，农村居民人均可支配收入39077元，同比增长9.9%，增速分别高于宁波市平均水平0.7和0.2个百分点。城乡收入倍差为1.70，比上年缩小0.01，差距进一步缩小。城乡居民人均生活消费支出为33379元，同比增长19.1%。分城乡看，城镇人均生活消费支出为37844元，同比增长17.6%，农村人均生活消费支出为25770元，同比增长16.5%。

2021年象山县城乡居民人均可支配收入分项数据基本情况表

表67

指　标	城　镇			农　村		
	绝对数(元)	增幅(%)	占比(%)	绝对数(元)	增幅(%)	占比(%)
可支配收入	66425	9.3	100.0	39077	9.9	100.0
一、工资性收入	35951	10.1	54.1	15199	10.7	38.9
二、经营净收入	13811	8.2	20.8	15137	11.0	38.7
三、财产净收入	9242	6.0	13.9	1608	4.1	4.1
四、转移净收入	7421	11.9	11.2	7133	7.2	18.3

【城乡居民工资性收入】 平稳增长。城乡居民人均工资性收入28175元，同比增长10.3%，较上年提高6.4个百分点。工资性收入占可支配收入的比重为50.0%，是居民收入的主要来源。分城乡来看，城镇居民人均工资性收入35951元，增长10.1%；农村居民人均工资性收入15199元，增长10.7%，农村增速快于城镇。主要原因是政府大力支持企业复产，援企稳岗力度突出，相较于2020年的疫情期间就业形势严峻，工资足额发放困难的情况，2021年工资水平明显有提升。

【城乡居民经营净收入】 形势向好。城乡居民人均经营净收入14377元，同比增长9.5%，增速较上年增长4.3个百分点，经营净收入占可支配收入的比重为25.5%。分城乡看，城镇居民人均经营净收入13811元，同比增长8.2%；农村居民人均经营净收入15137元，同比增长11.0%。主要原因是投资营商环境和政务服务不断优化，企业效益继续改善。同时，年底的货款结算和开渔节后捕鱼户收入大大提高。

【城乡居民财产净收入】 小幅增长。城乡居民人均财产净收入6219元，同比增长5.3%，增速较上年提高2.3个百分点，财产净收入占可支配收入的比重为11.0%。分城乡看，城镇居民人均财产净收入9242元，同比增长6.0%；农村居民人均财产净收入1608元，同比增长4.1%。主要原因是居民理财意识增强、投资理财渠道多样化，利息收入有一定幅度增长。

【城乡居民转移净收入】 持续增长。城乡居民人均转移净收入为7541元，同比增长9.7%，占可支配收入比重为

13.4%。分城乡看，城镇居民人均财产净收入7421元，同比增长11.9%，占可支配收入的比重为11.2%；农村居民人均财产净收入7133元，同比增长7.2%，占可支配收入的比重为18.3%。主要原因是象山县积极出台并实施退休人员养老金标准调整、失业补助金发放、特殊群体困难补助、政策性惠农补贴等民生政策，同时农村地区部分农户积极响应“非粮化”政策，收到的相关补贴拉动了农村地区转移净收入的增长。

【城乡居民食品烟酒支出】 人均食品烟酒支出为8948元，同比增长18.0%，占八大类支出的比重高达26.8%，占比居八大类之首。分城乡看，城镇人均食品烟酒支出为10018元，同比增长15.9%，农村人居食品烟酒支出为7208元，同比增长15.1%。

【城乡居民衣着支出】 人均衣着支出为2170元，同比增长17.0%。分城乡看，城镇人均衣着支出为2843元，同比增长17.6%；农村人均衣着支出为1532元，同比增长16.0%。

【城乡居民居住支出】 人均居住支出为8916元，同比增长22.0%，占比仅次于食品烟酒。居住支出中，自有住房折算租金为6623元，同比增长20.9%。分城乡看，城镇人均居住支出为9951元，同比增长19.0%；农村人均居住支出为7529元，同比增长17.9%。

【城乡居民生活用品及服务支出】 人均生活用品及服务支出为1820元，同比增长16.7%。分城乡看，城镇人均生活用品及服务支出为2083元，同比增长15.3%；农村人均生活用品及服务支出为1102元，同比增长14.7%。

【城乡居民交通通信支出】 人均交通通信支出为4553元，同比增长14.7%，其中交通支出为3398元，同比增长14.8%；通信支出为1155元，同比增长14.4%。分城乡看，城镇人均交通通信支出为4624元，同比增长16.6%，其中交通支出为3365元，同比增长15.7%，通信支出为1259元，同比增长19.1%。农村人均交通通信支出为3370元，同比增长17.5%，其中交通支出为2307元，同比增长14.9%；通信支出为1063元，同比增长23.5%。

【城乡居民教育文化娱乐支出】 人均教育文化娱乐支出为3218元，同比增长28.8%，其中教育支出2413元，同比增长29.2%，文化娱乐支出为805元，同比增长27.8%。分城乡看，城镇人均教育文化娱乐支出为4158元，同比增长25.4%，其中教育支出为2967元，同比增长22.3%；文化娱乐支出为1191元，同比增长33.8%，农村人均教育文化娱乐支出为1805元，同比增长23.0%，其中教育支出1341元，同比增长19.1%；文化娱乐支出为464元，同比增长35.7%。

【城乡居民医疗保健支出】 人均医疗保健支出为2848元，同比增长13.2%，分城乡看，城镇人均医疗保健支出为2914元，同比增长13.4%，农村人均医疗保健支出为2837元，同比增长13.0%。

【城乡居民其他用品和服务支出】 人均其他用品和服务支出为906元，同比增长22.1%。分城乡看，城镇人均其他用品和服务支出为1253元，同比增长14.2%，农村人均其他用品和服务支出为387元，同比增长13.8%。

（陈琼）

社区建设

【概况】 2021年，象山县基层政权建设以党建引领社区治理为主线，大力推进城乡基层自治组织建设、城乡社区治理和服务创新、专职社区工作者队伍建设，不断提升城乡社区治理高质量发展，为高质量发展建设共同富裕样板县夯实基层基础。

【城乡社区治理高质量发展工作】 聚焦推进“和谐社区、美丽社区、品质社区、智慧社区”建设，制定出台《关于加快推进城乡社区治理高质量发展的实施意见》，细化制定党建引领“四社联动”、社区环境整治、物业管理提档和住宅小区行政执法四个三年行动方案，由县委副书记、县委政法委书记李晓东主持召开全县推进城乡社区治理高质量发展工作会议，对社区治理工作进行部署与强调，要求注重系统集成、重点突破，切实推进社区治理体系和治理能力现代化，推动社区治理高质量发展，全方位提升城市品质。会后，会同县住建局等部门，细化明确四个三年行动2021年度工作计划表及季度工作进度安排，建立月督查和季通报制度，定期梳理汇总指标任务完成情况，并召开社区治理高质量发展工作交流会，商议社区治理重大事项，共同推进社区治理。

【专职社区工作者队伍建设】 贯彻落实《关于加强专职社区工作者队伍建设的实施意见》，按照“三岗十八级”分配方法，落实社工待遇。加大专职社区工作者管理、保障力度，有序完成34名专职社区工作者招聘工作，召开全县社区书记工作例会、座谈会5次，委托宁波（象山）社会组织学院对161名专职社工开展业务培训，做到每个社区配备社会工作专业人才不少于3名，72%以上的专职社区工作者持有职业水平资格证书，全面提高社区工作者整体素质。

【行政村规模优化调整后组建村融合验收】 4月21日起，全面启动规模优化调整后组建村融合情况第一轮验收工作，会同县委组织部、县农业农村局、县财政局、县自然资源和规划局、县审计局等部门业务骨干组成验收组，以2020年度及上一轮规模优化调整后组建的188个行政村为验收对象，按照统一开设账户、统一建立账套、统一财务审批、统一保管资金、统一民主监督“五统一”等标准，通过听取汇报、查阅台账资料、检查账套等方式，对各村农村集体“三资”融合情况等内容进行验收，共下拨第一批验收通过行政村奖补资金2820万元。

【农村基层权力规范运行情况专项督查】 3月,由县纪委县监委牵头,县民政局、县农业农村局、县政务办等单位业务干部组成的督查组,对全县18个镇乡(街道)86个行政村2020年度农村基层权力规范运行情况进行检查,主要通过查看村级账目、查阅资料、入村走访、谈话交流等方式,重点对村级重大事务决策报备、村级工程项目管理、村级"三资"管理等方面是否执行到位,村级"三务"公开是否规范等工作进行实地督查。对检查中发现的问题及时汇总,形成材料上报县纪委党风政风监督室。

【城乡社区基层民主建设】 健全社区服务管理居民参与体系建设,在丹东街道塔山社区试点打造"居民会客厅"平台,发挥"社区共治理事会"作用,深化"居民说事"制度,推进"居民说事+网格化+互联网"模式,增强社区开展民主协商能力。深化社区提能减负工程,落实社区职责准入制度,全面推行"全能社工"和"一门受理、后台协同办理"运行模式,下发《村(社区)减负清单宣传手册》400余份。完成全县355个行政村村规民约修订完善工作,打造特色村规民约,选树一批优秀范本,健全完善奖惩机制,通过开展模范村民评选、文明家庭创建等活动,促进村规民约遵守和落实。扎实推进特色社区建设,指导丹东街道塔山社区成功创建市清廉社区,指导丹东街道岙里村、墙头镇墙头村、大徐镇大徐村、新桥镇上盘村开展第四批省级引领型农村社区创建工作。

社会组织管理

【概况】 2021年,象山县共有登记的社会组织886个(社会团体202个、民办非企业单位682个、基金会2个),备案类社会组织5026个,社会组织会员近15万人,是促进象山经济社会发展的重要力量。

【体系构建】 在宁波市率先成立实体化运作的社会组织综合党委,通过健全组织架构和议事制度、选优配强工作力量、组织开展锋领活动等综合措施,对既不适宜属地又不适宜属业管理的社会组织党组织进行兜底管理。党建兜底的组织网络、工作体系、管理制度全面形式。2021年,兜底管理党员114人,孵化成立党组织14个,新发展党员6名,确定入党积极分子13名,新增入党申请人10名;教育引领100余家社会组织在善行象山、基层治理、乡村振兴等方面发挥积极作用,各项工作指标处在全市前列。综合党委2021年被市委表彰为先进基层党组织,涌现出了如中国好人、省社会组织领军人物、市优秀共产党员陈绍雷等一批优秀党务工作者和党员。加强党支部建设,在符合条件的或适合动员社会组织党员迁转组织关系的社会组织中,建立正式党支部。在党员人数符合条件但迁转组织关系困难的社会组织中,根据"组织关系一方隶属、组织生活双重参与"的原则,创新设置功能性党支部模式,着力破解社会组织党组织组建难题,进一步织密建强组织体系。同时,通过保障党建经费、建立红领津贴等形式,切实增强社会组织抓好党建工作的思想自觉和行动自觉。共培育红领党支部7个。

【党建融入】 推行党建入章工作机制。持续推动社会组织把坚持和加强党的全面领导和社会主义核心价值观的要求载入章程,推动建立健全党组织参与社会组织重大事项决策机制,实现党的全面领导和社会组织依法自治相统一,提升社会组织党组织的战斗力和影响力。推行"三必约谈"工作机制。实施社会组织成立必约谈党建、变更社会组织负责人必约谈党建、社会组织换届必约谈党建的"三必约谈"工作制度,将"红色因子"根植于社会组织工作和发展全过程,让党建在社会组织中产生能量、发挥作用。推行"五同步"工作机制。把党建工作融入到社会组织管理工作中,深化落实党建工作和社会组织审批、年检、评估、"双随机"抽查、负责人选任"五同步"机制,强化政治把关。特别是将党建工作纳入等级评估的重要指标,增加党建工作分值,对党组织应建未建、党建工作没有入章的社会组织,规定不得评为AAAA以上等级,切实做到党建与社会组织管理、服务工作全程同步关联。

【"培元"行动】 深入实施社会组织和党组织"双培育双孵化"工程,引进第三方全国知名培育机构,为初创期、发展型、公益性等社会组织提供党群指导、公益聚合、专业服务、成长发展等综合性支持。2021年,已成功孵化社会组织13家、公益慈善项目34个、省社会组织领军人物1个、市首个社会组织联合工会1个,培育每个城市社区和农村社区社会组织平均达28个和15个。

【"育才"行动】 围绕"红色学府·党建氧吧"品牌定位,以"党建创优""教学创能""研究创新""服务创强""合作创强"为使命,开发《社会组织党的建设》《社会组织实务》教学教材和"领航""山茶花开""沃土"等三大教学课程,持续实施"红色经理人"素养提升工程。分级分类、突出重点为社区、社会组织、社会工作、社会志愿者、社会慈善资源等"五社"人员和党组织书记、党务工作者、党员等社会组织党组织"三支队伍"提供成长式教育培训服务。2021年,累计培训23期近3000人次,为全省培养100家品牌社会组织,学院"社区社会组织负责人"培训项目获得民政部中央财政培训项目立项支持。

【"强基"行动】 以基层社会工作站建设列入省政府民生实事项目为契机,推动县政府出台《关于全面推进全县镇乡(街道)社会工作站(社会组织服务中心、社会组织党群服务中心)建设的实施意见》(简称"一站双中心"),按照有固定场所、组织架构、专职人员、经费保障、管理制度、服务开展的"六有"标准,一体化统筹推进"一站双中心"建设,打造成为党建工作前沿阵地、社会组织交流平台、党员群众"红社驿站"。通过设立"一站双中心",推动党群服务、专业服务、志愿服务向基层延伸覆盖,为辖区社会救助对象、老年人、儿童青少年、残疾人、流动人口等困难弱势群体以及其他有需要的人员提供精神慰藉、心理疏导、能力提升、生计发展、关系调适、社会融入等专业化个性化服务；大力培育发展城乡社区社会组织和志愿服务组织，发展壮大社会工作人才和志愿者队伍，全面构筑促进基层治理和乡村振兴的综合型"以社育社"服务平台，打造基层社会治理共同体。2021年，首批10个镇乡（街道）"一站双中心"已建设完成，完成26个本土社工督导和1900余名社会工作者职业水平考试组织报考工作。

【"规范"行动】 开展社会组织规范行动，扎实推进社会组织年检年报、行业协会商会收费专项整治和"为企业减负担"、非法社会组织打击整治、"僵尸型"社会组织清理、"双随机抽查"等工作，加强社会组织综合监管，防范化解社会组织领域风险，不断促进社会组织健康有序发展。

【三张服务清单】 在全市率先启动党建引领社会组织参与社区治理现代化三年行动，以党建引领社区、社会组织、社会工作者、社会慈善资源"五社联动"为导向，以共商共建共治共享为目标，围绕"菜单式""项目式""结对式"三张服务清单，引导支持47家社会组织和党组织下沉全县30个社区提供公共服务、扩大居民参与、推进资源链接，重点在环境整治、矛盾调解、心理咨询、便民服务、社区矫正、临终关怀等方面为社区解难事、办实事、做好事。2021年，实施的3张服务清单中已惠及群众2万余人次，有关做法被《浙江日报》、浙江电视台、《宁波日报》等媒体宣传报道。

【公益创投】 链接政府、企业、慈善组织等资源，围绕"红社领航·象益山海"主题，以公益创投形式资助社会组织在扶老、助残、救孤、济困等领域主动作为，以项目化为载体激发社会组织参与县域治理活力，满足社会多层次和多样化需求，更好发挥社会组织在社会发展中积极作用。2021年，共有33家社会组织的34个公益项目被立项实施，投入项目资助资金119万元。

民政专项服务

【概况】 突出"巩固、深化、提升"，以"最多跑一次"为改革窗口，不断优化婚姻收养登记，水库移民安置扶持，福利彩票管理，流浪乞讨人员救助等社会专项服务水平。

【婚姻收养登记】 扎实推进"婚育户"一件事联办，开展"收养一件事"联办。实行婚姻登记省内通办，稳步推进象山县婚俗改革，建立婚姻家庭辅导服务机制。2021年，全年办理结婚登记2879对，离婚登记1641对，收养登记13例。

【水库移民安置扶持】 2021年，水库移民管理服务中心编制水库移民后扶项目27个，安排项目资金885万元，其中大中型水库移民后扶项目17个，安排项目资金581万元；小型水库移民后扶项目10个，安排项目资金304万元。项目资金安排率达到100%。完成19个项目在省水库移民信息平台报备，并在象山报上公示。至年底，已验收5个项目，下拨资金180万元，项目已完工正在验收11个，资金318万元。

【福利彩票管理】 加强福彩服务管理，做好福彩资助帮困工作。不断强化队伍管理，创新工作思路，变中求进，努力推动象山福彩销售工作安全平稳运行和高质量发展。2021年，全县68家代销点实现销售福利彩票7360万元，筹集公益金680万元。

【流浪乞讨人员救助】 为维护社会稳定，建设和谐新象山。采用有效把控机制，整合社会资源，切实做好流浪乞讨人员救助管理工作。2021年，共救助流浪乞讨人员199人次。

社会救助

【概况】 2021年，象山县围绕民政事业高质量发展目标，坚持聚焦脱贫攻坚、特殊群体和群众关切，扎实履行脱贫攻坚政治责任，全力推进社会救助兜底保障，切实提高特殊困难群体保障服务水平。

【低保对象保障】 贯彻执行低保标准调整机制，实施低保标准与居民人均生活消费支出相挂钩制度，不断提高提升象山县低保标准，2021年7月起，全县低保标准从842元/月调整至1005元/月，年低保标准达到12060元。实施低保、低边家庭一年渐退期救助制度，加大对因病致贫对象救助，将困难家庭重病患者、重度残疾人及成年三、四级精神智力残疾人以单人户形式纳入低保。2015年，低保对象5011户7580人，全年支出保障资金3083万元；2016年，因全市低保扩面该县低保对象达到8233户11295人，全年支出保障资金3673万元。2017年，低保对象8452户11614人，全年支出保障资金6232.7329万元。2018年，低保对象8292户11399人，全年支出保障资金6910.5483万元。2019年，低保对象6700户9299人，全年支出保障资金7838.8603万元。2020年底，全县共有低保对象6707户9574人，全年支出保障资金7841.2753万元。2021年底，全县共有低保对象6733户9764人，全年支出保障资金10679.5808万元。

【特困人员供养制度】 贯彻执行特困供养人员基本生活标准与最低生活保障标准挂钩机制，按照最低生活保障标准的1.7倍执行，2021年7月起，象山县特困供养人员基本生活标准从1394元/月调整至1709元/月。及时提高特困人员护理补贴，2021年8月，象山县最低工资标准由1660元/月调整至2070元/月。根据最新最低工资标准，全县特困人员集中供养护理补贴分为311元、528元、1087元，分散供养护理补贴分为207元、352元、725元。不断优化供养形式，规范特困人员认定工作，全面提高救助水平，更好地保障特困人员基本生活和照料服务。全县共有特困人员579人，其中：集中供养

299人，散居供养280人。全年共发放特困人员供养资金1139.7209万元。

【综合实施各类救助】 2021年春节前，为8622户困难家庭发放春节慰问金和一次性节日生活补助金，其中春节慰问金1268.86万元，一次性节日补助金783.7747万元。落实困难群众基本生活价格补贴制度。2021年，为困难群众发放物价补贴资金12900余人次133.958万元。

【孤儿和困境儿童保障机制】 按相关文件调整保障标准要求，对象山县孤儿基本生活费标准进行调整。从2021年4月1日起，社会散居孤儿养育标准为每人每月2064元；机构代养孤儿标准为2580元。全年下拨5名社会散居孤儿资金15.5838万元，9名寄养在宁波恩美儿童福利院机构代养孤儿资金28.8216元，合计下拨资金44.4054万元。根据困境儿童文件规定，全年审核确定纳入困境儿童943人，参照散居孤儿养育标准补差发放基本生活费，合计下拨困境儿童救助资金1079.3815万元。

【社会救助主动发现机制】 坚持"托底线、救急难、可持续"原则，设立县、镇乡（街道）社会救助投诉咨询电话，成立社会救助主动发现志愿者队伍，帮助符合条件家庭申请低保，做到"应保尽保、应补尽补"。开展网格员对重点对象申请救助实行全程代办模式，与主动发现机制做到无缝对接。2021年，通过政策宣传、基层调查等方式，全县主动发现困难群众1154户，其中纳入低保407户，纳入低边49户，开展临时救助698户，完成低保、特困等困难对象全程代办业务732户。

【医前救助机制】 为缓解困难群众医疗救急难，建立医疗应急救助预支机制，由县民政局、县慈善总会及社会各界共同筹集建立医疗应急救助资金，对本行政区域内常住户籍的特困人员和孤儿、城乡低保和低保边缘家庭等五类救助对象，实行"医前应急救助"。五类救助对象如患特殊病种疾病或重特大疾病到定点医疗机构就医，急需住院救治，因家庭经济困难无力支付应急救治所需大额费用，可申请医疗应急救助资金，根据不同类别将给予0.3万~2万元应急救助额度。2021年，已有7人申请医前应急救助。

【临时救助备用金制度】 为加大"兜底线、救急难"政策推行力度，象山县建立完善临时救助备用金制度，优化临时救助申请程序并细化救助对象类型，根据各镇乡（街道）人口基数、上年度临时救助人数及资金管理使用情况，预拨部分临时救助资金作为乡镇临时救助备用金。临时救助备用金制度的建立，缩短临时救助审批时间，较大程度缓解群众急难困境，确保困难群众特殊紧急生活需要。2021年，县、乡镇两级共对1921名困难群众发放临时救助资金377.3618万元。

【全程代办实现"零跑腿"】 各村（社区）网格员及时掌握本辖区内居民困难情况，通过本人主动提出申请，网格员收齐困难群众社会救助所需资料，第一时间将附件资料电子版上传至乡镇（街道）民政办，让不方便的困难群众不出家门就可以申请到社会救助。2021年，完成低保、特困等困难对象全程代办业务1297户（2021年，新增低保、低边、特困对象570户894人，临时救助1227人）。

【困难群众探访关爱】 健全探访志愿服务队，依托村（社区）网格化管理，全县已建立以乡镇（街道）联村干部、村干部、网格员以及村社会组织志愿者组成的困难群众探访志愿服务队18支。细化探访服务内容，定期开展"问健康、送关爱，问需求、送服务"探访慰问服务，落实特殊困难群众定期探访报告制度。通过"线下"探访排摸和"线上"数据共享，切实加大困难群众主动发现和探访关爱力度。

【社会救助智慧化服务】 按照深化社会救助数字化改革要求，全面使用"浙里救"移动端App开展入户调查和探访关爱工作，并结合探访关爱，以"一户一单"形式，按季度为困难群众发放"幸福清单"，引导困难群众通过手机App，二维码等方式自行查询救助情况。2021年，全县通过"浙里办"App及浙江政务服务网开展入户调查及探访关爱办件量达到38362例（入户调查8638户次，探访关爱29724户次），发放幸福清单8358户次。

【困境、留守儿童数据动态管理】 及时将全国农村三留守系统进行数据更新。对不符合条件对象及时退出，建立规范数据库，严格实行数据动态管理。根据上级要求，已对全国儿童福利综合管理系统进行管理账号、权限等信息设置，并将业务操作流程知识告知到每个社会专职工作者，加强对困境儿童中事实无人抚养的儿童进行数据动态排摸登记。2021年年底，全县共有事实无人抚养儿童39名，留守儿童147名。

【关爱走访困难儿童】 联合办公室开展孤儿和事实无人抚养儿童结对慰问工作。以局机关科室为单位向全县51名孤儿和事实无人抚养儿童发放志愿服务联络卡、儿童保护政策宣传单，与儿童监护寄养家庭建立起了有效的结对关系。开展农村留守和困境儿童关爱保护工作。通过政府购买服务方式，投入资金40.2145万元，引入第三方社会组织对全县农村留守和困境儿童开展信息排查、档案管理、法治宣传和政策宣讲、儿童定期随访等工作，提升基层留守儿童和困境儿童关爱保护能力。开展N项专项项目。动员引导专业性、公益性等社会组织，开展个性化关爱和学习专项帮扶，提供"专业化""创投化""菜单化"服务清单，为困境留守儿童、事实无人抚养儿童、外来民工子弟子女等群体开展心理疏导、假日学校、红色教育、国学涵养、防溺水讲座、生活学习环境改造等服务。2021年，已开展"小象书屋"困境儿童学习环境改造、"益路象伴"困境留守儿童关爱等专项项目20余项，受益儿童累计已达1.1万余名。

社会养老

【概况】 2021年，象山县养老服务围绕新时代民政事业高质量发展要求，严格落实养老服务场所疫情防控措施，全力推进居家养老服务，积极规范机构养老管理，深入开展康养医养结合服务，不断提升养老服务品质。全县养老机构61家，居家养老服务中心17个，居家养老服务站点386个，社会养老床位共11091张，每千名老人拥有社会养老床位81张，居全市首位。

【省市民生实事工程】 完成困难老人家庭适老化改造340户，围绕“如厕洗澡安全，室内行走便利，居家环境改善，智能监测跟进，辅助器具适配”五方面功能，提升老年人生活自理能力和居家生活品质。建设2家示范型居家养老服务中心，高塘岛乡居家养老服务中心已投入运营，丹西街道居家养老服务中心正在装修并同步进行设施设备采购。建设1个AAAAA级居家养老服务中心，石浦镇AAAAA级居家养老服务中心。完成10个标准老年食堂改建工作，丹东街道、爵溪街道、茅洋乡、西周镇、涂茨镇、石浦镇、高塘岛乡、定塘镇、鹤浦镇、黄避岙乡等10个镇乡（街道），于10月初全部完成。创建康养联合体试点单位4个，按照“有设施、有器材、有队伍、有标准、有数据”五有要求，县康复医院、县亲和源老年公寓、爵溪街道敬老院、黄避岙乡敬老院等4家单位已完成创建。

【居家养老政府购买服务】 根据《象山县居家养老政府购买服务实施办法》，在18个镇乡（街道）全面开展居家养老政府购买服务，全年共服务老人15238人，服务资金支出1045万元，实现符合条件的居家老年人政府购买居家养老服务全覆盖。同时，为保障此项服务规范化、政府资金安全化，采用象山县智慧养老服务平台动态监管与第三方测评单位实地满意度调查相结合方式，对居家养老政府购买服务进行有效监管。

【居家养老适度普惠发展】 稳步推进居家养老服务站点标准化建设。通过改进设施设备、完善管理机制、丰富活动开展等途径进行等级创建，全县累计建成村（社区）居家养老服务站386家，所有站点都达A级以上。积极推进老年人意外伤害保险，全县80周岁以上老年人及60～80周岁低保老人、低保边缘老人、计划生育特殊家庭老人共计23344人参加老年人意外伤害保险，参保率100%。实施高龄老人生活津贴发放政策，按照“低标准、广覆盖、保基本、多层次、可持续”总体要求，创新高龄老人福利制度模式，健全养老保障服务体系，建立保障高龄老人基本生活需求长效机制，推进补缺型老年福利向适度普惠型社会福利发展，使广大高龄老人基本生活得到保障，不断提高高龄老人生活质量。2021年，为全县19231位老人发放高龄津贴1157.07万元。

【安全生产检查】 实行常态化检查机制。采用机构自查、民政督查、第三方监管相结合的模式，开展检查。对检查结果进行反馈整改，落实“闭环管理”，有效提升养老机构安全生产管理水平。开展多样化专项活动，已开展“春节期间安全生产检查”“五一期间安全大检查”“守护老人安全”“安全生产月”“养老机构食品安全宣传周”“国庆前夕安全生产检查”等专项行动，对全县养老机构进行多次拉网式检查，共组织6批次346家次，对检查中发现的问题要求及时整改并组织“回头看”检查，巩固安全生产工作成效。强化养老机构安全生产和消防安全知识能力培养，提升养老机构安全生产管理水平。引导组织全县养老机构开展1年2次消防安全知识讲座及实地演练，组织全县养老机构安全生产负责人和管理员122人进行安全生产能力复训，提高养老机构消防安全管理能力。

【养老规范服务提质增效】 一方面推动养老机构标准化、专业化、规范化建设，鼓励养老机构参与等级评定，根据等级评定细则对养老机构进行硬件改造、软件升级，提升养老机构管理和服务能力。另一方面深化养老机构“家院互融”服务，鼓励养老机构通过开放场所、承接运营、上门服务等方式，为周边老年人提供日间照料、居家照护、助餐送餐等服务。2021年，全县61家养老机构已有46家开展“家院互融”服务，开展率达75%以上，已实现城区80%、农村40%的目标任务。

【医养康养融合】 推进医联体和康养联合体有机结合，在15家公办养老机构内创新设立“颐养小屋”开展医养结合服务，并结合“颐养小屋”设立康复室。至2021年年底，全县100张床位以上养老机构共16家，已有13家设立康复室，与附近医疗机构合作深入开展医养康养联合服务。2021年，创建县级、镇乡级康养联合体试点单位4家。

【数字化改革】 按照数字化改革要求，结合市“甬易养”系统建设，争取到“社区认知症筛查”场景模块开发，打造智慧化养老服务场景，逐步形成线上线下相融合的养老服务模式，助力市养老服务数字化改革。

【养老服务专业人才培养】 与当地培训学校合作，开展养老服务人员专项能力培训和项目制培训工作，落实企业自主认定工作，发挥象山县老年公寓养老护理员资格认定基地作用，开设养老护理员培训班，9月共有59名护理员参加培训并通过考核获得护理员职业资格证书。至2021年年底，全县持证护理员340名，每万名老年人拥有25名持证护理员，居全市前列。组织开展养老护理员技能大赛，以赛促学、以赛促练，提升员工专业能力。6月22日，举办技能大赛，选拔3名护理员代表象山参加市赛。

（俞明）

老龄事业

【概况】 2021年，全县60岁及以上老年人口143027人，占总人口的26.41%，与2020年同期增加2833人。70岁及以上老年人口63656人、80岁及以上的高龄老人20260人、90岁及以上的长寿老人2906人。百岁老人38人，比上年同期增加12人。

【医养结合】 推进医疗机构与养老机构深度合作，创新“医养结合”模式，打造集医疗、康复、护理与养老相结合的一体化服务新模式。至2021年底，全县共有医养结合机构3家，安宁疗护试点单位8家，已建有“颐养小屋”16家（其中2021年新增1家），累计开展医疗服务5.3万人次、健康管理服务6.87万人次、代配药5.2万人次、各类护理2.1万人次。全县养老机构内老人家庭医生签约率及健康管理率均达100%，高血压、糖尿病控制率到60%以上。养老机构61家，床位总数7889张，居家养老服务机构386家，居家医疗服务点签约服务404家，签约率100%。建成民生实事工程“颐养小屋”16家，惠及4255名老人。推进医养融合，解决临终老人（患者）医疗照护难题，全县以省级安宁疗护试点建设为契机，按照“政府引导、多方参与、群众自愿、保障基本、统筹发展”的原则，打造社区居家安宁疗护、医养签约安宁疗护、医养结合安宁疗护、医疗机构安宁疗护四个类型的服务模式，全县累计完成安宁疗护服务176例。建设老年友善医疗机构，切实提升老年人看病就医便利性、获得感和满意度。全县1家医疗机构为省首批老年友善医疗机构（三级医疗机构），2家医疗机构为市首批老年友善医疗机构（二级医疗机构），7家基层医疗机构单位为首批县级老年友善医疗机构。

【老年服务】 弘扬中华民族孝老爱亲传统美德，营造养老孝老敬老社会氛围，乐享智慧老年生活。完成“敬老月”系列事项，重阳节举办庆祝全国第九个老年节暨老年健康“两防”主题宣教活动，同时完成百岁老人慰问工作。启动老年人心理关爱项目，提供老年人心理健康需求。2021年，丹东街道万象社区、爵溪街道玉泉社区作为老年人心理关爱项目的试点单位，完成丹东街道万象社区和爵溪街道玉泉社区老年人心理评估问卷618人，根据问卷调查结果对8位老人开展入户心理干预，组织社区老年人活动，丰富老年生活，改善其心理健康状况，共开展2次讲座，2次团体心理辅导。推进基层老年协会规范化创建工作，全年有50个基层老年协会完成规范化创建工作，安排补助资金50万元。启动第四届“敬老文明号”创建活动部署。完成老年电大招生宣传、教材发放工作，2021年开设了“国学经典新读”“家庭常见急诊处理指南”“跟我学烘焙”“智享未来——老年数字生活新体验”等课程。形成良好老年文化氛围。改善老年人居住环境、方便老年人日常出行，提升为老服务质量，创建示范性老年友好型社区。西周镇清溪村被评上市级示范性老年友好型社区、全国示范性老年友好型社区。

（郑潇琳）

殡葬管理

【概况】 2021年，殡葬管理所以建设文明殡葬、生态殡葬和规范殡葬管理工作为目标，勇于探索，开拓创新，努力提升殡葬管理和服务水平。

【清明节文明安全祭扫】 贯彻落实《2021年民政部清明节祭扫工作电视电话会议》精神、省民政厅和市民政局关于做好2021年清明节祭扫工作部署要求。以“文明祭扫　平安清明”为主题，以保障群众安全、有序、文明祭扫为目标，认真做好清明节祭扫服务保障工作。2021年，象山县清明节工作从3月9日始至4月5日结束，历经25天，全县共有700余人参加清明节期间的服务管理和安全保障，各祭扫场所共接待扫墓群众22万余人次，车辆5.3万辆。清明节期间通过相关职能部门的积极配合和全县殡葬从业人员共同努力，顺利完成安全文明祭扫工作。

【违法违规殡葬行为打击】 为有效遏制违法违规墓葬行为的发生，不断加大殡葬管理执法力度，严厉打击违法行为。自2021年年初以来，殡葬管理所联合镇乡、街道相关科室对全县禁坟区和公墓区，进行地毯式巡查。对巡查中发现的问题及时采取措施。要求相关镇乡、街道对违规丧户下发整改通知书，并督促其做好违规墓葬拆除和整改工作；分别查处西周镇、涂茨镇两处非法制作棺木加工点，按规定将四具成品大棺木进行销毁处理；共依法拆除整改40余座违规超面积坟墓。

【节地生态葬法推广】 在《宁波日报》《宁波晚报》开设宣传专版，利用象山传媒中心以《象山新闻》栏目等方式，大力宣传象山县节地生态、绿色殡葬等内容；通过在社会多途径引导，大力推广节地生态安葬，推行墓型、面积、墓价“三统一”，规范墓穴向小型化、艺术化、生态化方向发展；要求新建墓区和新扩建墓区，实行墓型艺术化小型化，逐渐淘汰老旧墓型。实现安葬方式从依赖资源消耗向追求绿色生态可持续转型，逐步树立现代殡葬新风尚；提高节地生态奖励，对选择树葬、花坛葬、草坪葬、壁葬、骨灰堂安葬的丧户全部予以免费，对选择节地小型墓穴的丧户，给予每穴2500元生态补助，对选择海葬的丧户，每例5500元的海葬费用均由政府埋单，逝者姓名免费镌刻在海葬纪念广场。

【专项治理】 为深入贯彻落实省、市纪委关于开展漠视侵害群众利益问题专项整治工作要求和省民政厅、市民政局开展殡葬业价格秩序、公益性安葬设施建设经营专项整治工作安排，象山县自2021年5月开始，严格按照时间节点，积极推动开展专项整治工作，推动殡葬改革事业更好服务于保障和改善民生，着力提升殡葬规范管理服务水平。专项整治工作有序开展，成效良好。

（俞明）

街道·镇乡

丹东街道

【概况】　丹东街道地处象山半岛偏东北部，地形北高南低，北隔沙地岗山、梅溪山与大徐镇连接，东依东山山脉与爵溪街道相连，西以天安路、南大河等为界与丹西街道毗邻，南濒大目涂，陆域面积38平方千米。下辖16个行政村、11个社区。2021年，全街道常住人口12.5万人，户籍人口7.1万人。丹东街道作为象山县中心城区所在，是一个工商居混合型区域，工业以机械、针织、电器、气动件、汽车模具等为支柱，近年来新兴数字产业有所发展；农业以蔬菜、橘苗、鱼苗、水稻、小海鲜为主品；三产以房地产、楼宇（写字、公寓楼）、餐饮、旅游、超市、中介、物流等为主业。

【工业经济】　有力对冲产业转型、新冠疫情带来的负面影响，主要经济指标呈现"高开稳走向好"运行态势，完成规上工业总产值36亿元，同比增长9%；实现工业增加值7.23亿元，同比增长8.5%；外贸进出口总额39.66亿元，同比增长12.5%。开展"闲置地块破冰动建"攻坚行动，完成河东工业园及周边区块项目签约及第一批腾空，大碶头原缝纫机厂区块完成24户厂房入户评估工作。招商引资重点突破。紧盯新兴优势产业，全力跟进洽谈8个项目，实现落户6个、开工4个。完成内资14.59亿元、浙商回归8.5亿元，分别完成年度任务的182.4%、303.6%。有效投资持续扩大，实现固定资产投资28亿元，其中工业投资1.76亿元。产业培育量质齐升。坚持引育并重，新增上亿企业2家、规模以上企业7家。科技创新动力不断增强，实现数字经济核心产业产值5.79亿元，同比增长18.9%；规上企业研发费用投入8815万元，同比增长6%。

【城市经济】　充分发挥区域优势，积极推进商贸经济、总部经济的发展。有力推进涌金广场、博浪太平洋、国际风情街等大型商业设施的个性化高档现代服务业集聚区建设，改造提升步行街、大碶头菜场周边环境，不断提升中心城区商贸品位和城市形象。2021年，街道以楼宇经济发展机制改革项目为指引，激发城市经济活力，摸清商圈楼宇28万平方米经营面积和企业入驻情况，建立楼宇经济数据库，联楼联企开展"三服务"活动，协助恒太城、风情街探索线上消费、月光经济。新增住宿业酒店开元曼居、亚朵（丹东店）、龙象豪生3家。服务业稳步提升，限额以上零售业、餐饮业、社会消费品营业额同比均增长22%以上。

【农渔产业】　加强农业技术服务，规范村级"三资管理"，维护农村社会稳定，落实粮食播种面积2800亩，其中单季稻2148亩，完成机插任务1800亩，完成晚稻粮站订单400吨，城郊蔬菜种植面积1900亩，其中棚栽蔬菜瓜果500余亩，完成辖区内松材线虫病疫木除治42株，涉及林班面积1815亩，完成松兰山景区松材线虫病防治免疫针剂注射2万支。开展完成农产品信用体系建设，完成农产品检测510批次，农资废弃物包装物回收2.65吨并集中无害处理；按时完成农业统计和农业信息各项工作。开展渔业安全生产检查，制定《千名干部进渔家"遏重大　保平安"专项行动方案》，对15艘渔船落实党政领导包干、"定人联船"制度。加强码头岸线日常巡查，落实"滩长制"人员3名，清理地笼网110顶。

【重点工程】　围绕抢抓亚运机遇、提升城市能级，吹响高质量发展冲锋号，进一步加快城市化进程。2021年集中推进6个大块82个征迁项目，10项亚运重点项目稳步实施，游客服务中心及周边环境提升项目完成政策处理、浙江海洋运动中心配套道路保障施工进入扫尾阶段、松兰山旅游度假区核心区改造提升207亩土地完成政策处理；17项市政道路项目及16项民生实事工程有序推进，金镜路、兴洋路、象峰路、四小东侧道路等道路完成政策处理并按期施工，殷夫公园二期完成政策处理，环城绿道工程一期项目完成11千米，政实小学、塔山教育培训中心、环湖公路顺利施工。

【专项行动】　深入贯彻"三清三美"行动要求，自我加压谋划"七个一"打造目标，完成凤跃山、东谷湖区块城市景观公园山体清洁。全面整治"扬帆海湾""智造蓝海"精品线沿线村庄，完成赵岙村及后山村立面提升，累计整理拆除棚屋棚架30余处。重点建设大地景观工程，完成涉及6个村庄72户、2000亩土地的界址测量、青苗清点及评估工作，已签约667户，签约率93.8%。城乡建设提档扩面。城中村综合整治多点推进，完成庄穆境村、东环村、梅溪村、岙里村整治工作。开展拆违控违专项行动，拆除违法建房97处、2.65万平方米，实现新增违建动态归零，并以桃花源小区为试点开展住宅小区乱改建整治。持续抓好污水零直排区创建工作，做好新华、文峰等5个老旧小区的雨污分流工作和林海工业集聚区雨污分流工程，龙泽名园雨污分流工作项目户内改造完成70%。持续推进高层住宅小区消防整治，完成9个小区消防设施维修改造。

【社区建管】 2021年底，丹东街道共有社区12个，小区69个。街道坚持“以人为本、共建共治共享”的社区发展理念，不断健全新型社区治理和服务体制，创新建立党政领导联系社区及社区工作联席会议制度，定期会商解决社区难题，推动社区难题得到及时解决，4月实施以来，共协调解决各类难题50多个，部分历史遗留问题得到有效化解和处理。合理划分社区服务管理范围和规模，对梅园、万象等2个社区进行优化调整，新设海山社区。充分发挥“一站双中心”服务平台作用，龙泽名园污水纳管、金秋小区停车改造等4个治理典型入选县社区治理优秀案例。推动物业管理提档升级，新成立海山佳苑、东方苑、保集蓝郡、春天里、云海居、琴声园等业委会6个，完成换届15个。

【全域旅游】 抢抓象山“全域旅游”“迎亚运”机遇，充分利用丹东旅游资源丰富、历史文化悠久、城市交通便利等优势，扎实推进旅游项目建设。全面提升旅游环境，梅岙村改造设计方案已完成，对该村民宿进行全面走访整改。大地景观项目完成1600亩土地流转。“梅映丹东”亚运风景线打造全面推进，着重做好梅溪、后山、岙里等城中村综合整治，对村外立面、绿化景观进行改造提升，新建旅游厕所等。积极开展景区村创建，推出景区村创建村旅游精品线，由点及面梯度推进形成符合丹东特色的乡村旅游布局。

【民生保障】 深化“最多跑一次”改革，全面推进街道公共就业基层服务标准化试点工作，建立一站式代办服务机制，优化问题流转分类处理流程，基本实现群众和企业办事“最多跑一次”目标。户籍人员养老保险参保率达99.1%，累计办理“4555”人员灵活就业登记97人次，社保补贴2298人次，涉及金额122万元。开发公益性岗位24个，发放补助金102万元，个人就业登记证明办理378人次，城镇新增就业人员2245人。完成620人失业人员调查工作，做好320人失业证验证工作，对于已就业、无就业意愿和户籍迁出的131人失业人员进行注销，并完成2041人次重点群体帮扶工作。成立“安薪老娘舅”调解工作室，调解欠薪案件22起，涉及人数56人、金额83万元。建成AAA级居家养老服务站点2个、村级居家养老服务站点4个，养老机构医养结合签约率100%。优化退役军人服务保障体系，成功创建首批全国“示范型退役军人服务站”。东西部协作、山海协作任务全面完成。

【文化事业】 稳步推进城乡文化设施建设、文体团队组建活动。大碶头村申报创建市级四星级文化礼堂。完成岙里、后山、寨梅3个市级文明村复评，梅溪村申报创建市级文明村。全力打造丹东银都新时代文明实践点，提升25个村社新时代文明实践站。充分发挥综合文化活动中心、新时代文明实践所（站）、文化礼堂等公共文化设施和阵地的作用，坚持常年开办舞蹈、戏曲、器乐、书画艺术培训班，免费借阅报刊、书籍等，免费提供上网查询资料浏览信息，服务能力不断提高。举行各类大小活动42次，送戏下乡12场次，组织全民阅读2次，举办公益性讲座和培训班105场次，免费展览1次。安排开展非遗半岛行系列活动，举行活动28场次。定期举行法治宣传活动，加强对居民特别是青少年的法治教育，让居民知法、守法，争做文明市民。强化婚丧礼俗整治工作，在辖区村社张贴通告及发放宣传资料，召开婚丧礼俗整治工作座谈会，登记婚丧礼俗整治平台信息267条。积极参与县文明办开展的“我推荐、我评议身边好人”主题活动，成功推荐“宁波好人”2名。

【公共卫生】 全年紧密围绕疫情防控工作，强化统筹、高效应对，实时研究制定符合丹东实际的防疫复工细则，防疫全程落实精密智控，实行闭环管理，收好村（社区）小门，动态下达具有丹东特色的过程性指导意见，排摸各类信息，实现丹东辖区“零疫情”的良好局面。以“24小时内完成区域全员新冠病毒核酸检测”为目标，建立93个核酸采样点应对18小时11.4万人次的应急检测任务，组建标本采样队伍，并进行业务培训。创新性开展“网络订餐示范单位”“无堂食网络订餐阳光厨房”的创建评选活动。积极开展商贸综合体餐饮单位“红黑榜”评比工作，为“红榜”单位提供“食安险”参保、资金奖励等物质奖励。

【慈善志愿】 大力开展志愿服务活动，以“学史力行”为服务宗旨，优化升级“一社区一文明”品牌建设，以“我为群众办实事”为服务宗旨，组织开展环境整治、便民服务、法治宣传、公益课堂、垃圾分类等新时代文明实践志愿服务120余次，惠及群众12000余名。发展文物保护志愿者队伍，并经常性开展活动。活跃社区社会组织公益创投项目，累计成立注册登记的社区社会组织194个，组织各社区积极投入县“象益”社会组织参与社区治理现代化三年行动（2020—2022年），推行“项目式”“结对式”“菜单式”服务。全面扶贫帮困，发动村社义工队伍常态化在孤寡老人、病、残、困等家庭中开展服务和救助。积极开展募捐活动，广泛开展“慈善一日捐”活动，全年完成慈善募捐44.35万元。

2021年丹东街道规模工业企业经济基本情况表

表68

企业名称	工业总产值			主营业务收入			利润总额		
	本年累计（万元）	上年同期（万元）	同比增长（%）	本年累计（万元）	上年同期（万元）	同比增长（%）	本年累计（万元）	上年同期（万元）	同比增长（%）
宁波天安(集团)股份有限公司	37451	59423	-37.0	39599	59739	-33.7	-14901	-12626	—
象山天安特种变压器有限公司	8057	15726	-48.8	8794	16042	-45.2	-2051	-1213	—
宁波天安集团开关有限公司	7042	6194	13.7	6845	4811	42.3	-79	-45	—
天安电气集团小计	52550	81343	-35.4	55238	80591	-31.5	-17031	-13885	—
宁波兄弟服饰有限公司	52900	39309	34.6	52909	39309	34.6	1128	1210	-6.8
宁波天安智能电网科技股份有限公司	26085	25807	1.1	24184	23555	2.7	674	1591	-57.6
宁波盛和灯饰有限公司	24475	21658	13.0	25457	20194	26.1	868	2041	-57.5
象山华润燃气有限公司	29411	13675	115.1	29411	13676	115.1	948	1456	-34.9
宁波石原金牛农业科技有限公司	13720	13032	5.3	13866	13008	6.6	1494	1359	9.9
象山同家模具制造有限公司	11476	12049	-4.8	11234	12022	-6.6	3102	3295	-5.9
宁波天安汽车零部件有限公司	8550	8200	4.3	8325	7579	9.8	88	197	-55.6
象山县第一自来水有限公司	8840	8067	9.6	9684	9094	6.5	84	112	-25.1
宁波弗凡科技有限公司	7555	8054	-6.2	7577	8055	-5.9	627	577	8.6
宁波弗浪科技有限公司	4883	4124	18.4	4884	4028	21.2	282	183	54.6
象山县海滨化工厂	10336	7071	46.2	14261	6586	116.5	200	27	645.0
宁波凯勒电气有限公司	11861	5647	110.1	11652	5504	111.7	742	125	492.4
宁波华辰机械有限公司	4802	4718	1.8	4801	4235	13.4	286	286	0.0
象山锦河针织有限公司	6563	4715	39.2	6305	4617	36.6	25	54	-54.1
宁波海辰天力机械制造有限公司	4571	4698	-2.7	4334	4642	-6.6	273	988	-72.4
宁波晟利紧固件有限公司	4826	4634	4.1	4699	4333	8.5	120	80	50.7
浙江一漂印染有限公司	4319	4421	-2.3	4129	3779	9.3	83	215	-61.5
宁波新大通电机有限公司	4139	4218	-1.9	4173	4164	0.2	222	269	-17.6
宁波广逸服饰有限公司	3474	3786	-8.2	3424	3519	-2.7	60	48	24.4
宁波佳田时装有限公司	4935	3635	35.8	4928	3601	36.8	64	-32	—
宁波宝鑫铁路信号设备制造有限公司	3819	3607	5.9	3361	2707	24.2	-151	-56	—
宁波三俪服饰有限公司	3711	3442	7.8	3717	3447	7.8	-26	-7	—
宁波锦林服饰有限公司	3798	3386	12.2	3608	3213	12.3	5	-15	—

续表68

企业名称	工业总产值			主营业务收入			利润总额		
	本年累计（万元）	上年同期（万元）	同比增长（%）	本年累计（万元）	上年同期（万元）	同比增长（%）	本年累计（万元）	上年同期（万元）	同比增长（%）
宁波探索机械制造有限公司	3695	3073	20.2	3697	3075	20.2	25	-164	—
象山宇翔机械有限公司	3751	3024	24.0	3739	2977	25.6	323	235	37.2
象山宏强电气制造有限公司	3431	2884	19.0	3422	2577	32.8	144	119	21.4
象山永发制衣有限公司	5182	2812	84.3	5159	2903	77.7	26	-73	—
象山吉恒制衣有限公司	3526	2655	32.8	3367	2655	26.8	10	6	78.2
象山盈多服饰有限公司	1654	2633	-37.2	1654	2634	-37.2	5	-2	—
象山鸿源制衣有限公司	5393	2462	119.1	4179	2040	104.8	-232	-203	—
象山中鼎机械模具有限公司	3262	2172	50.2	3204	2026	58.2	56	10	440.8
象山永久电力设备机具有限公司	2009	2105	-4.6	1779	1787	-0.5	63	55	16.0
宁波盈科光通信科技有限公司	4116	2198	87.3	3225	2144	50.5	89	50	78.6
象山卓亿服饰有限公司	4756	2366	101.0	4757	2366	101.0	65	-31	—
象山福大制衣有限公司	2789	2277	22.5	2733	2277	20.0	-124	-30	—
宁波游子家园服饰有限公司	2090	2386	-12.4	2090	115	1725.4	91	-2	—
象山天润百福服饰有限公司	1687	2199	-23.3	1588	2155	-26.3	-94	88	—
宁波宝鑫冶金电器制造有限公司	1337	2001	-33.2	1337	2002	-33.2	-75	-21	—
2000万以上规模企业合计	360278	330546	9.0	362091	319188	13.4	-5463	155	—
机械行业合计	51081	48892	4.5	49985	46839	6.7	4557	5251	-13.2
电气电子行业合计	135997	155126	-12.3	137112	149213	-8.1	-13919	-9326	—
针织行业合计	106777	82485	29.5	104548	78629	33.0	1085	1226	-11.5
高新技术产业合计	194353	209400	-7.2	193868	202204	-4.1	-8451	-3242	—
数字经济核心产业合计	57932	48714	18.9	54943	45863	19.8	2559	2644	-3.2

2021年丹东街道工业企业自营进出口基本情况表

表69

企业名称	累计出口金额（万元）	对比累计出口金额（万元）	累计出口金额增长（%）	累计进口金额（万元）	对比累计进口金额（万元）	累计进口金额增长（%）
宁波宝鑫铁路信号设备制造有限公司	107.15	172.71	-37.96	107.15	172.71	-37.96
宁波盛和灯饰有限公司	24282.89	19788.69	22.71	25508.15	21034.02	21.27

续表69

企业名称	累计出口金额（万元）	对比累计出口金额（万元）	累计出口金额增长（%）	累计进口金额（万元）	对比累计进口金额（万元）	累计进口金额增长（%）
象山宁丰针织有限公司	1.26	1.26	0.31	1.26	1.26	0.31
宁波甬侨气动液压有限公司	275.64	207.18	33.05	275.64	207.18	33.05
宁波至宝进出口有限公司	419.69	148.87	181.91	419.69	148.88	181.9
象山食品设备厂	576.98	158.81	263.32	576.98	158.81	263.32
宁波天安汽车零部件有限公司	512.98	448.15	14.47	522.39	459.23	13.75
宁波中瑞进出口有限公司	241740.63	212842.84	13.58	242620.59	213150.34	13.83
宁波天安（集团）股份有限公司	958.5	18.18	5171.36	958.5	18.18	5171.36
象山同家模具制造有限公司	6122.91	6616.46	-7.46	6176.15	6651.89	-7.15
象山永发制衣有限公司	4815.32	2838.52	69.64	4815.32	2838.52	69.64
宁波探索机械制造有限公司	0	179.76	-100	0	179.76	-100
宁波兄弟服饰有限公司	26966.84	28231.61	-4.48	26975.73	28237.17	-4.47
象山福大制衣有限公司	810.08	1249.23	-35.15	810.08	1249.23	-35.15
宁波三泰照明电器有限公司	5787.21	5512.6	4.98	5787.21	5512.6	4.98
象山伟博制衣厂	159.14	220.82	-27.93	159.14	220.82	-27.93
象山宇翔机械有限公司	0	0	—	82.16	276.51	-70.29
宁波游子家园服饰有限公司	572.7	1552.8	-63.12	572.7	1552.8	-63.12
象山环安针织有限公司	131.62	146.75	-10.32	131.62	146.75	-10.32
宁波锦泰晟运国际贸易有限公司	6101.55	4842.48	26	6101.56	4842.51	26
象山九润国际贸易有限公司	0	0	—	71.76	0	—
宁波达雅进出口有限公司	237.14	346.15	-31.49	237.15	346.15	-31.49
宁波凯勒电气有限公司	11167.18	4844.01	130.54	11167.21	4844.46	130.51
象山佳灵服饰有限公司	1083.08	1840.78	-41.16	1083.08	1840.78	-41.16
象山宝庆服饰有限公司	0	6.62	-100	0	6.62	-100
象山佳滨制衣有限公司	64.04	300.03	-78.66	64.04	300.03	-78.66
宁波蓝腾进出口有限公司	208.05	205.11	1.43	208.05	205.11	1.43
象山恒金国际贸易有限公司	159.43	36.91	331.92	159.43	36.91	331.92

续表69

企业名称	累计出口金额（万元）	对比累计出口金额（万元）	累计出口金额增长（%）	累计进口金额（万元）	对比累计进口金额（万元）	累计进口金额增长（%）
象山鸿源制衣有限公司	1975.89	0	—	1975.89	0	—
宁波胜利汽配有限公司	1.95	4.03	-51.67	1.95	4.03	-51.67
象山森惠针织有限公司	234.42	231.91	1.09	234.42	231.91	1.09
象山卡特索国际贸易有限公司	2276	1939.96	17.32	2491.08	1977.17	25.99
宁波星石进出口有限公司	140.78	743.41	-81.06	140.78	743.41	-81.06
宁波中瑞如意进出口有限公司	18826.5	38818.62	-51.5	19803.7	39377.08	-49.71
宁波象山优品进出口有限公司	0	827.93	-100	0	827.93	-100
象山光敏针织厂	1600.62	919	74.17	1600.62	919	74.17
宁波港桥外贸服务有限公司	7160.66	4481.39	59.79	7160.66	4481.39	59.79
宁波盈科光通信科技有限公司	1759.78	663.26	165.32	1759.78	663.26	165.32
宁波巍力生物科技有限公司	168.85	112.86	49.61	168.85	112.86	49.61
象山至美服装有限公司	236.3	144.23	63.83	236.3	144.23	63.83
宁波东风进出口有限公司	0.58	0.64	-9.05	0.58	0.64	-9.05
宁波广驰贸易有限公司	2170.01	1469.76	47.64	2170.01	1470.41	47.58
宁波铭晨机械科技有限公司	1.13	0	—	1.13	0	—
浙江皓阳缝纫制品有限公司	0	196.77	-100	0	196.77	-100
宁波艾蓝电子科技有限公司	1110.76	580.09	91.48	1120.59	580.09	93.17
象山进亿国际贸易有限公司	78.59	51.17	53.57	78.59	51.17	53.57
宁波派丽肯智能渔具有限公司	125.73	106.7	17.84	125.73	106.7	17.84
宁波恋舞服饰有限公司	12.22	58	-78.94	12.22	58	-78.94
宁波绿糖生物科技有限公司	899.67	126.91	608.88	899.67	126.91	608.88
宁波珈瑞贸易有限公司	14010.31	5215.04	168.65	14010.31	5215.04	168.65
象山羽博进出口贸易有限公司	1305.28	54.42	2298.52	1306.73	54.42	2301.20
宁波正广食品机械有限公司	41.14	0	—	41.14	0	—
宁波卡笛工艺品有限公司	0.05	0	—	0.05	0	—
宁波甬外通电子商务有限公司	40.05	0	—	40.05	0	—

续表69

企业名称	累计出口金额（万元）	对比累计出口金额（万元）	累计出口金额增长（%）	累计进口金额（万元）	对比累计进口金额（万元）	累计进口金额增长（%）
宁波宝瑞机械设备有限公司	837.53	601.46	39.25	837.53	601.46	39.25
宁波汉杰进出口有限公司	101.85	0	—	101.85	0	—
浙江金本汽车零部件有限公司	4258.27	0	—	4258.27	0	—
宁波弗凡科技有限公司	420.03	0	—	420.03	0	—
象山至尚制衣有限公司	5.23	0	—	5.23	0	—
合　　计	393062.2	350104.92	12.27	396596.5	352583.11	12.48

2021年丹东街道社区小区基本情况表

表70

社区/小区	户数（户）	人口（人）	业委会负责人	社区/小区	户数（户）	人口（人）	业委会负责人
东风社区	3308	7239	徐靓（社区）	—	—	—	—
汇丰苑	46	150	郑正康	东风苑	46	130	刘继跃
宾阳商住楼	58	182	刘宗明	珍桂苑	24	65	俞　伟
东湖苑	136	425	陈伟理	茶花园	26	70	赖根荣
东方苑	108	305	潘海洋	散居楼户	2864	5912	—
新华社区	2331	6563	李晶晶（社区）	—	—	—	—
新华小区	608	1832	—	丹山人家	91	263	潘顺莉
塔山路190	202	571	朱平权	散居楼户	1430	3897	—
金秋社区	5099	11679	朱国艇（社区）	—	—	—	—
金秋小区	960	2029	张丙林	汇金大厦	180	500	吴安文
方井小区	97	207	毛肇秀	天力大厦	250	800	陈仁义
步行街	1167	2263	励　宏	金穗大厦	7	300	潘益敏
东方商厦	230	580	叶国成	散居楼户	2200	4500	—
绿叶大厦	8	500	钱延庭	—	—	—	—
文峰社区	2235	5862	陈　益（社区）	—	—	—	—
文峰小区	1470	3947	陈道海	散居楼户	592	1480	—
文峰别墅	63	158	柴常国	天安别墅	12	30	—
锦湖名苑	98	247	林永建	—	—	—	—

续表70

社区/小区	户数(户)	人口(人)	业委会负责人	社区/小区	户数(户)	人口(人)	业委会负责人
丹峰社区	3594	10350	邬勇波(社区)	—	—	—	—
丹峰小区	1530	4500	曹泉康	文景苑	207	600	倪永捍
丹静公寓	230	700	沈启英	文韵苑	85	260	周雪梅
丹静苑	176	510	洪松茂	丹桂苑	97	300	胡文平
城东公寓	157	480	葛乾恩	散居楼群	1112	3000	—
塔山社区	4255	11418	谢姚南(社区)	—	—	—	—
塔山花园一期	490	1350	卢家明	东河二期	444	1110	赖钟鸣
塔山二期	72	216	陆福根	丹东银都佳园	806	2015	史济刚
大红鹰家园	228	565	陈　杰	宏润花园	535	1605	周存宽
阳明花园	634	1902	鲍明豪	塔山三期	145	402	—
东河一期	281	703	欧梦蛟	学府名苑	620	1550	—
梅园社区	6309	14818	陈烨(社区)	—	—	—	—
龙泽名园	367	917	徐忠实	府邸庄园	362	818	—
丰泽园	259	725	张国登(东) 邬振贵(西)	保集蓝郡	1348	3370	徐海达
桃花源	169	422	钱伟阳	—	—	—	—
梅苑中央花城	1533	3833	陈建华	—	—	—	—
海山社区	5035	9591	韩玮(社区)	—	—	—	—
玉兰雅府	348	870	周万立	青山佳苑	500	1560	—
绿城百合	851	2128	—	巨和苑	320	800	吴启超
恒太城(博浪)	378	450	陈敏红	和景府	256	640	王佩旭
牡丹苑	296	740	徐利民	风华大境	467	—	—
紫悦馨园	398	995	陈成海	中北星园	87	218	—
桂语江南	516	—	—	半岛琴声	276	690	陈金海
海山佳苑	180	500	王伟成	天安东苑	162	—	—
丹河社区	5098	13532	石懋(社区)	—	—	—	—
海申苑	398	1000	童兴旺	涌金广场	252	600	周家珍
水木华庭	505	1450	李修瑞	财富中心	78	210	—
金域华府	930	2250	周俊尉	绿城兰园	720	2016	王莉琴
海御官邸	920	2464	王成杰	宏地首府	220	616	—

续表70

社区/小区	户数（户）	人口（人）	业委会负责人	社区/小区	户数（户）	人口（人）	业委会负责人
世纪花园	950	2576	范玉成	中梁大都会	125	350	—
万象社区	3667	9110	汪海月（社区）	—	—	—	—
印象江南	408	1020	夏平凯	—	—	—	—
丽景一期	220	550	蒋立成	山水一期	174	508	陈建明
丽景二期	150	375	李伟	山水二期	819	2018	周建文
紫汀盛园	561	1325	郑志来	山水三期	22	60	—
上城公馆	989	2282	俞航行	涌清府	36	108	—
中梁玖墅	248	786	—	文化广场	40	78	—
欢乐社区	4168	10030	王海珂（社区）	—	—	—	—
欢乐一期	1500	3750	黄慧敏	欢乐三期	1218	2680	王能亮
欢乐二期	1450	3600	—	—	—	—	—

2021年丹东街道行政村基本情况表

表71

村　名	户籍户数	户籍人口	耕地（亩）	山林（亩）	集体总收入（万元）	集体经营收入（万元）
东门外	413	1093	20	498	454.8	419.13
起　春	151	306	31	175	70.92	46.71
城　东	324	622	28.6	392	282.01	235.12
上　进	199	475	—	423	150.04	119.45
庄穆境	390	1053	—	897	281.73	258.63
南　门	253	699	—	396	1427.22	1392.74
羊行街	42	54	—	345	34.55	1.85
姚家山	87	323	10	446	225.78	203.36
梅　溪	480	1438	50	1690	313.24	221.16
后　山	400	1393	40	840	179.05	60.72
袁　家	91	332	30	36	96.19	74.81
岙　里	292	1132	95	1113	89.62	52.04
赵　岙	64	201	—	120	38.12	7.6
中家河	78	225	—	160	14.32	4.19
上半河	59	224	30	127	10.49	—
下半河	366	1349	—	608.04	72.87	51.89
田洋里	199	720	—	418	112.89	33.39

续表71

村　名	户籍户数	户籍人口	耕　地（亩）	山　林（亩）	集体总收入（万元）	集体经营收入（万元）
陆　家	193	752	—	601	117.39	98.32
高　俞	84	264	—	260	77.79	62.33
夏　家	69	196	117	360	185.12	28.24
大碶头	416	1526	83	1334	158.04	93.47
邱　家	86	288	54	137	48.82	11.97
河　西	114	285	—	309	72.59	32.93
河　东	249	926	255	920	44.41	30.43
后　洋	340	1084	488	1920	265.04	110.09
桥头林	296	1009	588	1523	164.49	120.49
桥头胡	189	777	480	2580	94.81	50.46
蒋　家	183	624	150	324	150.90	64.95
西　林	166	542	280	764	149.47	23.48
上　余	350	1294	371	1883	204.09	161.89
李　家	35	154	23	64	24.49	4
下　余	313	1010	785	2900	1401.45	366.39
东　塘	16	64	—	35	5.55	0
门前涂	20	72	190	—	22.50	10.7
赤　坎	183	673	—	962	263.58	11.76
寨　里	86	370	32	424	25.68	7.88
梅　岙	70	246	—	469	293.49	253.08
合　计	7346	23795	4230.6	26453.04	7623.54	4725.65

（丹东街道）

丹西街道

【概况】　丹西街道地处中心城区，与丹东街道以天安路为界，总面积42平方千米，下辖8个社区和21个行政村，现共有户籍人口4.6万人，外来人口4.4万人。2021年，丹西街道获评征迁清零好团队、工业先进镇乡（街道）、招商引资工作先进单位银奖、建设“平安象山”工作先进集体、2016—2021年法治宁波建设先进集体、宁波市红色退役军人服务站、宁波市防溺水事故工作集体嘉奖、全国“示范型退役军人服务中心（站）”、全省“枫桥式”退役军人服务站、浙江省退役军人服务保障体系建设先进单位等多项荣誉。

【工业经济】　依托县工业示范园区，现有工业企业1500余家，规上企业61家，其中上亿企业13家，主板上市企业1家，新三板上市企业1家，有机械电子、针织服装、塑料化工、建筑材料、水产及农产品加工等行业门类，形成以机械模具、针织服装、食品加工三大支柱产业。2021年，规模以上工业企业总产值47.2亿元；规模以上工业增加值11.2亿元；工业投资4亿元；培育新上规企业9家；固定资产投资41.2亿元；浙商回归资金3.38亿元、外资到位1600万美金、实到内资12.88亿元。

【农业发展】　完成粮食播种面积253公顷，其中早稻15.3公顷，中晚稻123.7公顷，小麦8公顷，旱杂粮106公顷；完成粮食总产量155.2万千克，其中早稻8.7万千克，中晚稻111.5万千克，小麦3.2万千克，旱杂粮31.8万千克。对各村种粮农户积极落实耕地保护补贴政策，激发种粮农户积极性，2021年共补助种粮农户耕地地力保护补贴面积224.3公顷，资金36.5万元。不断健全农业生产防灾减灾体系，305户种粮农户参加政策性保险，涉及面积144公顷。减少种粮农户因干旱、台风等天气原因造成损失，2021年获赔政策性保险30万元。完成粮食订单230吨。完成粮食生产功能区整治优化面积16.7公顷。推进数字农业建设，建成象山海欣家庭农场红美人数字农业示范基地1个。举办首届“金菜玉蔬”仙草文化节、珠水溪“麻糍节”、白石农民文化节等丹西特色农事节庆活动。

【招商引资】 以“平台招商、企业招商、乡贤招商”为着力点,抢抓中心城区产业转移机遇,充分利用村留地、闲置用地、闲置厂房等招引增量。2021年,签约工业项目8个,总投资6亿元,其中3个项目投资动建;争取江北哲能特种塑料生产、鄞州凯诺金属制品生产等7个在谈项目,早日实现签约落地。牦牛控股12月新三板创新层成功上市。12个在建项目中,南方中心中机装备、微龙医药中间体科技等5个工业项目进展顺利,均已建成投产;上海金布仑温德姆酒店项目、温德姆豪亿酒店等2个商业项目,进入装修阶段。

【重点工程】 2021年6月,全面完成西澄河路以东区块、环城西路(丹南路至滨海大道)、来薰路(洋心段)、丹山路(来薰路至天安路)、象山河路(丰饶路至消防大队)剩余12户清零对象政策处理工作。至此,5条道路共458户征迁对象征迁清零工作全部完成,在全县范围内首个完成城乡建设征迁清零工作任务。完成城南联动开发片区和三中周边区域整体开发片区报批及土地征用工作,开展政实路以北大地景观项目青苗清点和评估等工作;推进城中村改造项目,完成下蒋家和周建整村腾空及拆除工作,在完成对里新4户钉子户违章拆除和危房解危后,2021年底冲刺完成剩余25户签约工作,城中村政策处理工作全面完成。

【基层治理】 2021年底,丹西联动大楼装修进入收尾阶段。完成“1+3+N”联动执法机制建设,形成以综合信息指挥室为统筹,以基层站所(内设科室)为支撑,以网格为基础的大联动常态化运行机制,创新管理服务模式,使“一中心四平台”工作真正落地生根。2021年,累计处理各级事项13620件,比2020年增长10.2%,办结率均为100%。通过“周二下村”“夜访夜谈”“村民说事”等形式,深入开展矛盾纠纷“大排查、大走访、大化解”百日攻坚行动,重点关注涉及村留地款分配和棚改遗留纠纷事件,对76件信访件制定“一案一策”,在规定时间节点内化解,共化解重点件8件,重复信访件14件,初信初访件35件,化解率已达75%,有效实现“两降两升一减少”目标。组建“平安三率”宣传团队8支、夜巡逻队15支,发放宣传单2万多份,转发各类宣传信息2000多次;联合派出所、启力学校、丹西志愿服务队等10家单位成立丹西反诈联盟,全民共建丹河路“反诈一条街”。建立反诈骗微信宣传群221个,开展反诈骗专题培训65次,汇编“反诈周报”18期,受教育群众7万余人次,发案率、资金损失同比下降4%以上,电信网络诈骗犯罪得到有效遏制。成功创建西港村、北门村、上街头村、董何碶村、珠水溪村等5个村为市级民主法治示范村,2个民法典宣传阵地。强化安全宣传教育培训,完成各类持证人员培训、复训1265人次,企业全员培训3693人次。

【党建提升】 2021年,成立党史学习教育领导小组,领导班子带头开展专题学习、能力提升、志愿服务等活动12次,推出红色教育基地8个,通过“周二夜学”、主题党日、云课堂,每周开展学习答题、每月发布活动菜单,109个基层支部走进基地寻访初心。通过开展“学党史 悟思想”宣讲、“学党史 践初心”理论宣讲团宣讲、8090宣讲团宣讲,组织《讲好中国共产党的故事》学史征文活动、红色观影活动,造浓“红暖丹西”氛围,共开展各级党支部学习活动206次,实现2411名党员学习全覆盖。全面筹备丹西街道庆祝中国共产党成立100周年主题活动,通过“丹西街道沧桑巨变图片展”、情景剧、新老党员宣誓、微党课、主题诗歌朗诵、50年党龄老党员受纪念章等环节,全面梳理街道20年的发展历程,展现街道党员干部风貌。结合党史学习教育开展“进网格、听民声、办实事”活动,成立走访小组,走访农户(居民户)7784家、企业363家,共征集到各类意见建议311条,交办督办各类问题292条。

【党风廉政】 以“开门一件事”为引领,梳理并确定2021年街道、村(社)两级书记党建共性责任清单和基层党建重点项目32个。完善2021年度“书记账本”制度,建立并完善“项目协商闭环管理+书记破题”机制,每月定期联席会商、点题汇报,针对承担大量建设发展任务及基层党建项目严格落实《农村(社区)党组织党风廉政建设责任清单》制度,加强对辖区21个行政村、8个社区基层党组织的指导监督。狠抓“两个责任”落地落实,常态化开展正风肃纪专项督查,从严加强党员干部管理,严肃查处各类违规违纪问题线索38件,采用“第一种形态”开展提醒谈话10人,问责2人,党纪处分25人。加快清廉村居建设,严格落实村干部坐值班、年度述职、民主议事等制度,不断提升新班子凝聚力。召开面对面“点题+破题”会议20次,全面了解村社班子的总体状况和村社干部的现实表现,选育“金雁书记”1名、“银雁书记”4名,调整不称职村干部2名。

【民生实事】 2021年,完成全民疫苗接种10万余人次,建设大规模核酸采样点80个,开展核酸检测应急演练2次。联合食品药品科普站开展食品药品安全宣传培训活动20余场。创建9家农村家宴“阳光厨房”,创建省级民生药事服务站1家,上报食品药品安全排查隐患1543起,全部实行闭环处置;围绕健康象山建设,持续开展爱国卫生、献血、红十字救护、家庭医生签约等工作。继续打响“新丹西人青春阳光教育行动”“爱涌丹西.情暖失独”“蒲公英行动”“孙茂芳储爱超市”“健康直通车”等服务品牌,树立丹西计生活动新典范。创建丹西街道“社会组织一站双中心”平台,孵化入驻社会组织7家并积极调动其参与社会治理。瑶琳社区作为全县首个“未来社区”创建点,拟投资2亿元,历时2年完成建设,2021年完成线下招投标工作。

【维稳安保】 面对新冠肺炎疫情、全国两会、中国共产党成立100周年、中共十九届六中全会、县人大代表换届选举等重要敏感时段，丹西街道坚持重大不稳定因素和信访问题排查，做深重点问题化解机制，注重初信初访化解及调解工作，尽力从源头上解决问题，探索出丹西路径。2021年，共排查一般矛盾纠纷385个，其中热点难题26项；共受理信访案927件，结案率为100%。专题召开“深化信访代办制度”街道班子会议6次，设立村级信访代办点51个（全覆盖），招募信访代办员103名，共完成信访代办件186件，化解率达100%。老蒋、刘大姐、阿德哥调解室共受理民事纠纷827起，调解成功率100%，未出现群体性闹访行为。深入开展危险化学品、涉氨、涉粉、加工制造类小微企业、道路交通等领域专项安全整治，排查出各类安全隐患1568条，整改1546条，整改率为98.6%。大力开展消防安全专项整治，对沿街商铺、出租房、危化品经营使用单位、大型商业综合体等排摸2650家次，发现安全隐患1456条，整改1425条，整改率97.8%。在象山物流园首创丹西安全生产风险防控和应急救援数字化建设网格体系，构建“一库一网一平台”“一图一端一指数”，全年立案12家，共计罚款16万元。

【乡村建设】 2021年，完成“三改一拆”拆违量5.9万平方米，全力优化提升村庄人居自然环境。完成南庄六村污水提标改造工程。完成蓬莱小区、一建公司宿舍、天安小区一期老小区改造工程。14幢高层住宅小区消防改造工程全部完成，消防整治排在全县各镇乡（街道）首位。按计划推进白鹤社区、董何碶、白石、杨蓬岙、三岔路、路下林城中村综合整治工程（其中董何碶、杨蓬岙村改造已经完成，白鹤社区基本完成，白石和路下林村完成工程进度50%，三岔路村完成工程进度40%）。完成西港村梭蟹港土地开发、2020年度高标农项目竣工验收。引进宁波时常农业科技有限公司落户仇家山，流转土地10公顷，投资260万元，打造以“金菜玉蔬”为亮点的产供销一体化蔬菜基地，实施“五新”项目，发展观光休闲农业，打造14公顷油菜花田与高效设施农业采摘基地，提升滨海大道多彩农业，进一步打造农业综合体。完成西港村农村公益事业项目、仇家山村县级特色村项目建设。完成九顷、新碶头、洋心村等市级梳理式改造村评估工作。做好五水共治工作，强化落实河湖滩长制，完成14个问题整改；做好防火、防汛、防台抢险救灾工作，更新29个村社防汛形势图并完成实地安装。完成街道2座水库、15座山塘、9条河道检查工作，拆除3处溢洪道围挡。落实低收入农户帮促工作，对222户、336人低收入农户落实信息动态维护。开展“一打三整治”专项行动，悬挂横幅110条，发放宣传手册400份。

【环境整治】 围绕“清洁田园、清洁山体、清洁水面、美丽村社”四大攻坚方向，制定《丹西街道城乡品质提升“三清三美”行动实施方案》，建立村社专管员队伍，压实书记“第一责任人”职责。对照“三清三美”行动督查表，每周开展整治工作并上报整治进度。同步结合文明城市创建要求，大力推进城中村整治、路网沿线重点路段整治、闲置区块专项整治、村社垃圾分类等13项重点工程。对辖区20余个问题区域、61个问题点位实施重点整改，共清理垃圾1000余吨。开展“善行象山 文明丹西”主题实践活动，不断巩固婚丧礼俗整治成果。“丹西街道新时代文明实践中心”涉及面积1500余平方米，投入200万元，已投入使用，成为宣传丹西文明创建的重要载体；新时代文明实践站志愿服务实现全辖区覆盖。完成北门村、九顷村、北路社区三个省级文化示范村（社区）复评。

【城区提升】 2021年，完成蓬莱老旧小区改造、高层消防整治、中心城区路网建设、散居楼群绿化等重点项目。在公共区域划线停车位1760个，有效破解停车难、乱停车困境，促进公共空间品质提升。按计划推进拆违控违整治、城中村改造、丹爵线综合整治，巩固城乡环境整治成果。完成县啄木鸟文明督查1600个点位整治，整改率100%。联合综合行政执法局、公安交警、市场监督局等多部门开展蓬莱菜场周边专项整治16次，清理沿街杂物乱堆放100车次，共200余吨。开展文昌商业街集中整治6次，劝导跨门经营店铺140余家。

2021年丹西街道股份合作社经济基本情况表

表72

合作社名称	户籍户数（户）	户籍人口（人）	耕地面积（亩）	水产养殖（亩）	渔船（艘）	合作社资产（万元）	合作社收入（万元）	合作社支出（万元）
韩　家	97	352	330	—	—	501.47	58.20	16.74
横墙弄	168	604	16	—	—	1018.10	74.88	3.67
横塘欧	72	264	—	—	—	1596.07	68.14	0.53
菱河头	132	476	—	—	—	2190.41	396.99	13.59

续表72

合作社名称	户籍户数（户）	户籍人口（人）	耕地面积（亩）	水产养殖（亩）	渔船（艘）	合作社资产（万元）	合作社收入（万元）	合作社支出（万元）
小东洋	107	290	—	—	—	994.99	715.71	10.48
小河头	165	601	—	—	—	2338.72	189.09	5.99
樟树下	150	549	140	—	—	2222.28	252.68	54.07

2021 年丹西街道行政村基本情况表

表 73

村　名	户籍户数（户）	户籍人口（人）	耕地面积（亩）	水产养殖（亩）	渔　船（艘）	村级资产（万元）	村集体收入（万元）	村集体支出（万元）
白石村	480	1600	54	—	—	505.18	244.12	31.21
北门村	381	668	31	—	—	4937.12	1094.34	159.34
仇家山村	372	1443	678	30	—	5349.88	159.73	57.98
董何碶村	546	1760	463	—	—	2056.72	471.03	19.18
方井头村	431	1090	45	—	—	820.73	469.38	37.98
九顷村	788	2669	315	—	—	1094.53	273.66	60.23
六升村	272	1003	245	—	—	1170.75	463.99	36.81
路下林村	208	734	—	—	—	348.75	30.79	11.79
南沙村	204	767	436	—	—	702.34	84.45	43.90
三岔路村	176	533	215	—	—	434.69	37.20	16.52
上街头村	216	738	—	—	—	1928.97	331.99	72.34
上吴村	238	798	—	—	—	3972.06	399.23	23.98
五丰村	393	898	—	—	—	1511.43	358.00	32.95
西港村	202	667	451	—	1	478.88	74.30	20.93
西门村	350	911	—	—	—	1919.26	238.79	34.08
小厅村	238	739	—	—	—	2732.65	152.79	21.27
新碶头村	172	618	450	—	1	1616.39	78.55	16.75
秧田头村	317	795	—	—	—	4377.37	189.01	31.21
杨家村	304	946	—	—	—	563.74	34.69	9.70
洋心村	455	1574	699	—	—	467.38	84.43	41.17
珠水溪村	219	838	130	—	—	2415.31	285.17	122.52

（余骏迪）

爵溪街道

【概况】 爵溪街道位于浙江象山半岛中部偏北，三面环山，东南临大目洋、西接丹城、北与大徐镇接壤。由大陆和沿海116个岛礁组成，总面积31.8平方千米，其中内陆面积20.6平方千米，岛礁面积11.2千米，下辖3个行政村、5个股份经济合作社和3个社区，人口4.3万人，其中外来人口3万余人。爵溪素有“中国乡镇之星”“中国针织名城”之称，工业发达且产业集中，形成工业经济为主导，针织服装为特色，外贸出口为优势的经济格局。各类工业企业500余家，其中规模以上和2000万元产值企业93家。

【重点项目建设】 2021年，落实项目领导包干制，全年完成固定资产投资9.3亿元。象山旅游新地标阿那亚·象山海岸项目正式签约，9号和11号地块开始动建；喜来登酒店、桂语江南府、二级渔港升级改造项目有序推进；海润一业、天熙新材料等工业项目启动建设；边海防执勤(渔业)码头通过验收，有序推进前岙废弃采石场生态环境治理项目。

【农业农村建设】 做好农村人居环境整治提升“百日攻坚”工作，督促各村做好农村环境卫生工作。做好粮食春备耕指导工作，完成街道2021年度粮食订单，开展政策性保险，圆满落实早、晚稻播种任务。强化春夏季蔬菜种植管理，完成田间农残固体废弃物回收工作，推行农药减量化、生态化工作。做好动植物防疫减疫工作，加强畜禽防疫工作。加强农产品质量安全监管，每月巡查2次以上，落实每月检测样本50批次以上，累计完成检测600余次。扎实推进非粮化工作，全县率先完成工作任务。

【美丽乡村工作】 利用爵溪有限的农业产业资源，深挖适合爵溪的农业农村现代化和城乡融合发展潜力。立足“小、精、特”，把控建设推进节奏，重点落在牛丈岙—甸平山一线、公屿片三村综合提升完善、前岙影视小村的基础上深挖内涵点。以项目促推综合提升，有效改善村内面貌。继续推进村庄建设补助，各村累计申请上报街道美丽乡村奖励项目18个。完成公屿农村美丽乡村项目步道建设、环村公路绿化节点建设、七亩塘区块等，完成前岙村农村公益事业项目，顺利通过原地厂村县级特色村创建工作。

【农村垃圾分类】 紧密结合自身实际，高质量推进农村生活垃圾分类工作。以常态化监管为抓手，2021年累计开展专项督查12次，着力督促源头分类投放、收运和处置的规范化，在县级抽查中分类效果提升明显。继续做好垃圾分类基础设施的必要配套投入，安排专门垃圾清运车2辆，对厨余垃圾机械成肥设备进行日常维护，调试日处理量约2~3吨，各村新采购垃圾分类桶，指导各村完善分类桶分类标识，有效提升垃圾转运及处理能力。

【水利建设管理】 全力做好水利工程防汛工作，完成龙潭坑山塘防渗工程、陈家坑山塘防渗工程、横坑山塘维修加固工程等，完成大燕山闸门、东塘闸门维护等项目。做好水利工程汛期防台抗台工作，继续加强各类长效机制及巡查队伍督查力度。安装9个视频防汛，做好智慧防汛工作。做好闸门、泵站等设施保养和管护，确保安全度汛。做好海塘、水库等年度标准化运行工作。做好水利管理服务外包工作，提升水利工程管理专业化水平。完成燕山水库安全鉴定工作，评定为一类坝。完成北塘(大燕山)海塘提标工程初步设计评审，合理布局全街道水利工程建设，达到“兴水利，除水害”的水利建设初衷。

【“五水共治”】 制定年度五水共治目标任务，按要求做好“省级污水零直排区”创建任务，做好河道月度巡查工作，稳控腾蛟河道水质，提升燕山河道水质，合理进行燕山、腾蛟河道的配水工作，力控小微水体水质达标。加强河道保洁员、水务员巡查力度，落实完善河长制，巡查河岸两侧的排口情况，明确各级河长职责，“月度河长”App巡查率、签到率均达双百。做好街道“五水共治”、污水零直排建设高峰期过后的运行维护管理工作，切实联动城建、工办、污水厂等相关科室、部门，改变“重建设，轻管理”的情形，继续完善保洁、配水、水污染应急等长效制度落实，继续稳控水质，做好第三方检测，切实守住治水的胜利果实。2021年年底，顺利通过“省级污水零直排区”创建验收工作。

【“三改一拆”专项整治行动】 2021年，爵溪街道年度拆违目标任务数为4000平方米，共完成13805平方米，拆违完成率达345.1%。拆出土地面积9305平方米，拆后利用8374.5平方米，拆后利用率达90%。

【老旧小区改造】 2021年，爵溪街道通过向上级部门争取项目，对爵溪碧海园小区进行改造。总改造面积18092.4平方米，主要对小区居民楼外立面破损墙面进行粉刷修补，屋面漏水修缮，楼梯间墙面修补粉刷，设置门卫门禁与道闸系统，新增停车位和小广场，梳理改造楼栋线路，更换排水立管，完善监控安防系统，有效改善居民居住环境。

【扶贫领域工作】 全面推进东西部协作，结对凉山州雷波县锦绣城镇、渡口镇，充分发挥各自优势和合作基础，累计实现社会帮扶20万元。推进同遂昌县的山海协作，实现协作帮扶20万元。推进低收入农户扶贫工作，共有低收入农户112户，140人，已全部解决用水、用电、卫生厕所等问题，无危房户，全部实现健康扶贫。

【平安建设】 坚持将法治工作置于街道经济社会发展大局，年初专题召开党政班子会议，听取并研究部署法治建设工作，党工委中心组年度安排集中学法4次，开展法务合同审查21份，发布重大行政决策事项1起。打造“阵地、活动、团队”三个体系，以“民主法治村”创建为契机，在校场宫路处建立法治公园、反邪公园；结合“平安一条街”，在重点地段、主干道、沿线公路竖立大型宣传桁架及宣传旗帜；组建平安志愿者队伍21支，620人，发动参与到治安巡逻、“平安三率”宣传等活动中；完善信访代办机制，开展4次治保调解干部培训会提升调解业务能力。开展治安复杂区域专项整治，落实人防、技防、物防措施，全年共接处警2363起，发案247起，其中治安案件176起、刑事案件71起，同比分别上升58.55%、7.57%；破获各类案件92起，其中查处治安案件78起、破获刑事案件14起，有效提升街面见警率和管事率，全力降控辖区发案态势。

【风险防控】 成立疫情防控领导小组和工作专班，2021年召开疫情防控工作部署会，落实24小时领导值班值守和“日报告、零报告”制度。落实出租房疫情防控工作，共排查出租房2052套排摸承租户数3555户，排查承租总房间数12185间，排查承租总人数14058人。4月起，调处县矛盾中心梳理交办21件重点疑难、重复信访、初信初访件，重点疑难（人员）化解2起，重复信访化解3起，初信初访化解7起，签订息访书10份，总化解率接近60%。对19名社区矫正人员每日进行手机定位监测，做到按时到司法所报到；对9名肇事肇祸精患落实“一对一”监护管控，对111名吸毒人员定期开展尿检和采集毛发工作，辖区无失控脱管情况发生。强化文化艺术节、弥陀寺香期、建党100周年、“扬帆海湾”精品线健步走、北纬30度最美海岸线文旅产业项目签约等本地大型活动安全管理，无发生一起安全事故。严防走私贩私案事件，落实码头管理“七到位”，升级公屿码头限高设施，完成渔港视频监控线，做到实时监控。安全生产（消防安全）监管工作有效推进，共检查计划内企业50家，下发整改指令书50份，消除隐患153条，完成企业安全生产社会化服务合同签约270余家。推进专项整治行动，联合派出所对1处三合一场所进行强制搬迁，共涉及租户8户；推进安全生产执法铁拳行动，检查企业25家，立案处罚12家；推进企业参保安责险64家。建立微型消防站，150人获得微型消防培训证书。扎实开展“一打三整治”“平安守护行动”等专项行动，深入一线进渔家登船头，进行渔业安全整治。结合本地情况，巧编渔业安全“三字经”，召开渔嫂会议，建立健全长效管理机制。2021年累计清除地笼网具200余顶，查扣拆解“三无”船舶10余艘。梳理台风防御薄弱环节并积极提升，全力做好“灿都”“烟花”等多个台风防御工作，开展山塘、水库安全检查，做好街道、村、社区防汛抗旱工作，做到全年汛期零事故发生。全年共开展各类应急宣传、知识讲座、模拟演练、实地演习136次，进一步提高市民安全意识和自救互救能力。

【杨帆海湾“精品线”项目通过市级验收】 4月始，紧紧围绕“聚力一二五，奋力上台阶”目标，深入实施“扬帆海湾精品线打造”专项行动，坚持因地制宜、分类施策，统筹推进精品线打造各项工作，全力以赴扮靓亚帆“北大门”形象。通过市级优秀精品线路验收。

【“新老爵溪人”基层社会治理爵溪模式】 2021年，设立“新爵溪人”办事窗口和流动人口服务管理窗口，提供居住证办理、就业帮扶、法律援助等全方位服务。自运行以来，累计接待群众3621批6650人次、办结事项2275件，群众满意率达99.4%。新增老翁调解室及乡音调解室，赋能辖区特色，更好支撑“新老爵溪人”基层社会治理爵溪模式。

【代表联络站建设】 积极推广爵溪街道代表联络站“线上+线下”组合接待选民新模式，创新开展“新爵溪人”联络站新机制，从实体化、信息化、基层化三个层面拓展人大代表履职活动平台，架起广大选民与代表、政府诉求渠道。不断完善“问、议、督、评”代表督事机制，通过“三站一体”代表联络站收集民情民意，打通社会治理“神经末梢”。2021年，代表联络站共收集群众诉求28个，督办解决问题26件。

【居民议事制度】 8月19日，健全完善居民议事会制度，高标准开好街道居民议事会，充分发挥街道居民议事会新组织作用，按时召开街道居民议事会，商议经济社会文化等发展事项，共收集议事员建议19条，意见办复率为100%。定期开展代表述职评议、多方位进行学习交流，走进部门、走进一线，通过面对面商谈，切实提升代表和议事员履职能力水平，建好人大街道工委和议事员“两支队伍”。

【爵溪街道党校成立】 6月30日，中共爵溪街道工委党校成立。党校设立校务委员会，由分管党群的党工委副书记任校长，组织委员任副校长，纪工委书记、宣传统战委员、分管社会事务的办事处副主任、成人学校校长兼任校务委员会委员。校务委员会下设办公室，由组织委员任办公室主任，组织办、纪检办、宣统办干部任办公室成员。

【外来流动党建工作试点】 11月，爵溪街道列入中组部数字赋能党员队伍分类管理和党员关心关爱工作试点单位，街道党工委成立“红色乡音”新爵溪人党支部，兜底管理除江西4个驻爵流动党支部以外的所有流入党员，实现本地流入党员分类管理、常态化教育全覆盖。先进做法在全市基层党建工作会议上交流，被《中国组织人事报》《人民政协报》等媒体报道，省政协副主席陈小平批示肯定。

2021年爵溪街道行政村基本情况表

表74

村　名	户　数（户）	人　口（人）	耕地面积（亩）	水产养殖（亩）	渔　船（艘）	村级资产（万元）	村集体年收入（万元）	村集体年支出（万元）
公屿村	638	1885	923	0	6	3992.24	108.09	35.37
前岙村	201	739	290	0	0	1276.57	15.61	20.83
牛丈岙村	210	528	146	0	0	18560.44	144.23	25.16

（郑琳瑶）

石　浦　镇

【概况】 石浦镇位于象山半岛南端，镇域面积126平方千米，由镇本土和178个岛礁组成，下辖36个行政村、21个居民点、8个社区，是环三门湾地区重要的区域发展中心和象山南部中心，辐射周边5个镇乡10多万人口。全年实现地区生产总值97.8亿元，固定资产投资19.8亿元，城镇居民人均可支配收入、农村居民人均可支配收入分别为56872元和38263元。2021年，石浦镇获评全省民兵工作成绩突出单位、全市征兵工作成绩突出基层单位、宁波市先进基层党组织等荣誉。

【经济运行】 全年完成规上工业总产值89.2亿元，同比增长13.6%；工业增加值16.8亿元，同比增长12.0%。引进永拓电器、川井传动轴等重点产业项目。净增规模以上企业9家，高新技术企业3家。企业技改项目7个，累计投入1.7亿元，研发经费支出达1.8亿元。新增国家高新技术企业3家、市级以上工程技术中心1家、县政府质量奖1家、330企业10家、大学生就业实践基地1个、研究生联合培养实践点1个、授权发明专利26件。推动农渔业稳步发展，全面实施乡村振兴战略，加快传统农渔业转型升级。2021年，石浦镇农业总产值同比增长4.33%，农业增加值同比增长4.22%，实施高标准农田建设3735亩，引进粮经新品种9个，培育“三品一标”农产品15个，亩产效益持续提高。大力推进现代渔港经济区建设，推动渔业转型发展，远洋渔业、休闲渔业发展良好。2021年，完成渔业总产值30.55亿元、同比增长6.29%。推动商贸旅游业快速发展，积极创建省AAAAA级景区镇。2021年，接待游客达648.99万人次、旅游总收入达73.25亿元，同比增长10.15%和6.93%。加快核心景区开发，渔港古城、中国渔村等AAAA级景区提升改造，半边山旅游度假区建成开放。推动商贸服务升级，半边山皇冠假日酒店、戴维钻石酒店等建成营业，消费升级趋势明显，社会消费品零售总额33493.2万元，增速13.95%。

【城市品质】 扎实推进美丽城区建设。强化城市精细化管理，常态化开展占道经营、户外广告、建筑垃圾整治，不断巩固“国家卫生镇”、小城镇环境综合整治成果。2021年，消除“六乱”现象6500余起，劝导、处罚“滴漏撒”违规车辆200余辆。持续深化美丽乡村建设。扎实推进“三清三美”专项行动，集中治理主要干道两边田园山体乱搭乱建、乱堆乱放、乱拉乱挖等行为。坚持每月开展一次集中环境综合整治行动，累计清理田园、山体和岸坡垃圾300余吨，整治科技园区排涝河、金石引河等15条河道50余千米，清淤3.2万立方米。不断深入美丽环境建设。强势推进“三改一拆”，累计拆除违法建筑1171处、78.9万平方米，拆违总量居全县第一。深入开展生活垃圾分类、厕所革命、滴漏撒等专项整治，加强农村污水治理，提标改造农村污水处理终端8个，委托省环保集团对全镇农村污水管网实行日常维护，人居环境持续改善。

【民生保障】 一是切实完善民众生活基础设施。始终关心市民停车难、出行难等“关键小事”，合理布局城区停车点位，不断推进城市双修，完善城区基础设施建设。2021年，新增城区停车位500余个、路灯500余盏、候车亭16座，完成城区路面修复约5万平方米，新增燃气主管网铺设3千米，城区2处危旧房改造工程顺利完工。二是切实加强困难群众基本保障。始终心系困难群众日常生活，特别是台风、寒潮等恶劣天气期间，要求镇、村干部认真落实各级社会保障和社会救助措施，实实在在兜住民生底线。持续完善供水、供电设施，谋划海宁河强排工程，着力解决城区内涝历史遗留问题。全面落实就业优先政策，强化就业困难群体帮扶，累计新增城镇就业2400余人。三是切实优化医疗教育公共服务。始终关心教育医疗事业发展，注重加强医护教育人才引进和务骨干培养，不断提高教育医疗水平，积极落实教育卫生奖励政策，累计发放奖励资金2756万元，优质师资和医疗人才队伍进一步稳定。

【平安建设】 落实落细安全生产专项排查整治,集中治理消防、交通、群租房、“两小一危”企业等领域安全隐患,累计排查“两小一危”企业554家次、整改隐患1370处。完善健全14个专业安委会组织架构,定期听取安委会工作汇报,2021年来未发生较大及以上安全生产事故。认真汲取交通安全事故教训,分析交通事故原因,联合交通部门开展交通道路安全整治专项行动。2021年,辖区道路交通事故死亡人数下降63.2%,减少12人,伤人事故同比下降23.67%,同比减少6人、4人,道路交通安全管控取得显著成效。保持渔业安全生产整治高压态势,开展千名干部进渔家“遏重大、保平安”专项行动和秋冬季渔业安全生产专项整治行动,启动石浦镇国内捕捞渔船“减船转产”专项攻坚行动,实施驻村蹲点服务,深化定人联船制度,累计检查渔船1300余艘次,整改各类安全隐患1200余件。

【政府管理】 认真贯彻落实省、市、县关于规范行政机关合同管理工作的意见办法,强化合同备案、管理、存档等工作,进一步规范政府性合同管理。强化信息公开,明确政府信息主动公开的审批程序和时限要求,主动公开政府信息230条。严格执行向人大报告工作、向政协通报情况制度,自觉接受人大依法监督、政协民主监督。广泛听取社会各界人士的意见建议。2021年,交办县镇人大代表建议85件,按时办复率100%,政府公信力得到有效提升。健全行政决策机制,严格落实“三重一大”集体决策、政府法律顾问等制度,扎实做好行政复议等工作,行政行为更加规范。

【中国海洋渔文化馆开馆】 4月27日,中国海洋渔文化馆开馆仪式在石浦镇举行。海洋渔文化馆利用“石浦一冷”工业遗存建设,是象山县推进国家级海洋渔文化生态保护区建设重要载体。该馆总投资1.3亿元、历时两年建成,馆内大量运用AR、裸眼3D等前沿技术,打造沉浸式互动体验,充分展现象山以海为生、与海共荣的海洋文化发展历程。开馆仪式上,全国旅游标准化技术委员会主任孙若风,县委副书记、县长包朝阳分别致辞。

【“亮剑2021”全国海洋伏季休渔专项执法行动在石浦镇启动】 4月30日,农业农村部和公安部、中国海警局联合在石浦镇启动“亮剑2021”海洋伏季休渔专项执法行动。农业农村部部长于康震讲话并宣布执法行动开始,公安部副部长林锐、中国海警局副局长赵学翔、浙江省副省长刘小涛出席。市委副书记、市长裘东耀致辞。市领导黎伟挺、卞吉安及朱金茂,县领导潘银浩、包朝阳、李晓东等参加相关活动。启动仪式上,石浦渔民代表、学生代表、渔政执法人员代表分别作发言和宣誓。中午12时,近30艘海警、渔政执法船鸣笛启航,2021年海洋伏季休渔专项执法行动正式启动。

【第二十四届中国(象山)开渔节暨象山城市品牌标志发布会在石浦镇举行】 7月29日上午,第二十四届中国(象山)开渔节暨象山城市品牌标志发布会在石浦镇举行。会上,发布了第二十四届中国(象山)开渔节、第十六届中国海洋论坛、浙江象山新时代《渔光曲》全球征集启事以及象山城市品牌标志,并推介“扬帆亚运·动感沙排——亚运象山”。著名导演曹盾、宁波服装协会定制专业委员会主任姚玉莲分别受聘担任第二十四届中国(象山)开渔节艺术总指导、服饰总指导。

【石浦高速连接线正式通车】 12月22日上午,宁波舟山港石浦港区沈海高速连接线新桥至石浦段(石浦高速连接线)举行通车仪式。县委副书记、代县长李晓东宣布试通车,县领导罗来兴、俞骏、高岷、周坚栋、江建业参加。12月24日零时零分,宁波舟山港石浦港区沈海高速连接线新桥至石浦段(石浦高速连接线)正式通车运营。这意味着石浦镇彻底结束不通高速的历史。从此,石浦镇通过高速快道南连台温,北通宁波,不断“拉近”与周边城市的距离。象山滨海资源优势将得到进一步释放,与宁波都市区的同城化步伐将进一步加快。

(胡英钊)

2021年石浦镇规模企业基本情况表

表75

序号	企业名称	工业总产值（万元）	营业收入（万元）	利润总额（万元）	实缴税金（万元）	增加值（万元）	职工数（人）	能源消耗（吨标煤）	用电量（万度）	用水量（吨）	研发费用（万元）	土地面积（亩）	亩均税收（万元）	亩均增加值（万元）	研发费用占比
1	宁波申菱机电科技股份有限公司	244492	239890	9516	7710	54252	923	1916.22	469.66	54446	7904	221.58	34.80	244.84	3.29%
2	宁波昌菱机电有限公司	9272	9389	830	622	1762	74	224.60	78.31	3976	—	64.33	9.67	27.39	0.00%
3	宁波戴维医疗器械股份有限公司	30059	28751	4507	3247	13863	570	732.89	210.25	33653	3914	205.42	15.81	67.49	13.61%
4	若宇新能源科技（宁波）有限公司	3020	3020	829	44	774	11	0.57	0.2	4746	—	154	0.29	5.03	0.00%
5	宁波安驰汽车科技有限公司	2270	2102	-14	0	416	110	6.19	2.18	944	—	30	0.00	13.87	0.00%
6	宁波贝德尔电讯电机有限公司	9741	8652	721	488	1874	193	206.22	54.5	4598	441	50	9.76	37.48	5.10%
7	宁波元浦机电有限公司	5534	5514	-7	156	1092	68	186.70	41.09	3860	73	15.28	10.21	71.44	1.32%
8	宁波盛科机电有限公司	2608	2252	159	82	427	40	80.11	21.25	902	98	5.36	15.30	79.59	4.35%
9	象山求新机械实业有限公司	2846	2814	50	164	521	78	100.85	35.51	4382	24	26.63	6.16	19.57	0.85%
10	象山昌升机械配件有限公司	4435	4435	259	106	726	80	146.42	47.97	2419	—	12.4	8.55	58.55	0.00%
11	宁波赫欣农业设备有限公司	2760	2760	222	135	644	26	514.04	181	2338	—	10.84	12.45	59.41	0.00%
12	象山方正机械有限公司	2158	2157	119	94	353	24	35.88	11.49	1124	—	16.06	5.85	21.98	0.00%
13	宁波华然机电有限公司	7386	7204	269	281	1570	79	39.22	13.81	1957	—	17.94	15.66	87.49	0.00%
14	宁波恒翔机械有限公司	2453	2455	203	109	401	25	19.03	3.91	11777	—	12.07	9.03	33.25	0.00%

续表75

序号	企业名称	工业总产值（万元）	营业收入（万元）	利润总额（万元）	实缴税金（万元）	增加值（万元）	职工数（人）	能源消耗（吨标煤）	用电量（万度）	用水量（吨）	研发费用（万元）	土地面积（亩）	亩均税收（万元）	亩均增加值（万元）	研发费用占比
15	宁波同顺机械有限公司	3159	3194	54	75	586	57	14.49	5.1	843	—	8.92	8.41	65.65	0.00%
16	宁波均富机电有限公司	2398	2278	45	5	417	56	34.08	12	3881	—	16.18	0.31	25.77	0.00%
17	宁波博报门窗有限公司	3202	2745	80	61	361	15	17.38	6.12	459	152	8.93	6.83	40.45	5.54%
18	宁波民泰人防设备有限公司	2760	3695	251	275	935	48	26.49	6.92	814	—	23	11.96	40.65	0.00%
19	宁波正业工贸发展有限公司	3463	3466	-189	106	639	59	198.38	69.85	4293	—	44.25	2.40	14.43	0.00%
20	象山创丰机械制造有限公司	3575	3155	18	45	585	33	7.61	2.25	55	—	3.15	14.29	185.67	0.00%
21	宁波飞日水产实业有限公司	31396	16812	708	738	3523	210	1380.25	386.64	393047	—	37.64	19.61	93.60	0.00%
22	宁波日恒食品有限公司	9018	8139	273	150	888	55	57.51	20.06	149918	—	30	5.00	29.61	0.00%
23	宁波飞宏水产有限公司	6563	6478	-6	81	570	51	338.79	8.4	7516	—	8	10.13	71.22	0.00%
24	象山石浦国龙水产有限公司	22318	18441	-149	549	2198	92	1848.84	651	76143	—	95.21	5.77	23.09	0.00%
25	宁波兰洋水产食品有限公司	18778	14435	-191	383	3162	112	1571.18	199.06	114219	—	21.5	17.81	147.08	0.00%
26	宁波超星海洋生物制品有限公司	2203	2113	-60	49	229	33	303.88	107	18256	30	14.08	3.48	16.29	1.42%
27	象山超星水产饲料有限公司	2090	2080	-55	32	325	33	1012.00	41.2	20241	16	42	0.76	7.73	0.77%
28	宁波乔兴食品有限公司	8079	8115	105	187	796	63	1228.72	208	23733	—	8	23.38	99.47	0.00%
29	宁波新欣南方水产食品发展有限公司	2405	3025	26	37	421	49	524.35	184.63	157791	—	25	1.48	16.84	0.00%

续表75

序号	企业名称	工业总产值（万元）	营业收入（万元）	利润总额（万元）	实缴税金（万元）	增加值（万元）	职工数（人）	能源消耗（吨标煤）	用电量（万度）	用水量（吨）	研发费用（万元）	土地面积（亩）	亩均税收（万元）	亩均增加值（万元）	研发费用占比
30	宁波远大海洋生物科技有限公司	37671	41654	457	141	3044	69	13776.72	868.46	151837	6	89.3	1.58	34.09	0.01%
31	宁波裕祥海洋生物科技有限公司	30529	31945	527	55	2467	56	8914.68	513.11	13125	9	49	1.12	50.34	0.03%
32	宁波锦海水产食品有限公司	13353	9596	-161	307	1315	79	905.96	319	282723	—	56.8	5.40	23.16	0.00%
33	宁波飞润海洋生物科技股份有限公司	16582	12366	177	299	2561	161	1647.82	386.03	114474	145	59.17	5.05	43.28	1.17%
34	宁波裕天海洋生物科技有限公司	19713	18306	142	85	2660	70	4626.83	512.24	48055	76	77.99	1.09	34.11	0.42%
35	宁波乾运食品有限公司	9655	10682	-520	269	971	159	1280.68	189.18	78832	—	79.3	3.39	12.24	0.00%
36	象山宏海水产食品有限公司	6888	5102	289	67	678	76	563.64	183.8	106394	—	15.35	4.36	44.20	0.00%
37	宁波华龙水产食品有限公司	5242	3960	-522	131	516	65	879.79	250.28	62801	—	44.21	2.96	11.68	0.00%
38	象山兴海水产有限公司	2692	2591	-2	37	265	31	396.01	139.44	7279	—	14.76	2.51	17.97	0.00%
39	宁波蓝豚水产有限公司	2418	2250	15	32	238	30	45.37	8.95	7905	—	3.75	8.53	63.50	0.00%
40	浙江强普生物科技有限公司	5287	5742	414	3	427	22	351.73	74.1	198	4	16.44	0.18	25.98	0.07%
41	宁波富程机械有限公司	6924	6924	214	215	1457	83	77.50	27.29	2738	—	6.24	34.46	233.42	0.00%
42	宁波明浩机械有限公司	4120	4120	78	62	674	60	30.87	10.87	1127	—	4.16	14.90	162.01	0.00%
43	宁波星寰机械有限公司	2769	2769	90	68	453	29	25.08	8.83	1516	—	9	7.56	50.33	0.00%
44	宁波驰誉机电设备有限公司	3081	3081	-82	53	669	16	49.13	17.3	450	—	3	17.67	223.07	0.00%

续表75

序号	企业名称	工业总产值（万元）	营业收入（万元）	利润总额（万元）	实缴税金（万元）	增加值（万元）	职工数（人）	能源消耗（吨标煤）	用电量（万度）	用水量（吨）	研发费用（万元）	土地面积（亩）	亩均税收（万元）	亩均增加值（万元）	研发费用占比
45	浙江神洲阳光重工有限公司	48566	10699	183	22	9719	162	1091. 72	349. 52	24346	113	32	0. 69	303. 73	1. 06%
46	浙江金川船业有限公司	25373	30114	81	352	2834	136	1288. 69	400. 18	57632	—	100. 77	3. 49	28. 12	0. 00%
47	宁波东和船舶修造有限公司	2617	2617	-569	266	1131	45	470. 56	165. 69	38554	—	81. 13	3. 28	13. 94	0. 00%
48	宁波万洋船业有限公司	26749	13083	362	315	6429	315	1666. 71	468	7086	257	13. 9	22. 66	462. 54	1. 96%
49	宁波浩海船舶有限公司	7893	3793	-28	58	1425	4	101. 39	35. 7	1600	—	18	3. 22	79. 15	0. 00%
50	浙江阳光神洲气体有限公司	2656	2600	85	65	610	24	50. 77	17. 88	7909	—	26. 11	2. 49	23. 36	0. 00%
51	宁波莛博爽石油化工有限公司	12146	10281	-122	282	1927	79	7701. 92	663	56760	19	165. 53	1. 70	11. 64	0. 18%
52	宁波威泰机械有限公司	2452	2170	-37	29	401	57	62. 07	19. 7	641	—	9. 18	3. 16	43. 68	0. 00%
53	象山光明输送机有限公司	7825	7250	396	306	1280	61	75. 43	26. 56	357	385	5. 54	55. 23	231. 05	5. 31%
54	象山港浦建材有限公司	9782	11796	791	517	1294	58	512. 96	29. 73	7090	—	21. 1	24. 50	61. 33	0. 00%
55	象山长余工具有限公司	2224	2224	337	95	967	76	130. 98	46. 12	1893	—	10. 5	9. 05	92. 10	0. 00%
56	象山县第二自来水有限公司	4926	4971	98	202	1777	101	1257. 18	442. 67	561089	—	55	3. 67	32. 31	0. 00%
57	象山县恒日机械制造厂	3198	3196	-65	77	523	56	22. 53	7. 93	2108	—	9. 14	8. 42	57. 22	0. 00%
58	宁波耸生制冷设备有限公司	2328	2074	-237	20	262	51	142. 48	50. 17	324	—	8. 96	2. 23	29. 24	0. 00%
59	浙江东海德迦风力发电有限公司	2093	2093	32	357	759	18	138. 00	48. 59	910	—	16. 85	21. 19	45. 04	0. 00%
60	宁波勤邦新材料科技有限公司	54027	54480	9334	3040	12139	237	13097. 42	4605. 46	55412	2245	97. 21	31. 27	124. 88	4. 12%

续表75

序号	企业名称	工业总产值（万元）	营业收入（万元）	利润总额（万元）	实缴税金（万元）	增加值（万元）	职工数（人）	能源消耗（吨标煤）	用电量（万度）	用水量（吨）	研发费用（万元）	土地面积（亩）	亩均税收（万元）	亩均增加值（万元）	研发费用占比
61	象山激智新材料有限公司	25121	24099	1900	864	5562	81	3820.57	1345.27	20136	1203	24.22	35.67	229.64	4.99%
62	宁波立强机械有限公司	12348	11682	532	596	2261	272	987.02	326.43	10992	482	18.72	31.84	120.77	4.13%
63	宁波市世纪防护设备厂	3279	3260	563	226	1111	84	65.36	21.47	1969	177	30.87	7.32	35.99	5.43%
64	浙江欧沃得电器有限公司	2906	2630	11	173	699	67	94.86	33.4	4423	151	16.43	10.53	42.52	5.74%
65	象山恒昌塑胶制品有限公司	6832	5604	268	274	689	94	200.67	70.66	886	—	7.5	36.53	91.87	0.00%
66	斐德瑞通用设备制造（宁波）有限公司	14516	13185	34	679	3389	295	1405.81	495	48533	622	142.1	4.78	23.85	4.72%
67	宁波海腾新材料有限公司	5725	5710	-152	64	757	35	63.82	22.47	2495	—	20	3.20	37.85	0.00%
	合计	902943	810262	33484	26714	170649	6681	80793.58	16279.84	2894930	18546	2687	—	—	—

2021年石浦镇行政村基本情况表

表76

序号	村名	户数（户）	户籍人口（人）	村股份经济合作社户数（户）	承包耕地（公顷）	海水养殖面积（公顷）	淡水养殖面积（公顷）	渔船数（艘）	村级资产（万元）	村集体年收入（万元）	村集体年支出（万元）
1	昌明村	286	947	289	0.47	2.88	—	—	427.10	30.06	12.18
2	昌桥村	390	1258	386	0.58	2.8	2.33	—	899.42	64.64	14.76
3	永安村	389	1395	407	0.65	10.97	57.07	5	1375.84	65.96	30.78
4	大桥村	302	1002	308	0.08	—	1.8	—	807.82	50.74	13.80
5	东丰村	255	869	259	0.00	13.11	—	49	854.16	53.60	8.03
6	东门渔村	1115	3618	1119	0.00	—	—	209	3189.14	214.73	36.39
7	东卫村	401	1321	510	0.23	9	—	—	2447.38	69.16	13.41
8	对面山村	250	977	303	0.26	49.68	—	55	1164.34	100.04	20.90
9	番头岙村	304	1098	303	0.13	—	—	—	1799.54	90.83	14.90
10	凤上山村	231	794	231	0.03	—	—	—	2683.98	231.03	68.37
11	石北村	336	683	351	0.55	185	6.3	—	2112.20	96.35	33.43
12	横峙村	313	1099	315	0.30	4.8	—	52	1623.48	197.36	37.96
13	鸡鸣村	641	2109	626	1.24	92.01	3	—	2049.48	110.10	69.67
14	蒋上湾村	286	1052	285	0.33	1.8	6.83	—	1064.27	128.61	18.84
15	金丰村	325	1048	325	0.29	10.3	8	—	385.75	45.33	16.61
16	井马村	282	991	142	0.65	—	24.48	—	1657.77	40.92	18.76
17	镜架山村	331	1155	334	0.40	—	—	—	1385.52	46.99	19.23
18	九井村	302	926	302	0.27	—	12.33	—	703.65	30.28	9.84
19	兰家村	352	1202	349	0.00	—	—	44	1126.09	295.16	15.15
20	雷公山村	103	333	103	0.12	—	—	14	649.82	41.23	7.48
21	南汇村	187	749	187	0.00	—	—	46	1347.70	180.68	15.27
22	南向村	261	848	262	0.48	—	17.33	—	1831.45	143.26	25.90
23	平阳厂村	450	1592	456	0.64	26.88	18	—	2447.84	198.99	19.96
24	沙塘湾村	275	910	280	0.00	26	—	62	1047.97	39.73	11.53
25	上金鸡村	320	1120	329	0.32	5.33	5.88	6	2351.89	99.77	13.86
26	石渔	950	2375	957	0.00	—	—	115	1133.37	222.27	16.01

续表76

序号	村　名	户　数（户）	户籍人口（人）	村股份经济合作社户数（户）	承包耕地（公顷）	海水养殖面积（公顷）	淡水养殖面积（公顷）	渔船数（艘）	村级资产（万元）	村集体年收入（万元）	村集体年支出（万元）
27	树桥头村	200	733	200	0.30	9.25	14.8	14	1273.99	32.89	19.34
28	下洋墩村	525	1842	84	0.86	11.6	24.73	—	2073.77	514.79	31.32
29	檀兴渔村	959	3966	0	0.00	96.32	—	125	2905.43	259.70	84.91
30	坦塘村	276	976	274	0.42	61.33	20	2	1486.29	34.84	12.22
31	五新村	710	2200	707	0.20	—	—	—	2172.61	65.30	35.07
32	晓湾村	270	990	270	0.33	5.67	4.33	35	1611.17	36.39	18.53
33	星塘村	239	766	250	0.26	2.3	42	4	1041.51	480.76	16.43
34	渔山村	200	560	205	0.00	—	—	43	746.63	179.21	36.75
35	新鹤村	367	1307	365	0.16	16.66	—	65	1118.95	161.70	9.70
	合计	—	—	—	—	—	—	—	96482.99	7191.87	1145.13

西周镇

【概况】 西周镇位于象山西部，是象山半岛陆路出县之咽喉，西临宁海县，北濒象山港，与奉化区隔港相望，靠群山而向大海，坐平原而依长溪，山海农林分布有序、自然人文资源丰富，省一级公路象山连接线贯穿全境。总面积163平方千米，是象山陆域面积最大的乡镇，下辖36个行政村，1个社区，总人口5.1万人。素有“八山一水一分田”之称，拥有山林1.13万公顷，森林覆盖率达71%，淡海水养殖620余公顷，耕地0.17万公顷。近年来，西周镇镇域综合实力跻身全国千强镇第43位，相继列入全国重点镇，省级小城市培育试点镇、中心镇，省小城镇综合改革试点镇；先后荣获中国乡镇综合竞争力百强镇、省级卫生镇、省级农机化示范镇和省级森林城镇等多项荣誉。2021年，全镇财政税收7.56亿元。

【工业经济】 2021年，全镇规模以上工业总产值212.7亿元、规模以上工业增加值53.9亿元、工业投资8.4亿元，分别同比增长14.8%、20.9%、18.3%。用心用力抓产业培育，支持汽模配、建材家居、食品机械等标志性产业发展，华翔集团获评工业纳税超千万企业特别贡献奖，分获金银铜奖企业8家，“330”企业梯队培育名单入选企业14家，全年新增规模以上企业10家、国家高新技术企业2家、各级工程技术中心6家。千方百计抓科创赋能，鼓励企业加大“新技术、新材料、新工艺、新设备”研发投入，乐惠国际入列国内首台（套）产品企业名单，恒富汽车部件获评国家级专精特新“小巨人”企业，数字经济核心产业省级名录入选企业8家，劳伦斯内饰件、华众塑料荣登县科技创新能力十强企业，全镇研发经费占比提升至2.4%。精准精细抓联企服务，总投资51亿元的生物基可降解新材料产业基地项目从签约至土地摘牌仅耗时50天，劳伦斯数字化超级工厂完成新赋码项目提前开工许可仅耗时15天，较全县平均办理时限提速40%以上。

【农业发展】 立足全县最大粮食生产功能区资源禀赋，坚决推动耕地“非粮化”整治，粮食生产功能区扩增至850公顷，水稻、小麦等作物实现全程机械化生产，粮食生产能力稳居全县第一。一以贯之抓农业基建，西周小流域、柴溪流域、牌头西岙小流域等3个治理工程顺利完工，谭窝山边坡治理、下沈海塘维修加固、下沈港闸改建等10个工程有序推进。数字化改革有效落地，智慧“三资”系统实现村集体全覆盖。

【第三产业】 完成西瀛书吧和文化广场邻里中心童书吧建设，打造土下、勤丰村多功能运动场地，成功申报省特级文化站。节庆文化效果显著，举办首届象山（西周）竹文化旅游节，吸引游客6万人以上，带动周边农家乐营业额增长200%以上。文旅项目硕果累累，西周“有竹生活”非遗特色上榜宁波市非物质文化遗产特色小镇创建名单，投资1000万元的望稼潭民宿完成主体工程。特色产品丰富多彩，积极打响“西瀛民食”“蒙溪食语”竹乡美食品牌，笋团、米馒头等特色非遗产品成功入选“象山游礼特色旅游商品名录”。

【城镇规划】 围绕未来五年谋发展，明确产业美、环境美、生活美、人文美、治理美“五美”西周建设方向，全力打造社会主义现代化智造港湾小城市，奋力实现全体人民共同富裕的发展远景。抢抓国土空间总体规划调整窗口期和象山湾南岸疏港高速动建、沿海高铁西周设站等时代机遇，主动对接省规院专业团队，多轮磋商划定“三区三线”，向上争取万吨级货运码头、高标准卫生院、新配套人才公寓等公共设施规划落地，形成以象西线为轴、南部老镇区与北部新区资源对等协调的西周总体发展方案，进一步拉大城市骨架、拓展城市空间。积极落实儒雅洋片群众“生态移民”意向民主调研，汇总形成专项报告，加快推动落后山区共奔富裕。

【城乡建设】 树立“项目为王”理念，将“项目争速、服务争效”作为工作抓手，西周镇养老院项目获批政府专项债3000万元，昌明路、昌盛路、鸿运路、嵩溪路等一批市政主干道列入前期类工程，嵩溪路、富源路人行道改造等3个民生工程顺利完工。人居环境日趋洁美，牵头推动新一轮环卫招标，打造“3+1”垃圾分类管理体系，建成儒雅洋垃圾分类减量资源化处理站，对标环保督察要求形成工业固废源头分类、集中清运的工作机制。围绕市级美丽乡村示范乡镇创建，明确“三线引领、八村提升、全域美丽”的发展总体布局，推动柴溪市级小集镇式中心村、勤丰美丽乡村特色村建设，完成下沈、东瀛、蚶岙等村各级创建工作，柴溪村、杰岙村获评乡村振兴先进村。

【社会事业】 疫情防控严守底线，打响乡镇“快溯码”自报筛查第一枪，率先划定全镇微网格167个，联动公安民警、卫生院医护人员、镇村干部等主要力量，打造微网格管理队伍，通过“五包一”累计管控涉疫地区人员1300余人。疫苗接种高效推进，践行“疫苗多跑路，群众少跑腿”服务宗旨，通过“固定+巡回”接种布点，完成全程接种疫苗3.7万人次。教育投入力度空前，累计发放320余万元用于奖教惠师、教育设施建设，2021年高考本科上线人数47人，中考象山中学录取人数23人，双双突破学校办学历史。医疗卫生不断巩固，加大运营性补助力度，鼓励继续聘请市县级专家上门坐诊，支持卫生院打造“两慢病”全周期健康管理示范点。

【社会保障】 社保覆盖面再扩大，牵头开展企业职工基本养老保险规范缴纳专项执法检查，实行参保率“红黄蓝”三色管理机制，完成职工增保扩面930人。居家养老日益健全，镇居家养老服务中心通过市AAA级评定，标准化社区老年食堂正式对外营业，服务人数达1.5万人次。“141”平台高效运作，流转处理事项1.5万件，调处各类矛盾纠纷144起。信访工作顶格落实，成功护航中国共产党成立100周年、中共十九届六中全会等重大活动，有力确保社会大局稳定。“村民说事”金名片持续擦亮，《从“村民说事”制度看乡村治理效能提升》入选全国乡镇党委书记培训示范班课程。安全生产常抓不懈，牵头开展城市消防、防汛防旱、食品卫生、道路交通等领域排查整治，加强全链条监管。法治建设扎实有力，全年累计创建市级民主法治示范村6个，完成浙江省法治化综合改革试点督察工作。

2021年西周镇工业规模以上企业基本情况表

表77　　　　单位：万元

序号	企业名称	工业总产值	工业销售产值	营业收入	营业成本	利润总额	实缴税金	研发费用
1	浙江大唐乌沙山发电有限责任公司	460550	460550	460550	555230	−109955	13424	8507
2	宁波华翔电子股份有限公司	192486	177307	181924	177122	157177	681	0
3	象山海螺水泥有限责任公司	176740	175277	171007	136111	31831	7908	546
4	宁波华众塑料制品有限公司	161629	148901	151320	129378	22221	4529	5309
5	宁波胜维德赫华翔汽车镜有限公司	157699	157699	163327	139881	15339	5526	5110
6	宁波劳伦斯汽车内饰件有限公司	153740	151631	169080	120440	27795	14064	6858
7	宁波诗兰姆汽车零部件有限公司	93771	91304	90708	72518	12284	4151	3399
8	宁波乐惠国际工程装备股份有限公司	78230	77860	82447	64111	10850	5805	2599

续表77

序号	企 业 名 称	工业总产值	工业销售产值	营业收入	营业成本	利润总额	实缴税金	研发费用
9	宁波威霖住宅设施有限公司	77305	73225	81820	68509	6226	5381	2800
10	宁波华翔自然纤维科技有限公司	75081	74336	74315	69229	5132	716	0
11	海申机电总厂(象山)	60930	60930	61081	49700	2095	951	0
12	宁波新华泰模塑电器有限公司	31679	30854	31285	24754	2061	1505	1291
13	宁波象山华盛塑胶制品有限公司	23555	22170	22523	16082	2531	2095	1131
14	象山博宇汽车模塑制造有限公司	20591	18378	18406	12544	931	825	847
15	宁波华翔特雷姆汽车饰件有限公司	19573	18417	22893	22754	2142	761	0
16	宁波恒富汽车部件发展有限公司	17669	16484	17098	13344	1083	667	823
17	宁波华昊汽车饰件有限公司	17444	17444	17958	16732	-571	383	315
18	宁波华乐特汽车装饰布有限公司	17234	16745	16800	13021	1603	839	774
19	宁波华翔汽车饰件有限公司	16138	16137	20191	19059	-1588	151	1026
20	象山华鹰塑料工程有限公司	14902	14827	15420	11689	770	759	647
21	宁波松亚汽车模塑有限公司	13651	13379	14484	12380	499	345	604
22	宁波华众模具制造有限公司	11856	11605	11605	8188	1818	864	699
23	宁波科镭汽车零部件有限公司	9508	8855	9640	7690	398	73	432
24	宁波春华汽配有限公司	9179	9179	9180	6414	490	309	378
25	浙江大唐天地环保科技有限公司	9132	9132	9132	5479	4058	1243	0
26	象山华杰塑业有限公司	8210	8185	9398	7965	193	100	491
27	象山大唐新能源有限公司	6764	6764	3044	1289	968	126	0
28	宁波卓艺家纺有限公司	6731	6788	6977	5147	-132	482	367
29	宁波海纳机械有限公司	6720	6720	6771	4974	450	112	306
30	宁波美久汽配科技有限公司	6471	6471	6472	4758	861	230	292
31	宁波协华汽车配件制造有限公司	6355	6322	5299	4219	94	240	297

续表77

序号	企业名称	工业总产值	工业销售产值	营业收入	营业成本	利润总额	实缴税金	研发费用
32	宁波昊光电器有限公司	6063	6063	6063	5355	230	136	66
33	象山天星汽配有限责任公司	5466	5369	5369	2763	1062	139	290
34	宁波长路塑业有限公司	4616	4616	4127	2967	107	159	267
35	象山华丹塑业有限公司	4218	4218	4181	3982	13	65	8
36	宁波沪港食品机械制造有限公司	4077	4077	4114	2994	414	345	301
37	宁波昌余精铝有限公司	3930	3697	3245	2774	44	1	275
38	宁波明宇汽车部件有限公司	3902	3902	3956	2929	33	172	200
39	宁波通大机械制造有限公司	3759	3520	3545	2128	194	336	204
40	宁波振华电器有限公司	3506	3436	3461	2868	5	287	56
41	宁波亲宝婴童用品有限公司	3302	3302	3298	3128	93	0	1
42	宁波廷胧食品机械制造有限公司	3248	2399	2399	1418	220	392	132
43	宁波沪泰食品机械制造有限公司	2808	2808	2836	2215	231	230	155
44	宁波华峰橡塑件有限公司	2723	2652	2952	2043	862	212	0
45	象山华民汽车配件有限公司	2653	2653	2652	1652	241	128	187
46	象山华隆模架有限公司	2649	2612	2612	1926	206	114	162
47	宁波众拓模具科技有限公司	2642	2640	2640	1936	180	211	174
48	宁波佳乐特橡塑机电有限公司	2587	2545	2545	1620	276	207	152
49	象山恒建新型建材有限公司	2556	2428	2428	2158	4	71	12
50	宁波奔腾塑业有限公司	2390	2390	2811	2118	268	57	0
51	宁波斯伯莱茨汽车饰件有限公司	2240	2240	2240	1921	99	135	2
52	象山大涂岸沥青制品有限公司	2223	2223	3672	3080	50	0	32
53	宁波灵象电器有限公司	2154	2154	2103	1750	−364	150	186
54	宁波贝诗特模塑有限公司	2092	2266	2403	1857	58	87	141

续表77

序号	企业名称	工业总产值	工业销售产值	营业收入	营业成本	利润总额	实缴税金	研发费用
55	象山蓝越食品机械制造有限公司	1857	1857	1875	1154	190	359	133
56	宁波富荣电子科技有限公司	1390	1361	1361	1037	205	81	3
57	宁波向上汽车饰件有限公司	1019	865	1507	1585	-347	1	111
58	朗亿德电气股份有限公司	892	892	899	853	-271	10	8
59	象山豪翔新型建材有限公司	550	550	3135	2544	219	106	13
60	宁波瑞莱医疗科技有限公司	4	4	0	0	-20	2	0
61	宁波汉普塑业股份有限公司	0	0	7	7	-240	0	0
62	宁波华翔园区建设管理有限公司	0	0	105	14	-195	0	0
63	象山长消汽车零部件有限公司	0	0	0	0	8	0	0

2021年西周镇行政村(社区)经济基本情况表

表78

序号	村(社区)名	户数(户)	人口(人)	承包耕地(公顷)	水产养殖(公顷)	渔船(艘)	村级资产(万元)	村集体年收入(万元)	村集体年支出(万元)
1	车岭村	256	783	26.21	0.08	0	610.03	87.40	29.59
2	航头村	261	807	67.80	22.47	1	908.09	296.07	33.03
3	儒雅洋村	564	1549	41.76	0	0	3112.86	371.81	45.57
4	文岙村	550	1726	118.67	10	1	584.55	153.08	58.48
5	土桥村	332	998	27.34	5.67	1	1863.65	150.91	37.14
6	东瀛村	402	1230	47.53	14.73	0	684.95	186.57	29.33
7	弘瀛村	458	1450	31.39	20.43	0	5033.49	252.25	41.06
8	尖岭头村	173	577	5.06	0	0	951.21	60.05	47.41
9	下沈村	804	2174	59.41	39.64	0	3731.99	503.85	146.26

续表78

序号	村（社区）名	户 数（户）	人 口（人）	承包耕地（公顷）	水产养殖（公顷）	渔 船（艘）	村级资产（万元）	村集体年收入（万元）	村集体年支出（万元）
10	东普村	333	739	32.49	13.33	0	1005.15	208.73	20.96
11	赖岙村	282	960	44.02	8.81	0	1366.45	65.43	20.45
12	寒山村	222	733	24.47	0	0	271.53	40.21	9.30
13	淡港村	502	1527	68.87	7.33	0	1183.64	226.37	31.61
14	蒙北村	271	832	1.81	0	0	922.65	143.62	22.98
15	尚瀛村	401	1277	61.24	0	0	1270.70	258.51	41.06
16	瀛洲村	298	895	20.36	0.93	0	1478.98	124.32	12.77
17	清溪村	334	997	8.28	0	0	1925.72	109.93	24.16
18	盛源村	259	829	47.77	0	0	751.72	106.27	18.51
19	乌沙村	206	609	35.80	4	14	704.23	118.94	11.38
20	港南村	584	1718	116.65	1	0	2099.96	220.55	43.64
21	横山村	144	453	13.33	0	0	500.04	55.16	13.84
22	蒙溪村	312	840	24.21	0	0	1113.36	96.70	14.29
23	柴溪村	1073	2935	147.91	0	0	3229.93	906.43	173.83
24	蒙南村	317	911	13.21	0	0	1041.29	119.60	18.10
25	琴诗山村	216	646	28.40	0	12	584.35	88.20	13.08
26	田岙村	238	658	21.42	0	0	1250.48	226.68	22.11
27	杰岙村	478	1451	31.748	26.51	0	1673.45	221.40	37.10
28	莲花村	352	1050	44.83	8.33	1	1776.67	285.98	44.70
29	伊家山自然村	100	220	2.05	0	0	541.43	32.47	21.70
30	滨港社区	1025	2749	71.182	0	0	2586.52	198.09	37.35
31	涧溪张村	187	541	10.18	0	0	1949.15	127.07	33.35

续表78

序号	村(社区)名	户　数 (户)	人　口 (人)	承包耕地 (公顷)	水产养殖 (公顷)	渔　船 (艘)	村级资产 (万元)	村集体 年收入 (万元)	村集体 年支出 (万元)
32	溪林村	304	733	11.91	0	0	801.69	107.49	17.68
33	勤丰村	227	707	22.186	4.13	0	1066.44	234.38	33.06
34	牌头村	622	1990	191.55	14.67	4	1728.22	224.43	113.42
35	芭蕉村	355	1016	8.32	0.2	0	707.27	131.54	10.88
36	官山村	615	1945	87.27	56.47	0	4126.59	375.77	135.36
37	蚶岙村	240	723	33.49	0	1	746.39	344.90	13.69
38	静港村	418	1119	31.03	25.47	0	1184.76	191.38	20.96

(宋旭)

贤　庠　镇

【概况】 贤庠镇是象山县北部临港重镇,地理位置独特,区位优势明显,地处北纬29°25′、东经121°150′,东邻涂茨镇,西接黄避岙乡,北邻象山港,南靠大徐镇,距宁波市区40千米,南距象山县城15千米,素有象山"北大门"之称。2021年,获评国家级卫生镇,省级特色农业强镇、省级美丽乡村示范镇、省级AAA级景区镇、市级美丽城镇样板镇,"浙江省三星级乡镇(街道)食安办",成功打造青莱村为"浙东居民"样板村。区域面积66.82平方千米,耕地面积2万余亩,山林4.6万亩,海岸线12千米,浅海滩涂2.5万亩,辖1个居民区、21个行政村。全年社会生产总值70亿元,年均增长14.8%;财政一般预算收入1.42亿元,增长4.67%;农渔民人均年收入35557元,年均增长6.6%。

【工业经济】 2021年,实现规模以上工业企业产值57.7亿元,同比增长12.6%,规模以上工业企业增加值12.99亿元,同比增长81%,折扣增速4.5%。全年完成固定资产投资7.5亿元,实际外资916万美元;实际内资10亿元;浙商回归资金3.7亿元。

【农业经济】 加快完善功能区基础设施建设,实施贤庠片、珠溪片共9个村计5363亩标准农田提升工程,合计投资1281万元。有效落实惠农政策,核定1.43万亩耕地保护补贴面积,累计发放上级补助111万元。完成早稻种植面积898亩,单季晚稻12500亩,油菜400、小麦1300亩,稳定保持水稻制种基地面积1800余亩。严管农产品质量,巡查生产主体户、农资店30次,完成市场抽检取样80次,抽取样品680余个,畜禽养殖巡查72次,动植物防疫累计免疫6万余次,农资废弃物回收约6吨。注重农业品牌建设,枫康成功创建"国字号"农业标准化示范区,宁波甬港获评市级农业产业化龙头企业。抓好"三清三美"突出问题整治,拆除钢棚、简易房等临时设施40余处,清理河道65条。全年共开展各类水利工程建设8处,完工5处,完成投资1000余万元。

【商贸旅游】 2021年,1—12月限上商品销售总额20243.3万元,同比增长15.8%;1—12月限额以上单位住宿餐饮额613.2万元,同比增长30.3%;1—12月规上服务业企业增加值2792.8万元,同比增长43.3%;1—11月其他盈利性服务业营业收入3804.1万元,同比增长27.5%。农旅产业稳步推进,围绕山海资源优势,创建青莱村为AAA级景区、着衣亭村为A级景区。举办"学党史　忆初心　迎亚运"第五届游氧贤庠开游等活动,研发"花开贤庠"文创产品,放大旅游产品附加值,通过直播带货等形式带动岑晁米醋、西山下年糕等农特产品销量150万元。

【村镇建设】 为进一步优化各类用地空间布局,开展平岭头矿山复绿工程,完成1000余个非农化问题图斑现场核对和问题整改。完成青莱村市级美丽宜居示范村创建,新建4座公厕、蒲门公交车站,整治盛宁线、环港公路以及农村公路沿线两侧各类问题,完成俞公岙3处裸露矿山整治,俞公岙、新丰、官司塘立面改造13户,6户困难家庭危房改造,城乡环境品质提升工作。不断巩固"四好农村路"示范乡镇创建成果，做好盛宁线至沈家洋—珠山岙和汤鲁线—青莱农村公路路面提升工程，完成泰和路、青莱村段污水管网检测和清淤。

【民生保障】 做好低收入农户扶贫工作，落实建档立卡“一户一策一干部”帮扶制度，累计排查低收入农户414户，实现政策性保险568人。全年新增低保17户21人，低边3户4人，落实因病、因灾、因残等困难家庭临时救助政策，为46户85人困难家庭发放临时救助金16万元。搭建养老服务平台，22个行政村居家养老服务站点全覆盖，全镇购买养老服务共计723人，实行居家养老社会化运营。不断深化殡改工作，迁移坟墓50余座，做到100%火化。做好岑晁、盐厂、官司塘等3个安置点移民联系沟通工作。

【社会事业】 精细化开展新冠病毒疫苗接种，累计完成新冠病毒疫苗接种16710剂次。完成国家级卫生镇创建，创建“三星级”食安办，完成木瓜、沈家洋等9个场所“阳光厨房”创建，强化食药安全工作。加快健康贤庠建设，创建西山下村健康村、碶头陈村健康步道及贤庠中心幼儿园健康食堂。推进教育事业发展，启动“向贤”工程，贤庠学校与宁波外国语学校结对签约，“明贤·小星星阅读实践基地”落户贤庠学校。关爱特殊家庭，全年新增计划生育家庭奖励扶助对象51人，特扶对象4人，对32户独生子女伤残家庭落实一对一服务。

【平安建设】 2021年，累计开展重点场所安全检查620余家次，发现并整改问题737条，其中被处罚企业6家，完成1470人次安全培训，开展消防演习18次，讲座培训4次，集中宣传16次，发放宣传资料2200多份，张贴海报230多张。共收到群众信访件198件，办结率为100%。做实人民调解工作，共排摸收集和评定镇村两级案件116起，调解成功116起。深入开展“一打三整治”，完成9艘老旧渔船更新改造、拆解，开展清港行动，累计清港4次，清理违禁网具100余顶，清剿“三无”船舶6艘。

【政府管理】 严落实“三重一大”集体决策、政府法律顾问制度，扎实推进重大行政执法审查备案、行政复议、行政诉讼等工作。严格执行重大行政决策程序，深入推进政务“五公开”，发布政务信息近600余条。自觉接受各方监督，累计办理人大建议191件，办复率100%，基本满意和满意率100%。落实全面从严治党主体责任制，全力推进帮扶领域、疫情防控、基层小微权力等专项监督检查72次，整改规范相关问题60个，切实维护风清气正干事环境。

【第五届游氧贤庠开游活动】 4月16日，贤庠镇举办“学党史忆初心迎亚运”第五届“游氧贤庠”开游活动。本次活动以中国共产党成立100周年，弘扬“爱国主义”精神为主题，营造亚运浓厚氛围，重温党史，坚守初心，将红色文化、人文艺术与康养运动深入融合。

【“善行象山云课堂”在贺威圣烈士纪念馆开播】 4月20日晚，“善行象山云课堂”党史学习教育第二期学习活动在贤庠镇贺威圣烈士纪念馆主会场举办，各乡镇（街道）新时代文明实践站（农村文化礼堂）设分会场，全县358个行政村的农村党员观看“云课堂”直播。

【村干部综合素质提升工程启动】 4月23日下午，贤庠镇举办村干部综合素质提升工程启动仪式，迎接中国共产党成立100周年，推动新一届村班子加快形成战斗力。党委副书记王永旭主持会议，党委委员樊梦佼、全镇各村村干部代表、成人学校全体教师参会。

【“红领贤锋”主题活动】 6月25日上午，贤庠镇在碶头陈村文化礼堂召开“红领贤锋”主题活动，进一步动员广大党员干部解放思想、与时俱进、团结拼搏、扎实工作。参加会议的有镇党政领导班子成员、镇全体党员、基层站所负责人800余人。

【“清洁家园我动手，文明创建我参与”全民大扫除活动】 为深化全国文明城市创建工作，贤庠镇组织开展文明城市创建集中攻坚行动暨家园我动手，文明创建我参与”全民大扫除活动。此次攻坚行动自2021年10月30日至2022年1月31日，通过建立“文明啄木鸟”贤庠小分队、健全每周曝光机制、对各村实行季度检查排名、实施环境卫生红黑榜等多种方式，对照创建标准，全面开展排查，广泛发动群众，补齐创建短板，形成文明创建强大声势，为象山县全国文明城市创建贡献力量。

【宁波生活垃圾分类万人技能培训走进贤庠】 11月9—10日，宁波生活垃圾分类万人技能培训贤庠站在贤庠镇政府会议室开课，各村垃圾分类负责人积极参会。此次培训邀请浙江旅游学院教授曹云兵授课，围绕垃圾识别、分类管理、垃圾价值和生态意义等重要命题展开，深入浅出向各村干部宣传垃圾分类基本知识，进一步提高镇群众生态环保意识，促进垃圾分类处理工作落地见效。

【贤庠镇食安办获评2021年省三星级】 11月，省食药安办公布2021年浙江省乡镇（街道）食安办分类管理评价结果名单，贤庠镇食安办获得2021年“浙江省三星级乡镇（街道）食安办”称号。

2021年贤庠镇行政村基本情况表

表79

村名	户数（户）	人口（人）	耕地（万亩）	园地（万亩）	林地（万亩）	村集体年收入（万元）	村集体年支出（万元）
岑晁村	730	2147	0.1389	0.0126	0.0359	299.4841	62.5170
常乐村	292	934	0.0672	0	0.277	97.7118	84.6895
大石门社区	113	284	0.007	0	0	107.4030	8.5437
东风村	435	1007	0.097	0	0.108	205.6865	56.4657
官司塘村	243	786	0.0615	0	0.0757	107.1070	38.5363
海墩村	1212	3825	0.3235	0	0.1437	163.3692	59.8686
贤港村	470	1345	0.1182	0.0244	0.1925	307.9026	57.5682
木瓜村	233	704	0.0641	0	0.1365	69.9045	8.2437
蒲门村	593	1925	0.1629	0	0.3733	466.2503	56.2273
碶头陈村	277	851	0.0986	0.0107	0.0385	270.3020	49.1398
青莱村	236	723	0.0708	0	0.0654	894.5285	13.1094
山厂村	188	592	0.0509	0	0.2473	170.4176	19.3905
贤南村	284	791	0.0609	0	0.2657	345.0369	50.9958
着衣亭村	669	2087	0.1649	0	0.6405	222.2980	57.0828
乌屿山村	470	1340	0.0685	0	0.0526	235.8325	44.2741
西山下村	296	1002	0.0893	0.0108	0.2088	168.3117	12.3565
溪沿村	867	2747	0.2649	0	0.5612	330.6659	38.2156
下庄村	387	1182	0.1088	0	0.2914	106.2187	77.2547
贤庠村	348	1084	0.1144	0.142	0.0169	289.2229	51.0739
小蔚庄村	129	402	0.0355	0.0039	0.1027	46.6684	7.8722
盐厂村	542	1707	0.1066	0.0221	0.1338	83.7746	19.0198
珠溪村	938	3103	0.2356	0.0171	0.9304	364.7989	74.9144

（张瀚文）

鹤浦镇

【概况】 鹤浦镇地处象山县最南端，北濒石浦港与石浦镇相望，西隔蜊门港与高塘岛乡相对，辖区由宁波市第一大岛——南田岛及周围40个岛礁组成，陆地面积约102平方千米，其中南田岛本岛面积约90平方千米，下辖行政村27个，居民区4个，户籍人口3.35万人，常住人口2.4万人，外来人口0.9万人。海岛资源丰富，拥有18千米海岸线、19.5万亩浅海、2万亩滩涂和2.2万亩耕地、8.5万亩山林。隋唐时已有人居住，曾立南田县，素有“南天十六福地”之称。近年来，贯彻实施县“双突破双驱动”战略，围绕“聚力一二五、奋力上台阶”的奋斗目标，创建国家级卫生乡镇、省级污水零直排区、三星级食安镇和市首批法治建设示范乡镇、农村生活垃圾分类示范镇，通过小城镇环境综合整治省级考核验收。2021年，财政收入1.77亿元。

【工业经济】 依托海岛现有资源，积极培育中小企业，完善产业结构，工业经济总量不断壮大。2021年，完成工业投资28.6亿元，同比翻番，位居全县第一。全镇实到内资14.7亿元，规模以上船舶企业完成出口8229万元，同比增长125%，新签约产业项目2个。实现规上企业工业产值22亿元，其中规模以上工业增加值5.8亿元，增速达65%；税收9471万元，同比增长270%。发挥省市县长项目支撑功能，7个省市县级以上重点工程有序开展，为鹤浦临港产业重镇打造奠定坚实基础。国电（一期）项目已完成陆上控制中心及架空线路倒送电，海上风压站吊装，海上桩基施工全面完成；投资102亿元的中船海上风电智能化装备产业园项目完成一期厂房桩基施工，浙江日风电气（一期）年产400万千瓦风电逆变流器项目完成厂房试桩。

【农渔经济】 2021年，农渔经济稳步提升，农林牧业生产产值达4.1亿元，渔业捕捞总产量7.1万吨，产值14.7亿元，水产养殖总产值2.9亿元。加强农田基础设施建设，强力平稳推进耕地“非粮化”整治，稳定粮食播种面积，恢复耕地4100余亩，新增高标准农田项目1783亩，全年粮食作物总面积超8100亩，粮食产量达410万千克。进一步优化四大万亩基地特色产业，新增红美人等名优品种760亩，继续深化打造鹤浦白枇杷、鹤岛蜜梨等优质品牌。实施“农旅+托管”服务创新，建设鹤浦镇农合联梨产业服务中心，为海岛特色农产品赋能持续撬动市场。

【旅游经济】 2021年，紧抓小百丈闲置宅基地“三权分置”改革契机，扶持海岛旅游发展壮大，全镇盘活利用闲置农房、宅基地5500平方米，兴办有证民宿50家，床位756张，初步形成以安可、青籁、走点湾路、博景湾等为代表的精品民宿群，年接待游客30万人次，旅游创收1.3亿元。引进文旅项目投资2个、总投资7000万元，五星级定位爱琴丽旎酒店动工兴建。全镇27个行政村实现A级景区村全覆盖，鹤浦镇成功获评AAAA级景区镇，文旅特色型美丽城镇建设逐步推开。

【村镇建设】 积极实施“东拓西扩南延中提升”战略，紧盯群众关切拔钉清障，近十年来的断头路全部打通。2021年，新改建农村公路4条6千米，其中双湾至大文沙公路完成工程进度90%，谷桶至南田墩路面提升工程完工通车，南金线至樊岙水库公路工程、谷桶至马小坦公路工程均按计划推进，小百丈至大文沙公路获评宁波市十大美丽农村路。深化农村体制机制改革，完成村级公益事业一事一议项目2项，全面完成村级经济合作社股份制改革，顺利解决五利、鹤进、鹤南早年并村未并账的历史遗留问题。深化美丽乡村建设，创建新时代美丽乡村梳理式改造村4个、新时代美丽乡村达标村6个（其中精品村2个），推动流水岩村农房改建示范村验收和小百丈村省级“数字乡村”入库，鹤浦镇获评2021年度省美丽乡村示范乡镇。

【生态建设】 鹤浦镇生态环境持续优化。深化“五水共治”“剿劣”工作成效明显，全面完成行政村截污纳管，提升改造污水处理终端16个，铺设管网超3万米，成功创建省级污水零直排区，荣获县水利“大禹杯”金奖等荣誉。持续开展“三清三美”工作，深化农渔村环境综合整治及农村垃圾分类，城乡环境整治评比位居前列。镇区综合行政执法网格全覆盖，深入开展建筑垃圾集中整治，全面完成太阳能仓修理工作。积极推进农村生活垃圾分类，大沙村获评省级高标准农村生活垃圾分类示范村，鹤浦镇成功创建市级农村生活垃圾分类示范镇。有序推进南田路危房解危，完成农村危房解危2户。严把拆违控违关键，建立“一村一图一表”房屋信息库，完成“三改一拆”任务0.82万平方米。地质灾害排险有力推进，矿山专项治理成效初显，仙人坑、虎头岩生态治理工程有序推进。

【民生保障】 2021年，鹤浦镇民生支出831万元，占一般公共预算支出12.2%。推进就业服务体系建设，2021年，城镇新增就业人员410人，继续深化社保扩面提质，精准扶贫惠民生，全年完成精准扶贫470余人，市定集体经济薄弱村全面消除。发放特困低保金822万元、残疾人两项补贴373万元，发放养老机构服务运营补贴51万元。加强人民武装工作，完成民兵整组及征兵工作。提升退役军人服务水平，实现镇、村两级退役军人服务站全覆盖。提倡绿色殡葬发展理念，节地生态葬入葬率居全县首位。

【社会事业】 始终把人民群众生命安全和身体健康摆在首位，稳妥有序推进新冠疫苗接种工作，18周岁及以上全程剂次接种19372人。战“疫”工作取得阶段性胜利。弘扬尊师重教的社会风尚，镇中心幼儿园顺利通过省二级复评。2021年，有11名学生被象山中学录取。提升卫生服务质量，做好计生特殊家庭关爱帮扶。加强食药安全管理，巩固省级三星级食安镇创建成果。积极开展全国文明城市创建活动，推进农村文化礼堂管用工作，实现文明实践站全覆盖。大力弘扬奉献友爱互助进步的志愿精神，深入开展新时代文明实践志愿服务行动，港湾村村民王建军荣获浙江好人。

【社会治理】 进一步深化“平安鹤浦”建设工作，在沿线码头和重要节点新装监控设备448套，做到社会动态信息实时掌控。做精做强“樊岙经验”品牌，樊岙经验多次获得上级肯定。法治建设持续推进，全镇27个行政村全部被评为县级民主法治示范村，连续4年获得市级法治先进单位，成功获评首批市级法治建设示范乡镇。持续开展扫黑除恶专项斗争，基层社会治理水平逐年提升，全镇刑事发案率较专项行动前下降54%，涉毒类案件发案率下降42%；落实卡点常态化值守，实现辖区走私“零发案”。深化初信初访和重信重访化解工作，2021年信访受理答复率、受理纠纷调处率及成功率均达100%。突出抓好船舶、旅游、交通等重点领域安全生产专项整治，梳理重构渔业安全生产管理体系，扎实开展涉海涉渔领域“遏重大保平安”专项行动，安全生产形势总体稳定。

【政府管理】 2021年，鹤浦镇继续发挥好人大联络站作用，广泛听取社会各界意见建议，高质量办复人大代表建议66件。履行全面从严治党“一岗双责”，第一种形态提醒谈话38人次，党纪政务处分15人。加强法治政府建设，全面推行政府法律顾问制度，实现乡镇合法性审查全覆盖。深入推进农村基层权力规范运行工作，紧抓村级重大事项申报备案、“三资”管理、集体产权交易、项目工程申报等关键环节。

【鹤浦镇获评“第一批宁波市法治建设示范镇乡（街道）”】 5月8日，经第三方评估、群众满意度测评、材料核查、实地核查、媒体公示等环节，并经第十三届宁波市委常委会会议审定，鹤浦镇获评“第一批宁波市法治建设示范镇乡（街道）”。鹤浦镇为海岛经济社会发展提供坚强的法治保障，进一步加强依法行政，建立健全行政执法“三项制度”，完善重大行政决策工作制度，规范化实施合法性审查，实现依法行政全流程化；进一步加强基层治理，依托民主法治示范村创建工作，深化“樊岙经验”“老周调解室”品牌建设，创新推出“疏、察、议、调”四字工作法，实现连续16年零进京上访，27个行政村全部完成县级示范村创建，其中市级5个，省级1个；进一步加强阵地建设，以南田县署法治教育场馆为核心阵地，辐射设置网格化、平台化法律服务点，积极拓宽鹤浦法治海岛外延，提高海岛法治文化实用性。

【鹤岛翠梨开摘节】 7月15日，“海岛梨韵，清新一夏”——2021年鹤岛翠梨开摘节暨新时代文明实践红卫塘示范线启动仪式在鹤岛梨园举办，通过对接阿拉宁波项目、整合产地供应、媒体传播的方式，为宁波特色农产品赋能持续撬动市场。

【鹤浦镇发现全省首个家鸦成年个体】 9月5日，县生物多样性调查评估工作鸟类调查组成员曹定杰在鹤浦镇南田墩村拍摄到一只鸦科鸟类，发现与当地分布的乌鸦有所不同。经鸟类调查组对比鉴定，确定为家鸦成年个体。这是浙江省首次发现该物种，属于浙江省鸟类新纪录种。家鸦隶属于雀形目鸦科，体长38～42厘米，是一种中等体型的鸦科鸟类。通体黑色具紫蓝色金属光泽，枕至颈部、胸暗为深灰色，形成浅色的项圈，与黑色体羽形成鲜明对比。家鸦广泛分布于南亚和东南亚，在我国西藏南部、云南西部和南部曾是较常见留鸟，现已极为罕见。浙江省历史上没有家鸦记录，2019年2月曾有过一项家鸦搭乘远洋航船从新加坡到达台湾观测记录。据此推测，这次在鹤浦发现的家鸦很可能通过类似方法到达象山，在浙江应该属于罕见迷鸟记录。

【“遏重大、保平安”专项行动】 11月14日，为贯彻落实全县千名干部进渔家“遏重大、保平安”专项行动会议精神，筑牢涉海涉渔安全生产防线，鹤浦镇组织班子领导、主要联村干部、各村书记及渔办干部参加千名干部下渔村“遏重大、保平安”专项工作视频会议及专项行动动员会，研究部署“遏重大、保平安”相关工作。

2021年鹤浦镇行政村基本情况表

表80

村名	户数（户）	人口（人）	水田（亩）	旱地（亩）	水产养殖（亩）	渔船（艘）	村级资产（万元）	村集体年收入（万元）	村集体年支出（万元）
黄金坦村	304	890	538	200	0	23	939.8	104.49	39.61
蟹厂村	499	1490	1124.23	0	0	26	874.85	140.56	22.74
鹤鸿村	384	916	122.6	0	0	14	928.23	151.22	9.87

续表80

村　名	户　数（户）	人　口（人）	水　田（亩）	旱　地（亩）	水产养殖（亩）	渔船（艘）	村级资产（万元）	村集体年收入（万元）	村集体年支出（万元）
鹤翔村	358	1058	465	0	0	28	1316. 06	130. 55	17. 04
鹤进村	434	1298	328. 29	439. 49	0	23	1185. 44	67. 45	12. 87
鹤南村	625	1982	1044. 36	727. 14	0	10	990. 64	170. 89	62. 36
湾塘村	255	836	312	317	0	24	888. 63	91. 32	18. 35
龙头村	345	1102	369. 76	175. 65	118	54	990. 07	832. 16	33. 81
吉港村	377	1102	563. 39	259. 33	216	35	1222. 13	77. 05	18. 64
小网巾村	327	1112	441. 78	272. 21	0	32	2055. 95	318. 72	18. 73
港湾村	305	1018	240. 51	287. 07	990	52	2749. 74	128. 21	39. 23
大百丈村	369	1126	475. 28	352. 42	0	20	1555. 06	113. 85	21. 07
小百丈村	430	1298	587. 95	416. 38	0	16	2721. 94	457. 82	14. 38
大沙村	217	757	85. 843	321. 772	0	28	1664. 14	207. 97	23. 73
文山前村	276	845	313. 69	396. 85	0	13	995. 45	98. 29	15. 99
五利村	685	2174	1704. 24	210. 38	84	14	870. 16	146. 50	40. 62
螺蛳礁村	433	1281	814. 81	447. 98	41	1	1568. 32	334. 47	43. 26
樊岙村	943	2923	1040. 48	633. 21	50	12	812. 38	415. 37	145. 45
高坎头村	269	894	513. 41	125. 4	1320	2	924. 05	234. 73	52. 06
马谷村	302	967	489. 41	169. 89	0	12	1155. 35	307. 26	31. 91
鹤栖村	249	755	361. 35	92. 15	0	6	884. 31	174. 08	20. 87
大南田村	438	1498	653. 56	223. 511	1801	5	1082. 62	631. 83	32. 98
小南田村	353	1152	416. 93	261. 84	0	43	872. 33	210. 53	15. 91
牧童岙村	244	840	300. 3	158. 05	45	2	433. 45	125. 09	27. 26
水湖涂村	227	854	171. 9	234. 02	0	7	445. 99	56. 17	10. 33
杨柳坑村	209	770	0	0	0	48	466. 61	93. 43	7. 56
金七门村	182	750	0	41	0	42	338. 25	82. 51	16. 11

（郑思宇）

定塘镇

【概况】 定塘镇全镇陆域面积59.5平方千米，人口3.6万人，辖行政村25个，拥有耕地4万亩和河网120千米，全县最大的平原水库——大塘港水库穿越全镇，号称“下百万”（“上百万”为中心城区的南庄平原），是象山著名的“粮仓”。2021年，全镇实现社会生产总值35.6亿元，财政一般预算收入9086万元，全社会固定资产投资3.5亿元，农村居民可支配收入3.81万元。

【工业经济】 2021年，坚持稳中求进工作总基调，实现工业经济总量质量双提升，全镇15家规上企业实现产值6.65亿元，同比增长40.5%。优化提升镇工业集聚区，打造省级小微企业园，持续提升亩均效益。围绕产业链招引和主导产业培育，提升产业能级，常态化走访联系企业项目，落实精准服务，引进内资1.7亿元、实到外资50万美元，破除企业发展难点55个。实施创新驱动发展战略，打造雁阵式创新企业梯队，新增规上企业4家、亿元企业2家，获评国家高新技术企业1家、县“330”企业3家。工业经济“顶梁柱”作用日益增强，在构建新发展格局中迈出新步伐，在高质量发展中取得新成效，实现“十四五”良好开局。

【现代农业】 2021年，举办第五届柑橘文化节系列活动。创建国家级农业产业强镇，建成台洞纳湖、四季桔歌等红美人柑橘精品种植示范基地，绿畅、联强等选果中心，推进四大美人精品果园、大塘田园农业示范园区、甬象现代化智慧农业综合体等项目招引落地。推广“静橘”标准化建设，建立弱小散农户帮扶机制。壮大融合主体，柑橘农合联、柑橘分联盟逐步壮大，“田园定塘”区域公用品牌进一步打响。守牢耕地红线，按照先易后难、分期实施、成块流转、稳妥推进的原则较好地完成“非粮化”整治5000亩，土地流转1000亩。全面完成中小流域治理、水环境整治等水利工程，再度荣获县级水利“大禹杯”金奖。

【特色经济】 2021年，海运业迈上新台阶，18家海运企业中15家已上规，运力占到全县的70%。全域旅游“点上出彩、线上成景、面上开花”。获评省AAAA级景区镇，定山村获评省AAA级景区村，中垙村、下营村获评省AA级景区村，宁波站村评省A级景区村。建成中垙火山峰旅游景区、“橘中游庭”水上运动基地。是年，全镇累计接待游客46万人次，实现旅游综合收入达3220万元。结合“微改造、精提升”，深入推进沙地村农家乐、客栈、民宿迭代共生，全域共有民宿96家，床位2256张。持续开展民俗活动，成功举办“柑橘文化节”“四月八”民俗文化节、“五月廿七大塘庙会”等非遗节庆活动，带动大塘麦糕、红美人柑橘等特色农副产品就地销售。

【专项行动】 2021年，保障重点工程建设，高速定塘连接线通车，全面完成高速石浦连接线政策处理，实施沿线机耕路改道、农排线改造等“大、小三改”项目20项，总投资超1500万元。省级美丽城镇样板成功创建，按照环境美、生活美、产业美、人文美、治理美的“五美”目标要求，紧扣农业型美丽城镇建设，统筹产业、人文资源，制定融合发展专项行动方案，实施菜场南路、农贸市场提升改造等项目24个，15分钟社区生活圈得到完善。

【生态环境】 持续推进农村人居环境整治提升、农村生活垃圾分类、“三清三美”等工作。全力推进大塘港水环境综合治理，依托管家式服务在大塘港流域布设的监测站点，掌握支流水质变化，科学调度支流排水，降低支流污染对断面的冲击。深入实施河道清淤、生态拦截沟、蚌—草复合净化床等项目，加大河道沿岸田园保洁力度，回收处理腐烂柑橘，持续做好水质日常监测，依托无人机手段巡河，发现问题及时会诊修复，做好保护母亲河宣传。经过努力，水质视觉感观有明显好转，监测指标已接近三类水标准，2021荣获市水利“大禹杯”优秀乡镇、县级水利“大禹杯”金奖。

【城乡面貌】 实施镇区垃圾分类提升工程，实现投放、收集、运输、处置全周期管理。交通格局根本改变，石浦高速建成通车，定影公路、G527国道开展前期工作，定塘全面融入“宁波一小时交通圈”，区位优势日益凸显；成功创建市四好农村公路示范乡镇，新建田洋湖环村路、大湾山至下营连接线，改建田中线、盛平山至茅石线，新建农村公路1.5千米。城镇品质全面提升，实施中心镇区靓化工程，完成菜场北路路面浇筑，改造农村生活污水设施终端24个；推行城镇精细化管理，健全市政管理、施工、维护全周期监督机制，完成华塘路集市临时摊位搬迁工作，完成工业园区雨水管道工程，推进镇区二次改水。

【科教文卫】 2021年，成功创建全县唯一省首批五星级乡镇食安办作，完成“两癌”筛查、结直肠癌筛查等公共卫生事业，率先实行食品安全第三方“智慧协管”模式。健全医疗健康保障体系，推进定塘卫生院住院部建设。加强妇幼健康服务环境提升建设，完成定塘中心卫生院四星级母婴室改造工程、下营村村级婴幼儿照护服务点。深化文化惠民工程，建成五星级文化礼堂1个、百姓健身房1个、周末剧场1个，完成农家书屋提质升级6家，获评特级文化站。积极倡导文明新风，婚丧礼俗整治巩固深化，村红白理事会全覆盖，智慧殡葬网上办理全面推行。

【社会保障】 健全社会保险体系，农村低保应保尽保，新农合参保率达99%，城乡居民养老保险、职工互助保障基本实现全覆盖。健全退役军人服务保障体系，实现退役军人服务管理站镇村全覆盖，顺利召开全省退役军人服务保障体系能力提升现场推进会，成功创建省新时代“枫桥式”服务站。

【社会治理】 整合完善“一中心四平台”全科网格，提升基层大调解格局，壹品调解室获评省级金牌人民调解工作室。开展村级治理现代化工作，依托共享法庭，启动“访调诉裁一体化”矛盾纠纷化解治理模式，建成全县首个“乡里乡亲”共治驿站。推进乡贤组织规范化、长效化建设，成立乡村振兴顾问团，探索“村民说事+乡贤参事”2.0模式。创建市级基层综合应急救援队建设试点，落实安全生产责任制，加强企业、消防、涉海涉渔等领域的安全监管，强化道路交通安全整治，全域提升交通安全设施，主要道口实行交通安全劝导，大幅降低交通事故发生率和死亡率。

【党风廉政】 推进法治政府建设，坚持依法决策、依法行政，自觉接受人大法律监督、政协民主监督和社会舆论监督，政府执行力得到全面加强。深入践行习近平新时代中国特色社会主义思想，扎实开展党史学习教育，意识形态工作常抓不懈，思想主旋律高高飘扬。全面推行机关干部“岗位对责、绩效对账”制度，落实“双随机、一公开”措施，严格执行周二夜学、周二下村和联村联企制度，干群关系更趋融洽。坚决贯彻落实中央八项规定及实施细则精神，牢固树立“过紧日子”思想，大力推行节约型机关建设，“三公”经费大幅下降。

【灵岩火山峰景区开业】 1月1日，中坭村灵岩火山峰景区举行开业仪式。镇党委书记王祖致开场辞。县人大常委会主任罗来兴宣布，灵岩火山峰景区正式运营。省矿产资源储量专家库地质专家金慧敏分享灵岩火山峰地理特征和火山文化。省科学技术协会科普部长汪光年与浙江中灵旅游发展有限公司总经理郑恩增共同参与了景区作为省青少年科普教育基地的揭牌仪式。

【“橘中游庭”水上文旅项目开工】 3月4日，“橘中游庭”水上文旅项目开工仪式在定塘镇举行。项目选址田洋湖村，计划一期投资1100万元，以自然田园风打造地方特色居住环境，将成为“田园定塘”农文旅项目又一崭新名片。

【定塘镇第二次新乡贤大会】 3月28日，近200名来自各行各业的受邀乡贤、嘉宾出席定塘镇第二次新乡贤大会。镇党委书记王祖致欢迎词，镇乡贤参事会会长尹芳达作工作报告，镇党委副书记张智毅主持增补理事选举。新乡贤助力乡村发展项目签约，宏润建筑博物馆、宁波站村海运文化展示馆以及定塘镇体艺馆3个重大项目相继签约。举行了乡村振兴顾问团亮相聘任仪式、宁波市新乡贤示范基地授牌仪式以及定塘镇新乡贤助力乡村振兴基金成立仪式。

【“乡里乡亲”共治驿站在定山村成立】 4月13日，象山县首个乡村共治驿站——“乡里乡亲”在定山村揭牌成立。该驿站具备基层调解、巡回审判、法治宣教、诉讼服务等多功能于一体，能为基层群众提供更多均等普惠、便捷高效的司法服务。

【方前村举行第四届“四月八”民俗文化节】 5月15日上午，庆祝中国共产党成立100周年暨方前村第四届“四月八”民俗文化节在方前村文化礼堂举行，返乡游子、四方游客以及当地村民齐聚一堂，共赴民俗文化盛宴，体验地道特色文化。现场首次发布历时3年编成的《方前村志》。此次“四月八”民俗文化节由镇旅游办、镇文化站、镇妇联联合举办，邀请象山网络直播学院全程直播活动。

【民盟宁波市委会助力乡村振兴实践基地落户叶口山村】 5月31日下午，民盟宁波市委会助力乡村振兴实践基地在定塘镇叶口山村授牌，民盟宁波市委专职副主委郭强，民盟宁波市委副主委韩利诚，县委常委、统战部部长干维岳，县人大常委会副主任胡建萍等出席活动。

【中站村举行大塘红庙街端午民俗文化节】 6月12日，“喜迎亚运　粽享端午”大塘红庙街端午民俗文化节在定塘镇中站村上演，活动现场还邀请到众多非遗代表性传承人。镇相关负责人介绍，这次民俗文化节让“非遗+旅游”成为亚运时代定塘农文旅融合发展的新方式。

【漫话清廉艺术园开工】 6月16日，漫话清廉艺术园开工启动仪式在定山村举行。复旦大学MPA兼职导师赵青云博士，市民盟副主委、市文联一级调研员、民盟中央美术院宁波分院院长韩利诚，县委常委、县纪委书记、县监委主任陈善方，市美术家协会主席孙佩梁，宁波城市学院艺术学院院长、市美术家

2021年1月1日，灵岩火山峰景区开业仪式举行（吴敏勇　摄）

协会副主席、省创意设计协会副会长潘沁等参加开工仪式。漫话清廉艺术园总体以“园”的概念呈现，主体分为“三不居”、研学园和八角楼等三部分，积极运用参观互动、交流探讨等方式，让参观者在看、感、悟中接受廉政教育，达到教育、警示、体验多位一体的综合效果。活动中，与会嘉宾还在八角楼内书写“廉”字，引导广大党员干部在挥笔写“廉”字的同时，将廉洁信念厚植心底。

【象山定塘暨象山柑橘“中国静橘”弱、小、散橘农帮扶启动】 6月25日，中国柑橘产业共富论坛——象山定塘暨象山柑橘“中国静橘”弱、小、散橘农帮扶启动仪式在定塘镇举行，来自象山县柑橘产业联盟分联盟的成员和静橘弱、小、散农户代表参加活动。

【定山村与上海吴昌硕纪念馆文化共建】 7月15日，“海上万象”共建写生活动启动仪式暨上海吴昌硕纪念馆与定塘镇定山村文化共建基地签约授牌仪式在定山村八角楼文化礼堂举行。

【象山县村级治理示范创建现场推进会在定塘镇召开】 8月10日，象山县村级治理示范创建现场推进会在定塘镇召开，象山县相关部门分管领导、各镇乡（街道）分管领导、各示范村村书记等参加会议。定塘镇、晓塘乡相关负责人分别交流定山村、青山头村示范创建经验做法，县农业农村局介绍“村社E决策”系统。

【叶口山村综合发展规划工程项目评审会】 10月15日，叶口山村综合发展规划工程项目评审会在叶口山村举行，民盟浙江省委会二级调研员郑霞意、中国美术学院教授渠晨明、杭州市城市规划设计研究院副总规划师吴伟进、浙江农林大学教授申亚梅、民盟宁波市委会专职副主委郭强、民盟象山县基层委员会主委史丹丹、定塘镇党委副书记、镇长（提名人选）史毛毛等参加评审会。参会专家根据叶口山村实际情况在目标定位、产业发展、乡村文化等方面提出评审意见和建议，共商推进农村创业创新、助力乡村振兴大计。

2021年定塘镇行政村基本情况表

表81

村　名	户　数 （户）	人　口 （人）	耕地面积 （亩）	山林面积 （亩）	村级经营性收入 （万元）	上级补助收入 （万元）
渡头村	647	1552	1411	1882	70.527	130.078516
后洋塘村	563	1786	1815	1315	24.1346	104.024964
大湾山村	293	1037	1043	4435	0.796	24.601584
下营村	529	1708	2058	3481	34.4595	114.005196
方前村	286	900	677	4216	1.192	76.18232
沙地村	445	1425	1008.65	7876	2.253	105.965094
洋岙村	360	1135	1395	4170	11.3998	64.43212
定山村	262	839	839	1656	62.388	27.029569
灵雅舍村	362	1076	1375	1846	18.025	34.432477
台洞塘村	270	941	1047	791	0	54.380928
中垊村	990	3393	3053	2512	15.31	134.636668
新岙村	434	1457	1270	2973	0.3	32.236826
镜架岙村	258	802	677	965	32	16.811916
岙底村	328	1083	961	3916	1.948	36.992278
田洋湖村	608	1990	1379	5031	23.5918	223.44474

续表81

村　名	户　数（户）	人　口（人）	耕地面积（亩）	山林面积（亩）	村级经营性收入（万元）	上级补助收入（万元）
盛平山村	390	1142	1200.12	2488	8.54	50.066847
叶口山村	418	1429	1176	1077	32.8993	56.848934
宁波站村	427	1482	1438	556	2.36	31.00475
花港村	609	1943	1586	586	2.8984	111.617466
漕港村	398	1257	1186	561	2.553	53.604768
英山村	256	803	909.06	561	9.02	19.138503
白墩村	415	1319	1065	120	10.2307	31.812132
金牛港村	260	882	630	105	13.1691	50.670248
礁横村	346	1137	1318.5	175	14.9902	33.245
中站村	295	844	916	138	30.7373	153.454748
合　计	10449	33362	31433.33	53432	425.7227	1770.718592

（章铭书）

墙　头　镇

【概况】 墙头古名“樯头”，意为看得见船桅的地方。墙头镇位于象山县城西郊，东接丹西街道，西连西周镇，南与茅洋乡相邻，北濒西沪港，镇域面积87平方千米，拥有耕地面积1.6万亩，山林5.4万亩，森林覆盖率65.23%、林木覆盖率65.76%。全镇下辖行政村16个、居委会1个，人口2.1万人。S19甬台温高速复线、戴港至城区快速通道和311省道穿境而过。全镇北面呈“U”字形环抱西沪港，海岸线长25千米，可养殖海涂面积3.4万亩。近年来相继荣获国家级生态镇、国家级卫生镇、省美丽乡村示范镇、省AAAA级景区镇、省综治先进集体、省文明镇、省卫生镇、市最美宜居小城镇、省爱国拥军模范镇、市“军警民共建”先进集体等县级以上综合荣誉70余项。

【经济发展】 工业经济稳中向好。全年实现工业投资2.5亿元、增长10%，完成年度任务109%，完成进度连续6个月稳居全县前三。强化经济开发区、工业园区等平台主阵地作用，全力招大引强，欣生新材料、雷阳重工等7个项目签约落地。千方百计帮助企业坚定信心、渡过难关，定期召开企业家座谈会，及时落实“减税降费”各项政策，成功申报高新技术企业1家，市级工程技术中心企业2家，市科技型中小企业6家。现代农业稳步发展。农业含金量不断提升，依托现有资源特色和产业优势，积极推进柑橘、草莓、樱桃等农业特色产业发展。丁家村、雷港村、岭下村等地的红美人、甘平等特色优质柑橘种植达到1800亩。旅游发展势头强劲。2021年，接待游客60万人次，旅游综合收入7200万元，同比增长幅度明显。“墙头—方家岙—溪里方”一体化发展得到推进，方家岙成为中国美丽休闲乡村。实施补链强链行动，安排旅游功能性项目10个，投资超5000万元，每个项目安排项目小分队，全程跟踪服务。发挥墙头文旅公司，强化旅游宣传推介，持续擦亮“醉美滩涂”“好吃墙头”“人文乡村”三张牌，努力做大游客流量。

【城镇面貌】 城镇品质不断优化。全面深化美丽城镇建设，大力推进镇区路口、主街道路、绿化亮化等一揽子景观提升工程，先后完成环镇公路、海防执勤道路等工程项目，城镇形象得到整体提升。切实加强城镇管理水平，全域化保洁、市场化运维全面覆盖，“智慧环卫”“智慧城管”建设不断深化。美丽乡村全域推进。持续开展特色村、示范村创建，景区村实现全域覆盖，有力推进农村全域秀美、镇域全面美丽。综合整治强势推进。全面加强环境卫生工作，建筑垃圾清运系统运行顺利，垃圾分类工作稳固提升，全面优化田园生产环境，镇村整治程度和颜值都有新的提高，在全县环境卫生评比中始终名列前茅。

【民生福祉】 坚持在发展中保障和改善民生，合理安排财政资金，民生支出占比始终保持在70%以上，家庭人均年收入9000元以下现象全面消除。持续加大教育投入，墙头中心幼儿园新园建成投用。社会保障日益健全。持续扩大社会保障覆盖面,全年新增本地户籍各类养老保险参保210人,其中低保户、五保户、残疾人等精准扶贫对象参保率达100%。加强退役军人服务工作,建立工作体系,提高军人荣誉感和归属感。文化事业欣欣向荣。深化文化惠民服务,创成市四星级、省五星级文化礼堂各1家,省书香文化礼堂1家,申报市四星级、省五星级文化礼堂各1家。

【社会秩序】 全面建强“平安墙头”。依托“村民说事”“一中心四平台全网格”等社会治理载体,不断推进社会治理向源头化解。集中处理信访突出问题和群体性事件,完成中共十九届六中全会等重大活动和敏感节点维稳安保任务。加快推进“最多跑一地”改革,建成县首个镇级示范化矛盾纠纷调处化解中心。加强公共安全管理。持续强化消防安全、工矿企业、“三小”车、食品药品等领域安全隐患排查整改,实现了社会大局平安稳定。加强基层防灾减灾体系建设,组织开展应急演练,全力应对台风、强降雨,切实保障群众正常生产生活秩序。

【全面从严治党】 紧紧围绕“学党史、悟思想、办实事、开新局”总要求,以高度的政治自觉和强烈的责任担当,稳步推进党史学习教育工作。突出政治第一标准,深化“双对双排”,注重在城镇建设、疫情防控、复工复产等中心工作中发现使用优秀干部,重实干重业绩的用人导向更加鲜明。加大干部培养力度,定期开展“爱岗敬业季度之星评比”,干部队伍结构和专业素养进一步提升。高质量完成“两代表一委员换届选举,意向性人选当选率达95%以上,基层基础进一步巩固。严格落实“一岗双责”,坚决执行党风廉政建设“三书两报告”“三重一大”集体研究决策报告制度。全面落实中央八项规定,持续开展正风肃纪检查。不断加强执纪办案,治本控源的惩防体系逐步完善。

【墙头镇入选市乡村全域旅游示范区创建单位】 1月22日,市文化广电旅游局公布2020宁波市乡村全域旅游示范区验收评定和复核结果,墙头镇入选宁波市乡村全域旅游示范区创建单位。

【2021乡村旅游突破年专项动员大会】 为进一步发挥墙头镇在区位条件、山海资源、乡土文化等方面的优势,以旅游统领乡村建设、农业经济、商贸发展、文化事业,奋力打造全域景区化乡村振兴示范镇,加快推进宁波市乡村全域旅游示范区创建,3月15日下午,墙头镇2021乡村旅游突破年专项动员大会在墙头镇镇政府举行。

【第二届墙头盆景文化节】 4月9日,“港湾乡村古韵墙头”第二届墙头盆景文化节在溪里方村举行。县盆景协会百来位会员挑出优秀作品进行展示,各种造型优美、株型曼妙的盆景植物吸引象山乃至宁波广大盆景爱好者前来观赏、学习、交流。

【“墙微”志愿服务活动启动】 4月9日,“三清三美”集中行动暨“墙微”志愿服务活动启动仪式在雷港村举行。“墙微”志愿服务站由墙头镇机关、各村委、学校、卫生院、金融机构等各单位、部门志愿者组成,下设美丽田园清洁、美丽岸线保护、美丽庭院示范创建、环港古道清洁、新时代文明实践、垃圾分类、助残帮困、平安巡逻、法治宣传、健康关爱等10支志愿服务小分队。该服务站的成立,旨在以提升城乡品质、建设美丽墙头为目标,以“清底色、强特色、提成色”为主线,调动广大干群积极性,向全县“三清三美”行动交上墙头答卷。

【“阅+堂”象山县全民阅读乡村计划在溪里方村启动】 5月8日下午,“阅+堂”象山县全民阅读乡村计划启动仪式在溪里方村文化礼堂举行。副县长钮晶莹、县政协副主席欧亚群、县宣传部副部长励胜利、县文化和旅游体育局局长陈淑萍、镇党委书记朱恩青等,以及来自全县各镇乡街道代表、丹山雅集文化志愿者、图书馆理事、图书馆文化志愿者等济济一堂,共享文化盛宴。

【黄溪村共同富裕促进会成立】 9月25日下午,全县首个村级共同富裕促进会——黄溪村共同富裕促进会成立大会在黄溪村党群服务中心举行。县委统战部常务副部长俞湛、镇党委书记鲍明华等出席会议。来自各行业的30多位黄溪籍长者能人、返乡青年及本土精英等新乡贤代表参加会议,共同助力高质量发展建设共同富裕示范村,凝聚新乡贤担当和作为。

【方家岙村入选2021年中国美丽休闲乡村】 11月15日,农业农村部办公厅公布254个2021年中国美丽休闲乡村,全省共有12个村入选,方家岙村名列其中,系2021年度宁波市唯一入选村庄。近年来,方家岙村坚持党建引领,通过充分激活优质山水资源,建成集生态观光、休闲度假、健康养生、农事体验等为一体的旅游景区村,先后获评国家级生态村、全国乡村旅游重点村、全国文明村、省级美丽宜居示范村、省级农家乐示范点、首批省AAA级景区村和市“最洁美村庄”,累计建成农家客栈49家、床位突破1000张,年接待游客近30万人次,实现旅游经营收入3000余万元,带动村集体经济增收约200万元。

【墙头驻甬乡音党支部“红色驿站”成立】 11月23日,墙头驻甬乡音党支部“红色驿站”揭牌成立。为加强流动党员管理,墙头镇用阵地赋能、队伍赋能、服务赋能“三位一体”,全面提升服务流动党员群众工作质量,成立墙头镇流动党员服务管理工作站党总支,以党员人数较多流入地为单位组建驻甬、驻杭、驻沪、驻外等5个功能性乡音党支部,每个党支部都由1名镇党委委员跟踪联系和1名党建指导员对接指导。

【方家岙村获评全国民主法治示范村】 司法部、民政部公布第八批“全国民主法治示范村(社区)”名单,方家岙村榜上有名。近年来,方家岙村通过激活美丽山水资源，提升旅游要素，完善基础设施，精心打造全景花园式特色村落，建成集生态观光、休闲度假、健康养生、农事体验等为一体的旅游景区村。同时坚持法治教育与法治实践相结合，推进基层民主法治建设，不断深化“民主法治示范村”创建活动，积极推行“夜办公”制度，通过“村民说事”，正确引导“自治”在“法治”轨道上有序运转。坚持依法依理说事，全力打造法治引领、德治相辅、自治实践的乡村善治象山样板。相继获评国家级生态村、全国乡村旅游重点村、省级民主法治村等。

2021 年 4 月 9 日，第二届墙头盆景文化节在溪里方村举行(墙头镇　供图)

2021 年墙头镇行政村基本情况表

表 82

村　名	户籍户数（户）	户籍人口（人）	耕地面积（亩）	村级资产（万元）	村集体收入（万元）	村集体支出（万元）
凤泉村	389	1157	628. 34	1371. 551	225. 1238	59. 12366
亭岙村	225	694	442. 96	231. 0522	120. 7112	34. 13956
七里亭村	244	717	470. 40	870. 6095	208. 4251	37. 63831
洋北村	817	2314	1189. 96	1373. 944	206. 1575	76. 55432
大溪蒋村	422	1157	747. 02	1505. 467	253. 0844	71. 80767
黄溪村	560	1640	1075. 83	2365. 977	223. 6604	108. 6981
塔岭村	235	706	345. 78	808. 9113	73. 58806	14. 10388
雷港村	315	864	846. 86	665. 6286	204. 2189	44. 91931
蔡家岙村	330	895	711. 23	744. 0409	96. 91498	18. 13794
墙头村	1168	3282	2736. 00	2994. 109	414. 7471	113. 1871
方家岙村	626	1828	1304. 15	1524. 263	269. 5738	74. 34634

续表82

村　名	户籍户数（户）	户籍人口（人）	耕地面积（亩）	村级资产（万元）	村集体收入（万元）	村集体支出（万元）
溪里方村	224	652	441.28	570.1726	86.19958	63.60896
岭下村	255	734	586.79	703.2793	70.87381	13.5798
舫前村	481	1492	1032.30	1596.346	157.7086	29.97874
上沙村	284	820	601.46	750.104	173.0677	21.17217
下沙村	451	1248	964.31	1406.972	120.3504	52.51818

（张子妍）

泗洲头镇

【概况】　泗洲头镇地处象山西南部，地形南北舒展，间有山海镶嵌、古村乡韵，如同象山西境一道山水屏风。镇域面积84平方千米，下辖21个行政村，人口1.8万人。镇内生态资源得天独厚，森林覆盖率达70%，坐拥“灵岩山”“白仙山”，生态湿地浅海小海鲜资源十分丰富，青山绿水碧野，是发展休闲养生、旅游度假之胜地。先后获得国家卫生镇、省级文明镇、省市级美丽乡村示范乡镇、县级乡村振兴先进乡镇等一批国字号和省市县级荣誉。2021年，全镇实现社会生产总值17.8亿元，财政一般预算收入3625万元；全社会固定资产投资9000万元。

【工业经济】　坚持工业强镇首要地位，全力以赴稳存量、扩增量、提质量，基本实现工业经济企稳回升。2021年，实现规上工业产值10.61亿元，同比增长22%；规模以上工业增加值1.8亿元，同比增长23%；外贸进出口总额6.2亿元，同比增长30.4%。产值上亿企业3家；产值5000万元至1亿元企业5家。始终把“招商引资”作为一号工程，全年新签约项目4个，其中亿元以上项目1个，实现利用内资1.7亿元；浙商回归资金1.2亿元，均超额完成全年任务。通过组建培育库、跟踪监测、指导服务等，做好规模企业梯队培育，新增“小升规”培育企业3家。坚决落实“科技是第一生产力”理念，通过技术改造、数字改革助推企业内涵提升。海润制衣5G数字工厂建成运营。博骏环保、知一汽车列入高新技术企业创建培育计划并成功申报科技型小微企业。

【农旅融合】　2021年，坚持农业基础地位不动摇，现代农业产业体系基本构成，拥有杨梅、淡海水养殖等两个万亩基地，甜瓜、土豆、枇杷等一批百千亩基地，建成市级精品绿色农产品基地、省级示范合作社1家、县级示范合作社1家。深化“互联网+”销售模式，通过三思桥直播间带货、甬派App电商销售、抖音直播等方式，线上线下共销售杨梅、甜瓜、土豆300余万千克。盘活闲置资源，引进乡贤投资，旅游业态不断丰富，新招引乡村“微旅游”项目3个，每年将为村集体经济增收30多万元，形成文旅融合的共富新样板。金家岙龙溪峡谷漂流景区、肖胡花海液态熊露营基地投入运营，灵岩山滨海森林运动智谷、上西庄顶亲养生旅居项目等有序推进。持续做精“以节促旅”，举办蟹钳港玩水季、杨梅节等农旅节庆6场，累计接待游客超12.3万人次，实现旅游综合收入5100万元。聚焦数字赋能乡村旅游，创新研发“畅游墩岙”小程序，以与慈溪鸣山社区结对为试点积极探索村社联动，打造共富“朋友圈”。

【村镇建设】　坚持“镇域提品”，完成泗西线至金家岙农村公路改造、镇建筑垃圾临时堆放场、农资废弃物存放点、农村污水终端标准化改造、镇区绿化及环境梳理等工程，新建农村公厕2座。高标准打造美丽乡村，苏岙、下马岙通过村口、主要道路、闲置空间景观节点等打造，成功创成县级特色村。以三清三美、蟹钳港海岸线保护行动为抓手，系统推进山水林田港村全域整治，2021年累计拆除乱搭乱建、残垣断壁、破旧房屋3500平方米，清理整顿违规沙场2座，清理重点区域垃圾180余吨，开展志愿活动80余次，完成问题整改650余处。农渔业基础设施改善提升，完成塘岸水环境整治、泗洲头溪流域治理工程，完成高标准农田5000余亩。

【社会事业】　优先发展教育事业，提升健康泗洲头建设水平，完成镇卫生院母婴室四星级升级改造，完成结直肠癌筛查等民生实事项目，全力推进6家农村家宴“阳光厨房”，镇农贸市场、墩岙塘农产品集中交易点改造工程建设。社会保障精准到位，累计发放各类救助资金256.6万元。文化阵地建设不断加强，泗洲头乡情文化馆投入使用，镇文化站获评省公共文化场馆服务功能拓展先行先试单位，墩岙村文化礼堂成功入选省五星级文化礼堂，排舞《吉祥安康》获市银奖。

【政府建设】　依法行政得到新提升。

深化行政执法责任制，完善集体决策机制，实现政务公开透明。自觉接受人大依法监督、政协民主监督，认真听取社会各界的意见建议，办理人大议案和代表建议10件。政府服务得到新优化。深化便民服务中心工作机制，办结率为100%，群众满意率达100%。深入开展“三服务”活动，切实做好“服务基层、服务群众、服务企业”各项工作，上报并解决涉农涉企相关问题589个。廉政建设得到加强。以迎接中国共产党成立100周年为重要契机，坚定不移深化党风廉政建设。认真履行廉政建设“一岗双责”，支持镇纪委监督执纪问责，在严管厚爱中激发干部担当作为，共运用“第一种形态”处理38人次。

2021年泗洲头镇重点企业主要经济指标基本情况表

表83　　单位：万元

企业名称	产值		销售		利润		税金	
	累计数	同期数	累计数	同期数	累计数	同期数	累计数	同期数
宁波瑞德能源有限公司	16805	23109	15678	23109	677	528	497	187
宁波华中服饰有限公司	6797	4971	6797	4971	-368	-132	108	1
宁波华中制衣有限公司	0	1082	0	10812	0	-162	0	113
宁波海润制衣有限公司	10831	9205	10831	9205	378	229	611(免51)	756
宁波新龙泰文具有限公司	5600	5163	5549	5140	-168	-764	51	263
宁波中纺海润制衣有限公司	7366	5935	7126	5809	54	-83	183	189
崧养纺织(宁波)有限公司	4523	5132	3781	5053	40	47	67	119
宁波盛昕能源有限公司	5116	2849	4449	2718	6	-69	48	25
宁波艾文特汽车零部件有限公司	2137	2346	2137	2346	121	223	90	106
宁波乐丰新能源有限公司	41564	9966	45084	8201	724	60	289	11
宁波音元汽车零部件有限公司	5358	2405	5087	2327	-0.2	64	189	0
宁波南方新能源科技有限公司	0	14772	0	14772	0	108	0	113

注：宁波南方新能源科技有限公司已停产。

2021年泗洲头镇行政村基本情况表

表84

村名	户数(户)	人口(人)	耕地(公顷)	林地(公顷)	村级资产(万元)	村集体年收入(万元)	村集体年支出(万元)
大理村	381	1306	118.8	186.73	1782.64	124.806	35.76899
东联村	393	1170	57.53	478.06	1025.27	93.57477	13.3731

续表84

村名	户数（户）	人口（人）	耕地（公顷）	林地（公顷）	村级资产（万元）	村集体年收入（万元）	村集体年支出（万元）
墩岙村	324	1139	69.93	178.13	1983.34	62.47753	22.17082
何金石村	265	778	42.66	327.8	1799.87	223.4001	53.71049
横埕村	319	1005	54.8	259.53	854.225	39.57343	41.62141
上马岙村	342	1135	47.2	354.66	1473.61	74.49078	48.94327
泗联村	385	1196	52.2	327.66	1135.87	103.2827	26.81587
泗洲头村	520	1415	79.2	351.66	3733.18	239.9596	54.12832
苏岙村	268	912	127.6	248.46	1601.53	263.958	27.26579
塘后村	403	1224	57.07	137.8	1648.47	245.3961	96.92032
西洋村	261	785	60.4	199.6	1477.31	76.52709	9.603257
下马岙村	242	884	72.13	215.46	1035.43	178.0374	27.98094
肖胡村	292	869	38.26	221.2	1021.87	35.13624	23.23217
杨大场村	237	727	40.73	144.33	928.313	30.93731	13.92415
张岙村	256	777	30	348.06	876.193	30.89813	12.56962
峙后村	397	1281	83	591.73	1322.99	225.207	26.77359
峙前村	178	618	42.6	394.2	1276.2	179.9314	56.02779
合计	5463	17221	1074.11	4544.27	24976.3	2227.594	590.8299

（辛林岭）

涂茨镇

【概况】 涂茨镇位于象山县东北部，地处象山港口，东濒大目洋，与舟山群岛隔海相望，环港公路贯穿全镇，交通便捷。涂茨镇镇域面积62平方千米，下辖行政村20个，人口2.2万人，沿海岸线38千米，海涂面积833公顷，耕地836.6公顷，山林2572公顷，大小岛礁98个。境内有乱礁洋、外干门港、饭桶山、珠山等自然景观，山海人文资源完美融合成“东海仙子湾”，是滨海休闲旅游度假胜地。近年来，涂茨镇坚持构建“核心集聚、两轴驱动、多片联动”发展新格局，道人山围垦、宁波水产种业园区、大港口、联围塘等临港资源优势相继开发，成为一方投资开发热土。2021年，全镇经济社会各项事业呈现稳中有进的向好态势，全镇实现社会生产总值50.6亿元，同比增长13.71%；财政一般预算收入9904万元；农渔民人均纯收入增长7%；成功创建国家级卫生镇，荣获省反走私先进集体、市农村生活垃圾分类处理工作示范乡镇、市征兵工作先进单位等荣誉。

【工业经济】 统筹做好疫情防控和经济社会发展，2021年完成规模以上企业产值30.7亿元，同比增长11.6%；规模以上工业增加值4.9亿元，同比增长6.5%；实际利用内资3.38亿元，浙商回归资金2.33亿元，实际外资1458万美元，超额完成各项指标；重点企业发展稳健，波威重工全面建成投产，劳伦斯表面技术、美亚混凝土等企业增长稳定，金钰铝业、汪洋砂石等2020年新上规企业爆发式增长，产值分别同比增长695%、81.2%。规上企业培育超额完成，新增恒冠机械、佳晟制衣、锦鑫服饰、博森特机械、博文光电等规上企业5家。招商引资成绩斐然，投资42亿元的中广核海上风电项目和13.8亿元的腾华注塑机制造项目开工动建。科技创新加力提速，完成国家高新技术企业申报3家、科技型小微企业申报3家、宁波市科技中小企业6家，完成技术交易额4500万元。

【农业发展】 粮食安全基础不断夯实，2021年超额完成冬作任务、单季稻种植任务，完成早稻高产示范方一个，完成“两非”整治900余亩，一大批闲置土地焕发生机。农业产业结构不断优化，正太南美白对虾全产业链项目正式签约，华统现代化生猪养殖项目完成主体建设，盛腾现代农业科普示范区带动效应初显，泊戈洋蓝莓园现代化种植技术不断提升，水果产业、花木产业、渔业均有所发展。农业污染整治持续发力，完成方兴猪场、朗德鹅场、谷斯鹅场等畜牧养殖企业的污染整治，有效控制养殖污水直排河道。

【第三产业】 闲置资源盘活利用成效显著，黄沙碧海晴沙民宿（二期）建成营业，前山姚粮站精品民宿项目成功签约，美丽经济加速转化，“迎亚运”活动、“花漾汤岙”音乐稻香季等一批活动成功举办，汤岙短视频直播创作基地完成签约，饭桶山爆红小红书、抖音等短视频平台，钱仓东门外油菜花观赏基地声名鹊起。积极跟进珠山茶文化园、道人山阳明心学小岛、文天祥乱礁洋等一批旅游新IP创建，实现游客接待量、旅游综合收入分别增长15%以上。

【城乡建设】 坚持“镇域提品”，村庄规划进一步调整优化，镇南新区建设实质性启动，卫生院、商贸中心等公共服务主体前期工程取得新进展，宁波市首批村庄落地试点村落户汤岙。基础设施建设加快，改造提升农村公路2.7千米，全年养护公路45.343千米。健全小城镇环境整治长效机制，规范建设城管中队和智慧城管，文明城市创建取得阶段性成果，占道经营、户外广告乱张贴、建筑垃圾乱倾倒等问题得到有效整治。围绕市级美丽乡村示范乡镇创建，钱仓、旭拱岙市级美丽乡村加速开展，中堡市级示范村等一批“美丽”项目扎实推进，涂茨新区道路及配套设施建设等农村公益事业奖补项目顺利完成，黄沙县级特色村成功创建，新增A级以上景区村4个，成功创建AAA级景区镇。

【人居环境】 坚决打好污染防治攻坚战，成功处置群惠、鑫耀、久倍实业、东海岸制品厂、骑龙山石场等环保问题，完成新乐船厂、恒冠机械等企业外立面改造。村居环境持续向好，“三清三美”专项行动扎实开展，74个重点问题点位完成整改，“智造蓝海”精品线涂茨段成功创建，8个大节点16个建设内容按期完成，沿线村庄基础设施进一步提升，钱仓粮站节点成为精品线上靓丽明珠。改造升级镇垃圾中转站，里庵、泊戈洋等村污水管道接户工作按期完成，环境卫生、垃圾分类工作稳居全县前列，旭拱岙成功创建省级美丽宜居示范村。

【社会保障】 社会救助精准到位，扎实推进慈善救助、扶残助残、红十字等工作，累计发放各类补助救助资金500余万元。民生服务持续改善，完成60周岁以上困难群众的适老化改造20人次，老年爱心送餐服务获得一致好评。法治建设不断深化，成功创建市级民主法治村4个村，村级法治小公园3个，其中民法典小公园1个。推进村级治理集成创新，以村民说事为牵引，推进“五治融合”集成创新，黄沙村综合示范打造成功创建，平安建设考核居全县前列。

【社会事业】 2021年，完成涂茨镇中心幼儿园改造提升，课后托管服务率大幅上升，有效推动“双减”政策落地，实施奖教奖学政策，发放教育奖教惠师资金近20万元，涂茨镇中心幼儿园顺利通过省二级幼儿园复评。注重健康素养水平提升，累计开办健康讲座48场次，开展健康服务2994人次，结直肠癌筛查及流感疫苗接种任务全面完成，家庭医生驻村服务取得明显进展，红十字、计划生育等都取得较好成效。加强武装工作，中堡村入选市双拥模范创建村，汤岙村获评省级退役军人服务站，涂茨镇获评宁波市征兵工作先进单位。

【文明建设】 新时代文明实践站（所）实现全覆盖，诚信指数完成迭代升级，汤岙村获评市文明村，旭拱岙村成功创建省级文明村，扎实做好黄沙、大岭后、玉泉省级文明村复评工作，旭拱岙入选全国文明村培育村。深化推进婚丧礼俗整治工作，红白理事会换届顺利完成。全国文明城市创建成果累累，镇域集中整治扎实开展，乱设摊、乱停车现象有效解决。志愿服务品牌持续打响，“海山仙子”巾帼服务、“花漾汤岙”志愿服务、“仙子湾青年”志愿服务好评不断。加强基层文化阵地建设，改造提升农村文化礼堂2个，开设乡村文旅周末剧场，举办非遗手工制作、走书表演、送戏（电影）下乡等活动100余场次。

【社会治理】 不断深化矛调化解调处，亲领亲办推动信访积案“清仓见底”，全年党政领导接待群众187次，化解信访诉求98件，其中重点疑难案件和历史积案22件。组建信访代办队伍20支，深化信访代办奖励制度，以信访“四无”村创建为抓手，推动信访“最多跑一地”，全年累计完成信访代办238件，同比增长27.3%，办结县转信访件66件，同比降低42.6%，按期受理率、按期办结率、回访核实率均为100%。

【平安建设】 紧紧围绕“五个严防、三个确保”，以维稳安保工作为突破口，全力化解社会综合治理的难点、痛点和堵点，深化维稳工作长效机制，进一步巩固维稳成果，深入开展百日攻坚专项行动,持续开展扫黑除恶专项斗争,严厉打击电信网络诈骗等违法行为,圆满完成重大维稳安保任务,重点敏感时期共排查不稳定因素、矛盾纠纷49件,信访重点人员11名。努力维护涉海涉渔领域安全,抓好抓牢“净海”行动、“码头反走私”“一打三整治”等专项工作,渔业领域未发生较大事故。

【重大项目建设】 2021年,实行重大项目包干制,大兵团作战、小分队攻坚,长沙村整村迁建项目完成评估、安置地未来社区设计规划等工作取得突破,骑龙山地块土地征用、环港公路配套管线建设、镇南新区等项目政策处理推进顺利。

【作风建设】 严格执行中央八项规定、省委“六个严禁”,把纪律和规矩挺在前面,落实廉政建设“一岗双责”,严格用制度管权管事管人,有效维护风清气正的干事环境。实施预算绩效管理,严控“三公”经费,压缩一般性开支,规范政府采购,政府债务得到有效控制。加强政府投资项目管理,廉政风险防控机制得到完善,推进“四风”整治和腐败惩治。推进“清廉村居”建设,完善健全村级重大事项报备机制,退回、改正村级申报事项83件,农村小微权力进一步规范,黄沙清廉村居成功创建,旭拱岙获评市清廉教育示范基地。

【政府管理】 坚持优化政府职能配置,认真落实“四张清单一张网”,健全权力运行制约和监督机制,严格按照法定权限和程序行使权力、履行职责;牢固树立“执政为民”理念,突出民生导向,健全为民服务长效机制,自觉接受人大依法监督,认真执行重大事项向人大报告制度,主动接受司法监督和社会公众监督,深入开展数字化改革,行政执法工作体系不断健全,全社会矛盾纠纷调处化解能力不断提升。深化“双对双排”“双随机一抽查”,干部任用坚决做到“一报告两评议”,形成“实干实绩实效”干部任用导向,2名领导干部走上更高领导职务,2名一般干部走上领导岗位。

【廉政建设】 坚持党风廉政建设永远在路上,从严管党治党的紧迫感责任感切实增强,以永远在路上的执着把全面从严治党引向深入,坚持把纪律和规矩挺在前,坚持执纪从严、勇于自我革命、敢于较真碰硬,对涉及违法违纪违规问题,不论职位、不论贡献,坚决查处、严惩不贷,努力营造风清气正的政治生态。深入推进“三问三治”专项行动,强化“四种形态”特别是第一种形态运用,全年立案8起,累计党纪处理8人次,提醒、警示谈话27人次。

【涂茨镇第二届环珠山古道古岭徒步登山大会】 5月3日,迎亚运登珠山,第二届“相约珠山户外”环珠山古道古岭徒步登山大会于珠山村举办,此次活动吸引来自台州、慈溪、宁海及县内500余名喜爱徒步登山的“驴友”共同参与。此次徒步登山线路全程12千米,上升海拔约800米,用时4~5小时。

【县内首个“5G+智慧工厂”项目】 5月7日下午,镇重点企业宁波劳伦斯表面技术有限公司与移动宁波象山分公司举行“5G+智慧工厂”项目启动签约仪式,标志着象山县首个“5G+智慧工厂”项目在劳伦斯表面技术公司诞生。

【中堡村婴幼儿照护服务点启动】 为加强各村0~3岁幼儿早期教育,提高家长育儿水平,增进亲子感情,5月25日,在计生协“5·29”会员活动日之际,镇社会事务办联合镇卫生院、镇幼儿园于中堡村开展亲子早教公益活动,标志着中堡村婴幼儿照护服务点正式启动。

【涂茨镇青年干部“成长特训营”启动】 为进一步促进涂茨镇青年干部快速成长、勇挑重担,高质量推进海湾型特色城镇建设提供坚强人才保障,6月1日,涂茨镇开展青年干部“成长特训营”启动仪式,镇内县管干部、中层干部、80后青年干部等参加。青干成长特训营针对各青年干部的特点以及提升需求,明确1名县管领导为导师,中层干部和一般干部为学员,签订“1+1+1”成长提升工程协议书,并围绕涂茨工作大局,下设美丽涂茨组、党建争强组等六类小组,结合党史学习教育工作,设定“6个1”计划,通过组织开展理论学习、青春讲堂、新老干部交流会、党性教育基地学习考察、专题调研并撰写调研报告等各类课程活动,以“传、帮、带”三种方式助推青年干部成长成才。

【“精特亮”互学互评团考察旭拱岙村】 8月24日,市抓落实办副主任、督导巡察组组长韩彭军携奉化区、余姚市互学互评团考评象山县“智造蓝海”精品线时参观考察旭拱岙村。互学互评团实地考察旭拱岙村乡村治理、共同富裕示范村打造、智慧百户乡村指挥中心等相关内容工作。

【音乐稻香季暨第三届开镰节在汤岙村举行】 10月23日,花漾汤岙·音乐稻香季暨第三届开镰节在涂茨镇汤岙村举行,展现一场传统又富有野趣农事活动。本次活动主要设有开镰仪式、亲子农事野趣体验、音乐稻香狂欢夜等环节,结合美食、稻田互动游戏、乡村音乐和体验乡村活动等形式,演绎最淳朴的乡村气息,旨在表达对幸福生活的赞美,进一步丰富人民群众生活。

【宁波腾华高精密节能型注塑机项目动建】 9月29日,由宁波华腾华机械制造有限公司投资建设的高精密节能型注塑机项目正式动建。该项目为镇招商引资重点项目之一,落户经济开发区城东工业园,总投资15亿元,用地面积约326.5亩,主要生产高精密节能型注塑机,建设年限为2021—2024年,年度计划投资1.2亿元。项目达产后可实现年销售收入20亿元,税收1亿元。

2021年9月29日，全县重大项目集中开工暨宁波腾华高精密节能型注塑机项目开工仪式举行（涂茨镇　供图）

2021年度涂茨镇工业规模以上企业基本情况表

表85　　单位：万元

序号	企业名称	工业总产值	工业销售产值	营业收入	营业成本	利润总额	实缴税金	研发费用
1	浙江波威重工有限公司	118800	98093	77610	71661	200	1678	491
2	宁波劳伦斯表面技术有限公司	33174	30455	30436	17768	5211	2300	967
3	浙江新乐造船股份有限公司	25336	9603	11263	12807	-4423	1211	102
4	宁波金钰铝业有限公司	18598	17760	17290	17004	58	16	0
5	象山县美亚混凝土制品有限公司	17900	17900	17900	15134	1020	1440	90
6	中广核(浙江象山)风力发电有限公司	7763	7763	6880	3417	2450	1627	39
7	宁波三诚压铸模具有限公司	6545	5733	5743	4490	175	191	303
8	宁波山岳金属建材有限公司	6337	6499	5257	4555	46	155	122
9	宁波茸发新材料科技有限公司	6229	6229	6266	4800	191	163	323
10	宁波群惠新型墙体材料科技股份有限公司	5902	5438	5008	3972	-51	0	262
11	象山茶飘香茶牧发展农场	5242	3956	3956	3910	-14	22	0
12	象山新港服饰有限公司	4115	4131	3773	3360	-238	253	6
13	象山县汪洋砂石有限公司	3974	3859	3859	3604	131	128	0
14	宁波恒辉照明电器有限公司	3500	2948	2948	2564	199	12	14
15	象山县银恒矿业有限公司	3322	2860	1317	1145	-138	83	0
16	宁波鑫象不锈钢制品有限公司	2664	2409	2409	2116	35	126	69

续表85

序号	企业名称	工业总产值	工业销售产值	营业收入	营业成本	利润总额	实缴税金	研发费用
17	宁波诚鑫能源科技有限公司	2471	2471	2727	1109	1057	0.3	—
18	宁波鸿顺门窗装饰有限公司	2286	2049	2049	1765	-131	74	1
19	宁波恒冠机械制造有限公司	2254	2254	2300	1638	-24	3	0
20	宁波天意卓越新材料科技有限公司	2045	1941	2002	1421	333	6	109
21	浙江华慧塑业有限公司	2012	2009	1919	1753	-149	25	80
22	宁波浮田生物技术有限公司	1183	195	345	202	-771	1	190
23	浙江博森特机械有限公司	2170	2170	2170	2170	-2	10	—
24	象山佳晟制衣有限公司	2694	2694	2694	2391	63	90	0
25	象山锦鑫服饰有限公司	2350	2350	2350	2158	1	73	0
26	宁波文博光电有限公司	2261	2261	2000	1739	167	52	0
	合计	291127	246030	222471	188653	5396	9739.3	3168

2021年涂茨镇行政村基本情况表

表86

序号	村名	户数（户）	人口（人）	承包耕地（公顷）	水产养殖（公顷）	渔船（艘）	农村经济总收入（万元）	村级资产（万元）	村集体年收入（万元）	村集体年支出（万元）
1	庵后村	187	662	13.47	0	0	85.73	675.43	15.10	10.59
2	大岭后村	211	579	19.53	38	14	83.76	1102.22	16.56	15.98
3	大坦村	219	692	11.27	25	21	127.17	863.60	19.92	18.01
4	东港村	508	1399	81.87	0	0	150.58	1402.05	39.51	31.50
5	黄沙村	310	935	56.20	35	1	189.76	1202.39	47.36	25.15
6	里庵村	231	625	41.60	0	0	33.50	607.07	17.92	9.22
7	毛湾村	467	1445	14.73	35	28	148.92	1021.05	70.25	21.36
8	泊戈洋村	518	1570	71.73	0	0	130.65	1209.84	39.26	24.07
9	前山姚村	247	611	20.47	0	0	130.54	751.98	25.10	18.61
10	钱仓村	671	2017	109.13	93	26	287.20	2418.30	89.04	36.04
11	汤岙村	389	1273	90.93	0	1	181.79	1527.75	104.39	27.82

续表86

序号	村名	户数（户）	人口（人）	承包耕地（公顷）	水产养殖（公顷）	渔船（艘）	农村经济总收入（万元）	村级资产（万元）	村集体年收入（万元）	村集体年支出（万元）
12	涂茨村	674	2066	85.00	0	5	1364.09	3474.40	1322.96	38.23
13	下盆岙村	199	623	26.40	0	0	33.90	741.63	15.27	9.28
14	旭拱岙村	335	1087	33.87	32	3	134.37	2514.22	47.09	32.75
15	永联村	263	829	27.60	0	7	111.41	1524.98	87.40	20.08
16	屿岙村	285	868	15.33	47	2	77.27	1301.82	22.86	15.43
17	玉泉村	262	805	36.47	0	0	52.81	646.78	15.12	11.95
18	长沙渔村	79	264	1.93	30	12	42.26	683.29	18.29	8.48
19	中堡村	243	759	24.47	0	0	52.38	1317.66	16.30	19.00
20	珠山村	313	924	28.53	0	0	33.03	1600.12	15.37	9.04

（鲍林）

大徐镇

【概况】 大徐镇位于象山县东北部，距县城5千米，71省道盛宁线、汤鲁线、丹大线和亭船线纵横分布，大徐溪和雅林溪贯穿全境，为元曲大家汤式故里、革命诗人殷夫故乡。镇域总面积56.6平方千米，下辖行政村18个、居委会1个，总人口2.02万人。2021年，全镇实现社会总产值71.46亿元，财政收入达1.6亿元，实现固定资产投资4.9亿元。近年来，大徐镇按照“工业强镇、农旅兴镇、生态美镇、和谐惠镇”思路，着力打造“一心、两轴、三片”的镇域空间结构，全镇经济社会各项事业取得稳步有序发展。先后荣获国家级卫生镇、省级美丽城镇达标乡镇、省AAA级景区镇、省平安浙江创建先进集体、省森林城镇、省“五水共治”工作考核优秀乡镇、档案工作服务农村基层社会治理省级试点等荣誉称号。

【工业经济】 坚持扩容量、提质量，扎实推进工业强镇建设，推动工业经济稳扎稳打、稳中向好。2021年，实现规上工业产值20.3亿元，规上工业增加值4.2亿元。实施“零土地”招商，率先开展“亩均论英雄”改革试点，淘汰、盘活低效企业14家、激活土地151余亩，新增千万元以上工业投资项目7个，亿元以上2个项目，西利泰克、澎湃新能源、幕墙玻璃等一批重大级项目成功落地。制定优化项目快速推进机制，项目从签约、落地到投产实现全链条“保姆式”服务，2021年完成制造业投资2.9亿元，智能小微企业集聚区、恒洲电子智能报警器等一批项目快速推进。不断加强科技创新、低碳发展和品牌创建，新增高新技术企业4家，科技型小微企业9家，县级工程技术中心2家，全面完成规模以上企业R&D经费7113万元。

【农业经济】 坚持稳基础、转方式，不断加快现代农业发展步伐，促进农业经济的优质、高效、高值。2021年，实现农业总产值1.21亿元，年均增长4.5%，村集体年收入2237万元。推进现代农业高质量发展。科技赋能大旸农业、青果水果专业合作社的数字化农业发展，农业生产提质增效。青果水果专业合作社成功创建市级精品果园。林善岙、黄盆岙等11个村3400余亩高标准农田全部完成，有效提高农业生产产值。积极推进“河湖长”制，五水共治成效明显。完成建后水利工程维修养护采购招标、合同签订、交接工作，山塘水库河道溪流巡查保洁工作落实到位，全镇水域经每月一次水质检测水质良好，无劣V类水。坚决守住18亿亩耕地红线，强化落实耕地保护措施，扎实推进粮食生产功能区整治优化提升，完成高标准农田提升改造5000亩，基本农田“非粮化”整治900余亩。

【旅游经济】 坚持全域推进、示范引领，持续提升以“红色文化、乡村休闲、山地观光”为内涵的多元化旅游体系，构建具有竞争力和活力的旅游经济业态。红色旅游人气趋旺，创收能力明显增强。积极开展“七个一”建党主题系列活动，包括红色文创产品设计、红色党建氛围打造、红色旅游路线开发等，2021年殷夫故居游客量达3.5万人次。积极开展创建工作，加快全域旅游发展。开展浙江省AAA级景区村军湖村、浙江省A级景区村延寿岙村、铁拾村创建,完善村内道路、停车场、导览图等村庄旅游配套设施,并顺利通过上级验收。推进旅游项目招商,加快旅游业态建设。充分利用闲置资源,军民塘文体旅综合项目推进多种形式招商;雅林花溪精品民宿目前正在办理规划建筑许可证与施工许可证,项目一期启动建设。

【专项治理】 坚持两山理念、两手都强,坚决打好专项治理组合拳,牢牢守住社会发展的基本盘。“三清三美”深入实施。持续通过“清、改、转、治”,换来山青水绿、景美人和,累计整改问题点位865个,拆除违章建筑3000平方米,清理建筑、农资废弃、漂浮等各类垃圾100余吨,立面改造2万余平方米,绿化美化1100余平方米,流转抛荒农田230余亩;“三改一拆”深入实施,坚持“存量再清理、新增零增长”工作目标,加大新增违建管控,严格执行联村干部违法建筑报告和查处问责办法,落实村居民建房“四到场”机制,全面推行个人建房挂牌施工制度,接受群众监督。2021年,拆除及整改违建14起,累计拆除违章建筑7725平方米;“三大革命”深入实施。全面推进治污、治水、生活垃圾攻坚战,农村生活污水治理行政村实现全覆盖,污水处理设施标准化进度加快,成功创建省级“污水零直排区”。农村生活垃圾分类处置全镇铺开,成功创建市级农村生活垃圾分类处理示范乡镇。严格落实“一打三整治”编组生产和“定人联船”制度,整治违禁渔具。

【城镇品质】 坚持提标提速、风貌引领,系统推进城镇建设,进一步提升城镇宜居性和舒适度。充分发挥规划引领作用,镇域总体规划和行政村村庄规划编制完成,城镇空间和村庄建设更趋合理。启动实施国土空间规划编制,基本划定“三区三线”,镇村空间布局全面提升。不断优化交通路网,巩固“四好农村路”示范乡镇创建成果,新建公交候车亭6座,改建1座。重新整合资源中队,优化软硬件配置,创新执法工作,推出“商户红黑榜”制度,以“商户说事”制度为中心,提炼“柔性执法”工作特色。

【美丽乡村】 坚持因地制宜、多线结合,以农村环境综合整治提升为抓手,加快推进新时代共同富裕示范乡镇建设。2021年,以“两线两村”创建、共同富裕建设为载体,整合市级美丽乡村示范乡镇、乡村振兴示范带、省级共同富裕示范带等各项资金3000余万元,将相关资金倾向性叠加到军民塘水库区域、“山水大徐”示范线沿线村庄,乡村振兴示范线(风景线)已全面完成并通过验收,累计完成投资600余万元。美化绿化积极开展,深入推进农村环境卫生集中整治、“美丽庭院”创建、森林城镇等专项行动,村容村貌明显提升,培育美丽庭院精品村1个,完成下院、大磊头村1200亩森林抚育工作并通过验收。农村综合改革大力推进,启动农村确权赋权活权改革,完成农村土地承包经营权确权登记颁证工作,实施房地一体确权登记,林善岙村利用闲置土地建设企业公寓楼模式得到市、县高度肯定。

【社会保障】 坚持兜住底部、补齐短板,全面构建多层次的社会保障体系。疫情防控阻击战交出高分答卷。坚持外防输入、内防反弹,建立健全“人”“物”并防的工作闭环,认真抓好每一波疫情防控,为后疫情时期经济社会发展营造良好环境。创新推出“红黄榜”警示干预机制,日常做好守小门、重点人群健康监测、疫苗接种、核酸检测等工作,确保疫情平稳可控。社会保险和救助体系更趋完善。企业职工基本养老保险参保净增649人,完成率77.3%,其中灵活就业新增203人,城乡居民医疗保险、养老保险参保率巩固在99%以上,医保电子凭证激活率87.5%。就业保障力度切实加大。新增城镇就业、农村电商带动就业、失业人员再就业等各类人员496人,扶持大学生创业实体35家。强化劳资纠纷调处,有效遏制企业欠薪现象,及时依法调解劳动纠纷,完成调解投诉案件11起。

【社会事业】 坚持公益均等、普惠共享,全方位推进以科教文卫为代表的社会事业发展。加快建设现代教育,成立全县首家政企联动、多方参与的“大徐镇奖教基金”,共募集18家企业(个人)捐赠资金286万元,用于奖励优秀教师和办学成果奖。稳步提高服务水平,镇卫生院完成迁建,老年人、慢性病等重点人群家庭医生签约率走在全县前列。省三星级食安办成功创建,健康村、健康家庭创建覆盖率达20%以上。持续提升乡风文明,推进红白理事会“建、管、用”一体化建设,做到规范酒宴常态化、规范人情常态化、规范出丧常态化,疫情防控期间严格实行红事缓办、白事简办,疫情期间白事均按规定完成出殡。工会、共青团、妇联以及商会、老龄、科协等作用有效发挥,国防后备力量得到加强,退役军人保障更加有力,统计、档案、殡葬、民族宗教等工作不断取得新进展。

【维护社会稳定】 坚持保安全、促稳定,高强度推进平安大徐建设。加强信访矛盾源头化解,坚持问题导向,聚焦民生关切,及时高效办理群众诉求,扎实推进镇社会矛盾纠纷化解调处中心规范化建设和镇域治理体系改革。2021年累计梳理收集信息3100条,分级交办590条,已办结581件,重复件13件。领导干部累计接访26批63人次,其中集体访4批23人次;受理信访网电68件,其中初次投诉55件,重复投诉13件,初访解决率为93%。镇村两级受理矛盾纠纷42件,其中镇综治中心调解11件,村调解31件,完成调解40件,调解成功率96%。开展社会治安综合治理。保持扫黑除恶专项斗争常态化,做好涉黑涉恶线索收集核查,强化指挥协调、营造露头就打、人人喊打的政治氛围,全年无涉黑涉恶案件。开展“两类车三小车”整治。严查酒驾、醉驾、电瓶车违规骑行等乱象。共计组织40余批次出动200余人次,查处酒驾77起,其中醉酒13起,各类电动车违法2627起。强化出租房巡查管理。组织网格长、辅警开展出租房安全检查,累计走访巡查出租房347户,整改150户。加强重点对象服务帮教管控。按照“六个一、五包”要求，落实走访、报到、帮教，邪教骨干9人。

【依法行政】 推进法治政府建设，建立领导干部集体学法机制，落实政府法律顾问制度，自觉接受人大法律监督、政协民主监督和社会舆论监督，累计办理人大代表建议111件、政协委员提案12件，办结率和反馈率100%、满意率97.3%。健全政府决策机制，认真听取社会各界意见建议，强化政府决策科学化、民主化、程序化。完善政务公开和政府信息公开制度，保障群众的知情权、参与权和监督权。

【廉政建设】 强化机关事务管理，严格执行考勤考核、公务接待、政府采购等各项规章制度，大力整治不作为、慢作为、乱作为等不正之风，开展自查、互查，“三公”经费支出下降52.5%。注重财政监督管理，严格镇村两级工程项目招投标程序，成立各村村级监察联络站，规范小微权力运行，共开展专项检查4次，发现问题10个并及时进行整改，同时对7个村主要干部进行廉政谈话。

【大徐镇新一届村班子履新誓师大会】 1月11日下午，大徐镇隆重召开新一届村班子履新誓师大会。县派三服务工作组、镇全体机关干部、18个行政村村书记（主任、社长）、副主任、村监会主任等共计100余人参加。会上，通报大徐镇新一届村班子成员名单、为村书记、副主任颁发当选证书、签订履职军令状、村班子主要干部代表发言，以及镇党委书记张浩为新一届村班子上“履职第一课”。

【殷夫烈士牺牲90周年纪念活动】 2月7日，殷夫故居广场前举行殷夫烈士牺牲90周年纪念活动，缅怀先烈事迹，弘扬先烈精神。县领导李晓东、干维岳、胡建萍、钮晶莹、励茂平出席活动。9时30分，殷夫烈士牺牲90周年祭奠仪式开始，奏响中华人民共和国国歌。国歌奏毕，全场肃立，向英勇就义的殷夫烈士默哀。默哀毕，少先队员向殷夫烈士敬献花篮，县领导迈步上前，仔细整理缎带，并宣读祭文。随后，全体人员向殷夫烈士三鞠躬。仪式结束后，还召开殷夫烈士牺牲90周年纪念会。

【西利泰克尾矿砂精细化处理设备制造项目开工】 4月23日上午，西利泰克尾矿砂精细化处理设备制造项目落户开工仪式在大徐镇举行。该项目在3小时内完成招商接洽到“落地生根”全过程，跑出该镇招商引资史上“新速度”。项目计划总投资3亿元，企业用房约2080平方米，达产见效后，可实现年产值8亿元。

【建筑垃圾随意倾倒代表督事活动】 4月29日上午，县人大常委会组织在大徐镇开展建筑垃圾随意倾倒代表督事活动。县人大常委会副主任应伟刚、城建环保工委主任朱建新、代表工委主任陈洪，市、县、镇人大代表，县府办、县行政执法局、县自然资源规划局、县公安局、市生态环境局象山分局、县农业农村局负责人参加了活动，并邀请到市人大常委会城建环保工委主任诸国平、办公厅二级巡视员朱哲生、城建环保工委办公室主任杨文彪。这是全市首次市、县、镇人大代表联合开展督事活动。

【“百人刺绣、一心向党”主题党日活动】 6月8日上午，大徐镇围绕“绣党旗　强信念　跟党走”主题，开展“百人刺绣、一心向党”主题党日活动。本次活动由大徐镇委、镇政府主办，镇总工会、镇团委、镇妇联、镇文化站、镇文联、镇中心小学、象山七巧刺绣工作室承办。参加活动主要有镇机关党员、镇中心小学教师党员、大徐村党员以及镇中心小学学生。

【“大徐镇奖教基金”捐赠仪式】 6月25日下午，“大徐镇奖教基金”捐赠仪式在殷夫中学隆重举行，副县长钮晶莹、县教育局局长胡海峥、镇党委书记张浩、镇长胡柳以及学校代表、企业代表参加捐赠仪式。仪式首先由大徐镇人民政府、宁波象山宏鑫混凝土有限公司与县人民教育基金会签订捐赠协议。县人民教育基金会理事长章华勇向捐赠单位和个人颁发捐赠证书。本次捐赠总计286万元，其中镇政府配套175万元（分5年，每年35万元），其余均由企业、单位或个人捐赠。

【青溪花田劳动实践夏令营暨林善岙村重走长征路启动】 7月5日，大徐镇林善岙村举行青溪花田劳动实践夏令营暨大徐镇林善岙村重走长征路启动仪式。该次活动旨在引导广大青少年传承红色基因，弘扬长征精神，努力成为德智体美劳全面发展社会主义建设者和接班人。活动由镇政府主办，林善岙村、县绿丝带志愿者协会承办，镇团委、镇妇联、镇文化站、镇旅游办协办。仪式由镇党委书记张浩向营员代表范嘉晨授旗，并宣布青溪花田劳动实践夏令营暨大徐镇林善岙村重走长征路正式启动。

【宁波城市职院艺术专业暑期实践活动】 8月，宁波市城市职业技术学院艺术专业暑期社会实践团队赴大徐镇开展以“儿童友好型乡村改造”为主题的暑期社会实践活动，助力打造儿童友好型乡村。10天暑期社会实践活动中，13名大学生发挥专业特色与设计专长，完成了下院村村庄和儿童之家墙绘、雅林溪村婴幼儿照护点墙绘、参与垃圾分类亲子活动等，提高乡村趣味性，体现儿童友好特色。

【大徐镇档案工作服务农村基层社会治理省级试点创建成功】 9月29日上午，市委办公厅一级调研员张学群一行专家组对大徐镇创建浙江省档案工作服务农村基层社会治理试点工作进行验收。县委办副主任、档案局局长、档案馆馆长蒋凌燕，镇党委副书记应旭等陪同。专家组一行通过看现场、查资料、听汇报等多种方式，先后到镇档案室、大徐村档案室及红色档案纪念馆殷夫故居对创建工作进行全面检查和评估，就档案收、管、用中的相关工作进行详细交流。最后通过各个环节全面客观考核评估,专家组认定大徐镇达到验收要求,宣布大徐镇创建浙江省档案工作服务农村基层社会治理试点创建成功,并将验收结果报至省档案局。

2021 年 6 月 8 日,“百人刺绣、一心向党”主题党日活动中,大徐镇中心小学学生摆出党徽造型(大徐镇 供图)

2021 年大徐镇规模以上企业基本情况表

表 87

序号	企业名称	工业总产值(万元)	营业收入(万元)	利润总额(万元)	利税总额(万元)	平均用工人数(人)
1	宁波锦林服饰有限公司	3798	3608	−15	−2	101
2	象山丰德塑业有限公司	2148	1998	98	177	41
3	象山中宇模具有限公司	2043	2043	144	156	51
4	象山东凯服饰有限公司	3025	2818	59	159	27
5	宁波茂树服饰有限公司	5311	5311	77	261	165
6	宁波鸿智工业智能科技有限公司	2511	3311	−21	1	47
7	浙江飞宜光电能源科技有限公司	9468	9229	212	247	10
8	象山壹诺金属制品有限公司	3052	2982	235	380	47
9	宁波安通电气科技有限公司	2445	2058	242	338	24

续表87

序号	企业名称	工业总产值（万元）	营业收入（万元）	利润总额（万元）	利税总额（万元）	平均用工人数（人）
10	象山顺腾针织有限公司	2181	2181	19	87	68
11	宁波德远洁具有限公司	10694	10694	−791	−246	380
12	宁波亚大金属表面处理有限公司	12005	10855	2081	2549	168
13	宁波骏维金属表面处理有限公司	2376	2207	−124	−18	38
14	象山申达轿车配件有限公司	17102	17103	1268	2204	262
15	宁波和民纸业有限公司	3761	3761	−39	115	92
16	象山兴泰色材有限公司	2193	1670	141	220	25
17	宁波顺声通讯设备有限公司	8626	8393	397	1302	182
18	宁波斯洛曼智能科技有限公司	5014	5014	220	302	78
19	宁波康达电子有限公司	6715	6802	−133	340	174
20	宁波旭日灯饰有限公司	2915	2986	−74	304	34
21	象山东方输煤设备有限公司	4519	3842	202	365	50
22	宁波华升灯饰有限公司	1407	2071	−9	69	26
23	象山创亿金属制品有限公司	7323	7181	487	803	80
24	宁波甬金防护设备有限公司	6226	6173	270	617	61
25	象山万邦电器有限公司	9726	9726	297	674	137
26	宁波象山宏鑫混凝土有限公司	22586	22586	646	1734	75
27	宁波赛科效实科技股份有限公司	6625	5775	1091	1154	109
28	宁波能塑汽车部件有限公司	13264	13264	2205	3013	162
29	宁波华启轴承有限公司	9674	7907	138	420	104
30	象山联强汽车模具有限公司	3349	2945	68	278	55
31	宁波卫丝登服装有限公司	3683	3653	102	232	130
	合　　计	195763	190142	9496	18233	3003

2021 年大徐镇行政村基本情况表

表 88

村 名	户 数（户）	人 口（人）	耕地面积（亩）	水产养殖（亩）	渔 船（艘）	村级资产（万元）	村集体年收入（万元）	村集体年支出（万元）
陈山村	380	1155	1205.0	2.00	3	1325.41	195.53	34.90
大徐村	517	1598	435.0	5.00	0	2046.48	624.94	316.26
虎啸铺村	153	419	162.0	8.00	0	1660.40	153.22	15.81
甲田弄村	258	765	373.0	0	0	649.02	52.30	15.14
军湖村	411	1237	1053.0	1	0	2083.99	158.55	31.45
里雨村	409	1260	287.0	30	0	1050.96	82.89	41.75
林善岙村	263	881	421.0	17.00	1	2349.37	102.63	36.07
三角地村	283	892	544.0	8	0	859.44	76.45	18.48
杉木洋村	318	1021	650.0	30	0	1732.31	90.29	18.43
塔幢村	397	1180	675.0	15	0	1037.00	78.19	35.12
汤家店村	314	991	523.0	24	0	1263.77	90.12	26.12
铁拾村	314	911	487.0	0.00	0	1716.18	138.38	33.17
望海岭村	323	1085	674.0	45.00	0	2040.12	161.36	41.52
下院村	237	796	429.0	5.00	0	1697.33	86.43	44.44
相思岭村	283	945	644.0	68.00	0	1688.31	89.21	28.60
雅林溪村	204	614	360.2	0	0	833.62	35.75	24.52
延寿岙村	562	1803	1114.4	15.00	0	1683.02	281.19	59.47
章家弄村	252	652	415.0	0.00	0	1077.56	70.60	42.84

（徐洪珂）

新桥镇

【概况】 新桥镇地处象山半岛中部，北与茅洋乡接壤；东北连接东陈乡，东濒大目洋，南与石浦镇、定塘镇相邻，西临蟹钳港、马岙门，与宁海县、泗洲头镇隔港相望。辖行政村 23 个、居民委员会（新桥）1 个，常住户数 6706 户，共 2.2 万人。总面积 126.28 平方千米，林地 3869.2 公顷，耕地 1597.4 公顷，水田 1560 公顷，旱地 297.53 公顷，浅海滩涂 38.28 平方千米。2021 年，先后获得国家级卫生乡镇、省级美丽集镇、省级森林城镇、省级特色农业强镇、省 AAAA 级景区镇、省级“清三河”达标镇等荣誉，实现社会总产值 36.91 亿元，财政总收入 1.80 亿元，农渔民人均纯收入 25771 元。

【工业发展】 2021 年，实现规上工业产值 12.95 亿元，同比增长 104.58%；规上工业增加值 2.86 亿元，同比增长 73.68%，较 2020 年同期大幅上升。是年，新上规 5 家企业分别为龙育机械、金沐阳、吉烨方德汽配、永华机械和利德自动化。钰烯全年产值 2.98 亿元，甬兴证券等公司入场辅导其科创板上市。中化膜产业全年产值 3.46 亿元，高效低耗项目相继完成设备调试及竣工验收。金沐阳于 9 月成为规模以上企业产值达 8701 万元，发展后劲潜力大。

【开放型经济】 2021 年，实到内资 82225 万元和浙商回归 35531 万元，完成年度指标 256.95% 和 209.00%。总投资 5 亿元的宁波金沐阳新能源科技有限公司落户新桥；中化（浙江）膜产业发展有限公司与海螺水泥战略合作，在生态环保领域实现互利共赢、共同发展；浙江继望已引进甬兴证券4000万入资，产能持续扩大；龙育机械与中化深化合作。2021年，共引进5个项目，签约5个项目，开工项目5个，建成项目7个。

【科技创新】 2021年，企业科技研发经费（R&D）支出累计达3423万元，同比增长80.48%。高新技术产业增加值稳步提高，约2.1亿元，同比增长396.20%。累计技改投入3000万元，金沐阳、继望、多成、利德等10余家传统企业先后实施“机器换人”“重点产业链”和“战略新兴产业”技术改造。2021年以来，利德自动化、捷翔入列国家高新技术企业，浙江钰烯荣获省级科学技术三等奖、完成市级重大攻关项目1个和优秀技术成果登记1个；继望获评宁波市级工程技术中心；华昱新材料完成科技小巨人验收。同时，全镇申报科技型中小企业认定4家，科技小微企业认定3家。实用新型专利授权370个，发明专利授权6个。

【农业经济】 持续做优南美白对虾、新桥枇杷等主导产业，种养殖面积达1.3万亩，年产值1.2亿元；积极培育红茄、草莓、蓝莓等特色产业，4个农副产品被列为全县十大特色农副产品，春天佰季火龙果获省精品果蔬金奖，建成现代农业精品园4个，成功创建省级“机器换人”示范乡镇、省级“平安农机”示范乡镇。

【全域旅游】 融合农文旅产业、影视文化丰富旅游业态，民宿酒店增至354家，床位破万张，占全县总量的三分之一，成功引进海的那边、灵岩山居、开元枇杷谷、金元名都大酒店等一批精品民宿酒店，完成A级以上景区村创建15个，其中AAA级6个，成功创建市乡村全域旅游示范区、首批旅游特色乡镇，举办油菜花节、枇杷文化节、游园会、丰收节等村游节系列活动，建成中共象山工委纪念馆，用好影视外景拍摄基地，将特色资源串点成线，推出亲子游、采摘游、红色游等6条精品路线。

【镇村面貌】 大力实施美丽城镇建设三年行动，全社会累计实施各类建设项目17个，总投资约7.2亿元，城镇建成区林木覆盖率25%，成功创建市级美丽城镇样板乡镇。镇区综合服务能力不断提升，旅游服务中心竣工，农贸市场改造完成，市民广场灯光篮球场建成开放，派出所、交警中队实现合署办公。组建“智慧城管”队伍，成功创建省级文明规范公正基层综合执法中队，累计解决道乱占、车乱开、摊乱摆等问题2000余件，实施行政处罚99起。大力实施“三清三美”、“一村万树”创建、“美丽乡村”建设等专项行动。五年来，23个村庄共创建省级善治示范村、垃圾分类示范村、森林村庄、体育小康村等成果39项，创建市级历史文化名村、美丽乡村示范村、民主法治示范村、三治融合村等成果42项。

【平台项目】 象保合作区生产力中心主楼、双创中心主体完工，奥特莱斯项目落地航天科技城，影视文化产业区土地征用工作顺利完成，首届5G产业峰会成功举办，新游客中心投入使用，国家级影视拍摄基地服务业标准化试点通过终期验收，获评浙江省重点文化产业园区，影视象新力入选国家级新的社会阶层人士统战工作实践创新基地，年均全社会固定资产投资17亿元。

【公共文化】 健身场所及健身器材配置实现村村全覆盖，实现省级体育小康村创建率达100%，创建省级体育小康提升村2个；成功创建市级以上文明村7个，五星级文化礼堂2个，4星级文化礼堂3个，实现新时代文明实践站（所）全覆盖，涌现了一批助学帮困的新桥好人、乡贤典范，精神文明建设走向深入，时代精神进一步弘扬；拥军护军积极开展，成功创建省级“枫桥式”退役军人服务站。

【民生保障】 深化“最多跑一次”改革工程，优化公共事务服务事项，全面落实政务服务2.0建设。深化社保提质扩面，本地户籍医疗保险参保率99.5%，企业职工养老新增参保完成率106%，参保人员医保电子凭证激活率80%。新桥镇居家养老服务中心正式运营，家庭医生签约制服务不断推广落实，投入60余万元购买社会服务，提供老年人送餐、健康陪护、心理开导等关爱服务，五年来发放各类救助金5000余万元。

【基层治理】 深化平安新桥建设，扎实推进扫黑除恶专项斗争，完善立体化社会治安防控体系，严厉打击各类违法犯罪问题1475起；实行党政领导接访约访、领导包案和“5+X”信访会办制，创新“剧组说事”、“群演说事”制度，深入开展信访“四无村”创建，妥善处理矛盾纠纷1200余起。

【政府建设】 作风效能建设不断加强，深入开展党内集中教育，牢固树立“四个意识”，坚定“四个自信”，坚定捍卫“两个确立”，坚决做到“两个维护”，坚持在镇党委统一领导下开展工作，完善镇村干部考核办法、“双随机一通报”、“书记账本”、“星光论坛”等制度，干部作风和行政效能进一步提升。政务制度建设不断加强，健全科学民主决策机制，严格落实“三重一大”议事规则，推行政务公开、信息公开和办事公开，主动接受社会和舆论监督，自觉接受镇人大监督，严格执行镇人大主席团决议，五年来共办结建议、议案148件，满意率达98.65%。政府廉政建设不断加强，落实全面从严治党新要求，严格执行中央八项规定，全面落实党风廉政建设“两个责任”，强化班子成员“一岗双责”，建立健全惩治和预防腐败体系，常态化推进农村基层权力规范运行。精简会议、文件和各类评比，规范公务接待、政府采购、债务管理和办公用房、编外用工管理，大力压缩一般性开支，“三公”经费实际支出大幅下降。

【新桥镇第十五届枇杷文化节暨首届村游节活动】 5月15日上午，新桥第十五届枇杷文化节暨首届村游节活动在新桥镇高湾村拉开帷幕。该次文化节以“品新桥枇杷、游山海影城”为主题，相比以往，增设3个分会场，主会场以开幕式和枇杷品鉴为主,3 个分会场开展枇杷农文旅论坛、非遗制作(枇杷香囊)、七林湾休闲野炊等活动,凸显新桥农文体旅全面融合。

【全省退役军人服务保障体系能力提升现场推进会副会场】 6 月 9 日,全省退役军人服务保障体系能力提升现场推进会在象山召开,新桥镇东溪退役军人服务站作为推进会副会场。会前,省政府副秘书长徐晓光,省退役军人事务厅党组书记、厅长林云举,市委常委、统战部部长、副市长卞吉安,省退役军人事务厅党组成员、副厅长金登尚,县委副书记、县长包朝阳,各县市区退役军人事务局局长、服务中心主任等一行领导与其他参会人员 200 余人,莅临参观新桥镇东溪退役军人服务站。

【高塘村“道具村”创建暨首届新乡贤会议】 7 月 4 日,高塘村召开“道具村”创建暨首届新乡贤会议。市供销联社党委副书记陈树生、县政协副主席、宁波影视文化产业区管委会主任陈建瑜,镇党委书记孙华军、镇长宋松,市供销联社四级调研员、高塘村指导员刘金英,镇纪委书记叶翰,镇党委委员史兴龙、镇新乡贤参事会会长徐根兴、高塘村党支部书记、村委会主任舒继岳,以及其他村班子成员、部分高塘村籍知名人士参加本次会议。

【“善行象山云课堂”第九期在山海楼举办】 9 月 29 日晚上,“善行象山云课堂”党史学习教育第九期学习活动在黄公岙村中共象山工委纪念馆—山海楼主会场举办,各镇乡(街道)新时代文明实践站(农村文化礼堂设分会场),全县 358 个行政村农村党员观看“云课堂”直播。

【环蟹钳港区域规划建设】 新桥镇围绕“潮隐西海岸 共富样板区”建设目标,推进环蟹钳港区域规划建设工作。12 月 2 日上午,县委书记包朝阳在调研环蟹钳港区域规划建设工作时强调,要深入贯彻落实习近平生态文明思想,贯彻落实市委部署要求,高起点策划,

2021 年 5 月 15 日上午,新桥镇举办第十五届枇杷文化节暨首届村游节活动(新桥镇 供图)

一体化开发,高品质打造,清单化落地,加快推进环蟹钳港区域共富样板区建设。

【新一届县委常委瞻仰山海楼革命旧址】 12 月 29 日下午,新当选的象山县委书记包朝阳率领李晓东、应建勇等新一届县委常委班子来山海楼纪念馆,瞻仰革命旧址,重温入党誓词,表达新一届县委继承革命遗志,弘扬光荣传统,让党的事业在半岛大地薪火相传,续写好共富路上“山海情”,为加快建设社会主义现代化滨海花园城市汲取奋进力量。

(赖奕乔)

东 陈 乡

【概况】 东陈乡位于象山半岛中部,城区南郊,东濒大目湾,南接新桥镇,西邻茅洋乡,北连中心城区。辖区总面积 56 平方千米,海岸线长 32 千米,拥有海岛 15 个,有耕地面积 597.27 公顷,全乡共有 6683 户、22711 人,下辖行政村 16 个,乡政府驻地沙岗村。2021 年,东陈乡实现地区生产总值 84 亿元;财政总收入 2.7 亿元,增长 18.4%。先后获评国家级卫生乡镇、2021 年度新时代美丽城镇建设基本达标乡镇、美丽城镇建设市级达标城镇。

【工业考核】 2021 年,东陈乡完成规模以上工业总产值 53.2 亿元,同比增长 33.4%,总量位列全县第四;工业投资 4.5 亿元,完成率 117.5%;新签约落地骏腾发自动化焊接设备总部经济项目、巨航电动汽车驱动电机轻量化主轴项目等亿元项目 2 个,新增规上工业企业 10 家、净增 6 家,仅用 11 个月便完成全年指标,取得了工业考核 A 类第一名的历史性突破。截至 12 月底,东陈乡共有规模以上企业 44 家、亿元企业 8 家,形成以锦浪科技为龙头,福达包装、科普特新材料等亿元企业为骨干,耐森电气、天顺电气等规上企业为支撑,高成长性规下企业为后备的梯度发展格局。

【现代农业】 守住耕地红线,完成“非粮化”整治恢复耕地 818 亩,粮食播种面积保持达 547 公顷。牢牢扭住白鹅特色产业“牛鼻子”,连续第 9 年承办象山白鹅节,建立浙东白鹅良种提纯复壮基地 1 家、孵化基地 2 家,全年出栏苗鹅 500 万羽,产业链年产值达 2.3 亿元,占全县 1/3 以上,被列为国家农产品地理标志登记产品。象山白鹅作为扶贫产业在吉林、海南、山东等多个省份得到发展,同时开发出鹅绒被、鹅毛扇、彩绘鹅毛笔、彩绘鹅蛋壳等产品,产业链得到有效延伸。

【汽车商贸】 打响东陈汽车广场品

牌，依托全县唯一汽车集中销售实体平台，实现商贸流通产业集群发展，2021年限上商品销售额达18.2亿元，年汽车销售额占全县限额以上社会消费品零售总额四成以上。截至12月底，东陈汽车城共有汽车4S店16家，其中限额以上企业12家。进一步完善汽车城商贸服务功能，全县首家汽车驾驶员考试中心项目开始动建，项目建成后将填补象山考训中心空白，让象山人在“家门口”就能考驾照。

【“经海逐浪”】 6月，启动打造县“经海逐浪”精品线（东陈段）涉及的天海风景区、静脉产业园、观海长堤及三生石公园等5个大节点15个具体项目，通过加大对沿海南线重点道口节点、村庄内部环境以及景区村基础设施提升力度，进一步补齐补强短板和不足，提升东陈对外形象和旅游品牌。2021年，成功创建省AAA级景区乡，入选市乡村全域旅游示范区培育单位，新增浙江省AAA级景区村庄2个、省级运动休闲旅游示范基地1个。累计接待游客42.5万人次，旅游经济收入超6000万元，较2016年翻五番。

【城乡品质】 以“全域美丽”为目标，深入推进“三清三美”“两村两线”“精特亮”“全国文明城市”“美丽城镇”创建等工作，开展城乡风貌整治提升行动。2021年，成功创建国家卫生乡镇、浙江省美丽城镇，旦门村获评宁波市新时代美丽乡村小集镇式中心村，沙岗村获评象山县乡村振兴先进村，东旦村、樟岙村获县A级景区创建先进村。

【生态环境】 深化农村人居环境专项整治，深入推进“厕所革命”、生活垃圾和生活污水处理工作，深化“五水共治”“四边三化”“一打三整治”等专项行动，东陈流域（南堡河段）治理工程、松岙后溪坑整治工程等一批水利工程顺利完工，成功通过市级“污水零直排区”验收。积极响应“无废城市”建设，生活垃圾焚烧发电项目投入使用，静脉产业园沼气综合利用项目有序推进。

【社会保障】 全力以赴脱贫攻坚、改善民生，全乡财政支出民生占比保持80%以上，家庭人均年收入1万元以下现象全面消除。深化社保扩面提质，企业职工新增参保920人、完成率达484.2%，本地户籍医疗保险参保率、城乡居民基本养老保险参保率均达99%以上。提升双拥共建水平，成功创建省新时代“枫桥式”退役军人服务站、市红色退役军人服务站。

【“六争攻坚”】 坚持从“关键小事”入手，做好“民生大事”。清零钉子户、拆除违建房、盘活闲置地，六大攻坚行动强势推进，2021年乡集贸市场项目成功落地，东湾征迁顺利清零，全年拆除违规建筑0.52万平方米；扎实开展“千名干部进渔家‘遏重大、保平安’”专项行动，对68艘渔船明确定人联船工作职责。

【锦浪科技成为光伏行业领跑者】 锦浪科技股份有限公司是一家专业从事光伏发电系统核心设备组串式逆变器研发、生产、销售和服务的高新技术企业，先后被评为省重点创新团队、国家企业技术中心、国家技术创新示范企业以及国家第二批智能光伏试点示范企业。近年来，公司主持和参与制定国家及行业标准十余项，并以第一起草单位的名义制订了两项国家标准，是光伏组串式逆变器行业标准的重要制订者和参与者之一。2019年、2020年和2021年3年间，公司营收同比增速分别为37%、83%和59%；净利增速为7.22%、151.3%和49%。2021年，锦浪科技排名全球逆变器出货第3位。

【第十五届“陈汉章读书节”】 4月23日，象山县第十五届“陈汉章读书节”启动仪式暨“大儒汉章　德润侨心”国学经典吟诵活动在东陈乡陈汉章故居举行。读书节通过《陈汉章先生家训诵读》、唱新闻《国学大师陈汉章》、海外后裔及海外华侨视频祝福、吟诵《蒹葭》、舞蹈《大儒汉章》等节目，积极传播弘扬陈汉章先生的学术成就和人文精神，助力中华文化走向世界，激发海外侨胞报效祖国、回报家乡桑梓情怀。

【“象山白鹅”支农共富路】 东陈乡系“浙东白鹅”原产地，经过多年原种选育和品种繁育，将其提纯复壮为“象山白鹅”特色品种，先后入列国家畜禽遗传资源保护名录、国家地理标志保护产品和证明商标以及国家农产品地理标志登记产品。近年来，东陈乡立足特色农产品产业资源，发挥对口帮扶地区种鹅反季节繁殖优势，探索“政府+联盟（公司）+基地+农户”白鹅产业扶贫共富新路径。2021年，存栏种鹅30万羽，年生产苗鹅600万羽，累计在外省建成白鹅养殖基地21家，先后带动吉林、四川、海南等18个省2000余户鹅农走上共同致富路，象山“十百千万”大白鹅扶贫项目入选全国“携手奔小康”典型案例。

【南堡村污水处理设施入选省级优秀案例】 5月，省住建厅组织编制《农村污水治理优秀案例选编》，精选全省32个农村生活污水治理优秀案例，南堡村污水集中处理设施作为全市唯一成功入选。该设施污水处理终端原为“厌氧+人工湿地”工艺，于2019年12月提标改造为生态反应链工艺，执行农村生活污水处理设施水污染物排放标准》（DB33/973—2015）一级标准，日处理能力达到170吨/日。通过污水处理运维管理一体化平台实现工艺监控、设备管理及水质管理，及时分析报警异常信息，现场农村运维人员通过手机与平台相连实现现场运维、打卡，定期进行植物收割、栅渣清理、药剂补充和污泥处置，从发现问题到解决问题只需30分钟，全面提升农村生活污水治理水平。

【王家兰至东旦公路获评市“十大美丽农村路”】 11月，市美丽经济交通走廊创建办公室评选出2020年度“十大美丽农村路”，王家兰至东旦公路入选。王家兰至东旦公路起点位于王家兰自然村，三面环山、东临沙滩，一路向东，途径王家兰草甸、红岩崖滩长廊、天海风时尚运动海滩三个特色景点，最后到达东旦自然村，总长5.09千米，是东陈乡农村公路网络重要组成部分，也是"全域旅游"公路建设生动写照。

【东陈司法所获评省级"枫桥式"司法所】 12月，省司法厅发布《浙江省司法厅关于命名"枫桥式"司法所的决定》，县司法局东陈司法所荣获省级"枫桥式"司法所称号。东陈司法所坚持创新发展新时代"枫桥经验"，以司法所法治化、制度化、规范化建设为抓手，充分发挥"三个特征""四个功能作用"，模范践行"忠、勇、严、实、新"司法行政队伍职业精神，为推进基层治理法治化，打造共建共治共享社会治理格局提供有力保障。

【东陈乡退役军人服务站获评省级新时代"枫桥式"退役军人服务站】 12月，省委退役军人事务工作领导小组发布关于《2021年浙江省"新时代枫桥式退役军人服务站"验收评比情况的通报》，东陈乡退役军人服务站和东陈乡沙岗村退役军人服务站成功入选。截至12月底，东陈乡下辖16个退役军人村级服务站，配备专职工作人员及志愿人员83人，形成"定格、定人、定责"服务保障网格体系。

2021年12月，锦浪科技厂房（东陈乡　供图）

2021年东陈乡行政村基本情况表

表89

村　名	户　数（户）	人　口（人）	耕　地（亩）	园　地（亩）	林　地（亩）	养殖水面（亩）	村级集体经济总收入（万元）	村级集体经济总支出（万元）	村级集体资产总额
北山下	189	622	132	0	51	8	108.67	6.63	1600.11
岳　头	631	2241	1395	120	2711	22	366.16	40.66	2441.27
东　陈	270	923	450	302	1114	6	80.97	15.78	1796.44
大　塔	215	801	610	103	1470	62	109.54	16.46	1578.88
西　庄	251	802	80	70	368	21	92.94	10.79	1888.63
马　岗	241	798	98	170	723	35	50.38	34.56	1205.10
沙　岗	608	2314	750	480	2326	9	182.90	58.87	3862.17
金　武	156	549	172	23	237	23	147.38	18.32	1756.54
南　盘	106	387	179	20	1188	6	46.63	7.05	2650.13

续表89

村 名	户 数（户）	人 口（人）	耕 地（亩）	园 地（亩）	林 地（亩）	养殖水面（亩）	村级集体经济总收入（万元）	村级集体经济总支出（万元）	村级集体资产总额
樟 岙	852	2895	1401	690	5793	65	142.52	59.11	4643.91
南 堡	609	1879	1135	350	2718	51	117.52	59.35	1902.44
松 岙	651	2201	605	230	5315	19	207.73	42.91	3899.02
旦 门	942	3094	730	310	4963	35	1675.90	74.22	7383.00
上 周	205	705	289	320	4248	6	121.34	18.12	1036.93
东 旦	192	646	34	120	1050	8	223.50	24.20	1918.34
红 岩	467	1720	421	210	5060	43	112.10	54.11	3430.59
合 计	6585	22577	8959	3618	41743	419	3786.18	541.11	42993.51

（陈怡）

晓塘乡

【概况】 晓塘乡地处象山半岛南部，东接石浦港，西临南湾新区，甬台温高速石浦连接线、527国道（在建）贯穿其中，行政区域面积45.5平方千米，辖设行政村19个（行政村规模优化调整后为16个），人口1.9万，耕地面积1.9万亩，山林面积1.9万亩，森林覆盖率达62%，是国内“红美人”柑橘的发源地、县农业“万元美金田”改革示范地，曾获评全国环境优美乡镇、全国生态乡、省小城镇综合治理样板乡镇、县首批特色小镇等称号。2021年，全乡实现社会生产总值24.1亿元，农村居民人均可支配收入4.3万元，财政总收入8245万元，分别较2016年增长42.2%、51.7%、49.4%。

【农业经济】 立足“两地”优势，以“万元美金田”农业供给侧结构性改革为抓手，不断提高农业规模效益，拓宽群众增收致富渠道，完成农业生产总值15.2亿元，其中2021年实现产值3.9亿元，较2016年增长12%。精致农业做大做强。推进农业产业主体“特色+规模+基地”产业格局，推广嫁接“媛红椪柑”“明日见”等优质种苗10万余株，精品柑橘增至5000亩，亩均效益超8万元，“中国第一棵红美人”挂牌，成功创建省级柑橘特色农业强镇。基地建设有序推进，通过招商引资、政策扶持等措施，新增农业企业646家，建成农机示范园2个、示范性家庭农场3个，培育省市县级示范性合作社10家，引入邓秀新院士专家团队工作站，建成乡柑橘综合服务中心和“晓橘灯”党群服务中心，象山甬红美人智慧基地三维可视化试点项目，大旸农业和柑橘智慧农机项目，列入省级星创天地备案名单，获评省农产品质量安全卫士集体。基础设施不断改善，积极开展农田水利现代化建设，启动黄埠塘江水系综合治理工程，完成1.5万亩高标准农田提升、190亩节水灌溉工程、3800亩旱改水等基础项目。支农惠农持续加强，金融部门授信额度、降息让利等优惠力度持续加大，发放金融支农贷款1.3亿元，组织农民技术培训4000余人次。

【工业经济】 坚定不移贯彻制造业高质量发展理念，把“工业强乡”作为全乡经济社会发展的首要战略来实施，工业经济总量不断扩大。累计净增规上企业13家，实现规上工业产值45.1亿元，其中2021年实现产值11亿元，较2016年增长123.4%。科技创新不断深化。累计新增高新技术企业10家、科技型小微企业12家、县市两级工程技术中心7个，高新技术企业增加值突破1.7亿元，“强势型”“实力型”“潜力型”企业研发经费支出占主营业务收入的比重达5%以上，2020年位列县科技创新C类乡镇考核第一。平台能级不断提升，美礁碶工业集聚区不断完善，获评“浙江省第一批小微企业园”。累计引进企业28家，实现工业投资8.8亿元；完成内资3.8亿元，其中浙商回归资金2亿元，实现外贸进出口3.2亿元，实际利用外资350万美元，2020年获评县外经工作先进单位。2021年，完成实际内资1.5亿元、浙商回归资金9400万元，分别完成年度目标任务的100%、117.5%。

【乡村旅游】 围绕农旅结合发展思路，依托自然风光、历史文化，融入县域旅游发展布局，全域旅游持续深化。推进休闲度假、旅游观光路线打造，引入海之湾户外大本营项目，鹤岭村烧烤基地建成营业，全乡民宿发展至25家、床位452个，A级景区村12个，形成“村村可游、沿路皆景"良好局面。累计接待游客91.9万人次,实现旅游收入1.2亿元,建成省AAAA级景区乡。农旅节庆持续做优。依托瓜果资源优势,累计举办葡萄节、邻里节、柑橘采摘节、油菜花音乐节等农耕节庆18场,承办省市各类文体赛事5场。青山头村获评"全国群众体育先进单位",西边塘村获评首批"浙江省气候康养乡村"。招商引智大力推进。完成农文旅委托运营管理服务项目签约,开通"觅原晓塘"网上商城,成立浙江万里学院乡村振兴实践基地,创新青农创客直播间助农带货。总投资2.6亿元的黄埠住宅文旅项目完成企业注册。

【城镇建设】 区域发展布局进一步优化,建成综合客运站、乡便民服务中心、集镇区农贸市场,无害化公厕覆盖率达100%,成功创建小城镇环境综合整治省级样板、美丽城镇省级样板。城镇化步伐进一步加快,晓城故事小区商品房交付达93.3%,完成乡文化活动中心改造提升,建成区商铺用房投用,商贸休闲业态持续丰富。基础设施建设进一步完善,新建盐三线至邓家、盐三线黄埠段至公墓区公路2.7千米,全乡37条农村公路完成大中修,大下线(海防)公路改造提升工程,实现"村村通公交",获评市"四好农村路"示范乡镇。

【乡村建设】 深化美丽系列创建,建成省、市美丽宜居示范村各1个,新时代美丽乡村达标创建村6个,新时代美丽乡村精品村2个,美丽乡村特色村、示范村5个,美丽庭院示范村、精品村13个,形成"体育青山头""艺术中岙""旅游西边塘""古村月楼""文化黄埠""田园新厂"等特色乡村品牌,获评市第二批美丽乡村风景线,入列市美丽乡村示范乡镇。深化城管网格化和环卫常态化管理,完成村庄"一事一议"项目14个,15个行政村纳入城乡一体化供水,完成生活污水处理终端提标改造,基本实现全覆盖。成功创建市农村生活垃圾分类处理工作示范乡镇,乡域主要路段、重要区域和农村环境卫生大为改观。强化数字赋能乡村振兴,启动"数智晓塘·掌心家园"项目建设,创新实施家庭户"三美十条"美丽积分线上赋分制度,因村制宜打造"精品一条线"。

【专项工作】 开展"五水共治""剿灭劣Ⅴ类水""保护母亲河"行动,召开县全民剿劣攻坚行动现场会,五年整治畜禽养殖场33家,清淤河道40千米、25万立方米,成功创建县首批"污水零直排区",获评市水利"大禹杯"先进乡镇。有序推进"三改一拆",累计拆除违章搭建184宗、6.8万平方米,获评市无违建乡镇称号。持续强化"一打三整治""四边三化""黄标车"淘汰、农房"两改"、墓葬整治等专项行动。完成全乡各村集体资产处置融合工作。变型拖拉机"全面清零"。落实粮食安全保障目标任务,五年累计种植早稻2975亩、晚稻11555亩,推进"非农化""非粮化"专项整治。

【科教文卫】 优先发展教育事业,完成小学、幼儿园周边配套设施改造提升,开展学生接送车、暑期学生防溺水等专项检查。推进精神文明建设,累计创建省、市文明村6个,五星级、四星级文化礼堂4个,被列入市、县级文物保护单位8个,励家坪"四月八"民俗节入选县非物质文化遗产,新时代文明实践所、晓城书吧、百姓健身房建成投用,乡文化站获评省一级综合文化站。完成第七次全国人口普查工作,全乡人口18546人,家庭户5520户,男女占比为52.4%、47.6%。医疗卫生事业蓬勃发展,家庭医生签约人数达7533人,成功创建国家级卫生乡镇,建成省、市卫生村12个,乡婴幼儿照护服务点2家。抓好食品安全,建成省三星食安办,农村家宴"阳光厨房"5家。

【社会保障】 进一步扩大社保覆盖面,实现农村住房政策性保险、农村低保、五保应保尽保。继续推进居家养老、危旧房改造等民生保障工程,改造危旧房45户,建成乡区域性居家养老服务中心,完成1家AAA级居家养老服务中心、7家AA级居家养老服务站评定工作。完善新型社会救助体系,慈善援助、红十字救助、无偿献血等工作不断深入,发放各类救助资金3900余万元,建成市级儿童之家2家,多渠道引导帮助失地农民和富余劳动力实现就业。授牌成立县少数民族创业实践基地,实现少数民族(家属)青壮年就业率100%。

【平安建设】 深化"平安晓塘"建设,建成乡社会矛盾纠纷调处化解中心,扎实推进"一中心四平台全科网格"建设。加强技防投入,安装治安监控视频300余个。信访考核体系逐步完善,五年来受理群众信访办结率达97.2%,其中群众息诉息访率达90%以上;实现回访核实率、责任部门满意率超95%,重复信访率低于18%,建成省、市民主法治村6个,全力保障中华人民共和国成立70周年、建党百年等重大会议和重要活动期间的社会稳定,实现重大恶性事件零发生。高度重视安全生产,未发生较大以上安全责任事故。

【"四月八"家风日民俗活动】 5月20日,"四月八"家风日民俗活动在励家坪村文化礼堂举行。村民和游客齐聚励家坪村文化礼堂,参加民俗传家风活动,体验当地特色文化。

【晓塘乡党校成立】 6月23日,晓塘乡党校在柑橘服务中心正式挂牌成立,标志晓塘乡广大党员干部有了自己的专属党建培训教育阵地。仪式结束后,县委党校副校长蔡海俊以《农村支部工作实务》为题,进行乡党校首课开讲。

【第十六届西边塘葡萄节】 7月30日,象山县第十六届西边塘葡萄节开幕式在西边塘村海之湾户外大本营举行。本届葡萄节以"缤纷盛夏 '萄'你喜欢"为主题,还融入大学生助农、企业助农、助农直播等活动,可谓相当精彩丰富,由县供销联社、西边塘村主办,宁波供销电子商务有限公司、象山供销电子商务有限公司、宁波市乡悦客旅游发展有限公司承办，海之湾户外大本营支持。

【青山头村被授予“全国群众体育先进单位”称号】 9月15日，在全国体育“双先”表彰大会上，青山头村被授予“全国群众体育先进单位”称号。该村以特色体育为引领，以项目建设带动村庄发展，不断融合文化、旅游、休闲等多元素，完善生产生活基础设施，丰富基层社会治理载体，着力打造宜居、宜业、宜游休闲体育特色村，先后举办“迎亚运·绿色行”骑聚2022百万人千万千米大联动、省生态运动会等各项文体旅活动，成功创建AAA级景区村。

【晓塘乡制造业高质量发展座谈会】 9月28日下午，晓塘乡召开2021年制造业高质量发展座谈会，规上企业及科技型重点企业负责人、部门（银行）负责人、乡党政班子成员、乡发展服务办干部参加会议。会上表彰了2020年度工业开放型经济先进单位，其中包括纳税先进企业、规模跨越企业、高质量发展企业、外贸先进企业、服务争效先进单位等；龙泰电讯、和信制药、恒峰汽配、仟羽聚氨酯等多家企业负责人就企业的近况及发展中的困难进行讨论发言。

【“中国第一棵红美人”开摘】 11月16日，象山县第五届柑橘文化节之“中国第一棵红美人”开摘暨第十五届民族和睦邻里节系列活动在晓塘乡举行。现场举办“果乡晓塘、共富联盟”授牌、晓塘柑橘师傅授带、柑橘产业服务中心生产技术咨询服务队授匾等仪式活动，开展“橘园”直播带货，发布2021宁波市美丽乡村健身行（象山晓塘站）“红美人”健步跑系列活动。

【晓城书吧和百姓健身房开馆】 11月27日，晓塘乡“文体之家健康门店”晓城书吧和百姓健身房正式开馆。市体育局党组成员、副局长徐健，县人大常委会副主任陈柳松，市体育局群体处处长项新，市图书馆馆长徐益波，县文化和广电旅游体育局党组书记、局长陈淑萍，乡党委书记孔佚等共同见证开业盛典。

【晓塘乡获评浙江美丽城镇省级样板】 12月21日，2021年浙江美丽城镇省级样板公布，其中晓塘乡上榜。晓塘乡抓好以红美人为主产品柑橘产业，制定《象山县晓塘乡美丽城镇建设行动方案》，按照“五美”建设要求，以山田海港为生态本底，以一、二、三融合发展为产业核心，有序推进农业特色型美丽城镇建设，为全面推进乡村振兴、促进共同富裕赋能发展新活力。

2021年晓塘乡行政村基本情况表

表90

村名	户数（户）	人口（人）	耕地面积（亩）	水产养殖（亩）	村级资产（万元）	村集体年收入（万元）	村集体年支出（万元）
岭头村	88	292	398	0	373.79	30.9	3.9
东浦村	264	890	573	0	880.75	123.2	10.5
美礁碶村	310	1067	703	12	1376.79	309.2	23.8
月楼村	419	1408	1501	168	2038.04	136.7	13.2
做布厂村	209	708	630	60	799.20	69.2	1.3
中呑村	389	1271	1502	0	1806.65	347.5	11.9
新厂村	387	1379	1545	73	3007.82	309.5	17.4
胡家峙村	450	1512	1783	0	2876.96	34.9	5.6
晓塘村	429	1434	1377	0	2341.57	47.5	7.1
励家坪村	387	1278	1080	0	1520.64	58	13.8
青山头村	329	1160	1194	121	2285.65	239.8	21.3
双连峙村	239	803	1011	90	1734.84	77.2	15.1

续表90

村名	户数（户）	人口（人）	耕地面积（亩）	水产养殖（亩）	村级资产（万元）	村集体年收入（万元）	村集体年支出（万元）
西边塘村	470	1774	1798	133	4228.92	37.6	8.5
鹤岭村	215	716	730	40	710.53	550.2	21.6
黄埠村	483	1633	686	0	3261.41	115.8	15.9
中里村	355	1193	1528	35	2727.3	218.7	16.5

（史婷婷）

黄避岙乡

【概况】 黄避岙乡是象山北部门户乡镇，三面环海，南依西沪港与墙头、西周毗邻，北靠象山港与奉化、鄞州隔港相望，象山港大桥穿乡而过。全乡陆域面积43.6平方千米，海岸长28.6千米，辖13个行政村，人口1.37万人。2021年，实现地区生产总值31.1亿元，财政收入1.8亿元，全社会固定资产投资4.3亿元，全乡经济社会各项事业保持了良好的发展态势，获评市乡村全域旅游示范区创建示范乡镇、县信访工作先进集体等荣誉。

【工业经济】 2021年，实现规上工业总产值53亿元，同比增长11.3%，实现实际内资超5亿元、浙商回归超2亿元，分别完成年度指标的155.7%、123.8%，年度新增规上企业3家。项目招引成果丰硕，成功引进易东机械、宁塑机械等亿元以上项目，工业投资超2.8亿元，日星三期建成投产，风电产业园一期、易锻精机二期、中甬工具、宁塑机械、荣辉模具等项目稳步推进，智能园项目完成政策处理。

【农业经济】 高标准农田建设扎实推进，“非粮化”整治工作有序开展，完成530亩耕地非粮化整治，成功削减苗木种植面积260余亩，稳步开展黄避岙村40亩彩色稻景观样田试点。农业改革不断深化，农村土地、浅海滩涂“三权分置”工作稳步推进，传统网箱改造试点开展。专项行动做深做实，“一打三整治”常态化开展，定期清理涉渔“三无船只”和违规网具，“五水共治”有力推进。重点项目工程高效推进，万丈涂海塘提升改造工程开工建设，白屿村河道整治工程全面完成，养殖尾水治理、高湖村水环境整治项目完成立项。

【乡村旅游】 按照“一线一核多点”思路布局，各类旅游项目高效推进，宁波南铂酒店和数字康养中心项目基本完成，精灵谷正式开业，非遗传习基地竹艺馆、铁艺馆基本建成。景区化建设做精做细，改造提升A级景区村庄9个，景区村庄占比85%。与第三方运营团队签订协议，逐步实现全域旅游市场化运营。文、体、旅宣传深度融合，成功举办斑斓海岸音乐运动嘉年华等旅游主题节庆，各类活动被央媒报道10余次，“斑斓海岸”的精名片进一步被打响。2021年，累计接待游客人数36.7万人次，实现旅游综合收入4970万元。

【村镇建设】 重点工程有力推进，正式启动海警学院项目政策处理，高质量完成废弃矿山边坡治理、美丽宜居示范村等工程项目10余个。以“人居环境提升年”行动为主抓手，在县“三清三美”年中专项测评中排名第一。新农村建设成果丰硕，专项投入资金超1430万元，以“一事一议”、农村综合改革试点项目为抓手，完成景观提升、礼堂改造等新农村项目39个，精品示范不断涌现，建成市级美丽乡村风景线，创建全国文明村1个、省级美丽宜居示范村1个、市县级美丽乡村示范村、特色村7个，实现市级卫生村全覆盖。

【民生事业】 精准防疫科学有序，以“外防输入”为重点，做好返乡人员滚动排查、全员疫苗分批接种等重点工作，较好实现疫情防控和经济社会发展阶段性胜利。教育事业蓬勃发展，幼儿园项目完成建设，乡中心小学教育质量处于全县农村学校前茅。健康乡镇大力推进，高质量完成国家卫生城市创建工作，建成阳光厨房7个。公共卫生体系不断健全，实现村级特殊人群家庭医生服务全覆盖。社会保险覆盖面逐步扩大，参保覆盖率达99%，高质量完成“天一”甬宁保参保工作。就业服务持续完善，向各类失业群体发放就业补贴20余万元，养老服务水平不断提升，实现村级居家养老服务点全覆盖。

【平安建设】 基层治理稳定向好，借助“村民说事”“渔排说事”等载体，社会综合治理网格化工作走在市县前列，创建市级民主法治示范村2个。矛盾纠纷高效化解，2021年调处矛盾纠纷67起，化解历史积案9起，矛盾纠纷“大排查、大走访、大化解”百日攻坚行动位列全县榜首。全力做好中共十九大、中华人民共和国成立70周年、中国共产党成立100周年等重大节点维稳安保工作，深入推进扫黑除恶专项斗争、“雪亮工程”专项行动，“平安黄避岙”建设向更高水平迈进。积极防范安全风险，定期组织安全生产检查和培训，先后开展各类检查35次，排查隐患155处，社会和谐稳定，群众安居乐业。

【政府管理】 积极推进依法行政，自觉规范决策程序，严格落实“三重一大”议事规则。修订出台《黄避岙乡工作人员作风效能建设及相关管理制度》，干部管理从严规范，干部作风更加务实。主动自觉接受人大法律监督和社会各界民主监督，认真办理人大建议18件。严格落实政府系统党风廉政建设和意识形态工作责任制，开展“正风肃纪”专项检查30次。严格落实中央八项规定精神，从严控制行政成本，“三公”经费同比下降35.3%。

【市新乡贤助推乡村振兴工作推进会考察龙屿村】 1月14日，市新乡贤助推乡村振兴工作推进会在象山县举行，龙屿村作为考察第一站，迎来70多名来自全市各级统战工作相关人员。

【省市专家服务宁波乡村振兴活动在高泥村举行】 4月9日，“美丽象山、乡村振兴”省市专家服务宁波乡村振兴活动在高泥村举行，30位来自杭州、宁波、湖州、舟山等地的农、渔和文旅专家与各乡镇有关负责人员参加。

【北纬30度斑斓海岸音乐运动嘉年华】 5月31日，黄避岙乡结合“学党史、迎亚运”，开展“亚运星火、点亮半岛”北纬30度斑斓海岸音乐运动嘉年华等系列主题活动，包括“建党百年，书记领骑”活动、书记讲党课以及“亚运星火，点亮半岛”北纬30度斑斓海岸音乐运动嘉年华启动仪式。

【高泥村网箱养殖大黄鱼网络直播】 6月17日，中国国际电视台CGTN“了不起的象山”直播拍摄团队到高泥村，在北纬30℃斑斓海岸最美海岸线上，网络直播网箱养殖大黄鱼。

【市两岸婚姻家庭“七月踏歌行”亲子营活动在黄避岙乡举行】 7月31日，市两岸婚姻家庭“七月踏歌行”亲子营活动在黄避岙乡举行，13户两岸婚姻家庭40余人参加，通过体验当地别样文化，感受大陆乡村发展“加速度”。

2021年6月17日，“了不起的象山”直播拍摄团队网络直播高泥村网箱养殖大黄鱼（黄避岙乡　供图）

2021年黄避岙乡行政村基本情况表

表91

村名	户数（户）	人口（人）	耕地（亩）	渔船（艘）	村级资产（万元）	村集体年收入（万元）	村集体年支出（万元）
白屿村	341	1085	30.9	1	1544.29	81.90	49.12
兵营村	321	895	14.7	5	1635.02	147.48	23.29
大林村	459	1269	47.1	0	1796.27	123.14	39.40

续表91

村 名	户 数（户）	人 口（人）	耕 地（亩）	渔 船（艘）	村级资产（万元）	村集体年收入（万元）	村集体年支出（万元）
湖头新村	305	910	55.3	0	1531.96	239.71	64.03
高泥村	282	822	43.6	3	2350.15	110.19	44.96
横里村	224	603	19.5	1	1190.57	150.69	33.64
横塘村	274	690	123.9	0	911.86	114.52	24.59
黄避岙村	597	1496	48.5	0	2050.73	178.51	67.09
龙屿村	692	1831	120.1	0	5356.16	339.70	30.47
鲁家岙村	195	513	25.2	2	1646.75	109.59	28.99
沪港村	481	1448	313.1	0	3534.30	322.88	110.30
谢家村	285	773	42.0	6	1159.12	91.98	13.87
驿角岙村	233	667	24.7	2	1973.46	201.27	27.44

（毛佩琦）

茅洋乡

【概况】 茅洋乡行政区域总面积47平方千米，下辖13个行政村，人口1.4万，拥有耕地面积562公顷，山林3101公顷，滩涂53公顷。2021年，完成社会生产总值38.1亿元、年均增长8.4%；实现财政总收入10540万元，成功创建全国卫生乡镇、全市美丽城镇建设市级样板乡。

【工业经济】 2021年，拥有规上企业27家，产值上亿元企业4家，国家高新技术企业6家，“330”企业5家，除实际外资，各项工业经济主要指标全部完成考核。引进欧泰塑料、志望金属制品和科迈尔矿山机械等规上企业，华旸塑胶、锦路家具完成统计入库，欧泰塑料、科迈尔矿山机械完成公司注册。

【农村经济】 2021年，实现农业生产总值2.08亿元，农业产业收入1.78亿元。继续抓好粮食生产，完成“非粮化”整治548亩，建成粮食功能区2200亩。水利项目有序落实，完成管溪水闸新建、李家弄山塘扩建、溪东溪坑维修加固、茅洋山塘维修加固等项目，管溪水闸获评浙江省农业水价综合改革“五个一百”优秀典型案例。

【全域旅游】 2021年，累计接待游客123.02万人次、实现旅游收入1.4亿元，同比分别增长7.2%、6.4%，连续两年获评宁波乡村旅游季“最具人气乡村旅游目的地”称号。创新运营模式管理输出，与县内外7家单位签订委托运营管理合同，实现直接收益330万元。旅游项目扎实推进，茅洋国际乡野俱乐部项目进度过半，象山里农文旅综合体验园落户运营，一批精品民宿相继建成。

【村镇建设】 盛宁线至郑家庄、上缸厂至71省道、缸窑俞至行者岭脚公路等一批基建工程通过验收，高速桥下空间、公共林荫停车场、山水风情公园等一批配套设施建成投用，茅洋乡综合文化活动中心、屠家园隧道大修工程有序推进。扎实开展“清洁茅洋”“精特亮”等专项行动，大力推进街区景观提升、亚运路线节点提升等重点项目，建成两路两侧主要节点小品23处，横穿茅洋乡的“扬帆海湾”线被评为宁波首批“最美精品线路”，成功通过全市美丽城镇建设市级样板乡验收。常态化推进“三清三美”、蟹钳港环境整治、生活垃圾分类等专项行动，累计整改问题点位45个。统筹抓好涉海涉渔安全生产和海上渔船精密智控工作，“一打三整治”工作取得实效。

【民生事业】 全力打好疫情防控持久战，18周岁及以上人群全程剂次完成率位居全县前列。婚丧礼俗整治富有成效，新时代文明实践所实现全覆盖。惠民工作积极开展，全面开展两癌检查、直肠癌筛查、婚孕前优生健康检查、独生子女家庭理赔、食品药品安全监督等民生“关键小事”，惠及人口超5000人次。累计发放各类慈善、救灾、扶贫、济困、助残、救孤、助医、养老等补助资金约300余万元。

【平安建设】 整合提升“一中心四平台全科网格”工作，做好中国共产党成立100周年安保维稳工作，开展打击非法入境、电信诈骗、食品药品犯罪、非法宗教（民间信仰）活动场所等专项整治行动，形成打击各类违法犯罪活动的高压态势，辖区内未发生重大刑事案件。

【政府管理】 深入实施“基层监督提质增效年”行动，成立乡村清廉指数评价体系领导小组，发现整改低保户动态调整不到位、小微权力执行不规范、“三务”公开不及时等问题21项。运用数字化手段，推广基层监督数字化运行平台，实现村级小微权力智慧运行系统和小微权力“监督一点通”乡域全覆盖。建立信访矛盾纠纷“两色”反馈机制，探索“专家会诊”体系，组建“娘舅姆”金牌调解团队，提升初信初访化解力度。强化乡村治理改革系统集成，推广应用“村民说事e说通”“村社e决策”系统，构建共建共治共享的茅洋乡社会治理新格局。2021年新增省、市级民主法治示范村各1个，改善信访后进村1个。

2021年茅洋乡行政村经济情况表

表92

村名	户数（户）	人口（人）	耕地（公顷）	林地（公顷）	村级资产（万元）	村集体年收入（万元）	村集体年支出（万元）
南充村	567	1871	42.6	580.27	2136.1	169.6	12.12
屠家园村	344	1147	35.8	316.6	1353.9	224.55	13.33
溪东村	277	893	48.87	211.13	3264.06	68.48	10.62
杨家岙村	214	707	28.73	128.67	1372.08	95.56	26.05
蓬溪村	531	1712	60.87	242.13	3446.16	237.82	23.69
小白岩村	364	1164	63.73	248.47	1776.45	415.64	95.3
溪口村	504	1636	43.67	132.2	3331.45	144.43	23.84
银洋村	178	657	30.53	83.27	1769.12	99.63	8.05
茅洋村	544	1621	72.4	196.27	3944.39	271.05	62.23
蛎港兴村	386	1210	44.13	157.47	2507.81	361.36	107.57
花墙村	105	307	16.67	85.27	1015.37	108.83	16.01
文洋村	384	1294	36.87	254.67	2037.12	59.96	46.82
白岩下村	350	1131	37.34	157.8	1569.83	181.03	61.03

（孙晟杨）

高塘岛乡

【概况】 高塘岛乡位于象山县境最南端，东接鹤浦镇，南濒猫头洋，西临三门湾，北连中国六大中心渔港之一的石浦港。辖区陆域面积58.8平方千米、海域面积38.2平方千米，由高塘和花岙两岛以及周边52个大小岛礁组成，其中高塘岛面积39.1平方千米，是宁波市第二大岛。下辖行政村18个，居民区1个，常住人口1.4万人。旅游资源得天独厚，花岙岛获评国家级海洋公园和省级地质公园。农渔资源优势突出，素有“渔埠高塘、源头海鲜”美誉，高塘西瓜、海鸭蛋、红美人、紫菜等高塘“十宝”享誉象山县内外，曾获省梭子蟹之乡、省柑橘之乡等称号。2021年，实现地区生产总值28.9亿元，同比增长9.9%，财政总收入6450万元，农渔民人均可支配收入达24288元。

【工业经济】 坚持准确识变、主动应变，经济指标持续攀高，完成规上工业总产值4.7亿元，规上工业增加值1.3亿元。围绕“零碳岛”打造，提速推进项目建设，总投资12亿元的长大涂浅海滩涂光伏发电项目建成投运，总投资8亿元的北欧（中国）鲑鱼RAS陆基养殖项目加快推进。2021 年,引入外资 2507 万美元、内资 10.3 亿元,完成工业投资 12.3 亿元。持续发力项目招引,新落户项目 2 个,分别为总投资 1 亿元的东星石油回购项目,总投资 1500 万元的新型建筑工业化及配套模具技改项目。

【农渔经济】 深入推进农业供给侧结构性改革,积极发展现代农渔业,实现农渔业总产值 12.8 亿元,其中渔业总产值 9.3 亿元。产业规模不断扩大,柑橘种植总面积 1 万余亩,渔业养殖面积 2.1 万亩。其中红美人柑橘种植面积近 7000 亩,实现亩均效益近 5 万元。大棚面积超 5000 亩,建成家庭农场 1300 余家。农渔基础更加完善,投入 4500 万元完成黄湾海塘三期 I 标段维修加固工程和黄沙岙海堤水毁应急修复工程,投入 2680 万元完成林门二级渔港建设,投入 2500 万元完成金高椅二级渔港提升,投入 870 万元新建高标准农田 1250 亩,投入 1500 万元启动群英塘闸门新建工程。为农服务落到实处,始终把强化服务作为助力产业发展重要抓手,高标准落实各项支农惠农政策,全力助推农业机械化转型升级,大力推广引进各类农业机械,不断提升农业生产效益。

【旅游经济】 始终牢牢把握项目建设这个"牛鼻子",总投资 1.76 亿元的花岙岛蓝色海湾保护开发项目顺利通过验收。总投资 1 亿元的高涂岙七彩芸苔田园综合体项目、总投资 3000 万元的直落岙"语自在"精品民宿及海上潮汐艺术中心等项目提速推进。盘新盘活闲置资源,积极做好石林回购,挖潜花岙大塘里闲置用房、金高椅粮站、花岙盐场等优质资源,全面发展民宿产业,累计开办民宿 22 家。协调发展全域旅游,建成海上仙源乡村振兴示范带,累计创建省 AA 级景区村 3 个,A 级景区村 15 个,拓宽了"旅游+民宿""旅游+共富"发展道路。

【城乡建设】 围绕新时代美丽乡村示范乡镇创建,计划投入 1500 万元打造"一心一环六点"的村庄布局。道路交通全面优化,投入 2800 万元完成石三线白改黑、大中修工程,投入 730 万元完成石三线、高珠线、金港线亮化工程,成功创建宁波市"四好农村公路示范乡镇"。加快谋划黄湾山货运码头建设,投入 2354 万元完成花岙香桩码头改造,投入 1200 万元完成金高椅汽渡码头改造,投入 400 万元新建直落岙码头。美丽乡村精心打造。三五村被评为市级示范村、余江村被评为县级特色村。罗元、杏八、渔潭等 8 个村成功创建美丽庭院示范村,珠益村成功创建美丽庭院精品村。

【专项整治】 紧抓"三清三美"专项行动,不断推进农村垃圾、污水、厕所三大革命,清理田园、山体、河道等垃圾 310 吨。出台建筑垃圾管理新策,从严管控建筑垃圾乱倾倒行为,引资 530 万元建成全县首个乡镇级有机废弃物处理站,实现园林垃圾碎木再利用近 4 万吨,严格落实"五水共治",建立健全"河长制""滩长制",完成群英塘压脚河清淤 4 万立方米、疏通河道 2.9 千米,成功创建国家级卫生乡镇,三五村、罗元村分别创建省、市级垃圾分类示范村。着力做好耕地"非粮化"整治,累计恢复耕地 2705 亩。大力推进"一村万树""两路两侧"及"四边三化"工程,配合中央环保督察,完成黄湾山废弃采石场、和尚头山废弃矿山等治理,持续强化"三改一拆",累计拆除违章建筑 400 处。

【社会事业】 坚持教育优先,继续做好"百万惠师"激励教育发展,持续丰富文化事业发展,建成新时代文明实践所(站)、海岛书吧、综合文化站、百姓健身房、村级文化礼堂等一大批文化活动场所,婚丧礼俗整治取得成效,社会风尚更加文明,成功举办首届"高塘好人"评选活动,同时也涌现了浙江好人、宁波市道德模范、最美象山人等先进典型。重视历史传承,非遗课堂进海岛、文化活动进渔村,花岙晒盐技艺获评国家级非遗项目、省非遗旅游商品、市非遗体验基地。聚力绘出同心圆,成功创立市级民族团结示范点,新建五彩同心驿站、侨之家,成立"渔家仙子"、弄潮青年、银辉志愿者等队伍 10 支。

【民生保障】 从严从实抓好疫情防控,坚持"靠前服务、精准管控、闭环管理"原则,持续开展"网格化+大数据"小周期排查,累计清查 6500 余人次,排摸市外来返人员 1100 余人,进一步确保底数清、情况明、管控实,筑牢了疫情防控的稳固防线。不断优化为民服务,全力做好社会保险、救助、福利等民生事务,打赢精准脱贫攻坚战,深入开展"一户一策一干部"结对帮扶工作,实现人均收入 9000 元以下家庭全部清零。大力推进社保扩面提质,累计完成本地户籍养老保险 2658 人,新农合参保率达 98%以上,基本实现应保尽保。新建居家养老服务中心(站)16 个,新增养老床位近 100 张。食品药品安全监管体系进一步完善,投入 240 万元建成一星级高塘岛乡综合市场,顺利完成江北、乌岩头阳光厨房及珠益村农村家宴厨房标准化建设,成功创建省三星级食安办,切实为人民群众兜牢民生底线。

【创新服务】 不断深化"最多跑一次"改革,围绕卫生计生、社会保障、国土资源、城乡建设与管理、农牧水利等"高频小事",加快建设便民服务中心,累计进驻 14 个部门审批服务事项 286 项,全面实行"一窗受理、集成服务"模式,服务近 10 万人次,"民宿开办全流程智慧办平台"首开全县民宿开办网上审批记录,入选省政府数字化转型平台"观星台",基本实现"群众办事不出岛",群众满意度显著提升。强化产业服务保障,整合"农合联""青创联盟""柑橘联盟高塘分会"等 3 个社会组织,组建现代农渔业服务中心,开展技术、销售、金融、宣传等生产全流程服务,积极开展"科技下乡""专家问诊"等专题活动,累计服务近万人,帮助农户解决各类疑难问题千余个,进一步提升为农服务品质。

【社会治理】 始终把筑牢安全作为头

等大事，不断强化“平安高塘”“平安渔港”建设，渔船安全“三全”管理体系更加完善，落实落细“一点验两报告六提醒”及“定人联船”等管理制度，完成渔船隐患整改447件次，培训船员1500人次，获评“平安守护”专项行动县级集体三等功。社会治安防控体系日趋完善，严厉打击各类违法犯罪活动，完成中国共产党成立100周年、中华人民共和国成立70周年、中共十九大等重大时期安保维稳任务，建成完善“一中心四平台一网格”，在传递回应社情民意、处置解决民生诉求上发挥积极作用。加强基层自治，顺利完成村社组织换届，全面实行“村民说事”制度，高度重视初信初访，大力化解信访积案，社会秩序进一步和谐。强势推进安全生产大检查大整治行动，全面排查乡辖“两小”企业、涉危企业及自营商铺等经营主体，累计完成涉危企业立案4起、罚款近10万元，完成1起市级挂牌督办问题整改。

2021年高塘岛乡规模工业企业经济基本情况

表93

企业名称	工业总产值			主营业务收入			营业成本			利润总额		
	本年累计（万元）	上年同期（万元）	同比增长（%）	本年累计（万元）	上年同期（万元）	同比增长（%）	本年累计（万元）	上年同期（万元）	同比增长（%）	本年累计（万元）	上年同期（万元）	同比增长（%）
宁波艾可迩汽配科技有限公司	4584	2357	94.48%	3688	2009	83.57%	3303	1477	123.63%	85	335	-74.63%
象山南田岛新能源有限公司	2586	2005	28.99%	2011	2204	-8.76%	1175	9000	-86.94%	606	1013	-40.18%
宁波风泰塑料电器有限公司	4227	3106	36.12%	3361	2689	24.99%	2744	2417	13.53%	67	18	272.22%
浙江广天重工设备有限公司	7668	12294	-37.63%	6595	7921	-16.74%	5002	5554	-9.94%	478	434	10.14%
宁波威顺恒业钣金件有限公司	2171	2346	-7.45%	1832	2003	-8.54%	1541	1727	-10.77%	-13	10	-230.00%
象山花岙大佛山风力发电有限公司	1673	1912	-12.49%	1008	2550	-60.47%	1134	1002	13.17%	-159	1383	-111.50%
浙江林氏汽车零部件有限公司	2509	2350	6.78%	2077	2002	3.75%	1717	1694	1.36%	-140	-74	89.19%
宁波启航船业有限公司	5133	3096	65.80%	473	2343	-79.81%	386	2225	-82.65%	-49	12	-508.33%
宁波憬谐环保科技有限公司	5929	5918	0.19%	2773	2462	12.63%	1798	1828	-1.64%	313	152	105.92%
宁波建业船业有限公司	6105	4139	47.49%	2442	2221	9.95%	2021	1927	4.88%	27	-176	-115.34%
象山大唐新能源有限公司	6764	3719	81.88%	3044	3719	-18.15%	1289	2119	-39.17%	968	1609	-39.84%
合计	49350	43241	304.16%	29304	32123	-57.57%	22110	30970	-74.55%	2183	4716	-642.34%

2021年高塘岛乡行政村基本情况表

表94

村　名	户籍户数（户）	户籍人口（人）	耕　地（亩）	山　林（亩）	集体总收入（万元）	集体经营收入（万元）
江北村	614	1981	885	1926	603.8854	557.0531
乌岩头村	527	1708	1785	3083	84.1082	32.4341
金高椅村	169	530	0	105	70.8183	15.0346
纱帽绿村	225	825	695	1973	230.8205	169.4938
渔潭村	276	904	556	956	118.5486	26.3605
余江村	255	899	885	285	128.9918	72.732
杏八村	328	1164	1532	1091	42.3577	16.0782
江南村	575	1592	751	1230	273.3001	210.2045
中江村	231	781	986	1097	65.4244	15.5758
花岙岛村	322	1080	118	2496	349.8639	127.5024
龙珠村	281	954	543	770	145.4614	68.9194
罗元村	212	748	2010	830	55.3015	15.0151
珠门村	289	977	683	1526	53.1787	15.027
上江村	231	816	2395	769	99.5072	71.9665
孝贤湾村	347	1245	3272	954	58.9234	28.2177
珠益村	747	1583	1426	731	101.8573	17.884
三五村	417	1369	2287	4910	63.0238	25.6696
林港村	607	2011	5258	3560	90.0695	24.8502

（高塘岛乡）